GABLER KOMPAKT-LEXIKON MARKETING

GABLER KOMPAKT-LEXIKON MARKETING

4.500 Begriffe

nachschlagen, verstehen, anwenden

von
Ludwig G. Poth
Gudrun S. Poth

GABLER

Bibliografische Information Der Deutschen Bibliothek
Die Deutsche Bibliothek verzeichnet diese Publikation in der Deutschen Nationalbibliografie; detaillierte bibliografische Daten sind im Internet über <http://dnb.ddb.de> abrufbar.

Professor Dr. Ludwig G. Poth ist Lehrbeauftragter für Allgemeine Betriebswirtschaftslehre und Marketing an der Fachhochschule Düsseldorf sowie Lehrbeauftragter für Marketing an der Universität Münster. Vor seiner wissenschaftlichen Laufbahn war er als Wirtschaftsjournalist für VDI und Handelsblatt tätig.

Gudrun S. Poth ist Lehrbeauftragte an der Fachhochschule Düsseldorf.

1. Auflage August 1999
2., vollständig überarbeitete Auflage Februar 2003

Lektorat: Katrin Alisch / Karin Janssen

Der Gabler Verlag ist ein Unternehmen der Fachverlagsgruppe BertelsmannSpringer.
www.gabler.de

Umschlaggestaltung: Regine Zimmer, Dipl.-Designerin, Wiesbaden
Druck und buchbinderische Verarbeitung:
Lengericher Handelsdruckerei, Lengerich
Gedruckt auf säurefreiem und chlorfrei gebleichtem Papier
Printed in Germany

ISBN 3-409-29890-8

Vorwort zur 2. Auflage

Seit der Erstauflage des Lexikons vor knapp drei Jahren hat sich begrifflich viel im Marketing getan. Die → *New Economy* startete zum Höhenflug und erlebte z.T. recht schnell ihr Waterloo. Inhaltlich und begrifflich blieb aber einiges hängen, das sich als zukunftsträchtig erweisen wird. Dementsprechend wurde das Marketinglexikon vollständig überarbeitet und um ca. 300 Stichworte erweitert.

Eine neue Titulatur sorgt für eine klare Positionierung, die im → *Preis-Leistungs-Verhältnis* den → *Wettbewerb* zu anderen Marketinglexika nicht zu scheuen braucht. Das Literaturverzeichnis wurde ersatzlos gestrichen. Diese Entscheidung ist den Verfassern insbesondere im Hinblick auf die → *Zielgruppe* der Marketing-StudentenInnen sehr schwer gefallen, da sich der akademische Marketingnachwuchs aus unseren Erfahrungen als Marketingdozenten für Seminar- und Diplomarbeiten sehr gern an ausführlichen Literaturverzeichnissen orientiert. Die Flut der Marketingpublikationen macht jedoch eine bibliographische Vollständigkeit unmöglich und daher eine subjektive Auswahl tendenziös.

Neu ist hingegen in der 2. Auflage die Aufnahme von 74 Abbildungen, die die wichtigsten und zentralen Stichworte (vor allem auch in ihren übergreifenden Zusammenhängen) graphisch darstellen. Systemabbildungen sind ein geeignetes graphisches Instrument, um Verbindungen deutlich zu machen. Dabei sind wir uns sehr wohl der Problematik bewußt, daß Abbildungen (insbesondere im komplexen Marketing) nur grobe Raster darstellen. Insofern reflektieren die Charts auch keine Realität, sondern lediglich eine systemische und wünschenswerte Ordnung – an der es aber in der Praxis vielfach mangelt.

Abschließend bedanken wir uns bei unseren bisherigen und begrüßen die neuen Leser. Wir wünschen uns über das vorliegende Print-Medium ein weiterhin gutes Verhältnis im Sinne eines für beide Seiten erfolgreichen → *Beziehungsmarketing.*

Neuss, im Oktober 2002

Ludwig G. Poth
Gudrun S. Poth

Vorwort zur 1. Auflage

Bei der mittlerweile Vielzahl von Marketing-Lexika stellt sich aus Marketingsicht zunächst die berechtigte Frage, wie ein „Noch-ein-Marketing-Lexikon" positioniert (→ *Positionierung*) sein muß, um sich in einem begrenzten → *Markt* durchsetzen zu können. Die Antwort liegt in der → *Strategie* der → *Marktnischen*-Besetzung als Form der → *Marktsegmentierung*. Die daraus resultierende operative Umsetzung erfolgt vor allem durch die → *Produktdifferenzierung*.

Marketing-Begriffe von A–Z ist positioniert zwischen den theoretisch orientierten, umfangreichen Handwörterbüchern bzw. „großen" Lexika und den praxeologischen, knappen Stichwortsammlungen. Deshalb wird auf eine umfangreiche Stichwortanzahl (über 4.000) und insbesondere auf die (→) Querverweise (ca. 20.000) Wert gelegt, die dem Leser thematische Zusammenhänge vermitteln sollen. Insofern weist das Lexikon eine Ähnlichkeit mit den „großen" Lexika auf. Kurze, knappe Definitionen und der Verzicht auf Interpretationstiefe zeigen die Verwandtschaft mit „kleinen" Lexika, die die Benutzerfreundlichkeit in den Mittelpunkt stellen.

Die Disziplin → *Marketing* ist eine angewandte Wirtschaftswissenschaft. Es scheint daher den Verfassern wichtig zu sein, die relevanten Schnittstellen mit der allgemeinen Betriebs- und Volkswirtschaftslehre, wie auch mit Komplementärdisziplinen (z. B. → *Verhaltenstheorie*) definitorisch zu erfassen. Hierbei wurde besonderer Wert auf die Vermittlung der Beziehungszusammenhänge zwischen dem Einsatz der → *Marketinginstrumente* und dem → *Konsumentenverhalten* inkl. der angrenzenden Disziplinen (wie z. B. → *Psychologie* und → *Soziologie*) gelegt. Dies ist ein weiteres wesentliches Unterscheidungsmerkmal zu existenten Kurz-Lexika.

Entscheidend ist mehr denn je das Erkennen von komplexen Zusammenhängen und nicht das „Eintrimmen" von Spezialwissen, das in keinem übergreifenden Kontext steht. Der mögliche Vorwurf einer Überschneidung mit klassischen Wirtschafts- oder anderen Spezial-Lexika wird daher bewußt hingenommen.

Es geht also – über den engeren thematischen Ansatz hinaus – auch um die definitorische Interpretation interdisziplinärer Zusammenhänge (siehe dazu beispielhaft → *Prozeßkostenrechnung*, → *Tensororganisation*, → *Yield Management*, → *Lerntheorien*, → *Motivationstheorien*, → *Verhaltenstheorie* etc.), wobei taschenlexikalisch diesbezüglich ein Vollkommenheitsanspruch nicht erhoben werden kann.

Die bewußt ausgewählten Beispiele zeigen aber auch, daß in Abgrenzung zu klassischen Lexika keine Schwellenängste vor neuen Begriffen (z. B. → *Chaos-Management*, → *Endorsement*, → *Affinity-Marketing* etc.) bestehen, die sich möglicherweise z.T. in Zukunft in Praxis wie Theorie als obsolet erweisen werden. (Die Neuauflagen des Lexikons werden es dann schon richten.)

Nach der vorstehenden Zielsetzung (→ *Ziele*) für Marketing-Begriffe von A–Z kristallisieren sich auch die relevanten → *Zielgruppen* für die Publikation heraus. Es sind dies BWL-Studenten mit dem Studienschwerpunkt „Marketing" und der akademische Managementnachwuchs im Marketing, der sein theoretisches Wissen auf dem jeweils neuesten Stand halten will.

Beide Zielgruppen wollen sich schnell, knapp und aktuell über den „state of the art" im Marketing informieren; und zwar gründlich, zusammenhängend, ohne Beiwerk. Die einen, weil sie für die Klausur pauken, die anderen, weil sie dem Vorstand ganz schnell z. B. den Unterschied zwischen → *Internem Marketing* und → *Personalmarketing* erklären müssen. Ein umfangreiches Literaturverzeichnis (ca. 1.400 Buchpublikationen), das – bei der Literaturflut ausgewählt – die Standardliteratur, aber auch die neuesten Publikationen zu Marketing, Management und den benachbarten Disziplinen umfaßt, dient der gewünschten Vertiefung des Wissensstoffes. Die sicherlich z. T. sehr diffusen Kundenansprüche erweisen sich in vielen Fällen als unlösbare Widersprüche. Dennoch ist die → *Kundenzufriedenheit* entscheidend, um im immer härter werdenden → *Wettbewerb* bestehen zu können.

Marketing-Begriffe von A–Z versucht, der → *Fraktalisierung* der → *Konsumenten* bzw. → *Verwender* und den damit verbundenen dynamischen Zielgruppenansprüchen zu entsprechen. Ob dies hier und heute gelungen ist, entscheiden allein die → *Kunden*. Deshalb gehören sie eigentlich an den Anfang des Vorworts. Kunden gewinnt man aber nur dann, wenn den Zielgruppen zunächst das Leistungsangebot vorgestellt wird, das sie mit ihrem → *Anspruchsniveau* vergleichen können. Deshalb gilt auch unser ausschließlicher Dank den kritischen Lesern und vor allem Nutzern dieses Werks.

Neuss, im Juli 1999

Ludwig G. Poth
Gudrun S. Poth

A

A-B-C-Analyse Klassifikation von →*Produkten,*→*Produktgruppen,* →*Kunden,* Kundengruppen, regionalen Verkaufsgebieten,→*Märkten* bzw. Marktsegmenten (→*Teilmärkte*) nach ihrem

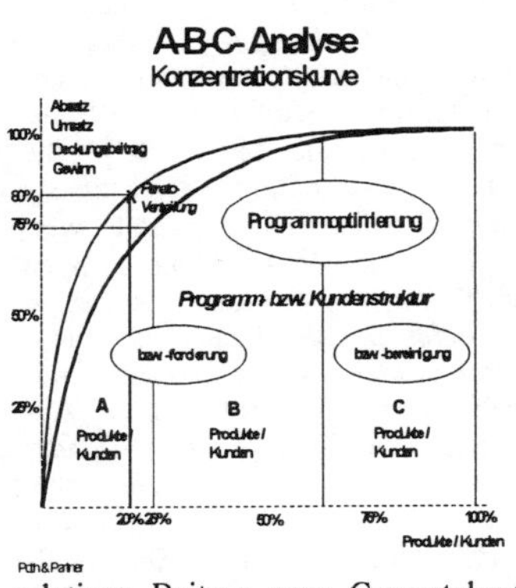

relativen Beitrag zum Gesamtabsatz, -umsatz, -gewinn oder →*Deckungsbeitrag*. Der Zusammenhang wird durch eine →*Konzentrationskurve* (→ *Lorenzkurve*) dargestellt.

Abfall Sammelbegriff für alle Arten von Stoffen, die nicht mehr dem eigentlichen Betriebszweck (Herstellung) zugeführt werden können. Die näheren Einzelheiten sind im Abfallgesetz (AbfG) geregelt.

Abgestimmtes Verhalten Gleichförmiges Verhalten von →*Wettbewerbern,* die sich vorher abgestimmt haben. Das abgestimmte Verhalten verzerrt den Wettbewerb und ist wettbewerbsrechtlich (→*GWB*) untersagt. Davon abzugrenzen ist das zulässige →*Parallelverhalten,* das nicht einer vorhergehenden Abstimmung folgt.

Abhängige Variable In der →*Empirischen Sozial-* und →*Wirtschaftsforschung* und →*Datenanalyse* diejenige Größe (z.B. →*Konsum*), die von einer oder mehreren anderen Größen (→ *Unabhängige Variablen,* auch als bestimmende Variablen bezeichnet) abhängt (z.B. →*Einkommen*).

Abholgroßhandel →*Betriebsform* (→*Betriebstyp*) des →*Großhandels* (siehe dazu auch →*Cash & Carry*), deren wesentliche Merkmale die → *Selbstbedienung* (→*Bedienungssysteme*), das Zusammenstellen der Waren durch den →*Kunden,* der Abtransport und die Barzahlung sind. Insofern unterscheidet sich Cash & Carry nicht von den Selbstbedienungsformen des großflächigen →*Einzelhandels.* Entscheidend ist der Unterschied, daß der berechtigte Kundenkreis nur Weiterverwender und keine Letztverbraucher sind. Der Unterschied hat sich mittlerweile auf die im Großhandel nicht geltende →*Ladenschlußzeiten*-Regelung reduziert.

Ablaufdiagramm →*Flußdiagramm.*

Ablauforganisation Strukturierung von Ablaufprozessen (siehe im Vergleich dazu →*Aufbauorganisation*, →*Strukturorganisation*). Im wesentlichen geht es um die Gestaltung und Regelung von Ablaufbeziehungen in der →*Organisation*. Hierbei stehen die zeitlichen, räumlichen und mengenmäßigen Aspekte im Vordergrund. Zu unterscheiden ist die Aufbauorganisation (Strukturorganisation), wenngleich Aufbau- und Ablauforganisation kompatibel miteinander verbunden sein müssen, um Friktionen zu vermeiden.

Ablaufplanung Innerhalb einer komplexen →*Planung* sind in jeder Phase →*Entscheidungen* zu treffen, die den Ausgangspunkt für die jeweils nachfolgende Phase bilden. Um die damit verbundenen komplexen Aufgaben zu strukturieren, werden vielfach Ablaufplanungsmodelle eingesetzt, wie z.B. die →*Critical Path Method (CPM)* oder die →*Program Evaluation and Review Technique (PERT)*. Sie sind die wichtigsten Formen der →*Netzplantechnik* und werden z.B. im Marketing eingesetzt bei der Einführung neuer Produkte (→*Produkteinführung*).

Ablenkende Kommunikation Die werbliche Ablenkung des →*Kommunikanten*, um seinen möglichen Widerstand (→*Reaktanz*) zu umgehen. Die ablenkende Kommunikation soll die kognitive Kontrolle des →*Werbeempfängers* stören bzw. unterbinden. Durch eine starke Ablenkung kann jedoch auch die Informationsaufnahme erheblich gemindert bzw. verzerrt werden (→*Vampireffekt*).

Ablenkungsfrage(n) Fragen (auch als Pufferfragen bezeichnet), die dazu dienen, unerwünschte (da ergebnisverzerrende) →*Halo-Effekte* (→*Ausstrahlungseffekte* auf nachfolgende Fragestellungen) zu vermeiden.

Abmahnung Aufforderung, ein bestimmtes wettbewerbswidriges Verhalten zu unterlassen. Die Abmahnung erfolgt durch die →*Wettbewerber* oder dazu befugten Vereine (sogen. „Gebührenvereine“ oder Abmahnvereine), die in der Vergangenheit die gesetzliche Abmahnregelung und die Gebührenpflicht der Rechtsverletzer vielfach mißbräuchlich als Gebührenbeschaffungsvereine genutzt haben.

Abnehmer Der →*Absatzmarkt* wird als Gebilde gesehen, das aus einzelnen Gruppierungen von Abnehmern (→*Cluster*, →*Segmenten*) besteht. Die Gruppen (→*Nachfrage(r)*) unterscheiden sich hinsichtlich bestimmter nachfragerelevanter Merkmale (→*Präferenzen*, finanzielle Mittel etc.). Die Marketingaktivitäten können auf sie segmentspezifisch ausgerichtet werden. Beispiele für Abnehmergruppen sind: Private →*Haushalte*, Private →*Unternehmen*, Öffentliche Verwaltung, →*Großhandel*, →*Einzelhandel*, Endabnehmer etc. Die Einteilung in Abnehmergruppen spielt bei der →*Preisdifferenzierung* eine besondere Rolle. Bei vielen Unternehmen steht das Bearbeiten ganz bestimmter Abnehmergruppen im Vordergrund.

Abnehmerbindung Im Rahmen der →*Vertikalen Kooperation* von Herstellern und Handelsunternehmen diverse Formen von vertraglichen Vereinbarungen bzgl. der zu verfolgenden →*Vertriebspolitik* (→*Absatzwegepolitik*) und vielfach auch des Einsatzes der →*Marketinginstrumente* (siehe insbesondere →*Vertriebsbindung*).

Abnehmerselektion Auswahl einer ganz bestimmten Abnehmergruppe. Die Durchführung einer Abnehmerselektion ist eine wichtige Fragestellung im Bereich der →*Distribution* (→*Selektiver Vertrieb*). Es können Konflikte auftreten zwischen der Vertragsfreiheit einerseits und einer sachlich nicht gerechtfertigten Diskriminierung von Abnehmern. Rechtsgrundlage ist das →*GWB* (Gesetz gegen Wettbewerbsbeschränkungen).

Abnutzungseffekt Ermüdungseffekt, der eine negative Wirkung bei mehreren Kommunikationsanstößen unterstellt. Das bedeutet, daß häufige Wiederholungen der gleichen →*Werbebotschaft* zu einer Abschwächung und sogar absoluten Abnahme der →*Werbewirkung* beim Werbeempfänger (→*Kommunikanten*) führen (können). Dieser Negativzusammenhang konnte generell aber durch empirische Untersuchungen nicht bestätigt werden. Bei →*Laborexperimenten* wurden jedoch Abnutzungseffekte nachgewiesen, die z.B. die →*Aufmerksamkeit* und →*Aktivierung* verringern und die Bedeutung der Werbebotschaft für den Empfänger verändern. Entsprechend ihrer Wirkungsebene lassen sich die Abnutzungseffekte unterscheiden in den →*Wear-out-Effekt*, die →*Habituation* und die →*Semantische Sättigung*.

Abonnement Vertrag zwischen →*Anbieter* und →*Nachfrager*, bei dem sich der Nachfrager verpflichtet, für einen bestimmten Zeitraum oder eine bestimmte Menge ein →*Produkt* oder eine →*Dienstleistung* zu beziehen. Abonnements sind vor allem üblich bei →*Zeitungen*, →*Zeitschriften*, Büchern und Theaterangeboten.

Above the line-Kommunikation →*Werbeformen* der →*Klassischen Werbung*, die sich der →*Kommunikationsmedien* (z.B. Zeitungen, Zeitschriften, TV, Hörfunk, Kino) als →*Werbeträger* bedienen und als Hauptpfeiler der →*Kommunikationspolitik* gelten. Zur Werbung Above the line zählen auch die →*Imagewerbung* und die →*Public Relations*. Hiervon abzugrenzen ist die →*Below the line-Kommunikation*, die alle nicht-klassischen Werbeformen umfaßt.

Absatz Gesamtmenge der von einem →*Anbieter* in einer bestimmten Periode gegen Entgelt veräußerten →*Produkte* bzw. →*Dienstleistungen*. Der Absatz ist eine Mengen- und keine Wertgröße und daher auch strikt vom →*Umsatz* zu trennen, auch wenn die Leistungen einen →*Preis* haben. Die Trennung ist wichtig, um die →*Absatzanalyse* der →*Umsatzanalyse* gegenüberzustellen und die →*Absatzplanung* der →*Umsatzplanung*. Die Unterscheidung in mengenmäßige und wertmäßige Betrachtung ist auch deshalb wichtig, um die →*Produktionsplanung* in den Planungsprozeß sinnvoll einzuordnen. Die begriffliche Vermischung mit der Gesamtheit der auf den →*Verkauf* von Leistungen zielenden Tätigkeiten ist eher verwirrend als klärend. Hier sollten besser die Begriffe →*Absatzpolitik* und →*Vertriebsorganisation* herangezogen werden. Gleiches gilt für die Definition des Absatzes als Schlußphase nach →*Beschaffung* und →*Produktion*. Hier kommt der geschlossene →*Marketing*(ansatz) entschieden zu kurz. Geht man von der betrieblichen Hauptfunktion des Absatzes aus, die alle Tätigkeiten umfaßt, die dazu bestimmt sind, die Abgabe der vom →*Unternehmen* geschaffenen Leistungen in den →*Absatzmärkten* zu bewirken, so ist zu unterscheiden zwischen dem →*Direktabsatz* (→*Direktvertrieb*) und dem →*Indirekten Absatz* (→*Indirekter Vertrieb*).

Absatzanalyse Untersuchung der

bestehenden und künftigen Gegebenheiten auf dem →*Absatzmarkt* (siehe auch →*Marktanalyse*, →*Absatzforschung*, →*Marktforschung*).

Absatzbehinderung Wettbewerbswidrige Behinderung von Mitbewerbern bzgl. ihres Marktauftritts bzw. der Vermarktung von Leistungsangeboten (→*UWG*). Dadurch wird der →*Leistungswettbewerb* beeinträchtigt.

Absatzbezirk →*Absatzgebiet(e)*.

Absatzbindung(en) Auf den →*Absatz* bezogene vertragliche Verpflichtung, die selbständige →*Unternehmen* untereinander eingehen. Unterschieden werden horizontale und vertikale Absatzbindungen (→*Vertriebsbindung*). Horizontale Bindungen erfolgen auf der gleichen Distributionsstufe (Hersteller einer →*Branche*), haben kartellähnlichen Charakter und unterliegen dem Kartellgesetz (→*GWB*). Vertikale Bindungen sind eine Form der →*Vertikalen Kooperation* von Unternehmen verschiedener Distributionsstufen (Hersteller und →*Handel*) und konzeptioneller Bestandteil der →*Absatzwegepolitik*(Vertriebswegepolitik). Die wichtigsten Formen sind die →*Vertragshändlersysteme* und das →*Franchising* (siehe dazu auch in Ergänzung →*Umsatzbindung*).

Absatzelastizität Verhältnis der relativen Veränderung der abgesetzten Gütermenge zu der sie verursachenden relativen Änderung des Preises (→*Preiselastizität*, siehe dazu auch →*Nachfrageelastizitäten*, →*Absatzwertelastizität*).

Absatzfinanzierung Form der →*Absatzförderung* durch →*Konditionen(arten)*, →*Kredite* und/oder Kreditsubstitute (→*Leasing* und →*Factoring*). Eine Sonderform der Absatzförderung mit Finanzierungsaspekten stellt das →*Franchising* dar, bei dem der Franchisegeber z.B. die Lagerkosten übernimmt.

Absatzförderung Maßnahmen, um den Absatz von →*Produkten* bzw. →*Dienstleistungen* an den →*Handel* (→*Absatzmittler*) zu fördern (siehe auch →*Verkaufsförderung*). Damit ist auch das Ziel verbunden, den Herausverkauf aus dem Handel zu fördern (siehe auch →*Merchandising*).

Absatzform(en) Wahl der →*Verkaufsorgane* innerhalb der →*Absatzmethode*. Zu unterscheiden sind der unternehmenseigene →*Außendienst* (z.B. →*Reisende*) und die unternehmensfremden Verkaufsorgane (z.B. →*Handelsvertreter*).

Absatzforschung Beschaffung und Auswertung von →*Informationen* aus sowohl internen als auch externen Quellen (siehe auch →*Absatzprognose*). Die Absatzforschung beschränkt ihren Untersuchungsbereich auf den →*Absatz* bzw. den →*Absatzmarkt* (in Erweiterung siehe auch →*Marktforschung*, →*Marketingforschung*).

Absatzgebiet(e) Geographischer Raum, in dem das Leistungsangebot eines →*Anbieters* abgesetzt wird. Das gebietsspezifische →*Absatzpotential*, die →*Marktkapazität* und das →*Marktpotential* in Verbindung mit der Intensität des →*Wettbewerbs* sind neben den internen unternehmensbedingten Gegebenheiten (z.B. →*Verkaufsorganisation*, →*Logistik*, →*Distributionssystem* etc.) die wichtigsten Entscheidungskriterien für die Auswahl des bzw. der Absatzgebiete (auch als Vertriebsgebiete bezeichnet).

Absatzhelfer Funktionsträger, die zwar selbst nicht direkt in die →*Ab-*

satzkette eingegliedert sind, aber an der Anbahnung von Kontakten zwischen den einzelnen Gliedern und am reibungslosen Durchfluß der Ware durch die →*Distributionskanäle* beteiligt sind. Absatzhelfer (→*Marketing-Dienstleister*) sind z.B. Werbeagenturen, Spediteure, Kreditinstitute etc., aber auch z.B. →*Handelsvertreter*, →*Makler*, →*Kommissionäre* und Ex- bzw. Importeure, die in den Distributionsprozeß als rechtlich selbständige Unternehmen direkt eingebunden sind. Es besteht ein eindeutiger Trend zur weiteren Spezialisierung, wobei die Aufgaben selbst immer differenzierter und komplexer werden. Insofern erweist sich der Begriff Absatzhelfer im Vergleich zu dem des Marketing-Dienstleisters zunehmend als veraltet und sollte durch diesen abgelöst werden.

Absatzinstrumente →*Absatzpolitisches Instrumentarium* nach *E. Gutenberg (1962)*, das sich zusammensetzt aus den →*Absatzmethoden*, der →*Preispolitik*, →*Produktgestaltung* (→*Produktpolitik*) und der→*Werbung*. Ein zentrales Problem ist die optimale Kombination des absatzpolitischen Instrumentariums (siehe auch →*Marketing-Mix*).

Absatzkanal Ketten aus →*Verkaufsorganen* des Herstellers und rechtlich sowie wirtschaftlich selbständigen Organen (→*Absatzmittler*), die im Distributionsprozeß →*Absatzpolitische Instrumente* einsetzen. Die Wahl des Absatzkanals beeinflußt z.B. über die Erhältlichkeit des Leistungsangebots, seinen Preis, seine werbliche Ansprache und seine Plazierung den mengenmäßigen →*Absatz*.

Absatzkanalpolitik Strategische und operative Strukturierung eines bedeutenden Teils der →*Distributionspolitik*. Im wesentlichen geht es dabei um die Bestimmung der Distributionspartner in der →*Absatzkette* (Distributionskette) und den kanalspezifischen Einsatz des →*Marketinginstrumentariums*.

Absatzkennziffern Verhältniszahlen, die Auskunft geben über betriebswirtschaftliche Zusammenhänge und Entwicklungen in bezug auf bestimmte →*Absatzmärkte*. Beispiele sind der →*Marktanteil*, die →*Numerische Distribution*, die →*Gewichtete Distribution* etc.

Absatzkette Weg, den ein →*Gut* von der Herstellung (→*Produktion*) bis zum →*Konsum* zurücklegt, aus der Betrachtung der dabei durchlaufenden Institutionen (siehe auch →*Distributionskette* und →*Handelskette*).

Absatzkontrolle →*Vertriebscontrolling*.

Absatzkonzeption Die unternehmerische Leitidee besteht häufig in einer spezifischen Absatzkonzeption, etwa in Form einer unverwechselbaren Angebotskonzeption. Beispiele hierfür sind ungewöhnliche Verkaufsmethoden, das Anbieten von ausschließlich preiswerten →*Gütern*, Anbieten von Serviceleistungen zusätzlich zu den reinen →*Produkten* etc. (in Erweiterung siehe auch →*Marketingkonzeption*).

Absatzkooperation →*Vertriebskooperation*.

Absatzkreditpolitik →*Kreditpolitik*.

Absatzlogistik →*Distributionslogistik*.

Absatzmarketing Gesamtheit aller auf die →*Absatzmärkte* gerichteten

Aktivitäten mit dem Ziel ihrer Beeinflussung durch den Einsatz des →*Marketinginstrumentariums* (siehe im Vergleich →*Beschaffungsmarketing*). Mit dem Marketingbegriff (→*Marketing*) wird primär die nachfragerzentrierte Absatzorientierung verbunden.

Absatzmarkt Summe der effektiven und potentiellen →*Nachfrager* nach einem bestimmten Leistungsangebot (siehe auch →*Beschaffungsmarkt*).

Absatzmarktforschung Die Teilbereiche der →*Marktforschung* sind die Absatzmarktforschung und die →*Beschaffungsmarktforschung*. Es handelt sich hierbei um die Beschaffung und Auswertung von relevanten →*Informationen* sowohl über die →*Absatz-* als auch →*Beschaffungsmärkte* eines Unternehmens (siehe dazu auch →*Absatzforschung*).

Absatzmenge Gesamtmenge der abgesetzten Leistungsangebote pro Planperiode.

Absatzmethode(n) System- und Wirkverbund von →*Vertriebssystem*, →*Absatzformen* und →*Absatzwegen*. Dieses "absatzmethodische Dreieck" ist gekennzeichnet durch eine relativ hohe Stabilität und eine Interdependenz seiner Elemente.

Absatzmittler Wirtschaftlich und rechtlich selbständige →*Verkaufsorgane* im →*Absatzkanal*, die im eigenen Namen und auf eigene Rechnung →*Produkte* bzw. →*Dienstleistungen* kaufen und weiterverkaufen (siehe im Vergleich dazu →*Absatzhelfer*). Die wichtigsten Absatzmittler sind der →*Groß-* und →*Einzelhandel*. Die Absatzmittler übernehmen durch ihr strategisches und operatives →*Handelsmarketing* die →*Distribution* der Angebotsleistungen vom Lieferanten zum →*Verbraucher* bzw. →*Verwender*. Die Absatzmittler erfüllen dabei →*Handels-* bzw. →*Distributionsfunktionen*. Diese sind immer stärker ein Streitpunkt im →*Vertikalen Marketing*.

Absatzorgane Personen und/oder Institutionen, die als →*Verkaufsorgane* zwischen Herstellern und →*Verbrauchern* bzw. →*Verwendern* agieren. Nach der herrschenden Lehre

Absatzmethode(n)

Die grundlegenden Systembausteine

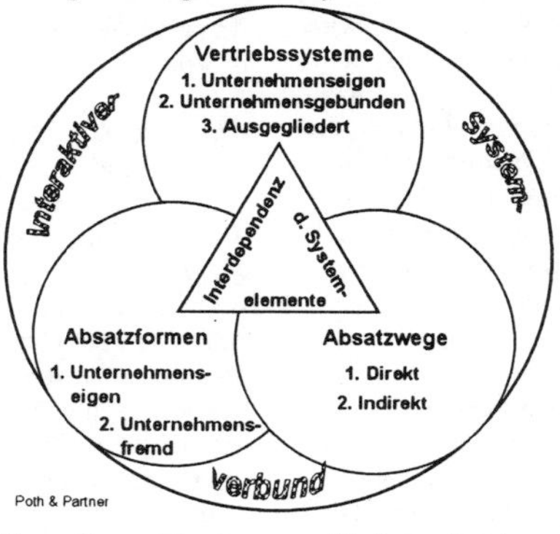

werden (in Abgrenzung zu den →*Absatzmittlern*) unternehmenseigene (→*Reisende*, →*Verkaufsleitung*, →*Verkaufsniederlassungen*) und unternehmensfremde Absatzorgane (→*Handelsvertreter*, Kommissionäre, Makler) unterschieden. Weitergehende Definitionen beziehen alle Akteure in den →*Absatzkanälen* ein.

Absatzplanung Operationale Bestimmung des in Zukunft zu erzielenden →*Absatzes*. Die Absatzplanung erfolgt auf der Grundlage von →*Absatzprognosen* für die künftigen Planperioden und bestimmt die →*Absatzpolitik* (siehe auch →*Marketingpolitik*). Die Planungssicherheit hängt im wesentlichen von der Genauigkeit der Einschätzung der Entwicklung der →*Absatzmärkte* ab.

Absatzpolitik Alle strategischen und operativen →*Entscheidungen*, welche die Gestaltung der Beziehungen der →*Unternehmung* mit dem →*Absatzmarkt* zum Gegenstand haben, fallen in den Bereich der Absatzpolitik. Im Mittelpunkt steht die zielgerichtete Marktbeeinflussung. Sie erfolgt durch den integrierten und optimalen Einsatz des →*Absatzpolitischen Instrumentariums* (siehe auch →*Marketing-Mix*).

Absatzpolitisches Instrumentarium Nach *E. Gutenberg (1962)* die Zusammenfassung der vier Instrumente: →*Absatzmethoden*, →*Produktgestaltung*, →*Werbung* und →*Preispolitik* (siehe auch →*Absatzinstrumente* und →*Marketinginstrumentarium*). Ziel ist die optimale Kombination der absatzpolitischen Instrumente (siehe auch →*Marketing-Mix*).

Absatzpotential Anteil am →*Marktpotential*, den das →*Unternehmen* maximal zu erreichen glaubt (Zielsetzung). Die Bestimmung von Markt- und Absatzpotentialen ist Gegenstand von →*Absatzprognosen*.

Absatzprognose Eine auf Empirie gestützte Vorhersage des künftigen →*Absatzes* von bestimmten →*Produkten* oder Leistungen in einem bestimmten Zeitabschnitt. Man unterscheidet in Absatzprognosen auf Basis realer Kaufdaten oder auf Basis simulierter Kaufdaten. Weiter wird unterschieden in quantitative und qualitative Verfahren (siehe →*Prognose*, →*Prognosemodelle*).

Absatzquote Quotient aus dem im →*Markt* bestehenden →*Absatzpotential* und der Produktionskapazität des Unternehmens.

Absatzsegment Absatzpolitische Einzelbereiche, wie z.B. →*Abnehmer* bzw. Abnehmergruppen, Absatzgebiete, →*Produkte* etc. (siehe auch →*Marktsegmentierung*).

Absatzsegmentierung →*Marktsegmentierung*, →*Selektive Absatzpolitik*.

Absatzsegmentrechnung Differenzierte Marketing- bzw. Vertriebskostenrechnung mit einer Kosten- und Erlösaufspaltung nach Marktsegmenten (Kunden-/Produktsegmenten bzw. →*Zielgruppen*). Die typische Form der Produkt-Segmentrechnung ist die →*Deckungsbeitragsrechnung* (siehe auch →*Kundenerfolgsrechnung*).

Absatzstrategie Langfristige →*Absatzplanung* auf der Grundlage von →*Absatz-* und →*Marketingzielen* unter besonderer Berücksichtigung von markt- und unternehmensbedingten Restriktionen (siehe auch →*Marketingstrategie*).

Absatzvolumen Von einem Unternehmen in einem Bezugszeitraum realisierte →*Absatzmenge*.

Absatzvorbereitung Vorbereitung der betrieblichen Leistungsverwertung durch den Einsatz des →*Absatzpolitischen Instrumentariums* (siehe auch →*Marketinginstrumentarium*).

Absatzweg(e) Im Rahmen der →*Absatzmethode* Entscheidung über die differenzierte Stufung der →*Distribution*. Im wesentlichen sind zu unterscheiden der →*Direktvertrieb* (Übernahme von handelsspezifischen →*Distributionsfunktionen* durch den Hersteller) und der →*Indirekte Vertrieb* (Einschaltung des selbständigen →*Handels* in das →*Distributionssystem* des Herstellers). Der Absatzweg definiert die Organisationen, die →*Produkte* oder →*Dienstleistungen* vom Hersteller bis zum Endverbraucher durchlaufen (siehe dazu auch →*Absatzmittler* und →*Absatzorgane*).

Absatzwegepolitik

Distributive Stufensysteme im Konsumgütermarketing

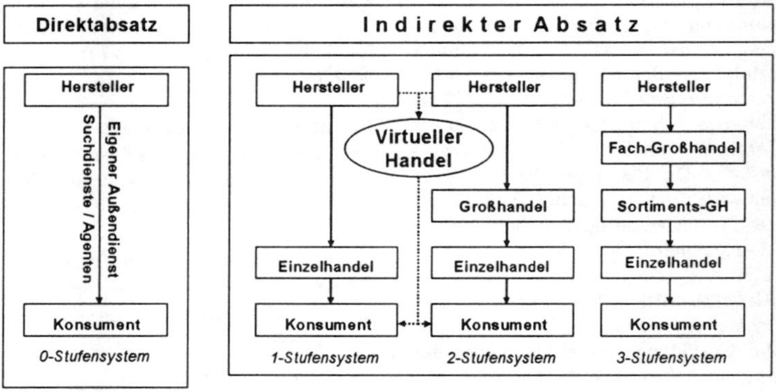

Poth & Partner nach J. Becker (1999)

Absatzwegepolitik Grundlegende Entscheidung für den →*Direktvertrieb* oder den →*Indirekten Vertrieb*. Zweitens umfaßt die Absatzwegepolitik die Auswahl der →*Absatzmittler*. Hier ist zu unterscheiden zwischen dem →*Intensiven*, →*Selektiven* und →*Exklusiven Vertrieb*. Das dritte Entscheidungsfeld betrifft die Wahl der →*Absatzform* (→*Verkaufsorgane*). Hier ist strategisch zu definieren, ob eigene Verkaufsorgane (→*Reisende*) oder fremde Verkaufsorgane (z.B. →*Handelsvertreter*) eingesetzt werden sollen. (Diesbezüglich sind auch Mischsysteme möglich und in der Praxis realisiert.)

Absatzwerbung Einsatz von →*Kommunikationsmitteln*, um →*Produkte* bzw. →*Dienstleistungen* im →*Markt* durchzusetzen (siehe dazu in Abgrenzung auch →*Imagewerbung*, →*Public Relations* bzw. →*Öffentlichkeitsarbeit* und →*Verkaufsförderung*).

Absatzwertelastizität Verhältnis der relativen Mengenänderung eines Gutes zur verursachenden relativen Aufwandsänderung für den Marketing-Instrumentaleinsatz. Die Absatzwertelastizität ist eine aufwandsbezogene Marketing-Mix-Elastizität (→*Marketingelastizität*), die in die einzelnen Mixelemente aufgelöst werden kann (siehe z.B. →*Preis-* und →*Werbeelastizität*). Die aufwandsbezogene Elastizitätsbestimmung folgt der Gesetzmäßigkeit des abnehmenden Ertragszuwachses (→*Ertragsgesetz*) und der →*Marginalanalyse*. Ab einer bestimmten Grenze steht der →*Aufwand* in keinem vertretbaren Verhältnis mehr zum →*Ertrag*. Die Absatzwertelastizität hat dann ihren Maximalwert überschritten. Sie wird starr und folgend unelastisch. Das bedeutet, daß die Nachfrage auf zunehmende Marketingaktivitäten nur noch unterproportional reagiert. Nach dem Nachfragescheitelpunkt wird die Elastizität sogar negativ elastisch.

Absatzwirtschaft Im engeren und eigentlichen Sinne handelt es sich um betriebliche Organe (z.B. →*Reisende*) und externe Institutionen (z.B. →*Absatzmittler*), die damit befaßt sind, Produktion und Leistungsverwertung optimal miteinander zu verknüpfen (siehe dazu auch →*Absatzpolitik*). Aus makroökonomischer Sicht umfaßt die Absatzwirtschaft die Bündelung und Institutionalisierung der Absatz- und Beschaffungsaktivitäten der verschiedenen →*Marktpartner*.

Absatzziele Aus den →*Unternehmens-* und →*Marketingzielen* abgeleitete Mengenziele. Es handelt sich um Vermarktungsziele in bezug auf die →*Absatzmenge*. Im direkten Zusammenhang mit den Absatzzielen steht die →*Absatzplanung* als Mengenplanung (Bestimmung des Mengengerüsts), die die →*Produktionsplanung* steuert.

Abschlagsspanne Relative →*Handelsspanne*, die sich ergibt aus der absoluten Handelsspanne x 100 : (Netto-)Verkaufspreis (siehe im Vergleich →*Aufschlagsspanne*).

Abschlußtechnik(en) →*Verkaufsabschluß*, →*Verkaufstechniken*.

Abschlußvertreter →*Handelsvertreter*, der im Gegensatz zum →*Vermittlungsvertreter* berechtigt ist, als →*Einfirmen-* oder →*Mehrfirmenvertreter* Geschäfte selbst abzuschließen.

Abschneideverfahren Das auch als Konzentrationsprinzip (→*Konzentrationsverfahren*) bezeichnete →*Auswahlverfahren* zur Bildung von →*Stichproben* aus der →*Grundgesamtheit* ist eine Form der →*Bewußten Auswahl*. Die als weniger relevant angesehenen Teile der Grundgesamtheit werden abgeschnitten. Ist die ausgegrenzte Gruppe in ihrer Größe und Struktur bekannt, so kann der mit dem Verfahren verbundene →*Stichprobenfehler* kalkuliert werden. In diesem Falle weist die Methode eine Ähnlichkeit mit dem →*Geschichteten Auswahlverfahren* auf.

Abschöpfungsstrategie Zeitliche →*Preisdifferenzierung*, die auch als →*Skimming-Politik* oder Absahnepolitik bezeichnet wird. Bei der Einführung neuer Produkte (→*Produkteinführung*) wird der →*Preis* zunächst hoch angesetzt und mit zunehmender Erschließung des Marktes nach unten korrigiert. Dadurch werden zwar anfangs geringere Absatzmengen mit relativ hohem →*Stück-Deckungsbeitrag* erzielt, jedoch kann bei den →*Innovatoren*, die bereit sind, für Neuheiten auch hohe Preise zu zahlen, die →*Konsumentenrente* abgeschöpft (abgesahnt) werden. Die mit der →*Produktinnovation* verbundenen hohen Investitionen können in relativ kurzer Zeit amortisiert werden (siehe auch →*Pay-off-Periode*). Die Abschöpfungsstrategie ist mit der Gefahr verbunden, daß aufgrund des hohen Preises und Stückgewinns die Konkurrenz angelockt wird. Die Gefahr ist um so höher einzuschätzen, je geringer der Innovationsvorsprung bzw. die →*Markteintrittsbarriere* ist. Im Gegensatz dazu steht die →*Penetrationsstrategie*.

Abschrift(en) →*Preisabschrift(en)*.

Abstimmungskollegialität Form des →*Kollegialprinzips*, bei der die gleichberechtigten Entscheidungsträger nach dem Mehrheitsprinzip →*Entscheidungen* treffen (siehe in Abgrenzung →*Primatkollegialität*, →*Kassationskollegialität*).

Abwehrvergleich(e) Form der →*Vergleichenden Werbung*, die wettbewerbsrechtlich (→*UWG*) zulässig ist, wenn sie sich auf die Verteidigung im Falle rechtswidriger Angriffe durch Mitbewerber beschränkt.

Abweichungen Differenzen zwischen Ist- und Planwerten. Die Ermittlung der Abweichungen dient der Kontrolle von →*Entscheidungen* (siehe auch →*Marketing-Controlling*). In der methodischen Statistik sind Abweichungen die →*Streuung* der Größen um den →*Mittelwert*. Der Durchschnitt der Quadrate der Abweichungen wird als →*Varianz* bezeichnet.

Abweichungsanalyse Bewertung von Abweichungen und Erklärung auf der Basis von Kausalitätsanalysen (→*Kausalität*). In erster Linie beziehen sich die Abweichungsanalysen auf die Zielgrößen →*Absatz*, →*Umsatz* und →*Gewinn* in Verbindung mit den →*Kosten*. Ziel der Abweichungsanalyse ist es, die Differenzen zwischen Ist- und Planwerten möglichst frühzeitig zu erkennen, um geeignete Anpassungsmaßnahmen einleiten zu können.

Account Management An den →*Kunden* orientierte →*Marketingorganisation* (siehe →*Key Account-Management*).

Acoustic Identity Formal und inhaltlich umrissene Klangwelt für die →*Marke*. Sie soll eine Identität herstellen von →*Markenidentität* bzw. →*Markenimage* (siehe auch →*Markenmythos*) und akustischer Klanganmutung in der audiovisuellen →*Produktwerbung* (siehe →*Jingle*).

Activity Accounting →*Prozeßkostenrechnung*.

Adaptation →*Adaption*.

Adaption Anpassung von Individuen/Unternehmen an ihre soziale Umwelt/Konkurrenz. Für das Individuum bedeutet Adaption die Bewältigung einer Situation durch Anpassung seines →*Verhaltens* (z.B. durch →*Konformität*). Marketingstrategisch ist die Adaption eine Annäherung an das Konkurrenzverhalten und ähnelt vielfach einer Imitation (→*Nachahmung*, →*Imitationsstrategie*).

Adaptations-Niveau-Theorie Es besteht ein mittleres Preisempfinden auf der Grundlage bisheriger Preiserfahrungen. Je nach diesem sogen. →*Referenzpreis* wird ein →*Preis* als hoch, niedrig oder normal beurteilt bzw. eingestuft.

ADC Abk. für Art Directors Club für Deutschland e.V.

Add-a-card-Anzeige →*Anzeige*, der eine Rückantwort- oder Bestellkarte beigefügt bzw. in die eine Postkarte eingeklebt ist.

Added Value →*Zusatznutzen* oder Mehrwert eines →*Produktes* bzw. einer →*Dienstleistung* im z.B. psychologischen oder Convenience-Bereich (→*Convenience Goods*), der über den →*Grundnutzen* hinausgeht und bei sonst gleichen →*Produkteigenschaften* die Möglichkeit zur zielgruppenbezogenen Differenzierung (→*Produktdifferenzierung*) schafft.

Adequacy Importance-Modell Verfahren zur →*Einstellungsmessung*, das die Merkmalsbeurteilung mit ihren jeweiligen Wichtigkeiten multipliziert und die daraus resultierenden Eindruckswerte aufsummiert (vgl. → *Adequacy Value-Modell*).

Adequacy Value-Modell Verfahren zur →*Einstellungsmessung*, das den Eindruck von Merkmalen und ihren Eigenschaften mißt, diesen aber nicht wie das →*Adequacy Importance-Modell* mit der subjektiven Bedeutung gewichtet.

Ad-hoc-Forschung Einmalige Erhebung von →*Daten* in Form von →*Beobachtungen* und/oder →*Befragungen* im Gegensatz zu regelmäßig stattfindenden Erhebungen, wie z.B. →*Panel*.

ADM Abk. für Arbeitskreis Deutscher Marktforschungsinstitute e.V.

ADM-Master Sample →*Mehrstufiges Auswahlverfahren* des Arbeitskreises Deutscher Marktforschungsinstitute. Zunächst werden die →*Stichproben* aus jeweils ca. 1000 Einwohner repräsentierenden Stimmbezirken nach dem Prinzip der Zufallsauswahl (→*Randomauswahl*) gezogen. Daraus erfolgt im nächsten Schritt die Auswahl von Haushalten bzw. Zielpersonen (wiederum nach dem Zufallsprinzip).

Adopter Übernehmer, die aufgrund ihrer Innovationsfreudigkeit bzw. Risikobereitschaft neue Produkte (→*Produktinnovation*) annehmen (adoptieren) und damit ihre Verbreitung (→*Diffusion*) im →*Markt* bewirken. Es bestehen unterschiedliche →*Adoptergruppen* (Adopterklassen), die durch bestimmte Eigenschaften charakterisiert sind.

Adoptergruppen Die →*Adopter* teilen sich in Gruppen bzw. Klassen auf. Unterschieden werden die →*Innovatoren* (2,5% der Bevölkerung), die →*Frühadopter* (13,5%), →*Frühe Mehrheit* (34%), →*Späte Mehrheit* (34%) und die →*Nachzügler* (16%). Die verschiedenen Adoptergruppen weisen bestimmte Eigenschaften auf, die sie voneinander unterscheiden. Die Eigenschaftsklassifikation ist in ihrer Gültigkeit in Theorie und Praxis umstritten.

Adoption Mehrstufiger, individualpsychologischer Prozeß von der →*Wahrnehmung* einer →*Innovation* (→*Produktinnovation*) bis zu ihrer Annahme. Aus der Summe der Adoptionen ergibt sich die Verbreitung im Sinne einer Verteilung (→*Diffusion*) der Innovation im Markt.

Adoptionsmodell(e) →*Stufenmodelle der Werbewirkung*. Im einfachen Modell wird folgende hierarchische Abfolge der →*Werbewirkung* angenommen: Die Bewußtheit führt zum Interesse und dieses zur Bewertung.

Der Bewertung folgt der Versuch. Ist dieser erfolgreich, kommt es zur nachhaltigen →*Adoption* (Wiederholungskauf). Die Grundannahmen für den Modellansatz sind aus der →*AIDA-Formel* abgeleitet, deren Ursprung in der systematischen Gestaltung von → *Verkaufsgesprächen* liegt. Die wichtigste Weiterentwicklung des Adoptionsmodells ist der Ansatz von *Th. S. Robertson (1971)*. Er schließt an *E. M. Rogers* an und definiert folgende hierarchische Wirkungsebenen der Werbung: Awareness (Bewußtheit), Comprehension (Einsicht), Attitude (Einstellung), Legitimation (Legitimierung), Trial (Ausprobieren), Adoption (Annahme).

Adoptionsprozeß Modell aus der soziologischen →*Diffusionsforschung* von *E.M. Rogers*. →*Innovationen* durchlaufen einen Übernahme- bzw. Annahmeprozeß. Der Verlauf des differenzierten Adoptionsprozesses ist abhängig von personen-, umwelt- und produktbedingten Einflußgrößen. Der Adoptionsprozeß ist nach dem Modellansatz im wesentlichen personenbezogen. Die Innovationsfreudigkeit bzw. Risikobereitschaft der Übernehmer (→*Adopter*) gilt als wichtigste personenbedingte Einflußgröße. Die Akzeptanz einer Neuerung wird außerdem begünstigt durch ihren relativen Vorteil gegenüber vorhandenen Produkten, der Kompatibilität mit bestehenden Werthaltungen der Adopter, der Möglichkeit der Teilbarkeit und Prüfbarkeit und einer geringen Komplexität. Der Grad der Innovationsfreudigkeit ist im Hinblick auf die verschiedenen →*Adoptergruppen* sehr unterschiedlich ausgeprägt. Die Summe der Adoptionsprozesse führt zur →*Diffusion* der Innovation im Markt. Adoptionen und in der Folge →*Diffusion* vollziehen sich im zeitlichen Ablauf von der Einführung der Innovation bis zu ihrer vollständigen Marktakzeptanz.

Adoptionsverhalten Die Übernahme (→*Adoption*) von →*Innovationen* durch potentielle →*Käufer* wird von zahlreichen Faktoren beeinflußt, die damit maßgeblich für die Dauer des →*Adoptionsprozesses* sind. Untersucht wird das Adoptionsverhalten im Rahmen der →*Diffusionsforschung*.

Adoptionszeit Als Adoptionszeit bezeichnet man die zeitliche Verzögerung, mit der ein Individuum im Vergleich zum ersten Übernehmer eine →*Innovation* übernimmt. In Erweiterung umfaßt die Adoptionszeit die Zeitdistanz von der Einführung der Innovation bis zu ihrer vollständigen Marktakzeptanz (→*Adoptionsprozeß*).

Adressant →*Kommunikator*.

Adressat →*Kommunikant*, der auch als →*Rezipient* oder in der →*Marketingkommunikation* als →*Werbeempfänger* bezeichnet wird.

ADV Abk. für Allgemeiner Direktwerbe- und Direktmarketing-Verband e.V.

Advertainment Unterhaltende → *Werbung*, die auffällt und in der klassischen Form primär den Humor und Witz als Stilmittel einsetzt, um bei den →*Kommunikanten* (→*Rezipienten*) aktive →*Wahrnehmung* und →*Aufmerksamkeit* zu generieren (siehe dazu auch →*Infotainment*). Neuere Beispiele aus der Kommunikatonspraxis zeigen jedoch, daß Humor nicht das einzige Stilmittel ist, um Aufmerksamkeit um jeden Preis zu erzeugen (z.B. Horroranzeigen). Entertainment (Unterhaltung) und damit auch Advertainment haben zunehmend weniger etwas mit Entspannung als vielmehr mit Spannung zu tun.

Advertorial Verbindung von **Adver**tising (Werbung) und Edi**torial** (redaktioneller Beitrag). Die →*Anzeigen* werden „redaktionell" so gestaltet, daß der flüchtige Leser sie als solche nicht erkennt und ihnen die Glaubwürdigkeit eines redaktionellen Beitrags beimißt. Dies setzt jedoch voraus, daß die Anzeigen für jeden →*Werbeträger* (→*Kommunikationsmedium*) differenziert und paßgenau bzgl. Stil und Redaktionskonzept entwickelt werden müssen.

Advocacy Advertising Form der →*Public Relations*, um Angriffen von Anspruchsgruppen (→*Stakeholder*) zu begegnen oder zu öffentlich diskutierten Themen Stellung zu nehmen (siehe auch →*Public Marketing*). Dies geschieht unter Einsatz der Mediawerbung (→*Klassische Werbung*).

Ähnlichkeitsinterferenz(en) Teil der →*Interferenztheorie*, der insbesondere für die →*Marketingkommunikation* von Bedeutung ist. Durch Informationsüberlagerungen kann eine Verwechslungsgefahr der →*Werbebotschaften* des gleichen oder auch verschiedener →*Kommunikatoren* auftreten.

Ähnlichkeitsmaß(e) Maß(e) zur Quantifizierung von Ähnlichkeiten zwischen beobachteten Objekten (siehe auch →*Clusteranalyse*). Zu unterscheiden sind Maße für metrisch skalierte Daten (Darstellung mit Hilfe von →*Distanzmaßen*) und für nicht-metrisch skalierte Daten (Darstellung mit Hilfe von →*Skalenmaßen*).

Äquivalenzziffernrechnung Mit Hilfe von Schlüsseln (Kostengewichten) wird eine Verteilung der →*Kosten* auf die einzelnen →*Kostenträger* vorgenommen (siehe auch →*Vollkostenrechnung*).

Affekt Spontane, intensive Gefühlsäußerung der Akzeptanz oder Ablehnung, die im Gegensatz zu →*Emotionen* eher kurzfristig ist und kognitiv wenig kontrolliert wird. Affekte sind zielungerichtet, da intuitiv, aber handlungsorientiert. Als Beispiel für Affekthandlungen gelten →*Impulskäufe*.

Affektion Gefühlsmäßige und affektbezogene Einschätzung eines Meinungsgegenstandes (siehe dazu auch →*Affektive Komponente*,→*Image* und in Abgrenzung →*Kognition* und →*Konation*).

Affektive Komponente Mit →*Einstellungen* verbundene gefühlsmäßige Einschätzung von Meinungsgegenständen, die sich in emotionalen Zu- oder Abneigungen äußert (siehe auch →*Image* und in Abgrenzung →*Kognition* und →*Konation*).

Affektiv-kognitive Konsistenz →*Konsistenztheorie* von *M.J. Rosenberg (1956)*, nach der die Individuen danach streben, in Fällen von Dissonanzen (→*Dissonanztheorie*) eine affektiv-kognitive Konsistenz herzustellen. Das geschieht in der Weise, daß entweder die affektive Bewertung eines Einstellungsobjektes oder die kognitiven Überzeugungen über seine Beschaffenheit geändert werden.

Affektkauf →*Impulskauf*.

Affinität Verhältnis der →*Reichweite* eines →*Kommunikationsmediums* in der →*Zielgruppe* zu seiner Reichweite in der Bevölkerung. Die Affinität ist neben den quantitativen Kriterien (→*Kontaktzahl*, Reichweite, →*Tausenderpreis*, →*Kontaktgewichtung*, →*Kontaktwahrscheinlichkeit*, →*Kontakthäufigkeit*) ein weiteres Beurteilungskriterium für die →*Kontaktqualität* eines →*Werbeträgers* und damit eine wichtige Entscheidungshilfe für die →*Mediaplanung* und →*Mediaselektion*.

Affinity-Marketing Ansprache und Bearbeitung sozialer →*Bezugsgruppen* (Affinity Groups) mit dem Ziel, durch die Betonung des Zugehörigkeitsgefühls die Wahrnehmungs- und Akzeptanzbarrieren abzubauen (siehe dazu auch →*Zielgruppen-Marketing*, →*Marktsegmentierung*).

After-Sales-Marketing →*Nachkaufmarketing*.

After-Sales-Service(s) →*Dienstleistungen* (→*Kundendienst*, →*Services*), die als gezieltes →*Nachkaufmarketing* eingesetzt werden, um durch eine möglichst hohe →*Kundenzufriedenheit* eine langfristige →*Kundenbindung* zu erreichen. Durch ein umfassendes →*Servicemarketing* werden After-Sales- und →*Pre-Sales-Services* integrativ miteinander verbunden.

AGB-Gesetz Gesetz zur Regelung des Rechts der →***A**llgemeinen **G**eschäftsbedingungen*.

Agency Fee →*Agenturvergütung*.

Agenda Setting Bestimmung der „Tagesordnung" für eine publikumswirksame Themenauswahl, -bearbeitung und -rangfolge durch die →*Massenmedien* (Thematisierung). Ihnen kommt einerseits die Funktion von →*Gatekeepern* zu im Hinblick auf die Thematisierung der →*Öffentlichen Meinung*; andererseits werden Themen bevorzugt, die von der →*Öffentlichkeit* favorisiert werden.

Agentur →*Werbeagentur*.

Agentursystem →*Kommissionssystem*.

Agenturvergütung Vergütung der Leistungen, die eine →*Werbeagentur* für einen →*Werbungtreibenden* erbringt. Die wichtigsten Formen sind (1.) die Mittlerprovision (15% vom Netto-Einschaltvolumen als →*Provisionssystem*), (2.) das →*Service Fee-System* (einheitlicher Vergütungssatz), bei dem alle der Agentur zufließenden Rabatte und Provisionen durch die →*Werbeträger* (→*Medien*) an den Kunden abgetreten werden, (3.) Pauschalvergütung, die üblicherweise jährlich mit dem Auftraggeber vereinbart wird und (4.) Einzelleistung-Vergütung, die sich auf definierte Aufgaben (meist projektbezogen) beschränkt. Daneben bestehen in der Praxis noch diverse Mischformen und Sonderregelungen, da es sich grundsätzlich um eine freie Vereinbarung zwischen den Vertragspartnern handelt. Eine der Sonderformen ist das Basishonorar plus Bonus für den Umsatzzuwachs. Hierbei handelt es sich um eine erfolgsbezogene Agenturvergütung, wobei der Erfolg auch gemessen werden kann an der Erhöhung der →*Markenbekanntheit* oder an der Verbesserung des →*Markenimage*.

Agglomeration Konzentration von Betriebsstätten, die vor allem im →*Einzelhandel* zunimmt. Es wird unterschieden zwischen branchengleicher →*Standortagglomeration* (konkurrierende Einzelhandelsunternehmen an einem Ort) und branchenungleicher Agglomeration (z.B. →*Einkaufs-Center*). Insbesondere die letztere Form entspricht dem Nachfragetrend zum →*Verbundkauf* in Verbindung mit dem →*Erlebniskauf*. Durch die Kombination verschiedenartiger Produkt- und Dienstleistungsangebote bietet die branchen-ungleiche Agglomeration für den →*Erlebnishandel* die besten Voraussetzungen.

AGLA Abk. für Arbeitsgemeinschaft Leseranalyse, der Vorläuferorganisation der →*AG.MA*. Aus der AGLA ist auch die →*AWA* hervorgegangen.

AG.MA Abk. für Arbeitsgemeinschaft Media-Analyse e.V. Als Zusammenschluß von →*Werbeträgern*, →*Werbeagenturen*, →*Werbemittlern* und → *Werbungtreibenden* ist die Arbeitsgemeinschaft vor allem in der →*Mediaforschung* tätig (siehe →*Mediaanalyse*). Die Forschungsergebnisse werden jährlich in der →*Media-Analyse (MA)* veröffentlicht.

Agostini-Formel Nach dem französischen Medienforscher *J.-M. Agostini* benannte Formel zur Berechnung der →*Netto-Reichweite* einer Kombination gleichzeitig belegter →*Werbeträger*. Danach ist die Nettoreichweite gleich der quadrierten Summe der Bruttoreichweiten dividiert durch 1,125 x Summe der Doppelleser + Summe der Bruttoreichweiten.

Agrargesellschaft →*Primärer Wirtschaftsbereich*, →*Wirtschaftsbereiche*, →*Industrialisierung*.

AgV Abk. für →*Arbeitsgemeinschaft der Verbraucherverbände*.

AIDA-Formel Nach *E.St. Lewis(1898)* umfaßt die →*Werbewirkung* folgende Stufen: **A**ttention (Aufmerksamkeit), **I**nterest (Interesse), **D**esire (Kaufwunsch, Kaufabsicht), **A**ction (Kaufhandlung). Es handelt sich um eine in der Praxis weit verbreitete Formel zur Messung der Werbewirkung, ist aber ähnlich wie die →*DAGMAR-Formel* sehr umstritten. Die Kritik bezieht sich vor allem auf die Hypothese, daß eine strenge Hierarchie der Stufung (→*Stufenmodelle der Werbewirkung*) besteht. Überdies muß nicht unbedingt eine Beziehung bestehen zwischen der psychologischen und der ökonomischen Werbewirkung.

AIDCA-Formel Weiterentwicklung der →*AIDA-Formel* zur Bestimmung der →*Werbewirkung*. Der Phase des Kaufwunsches (**D**esire) folgt die Vertrauensgewinnung (**C**onfidence), der sich erst dann die Kaufhandlung (**A**ction) anschließt.

AIDCAS-Formel Weiterentwicklung der →*AIDA-Formel* zur Bestimmung der →*Werbewirkung*. Der Phase des Kaufwunsches (**D**esire) folgt die Überzeugung (**C**onviction) bzgl. des Produktvorteils gegenüber anderen und vergleichbaren Angeboten. Das Modell geht weiter davon aus, daß nach der Kaufhandlung (**A**ction) eine →*Kundenzufriedenheit* (**S**atisfaction) hergestellt werden muß im Sinne einer Kaufbestätigung (siehe auch →*Nachkaufmarketing*).

AIO-Ansatz Die AIO-Komponenten erfassen die drei wesentlichen Faktoren menschlicher Verhaltensmuster: die beobachtbaren **A**ktivitäten, die emotional bedingten **I**nteressen und die kognitiven **O**rientierungen (siehe auch →*Lebensstile*, →*Konsumentenverhalten*).

Akkreditiv Finanzierungsform, bei der (in der einfachen Form) der Exporteur bei Vorlage der Akkreditivdokumente und nach Lieferung der Ware die monetäre Gegenleistung in Höhe der vereinbarten Akkreditivsumme erhält.

Akkumulationsstrategie →*Sprinkler-Strategie*.

Akquisition Gewinnung neuer →*Kunden* bzw. Pflege bestehender Kundenbeziehungen. Die Akquisition erfolgt durch den →*Außendienst* in der persönlichen Akquisition (siehe dazu auch →*Akquisitorische Distribution*). Gegenüber der Kundenakquisition ist die Firmenakquisition abzugrenzen, die auf den Kauf von Firmen gerichtet ist (siehe auch →*Mergers & Acquisitions*).

Akquisitorische Distribution Bestandteil der →*Distributionspolitik*. Sie ist der modernere Begriff für die →*Absatzmethode* und unterscheidet sich von dieser nur durch den Einbezug des →*Vertikalen Marketing*. Diese weniger instrumentale Einfügung wurde notwendig durch die veränderten Hersteller-Handels-Beziehungen.In der Distributionspolitik wird die akquisitorische Distribution ergänzt durch die →*Physische Distribution.*

Akquisitorisches Potential Unelastischer Teil der →*Preisabsatzfunktion* in einem →*Polypol* auf →*Unvollkommenem Markt.* Die →*Preispolitische Autonomiezone* (→*Monopolistischer Spielraum*) wird begrenzt durch einen Ober- und Unterpreis (siehe auch →*Cournot'scher Punkt*). Das akquisitorische Potential markiert auch den →*USP (Unique Selling Proposition)* und wird in seinem Niveau bestimmt durch die besondere Anziehungs- und Ausstrahlungskraft des →*Unternehmens* auf Lieferanten, →*Kunden* und die sonstige Umwelt (→*Öffentlichkeit*). Die potentialbildenden Faktoren sind z.B. die →*Qualität* des Leistungsangebots, der →*Service*, das →*Image* etc. Das Niveau des akquisitorischen Potentials ist ein entscheidender Wettbewerbsfaktor, der u.a. die →*Wettbewerbsfähigkeit* bestimmt.

Aktienkommunikation →*Aktienmarketing.*

Aktienmarketing Einsatz des Marketinginstrumentariums zur Finanzmittelbeschaffung über Aktien. Das Aktienmarketing ist damit ein Teil des umfassenderen →*Finanzmarketing* (siehe dazu auch →*Investor Relations*). Eine der wichtigsten Phasen im Aktienmarketing ist die Börseneinführung.

Aktionsangebot(e) →*Sonderangebotspolitik*, →*Sonderangebot(e).*

Aktionsplazierung Form der →*Zweitplazierung*, die mit Aktionen (z.B. →*Preisaktionen*) im →*Einzelhandel* verbunden wird.

Aktionspreis Form der zeitlich begrenzten →*Preisvariation* im Rahmen der →*Sonderangebotspolitik.* Ziel ist in der Regel der schnelle Herausverkauf von bestimmten Produkten (Altware) und darüber hinaus die Darstellung der besonderen Preis-/Leistungsfähigkeit des →*Handels* (vor allem des →*Einzelhandels*). Die Gefahr häufiger Aktionspreissetzungen ist der damit evtl. verbundene Preisverfall durch ein verändertes →*Preisbewußtsein* der →*Verbraucher* in Verbindung mit einem ruinösen →*Preiswettbewerb*. Überdies können wiederholte Aktionspreise zu Imageschädigungen von Prestigeprodukten (→*Prestigekonsum*) führen.

Aktionsrabatt →*Rabatt*, der im Rahmen der →*Verkaufsförderung* vom Lieferanten dem →*Handel* (→*Institutioneller Handel*) zwecks Steigerung des →*Absatzes* bestimmter Leistungsangebote gewährt wird.

Aktionswerbung →*Werbung*, deren Ziel es ist, die Umworbenen zur sofortigen Kaufhandlung (→*Kaufentschei-*

dung) zu veranlassen. Die Aktionswerbung stellt eine Zwischen- bzw. Verbindungsform dar zwischen der klassischen →*Produktwerbung* und der →*Verkaufsförderung*.

Aktiver Bekanntheitsgrad →*Bekanntheitsgrad*.

Aktivierende Prozesse Vorgänge, die mit inneren Erregungen und Spannungen verbunden sind. Es handelt sich um die menschlichen Antriebskräfte →*Emotionen*, →*Motivationen* und →*Einstellungen* (in Verbindung mit →*Erwartungen*). Sie zeichnen sich durch eine zunehmende →*Komplexität* aus, die auf die wachsende Beteiligung von kognitiven Vorgängen (→ *Kognitive Prozesse*) zurückgeht. Insofern ist eine strenge Trennung von aktivierenden und kognitiven Prozessen nicht möglich (siehe auch →*Konative Prozesse*).

Aktivierung Maß für die Leistungsfähigkeit und Reaktionsbereitschaft eines Organismus (→*Intervenierende Variablen*). Der spezifischen Aktivierung, die ein bestimmtes →*Verhalten* fördert oder auslöst, kommt in der →*Werbewirkungsforschung* besondere Bedeutung zu. Die unspezifische Aktivierung führt nur zu einem allgemeinen (zielungerichteten) Erregungszustand. Das Aktivierungsniveau unterliegt Schwankungen, die die Reaktion des Individuums auf Reizsituationen (→*Reize*) ausdrücken und seine Aufnahme- und Verarbeitungsfähigkeit bestimmen. Die Aktivierungsstärke umfaßt eine Schwankungsbreite von minimaler Aktivierung (Tiefschlaf) bis zur Überaktivierung (Panik). Mit zunehmender Aktivierung nehmen die Leistungen des Individuums zu, und zwar sowohl physisch (Reaktionsgeschwindigkeit, Kraft) als auch psychisch (→*Wahrnehmung*, Lernleistung). Nach Erreichung des Optimums sinkt mit steigender Aktivierung die Leistung (→*Lambda-Hypothese*). Bei starker Erregung kommt es zu einem deutlichen Leistungsabfall. → *Aktivierungsmessungen* zeigen die unterschiedlichen Wirkungen aktivierender Reize bei verschiedenen →*Zielgruppen*.

Aktivierungsmessung Messung der durch →*Reize* bewirkten →*Aktivierung*. Auf der physiologischen Ebene werden körperliche Reaktionen der Testpersonen, wie z.B. Hautwiderstand (→*Hautwiderstandsmessung*), durch die psychogalvanische Reaktion (PGR) oder →*Elektrodermale Reaktion (EDR)* gemessen (siehe hierzu → *Apparative Verfahren*). Auf der motorischen Ebene beobachtet man Mimik, Gestik und Körperbewegungen und registriert die Blickbewegungen (→*Augenkamera*). →*Befragungen* mit Hilfe einer →*Ratingskala* untersuchen die subjektive Erlebnisebene und ergänzen die zuvor festgestellte Aktivierungs-(Emotions-)stärke mit der noch fehlenden Emotionsqualität.

Aktivierungstheorie →*Lambda-Hypothese*.

Aktualgenese Entstehungsprozeß der →*Wahrnehmung* (siehe auch → *Elementarpsychologie*, →*Ganzheitspsychologie*, →*Gestaltpsychologie*).

Akzeptanz Positive Aufnahme von in erster Linie →*Innovationen* im umfassenden Sinne durch →*Konsumenten* (→*Nachfrager*, →*Verbraucher*). In der →*Werbung* (→*Produktwerbung*) versteht man unter Akzeptanz vor allem die Zustimmung der Umworbenen zur →*Werbemittelgestaltung*. Die Werbemittelakzeptanz ist ein wesentlicher Bestimmungsfaktor für die →

Werbewirkung und den →*Werbeerfolg*.

Akzeptanztest Erfassung der →*Akzeptanz* von z.B. Testprodukten durch Versuchspersonen. Der Test erfolgt auf experimenteller Basis und mißt z.B. die →*Anmutung* von Produktqualität (→*Qualität*),→*Produkteigenschaften*, →*Preis-Leistungs-Verhältnis* etc. hinsichtlich der →*Kaufabsicht* durch die →*Probanden*.

Akzidentelle Werbung →*Werbung* (→*Produktwerbung*), die eher punktuell und gelegentlich betrieben wird und im Rahmen der gesamten →*Marketingkommunikation* eine nur untergeordnete Bedeutung hat (siehe im Vergleich →*Dominante Werbung*).

Aleatorische Werbung Sammelbezeichnung im →*Werberecht* für Gewinnspiele, Verlosungen, →*Preisausschreiben*, Preisrätsel etc., die wettbewerbsrechtlich (→*UWG*) grundsätzlich zulässig sind, soweit die Veranstalter damit auf die Adressaten keinen →*Psychologischen Kaufzwang* ausüben.

Allegatorische Werbung Zitierende Werbung, die argumentativ Ergebnisse aus wissenschaftlichen Untersuchungen, →*Warentests* etc. verwendet. Diese Form der Werbung ist wettbewerbsrechtlich (→*UWG*) unbedenklich, soweit sie nicht zur Fallgruppe der unzulässigen →*Vergleichenden Werbung* (Herabsetzung der Mitbewerber) zählt.

Alleinstellungswerbung →*Produktwerbung* mit Hilfe von Formulierungen, die die Einzigartigkeit des Leistungsangebots hervorheben. Alleinstellungswerbung ist grundsätzlich zulässig (→*UWG*), wenn sie wahr ist, wobei die Beweislast beim →*Werbungtreibenden* liegt. Mit der Alleinstellungswerbung verbundene Herabsetzungen der →*Wettbewerber* sind unzulässig.

Alleinvertrieb Vertragliche Vereinbarung zwischen Hersteller und Händler, in der dem Händler das Recht eingeräumt wird, das Leistungsangebot exklusiv (→*Exklusivvertrieb*) in einem definierten →*Verkaufsbezirk* zu vermarkten (siehe auch →*Gebietsschutz*).

Allensbacher Werbeträger-Analyse →*AWA*.

Allgemeine Geschäftsbedingungen (AGB) Bedingungen, die bei Verträgen (vor allem bei →*Kaufverträgen*) z.B. die Sachmängelhaftung, den Eigentumsvorbehalt, Erfüllungsort und den Gerichtsstand festlegen (siehe auch →*Liefer-* und →*Zahlungsbedingungen*). Bedingungen, die den Geschäftspartner knebeln, sind nichtig. Unzulässig ist auch die Ausnutzung einer wirtschaftlichen Machtstellung. Siehe dazu auch →*Gesetz gegen Wettbewerbsbeschränkungen (GWB)* und →*Gesetz gegen den unlauteren Wettbewerb (UWG)*.

Allianz(en) →*Strategische Allianz*.

Alltagsästhetik Ästhetisches Grundbedürfnis, das in den täglichen Lebensgewohnheiten, im Lebens- und Konsumstil zum Ausdruck kommt (→*Lebensstil*). Die Alltagsästhetik umfaßt und prägt somit die gesamte Lebens- und Arbeitswelt (→*Lebenswelt*) wie auch das Kommunikationsverhalten. Sie ist ein entscheidender Faktor für soziale Orientierung und Differenzierung, d.h. Zuordnung bzw. Ablehnung zu anderen sozialen →*Gruppen*. Die ästhetischen Grundmotive bilden in Verbindung mit der Wertorientierung (→*Werte*) und dem sozialen →*Status* eines Menschen die Basis für die Segmentation nach Lebenswelten (→*Sozialen Milieus*).

All-you-can-afford-Methode Die Werbebudgetierung nach den verfügbaren finanziellen Mitteln (siehe → *Werbebudgetierung*).

Alter Lebensphasen eines Individuums, mit denen entsprechend den jeweiligen Wertvorstellungen (→*Werte*, →*Tradition*) einer →*Gesellschaft* bestimmte →*Soziale Rollen* und Verhaltensweisen (→*Verhalten*) verbunden sind bzw. erwartet werden. Alter ist kein fester sozialer →*Status*, sondern ein komplexer Prozeß, der biologische, soziale und psychische Komponenten umfaßt (siehe auch →*Soziodemographische* und →*Psychographische Kriterien*). Dem biologischen steht das psychologische Alter (geprägt durch →*Persönlichkeit*, →*Lebensstil* etc.) entgegen, d.h. die eigenen →*Einstellungen* und →*Erwartungen*, die über das Ausmaß von Aktivitäten in jedem Lebensabschnitt entscheiden. Die soziale Einschätzung der Gesellschaft sowie technologisch-wirtschaftliche Gegebenheiten der Konsumtionsverhältnisse bestimmen zusammen mit der individuellen ökonomischen Situation die Veränderungen in jeder Altersphase.

Alternativhypothese Gegenhypothese zur →*Nullhypothese* als komplementäre Hypothese. Sie gilt dann, wenn die Nullhypothese verworfen wird.

AMA Abk. für American Marketing Association. Es handelt sich mit über 45.000 Mitgliedern in 92 Ländern um die weltweit größte Vereinigung von Marketingexperten aus Wissenschaft und Praxis und wurde 1937 gegründet.

Ambiguität Mehrdeutigkeit, die sich z.B. aus verschiedenen Wertvorstellungen (→*Werte*), Normensystemen (→ *Normen*) und unterschiedlichen Verhaltenserwartungen der→*Gesellschaft* an das Individuum ergeben kann und zu der absehbar keine Lösung existiert (siehe auch →*Ambiguitätstoleranz*).

Ambiguitätstoleranz Fähigkeit, in einem Spannungszustand verschiedener Konflikte zu leben und intensiv an einer effizienten Lösung zu arbeiten (siehe auch →*Kreativität*). Die Ambiguitätstoleranz gilt als Variable der Persönlichkeitsstärke.

Ambivalenz Gleichzeitiges Auftreten (Doppelwertigkeit) von gegensätzlichen Gefühlen (→*Motiven*, →*Einstellungen* etc.), wie z.B. Zuneigung und Abneigung in bezug auf denselben Gegenstand (→*Ambivalenzkonflikt*).

Ambivalenzkonflikt Begriff von *K. Lewin (1939)* für einen Annäherungs-Vermeidungs-Konflikt (auch →*Appetenz-Aversions-Konflikt* genannt). Ein angestrebtes Ziel, z.B. der Kauf eines Luxusgutes, löst widersprüchliche Verhaltenstendenzen aus. Die →*Motivation* nach Besitz bei gleichzeitigen Schuldgefühlen angesichts z.B. des → *Preises*, →*Umweltbewußtseins* etc. lähmen das Individuum in seiner Aktionsfähigkeit, solange die Konfliktsituation andauert.

Ambulanter Handel →*Betriebsform* des →*Einzelhandels*, die im Vergleich zum →*Stationären Einzelhandel* standortungebunden ist. Die wichtigsten Formen sind der →*Hausierhandel*, →*Straßenhandel*, →*Verkaufswagen*, →*Markthandel*, →*Wochenmärkte* (siehe auch → *Direktvertrieb*).

Amoroso-Robinson-Relation Darstellung des Zusammenhangs zwischen Grenzausgabe und →*Preiselastizität* (nach *L. Amoroso* und *J.V. Robinson, 1903-1983*). Nimmt die nachgefragte Menge um einen bestimmten Prozentsatz zu und der →*Preis* entsprechend ab, so erhöht sich die Ausgabe der →*Abnehmer* um den Prozentsatz der Erhöhung der Nachfragemenge und vermindert sich um den Prozentsatz der Preissenkung.

Amortisation Rückflußzeit des eingesetzten Kapitals (→*Aufwendungen*) durch die →*Erträge* des Investitionsobjekts.

Analyse Zielorientierte Beschreibung und Erklärung der vergangenen und/oder gegenwärtigen Situation bzw. Lage incl. des situativen Umfelds (z.B. Konkurrenz). →*Diagnose*, →*Prognose* und →*Planung* stehen mit der Analyse in einem engen Beziehungszusammenhang, sind aber begrifflich streng davon zu trennen.

Anbieter Zahl der Marktteilnehmer, die auf einem →*Markt* Leistungen zum →*Verkauf* anbieten (siehe auch →*Angebot* und als Pendant →*Nachfrager*).

Angebot Summe der Leistungen, die auf einem →*Markt* zum →*Verkauf* angeboten werden. Das Angebot wird repräsentiert durch die Zahl der →*Anbieter*. Das Pendant zum Angebot ist die →*Nachfrage*.

Angebotselastizität →*Preiselastizität*.

Angebotsformen →*Marktformen*.

Angebotsfunktion Zusammenhang zwischen dem →*Angebot* von Leistungen und der das Angebot bestimmenden Faktoren, die marktbedingt sind (z.B. →*Marktpreis*, →*Qualität*, →*Konditionen* etc.). Im wesentlichen bestimmt die →*Nachfragefunktion* die Angebotsfunktion (siehe dazu auch →*Spinnwebtheorem*).

Angebotsmacht Machtpotential eines im →*Markt* überlegenen →*Anbieters*, seine Interessen gegenüber einem abhängigen →*Nachfrager* durchzusetzen. Die Ausnutzung von Machtpotentialen erweist sich als wettbewerbsschädlich im Sinne eines marktwirtschaftlichen →*Leistungswettbewerbs* (→*GWB*). Anbieterbezogene Machtungleichgewichte (sogen. →*Asymmetrische Machtverteilungen*) werden vor allem von Staatsmonopolen ausgenutzt. Die Schaffung von Angebotsmacht ist auch einer der wesentlichen Beweggründe für die zunehmende Unternehmenskonzentration (→*Konzentration*). Gleiches gilt für den gegenteiligen Fall der Schaffung von →*Nachfragemacht* (siehe →*Handelskonzentration*) mit der Folge der Bildung von oligopoloiden Machtgruppierungen auf der Anbieter- und Nachfragerseite.

Angebotspolitik Zusammenfassung der →*Produkt-* und →*Preispolitik* als Marketing-Submix. Von der damit verbundenen Dreiteilung der →*Marketinginstrumente* ist die →*Marketingtheorie* inzwischen wieder abgerückt, da die Bedeutung der Preispolitik als eigenständiges Marketinginstrument einen bedeutenden Stellenwert im →*Marketing-Mix* hat.

Angst Unspezifische Empfindung einer allgemeinen Bedrohung (im Unterschied zur →*Furcht*). Angst führt zu einer übersteigerten →*Aktivierung* mit der Folge einer Verringerung der Wahrnehmungs- und Gedächtnisleistung. Dieser empirisch gesicherte Zusammenhang hat einen entscheidenden Einfluß auf die →*Werbemittelgestal-*

tung, da überdies Angstappelle beim →*Kommunikanten* (Rezipienten) eher zu einem Vermeidungsverhalten als zur →*Akzeptanz* führen.

Ankerpreis Preisempfinden (→*Preisbeurteilung*) auf der Grundlage bisheriger Preiserfahrungen (→*Referenzpreis*, →*Adaptions-Niveau-Theorie*). Der →*Nachfrager* vergleicht die Preisforderung des →*Anbieters* hinsichtlich seiner →*Preisakzeptanz* (→*Preisbereitschaft*), die im wesentlichen vom subjektiv empfundenen →*Preis-Leistungs-Verhältnis* abhängt.

Anlagengeschäft Form des →*Investitionsgütermarketing*, bei dem komplette Anlagen bzw. Anlagentechniken vermarktet werden. Es handelt sich im wesentlichen um ein →*Systemgeschäft*, das kundenindividuell (in der Regel einmalig), hochwertig, langfristig und komplex ist.

Anlehnende Werbung „Schmarotzende" Werbung durch Nutzung des guten Rufs (→*Unternehmensimage*, →*Markenimage*) von Konkurrenzprodukten für das eigene Leistungsangebot. Anlehnende Werbung ist wettbewerbsrechtlich (→*UWG*) unzulässig.

Anlocken Sammelbezeichnung für verschiedene Formen des unlauteren Wettbewerbs (→*UWG*), wie z.B. →*Anreißen* (anreißerische Werbung), →*Marktschreierische Werbung* etc. Vielfach ist das übertriebene Anlocken von →*Kunden* mit einem →*Psychologischen Kaufzwang* und/oder irreführenden Angaben (→*Irreführung*) verbunden.

Anmutung Erste Stufe der →*Wahrnehmung*, die sehr wichtig ist für die Beurteilung der →*Werbewirkung*. Der →*Werbeerfolg* hängt entscheidend von der ersten Anmutung ab. Die Anmutungsqualität wird gemessen durch einen Vergleich der erreichten Anmutung mit der für das →*Werbeziel* gewünschten Anmutung. Dieser Vergleich liefert Erkenntnisse zur erfolgten bzw. nicht erfolgten psychischen →*Aktivierung*.

Annuitätenrechnung Vergleich der durchschnittlichen periodengemäßen →*Einnahmen* bzw. →*Erlöse* mit den entsprechenden →*Ausgaben* bzw. →*Kosten* (siehe→*Investitionsrechnung*).

Anreißen →*Anlocken* von →*Kunden* durch anreißerische (aufdringliche) →*Produktwerbung*. Die anreißerische Werbung ist eine besondere Erscheinungsform des →*Kundenfangs* und verstößt gegen das →*UWG*.

Anreiz(e) Äußere →*Reize* (→*Stimuli*), die eine Aktivierung und Verstärkung des →*Verhaltens* bewirken. Anreize gelten als vorweggenommene Belohnung. Ihnen kommt eine motivierende Funktion zu, gewünschte Verhaltensweisen nicht nur zu verstärken, sondern auch auszulösen(→*Leistungsmotivation*, →*Incentives*, →*Anreiz-Beitrags-Theorie*). Anreiz gilt in den →*Lerntheorien* als motivationaler Effekt, der von der Erwartung künftiger Ereignisse ausgeht. Neben dem inneren Antrieb (→*Antriebskräfte*) stellt der Anreiz das wesentliche Element der →*Motivation* dar (siehe auch →*Extrinsische Motivation*, →*Intrinsische Motivation*).

Anreiz-Beitrags-Theorie Die von *H.A. Simon* und *J.G. March (1958)* entwickelte Theorie besagt, daß ein Anreiz-Beitrags-Gleichgewicht dann zustandekommt, wenn die subjektiv empfundenen Anreize und Beiträge der Teilnehmer an einer →*Transaktion* im Gleichgewicht sind. Die Theorie geht von einer subjektiv-formalen Rationalität des →*Konsumentenverhaltens* aus. Beispiel: Für die Mehrheit der Bevölkerung ist der Anreiz, Auto zu fahren immer noch größer als der Beitrag durch die permanent steigenden Benzinpreise. Damit existiert noch ein Anreiz-Beitrags-Gleichgewicht(siehe in Abgrenzung →*Appetenz-Aversions-Konflikt*).

Anreizmodell(e) →*Incentives.*

Anspruchsanpassungs-Theorie Theorie, nach der das Individuum sein →*Anspruchsniveau* an seine subjektiv wahrgenommenen positiven und negativen Erfahrungen anpaßt. Mit steigendem Anspruchsniveau sinkt die Wahrscheinlichkeit der subjektiv empfundenen, zufriedenstellenden Anspruchserfüllung.

Anspruchsniveau Bezugsrahmen der Bewertung einer Leistung. Das Anspruchsniveau bestimmt die Ziele, die ein →*Konsument* (→*Nachfrager*) oder auch →*Kunde* als zufriedenstellend betrachtet. Es unterliegt Veränderungen aufgrund der sich ändernden Konsumgewohnheiten (→*Konsumentenverhalten*). Anspruchsniveau und tatsächliches Niveau der Leistungen dürfen nicht zu stark voneinander abweichen, um auf Dauer eine →*Kundenzufriedenheit* sicherzustellen.

Antizipation Gedankliche Vorwegnahme oder →*Erwartung* zukünftiger Ereignisse. Die Antizipation beruht auf früheren Erfahrungen oder erkannten Gesetzmäßigkeiten. Sie beeinflußt → *Ziele* und →*Planung.*

Antizyklische Werbung Form des →*Werbetiming*, die der konjunkturellen Entwicklung entgegengerichtet ist. Das betrifft insbesondere die Festlegung der Höhe der Werbeausgaben (→*Werbebudgetierung*). Diese Vorgehensweise kann sich auch auf die Entwicklung z.B. der unternehmensbezogenen →*Umsätze* und auf den Ausgleich von Saisonschwankungen beziehen (siehe im Gegensatz dazu →*Prozyklische Werbung*).

Antriebskräfte Aktivierende Verhaltensbedingungen und -tendenzen, die das menschliche →*Verhalten* bestimmen. Im wesentlichen werden die Antriebe bestimmt durch →*Emotionen*, →*Motivationen*, →*Einstellungen* und →*Erwartungen*. Hierbei gilt die →*Aktivierung* als Basis aller Antriebskräfte (siehe im Vergleich →*Anreize*).

Antwortquote →*Rücklaufquote.*

Anzapfen Forderung von zusätzlichen Leistungen des Lieferanten, denen keine sachlich entsprechende Gegenleistung gegenübersteht. Beispiele sind Eintrittsgelder (bei der →*Produkteinführung* oder Erschließung neuer →*Absatzkanäle*), Listungsgebühren, Einrichtungszuschüsse, Regalmieten, Zuwendungen zu Jubiläen, überhöhte →*Werbekostenzuschüsse* etc. Diese Form des unlauteren Wettbewerbs (→*UWG*) ist vor allem auf die zunehmende Nachfragemacht des → *Handels* (→*Einzelhandel*) zurückzuführen (→*Asymmetrische Machtverteilung*). Das rechtsunverbindliche → *Sündenregister* sollte hier Abhilfe schaffen, wobei seine Wirksamkeit in Anbetracht des immer stärkeren → *Wettbewerbs* und der gängigen Praxis in Zweifel gezogen werden muß.

Anzeige(n) →*Kommunikationsmittel* (→*Werbemittel*), das für die →*Printmedien* (→*Zeitungen*, →*Zeitschriften*) die wichtigste Erlösquelle darstellt. Trotz des Wachstums der elektronischen Medien sind die Anzeigen nach wie vor das führende Kommunikationsmittel. Durch die →*Direktwerbung* (in Verbindung mit →*Coupon-Anzeigen*) nimmt die Bedeutung der Anzeige als Kommunikationsmittel sogar zu.

Anzeigenblätter Zeitungsähnliche Druckschriften mit einem hohen Anzeigenanteil. Die Anzeigenblätter, die den Charakter von Stadtzeitungen haben, werden (meist wöchentlich) in einem bestimmten Gebiet allen Haushalten kostenlos zugestellt. Der Erfolg der Anzeigenblätter hat sie zu einem ernsthaften Konkurrenten der Regionalzeitungen gemacht. Sie werden insbesondere von Dienstleistungs- und Handelsunternehmen als →*Kommunikationsmedium* genutzt. Vorteil der Anzeigenblätter sind ihre hohe Haushaltsabdeckung und der gezielte lokale Werbeeinsatz. Ähnliche Entwicklungen zeichnen sich im Stadt-Rundfunk und Stadt-TV ab.

Anzeigengestaltung→*Werbemittelgestaltung*.

Anzeigenkompaß Verfahren zur Messung der Anzeigenbeachtung in →*Publikumszeitschriften* (siehe auch →*Starch-Test*, →*Copytest*, →*Impact-Test*).

Anzeigenwerbung Nutzung der →*Printmedien* als →*Werbeträger* (→ *Kommunikationsmedium*). Von den Printmedien haben die →*Zeitungen* und →*Zeitschriften* die größte Bedeutung.

AOL Abk.für American Online, einem

der weltgrößten Online-Dienste (siehe auch →*Online-Marketing*, →*Internet*).

Apparative Verfahren Verfahren zur Messung physiologischer Reaktionen. Erfaßt wird die Intensität emotionaler Erregungen, die als Maß für die Wirksamkeit von Impulsen definiert ist. Die Indikatoren für die emotionalen Erregungen sind Veränderungen der Lidschlagfrequenz, des elektrischen Hautwiderstandes, der Atmung, Pulsfrequenz, des Blutdrucks, der Hirnströme, Pupillenweite oder der Stimmfrequenz (→*Stimmfrequenzanalyse*). Die Verfahren werden auch unter dem Begriff "Psycho-biologische Messungen" subsumiert. Der in der Forschung am meisten benutzte Indikator ist die →*Elektrodermale Reaktion* (*EDR*). Weitere Verfahren sind die Hirnstrommessung (→*Elektroenzephalogramm, EEG*) und die Messung von Muskeltonusveränderungen (→ *Elektromyographie, EMG*). Die Verfahrensanwender unterstellen eine positive →*Korrelation* zwischen →*Aktivierung*, Verarbeitung und Speicherung der →*Reize* (→*Stimuli*) und damit eine gezielte Beeinflussungsmöglichkeit des →*Konsumentenverhaltens* (→*Kaufverhaltens*). Diese Annahme ist umstritten, so daß auch die →*Validität* der apparativen Verfahren in Frage gestellt werden kann (siehe zu den Verfahren →*Blickregistrierung*, →*Tachistoskop*, →*Programmanalysator*).

Apperzeption Aufnahme und Verarbeitung von →*Wahrnehmungen* (Perzeption). Die Apperzeptionswirkung hängt ursächlich von der Wahrnehmung und der →*Informationsverarbeitung* ab.

Appetenz Zielorientierte Verhaltenstendenz, die abhängig ist von der Anziehungskraft (individualbestimmte → *Motivation*) wahrgenommener →*Stimuli* (siehe im Vergleich →*Aversion*).

Appetenz-Appetenz-Konflikt Gleichzeitig positive Verhaltenstendenz zu mehreren Zielen (z. B. Produktalternativen). Die Widersprüchlichkeit der Präferenzenbildung ergibt sich aus unterschiedlichen→*Motivationen*. Präferenzkonflikte führen zu einer Verlängerung der Informations- und Entscheidungsprozesse (→*Kaufentscheidungsprozeß*). Hierbei setzt sich die stärkere Verhaltenstendenz durch (siehe hierzu auch →*Buridanus-Esel*).

Appetenz-Aversions-Konflikt → *Ambivalenzkonflikt*, der durch das gleichzeitige Auftreten widersprüchlicher Verhaltenstendenzen entsteht. Das gleiche Ziel (z.B. Kauf eines Pelzmantels) löst positive (Prestige) und negative →*Motivationen* (Artenvernichtung) aus. Sind die divergierenden Verhaltenstendenzen gleich stark, bleibt die Konfliktsituation stabil, d.h. es findet keine Entscheidung statt. Mit der Bedeutung der →*Kaufentscheidung* nimmt die Konfliktstärke zu (siehe in Abgrenzung →*Anreiz-Beitrags-Theorie*).

Application Service Provider (ASP) Unternehmen, die für ihre → *Kunden* über Datenleitungen verbunden bestimmte DV-Leistungen (z.B. Verwaltung von →*Kundendateien* etc.) übernehmen. Es deuten sich zwei Entwicklungsrichtungen an: Zunächst werden die Internet-Service-Provider ihre Dienstleistungspalette ausbauen und zusätzlich zum Webhosting (externer Betrieb von Webservern und Webseiten) weitere Applikationen zur Miete anbieten. Zweitens werden → *Outsourcing*-Dienstleister ihre branchenspezifisch meist sehr umfassenden Angebote in Richtung ASP erweitern.

AQL Abk. für Acceptable Quality Level. Er bestimmt den maximalen Prozentsatz fehlerhafter Einheiten, der für die Stichprobenprüfung als befriedigende durchschnittliche →*Qualität* angesehen werden kann. Das Stichprobensystem dient der →*Qualitätskontrolle*.

Arbeitsgemeinschaft der Verbraucherverbände (AgV) Dachverband der verschiedenen →*Verbraucherorganisationen* (Fremdorganisationen) in Deutschland (gegr. 1953) mit Sitz in Bonn. Die AgV ist vornehmlich auf dem Gebiet der →*Verbraucherpolitik* tätig. Der praktische Transfer erfolgt durch die →*Verbraucher-Zentralen (VZ)*.

Arbeitsspeicher→*Kurzzeitspeicher*, →*Mehrspeichermodell*.

Archetypen Urbilder, die nach *C.G. Jung (1875-1961)* biologisch und gesellschaftsgenetisch vorprogrammiert sind und das menschliche Vorstellungsvermögen prägen. Archetypen, wie z.B. Heldenfiguren, Engel, Feen, die sich in Märchen, Mythen und Religionen finden, resultieren aus den Erfahrungen vorangegangener Generationen und sprechen erlebniswirksame →*Motive* an. Sie sind daher ein probates und insbesondere subtiles Instrument der →*Werbung*, da sie im Gegensatz zu den erlernten →*Inneren Bildern* gleich einem biologischen → *Schlüsselreiz* wirken. Sie wecken beim →*Kommunikanten* vorbestimmte → *Assoziationen* und Gefühlswelten.

Arithmetisches Mittel In der → *Markt-* und →*Sozialforschung* am häufigsten verwendeter →*Mittelwert*. Das arithmetische Mittel wird auch als Durchschnittswert bezeichnet und ist der Quotient aus der Summe aller Einzelwerte und der Anzahl der Einzelwerte.

Artikel Gruppe von →*Sorten* (z.B. nach Größe, Form, Farbe, Qualitäten etc.) einer Artikelgruppe im →*Sortiment* bzw. →*Produktprogramm* mit einheitlichem Warencharakter. Danach bilden Sorten (als kleinste, nicht mehr weiter teilbare Einheiten) die Artikel. In der Praxis wird hingegen keine Differenzierung in Artikel und Sorte vorgenommen. Der Artikel ist das einzelne →*Produkt* in seiner durch den →*EAN-Code* (→*Artikelnumerierung*) detaillierten Spezifikation, die alle wichtigen Sortendifferenzierungen umfaßt.

Artikelerfolg(srechnung) →*Direkte Produktrentabilität* in Verbindung mit →*Direkte Produktkosten*.

Artikelnumerierung Numerische Ordnungssysteme zur Identifikation und Klassifikation von →*Artikeln*. Sie sind Grundvoraussetzung für das →*Scanning* im →*Einzelhandel*. Das bekannteste überbetriebliche Numerierungssystem ist das →*EAN-System*. Die Europäische Artikelnummer markiert den Artikel durch 13 Stellen in Form von maschinenlesbaren Strichcodes. Die Artikelnumerierung bildet auch die Basis für den Aufbau von integrierten →*Warenwirtschaftssystemen*.

Artikelrotation Anteil der Zahl der →*Artikel*, die im Laufe eines Jahres gegen andere ausgewechselt werden, an der Gesamtzahl der Artikel im →*Sortiment*. Die Artikelrotation ist Ausdruck der permanenten →*Sortimentsoptimierung* (siehe dazu auch →*Sortimentsbereinigung*).

Artwork Kreativer (bildhafter) Teil einer →*Werbebotschaft* (siehe insbesondere →*Werbemittelgestaltung*).

Assessment Center Methode zur Optimierung von Auswahl- und Bewerbungsprozessen. Die Methode beruht auf einem Ansatz, der für die Bewertung des Bewerbers mehrere Bewerter vorsieht (im allgemeinen fünf Beurteiler, davon z.B. zwei Psychologen und drei Führungskräfte). Die Bewerbergruppen bestehen in der Regel aus 10 bis 15 Kandidaten. Die Prinzipien der Prüfmethode sind Verhaltensorientierung, Methodenvielfalt, Mehrfachbeurteilung und Anforderungsbezogenheit. Die methodischen Vorteile liegen in der Praxisnähe und in der Messung des konkret gezeigten Verhaltens der Bewerber (siehe dazu auch →*Career Counselling Workshops*).

Assimilation Form des →*Sozialen Einflusses*, die darauf beruht, daß ein ausgeprägtes Harmoniebedürfnis besteht, das zu einer hohen Anpassungsbereitschaft führt mit der Konsequenz einer Verhaltensangleichung.

Assimilations-Kontrast-Theorie Von *M. Sherif/C.I. Hovland (1961)* entwickelte Theorie, nach der der gleiche Sachverhalt je nach der vorangegangenen Erfahrung mit einem Reizgegenstand unterschiedlich beurteilt wird. Assimilation liegt vor, wenn ein dargebotener →*Reiz* in bezug auf einen Standard- oder Ankerreiz als ähnlicher als durch objektive Messung feststellbar empfunden wird. Kontrast liegt vor, wenn der dargebotene Reiz als unähnlicher empfunden wird. Vereinfacht kann die Assimilation als Bereich der Akzeptierbarkeit und der Kontrast als Ablehnungsbereich definiert werden. Dies bedeutet z.B. für die →*Preispolitik*, daß Preisveränderungen über oder unter den „Ankerpreis“ unterschiedlich wahrgenommen werden, je nach dem, wie weit sie von ihm entfernt sind. Geringfügige Abweichungen vom „Ankerpreis“ werden kaum oder nicht wahrgenommen und daher assimiliert, starke Abweichungen nach unten oder oben führen zum Kontrast (Vermutung einer minderen Qualität bzw. Überteuerung).

Assimilationsprozeß Trend zur Angleichung, der insbesondere durch die →*Standardisierung* gefördert wird. Er betrifft vor allem die Leistungsangebote (→*Produkte* und →*Dienstleistungen*), aber auch die verschiedenen →*Betriebstypen* im →*Handel* (primär →*Einzelhandel*). Dies führt zur totalen Vergleichbarkeit und →*Homogenität* mit der Folge einer Abnahme bzw. eines Verlustes des →*Akquisitorischen Potentials*.

Assoziation Funktionelle Verknüpfung von Vorstellungen und →*Wahrnehmungen*, wonach das Auftreten eines psychischen Inhalts das Auftreten eines oder mehrerer anderer begünstigt. Voraussetzung für die Bildung einer Assoziation ist die räumliche und zeitliche Nähe (→*Kontiguitätsprinzip*) von →*Stimuli* (→*Reizen*). Insbesondere für die →*Werbung* haben assoziative Verknüpfungen beim →*Kommunikanten* (Rezipienten) eine erhebliche Bedeutung. Überprüft werden die bestehenden Assoziationen mit Hilfe der →*Assoziationstests*.

Assoziation(stest) Verknüpfung von Vorstellungsinhalten, die überprüft werden können durch Assoziationstests. Die am häufigsten angewendeten Methoden sind →*Projektive Verfahren*.

Asymmetrische Machtverteilung Durch die →*Konzentration* bedingtes Machtungleichgewicht zwischen den →*Marktpartnern* (siehe im Vergleich dazu →*Symmetrische Machtverteilung*). Das Ungleichgewicht führt vielfach (z.B. durch die →*Handelskonzentration*) zu einer erheblichen Einschränkung des →*Leistungswettbewerbs* (→*Verdrängungswettbewerb* bzw. auch zu einem Vernichtungswettbewerb).

Atomistische Konkurrenz

Preisbildung auf vollkommenen Märkten

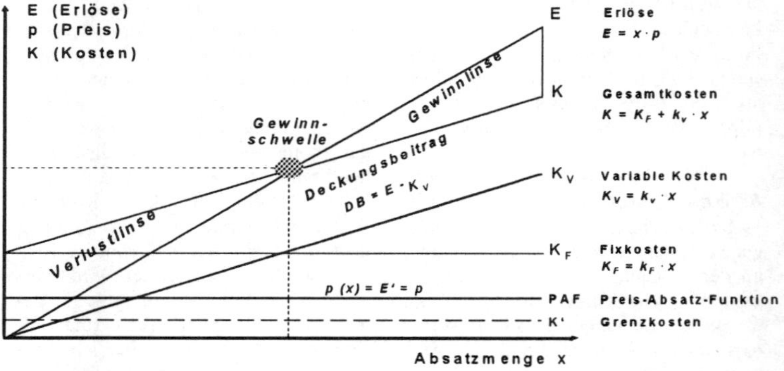

Poth & Partner

Atomistische Konkurrenz Vielzahl von →*Anbietern* und →*Nachfragern*, deren →*Marktanteile* so gering sind, daß sie auf den →*Preis* keinen Einfluß nehmen können. Es gilt *ein* →*Markt-*

preis (siehe →*Vollkommene Konkurrenz*).

Attachment Anhang, der als Datei (Text, Graphik) an →*E-Mails* angehängt wird.

Attitüde →*Einstellung*.

Attributdominanz →*Ausstrahlungseffekt* (siehe auch →*Spill-over-Effekt*), der im Vergleich zur →*Irradiation* die →*Wahrnehmung* einer →*Produkteigenschaft* (z.B. Geruch) auf das gesamte →*Produkt* überträgt.

Attribute Listing Die →*Kreativitätstechnik* gehört zu den analytisch-systematischen Verfahren und weist eine große Ähnlichkeit mit dem →*Morphologischen Kasten* auf. Zunächst werden alle wichtigen Eigenschaften z.B. eines Produktes oder einer Idee aufgelistet. Im nächsten Schritt werden zu jeder Eigenschaft alle Varianten gesucht und ebenfalls gelistet. Dazu kann als weitere Kreativitätstechnik das intuitive →*Brainstorming* eingesetzt werden. Die Auswahl der Varianten wird erst dann vorgenommen, wenn alle Möglichkeiten gefunden sind. Die einfache Methode geht von der Erfahrung aus, daß sich alle →*Produkte* bzw. →*Dienstleistungen* oder Ideen dadurch verbessern lassen, daß die Einzeleigenschaften variiert werden. Insofern hat sich diese Kreativitätstechnik besonders bewährt bei der Verbesserung bzw. Weiterentwicklung von Produkten oder Verfahren.

Attribution Zuschreibung von Ursachen zu eingetretenen Ereignissen zur Erklärung eigenen und fremden →*Verhaltens* (vgl. →*Attributionstheorie*). Die Attribution ist der Versuch, alle wahrgenommenen Situationen und sozialen →*Interaktionen* auf zugrundeliegende Ursachen zurückzuführen. Der Begriff stammt aus der →*Sozialpsychologie* und wird verwendet zur Erklärung, Kontrolle und Antizipation sozialen Verhaltens. Hinsichtlich des →*Konsumentenverhaltens* folgt daraus, daß Individuen (→*Konsumenten*) ihr Verhalten durch nachträgliche subjektive Attribuierung rationalisieren. Die emotionale Handlung wird als rationaler Akt erklärt und verteidigt (Herstellung einer →*Kognitiven Konsonanz*, vgl. auch →*Kognitive Dissonanz*, →*Dissonanztheorie*).

Attributionstheorie Theorie der kognitiven Umweltbewältigung und Erklärung des eigenen Selbst, die davon ausgeht, daß Menschen motiviert sind, die Ursachen wahrgenommener Ereignisse zu ergründen (→*Wahrnehmung*, →*Kognitive Prozesse*). Die Ursachenzuschreibung für eigene und fremde Handlungen, Erfolg oder Mißerfolg dient der Einschätzung künftiger Situationen und eigener Fähigkeiten. Die →*Motivation* eines Menschen ist weniger von objektiven Gegebenheiten abhängig, als vielmehr von seiner Interpretation der Realität. Das künftige →*Verhalten* eines Menschen wird beeinflußt durch seine Erwartungshaltung. Seine Leistungsmotivation steht unter der Kontrolle seines Denkens (Locus of Control), ob das Ergebnis seines Handelns allein von ihm oder von äußeren Umständen abhängt (vgl. →*Soziale Lerntheorie*, →*Motivationstheorie*).

Audience-Effekt Einfluß der Empfängereinstellung (→*Einstellung* des →*Kommunikanten*) auf die Wirkung von Botschaften (z.B. →*Werbebotschaften*). Konsonante Botschaften bzgl. der Empfängereinstellung werden als glaubwürdiger empfunden als →*Informationen*, die zur Inkongruenz (→*Kongruenztheorie*) bzw. auch zu

→*Kognitiven Dissonanzen* (→*Dissonanztheorie*) führen (siehe auch → *Source-Effekt*, →*Message-Effekt*).

Audimeter Methoden zur Erfassung der Rundfunk- und Fernsehbeteiligung. Die Messung erfolgt durch installierte Geräte in ausgewählten Haushalten (siehe auch →*Panel*). Weitere Verfahren sind →*GfK-Meter*, → *Tammeter*, →*Teleskomat* und →*Teleskopie*.

Audiovisuelle Medien Gesamtheit der elektronischen Geräte, mit denen gleichzeitig optische wie auch akustische Signale ausgesendet werden können. Sie werden auch als AV-Medien bezeichnet, deren wichtigste Fernsehgeräte, Videorecorder, Tonbild- und Tonfilmgeräte und auch Personalcomputer (→*Multimedia*) sind. Zudem wird vielfach unterschieden in AV-Hardware (Geräte) und AV-Software (Trägermedien, wie z.B. →*CD-ROM*, →*Online*-Dienste etc.).

Auditing Vorgang externer Prüfung der →*Qualität* (→*Qualitätsaudit*). Der Audit besteht in der Regel aus vier Teilen: (1.) Fragenliste zur Selbstbeurteilung als Vorbereitung, (2.) Prüfung des →*Qualitätsmanagement*-Manuals auf Konformität, (3.) Durchführung des eigentlichen Audit im Unternehmen, (4.) Zertifikatserteilung (→*Zertifizierung*) bzw. Korrekturmaßnahmen.

Auditive Reize Akustische →*Reize* (→*Stimuli*), wie z.B. Hintergrundmusik oder auch akustische Informationen zu →*Sonderangeboten* im →*Einzelhandel*, die dem →*Käufer* einen einen zusätzlichen Kaufanreiz geben sollen (siehe auch →*Sinnesorgane*).

Aufbauorganisation Gestaltung von Aufbaubeziehungen in der →*Organisation*, die für eine längere Zeit Gültigkeit haben. Dazu gehören die Stellenbildung, die Gestaltung des →*Informationssystems*, der Einsatz von Sachmitteln, die Festlegung des → *Kommunikationssystems*, die Einrichtung des Beziehungsnetzes (→*Leitungssystem*) sowie die Gestaltung des →*Führungssystems*. Vielfach verwendet man auch als Synonym den Begriff →*Strukturorganisation*. Zu unterscheiden ist die →*Ablauforganisation*, wenngleich Veränderungen in der Aufbauorganisation auch immer mit Konsequenzen in der Ablauforganisation verbunden sind.

Aufforderungscharakter Eigenschaft von Objekten und Zielen, die durch ihre Attraktivität →*Bedürfnisse* aktivieren und ein →*Verhalten* in Gang setzen. Die Anreizqualität (→ *Valenz*) von Objekten, →*Produkten*, →*Marken*, →*Dienstleistungen* (siehe auch →*Anreize*) kann z.B. neugierig machen und einen →*Markenwechsel* auslösen (siehe auch →*Variety Seeking Behavior*). Die Valenz sollte, um Handlungen auszulösen, den →*Werten* der →*Zielgruppe* entsprechen (siehe auch →*Erwartungswert*), d.h. wünschenswert und erreichbar sein.

Auflage Anzahl der Exemplare einer Druckschrift (z.B. →*Zeitung*, →*Zeitschrift* etc.). Zu unterscheiden sind: Druckauflage, →*Abonnement*auflage, Einzelverkaufsauflage (verkaufte Einzelstücke), Verkaufsauflage (Gesamtverkauf plus Lieferung an den Handel) und die durch die →*IVW* kontrollierte Auflage.

Aufmachung Durch Gestaltungsmittel (z.B. Material, Form, Farbe, → *Packung* etc.) geprägtes äußeres Erscheinungsbild von Leistungsangeboten. Im Vergleich zur →*Ausstattung* ist der Begriff enger gefaßt, so daß die

Aufmachung nicht den Schutz des →*Warenzeichengesetzes* in Anspruch nehmen kann.

Aufmerksamkeit Form der →*Aktivierung*, die zur Sensibilisierung gegenüber bestimmten →*Reizen* (→*Stimuli*) führt. Mit der Aufmerksamkeit ist auch eine bestimmte Reizauswahl verbunden (siehe auch →*AIDA-Formel*).

Aufschlagsspanne Relative →*Handelsspanne*, die sich ergibt aus der absoluten Handelsspanne x 100 :(Netto-) Einstandspreis bzw. Einkaufspreis (siehe im Vergleich →*Abschlagsspanne*).

Auftragsabwicklung Wesentlicher Teilbereich der →*Marketing-Logistik*, der die Aufträge vom Eingang beim Lieferanten bis zum Rechnungseingang beim →*Kunden* bearbeitet (Abwicklung des gesamten Papierflusses eines Auftrags). Die einzelnen Phasen sind: Auftragserteilung und Auftragsübermittlung durch den Kunden bzw. Auftragserstellung beim Kunden; Auftragsprüfung und evtl. Auftragsergänzung; Konditionen- und Bonitätsprüfung; Auftragsbestätigung; Erstellung der Unterlagen für Entlagerung, Kommissionierung und Versand; Fertigstellung der Versandpapiere; Fakturierung des Auftrags (nach oder vor Versanddisposition). Die Auftragsabwicklung erfolgt entweder manuell, maschinell oder automatisch, wobei sich aufgrund der modernen DV-Technik immer mehr automatische und integrierte Verfahren in der Praxis durchsetzen. Die Auftragsabwicklung beeinflußt ganz wesentlich die Qualität des →*Lieferservice*.

Auftragsfertigung Kundenindividuelle Einzelfertigung.

Aufwendungen Die in einer Abrechnungsperiode verbrauchten →*Güter* und →*Dienstleistungen* (im Gegensatz dazu siehe →*Erträge*).

Augenkamera Blickbewegungskamera, die in der →*Werbeforschung* als →*Apparatives Verfahren* zur →*Blickregistrierung* eingesetzt wird. Erfaßt werden Betrachtungsdauer, die Beobachtung der Aufnahme bestimmter →*Stimuli* (z.B. Anzeigenelemente) und der Blickverlauf. Hierbei wird unterstellt, daß der Blick zunächst auf das Element mit der stärksten Aufmerksamkeitswirkung fällt und zuletzt auf das Element mit der geringsten Aufmerksamkeitswirkung. Aus der Folge von →*Fixationen* (Verweildauer auf Bild- bzw. Textelementen) und →*Saccaden* (Blicksprüngen) werden Schlußfolgerungen bzgl. der →*Werbewirkung* gezogen. Hierbei wird den Fixationen hinsichtlich der Informationsaufnahme und insbesondere der →*Informationsverarbeitung* eine besondere Bedeutung beigemessen. Abzugrenzen von diesem Verfahren ist das →*Tachistoskop*, mit dessen Hilfe die unbewußte bzw. bewußte →*Wahrnehmung* festgestellt wird.

Auktion Öffentlich angekündigte →*Marktveranstaltung*, bei der nicht fungible (d.h. nicht vertretbare) →*Waren* in einem Bieteverfahren an denjenigen verkauft werden, der den höchsten →*Preis* für das →*Angebot* bezahlt. Dabei wird unterschieden in Auf- und Absteigerung. Bei der Aufsteigerung wird der Auktionspreis solange erhöht, bis kein höheres Angebot mehr vorliegt (umgekehrt bei der Absteigerung auf der Basis eines vorgegebenen Höchstpreises, →*Veiling*).

AUMA Abk. für **Au**sstellungs- und **M**esseausschuß der deutschen Wirtschaft e.V., der 1906 durch die Spitzenverbände der Wirtschaft gegründet wurde als Interessengemeinschaft der deutschen Wirtschaft auf dem Gebiet des Ausstellungs- und Messewesens im In- und Ausland.

Ausbeutung Unlauteres Nachahmen fremder Leistung (Verletzung gewerblicher →*Schutzrechte*).

Ausfallquote Anteil der Personen einer →*Stichprobe*, der in einer →*Befragung* nicht herangezogen werden kann. Zu unterscheiden sind stichprobenneutrale Ausfälle, die einen zufälligen Charakter haben (z.B. verzogen, verstorben) und lediglich die Fallzahl vermindern und stichprobenverzerrende Ausfälle (z.B. nicht erreichbar, Auskunftsverweigerung), die zu einem Problem der →*Repräsentanz* (bezogen auf die →*Grundgesamtheit*) der Stichprobe führen (siehe auch →*Stichprobenausfälle*, →*Ausschöpfungsquote*).

Ausgaben Ausdruck der Geldvermögensebene. Abfluß von Zahlungsmitteln (im Gegensatz dazu siehe →*Einnahmen*).

Ausgabenstruktur Gliederung des →*Privaten Verbrauchs* nach Ausgabenkategorien. Die amtliche Statistik nimmt eine Klassifizierung vor nach Nahrungs- und Genußmittel; Kleidung, Schuhe; Wohnungsmieten; Elektrizität, Gas u.ä.; übrige Haushaltsführung; Verkehr und Nachrichten; Körper- und Gesundheitspflege; Bildung und Unterhaltung; Persönliche Ausstattung. Ungeachtet der Sinnhaftigkeit der amtlichen Gliederung sind die Ausgabenstrukturen und ihre Veränderung im Zeitablauf eine wichtige Informationsbasis für die Erklärung des →*Einkaufsverhaltens*, aus dem weitere Erkenntnisse bzgl. des →*Kauf-*, bzw. →*Käufer-* und →*Konsumentenverhaltens* gewonnen werden können.

Ausgleichskalkulation →*Mischkalkulation* und →*Preiskalkulation*.

Auskunftsvergleich(e) Form der →*Vergleichenden Werbung*, die wettbewerbsrechtlich (→*UWG*) zulässig ist, wenn →*Kunden* ausdrücklich Auskunft verlangen bzgl. des eigenen Leistungsangebots im Vergleich zu Konkurrenzangeboten. Die Informationen incl. auch einer zulässigen Bewertung müssen jedoch sachlich gehalten sein und dürfen die →*Konkurrenz* nicht herabsetzen.

Auslandsmarktforschung Informationsgewinnung im →*Internationalen Marketing* in bezug auf konkrete Auslandsmärkte und ihre Strukturen. Hinsichtlich der sehr unterschiedlichen Marktgegebenheiten empfiehlt sich zunächst eine länderspezifische Grobanalyse (→*Länderselektion*) mit Hilfe der →*Sekundärforschung*, an die im Bedarfsfalle eine Feinanalyse mit Hilfe der →*Primärforschung* angeschlossen werden kann.

Ausschließlichkeitsvertrag Vertrag zwischen →*Unternehmen* (siehe auch →*Konkurrenzklausel*), der einen Partner meist bzgl. des Warenbezugs bindet (z.B. Bierlieferungsverträge, Tankstellenpachtverträge etc.). Es handelt sich in der Regel um eine Form der →*Vertikalen Kooperation* im Rahmen der →*Absatzwegepolitik* (→*Vertriebsbindung*, →*Franchising*, →*Depotsystem*), die wettbewerbsrechtlich (→*GWB*) grundsätzlich zulässig ist, soweit dadurch nicht der →*Wettbewerb* behindert wird (→*Mißbrauchsaufsicht* des Kartellamts).

Ausschöpfungsquote Anteil der auswertbaren →*Fragebogen*, bezogen auf die →*Stichprobe* (abzüglich der stichprobenneutralen →*Ausfallquote*).

Die Höhe der Ausschöpfungsquote ist ein wesentliches Indiz für die Zuverlässigkeit (→*Reliabilität*) der Untersuchungsergebnisse.

Ausschreibung Aufforderung an →*Anbieter*, schriftliche Angebote für eine nachgefragte Leistung einzureichen (auch als Submission bezeichnet). Öffentliche Ausschreibungen erfolgen vor allem bei der öffentlichen Auftragsvergabe (→*Öffentliche Vergabeverfahren*).

Außen-Design Zusammenwirken von →*Marketingdesign* und →*Kommunikationsdesign*.

Außendienst Wichtigste Form der unternehmenseigenen →*Verkaufsorgane*. Man bezeichnet die unternehmenseigenen Verkaufsorgane auch als → *Reisende*. Diese Bezeichnung ist jedoch im Hinblick auf die Bedeutung des Außendienstes überholt. Man sollte präziser von Firmenrepräsentanten sprechen, da sie in den →*Absatzmärkten* die personifizierte Identität des Unternehmens (→*Unternehmensimage*) darstellen (vgl. dazu in Abgrenzung auch →*Innendienst*).

Außendienstberichtssystem(e) Wesentlicher Teil des →*Marketing-Informationssystems*, bei dem der → *Außendienst* (→*Verkaufsorgane*) in der Regel schriftlich an die Unternehmenszentrale berichtet bzgl. Kundenbesuche, Verkaufsabschlüsse, →*Lieferservice*, →*Kundenzufriedenheit*, → *Reklamationen*, Konkurrenzverhalten etc. Die Außendienstberichtssysteme sind ein wichtiges Instrument zur → *Außendienststeuerung*.

Außendienstentlohnung →*Vergütungssystem(e)*.

Außendienstorganisation →*Verkaufsorganisation*.

Außendienststeuerung System zur Gewinnung, Erfassung, Aufbereitung, Analyse und Bewertung von Markt- und Kundeninformationen, deren Verdichtung (Transformation) und Weiterleitung an den →*Außendienst* (Transfer) der Außendienstunterstützung und dem →*Vertriebscontrolling* dienen. Voraussetzung dazu ist ein standardisiertes →*Berichtssystem* (siehe auch →*Marketing-* und *Vertriebs-Informationssystem*).

Außengeleitete(r) Mensch(en) Eine auf *D. Riesman (1958)* zurückgehende Personenkategorie („outer-directed persons"), die weniger aktiv, sondern eher reaktiv auftritt. Außengeleitete Menschen nehmen →*Stimuli* von außen gern auf und verhalten sich sozial konform (→*Sozialisation*). Sie sind daher auch leicht durch →*Werbung* zu beeinflussen, wenn diese vor allem auf das →*Sozialprestige* abhebt (siehe im Gegensatz →*Innengeleitete Menschen* und dazu in Abgrenzung →*Integrierte* und →*Traditionsgeleitete Menschen*).

Außengroßhandel →*Betriebstyp* des →*Großhandels*, der sich primär auf den grenzüberschreitenden Warenverkehr (→*Außenhandel*) konzentriert im Gegensatz zum →*Binnengroßhandel*. Unterschieden werden der Import- und Exportgroßhandel.

Außenhandel Im Vergleich zum →*Binnenhandel* die Gesamtheit der Warenexporte und -importe.

Außenlager Regionallager (→*Lager*), die der möglichst dichten Nahversorgung der →*Kunden* dienen (→*Lieferservice*). Daran sind vielfach →*Verkaufsniederlassungen* angeschlossen.

Außenwerbung Sammelbegriff für alle →*Werbeträger*, die außen eingesetzt werden. Die wichtigsten Formen sind die →*Plakatwerbung*, →*Verkehrsmittelwerbung*, die →*Lichtwerbung* und →*Luftwerbung*.

Ausstattung Form oder →*Aufmachung* (incl. →*Packung*) eines →*Produkts* (→*Produktausstattung*, →*Produktgestaltung*). Die Produktausstattung genießt nach →*UWG* (→*Warenzeichengesetz*) Rechtsschutz, soweit sie →*Verkehrsgeltung* besitzt. Als Maßstab für die Verkehrsgeltung gilt der →*Bekanntheitsgrad*. Eine weitere Form der Ausstattung ist die sogen. Geschäftsausstattung im →*Einzelhandel*, die der Differenzierung (→*Betriebstypen*) gegenüber Wettbewerbern dient und nicht geschützt werden kann, soweit keine →*Schutzrechte* angesprochen sind.

Ausstellung(en) Zeitlich begrenzte →*Marktveranstaltung*, auf der Aussteller ihr →*Angebot* präsentieren und vertreiben oder über dieses Angebot zum Zweck der →*Absatzförderung* informieren (nach Gewerbeordnung). Unterschieden werden Fachausstellungen und Ausstellungen, die sich an die Allgemeinheit wenden. Von den →*Messen* unterscheiden sich die Ausstellungen nur graduell. Die Ausstellungen haben mehr Informations- und die Messen mehr Verkaufscharakter.

Ausstrahlungseffekt(e) Wirkungen von Marketingmaßnahmen, die auf angrenzende Wirkungsbereiche positiv oder auch negativ abstrahlen. Zu den Ausstrahlungseffekten gehören u.a. die →*Attributdominanz*, der →*Carry-over-Effekt*, der →*Halo-Effekt*, die →*Irradiation*, der →*Spill-over-Effekt*, der →*Decay-Effekt*, der →*Cross-Selling-Effekt* und der →*Imagetransfer*.

Ausverkauf →*Sonderveranstaltung* des vor allem →*Einzelhandels*, die nach →*UWG* zulässig ist, wenn der gesamte Geschäftsbetrieb, ein Zweiggeschäft oder eine Warengattung (→*Teilsortiment*) aufgegeben werden. In Abgrenzung zum →*Räumungsverkauf* handelt es sich um eine abschließende und keine Veränderungsmaßnahme.

Auswahl aufs Geratewohl →*Willkürliche Auswahl* der →*Stichprobe* aus der →*Grundgesamtheit*. Das kann etwa in der Form geschehen, daß an einem bestimmten Wochentag zu einer bestimmten Tageszeit in einem Einzelhandelsunternehmen oder auch auf der Straße willkürlich →*Kunden* bzw. →*Verbraucher* herausgegriffen und befragt werden.

Auswahlverfahren Zu unterscheiden sind grundsätzlich die →*Vollerhebung* aller Elemente und die →*Teilerhebung* als →*Stichprobe* aus der →*Grundgesamtheit*. Die Auswahlverfahren (→*Stichprobenverfahren*) beziehen sich auf die nicht-zufällige bzw. →*Bewußte Auswahl* und auf die →*Zufallsauswahl* (→*Randomauswahl*). Die nicht-zufällige bzw. bewußte Auswahl erfolgt durch das →*Quotenverfahren*, das →*Konzentrationsverfahren* und durch die →*Auswahl aufs Geratewohl* (→*Willkürliche Auswahl*). Die Zufallsauswahl (Random-Verfahren) erfolgt nach dem einfachen und →*Geschichteten Auswahlverfahren*, nach dem →*Klumpen-Auswahlverfahren* oder nach →*Mehrstufigen Auswahlverfahren*.

Auszahlungen Zahlungsmittelbeträge, die von einem Wirtschaftssubjekt (z.B. →*Kunde*) zu einem anderen (z.B. Lieferant) fließen (im Gegensatz dazu siehe →*Einzahlungen*). Von den Auszahlungen abzugrenzen sind die

→*Ausgaben*, →*Aufwendungen* und →*Kosten*.

Authentifizierung Nachweis der Identität gegenüber einem Kommunikationspartner im DV-Bereich (vor allem im →*Internet*), der in der Regel durch die Abfrage des Benutzernamens und eines Passworts erfolgt.

Autokorrelation Interdependenz (gegenseitige Abhängigkeit) von aufeinander folgenden Beobachtungen in statistischen →*Zeitreihen* und bei der →*Regression*. Autokorrelation liegt vor, wenn die stochastischen (zufälligen) Komponenten von Zielvariablen für verschiedene Werte der erklärenden Variablen korreliert sind.

Automatenverkauf →*Selbstbedienung* incl. Inkassovorgang mit Hilfe von Warenautomaten (Verkaufsautomaten, →*Vending*). Das →*Angebot* konzentriert sich auf Nahrungs- und Genußmittel des täglichen →*Bedarfs* (Zigaretten, Getränke, Süßwaren).

Autonome Arbeitsgruppe(n) →*Gruppen*, die im Vergleich zu →*Qualitätszirkeln* nicht nur Empfehlungen geben, sondern in Form des →*Management-by-Delegation (MbD)* auch Entscheidungsrechte erhalten (siehe →*Empowerment*). Autonome Arbeitsgruppen sind fest in die bestehende Organisationsstruktur integriert. Eine gewisse Verwandtschaft mit dem →*Projekt-Management* ist erkennbar.

Autonome Marketingstrategie →*Marketingstrategie*, bei der die Konkurrenzstrategien wohl berücksichtigt werden, aber nicht (wie bei der →*Konjekturalen Marketingstrategie*) von möglichen Konkurrenzreaktionen ausgegangen wird.

Autoregressive Verfahren Prognoseverfahren (→*Prognose*), die den künftigen Wert einer →*Zeitreihe* aus den Vergangenheitswerten derselben Zeitreihe ableiten (→*Trendextrapolation*). Der Einfluß anderer Größen für die künftige Entwicklung wird ausgeschlossen.

Autoritärer Führungsstil Singuläre Willensbildung und Entscheidung durch *eine* Führungskraft. Der →*Führungsstil* steht im Gegensatz zum →*Kooperativen Führungsstil*. Dem Führungsstil entspricht das →*Direktorialprinzip*. Abzugrenzen vom autoritären Führungsstil ist der →*Autoritative Führungsstil* (nach *D. Goleman, 1999*), der die Mitarbeiter dazu anspornt, Visionen zu verwirklichen und Höchstleistungen zu vollbringen. Wesentliche Voraussetzung ist dazu allerdings, daß der autoritäre Führer ein Visionär ist, der die Mitarbeiter begeistern und zu Höchstleistungen motivieren kann (siehe auch →*Emotionale Intelligenz*, →*Emotionale Kompetenz*).

Autoritativer Führungsstil In Abgrenzung zum →*Autoritären Führungsstil* ein →*Führungsstil* (nach *D. Goleman, 1999*), der davon ausgeht, daß der autoritäre Führer ein Visionär ist und ein hohes Maß an →*Emotionaler Intelligenz* und →*Emotionaler Kompetenz* besitzt, um seine Ideen kommunikativ den Mitarbeitern zu vermitteln, ihr Selbstbewußtsein zur Zielrealisation zu stärken und damit ein Katalysator für notwendige Veränderungen zu sein. Der autorative Führer gibt ein →*Ziel* vor, läßt aber den Mitarbeitern einen weiten Spielraum in der Mittelwahl zur Zielrealisation. Insofern zeigt sich eine systemische Verbindung zwischen dem autoritären und →*Kooperativen Führungsstil*, der den Mitarbeitern (→*Gruppe*) in Entscheidungsprozessen einen großen Entscheidungsspielraum einräumt.

Autostereotyp Selbstbild (→*Selbstkonzept*, →*Eigenimage*), das ein Individuum von sich oder der eigenen →*Bezugsgruppe* hat. Autostereotypen sind relativ starr und zumeist positiv (siehe auch →*Stereotypen* und im Vergleich dazu →*Images*).

Avatare Virtuelle menschliche Figuren (Gottheiten aus dem Hinduismus in Tier- oder Menschengestalt) auf →*Websites* im →*Internet* und in der →*Fernsehwerbung*.

Aversion Verhaltenstendenz der Abwendung von einem Beurteilungsobjekt (siehe im Vergleich →*Appetenz*). Die Aversion führt vielfach zur Vermeidung einer Auseinandersetzung mit dem Beurteilungsgegenstand (z.B. in Form einer Kaufverweigerung).

AV-Medien →*Audiovisuelle Medien*.

AWA Abk. für Allensbacher Werbeträger-Analyse, einer jährlich veröffentlichten Berichterstattung der →*Mediaforschung* des Instituts für Demoskopie Allensbach. Die Dokumentation enthält vor allem Informationen zu den →*Reichweiten* von →*Werbeträgern* (→*Zeitschriften*, →*Zeitungen*, →*Hörfunk-*, →*Fernseh-*,→*Kino-* und →*Außenwerbung*). Daneben erhebt die Werbeträgeranalyse die demographische Struktur der Nutzerschaften, Markt- und Zielgruppendaten und zielgruppenspezifische Informationen zum →*Kaufverhalten*. Hierbei werden die →*Zielgruppen* psychologisch definiert.

Awareness Set Selektionsstufe innerhalb des →*Relevant Set*, die alle dem →*Konsumenten* bekannten →*Produkte* bzw. →*Marken* enthält. Der Awareness Set umfaßt die akzeptierten (Accepted Set) und die zurückgewiesenen (Rejected Set) Kaufalternativen (siehe insbesondere →*Evoked Set* und im Gegensatz →*Unawareness Set*).

Axiom Basissatz, der sich selbst erklärt und keines Beweises bedarf. Das Axiom bildet die Grundlage für die Ableitung weiterer Sätze (Theoreme).

Ayer-Modell →*Stufenmodell der Werbewirkung*, das die drei Stufen Produktkenntnis, Erstkauf und Wiederholungskauf umfaßt. Auch bei diesem Modell gilt die Kritik an der Hierarchisierung der Wirkungsstufen, die als voneinander abhängig angesehen werden.

B

Badwill Negative →*Assoziationen*, die →*Konsumenten* oder auch die →*Öffentlichkeit* mit einem →*Unternehmen* verbinden. Im wesentlichen handelt es sich um ein negatives →*Firmenimage* (siehe im Gegensatz →*Goodwill*).

BAG Abk. für Bundesarbeitsgemeinschaft der Mittel- und Großbetriebe des Einzelhandels e.V., Köln (gegr. 1949). Zweck der BAG ist die Wahrung und Förderung der beruflichen und gesellschaftlichen Gesamtinteressen der Mitglieder gegenüber Politik, Verwaltung und Wissenschaft.

Balanced Marketing →*Marktbearbeitung*, die mehreren →*Marktpartnern* mit z.T. konträren Zielvorstellungen gerecht werden muß. Diese Notwendigkeit ergibt sich z.B. im →*Social Marketing* und im →*Handelsmarketing*.

Balanced Scorecard „Ausgewogener Berichtsbogen“ (entwickelt von *R. Kaplan; D. Norton, 1992*), der der strategischen →*Planung* und Steuerung eines Unternehmens oder von Geschäftsbereichen (→*Strategischen Geschäftseinheiten*) dient. Es besteht eine Verwandtschaft mit dem →*Performance Measurement*. Grundkonzept ist, daß mehrere, zusammenhängende Meßgrößen (z.B. →*Kosten*, →*Qualität*, →*Kundenzufriedenheit*) zur Beurteilung der →*Effektivität* und →*Effizienz* der Leistung und Leistungspotentiale unterschiedlichster Objekte im Unternehmen (z.B. Geschäftsbereiche, Prozesse, Mitarbeiter) herangezogen werden. Dabei steht vor allem die Abschätzung der jeweiligen Wachstumsmöglichkeiten im Vordergrund und weniger die Bewertung der zurückliegenden Entwicklung. Die Perspektiven werden fokussiert auf Finanzkennzahlen, →*Kunden*, →*Managementprozesse*, →*Innovationsprozesse* und Lernprozesse. Die Leistung des Gesamtunternehmens wird als ein Gleichgewicht („Balance“) zwischen den Perspektiven auf einer übersichtlichen Anzeigetafel (der sogen. „Scorecard“) dargestellt (siehe als Übertragung auf den Personalbereich auch →*Führungs-Scorecard*).

Balancetheorie →*Konsistenztheorie* von *F. Heider (1958)*, nach der die interpersonellen Beziehungen von Individuen auf die Herstellung eines Gleichgewichtszustandes (→*Homöostase*) hin orientiert sind. Es besteht eine grundlegende Tendenz zur Symmetrie, d.h. zur Bildung einer Balance.

Ballontest →*Projektives Verfahren*, bei dem durch Sprechblasen ein Dialog aufgebaut wird. Die Probanden nehmen Stellung zu den Äußerungen in den Sprechblasen oder ergänzen fehlende Aussagen (siehe auch →*Picture-Frustrations-Test*).

Bandenwerbung Form der →*Aussenwerbung* vor allem auf Sportplätzen (siehe dazu in Verbindung →*Sport-Sponsoring* und →*Product Placement*).

Bandwagon-Effekt Mitläufereffekt, der sich in der Weise bemerkbar macht, daß ein Wirtschaftssubjekt ein →*Gut* zu einem gegebenen →*Preis* deshalb mehr oder weniger nachfragt, weil sich andere Wirtschaftssubjekte so verhalten (im Gegensatz dazu →*Snobeffekt*).

Bankmarketing Marketingaktivitäten der Banken, Sparkassen und Kreditinstitute. Sie umfassen im wesentlichen das Leistungsprogramm (→*Produktpolitik*), die →*Werbung* und die →*Preispolitik*. Die angebotenen Leistungsprogramme sind entweder mehr universal oder speziell ausgerichtet, die →*Marketingkommunikation* ist meist eine Kombination von Vertrauens- (→*Imagewerbung*) und →*Produktwerbung* in Verbindung mit einer →*Point-of-Sale*-Werbung, die Preispolitik ist differenziert nach Aktiv-, Passiv- und Dienstleistungsgeschäft.

Bannerwerbung→*Werbung* (→*Produktwerbung*, →*Unternehmenskommunikation*, →*Imagewerbung*) von →*Werbungtreibenden* im →*Internet*. Hierbei sind Banner Werbeflächen auf Internet-Seiten, die in der Regel mit einem →*Hyperlink* versehen sind und damit direkt zum Leistungsangebot des Werbenden führen. Die Bannerwerbung dient insbesondere dazu, ein Internet-Angebot bekannt und einer größeren Nachfragergruppe zugänglich zu machen.

Barometrische Preisführerschaft →*Preisführerschaft*.

Bartering →*Kompensations-* bzw. →*Gegengeschäfte*, bei denen die →*Marktpartner* wechselseitig →*Güter* bzw. →*Dienstleistungen* ohne zusätzliche Zahlungen austauschen. Das Bartering hat insbesondere eine Bedeutung im internationalen →*Anlagengeschäft*, und zwar bei Geschäftspartnern in Ländern mit hohen Zahlungsbilanzdefiziten oder Devisenbewirtschaftung. Mittlerweile hat das Bartering auch als Erweiterung des →*Product Placement* Einzug in die Kommunikationswirtschaft gehalten. Vorgefertigte Beiträge z.B. für TV-Sendungen werden gegen Werbezeit getauscht.

Baseline Schlußzeile bei →*Anzeigen* (siehe auch →*Headline*).

Basement Verkaufsbereich im Untergeschoß von →*Waren-* und →*Kaufhäusern*.

Basisstrategie(n) Grundlegende →*Marketingstrategien*, die einen instrumental-übergreifenden Charakter haben und damit hierarchisch über den →*Instrumentalstrategien* stehen. Beispiele für Basisstrategien sind die langfristige →*Innovationspolitik* und die →*Segmentationsstrategie*.

Bass-Modell Nach *F.M. Bass (1969)* benanntes Diffusionsmodell (→*Diffusion*, →*Diffusionstheorie*) zur→*Prognose* von Erstkäufen (→*Erstkäufer*).

Baunutzungsverordnung Bauordnungsrecht, das in seiner verschärften Fassung (1986) die weitere Disurbanisierung durch großflächige Betriebsformen des →*Einzelhandels* (z.B. →*Verbrauchermärkte*, →*SB-Warenhäuser*, →*Einkaufs-Center* etc.) in den Innenstädten verhindern will und den großflächigen Einzelhandelsbetrieben →*Sondergebiete* zuweist. Als Vermutungsgrenze gelten 1.200 qm Verkaufsfläche. Die Regelung wird zunehmend unterlaufen durch filialisierte →*Discounter* und →*Fachmärkte*. In der Praxis erweist sich die BauNVO als ein Wettbewerbsschutz für den → *Fachhandel*.

BDVT Abk. für **B**und **D**eutscher **V**erkaufsförderer und Verkaufs**t**rainer e.V. (gegr. 1964).

BDW Abk. für ehemals **B**und **D**eutscher **W**erbeberater und Werbeleiter (gegr. 1928). Der Berufsverband firmiert heute unter Deutscher Kommunikationsverband e.V., Bonn.

Bedarf(e) Konkretisierung der verschiedenen →*Bedürfnisse*. Die Konkretisierung bezieht sich auf das Ziel der →*Bedürfnisbefriedigung* und auf die vorhandene →*Kaufkraft*. Erst auf Basis des Bedarfs erfolgt die →*Nachfrage* (Marktentnahme).

Bedarfsdichte Stärke des→*Bedarfs*, die sich aus der →*Bedarfshäufigkeit* und der Bedarfsmenge bzgl. eines Leistungsangebots in einem bestimmten Gebiet ergibt (siehe in Abgrenzung →*Distributionsdichte*).

Bedarfshäufigkeit Zeitlich unterschiedliches Auftreten des →*Bedarfs*. Es wird unterschieden in den laufenden (täglichen), periodischen (regelmäßigen) und den aperiodischen (unregelmäßig auftretenden) Bedarf.

Bedarfsintensität Bedarfsquantität pro Zeiteinheit, die entscheidend durch die Konsumgewohnheiten (→*Konsumentenverhalten*) bestimmt wird.

Bedarfsprognose Vorhersage des →*Bedarfs* an bestimmten →*Konsumtivgütern* oder →*Produktivgütern* auf der Basis vergangener Verbrauchsentwicklungen. Die Bedarfsprognose erfolgt meist kurz- bis mittelfristig, und zwar in Form der →*Exponentiellen Glättung* (Exponential Smooting).

Bedarfsträger →*Nachfrager*, die → *Bedarf* an einem →*Angebot* haben, also alle privaten wie auch institutionellen →*Verbraucher*/ →*Verwender*.

Bedarfsvorhersage →*Bedarfsprognose*.

Bedienungsformen →*Bedienungssysteme*.

Bedienungsgroßhandel Traditionelle Form des →*Großhandels*, bei der die →*Kunden* durch Verkaufspersonal bedient werden (im Gegensatz dazu →*Selbstbedienungs*großhandel).

Bedienungssystem(e) Die Bedienungssysteme oder -formen beziehen sich auf den →*Einzelhandel* und → *Großhandel*. Im wesentlichen werden unterschieden: die Bedienung (permanenter und intensiver Verkäufer-Kunden-Kontakt), die →*Selbstbedienung* (keinerlei verkäuferische Leistung) und die →*Vorwahl* bzw. →*Selbstauswahl* (Mischform zwischen Bedienung und Selbstbedienung; die verkäuferische Leistung reduziert sich auf die Klärung von Zweifelsfragen). Die Wahl der Bedienungsform ist abhängig von der Erklärungsbedürftigkeit des → *Angebots*.

Bedingter Reiz →*Neutraler Reiz*.

Bedürfnis(se) Mangellage, die zum Wunsch oder Verlangen führt, sie zu beheben. Vielfach auch synonym verwendet mit →*Motiv*, →*Motivation*. Bedürfnisse tragen zur →*Aktivierung* und Zielorientierung des menschlichen →*Verhaltens* (siehe auch →*Konsumentenverhalten*) bei. Das Bedürfnis ist ein vorökonomischer Tatbestand und zu unterscheiden vom konkretisierten →*Bedarf*. Das weitaus bekannteste Bedürfnismodell ist die →*Maslow'sche Bedürfnispyramide*.

Bedürfnisausgleichsgesetz Zweites Gossen'sches Gesetz (→*Gossen'sche Gesetze*).

Bedürfnisbefriedigung Zufriedenstellende Beseitigung einer objektiven oder auch subjektiv empfundenen Mangellage (→*Bedürfnis*). Bedürfnisse können nur nach Umwandlung in →*Bedarfe* befriedigt werden.

Bedürfnishierarchie→Maslow'sche Bedürfnispyramide.

Bedürfnispyramide →*Maslow'sche Bedürfnispyramide*.

Bedürfnissättigungsgesetz Erstes Gossen'sches Gesetz (→*Gossen'sche Gesetze*).

Beeinflussung Veränderung von Meinungen, →*Einstellungen* und Verhaltensweisen (→*Verhalten*). Die Beeinflussung ist das Ergebnis wechselseitiger→*Kommunikation*, wobei die →*Persönliche Kommunikation* als soziale →*Interaktion* die höchsten Überzeugungswirkungen erreicht (siehe →*Meinungsführer*). Beeinflussung in der →*Massenkommunikation* ist möglich durch den Einsatz von →*Sozialtechniken*, wie z.B. die →*Emotionale Konditionierung* (in Ergänzung und Abgrenzung →*Manipulation*). →*Massenmedien* entfalten neben ihrer Informationsfunktion hauptsächlich Verstärkungswirkungen (→*Verstärkerprinzip*). Die Massenmedien bestimmen weitgehend, mit welchen Themen sich das Publikum beschäftigt (→*Öffentliche Meinung*,→*Agenda Setting*).

Befragung(en) Wichtigste Methode der →*Marktforschung* (→*Primärforschung*). Die Formen der Befragung sind: die →*Mündliche Befragung* (persönliche Befragung bzw. die →*Telefonische Befragung*), die →*Schriftliche Befragung* und die computerisierte Befragung (die Befragten geben ihre Antworten in den Rechner ein; siehe auch →*Online-Befragung*). Bei der persönlichen Befragung ist weiter zu unterscheiden zwischen dem standardisierten bzw. vollstrukturierten →*Interview* (feste Fragenvorgabe), dem teilstandardisierten bzw. teilstrukturierten Interview (Fragengerüst mit Variationsmöglichkeiten) und dem nichtstandardisierten, unstrukturierten, freien oder auch →*Tiefeninterview* (freies Gespräch).

Behaviorismus→*Verhaltenstheorie*, die von *J.B. Watson (1913)* begründet wurde und das gesamte →*Verhalten* eines Organismus als Reaktion (Response) auf vorangegangene Umweltreize (→*Stimuli*) erklärt. →*Lernen* wird als Erwerb von gesetzmäßigen S-R-Verknüpfungen (→*S-R-Modelle*) angesehen, die entweder erinnert oder neu ausprobiert werden. Die beobachtbaren Verhaltensänderungen gelten als die Folge einer gleichfalls beobachtbaren Reizkonstellation. Der Behaviorismus beschränkt sich auf das objektiv beobachtbare und meßbare Verhalten. Nicht-beobachtbare psychische Prozesse im Organismus (→*Intervenierende Variablen*) bleiben unberücksichtigt. Der Organismus wird als sogen. Black Box behandelt, so daß komplexe Vorgänge (wie z.B. das →*Konsumentenverhalten*) nicht erklärt werden können. Die →*S-O-R-Modelle* des →*Neobehaviorismus* versuchen, durch Berücksichtigung der →*Aktivie-*

renden und →*Kognitiven Prozesse* diesen Mangel zu heilen.

Behaviour Scan Elektronisches Meßverfahren zur Erkennung der →*Wahrnehmung* von Werbeinformationen mittels der →*Scanner*technologie in TV-Kabelnetzen (→*Single Source-Datenerhebung*). Im Vergleich mit Kontrollgruppen dient das Verfahren der Messung der →*Werbewirkung*.

Beherbergungsbetriebe Fremdenverkehrsbetriebe (→*Tourismus*), deren Hauptleistung das Angebot von Beherbergung und Verpflegung (→*Verpflegungsbetriebe*) ist.

Behinderungswettbewerb Behinderung von Mitbewerbern, ihre Leistung zu vermarkten. In diese Fallgruppe des →*UWG* fallen insbesondere die →*Absatzbehinderung*, der Boykott, die →*Diskriminierung* und bestimmte Formen der →*Vergleichenden Werbung*. Durch die Aufnahme von Boykott und Diskriminierung in das →*GWB* ergeben sich Verknüpfungen mit dem UWG.

Behördenhandel →*Belegschaftshandel*.

Beihefter →*Prospekt*, der im Gegensatz zur losen →*Beilage* in →*Printmedien* (z.B. →*Zeitungen*, →*Zeitschriften*) fest eingeheftet oder eingeklebt ist.

Beilage →*Prospekt*, der →*Printmedien* (z.B. →*Zeitungen*, →*Zeitschriften*) beigefügt wird (siehe in Abgrenzung→*Beihefter*). Nach Postzeitungsordnung wird unterschieden nach Zeitungsbestandteilen, den Verlagsbeilagen (→*Supplements*) und Fremdbeilagen (Werbedrucksachen, Prospekte, Beihefter).

Bekanntheitsgrad Anteil von Personen (der →*Zielgruppe*), die eine →*Marke* (→*Markenbekanntheit*), ein →*Produkt*, eine →*Werbebotschaft*, ein →*Werbemittel* oder einen →*Werbeträger* kennen. Unterschieden wird nach dem passiven und aktiven Bekanntheitsgrad. Der passive Bekanntheitsgrad wird ermittelt durch Vorlage von Gedächtnisstützen (Abbildungen, Fotos etc.). Die Messung des aktiven Bekanntheitsgrades erfolgt ohne Hilfen. Der ungestützte Bekanntheitsgrad ist der statistisch härtere Wert.

Belastungsbilanz Gegenüberstellung der durch das →*Unternehmen* vermiedenen Umweltbelastungen und der unmittelbaren Umweltbelastungen, die das Unternehmen verursacht (siehe auch →*Öko-Bilanz*).

Belegschaftshandel →*Handel* (→*Einzelhandel*), der von Betriebsangehörigen mit nicht eigenbetrieblichen →*Produkten* und/oder →*Dienstleistungen* betrieben wird. Die →*Güter* werden unter den üblichen Einzelhandelsverkaufspreisen (→*Verkaufspreis*) beschafft und zum →*Einstandspreis* bzw. mit einem geringen Gewinnaufschlag an die Belegschaftsmitglieder weiter veräußert. Die Belegschaftshändler können auch die Betriebe selbst sein (Betriebshandel in Abgrenzung zum →*Factory Outlet* und →*Personalkauf*). Der Belegschaftshandel ist z.B. weit verbreitet in →*Öffentlichen Betrieben* (Behördenhandel). Der Betriebs- und Belegschaftshandel wird oftmals auch in Form des →*Kaufscheinhandels* betrieben (→*Beziehungshandel*, bei dem ohne direkten Verkauf nur Einkaufsberechtigungsscheine ausgestellt werden). Hier ist jedoch anzumerken, daß der Kaufscheinhandel grundsätzlich nach →*UWG* unzulässig und lediglich als kontrolliertes Legitimationspapier zwischen zwei Marktteilnehmern zum einmaligen Einkauf erlaubt ist.

Below the line-Kommunikation Alle kommunikativen Aktivitäten, die außerhalb der klassischen (Media-) →*Werbung* stattfinden. Im wesentlichen handelt es sich um die →*Verkaufsförderung* (im umfassenden Sinne). Dazu gehören auch die neueren →*Kommunikationsformen*, wie z.B. → *Sponsoring* (incl. Sonderformen) und →*Event Marketing*. Trend ist die integrative Vernetzung der Below the line-Kommunikation mit der klassischen Werbung, der Verkaufsförderung und mit den Kommunikationskonzepten des Handels.

Benchmarking Beschaffung, Analyse und Umsetzung von →*Benchmarks*, die Ziel- und Orientierungsgrößen darstellen. Die Richtwerte werden mit Kundenanforderungen und →*Wettbewerbern* verglichen bzw. abgeglichen, um daraus zu lernen bzw. Konsequenzen zu ziehen. Benchmarking ist damit ein Analyseinstrument, das strategische und operative Optionen offenlegt. Durch die Bestimmung des Leistungsniveaus der eigenen Leistungen mit den jeweils besten externen →*Anbietern* ergibt sich der Zusammenhang mit dem →*Outsourcing* und →*Lean Management*. Es werden drei Formen unterschieden, und zwar das interne, branchenbezogene und branchenübergreifende Benchmarking.

Benchmarks „Meßlatten", die als Vergleichsmaßstab zugrunde gelegt werden. Der Begriff stammt aus der Topographie und bezeichnet die Festpunkte bei Höhenvergleichen in der Landvermesseung (siehe →*Benchmarking*).

Benefit Sachlicher oder psychologischer →*Nutzen*, den ein →*Angebot* (→*Produkt* oder →*Dienstleistung*) dem →*Kunden* bietet. In der →*Marketingkommunikation* wird der Begriff vielfach generalisierend als Synonym für Nutzenaussagen verwendet.

Benefit-Segmentation Die Nutzen-Segmentierung geht davon aus, daß die Nutzen-Erwartungen (siehe →*Psychographische Kriterien*) das →*Kauf-* und →*Konsumverhalten* prägen.

Beobachtereinfluß Systematische Verzerrung der Ergebnisse von →*Beobachtungen* durch die Beobachter, die analog dem →*Interviewer-Bias* ist. Die Einflußnahmen beziehen sich auf die Steuerung des zu beobachtenden Sachverhalts, die selektive Datenerfassung und die Auswertung der Beobachtungsergebnisse. Dadurch ist die → *Reliabilität* der Untersuchung erheblich eingeschränkt. Aufgrund der meist bewußten Einflußnahme auf die Untersuchung ist die Verzerrung gravierender als bei dem →*Beobachtungseffekt*, der nicht durchgängig auftritt und damit eher Zufallscharakter hat.

Beobachtung(en) Neben der →*Befragung* eine wichtige Erhebungsmethode in der →*Marktforschung* (→ *Primärforschung*). Methodisch zu unterscheiden sind die persönliche und die apparative Beobachtung, die teilnehmende und nicht-teilnehmende Beobachtung und die offene (der Beobachtete erkennt die Beobachtung) und verdeckte Beobachtung (der Beobachtete erkennt die Beobachtung nicht).

Beobachtungseffekt Besondere Form des →*Testeffekts* als Ergebnisverzerrung von →*Beobachtungen*. Der Effekt tritt dadurch auf, daß der Beobachtete unter dem psychologischen Einfluß der für ihn erkennbaren Beobachtung (offene Beobachtung) sein → *Verhalten* ändert. Die Verhaltensänderung kann erfolgen im Sinne einer „Ratio"nalisierung oder Anpassung bzgl. des vermuteten Untersuchungszwecks. Im Vergleich zum →*Beobachtereinfluß* hat der Beobachtungseffekt eher Zufallscharakter und kann dadurch vermieden werden, daß die Beobachteten nicht erkennen, daß sie beobachtet werden und ihnen damit auch nicht der Untersuchungszweck und die von ihnen zu erledigenden Aufgaben bekannt sind (verdeckte Beobachtung).

Beobachtungslernen Form des →*Sozialen Lernens*. Hierbei werden die Verhaltensweisen anderer (→*Leitbilder*) nachgeahmt, ohne daß eine eigene Erfahrung besteht (→*Imitationslernen*). →*Sozialisatoren* nehmen entscheidenden Einfluß auf das Beobachtungslernen.

Berichtssystem(e) →*Außendienstberichtssystem(e)*, →*Marketing-Informationssysteme (MAIS)*.

BERI-Index Business Environment Risk Index. Ergebnis einer →*Expertenbefragung* zur Einschätzung der politischen und wirtschaftlichen →*Risiken* von z.Z. 90 Ländern. Die Ergebnisse werden in drei Subindices ausgedrückt: (1.) Political Risk Index (PRI), (2.) Operation Risk Index (ORI; Geschäftsrisiko) und (3.) Remittance and Reparation Factor (R-Factor; Rückzahlungsrisiko). Die Summe der Indexpunkte ergibt den Gesamtindex Profit Opportunity Recommendation (POR), der die einzelnen Länderrisiken einstuft.

Berühmte Marke(n) →*Warenzeichen*, die eine allgemeine →*Verkehrsgeltung* i. S. einer Marktgeltung besitzen. Die Verkehrsgeltung ist gegeben, wenn mindestens 2/3 der erwachsenen Bevölkerung im Geltungsbereich die berühmte →*Marke* kennen. Unter dieser Voraussetzung ist sie auch dann nach →*UWG* geschützt, wenn sie nicht als Warenzeichen in der Zeichenrolle des Patentamtes eingetragen ist.

Beschaffung Sichere und kostengünstige Versorgung eines Unternehmens mit →*Roh-*, →*Hilfs-* und →*Betriebsstoffen*. Daraus ergibt sich eine enge Beziehung mit dem gestaltenden →*Einkauf*. Im Vergleich zum Einkauf hat die Beschaffung mehr strategischen Charakter. Im erweiterten Sinne umfaßt die Beschaffung auch die Bereitstellung von Arbeitskräften und Kapital. Hierdurch werden die komplementären Beziehungen zwischen der reinen Versorgungs- und Finanzierungsfunktion deutlich.

Beschaffungskooperation Zusammenarbeit (→*Kooperation*) von Unternehmen mit dem Ziel, ihre →*Beschaffung* vor allem im Hinblick auf die Lieferantenkonditionen zu optimieren. Zu unterscheiden sind diesbezügliche →*Vertikale* und →*Horizontale Kooperationen*. Beschaffungskooperationen haben insbesondere im →*Handel* eine erhebliche Bedeutung erlangt. Das betrifft sowohl die horizontalen (→*Einkaufsgemeinschaft*,→*Einkaufsgenossenschaft*) als auch die vertikalen Kooperationsformen (→*Freiwillige Ketten*).

Beschaffungskosten Alle →*Kosten*, die dem Unternehmen im Zusammenhang mit dem Güter- oder Dienstleistungsbezug von Lieferanten entstehen.

Beschaffungslogistik Teil der →*Logistik* (→*Marketing-Logistik*), der den Güterfluß von den Lieferanten bis zur Bereitstellung bei den gewerblichen →*Abnehmern* umfaßt. Hierbei handelt es sich vor allem um die Bereitstellung von →*Roh-*, →*Hilfs-* und →*Betriebsstoffen*, aber auch von →*Handelswaren*, →*Investitionsgütern*, Ersatzteilen und →*Gebrauchs-* bzw.

→Verbrauchsgütern. Hinsichtlich der Notwendigkeit von integrierten Logistikkonzepten (*→Logistiksystem*) empfiehlt sich die (auch organisatorische) Verknüpfung von Beschaffungs-, *→ Produktions-* und *→Distributionslogistik*.

Beschaffungsmarketing Gesamtheit aller auf die *→Beschaffungsmärkte* gerichteten Aktivitäten mit dem Ziel ihrer Beeinflussung (auch als Reverse Marketing bezeichnet). Grundsätzlich können alle Instrumente des *→Absatzmarketing* (*→Marketinginstrumentarium*) eingesetzt werden (siehe dazu insbesondere *→Beschaffungsmarktforschung*). Eine der Hauptfunktionen des Beschaffungsmarketing sind die Beschaffungsmarktanalysen, auf deren Basis die *→Beschaffungsstrategie* geplant und realisiert wird.

Beschaffungsmarkt Der dem Unternehmen vorgelagerte *→Markt*, von dem die jeweils notwendigen *→Produktionsfaktoren* bezogen werden. Der Beschaffungsmarkt ist das Spiegelbild des *→Absatzmarktes*. Der Beschaffungsmarkt des *→Nachfragers* ist der Absatzmarkt des *→Anbieters*.

Beschaffungsmarktforschung Verfahren zur Sammlung, Analyse und Bewertung von relevanten *→Informationen*, die dazu dienen, die Transparenz der *→Beschaffungsmärkte* zu erhöhen bzw. zu erhalten. Dazu gehört auch die Beschaffungsmarkt-Prognose. Die wichtigsten Untersuchungsobjekte der Beschaffungsmarktforschung sind die Produktangebote und ihre Preise, die Marktstruktur (*→Anbieter* und *→Nachfrager*), die Lieferantenspezifika (*→Lieferantenanalyse*) und die *→ Marktentwicklungen*.

Beschaffungsmittler Wirtschaftlich und rechtlich selbständige Unternehmen, deren Funktionen analog denen der *→Absatzmittler* in der *→Absatzkette* sind.

Beschaffungsstrategie Langfristig orientiertes *→Beschaffungsmarketing*, das einen unternehmensstrategischen (*→Unternehmensstrategie*) Stellenwert hat. Insofern unterscheidet sich die Beschaffungsstrategie von der herkömmlichen *→Beschaffung*, die in der Praxis einen immer noch vorwiegend operativen Charakter hat.

Beschaffungs- und Absatzwirtschaft Bündelung und Institutionalisierung der *→Absatz-* und *→Beschaffung*saktivitäten der Marktteilnehmer (*→Marktpartner*) zum Zwecke des Güteraustauschs (siehe auch*→Absatzwirtschaft*).

Beschaffungsweg Lieferkette vom Lieferanten bis zum Abnehmer (Supply Chain). Zu unterscheiden sind der direkte (Lieferung der *→Güter* direkt vom Hersteller an den Abnehmer) und indirekte Beschaffungsweg (Güterbezug über zwischengeschaltete *→Beschaffungsmittler* analog den *→ Absatzmittlern* in der *→Absatzkette*).

Beschaffungswegepolitik Analog der *→Absatzwegepolitik* die grundlegende Entscheidung zur Wahl und Gestaltung der *→Beschaffungswege* und Entwicklung der Beziehungen zu den Lieferanten (Transaktionspartnern).

Beschaffungswerbung Kommunikative Einwirkung auf Personen, um von ihnen *→Informationen* zu erhalten über die von ihnen gelieferten Einsatzgüter (vgl. in Abgrenzung dazu *→Absatzwerbung*).

Beschaffungsziel(e) *→Optimierung* der Materialversorgung (*→Materialwirtschaft*) für die *→Produktion* und damit die Sicherstellung der Leistungsbereitschaft des Unternehmens.

Mit diesem Zentralziel verbunden ist auch die Stärkung des →*Wertschöpfungsrings* (als enge vertikale Verknüpfung der →*Wertketten* des Unternehmens mit seinen Lieferanten und →*Distributionskanälen*).

Beschreibende Statistik →*Deskriptive Statistik.*

Beschreibungsmodell(e) →*Modelle*, die mit Hilfe von primär quantitativen Verfahren (z.B. →*Zeitreihenanalyse*, →*Querschnitts-*, →*Längsschnittanalyse*, Analyse von →*Produkt-Lebenszyklen* etc.) Vergangenheits- und Istzustände beschreiben. Die Abgrenzung zu →*Erklärungs-*, →*Entscheidungs-* und →*Prognosemodellen* ist schwierig, da exakte Beschreibungen und Erklärungen von Istzuständen in aller Regel in Entscheidungsmodelle eingehen und gleichzeitig die Basis für die Vorhersage künftiger Entwicklungen bilden. Insofern sind konkrete Beschreibungsmodelle das Herzstück von realistischen Prognosemodellen.

Beschwerdemanagement Systematische und vor allem kundenorientierte Behandlung von Kundenbeschwerden. Die →*Reklamations*behandlung ist ein Sonderfall, da damit vertragsrechtliche Ansprüche verbunden sind. Die Beschwerdepolitik ist ein wesentliches Instrument des →*Servicemarketing* und im weiteren des →*Nachkaufmarketing*. Sie beeinflußt ganz entscheidend die dauerhafte →*Kundenzufriedenheit* incl. →*Kundenbindung* und über die →*Mundwerbung* das →*Unternehmensimage*.

Bestandsmanagement Planung und Organisation der Verfügbarkeit von Waren bzw. Leistungen zu bestimmten Lieferterminen. Die Effizienz des Bestandsmanagements wird gemessen am realisierten →*Lieferservice* (siehe auch →*Lieferzeit*, →*Lieferbereitschaft*,→*Lieferzuverlässigkeit*).Damit ist das Bestandsmanagement auch ein Maßstab für die Qualität der →*Logistik* (→*Marketing-Logistik*).

Bestellhäufigkeit→*Bestellpunktverfahren*, →*Bestellrhythmusverfahren.*

Bestellmenge, optimale Die Bestellmenge (Beschaffungsmenge) gilt als optimal, wenn die Kosten für die Bestellung und Lagerung zusammen ein Minimum erreichen. Die Optimierung ist abgeleitet aus der klassischen →*Losgrößenformel* (*Andler*-Formel) und hat eine nur sehr geringe praktische Relevanz. Die Gründe für die Begrenztheit liegen in den z.T. permanenten Veränderungen der Bestimmungsgrößen: Jahresbedarf, Beschaffungspreis und Lagerhaltungskostensatz (Zinssatz). Diese Veränderungen müssen zeitgenau in die Optimierung einfließen, um sie realitätsnah zu gestalten.

Bestellpunkt Notwendiger Mindestbestand, der den kumulierten Bedarf während der Beschaffungszeit und den →*Sicherheitsbestand* (eiserne Reserve) umfaßt. Der Bestellpunkt kann auch als die Menge des verfügbaren Lagerbestandes bezeichnet werden, bei der eine Bestellung ausgelöst wird (deshalb auch Meldebestand genannt).

Bestellpunktverfahren Methode der verbrauchsbedingten Materialbestandsergänzung. Die Bestandsergänzung (d.h. die Bestellung) wird ausgelöst, wenn der →*Bestellpunkt* als diejenige Menge erreicht ist, die zur Abdeckung des Bedarfs erforderlich ist, der zwischen der Auslösung der Bestellung und der Bereitstellung der ergänzenden Lieferung im Lager verbraucht wird, ohne auf den →*Sicherheitsbestand* (als Ausgleichsmenge für die nicht exakt bestimmbare Verbrauchsmenge) zurückgreifen zu müssen (siehe in Abgrenzung →*Bestellrhythmusverfahren*).

Bestellrhythmusverfahren Methode der verbrauchsbedingten Materialbestandsergänzung, die im Vergleich zum →*Bestellpunktverfahren* (einzelproduktbezogen) Materialgruppen als Bestellung zusammenfaßt. Der Vorteil dieser Sammelbestellung liegt in der geringeren Bestellhäufigkeit und den damit verbundenen niedrigeren Folgekosten (administrativer Aufwand, Kosten der Einlagerung etc.). Nachteil ist, daß der Verbrauch zwischen den Dispositionsterminen (Verbrauch während des Überprüfungszeitraums) zusätzlich berücksichtigt werden muß und sich dadurch der →*Lagerbestand* erhöht.

Bestellsortiment Diejenigen →*Artikel*, die im →*Einzelhandel* nicht verfügbar sind und beim Hersteller bzw. →*Großhandel* bestellt werden müssen. Die Bestellungen erfolgen vielfach anhand von →*Katalogen* oder →*Prospekten* (siehe im Gegensatz dazu → *Lagersortiment*).

Bestimmtheitsmaß Maß für die Stärke des linearen Zusammenhangs von Variablen in der →*Korrelations-* und →*Regressionsanalyse*. Das Bestimmtheitsmaß gibt an, welcher Anteil der →*Varianz* einer Variablen durch die Veränderung einer anderen Variablen erklärt wird. Das Bestimmtheitsmaß ist das Quadrat des *Pearson'schen* Korrelationskoeffizienten und hat einen Wertebereich zwischen 0 und 1. Je näher der Wert an 1 liegt, desto besser wird die Varianz der abhängigen Variablen durch die Regressionsbeziehung erklärt.

Best Practice Jeweils beste Vorgehensweise (branchenübergreifend) bei einem bestimmten Teil eines Prozesses bzw. einer →*Wertkette*.

Besuchsbericht(e) →*Außendienstberichtssystem(e)*.

Besuchshäufigkeit →*Besuchsplanung*.

Besuchsplanung Festlegung der Besuchshäufigkeit von →*Kunden* im Rahmen der →*Außendienststeuerung*. Die Kriterien für die Besuchsplanung sind in der Praxis sehr vielfältig. Die wichtigsten →*Planungshilfen* sind die →*Kundenanalyse* (→*Kunden-Strukturanalyse*) und die Struktur der → *Verkaufsbezirke*. Darüber hinaus kann eine Differenzierung nach Alt- und Neukunden erfolgen. Weiter kann sich eine Besuchszeiten-Allokation hinsichtlich der unterschiedlichen Leistungsangebote (z.B. →*Markteinführung* von neuen →*Produkten*) als sinnvoll erweisen. Generell sollte sich die Besuchsplanung an den →*Verkaufszielen* orientieren.

Beteiligte Verkehrskreise Wettbewerbsrechtlich (→*UWG*) diejenigen Personen oder Personenkreise, die → *Anbieter* oder →*Abnehmer* sind bzw. früher einmal Abnehmer waren. Das Urteil der beteiligten Verkehrskreise wird u.a. bei Verwechslungsgefahr von →*Warenzeichen* oder bei →*Irreführender Werbung* (siehe auch →*Irreführung*) herangezogen.

Betrieb(e) →*Wirtschaftseinheit(en)*, in der (denen) →*Produktionsfaktoren* eingesetzt und miteinander kombiniert werden zur Erstellung von →*Gütern* und deren →*Vertrieb*. Aufgabe der Betriebe ist damit die Leistungserstellung und Leistungsverwertung. Begrifflich wird vielfach der Betrieb gleichgesetzt mit dem Ort der Fertigung. In Abgrenzung zum Betrieb ist das →*Unternehmen* bzw. die Unternehmung die rechtliche, organisatorische und wirtschaftlich-finanzielle Einheit.

Betriebliches Vorschlagswesen →*BVW.*

Betriebliche Umweltinfosysteme (BUIS) Erfassung, Aufbereitung, Speicherung und Verarbeitung betrieblicher Umweltdaten als Entscheidungshilfe für die Entscheidungsträger. Die Anforderungen an BUIS sind Vollständigkeit, Universalität, Bestimmtheit und Aktualität. Die betrieblichen Umwelt-Informationssysteme werden integrativ verbunden mit umweltorientierten betrieblichen Informationssystemen (UBIS). Die BUIS lassen sich funktional unterscheiden in Überwachungs- und Dokumentationssysteme (Umweltdatenbanken), Aggregations- und Analysesysteme (z.B. Kennzahlensysteme) und in Planungs- und Entscheidungs-Unterstützungssysteme (z.B. Informationen zur Umweltverträglichkeit von Produktion, Logistik und Produkten). Durch BUIS findet die →*Ökologie* in der →*Unternehmenspolitik* und in der →*Marketingstrategie* eine stärkere Berücksichtigung (siehe dazu auch →*Umwelt-Audit*).

Betriebsergebnis Ergebnis des betrieblichen Leistungsprozesses (→Gewinn oder Verlust). Das Betriebsergebnis wird ermittelt durch die Gegenüberstellung der →*Betriebserträge* und der →*Kosten.*

Betriebsertrag →*Ertrag*, der in Erfüllung des eigentlichen Betriebszwecks entsteht (im Gegensatz dazu siehe →*Kosten*).

Betriebsform(en) Klassifikation von Großhandels- und Einzelhandelsbetrieben, die in ihren Merkmalen soweit übereinstimmen, daß sie von den →*Nachfragern* als im wesentlichen gleichartig angesehen werden. Die → *Handelsbetriebsformen* können sich z.B. unterscheiden nach →*Sortiment*, →*Preislagen*, →*Bedienungssystemen* etc. Typische Betriebsformen des → *Großhandels* sind der →*Sortimentsgroßhandel*, →*Cash & Carry* (→*Abholgroßhandel*), der Zustellgroßhandel, →*Fachgroßhandel* und →*Spezialgroßhandel.* Typische Betriebsformen des →*Einzelhandels* sind →City-*Warenhäuser*, →*SB-Warenhäuser*, → *Kaufhäuser*, →*Verbrauchermärkte*, → *Supermärkte*, →*Discounter*, →*Fachgeschäfte*,→*Fachmärkte*, →*Shopping-Center*, →*Versandhandel.* Zu unterscheiden von der Betriebsform ist die juristische →*Handelsform(en).*

Betriebsformendynamik Veränderung der →*Betriebsformen* im →*Handel* (→*Groß-* und →*Einzelhandel*) aufgrund der →*Wettbewerbs-* und → *Marktdynamik.* Als Beispiele für die Betriebsformendynamik gelten die neuen Einzelhandelstypen →*Supermärkte*, →*Verbrauchermärkte*, →*Discounter*, →*Fachmärkte*, →*Einkaufs-Center*, →*Factory Outlets* etc.

Betriebshandel →*Belegschaftshandel.*

Betriebsklima Allgemeiner Ausdruck für das soziale Klima, das in einer Organisation vorherrscht (siehe dazu auch →*Corporate Culture*, →*Corporate Identity*, →*Corporate Behaviour*).

Betriebsmittel Betriebswirtschaftlicher Ausdruck für Produktionsmittel, die zur →*Produktion* erforderlich sind (z.B. Maschinen, Werkzeuge etc.).

Betriebsstoff(e) Stoffe, die beim Fertigungsprozeß benötigt werden und keine →*Roh-* oder →*Hilfsstoffe* sind (z.B. Strom, Reparaturmaterial etc.).

Betriebstyp(en) Besondere Ausprägung eines oder mehrerer Merkmale einer →*Betriebsform* (→*Han-*

delsform). Es handelt sich um Varianten einer Betriebsform, die je nach →*Branche* sehr unterschiedlich sein können. Beispielhaft seien die Merkmalsunterschiede zwischen verschiedenen →*Kaufhäusern* und →*Fachgeschäften* in der gleichen Branche genannt, die bei gleicher Betriebsform etwa im →*Sortimentsniveau* deutlich kontrastieren.

Betriebstypeninnovation Entwicklung neuer →*Betriebstypen* im →*Handel* (vor allem im →*Einzelhandel*), die vergleichbar mit der Produktinnovation (→*Innovation*) ist. Die Innovationsmerkmale können sich auf eine Vielzahl von Handelsausprägungen beziehen (z.B. →*Branche*, →*Preisstrategie*, →*Sortiment*, →*Dienstleistungen*, →*Ladengestaltung*, →*Kommunikationspolitik* etc.). Durch die sprunghafte Entwicklung der →*Audiovisuellen Medien* hat die Betriebstypeninnovation an Dynamik gewonnen (siehe z.B. →*Teleshopping*, →*Online-Shopping*, →*Telebanking*).

Betriebstypenprofilierung Heterogenisierung der →*Handelsbetriebe* durch eine besondere Herausstellung der spezifischen Merkmale. Damit soll der Assimilation (→*Assimilationsprozeß*) der Handelsbetriebe begegnet werden und damit auch der →*Store Erosion*. Ziel der Betriebstypenprofilierung ist es, für einen Einzelhandelsbetrieb oder auch für →*Filialsysteme* bzw. für die Verbundsysteme (→*Einkaufsgenossenschaften*, →*Franchisesysteme*) ein eigenständiges und unverwechselbares →*Erscheinungsbild* (→*Image*) zu schaffen.

Betriebsvergleich Gegenüberstellung von Daten und Kennziffern (siehe →*Umsatzkennziffern*) verschiedener →*Unternehmen* aus der gleichen →*Branche*, um Hinweise zu erhalten über die Leistungsfähigkeit der Unternehmen (siehe →*Benchmarking*). Die am Betriebsvergleich teilnehmenden Unternehmen haben so die Möglichkeit, ihre eigene Entwicklung kontinuierlich (in aller Regel jährlich) im Vergleich zu den Mitbewerbern zu überprüfen.

Bewertungsverfahren →*Produktbewertung*, →*Scoring-Modelle*.

Bewußte Auswahl Bezeichnung für alle →*Auswahlverfahren*, die im Gegensatz zu den Verfahren der →*Zufallsauswahl* (→*Randomauswahl*) bewußt entscheiden, wer in die Auswahl der zu Befragenden eingeschlossen werden soll. Die →*Stichprobe* wird also bewußt aus der →*Grundgesamtheit* gezogen und nicht dem statistischen Zufallsprinzip überlassen, so daß nicht jedes Element der Grundgesamtheit die gleiche Chance hat, in die Stichprobe aufgenommen zu werden. Die wichtigsten Verfahren der bewußten Auswahl sind das →*Quotenverfahren*, das →*Konzentrationsverfahren* und die →*Typische Auswahl*. Von der bewußten Auswahl sind zu unterscheiden die Verfahren der →*Willkürlichen Auswahl*.

Beziehungshandel Form des →*Grauen Marktes*, der auch als Beziehungskauf bezeichnet wird und grundsätzlich wettbewerbsrechtlich(→*UWG*, →*GWB*) nicht unzulässig ist (siehe in Abgrenzung →*Kaufscheinhandel*). Es handelt sich um einen →*Direktvertrieb* von Großhändlern oder Herstellern an Endverbraucher zu Vorzugsbedingungen. Beziehungshandel und Gegengeschäfte (→*Kompensationsgeschäfte*) nehmen besonders in konjunkturell stagnativen Phasen zu.

Beziehungsmanagement In Erweiterung des →*Beziehungsmarketing* handelt es sich um eine umfassendere Pflege von Geschäftsbeziehungen, die nicht nur auf die →*Kunden* fokussiert sind. Hierbei sind die Geschäftsbeziehungen definiert als →*Interaktionsprozesse* zwischen den Wertschöpfungspartnern (→*Wertschöpfungsnetze*) auf den unterschiedlichen Wirtschaftsstufen.

Beziehungsmarketing Alle Anbieteranstrengungen, die auf langfristige →*Kundenzufriedenheit* ausgerichtet sind und Kundennähe, Kundenpflege, →*Database-Marketing* und Serviceaktivitäten einschließen (siehe auch → *Kontraktmarketing* und in Abgrenzung →*Relationship Marketing*). Das Beziehungsmarketing stellt erhöhte Ansprüche an die Qualität der →*Kundenanalyse* und wird zunehmend zu einem entscheidenden Wettbewerbsfaktor.

Beziehungspromotor(en) Personen, die interorganisationale Austauschprozesse initiieren, gestalten und vorantreiben, und zwar auf der Grundlage ihrer →*Sozialkompetenz* und ihres Netzwerkwissens. Für das →*Beziehungsmanagement* und →*Beziehungsmarketing* haben Beziehungspromotoren eine große Bedeutung. Sie sammeln, filtern und speichern →*Informationen* zur Planung, Durchführung und Kontrolle kundenbezogener Aktivitäten und geben dieses Wissen an interne und externe Interaktionspartner (→*Interaktion*, →*Interaktionstheorie*) weiter. Die Beziehungspromotoren finden sich vor allem im Top- und Middle-Management (siehe in Ergänzung →*Promotoren*).

Bezugnehmende Werbung Form des wettbewerbsrechtlich (→*UWG*) unzulässigen →*Behinderungswettbewerbs*. Als wichtigste Ausprägungen gelten die →*Anlehnende Werbung* (Ausnutzung fremder Leistungen), die persönlich bezugnehmende Werbung (Herabsetzung des →*Wettbewerbers*) und die →*Vergleichende Werbung* (Fallgruppe der unzulässigen Vergleiche). Grund für die strenge Regelung im deutschen Wettbewerbsrecht (im Vergleich zur internationalen Rechtsprechung) ist die Intention, daß nur mit der eigenen Leistung geworben und nicht „Anleihen“ bei den Wettbewerbern gemacht werden sollen.

Bezugsbindung →*Vertriebsbindung*, die den →*Abnehmer* bzgl. des Bezugs von →*Produkten* oder → *Dienstleistungen* an einen bestimmten Lieferanten bindet (→*Abnehmerbindung*). Die Bezugsbindung ist ein wesentlicher Bestandteil von →*Vertikalen Kooperationen* zwischen Herstellern und Handelsunternehmen.

Bezugsgruppe(n) →*Gruppe*, mit der sich ein Individuum identifiziert (auch Referenzgruppe genannt). Die Identifikation bezieht sich auf →*Normen*, →*Werte* und →*Ziele* und beeinflußt das →*Verhalten*. Die Orientierung an einer Bezugsgruppe ist nicht zwingend mit einer existenten Mitgliedschaft verbunden. Es ist sehr wohl möglich, daß man sich in seinem Verhalten an einer Gruppe orientiert, weil man ihr angehören möchte. Daraus resultiert z.B. der Wunsch nach →*Statussymbolen*, die für eine andere Gesellschaftsgruppe typisch sind (siehe auch →*Geltungsbedürfnisse*). Der Drang, in eine höhere Gesellschaftsgruppe aufzusteigen, hat erhebliche Auswirkungen auf das →*Konsumverhalten* (siehe auch relative →*Deprivation*).

Bezugsperson(en) →*Bezugsgruppe(n)*.

BFS Abk. für **B**undesverband der **F**ilialbetriebe und **S**elbstbedienungswarenhäuser e.V., Bonn.

BGA Abk. für **B**undesverband des

Deutschen Groß- und Außenhandels e.V., Bonn.

Bias Ausdruck in der *→Marktforschung* für *→Systematische Fehler* (siehe in Abgrenzung *→Zufallsfehler*), die zu Verzerrungen der Untersuchungs- bzw. Befragungsergebnisse führen. Die Hauptfehler treten bei der Stichprobenauswahl, den *→Interviews* (*→Interviewer-Bias*) und bei der Auswertung der Erhebungsdaten auf.

Bidding-Modelle *→Modelle*, die dazu dienen, bei *→Ausschreibungen* (im Investitionsgütergeschäft) den wahrscheinlich günstigsten Angebotspreis zu ermitteln. Die Schwäche der prognostischen Verfahren liegt in der Annahme von subjektiven *→Wahrscheinlichkeiten* bzgl. der Nachfragerreaktion, die z.T. (gerade im Hinblick auf die *→Preisakzeptanz* der *→Nachfrager*) höchst unsicher ist. Diese Grundproblematik wird auch nicht durch die Aufnahme von Nachfragererwartungen bzw. -anforderungen und eines angenommenen Wettbewerberverhaltens in den Modellansatz überwunden.

Bildkommunikation Form der *→ Nonverbalen Kommunikation*, bei der Bilder neben dem Text eine dominante, gleiche oder untergeordnete Rolle spielen. Hierbei nimmt insbesondere durch das Fernsehen als *→Kommunikationsmedium* die Bedeutung von Bildern als *→Kommunikationsmittel* ständig zu. Bilder werden schnell und unreflektiert verarbeitet und besser erinnert als Worte. Aufgrund ihrer Verknüpfung mit "inneren Bildern“ (*→ Imagery-Forschung*) erzeugen die bildlichen Darstellungen stärkere emotionale (*→Emotion*) Wirkungen als Texte, prägen Überzeugungen und Meinungen und beeinflussen damit entscheidend das *→Verhalten* (*→Konsumentenverhalten*, *→Kaufverhalten*). Die Verhaltenswirkungen von Bildern werden daher auch als Imagerywirkungen bezeichnet (*W. Kroeber-Riel, 1993*). Der Verhaltenseffekt wird dadurch verstärkt, daß Bilder als Realität und objektive *→Informationen* empfunden werden. Man begegnet ihnen daher sehr viel unkritischer als verbalen Informationen. Auch der *→Einzelhandel* setzt mittlerweile diese Erkenntnis durch das *→Visual Merchandising* im *→Handelsmarketing* um.

Bildplatte Datenspeichermedium zum Einsatz in der *→Telekommunikation*.

Bildschirmtext Elektronisches *→Informations-* und *→Kommunikationssystem* (Btx), das über das öffentliche Fernmeldenetz oder private Vermittlungseinrichtungen individuell genutzt werden kann. Es handelt sich um ein interaktives Kommunikationssystem, d.h. zwischen *→Kommunikator* und *→Kommunikant* kann ein Dialog hergestellt werden. Voraussetzungen für den erfolgreichen Einsatz von Btx im Marketing (im Sinne eines z.B. *→ Teleshopping*) sind die Konzentration auf die richtige Produktkategorie, die Auswahl der geeigneten *→Zielgruppe(n)* und ein funktionsfähiges *→Logistiksystem*. Grundproblem ist, daß Btx lediglich ein Bestellmedium darstellt und bislang nur unzulänglich als ein aktives Kommunikationsinstrument durch den Anbieter eingesetzt werden kann (siehe in Erweiterung *→ Online-Shopping*).

Bildzeichen *→Warenzeichen*, *→Markenzeichen*.

Billings Umsätze von *→Werbeagenturen*, die sich aus Honoraren und *→Provisionen* (*→Agenturvergütung*) zusammensetzen. Das „Gross Income“ ist der Netto-Umsatz, die „Billings“ sind die Brutto-Umsätze. Um die unterschiedlich zusammengesetzten Umsätze vergleichbar zu machen, hat sich das Berechnungssystem der „Equivalent Billings" in der Praxis durchgesetzt. Hierbei wird das „Gross Income" (Etat mal Provisionssatz) mit dem Faktor 6,67 multipliziert.

Binnengroßhandel →*Betriebstyp* des →*Großhandels*, der sich primär auf den Binnenmarkt (nationaler Markt) konzentriert im Gegensatz zum →*Außengroßhandel*. Der →*Einzelhandel* ist in erster Linie ein →*Binnenhandel*, wenngleich sich die Tendenzen zur Expansion auf ausländischen Märkten (z.B. Lebensmitteleinzelhandel, Textilkaufhäuser) verstärken.

Binnenhandel Im Vergleich zum →*Außenhandel* ein →*Handel*, der sich innerhalb der nationalen Grenzen vollzieht.

Binnenmarkt →*Markt* in einem länderspezifischen oder auch länderübergreifenden Wirtschaftsraum (z.B. Europäischer Binnenmarkt, der auf der Grundlage des →*Freihandels* und einer gemeinsamen Währung umgangssprachlich auch als Euro-Land bezeichnet wird).

Bioläden Neuer →*Betriebstyp* (→*Betriebstypeninnovation*) des →*Einzelhandels*, der die Umweltorientierung der →*Verbraucher* aufgreift und ein nach ökologischen Kriterien ausgewähltes →*Sortiment* führt (siehe in Abgrenzung →*Reformhäuser*). Ursprünglich haben sich die Bioläden auf Nahrungsmittel und Frischwaren konzentriert. Mittlerweile hat das →*Ökologie-Marketing* aber auch andere Handelsbereiche erfaßt, wie z.B. Drogerien, Parfümerien, Textilien, Möbel, Spielwaren etc. Der nach wie vor ungebrochene Nachfragetrend nach möglichst naturbelassenen, gesunden Nahrungsmitteln hat auch zu einer Anpassung des klassischen Lebensmitteleinzelhandels geführt (Bio-Theken, Bio-Regale bis hin zu →*Shop-in-the-shop*). Die Großbetriebsformen des Einzelhandels (z.B. Lebensmittelfilialisten) übernehmen sogar vielfach bereits die Funktion des →*Öko-Controlling* und listen gesundheitsschädliche Produkte aus ihrem Sortiment aus.

Bio-Marketing Teilbereich des umfassenderen →*Öko-Marketing*. Das Bio-Marketing konzentriert sich auf die gesundheitlichen (vor allem ernährungsspezifischen)→*Problemlösungen* für den →*Verbraucher*. Weitere Produktfelder sind Körperpflege, Bekleidung, Haushaltsreinigung, Farben, Lacke etc. Im Vergleich zum ganzheitlichen Öko-Marketing ist das Bio-Marketing vor allem auf den unmittelbaren gesundheitlichen Aspekt der Produktangebote gerichtet. Wichtigstes →*Marketinginstrument* ist die →*Marketingkommunikation* (→*Massenkommunikation*).

Bionik Zusammengesetzter Begriff aus Biologie und Technik. Es handelt sich um eine Methode (bzw. wissenschaftliche Disziplin), die wohl nicht zu den klassischen →*Kreativitätstechniken* zählt, sich aber z.B. bei der →*Produktinnovation* sehr bewährt hat. Die Bionik ist das Lernen von der Natur. Es wird nicht primär die Natur nachgeahmt, sondern analysiert, wie die Natur ihre Probleme löst, um daraus Ideen für kommerzielle und auch nicht-kommerzielle →*Problemlösungen* zu entwickeln. Angestrebt werden die Feedbackplanung mit der Umwelt, Vereinbarkeit und Resonanz mit biologischen Strukturen, insbesondere auch derjenigen des Menschen.

Biotischer Test →*Test* (in der →*Marktforschung*), bei dem die Testpersonen nicht erkennen, daß sie an einem Test teilnehmen und ihnen daher auch nicht die Ziele bekannt sind, die mit dem Test verbunden sind. Die Herstellung einer biotischen Situation, die dem natürlichen Umfeld entspricht, ist vor allem bei der →*Beobachtung* wichtig, um verhaltensverzerrende →*Beobachtungseffekte* (→*Testeffekt*) zu vermeiden.

Bivariate Analyseverfahren Analyse (→*Datenanalyse*) von zwei Variablen und deren Ausprägungen, vor allem in bezug auf deren Abhängigkeiten (→*Korrelationen*). Beispiele für die Verfahrensgruppe sind u.a. die →*Kreuztabellierung*, →*Korrelationsanalyse*, die einfache →*Regressionsanalyse* und die →*Varianzanalyse* (siehe in Abgrenzung →*Univariate* und →*Multivariate Analyseverfahren*).

Black-Box-Modelle →*S-R-Modelle*, →*Behaviorismus*.

Blauer Engel →*Umweltzeichen* als →*Warenkennzeichnung* von →*Produkten*, die die →*Umwelt* weniger stark belasten als vergleichbare Produkte (Substitutionsprodukte). Die Kritik an dem Umweltzeichen bezieht sich auf seine Vergabe nach den Kriterien einer realisierten Problemverminderung und nicht nach einer gesamtökologisch orientierten Problemvermeidung. Das Umweltzeichen greift überdies nur jeweils einen begrenzten Umweltaspekt auf.

Blickfangwerbung →*Werbung* (vor allem →*Produktwerbung*), die das Ziel verfolgt, die →*Wahrnehmung* und →*Aufmerksamkeit* der →*Kommunikanten* (Werbeempfänger, Rezipienten) auf bestimmte Teile der →*Werbebotschaft* zu lenken (z.B. auf den →*Preis*). Rechtlich (nach →*UWG*) unzulässig ist die Blickfangwerbung dann, wenn der Blickfang als werbliches Gestaltungsmittel irreführend (→*Irreführung*, →*Irreführende Werbung*) ist, d.h. einen falschen Gesamteindruck vermittelt. Beispiel ist die Hervorhebung eines besonders günstigen Preises, der den Eindruck vermittelt, daß er für das gezeigte Angebot gilt, sich tatsächlich aber nur auf einen Teil des Angebots bezieht.

Blickregistrierung Aufzeichnung des Blickverlaufs durch den Einsatz →*Apparativer Verfahren* (→*Augenkamera*). Erfaßt werden Betrachtungsdauer, die Beobachtung der Aufnahme bestimmter →*Stimuli* (z.B. Anzeigenelemente) und der Blickverlauf. Hieraus werden Schlußfolgerungen in bezug auf die →*Werbewirkung* abgeleitet.

Blindtest →*Produkttest*, bei dem das Testobjekt den Versuchspersonen in neutraler Aufmachung präsentiert wird, um eine vorurteilsfreie Bewertung sicherzustellen. Diese ist nicht unbedingt gegeben, wenn →*Markenname* und →*Packung* bekannt sind. Beim identifizierten Test können verhaltensverzerrende →*Testeffekte* auftreten, die ohnehin nie ganz ausgeschlossen werden können, da bei →*Tests* kaum eine vollbiotische Situation (→*Biotischer Test*) realisiert werden kann.

Blisterpackung(en) →*Packungen* (→*Einwegverpackung*) aus einer festen und ebenen Pappunterlage und einem die Ware umhüllenden transparenten Kunststoff, die raumsparend an Lochwänden im →*Outlet* (→*Verkaufsstelle* des →*Einzelhandels*) befestigt werden. Blisterpackungen sind vor allem für die →*Selbstbedienung* von Kleinteilen geeignet und sind u.a. ein Mittel zur Diebstahlminderung. Überdies wird durch die Verwendung von Blisterpackungen als Mehrstückpackungen (→*Mehrfachgebinde*) die

Nachfragemenge erhöht (z.B. Nägel, Schrauben etc.), und es entsteht vielfach auch der Eindruck eines besonders preisgünstigen Angebots.

Body Copy Textteil bei →*Anzeigen*.

Börse Besondere Form einer →*Marktveranstaltung*, die regelmäßig und dauerhaft an einem bestimmten Ort stattfindet und auf der vertretbare (fungible)→*Güter* (→*Fungibilität*) gehandelt werden. Börsen sind besonders verbreitet im Devisen- und Wertpapierhandel sowie bei Rohstoffen und landwirtschaftlichen Produkten. Als Börsenarten werden die Devisen-, →*Waren-*, Effekten- und Dienstleistungsbörsen unterschieden.

Börsenmarketing Maßnahmen zur erfolgreichen Positionierung einer Aktie. Die Positionierung wird (nach *H. Simon*) in der „Pre-Börsenmarketing"-Phase entwickelt, und zwar auf der Basis einer →*Equity-Story*. Darunter ist die kommunikative Transformation der →*Unternehmensstrategie* in die Sprache der Investoren, Analysten, →*Kunden*, Geschäftspartner, Mitarbeiter und →*Medien* zu verstehen. Darüber hinaus geht es aber auch um das systematische Herausarbeiten von künftigen Marktchancen und existenten →*Wettbewerbsvorteilen* (siehe auch →*Investor Relations*, →*Financial Relations*).

Bonus Preisnachlaß, der den →*Abnehmern* gewährt wird (in Abgrenzung dazu siehe →*Skonto* und →*Rabatt*). Zu unterscheiden sind im wesentlichen der Mengen- bzw. Umsatzbonus und der sogen. →*Treuerabatt* (siehe auch →*Erlösschmälerung*).

Books on Demand (BoD) Neue Form des individualisierten Drucks und Vertriebs von Buchpublikationen auf der Grundlage einer digitalen Drucktechnik, die es erlaubt, Bücher in kleinen Auflagen herzustellen oder vergriffene Publikationen nachzudrukken. Kommunikation und Vertrieb (→*Electronic Commerce*, →*Electronic Shopping*) erfolgen über das →*Internet* oder auch durch mit dem →*Grossisten* verbundene Buchhandlungen. Der wesentliche Kostenvorteil für Grossisten liegt wegen der Digitalisierung der Bestände im Wegfall der kostenintensiven Vorratshaltung (→*Vorratspolitik*). Der Autor wird zum Verleger und besitzt volle Entscheidungsfreiheit bzgl. Auflagenhöhe und Preisgestaltung seiner Publikation. Die Druckkosten sind abhängig von der Auflagenhöhe.

Boston-Effekt →*Erfahrungskurveneffekt*.

Botschaft →*Werbebotschaft(en)*.

Bottom-up-Budgetierung →*Budgetierung*, die im Gegensatz zur →*Top-down-Budgetierung* von den der Top-Managementebene nachgelagerten Organisationsebenen bzw. -einheiten ausgeht und die Einzelbudgets zu einem Gesamtbudget zusammenführt. Die Budgetierungsform (→*Budgetierungsmethode*) ist eine Konsequenz der →*Bottom-up-Planung*, die sich im Gegensatz zur →*Top-down-Planung* aufgrund zunehmend instabil werdender Umfeldentwicklungen als immer wichtiger erweist, soweit damit die grundlegenden →*Unternehmensziele* (→*Gesamtziele*) nicht aus der Sicht geraten. Mit der Budgetierungsform stellt sich insbesondere die Frage nach mehr Dezentralisation oder Zentralisation der gesamten Unternehmungsorganisation (→*Aufbauorganisation*).

Bottom-up-Planung Planungsprinzip vor allem im →*Internationalen Marketing*. Die Länderniederlassungen entwickeln ihre verbindliche →

Planung eigenständig. Die Zentrale faßt lediglich alle Planungen zusammen (siehe im Vergleich dazu →*Top-down-Planung* und →*Gegenstromverfahren*).

Boutique Besonderer →*Betriebstyp* vor allem des stationären Textilfacheinzelhandels (→*Fachhandel*). Es handelt sich in der Regel um Klein- und Mittelbetriebe, deren →*Sortimente* stark modisch orientiert sind. Sortiment und →*Ladengestaltung* sind vielfach auf bestimmte →*Zielgruppen* fokussiert. Boutiquen finden sich vielfach auch als →*Shops-in-the-Shop* in →*Waren-* und →*Kaufhäusern* und werden entweder in Eigenregie oder von selbständigen Betreibern geführt.

Boykott →*Behinderungswettbewerb*.

Box-Jenkins-Modell Technik der →*Trendextrapolation*, die insbesondere bei der Erstellung von →*Prognosen* (→*Absatzprognosen*) zur Anwendung kommt und zu den →*Autoregressiven Verfahren* gehört. Die Struktur einer →*Zeitreihe* wird in einen autoregressiven und in einen gleitenden Durchschnittsteil zerlegt. Dadurch wird der stochastische Charakter der Zeitreihe deutlich, wobei nur die tatsächlichen Vergangenheitswerte (Absatzentwicklung) zur Vorhersage herangezogen werden.

Brain Map Darstellung einer Gehirn-Landkarte. Sie basiert auf der modernen →*Hirnforschung*, die auf der Grundlage der →*Hemisphärentheorie* aus Denkstilen Handlungsstile ableitet. Die Brain Map kommt zu vier Denkorientierungen, die in einer Vierfelder-Matrix polar abgebildet werden: „Zukunftsorientiertes versus Bewahrendes Denken“ und „Rational-analytisches versus Emotional-intuitives Denken“. Der Brain Map-Ansatz verfolgt das Ziel, durch Meinungsvielfalt in Teams innovatives Denken zu fördern und aus widersprüchlichen Denkansätzen kreative →*Problemlösungen* zu entwickeln. Von essentieller Bedeutung ist in diesem Zusammenhang die Moderatorenfunktion.

Brainstorming →*Kreativitätstechnik*, die von *A.F. Osborn (1957)* entwickelt wurde. Das Brainstorming erfolgt in Gruppensitzungen, deren Ablauf auf vier Grundregeln beruht: (1.) Kritik jeder Art ("Killerphrasen") ist strengstens untersagt; (2.) Die Teilnehmer sollen ihrer Phantasie freien Lauf lassen und sich von ihren eingeübten Denkroutinen befreien; (3.) Ideen anderer Teilnehmer können und sollen aufgegriffen und weiterentwickelt werden; (4.) Quantität steht vor Qualität. Dadurch erhöht sich die Wahrscheinlichkeit, brauchbare Ideen zu entwickeln. Die Gruppe setzt sich aus 5 bis 7 (max. 12) Teilnehmern zusammen, die einzelne Gruppendiskussion dauert 20 bis 40 Minuten. Zu Beginn des Brainstorming wird das Problem eindeutig definiert. Ein Moderator überwacht stringent die Einhaltung der Grundregeln. Die Lösungsvorschläge werden protokolliert und nach der Sitzung bewertet, wobei die Teilnehmer die Möglichkeit haben, weitere Ideen nachzureichen, da das Brainstorming "nachschwingt". Das Brainstorming kann erweitert werden durch den Einsatz der EDV (Electronic Brainstorming). Bei dieser Methode geben die Teilnehmer ihre Ideen in Personal Computer ein, so daß sich Entwicklung und Mitteilung von Ideen persönlich unbefangener vollziehen. Der Nachteil der Methode liegt aber im Verlust der persönlichen Kommunikation. Das elektronische Brainstorming läßt sich mit →*Expertensystemen* verbinden.

Brainwriting →*Methode 635*.

Branche(n) Bezeichnung für einen bestimmten Wirtschaftsbereich, wobei die Klassifikation der amtlichen Statistik gilt. Der Begriff hat sich vor allem im →*Handel* (→*Einzelhandel*) durchgesetzt und bezeichnet die Sortimentsverwandtschaft, die entweder materialbezogen (Lederwaren, Glas- und Porzellanwaren, Textilien etc.) oder bedarfsbezogen ist (Nahrungs- und Genußmittel, Oberbekleidung, Heimwerkerbedarf etc.). Die →*Sortimentspolitik* einiger Einzelhandelsunternehmen (→*Warenhäuser*, →*SB-Warenhäuser*, →*Einkaufs-Center*) ist bewußt branchen-, d.h. sortimentsübergreifend orientiert (siehe auch →*Sortiment*).

Branchenanalyse(n) Untersuchung der branchenbezogenen Risiko- und Chancenpotentiale mit Hilfe der Methoden der →*Umweltanalyse*. Die Branchenanalyse geht über die →*Konkurrenzanalyse* hinaus. Durch ihren umfassenderen Ansatz hat sie eine große Bedeutung bei der Entwicklung von →*Wettbewerbsstrategien*.

Branchenattraktivität Kennzeichnung der Zukunftsträchtigkeit von →*Branchen* in der →*Portfolioanalyse*. Die wichtigsten Parameter sind →*Marktvolumen*, →*Marktwachstum*, →*Wettbewerber*, Ertragserwartungen etc.

Branchenstrukturanalyse(n) Nach *M.E. Porter (1983)* →*Branchenanalyse(n)*, gegliedert nach den fünf Wettbewerbskräften: Verhandlungsstärke der →*Abnehmer*, Verhandlungsstärke der Lieferanten, →*Markteintritt* neuer →*Wettbewerber*, Gefahr durch →*Substitutionsprodukte*, Grad der Wettbewerbsintensität. Dieser Branchenvergleich kann erweitert werden durch eine brancheninterne Strukturanalyse, indem →*Strategische Gruppen* (→*Unternehmen* derselben →*Branche*) gebildet werden. Die Wettbewerbsstärke im Sinne der Rentabilitätskraft von Unternehmen ergibt sich also aus der allgemeinen Branchenstruktur, der Stellung der strategischen Gruppe im Branchenvergleich und aus der Position des Unternehmens in seiner strategischen Gruppe.

Brand →*Marke*.

Brand Awareness →*Markenbekanntheit*.

Brand Choice →*Markenwahl*.

Brand Equity →*Markenwert*.

Brand Extension Ausdehnung einer →*Marke* (als →*Dachmarke*) in andere und auch neue Produktbereiche (siehe auch →*Markentransfer*).

Brandholder Value Wert einer →*Marke* (→*Markenwert*), der sich in dem →*Grundnutzen* plus überdurchschnittlichem →*Zusatznutzen* (→*Added Value*) für den →*Kunden* (Brandholder) ausdrückt. Der Brandholder Value ist, gemessen am Anteil des Markenwerts am Gesamt-Unternehmenswert, eine wichtige Bestimmungsgröße für den →*Shareholder Value* und damit auch ein Indikator für den Grad der Interessenwahrung der →*Stakeholder* (Interessengruppen). Das erfolgreiche Management des Markenkapitals hängt entscheidend davon ab, daß der →*Anbieter* über profilstarke →*Markenidentitäten* (siehe auch →*Markenimage*) verfügt, die einen überragenden →*Customer Value* (Kundennutzen) und eine hohe Preisstabilität aufweisen.

Brand Identity →*Markenidentität*.

Brand Image →*Markenimage*.

Branding →*Markierung*.

Brand Leverage Markenausweitung als eine Form des →*Markentransfers*, bei der ein bekannter →*Markenname* genutzt wird, um eine →*Produktinnovation* in einem für das Unternehmen völlig neuen →*Absatzmarkt* einzuführen (siehe auch →*Line Enlargement*).

Brand Licensing Kauf von Markenlizenzen (→*Lizenz*, →*Lizenzpolitik*) mit dem Ziel, den →*Markennamen* (→*Marke*) des Lizenzgebers für die eigenen Produkte zu verwenden. Gegen eine Lizenzgebühr und z.T. auch eine Umsatzbeteiligung nutzt der Lizenznehmer das →*Markenimage* des Lizenzgebers. Wichtig für eine erfolgreiche Markenlizenzierung sind die Übereinstimmung des übernommenen Markenimage mit dem eigenen → *Image* (Problem des →*Imagetransfers*) und die kontinuierliche Markenpflege und -entwicklung für die üblicherweise neue →*Produktlinie*. Insofern empfiehlt sich, daß der Lizenzgeber die möglichen Lizenznehmer stringent im Hinblick auf die eigene →*Markenpolitik* auswählt und mit der Lizenzvergabe strenge Auflagen verbindet. Die Lizenznehmer sollten ihrerseits das Image des Lizenzgebers überprüfen, um einen negativen Imagetransfer für die eigenen Leistungsangebote zu vermeiden.

Brand Loyalty →*Markentreue*.

Brand Manager →*Produkt-Management*.

Brand Set →*Markenrahmen*.

Brand Share →*Marktanteil* einer → *Marke*.

Brand Switching-Modelle →*Markenwechselmodelle*.

Break-even-Analyse Ermittlung der →*Gewinnschwelle*(→*Erlöse* gleich →*Kosten*) und der dem Punkt entsprechenden →*Absatzmenge*. Die Formel lautet: →*Fixkosten*, dividiert durch den →*Stück-Deckungsbeitrag* ($p - k_v$). Die Analyse wird auch als Gewinnpunktrechnung bezeichnet. Die Analyse kann verfeinert werden durch die weitere Berücksichtigung der →*Marketing-Mix-Kosten*, die entweder → *Fixkosten* oder →*Variable Kosten* sind. Die Behandlung der Marketing-Mix-Kosten hängt von ihrer Zurechenbarkeit auf die einzelnen Leistungsträger (Produkte) ab (siehe dazu auch →*Pay-off-Periode*).

Break-even-Punkt →*Break-even-Analyse*.

Breitbandnetz Leistungsstarke multimediafähige Computernetze mit grosser Bandbreite. Verschiedene Datenströme können zur gleichen Zeit übertragen werden. Breitbandnetze bestehen meist aus Glasfaserkabeln, die Übertragungsraten von mehr als 20 Megabit pro Sekunde ermöglichen.

Briefing Operationale Definition der →*Werbeziele*, der →*Werbestrategie* und der sich daraus ergebenden operativen Planung und Durchsetzung. Zu unterscheiden sind das Kundenbriefing (vom Kunden erstellt) und das Agenturbriefing (Aufgabenstellungen für die verschiedenen Agenturabteilungen). Kernstück ist das Kundenbriefing, das ergänzt werden kann durch ein Gegenbriefing von der Agentur. Die wesentlichen Inhalte des Briefing sind: Aufgabenstellung, Situationsbeschreibung, Zielsetzung, Strategie, Zeit- und Kostenplanung, Wirkungs- und Erfolgskontrolle. Es können weitere Aufgaben in das Briefing eingebunden werden, wie etwa → *Marktanalysen*, →*Pretests* und → *Posttests*. Vielfach wird jede Beschreibung einer Aufgabenstellung als Briefing bezeichnet.

Broker Dienstleistungsunternehmen, die für Handelsunternehmen (meist Lebensmittelhandel) ein bestimmtes Einkaufsvolumen von der Disposition bis zur Regalpflege in eigener Regie übernehmen. Im wesentlichen werden Broker unterschieden in Eigenhändler, die selbst einkaufen und gegenüber den Lieferanten als Handelspartner auftreten und reine Distributeure, die lediglich das vom Handelspartner gelistete →*Sortiment* vermarkten und die mit der →*Distribution* verbundenen Aufgaben (wie z.B. →*Verkauf*, →*Merchandising* und Teile der →*Logistik*) übernehmen.

Browser Benutzerschnittstelle zur Darstellung und Navigation des Anwenders in →*Internet*-Angeboten. Die bekanntesten Systeme sind der Microsoft Explorer und der Netscape Navigator.

Bruttoinlandsprodukt Wert aller von einer Volkswirtschaft im Inland und innerhalb eines bestimmten Zeitraums (meist ein Jahr) erstellten →*Güter* und →*Dienstleistungen* nach Abzug der als Vorleistungen verbrauchten Güter.

Brutto-Kontakte Gesamtheit der von einem →*Werbeträger* (→*Kommunikationsmedium*) erzielten Kontakte (→*Kontaktzahl*) mit den Zielpersonen. In der Bruttokontaktsumme sind auch die Mehrfachkontakte mit den gleichen Zielpersonen enthalten.

Bruttonutzenziffer Bruttorentabilität (→*Rentabilität*), die anzeigt, wie die Rentabilität eines Handelsunternehmens durch die ertragsbildenden Faktoren →*Handelsspanne* (→*Abschlagsspanne*) und →*Warenumschlag* beeinflußt wird. Die Bruttonutzenziffer geht von →*Einstandspreisen* aus und ist der Quotient aus Handelsspanne und durchschnittlichem Warenbestand oder →*Aufschlagsspanne* multipliziert mit dem Warenumschlag. Die Kennziffer zeigt damit die Rentabilität des in das Warenlager investierten Kapitals.

Brutto-Reichweite Summe der einzelnen →*Reichweiten* mehrerer →*Werbeträger*. Die Brutto-Reichweite enthält auch die aufgrund von Überschneidungen mehrfach erfaßten Personen, die in der →*Netto-Reichweite* eliminiert sind.

Bruttosozialprodukt →*Bruttoinlandsprodukt* + Erwerbs- und Vermögenseinkommen aus der übrigen Welt ./. Erwerbs- und Vermögenseinkommen an die übrige Welt. Es handelt sich um einen Wert zu Marktpreisen.

Btx →*Bildschirmtext*.

Budget(ierung) Organisatorischer Prozeß zur Zielorientierung und Koordination der operativen →*Planung*. Budgets sind geplante monetäre Sollgrößen für bestimmte Organisationseinheiten. Die Budgetierung bildet eine wesentliche Informationsbasis für die Steuerung und Kontrolle. Das Budget ist ein kurzfristiger Plan, der für das Gesamtunternehmen und die einzelnen Geschäftsbereiche verbindlich festgelegt wird.

Budgetierungsmethode(n) Form der Budgetaufstellung bzw. -aufteilung auf die einzelnen Organisationseinheiten. Sie kann Top-down (von oben nach unten entsprechend den Hierarchieebenen, →*Top-down-Budgetierung*) oder Bottom-up (von unten nach oben, →*Bottom-up-Budgetierung*) erfolgen. Die beiden Verfahren werden vielfach in der Praxis auch kombiniert als →*Gegenstromverfahren* eingesetzt (als Budgetierungsalternative siehe →*Zero Base Budgeting*). Das zentrale Budgetierungsproblem ist die optimale

Budgetallokation auf die verschiedenen Teilfunktionen und Teilbereiche des Unternehmens. (In bezug auf die verschiedenen Budgetierungsarten siehe auch →*Kommunikationsbudget*, →*Werbebudget*.)

Budgetkontrolle Laufende Überwachung des →*Budgets* hinsichtlich der budgetierten und realisierten Größen.

Built-to-Order-System(e) Nach den unterschiedlichen Kundenwünschen maßgeschneiderte Leistungsangebote (→*Customized Marketing*, →*Prosumer*, →*Postponement*). Ziel ist die Herstellung eines permanenten Dialogs (→*Dialogmarketing*) mit den →*Kunden*, der sich nicht nur auf die Verkaufsabwicklung (Bestellung, Belieferung) beschränkt, sondern das gesamte Beziehungssystem (→*Beziehungsmarketing*) zwischen Kunden und Lieferanten umfaßt.

Bumerang-Effekt Kommunikationswirkung (in erster Linie →*Werbewirkung*), die dem angestrebten Ziel diametral entgegengesetzt ist. Die Gründe für dieses Phänomen sind vielfältig. So ist z.B. möglicherweise die →*Aktivierung* nicht zielgerichtet, oder die Werbeaussage wird als unglaubwürdig empfunden. Ein weiterer Grund kann sein, daß der Beeinflussungsdruck zur →*Reaktanz* der Werbeempfänger führt.

Bundesdatenschutzgesetz Gesetzliche Regelung des Umgangs mit personenbezogenen →*Daten*. Dies betrifft die Erhebung, Verarbeitung und Nutzung persönlicher Daten. Die Notwendigkeit zur Einhaltung des →*Datenschutzes* ergibt sich vor allem aus der stürmischen Entwicklung der →*Informationstechnologien* in Verbindung mit den modernen →*Kommunikationstechnologien*, die insbesondere darauf angelegt sind, den Individualwünschen der →*Nachfrager* immer präziser zu entsprechen (siehe dazu die diversen Formen des →*Direktmarketing*, →*One-to-One-Marketing*, →*Mikro-Marketing* etc.).

Bundling Bündelung von Leistungsangeboten zu Paketen, die zu einem Gesamtpreis angeboten werden (siehe dazu auch →*Verbundeffekte*). Das Bundling kann auch in der Weise erfolgen, daß sowohl die Einzelleistungen als auch Pakete angeboten werden. Dadurch können verschiedene →*Zielgruppen* (→*Marktsegmentierung*) mit differenzierten →*Bedürfnissen* angesprochen werden. Überdies ist dadurch auch eine →*Preisdifferenzierung* möglich, die das →*Preisimage* der Einzelleistungen nicht berührt (siehe umgekehrt auch →*Nachfragerbündelung*).

Buridanus-Esel Gleichnis von *J. Buridan (um 1350)*, nach dem ein Esel verhungert, weil er sich zwischen zwei gleich wohlriechenden Heubündeln nicht entscheiden kann. Dieser →*Appetenz-Appetenz-Konflikt* führt auch oftmals im →*Käuferverhalten* (bei z.B. gleich bewerteten Produktalternativen) zu einem Entscheidungskonflikt im Sinne eines Präferenzkonflikts, der in der Regel durch eine Verlängerung der Informations- und Entscheidungsprozesse (→*Kaufentscheidungsprozeß*) überwunden wird. Dadurch werden jedoch die →*Kaufentscheidungen* labiler und kaum noch aus Anbietersicht prognostizierbar (→*Prognose*). Der heutige Konsum-Esel hat es da einerseits einfacher, andererseits aber auch schwerer. Einfacher deshalb, weil er nur *ein* wünschenswertes Heubündel (z.B. eine besondere Luxuslimousine) nachfragen kann; schwerer deshalb, weil auf dem Heuhaufen ein Stinktier (Ressourcenvernichter, Umweltschädling) sitzt, das die intendierte Kaufentscheidung erheblich erschwert

(→*Appetenz-Aversions-Konflikt*). Es scheint offensichtlich vielfach die wesentliche Aufgabe der →*Marketingkommunikation* zu sein (siehe u.a. Automobilwerbung), diese Konfliktsituation durch eine emotionale Überlagerung der Werbeaussagen (→*Werbbotschaften*) im sogen. Interesse der →*Nachfrager* zu verdrängen.

Business Environment Risk Index →*BERI-Index*.

Business Marketing →*Kommerzielles Marketing* (im Gegensatz →*Non-Profit-Marketing*).

Business Process Management Dienstleistungsunternehmen, die für andere →*Unternehmen* komplette →*Geschäftsprozesse* übernehmen und betreiben. Beispiele für solche →*Dienstleistungen* sind der Betrieb von →*Call Center*, Verrechnungs- und Inkassostellen (Financial Services), →*Management-Supportsystemen* etc. Im wesentlichen handelt es sich um eine neue Form des →*Outsourcing*.

Business Reengineering →*Reengineering*.

Business Television Nutzung der Fernsehtechnik für Zwecke der →*Kommunikation* innerhalb von →*Unternehmen* bzw. Organisationen (→*Corporate Publishing*). Die Kommunikation erfolgt meist durch die satellitengestützte Verteilung digitalisierter und audiovisuell vermittelter →*Informationen*. Im Unterschied zum klassischen Fernsehen sind die Informationen nicht für die breite →*Öffentlichkeit* bestimmt, sondern ausschließlich für ganz bestimmte Adressaten, d.h. für autorisierte „geschlossene" Empfängergruppen (→*Intranet*, →*Extranet*). Business TV wird vor allem von Unternehmen praktiziert, deren Betriebsstätten bzw. Filialen (im →*Handel*) geographisch breit gestreut sind. Die Anwendungsschwerpunkte liegen im →*Vertrieb* (z.B. →*Verkaufstraining*), allgemein in der internen Aus- und Weiterbildung und in der Vermittlung von unternehmensinternen Informationen. Daraus ergibt sich auch der Adressatenkreis, der sich auf die Mitarbeiter konzentriert. Der Empfängerkreis kann jedoch auch ausgedehnt werden auf →*Kunden* oder Lieferanten. Für die Anwendung ist insbesondere die Möglichkeit zur →*Interaktion* zwischen den Kommunikationsteilnehmern wichtig (→*Interaktionsmarketing*).

Business-to-Business-Marketing Gesamtheit der Marketingaktivitäten für →*Produkte* und →*Dienstleistungen*, deren →*Nachfrager* andere Wirtschaftsunternehmen bzw. Institutionen sind (→*Industriemarketing*) im Vergleich zum →*Business-to-Consumer-Marketing*. Die Anbieter-Nachfrager-Beziehungen (Abk. B-to-B oder B-2-B) sind in der Regel durch einen Direktkontakt gekennzeichnet (→*Direktmarketing*).

Business-to-Business-Werbung →*Werbung* von Industrieunternehmen für Industriegüter (→*Investitionsgüter*), die auch als Industriewerbung bezeichnet wird. Im Vergleich zur klassischen →*Konsumgüterwerbung* richtet sich die Industriewerbung an einen überschaubaren Käuferkreis, der vor allem an sachlichen und fachlichen →*Informationen* interessiert ist. Die Einkaufsentscheidungen werden in der Regel im →*Buying Center* getroffen. Daraus ergibt sich auch die Wahl der →*Kommunikationsformen* und →*Medien*, die nicht massenorientiert (→*Massenkommunikation*) sind, sondern den Zielkunden direkt ansprechen (→*Direktmarketing*,→*Direktwerbung*, →*Direct Mailing*). Die der Direktansprache dienenden kommunikativen Formen und Mittel sind vor allem →*Anzeigen* und →*Beilagen* in →*Fachzeitschriften*, →*Kataloge*, →*Prospekte* und →*Ausstellungen*/ →*Messen*.

Business - to - Consumer-Marketing Klassischer Marketingansatz (Abk. B-to-C oder B-2-C), bei dem die Marketingaktivitäten der →*Anbieter* auf die →*Konsumenten* (→*Verbraucher*) fokussiert sind (siehe auch →*Konsumgütermarketing*) im Vergleich zum →*Business-to-Business-Marke-ting*.

Business TV →*Business Television* (siehe auch →*Interaktionsmarketing*).

Business Unit →*Strategische Geschäftseinheit*, →*Strategisches Geschäftsfeld*.

Buygrid-Modell Modell des organisationalen →*Kaufverhaltens* bei der Beschaffung von →*Investitionsgütern* durch →*Buying Center*. Das Modell unterscheidet in die Phasen der →*Kaufentscheidung* (zunehmende Konkretisierung) und in die Typen der Kaufentscheidung (erstmalig, wiederholt, routinemäßig).

Buying Center In Abgrenzung zum →*Einkaufs-Center* alle am Einkaufsprozeß beteiligten Personen. Fast alle industriellen Einkaufsentscheidungen werden in einem solchen "Kollegium" getroffen. Ziel ist es, durch eine differenzierte Bewertung der Angebote in der Gruppe eine nach den Zielkriterien optimale Einkaufsentscheidung zu treffen. Zu unterscheiden sind fünf verschiedene Funktionsträger: Verwender, Beeinflusser, Einkäufer, Entscheider, Informationsselektierer. Die verschiedenen Funktionsträger können auch definitorisch differenziert werden in →*Fachpromotoren*, →*Machtpromotoren* und →*Prozeßpromotoren* (→*Promotoren*) bzw. Fach- und Machtopponenten. Die Fachpromotoren bringen ihr Wissen in den Entscheidungsprozeß ein, die Macht- und Prozeßpromotoren ihre hierarchische Entscheidungsbefugnis bzw. Position (siehe dazu auch →*Selling Center* auf der Anbieterseite).

Buy-Response-Funktion Funktion der Kaufwahrscheinlichkeit (→*Akzeptanz* in Prozent der potentiellen →*Käufer*) in Abhängigkeit vom →*Preis*. Durch Vertauschen der Koordinaten erhält man eine Funktion, die der →*Preisabsatzfunktion* ähnelt, wobei die Abszisse statt der Absatzmenge die Akzeptanz darstellt.

BVM Abk. für **B**undes**v**erband Deutscher **M**arkt- und Sozialforscher e.V.

BVW Abk. für **B**etriebliches **V**orschlags**w**esen. Es handelt sich um eine Form der betrieblichen Leistungsverbesserung durch Verbesserungsvorschläge von Mitarbeitern. Damit verbunden sind Belohnungssysteme (→*Incentives*), die die Mitarbeitermotivation (→*Motivation*) erhöhen sollen (siehe in Ergänzung →*Kontinuierlicher verbesserungsprozeß, KVP* und →*Kaizen*).

C

CAAS-System Wissensbasiertes →*Expertensystem* (Computer Aided Advertising System) zur Formulierung und Umsetzung von →*Werbestrategien*. Das von *W. Kroeber-Riel (1996)* entwickelte System besteht aus den modularen Subsystemen: Kreativsystem (Unterstützung der Kreation von →*Werbemitteln*), Gestaltungssystem (Beratung zur Gestaltung von Werbemitteln), Umsetzungssystem (visuelle Umsetzung der →*Werbung*) und Kontrollsystem (Überprüfung der Werbemittelwirkung). Die Subsysteme können interaktiv benutzt werden.

CAC Abk. für Computer Aided Communication. Es handelt sich um eine EDV-basierte →*Marketingkommunikation* auf der Basis von →*Offline*- und/oder →*Online*-Systemen. Ein Anwendungsgebiet mit zunehmender Bedeutung ist die →*Multimedia*-Kommunikation.

CAD Abk. für Computer Aided Design. Es handelt sich um das computergestützte Entwerfen von Einzelteilen, Baugruppen und Fertigerzeugnissen. CAD wird eingesetzt bei der Entwicklung und Konstruktion.

Call Center Kommunikationszentrum, in dem die verschiedenen →*Kommunikationstechnologien* (→*Telekommunikationstechniken*) in Verbindung mit den DV-gestützten →*Informationstechnologien* integrativ miteinander verknüpft werden (Bildung von →*Kommunikationsnetzen*). Call Center sind die Basis für eine dialogorientierte Computer Integrated Communication (CIC) und eröffnen dem →*Telefonmarketing*, →*Direktmarketing*, →*Database-Marketing*, →*Dialogmarketing* und auch dem →*Beziehungsmarketing* und →*Relationship-Marketing* neue Perspektiven.

Callplan Ein von *L.M. Lodish (1971)* entwickeltes Besuchsplanungsmodell (→*Besuchsplanung*) für den Einsatz des →*Außendienstes* (→*Außendienststeuerung*), das auf dem →*Decision Calculus*-Ansatz beruht. Das Modell dient der Entscheidung über die Anzahl von Besuchen (Besuchshäufigkeit) bei existenten und potentiellen →*Kunden*. Hierbei wird ein Wirkungszusammenhang angenommen zwischen der Anzahl von Kundenbesuchen und dem realisierbaren (kundenspezifischen) →*Umsatz*.

CAM Abk. für Computer Aided Manufacturing. Es handelt sich um computergestützte Steuerungs- und Überwachungssysteme in →*Produktion* und →*Logistik*.

CAPI Abk. für Computer Assisted Personal Interview (siehe auch →*Computergestützte Befragung*).

CAQ Abk. für Computer Aided Quality Assurance. Hierbei handelt es sich um computergestützte Qualitätssicherungssysteme (siehe →*Qualitätssicherung*).

Career Counselling Workshops Form des →*Assessment Center*, die sich aber in der Zielsetzung deutlich vom AC unterscheidet. Bei den Career Counselling Workshops stehen vor allem die persönliche Entwicklung und die Karriereplanung der Mitarbeiter im Vordergrund. Der Schwerpunkt der Bewertungen liegt primär auf charakterologischen, kognitiven und unternehmerischen Leistungsfaktoren.

Carry-over-Effekt(e) Instrumental handelt es sich um Übertragungseffekte von Marketingmaßnahmen auf spätere Perioden. Die Effekte treten insbesondere bei der →*Werbung* auf (siehe auch →*Marketing-Hysterese*, →*Werbewirkung*). Im Hinblick auf das →*Konsumentenverhalten* handelt es sich um Wahrnehmungseffekte, wonach künftige Verhaltensweisen durch aktuelle und vergangene Erfahrungen beeinflußt werden.

CAS Abk. für Computer Aided Selling. Es handelt sich um den Einsatz mobiler Computer (Hand-Held-Computer) zur Unterstützung der Verkaufsmitarbeiter im →*Außendienst*. CAS-Systeme dienen im wesentlichen als Kunden-Informationssysteme für den Außendienst und zur Optimierung der →*Besuchsplanung*, Verkaufsvorbereitung, Verkaufsdurchführung und des Berichtswesens (→*Berichtssystem*) incl. der damit verbundenen Kontrollen und der vielfach notwendigen Verkaufsnachbereitung (→*Nachkaufmarketing*).

Case Management Jeder Auftrag wird als ein Geschäftsvor"fall" behandelt, der in seiner Ganzheit von *einer* Person (bzw. Stelle) abgewickelt wird. Der Case Manager ist das Bindeglied zwischen dem →*Kunden* und der Binnenorganisation des Unternehmens. Voraussetzung für die Funktionsfähigkeit des Case Management ist der Zugang zu allen relevanten →*Informationen* durch die Case Manager (siehe dazu im Vergleich →*Prozeßmanagement*). Das Case Management als Organisationsform eignet sich für alle Unternehmen, deren →*Produkte* bzw. →*Dienstleistungen* eine komplexe →*Marktbearbeitung* erforderlich machen (→*Gebrauchsgüter*, →*Investitionsgüter*) und durch enge, kontinuierliche →*Interaktionen* mit den Kunden gekennzeichnet sind.

Case Study-Methode →*Fallmethode*, →*Kasuistik*.

Cash Cows →*Cash-Kühe*, →*Portfoliomanagement*.

Cash Flow Nettozugang an liquiden Mitteln, d.h. die Differenz zwischen →*Einzahlungen* und →*Auszahlungen* der Periode. Der Cash Flow ist die Summe des →*Unternehmenserfolgs* nach Steuern (→*Betriebsergebnis* plus neutrales Ergebnis) und →*Aufwendungen*, die in der Periode nicht zu →*Ausgaben* führen (Abschreibungen, Rückstellungen), vermindert um →*Erträge*, die in der Periode nicht zu →*Einnahmen* führen (siehe auch →*Discounted Cash Flow*).

Cash-Kühe Bezeichnung einer Produktkategorie in der →*Portfolioanalyse* (→*Portfoliomanagement*). Charakteristikum der Cash Cows ist, daß sie bei geringem →*Marktwachstum* und hohem →*Marktanteil* Finanzmittelüberschüsse (→*Cash Flow*) erwirtschaften, die sie selbst zum Erhalt ihres Marktanteils nicht in voller Höhe benötigen und daher zum wesentlichen Teil den Produktkategorien in den

Wachstumsfeldern (Question Marks und Stars) zur Verfügung gestellt werden können (siehe in Abgrenzung →*Fragezeichenprodukte*, →*Starprodukte*, →*Problemprodukte*).

Cash & Carry →*Betriebsform* (→*Betriebstyp*) des →*Großhandels* (→*Abholgroßhandel*),die auch als Selbstbedienungsgroßhandel bezeichnet werden kann. Serviceleistungen werden nicht angeboten. Das wesentliche Marketinginstrument ist die vor allem werblich herausgestellte Preisaggressivität. Das →*Sortiment* (Food und Nonfood) ist breit und in der Regel flach. Aufgrund der Großhandelsfunktion sind die →*Kunden* auf Gewerbetreibende (und damit eigentlich auch auf den diesbezüglichen Warenbedarf!) beschränkt. Diese im wesentlichen durch die →*Ladenschlußzeiten* bedingte rechtliche Einengung greift jedoch immer weniger, so daß die C&C-Betriebe zunehmend mehr den Charakter von →*SB-Warenhäusern* annehmen und damit auch in den Wettbewerb mit z.B. →*Fachmärkten*, →*Warehouse Clubs*, →*Discountern* etc. eintreten bzw. eine →*Diversifikation* in diese Betriebsform betreiben.

Catalog Showroom →*Betriebstyp* des →*Einzelhandels*, der die Funktionen des →*Versandhandels* mit denen des →*Stationären Einzelhandels* verbindet. Die Ware kann in Ausstellungsräumen persönlich begutachtet werden. Die Sofortmitnahme ist möglich durch ein angegliedertes Lager. Der Vorteil des Verkaufssystems liegt in der ungestörten →*Vorwahl* aus dem →*Katalog* und einem üblicherweise guten →*Preis-Leistungs-Verhältnis*.

Category Management Es handelt sich um ein im Vergleich zur klassischen Einkaufs- und Verkaufsgliederung neues Managementkonzept im →*Einzelhandel*. Das gesamte Warenangebot wird in einzelne Warenbereiche (Categories) gesplittet. Kategorienspezifisch werden die verschiedenen Funktionen (wie z.B. Einkauf, Verkauf, Logistik) als ganzheitlicher Prozeß gemanagt mit der entsprechenden Kosten- und Gewinnverantwortung. Die Kategorien sind →*Strategische Geschäftseinheiten*. Sie werden gebildet als →*Produktfamilien*, die jeweils einen in sich geschlossenen Verbund darstellen. Die wesentlichen Gründe für die Bildung von Category Managements sind die komplexen Absatz- und Beschaffungsmarkt-Beziehungen, der zunehmende Konkurrenz- und ins-

Category Management

Der ganzheitliche Management-Prozeß

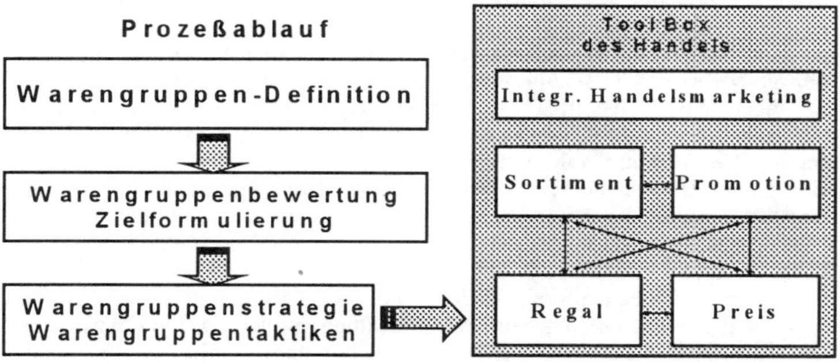

Poth & Partner nach Kraft Foods (in: asw 7/02, S. 34)

besondere Kostendruck und das sich dynamisch verändernde →*Konsumentenverhalten*. Das Category Management kann überdies zur Optimierung der →*Wertschöpfungsketten* zwischen Herstellern und Handelsunternehmen dienen und berührt damit bestimmte Organisationsformen des Marketing, wie z.B. das →*Produkt-Management*, →*Produktgruppen-Management*, → *Key Account-Management*, →*Profit Center*.

Catering Versorgung von Betrieben (z.B. Kantinen, Luftverkehrsgesellschaften etc.) und/oder Personengruppen mit verzehrfertigen vor- und zubereiteten Speisen und Getränken.

CATI Abk. für Computer Assisted Telephone Interview. Es handelt sich um eine →*Computergestützte Befragung* in Form einer →*Telefonischen Befragung*, bei der der →*Interviewer* die Fragen vom Bildschirm abliest und die Antworten auf einer Tastatur eingibt. Dadurch werden die Eingabefehler verringert und die Schnelligkeit der Auswertung erhöht.

CCG Centrale für Coorganisation, die mit der Durchsetzung des →*EAN-Codes* und der Entwicklung von Datenaustauschsystemen (→*Datenverbundsysteme*) befaßt ist. Dazu wurden Standardregeln entwickelt (siehe dazu u.a. →*SEDAS* und →*MADAKOM*). Die CCG wird getragen vom →*Markenverband* und vom →*DHI* (Deutsches Handelsinstitut, Köln), das 1993 umbenannt wurde in →*EHI* (Euro Handelsinstitut e.V. Köln).

C-Commerce →*Collaborative Commerce*.

CC-Zeitschrift(en) Von →*Fachzeitschriften* praktizierte Form des →*Vertriebs*, bei der bestimmte →*Zielgruppen* kostenlos den →*Werbeträger* erhalten. Da der Empfängerkreis definiert und damit kontrolliert ist, spricht man auch von einer kontrollierten Verbreitung. Die CC-Publikationen werden ausschließlich durch die → *Anzeigenwerbung* finanziert. Vorteil für die →*Werbungtreibenden* ist aufgrund der kontrollierten Verbreitung (nicht mißzuverstehen mit einer externen Kontrolle) der geringe →*Streuverlust* (siehe in Abgrenzung →*Wechselversand*, →*Kennzifferzeitschrift*).

CD →*Corporate Design*.

CD-I Abk. für Compact Disc-Interactive für Abspielgeräte im Bereich → *Multimedia*. Audio-, Video- und Textelemente können auf einer Compact Disc (CD) kombiniert und vom Anwender in beliebiger Reihenfolge aufgerufen werden. CD-I-Geräte sind computerunabhängig und werden üblicherweise an ein normales Fernsehgerät angeschlossen (siehe auch als Weiterentwicklung →*DVD*).

CD-ROM Compact Disk, die als Tonoder Datenträger Informationen mit Hilfe eines ROM (Read Only Memory)-Lesegerätes wiedergibt. Die Technologie gewinnt immer mehr an Bedeutung in der →*Marketingkommunikation* und vor allem bei Buchpublikationen (Kommentare, Lexika) als Ergänzung oder auch Printersatz (siehe auch →*CD-I*, →*DVD*).

Center-Management →*Management* von Einkaufszentren (→*Einkaufs-Center*). Die wichtigsten Aufgaben des Center-Managements sind die Auswahl von Einzelhandels- und Dienstleistungsbetrieben für das Zentrum, die interne Standortoptimierung, das gesamte →*Standort-Marketing*, die Planung und Koordination der Durchführung von Gemeinschaftsaufgaben (z.B. Bewachung, Reinigung, Pflege der gesamten Anlage) und die

Schaffung kundenorientierter Logistiklösungen (z.B. Parkleitsysteme, Parkplätze, Ruhezonen etc.).

CEO Chief Executive Officer mit der Funktion eines Generaldirektors bzw. Vorstandsvorsitzenden (nach deutschem Recht).

Ceteris-paribus-Regel Modellannahme, die in der mikroökonomischen Wirkungsforschung (→*Partialanalyse*) häufig benutzt wird. Es wird eine →*Variable* verändert und die Wirkung der Änderung gemessen, wobei die übrigen Variablen als konstant behandelt werden. So wird z.B. die Veränderung des →*Kaufverhaltens* durch eine Preisänderung festgestellt bei angenommener Konstanz der übrigen → *Präferenzen*. Diese Methode stand lange Zeit im Mittelpunkt der Erforschung der Wirkung von →*Marketinginstrumenten* und galt als Basis für die Bestimmung des →*Marketing-Mix*.

Chancen-/Risiken-Analyse → *SWOT-Analyse*, →*Stärken-/Schwächen-Analyse*.

Change Agents Personen, die → *Kaufentscheidungen* und damit den → *Kaufentscheidungsprozeß* von anderen Wirtschaftssubjekten durch Empfehlungen in eine bestimmte Richtung lenken können und daraus einen ökonomischen Vorteil ziehen (wie z.B. Verkäufer). Abzugrenzen von den Change Agents sind die →*Meinungsführer*, die in der Regel ihren verhaltensbestimmenden Einfluß auf andere nicht mit eigenen ökonomischen Interessen verbinden.

Change Management Veränderungs-Management, das darauf abzielt, auf allen Hierarchieebenen der →*Lernenden Organisation* Veränderungsprozesse in Gang zu setzen. Durch den systematischen (und auch permanenten) organisatorischen Wandel sollen starre Strukturen aufgebrochen werden (siehe auch →*Organisationsentwicklung*).

Channel Management Funktion der →*Distributionspolitik* (→*Distributionsstrategie*), deren Aufgabe es ist, alle Aktivitäten in den →*Distributionskanälen* (→*Absatzkanälen*) zu planen, zu koordinieren, zu bewerten und zu kontrollieren. Hinsichtlich der zunehmenden Komplexität der Distributionspolitik und der →*Asymmetrischen Machtverteilung* zwischen den →*Marktpartnern* (→*Handelskonzentration* und →*Nachfragemacht*) erweist sich das Channel Management insbesondere für diejenigen Industrieunternehmen als eine sinnvolle Organisationseinheit, die eine große →*Verkaufsorganisation* besitzen und in starkem Maße vom →*Handel* abhängig sind.

Channel Marketing Entwicklung von Distributionskonzepten (→*Distributionspolitik*, →*Distributionsstrategie*), die auf die unterschiedlichen → *Distributionskanäle* (→*Absatzkanäle*) ausgerichtet sind. Die Notwendigkeit des Channel Marketing ergibt sich aus den differenzierten →*Betriebsformen* bzw. →*Betriebstypen* des →*Handels* (vor allem des →*Einzelhandels*) und den entsprechenden (z.T. bedarfsbezogenen) unterschiedlichen Kundenanforderungen. So erwartet der →*Käufer* z.B. von einem →*Discounter* primär eine attraktive →*Preispolitik*, vom → *Fachgeschäft* hingegen Beratung und →*Service*.

Channel Policy →*Distributionspolitik*, →*Absatzwegepolitik*.

Chaos-Management Managementtheorie, die auf der →*Chaos-Theorie* beruht. Grundidee ist, sich von entwicklungshemmenden, deterministischen Ordnungen und Strukturen zu lösen, um Innovationskräfte freizusetzen. Die Theorie hat sich bislang in der Praxis noch nicht als operational erwiesen. Insofern hat sie eher die Qualität einer allgemeinen →*Management-Philosophie*, die sich für die → *Organisationsentwicklung* als nützlich erweisen kann.

Chaos-Theorie Analyse von nichtlinearen und dynamischen Effekten, die scheinbar keine Gesetzmäßigkeit aufweisen. Typische Chaos-Phänomene sind abrupte Veränderungen im Systemverhalten und aperiodische Unregelmäßigkeiten (Klima, Wirtschaftsentwicklung etc.), die in der klassischen Analyse auf stochastische (zufallsabhängige) Einflüsse zurückgeführt wurden. Die Chaos-Theorie versucht, diese nichtlinearen Entwicklungen in deterministischen (bestimmbaren) Ordnungssystemen abzubilden.

Chaotische Lagerhaltung →*Lagerhaltung*, bei der die eingehenden →*Paletten* unsystematisch (d.h. „chaotisch“) dort (üblicherweise in einem Hochraumregallager) eingelagert werden, wo gerade ein Stellplatz frei ist. Mit Hilfe der EDV, die jeden Palettenplatz und jede Palette individuell verwaltet, ist der einzelne Lagerstandort identifizierbar. Die Paletten sind mit einer sogen. NVE (Numerierung der Verpackungs-Einheit), ähnlich dem → *EAN-Code*, gekennzeichnet.

Chat →*Online Chat*.

Checklisteneffekt Beeinflussungseffekt bei →*Panelerhebungen* (→*Panel*), der dadurch auftritt, daß in den Berichtsbögen →*Produkte* aufgeführt werden, um das Ausfüllen zu erleichtern. Diese Vorgaben können dazu führen, daß bestimmte Produkte erst durch die Panelerhebung in das Bewußtsein der Auskunftspersonen gelangen und dadurch ihr künftiges → *Kaufverhalten* beeinflußt wird (→*Paneleffekt*).

Checklistenverfahren Methode zur Systematisierung von →*Entscheidungsprozessen*. Es werden alle relevanten Faktoren, die für eine →*Entscheidung* notwendig sind, systematisch (und vielfach auch in der zeitlichen Reihenfolge) aufgelistet. Ziel solcher Prüf- oder Checklisten ist es, Entscheidungsprozesse zu objektivieren und zu kontrollieren, wenngleich die Subjektivität durch die Auswahl der Kriterien nicht ausgeschlossen werden kann. Durch Gewichtung der Faktoren (→*Punktbewertungsverfahren*) können die Checklistenverfahren verfeinert werden.

Chi-Quadrat-Test Statistisches Testverfahren zur Überprüfung einer → *Hypothese* über die Verteilung eines Merkmals und/oder über den (Nicht-) Zusammenhang zweier Merkmale.

Churn Rate Abwanderungsrate der →*Kunden* zur →*Konkurrenz*. Als vorbeugende Maßnahmen empfehlen sich der Einsatz von →*Recovery-Management* (→*Customer Recovery*) und die Erhöhung der →*Kundenzufriedenheit* durch ein effizientes →*Customer Relationship Management (CRM)*.

CI →*Corporate Identity*.

CIC Abk. für Computer Integrated Communication (siehe dazu →*Call Center*).

CIM Abk. für Computer Integrated Manufacturing. Es geht im wesentlichen um die Verknüpfung der Produktionsplanungs- und Produktionssteuerungs-Systeme mit den konstruktions- und fertigungstechnischen Systemen. Im Gegensatz zu Insellösungen handelt es sich um die Integration der relevanten EDV-Systeme zu einer organisatorischen und strategischen Einheit. CIM ist nicht nur ein technologieorientiertes, computergestütztes integriertes Produktionssystem, sondern vor allem ein betriebswirtschaftliches Gesamtkonzept, das die gesamten Wertschöpfungsaktivitäten (→*Wertkette*) des Unternehmens umfaßt.

Circular-Organisation Auf Basis einer hierarchischen Grundstruktur handelt es sich um eine intensive Abstimmung der einzelnen Abteilungen und Ebenen im →*Unternehmen*. Die organisationalen Einheiten sind durch Komitees miteinander verbunden, die horizontal und vertikal vernetzt sind (siehe auch →*Projekt-Management*). Die Circular-Organisation eignet sich vornehmlich für kleine und mittlere Unternehmen. Der mit der →*Organisation* verbundene relativ hohe Zeitaufwand verursacht Probleme in größeren Unternehmen.

Citylight-Board (CLB) Beleuchtete Großfläche im 18/1-Format, die in einem Rahmen auf einem etwa 2 1/2m hohen Ständer (Monofuß) angebracht ist. CLBs stehen quer zur Fahrbahn und arbeiten zumeist mit wechselnden Motiven im vorgegebenen Sekunden-Rhythmus. Erhöhte Produktions- und Wartungskosten der Anlagen erfordern eine hohe Auslastung, d.h. Bevorzugung exponierter Standorte mit Doppel- bis Dreifachbelegung (→*Außenwerbung*, →*Lichtwerbung*).

City-Management Entwicklung und operative Umsetzung eines ganzheitlichen strategischen Konzepts für eine City oder eine Region, an dessen Gestaltung der öffentliche und der private Sektor partnerschaftlich zusammenwirken. Das City-Management ist ein wesentlicher Bestandteil des →*Stadtmarketing*.

City-Marketing →*Stadtmarketing*.

CI-Ziele Operationale Formulierung der meist nur längerfristigen Durchsetzungsmöglichkeiten und -notwendigkeiten der →*Corporate Identity*. Im wesentlichen geht es um die optimale Selbstdarstellung und Verhaltensweise des →*Unternehmens* (Organisation) nach innen wie nach außen.

Claim Hauptanspruch einer →*Werbebotschaft*, der den Kern der Werbeaussage auf ein Argument verkürzt und sich in allen Kommunikationsmaßnahmen wiederfindet.

Clearinggeschäft(e) Ausprägung von →*Kompensationsgeschäften*, die in Form von Finanzkompensationen durchgeführt werden. Clearingabkommen werden vor allem zwischen Regierungen von Ländern mit Devisenmangel und -bewirtschaftung abgeschlossen.

Clipping Form der →*Wirkungskontrolle* von Maßnahmen der →*Public Relations (PR)*. Die Wirkung wird gemessen an der Anzahl von veröffentlichten Pressebeiträgen bzw. Meldungen des Unternehmens in den Medien (→*Kommunikationsmedien*). Diese Art von Wirkungskontrolle hat hinsichtlich der eigentlichen Wirkung von PR-Maßnahmen keine Aussagekraft, wenn sie nicht mit →*Inhaltsanalysen* verbunden wird.

Clusteranalyse Bildung voneinander unabhängiger Objektgruppen, die Ähnlichkeiten aufweisen in bezug auf bestimmte Merkmalsausprägungen. Bei hierarchischen Clusteranalysen werden die Gruppen gebildet durch die Zusammenfassung von Kleingruppen zu Großgruppen bzw. durch Auflösung von Großgruppen in Kleingruppen. Die einzelnen Gruppen sollen in sich möglichst homogen und zueinander möglichst heterogen sein. Die Clusteranalyse erfolgt zunächst durch die Messung der Ähnlichkeiten (→*Ähnlichkeitsmaß*) zwischen den Objekten anhand der Merkmalsausprägungen. Dann erfolgt im zweiten Schritt die Zusammenfassung der Objekte in Gruppen (siehe auch →*Diskriminanzanalyse*). Die Clusteranalyse wird z.B. bei der →*Marktsegmentation* eingesetzt zur Bestimmung von Persönlichkeitstypen.

Clusterorganisation Weiterentwicklung der →*Teamorganisation.* Die Cluster sind multidisziplinär zusammengesetzt, bestehen aus 30 bis 50 Mitgliedern (die je nach Aufgabenstellung wechseln können) und bearbeiten Projekte verantwortlich bis zum Abschluß (siehe auch →*Projekt-Management*).

CMA Abk. für Centrale Marketinggesellschaft der deutschen Agrarwirtschaft, Bonn. Die CMA führt das →*Gemeinschaftsmarketing* für die deutsche Agrarwirtschaft durch, ohne ein eigenes erwerbswirtschaftliches Warengeschäft zu betreiben.

Coaching Begleitungs- (on-the-job) und Trainingskonzept (off-the-job) zur Qualifizierung der Mitarbeiter. Einzel- und Gruppencoachings erweisen sich insbesondere als erfolgreich zur Steigerung der Effizienz von →*Verkaufsorganisationen* (siehe auch →*Verkaufstraining*).

Co-Branding →*Co-Marketing.*

Cobweb-Theorem →*Spinnwebtheorem.*

Cocooning Verhaltenstrend zum Rückzug von der komplexen, bedrohlichen und unkontrollierbaren →*Umwelt* in die eigenen vier Wände. Daraus resultiert die Problematik, den →*Konsumenten* in seiner Zurückgezogenheit zu kontaktieren und seine →*Bedürfnisse* zu ermitteln (siehe dazu auch →*Electronic Marketing*).

Codeplan Verschlüsselungsplan für die →*Codierung* von Fragen in →*Befragungen* und die Bildung von Antwortkategorien. Die Kategorisierung der Antworten erweist sich vielfach bei →*Offenen Fragen* als problematisch, da z.T. sehr unterschiedliche konkrete Antworten der Befragten in Auswertungskategorien gezwängt werden und damit als z.T. prägnante Einzelaussagen verloren gehen (→*Systematischer Fehler*).

Codierung Bildung von Antwortkategorien und die Zuweisung von Symbolen zu den Antwortkategorien (Verschlüsselung), die für die Auswertung von Befragungsergebnissen (→*Befragung*) unerläßlich sind. Die Codierung erfolgt durch einen →*Codeplan.* Die Codierung erweist sich insbesondere erforderlich (aber vielfach auch als problematisch) bei →*Offenen Fragen*, deren Antworten in Kategorien eingeteilt werden. Dadurch können →*Systematische Fehler* auftreten.

Co-Distribution →*Co-Marketing.*

Cognitive Maps Gedankliche Landkarten, die der räumlichen Orientierung des →*Konsumenten* (z.B. in einer Einkaufsstätte) dienen. Die kognitiven Landkarten bilden sich im →*Gedächtnis* aufgrund erworbener Erfahrungen und dienen als innere Schemata der Entlastung für einen schnellen und bequemen →*Einkauf.*

Collaborative Commerce Internetbasierte, vernetzte Zusammenarbeit aller an Herstellung, logistischer Verteilung und Verkauf eines Leistungsangebots beteiligten Unternehmen. Der C-Commerce ist eine Weiterentwicklung des →*Electronic Commerce* (konzentriert auf den Absatzbereich) und umfaßt die gesamte →*Wertkette* (Wertschöpfungskette) vom Rohstofflieferanten bis zum Verbraucher (siehe auch →*Wertschöpfungsnetze*). Die Erweiterungsmöglichkeiten der Netzwerke sind sehr vielfältig. So ist es möglich, die internetbasierten Interaktionsprozesse z.B. auf die →*Produktentwicklung* auszudehnen, indem Lieferanten und Kunden möglichst frühzeitig in den →*Produktentwicklungsprozeß* einbezogen werden (siehe auch →*CPFR*).

Colleague-Modell In Erweiterung der →*Stab-Linien-Organisation* Zusammenfassung der Mitglieder von →*Stabsstellen* und der entsprechenden Linienverantwortlichen (→*Linienorganisation*) in einem Team (→*Teamorganisation*). Dadurch können die mit einer Stab-Linien-Organisation verbundenen Konflikte (bei Bildung von Stabshierarchien) z.T. vermieden werden. Das Colleague-Modell weist durch seine Teamstruktur eine große Ähnlichkeit mit dem „System überlappender Gruppen" (*R. Likert,1963*) auf.

Co-Marketing Kooperatives →*Verbundmarketing* von Unternehmen aus verschiedenen →*Branchen*, das auch vertikal (Hersteller - Handel) orientiert sein kann. Ziel ist der Verbund von unterschiedlichen →*Produkten* zu in sich geschlossenen Konsum-Erlebnisfeldern. Das Konzept geht weit über die klassische →*Verbundwerbung* (→*Gemeinschaftswerbung*) hinaus und umfaßt gleicherweise Co-Promotions, das Co-Branding (→*Markenpolitik*) und die Co-Distribution (→*Vertriebskooperation* in unterschiedlichen Konsum- und gleichen Distributionsbereichen).

Combipack Verbundpackung (→*Packung*), in der mehrere →*Artikel* im Hinblick auf einen Bedarfsverbund (→*Verbundangebote*, →*Verbundkauf*) zusammen verpackt angeboten werden. Dadurch können insbesondere im →*Einzelhandel*→*Verbundeffekte* (z.B. durch →*Verbundpräsentation*) beim →*Konsumenten* realisiert werden.

Commercial Werbespot (→*Spot*, →*Fernsehspot*).

Commitment Bindung bzw. Verpflichtung, die Mitarbeiter gegenüber ihrem Unternehmen (und dessen →*Zielsystem*) eingehen. Die Stärkung von Commitment in Unternehmen bzw. Institutionen ist ein wesentliches Element des →*Internen Marketing*. Commitment wird begünstigt durch intensive unternehmensinterne Interaktionsbeziehungen (→*Interaktion*, →*Interaktionstheorie*) und vor allem durch die Einbindung der Mitarbeiter in →*Entscheidungsprozesse* (siehe dazu auch →*Empowerment*, →*Management-by-Delegation, MbD*). Die Bedeutung von Commitment ergibt sich aus empirischen Befunden, daß Mitarbeiterzufriedenheit und Mitarbeiterbindung hoch korreliert sind mit →*Kundenzufriedenheit* und →*Kundenbindung*.

Commodities →*Produkte*, die in gleicher Art von verschiedenen Herstellern angeboten werden (siehe auch →*Me too-Produkte*). Die Konkurrenz erfolgt ausschließlich über den →*Preis*. Die Commodity-Strategie setzt →*Marktwachstum* voraus, das in vielen →*Branchen* nicht mehr gegeben ist.

Communication Center →*Call Center*.

Communication Design →*Kommunikationsdesign*.

Communicon Zusammengesetzter

Begriff aus Communication und Icon. Es handelt sich um eine Kombination von Buchstaben und Symbolen und ist der Oberbegriff für Smiley, Emoticon etc. Die Communicons werden insbesondere bei *→E-Mails* verwendet.

Community Gruppierung von Usern mit gleichen Interessen im *→Internet*. Die Gesprächsplattform (*→Online Chat*) dient als Basis, auf der alle möglichen Themen diskutiert werden können. Communities werden inzwischen auch zu Informationspools ausgebaut, in denen Fachleute ihr Wissen weiterverbreiten.

Community Marketing Bindung (im Sinne der „Gemeinschafts"pflege) von *→Kunden* an *→Anbieter* über die Vermittlung aktueller Themen, von Kontakten zu kompetenten Gesprächspartnern und Hinweisen zu neuen *→Kommunikationsformen* (siehe dazu auch *→Virtual Community*, *→Online Chat*).

Community Relations Teil der *→ Öffentlichkeitsarbeit* (*→Public Relations*), der auf die Pflege der Beziehungen zur örtlichen Gemeinde gerichtet ist. Die Community Relations erweisen sich insbesondere nützlich für die Mitgestaltung des *→Kommunalen Marketing* (*→Städte-Marketing*) durch die ortsansässigen Wirtschaftsunternehmen.

Competitive-Parity-Methode Werbebudgetierung nach den Budgets der Mitbewerber (*→Werbebudgetierung*).

Complaint Ownership Form des *→Empowerment*, die sich auf die Organisation des *→Beschwerdemanagements* bezieht. Danach „erwirbt" im Rahmen eines dezentralen Beschwerdemanagements derjenige Mitarbeiter, den der Beschwerdeführer zuerst anspricht, das „Eigentum" an der Beschwerde. Er ist verantwortlich für die Problemlösung. Ziel dieser Vorgehensweise sind die Erhöhung der *→Kundenzufriedenheit* und Stärkung der *→Kundenbindung*.

Compulsive Buying *→Kaufsucht*.

Compuserve Online-Dienst (siehe auch *→Online-Marketing*, *→Internet*). Das Online-System dient dem Nutzer z.B. in Verbindung mit Internet als Informations- und Kommunikationsinstrument.

Computeranimation Synthetische Erzeugung und Darstellung von farbigen Bewegtbildern. Eine Kombination von Computeranimationen und Realaufnahmen ist möglich. Neben dem Einsatz in der *→Marketingkommunikation* dient die Computeranimation auch zur Darstellung von komplexen technischen Konstruktionen und ihrer Funktionsweise. Sie eignet sich daher auch für die Schulung in technischen Bereichen.

Computergestützte Befragung Computereinsatz bei der Datenerfassung von *→Befragungen*. Die bereits klassische Form der DV-Unterstützung ist der Einsatz von Direktbeleglesern, die die markierten Antworten fehlerfrei in den Computer einlesen. Bei den neueren DV-Unterstützungen wird der *→Fragebogen* ersetzt durch den Bildschirm, auf dem die Fragen erscheinen. Die Auskunftspersonen geben die Antworten selbst über die Tastatur ein bzw. tippen auf dem Bildschirm die Antwortkategorien an (Touch Screen). Die Vorteile der computergestützten Befragung sind die Senkung der Interviewerkosten, die Vermeidung von Interviewereinflüssen (*→Interviewer-Bias*), die Verringerung der Eingabefehler und (vor allem für die Auftraggeber wichtig) die schnellere Auswertung der Befragungsergebnisse. Insbesondere bei sensiblen Themen, die die Intimsphäre der Auskunftspersonen berühren, werden überdies die Antwortbereitschaft und der Wahrheitsgehalt der Aussagen erhöht.

Computergestützte Marketingplanung DV-Unterstützungen bei der →*Marketingplanung*, die unterschieden werden in informationsorientierte Systeme (→*Marketing-Informationssysteme* und ihre Erweiterung zu Executive Information Systems, →*Vertriebs-Informationssysteme*), modellorientierte Systeme (→*Modellbanken*, die in Verbindung mit →*Methodenbanken* zu Decision Support Systems führen, →*Decision Calculus*) und wissensorientierte Systeme (→*Expertensysteme*). Weiterentwicklungen verbinden die informations-, modell- und wissensorientierten Systeme zu integrierten entscheidungsunterstützenden Systemen und bieten damit einen geschlossenen Support von der →*Information* bis zur →*Entscheidung*.

Computergestützte Telefonbefragung Sonderform der →*Telefonischen Befragung*, bei der der →*Interviewer* die Fragen von einem PC-Bildschirm abliest und die Antworten in den Computer eingibt. Das PC-Programm übernimmt die Steuerung des weiteren Befragungsablaufs durch z.B. eine automatische Berücksichtigung von Verzweigungen im Fragenablauf in Abhängigkeit von den Antworten.

Computergrafik Bearbeitung von statischen Bildern mit Hilfe der computergestützten →*Telekommunikationstechniken*.

Computersimulation Simulationstechnik (→*Simulation*), bei der Erfahrungswerte, Untersuchungsergebnisse und sonstige Informationen im Computer mit einem theoretischen Modell verknüpft werden. Mit der Computersimulation wird vor allem versucht, die Wirkungen des Marketing-Mitteleinsatzes (→*Marketing-Mix*) näher zu bestimmen und eine Optimierung zu erreichen.

Conglomerate →*Konglomerat*.

Conjoint-Analyse Verbundmessung, bei der die für den →*Nachfrager* wichtigen Teilnutzenwerte eines →*Angebots* aus dem empirisch erhobenen Gesamtnutzenwert ermittelt werden. Eine für die Marketingpraxis sehr nützliche Anwendungsform (und zwar hinsichtlich der →*Preisbildung*) ist die Conjoint-Preis-Analyse, bei der eine Verbundanalyse zwischen den Kundenanforderungen, dem →*Produktnutzen* und der →*Preisbereitschaft* der →*Kunden* vorgenommen wird. Entscheidend ist die kombinatorische Verknüpfung der Parameter. Es geht im wesentlichen um die Kombination von →*Produkteigenschaften* und →*Preisen*, die einen möglichst hohen Kundennutzen (→*Customer Value*) realisiert bei geringstmöglichen →*Kosten* des →*Anbieters*. Mit Hilfe des Verfahrens läßt sich der Beitrag ermitteln, den z.B. →*Qualität*, →*Lieferservice* etc. für den Kundennutzen leisten und wieviel diese dem Kunden wert sind in bezug auf den damit verbundenen Preis (vgl. zu den Meßverfahren →*Skalierung*, →*Skalierungsverfahren*).

Constraint Management Kontinuierlicher Abgleich von aktueller →*Nachfrage* (mengenmäßiger Marktbedarf) mit den Produktions- und →*Logistik*kapazitäten, wobei auch wichtige direkte Zulieferer und Partner im Zuliefernetzwerk mit einbezogen werden.

Consumer Benefit Kundennutzen (→*Benefit*, →*Customer Value*), der überdies auch die Bedeutung eines kommunikativen Nutzenversprechens hat. Der Consumer Benefit ist insofern für die →*Anbieter* extrem wichtig, weil die →*Kunden* keine Leistungsangebote nachfragen, sondern →*Nutzen* im Sinne einer größtmöglichen Befriedigung von →*Bedürfnissen* bei einem gegebenen Mitteleinsatz.

Consumerism →*Konsumerismus*.

Consumer Promotions →*Verbraucher-Promotions*.

Consumer Relations Teil der →*Öffentlichkeitsarbeit* (→*Public Relations*), der auf die Pflege der Beziehungen zu den →*Verbrauchern* (→*Konsumenten*) gerichtet ist. Die Consumer Relations sind eng verbunden mit dem →*Internen Marketing* und den Beziehungen zu den diversen Gruppen von →*Stakeholdern* und →*Meinungsführern*, die in starkem Maße die Funktion von →*Multiplikatoren* ausüben.

Consumer-to-Consumer-Business Geschäftsbeziehung (Abk. C-to-C oder C-2-C) zwischen einem →*Verbraucher* und einem anderen (meist →*Internet*-Nutzer). Die Kontakte erfolgen in der Regel über Auktions-Websites (→*Web-Auktionen*), die als Basis des Verkaufsvorgangs dienen.

Consumption, conspicuous Geltungssüchtiger Konsumstil der Oberklasse, die nach *Th.B. Veblen (1857-1929)* Reichtum und Macht durch →*Luxusgüter* dokumentieren will (→*Demonstrativkonsum*, →*Prestigekonsum*). Diese Form des →*Konsumentenverhaltens* ist jedoch mittlerweile durch Sozialisationsprozesse (→*Sozialisation*) keineswegs mehr auf die Oberschicht beschränkt.

Content-Analyse →*Inhaltsanalyse*.

Continuous Replenishment Kontinuierliche Warenversorgung des →*Handels* (vor allem →*Einzelhandel*) auf Basis von permanent erhobenen Abverkaufsdaten (siehe auch →*Replenishment*).

Controlled Circulation (CC) →*CC-Zeitschrift(en)*.

Controlling Instrument zur Optimierung der Managementaufgaben: Zielbildung, Planung, Steuerung, Kontrolle, Koordination und Information. Je nach Schwerpunkt der Controllingaktivität kann zwischen rechnungswesen-, informations- und managementorientierten Controllingansätzen unterschieden werden. In seiner managementorientierten Koordinationsfunktion ist das Controlling ein wesentlicher Bestandteil der →*Unternehmensführung*.

Convenience Goods Im →*Konsumentenmarkt* →*Güter* des täglichen →*Bedarfs*, die vom →*Verbraucher* als problemlos eingestuft werden und daher üblicherweise auch den Charakter von →*Low Interest-Produkten* haben. Im Vergleich zu den gehobenen →*Shopping Goods* und insbesondere →*Specialty Goods* ist das →*Kaufverhalten* (→*Kaufentscheidung*) durch einen geringen Informationsbedarf *(→Low Involvement)* gekennzeichnet. Da Convenience Goods in sehr kurzen Zeitabständen nachgefragt werden und ihr Einkauf stark habitualisiert ist, findet in der Regel (mit Ausnahme der Prüfung des →*Preis-Leistungs-Verhältnisses*) auch keine intensive →*Informationsverarbeitung* statt.

Convenience Store →*Betriebstyp* des →*Einzelhandels*, der auch als Nachbarschaftsladen bezeichnet wird. Er hat seinen Standort in Wohnungsnähe des →*Konsumenten*, eine durchschnittliche Verkaufsfläche von 100 bis 300 qm, ein begrenztes →*Sortiment* (2.500 bis 3.000 Artikel) von Nahrungs- und Genußmitteln und einen kleinen Anteil von Non Food-Artikeln. Im Vergleich zu anderen Betriebstypen des Einzelhandels verfolgt der Convenience Store eher das Konzept eines gehobenen Preisniveaus. Typische Formen von Convenience Shops sind Tankstellen, Kioske, Trinkhallen etc.

Cookies Text, der von einem Webserver im →*Internet* an den Zielrechner übermittelt wird. Damit können Benutzer eindeutig identifiziert und bei einem neuen Besuch durch Lesen der Cookie-Datei wiedererkannt werden. Überdies ist mit dem Verfahren meßbar, wie oft Benutzer bestimmte Web-Sites aufrufen. Cookies werden von Internet-Nutzern überwiegend sehr kritisch bewertet, da dadurch ihre vielfach gewünschte Anonymität empfindlich berührt wird.

Coopetition →*Kooperation* von →*Wettbewerbern* im Sinne der Bildung von →*Strategischen Allianzen* (z.B. Kooperation von großen Fluggesellschaften mit kleinen Charterunternehmen in bestimmten Marktfeldern), um durch die Bildung von →*Wertschöpfungsnetzen* Erträge zu stabilisieren bzw. zu optimieren. Coopetition verhindert einen ruinösen →*Preiswettbewerb* und führt damit zu →*Wettbewerbsvorteilen* für beide →*Anbieter* (→*Win-Win-Strategie*), die sich ansonsten weiter als Wettbewerber gegenüberstehen.

Co-op-Werbung →*Gemeinschaftswerbung*.

Co-Promotion(s) →*Cross Promotion(s)*.

Copystrategie Schriftliche Fixierung der →*Werbestrategie* in verdichteter Form, die meist auf eine konkrete →*Werbekampagne* bezogen ist. Herzstück der Copystrategie sind die in der Copyplattform entwickelten einzigartigen Werbe- und Verkaufsansprüche des Leistungsangebots (Unique Selling Proposition, →*USP*), die als →*Customer Value* den definierten →*Werbesubjekten* (→*Zielgruppen*) kommunikativ vermittelt werden sollen.

Copytest(s) Sammelbezeichnung für verschiedene Testverfahren zur Messung des →*Mediennutzungsverhaltens* (siehe auch →*Starch-Test*, →*Impact-Test*). Bei den Copytests handelt es sich um →*Pretests* oder →*Posttests*, die vor allem als →*Werbemitteltests* eingesetzt werden.

Corporate Behavior Einheitliches, in sich konsistentes →*Verhalten* aller Unternehmensmitglieder. Vor allem entscheidend ist die Widerspruchsfreiheit des Verhaltens aller Interaktionspartner im Innen- und Außenverhältnis. Das Unternehmensverhalten prägt dominant die →*Corporate Identity*.

Corporate Citizenship Soziales Engagement der Unternehmen in ihrem Umfeld mit dem Ziel, Vertrauen in der Bevölkerung zu schaffen (siehe auch →*Public Affairs*, →*Public Marketing*).

Corporate Communication(s) Das strategische Dach von →*Absatzwerbung* und →*Beschaffungswerbung* sowie →*Öffentlichkeitsarbeit*. Die Corporate Communications gehen aber weit über die klassischen →*Public Relations* hinaus. Sie sollen allumfassend einen positiven Beitrag zum →*Firmenimage* leisten. Die Corporate Communications haben zum Ziel, die →*Unternehmenskultur* nach außen zu kommunizieren. Damit ist aber auch die Vermittlung der →*Corporate Identity* nach innen wie nach außen verbunden. Es geht also um die ganzheitliche →*Unternehmenskommunikation* (siehe auch →*Kommunikation* und →*Marketingkommunikation*), und zwar intern und extern. Die Corporate Communications umfassen den strategischen und operativen Einsatz aller →*Kommunikationsformen* (d.h. →*Werbung*, →*Verkaufsförderung*, →*Public Relations*). Ziel ist, die →*Corporate Identity* in der →*Öffentlichkeit* durchzusetzen und ein gewünschtes →*Corporate Image* zu realisieren. Weiter gehören zum →*Corporate Identity-Mix* das →*Corporate Design* (Unternehmens-Erscheinung) und auch das →*Corporate Behavior* (Unternehmensverhalten).

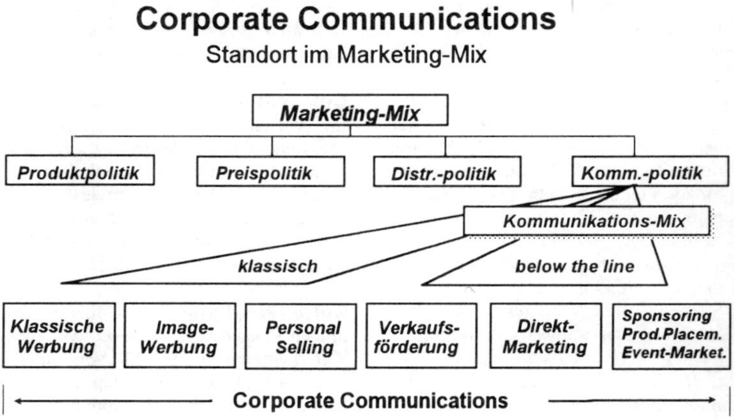

Poth & Partner

Corporate Culture →*Unternehmensphilosophie*, die aus den formulierten unternehmenspolitischen Leitsätzen und →*Normen* besteht. Das "Glaubensbekenntnis" hat zum Inhalt, wer das →*Unternehmen* (bzw. die Organisation) ist, was es will und wodurch es sich von den →*Wettbewerbern* unterscheidet. Die Corporate Culture (siehe auch →*Organisationskultur*) ist die Ausgangsbasis für eine →*Corporate Identity* (→*CI*).

Corporate Design Visuelles →*Erscheinungsbild* des →*Unternehmens*. Das Corporate Design (→*CD*) übersetzt die ganzheitliche →*Corporate Identity* (→*CI*) in eine ganzheitliche visuelle Identität. Dazu gehören der Produkt- und Firmenname, das →*Signet* einschl. der Typographie und der Unternehmensfarben (siehe auch →*Design*). Die →*Design-Richtlinien* werden festgeschrieben in einem →*Design-Manual*. Das Corporate Design ist abzugrenzen vom →*Produkt-Design*, wenngleich letzteres unerläßlich ist zur Herausbildung eines geschlossenen Unternehmensbildes. Corporate Design ist Identitätsvermittlung und kommunikative Gestaltung einer Unternehmenspersönlichkeit mit Hilfe aller visuellen Elemente der Unternehmenserscheinung, wie z.B. Firmenzeichen, Architektur-Design und Produkt-Design. Diese visuellen Elemente sollen den Inhalt der Corporate Identity nach außen darstellen. Damit qualifiziert sich das Corporate Design zu einem wichtigen Instrument der →*Corporate Communications*.

Corporate Identity →*Unternehmensidentität*, die auf einem in sich geschlossenen Verhalten (→*Corporate Behavior*) nach innen wie nach außen beruht. Ziel ist es, ein angestrebtes → *Corporate Image* zu erreichen. Dies geschieht durch den Einsatz der → *Corporate Communications*. Die Basis der Corporate Identity (→*CI*) ist die →*Unternehmenskultur* bzw. die →*Corporate Culture*. Wichtig für die Gestaltung der Corporate Identity sind die →*Unternehmensphilosophie*, die langfristige →*Unternehmensziel*setzung und ein klar definiertes →*Soll-Image*.

Corporate Identity-Mix Optimale Kombination von →*Corporate Communications*, →*Corporate Design* und →*Corporate Behavior*.

Corporate Image In sich konsistentes →*Unternehmensimage* (siehe auch →*Image*). Es handelt sich um das gesamthafte Vorstellungsbild eines →*Unternehmens* oder einer Institution in der →*Öffentlichkeit*.

Corporate Language Einheitliche organisationsspezifische und unverwechselbare Sprache, die ein wesentlicher Bestandteil des →*Corporate Behavior* und geprägt ist durch die → *Corporate Culture* (→*Organisationskultur*) und einen erheblichen Einfluß ausübt auf die →*Corporate Identity* (nach innen wie nach außen) und damit auf das →*Corporate Image* (→ *Unternehmensimage*).

Corporate Networks Unternehmensweites →*Kommunikationsnetz*, mit dem auch räumlich getrennte Standorte (Produktionsstätten, Niederlassungen, Filialen etc.) sowie Geschäftspartner (Lieferanten) zusammengefaßt werden können. Nach dem Fernmeldeanlagengesetz kann innerhalb der geschlossenen Benutzergruppe auch Sprachkommunikation in „Echtzeit" stattfinden. In allen anderen Fällen war bislang die Nutzung des öffentlichen Telefonnetzes gesetzlich vorgeschrieben (Sprachdienstmonopol, das seit 1998 aber aufgehoben ist).

Corporate Philanthropy →*Unternehmensstrategie*, die den Beitrag des →*Unternehmens* zum Gemeinwohl und die Verfolgung ethischer Grundsätze in der Geschäftspolitik in den Mittelpunkt stellt. Dadurch soll vor allem die soziale Verantwortlichkeit des Unternehmens nach außen wie nach innen demonstriert (→*Unternehmenskommunikation*) werden (siehe in diesem Zusammenhang auch →*Corporate Behavior* und in Abgrenzung → *New Charity*).

Corporate Publishing Unternehmenseigene Kommunikation in Form von Kundenmagazinen (→*Kundenzeitschriften*), →*Intranet* und →*Business-Television* (→*Corporate Communications*, →*Unternehmenskommunikation*), die einen intensiven Dialog mit →*Kunden*, Mitarbeitern und Anteilseignern herstellt zur verstärkten Kundenpflege und →*Kundenbindung* sowie Mitarbeiterkommunikation.

Corporate Relations Gesamtheit der Beziehungen des →*Unternehmens* zu seiner sozialen→*Umwelt* (→*Öffentlichkeitsarbeit*, →*Public Relations*).

Cost-Benchmarking Verfahren des Leistungsvergleichs von →*Produkten* (Leistungsangeboten), Prozessen und Funktionen mit dem Ziel des Auf- und Ausbaus von →*Wettbewerbsvorteilen* (→*Benchmarks*, →*Benchmarking*).

Cost-Benefit-Analyse →*Kosten-Nutzen-Analyse*.

Cost-per-unit-Methode →*Werbebudgetierung* nach Verkaufseinheiten.

Countervailing Power Von *J.K. Galbraith (1954)* formuliertes Gegenmachtprinzip im →*Wettbewerb*, nach dem Gegenkräfte im →*Markt* stets zum Machtausgleich (→*Symmetrische Machtverteilung*) führen. Das Prinzip gilt sowohl für die Anbieter- als auch Nachfragermacht. Beispiele für solche Machtgegenkräfte sind →*Genossenschaften*, →*Freiwillige Ketten* etc., aber auch →*Verbraucherorganisationen*. Durch die zunehmende →*Konzentration* und →*Oligopolisierung* der Märkte wird es jedoch immer schwieriger, Machtgleichgewichte herzustellen, so daß es häufig zu →*Asymmetrischen Machtverteilungen* (Ungleichgewichten) kommt.

Coupon-Anzeige(n) →*Kommunikationsmittel* (→*Werbemittel*), das in der klassischen →*Anzeigenwerbung* eingesetzt wird. Es handelt sich um eine spezielle Form der →*Direktwerbung*. Die Rückantworten (Coupons) werden systematisch ausgewertet und legitimieren die individuelle und direkte Ansprache der Interessenten. Um den Coupon-Rücklauf zu erhöhen, werden mit dieser Form der Anzeigenwerbung auch vielfach →*Gewinnspiele* verbunden.

Couponing Einsatz von Preisnachlaß-Coupons als Promotion-Instrument. In Deutschland waren bis zum 25. Juli 2001 (Wegfall der gesetzlichen Restriktionen) im Vergleich zu den USA die Grenzen für diese Art von →*Verkaufsförderung* eng gesteckt durch das bis zu diesem Zeitpunkt gültige →*Rabattgesetz* und die →*Zugabeverordnung*.

Coupontest Messung der →*Werbewirkung* am Rücklauf der Coupons am →*Werbemittel*. Durch die Absenderangaben (Alter, Wohnort etc.) lassen sich gewisse Rückschlüsse auf die →*Zielgruppen* (Ziel-Ist-Vergleich) ziehen (siehe dazu auch →*Direktwerbung*).

Cournot'scher Punkt Nach dem Ökonometriker *A.A. Cournot (1801-1877)* benannter Punkt auf der →*Preisabsatzfunktion* eines →*Monopolisten*, bei dem die gewinnmaximale Preis-Mengen-Kombination erreicht ist. Die diesem Punkt entsprechende →*Absatzmenge* ist die Cournot'sche Menge, der entsprechende →*Preis* der Cournot'sche Preis. Im Cournot'schen Punkt sind die →*Grenzkosten* gleich dem →*Grenzerlös*. Die Bestimmung des →*Gewinnmaximums* erfolgt auf der Grundlage der →*Marginalanalyse*.

Coverage Abdeckung, die sich auf den →*Absatzmarkt* (→*Marktabdeckung*) und auf die repräsentative Abbildung der →*Grundgesamtheit* durch die →*Stichprobe* in →*Befragungen* (→*Repräsentanz*) bezieht. Das Coverage-Problem tritt z.B. besonders bei →*Handelspanels* auf, da sich bedeutende Großbetriebsformen des →*Einzelhandels* (in bezug auf ihre →*Gewichtete Distribution*) an der Panelforschung nicht beteiligen. Dadurch werden die Untersuchungsergebnisse der →*Panelerhebungen* erheblich verzerrt.

CPFR Abk. für Collaborative Planning, Forecasting and →*Replenishment*. Es handelt sich um eine Weiterentwicklung von →*Efficient Consumer Response (ECR)*. Handels- und Industrieunternehmen bündeln ihr gesammeltes Know-how zu →*Marken*, →*Märkten* und →*Kunden* in einer gemeinsamen →*Datenbank*, auf die die Partner jederzeit Zugriff haben. Auf dieser Informationsbasis werden dann kooperative Marketingaktivitäten entwickelt (siehe dazu auch →*Collaborative Commerce*).

CPM Abk. für →*Critical-Path-Methode* (→*Netzplantechnik*).

Critical Incident-Methode Verfahren zur Messung der →*Kundenzufriedenheit*. Mittels →*Offener Fragen* werden die →*Kunden* nach kritischen Erlebnissen mit →*Anbietern* befragt. Die Befragungsergebnisse sind eine nützliche Hilfe für das systematische →*Beschwerdemanagement* und auch für das →*Servicemarketing* (siehe in diesem Zusammenhang auch besonders →*Nachkaufmarketing*).

Critical-Path-Methode (CPM) Deterministisches Terminplanungsmodell z.B. zur Entwicklung und/oder Einführung neuer Produkte, Zeitplanung für Werbekampagnen in Verbindung mit Verkaufsförderungsaktionen etc. (siehe →*Netzplantechnik*).

CRM →*Customer Relationship Management*.

Cross Buying →*Verbundkauf* (siehe auch →*Cross Selling-Effekt*).

Cross Cultural Research Teil der →*Konsumentenforschung* und →*Auslandsmarktforschung*, der die Unterschiede im →*Konsumentenverhalten* verschiedener kultureller →*Gruppen* analysiert, die für das →*Internationale Marketing* eine erhebliche Bedeutung haben. Hierbei erweist sich die Vergleichbarkeit der kulturellen Gruppen im Hinblick auf die Informationserhebung und -auswertung bzw. Ergebnisinterpretation als ein inhaltliches wie auch methodisches Problem, da bei sehr unterschiedlichen kulturellen Gruppen das →*Marktforschungsdesign* nicht einheitlich gestaltet werden kann. →*Kulturelle Diffusion* und →*Migration* führen jedoch zunehmend zu einer Verminderung des Problems der interkulturellen konsumrelevanten und methodischen Vergleichbarkeit (siehe dazu →*Cross Cultural Target Groups*).

Cross Cultural Target Groups →*Zielgruppen* aus unterschiedlichen →*Kulturen*, die aufgrund psychologischer Merkmale und Wertorientierung (→*Werte*, →*Wertewandel*) Gemeinsamkeiten im konsumrelevanten Verhalten (→*Konsumentenverhalten*) aufweisen und Marktsegmente (→*Segmente*) bilden (→*Cross Cultural Research*, →*Marktsegmentierung*). Damit ist die Grundlage geschaffen für ein →*Global Marketing* (→*Globalisierung*).

Cross Docking Direkte Übermittlung filialspezifischer Bestellungen des →*Handels* (vor allem →*Einzelhandel*) an den Hersteller. Der Lieferant kommissioniert(→*Kommissionierung*) für das einzelne →*Filialunternehmen* und liefert zu einem zentralen Umschlagpunkt des Handels (Distributionszentrum). Dort werden die herstellerspezifischen Lieferungen zu filialspezifischen Lieferungen zusammengestellt und ohne eine weitere Lagerstufe direkt an das jeweilige Filialunternehmen distribuiert (siehe auch →*Replenishment*). Der Begriff rührt daher, daß die Ware von den gegenüberliegenden („Cross") Wareneingangs- und Warenausgangstoren („Docks") direkt weitertransportiert wird. Es wird unterschieden nach Full Pallet Cross Docking (homogene →*Paletten* ohne →*Kommissionierung*) und Mixed Pallet Cross Docking (gemischte Paletten (Vorkommissionierung nach Bestellung).

Cross Functional Team(s) Sonderform der →*Autonomen Arbeitsgruppen*. Die Teams werden gebildet aus Mitarbeitern unterschiedlicher Unternehmensbereiche bzw. Abteilungen, die in etwa der gleichen hierarchischen Ebene angehören. Die Teams arbeiten kurz- oder längerfristig zusammen, um eine klar definierte Aufgabe zu erfüllen (siehe dazu auch →*Projekt-Management*).

Cross Impact-Analyse Methode zur →*Prognose* von Umweltentwicklungen (→*Umweltanalyse*). In Verflechtungsmatrizen werden jeweils einzelne →*Trends* den unternehmensbezogenen Zielen, Strategien, Taktiken, Operationen und den Stärken bzw. Schwächen gegenübergestellt. Ziel ist das Erkennen von Chancen bzw. Risiken, die mit möglichen Umweltentwicklungen für das Unternehmen verbunden sind (→*Frühwarnsysteme*, →*Monitoring*).

Cross Marketing →*Co-Marketing*.

Cross Media-Marketing Synergetische Nutzung verschiedener →*Kommunikationsmedien* (z.B. →*Printmedien* und →*Elektronische Medien*), um →*Werbebotschaften* vor allem zu unterschiedlichen →*Zielgruppen* zu transportieren. So nutzen heute schon viele →*Anbieter* die Kombination von →*Klassischen Medien* und →*Online*. Das Cross Media-Marketing ist ein Teilbereich des →*Multi-Channel-Marketing*.

Cross Promotion(s) Form der Verbundwerbung (→*Gemeinschaftswerbung*), die auch als Co-op-Werbung bzw. Co-Promotion(s) bezeichnet wird. Die Partner gehören verschiedenen, aber komplementären →*Branchen* an. Ziel ist der Verbund von unterschiedlichen Leistungsangeboten (→*Produkte* und →*Dienstleistungen*) zu in sich geschlossenen Konsum-Erlebnisfeldern für gleiche →*Zielgruppen* (siehe auch →*Co-Marketing*).

Cross Selling-Effekt Übertragung der →*Nachfrage* nach einem bestimmten →*Produkt* auf andere →*Angebote*. Der Cross Selling-Effekt hängt in seiner Wirkung stark davon ab, inwieweit es gelingt, das positive →*Image* eines nachgefragten Produktes auf andere Angebote zu übertragen (siehe auch →*Imagetransfer*) und die sogen. →*One-Stop-Shopping*-Synergie für den →*Kunden* vorteilhaft zu nutzen.

Culture Pattern Kulturelle Verhaltensmuster ethnischer Gruppen, die im →*Internationalen Marketing* von besonderer Bedeutung sein können, da sie eine Prädisposition des →*Konsumentenverhaltens* darstellen.

Culture Scan Kultur-Meter, mit dem die Stärken und Schwächen bzgl. der →*Corporate Culture* in der →*Unternehmungsorganisation* festgestellt und Potentiale aufgezeigt werden, die einen Strukturwandel erleichtern. Die Unternehmenskultur wird in vier Phasen analysiert: (1.) Befragung der Führungskräfte zu den internen und externen Problemen, (2.) Kultur-Potentialanalyse, (3.) Entwicklung von Maßnahmenalternativen, (4.) Maßnahmendurchsetzung. Die eigentlichen Kernfragen beziehen sich auf das →*Betriebsklima*, die →*Unternehmensphilosophie*, das →*Führungssystem* und die interne →*Kommunikation*.

Customer Care →*Kundenzufriedenheit*.

Customer Costing Kundenbezogene →*Kostenanalysen*.

Customer Equity →*Kundenwert* im Sinne des Ertragswerts der Kundenbeziehung. Hierbei kann sich der Ertragswert auf eine Periode oder auf den gesamten Lebenszyklus der Kundenbeziehung (→*Lifetime Customer Value*) beziehen.

Customer Lifetime Value →*Lifetime Customer Value*.

Customer Loyalty →*Kundentreue*, →*Kundenbindung*, →*Kundenzufriedenheit*.

Customer Recovery Systematische Rückgewinnung von verlorenen →*Kunden*. Customer Recovery-Programme (→*Recovery-Management*) erweisen sich in vielen Fällen als eine sehr sinnvolle Maßnahme, da es ungleich kostengünstiger ist, einen ehemaligen Kunden zurückzugewinnen, als einen neuen zu akquirieren. Zur systematischen Kundenrückgewinnung gehören die Identifizierung der verlorenen Kunden, die Ermittlung der Ursachen für die Abwanderung, die Problembehebung und nach erfolgreicher Rückgewinnung die Stärkung der langfristigen →*Kundenbindung*.

Customer Relationship Management (CRM) Gestalten von Kundenbeziehungen mit dem Ziel einer langfristigen →*Kundenbindung* und →*Kundenzufriedenheit*. Entscheidend sind hierbei die ganzheitliche und individuelle Kundenansprache und kundenzentrierte→*Geschäftsprozesse* (Integration von →*Vertrieb*, →*Marketing*, →*Kundendienst* und →*Service*), die auf die individuellen Kundenbedürfnisse abgestimmt sind. Ziel von CRM ist die Schaffung von Mehrwerten auf Kunden- und Lieferantenseite im Rahmen von Geschäftsbeziehungen (siehe in Ergänzung und Abgrenzung →*Beziehungsmarketing*, →*Relationship Marketing*). Eine der grundlegenden Voraussetzungen für CRM ist die Existenz einer funktionsfähigen →*Database* und eines →*Call Centers*.

Customer Satisfaction-Index →*Kundenzufriedenheit*.

Customer Value Individueller →*Nutzen*, den ein →*Käufer* einem →*Angebot* beimißt. Der Wert entsteht durch die →*Bedürfnisbefriedigung* bzw. durch das Bedürfnis-Befriedigungspotential. Bei jedem →*Kauf* erfolgt eine Abwägung von Kosten und Nutzen (Wert). Man spricht auch beim Kosten-Nutzen-Verhältnis (→*Kosten-Nutzen-Analyse*) vom sogen. "Value-for-Money".

Customized Marketing Kundenindividuelles Marketing durch kundenspezifische Lösungen bei Nutzung der Kostenvorteile durch eine prozeßorientierte Massenfertigung. Voraussetzung sind eine kundenorientierte Informationsbasis, eine interaktive →*Kommunikation* mit den →*Kunden* und eine Fertigungstechnologie, die eine Individualisierung der Basisprodukte zuläßt. Dadurch wird aus der Massenfertigung eine auftragsorientierte „Einzelfertigung", für die sich der Begriff →*Mass Customization* herausgebildet hat (siehe auch →*Prosumer*, →*Postponement*).

Cyberspace Aus „kybernetischer Raum" abgeleitetes Kunstwort. Die Welt wird als ein Datenraum gesehen, in dem die Menschen miteinander kommunizieren. Es handelt sich um die totale Vernetzung von Informationsgebern und -nehmern in einer →*Virtuellen Realität*. Durch Computerbilder wird eine synthetische, dreidimensionale und interaktive Welt geschaffen zum Fühlen, Anfassen, Hören und Sehen. Die Übertragung erfolgt per Computer und mit Hilfe einer Home Reality Engine (Handschuhe und Brille), die eine simulierte Wirklichkeit erzeugt. Durch die Handschuhe werden Daten empfangen und übermittelt, die Brille hat die Funktion eines Augenhörers.

D

Dachmarke(n) →*Markenpolitik* unter einem Firmendach. Ziel der Dachmarkenstrategie ist der positive → *Imagetransfer* des Firmennamens auf das gesamte Leistungsangebot (vgl. im Gegensatz dazu die →*Einzelmarke(n)*). Die Gefahr der Dachmarkenstrategie liegt im möglichen negativen Imagetransfer, der von einzelnen → *Produkten* auf das gesamte →*Produktprogramm* ausstrahlt. Diese Gefahr wächst mit der Unterschiedlichkeit der Produktansprüche.

Dachwerbung →*Dachmarke(n)*, → *Umbrella-Marke(n)*, →*Schirmmethode*.

DAGMAR-Formel Die von *R.H. Colley (1961)* entwickelte Werbewirkungs-Formel (**D**efining **A**dvertising **G**oals for **M**easured **A**dvertising **R**esults) ähnelt sehr stark der →*AIDA-Formel* und gliedert die →*Werbewirkung* in vier Stufen: Awareness (Bewußtheit), Comprehension (Einsicht), Conviction (Überzeugung), Action (Kaufhandlung). Die Kritik bezieht sich auf die strenge Hierarchie der Stufung (→*Stufenmodelle der Werbewirkung*).

DAR-Test →**D**ay **A**fter **R**ecall-Test.

Darwinismus Selektionstheorie von *Ch. Darwin (1859)*, die davon ausgeht, daß sich nur diejenigen Arten und Individuen durchsetzen können, deren Organismus in der Lage ist, sich den Umweltbedingungen anzupassen. Aus dem daraus entwickelten phylogenetischen Ansatz wird auch eine Verwandtschaft zwischen Mensch und Tier abgeleitet. Diese Verbindung hat die →*Verhaltensforschung* und →*Verhaltenstheorie* entscheidend beeinflußt (→*Behaviorismus*, →*Neobehaviorismus*, →*Pawlow'scher Hund*, →*Konsumentenforschung*).

Database →*Datenbank*, die spezifische →*Informationen* enthält zu Personen- bzw. Firmengruppen, →*Zielgruppen*, Zielkunden und Stammkunden. Die Informationen sind detaillierte →*Daten* zu den jeweiligen Adressaten. Notwendig ist die permanente Datenpflege. Die Database besteht aus den Adreßdaten, Profildaten (zur spezifischen Kennzeichnung und Klassifikation), Aktions- und Reaktionsdaten (zur →*Erfolgskontrolle*).

Database-Marketing Zielgruppenorientierte →*Marktbearbeitung* auf der Basis detaillierter →*Informationen* zu den Adressaten (siehe auch →*Direktmarketing*). Diese Informationen werden in einer →*Datenbank* gespeichert. Die →*Kunden-Datenbank* enthält zum einen die Stammdaten, zum anderen aber auch Transaktionsdaten (z.B. Bestell-, Verkaufsdaten etc.).

Data Mining Suche nach bislang unbekannten Zusammenhängen in Unternehmensdaten („Datenbergwerk"). Das betrifft vor allem die gezielte Analyse der Daten von Neukunden oder auch Ergebnisdaten von neuen Leistungsangeboten, mit denen das Unternehmen noch wenig Erfahrung hat. Die →*Datenanalyse* erfolgt in der Weise, daß zunächst →*Stichproben* aus dem Datenbestand gezogen werden, die dann (auch mit Hilfe statistischer Verfahren) ausgewertet werden. Auf Basis der gewonnenen Erkenntnisse wird im nächsten Schritt eine Modellbildung vorgenommen. Erweist sich das Modell als →*Erklärungsmodell* nicht zufriedenstellend, erfolgt erneut ein Data Mining auf der Grundlage einer veränderten Datenauswahl (siehe auch →*Data Warehouse*).

Data Warehouse Zentrale →*Datenbank*, auf deren Inhalte die Nutzer schnell, leicht und systematisch (wie bei der Selbstbedienung) zugreifen können. Hierbei können alle verfügbaren internen und externen Datenquellen genutzt, d.h. die relevanten →*Informationen* abgerufen werden. Mit dem Data Warehouse-Konzept wird angestrebt, eine unternehmensweite Integration von →*Daten* in einem einheitlich gestalteten System herzustellen.

Daten Unbearbeitete Tatsachenabbildungen. Werden Daten zweckgerichtet bearbeitet, so ergeben sich daraus →*Informationen.*

Datenanalyse Ermittlung statistischer Meßgrößen aus empirisch oder sekundärstatistisch gewonnenen Daten. Die Verfahren lassen sich klassifizieren nach →*Univariaten*, →*Bivariaten* und →*Multivariaten Analyseverfahren*. Beispiele für univariate Verfahren sind Mittelwertberechnungen und die Ermittlung von →*Varianzen*. →*Regressionsanalysen*, einfache →*Korrelationsanalysen* und die →*Kontingenzanalyse* gehören zu den bivariaten Verfahren. Beispiele für multivariate Verfahren sind die multiple Korrelations- und Regressionsanalyse, die →*Kanonische Analyse*, →*Faktorenanalyse*, →*Clusteranalyse* und die →*Diskriminanzanalyse*.

Datenbanken Softwaresysteme, die die Aufgabe haben, →*Daten* so zu verwalten, daß die Benutzer einen möglichst leichten und systematischen Zugriff auf sie haben. Man unterscheidet interne und externe Datenbanken, wobei letztere eine besondere Bedeutung für die →*Marktforschung* haben.

Datenerfassungssysteme Geräte zur Erfassung von Artikelbewegungen am Wareneingang und Warenausgang (Datenkassen, →*Scanner*, Lesestifte, sonstige Geräte der →*Mobilen Datenerfassung*). Die elektronischen Datenerfassungssysteme sind eine der wesentlichen Grundvoraussetzungen für den Aufbau von →*Warenwirtschaftssystemen* im →*Handel* und für die Durchführung von →*Artikelerfolgsrechnungen*. In Verbindung mit Kundenkarten (→*Kunden-Datenbank*) lassen sich Artikel- und Kundenstammdaten miteinander verknüpfen.

Datenkassen →*Scanning*.

Datenschutz Schutz der persönlichen Sphäre, der im →*Bundesdatenschutzgesetz (BDSG)* in der Novellierung vom Jahre 1991 geregelt ist. Das Gesetz umfaßt die Erhebung, Verarbeitung und Nutzung personenbezogener →*Daten*.

Datenträgeraustausch Kommunikation durch Weitergabe von Datenträgern (Disketten, Magnetbänder). Der Datenträgeraustausch kann sowohl unternehmensintern als auch zwischen verschiedenen Unternehmen erfolgen. Ein praktisches Beispiel für den unternehmensinternen Datenträgeraustausch bietet der filialisierte →*Einzelhandel*. Die in den Filialen erfaßten artikelbezogenen Abverkaufsdaten werden in die Zentrale übermittelt und dort weiter verarbeitet (z.B. zu →*Artikelerfolgsrechnungen*). Andererseits können Änderungen der Artikelstammdaten von der Zentrale in die einzelnen Filialen übermittelt werden. Der physische Datenträgertransport wird in →*Datenverbundsystemen* ersetzt durch eine elektronische Datenübertragung.

Datenverbundsysteme →*Datenträgeraustausch*, der elektronisch erfolgt. Beispiele für solche Verbundsysteme zwischen Industrie und Handel sind →*EDI*, →*SEDAS*, →*SDS*, →*MADAKOM* und →*SINFOS*.

Day-After Recall-Test Form eines →*Werbetests* (auch DAR-Test genannt), bei dem die Untersuchungspersonen einen Tag nach der Ausstrahlung des →*Fernsehspots* zu diesem befragt werden (→*Recall-Verfahren*). In gleicher Weise wird der →*Print-Day After Recall-Test* bei →*Printmedien* durchgeführt.

DDV Abk. für Deutscher Direktmarketing-Verband e.V., Wiesbaden. Es handelt sich um die Interessenvertretung von Dienstleistern und Anwendern des →*Direktmarketing*.

Decay-Effekt Abnutzungseffekt, der bei den →*Kommunikanten* (Rezipienten) bei wiederholender →*Werbung* auftreten kann und zu einer Verminderung der →*Werbewirkung* führt. Empirisch konnte bislang nicht der Nachweis für die Existenz des Effekts erbracht werden, hingegen das Auftreten von →*Reaktanz* (d.h. Verhaltenswiderstand) bei massiver Wiederholung von nicht-akzeptierter Werbung (negativer →*Spill-over-Effekt*).

Decision Calculus Grundsätze für die Bildung von →*Entscheidungsmodellen* nach *J.D.C. Little (1970)*, denen ein →*Modell* genügen muß, um die Effizienz des unternehmerischen →*Planungsprozesses* und des →*Entscheidungsprozesses* vor allem bei der →*Marketingplanung* zu erhöhen. Der Decision Calculus umfaßt folgende Modellanforderungen: Einfachheit, Benutzungssicherheit, Prüfbarkeit, Anpassungsfähigkeit, Vollständigkeit (vor allem sollen auch die subjektiven Einschätzungen der Manager berücksichtigt werden) und Kommunikationsfähigkeit.

Decision Support System (DSS) Computergestütztes System zur Unterstützung der Entscheidungsträger bei der Lösung von Entscheidungsproblemen. Das Unterstützungssystem setzt sich zusammen aus →*Datenbank*, →*Methoden-* und →*Modellbank* und der entsprechenden →*Kommunikations-* und →*Informationstechnologie* (siehe auch →*Entscheidungsunterstützungssysteme, EUS*).

Deckungsbeitrag Differenz aus den →*Erlösen* und den nach dem →*Verursachungsprinzip* zurechenbaren (direkt produktabhängigen) →*Kosten* (→*Variable Kosten*). Der Deckungsbeitrag ist der Beitrag zur Deckung der →*Fixen Kosten*. In der relativen Einzelkostenrechnung nach *P. Riebel (1979)* ist der Deckungsbeitrag die Differenz zwischen den relativen Einzelerlösen und den relativen →*Einzelkosten* eines →*Kostenträgers*.

Deckungsbeitragsrechnung Nach →*Produkten* differenzierte →*Erlöse* werden um die entsprechenden →*Variablen Kosten* (produktabhängige →*Einzelkosten*) verringert. Der →*Ge-*

winn ergibt sich aus der Summe der einzelnen →*Deckungsbeiträge*, vermindert um die nach →*Kostenstellen* oder →*Kostenträgern* differenzierten →*Fixen Kosten* (→*Retrograde Preiskalkulation*). Die Deckungsbeitragsrechnung wird üblicherweise mehrstufig durchgeführt, d.h. die Fixkosten werden stufenweise den Produkten, →*Produktgruppen*, →*Geschäftsbereichen* bzw. dem gesamten →*Unternehmen* zugeordnet (siehe auch →*Direkte Produktrentabilität* als Ansatz zur Deckungsbeitragsrechnung im →*Handel*).

Poth & Partner

Deckungsumsatz Derjenige Umsatz (→*Erlös*), bei dem alle →*Kosten* gedeckt sind (siehe →*Break-even-Analyse*).

Deckungszeitpunkt Zeitpunkt, an dem die kumulierten →*Deckungsbeiträge* gleich sind mit den kumulierten →*Fixen Kosten* (siehe auch →*Break-even-Analyse*).

Decodierung Entschlüsselung von Signalen (→*Nachrichten*), die vom Empfänger erkannt werden müssen, um zu →*Informationen* zu werden (siehe dazu →*Semiotik* und die damit verbundenen Dimensionen →*Syntaktik*, →*Semantik*, →*Pragmatik*). Die Decodierung spielt für die →*Werbewirkung* eine erhebliche Rolle, da der →*Stimulus* (z.B. →*Anzeige*, →*Spot*) beim →*Kommunikanten* (Rezipienten) nur dann die beabsichtigte Wirkung haben kann, wenn er von diesem verstanden wird. Hierbei bezieht sich das Verständnis vor allem auf die vom →*Kommunikator* gewollte Interpretation der →*Werbebotschaft* durch die Empfänger (siehe dazu auch →*Encodierung*).

Degenerationsphase Fünfte Phase im →*Produkt-Lebenszyklus*, die als Schrumpfungsphase durch absinkende →*Umsätze*, negative →*Grenzerlöse* und in der Regel durch zunehmende Verluste gekennzeichnet ist. In dieser Phase stellt sich drängend die Frage nach einer notwendigen →*Produktelimination*. →*Revival*-Maßnahmen machen nur dann Sinn, wenn dadurch die noch vorhandene Umsatzbasis plafondiert werden kann (→*Versteinerungsphase*) bei einigermaßen zufriedenstellenden →*Deckungsbeiträgen*. In diesem Fall sollte aber das produktbezogene →*Marketingbudget* deutlich abgesenkt werden.

Degustationen →*Verkostungen*.

Delegation Übertragung von Aufgaben und Kompetenzen an nachgeordnete Stellen (siehe →*Management by Delegation*). Im Rahmen der →*Führungsorganisation* ist Delegation konzentriert auf die Übertragung von Entscheidungs- und Durchsetzungsaufgaben incl. der entsprechenden Kompetenzen auf hierarchisch nachgelagerte Stellen.

Delegationsprinzip →*Delegation*.

Delkredere(geschäft) Gewährleistung für den Eingang einer Forderung (z.B. durch den →*Großhandel* im →*Streckengeschäft* oder durch das →*Einkaufskontor*) gegenüber dem Lieferanten. Das Delkredere ist rechtlich eine Ausfallbürgschaft, die durch eine →*Provision* (Delkrederevergütung) vergütet wird.

Delphi-Methode →*Expertenbefragung*, deren Ergebnisse für →*Prognosen* genutzt werden. Die Experten werden in mehreren Wellen befragt, wie sie bestimmte Zukunftsentwicklungen einschätzen. Nach jeder →*Befragung* werden die Ergebnisse analysiert. Daraus ergibt sich für die nächste Befragungsrunde eine differenziertere Fragestellung. Diese Form der Rückkoppelung ist das eigentliche Spezifikum der Delphi-Methode. Die Befragungen werden solange durchgeführt, bis die Experten keine Revision ihrer Prognosen mehr vornehmen. Die Methode wird vornehmlich in den Bereichen eingesetzt, wo objektive Erfahrungsdaten fehlen und die subjektiven Erfahrungseinschätzungen von Experten die einzige Möglichkeit bieten, eine tragfähige Prognosebasis aufzubauen. Aus diesem Grunde wird die Methode auch zu den analytisch-systematischen →*Kreativitätstechniken* gezählt.

Delphinstrategie(n) Evolutiv-adaptive →*Strategien* (in Abgrenzung zur konventionellen →*Planung*), die lediglich die Leitkonzeption festlegen und die Wege und →*Ziele* flexibel den Marktbedingungen anpassen. Delphinstrategien zielen Gewinner-/ Gewinner-Lösungen (Win-Win-Strategie) an und sind nicht fokussiert auf einseitige Siege, die sehr kostenintensiv sind und überdies keine späteren Konkurrenzreaktionen verhindern können (siehe auch →*Spieltheorie*).

Demarketing Reduktionsmarketing, das als eine Sonderform des →*Social Marketing* darauf abzielt, die →*Nachfrage* nach bestimmten →*Produkten* zu verringern. Beispiele sind Marketingaktivitäten (vor allem kommunikationspolitische Maßnahmen), um den →*Konsum* umwelt- und/oder gesundheitsschädlicher Produkte zu vermindern. Preispolitisch kann die Fiskalpolitik eingesetzt werden (z.B. Tabakwaren), distributionspolitisch die Lizensierung von Vertriebsstellen (z.B. Alkoholvertrieb in den nordeuropäischen Ländern). Die Wirksamkeit dieser Maßnahmen, die vielfach in eine regulative Verbotsgesetzgebung mündet, ist umstritten. Notwendig erscheint, die gewünschte Verhaltensänderung durch geeignete →*Informationen* affektiv zu unterstützen (siehe dazu auch →*Konsumentenverhalten*).

Demographie Wissenschaft von der Bevölkerung, insbesondere der Bevölkerungsstruktur und der Bevölkerungsentwicklung.

Demographische Kriterien Teilfaktoren der →*Soziodemographischen Kriterien* (wie Geschlecht, Alter, Familienstand, Haushaltsgröße), die bei der →*Marktsegmentierung* in aller Regel mit den Sozio- bzw. ökonomischen Merkmalen verbunden werden und dann die Grundlage für die →*Soziodemographische Marktsegmentierung* bilden.

Demon-Modell Abk. für **De**cision **M**apping Via **O**ptimum Go - **N**o Go Networks. Es handelt sich um ein stark formalisiertes →*Entscheidungsmodell*, das der →*Neuproduktplanung* dient. In jeder Phase des Entscheidungsprozesses wird geprüft, ob die Produktidee weiterverfolgt (Go), zurückgestellt (On) oder aufgegeben (No Go) werden soll. Sukzessiv werden alle relevanten Faktoren in den Entscheidungsprozeß einbezogen (siehe bzgl. der Neuproduktplanung auch → *Sprinter-Modell*, →*Scoring-Modelle*, →*Screening*).

Demonstrativkonsum →*Konsum*, der darauf gerichtet ist, von anderen bemerkt zu werden und den sozialen →*Status* des →*Nachfragers* in der →*Öffentlichkeit* dokumentieren soll. Der auch als →*Prestigekonsum* bezeichnete Ver- bzw. Gebrauch von geltungsbezogenen Gütern wurde insbesondere von *Th.B. Veblen (1857-1929)* beschrieben, der den →*Preis* als ein Qualitätsmerkmal für Prestigeprodukte ansieht (→*Veblen-Effekt*).

Demoskopie Ehemals Dachbegriff für die Methoden der →*Umfrageforschung* und →*Meinungsforschung* in Abgrenzung zur →*Ökoskopie*. Mittlerweile wird der Begriff synonym verwendet für die Umfrage- und Meinungsforschung (siehe auch →*Marktforschung*).

Denken Form der →*Informationsverarbeitung*, bei der Sachverhalte (→ *Informationen*) aufgenommen, verglichen, zusammengefaßt und insbesondere verstanden werden (siehe auch → *Gedächtnis*, →*Gedächtnistheorien*).

Denotation Unmittelbar mit Aussagen verbundene Merkmale (wie z.B. Farbe, Geruch). Im Vordergrund steht die Sachbedeutung der Begriffe. Die →*Konnotation* verbindet hingegen mit den Aussagen zusätzliche Vorstellungen (z.B. →*Assoziationen* und gefühlsmäßige →*Anmutungen*).

Dependenzanalyse(n) Oberbegriff für statistische Analyseverfahren (→ *Multivariate Analyseverfahren*), mit denen die Beziehungen zwischen → *Abhängigen* und →*Unabhängigen Variablen* untersucht werden. Die wichtigsten Verfahren der Dependenzanalyse sind die →*Korrelationsanalyse*, →*Regressionsanalyse*, →*Kanonische Analyse*, →*Diskriminanzanalyse*, → *Varianzanalyse* und die →*Kontingenzanalyse* (siehe in Abgrenzung → *Interdependenzanalyse*).

Depot →*Umschlagslager*.

Depotsystem Form der →*Selektiven Vertriebspolitik* (z.B. Kosmetik). Es handelt sich um eine Vertriebsbeschränkung auf bestimmte →*Handelskanäle*.

Deprivation Relative Benachteiligung, die ein Individuum durch den Vergleich mit anderen (vergleichbaren) Personen und deren Verhalten empfindet. Die relative Deprivation ist ein wichtiger Stimulus für das →*Konsumentenverhalten* (siehe Orientierung an →*Bezugsgruppen*) und kann dementsprechend vom Marketing genutzt werden. So kann z.B. die Unzufriedenheit von →*Konsumenten* (bzw. der Wunsch, diese zu beseitigen) in entsprechende Werbeaussagen umgesetzt werden.

Design Ursprünglich definiert als eine Produkt-Gestaltungsarbeit mit starken ästhetischen Bezügen (siehe auch →*Produktdesign*). Zunehmend wird Design aber als ein Signum (Zeichen) gesehen, das über den Produktansatz weit hinausgeht und das gesamte →*Unternehmen* erfaßt (siehe auch →*Corporate Design*). Unstreitig bei dieser definitorischen Weiterentwicklung ist, daß das Produktdesign weiterhin ein zentraler Designfaktor bleibt. Funktional umfaßt das Design das klassische Industrial Design (im wesentlichen Produktdesign), das Communication Design (visuelle und mediale Kommunikation) incl. →*Emotional Design* und das Environment Design (Außen- und Innengestaltung), die synergistisch im Corporate Design zusammenwirken.

Design

Verknüpfung der Nutzwertfunktionen

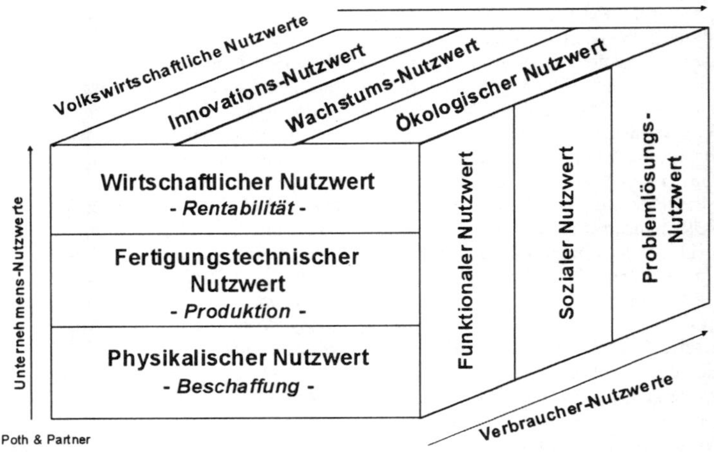

Poth & Partner

Design-Ablaufplan Funktionsplan mit folgenden Stufen: Zielvorgabe, Planung, Konzeption, Entwurf, Ausarbeitung, Fertigung. Der Ablauf dient der zielorientierten Arbeit des →*Design*.

Design-Management Führungs- und Koordinationsaufgabe, die auf die gestalterische Komponente des Angebots und Erscheinungsbildes einer Organisation gerichtet ist. Design-Management ist ein ganzheitlicher Ansatz zur Planung, Organisation und Kontrolle der Designentwicklung, -einführung und -betreuung und umfaßt einen wesentlichen Teil der →*Inno-*

vation (siehe auch →*Produktinnovation*).

Design-Manual Handbuch, das die →*Design-Richtlinien* enthält.

Design-Nutzwerte Verbund aus Unternehmens-Nutzwerten (→*Beschaffung*, Fertigungstechnik, →*Rentabilität*), volkswirtschaftlichen Nutzwerten (→*Innovation*, →*Ökologie*, →*Wachstum*) und Verbraucher-Nutzwerten (anwendungs-, sozial- und problemlösungsorientiert). Der entscheidende Ansatzpunkt für ein erfolgreiches →*Design* ist der Verbraucher- bzw. Anwender-Nutzwert.

Design-Richtlinien Verbindliche Festlegung der visuellen Gestaltung der →*Corporate Identity* (→*CI*). Dazu gehören →*Signet*, Hausfarben, Typographie etc.

Desk Research →Sekundärforschung.

Deskriptive Forschung Beschreibung von Merkmalen bestimmter →*Grundgesamtheiten* (z.B. →*Märkte*, →*Zielgruppen*, →*Konsumentenverhalten*, →*Wettbewerb* etc.). Die wichtigsten Methoden zur Informationsbeschaffung sind die →*Befragung*, →*Beobachtung*, →*Sekundärforschung*, →*Querschnittsanalysen*, →*Längsschnittanalysen* und die Auswertung von →*Panels* (siehe im Vergleich →*Explorative Forschung*).

Deskriptive Statistik Beschreibende Statistik (im Gegensatz zur →*Induktiven Statistik*) in Form der →*Datenanalyse* zur Aufbereitung und Auswertung von erhobenen Datenmengen. Neben dem Einsatz von →*Univariaten*, →*Bivariaten* und →*Multivariaten Analyseverfahren* geht es bei der deskriptiven Statistik auch darum, eine Komplexitätsreduktion in Form von graphischen Darstellungen vorzunehmen.

Deutsche Marketing Vereinigung →*DMV*.

Deutscher Werberat Selbstkontroll-Institution der →*Werbewirtschaft* im →*ZAW*. Durch die Selbstkontrolle (→*Selbstbeschränkende Werbung*)soll werblichen Fehlentwicklungen entgegengewirkt werden.

DHI Abk. für **D**eutsches **H**andels**i**nstitut e.V., Köln. Das DHI ist der Zusammenschluß der früheren Handelsinstitute ISB (Institut für Selbstbedienung und Warenwirtschaft) und RGH (Rationalisierungs-Gemeinschaft des Handels). 1993 erfolgte die Umbenennung in →*EHI* (EuroHandelsinstitut e.V., Köln).

Diagnose Zielorientierte Bewertung der vergangenen und/oder gegenwärtigen Situation bzw. Lage incl. des situativen Umfelds (z.B. Konkurrenz). Die Diagnose hat einen engen Beziehungszusammenhang mit der →*Analyse*, →*Prognose* und →*Planung*, ist aber von diesen Begriffen streng zu trennen.

Dialogfrage Fragetechnik (bei →*Befragungen*), bei der die Auskunftspersonen zu einem Kurzdialog zweier fiktiver Personen mit unterschiedlicher (meist gegensätzlicher) Meinung Stellung nehmen und sich einer der Ansichten anschließen müssen. Die Fragetechnik ist sinnvoll bei komplexen Themen, die das Artikulationsvermögen der Befragten bei einer direkten Fragestellung überfordern bzw. aufgrund von Unsicherheit zu ausweichenden Antworten führen (siehe auch →*Projektive Frage*, →*Projektive Verfahren*).

Dialogmarketing Die →*Anbieter*

treten mit ihren →*Kunden* bzw. →*Zielgruppen* in einen Dialog ein, und zwar nicht nur durch die →*Marketingkommunikation*. So kann die Aktivierung von Kundenanregungen auch positiv die →*Produktpolitik* (z.B. die →*Produktinnovation*) beeinflussen.

Dienstleistung(en) Immaterielle →*Wirtschaftsgüter*, die persönlich (z.B. Beratung, Schulung, Unterhaltung etc.) oder sachlich (z.B. Handel, Handwerk, Banken, Versicherungen, Transport etc.) ausgerichtet sind. Entscheidend für Dienstleistungen ist der Direktkontakt mit dem →*Nachfrager*. Dienstleistungen sind vielfach auch mit dem Verkauf von →*Produkten* verbunden (z.B. Installation, Änderungsdienst etc.). Vor allem durch den verstärkten EDV-Einsatz werden Dienstleistungen zunehmend versachlicht (z.B. Bargeldautomaten, Computer-Informationsdienste etc.). Dadurch nimmt die persönliche Kontaktqualität der Dienstleistung ab. Ein weiterer definitorischer Ansatz ist die Typologienbildung, um die Abgrenzungsprobleme zwischen Dienst- und Sachleistungen deutlich zu machen. In der Leistungstypologie wird zwischen dem Immaterialitätsgrad (Leistungsergebnis) und dem Integrationsgrad (komplexer Leistungsprozeß) unterschieden.

Dienstleistungsgesellschaft Postindustrielle Gesellschaft (→*Industrialisierung*), in der das →*Wirtschaftswachstum* vorwiegend durch den →*Konsum* und die Produktion von →*Dienstleistungen* erzeugt wird. In den modernen →*Industriegesellschaften* kommt es mit steigenden →*Einkommen* zu Verschiebungen der →*Nachfrage* von materiellen zu immateriellen →*Gütern*. Die Sättigung von →*Primärbedürfnissen* führt zu einem steigenden →*Bedarf* nach individualisierten Gütern und Leistungen (→*Maslow'-sche Bedürfnispyramide*, →*Tertiärbedürfnisse*). Die hochentwickelten Technologien und der verstärkte Kapitaleinsatz bewirken eine Abkehr von der Produktionsorientierung zu Beratungs-/Serviceleistungen innerhalb der →*Unternehmen* (→*Dienstleistungsmarketing*,→*Servicemarketing*) und die Weiterentwicklung zur →*Informations-* und →*Kommunikationsgesellschaft*. Damit verbunden ist auch ein Wandel der Anforderungen an den →*Produktionsfaktor* Arbeit von der reinen →*Produktion* zu Serviceleistungen (siehe z.B. →*F+E*, →*Marktforschung*, →*Logistik*, →*Verkauf*,→*Werbung* etc.).

Dienstleistungsmarketing Alle Marketingaktivitäten zur Optimierung des absatzpolitischen Direktkontakts mit dem →*Kunden*. In der →*Produktpolitik* geht es um das Angebot von Dienstleistungspotentialen, die →*Preis-* und →*Konditionenpolitik* sind gekennzeichnet durch eine nur bedingt realisierbare Standardisierung, die →*Distributionspolitik* setzt den persönlichen (evtl. EDV-gestützten) Kundenkontakt (Präsenzkontakt) voraus, und die →*Kommunikationspolitik* muß die Komplexität der Angebotsleistung in den Vordergrund stellen und eher persönlich (siehe auch →*Direktmarketing*, →*Face-to-Face-Kommunikation*) als massenmedial ausgerichtet sein.

Dienstleistungsprobe(n) Unentgeltliche Bereitstellung von →*Dienstleistungen* in kleinen Einheiten zur Erprobung der Originaldienstleistung. Es gelten sinngemäß die rechtlichen Bestimmungen zur →*Warenprobe*.

Dienstleistungsqualität Besondere →*Qualität*, die sich auf →*Dienstleistungen* bezieht. Die wesentlichen Qualitätsdimensionen sind die Annehmlichkeit des Umfelds, in dem der →*Nachfrager* die Dienstleistung erlebt, die Präzision und Zuverlässigkeit der Leistungserfüllung, die Schnelligkeit der Durchführung, die Leistungskompetenz des Anbieters und seine absolute Kundenorientierung. Hierbei bestehen zwischen den einzelnen Dimensionen Interdependenzen, die um so bedeutender sind, je stärker die Leistungsverflechtungen des →*Anbieters* ausgeprägt sind. Dadurch entsteht ein Qualitätsverbund.

Differenzierte Marktsegmentation Im Gegensatz zur →*Konzentrierten Marktsegmentation* erfolgt die Bearbeitung mehrerer →*Marktsegmente* (bis hin zu einer Vielzahl). Diese →*Segmentationsstrategie* kann zum Problem einer Marktfragmentierung (→*Fraktalisierung*) führen mit der Folge nicht mehr ausreichender →*Marktpotentiale*.

Differenzierung Erkennbare Unterscheidung von den →*Wettbewerbern*. Diese Unterscheidung bezieht sich auf von Abnehmern hoch bewertete Dimensionen des →*Angebots*. Ein Unternehmen muß sich zumindest in *einem* Punkt eindeutig und unverwechselbar vom Wettbewerb abheben, um für das Angebot z.B. höhere →*Preise* durchsetzen zu können. Die Differenzierung ist eine wesentliche Grundform der →*Wettbewerbsstrategien*. Sie begünstigt im Vergleich zur →*Kostenführerschaft* individuelle Spielräume bei der Strategienentwicklung.

Differenzierungsstrategie Form der →*Wettbewerbsstrategie* mit dem Ziel, sich von den Konkurrenten abzuheben. Dies geschieht im wesentlichen durch ein differenziertes Leistungsangebot. Eine zweite Möglichkeit ist die Markt- bzw. Kundendifferenzierung. Insofern ist die Differenzierungsstrategie auch eine der wichtigsten Formen der →*Segmentationsstrategie* (siehe dazu in Abgrenzung →*Konzentrationsstrategie*).

Diffusion Verbreitung bzw. Ausbreitung von →*Innovationen* im Sinne von →*Produkten*, →*Dienstleistungen*, Ideen, Methoden, →*Einstellungen* etc. innerhalb eines sozialen Systems. Die Diffusion ist die Summe von Einzel-Übernahmeprozessen im Zeitablauf

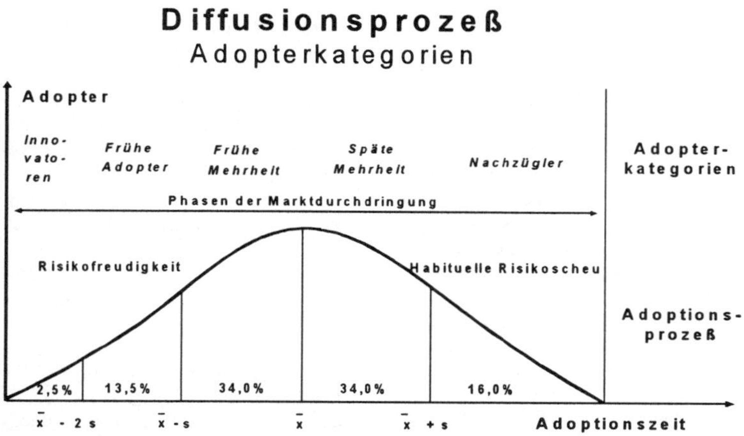

Poth & Partner nach E.M. Rogers (1962)

(→*Adoptionsprozeß*). Der Diffusionsprozeß wird bestimmt durch die Innovation selbst (z.B. Kompatibilität mit bestehenden →*Werten* und →*Normen* einer Gesellschaft), die Art der →*Kommunikation* (→*Massenkommunikation*, →*Persönliche Kommunikation*), die psychologischen und sozialen Merkmale der Rezipienten (→*Adopter*, →*Adoptergruppen*) und den Zeitraum, in dem die Neuerung diffundiert.

Diffusion, kulturelle →*Kulturelle Diffusion*.

Diffusionsforschung Erforschung der Faktoren, die das →*Adoptionsverhalten* bestimmen. Kern der Forschung ist die signifikante Definition der Charakteristika der verschiedenen →*Adoptergruppen* (Adopterklassen). Sie werden bestimmt durch die personellen Eigenschaftsmerkmale der →*Adopter*, ihre Innovationsbereitschaft und durch ihre Kommunikationskraft, →*Innovationen* zu verbreiten.

Diffusionstheorie Die →*Diffusion* von →*Innovationen* unterschiedlicher Art wird als →*Kommunikationsprozeß* verstanden (siehe auch →*Zwei-Stufen-Fluß* der →*Massenkommunikation*). Entscheidend bei der Einführung von Innovationen ist, daß die →*Innovatoren* (→*Konsumpioniere*, →*Meinungsführer*) erreicht werden, die den Diffusionsprozeß in Gang setzen.

Digital Customer Care Umfassendes Konzept der Kundenbetreuung über Netzwerke (→*Internet* und/oder kommerzielle Online-Dienste), das sich nicht nur auf die elektronische Geschäftstransaktion des →*Electronic Commerce* beschränkt, sondern einen sehr umfangreichen digitalen →*Kundenservice* bereitstellt.

Digitales Marketing Planung, Durchführung und Kontrolle der Marketingaktivitäten unter Einsatz von digitalen, d.h. computerbasierten Systemen oder Hilfsmitteln (siehe auch →*Electronic Marketing*, →*Electronic Business*, →*Online-Marketing*, →*Data Mining*, →*Data Warehouse*, Computer Aided Selling →*CAS*, →*Electronic Commerce* und weitere verwandte Begriffe aus dem Bereich computerbasierter Systeme zur Unterstützung des Einsatzes spezifischer →*Marketinginstrumente*).

DIN Abk. für Deutsches Institut für Normung, Berlin.

DIN ISO 9000 →*ISO 9000*.

Direct Costing →*Deckungsbeitragsrechnung*.

Direct Mailing Form des →*Direktmarketing* (Direct Marketing) per gedruckter Aussendung (→*Direktwerbung*).

Direct Marketing →*Direktmarketing*.

Direct-Response-TV Form der →*Fernsehwerbung*, bei der die Zuschauer →*Produkte* oder →*Dienstleistungen* über eine eingeblendete Telefonnummer, Adresse oder auch E-Mail-Anschrift (→*Electronic Mail*) direkt bestellen können. Mittlerweile existieren auch bereits reine →*Home-Shopping*-Sender (siehe *auch* →*Infomercials*, →*Teleshopping*).

Direct-Response-Werbung Werbekontakt mit den Zielpersonen (→*Kommunikanten*) in mehreren und aufeinander folgenden Stufen (Bildung einer →*Kontaktkette*). Durch verschiedene →*Medien* (z.B. Brief, Telefon, Katalog etc.) werden in regelmäßigen Abständen immer wieder Kontakte mit z.B. →*Kunden* hergestellt. Damit wird das

Ziel verfolgt, eine dauerhafte →*Kundenbindung* sicherzustellen. Diese Form der →*Werbung* ist besonders geeignet für das →*Direktmarketing*. Über →*Massenmedien* wird der Erstkontakt hergestellt, der zum Response führen soll. Die Folgekontakte erfolgen dann durch individuellere Ansprechformen. Die Direct-Response-Werbung kann verbunden werden mit dem → *Database-Marketing*. Voraussetzung für die Effizienz des →*Kommunikationsinstruments* ist eine aktuelle → *Kunden-Datenbank*.

Direktabsatz →*Direktvertrieb*.

Direkte Frage Unmittelbar auf den Untersuchungsgegenstand bezogene Frage (→*Befragung*). Direkte Fragen sind zur Ermittlung sensibler Sachverhalte (z.B. bei der Berührung der Intimsphäre) nicht geeignet, da Hemmungen der Befragten und damit verbundene unwahre Antworten zu Verzerrungen der Untersuchungs- bzw. Befragungsergebnisse führen (→*Bias*). Diese Fehlerquelle kann vermieden bzw. gemindert werden durch eine indirekte Fragestellung (→*Indirekte Frage*).

Direkte Kosten →*Einzelkosten*.

Direkte Produktkosten (DPK) → *Kosten*, die dem einzelnen →*Artikel* im Einzelhandelssortiment (→*Sortiment*) verursachungsgerecht direkt zugeordnet werden können (→*Direkte Produktrentabilität*).

Direkte Produktrentabilität (DPR) Artikelgenauer →*Deckungsbeitrag* (siehe →*Deckungsbeitragsrechnung*) in vornehmlich Einzelhandelsbetrieben (→*Einzelhandel*). (In den USA spricht man von Direct Product Profitability. Dieser Begriff ist präziser, da es sich um eine Gewinngröße handelt und nicht um eine Kapitalgröße.) Das DPR-Konzept vesucht, artikelspezifisch den direkten Produkt-Profit zu ermitteln (Netto-Verkaufspreis ./. Netto-Einkaufspreis = Brutto-Spanne + Preisnachlässe, u.a. Rabatte, Werbekostenzuschüsse ./. Handling-Kosten, i.w.S. alle artikelspezifischen Betriebskosten = Direkter Produkt-Profit). Der Vorteil des Verfahrens liegt darin, daß eine artikelgenaue Kostenzurechnung erfolgt und nicht mehr wie in der üblichen Handelsspannen-Kalkulation (→*Handelskalkulation*) die durchschnittlichen →*Handlungskosten* auf die →*Artikel* verteilt werden. Problematisch hingegen ist immer noch (trotz integrierter →*Warenwirtschaftssysteme*) die artikelbezogene Kostenerfassung bzw. -zurechnung. (So sind z.B. die →*Werbekostenzuschüsse* und die Jahres-Boni auf den einzelnen Artikel nicht zurechenbar.) Der damit verbundene Erfassungsaufwand ist sehr hoch, zumal sich im Einzelhandel die →*Sortimente*, Verkaufsflächen, Regalflächen und die entsprechenden Systeme permanent ändern (siehe z.B. →*Zweitplazierungen*). Bei einem Fixkostenanteil von über 80% im Einzelhandel (Personalkosten, Miete) ist sehr zweifelhaft, ob der Aufwand für die Kostenerfassung gerechtfertigt ist.

Direktexport →*Export, direkter* und in Abgrenzung →*Export, indirekter*.

Direktmarketing Direktansprache der Zielkunden mit dem Vorteil eines geringen →*Streuverlustes*. Die traditionellen Instrumente des Direktmarketing sind die →*Direktwerbung* bzw. das →*Direct Mailing*, →*Coupon-Anzeigen*, der →*Katalog* und der →*Persönliche Verkauf* bzw. das →*Personal Selling*. Neuere Instrumente sind das Telefon (siehe auch →*Tele-Shopping*) bzw. →*Telefonmarketing*, →*Bildschirmtext*, →*Video*, →*Bildplatte*, der private Rundfunk und das private Fernsehen (Satellitenfernsehen). Entscheidend für die Effizienz des Direktmarketing ist die Solidität der →*Database*. Direktmarketing ist eine wichtige Grundlage des →*Customer Relationship Management (CRM)*, das auf das Management der partnerschaftlichen Beziehungen abstellt.

Direktorialprinzip Prinzip der hierarchischen Willens- und Entscheidungsbildung, nach dem die die →*Organisation* als Ganzes betreffenden →*Entscheidungen* im Gegensatz zum →*Kollegialprinzip* von einer Singulärinstanz an der Spitze der jeweiligen Organisationseinheit getroffen werden.

Direktvertrieb Direktabsatz an die →*Bedarfsträger* ohne die Einschaltung selbständiger →*Absatzmittler*. Der Direktvertrieb (einfachste Form des →*Distributionssystems*) ist die distributive Ausprägung des →*Direktmarketing* und hat eine besondere Bedeutung im →*Investitionsgütermarketing*. Bei den →*Konsumgütern* spricht man auch dann vielfach bereits vom Direktvertrieb, wenn der →*Großhandel* ausgeschaltet und die Großbetriebsformen des →*Einzelhandels* aufgrund ihrer Marktbedeutung direkt vom Hersteller beliefert werden (siehe im Gegensatz dazu →*Indirekter Absatz*, →*Indirekter Vertrieb*).

Direktwerbung →*Werbung*, die sich in Form geschriebener, vervielfältigter oder gedruckter →*Werbemittel* (→*Werbebrief*) direkt an ausgewählte Empfänger (→*Zielgruppen*) richtet und per Post oder durch Verteilerorganisationen gestreut wird.

Discounted Cash Flow (DCF) Diskontierung der Einnahmenüberschüsse auf den gegenwärtigen Zeitpunkt (→*Kapitalwertrechnung*, →*Investitionsrechnung*, →*Cash Flow*).

Discounter →*Einzelhandelstyp* (→*Betriebstyp*), der auf Serviceleistungen (→*Service*, →*Kundendienst*) weitestgehend verzichtet und charakterisiert ist durch einen hohen →*Warenumschlag* und niedrig kalkulierte →*Preise* (→*Fachdiscounter*). Das wesentliche Profilierungsmerkmal ist eine permanente →*Niedrigpreisstrategie* bei guter →*Qualität* der Warenangebote und begrenztem →*Sortiment* (ca. 600 - 1000 →*Artikel*).

Discount-Konzept Primär preisorientierte →*Angebotspolitik* des →*Einzelhandels*. Das Konzept basiert in der Regel auf einem flachen und engen →*Sortiment*, das einen hohen →*Warenumschlag* aufweist. Das Konzept verzichtet auf ausgeprägte Kundendienstleistungen. Bei qualifizierter Sortimentsspezialisierung spricht man auch vom Fachdiscounter (siehe auch →*Fachmarkt*). Discounting ist aber nicht auf den Einzelhandel beschränkt, sondern umfaßt jedes →*Unternehmen* (ungeachtet der →*Branche* oder →*Marktstufe*), das das Discount-Konzept und seine Prinzipien (1.) begrenztes →*Angebot*, (2.) dauerhafte Preisvorteile für die →*Kunden* und (3.) straffes Kostenmanagement(→*Kostenführerschaft*) anwendet.

Disjunktive Auswahlheuristik Bei der →*Kaufentscheidung* wählt der →*Nachfrager* dasjenige →*Angebot*, bei dem ein beliebiges Merkmal (im Gegensatz zur →*Lexikographischen Auswahlheuristik*) besonders seinen →*Erwartungen* entspricht bzw. die definierten Mindestanforderungen erfüllt (siehe im Vergleich →*Konjunktive Auswahlheuristik* und generell →*Heuristik*).

Diskont →*Discount-Konzept*, →*Discounter*.

Diskontinuitäten Unvorhersehbare

und damit kaum kalkulierbare Strukturkrisen, Trendveränderungen, politische Entscheidungen, weltwirtschaftliche Eruptionen, Wechselkursänderungen etc., die insbesondere die →*Marketingplanung* vor erhebliche Probleme stellen. Die Diskontinuitäten werden vor allem verstärkt durch die Sättigung der →*Absatzmärkte*, einen damit verbundenen ruinösen →*Wettbewerb*, eine Verkürzung der →*Produkt-Lebenszyklen* (u.a. bedingt durch den →*Technischen Fortschritt*) und das labiler werdende →*Konsumentenverhalten* (→*Wertewandel*, →*Wertedynamik*, →*Hybrid-Konsumenten*).

Diskriminanzanalyse Trennung mehrerer →*Abhängiger Variablen* und ihre Erklärung durch →*Unabhängige Variablen*. Die Analyse dient zur Bestimmung von signifikanten Unterschieden von →*Gruppen* und deren Erklärung. Weiter kann die Trennschärfe von verschiedenen Gruppen überprüft werden, die durch die →*Clusteranalyse* ermittelt wurden.

Diskriminierung Sachlich nicht gerechtfertigte unterschiedliche Behandlung im geschäftlichen Verkehr (→*GWB*), die wettbewerbsrechtlich untersagt ist. Das Diskriminierungsverbot richtet sich grundsätzlich nur an marktbeherrschende und marktstarke Unternehmen (Sicherung des →*Leistungswettbewerbs*). Beispiele für Diskriminierungen sind die z.T. wettbewerbswidrigen →*Rabatt-* bzw. →*Konditionenspreizungen*.

Display Im Rahmen der →*Verkaufsförderung* eingesetzte →*Verkaufshilfen*, wie z.B. Verkaufsständer, Regalstopper, Gondeln, Vitrinen, Dekorationsmaterial etc. Beim offenen Display hat der →*Kunde* einen unmittelbaren Zugriff zur →*Ware*, beim geschlossenen Display hat nur der Verkäufer den direkten Zugriff zur Ware, um sie dem Kunden anzubieten (z.B. hochwertiger Schmuck, Depot-Kosmetik etc.).

Dispositiver Faktor Unternehmerische Tätigkeit, die darauf gerichtet ist, die Elementarfaktoren (siehe →*Produktionsfaktoren*) zu kombinieren.

Disproportionale Schichtung Beim →*Geschichteten Auswahlverfahren* (→*Befragung*) eine stärkere oder auch schwächere Berücksichtigung einzelner Schichten in der →*Stichprobe* im Vergleich zu ihrem Anteil an der →*Grundgesamtheit*. Die disproportionale Schichtung wird dann gewählt, wenn entsprechend dem Untersuchungsthema einzelnen Schichten in ihren Aussagen eine größere bzw. geringere Bedeutung beigemessen wird (siehe im Gegensatz →*Proportionale Schichtung*).

Dissatisfier →*Hygienefaktoren*.

Dissimulation Absichtliche Verschleierung von Angaben (bzgl. Meinungen und Verhaltensweisen) durch Befragte bei →*Interviews* (→*Befragungen*). Damit sind Verzerrungen der Untersuchungs- bzw. Befragungsergebnisse verbunden (→*Bias*), die durch eine indirekte Fragestellung (→*Indirekte Fragen*) vermieden bzw. vermindert werden können.

Dissonanz →*Kognitive Dissonanz* und in Abgrenzung →*Kognitive Konsonanz*.

Dissonanztheorie Nach *L. Festinger (1957)* treten Dissonanzen auf, wenn im kognitiven System des Menschen Beziehungen zwischen →*Kognitionen* entstehen, die nicht harmonieren. Man spricht dann auch von →*Kognitiver Dissonanz*. Der Mensch versucht, diese Inkonsistenz zu beseitigen und eine →*Kognitive Konsonanz* herzustellen. Dies kann durch das bewußte Nichtwahrnehmen bzw. die Leugnung von →*Informationen*, Verhaltensänderung oder durch die Rationalisierung des die Dissonanz bewirkenden →*Verhaltens* erfolgen. Insbesondere die letzte Form bietet Ansatzpunkte für das sogen. →*Nachkauf-Marketing* (z.B. durch Kaufbestätigung). Mit zunehmender Dissonanz werden nämlich Informationen gesucht, die Konsonanz herbeiführen. Hingegen werden Informationen vermieden, die eine bereits existente Dissonanz potentiell verstärken.

Distanz, psychische →*Psychische Distanz.*

Distanz, räumliche →*Räumliche Distanz.*

Distanz, soziale →*Soziale Distanz.*

Distanzhandel In Abgrenzung zum →*Residenzhandel* handelt es sich um →*Einzelhandel*sunternehmen, die über zwischengeschaltete →*Medien* (z.B. →*Kataloge*, →*Neue Medien*) mit →*Kunden* in Kontakt treten. Die typische Form des Distanzhandels ist der →*Versandhandel.*

Distanzmaß(e) Abstand der Ähnlichkeiten bzw. Unähnlichkeiten zwischen verschiedenen Objekten. Distanzmaße zwischen Meßobjekten werden bestimmt bei der →*Clusteranalyse* und der →*Mehrdimensionalen Skalierung*. Die Bestimmung von Distanzmaßen setzt intervallskalierte Ausgangsdaten voraus (→*Intervallskala*, →*Ratioskala*). Bei nichtmetrisch skalierten Daten werden →*Ähnlichkeitsmaße* durch →*Skalenmaße* gebildet.

Distribution Zusammenhang und Zusammenwirken von →*Akquisitorischer* (→*Absatzmethode*) und →*Physischer Distribution* (→*Marketing-Logistik*) im Spannungsfeld des →*Vertikalen Marketing*. Makroökonomisch ist die Distribution der Prozeß der physischen Weiterleitung von →*Gütern* zwischen Wirtschaftspartnern (Marktteilnehmern, →*Marktpartnern*). Im engeren Sinne wird Distribution mit →*Absatz* (→*Vertrieb*) gleichgesetzt.

Distribution, akquisitorische → *Akquisitorische Distribution.*

Distribution, exklusive →*Exklusive Distribution.*

Distribution, extensive →*Extensive Distribution.*

Distribution, gewichtete Gewichtung nach dem Anteil, den ein →*Produkt* am →*Umsatz* der →*Warengruppe* hat oder als Anteil, den das Produkt am Gesamtumsatz des →*Einzelhandelsunternehmens* hat (→*Gewichtete Distribution*).

Distribution, intensive →*Intensive Distribution.*

Distribution, numerische Anteil aller branchenrelevanten →*Einzelhandelsunternehmen*, die ein bestimmtes →*Produkt* führen und vorrätig haben, gemessen an der Anzahl aller relevanten Geschäfte (→*Numerische Distribution*).

Distribution, physische →*Physische Distribution.*

Distribution, selektive →*Selektive Distribution.*

Distributionsanalyse Permanente Kontrolle der Präsenz der →*Produkte* (→*Artikel*) durch den Hersteller im →*Handel* (vor allem →*Einzelhandel*). Wichtige Kennziffern sind diesbezüglich die →*Distributionsdichte*, der →

Distributionsgrad (Distributionsquote) und die →*Numerische* und →*Gewichtete Distribution*. Zur Informationsgewinnung erweisen sich u.a. →*Handelspanel* als ein geeignetes Instrument. Entsprechende Analysen werden auch in der →*Mediaforschung* durchgeführt bzgl. der Verbreitung von →*Printmedien*.

Distributionsdichte Verhältnis der Zahl der →*Verkaufsstellen* des →*Einzelhandels*, die in einem definierten Verkaufsgebiet ein bestimmtes →*Produkt* führen, zur Gesamtfläche des Verkaufsgebiets bzw. zu seiner Bevölkerung (siehe in Abgrenzung →*Distributionsgrad*, →*Numerische* und →*Gewichtete Distribution*, →*Bedarfsdichte*).

Distributionsdifferenzierung Bestimmte Form der Instrumentaldifferenzierung bei der →*Marktsegmentierung* (neben der →*Produktdifferenzierung*,→*Preisdifferenzierung* und→*Kommunikationsdifferenzierung*). Es handelt sich um eine angebotsspezifische Differenzierung der →*Distributionskanäle* (→*Handelskanäle*) nach verschiedenen →*Zielgruppen*. Mit der Distributionsdifferenzierung ist das Ziel verbunden, das →*Markenimage* zu pflegen (siehe dazu auch →*Selektive Absatzpolitik*, →*Selektive Vertriebspolitik*). Dies ist aber nur möglich, wenn Produkt-, Preis-, Distributions- und Kommunikationsdifferenzierung zielgruppenadäquat und strategisch miteinander verbunden werden.

Distributionsfunktion(en) Funktionen der →*Distributionsorgane*, die sich nach *E. Schäfer (1950)* in drei Aktivitätsstufen gliedern lassen. Die erste Stufe sind die Aktivitäten vor dem Verkauf bzw. Kauf (Absatzvorbereitung, Absatzanbahnung, Vorratshaltung), die zweite Stufe umfaßt die Aktivitäten in der Verkaufs- bzw. Kaufphase (Absatzdurchführung), und die dritte Stufe sind die Aktivitäten in der Nachkaufphase (Erhaltung der Absatzbeziehungen). Allgemein läßt sich die Distributionsfunktion definieren als eine Überbrückung der räumlichen, zeitlichen, quantitativen und qualitativen Distanzen zwischen →*Produktion* und Ver- bzw. Gebrauch von materiellen und/oder immateriellen →*Gütern*. Die Distributionsfunktionen sind weitgehend identisch mit den →*Handelsfunktionen*, soweit es sich nicht um das einfachste →*Distributionssystem* (→*Direktvertrieb*) handelt.

Distributionsgrad Präsenz eines →*Produktes* in den einzelnen →*Betriebsformen* und →*Betriebstypen* des →*Einzelhandels*. Der Distributionsgrad ist der Quotient aus der Anzahl der relevanten Einkaufsstätten, die das Produkt führen und der Gesamtheit aller Einkaufsstätten der →*Branche*. Zu unterscheiden ist die →*Numerische* und →*Gewichtete Distribution*.

Distributionshelfer →*Absatzhelfer*.

Distributionskanal Subsystem des →*Distributionssystems*. Hierbei umfassen die gewählten Distributionskanäle alle ineinandergreifenden Organisationen, die notwendig sind, um ein bestimmtes →*Produkt* oder eine →*Dienstleistung* beim →*Verbraucher* oder Gebraucher verfügbar zu machen (siehe dazu auch →*Absatzkanal*, →*Handelskanäle*). Dabei ist die Wahl eines Distributionskanals für den Hersteller eine distributionspolitische (→*Distributionspolitik*) Grundsatzentscheidung mit langfristiger Wirkung.

Distributionskette →*Absatzkette*, →*Handelskette*.

Distributionskosten →*Vertriebskosten*, die insgesamt bei der →*Distri-*

bution der Leistungsangebote auf allen Distributionsstufen anfallen. Die Distributionskosten setzen sich zusammen aus den →*Kosten* für die →*Akquisitorische Distribution* und →*Physische Distribution* (→*Marketing-Logistik*, →*Logistik*) und sind ein wesentlicher Teil der →*Marketingkosten*. Ermittlung und verursachungsgerechte Zurechnung der Distributionskosten auf die →*Kostenträger* werden erschwert durch ihren hohen Anteil an →*Gemeinkosten*.

Distributionslogistik Teil der →*Logistik* (→*Marketing-Logistik*), der den Warenfluß vom Hersteller bis zur Bereitstellung bei den →*Bedarfsträgern* umfaßt. Hierbei handelt es sich um Fertig- und/oder Halbfertigprodukte. Hinsichtlich der Notwendigkeit von integrierten Logistikkonzepten (→*Logistiksystem*) empfiehlt sich die (auch organisatorische) Verknüpfung von Distributions-, →*Beschaffungs-* und → *Produktionslogistik*.

Distributions-Management Übertragung des organisatorischen Konzepts des →*Marketing-Management* auf die →*Distribution*. Das Distributions-Management kann bei jedem → *Distributionsorgan* auf allen Wirtschaftsstufen implementiert werden. Die wichtigsten Managementfunktionen sind die Analyse und Bewertung der jeweiligen Distributionssituation (→*Distributionsanalyse*) incl. einer diesbezüglichen →*Stärken-/Schwächenanalyse*, Festlegung der →*Distributionsziele*, Organisation des →*Distributionssystems*, Planung, Koordination und Kontrolle aller Distributionsaktivitäten incl. der Steuerung und Motivation der Distributionsorgane. Die Wahl der →*Absatzkanäle* obliegt in der Regel nicht dem Distributions-Management, sondern ist Bestandteil

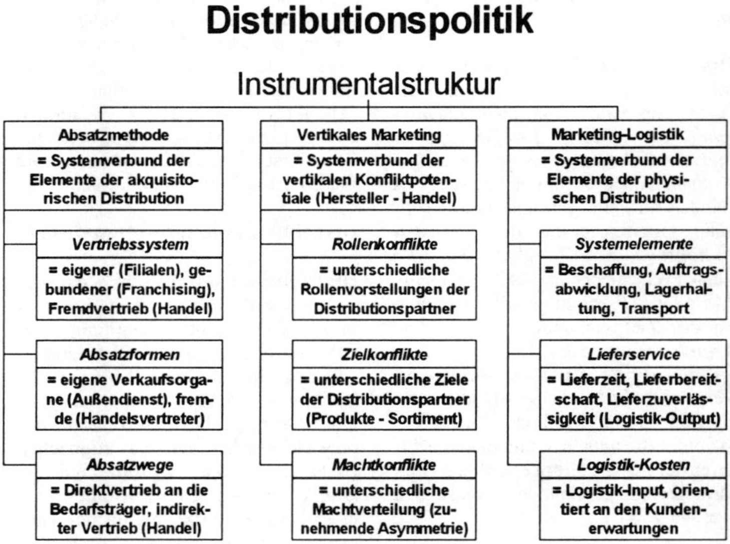

Poth & Partner

der →*Marketingstrategie* und gehört zum Aufgabenbereich des Marketing-Management.

Distributions-Mix Optimale Kombination der Submixbereiche →*Absatzmethode* und →*Marketing-Logistik* in Verbindung mit dem →*Handelsmarketing* (siehe auch →*Vertikales Marketing*).

Distributionsorgane Personen bzw. Institutionen, die in den Prozeß der →*Distribution* von →*Produkten* oder →*Dienstleistungen* eingeschaltet sind. Zu unterscheiden sind unternehmenseigene und unternehmensfremde Distributionsorgane (→*Verkaufsorgane*). Beispiele für unternehmenseigene bzw. unternehmensinterne Distributionsorgane sind die →*Verkaufsabteilungen*, →*Reisende* und eigene Verkaufsfilialen. Unternehmensfremde Distributionsorgane sind selbständige Handelsunternehmen, die je nach Wirtschaftsstufe in →*Großhandel* und →*Einzelhandel* (→*Handelsformen*) unterschieden werden incl. ihrer verschiedenen Ausprägungen und →*Betriebstypen* (siehe auch →*Handelsvertreter*).

Distributionspolitik Teilbereich des →*Marketing-Mix*, der alle Entscheidungen und Maßnahmen umfaßt, die die →*Distribution* eines →*Produktes* oder einer →*Dienstleistung* vom →*Anbieter* bis zum →*Bedarfsträger* betreffen. Die Distributionspolitik setzt sich aus den beiden Submixbereichen →*Absatzmethode*(→*Vertriebssysteme*, →*Absatzformen* bzw. →*Verkaufsorgane*, →*Absatzwege*) und →*Marketing-Logistik* zusammen. Aufgrund der zunehmenden Bedeutung der →*Absatzmittler* ist mittlerweile das →*Handelsmarketing* ein wichtiger Bestandteil der Distributionspolitik. Die ökologische Problematik erweitert die klassische Betrachtung um den Entscheidungsbereich →*Redistribution* (siehe dazu auch →*Verpackungsverordnung*).

Distributionsquote →*Distributionsgrad*.

Distributionsstrategie Langfristige und vor allem gesamthafte Planung der →*Distributionspolitik*, die eingebunden ist in die →*Marketingstrategie*.

Distributionssystem(e) Verbindung sämtlicher Organisationen, die an der Abwicklung von Distributionsaufgaben beteiligt sind. Das Gesamtsystem ist wiederum unterteilt in einzelne Subsysteme, die die verschiedenen →*Distributionskanäle* darstellen. Das einfachste Distributionssystem ohne Einschaltung von selbständigen →*Absatzmittlern* ist der →*Direktvertrieb*. Bei einer Mehrstufigkeit des Distributionssystems spricht man von einem →*Indirekten Absatz*.

Distributionsziel(e) Operationale Definition des Beitrags, den die →*Distribution* zur Erreichung der →*Marketingziele* leisten soll. Als wichtige Distributionsziele gelten die →*Numerische* und →*Gewichtete Distribution* (siehe dazu auch →*Distributionsdichte*, →*Distributionsgrad*).

Diversifikation Erschließung neuer Produkt- *und* Marktmöglichkeiten (*H.I. Ansoff, 1957*). In Erweiterung dieser sehr engen Betrachtung ist die Diversifikation aber auch zu verstehen als Programmerweiterung durch neue →*Produkte* (→*Produktentwicklung*) oder als Erschließung neuer Märkte (→*Marktentwicklung*) für die vorhandenen Produkte. Hinzu können neue Technologien treten, die zu neuen Produkten (→*Innovationen*) oder zu neuen Verwendungen führen. Aus dem Marktansatz resultiert die Gliederung in die →*Horizontale Diversifikation* (→*Markterschließung* durch systematische Programmerweiterung), →*Vertikale Diversifikation* (Tätigkeit auf vor- und/oder nachgelagerten Märkten; → *Rückwärts-* bzw. →*Vorwärtsintegration*) und die →*Laterale Diversifikation* (Tätigkeit auf den verschiedensten Märkten) durch Bildung von →*Konglomeraten* (Mischkonzerne), Zukauf von Unternehmen (Akquisition) oder durch →*Kooperationen.*

Diversifikationsstrategien Geschäftsfelderweiterung durch →*Akquisitionen,* →*Joint Ventures* oder Neugründungen. Die wesentlichen Erfolgsdeterminanten sind: Marktattraktivität (Wachstum), Eintrittskosten und →*Synergieeffekte.* Die wichtigste Erfolgsvoraussetzung ist die Einbindung in die Konzernstrategie. An diesem strategischen Mangel scheitern die meisten Diversifikationsstrategien (siehe auch →*Marktfeldstrategien*).

Diversity Management →*Führungssystem,* das im Kontext mit der →*Unternehmensführung* darauf abzielt, die Eigenheiten von Individuen und →*Gruppen* zu nutzen. Die Vielzahl der Erfahrungen, Fähigkeiten und →*Einstellungen* von Gruppenmitgliedern ist z.B. bei der Lösung komplexer Probleme von großem Nutzen. Dazu müssen aber in etablierten →*Organisationen* in vielen Fällen alte Denk- und Handlungsstrukturen aufgebrochen und überwunden werden.

Diversifikation

Die Strategie-Matrix

Märkte \ Produkte	Gegenwärtig	Neu
Gegenwärtig	**Marktdurchdringung** (Marktausschöpfung)	**Produktentwicklung** (Innovationsstrategie)
Neu	**Marktentwicklung** (Marktarealstrategie)	***DIVERSIFIKATION*** (Marktfeldstrategie durch Produkt-/Marktentwicklung)

Poth & Partner nach H.I. Ansoff (1957)

Division(s) Organisationseinheit(en) in der →*Spartenorganisation.*

Divisionalisierung Organisatorische Aufgliederung des →*Unternehmens* in Sparten (→*Spartenorganisation*) bzw. Geschäftsbereiche (Divisions), die in den operativen Funktionen autonom sind. Die Divisionalisierung leitet ihre Herkunft vom →*Produkt-Management* ab und ist vielfach die Vorläuferin zur Bildung von →*Strategischen Geschäftseinheiten (SGE)* und in Folge zur →*Profit Center*-Organisation.

Divisionskalkulation Summarische Gesamtkostenrechnung ohne Differenzierung der →*Kosten* nach den einzelnen →*Kostenträgern* (siehe auch →*Vollkostenrechnung*).

DMMV Abk. für **D**eutscher **M**ultimedia **V**erband, Düsseldorf. Es handelt sich um die Interessenvertretung der deutschen Online- und Offline-Multimedia-Branche.

DMV Abk. für **D**eutsche **M**arketing **V**ereinigung e.V., Düsseldorf. Es handelt sich um die nationale Dachorganisation der örtlichen →*Marketing-Clubs* in Deutschland, die als eingetragene Vereine vollkommen autonom arbeiten. Die DMV und die örtlichen Clubs sind ein Berufsverband. Die DMV ist Mitglied im →*EMC* (**E**uropean **M**arketing **C**ouncil).

Domestic Marketing Auf das Heimatland ausgerichete →*Internationalisierungsstrategie* (→*Internationales Marketing*). Das Domestic Marketing ist weitestgehend identisch mit dem →*Ethnozentrischen Marketing*.

Dominante Werbung →*Werbung* (→*Produktwerbung*), die im Rahmen der gesamten →*Marketingkommunikation* eine übergeordnete Bedeutung hat (siehe im Vergleich →*Akzidentelle Werbung*).

Dominanzregel Bei der →*Kaufentscheidung* wählt der →*Nachfrager* dasjenige →*Angebot*, bei dem im Vergleich zu anderen Angeboten mindestens ein Merkmal (z.B. Produktmerkmal) besser, aber keines schlechter ist.

Dominierende Preisführerschaft →*Preisführerschaft*.

Dorfman-Steiner-Theorem Ein von *R. Dorfman/P.O. Steiner (1954)* entwickelter marginalanalytischer Ansatz zur Bestimmung des →*Marketing-Mix*. Das Modell gibt den Punkt an, bei dem durch den Einsatz der →*Marketinginstrumente* →*Preis*, →*Qualität* und →*Werbung* (Werbeaufwand) das →*Gewinnmaximum* erreicht ist. Die Modellannahmen (ein Produkt, Begrenzung der Marketinginstrumente, isolierte Instrumentalwirkung, vollständige Informationen) sind in der Praxis in der Regel nicht gegeben.

DPK Abk. für →***Direkte Produktkosten***.

DPR Abk. für →***Direkte Produktrentabilität***.

DPRG Abk. für **D**eutsche **P**ublic **R**elations-**G**esellschaft e.V., Bonn. Die DPRG ist ein Berufsverband für PR-Fachleute.

Drei-Komponenten-Theorie Die Theorie besagt, daß sich →*Einstellungen* aus drei Komponenten zusammensetzen. Es handelt sich um die affektive (emotionale, motivationale), die kognitive (wahrnehmungsbezogene) und die konative (verhaltensbezogene) Komponente. Die Theorie geht von einer Konsistenz von →*Einstellung* und →*Verhalten* aus. Diese Hypothese ist umstritten. So kann z.B. auch ohne eine positive Einstellung eine hohe →*Kaufwahrscheinlichkeit* bestehen, da weitere Einflußfaktoren (z.B. soziale Einflüsse) das →*Kaufverhalten* bestimmen (siehe im Gegensatz dazu →*Ein-Komponenten-Theorie*).

Drei-Sektoren-Hypothese Erklärung des wirtschaftlichen Strukturwandels auf der Grundlage der Dreiteilung der Wirtschaftsentwicklung (→ *Wirtschaftsbereiche*) in den Primärsektor (Land- und Forstwirtschaft), Sekundärsektor (Industrie) und Tertiärsektor (→*Dienstleistungen*). Aus dem Tertiärsektor entwickelt sich in ausgereiften Volkswirtschaften zunehmend der sogen. Quartiärsektor (Bildung von Wissenskapital), so daß sich ein kontinuierlicher Wandel zur →*Dienstleistungs-* und Wissens- (d.h. auch →*Kommunikations-* und →*Informations-) Gesellschaft* vollzieht.

Drei-Speicher-Modell Theorie, die von einer stufenweisen Entwicklung der →*Wahrnehmung* ausgeht(→*Mehrspeichermodell*). Das Modell unterscheidet den →*Sensorischen Speicher*, →*Kurzzeitspeicher* und den →*Langzeitspeicher* (siehe dazu auch →*Elementarpsychologie*, →*Ganzheitspsychologie*, →*Gedächtnistheorien*).

Drittpersonentechnik Form der →*Projektiven Verfahren*, bei der →*Dialogfragen* gestellt werden. Die Auskunftspersonen nehmen Stellung zu fingierten Dialogen bzw. zu Aussagen von Figuren (→*Ballontest*, →*Picture-Frustrations-Test*). Das Verfahren wird eingesetzt bei komplexen Themenstellungen bzw. bei Fragen (z.B. Intimfragen), bei denen zu erwarten ist, daß die Befragten in der Ich-Form nicht offen Auskunft geben.

Drive-In-Prinzip Form eines →*Betriebstyps* im →*Einzelhandel* (vor allem Dienstleistungsunternehmen), bei der die →*Angebote* von den →*Kunden* nachgefragt und bezahlt werden können, ohne daß sie das Auto verlassen müssen (z.B. Fast Food-Restaurants, Freilichtkinos).

Drop-Out-Rate Anderer Ausdruck für →*Panelsterblichkeit* als Ausfallrate von Panelteilnehmern.

Drug-Store →*Einzelhandels*betrieb (→*Betriebstyp*), der außer Drogeriewaren auch noch andere →*Warengruppen* führt, z.B. Süßwaren, Bücher, Zeitschriften, Papier- und Schreibwaren, Fotoartikel etc. Die neueren Formen der Drogerien gehen eindeutig in die Richtung von Drug-Stores.

DTP Abk. für Desk Top Publishing. Es handelt sich hierbei um per Computer erstellte →*Werbeträger* (vor allem →*Printmedien*). Der Vorteil liegt neben der Gestaltungsvielfalt insbesondere im Kosten- und Zeitgewinn.

Dualdistribution Wahl von zwei oder auch mehr →*Absatzwegen* zur →*Distribution* des Leistungsangebots durch den Hersteller. Die wichtigsten Formen der Dualdistribution sind die Kombination des →*Direktvertriebs* mit dem →*Indirekten Vertrieb* (→*Indirekter Absatz*) und die gleichzeitige Belieferung von →*Groß-* und →*Einzelhandel*. Die Dualdistribution wirft vielfältige Probleme mit den Distributionspartnern auf, wenngleich nicht zu verkennen ist, daß die duale Distribution durch die →*Handelskonzentration* (vor allem im Einzelhandel) gefördert wird.

Duale Abfallwirtschaft Hersteller und Handel können sich nach der Freistellungsklausel (→*VerpackV*) von der Rücknahme- und Pfanderhebungspflicht befreien, wenn sie ein flächendeckendes und haushaltsnahes Erfassungssystem für gebrauchte →*Verpackungen* aufbauen (siehe dazu →*Duales System Deutschland, DSD*). Nur für den Restmüll besteht eine Entsorgungsverpflichtung bei den Kommunen.

Duale Codierung Interaktive Verarbeitung und Speicherung von Bild und Sprache (siehe auch →*Decodierung*). Nach *A. Paivio (1971)* hängt das Erinnerungsvermögen von →*Informationen* von ihrer Konkretheit, d.h. Bildhaftigkeit ab. Sowohl Worte als auch Bilder werden besser behalten, wenn sie konkret-bildhaft formuliert werden, da sie in diesem Fall verbal und bildlich codiert werden. Die →*Gedächtniswirkung* (siehe auch →*Gedächtnis*,→*Gedächtnistheorien*) steigt mit der Bildhaftigkeit der empfangenen →*Reize*. Die Bildüberlegenheitswirkung beruht auf dem Prinzip der doppelten Codierung, da Bilder leichter als Worte sowohl bildlich als auch verbal gespeichert werden können. (Zur Verarbeitung und Speicherung von Vorstellungs- und Gedächtnisbildern siehe auch →*Imagery*, →*Imageryforschung*).

Duale Organisation →*Organisationsform*, die als Sekundärorganisation eine primäre Organisationsstruktur überlagert, ohne daß dadurch die Gesamtorganisation ausgebaut wird. Die Organisationsmitglieder übernehmen Doppel- und auch Mehrfachfunktionen in verschiedenen Aufgabenbereichen. Beispiele für duale Organisationsformen sind das →*Projekt-Management*, organisational nicht ausgegliederte →*Strategische Geschäftseinheiten*, die →*Matrix-Organisation* und →*Qualitätszirkel*. Duale Organisationsformen (siehe auch →*Teamorganisation*) setzen zwingend einen kooperativen →*Führungsstil* voraus.

Duales System Deutschland (DSD) Gesellschaft, die die Aufgabe hat, ein flächendeckendes und haushaltsnahes Erfassungssystem für gebrauchte→*Verpackungen* in Deutschland aufzubauen. Grundlage des Systems ist die Spaltung der Haushaltsabfallentsorgung in eine von der Wirtschaft getragene Erfassung der gebrauchten Verpackungen und die Entsorgung des →*Abfalls* durch die dafür zuständigen Körperschaften (siehe in diesem Zusammenhang auch →*Grüner Punkt*). Die Systemdurchsetzung hängt ursächlich von der Verbraucherakzeptanz ab, die Abfalltrennung vorzunehmen.

Due Diligence-Analyse Umfassende Analyse eines zu bewertenden Unternehmens (due diligence = angemessene Sorgfalt). Due Diligence-Analysen sind ganzheitlich und umfassen eine Vielzahl von Untersuchungsfeldern (u.a. Unternehmens- und Marktdaten, finanzwirtschaftliche Situation, produktionstechnischer Stand, umweltbezogene und rechtliche Risiken, Personal- und Organisationsstruktur und nicht zuletzt die strategischen Stärken und Schwächen des Unternehmens). Due Diligence-Analysen sind vor allem unerläßlich bei der Bewertung von Akquisitionsobjekten (siehe →*Merger & Acquisitions*, →*Kooperationen*).

Dumping Wettbewerbswidrige Preisunterbietung auf Auslandsmärkten als Form der räumlichen →*Preisdifferenzierung*. Im wesentlichen werden drei Dumping-Arten unterschieden: Preis- oder Warendumping (Angebote unter den eigenen Inlandspreisen), Valutadumping (Abwertung der Währung), Frachtendumping (Frachten unter den Selbstkosten). Der Nachweis von Dumping gestaltet sich vielfach sehr schwierig, da die Auslandsmärkte z.B. erhebliche Kostenunterschiede aufweisen. Dumping-Argumente werden von der inländischen Konkurrenz oft mißbräuchlich benutzt, um die →*Wettbewerbsvorteile* ausländischer →*Anbieter* durch staatlich verhängte Importrestriktionen zu unterlaufen.

DuPont-Schema Das auch als DuPont System of Financial Ratios bezeichnete Schema beruht auf dem Ansatz des →*Return on Investment (RoI)* und löst die klassische Rentabilitätsformel (→*Kapitalrentabilität*) in ihre Komponenten →*Umsatzrentabilität* (UR) und →*Kapitalumschlag* (KU) auf. Der RoI ergibt sich aus der multiplikativen Verknüpfung von UR und KU. Durch die weitere Differenzierung der Entstehungsgrößen von UR (Gewinn : Umsatz x 100) und KU (Umsatz : investiertes Kapital) incl. der Kostenaufteilung in →*Fixkosten* und →*Variable Kosten* und der Kapitaldifferenzierung in Anlage- und Umlaufvermögen werden in dem Schema die Mittel-Zweck-Beziehungen deutlich. Die damit gewonnenen →*Kennzahlen* qualifizieren das Schema zu einem operativen wie auch strategischen →*Planungsinstrument*.

Durchlaufzeit Zeitspanne zwischen Prozeßbeginn und Prozeßende (→*Prozeß*). Die Durchlaufzeit läßt sich in ihren Bestimmungsgrößen gut am Beispiel der →*Auftragsabwicklung* darstellen. Hier setzt sich die gesamte Zeitspanne zusammen aus: Auftragsannahme, -bearbeitung (Prüfung und Ergänzung), -weiterleitung (an →*Lagerhaltung*, →*Kommissionierung* und →*Versand*), Fakturierung. Der Hauptgrund für die oftmals zu langen Durchlaufzeiten sind vor allem die zu langen Liege- und Transferzeiten innerhalb des Prozeßablaufs und weniger die reinen Bearbeitungszeiten.

Durchschnittserlös Quotient aus Gesamterlös und →*Absatzmenge*. Der Durchschnittserlös wird auch als Stückerlös bezeichnet.

Durchschnittsertrag Quotient aus Gesamtertrag und Faktoreinsatzmenge.

Durchschnittskontakt Durchschnittliche Anzahl der Kontakte (→*Kontaktzahl*) aller erreichten Personen mit einem →*Werbeträger* (→*Kommunikationsmedium*). Durch die auftretenden →*Streuverluste* hat der Durchschnittskontakt für die →*Mediaplanung* nur einen begrenzten Aussagewert.

Durchschnittskosten Summe von stückfixen und stückvariablen Kosten (siehe auch →*Fixkosten*, →*Variable Kosten*). Die Durchschnittskosten werden auch als Stückkosten bezeichnet.

Durchschnittswert →*Arithmetisches Mittel*.

Dustbin-Check Form der →*Beobachtung*, bei der Haushaltsmüll bzgl. der Verwendung bestimmter →*Produkte* bzw. →*Marken* untersucht wird. Der Mülleimer-Check kann auch im →*Haushaltspanel* durchgeführt werden. Die Methode ist besonders geeignet bei Untersuchungssubjekten, die sich einer →*Befragung* entziehen bzw. einer solchen nicht gewachsen sind (unterste →*Soziale Schichten*).

Duty-Free-Shop(s) Einzelhandelsbetrieb auf Flughäfen und Schiffen („Butterfahrten"), in dem ein schmales und z.T. sehr tiefes →*Sortiment* von vor allem Parfümerie- und Genußwaren (→*Markenartikel*) durch die Freistellung von →*Zöllen* und sonstigen Einfuhrabgaben preiswerter als im üblichen →*Einzelhandel* angeboten wird. Der →*Betriebstyp* ist seit 1. Juli 1999 im EU-Bereich untersagt.

DVD Abk. für **D**igital **V**ersatile **D**isc, die als vielseitige digitale Speicherdiskette eine Weiterentwicklung von →*CD-ROM* und →*CD-I* darstellt. Die drei Formen (DVD-ROM, DVD-Audio und DVD-Video) können üblicherweise nur zum Lesen der gespeicherten Daten genutzt und nicht beschrieben werden. Beschreibbare DVD haben gegenwärtig noch keine Bedeutung.

DWG Abk. für **D**eutsche **W**erbewissenschaftliche **G**esellschaft e.V., Bonn. Sie vertritt die wissenschaftlichen Anliegen der →*Werbewirtschaft* und →*Werbeforschung* und bemüht sich um einen Transfer wissenschaftlicher Erkenntnisse in die Werbepraxis.

Dynamik der Betriebsformen →*Betriebsformendynamik.*

Dynamische Investitionsrechnung →*Investitionsrechnung*.

Dyopol →*Oligopol,* bei dem sich zwei →*Anbieter* (bzw. → *Nachfrager*) den →*Markt* aufteilen. Realistischer sind Oligopole höherer Ordnung (drei bis fünf Anbieter bzw. Nachfrager).

E

EAN-Code Europäische Artikel-Numerierung als Artikelcodierungssystem zur Identifikation und/oder Klassifikation von →*Artikeln*. In Verbindung mit dem →*Scanning* ist die Codierung die Basis für die artikelspezifische Verkaufsdatenerfassung im →*Einzelhandel*. Der Code (Strichcode) besteht aus 13 Stellen, die den Artikel identifizieren (→*Artikelnumerierung*). Die ersten beiden Stellen enthalten die Länderkennziffer, die weiteren fünf Stellen eine einheitliche Betriebsnummer (des Herstellers), die nächsten fünf Stellen die individuelle Artikelnummer des Herstellers und die letzte Stelle eine Prüfziffer. Für kleinvolumige Artikel kann eine Kurznummer gewählt werden, die aus 8 Stellen besteht. Das amerikanisch/kanadische UPC-System (Universal Product Code) wird auch in zwei Versionen angeboten, und zwar in der Normalversion mit 12 Stellen und in einer Kurzversion mit 7 Stellen.

E-Business →Electronic Business.

Eckartikel →*Artikel*, über die die →*Verbraucher* besonders gut informiert sind und die deshalb insbesondere in der →*Preisoptik* stehen. Eckartikel werden daher vom →*Einzelhandel* bevorzugt in der →*Sonderangebotspolitik* als →*Lockvogelangebote* eingesetzt.

Eckpreis →*Preisbewußtsein* in Verbindung mit tatsächlicher →*Preiskenntnis* von →*Verbrauchern* in bezug auf die →*Preisbeurteilung* von →*Eckartikeln*, die für den →*Konsumenten* in der →*Preisoptik* stehen.

E-Commerce →Electronic Commerce.

E-Community →*Community*.

Economies of Scale Sie stellen einen Zusammenhang her zwischen der Entwicklung von →*Marktanteilen* und →*Kosten*. Mit einem höheren Marktanteil sind stärkere Kostendegressionen verbunden. Der Zusammenhang wird begründet durch die größere Ausbringungsmenge (siehe auch →*Erfahrungskurveneffekt*, →*Lernkurve* und →*PIMS-Datenbank*). Die Economies of Scale sind abzugrenzen von den →*Economies of Scope*.

Economies of Scope Kostenvorteile, die bei der gleichzeitigen Produktion mehrerer Leistungen entstehen, wenn die Summe der →*Kosten* der jeweiligen Einzelproduktionen höher ist als die Gesamtkosten bei gemeinsamer Produktion (siehe in Abgrenzung dazu →*Economies of Scale*, die sich auf *ein* Produkt beziehen).

Economies of Scope können auch beim Angebot mehrerer →*Dienstleistungen* bzw. von Leistungs-Verbundsystemen realisiert werden, wenngleich sich hier die Messung der Kostendegression als schwierig erweist. Die neueren theoretischen Ansätze erweitern daher den Kosteneffekt um den Umsatz- und Gewinneffekt (Marktattraktivität von Leistungs-Verbundsystemen).

E-Conomy →*Internet*-Ökonomie, die als Sammelbegriff gilt für die Nutzung aller elektronischen Möglichkeiten zu geschäftlichen →*Transaktionen* (siehe vor allem →*Electronic Commerce*, →*Electronic Business*), um die Wertschöpfungsketten (→*Wertketten*) von Unternehmen zu optimieren.

ECR →*Efficient Consumer Response*.

EDI Abk. für →*Electronic Data Interchange*. Es handelt sich um einen elektronischen Austausch von →*Nachrichten* und →*Informationen* zwischen Geschäftspartnern oder Behörden, und zwar horizontal und vertikal, national und international (→*Datenträgeraustausch*, →*Datenverbundsysteme*). Die Federführung für den Aufbau des Informations- und →*Kommunikationsnetzes* liegt bei der Kommission der Europäischen Gemeinschaft. Das Vorgängerprojekt ist →*TEDIS* (Trade Electronic Data Interchange Systems). Eine Weiterentwicklung stellt das System →*EDIFACT* (Electronic Data Interchange for Administration, Commerce and Transport) dar.

EDIFACT Abk. für Electronic Data Interchange for Administration, Commerce and Transport. Es handelt sich um ein internationales DV-Informations- und →*Kommunikationsnetz*. Mit Hilfe des Informationsnetzwerks haben alle Wirtschaftsbereiche die Möglichkeit, Geschäftsnachrichten jeder Art branchenunabhängig und weltweit nach einem einheitlichen Standard elektronisch auszutauschen.

EDLP Abk. für Every Day Low Pricing. Es handelt sich um konstant günstige Preisangebote durch den Hersteller mit dem Ziel, beim →*Verbraucher* die Markenloyalität (→*Markentreue*) zu erhöhen. Damit verbunden sind auch Handels-Budget-Kürzungen. Im Zeichen des →*Handelsmarketing* ist diese →*Preisstrategie* nicht unproblematisch, da sie versucht, die Preisautonomie vom Handel wieder auf den Hersteller umzuleiten. Überdies lockt diese →*Preispolitik* Wettbewerber an, mit der Folge wechselnder Verlust-Führerschaften. Fraglich ist auch die Zielerreichung. Eine dauerhafte Niedrigpreis-Politik schädigt das →*Image* des →*Markenartikels*.

EDMA Abk. für European Direct Marketing Association als europäischer Direkt-Marketing-Verband (gegr. 1973) als Forum der Direktmarketing-Branche. Der Verband bietet insbesondere eine Plattform für den internationalen Informations- und Erfahrungsaustausch.

DER →*Elektrodermale Reaktion*.

Educentives Zusammengesetzter Begriff aus Education und →*Incentives* (siehe dazu auch →*Edutainment*, →*Infotainment*). Es handelt sich um Motivationsprogramme mit Eventcharakter, die eine Verknüpfung von Bildung und Wissen mit Spaß und Unterhaltung zum Ziel haben und sowohl für Mitarbeiter als auch →*Kunden* eingesetzt werden können (→*Edutainment Center*).

Edutainment Multimediale Informationsvermittlung mit hohem Lernwert

(Aus-, Fort- und Weiterbildung) für die →*Rezipienten* (siehe in Abgrenzung dazu →*Infotainment*).

Edutainment Center Innovative Form der →*Unternehmenskommunikation*, die die Kernkompetenzen des →*Unternehmens* in nicht-kommerzieller Atmosphäre sowohl wissens- (→*Infotainment*) als auch erlebnisorientiert (→*Erlebnis*) präsentiert. Thematische Erlebniswelten (vom aufgewerteten Firmen-Museum und Design-Center bis zu neu geschaffenen Attraktionen) bilden die Basis für eine spielerische und interaktive Wissensvermittlung (→*Interaktion*, →*Interaktionsmarketing*) bei gleichzeitig kreativer Markeninszenierung.

EEG →*Elektroenzephalogramm.*

Effektgesetz Das von *E.L. Thorndike (1913)* entwickelte „Gesetz des Lernens am Erfolg" bildet die Grundlage der →*Instrumentellen* bzw. →*Operanten Konditionierung* (→*Skinner-Box*) nach dem →*Verstärkerprinzip*. Danach gilt generell, daß belohnte Aktivitäten tendenziell verstärkt werden, dagegen bestrafte Aktivitäten nur eine geringe oder keine Verhaltensänderung bewirken (siehe auch →*Lerntheorien*).

Effektivgeschäft(e) Form des Börsenhandels (→*Börse*) und insbesondere bei →*Warenbörsen*, bei der im Gegensatz zu →*Termingeschäften* die sofortige Erfüllung des Liefergeschäfts Vertragsinhalt ist und nicht die künftige →*Beschaffung* von vor allem →*Rohstoffen* zu aktuellen →*Preisen*.

Effektivität Maßstab für Zielbestimmungsaktivitäten. Effektivität mißt, inwieweit strategische →*Ziele* möglichst schnell und wirkungsvoll erreicht wurden, ohne daß explizit auf eine ökonomische und optimierte Verwendung von Mitteln zu achten ist (siehe in Abgrenzung dazu →*Effizienz*). Die Handlungsanweisung lautet: Tue die richtigen Dinge!

Efficient Consumer Response (ECR) Konzept, das eine stärkere Ausrichtung auf den (einzelnen) →*Konsumenten* vorsieht. Damit verbunden sind auch eine intensivere Partnerschaft des →*Handels* mit den Lieferanten, Verbesserung der Produktivität der →*Sortimente* (→*Direkte Produktrentabilität*) und die intensivere Nutzung der Möglichkeiten der Informationstechnologie. Entscheidend bei dem Konzept ist die stringente Kundenorientierung in Kombination mit den vertikalen Beziehungen zwischen Industrie und Handel (→*Vertikales Marketing*, →*Handelsmarketing*). Hierbei geht es im wesentlichen um die gemeinsame Optimierung der →*Wertschöpfungskette* (→*Wertkette*), die ganz wesentlich geprägt wird durch die →*Logistik* und damit im Verbund von der→*Sortimentsoptimierung* (vgl. dazu auch →*Category Management*). ECR setzt einen totalen Informationsaustausch (→*Electronic Data Interchange*) zwischen den vertikalen Distributionspartnern voraus, um das Ziel einer absoluten Kundenorientierung zu erreichen. Im Vergleich zum →*Supply Chain Management* fokussiert ECR die Informationsströme vom Endverbraucher bis zum Produzenten, wohingegen sich Supply Chain Management mit der Optimierung der logistischen bzw. physischen Ablaufkette (im wesentlichen Warentransport) vom Produzenten bis zum Endverbraucher beschäftigt.

Efficient Replenishment →*Replenishment.*

Efficient Store Assortment Optimale Nutzung der →*Verkaufsfläche* am →*Point of Purchase* (Point of Sale) im →*Stationären Einzelhandel*. Hierbei geht es im wesentlichen um die kundengerechte Gestaltung der Regalfläche (→*Regalplätze*) durch eine →*Regalflächenoptimierung* und die optimale Positionierung der Angebote im Verkaufsregal (siehe hierzu insbesondere →*Space Management*).

Effie Ein von dem →*GWA* ausgeschriebener Werbewettbewerb. Bei dem Wettbewerb steht nicht die werbliche →*Kreativität* im Vordergrund, sondern primär die ökonomische →*Effizienz* einer →*Werbekampagne* (wie z.B. →*Umsatz*, →*Marktanteil*, →*Bekanntheitsgrad*). Der Werbewettbewerb umfaßt alle →*Kommunikationsmedien* (→*Werbeträger*).

Effizienz Maßstab für die Zielerreichungsaktivitäten. Die Effizienz mißt, inwieweit gesetzte →*Ziele* mit möglichst geringem Mittelaufwand erreicht wurden (siehe auch →*Wirtschaftlichkeit*, →*Produktivität*). Die Handlungsanweisung lautet: Tue die Dinge richtig! (in Abgrenzung →*Effektivität*.)

Ego-Bedürfnisse →*Selbstverwirklichungsbedürfnisse* (→*Maslow'sche Bedürfnispyramide*).

Ego-Drive Innere →*Antriebskraft*, die einen zielorientierten Leistungsdrang darstellt. Insofern ergibt sich eine Verbindung zur →*Intrinsischen Motivation*, bei der die Bewältigung einer Aufgabe durch die Sache selbst erfolgt und nicht an Belohnungen (bzw. →*Incentives*) gebunden ist. Andererseits beruht Ego-Drive aber z.T. auch auf einer →*Extrinsischen Motivation*, da der Eigenantrieb stark durch Anerkennung und Erfolg beeinflußt wird. Idealprofil z.B. eines Verkäufers ist die Balance von Ego-Drive und →*Empathie* als Fähigkeit zum Erkennen von Kundenbedürfnissen auf der Grundlage einer ausgeprägten →*Emotionalen Intelligenz* und →*Sozialkompetenz*.

Egonomics →*Trend* (Verhaltenstrend), der auf die Individualisierung durch differenzierten →*Konsum* (Ego-Kult) abzielt. Aus dem Trend resultiert eine →*Fraktalisierung* der →*Zielgruppen* und →*Bedürfnisse* mit der Chance für →*Anbieter* zur →*Marktsegmentierung* und zum →*Nischen-Marketing*. Hierbei kann ein wichtiges Strategieelement die Personifizierung des →*Angebots* durch interaktive →*Produktgestaltung* (→*Prosumer*) sein.

EHI Abk. für EuroHandelsinstitut e.V., Köln als Nachfolgegesellschaft (seit 1993) des →*DHI* (Deutsches Handelsinstitut e.V., Köln).

Eigengeschäft Geschäftsabschlüsse von Unternehmen des →*Groß-* und →*Einzelhandels* im eigenen Namen und auf eigene Rechnung. Beim Eigengeschäft werden das →*Lagergeschäft* und →*Streckengeschäft* unterschieden (siehe im Vergleich →*Fremdgeschäft*).

Eigenimage Die →*Einstellung* bzw. Vorstellung, die ein →*Unternehmen* von sich selbst und seinem Leistungsangebot hat, und zwar üblicherweise im Vergleich zum angenommenen →*Konkurrenzimage*. Das ausgeprägte Eigenimage (Selbstbild, siehe auch →*Selbstkonzept*) ist außerordentlich gefährlich, weil es vom Konkurrenzimage ablenkt und den Blick verstellt für Abweichungen zum →*Fremdimage*, angestrebten →*Soll-Image* und zur Wahrnehmung des →*Idealimage* aus Kunden- bzw. Zielgruppensicht.

Eigenkapitalrentabilität Quotient aus →*Gewinn* mal 100, dividiert durch das Eigenkapital.

Eigenmarke(n) Im Vergleich zur →*Handelsmarke* (Solitärmarke) eine sortimentsübergreifende Firmenmarke als handelsspezifische →*Dachmarke* (z.B. K-Produkte von Karstadt). Die Eigenmarke ähnelt der Markenartikel-Firmenmarke, die ganz oder in wesentlichen Teilen das Leistungsangebot unter einem gemeinsamen Imagedach vereinigt. Damit ist das Ziel verbunden, einen positiven →*Imagetransfer* zu realisieren (siehe dazu auch →*Umbrella-Marken*). In der Literatur werden Eigenmarke und Handelsmarke vielfach gleichgesetzt.

Einfirmenvertreter →*Handelsvertreter*, der im Gegensatz zum →*Mehrfirmenvertreter* exklusiv für nur eine Firma tätig ist und dessen Status im Außenverhältnis damit sehr stark dem eines →*Reisenden* gleichkommt.

Einführungsphase Erste Phase im →*Produkt-Lebenszyklus*, die mit der →*Produkteinführung* beginnt und mit der Erreichung der →*Gewinnschwelle* endet. Das Modell geht in dieser Phase von wachsenden →*Umsätzen* und negativen →*Deckungsbeiträgen* aus. Es muß ein hohes →*Marketingbudget* (→*Einführungswerbung*) in Ansatz gebracht werden, um das Produkt im Markt durchzusetzen (→*Markteinführung*).

Einführungspreis →*Preisbildung* bei der Einführung neuer Produkte (→ *Produkteinführung*). Preisstrategisch (→*Preisstrategie*) werden hierbei → *Abschöpfungsstrategie*, →*Skimming-Strategie* und →*Penetration-Strategie* unterschieden. Ziel der Skimming-Strategie ist, die →*Nachfrage* der → *Zielgruppen* „abzusahnen", um nach der Abschöpfung der →*Konsumentenrente* den →*Preis* zu senken. Hingegen wird mit der Penetration-Strategie das Ziel verfolgt, durch einen niedrigen Einstiegspreis bereits in der → *Einführungsphase* einen hohen → *Marktanteil* zu erreichen. Es handelt sich dabei um eine preis-aggressive →*Marktdurchdringungsstrategie*, die in den Folgephasen vielfach durch (nicht unproblematische) schrittweise Preiserhöhungen (z.B. bei Ersatzteilen, Serviceleistungen etc.) abgelöst wird. Problem der Hochpreispolitik (Skimming) ist, daß entweder die →*Preisakzeptanz* der Zielgruppen falsch eingeschätzt wird oder die →*Wettbewerber* durch die erzielten hohen →*Erlöse* angelockt werden. Problem der Niedrigpreispolitik (Penetration) ist, daß in den Folgephasen die Preise nicht angehoben werden können und damit das Rentabilitätsziel nicht erreicht wird.

Einführungsrabatt(e) Besondere Form des →*Rabatts*, den der Hersteller dem →*Handel* (→*Groß-* und/oder →*Einzelhandel*) bei der Einführung neuer Produkte (→*Produkteinführung*) gewährt. Üblich ist die Gewährung eines sogen. →*Naturalrabatts* durch Lieferung zusätzlicher Mengen des neu eingeführten Produkts oder auch von Barrabatten. Die zunehmende Ausuferung der Einführungsrabatte hat im wesentlichen drei Ursachen. Erstens nimmt der Wettbewerbsdruck ständig zu. Damit verbunden ist zweitens eine (immer noch nicht abgeschlossene) →*Handelskonzentration* (→*Asymmetrische Machtverteilung*), die in Folge und drittens zu immer größeren Ansprüchen des Handels gegenüber den Lieferanten führt. Die wettbewerbsrechtlich (→*UWG*) mißbräuchliche Forderung von →*Listungsrabatten* (→*Eintrittsgeldern*) ist dafür ein Beleg.

Einführungswerbung Wesentliche Funktion der →*Produktwerbung* in der →*Einführungsphase* (siehe →*Produkt-Lebenszyklus*) von →*Produktinnovationen*. Ziel ist die Bekanntmachung der Produktinnovation(en) im Markt bzw. bei den →*Nachfragern*, →*Kunden*, aber vor allem auch in bezug auf die →*Markterschließung* die Ansprache neuer →*Zielgruppen*. Dazu bedarf es des umfassenden Einsatzes aller kommunikationspolitischen Instrumente. Entscheidend für den Erfolg der Einführungswerbung ist das Erreichen der definierten Zielgruppe(n) bzw. der →*Meinungsführer* bei einer Produktinnovation (→*Diffusion*).

Einheitspreisgeschäft →*Kleinpreisgeschäft*.

Einkauf Operative Tätigkeiten des Versorgungsvorganges. Zu unterscheiden ist der rein verwaltende Einkauf vom modernen, gestaltenden Einkauf. Letzterer hat das Ziel einer Optimierung des →*Preis-Leistungs-Verhältnisses* und ist nicht nur am →*Preis* orientiert.

Einkaufs-Center Räumliche Konzentration (→*Standortagglomeration*) von unterschiedlichen Einzelhandels- und anderen Dienstleistungsunternehmen (z.B. Gastronomie) verschiedener Art (Genre) und Größe (→*Versorgungszentrum*). Diese Center sind entweder gewachsen (Geschäftszentren) oder geplant (Shopping Center). Die geplanten Center sind citybezogen (siehe im Vergleich →*Einkaufspassage*) oder auch außerhalb des Innenstadtbereichs angesiedelt. Sie werden zunehmend durch ein zentrales →*Center-Management* geführt, um ein einheitliches Konzept (incl. Umsetzung) und ein geschlossenes äußeres →*Erscheinungsbild*(→*Corporate Design*) sicherzustellen. In gewachsenen Zentren übernimmt diese Aufgaben das →*City-Management* (siehe in Abgrenzung →*Buying Center*).

Einkaufsgemeinschaft Zusammenschluß von →*Einzelhandel*sunternehmen zum Zweck des gemeinsamen →*Einkaufs*. Im Vergleich zu den →*Freiwilligen Ketten* ist die Einkaufsgemeinschaft eine horizontale →*Kooperation* (gleiche Handelsstufe). Die Freiwilligen Ketten sind eine vertikale Kooperation, gehen in der Regel vom →*Großhandel* aus und verfolgen primär Absatzziele und nur sekundär Einkaufsziele. Die Einkaufsgemeinschaften entwickeln sich mehr und mehr zu geschlossenen Marketing- und Management-Kooperationssystemen und befreien sich von den engen Grenzen der →*Genossenschaften*. Durch Franchisierung (→*Franchising*) können sich die Kooperationen in ihrem Marktauftritt zu Quasi-Filialsystemen entwickeln.

Einkaufsgenossenschaft Zusammenschluß von →*Einzelhandel*sunternehmen zum gemeinsamen →*Einkauf*. Ziel ist, durch Großeinkäufe beim Lieferanten günstigere →*Konditionen* zu erzielen (siehe auch →*Einkaufsgemeinschaft*).

Einkaufsgremium →*Buying Center*.

Einkaufshäufigkeit Häufigkeit, mit der bestimmte →*Artikel* von einem →*Käufer* in einer bestimmten Zeitspanne gekauft werden. Die Einkaufshäufigkeit bezieht sich auf →*Produkte* und →*Produktgruppen*, aber auch auf die frequentierten stationären und nichtstationären →*Betriebsformen* und →*Betriebstypen* des →*Groß*-, →*Einzel*- und →*Versandhandels* incl. ihrer Sonderformen. Dabei hängt die Einkaufshäufigkeit in starkem Maße von der →*Einkaufsmenge* und den für sie geltenden Einflußgrößen ab.

Einkaufskontor Form der →*Einkaufsgemeinschaft* und →*Einkaufsgenossenschaft*. Das Einkaufskontor als Einkaufskooperation ist entweder eine horizontale (gleiche Handelsstufe) oder vertikale (unterschiedliche Handelsstufen) Verbindung von Handelsunternehmen (→*Horizontale* und →*Vertikale Kooperation*). Die Einkaufskontore übernehmen das →*Delkredere* und die →*Zentralregulierung* gegenüber dem Lieferanten.

Einkaufskooperation →*Einkaufsgemeinschaft*.

Einkaufsmenge Menge von einzelnen →*Artikeln*, die von einem →*Käufer* in einer bestimmten Zeitspanne oder pro Einkaufsakt gekauft wird. Empirische Untersuchungen zeigen, daß auch hier die →*Pareto-Regel* gilt, d.h., daß 20% der Käufer eines bestimmten →*Produktes* oder einer →*Produktgruppe* 80% der insgesamt verkauften →*Absatzmenge* erwerben. Diese Käufer werden als →*Intensivkäufer* („heavy user") bezeichnet. Dabei hängt die Einkaufsmenge wesentlich von der →*Einkaufshäufigkeit* und der Haushaltsgröße (→*Haushalt*) ab.

Einkaufspassage Räumliche Konzentration von unterschiedlichen Einzelhandels- und Dienstleistungsunternehmen verschiedener Branchenzugehörigkeit in Geschäftszentren von Groß- und Mittelstädten. Einkaufspassagen weisen damit eine sehr enge Verwandtschaft mit →*Einkaufs-Centern* auf. Der wesentliche Unterschied ist, daß die auch architektonisch anspruchsvollen Einkaufspassagen vor allem der Revitalisierung der innerstädtischen Geschäftszentren dienen sollen (→*Städte-Marketing*). Die sehr straff geplanten Einkaufs-Center sind hingegen vielfach auf der „grünen Wiese" angesiedelt und stehen damit im (auch interessenpolitischen) Wettbewerb mit den Einkaufspassagen, die allein schon aus Kostengründen eine gehobene Genrepolitik betreiben müssen (demzufolge verstärkte →*Agglomeration* von →*Fach-* und →*Spezialgeschäften*).

Einkaufspreis Vom Lieferanten für →*Produkte* (→*Waren*) und/oder →*Dienstleistungen* in Rechnung gestellter →*Preis*, der auch als Einkaufsrechnungspreis bezeichnet wird. Der Einkaufspreis als artikelbezogener →*Einstandspreis* läßt sich aufgrund von Zurechnungsproblemen im →*Handel* kaum ermitteln (siehe z.B. Sonderzuwendungen und →*Werbekostenzuschüsse*). Insofern ist auch eine exakte Abgrenzung zwischen dem rechnerischen Einkaufspreis und dem leistungsbezogenen Einstandspreis nicht möglich.

Einkaufsring →*Einkaufsgemeinschaft* von Handelsunternehmen (→*Groß-* oder →*Einzelhandel*) als →*Horizontale Kooperation*. Der →*Einkauf* ist in der Weise organisiert, daß ein Ringmitglied für die übrigen Mitglieder zentral einkauft. Das einkaufende Unternehmen tritt entweder im eigenen Namen und für eigene Rechnung auf oder im Namen und für Rechnung der Ringunternehmen.

Einkaufsstättentreue →*Ladentreue*.

Einkaufsstättenwahlverhalten Einkaufsverhalten, das sich auf die Präferenz bestimmter Einkaufsstätten durch die →*Verbraucher* bezieht und z.T. eng verbunden ist mit der Einkaufsstättentreue (→*Ladentreue*). Die Einkaufsstättenwahl hat sowohl einen geographischen (Wohnort- bzw. Arbeitsstättennähe) als auch einen geschäftstypologischen (→*Betriebsform*, →*Betriebstyp*) Aspekt.

Einkaufsverbund →*Einkaufsgemeinschaft*.

Einkaufsvereinigung →*Einkaufsgemeinschaft*.

Einkaufsverhalten Wesentliches Element des →*Käufer-* bzw. →*Kaufverhaltens*, das auch prägend auf das →*Konsumentenverhalten* wirkt. Das Einkaufsverhalten ist für die Interpretation zu differenzieren nach Privatkauf der →*Haushalte* und gewerblichem (industriellen) →*Einkauf*. Der übliche Gebrauch des Begriffs bezieht sich jedoch überwiegend auf den Einkauf von Endverbrauchern. Hierbei ist nach mehreren Dimensionen zu unterscheiden. Diese betreffen zunächst die →*Ausgabenstruktur* und die →*Präferenzen*, die z.B. die →*Markenwahl* und insgesamt die →*Kaufentscheidungen* erheblich beeinflussen. Eine weitere Dimension betrifft das komplexe →*Einkaufsstättenwahlverhalten*, das vor allem einen geschäftstypologischen (→*Betriebsform*, →*Betriebstyp*) Aspekt hat incl. der damit verbundenen unterschiedlichen →*Images* (→*Geschäftsimage*). Hinzu treten personelle (→*Individualentscheidungen* oder →*Kollektive Kaufentscheidungen*, →*Kaufintensität*) und zeitliche Kriterien des Einkaufsverhaltens (z.B. →*Einkaufshäufigkeit*, →*Einkaufsmenge*).

Einkaufszentrale(n) →*Einkaufsgemeinschaften*, →*Einkaufsgenossenschaften* und z.B. →*Einkaufskontore* (→*Verbundgruppen*), die für ihre Mitglieder zentral den →*Einkauf* übernehmen. Damit ist auch die →*Zentralregulierung* und die Übernahme des →*Delkredere* verbunden.

Einkaufszentrum →*Einkaufs-Center*.

Einkommen Die einem Wirtschaftssubjekt in einer Zeiteinheit zufließende Geldmenge. Das Einkommen ist Arbeitseinkommen und/oder Besitzeinkommen.

Einkommenselastizität Relative Veränderung der Nachfragemenge nach bestimmten Gütern bei einer relativen Einkommensveränderung der →*Nachfrager*. Zu differenzieren ist nach den verschiedenen Ausgabenkategorien (siehe dazu →*Bedürfnisse*, →*Maslow'sche Bedürfnispyramide*, →*Engel-Schwabe'sche Gesetz*). Die Änderungen sind gleichgerichtet bei →*Gütern* des gehobenen und Dienstleistungsbedarfs und entgegengerichtet bei →*Inferioren Gütern*. Daraus ergibt sich auch das Elastizitätsmaß. Bei →*Primärbedürfnissen* ist die Einkommenselastizität eher < 1, bei →*Sekundärbedürfnissen* eher > 1 (siehe als Ausnahme →*Giffen-Effekt*).

Ein-Komponenten-Theorie Die Theorie besagt, daß sich →*Einstellungen* eindimensional aus der affektiven Komponente ergeben (siehe im Gegensatz dazu →*Drei-Komponenten-Theorie*).

Einliniensystem →*Linienorganisation*.

Einmarkenstrategie Übliche Form der Dachmarkenstrategie (→*Dachmarken*), die nicht zu verwechseln ist mit der Einzelmarkenstrategie (→*Einzelmarken*), die in ihren wesentlichen Elementen der →*Mehrmarkenstrategie* entspricht. Die Gefahr der Einmarkenstrategie wie auch der Dachmarkenstrategie liegt im möglichen negativen →*Imagetransfer*, der von einzelnen →*Produkten* auf das gesamte →*Produktprogramm* ausstrahlt. Diese Gefahr wächst mit der Unterschiedlichkeit der Produktansprüche.

Einnahmen Ausdruck der Geldvermögensebene. Zufluß von Zahlungsmitteln (im Gegensatz dazu siehe →*Ausgaben*).

Einschaltquote(n) Anteil der zu einem Zeitpunkt oder Zeitraum auf einen bestimmten Sender (Programm) eingeschalteten Radio- bzw. Fernsehgeräte an der Gesamtzahl der im Empfangsgebiet vorhandenen Radio- bzw. Fernsehgeräte. Gemessen werden die Einschaltquoten per →*Audimeter*, →*GfK-Meter*, →*Teleskomat*, →*Teleskopie* in ausgewählten Haushalten (→*Panel*).

Einschreibung Form der →*Auktion*, bei der die →*Nachfrager* nicht persönlich auf der →*Marktveranstaltung* anwesend sind, sondern ihr Angebot schriftlich abgeben. Dadurch werden Absprachen der Nachfrager verhindert bzw. erschwert.

Einstandspreis →*Einkaufspreis* als Nettopreis (ohne MwSt) zuzüglich der vom →*Abnehmer* zu tragenden Beschaffungskosten und abzüglich der dem Kauf direkt zurechenbaren →*Rabatte*, →*Skonti* und →*Boni*. Der artikelbezogene Einstandspreis ist im →*Handel* kaum zu ermitteln, da die verschiedenen Preisnachlässe und Sonderzuwendungen durch die Lieferanten (wie z.B. →*Werbekostenzuschüsse*) den einzelnen →*Kostenträgern* (→*Artikeln*) nicht verursachungsgerecht zugeordnet werden können. Insofern gestaltet sich auch der Nachweis einer als wettbewerbswidrig angesehenen →*Untereinstandspreispolitik* als außerordentlich problematisch.

Einstellung(en) Persönliche Bezüge zu bestimmten Objekten (Personen, Organisationen und/oder Sachverhalten). Einstellungen lassen auf subjektive Werthaltungen schließen (siehe dazu auch →*Image*) und gelten als relativ stabile Verhaltensdispositionen. Nach der →*Drei-Komponenten-Theorie* bestehen Einstellungen aus den drei Komponenten: affektive (emotionale) Komponente, kognitive (wahrnehmungsbezogene) Komponente und konative (verhaltensbezogene) Komponente. Aus der Konsistenz dieser drei Komponenten folgt, daß über eine Veränderung der Einstellung und/oder Wahrnehmungsmuster auch Verhaltensweisen beeinflußbar sind.

Einstellungsmessung Im Hinblick auf die Dimensionen wird unterschieden nach eindimensionalen Messungen (→*Rating-Skalen* als Bewertung auf einer numerischen →*Skala*, →*Skalierungsverfahren* als Urteile zu Statements) und mehrdimensionalen Messungen (→*Semantisches Differential*, →*Polaritätenprofil*, →*Fishbein-Modell*, →*Trommsdorf-Modell*, →*Multidimensionale Skalierung*).

Ein-Stufen-Fluß der Kommunikation →*Einstufige Kommunikation*.

Einstufige Kommunikation →Direkte Kontaktnahme des →*Kommunikators* mit dem →*Kommunikanten* (Rezipienten). Sie kann persönlich oder auch massenmedial erfolgen. In den Kommunikationsablauf sind auch die Kommunikanten als aktives Rückkoppelungselement einbezogen (siehe im Vergleich →*Zweistufige Kommunikation*, →*Mehrstufige Kommunikation*).

Einstufiger Vertrieb Lieferung des Herstellers/Dienstleisters an den →*Einzelhandel*, ohne den Zwischenhandel einzuschalten.

Einthemenbefragung Spezialbefragung im Unterschied zu einer Mehrthemenbefragung (→*Omnibus-Befragung*).

Eintrittsbarriere(n) Erschwerung des Markteintritts von →*Wettbewer-*

bern. Typische Barrieren sind z.B. patentrechtlich abgesicherte →*Innovationen*, hohe Markteintritts-Investitionen, rechtliche Bindung der →*Absatzmittler* etc.

Eintrittsgelder Entgelte, die vom →*Handel* (→*Groß-* und →*Einzelhandel*) von den Lieferanten verlangt werden, um mit neuen Produkten (→*Produkteinführung*) im →*Ordersatz* gelistet zu werden. Im Vergleich zum → *Listungsrabatt* (als eine Form der Aufwandsentschädigung) werden vom →*Markenverband* Eintrittsgelder als Verstoß gegen die Grundsätze eines → *Leistungswettbewerbs* (→*UWG*) angesehen (siehe auch →*Sündenregister*).

Einwegkommunikation Übliche Form der →*Massenkommunikation*, bei der im Gegensatz zur →*Zweiwegkommunikation* keine Rückkoppelung zwischen dem Sender (→*Kommunikator*) und dem Empfänger (→*Kommunikant*) erfolgt (siehe in Abgrenzung →*Einstufige Kommunikation*). Die neuen Formen einer zunehmend personalisierten →*Kommunikation* (z.B. →*Direktwerbung*, →*Direktmarketing*) versuchen, dieses kommunikative Defizit abzuschwächen (auch unter Zuhilfenahme der →*Neuen Medien*) und interaktive Elemente (→*Interaktion*) in den →*Kommunikationsprozeß* einzufügen.

Einwegverpackung →*Verpackung*, die nach Gebrauch nicht mehr dem gleichen Verwendungszweck zugeführt werden kann (z.B. →*Blisterpackungen*, Einwegflaschen, Lebensmittelverpackungen).Einwegverpackungen werden nur einmalig genutzt und danach zu →*Abfall* oder dem →*Recycling* (Wieder- und Weiterverwertung) zugeführt (siehe im Gegensatz dazu → *Mehrwegverpackung*, →*Mehrwegsysteme*).

Einzahlungen Zahlungsmittelbeträge, die einem Wirtschaftssubjekt (z.B. Lieferant) von einem anderen Wirtschaftssubjekt (z.B. Kunde) zufließen (im Gegensatz dazu siehe →*Auszahlungen*). Von den Einzahlungen abzugrenzen sind die →*Einnahmen*, →*Erträge* und der →*Betriebsertrag*.

Einzelhandel Der Einzelhandel wird sowohl funktionell als auch institutionell verstanden. Einzelhandel im funktionellen Sinne ist die wirtschaftliche Tätigkeit des Absatzes (→*Verkaufs*)

Einzelhandel
Typologisierung der Betriebsformen

Zielgruppen / Sortimente	Exklusiv	Selektiv	Extensiv
Exklusiv	BOUTIKEN Spezial-FACHHANDEL	FACHHANDEL FACHMARKT	SHOPPING CENTER
Selektiv	HOMESHOPPING	ONLINE SHOPPING DISCOUNTER	KAUFHAUS (Textilhaus)
Extensiv	VERSANDHANDEL	SB-WARENHAUS VERBR.MARKT	Klassisches WARENHAUS

Wachstumsfelder | Stagnationsfelder

Poth & Partner

von →*Waren* und →*Dienstleistungen* an Endverbraucher (→*Konsumenten*). Einzelhandel im institutionellen Sinne (auch als Einzelhandelsbetrieb oder Einzelhandlung bezeichnet) umfaßt die Betriebe, die ausschließlich oder überwiegend Einzelhandel im funktionellen Sinne betreiben (siehe in Abgrenzung auch →*Großhandel*).

Einzelhandelskette In Abgrenzung zu Filialunternehmen →*Freiwillige* (Handels-) *Ketten*.

Einzelhandelsmarketing →*Handelsmarketing*.

Einzelhandelspanel →*Handelspanel*.

Einzelhandelstyp(en) Besondere Ausprägung verschiedener →*Betriebstypen* im →*Einzelhandel* (siehe auch →*Betriebsformen*). Die typologischen Unterschiede beziehen sich entweder auf die Merkmalverschiedenheiten des gleichen Betriebstyps (z.B. →*Warenhäuser* im Vergleich) oder auf die Unterschiede zwischen verschiedenen Einzelhandelsformen (z.B. →*Discounter* im Vergleich zum →*Fachgeschäft*).

Einzelhandelszentralität Bestimmung von Marktgrenzen und Erfassung von Kaufkraftströmen, die für die →*Standortanalyse* des →*Einzelhandels* eine große Bedeutung haben, wenn keine räumlich differenzierten Umsatzwerte vorliegen. Die Einzelhandelszentralität ergibt sich aus dem Verhältnis der Beschäftigten je 1000 Einwohner im Teilgebiet zu den Beschäftigten je 1000 Einwohner im Gesamtgebiet.

Einzelkosten Direkte →*Kosten*, die dem →*Kostenträger* (Produkt) verursachungsgemäß unmittelbar zugerechnet werden können (im Gegensatz dazu siehe →*Gemeinkosten*).

Einzelmarke(n) Einzelne, unterschiedliche →*Marken* für einzelne →*Produkte*. Die Herkunft der Einzelmarke(n) wird kommunikativ nicht deutlich gemacht (vgl. im Gegensatz dazu die →*Dachmarke(n)*). Die Einzelmarkenstrategie vermeidet einen möglichen negativen →*Imagetransfer*, ist jedoch mit einem hohen (insbesondere kommunikativen) Aufwand verbunden. Die →*Markenpolitik* bestimmt die jeweilige strategische →*Markenführung* (siehe in Abgrenzung →*Mehrmarkenstrategie*).

Einzelziel(e) Teilziele, die auf allen Zielebenen im hierarchischen →*Zielsystem* (Oberziele, Bereichsziele, Aktionsziele) gebildet werden. Beispiele für ranggeordnete Einzelziele im vertikalen Zielsystem sind die →*Gesamtkapitalrentabilität* des →*Unternehmens*, der →*Marktanteil* der →*Produktgruppen* in einem Geschäftsbereich und die Erhöhung des →*Bekanntheitsgrades* eines →*Produkts* durch eine Werbekampagne.

Einzugsgebiet Geographischer Raum, aus dem ein Einzelhandelsgeschäft (→*Einzelhandel*) bzw. eine →*Agglomeration* von Einzelhandelsgeschäften →*Kunden* zieht. Wesentliche Bestimmungsfaktoren für das Einzugsgebiet sind die Bevölkerungs-, Einkommens-, Konsumstruktur etc. des relevanten geographischen Raums (siehe dazu insbesondere →*Gravitationsmodell*).

Eisbrecherfrage(n) Frage(n) zu Beginn einer vor allem →*Mündlichen Befragung*, die gestellt wird (werden), um den Befragten ihre Befangenheit zu nehmen und die z.T. von den →*Probanden* als künstlich empfundene Atmosphäre aufzulockern. Eisbrecherbzw. Einleitungsfragen dienen daher auch nicht dem primären Untersuchungszweck, sondern dazu, das Interesse der Befragten zu wecken, ohne dadurch eine Ausstrahlung der Vorfragen auf die Beantwortung der nachfolgenden Fragen zu erzeugen (→*Halo-Effekt*, →*Spill-over-Effekt*).

Eiserne Reserve →*Sicherheitsbestand*.

Elastizität(en) Verhältnis der relativen Änderung einer Größe zu der sie verursachenden relativen Änderung einer anderen Größe. Im Marketing haben die →*Nachfrageelastizitäten* eine besondere Bedeutung.

Elastizität, Absatzwert- →*Absatzwertelastizität*.

Elastizität, Einkommens- →*Einkommenselastizität*.

Elastizität, Kreuzpreis- →*Kreuzpreiselastizität*.

Elastizität, Marketing- →*Marketingelastizität*.

Elastizität, Preis- →*Preiselastizität*.

Elastizität, Substitutions- →*Substitutionselastizität*.

Elastizität, Werbe- →*Werbeelastizität*.

Electronic Banking Alle Bankleistungen, die mit Hilfe von EDV-Systemen dem Bankkunden zur Verfügung gestellt werden. Zum Electronic Banking zählen u.a. die Geldausgabeautomaten und vor allem das →*Telebanking*, für das sich als Marktbegriff immer mehr „Homebanking" durchsetzt. Electronic Banking ist eine Form der →*Selbstbedienung*, die stürmisch wächst, aber dennoch auch kritisch zu bewerten ist. Die Banken verlieren dadurch ihren Charakter als individualkundenorientierte Dienstleistungsunternehmen, wenn es ihnen nicht gelingt, durch ein strategisches →*Servicemarketing* das Electronic Banking als ein komplementäres Vertriebskonzept im Kundenverständnis zu implementieren.

Electronic Bill Presentment and Payment (EBPP) EBPP bezeichnet die elektronische Rechnungsstellung und elektronische Bezahlung von Rechnungen. Hierbei besteht der Gesamtvorgang aus zwei Teilprozessen: das Präsentieren und Versenden von Rechnungen (Electronic Bill Presentment) und das Zahlen (Electronic Bill Payment). Beide Schritte werden elektronisch (z.B. über das →*Internet*) abgewickelt. Durch die Einschaltung eines Mittlers können die Interaktionen gebündelt und damit ihre Anzahl sowohl für den Rechnungssteller als auch für den Rechnungsempfänger reduziert werden.

Electronic Business Optimierung aller Geschäftsprozesse (→*Geschäftsprozeßoptimierung*) des Unternehmens entlang der gesamten Wertschöpfungskette (→*Wertkette*) unter Einsatz digitaler Technologien und des →*Internet* (siehe im Vergleich →*Electronic Commerce*).

Electronic Cash →*POS-Banking*.

Electronic Commerce Abwicklung von Vorgängen im Absatzbereich mit Hilfe elektronischer →*Kommunikationsmedien* (vor allem der verschiedenen →*Internet*-Dienste). Electronic Commerce umfaßt die Vorkaufphase (Online-Kataloge), Verkaufstransaktion (Online-Bestellung), Zahlungsabwicklung (→*Online-Banking*) und die Nachkaufphase (→*E-Mail*). Dadurch ergeben sich für das →*Direktmarke-*

ting und seine Teilbereiche →*Direktwerbung*,→*Online-Shopping* etc. neue und erfolgversprechende Perspektiven (siehe auch →*Electronic Marketing* und →*Electronic Shopping*). Abzugrenzen vom Electronic Commerce als reine (elektronische) Geschäftstransaktion ist die umfassende Kundenbetreuung über das Internet (→*Digital Customer Care*). →*Electronic Business* geht noch weiter durch die kontinuierliche Optimierung aller Geschäftsprozesse (→*Geschäftsprozeßoptimierung*) des Unternehmens entlang der gesamten Wertschöpfungskette (→*Wertkette*) unter Einsatz digitaler Technologien und des →*Internets* (siehe dazu auch als Erweiterung →*Collaborative Commerce*).

Electronic Data Interchange Computer-zu-Computer-Übertragung von Geschäftsdaten zwischen →*Marktpartnern* auf vertikalen Wirtschaftsstufen (→*EDI*). Der Informationsaustausch hat vor allem eine große Bedeutung für das →*Efficient Consumer Response*-Konzept und das →*Category Management*.

Electronic Mail Auch als →*E-Mail* oder →*Mailbox* bezeichnete elektronische Briefpost, die über →*Internet* oder andere Netzwerke verteilt wird. Hierbei erfolgt der Datenaustausch zwischen Benutzern mit beliebigem Inhalt (Ton, Bild, Text).

Electronic Marketing Sammelbegriff für alle marketingrelevanten Bereiche, in denen elektronische Komponenten und Systeme der Informations- und Kommunikationstechnik zur Gestaltung von komplexen Interaktions- und →*Transaktionsprozessen* eingesetzt werden.

Electronic Procurement Abwicklung von Vorgängen im Beschaffungsbereich (→*Beschaffung*, →*Einkauf*) mit Hilfe elektronischer →*Kommunikationsmedien* (vor allem der verschiedenen →*Internet*-Dienste; siehe auch →*Electronic Commerce*, →*Electronic Business*).

Electronic Shopping Form des →*Angebots* und der →*Nachfrage* von →*Produkten* und →*Dienstleistungen* (incl. →*Informationen*) über elektronische Netze durch Unternehmen, Institutionen und →*Kunden*. Voraussetzung für das Electronic Shopping ist (wie beim klassischen →*Markt*) die Existenz eines elektronischen Marktplatzes, auf dem die Markt-→*Transaktionsprozesse* (Anbahnung, Abschluß, Abwicklung, Kontaktsicherung) stattfinden (siehe dazu auch →*Online-Shopping*, →*Electronic Commerce*, →*Teleshopping* und →*Homeshopping*).

Elektrodermale Reaktion (EDR) →*Hautwiderstandsmessung*, die die psychische →*Aktivierung* erfaßt. Gemessen wird die Reaktion der Schweißdrüsen auf →*Reize* (z.B. →*Werbemittel*), die zu einer Veränderung des Hautwiderstandes führt. Die Reaktion wird auch als hautgalvanische Reaktion (HGR) oder psychogalvanische Reaktion (PGR) bezeichnet (siehe dazu auch →*Apparative Verfahren* und→*Elektroenzephalogramm, EEG*).

Elektroenzephalogramm (EEG) Meßverfahren zur Erfassung der veränderten Hirnströme aufgrund von unterschiedlichen →*Stimuli* (z.B. →*Werbemittel*). Es handelt sich um ein →*Apparatives Verfahren*, das zur Messung der →*Werbewirkung* eingesetzt wird. Hierbei wird grundsätzlich eine positive →*Korrelation* zwischen →*Aktivierung*, Verarbeitung und Speicherung von →*Reizen* (Stimuli) unterstellt, die das →*Konsumentenverhalten* (→*Kaufverhalten*) beeinflußt.

Elektromyographie (EMG) Messung von Muskeltonusveränderungen im Sinne von nicht-kognitiven Reaktionen (Mienenveränderung aufgrund verschiedener →*Stimuli*). Das Verfahren gehört zur Gruppe der →*Apparativen Verfahren*.

Elektronische Märkte Markthandlungen, die im →*Cyberspace* stattfinden.

Elektronische Medien Sammelbegriff für Film, Funk, Fernsehen als →*Werbeträger* (→*Kommunikationsmedien*). Durch die →*Telekommunikation* ergibt sich eine Verbindung zu den →*Neuen Medien*.

Elektronische Warensicherung Systeme zur Sicherung von →*Waren* im →*Einzelhandel*, um dem zunehmenden Warendiebstahl (→*Ladendiebstahl*) zu begegnen. Als die wesentlichen Systemtypen werden Raumüberwachungssysteme (Fernsehkameras), Direktsicherungssysteme (Magnetetiketten oder -anhänger) und elektronische Sicherungssysteme (Signalgeber am Produkt, die an der Kasse entfernt bzw. entwertet werden) unterschieden. Die letzteren Systeme erfüllen bei hochwertigen Produkten (z.B. Textil) am besten die Anforderungen des Handels an eine selbstbedienungsentsprechende Produktsicherung und kundenfreundliche Handhabung.

Elektronischer Marktplatz →*Virtueller Markt* im Rahmen eines Datennetzes. Auf dem elektronischen Marktplatz (EM) werden virtuelle Geschäftstransaktionen (→*Transaktionen*) durchgeführt. EM entwickeln sich immer schneller zu einer attraktiven Handelsplattform (siehe auch → *Electronic Commerce*) vor allem im → *Business-to-Business-Marketing*. Im Mittelpunkt eines EM steht der Marktplatzbetreiber, der →*Nachfrager* und →*Anbieter* zusammenführt.

Elementarpsychologie Theorie (auch als Elementenpsychologie bezeichnet), nach der sich die →*Wahrnehmung* summenhaft aus →*Reizen* (→*Stimuli*) zusammensetzt (vgl. im Gegensatz dazu →*Ganzheitspsychologie* und →*Gestaltpsychologie*). Weiterhin wird eine proportionale Beziehung zwischen Reizstärke und Empfindung unterstellt.

E-Mail Elektronische Post, die über →*Internet* oder Online-Dienste ausgetauscht wird (siehe auch →*Mailbox*).

EMC Abk. für European Marketing Council. In diesem Verband sind die einzelnen europäischen, nationalen Marketingvereinigungen (Berufsverbände) zusammengeschlossen (siehe dazu auch →*DMV*). Mittlerweile umfaßt der Verband 14 europäische Länder mit insgesamt 35000 Mitgliedern.

Emotion(en) Innere Erregungszustände (siehe dazu auch →*Stimmungen*), die als angenehm oder unangenehm empfunden und mehr oder weniger bewußt erlebt werden (siehe dazu in Abgrenzung →*Affekt*). Die Dimensionen sind die Intensität (Stärke der →*Aktivierung*), die Richtung (positiv oder negativ) und die Qualität der Emotion (subjektives Erleben der eigenen emotionalen Erregung nach Eindrücken, wie z.B. Glück, Geborgenheit, Wärme etc.).

Emotional Design Emotionale Gestaltung (→*Design*) aller Aktivitäten der →*Marketingkommunikation* in Abgrenzung zum instrumentellen → *Kommunikationsdesign*. Das Emotional Design ist in der komplexen Medienwelt das Resultat inszenierter → *Information* (*D. Bosshart, 1997*) und

Ausdruck eines zerebralen →*Konsums*, der nicht mehr die Funktionalität des →*Angebots* zum Inhalt hat, sondern den Kult (→*Kult-Marketing*), der mit dem →*Produkt* bzw. der → *Dienstleistung* verbunden ist. Der Konsum beruht auf Gefühlsmustern der →*Nachfrager*, die ihrerseits wiederum durch die Angebote und Marketingkommunikation geprägt werden.

Emotionale Intelligenz Fähigkeit, die eigenen Gefühle und die anderer Personen zu erkennen und zu steuern. Die emotionale Intelligenz (siehe auch →*Intelligenz*) ist nach *D. Goleman (2000)* Voraussetzung für das Erlernen persönlicher und →*Sozialer Kompetenzen* (→*Kompetenzen*, →*Emotionale Kompetenz*). Die emotionale Intelligenz erweitert die kognitiven Fähigkeiten und ist die Basis für den effizienten Gebrauch der rationalen (logisch-analytischen) Intelligenz (→*IQ*).

Emotionale Kaufentscheidung → *Kaufentscheidung*.

Emotionale Kommunikation → *Emotionale Werbung*.

Emotionale Kompetenz Persönlichkeitsmerkmal als Maß der Persönlichkeitsstärke, die durch die Fähigkeit bestimmt wird, die eigenen Gefühle zu erkennen und zu steuern. Die emotionale Kompetenz umfaßt die Selbstwahrnehmung und -einschätzung als Stärken-/Schwächen-Profil, die Selbststeuerung incl. Anpassungsfähigkeit und Belastbarkeit (siehe auch →*Ambiguitätstoleranz*) und daraus folgend die Selbstmotivation. Nach *D. Goleman (2000)* ist die →*Emotionale Intelligenz* die Voraussetzung für das Erlernen emotionaler und sozialer Fähigkeiten (→*Sozialkompetenz*) und zugleich eine wichtige Ergänzung der kognitiven Fähigkeiten (→*IQ*, →*Fachkompetenz*, →*Methodenkompetenz*, →*Lernkompetenz*).

Emotionale Konditionierung → *Sozialtechnik*, die sich besonders für passive (→*Low Involvement*, →*Involvement*) →*Konsumenten* eignet und auf dem Prinzip der klassischen → *Konditionierung* beruht. Die Verknüpfung eines neutralen Wortes mit Bildern oder Musik, die bereits konditioniert sind, hat zur Folge, daß bei wiederholter Darbietung auch das neutrale Wort (z.B. →*Markenname*) die gleiche Reaktion hervorruft.

Emotionale Produktdifferenzierung Erweiterung des →*Produktprogramms* um →*Produkte*, die über funktional-sachliche Unterschiede zum eigenen und Konkurrenzangebot eine emotional-psychologische Differenzierung im Sinne eines →*Zusatznutzens* (→*Added Value*) aufweisen. Dies entspricht einer →*Marktsegmentierung* nach Erlebniswelten und erweitert die Möglichkeiten zur gezielten →*Markterschließung*. Die Emotionalisierung speziell von →*Konsumgütern* erlaubt bei funktional fast gleichen Produkten (z.B. Schokolade, Kaffee, Getränke) durch Differenzierung zu Light- und vitaminisierten Produkten vermehrte Verwendungsmöglichkeiten zu unterschiedlichen Anlässen. Instrumental hat hierbei die →*Werbung* eine besondere Bedeutung. Sie muß den emotionalen Mehrwert des Produktes überzeugend kommunizieren (→*Emotionale Konditionierung*).

Emotionale Werbung Vermittlung emotionaler →*Erlebnisse* mit Hilfe der →*Werbung*. Die emotionale Werbung ist Teil des →*Erlebnismarketing*. Nach *W. Kroeber-Riel (1990)* lassen sich drei Erlebnisbereiche unterscheiden: biologisch vorprogrammierte Erlebnisse, kulturell geprägte Erlebnisse und zielgruppenspezifische Erlebnisse.

Die Erlebnisvermittlung erfolgt durch die→*Emotionale Konditionierung* der Rezipienten (→*Kommunikanten*). In hoch entwickelten Industriegesellschaften verdrängt die emotionale Werbung immer mehr die →*Informative Werbung*. Dies ist auf die zunehmende Austauschbarkeit der Leistungsangebote zurückzuführen, die kaum noch sachliche Unterschiede aufweisen (siehe →*Me too-Produkte*).

Empathie →*Wahrnehmung* der Gefühle und →*Bedürfnisse* anderer Personen. Aus der →*Emotionalen Kompetenz* der Selbstwahrnehmung und Selbststeuerung folgt das Erlernen → *Sozialer Kompetenzen* (siehe auch → *Sozialisation*, →*Soziales Lernen*), die Erfassung und Vorwegnahme von Bedürfnissen, ihre Befriedigung und die Fähigkeit zur Entwicklung anderer Menschen (siehe im Zusammenhang und in Ergänzung →*Ego-Drive*).

Empfehlungen Unverbindliche Erklärungen zu einem wünschenswerten Verhalten von →*Marktpartnern*. Das Wettbewerbsrecht (→*GWB*) behandelt Empfehlungen sehr restriktiv, um ein Umgehen von gesetzlichen Regelungen zu verhindern. Zulässig sind lediglich Mittelstandsempfehlungen (Stärkung der Wettbewerbsfähigkeit von kleinen und mittleren Unternehmen gegenüber Großunternehmen), Normen- und Typenempfehlungen (einheitliche Anwendung von Normen und Typen), vertikale und unverbindliche →*Preisempfehlungen* für Markenwaren (→ *Markenartikel*) der Hersteller an Handelsunternehmen und Konditionenempfehlungen (bzgl. der →*Allgemeinen Geschäftsbedingungen*).

Empfohlener Richtpreis →*Preisempfehlung*.

Empirische Sozialforschung Gewinnung von Erkenntnissen über gesellschaftliche Tatbestände bzw. Gesetzmäßigkeiten. →*Absatz-* und →*Beschaffungsmarktforschung* sind wesentliche Bestandteile der empirischen Sozialforschung.

Empir. Wirtschaftsforschung Gewinnung von Erkenntnissen über ökonomische Tatbestände bzw. Gesetzmäßigkeiten. Zu unterscheiden ist die mikro- und makroökonomische Forschung. Die →*Konsumforschung* gehört z.B. zur mikroökonomischen Forschung, die →*Konjunkturforschung* zur makroökonomischen Forschung.

Empowerment Form des →*Management-by-Delegation (MbD)*, bei der Entscheidungsrechte auf Mitarbeiter unterer Hierarchieebenen übertragen werden unter Einräumung autonomer Ermessensspielräume. Vor allem geht es hierbei um die Stärkung der Stellung der Mitarbeiter, die in permanentem Kontakt mit den →*Kunden* stehen. Dadurch werden Kundenprobleme unmittelbar und unkompliziert gelöst (siehe dazu auch →*Total Quality Management (TQM)*.

Encodierung Verschlüsselung von →*Werbebotschaften* in Form von Worten, Bildern, Zeichen. Die Encodierung muß so erfolgen, daß die →*Nachrichten* des →*Kommunikators* von den →*Kommunikanten* (Rezipienten) in der beabsichtigten Form verstanden, d.h. in →*Informationen* umgesetzt und zielentsprechend interpretiert werden (→*Decodierung*). Um Fehlinterpretationen zu vermeiden bzw. einzuschränken, empfehlen sich →*Pretests* und die Berücksichtigung der Erkenntnisse der →*Semiotik* und ihrer Dimensionen →*Syntaktik* (Zeichenverständnis), →*Semantik* (Inhaltsverständnis) und →*Pragmatik* (Zeichenbedeutsamkeit).

Endorsement Gesteigerte Form des

verbalen →*Product Placement*. Neben der akustischen Nennung des Placement-Objektes wird dieses auch noch wertend hervorgehoben.

Engel-Blackwell-Kollat-Modell Ein von *J.F. Engel, R.D. Blackwell* und *D.T. Kollat (1968)* entwickeltes Phasenschema zur Erklärung von → *Kaufentscheidungsprozessen*. Die Entscheidungsphasen sind: Problemwahrnehmung, Suche nach Lösungsalternativen, Alternativenbewertung, Entscheidung und Konsequenzen der Entschlußrealisation (vgl. dazu auch → *Howard-Sheth-Modell*,→*Nicosia-Modell*).

Engel-Schwabe'sche Gesetz Ein nach *E. Engel (1821-1896)* und *H. Schwabe (1830-1874)* benanntes Gesetz, das einen Zusammenhang zwischen der Höhe des →*Einkommens* und der Höhe der Nahrungsmittel- bzw. Wohnungsausgaben (Mieten) herstellt. Das Gesetz besagt, daß bei steigendem Einkommen die Ausgaben für die beiden Nachfragekategorien relativ abnehmen (siehe auch →*Einkommenselastizität*). Während die Beziehung zwischen Einkommenserhöhung und Nachfrage nach Nahrungsmitteln als signifikant gelten kann (*Engel*), ist der Zusammenhang mit Wohnungsausgaben (*Schwabe*) nicht nachgewiesen. Es ist vielmehr anzunehmen, daß in voll entwickelten → *Industriegesellschaften* eine positive Beziehung besteht zwischen Einkommenszuwachs und steigenden Wohnungsausgaben. Dieser positive Zusammenhang kann als empirisch belegt gelten.

Entlohnungssystem(e) →*Vergütungssystem(e)*.

Entrepreneur Pionierunternehmer nach *J.A. Schumpeter (1950)*, der sich durch Innovationskraft und Risikoübernahme auszeichnet. Leistungsmotivation und Wagemut sind seine wichtigsten Persönlichkeitsmerkmale. Im Vergleich zum →*Intrapreneur* übernimmt er auch persönlich das unternehmerische Risiko.

Entropie Gesetz der Thermodynamik. In geschlossenen Systemen wird die Entropie immer größer, d.h. die Menge der nutzbaren Energie nimmt überproportional ab, die der verbrauchten Energie nimmt exponentiell zu. Betriebswirtschaftlich verschlechtert sich immer mehr das Verhältnis zwischen Faktoreinsatzmenge und Faktor-Ertrag. Beispiel: Der Aufwand für die Wiedergewinnung der verbrauchten Ressourcen ist höher als der Aufwand für die Produktion eines Produktes. Dieser Zusammenhang hat für die →*Ökologie* (siehe auch →*Öko-Bilanz*) eine große Bedeutung.

Entscheidung(en) Bewußte Auswahl zwischen mehreren Handlungsalternativen zur Erreichung von operationalen →*Zielen*.

Entscheidungsbaumverfahren Planungsverfahren (siehe auch →*Planungsinstrumente*) anhand eines Baumdiagramms. Die Äste zeigen die Handlungsalternativen. Unterschieden werden Entscheidungsknoten (Kostenschätzung) und Erwartungsknoten (Eintrittswahrscheinlichkeiten). Die Baumspitze zeigt die zu erwartenden →*Erträge* für die verschiedenen Handlungsalternativen.

Entscheidungsmodell(e) →*Modelle*, die unter Einschluß von →*Zielen* (→*Unternehmens-* und →*Marketingziele* und daraus abgeleitete Unterziele) Alternativen für →*Entscheidungen* auf Istdaten-Basis aufzeigen (siehe in Abgrenzung →*Beschreibungs-*, →*Erklärungs-* und →*Prognosemodelle*).

Entscheidungsprozeß Prozeßstufen der →*Entscheidung*, die sich in aufeinander folgenden Phasen vollziehen: →*Analyse*, →*Diagnose*, →*Prognose*, →*Zielplanung*, Suche nach Lösungsalternativen, Alternativenbewertung, Entscheidung, →*Kontrolle* und Anpassung. Der Entscheidungsprozeß weist eine enge Beziehung mit dem →*Planungsprozeß* auf (siehe auch →*Marketingplanung*).

Entscheidungstheorie Ansatz der modernen →*Marketingtheorie*, der den Ablauf von →*Entscheidungsprozessen* in den Vordergrund stellt. Zu unterscheiden ist die deskriptive und präskriptive (normative) Entscheidungstheorie. Die deskriptive Entscheidungstheorie beschreibt z.B. das konkrete →*Konsumentenverhalten*, die präskriptive oder normative Entscheidungstheorie hat hingegen vorschreibenden Charakter (z.B. die Gestaltung des →*Marketing-Mix* oder die Bestimmung organisationaler Abläufe im →*Marketing-Management*).

Entscheidungsunterstützungssysteme (EUS) DV-Systeme, die der Unterstützung von Marketingentscheidungen (vor allem der →*Marketingplanung*) dienen. Unterschieden werden datenbasierte Systeme (bestehend aus einer →*Datenbank*, →*Methodenbank*, →*Modellbank* und einer Benutzerschnittstelle) und wissensbasierte Systeme (→*Expertensysteme*), die in erster Linie die Aufgabe der Akkumulation, Synthese und Verbreitung des Wissens haben (siehe auch →*Decision Support System, DSS*).

Entsorgung Sammlung, Lagerung und Rücktransport von Abfällen und Altstoffen.

Entsorgungslogistik Letzte Stufe der →*Logistik*. Sie umfaßt in der logistischen Kette die Rückführung gebrauchter und verbrauchter Produkte und Materialien (z.B. Leergut und →*Verpackungen* (siehe dazu auch →*Redistribution*, →*Retrodistribution*).

Entstehungszyklus Phasen vor der →*Markteinführung* eines neuen →*Produkts* (→*Produktinnovation*) im integrierten →*Produkt-Lebenszyklus*. Der Entstehungszyklus ist identisch mit dem →*Produktentwicklungsprozeß*.

Environmental Management and Audit Scheme (EMAS) EG-Verordnung von 1993 über die freiwillige Beteiligung gewerblicher →*Unternehmen* an einem Gemeinschaftssystem für das →*Umwelt-Management* und die Umweltbetriebsprüfung (→*Umwelt-Audit*, →*Umweltschutz-Audit*, →*Öko-Bilanz*).

Environment Design →*Design*, →*Corporate Design*.

E-Procurement →*Electronic Procurement*.

Equity-Story Kommunikative Transformation der →*Unternehmensstrategie* in die Sprache der Investoren, Analysten, →*Kunden*, Geschäftspartner, Mitarbeiter und →*Medien*. Darüber hinaus geht es aber auch um das systematische Herausarbeiten von künftigen Marktchancen und existenten →*Wettbewerbsvorteilen* (siehe auch →*Börsenmarketing*).

Equity-Theorie Billigkeitstheorie, nach der Personen in sozialen Austauschsituationen nach dem Prinzip der Billigkeit solche →*Transaktionen* präferieren, bei denen sie eine äquivalente Gegenleistung zur eigenen Leistung erwarten. Dieses Verhalten spielt z.B. in den Hersteller-Handels-Beziehungen (→*Vertikales Marketing*) eine wichtige Rolle und erklärt auch bestimmte Erscheinungsformen des →*Konsumentenverhaltens* (wie z.B. die →*Reaktanz* im→*Käuferverhalten* und die Bildung von →*Präferenzen*).

Equivalent Billings →*Billings*.

Erfa-Gruppe(n) Abk. für **Erfahrungsaustauschgruppe(n)**. Diese vom Rationalisierungskuratorium der Deutschen Wirtschaft (→*RKW*) begründete Form des Erfahrungsaustauschs von Führungskräften einer oder mehrerer →*Branchen*, aber vor allem der Mitglieder von →*Horizontalen* und →*Vertikalen Kooperationen* hat eine große Bedeutung gewonnen. Im Marketing gilt dies insbesondere für den Austausch von Marktinformationen und -erfahrungen auf lokaler, regionaler, überregionaler und auch internationaler Ebene.

Erfahrungskurveneffekt Die →*Stückkosten* können um 20 bis 30% gesenkt werden, wenn sich die in kumulierten Produktmengen ausgedrückte Produkterfahrung verdoppelt. Hierbei wird unterstellt, daß alle Kostensenkungsmöglichkeiten konsequent genutzt werden. Man bezeichnet die von *B.D. Henderson (1984)* entwickelte Erfahrungskurve auch als →*Lernkurve*. Auf der Erfahrungskurve aufbauende →*Strategien* haben ihre höchste Wirksamkeit in den frühen Stadien des →*Produkt-Lebenszyklus*, weil der kumulierte Ausstoß in diesem Phasenabschnitt am schnellsten verdoppelt werden kann. Die Risiken der Nutzung des Erfahrungskurveneffekts liegen in der Unsicherheit des →*Technischen Fortschritts*, der prognostischen Annahme des relevanten →*Marktwachstums*, der Entwicklung der als langfristig elastisch angenommenen →*Preiselastizität* und in der Reaktion des →*Wettbewerbs* (siehe in Ergänzung →*Half-Life-Konzept*).

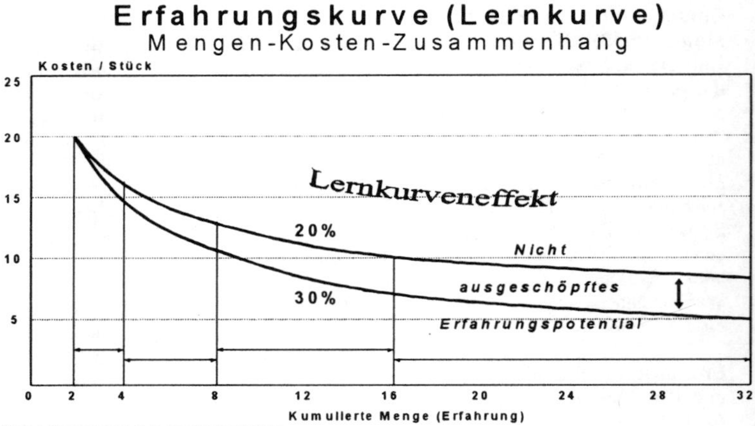

Poth & Partner nach B.D. Henderson (1974)

Erfolgsfaktoren Situationen, Elemente, Strukturen und/oder Leistungsfaktoren, die erfolgswirksam sind.

Erfolgskontrolle Zu unterscheiden sind die Ergebniskontrollen und Verfahrenskontrollen. Verfahrenskontrollen messen die Effizienz von Abläufen (z.B. Kontrolle der →*Ablauforganisation*), Ergebniskontrollen die Abweichungen zwischen Soll und Ist (→*Controlling*). Der Erfolg kann ökonomisch (z.B. →*Gewinn*, →*Marktanteil*) definiert sein, aber auch außerökonomisch (z.B. →*Bekanntheitsgrad*, →*Image*).

Erfolgsposition Vergleichsposition zum →*Wettbewerb*. Die strategischen →*Erfolgspotentiale* bilden die Basis, um →*Strategische Erfolgspositionen* gegenüber dem Wettbewerb zu besetzen (siehe dazu auch →*Wettbewerbsvorteile*).

Erfolgspotential(e) "Das gesamte Gefüge aller jeweils produkt- und marktspezifischen erfolgsrelevanten Voraussetzungen, die spätestens dann bestehen müssen, wenn es um die Realisierung geht" (*A. Gälweiler, 1987*). Die strategischen Erfolgspotentiale haben eine dominante Wettbewerbsrelevanz und bestimmen die →*Erfolgsposition* im Markt.

Erfolgsrechnung(en) Ermittlung des Unternehmenserfolgs (auch als →*Unternehmensergebnis* bezeichnet) innerhalb eines Zeitabschnittes. Unterschieden werden Totalerfolgsrechnungen (bezogen auf die gesamte Lebensdauer eines Unternehmens) und Periodenerfolgsrechnungen (bezogen auf zeitliche Abschnitte, wie z.B. Jahre und Quartale). Die Erfolgsrechnungen werden auf der Basis von Gewinn- und Verlustrechnungen erstellt.

Erhaltungswerbung →*Werbung*, die zum Ziel hat, die erreichte Marktposition (z.B. →*Marktanteil*) zu halten bzw. zu stabilisieren. Die Erhaltungswerbung wird daher auch als Markterhaltungswerbung oder Stabilisierungswerbung bezeichnet. Die Erhaltungswerbung weist eine enge Verwandtschaft mit der →*Erinnerungswerbung* auf, die aber nicht auf die ökonomische Markterhaltung abzielt, sondern auf die Erinnerung an das beworbene Leistungsangebot.

Erhebungsfehler Zufalls- bzw. Auswahlfehler und systematische Fehler, die bei der →*Primärforschung* auftreten. Die Zufallsfehler beruhen auf →*Stichprobenfehler* bei der →*Teilerhebung* und können nur eingeschränkt (durch →*Stichprobenverfahren*), aber nie gänzlich ausgeschlossen werden. Die systematischen Fehler sind thematisch (Problemstellung), inhaltlich (→*Fragebogen*) und/oder befragungstechnisch (Interviewereinfluß, →*Interviewer-Bias*) bedingt.

Erhebungsverfahren Verfahren zur Gewinnung von Primärinformationen (→*Primärforschung*). Unterschieden werden verbale (→*Befragung*) und nonverbale Methoden (→*Beobachtung*, elektronisches →*Panel*).

Erinnerung Fähigkeit zum Abruf gelernter (→*Lernen*) Inhalte. Neben der Speicherung (Behalten) ist die Erinnerung die zweite wichtige Funktion des →*Gedächtnisses* (→*Gedächtnistheorien*). In der →*Werbewirkungsforschung* wird die Erinnerung (→*Erinnerungsverfahren*, →*Recall-Verfahren*) abgegrenzt von der →*Wiedererkennung* (→*Recognition-Verfahren*), die lediglich eine passive (gestützte) Gedächtnisleistung darstellt. Die Erinnerung gilt als ein wichtiger Parameter für die →*Werbewirkung*.

Erinnerungsverfahren →*Recall-Verfahren*, die wie die →*Wiedererkennungsverfahren* (→*Recognition-Verfahren*) die Gedächtniswirkung der Werbung (→*Werbewirkung*) messen. Unterschieden werden ungestützte (ohne Informationshilfen) und gestützte (mit Vorlagen) Erinnerungsverfahren.

Erinnerungswerbung →*Werbung*, die zum Ziel hat, die →*Erinnerung* an ein schon bekanntes Leistungsangebot aufrechtzuerhalten. Die Erinnerungswerbung weist eine enge Verwandtschaft mit der →*Erhaltungswerbung* auf, unterscheidet sich aber von dieser dadurch, daß die Erhaltungswerbung auf die ökonomische Markterhaltung abzielt und nicht auf die nur bedingt ökonomisch wirksame Erinnerung an ein Leistungsangebot.

Erklärungsmodell(e) →*Modelle*, die vor allem in der →*Marktforschung* (z.B. zur Erklärung des →*Konsumentenverhaltens*) eingesetzt werden. Sie gehen insoweit über die →*Beschreibungsmodelle* hinaus, als sie empirische Befunde diagnostizieren, um daraus →*Entscheidungs-* und →*Prognosemodelle* zu entwickeln. Bei den Erklärungsmodellen wird unterschieden in Totalmodelle (Berücksichtigung aller relevanten Determinanten) und Partialmodelle (Erfassung einzelner relevanter Determinanten).

Erlaubniskartell(e) →*Kartelle*, die anmeldungs- und genehmigungspflichtig und nach →*GWB* (Gesetz gegen Wettbewerbsbeschränkungen) zulässig sind. Erlaubniskartelle sind Rationalisierungskartelle, wie z.B. →*Rabattkartelle*, Strukturkrisenkartelle, Exportkartelle (mit Inlandswirkung) und Importkartelle (zur Abwehr monopolistischer Anbieter aus dem Ausland).

Erlebnis(se) Eindrücke durch neue Situationen (siehe auch →*Erlebnismarketing*). Erlebnisse sind subjektbestimmt (d.h. vom jeweiligen Individuum abhängig), verarbeitungsbestimmt (d.h. vom jeweiligen Individuum unterschiedlich interpretiert), situationsbestimmt (d.h. von der jeweiligen Situation des Individuums abhängig). Die Auswahl von Erlebnisangeboten erfolgt bedürfnisadäquat (siehe auch →*Erlebnishandel*, →*Erlebniskauf*). Durch den Aufbau von Erlebniswelten versuchen die Anbieter, die →*Bedürfnisse* der →*Konsumenten* zu beeinflussen. Die Bewertung der →*Angebote* durch den Konsumenten entscheidet über ihre Erlebnisrelevanz.

Erlebnisgesellschaft Gesellschaft der →*Moderne* (→*Postmoderne*, →*Multioptionsgesellschaft*), die nach *G. Schulze (1996)* vor allem durch eine Wertorientierung des „Erlebens“ und „Genießens“ gekennzeichnet ist. Die Erlebnisorientierung (→*Erlebnis*) als zentrales Lebensziel umfaßt alle Bereiche des Alltagslebens, die Gruppenbildung und die sozialen Kontakte. Die Erlebnisnachfrage reicht von →*Bedürfnissen* nach Selbstverwirklichung und Selbsterfahrung bis zur fortwährenden Stimulierung durch Konsumgenuß (→*Konsumgesellschaft*) und hat entscheidend zum Aufbau von multisensualen, interaktiven Erlebniswelten beigetragen (→*Erlebnismarketing*, →*Erlebnishandel*).

Erlebnishandel Verstärkung des funktionalen →*Produktnutzens* (→*Customer Value*) durch erlebnisbetonte Inszenierung der →*Ladengestaltung* und →*Warenpräsentation* (→*Erlebnismarketing*). Beispiel: Themenspezifische Erlebniswelten, wie etwa Gesundheit, Ernährung, Wellness, die nicht nur präsentiert, sondern auch multisensual erlebt werden (→*Multisensuale Wahrnehmung*). Einkaufsstätten mit besonderer Erlebnis-Atmosphäre (wie z.B. →*Einkaufs-Center*, Bauernhöfe, →*Wochenmärkte* etc.) verkaufen primär Prestige-, Frische- und Naturerlebnisse (siehe dazu im Gegensatz →*Versorgungshandel*, der vielfach dem →*Discount-Konzept* folgt).

Erlebniskauf →*Kaufverhalten*, das geprägt ist durch eine gesteigerte Genuß- und Erlebnisorientierung (siehe auch →*Erlebnisse*, →*Konsumtrends*). Der materiellen Bedarfsdeckung von →*Primärbedürfnissen* steht eine zunehmend emotionale Befriedigung der →*Sekundär-* und →*Tertiärbedürfnisse* gegenüber. Nach dem Prinzip der Erlebnisrationalität werden →*Güter* und →*Dienstleistungen* entsprechend ihrem Beitrag (siehe auch →*Added Value*) für ein schönes, abwechslungsreiches Leben ausgewählt (siehe auch →*Erlebnisgesellschaft*), wobei die Einkaufsatmosphäre und das Ambiente der Einkaufsstätte z.T. entscheidend sind (siehe auch →*Erlebnishandel*).

Erlebnismarketing →*Präferenzstrategie*, bei der →*Erlebnis*werte im Mittelpunkt stehen. Die Erlebnis- und Genußorientierung (→*Hedonismus*) der →*Konsumenten* bewirkt eine Emotionalisierung der Warenwelt. →*Konsum* soll Spaß machen, Unterhaltung und Stimulation bieten (siehe auch →*Erlebnisgesellschaft*). Entscheidendes Konsummotiv ist ein sinnliches Konsumerlebnis, d.h. das Erreichen eines optimalen Erregungsniveaus (→*Variety Seeking Behavior*). Zur Vermittlung nachhaltiger Einkaufserlebnisse bedarf es erlebnisorientierter Strategien, die eng mit dem →*Event Marketing* verbunden sind. Wichtig ist die optimale Verknüpfung von Primärnutzen (funktionaler Produktanspruch) und Sekundärnutzen (Erlebniswert), da die Emotionalisierung dem Zwecke dient, den eigentlichen →*Produktnutzen* zu verstärken, indem sie neue Begehrlichkeiten für das Produkt weckt (siehe auch →*Emotionale Werbung*, →*Aufforderungscharakter*). Problem ist die Integrität von Kontinuität und Wandel angesichts wechselnder Konsumbedürfnisse (→*Konsumdynamik*) und →*Zielgruppen* (siehe auch →*Hybrid-Konsumenten*).

Erlös(e) Erlös gleich →*Absatzmenge* mal →*Preis* (siehe auch →*Umsatz*).

Erlösfunktionen Die Erlösfunktionen ergeben sich aus den Preis-Mengen-Beziehungen (siehe auch →*Nachfragefunktion*, →*Preisabsatzfunktion*, →*Nachfrageelastizitäten*, →*Preiselastizität*). Die Preisabsatzfunktionen hängen in ihrem Verlauf entscheidend von der →*Marktform* ab.

Erlös-minus-Preis →*Marktpreis*.

Erlösschmälerung(en) Minderung des Abgabepreises durch im wesentlichen →*Rabatte*, →*Boni* und →*Skonti*. Die Erlösschmälerungen haben nicht den Charakter von →*Kosten*.

Erlösvergleichsrechnung Periodenbezogener Vergleich der →*Erlöse* (siehe →*Investitionsrechnung*).

Erntestrategie Kontrolliertes Desinvestment, um den →*Cash Flow* zu erhöhen (siehe dazu auch →*Portfolio-Management*). Am Ende der Erntestrategie steht die →*Produktelimination* bzw. der Verkauf oder die Liquidierung des Geschäftsbereichs.

ERP-Systeme Abk. für Enterprise Resource Planning. Es handelt sich um eine Geschäftsprozeß-Software, die die informations- und kommunikationstechnischen Basisbedingungen für das Management von Versorgungsketten schafft (siehe in diesem Zusammenhang auch →*Efficient Consumer Response, ECR* und →*Supply Chain Management*).

Erscheinungsbild→*Design*, →*Corporate Design*, →*Image*, →*Corporate Image*.

Erstkäufer →*Nachfrager*, die in der ersten Vermarktungsperiode eines neuen →*Produkts* bzw. einer →*Dienstleistung* das Leistungsangebot kaufen oder bei bereits bestehender Marktpräsenz erstmals kaufen.

Erstmarke(n) →*Markenartikel*, der zunächst vom Hersteller allein vertrieben und dann im Rahmen der →*Produktdifferenzierung* und vor allem →*Marktsegmentierung* durch eine →*Zweitmarke* (meist Billigmarke) ergänzt wird, um neue Käuferschichten zu erreichen.

Ertrag Der von einem Wirtschaftssubjekt (Unternehmen) in einer Periode erwirtschaftete Bruttowertzuwachs (im Gegensatz dazu siehe Aufwand bzw. →*Aufwendungen*).

Ertragsfunktionen →*Produktionsfunktionen*.

Ertragsgesetz Gesetz vom abnehmenden Ertragszuwachs. Unterstellt wird eine substitutionale →*Produktionsfunktion*. Bei Veränderung des Einsatzes eines variablen →*Produktionsfaktors* nimmt der →*Ertrag* zunächst überproportional und im weiteren Verlauf nur noch unterproportional zu (siehe auch →*Grenzertrag*). Nach Überschreiten des Ertragsmaximums nimmt der Ertrag bei weiterem Faktoreinsatz ab (siehe auch →*Werbewirkung*, →*Werbeerfolg*, →*Response Function*).

Ertragswert Barwert zukünftiger Netto-Einzahlungen (→*Einzahlungen*).

Erwartung(en) Projektive →*Einstellungen* z.B. zu →*Produkten* und deren Problemlösungsqualität. Erwartungen werden aus →*Informationen* und Erfahrungen abgeleitet. Nicht bestätigte Erwartungen (z.B. nach dem Produktkauf) führen zu kognitiven Dissonanzen (→*Dissonanztheorie*). Darüber hinaus sind Erwartungen aber auch soziale →*Normen*, denen das Individuum entsprechen muß und die sein →*Verhalten* beeinflussen.

Erwartungswert →*Wert(e)*, den ein Subjekt einem Leistungsobjekt beimißt (z.B. →*Qualität* und/oder →*Preis*) in bezug auf die Erfüllung seiner →*Erwartung(en)*. Die Erwartungswert-Modelle der →*Motivationspsychologie* (siehe auch →*Motivationstheorien*) gehen davon aus, daß die →*Motivation* zu einem →*Verhalten* durch den Anreizwert (siehe auch →*Anreize*) des Zielobjektes und die Erfolgserwartung aus der Kaufhandlung bestimmt werden.

Erwerbswirtschaftliches Prinzip Maxime ist die Gewinnerzielung. Im Grundsatz wird eine →*Gewinnmaximierung* angestrebt.

Escalating Commitment Finanzielles Engagement in ein bestimmtes Projekt (z.B. Entwicklung einer neuen →*Technologie* oder →*Produktinnovation*), das durch weitere Investitionen erhöht wird (daher: Eskalation), obwohl sich die bisherigen Investitionen in das Projekt als nicht erfolgreich erwiesen haben. Die Ursachen für ein Escalating Commitment sind verhaltenstheoretisch und/oder ökonomisch begründet. So wird das eskalierende Commitment dann wesentlich gefördert, wenn die Entscheidungsträger zu dem Projekt eine sehr persönliche, positive Beziehung bzw. Bindung haben. Die ökonomische Perspektive bezieht sich auf die finanziellen Auswirkungen des eskalierenden Commitment. Diese sind dann nicht als negativ zu bewerten, wenn mit ihnen zielführende strategische Überlegungen und →*Entscheidungen* verbunden sind.

Eskapismus Flucht vor den Anforderungen der Realität in Scheinwelten (z.B. in die des →*Konsums*). Eskapismus gilt als Abwehrmechanismus zur Konfliktbewältigung (siehe auch →*Konsumentenverhalten*).

Eskin-Modell Das nach *G.J. Eskin (1973)* benannte Modell ist ähnlich wie das →*Parfitt-Collins-Modell* ein Prognosemodell für neue →*Produkte*. Die Gesamtabsatzmenge pro Periode wird in Erst- und Wiederkaufmenge aufgespalten. Die Wiederkaufmenge wird dabei nach der Häufigkeit des Wiederkaufs (→*Wiederkaufrate*) und den zwischen den Wiederkaufakten liegenden Intervallen differenziert.

ESOMAR Abk. für **E**uropean **S**ociety for **O**pinion and **Ma**rket **R**esearch. Hauptaufgaben des Verbands sind der internationale Erfahrungsaustausch der Markt- und Meinungsforscher und die Wahrung der Standesinteressen.

Etat →*Marketingbudget*, →*Kommunikationsbudget*, →*Werbebudget*.

Ethno-Marketing Ein nach der kulturellen Herkunft der →*Zielgruppen* differenziertes Marketing. Dies betrifft vor allem die werbliche Ansprache (siehe in Abgrenzung →*Ethnozentrisches Marketing*, das eine Form des →*Internationalen Marketing* darstellt).

Ethnozentrisches Marketing Form des →*Internationalen Marketing*, bei der die Markt- und Bedürfnisstrukturen des Stammlandes im Mittelpunkt stehen (→*Domestic Marketing*). Es handelt sich um die erste Phase der Internationalisierung (durch→*Export*). Bei dieser Strategie werden weder die länderspezifischen Gegebenheiten berücksichtigt (→*Polyzentrisches Marketing*), noch gelingt eine Globalisierung (→*Geozentrisches Marketing*, →*Global Marketing*).

Eurocommerce Dachverband der europäischen Einzelhandelsverbände (gegr. 1993) mit Sitz in Brüssel.

Event Marketing Eine im wesentlichen aus der →*Verkaufsförderung* entwickelte →*Kommunikationsform*, die eng verbunden ist mit den →*Public Relations*. Anlässe sind →*Messen*, Firmenjubiläen, →*Produkteinführungen* etc. Entscheidend ist die zielgruppenorientierte Kombination von Anlaß, Motto und Ausführung der Veranstaltung, um einen bleibenden Erlebnis- und Erinnerungswert zu erreichen. Event Marketing ist eine erlebnisaktivierende Inszenierung von Leistungsangeboten (→*Marketing Event*). Es handelt sich um ein inszeniertes Markenumfeld für die Identifizierung und Individualisierung des →*Konsumenten* (siehe auch →*Szenen-Marketing*).

Event Pacing Anpassungsstrategie im Hinblick auf Konkurrenzverhalten, Veränderungen der Umfeldbedingungen, Technologieentwicklung und Veränderung der Kundenbedürfnisse (→*Bedürfnisse*). Diese reaktive →*Strategie* empfiehlt sich in stabilen →*Absatzmärkten*, die keinen oder kaum Veränderungen unterliegen. Da aber alle →*Märkte* zunehmend instabiler werden, erweist sich das →*Time Pacing* als die wesentlich erfolgreichere →*Wettbewerbsstrategie*, durch die geplante Rhythmusvorgabe von →*Produktinnovationen* einen langfristigen Wettbewerbsvorsprung (→*Wettbewerbsvorteil*) sicherzustellen.

Event Sponsoring Verbindung von →*Event Marketing* und →*Sponsoring*, wobei alle Sponsoringarten in Frage kommen können. Ziel ist, Leistungsangebote und deren Anbieter in Erlebniswelten einzubinden, die erst durch Events geschaffen werden, um einen positiven →*Imagetransfer* herzustellen. Event Sponsoring dient damit sowohl der Firmenprofilierung (Firmenimage, →*Unternehmensimage*) als auch der Markenpositionierung

(→*Markenimage*) in den verschiedenen Zielgruppenfeldern.

Evoked Set Anzahl (1 bis 5) ausgewählter →*Produkte* (→*Marken*), die der →*Konsument* in einem →*Kaufentscheidungsprozeß* berücksichtigt (→ *Relevanter Produktmarkt*). Der Evoked Set leitet sich ab aus dem →*Awareness Set* (aller dem Konsumenten bekannten Produkte). Dieser umfaßt akzeptierte (Accepted Set) und zurückgewiesene Kaufalternativen (Rejected Set). Aus dem Accepted Set werden gegenwärtig nicht präferierte Produkte zurückgestellt (Hold Set), die kauffähigen Produkte bleiben präsent im Evoked Set. Der Evoked Set begrenzt die Produktauswahl und steuert entsprechend die →*Wahrnehmung* (→*Selektive Wahrnehmung*).

Exklusive Distribution Beschränkung auf wenige Distributionspartner, die in keiner oder einer nur geringen Wettbewerbsposition zueinander stehen.

Exklusivvertrieb Form des →*Selektiven Vertriebs*, bei dem ein Hersteller sein gesamtes oder nur einen Teil des →*Produktprogramms* in einem festgelegten Absatzgebiet nur über einen Vertragshändler oder ein →*Vertragshändlersystem* (siehe auch →*Depotsystem*) absetzt.

Experiment(e) Unterschieden werden Beobachtungs- und Befragungsexperimente und →*Feld-* und →*Laborexperimente*. Insbesondere die Laborexperimente, die unter künstlichen Bedingungen stattfinden, haben in der →*Marktforschung* (→*Erhebungsverfahren*) eine zunehmende Bedeutung gewonnen. Aufgrund der z.T. willkürlichen Auswahl der →*Stichprobe* können Laborexperimente nicht den Anspruch einer statistischen →*Repräsentanz* erheben. Andererseits bietet die Repräsentanz vielfach auch nicht die Sicherheit einer externen →*Validität*.

Expertenbefragung Befragungsmethode, die darauf abzielt, sachverständige Urteile von Spezialisten einzuholen. Die Befragungsbereiche beziehen sich vor allem auf Gebiete, zu denen kein objektives Datenmaterial vorliegt und man daher auf sachlich fundierte, subjektive Einschätzungen von Experten angewiesen ist. Die →*Delphi-Methode* ist eines der bekanntesten Verfahren der Expertenbefragung.

Expertensystem(e) →*Entscheidungsunterstützungssysteme* auf der Basis von Expertenwissen, das in DV-Programmen gespeichert und verarbeitet wird. Expertensysteme sind wissensbasierte Systeme (im Vergleich zu datenbasierten Systemen). Die wesentliche Aufgabe von Expertensystemen ist die Akkumulation, Synthese und Verbreitung des Wissens.

Exploration Untersuchung von Problemkreisen bzw. Ursache-Wirkungs-Zusammenhängen, die bzgl. des Untersuchungsgegenstands unklar und/ oder noch nicht hinreichend spezifiziert werden können. Die explorative Forschung vermittelt (im Vergleich zur →*Deskriptiven Forschung*) Einblicke in die Grundstruktur eines Problems und bietet Ansätze zu weiterführenden Untersuchungen. Als wichtigste Verfahren gelten →*Pilotstudien* und → *Expertenbefragungen* (→*Expertensysteme*).

Explorative Verfahren Qualitative →*Erhebungsverfahren*, die einen Einblick in die grundlegenden Probleme relevanter Untersuchungsobjekte geben, deren Ursachen unklar sind. Die explorativen Verfahren der →*Motivforschung* (→*Projektive Verfahren*, → *Tiefeninterview*) dienen der Aufhellung und Strukturierung von →*Mo-*

tiven, die für den →*Verbraucher* unbewußt seine →*Kaufentscheidung* (→ *Konsumentenverhalten*) beeinflussen und durch →*Befragungen* nicht ermittelt werden können.

Exponat(e) Ausstellungsgegenstände (Originalprodukte, Muster, Modelle oder Attrappen) von Ausstellern auf→ *Messen* und →*Ausstellungen*.

Exponentialfunktion(en) →*Wachstumsfunktion(en)*.

Exponentielle Glättung Quantitatives Prognoseverfahren (→*Prognose*), das von der Annahme ausgeht, daß die Beobachtungswerte einer →*Zeitreihe* (→*Gleitender Durchschnitt*) mit zunehmendem Alter ihre Bedeutung für die Prognose verlieren. In der einfachsten Form ergibt sich die neue Prognose aus dem alten Prognosewert plus der mit einem Glättungsparameter (deshalb auch Exponential Smoothing) gewichteten Prognoseabweichung zur Vorperiode. Das Problem des (kurzfristigen) Prognoseverfahrens ist die Bestimmung des Glättungsparameters, dessen Größe die Sensibilität der Anpassung bestimmt. In der Praxis liegt der Glättungsfaktor in der Regel zwischen 0,1 und 0,3 und kann je nach realer Absatzentwicklung in der EDV autoadaptiv angepaßt werden. Das Verfahren ist nur geeignet für die kurzfristige→*Bedarfsprognose* (12 monatliche Prognosen pro Jahr).

Export, direkt Die im Inland hergestellten →*Produkte* werden direkt an Abnehmer im Ausland geliefert und durch diese in eigener Regie im Auslandsmarkt vertrieben. Im Gastland können Vertriebspartner (→*Großhandelsunternehmen*, →*Einkaufszentralen*), →*Handelsvertreter* oder eigene →*Verkaufsorgane* die Distributeure sein (siehe im Vergleich →*Import, direkt*).

Export, indirekt Die →*Produkte* werden über ein im Inland ansässiges Unternehmen im Ausland vertrieben. Dabei kann es sich um selbständige Exporthäuser oder Niederlassungen ausländischer Firmen (z.B. ausländische →*Warenhäuser* oder Importfirmen) handeln (siehe im Vergleich → *Import, indirekt*).

Exportmarketing Es handelt sich um die 1. Stufe des →*Internationalen Marketing* (siehe auch →*Marktarealstrategien*).

Extensive Distribution Erreichen möglichst aller relevanten →*Einzelhandelsbetriebe* mit dem Leistungsangebot.

Externe Public Relations (PR) Form der →*Öffentlichkeitsarbeit* (→ *Public Relations*), die sich im Gegensatz zu den →*Internen Public Relations (PR)* an die →*Zielgruppen* in den unternehmensrelevanten →*Märkten* (→*Beschaffungs-* und →*Absatzmärkte*) richtet. Darüber hinaus gewinnen die Beziehungen zu dem unternehmensbezogenen Umfeld (z.B. die Öffentlichen Verwaltungen, Verbände, Bürgerinitiativen etc.) eine immer größere Bedeutung (siehe dazu auch → *Stakeholder*).

Externe Validität Generalisierbarkeit der Ergebnisse einer →*Marktuntersuchung* (Erhebung durch eine → *Stichprobe*) auf die zugrundeliegende →*Grundgesamtheit* (siehe in Abgrenzung →*Interne Validität*).

Extranet Unternehmensübergreifendes Computer-Netzwerk zum Informationsaustausch kooperierender Unternehmen (siehe dazu auch →*Value Webs*). Das Netzwerk basiert auf der Internet-Technologie (→*Internet* und in Abgrenzung →*Intranet*). Extranet spielt u.a. vor allem in den Hersteller-

Handels-Beziehungen (siehe →*Vertikale Kooperation*) eine zunehmend wichtigere Rolle im Hinblick auf den notwendigen schnellen Informationsaustausch zwischen den Akteuren in den →*Absatzkanälen* (siehe auch → *Absatzmittler*, →*Vertikales Marketing*). Hierbei geht der Trend in Richtung Branchenportale (→*Portale*), die von den →*Anbietern* finanziert werden und deren unternehmensbezogene Vertraulichkeit durch den Portalanbieter sichergestellt wird. Herstellerbezogene Insellösungen dürften in Zukunft nur geringe Chancen haben.

Extrapolation→*Trendextrapolation*.

Extrinsische Motivation Beschäftigung mit einer Aufgabe, die vornehmlich in Erwartung von Belohnungen (Verhaltenskonsequenzen) übernommen wird (→*Verstärkerprinzip*, →*Soziales Lernen*). Im Gegensatz zur → *Intrinsischen Motivation* dient das → *Verhalten* als Instrument, um z.B. soziale Anerkennung, Geld, Vermeidung von Strafe etc. zu erreichen. So beruht z.B. der →*Demonstrativkonsum* (→ *Prestigekonsum*) auf der extrinsischen Motivation. →*Anreize* können zu Leistungssteigerungen führen, wenn sie als Belohnung und nicht als Kontrollmechanismus empfunden werden (→ *Incentives*, →*Leistungsmotivation*).

F

Fabrikladen →*Factory Outlet.*

Facelifting Form des →*Revival*, um die →*Wachstumsphase* oder auch → *Reifephase* bzw. Rentabilitätsphase im →*Produkt-Lebenszyklus* eines Leistungsangebots zu dehnen bzw. zu stabilisieren. In den meisten Fällen wird ein Facelifting erst in der →*Sättigungsphase* oder →*Degenerationsphase* vorgenommen - mit üblicherweise zweifelhaftem (langfristigen) Erfolg. Im Vergleich zum →*Relaunching* beschränkt sich das Facelifting in aller Regel auf eine werbliche Umpositionierung des →*Produkts.* Bei wiederholten Faceliftings besteht die Gefahr, daß der inhaltliche Markenkern des Produkts immer mehr aufgeweicht wird und die →*Zielgruppen* nicht erreicht werden bzw. verlorengehen.

Face-to-Face-Kommunikation Form der →*Persönlichen Kommunikation*, die in Abgrenzung zur →*Massenkommunikation* direkt von Person zu Person erfolgt (in Ergänzung → *Mundwerbung*). Eine besondere Bedeutung hat die Face-to-Face-Kommunikation für die →*Diffusion* (siehe dazu auch →*Meinungsführer*).

Fachdiscounter →*Betriebsform* bzw. →*Betriebstyp* des →*Einzelhandels*, der begrifflich als Synonym für →*Discounter* verwendet wird. Der überwiegend mittelflächige Einzelhandelsbetrieb führt ein schmales und flaches →*Sortiment* in →*Selbstbedienung* ohne jeglichen →*Service* (→ *Kundendienst*). Das wesentliche Profilierungsmerkmal ist eine dauerhafte → *Niedrigpreisstrategie* (→*Discount Konzept*) bei guter →*Qualität* der Warenangebote.

Fachgeschäft →*Einzelhandelstyp* (→*Betriebstyp*), der sich auf eine → *Branche* (z.B. Textilfachgeschäft) spezialisiert, ein tiefes →*Sortiment* (→ *Sortimentstiefe*) aufweist, die →*Kunden* bedient (siehe →*Bedienungsformen*) und vielfach ergänzende → *Dienstleistungen* anbietet. Eine Sonderform des Fachgeschäfts ist das → *Spezialgeschäft*, das sich auf einen Teil des Sortiments eines Fachgeschäfts beschränkt und diesen tiefer gliedert (z.B. Jeans-Spezialgeschäft).

Fachgroßhandel →*Betriebsform* (→*Betriebstyp*) des →*Großhandels*, die dem →*Fachgeschäft* (→*Fachhandel*) auf Einzelhandelsbasis entspricht. Das →*Sortiment* besteht aus →*Waren* einer bestimmten →*Branche* oder Bedarfskategorie.→*Sortimentsbreite* und →*Sortimentstiefe* befinden sich im mittleren Feld (siehe in Abgrenzung dazu →*Sortimentsgroßhandel* und → *Spezialgroßhandel*).

Fachhandel Dachbegriff für →*Fachgeschäfte* im →*Einzelhandel*, →

Großhandel und →*Versandhandel* incl. ihrer verschiedenen Ausprägungen. Gemeinsames Merkmal der Fachhandelstypen ist ihr nach spezifischen →*Warengruppen* bzw. →*Branchen* ausgerichtetes →*Sortiment*, das sich eher durch eine →*Sortimentstiefe* als durch eine →*Sortimentsbreite* auszeichnet.

Fachkompetenz Fachliches Wissenspotential (als Schlüsselkompetenz) zum Erkennen und Verstehen sachlicher Zusammenhänge. Dazu gehört vor allem die Fähigkeit zur Problemanalyse, Problemdiagnose, Entwicklung zielorientierter Entscheidungsalternativen und zur Entscheidung (siehe auch→*Methoden-*, →*Sozial-*, →*Lern-* und →*Emotionale Kompetenz*).

Fachmarkt →*Fachgeschäft* (→*Betriebsform*, →*Betriebstyp*) neueren Typs mit bedarfsorientiertem tiefen →*Sortiment*. Die →*Bedienungsformen* sind sowohl die Vorwahl, Bedienung als auch die →*Selbstbedienung*. Die Fachmärkte sind großflächig mit meist ebenerdiger →*Verkaufsfläche* und umfangreichen Parkmöglichkeiten. Die praktizierte →*Sonderangebotspolitik* führt dazu, daß fälschlicherweise die Fachmärkte oft mit →*Discountern* gleichgesetzt werden. Beispiele für Fachmärkte sind Baumärkte, Drogeriemärkte, Garten-Center, Möbelmärkte, Getränke-Fachmärkte etc.). Mittlerweile sind auch Mehrbranchenmärkte (z.B. Baumärkte mit angeschlossenen Garten-Zentren) entstanden. Fachmärkte werden in den USA auch als Category Killer bezeichnet, da sie durch ihre Mischsysteme die Handelsformentypologie infrage stellen und insbesondere den klassischen →*Fachhandel* angreifen.

Fachpromotor(en) Fachliche Einflußnehmer, die einen →*Innovationsprozeß* (→*Innovationen*) aktiv fördern. Sie üben im→*Unternehmen* eine Meinungsführerschaft (→*Meinungsführer*) aus (siehe auch →*Promotoren* und in Abgrenzung →*Machtpromotoren* und →*Prozeßpromotoren*).

Fachsortiment →*Teilsortiment*.

Fachversandhandel →*Spezialversandhandel*.

Fachwerbung →*Werbung*, die sich an die Fachöffentlichkeit richtet. Beim →*Mehrstufigen Vertrieb* ist die Fachwerbung auf gewerbliche →*Verwender* oder auf die →*Distributionskanäle* bzw. →*Handelskanäle* (→*Groß-* und →*Einzelhandel*) fokussiert. Üblicherweise werden als →*Kommunikationsmedien* (→*Werbeträger*) →*Fachzeitschriften* eingesetzt, deren Auswahl (→*Mediaselektion*) zielgruppenspezifisch (→*Zielgruppe*) erfolgt (siehe im Gegensatz dazu →*Publikumswerbung*).

Fachzeitschrift(en) Sonderform der →*Spezialzeitschriften*. Die Fachzeitschriften sind themenbezogen und in Verbindung mit der thematischen Spezialisierung auch meist zielgruppenbezogen (siehe →*Zielgruppenzeitschriften*). Insofern ist auch eine exakte Trennschärfe zwischen Spezialzeitschriften und Zielgruppenzeitschriften nicht gegeben. So sind z.B. Berufssegmente nicht nur Special-Interest-Gruppen, sondern auch Bevölkerungssegmente.

Facility Management Planung, Steuerung, Kontrolle und Koordination von (primär) Gebäuden und den mit ihnen verbundenen technischen Einrichtungen sowohl im produzierenden →*Gewerbe* als auch im Dienstleistungsbereich. Die Managementfunktionen beziehen sich konkret auf die Projektierung, Beschaffung, Inbetriebnahme, den Betrieb, die Überwachung,

Instandhaltung, Optimierung und Ausserbetriebnahme der Gebäude und Anlagen. Vielfach wird das Facility Management auch aus dem eigenen Unternehmen ausgegliedert (→*Outsourcing*), wie z.B. bei den Einkaufszentren (→*Einkaufs-Center*) auf ein eigenständiges →*Center-Management*.

Facings Anzahl der in der ersten Regalreihe in den einzelnen →*Outlets* (im→*Stationären Einzelhandel*) sichtbar plazierten →*Artikel*.

Factoring Instrument der →*Absatzfinanzierung*, bei der ein Finanzierungsinstitut (Factor) Kundenforderungen eines Unternehmens aus Lieferungen und Leistungen vor ihrer Fälligkeit ankauft und neben Debitorenbuchhaltung, Mahnwesen und Inkasso auch üblicherweise das Risiko des Forderungsausfalls (→*Delkredere*-Risiko) übernimmt (siehe dazu auch →*Forfaitierung*).

Factory Outlet(s) Endverbraucherorientierte Verkaufsstellen der Hersteller, aus denen überschüssige Produktionsmengen oder auslaufende Waren zu meist tiefen Preisen abverkauft werden. Der Standort der Outlets liegt meist beim Hersteller. Dies ist aber nicht zwingend, wie Beispiele aus den USA zeigen. So werden vielfach die Factory Outlets mehrerer Hersteller in großflächigen (100.000 qm und mehr) sogen. Factory Outlet Center zusammengefaßt, die außerhalb der Städte angesiedelt sind. Abzugrenzen von den Fabrikläden sind die Hersteller-Filialunternehmen (→*Werkshandelsunternehmen*), die den Charakter von →*Fachgeschäften* haben und ein Konzept der vertikalen →*Diversifikation* von Herstellern sind, um dem →*Handelsmarketing* und insbesondere der →*Handelskonzentration* zu begegnen.

Fahrverkauf Sonderform des →*Vertriebs*, die entweder vom Hersteller oder (meist) von spezialisierten Dienstleistungsunternehmen durchgeführt wird. Der Fahrverkäufer liefert in Eigenregie die →*Waren* aus, verkauft sie und nimmt das Inkasso vor. Der Fahrverkauf ist ein →*Vertriebssystem* vor allem für Lebens- und Genußmittel (siehe auch →*Heimdienst*).

Fair-price-Theorie Theorie zur Erklärung des →*Preisbewußtseins* bzw. der →*Preisakzeptanz*, nach der →*Konsumenten* Preisdifferenzen um so stärker wahrnehmen, je näher sie an die obere akzeptierte Preisgrenze kommen. Daraus wird weiter gefolgert, daß Preiserhöhungen auf einem hohen Preisniveau zu einem verstärkten Preiswiderstand (Wechsel zu einem preiswerteren Angebot) führen im Vergleich zu Preisanhebungen auf einem mittleren oder niedrigen Preisniveau.

Faktoreinkommen Das den volkswirtschaftlichen →*Produktionsfaktoren* zufließende Entgelt (Löhne/Gehälter, Zinsen,Mieten/Pachten, Gewinne).

Faktorenanalyse Statistisches Verfahren der →*Multivariaten Datenanalyse* zur Datenreduktion bzw. Datenverdichtung. Die Vielzahl von empirischen Merkmalsvariablen wird reduziert auf die wichtigsten Merkmale, die z.B. beim →*Kauf* eines bestimmten →*Produktes* als wichtig angesehen werden. Dazu werden zunächst →*Korrelationen* der Merkmale berechnet, die sich zu den bestimmenden Faktoren extrahieren lassen (siehe auch →*Clusteranalyse*).

Faktorkosten Derjenige Teil des →*Sozialprodukts*, der auf die volkswirtschaftlichen →*Produktionsfaktoren* (Arbeit, Kapital, Boden und Unternehmerleistung) verteilt wird (siehe auch →*Faktoreinkommen*).

Fallmethode Didaktische Lehrmethode, die die Anwendung des theoretischen Wissens z.B. durch Erarbeitung von Problemlösungen für reale oder simulierte Fälle zum Ziel hat. Die Grundlage der Fallmethode ist die →*Kasuistik*. →*Planspiele* sind die Weiterentwicklung der Fallmethode.

Falsifikation Widerlegung einer →*Hypothese* durch die empirische Überprüfung (im Gegensatz→*Verifikation*).

Familienmarke(n) Einheitliche Markenbezeichnung für eine →*Produktgruppe* (→*Produktlinie*). Die einzelnen →*Markenfamilien* bilden jeweils eigenständige Markendächer (siehe auch →*Markenpolitik* und in Abgrenzung →*Dachmarke*, →*Einzelmarke*).

Familienzyklus Besondere Form des Lebenszyklus, die die verschiedenen Ablaufphasen einer Familie beschreibt und je nach Produktkategorie für die →*Marktsegmentierung* von großer Bedeutung ist. Die Phasen nach dem klassischen Modell sind: (1.) unverheiratet, jung, (2.) verheiratet, mit jungen Kindern, (3.) verheiratet, mit älteren Kindern, (4.) verheiratet, ohne Kinder (haben das Elternhaus verlassen). Neuere Modelle berücksichtigen die Zunahme von Singlehaushalten (→*Haushalt*) und die kinderlosen Partnerschaften.

Fast Food Ernährungstrend (→*Konsumtrend*) im →*Konsumentenverhalten*, der die schnelle Essenszubereitung, -darbietung und -zufuhr in den Vordergrund stellt. Die nach wie vor dynamische Fast Food-Entwicklung führt zu erheblichen Veränderungen der Außer-Haus- und In-Haus-Verpflegung. So haben die erfolgreichen →*Verpflegungsbetriebe*(Gastronomie, Hotellerie) den Ernährungstrend in neue Leistungsangebote (z.B. Brunch, Frühstückscafés,Straßenverkauf,Party-Service etc.) umgesetzt. Trendsetter war die (vielfach als →*Franchising* betriebene) Fast Food-Gastronomie (incl. ihrer Drive-in-Systeme). Die betriebliche Verpflegung (in Kantinen, Schulen, Altersheimen etc.) geht inzwischen den gleichen Weg. Systemanbieter (→*Catering*) bieten dazu mittlerweile die entsprechenden Leistungsangebote. In der In-Haus-Verpflegung setzen sich immer mehr →*Convenience Goods* durch, die schnell und unproblematisch zu Speisen verarbeitet werden können (Tiefkühlkost, Fertig- und Halbfertigmenüs). Damit wird vor allem dem →*Heimdienst* ein neuer Wachstumsmarkt erschlossen (als Gegensatz →*Gourmet Food*).

Feasibility-Studien Durchführbarkeits- oder Machbarkeitsstudien, die vor Einführung bzw. Realisation komplexer Systeme (z.B. Anlagenprojekte) von →*Nachfragern* und/oder →*Anbietern* durchgeführt werden. Damit verbunden ist in der Regel auch die Entwicklung von Alternativlösungen unter Berücksichtigung von Nebenbedingungen (wie z.B. →*Kosten*, →*Wirtschaftlichkeit*, →*Rentabilität*).

Feedback →*Kybernetik*, →*Rückkoppelung*, →*Regelkreis*.

Fehlmenge Differenz zwischen Bedarfsmenge und verfügbarer Menge eines →*Produkts* (→*Artikels*). Die Fehlmenge kann auch als Mindermenge bezeichnet werden. Insbesondere im →*Handel* (→*Einzelhandel*) haben Fehlmengen (Bestandslücken) überaus negative Auswirkungen auf den →*Umsatz* und auch auf die →*Kundenzufriedenheit* (→*Fehlmengenkosten*).

Fehlmengenkosten →*Kosten* durch Umsatzentgang, die auf →*Fehlmengen* zurückzuführen sind und zu Verlusten führen können. Das Fehlmengenrisiko wird durch den →*Sicher-*

heitsbestand eingeschränkt, wobei jedoch zu beachten ist, daß überhöhte →*Lagerbestände* steigende Lagerkosten zur Folge haben. Ziel des →*Bestandsmanagements* ist es daher, ein Kostengleichgewicht herzustellen zwischen hoher →*Lieferbereitschaft* (→*Servicegrad*) und geringer →*Lagerhaltung* bei Vermeidung von Fehlmengenkosten. Hierbei hängt die mögliche Optimierung entscheidend von der Sicherheit der →*Absatzprognosen* ab.

Fehlstreuung Zahl bzw. Anteil der →*Kommunikanten* (Rezipienten), die einen →*Werbemittelkontakt* haben, aber nicht zur relevanten →*Zielgruppe* für das umworbene Leistungsangebot gehören. Die Fehlstreuung beruht vielfach auf Mängeln der →*Streuplanung* (→*Mediaplanung*). Die →*Streuverluste* können jedoch durch die Optimierung der Mediaplanung lediglich minimiert, nicht aber vollständig vermieden werden.

Feldanteil Zahl der Personen, die ein bestimmtes →*Produkt* vom Unternehmen A kaufen im Verhältnis zur Zahl der Personen, die das gleiche Produkt von anderen Unternehmen kaufen. In Verbindung mit dem →*Marktanteil* (Absatz- oder Umsatzgröße) gibt der Feldanteil Auskunft über die langfristige Entwicklung eines Produktes (siehe dazu →*Parfitt-Collins-Modell*).

Felderhebung(en) →*Primärforschung*.

Feldexperiment(e) In Abgrenzung zu →*Laborexperimenten* werden Feldexperimente in der Realität, d.h. im Feld (Marktfeld) durchgeführt. Aufgrund der größeren Realitätsnähe besitzt das Feldexperiment eine höhere →*Externe Validität* als das Laborexperiment. Es verstärkt sich aber das Problem der →*Internen Validität* wegen der Vielzahl der nicht kontrollierbaren Einflußfaktoren und der unbekannten Interaktionen zwischen den →*Variablen*. Überdies sind Feldexperimente sehr kostenintensiv.

Feldforschung Sammelbezeichnung für alle →*Erhebungsverfahren* der →*Markt-* und →*Sozialforschung*. Die Untersuchungen erfolgen in der Realität (siehe auch →*Primärforschung*).

Feldorganisation →*Interviewer*, die in der →*Feldforschung* (Marktfeld) zur Durchführung von →*Mündlichen Befragungen* eingesetzt werden.

Feldtheorie Das individuelle →*Verhalten* wird nach *K. Lewin (1951)* als eine Funktion von Persönlichkeits- und Umweltvariablen verstanden. Die funktionalen Beziehungen werden graphisch in einem Feld dargestellt. Es kann sich auch um ein soziales Feld handeln, in dem man durch Gegensatzpaare eine Struktur der Meinungsverteilung erhält (*B. Spiegel, 1961*). Die Individuen werden entsprechend ihrer →*Einstellung* zum Meinungsgegenstand in das soziale Feld eingeordnet. Die Feldtheorie findet vor allem Anwendung bei der Suche von →*Marktnischen*.

Fernseh-Panel Erhebung von →*Einschaltquoten* bei repräsentativ ausgewählten privaten →*Haushalten*. Die Registrierung der Einschaltzeiten erfolgt weitgehend automatisch durch am Fernsehgerät montierte Geräte (siehe dazu →*Audimeter*, →*Tammeter*, →*GfK-Meter*, →*Teleskopie*), die die Daten an die Panelzentrale zur Auswertung überspielen (siehe auch →*Panel* und insbesondere →*Haushaltspanel*).

Fernsehspot Werbesendung (→*Spot*) im Fernsehen von mindestens 15 Sekunden. Der Fernsehspot als →*Werbemittel* (→*Kommunikationsmittel*) hat insofern eine hohe →*Werbewirkung*, als er durch Text, Bild und Ton die wichtigsten →*Sinnesorgane* (visuelles und auditives System) anspricht. Die →*Werbemittelgestaltung* muß dem Unterhaltungscharakter des Fernsehens Rechnung tragen. Spannende Szenen (z.B. in Form von →*Slice-of-Life-Werbung*, →*Testimonials* etc.) in Verbindung mit Musik (→*Jingle*) bewirken beim →*Kommunikanten* (Rezipienten) eine höhere →*Aktivierung* (→*Aktivierende Prozesse*).

Fernsehwerbung Nutzung des Fernsehens als →*Werbeträger* (→*Kommunikationsmedium*) zur Aussendung von →*Spots* (→*Fernsehspots*). Die Fernsehwerbung der öffentlich-rechtlichen wie auch der privaten Anstalten unterliegt Beschränkungen, die im „Staatsvertrag der Länder" (1961) und nach der Vereinbarung der Ministerpräsidenten (1982) definiert sind. Danach werden die zulässigen Werbezeiten und die Gesamtdauer der Werbesendungen reglementiert. Die Fernsehwerbung zeichnet sich durch eine hohe →*Werbewirkung* und →*Reichweite* aus, so daß aus Praxissicht die langen Planungszeiträume (Belegung der Werbezeit) und die hohen Kosten (Herstellungs- und Belegungskosten) als Nachteile in Kauf genommen werden. Durch die privaten Fernsehanstalten nimmt hingegen die Nutzerfluktuation zu und damit für die einzelne Werbesendung die gewünschte massenmediale Wirkung ab (siehe in diesem Zusammenhang auch →*Zapping*, →*Zipping* und →*Flipping*).

Fertigungsplanung →*Produktionsplanung*.

Fertigungstiefe Grad der im eigenen →*Unternehmen* erbrachten →*Produktion*. Trend ist die Senkung der Fertigungstiefe durch Einschaltung von Zulieferern (siehe Automobilindustrie). Zu unterscheiden ist die Fertigungstiefe von der →*Programmtiefe* (siehe dazu auch →*Wertschöpfungstiefe*).

Festpreis Staatlich oder per Vertrag festgelegter →*Preis* (→*Mindestpreis*, →*Höchstpreis*), der weder unter- noch überschritten werden darf. Insbesondere bei hohen Inflationsraten, Kostensteigerungen und langfristigen Verträgen sind Festpreise mit einem erheblichen preispolitischen Risiko verbunden. Das Risiko kann vermieden werden durch die Vereinbarung von →*Preisgleitklauseln*.

FFF-Werbung Abk. für Filmwerbung (→*Kinowerbung*), Funkwerbung (→*Hörfunkwerbung*) und →*Fernsehwerbung*. Wegen der inhaltlichen und gestalterischen Zusammenhänge werden die drei Bereiche vielfach in → *Werbeagenturen* organisatorisch zusammengefaßt.

Field Research →*Feldforschung*, →*Primärforschung*.

Figur-Grund-Wahrnehmung Erkenntnis der →*Gestaltpsychologie*, nach der sich die →*Wahrnehmung* in Figur und Grund gliedert. Der Betrachter (z.B. einer Werbeanzeige) unterscheidet das gesamte Wahrnehmungsfeld in einen abgehobenen Teil und in einen Hintergrundteil. Je nach Dominanz des Vorder- und Hintergrunds vermittelt das gesamte Wahrnehmungsfeld unterschiedliche Inhalte (siehe →*Rubin'scher Becher*). Diese Erkenntnis hat für die →*Werbemittelgestaltung* eine große Bedeutung, da sie zu dem Schluß führt, daß ein → *Werbemittel* eine um so größere Wirkung (→*Werbewirkung*) hat, je höher sein →*Gestaltwert* ist im Hinblick auf die zu vermittelnden →*Werbeinhalte*.

Filialunternehmen →*Einzelhandel*sunternehmen, das mehrere räumlich getrennte Verkaufsstellen unter zentraler Leitung betreibt. Die systembildenden Faktoren sind die Eigentümeridentität, die räumliche Trennung der einzelnen Filialen, die zentrale Leitung, die weitgehende Einheitlichkeit der →*Sortimente* und die einheitliche →*Ladengestaltung*. Vielfach wird auch die gesamte Filialkette als Filialunternehmen und das einzelne →*Outlet* als Filialbetrieb (Filiale) bezeichnet.

Filmwerbung →*Kinowerbung*.

Filterfrage(n) Fragen, die der Steuerung des Befragungsablaufs bei →*Befragungen* dienen und auch als Gabelungsfragen bezeichnet werden. Je nach den Antworten auf bestimmte Fragen gabelt sich die weitere Befragung (z.B. in männlich - weiblich, Verwender - Nichtverwender etc.), oder es werden je nach Befragtengruppe bestimmte Fragenkomplexe übersprungen (z.B. Fragen zur Kundenzufriedenheit bei Nichtkunden).

Financial Cash Flow Siehe →*Cash Flow*. Im Unterschied zum →*Operational Cash Flow* (Einnahmenüberschuß/Jahr) werden Abschreibungen und Rückstellungen dem Einnahmenüberschuß hinzugefügt.

Financial Community Gesamtheit der von finanzwirtschaftlichen Entscheidungen mittel- und unmittelbar betroffenen Personen und Institutionen sowie sonstiger Interessengruppen. Hierzu zählen insbesondere aktuelle und potentielle Aktionäre, Finanzanalysten und institutionelle Anleger (siehe auch →*Investor Relations*).

Financial Relations Beziehungen zwischen →*Unternehmen* und gegenwärtigen bzw. potentiellen Kapitalgebern. Diese Beziehungen werden auch als →*Investor Relations* bezeichnet (siehe auch →*Börsenmarketing*, →*Equity Story*).

Financial Services Kombiniertes Angebot von Finanzdienstleistungen, und zwar von Geldtransaktionen über Anlage- und Versicherungsberatung bis hin zur Immobilienberatung und Immobilienfinanzierung. Die wesentliche Grundidee ist, dem →*Kunden* ein individuell zugeschnittenes Finanz-Dienstleistungspaket zu offerieren, das seine gesamten Finanztransaktionen abdeckt (siehe dazu auch →*Finanzmarketing*, →*Bankmarketing*, →*Versicherungsmarketing*).

Finanzmarketing Funktional handelt es sich um einen Teilbereich des →*Beschaffungsmarketing* (z.B. Aktienwerbung, →*Aktienmarketing*), institutionell wird Finanzmarketing bezogen auf das Marketing von Banken und sonstigen Kreditinstituten oder auf das Marketing der gesamten Kreditwirtschaft. Aus moderner Marketingsicht läßt sich Finanzmarketing auch definieren als alle Aktivitäten des Finanzmanagements, die darauf gerichtet sind, gegenwärtige und potentielle Kapitalgeber positiv zu beeinflussen, dem →*Unternehmen* Finanzmittel in Form von Fremd- und/oder Eigenkapital zur Verfügung zu stellen (→*Investor Relations*).

Finanzmittelbezogene Budgetierungsmethode An den vorhandenen Finanzmitteln orientierte →*Werbebudgetierung* (→*Kommunikationsbudget*). Bei dieser Budgetierungsmethode ist der Werbeetat meist eine finanzmittelbezogene Residual- oder Fortschreibungsgröße. Das Budgetierungsverfahren weist keine Beziehung zu einem Ziel auf, sondern geht vielmehr davon aus, daß Werbeaufwendungen vermeidbare →*Kosten* darstellen, die akzeptiert werden, solange man sie sich finanziell erlauben kann. Der Beitrag der →*Werbung* zur Zielerreichung (→*Marketing-* und →*Kommunikati-*

onsziele) im Sinne einer Marktinvestition wird nicht gesehen.

Firmenimage Das in der allgemeinen →*Öffentlichkeit* und bei →*Kunden* und →*Wettbewerbern* vorherrschende Vorstellungsbild über ein →*Unternehmen* bzw. eine Institution. Der Begriff ist gleichzusetzen mit dem →*Unternehmensimage* und abzugrenzen von dem →*Produkt-* und →*Markenimage*, wenngleich diese das Firmenimage entscheidend beeinflussen. Das gilt insbesondere dann, wenn eine Dachmarkenstrategie (→*Dachmarken*, →*Umbrella-Marken*, →*Schirmmethode*) verfolgt wird. Dieser Zusammenhang kann aber auch zu einem Problem werden, wenn einzelne Leistungsangebote mit dem Firmenimage nicht harmonieren (→*Imagedesintegration*), vom Firmenimage abgekoppelt werden (→*Imageisolation*) oder die Dekkungsgleichheit von Firmen- und Markenimage (→*Imageidentität*) bei Produktversagern negative Ausstrahlungseffekte (→*Spill-over-Effekt*, →*Carry-over-Effekt*) auf das ganze →*Unternehmen* hat.

Firmenkonjunktur Firmenwachstum in stagnativen bzw. vor allem rezessiven →*Märkten*. Die Erfolgsbasis sind klare, abgesicherte →*Strategien*, die durch →*Kreativität*, Innovationskraft und konsequente Umsetzung entstehen. Voraussetzung sind gezielte Investitionen in die marktfähigen Stärken des Unternehmens.

Firmenmarke(n) →*Dachmarke(n)*, →*Umbrella-Marke(n)*, →*Schirmmethode*.

Firmenwerbung →*Institutionelle Werbung*, →*Imagewerbung*.

Firmenwert Wert eines Wirtschaftsunternehmens, der den Substanzwert (Summe der Vermögenswerte abzüglich der Verbindlichkeiten) übersteigt. Die Differenz zwischen dem Gesamtwert und dem Substanzwert wird auch als →*Goodwill* oder Geschäftswert bezeichnet, der entscheidend durch das →*Firmenimage* (→*Unternehmensimage*) bestimmt wird.

Firmenzeichen →*Signet*, →*Logo*.

Fishbein-Modell Das nach *M. Fishbein* benannte Modell der →*Einstellungsmessung* gehört zu den →*Skalierungsverfahren* (→*Skalierung*). Das Modell geht von einer getrennten Erfassung der affektiven und kognitiven Einstellungskomponenten aus. Es wird unterstellt, daß die →*Probanden* bei einem Untersuchungsgegenstand nur wenige Eigenschaften registrieren, die ihre →*Einstellung* zu dem Gegenstand beeinflussen. Die subjektive Kenntnis dieser Eigenschaften (kognitive Komponente) und deren subjektive Bewertung (affektive Komponente) prägen die Einstellungen. Der Eindruckswert ergibt sich aus der Multiplikation der beiden Einstellungswerte je Statement und durch ihre Addition.

Fixation(en) Blickverweildauer auf Bild- bzw. Textelementen, die mit Hilfe der →*Blickregistrierung* (→*Augenkamera*) gemessen wird. Den Fixationen wird hinsichtlich der Informationsaufnahme und insbesondere der →*Informationsverarbeitung* eine besondere Bedeutung beigemessen (siehe dazu in Abgrenzung →*Saccaden*).

Fixkosten Kosten der Betriebsbereitschaft. Eine Sonderform sind die intervall-fixen Kosten (Sprungkosten). Sie steigen sprunghaft an bei Überschreiten der Beschäftigungsgrenze bzw. Kapazitätsgrenze (im Gegensatz dazu →*Variable Kosten*).

Flächenauswahl →*Stichprobenverfahren* als Variante der →*Klum-*

penauswahl. Das Gesamtgebiet wird in einzelne Flächen (z.B. Bundesländer, Landkreise) aufgeteilt. Durch →*Zufallsauswahl* werden dann einige Gebiete für die Untersuchung ausgewählt. Bei dem mehrstufigen Flächen-Stichprobenverfahren werden die ausgewählten Flächen weiter unterteilt. Problem ist das mögliche Auftreten von Klumpeneffekten wie bei der Klumpenauswahl.

Flächenproduktivität →*Kennzahl*, die für den →*Einzelhandel* eine große Bedeutung hat. Die Kennzahl zeigt das Verhältnis von Umsatz pro Zeiteinheit zur Netto-Verkaufsfläche.

Flatrate Telefonieren oder Surfen im →*Internet* zu einem durch den →*Anbieter* festgelegten und benutzerbezogenen Tarif. Der Nutzer hat die Möglichkeit, sich zu einem →*Festpreis* ohne zeitliche Begrenzung im Internet aufzuhalten.

Flipping In Weiterentwicklung des →*Zapping* und →*Zipping*, bei denen sich der Fernsehzuschauer qua Fernbedienung der →*Fernsehwerbung* entzieht, wechselt der Flipper in den TV-Programmen, so daß er für die →*Werbungtreibenden* und Programmacher unberechenbar wird (→*Einschaltquote*). Das zunehmende Programmangebot verstärkt das Flipping, da es eine für den →*Kommunikanten* bequeme Alternative zum Zapping und Zipping darstellt. Die simultane Schaltung von →*Werbeblöcken* über alle TV-Kanäle als Reaktion kann nur als ein Versuch gewertet werden, nicht aber als eine Lösung des Problems, da die Programmvielfalt weiter wächst und sich die TV-Anbieter in einem massiven →*Verdrängungswettbewerb* befinden.

Flop Bezeichnung für die gescheiterte Einführung eines neuen →*Produkts* (→*Produktinnovation*). Die insbesondere im Konsumgüterbereich hohe Floprate (Verhältnis der Mißerfolge zu den gesamten Neueinführungen) wird im →*Innovations-Management* durch den Einsatz von →*Scoringmodellen* (→*Produktbewertung*, →*Screening*) zu reduzieren versucht. Vor allem die Ausuferung der →*Produktdifferenzierungen* (→*Line Extension*) führt insgesamt zu einer permanenten Erhöhung der Floprate.

Flow Chart Ablaufdiagramm, →*Flußdiagramm*.

Flußdiagramm Graphisches Hilfsmittel zur Darstellung eines Prozeßablaufs bzw. von Prozeßzusammenhängen. Durch Linien wird die Reihenfolge der Teilprozesse bestimmt (siehe hierzu auch →*Organigraph*).

Flyer Hand- bzw. Werbezettel, die als Sonderform von →*Prospekten* vor allem in der →*Direktwerbung* als →*Werbemittel* eingesetzt werden.

Folder Mappe mit →*Anzeigen* oder auch Verkaufsunterlagen. Verkaufsfolder unterstützen das →*Verkaufsgespräch* im →*Persönlichen Verkauf* ganz entscheidend.

Foldertest Form des Anzeigentests, bei dem eine Anzeigenmappe von dem →*Probanden* durchgeblättert wird und danach Fragen zu den →*Anzeigen* und/oder umworbenen →*Produkten* gestellt werden (→*Werbetests*). Insbesondere eignet sich der Foldertest für den →*Pretest* von Anzeigen.

Food Broker →*Handelsvertreter*, die im Auftrag der Hersteller von Nahrungs- und Genußmitteln einen umfassenden Merchandising-Service (→*Merchandising*) im →*Einzelhandel* erbringen. Dazu gehören in erster Linie die Regalpflege, Warendisposition, die Manipulation der →*Waren* von der

Anlieferung bis zur →*Warenpräsentation*, die →*Preisauszeichnung* incl. Preisänderungen, Kontrolle des →*Warenumschlags* und die Durchführung aller auf das betreute →*Sortiment* bezogenen werblichen Aktivitäten (vor allem →*Promotions*). Das Food Broker-Konzept hat sich mittlerweile auch ausgedehnt auf andere Sortimentsbereiche, wie z.B. Metallwaren, Hausrat, Spielwaren, Schreibwaren etc.

Forensische Marktforschung Einsatz der →*Marktforschung* zur empirischen Stützung gerichtlicher Entscheidungen. Als Beispiel sei die Feststellung der →*Irreführung* maßgeblicher Verkehrskreise (siehe auch →*Verkehrsauffassung*) auf dem Gebiet des →*Wettbewerbsrechts* genannt. Bei der empirischen Beweisführung dominieren demoskopische Gutachten, die auf den Ergebnissen von Repräsentativumfragen beruhen.

Forfaitierung Besondere Form der Außenhandelsfinanzierung (→*Absatzfinanzierung*). Wechsel und Forderungen mit guter Sicherheit werden ohne Rückgriff auf den Exporteur durch Finanzierungsinstitute angekauft. Der Verkäufer haftet lediglich für die Rechtmäßigkeit der Forderung und befreit sich ansonsten von allen anderen Risiken, vor allem von dem Kreditrisiko (siehe dazu auch →*Factoring*).

Formalziel(e) Konkrete, d.h. formalisierte Zielerreichungsgrade (wie z.B. die wünschenswerte →*Kapitalrentabilität*). Die Formalziele definieren die operationale Umsetzung der →*Sachziele* (vgl. auch →*Unternehmensziele*, →*Marketingziele* und damit verbundene →*Kennzahlensysteme*).

Formelle Gruppe Soziale →*Gruppe*, bei der die Beziehungen zwischen den Gruppenmitgliedern auf organisational (→*Organisation*) festgelegten Regeln beruhen. Da die Organisation aber (vor allem in größeren →*Unternehmen*) nicht alle persönlichen →*Bedürfnisse* der individuell sehr unterschiedlichen Gruppenmitglieder befriedigen kann, bilden sich oft →*Informelle Gruppen* (→*Informelle Organisation*), die sich dann für die Organisationsstruktur als störend erweisen, wenn sie zur Cliquenbildung führen. Cliquen neigen zur Verletzung von Regeln.

Fortschrittsvergleich(e) Form der →*Vergleichenden Werbung*, die wettbewerbsrechtlich (→*UWG*) zulässig ist, wenn sie sich auf die Darstellung des →*Technischen Fortschritts* beschränkt, die werblichen →*Informationen* sachlich notwendig und wahr sind und mit ihnen keine Herabsetzung der →*Konkurrenz* verbunden ist.

Fragebogen Umsetzung eines zu untersuchenden Problems in Fragen, die einfach, verständlich, eindeutig, klar und genau sein sollten. Das übliche Fragebogenschema sieht wie folgt aus: (1.) Kontaktfragen (Eisbrecherfragen), (2.) Sachfragen (Ergebnisfragen), (3.) Kontrollfragen (Absicherungsfragen), (4.) Ergänzungsfragen (statistische Angaben). Wichtig bei der Fragenreihenfolge ist vor allem, daß keine →*Halo-Effekte* auftreten. Hierbei handelt es sich um →*Ausstrahlungseffekte*, die durch sogen. Puffer- oder Ablenkungsfragen vermindert werden können. Der Fragebogen sollte vor der Felduntersuchung unter allen Umständen durch einen Versuchstest (→*Probebefragung*) abgesichert werden.

Fragezeichenprodukt(e) Bezeichnung einer Produktkategorie in der →*Portfolioanalyse* (→*Portfoliomanagement*). Charakteristikum der Question Marks ist, daß sie als →*Innovationen* die künftigen Marktanteils- und Gewinnträger sind, in der gegenwärtigen Situation aber aufgrund ihres geringen →*Marktanteils* und einer unbefriedigenden Ertragssituation noch als Problem Children bezeichnet werden müssen. Sie erfordern daher erhebliche Investitionen, um das →*Marktwachstum* auszuschöpfen (siehe in Abgrenzung →*Starprodukte*, →*Cash-Kühe*, →*Problemprodukte*).

Fraktale Grundlegende Ordnungsmuster, die selbstähnlich, aber nie ganz gleich sind. Es handelt sich um Systemelemente, die inhaltlich ein Gesamtsystem bilden, aber eine den spezifischen Bedingungen angepaßte Form aufweisen. Beispiele sind →*Organisationsformen* wie das →*Team-*, →*Projekt-Management* oder die →*Zirkuläre Organisation*, die sich in ein Gesamtsystem einfügen und gleichzeitig nach dem Prinzip der Selbstorganisation arbeiten (dazu auch →*Chaos-Management*, →*Chaos-Theorie*).

Fraktale Organisation Organisatorische Gliederung des →*Unternehmens* in →*Fraktale*, d.h. selbständig agierende Organisationseinheiten. Die fraktalen Organisationseinheiten sind Unternehmen im Unternehmen und können situativen Veränderungen sehr schnell durch Strukturanpassungen begegnen. Die fraktale Organisation weist durch ihren konsequenten Abbau von Linienhierarchien (→*Linienorganisation*) Ähnlichkeiten mit der Lean Organization (→*Lean Management*) und einer autonomen →*Teamorganisation* auf.

Fraktalisierung Prozeß, bei dem die →*Absatzmärkte* (→*Zielgruppen*) zunehmend atomisiert werden. Damit ist das Problem verbunden, daß eine klassische →*Homogenität* von verschiedenen Zielgruppen nicht mehr besteht, sondern nur noch eine temporär gültige Homogenisierung von Moden (siehe Musicals). Die Fraktalisierung stellt die →*Markenpolitik* vor erhebliche Probleme (siehe dazu auch →*Markentechnik*) wie auch die →*Marktsegmentierung*, die von in sich homogenen und zueinander heterogenen (ökonomisch vertretbaren) Zielgruppen ausgeht. Die Marketingantwort auf die Fraktalisierung mit Begriffen, wie Logos (Identität), Mythos (Sehnsucht) und Kairos (Identität), ist umstritten. Die andere (und weitaus pragmatischere Antwort) auf das Problem lautet: Schaffung von (auch international gültigen!) Markenvisionen durch Kompetenz, Konsequenz und Konzentration. Nicht zuletzt →*Line Extension* und →*Produktdifferenzierung* haben zu einer Fraktalisierung der Zielgruppen und →*Marken* (Markenerosion) geführt, so daß das Problem nicht primär auf die →*Dachmarkenpolitik* zurückzuführen ist.

Franchising Kooperatives →*Vertriebssystem* in der vertikalen →*Distributionskette* als →*Absatzbindung* in Form der →*Vertikalen Kooperation*. "Franchising ist ein vertikal-kooperativ organisiertes →*Absatzsystem* von rechtlich selbständigen →*Unternehmen* auf der Basis eines vertraglichen Dauerschuldverhältnisses. Das System tritt am →*Markt* einheitlich auf und wird geprägt durch das arbeitsteilige →*Leistungsprogramm* der Systempartner... Der Franchise-Nehmer ist im eigenen Namen und für eigene Rechnung tätig; er hat das Recht und die Pflicht, das Franchisepaket gegen Entgelt zu nutzen. Als Leistungsbeitrag liefert er Arbeit, Kapital und Informationen" (Deutscher Franchise-Verband). Das System tritt einheitlich im Markt auf. Das Leistungsprogramm des Franchisegebers besteht im wesentlichen aus dem Beschaffungs-, Absatz- und Organisationskonzept, dem Nutzungsrecht an →*Schutzrechten*, der Ausbildung des Franchisenehmers und der Verpflichtung des Franchisegebers, den Franchisenehmer aktiv und laufend zu unterstützen und das Konzept ständig weiterzuentwickeln. Der Franchisenehmer hat sowohl Nutzungsrecht als auch Nutzungspflicht des Systems gegen Entgelt. Die Entgeltvereinbarungen sind unterschiedlich. Üblicherweise erhält der Geber vom Nehmer neben einer Einmalzahlung eine laufende Gebühr vom →*Umsatz*.

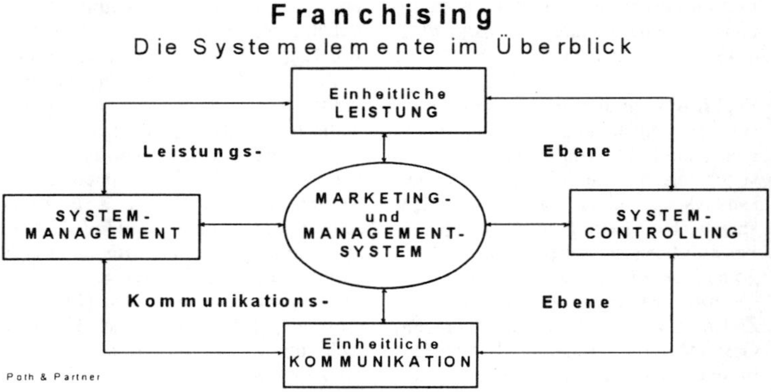

Freihandel Von einzelstaatlichen Einflüssen freier →*Außenhandel*. Der Freihandel gilt für eine Freihandelszone, die durch die beteiligten Mitgliedsländer bestimmt ist.

Freiwillige Ketten Vertikale →*Kooperations*formen von →*Groß-* und →*Einzelhandel*sunternehmen.Die freiwilligen Ketten sind primär absatz- und erst sekundär einkaufsorientiert (siehe in Abgrenzung →*Einkaufsgemeinschaft*). Durch Ausdehnung der Intensität der Kooperation können → *Franchise*systeme entstehen.

Freizeitmarketing Markt- und zielgruppenorientierte Gestaltung der Freizeitangebote in der Weise, daß den →*Bedürfnissen*, →*Erwartungen* und Zukunftswünschen der Freizeitkonsumenten entsprochen wird. Der Freizeitmarkt wird gebildet aus den Teilmärkten Tourismus, Kultur, Sport, Unterhaltung, Do-it-Yourself. Überlappungen ergeben sich durch den Freizeitkonsum, d.h. den →*Konsum* in der Freizeit (z.B. Medienkonsum, Kulturkonsum).

Fremdenverkehr →*Tourismus*.

Fremdenverkehrsmarketing → *Tourismusmarketing*.

Fremdgeschäft Geschäftsabschlüsse von →*Einkaufszentralen* (→*Einkaufsgemeinschaften*) oder des →*Großhandels* in fremdem Namen und für eigene oder fremde Rechnung. Die eigentlichen →*Käufer* der Waren sind die Mitgliedsunternehmen bzw. der → *Einzelhandel*. Beim Fremdgeschäft werden das →*Delkrederegeschäft*, das reine Vermittlungsgeschäft und Kommissionsgeschäft (→*Kommissionshandel*) unterschieden (siehe als Gegensatz →*Eigengeschäft*).

Fremdimage →*Einstellungen* und Vorstellungen, die →*Kunden* bzw. → *Zielgruppen* zu einem →*Unter-*

nehmen (bzw. einer Institution) und seinem Leistungsangebot haben. Fremdimages und ihre kritische Bewertung sind eine bedeutende Hilfe zur Überprüfung des →*Eigen-* und →*Soll-Images*. Aus der Analyse des Fremdimages läßt sich auch ableiten, wie nah man das → *Idealimage* erreicht hat oder erreichen kann. Hierbei ist zu betonen, daß das Idealimage auch durch das Fremdimage bestimmt wird.

Fremdkapitalrentabilität Fremdkapitalzinsen als Ertrag des Fremdkapitals.

Frequent Shopper-Programme Belohnungssysteme bzgl. der →*Loyalität* der →*Kunden* (→*Kundentreue*) durch besondere Vorteile (siehe auch →*Couponing*).

Frequenz Begriff für die Häufigkeit. In der Statistik ist die Frequenz die Zahl der Fälle, mit der ein bestimmtes Merkmal auftritt. In der →*Mediaforschung* und →*Werbeforschung* ist die Frequenz die Zahl der Kontakte (→*Kontaktzahl*), die ein Leser, Hörer oder Zuschauer mit dem jeweiligen →*Kommunikationsmedium* oder auch →*Kommunikationsmittel* hat.

Frühadopter →*Adoptergruppe*, die ähnliche Eigenschaften aufweist wie die Gruppe der →*Innovatoren*. Der Unterschied besteht in ihrer geringeren Risikobereitschaft. Frühadopter sind stärker als die Innovatoren in ihr örtliches Sozialsystem eingebunden. Die Adoptergruppe macht nach dem Adoptionsmodell von *E.M. Rogers* 13,5% der Bevölkerung aus (siehe auch → *Adoptionsprozeß*).

Frühe Mehrheit →*Adoptergruppe*, die deutlich weniger risikobereit ist im Vergleich zu den →*Innovatoren* und →*Frühadoptern*. In bezug auf ihre → *Soziodemographischen* (Eigenschaften) *Kriterien* (Einkommen, Sozialprestige, Ausbildungsgrad etc.) liegen sie etwas über dem Durchschnitt. Ihr Führungsverhalten ist wenig ausgeprägt. Die Adoptergruppe macht nach dem Adoptionsmodell von *E.M. Rogers* 34% der Bevölkerung aus (siehe auch →*Adoptionsprozeß*).

Frühe Übernehmer →*Frühadopter*.

Frühwarnsysteme →*Management-* und →*Marketing-Informationssysteme*, die mögliche künftige Gefahren antizipieren und melden (→*Monitoring*). Die Frühwarnsysteme gehören zu den Methoden der →*Strategischen Marktforschung*.

FTP Abk. für **F**ile **T**ransfer **P**rotocol. Das System regelt als verbindungsorientiertes Übertragungsprotokoll den Austausch von Dateien zwischen verschiedenen Rechnern im →*Internet*.

Führung Zielbezogene, interpersonelle Verhaltensbeeinflussung von Mitarbeitern durch →*Kommunikationsprozesse*. Darüber hinaus ist die Führung auf die umfassende Gestaltung und Lenkung des gesamten →*Unternehmens* gerichtet (dazu auch →*Unternehmensführung*, →*Management*).

Führungsorganisation Gesamtheit der Dauerregelungen in der Unternehmens- und Personalführung.

Führungs-Scorecard Weiterentwicklung der →*Balanced Scorecard* als Führungsinstrument. Ziel ist es, ein ausgewogenes Verhältnis herzustellen zwischen den Dimensionen: Marktorientierung, Zielorientierung, Mitarbeiterorientierung, Verbesserungs- und Lernfähigkeit. Dabei müssen die Meßgrößen für die einzelnen Dimensionen möglichst operational auf die Mitarbeiterführung bezogen sein. Diese Bedingung erweist sich vielfach in der Praxis als ein Problem, da die auf die Mitarbeiter bezogenen Meßgrößen in der Regel einen stark qualitativen Charakter haben und daher eine Festlegung konkreter Zielwerte mit Schwierigkeiten verbunden ist.

Führungsspanne *→Leitungsspanne.*

Führungsstil(e) Einheitliches Führungsverhalten (siehe auch *→Führung*). Grundsätzlich zu unterscheiden sind auf dem Führungskontinuum der autoritäre und der kooperative Führungsstil, wobei dem kooperativen Führungsverhalten eindeutig Priorität einzuräumen ist. Der *→Autoritäre Führungsstil* kommt durch die individuelle Art der singulären Willensbildung einer Führungskraft zum Ausdruck. Im Gegensatz dazu ist der *→ Kooperative Führungsstil* durch einen möglichst großen Entscheidungsspielraum der *→Gruppe* gekennzeichnet. Die Gruppe (Team) ist an der Entscheidungsbildung maßgeblich beteiligt. Insofern geht die Kooperation erheblich weiter als die Partizipation.

Führungsstile

Polarisierung der Stilarten

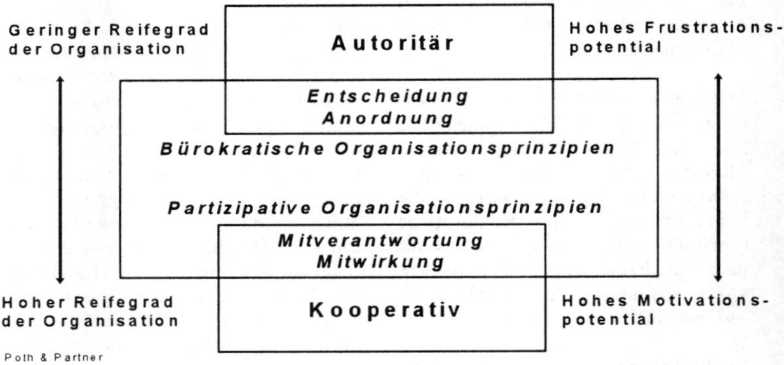

Poth & Partner

Führungssystem(e) Gesamtheit aller Regelungen, die primär auf die Leistungsfähigkeit und -bereitschaft der Mitarbeiter bezogen sind. Führungsinstrumente dazu sind vor allem Delegation, Partizipation, Kooperation, Information, Kommunikation, Kontrollen und Vorgaben (siehe dazu auch *→Führungsstile* und *→Führungstechniken* in Verbindung mit *→Managementtechniken*).

Führungstechnik(en) Instrumente und Methoden, die bei der Lenkung bzw. Steuerung der multipersonalen Problemlösung zum Einsatz kommen. Zu unterscheiden sind: Problemlösungstechniken (siehe auch *→Kreativitätstechniken*), Organisationstechniken und *→Sozialtechniken.*

Fuhrpark Gesamtheit der unternehmenseigenen Transportmittel, die betriebsextern und/oder betriebsintern eingesetzt werden. Für die *→Logistik* hat der Fuhrpark eine große Bedeutung (*→Transport*).

Fulfillment Die engere Definition beschränkt sich auf die Responsebearbeitung und den Versand bei →*Mailing*aktionen. Der weiter gefaßte Begriff umfaßt alle Leistungen rund um die Bestellung und die Ware (→*Warenwirtschaft*). Dazu gehören die Bestellannahme bzw. Auftragsannahme; Fakturierung, Bonitätsprüfung und Inkasso; Berichtswesen, →*Controlling* und →*Database-Marketing*; →*Kundenservice* und die Behandlung von →*Reklamationen* (→*Beschwerdemanagement*); alle Warenwirtschaftsfunktionen. Die Fulfillment-Aufgaben können ganz oder auch teilweise auf spezialisierte Dienstleistungsunternehmen übertragen werden. Ein →*Outsourcing* empfiehlt sich immer dann, wenn die Funktionen durch die eigene Organisation nicht wahrgenommen werden können oder die optimale Abwicklung von →*Direktmarketing*-Aktionen nicht gesichert ist.

Full Service-Agentur →*Werbeagentur*, die aufgrund ihrer personellen und organisatorischen Voraussetzungen in der Lage ist, die Aufgabenbereiche der →*Marketingkommunikation* für →*Werbungtreibende* zu übernehmen. Dazu gehören vor allem die Beratung, Mittlung, Planung, Gestaltung und Durchführung. Nach der Definition der Gesellschaft Werbeagenturen (→*GWA*) gehört zum Full Service-Angebot, „daß die Werbeagentur über Spezialisten und Spezialeinrichtungen verfügt, die erforderlich sind, um die werblichen Aufgaben ihres Auftraggebers ganzheitlich zu betreuen“. Organisatorisch ist eine Full Service-Agentur mindestens in die Hauptabteilungen Werbevorbereitung (Informationsrecherche), Kundenberatung, Gestaltung, Media und Verwaltung gegliedert.

F + E Abk. für Forschung und Entwicklung, die insbesondere für die →*Produktpolitik* eine herausragende Bedeutung haben.

Fundraising Moderner Ausdruck für die Geldbeschaffung von Non-Profit-Organisationen (→*Non-Profit-Marketing*) im Zeichen steigender Staatsverschuldung. →*Sozio-*, →*Umwelt-* und →*Kultur-Sponsoring* sind Beispiele dafür, wie Fundraising mit dem →*Kommerziellen Marketing* verbunden werden kann.

Fungibilität Gleichmäßige Beschaffenheit von →*Waren*. Die Fungibilität von →*Gütern* ist die Voraussetzung für ihre Börsenfähigkeit (→*Börse*, →*Warenbörse*). Am eindeutigsten ist die Fungibilität bei Wertpapieren.

Funktion(en) In der Statistik die Abhängigkeit einer veränderlichen Größe von einer anderen Größe. Im Marketing beschreibt die Funktion Tätigkeiten, Aufgaben und Wirkungsweise (siehe dazu z.B. →*Marketingfunktionen*, →*Werbewirkungsfunktionen*).

Funktioneller Handel Handelstätigkeit, die sich daraus ergibt, daß Marktteilnehmer (→*Marktpartner*) →*Güter* beschaffen und ohne Be- und Verarbeitung an Dritte weiter veräußern. Üblicherweise ist der Begriff beschränkt auf die →*Distribution* von beweglichen (mobilen) →*Sachgütern* (siehe in Ergänzung →*Institutioneller Handel*).

Funktionsanalyse Entwicklung von →*Problemlösungen* auf der Basis der Analyse von Funktionsanforderungen der →*Kunden* an ein bestehendes oder neues →*Produkt*. Die Funktionsanalyse wurde zunächst für →*Investitionsgüter* entwickelt, ist jedoch in ihrer Anwendung keineswegs auf diese beschränkt.

Funktion(s)engliederung Organisatorische Grundgliederung des →*Unternehmens* nach dem Verrichtungsaspekt. Klassisches Beispiel ist die Abteilungsgliederung nach →*Beschaffung*, →*Produktion*, →*Absatz* (bzw. →*Vertrieb*), Finanzen und Verwaltung incl. Personal (vgl. im Gegensatz dazu die →*Objektegliederung* und als Beispiele dazu das →*Produkt-Management*, die →*Spartenorganisation* und das →*Key Account-Management*).

Funktionsrabatt(e) Klassischer →*Rabatt*, der sich auf die Funktionserfüllung des →*Handels* (→*Groß*- und →*Einzelhandel*) bzgl. der →*Distribution* der Leistungsangebote der Lieferanten bezieht. Der Funktionsrabatt ist das Entgelt für die Erfüllung der →*Handelsfunktionen*. Durch die →*Handelskonzentration* und die damit verbundene →*Asymmetrische Machtverteilung* ist jedoch diese klassische Definition mittlerweile reduziert und demzufolge entwertet worden auf einen leistungsunabhängigen funktionalen Pauschalrabatt. Wesentliche und kostenintensive Handelsfunktionen (→*Distributionsfunktionen*) werden auf die Lieferanten zurückdelegiert (wie z.B. die →*Lagerhaltung*), so daß sich für viele Hersteller inzwischen die Frage nach der →*Effizienz* des →*Mehrstufigen Vertriebs* (→*Indirekter Absatz*) stellt. Die Folge ist das Wachstum des →*Direktvertriebs* durch neue Formen des →*Direktmarketing* (siehe dazu auch →*Factory Outlets*).

Funktionstest Phase im →*Innovationsprozeß*, die sich an die technische →*Produktentwicklung* anschließt oder in diese integriert ist.

Funkwerbung →*Hörfunkwerbung*.

Furcht Spezifische, bewußt wahrgenommene und lokalisierbare (identifizierbare) Gefahr im Unterschied zur →*Angst* als einer unspezifischen Empfindung einer allgemeinen Bedrohung.

Fusionskontrolle Kontrolle von Unternehmenszusammenschlüssen zum Schutz des freien und ungehinderten →*Wettbewerbs*. Bei Unternehmenszusammenschlüssen besteht gegenüber dem Bundeskartellamt eine Anzeigepflicht, wenn die entsprechenden Zusammenschlußtatbestände nach dem →*GWB* gegeben sind.

Futurologie Zukunftsforschung, die sich mit langfristigen →*Trends* von

Gesamtstrukturen beschäftigt. Hierbei haben aus Marketingsicht insbesondere der →*Wert(e)wandel* und die →*Wert(e)dynamik* eine besondere Bedeutung im Hinblick auf die langfristigen Veränderungen des →*Konsumenten-* und →*Kaufverhaltens*. Aufgrund der Komplexität der Entwicklungen erfolgt die futurologische Forschung meist interdisziplinär (siehe in Abgrenzung →*Prognosen* und in enger Beziehung →*Projektion*).

G

Gain-and-Loss-Analyse Analyse von Käuferwanderungen, die mit Hilfe von Paneluntersuchungen (→*Panel*) erhoben werden. Ermittelt werden die Kundenzuwanderungen und Kundenabwanderungen in bezug auf einen →*Markenwechsel* (→*Markenwechselmodelle*). Daraus können Erkenntnisse bzgl. der Markenwahlentscheidungen (→*Markenwahl*) der →*Käufer* gewonnen werden (siehe auch →*Markoff-Ketten*).

Gameshow Kurze Spielsendung (z.B. Ratespiele) im Fernsehen, in der die zu gewinnenden →*Produkte* präsentiert werden.

Ganzheitspsychologie Theorie der ganzheitlichen →*Wahrnehmung* von Reizkonstellationen (im Vergleich → *Gestaltpsychologie*, →*Elementarpsychologie*). Die Ganzheitspsychologie untersucht insbesondere den Einfluß von Gefühlen auf die Wahrnehmung. Dieser Wirkzusammenhang spielt für das Marketing eine besondere Rolle, als dadurch Erkenntnisse der subjektiven Bedingtheit von Wahrnehmungen gewonnen werden können.

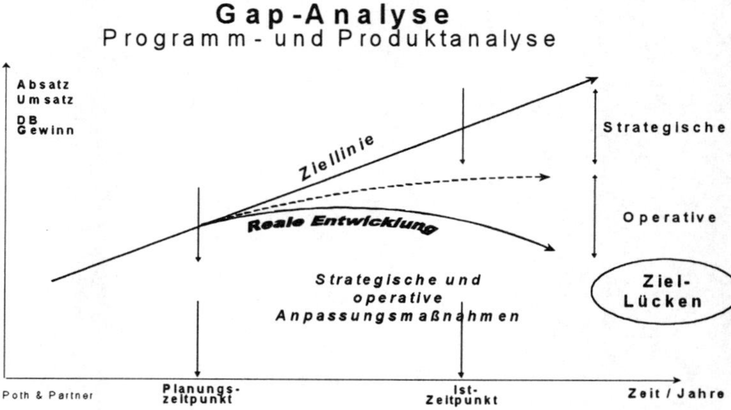

Gap-Analyse Die Lücken- bzw. Ziellückenanalyse ist ein Instrument der strategischen *→Unternehmens-* und *→Marketingplanung*. Die Zielgröße (z.B. *→Umsatz* oder *→Gewinn*) wird mit der Istgröße verglichen. Der Vergleich wird für einen bestimmten Planungshorizont (z.B. fünf Jahre) vorgenommen. Die Distanz zwischen *→Ziel* und Zielerreichung (Ziellücke) wird unterschieden nach der operativen und strategischen Lücke. Die Unterscheidung in strategische und operative Lücken ist wesentlich im Hinblick auf die zu treffenden Maßnahmen zur Schließung der Lücken.

Garantie(leistung) Die Garantie(leistung) geht über die gesetzlich vorgeschriebenen Gewährleistungsverpflichtungen von Hersteller- oder Handelsunternehmen hinaus. Sie wird dem *→Käufer* durch einen separaten Garantievertrag gewährt und umfaßt z.B. die Nutzungsdauer. Umfang und Frist der Garantie(leistung) werden von den *→Anbietern* unterschiedlich festgesetzt. Die über die gesetzliche Gewährleistungshaftung hinausgehende Garantie(leistung) hat deutlich positive Auswirkungen auf das *→Akquisitorische Potential*.

Gatekeeper Die Türhüter sind Informationsselektierer. Bestimmte *→Informationen* werden (durch die relevanten Informationskanäle) durchgelassen und andere nicht. Die Gatekeeper (z.B. Journalisten in den *→Massenmedien*) beeinflussen in erheblichem Umfang z.B. die *→Adoptionsprozesse* und die *→Diffusion* von *→Innovationen*, aber auch die *→Firmenimages*. Die Beeinflussungsmöglichkeiten nehmen zu bei Identität von Gatekeeper und *→Meinungsführer*. Daraus hat die *→Öffentlichkeitsarbeit* (*→Public Relations*) schon vielfach die Konsequenz gezogen, eine direkte *→Kommunikation* mit den Gatekeepern aufzunehmen, um die Beeinflussung der *→Öffentlichkeit* positiv zu gestalten. Gatekeeper finden sich auch im *→Buying Center* und üben dort ihre Informations-Selektionsfunktion aus.

GATT Abk. für **G**eneral **A**greement on **T**ariffs and **T**rade. Es handelt sich um ein weltweites, allgemeines Zoll- und Handelsabkommen (in Kraft getreten am 1.1.1948), um den Welthandel zu liberalisieren. Das Abkommen wurde erweitert durch die *→WTO* (**W**orld **T**rade **O**rganization) am 1.1.1995.

Gattungsbezeichnung Warenbezeichnung, die wettbewerbsrechtlich (*→UWG*) im Gegensatz zur *→Herkunftsbezeichnung* eine reine Beschaffenheitsangabe ist. Gattungsbezeichnungen werden durch *→Gattungsmarken* vor allem im filialisierten *→ Einzelhandel* (Lebensmitteleinzelhandel) in der *→Sortimentspolitik* umgesetzt.

Gattungsmarke(n) Im Gegensatz zur Herkunftsbezeichnung eine reine Beschaffenheitsangabe als Warenbezeichnung. Synonym werden die Begriffe *→No Names*, *→Weiße Produkte*, *→Generics*, produits libres etc. verwendet. Die Gattungsmarken konzentrieren sich im wesentlichen auf Produkte des täglichen Bedarfs. Abzugrenzen von den Gattungsmarken sind die *→Herstellermarken* (*→Markenartikel*), *→Handelsmarken* und *→Eigenmarken* (siehe dazu auch im Gesamtzusammenhang*→Markenpolitik*).

Gauß´sche Glockenkurve *→Normalverteilung*.

Gebietsschutz Konkurrenzschutz, der den *→Absatzmittlern* durch den Lieferanten gewährt wird. Die wichtigsten Formen sind der *→Selektive Vertrieb*, *→Depotsysteme*, *→Franchisesysteme*, der *→Exklusivvertrieb* oder der →*Alleinvertrieb*. In aller Regel besitzt auch der →*Handelsvertreter* einen Gebietsschutz für seinen →*Verkaufsbezirk*. In diesem Zusammenhang sind auch die →*Vertriebsbindungen* zu nennen.

Gebietsverkaufstest Testmarktverfahren, mit dessen Hilfe die Verkaufs- bzw. Umsatzwirkung eines Marketingmitteleinsatzes (z.B. →*Werbung* oder auch der →*Marketing-Mix*) gemessen wird. Die Ergebnisse des →*Testmarkts* (bei Einsatz des zu untersuchenden →*Marketinginstruments*) werden mit den Ergebnissen in den Kontrollmärkten verglichen, in denen die Marketingmaßnahme nicht zum Einsatz kam. Durch dieses Verfahren wird die Wirkung des Marketinginstruments isoliert. Voraussetzung und gleichermaßen Problem ist, daß Testmarkt und Kontrollmärkte vollständig strukturgleich sein müssen. Diese Bedingung kann in der Realität kaum erfüllt werden. Ein weiteres Problem ist die Festlegung der Testperiode, da Marketingmaßnahmen vielfach in späteren Perioden nachwirken (→*Carry-over-Effekt*).

Gebrauchsgüter In Abgrenzung zu →*Konsumgütern* (im Sinne von →*Verbrauchsgütern*) sind Gebrauchsgüter zur mehrmaligen bzw. längerfristigen Verwendung bestimmt. Sie werden ersetzt, wenn sie ihre Gebrauchsfähigkeit verlieren oder durch Neuerungen veralten.

Gebrauchsgüterpanel →*Panel*, →*Panelarten*.

Gebrauchsmuster Gewerbliches →*Schutzrecht* für technische Erfindungen, das neben dem →*Patent* zum Schutz kleinerer Erfindungen geschaffen wurde. Die Laufzeit beträgt 3 Jahre und kann nach Verlängerungen auf höchstens 10 Jahre ausgedehnt werden. Zu unterscheiden ist das Gebrauchsmuster vom →*Geschmacksmuster*, das dem Schutz von ästhetischen Gestaltungen dient.

Gebrauchsnutzen →*Nutzen*, der aus der gebrauchstechnischen →*Qualität* von →*Produkten* resultiert. Hierbei handelt es sich vor allem um die Funktionsqualität. Der Gebrauchsnutzen weist eine enge Verwandtschaft mit dem →*Grundnutzen* auf (im Gegensatz →*Zusatznutzen*, →*Geltungsnutzen*).

Gebrochene Preise Psychologische Preise, die den →*Preisschwelleneffekt* nutzen (→*Odd Pricing*).

Gebührenvereine →*Abmahnung*.

Gebundener Preis →*Preisbindung*.

Gedächtnis Informationsspeicher eines Organismus, der die Funktion des Behaltens (Speicherung) und Abrufs (→*Erinnerung*) von gelernten (→*Lernen*) Inhalten hat (→*Gedächtnistheorien*). Das Gedächtnis besteht aus einem Kurzzeit- und Langzeitspeicher (→*Kurzzeit-*, →*Langzeitgedächtnis*). Der dem Behalten und der Erinnerung von →*Informationen* entgegengerichtete Prozeß ist das →*Vergessen*. Insbesondere für die Beurteilung der →*Werbewirkung* spielt das Gedächtnis und hierbei vor allem die Erinnerung eine wichtige Rolle (siehe →*Erinnerungsverfahren*, →*Recall-Verfahren*).

Gedächtnistheorien Die klassische Gedächtnisforschung untersucht Entstehung und →*Vergessen* von Gedächtnisinhalten (→*Lerntheorien*). Die neueren Forschungsansätze betrachten hingegen das →*Gedächtnis* als einen wichtigen Teil der →*Informationsverarbeitung*. Danach wird das Gedächtnis als Speicher (→*Mehrspeichermodell*) definiert, bestehend aus Kurzzeit- und Langzeitspeicher. Man spricht deshalb auch von einem →*Kurzzeit-* und →*Langzeitgedächtnis*. Besonders das Langzeitgedächtnis hat z.B. für die →*Marketingkommunikation* eine große Bedeutung. Eine wesentliche Ergänzung der Gedächtnisforschung stellt die →*Hemisphärentheorie* dar, die starken Einfluß auf die Entwicklung der →*Imagery-Forschung* genommen hat.

Gedächtniswirkung Form der →*Werbewirkung*, die sich insbesondere auf die →*Erinnerung* bezieht. Die Gedächtniswirkung wird mit Hilfe der →*Erinnerungsverfahren* (→*Recall-Verfahren*), →*Wiedererkennungsverfahren* (→*Recognition-Verfahren*), →*Assoziationstests* und →*Identifikationstests* gemessen. Bei unterstelltem Zusammenhang von Gedächtnis- und Werbewirkung stellt sich die Frage, wie die Gedächtniswirkung der →*Kommunikanten* (Rezipienten) erhöht werden kann. Eine Möglichkeit ist die mehrmalige Wiederholung von →*Werbebotschaften* durch die Erhöhung der →*Kontaktzahl* (→*Kontakthäufigkeit*). Darüber hinaus hat die →*Werbemittelgestaltung* (nicht zuletzt aufgrund des zunehmenden →*Information Overload*) eine erhebliche Bedeutung für die Gedächtniswirkung (z.B. →*Aktivierung* durch →*Bildkommunikation*).

Gefallen Positive Aufnahme (→*Akzeptanz*) von z.B. →*Innovationen* und vor allem →*Werbebotschaften* durch die →*Kommunikanten* (Rezipienten). Für die →*Werbung* (→*Produktwerbung*) spielt hierbei insbesondere die →*Werbemittelgestaltung* eine wichtige Rolle.

Gefühlsbetonte Werbung →*Suggestivwerbung*.

Gegengeschäft(e) Form des →*Kompensationsgeschäfts*, bei der aber die Güterlieferungen nicht durch Gegenlieferungen ausgeglichen werden. Die Güterlieferungen werden jeweils durch Geldzahlungen ausgeglichen. Das Ziel von Gegengeschäften ist, mit einem Geschäft (Hauptgeschäft) ein weiteres Geschäft (Gegengeschäft) zu verbinden. Insofern besteht eine weitgehende Identität mit dem →*Parallelgeschäft*. Gegengeschäfte erfolgen vielfach auch im Rahmen eines Vertragspakets (Junktimgeschäft). Gegengeschäfte haben wie die Kompensationsgeschäfte und das →*Bartering* vor allem im →*Außenhandel* mit Devisenbewirtschaftungsländern (mit vielfach hohen Zahlungsbilanzdefiziten) eine besondere Bedeutung.

Gegengewichtige Marktmacht →*Countervailing Power*.

Gegenstromverfahren Planungsprinzip vor allem im →*Internationalen Marketing*. Bei diesem Top-up-Ansatz gibt die Zentrale eine grobe länderspezifische Rahmenplanung vor, die in anschließenden Abstimmungsgesprächen mit den dezentralen Länderplanungen abgeglichen wird. Die endgültige Zielfestlegung erfolgt durch die Zentrale (siehe im Vergleich dazu →*Top-down-Planung* und →*Bottom-up-Planung*). Das Gegenstromverfahren kommt auch bei der →*Budgetierung* zum Einsatz.

Geltungsbedürfnis(se) →*Bedürfnisse*, die einmal auf die Selbstanerkennung und zum anderen auf die Anerkennung durch andere bezogen sind. Der Selbstwert ist abhängig von Leistung, Können, Wissen, Selbständigkeit und Selbstvertrauen. Die Anerkennung durch andere ist im wesentlichen abhängig vom sozialen →*Status*. Er bestimmt die soziale Anerkennung und die Aufmerksamkeit und verstärkt damit die soziale Kompetenz (siehe auch →*Maslow'sche Bedürfnispyramide*).

Geltungskonsum →*Demonstrativkonsum* (auch als conspicuous consumption bezeichnet).

Geltungsnutzen Sozialer →*Nutzen* (auch als Prestigenutzen bezeichnet), der im Gegensatz zum →*Grundnutzen* (→*Gebrauchsnutzen*) der Befriedigung von →*Sozialen Bedürfnissen* dient. →*Produkte* bzw. →*Dienstleistungen*, die diese Funktion erfüllen, haben den Charakter von →*Statussymbolen. W. Vershofen (1878-1960)*, auf den die Nutzeneinteilung zurückgeht, faßt Geltungsnutzen und Erbauungsnutzen (ästhetische Dimension) im →*Zusatznutzen* zusammen.

Gemeinkosten →*Kosten*, die dem →*Kostenträger* (Produkt) nicht direkt zugerechnet werden können. Sie werden mit Hilfe der Gemeinkostenschlüsselung auf die →*Kostenstellen* bzw. →*Kostenträger* verteilt (siehe auch →*Einzelkosten*).

Gemeinschaftsmarke Von mehreren selbständigen Unternehmen gemeinsam vertriebene →*Marke* als →*Eigenmarke*, →*Markenartikel* oder auch →*Handelsmarke*. Damit verbunden ist vielfach auch die Verwendung von →*Gütezeichen*.

Gemeinschaftsmarketing →*Kooperation* im Marketing, die sowohl horizontal (→*Horizontale Kooperation*) als auch vertikal (→*Vertikale Kooperation*) erfolgen kann. Voraussetzung für ein Gemeinschaftsmarketing (auch als Verbundmarketing bezeichnet) ist, daß die Leistungsangebote homogen (→*Homogenität*) sind und näherungsweise die Bedingungen des →*Vollkommenen Marktes* gelten. Ein typisches und prägnantes Beispiel für Gemeinschaftsmarketing ist das Agrarmarketing, das von der Centralen Marketinggesellschaft der deutschen Agrarwirtschaft (→*CMA*) durchgeführt wird.

Gemeinschaftsunternehmen →*Joint Venture*.

Gemeinschaftswarenhaus Verbund von selbständigen →*Fach*- und →*Spezialgeschäften* und auch anderen Dienstleistungsunternehmen unter einem Dach in innerstädtischen Zentren. Hinsichtlich des →*Sortiments* weisen die Gemeinschaftswarenhäuser kaum einen Unterschied zu den klassischen →*Warenhäusern* auf. Eine enge Verwandtschaft besteht mit den →*Einkaufs-Centern*, →*Einkaufspassagen* und Formen des →*Shop-in-the-Shop* und →*Store-in-the-Store*.

Gemeinschaftswerbung Vertikale oder horizontale kommunikative →*Kooperation*, die auch als Kollektivwerbung (Co-op-Werbung) bezeichnet wird. Zu unterscheiden sind die Verbund-Gemeinschaftswerbung (komplementäre →*Angebote* ohne Anbieternennung), die eigentliche Gemeinschaftswerbung (gleiche →*Produkte* bzw. →*Branche* ohne Anbieternennung) und die Sammelwerbung (→*Anbieter* werden genannt). Bei der Sammelwerbung ist weiter zu unterscheiden in eine Gruppenwerbung (gleiche Branche) und in eine Verbundwerbung (komplementäre Branchen).

Gemischtwarengeschäft →*Einzelhandelstyp* (→*Betriebstyp*), der charakterisiert ist durch ein breites, aber flaches →*Sortiment* (→*Sortimentsdimension*). Das Sortiment umfaßt üblicherweise Nahrungs- und Genußmittel, Hausrat, Kleintextilien, Zeitungen und Zeitschriften, Schreibwaren, Eisenwaren und andere →*Artikel* des täglichen Bedarfs. Gemischtwarengeschäfte finden sich vor allem in ländlich und kleinstädtisch geprägten Regionen. Der Betriebstyp wird immer mehr verdrängt durch →*Discounter*, →*Verbrauchermärkte* und →*SB-Warenhäuser*.

Gender Im Gegensatz zu „*Sex*" die sozialen Aspekte von Geschlecht. Die „*gender*"-Forschung beschäftigt sich mit der männlichen/weiblichen Geschlechtsidentität und der Geschlechterordnung als ein Verhältnis sozialer Ungleichheit.

Generalunternehmer Unternehmen, das auch als General Contractor oder Prime Contractor bezeichnet wird und die Gesamtverantwortung für ein Projekt übernimmt. Der Generalunternehmer vergibt in eigenem Namen Unteraufträge an weitere Lieferanten (Subagenten), die in keinem Vertragsverhältnis mit dem Kunden stehen. Die Form der Generalunternehmerschaft findet sich vor allem im Investitionsgüterbereich (z.B. Anlagenbau, Baubranche).

Generalvertreter →*Handelsvertreter*, der in seinem Verkaufsgebiet (→*Verkaufsbezirk*) Untervertreter (Subagenten) einsetzt. Hierbei übernimmt der Generalvertreter die Verantwortung für die Untervertreter. Damit verbunden sind Leitung, Organisation, Schulung und Kontrolle der Subagenten.

Generic Marketing Auf *Ph. Kotler (1972)* zurückgehende →*Marketingkonzeption*, die sich vom rein kommerziellen Ansatz (→*Kommerzielles Marketing*) löst und die Gesamtheit der Austauschbeziehungen (→*Transaktionen*) zwischen →*Marktpartnern* umfaßt. Hierbei handelt es sich um die weiteste Interpretation des →*Marketing*, die den Gedanken des →*Metamarketing* und →*Social Marketing* weiterführt.

Generics →*Gattungsmarke(n)*. Der Begriff ist entlehnt aus dem Pharma-Bereich, in dem Medikamente, die sich auf die Grundsubstanz beschränken, als Generica bezeichnet werden (siehe im Gegensatz →*Markenartikel*).

Genossenschaft Zusammenschluß von →*Unternehmen* (vor allem von Handelsunternehmen) als Einkaufs-, Absatz-, Konsum-, Bau- und Kreditgenossenschaften (siehe auch →*Einkaufsgemeinschaft*, →*Einkaufsgenossenschaft*, →*Freiwillige Ketten*). Die gewerblichen und ländlichen Genossenschaftsorganisationen gehen auf *F.W. Raiffeisen (1818-1888)* und auf *H. Schulze-Delitzsch (1808-1883)* zurück und entwickeln sich immer mehr zu geschlossenen Management-Verbundsystemen (siehe dazu auch →*Franchising*).

Geographische Kriterien Die wichtigsten Kriterien sind: Länder (In- und Ausland), →*Nielsengebiete*, Regionen, Distrikte, Bezirke, Gemeindegrößenklassen etc. Sie bilden die Grundlage für die →*Geographische Marktsegmentierung*.

Geographische Marktsegmentierung Gliederung der →*Konsumenten* bzw. →*Verwender* nach →*Geographischen Kriterien*.

Geo-Informationssystem(e) Geographische →*Daten*, die in Form von digitalen Karten in Verbindung mit Datenbank- bzw. Tabellendaten visualisiert werden, um auch ortsspezifische →*Marktanalysen* durchführen zu können. Dadurch wird auch eine →*Mikrogeographische Marktsegmentierung* möglich (bis hin zu lokalen Wohngebieten). Geo-Informationssysteme eröffnen der →*Marktforschung*, dem →*Direktmarketing* etc. ganz neue Wege, z.B. im Hinblick auf eine noch präzisere zielgruppenspezifische (→

Zielgruppe) Ausrichtung von Marketingaktivitäten.

Geo-Marketing Nutzung geographischer und demographischer Informationen vor allem für die →*Marktsegmentierung*, den →*Vertrieb* und die →*Marketingkommunikation* (siehe dazu →*Geo-Informationssysteme*, →*Geographische Marktsegmentierung*, →*Mikrographische Marktsegmentierung*). Insbesondere für das →*Direktmarketing* eröffnen sich dadurch neue Möglichkeiten der zielgruppenspezifischen (→*Zielgruppe*) Ausrichtung von Marketingaktivitäten.

Geometrisches Mittel In der →*Markt-* und →*Sozialforschung* verwendeter →*Mittelwert*, der sich als einfaches geometrisches Mittel aus der Multiplikation der Einzelwerte mit den jeweils folgenden Werten und der Ziehung der n-ten Wurzel aus dem Produkt ergibt. Beim gewogenen geometrischen Mittel wird jeder Einzelwert mit seinem Gewicht in der Datenreihe multipliziert.

Geozentrisches Marketing Form des →*Internationalen Marketing*, bei der das Marketing zentral und einheitlich auf den Weltmarkt ausgerichtet ist (→*Global Marketing*). Als Problem kann sich bei dieser Strategie erweisen, daß die örtlichen Marktgegebenheiten (unterschiedliche Bedürfnisstrukturen) nicht hinreichend beachtet werden (siehe im Vergleich dazu →*Polyzentrisches Marketing* und →*Ethnozentrisches Marketing*).

Geplante Obsoleszenz →*Obsoleszenz*.

GERT Abk. für →*Graphical Evaluation and Review Technique* (→*Netzplantechnik*).

Gesättigte Märkte →*Marktsättigung*.

Gesamtkapital Summe von Eigenkapital und Fremdkapital.

Gesamtkapitalrentabilität Quotient aus der mit 100 multiplizierten Summe von →*Gewinn* und Fremdkapitalzinsen und dem →*Gesamtkapital* (siehe in Abgrenzung →*Return on Investment, RoI*).

Gesamtkosten Summe von →*Fixkosten* und mengenabhängigen →*Variablen Kosten*.

Gesamtumsatzrabatt(e) Sonderform des →*Mengenrabatts*, die vom gesamten (Jahres-)Umsatz ausgeht, den ein Handelsunternehmen (→*Groß-* und/oder →*Einzelhandel*) mit einem Hersteller getätigt hat. Vielfach werden in der Praxis Gesamtumsatzrabatte mit Mengenrabatten, →*Treuerabatten* und →*Boni* verknüpft und kommen im voraus zur Auszahlung. In diesen Fällen handelt es sich in der Regel um eine Form des unzulässigen →*Behinderungswettbewerbs* (→*GWB*, →*UWG*).

Gesamtziel(e) Oberziele des →*Unternehmens*, die auf das Gesamtunternehmen bezogen sind. Im hierarchischen →*Zielsystem* werden die Gesamtziele auf Teilziele heruntergebrochen, die der Bedingung der Kompatibilität (Zielverträglichkeit) genügen müssen.

Geschäftsbedingungen →*AGB-Gesetz*.

Geschäftsbereich(e) →*Strategische Geschäftseinheit(en)*.

Geschäftsfeld(er) →*Strategische Geschäftseinheit(en)*.

Geschäftsfeld-Markt-Matrix →*Produkt-Markt-Matrix*.

Geschäftsfeld-Ressourcen-Portfolio Von *H. Albach (1979)* entwickelte Variante der →*Portfolioanalyse*. Die Portfolio-Matrix wird gebildet aus einer Ressourcen-Matrix (Kostenentwicklung - Verfügbarkeit) und Produkt-Matrix (Marktattraktivität - Produktlebenszyklus). Die beiden Matrizen werden in einem Gesamtportfolio zusammengefaßt.

Geschäftsimage →*Firmenimage*, das sich auf den →*Handel* (vor allem →*Einzelhandel*) bezieht und einen entscheidenden Einfluß auf das →*Einkaufsstättenwahlverhalten* der →*Verbraucher* hat. Hierbei ist die Preiswürdigkeit (→*Preisimage*) ein wesentlicher Imagefaktor. Das subjektive Vorstellungsbild der Verbraucher kann sich auf ein einzelnes Geschäft (→*Outlet*) oder bestimmte Abteilungen beziehen, auf das Gesamtunternehmen (bei →*Filialunternehmen*) oder auf bestimmte →*Betriebsformen* und →*Betriebstypen* (z.B. →*Fachgeschäft*, →*Fachmarkt*, →*Discounter* etc.).

Geschäftsprozeß „Folge von logisch miteinander verknüpften, wertschöpfenden Tätigkeiten/Verrichtungen, die Inputs zu anforderungsgerechten Outputs für interne und externe Kunden transformieren" (*H. Wittlage, 1998*).

Geschäftsprozeßoptimierung Führungs- und Managementkonzept, bei dem die kundenorientierte Leistung im Mittelpunkt steht und dementsprechend die Zusammenarbeit zwischen den einzelnen Organisationseinheiten übergreifend optimiert wird. Entscheidendes Kriterium für die Geschäftsprozeßoptimierung ist die Unternehmens-Gesamtleistung gegenüber dem →*Kunden* (siehe dazu auch →*Prozeßkettenorganisation* und den methodischen Ansatz des →*Business Reengineering*). Die angestrebte Gesamtleistung muß als Ziel quantitativ definiert werden (z.B. Erhöhung der →*Lieferbereitschaft* von 80 auf 90%).

Geschäftsprozeßorganisation Organisatorische Betrachtung des →*Unternehmens* als die Gesamtheit von Kernprozessen (→*Geschäftsprozessen*), die auf kundenorientierte Leistungen fokussiert sind. Es geht also im wesentlichen um die organisationale Implementierung und Fundierung der →*Geschäftsprozeßoptimierung*. An die Stelle des →*Verrichtungsprinzips* (→*Funktionengliederung*) tritt die ganzheitliche und kundenorientierte Aufgabenerfüllung aus einer Hand (siehe dazu auch →*Case Management*, →*Prozeßkettenorganisation*).

Geschäftstreue →*Ladentreue*.

Geschäftstyp Synonym für einen →*Handelstyp* (vor allem →*Einzelhandelstyp* als besondere Ausprägung eines →*Betriebstyps*).

Geschäftswert →*Firmenwert*.

Geschäftszentrum →*Einkaufs-Center*.

Geschichtetes Auswahlverfahren Diese auch als „stratified sampling" bezeichnete →*Zufallsstichprobe* (→*Randomauswahl*) zerlegt für die Bildung von →*Stichproben* die →*Grundgesamtheit* in mehrere Teilmengen (Schichten). Dieses →*Auswahlverfahren* (→*Stichprobenverfahren*) erweist sich dann als sinnvoll, wenn die Grundgesamtheit heterogen ist, die Teilmengen hingegen homogen sind. Diesbezüglich weist das Auswahlverfahren eine Ähnlichkeit mit dem →*Quotenverfahren* auf, das zu der Methodengruppe der →*Bewußten*

Auswahl gezählt wird. Durch das geschichtete Auswahlverfahren vermindert sich der →*Stichprobenfehler*. Eine →*Proportionale Schichtung* liegt vor, wenn jede Schicht in der Stichprobe ihrem Anteil an der Grundgesamtheit entspricht. Eine →*Disproportionale Schichtung* ist dann gegeben, wenn die einzelnen Schichten stärker oder schwächer in der Stichprobe vertreten sind, als es ihrem Anteil an der Grundgesamtheit entspricht. Die geschichtete Auswahl wird vielfach in Kombination mit der →*Mehrstufigen Auswahl* durchgeführt.

Geschlossene Frage(n) Bei →*Befragungen* (→*Marktforschung*) sind nur vorgegebene Antwortkategorien zugelassen. Vorteil des Verfahrens ist, daß die Auswertung schnell und per EDV vorgenommen werden kann. Im Vergleich zu →*Offenen Fragen* treten hingegen Probleme auf, wenn in dem →*Fragebogen* relevante Antwortkategorien fehlen, Antwortvorgaben nicht verstanden werden oder auch der Wahlzwang als negativ empfunden wird.

Geschmacksmuster Gewerbliches →*Schutzrecht* von Farb- und Formgestaltungen, die ästhetischen Wert haben (siehe auch →*Urheberrecht*). Die Laufzeit beträgt 3 Jahre und kann verlängert werden bis auf höchstens 15 Jahre.

Gesellschaft Gesamtheit eines dauerhaft geordneten Zusammenlebens von Menschen innerhalb eines bestimmten räumlichen Bereichs. Das organisierte Zusammenwirken dient dem Erreichen gemeinsamer Ziele bzw. der Befriedigung von →*Bedürfnissen*. Die Mitglieder einer Gesellschaft sind durch ein Netzwerk sozialer Beziehungen (→*Interaktion*) und eine gemeinschaftliche Wertorientierung (→*Werte*, →*Normen*, →*Tradition*, →*Kultur*) miteinander verbunden. Das Verhältnis zwischen Gesellschaft und Individuum beruht auf gegenseitiger Abhängigkeit und wird wesentlich bestimmt durch die Leistungskraft und Kooperationsfähigkeit seiner Mitglieder. Die interaktive Verknüpfung zwischen Struktur und →*Wirtschaftsordnung* (siehe auch →*Marktwirtschaft*) einer Gesellschaft führte mit der Entstehung der modernen Industriegesellschaft (→*Konsum-* und →*Überflußgesellschaft*) zu einer Veränderung und teilweisen Auflösung sozialer Strukturen und Gemeinschaften (siehe auch →*Wert(e)wandel*, →*Wert(e)dynamik*).

Gesetz der großen Zahl Gesetz, nach dem durch eine große Zahl von Einzelfällen typische Regelmäßigkeiten erkannt werden können. Durch eine größere →*Stichprobe* sinkt die →*Wahrscheinlichkeit* für größere →*Abweichungen*. Diese Gesetzmäßigkeit spielt in der →*Wahrscheinlichkeitstheorie* und vor allem in der →*Empirischen Sozialforschung*, →*Empirischen Wirtschaftsforschung* und in der →*Marktforschung* (→*Stichprobenverfahren*) eine wichtige Rolle.

Gesetz der Unterschiedslosigkeit Prinzip der Preisunterschiedslosigkeit, auch →*Law of Indifference* (nach *W.St. Jevons, 1835-1882*) genannt. Das Gesetz besagt, daß sich auf einem →*Vollkommenen Markt* nach dem →*Rationalprinzip* für ein →*Angebot* nur *ein* →*Preis* (→*Marktpreis*) bilden kann. Die Unterschiedslosigkeit ergibt sich im wesentlichen aus der Gleichartigkeit (→*Homogenität*) der Angebote und der Nichtexistenz von →*Präferenzen*.

Gesetz gegen den unlauteren Wettbewerb →*UWG*.

Gesetz gegen Wettbewerbsbeschränkungen →*GWB*.

Gesetz vom abnehmenden Ertragszuwachs →*Ertragsgesetz*.

Gesichtssprache Form der →*Nonverbalen Kommunikation*, die bei der →*Persönlichen Kommunikation* (u.a. im →*Persönlichen Verkauf*) eine große Rolle spielt. Die Gesichtssprache ergibt sich aus dem Zusammenwirken von statischen (Physiognomie) und motorischen (Mimik) Ausdruckserscheinungen (siehe in Ergänzung dazu auch →*Neurolinguistische Programmierung*).

Gestalt Komplexe Wahrnehmungseinheit (→*Wahrnehmung*), die ganzheitlich (→*Gestaltpsychologie*) ist und nicht auf die Summe ihrer Teile reduziert werden kann.

Gestaltfestigkeit Widerstandskraft von →*Gestalten* (z.B. von →*Werbemitteln*) gegenüber Deformationen, Verzerrungen und Zerfallsmanipulationen (Auflösung von Elementbeziehungen). Die Gestaltfestigkeit, die sich aus der →*Gestaltpsychologie* und →*Ganzheitspsychologie* ableitet, hat für die →*Werbemittelgestaltung* eine erhebliche Bedeutung. Ihre Stärke hat einen positiven Einfluß auf die →*Erinnerung* und auf die →*Gedächtniswirkung*. Daraus kann auch geschlossen werden, daß gestaltfeste Werbemittel eine größere →*Werbewirkung* haben.

Gestaltgesetze Aus dem →*Prägnanzprinzip* abgeleitete gesetzmäßige Bedingungen für die Gestaltung (→*Gestaltwert*), die auf den Erkenntnissen der →*Gestaltpsychologie* und →*Ganzheitspsychologie* beruhen. Die Vielzahl der in der Literatur genannten Gestaltgesetze läßt sich bzgl. ihrer Bedeutung reduzieren auf das Gesetz der Nähe (Elemente mit dem kleinsten Abstand werden als zusammengehörig angesehen), Gesetz der Geschlossenheit (fehlende Elemente werden ergänzt), Gesetz der Ähnlichkeit (ähnliche Elemente werden als zusammengehörig angesehen), Gesetz der Kontinuität (Elemente gleicher Form, die fortlaufend miteinander verbunden sind, werden als Einheit empfunden), Gesetz der Symmetrie (symmetrische Elemente werden als Einheit erlebt), Gesetz des Einschlusses (→*Figur-Grund-Beziehung*) und Gesetz des Ganzen (das Ganze ist mehr als die Summe seiner Teile).

Gestaltpsychologie Theorie der ganzheitlichen →*Wahrnehmung* von komplexen Reizkonstellationen (z.B. →*Werbemittel*). Die Erkenntnisse beziehen sich in erster Linie auf die Prägnanz wahrnehmbarer Figuren (siehe auch →*Ganzheitspsychologie* und in Abgrenzung dazu →*Elementarpsychologie*). Die Prägnanz (→*Prägnanzprinzip*) der Wahrnehmung beeinflußt entscheidend z.B. die →*Werbewirkung*.

Gestaltwert Qualität einer Ganzheit als eine komplexe und von ihrer Umgebung abgehobene Wahrnehmungseinheit (→*Gestalt*), die mehr als die Summe ihrer Bestandteile ist und daher auch nicht auf ihre Komponenten reduziert werden kann. Der Gestaltwert ist einer der Schlüsselbegriffe der →*Gestaltpsychologie* und hat eine erhebliche Bedeutung für die →*Werbemittelgestaltung*.

Gewerbe Selbständige Tätigkeit (nach Gewerbeordnung). Es gilt in Deutschland der Grundsatz der Gewerbefreiheit unter Berücksichtigung der gesetzlich festgelegten Bestimmungen. Die staatliche Aufsicht erfolgt durch die Gewerbeaufsicht.

Gewerbliche Schutzrechte →*Schutzrecht(e)*.

Gewichtete Distribution Gewichtung nach dem Anteil, den ein →*Produkt* am →*Umsatz* der →*Warengruppe* oder am Gesamtumsatz des Einzelhandelsunternehmens hat. Die gewichtete Distribution zeigt die Bedeutung der einzelnen Handelsbetriebe für den Hersteller durch den produktspezifischen Umsatzanteil bestimmter Handelsbetriebe am gesamten vergleichbaren Umsatz aller relevanten Geschäfte (siehe im Vergleich und in Ergänzung →*Numerische Distribution*).

Gewinn Differenz zwischen →*Erlös* und →*Kosten* auf Basis der →*Vollkostenrechnung*.

Gewinnbezogene Budgetierungsmethode Am →*Gewinn* orientierte →*Werbebudgetierung* (→*Kommunikationsbudget*). Die Budgetierungsmethode unterstellt einen funktionalen Zusammenhang zwischen Gewinn und →*Werbung*, der nur insofern eine gewisse Plausibilität aufweist, als bei sinkenden Gewinnen eine Reduktion des Werbeaufwands (unter sonst gleichbleibenden Bedingungen) zu einer Stabilisierung des →*Betriebsergebnisses* beitragen kann. Diese Annahme erweist sich aber dann als Fehlschluß, wenn durch den reduzierten →*Werbeaufwand* die →*Umsätze* überproportional absinken und die Kostenersparnis (negativ) mehr als ausgleichen.

Gewinnmaximierung Unter Berücksichtigung der →*Absatzmenge*, der →*Kosten* und des im →*Markt* erzielbaren →*Preises* ist es das unternehmerische →*Ziel*, den →*Gewinn* zu maximieren (siehe auch →*Erwerbswirtschaftliches Prinzip*). Damit verbunden ist auch die →*Minimalkostenkombination*.

Gewinnmaximum Maximale Differenz zwischen →*Erlös* und →*Kosten*. Eine Gewinnmaximierung kann erreicht werden durch Kostensenkung und/oder Erlössteigerung. Sie ist als →*Unternehmensziel* (neben anderen Zielen) kurz-, mittel- und langfristig zu bestimmen.

Gewinnpunktrechnung →*Break-even-Analyse*.

Gewinnschwelle →*Absatzmenge*, bei der die →*Erlöse* gleich den →*Kosten* sind (siehe →*Break-even-Analyse*).

Gewinnspanne Differenz zwischen →*Erlös* und →*Kosten* einer Periode. Die Gewinnspanne wird in der Regel in Prozent vom →*Erlös* ausgedrückt.

Gewinnspiele Instrument der →*Verkaufsförderung*, das sowohl von Industrie (→*Verbraucher-Promotions*, →*Händler-Promotions*) als auch vom Handel (→*Handels-Promotions*) eingesetzt wird, um ein bestimmtes Leistungsangebot im →*Absatzmarkt* bekanntzumachen bzw. zu aktualisieren. Gewinnspiele (wie z.B. →*Preisausschreiben*) sind wettbewerbsrechtlich (→*UWG*) unbedenklich, wenn sie nicht an den →*Kauf* des Leistungsangebots (auch im Sinne eines →*Psychologischen Kaufzwangs*) gekoppelt werden.

Gewinnvergleichsrechnung Periodenbezogener Vergleich der →*Gewinne* bzw. Einnahmenüberschüsse (→*Investitionsrechnung*).

Gewohnheitskauf →*Gewohnheitsverhalten*, →*Routinekauf*.

Gewohnheitsverhalten Verfestigtes (habituelles) →*Verhalten* (→*Kaufverhalten*). Mit dem Gewohnheitsverhalten ist eine relativ hohe →*Markentreue* (→*Produkttreue*) und/oder eine hohe →*Ladentreue* verbunden.

GfK-Kaufkraftkennziffern Von der Nürnberger Hochschule 1937 entwikkelte Kennzahlen zur →*Kaufkraft*, die seit Mitte der 50er Jahre durch die Gesellschaft für Konsumforschung, Nürnberg, weiterentwickelt werden. Die Ziffern basieren auf den Lohn- und Einkommensteueraufkommen der Teilgebiete (Landkreise und kreisfreie Städte), die ins Verhältnis gesetzt werden zu den entsprechenden Werten des Gesamtgebiets (Deutschland). Bei der Berechnung werden regional unterschiedliche Steuersätze, Steuervergünstigungen für die Landwirtschaft sowie Sozialfürsorge und Renteneinkommen mit in Ansatz gebracht. Durch Berücksichtigung der Wohnbevölkerung in den Gebieten kann die Kaufkraftkonzentration (Kaufkraft je Einwohner) ermittelt und in Kaufkraftlandkarten dargestellt werden (siehe auch →*Kaufkraftkennziffern*).

GfK-Meter Verfahren der →*Teleskopie* (→*Zuschauerforschung*) der Gesellschaft für Konsumforschung, Nürnberg.

GIF-Format Abk. für Graphic Interchange Format. Es handelt sich um ein komprimiertes Datei-Format zum EDV-gestützten Austausch von Bild- und Graphikdateien.

Giffen-Effekt Sonderfall der →*Inversen Preiselastizität*. Der Effekt (benannt nach *R. Giffen, 1837-1910*) tritt nur selten auf, und zwar bei →*Inferioren Gütern*, für die normalerweise die Grundannahme der →*Preiselastizität* gilt. Erklärung für den Effekt ist, daß bei steigenden →*Preisen* für inferiore Güter und bei unterstelltem gleichen oder sinkenden →*Einkommen* höherwertige Güter nicht mehr nachgefragt werden können und demzufolge die →*Nachfrage* nach inferioren Gütern trotz Preiserhöhung relativ steigt.

Gimmick Kleines →*Werbegeschenk*, das Interesse und Aufmerksamkeit des Adressaten an dem Absender bzw. dessen Leistungsangebot weckt.

Give-away Kleine →*Werbegeschenke* (siehe →*Zugabe*).

Glaubwürdigkeit Subjektiv vom →*Kommunikanten* (Rezipienten) wahrgenommene Eigenschaft einer →*Information* bzw. Informationsquelle. Die Glaubwürdigkeit spielt insbesondere bei der →*Marketingkommunikation* eine wichtige Rolle. So hängt z.B. die →*Werbewirkung* entscheidend von der Glaubwürdigkeit des →*Kommunikators* bzw. der →*Werbebotschaft* ab, wie auch umgekehrt Unglaubwürdigkeit die positive Werbewirkung absenkt. Diese Negativwirkung unterliegt jedoch einem zeitlichen Verschleißprozeß (→*Sleeper-Effekt*), so daß bei kontinuierlicher kommunikativer Penetration die Wirkung der unglaubwürdigen Werbung (positiv) steigt.

Gleichgewichtspreis →*Preis* (→*Marktpreis*), bei dem sich →*Angebot* und →*Nachfrage* ausgleichen. Im →*Vollkommenen Markt* besteht automatisch ein Gleichgewichtspreis. Der Preis ist ein Marktdatum, und die →*Anbieter* haben lediglich die Möglichkeit einer Mengenanpassung (→*Atomistische Konkurrenz*). Das →*Spinnwebtheorem* (Cobweb-Theorem) beschreibt die Bildung des Gleichgewichtszustands bei verzögerten Angebotsanpassungen.

Gleitender Durchschnitt Arithmetisches Mittel einer →*Zeitreihe*, das (periodisch gleitend) aktualisiert wird durch Herausnahme des jeweiligen ersten Wertes aus der Mittelwertbildung und Hinzufügen des jeweils neuesten Wertes als letzten Wert. Der Mittelwert wird in dieser Weise immer wieder periodisch aktualisiert in bezug auf die jüngste Entwicklung. Durch eine höhere Gewichtung der gegenwartsnäheren Daten kann der gleitende Durchschnitt an jüngste Entwicklungen stärker angepaßt werden, wobei die Wahl des Gewichtungskoeffizienten (Glättungsparameters) die Reaktion auf Veränderungen bestimmt. Die Bildung gleitender Durchschnitte bildet die Basis für die kurzfristige →*Prognose* mit Hilfe der →*Exponentiellen Glättung*(Exponential Smoothing).

Gleitpreis →*Preisgleitklausel*, auch als Gleitklausel bezeichnet, die der →*Preissicherung* dient.

Global Accounts Global operierende Schlüsselkunden, die sich dadurch von den national orientierten →*Key Accounts* unterscheiden, daß sie an verschiedenen internationalen Standorten simultan →*Produkte* oder →*Dienstleistungen* nachfragen. Demzufolge haben Global Accounts einen guten internationalen Marktüberblick und können detaillierte Angebotsvergleiche durchführen. Aufgrund der großen Beschaffungsbudgets werden zudem die Einkäufe gebündelt. Aus dieser Konzentration ergeben sich für die →*Anbieter* Gefahren bei Kundenverlust, denen durch den Einsatz spezieller →*Key Account-Manager* für internationale Accounts und insbesondere durch ein Global Pricing begegnet werden kann.

Global Advertising Globale →*Werbung* (→*Produktwerbung*) für →*Weltmarken* im Rahmen des →*Geozentrischen Marketing* (→*Global Marketing*). Voraussetzung für die →*Standardisierung* der Werbung ist die →*Homogenität* der →*Märkte*, →*Zielgruppen* und deren →*Bedürfnisse*. Überdies müssen in den Zielländern in etwa die gleichen werberechtlichen und medialen (→*Medien*) Bedingungen gegeben sein und ein internationales Agenturnetz zur Verfügung stehen. Als besondere Vorteile des Global Advertising gelten vor allem die Nutzung von möglichen Kostendegressionen bei der →*Werbemittelgestaltung* (→*Economies of Scale*) und auch der schnelle Aufbau eines weltweiten →*Markenimage* (siehe auch→*Sprinkler-Strategie*). In der internationalen Marketingpraxis setzt sich zunehmend der Trend durch, die strategische →*Marken-* und →*Kommunikationspolitik* global auszurichten und die taktische Umsetzung auf die lokalen Ebenen zu verlagern.

Global Brands →*Megabrands*.

Globale Markenstrategie →*Strategie*, die auf eine →*Globalisierung* international distribuierter →*Marken* angelegt ist. Eine globale Markenstrategie (→*Markenpolitik*) ist in der Regel mit einer →*Standardisierung* der Leistungsangebote und →*Marketinginstrumente* verbunden. Das betrifft insbesondere →*Markenname* und →*Markenzeichen* (siehe dazu auch →*Megabrands*).

Globale Werbung →*Global Advertising*.

Globalisierung Tätigkeit auf internationalen →*Märkten* mit einem weltweit standardisierten Leistungsprogramm. Die Vereinheitlichung der Marketingprozesse und -programme erhöht die internationale Wettbewerbsfähigkeit durch Kostensenkung (→*Kostenführerschaft*) und ermöglicht eine ertragsorientierte →*Preispolitik*. Kerngedanke der Globalisierung ist die Identifizierung interkultureller Gemeinsamkeiten zur Bildung transnationaler →*Zielgruppen* (→*Cross Cultural Target Groups*). Die weltweite Angleichung der →*Bedürfnisse* und Bedarfsstrukturen (→*Kulturelle Diffusion*), die Dynamik des →*Konsumen-*

tenverhaltens und die Globalisierung des →*Wettbewerbs* begünstigen globale Strategien (→*Global Marketing*). Darüber hinaus bewirkt die Globalisierung eine verstärkte weltweite Vernetzung wirtschaftlicher, technologischer und sozialer Strukturen.

Global Marketing Strategie des →*Internationalen Marketing*, die anstelle einer differenzierten, länderspezifischen →*Marktbearbeitung* standardisierte (globale) →*Marketingkonzepte* vorsieht. Die weltweite Homogenisierung der Wünsche (*Th. Levitt, 1983*) ermöglicht die Vereinheitlichung (→*Standardisierung*) von Marketingprozessen und -programmen (→*Globalisierung*). Im Mittelpunkt der Unternehmensaktivitäten stehen nicht länderspezifische Besonderheiten, sondern länderübergreifende Gemeinsamkeiten zur Bildung interkultureller Segmente (Bildung von →*Cross Cultural Target Groups*, →*Kulturelle Diffusion*, →*Interkulturelle Segmentation*). Die vielfach erforderliche Differenzierung erfolgt durch eine Individualisierung der Basisprodukte (→*Customized Marketing*). Voraussetzung für die Durchsetzung einer →*Geozentrischen Marketingstrategie* (Internationales Marketing) ist ein effizientes Informations- und Kommunikationssystem. Die Globalisierung von Märkten/Leistungsangeboten führt aufgrund der Standardisierung zu einer weltweit „homogenen" Angebotsvielfalt (Pluralität).

Global Player(s) Global agierende →*Unternehmen*, die sich dem weltweiten →*Wettbewerb* stellen, auf den Weltmärkten tätig sind und konsequent ein →*Global Marketing* im Rahmen ihres →*Internationalen Marketing* betreiben. Global Players können langfristig ihre weltweite Marktstellung nur durch die Etablierung von Global Brands (→*Megabrands*) halten. Im Gegensatz zu den Global Players stehen Unternehmen, die sich in ihren Marktaktivitäten auf das →*Ethnozentrische* und →*Polyzentrische Marketing* beschränken.

Global Sourcing Nutzung internationaler und mehrerer Beschaffungsquellen (siehe im Vergleich dazu →*Single Sourcing* und →*Modular Sourcing*).

Glocal Marketing Kombination der →*Globalisierung* (→*Global Marketing*) mit der Berücksichtigung lokaler Marktgegebenheiten, um diese nicht zu vernachlässigen. Die Herstellung einer solchen Balance ist notwendig, weil sich die lokalen →*Märkte* vielfach schneller verändern als der Weltmarkt, bzw. die Veränderungen nicht gleichförmig und gleichgerichtet verlaufen.

Gompertzfunktion Prognosefunktion für langfristige →*Prognosen* in Form einer →*Sättigungsfunktion*, die ähnlich wie →*Logistische Funktionen* einen s-förmigen Verlauf aufweist. Im Vergleich mit logistischen Funktionen hat die Gompertzfunktion jedoch einen relativ steilen Anstieg, dann ein langgezogenes fast lineares Wachstum und erreicht erst langsam das Sättigungsniveau. Die Sättigungsfunktion dient u.a. der formalen Beschreibung der →*Werbewirkung* in Verbindung mit dem eingesetzten →*Werbebudget* (→*Werbewirkungsfunktionen*).

Goodwill →*Firmenwert* als Mehrwert zwischen dem Ertrags- bzw. Gesamtwert eines →*Unternehmens* und der Summe der Zeitwerte (Teilwerte), abzüglich der Schulden. Der Goodwill wird wesentlich bestimmt durch das →*Firmenimage* und den →*Imagetransfer*.

Goodwill-Effekt Kaufeffekt, der auf

den →*Goodwill* eines →*Anbieters* zurückzuführen ist. Hierbei handelt es sich um nachgeholte (Ankündigungseffekt), vorgezogene (Vorratseffekt)und durch Mehrkonsum (akquisitorischer Effekt) bedingte →*Käufe*, wobei der letztere Effekt nicht unbedingt auf den Goodwill zurückzuführen ist. Der Nachweis eines Mehrkonsums durch den Goodwill-Effekt ist generell nicht zu führen. Als wahrscheinlich kann aber angenommen werden, daß sich der Effekt positiv auf die →*Markentreue* bzw. im →*Einzelhandel* auf die Einkaufsstättentreue (→*Ladentreue*) auswirkt und zu einer längerfristigen →*Kundenbindung* führt.

Gossen'sche Gesetze Von *H.H. Gossen (1854)* formulierte Regeln, die aus dem Nutzenkonzept (→*Nutzen*) entwickelt wurden. 1. Gesetz der Bedürfnissättigung (Der →*Grenznutzen* eines Gutes nimmt mit wachsender verfügbarer Menge dieses Gutes ab.); 2. Gesetz vom Ausgleich der Grenznutzen (Das Maximum an →*Bedürfnisbefriedigung* ist erreicht, wenn die Grenznutzen der zuletzt beschafften Teilmengen der Güter gleich sind. Voraussetzung ist die Teilbarkeit der Mittel.)

Gourmet Food Im Gegensatz zum →*Fast Food* Ausdruck eines →*Konsumentenverhaltens*, das sich in einer genußorientierten Essenszubereitung und vor allem -darbietung und -zufuhr in einem elitären Umfeld (Ambiente) äußert. Die →*Nachfrager* nach Gourmet Food sind kaum typologisierbar (Konsumententypologie, →*Käufertypologie*). Vielmehr entspricht die Nachfrage nach Gourmet Food einem zwitterhaften Konsumentenverhalten (→*Hybrid-Konsument*), das sich nicht eindeutig auf bestimmte →*Zielgruppen* projizieren läßt.

GPRA Abk. für Gesellschaft Public Relations Agenturen e.V., Bonn. Die GPRA versteht sich als eine Art Gütegemeinschaft und schreibt ihren Mitgliedern bestimmte Qualitätskriterien vor, die u.a. auch die Qualifikation der Agenturbetreiber betreffen.

Graphentheorie Mathematische Disziplin, die in formalisierter Form Strukturen und Beziehungen durch Netzwerke aus Punkten (Knoten) und Verbindungen (Kanten) darstellt. Dadurch werden komplexe Strukturen übersichtlich gestaltet. Die Anwendungsbereiche im Marketing sind vor allem die Unternehmensforschung (→ *Operations Research*) und die →*Netzplantechnik*.

Graphical Evaluation and Review Technique (GERT) Methode der → *Netzplantechnik*, die eine Weiterentwicklung von PERT (→*Program Eva-luation and Review Technique*) darstellt. Strukturablauf wie auch Zeitbedarfe werden im Netzplan als Zufallsvariablen behandelt.

Gratifikationsprinzip Allgemeines Prinzip der →*Motivation*, das auf der →*Interaktionstheorie* beruht, wonach sich die Interaktionspartner kostennutzen-orientiert in der →*Transaktion* verhalten (siehe auch →*Anreiz-Beitrags-Theorie*). Anreize führen zu → *Nutzen* (positive Gratifikation), Beiträge zu Kosten (negative Gratifikation). Entscheidend ist der Grad der →*Bedürfnisbefriedigung* auf der Grundlage der bestehenden Bedürfnisdisposition. Daraus folgt, daß das →*Konsumentenverhalten* geprägt wird durch die erwarteten oder vorweggenommenen Belohnungen bzw. Bestrafungen, wobei durch das konkrete Verhalten versucht wird, letztere zu vermeiden. Das Prinzip hat für das Marketing eine fundamentale Bedeutung im Hinblick auf seine notwendige Ausrichtung an den →*Bedürfnissen*, →*Erwartungen* und Forderungen der →*Kunden* (siehe dazu vor allem →*Kundenzufriedenheit*).

Gratisangebot Kostenlose Abgabe von →*Waren*, die nach dem Gesetz gegen den unlauteren Wettbewerb (→ *UWG*) unzulässig ist. Gratisangebote gelten als →*Anlocken* von →*Kunden*. Insofern dürfen auch →*Zugaben* nicht als Gratiszugaben bezeichnet werden.

Gratisprobe →*Warenprobe*.

Grauer Import Internationale Warenströme, die weder durch das eigene Unternehmen noch durch ausländische Tochtergesellschaften oder autorisierte →*Absatzmittler* initiiert werden, sondern durch herstellerunabhängige Importeure oder ausländische Großhandelsunternehmen. Die im Markenartikelbereich übliche Form ist der → *Reimport* (Preisniveau im Exportland ist niedriger als im Ursprungsland).

Grauer Markt Form des →*Direktvertriebs* von →*Produkten* und → *Dienstleistungen* unter Umgehung des institutionellen →*Handels* (→*Groß-* und vor allem →*Einzelhandel*). Durch Wegfall der entsprechenden →*Handelsspannen* kommt der Endverbraucher in den Genuß von Preisnachlässen. Die in der Praxis typischen Ausprägungen sind der →*Beziehungshandel*, Betriebshandel (→*Personalkauf*), →*Belegschaftshandel* und der Behördenhandel. Im Gegensatz zum → *Schwarzmarkt* (Schwarzhandel) ist der graue Markt nicht grundsätzlich unzulässig, sondern verstößt lediglich in der Regel gegen vertikale Kooperationsvereinbarungen (→*Vertikale Kooperation*, →*Vertriebsbindung* und ihre Sonderformen).

Gravitationsmodell In der →*Handelsforschung* Modellansatz zur Bestimmung der Größe des →*Einzugsgebietes* von Einzelhandelszentren, Geschäftsagglomerationen (→*Agglomeration*, →*Standortagglomeration*) und auch Regionen. Die Anziehungskraft von Zentren ist ein wesentlicher Bestimmungsfaktor für die Standortwahl im →*Einzelhandel*. Gemessen werden die Einzelhandelsumsätze in verschiedenen Handelsorten, bezogen auf die zwischen ihnen liegenden Verbrauchsorte, die Entfernungen zwischen den jeweiligen Handels- und Verbrauchsorten und die Einwohnerzahl der Handelsorte. Der rein quantitative Modellansatz wird in der Praxis in der Regel erweitert durch die Berücksichtigung weiterer Faktoren, die die Attraktivität eines Handelszentrums bestimmen (→*Infrastuktur*).

Greifbühne Kasten, in dem mehrere →*Produkte* oder →*Packungen* aufgestellt werden. Die ausgestellten Produkte werden für eine bestimmte Zeit sichtbar gemacht. Die Zeit wird so bemessen, daß es der Testperson gerade noch möglich ist, eines der ausgestellten Produkte aus dem Kasten zu nehmen, ohne daß ihr jedoch die Möglichkeit gegeben wird, länger nachzudenken oder in Ruhe auszuwählen. Der Greifbühnen-Test ähnelt in seiner Versuchsanordnung dem → *Tachistoskop*. Es wird versucht, durch die Schnelligkeit der Wahlhandlung ra-tionale Einflüsse auszuschließen.

Grenzanbieter In der →*Preistheorie* ein →*Anbieter*, dessen →*Grenzkosten* gleich den →*Durchschnittskosten* und diese gleich dem →*Preis* (Angebotspreis) sind. Der Grenzanbieter kann nicht in einen →*Preiswettbewerb* eintreten, da ansonsten die →*Erlöse* die →*Kosten* unterschreiten (siehe auch →*Preisuntergrenze*). Unter ansonsten gleichbleibenden Bedingungen (Anwendung der →*Ceteris-paribus-Regel*) kann die Situation nur durch eine

Veränderung der Kostenstruktur verbessert werden.

Grenzerlös Zuwachs des Gesamterlöses, der sich durch die Veränderung einer Absatzmengen-Einheit ergibt. Die Entwicklung des Grenzerlöses hängt entscheidend von der → *Preispolitik* und der →*Nachfragefunktion* (→*Preis-Absatz-Funktion*) ab. In diesem Zusammenhang ist auch die →*Preiselastizität* zu berücksichtigen (siehe auch →*Nachfrageelastizitäten*). Die funktionale Abhängigkeit zwischen →*Absatzmenge* und Grenzerlös wird in der Grenzerlösfunktion dargestellt.

Grenzertrag Zuwachs zum Gesamtertrag, der sich durch Einsatz der jeweils letzten (unendlich kleinen) Mengeneinheit eines →*Produktionsfaktors* ergibt.

Grenzkosten Zuwachs der →*Gesamtkosten*, der sich durch die Herstellung der jeweils letzten (kleinsten) Produktionseinheit ergibt.

Grenznutzen Veränderung des Gesamtnutzens bei Erhöhung des →*Konsums* eines Gutes um eine infinitesimal kleine Einheit (siehe auch →*Gossen'sche Gesetze*).

Grenzrate der Substitution Austauschverhältnis zwischen Gütern (siehe auch →*Gossen'sche Gesetze*).

Großhandel Zu unterscheiden sind der funktionelle und institutionelle Großhandel. Großhandel im funktionellen Sinne ist die wirtschaftliche Tätigkeit des Absatzes (→*Verkaufs*) von →*Waren* und →*Dienstleistungen* an Produzenten, Weiterverarbeiter, gewerbliche Verwender, Wiederverkäufer und Großverbraucher. Der Großhandel im institutionellen Sinne wird differenziert nach der regionalen Ausrichtung (→*Binnengroßhandel*, →*Außengroßhandel*), nach der Funktionserfüllung (→*Lagergroßhandel*, →*Streckengroßhandel*, →*Zustellgroßhandel*, →*Abholgroßhandel*), nach der jeweiligen Sortimentsdimension (→*Spezialgroßhandel*, →*Sortimentsgroßhandel*), nach der beschaffungs- oder absatzorientierten Markttätigkeit (kollektierender Großhandel, distribuierender Großhandel) und nach Kooperationsformen (vertikaler Verbundgroßhandel, horizontaler Verbundgroßhandel). Daneben existieren noch Sonderformen, wie der Versandgroßhandel (Großhandelsform des →*Versandhandels*). Deutlich abzugrenzen ist der Großhandel vom →*Einzelhandel*, wenngleich sich in den letzten Jahren Zwischenformen entwickelt haben (siehe z.B. →*Fachmärkte*), die z.T. Großhandels- wie auch Einzelhandelsfunktion ausüben und sich zunehmend zu „Category Killern" entwickeln.

Großhandelsgenossenschaft → *Einkaufsgemeinschaft* auf Großhandelsebene (siehe auch→*Einkaufsring*).

Großhandelsmarketing →*Handelsmarketing*.

Großhandelspanel→*Handelspanel*.

Großhandelszentrum Ein auch als Trade Mart bezeichneter horizontaler Verbund unterschiedlicher →*Sortimentsgroßhandlungen*. Ziel ist die Nutzung von Rationalisierungs- und Synergieeffekten, die durch die →*Kooperation* freigesetzt werden können (z.B. →*Lagerhaltung*, →*Transport* etc.). Die einfachste Form von Großhandelszentren ist die Bildung von räumlichen Standortzentren, die aber keine wirtschaftlichen Verbundvorteile aufweisen.

Gross Income Agentureinnahmen (→*Werbeagenturen*) aus Pauschalhonoraren, Einzelhonoraren, Eigenleistungen und →*Provisionen*.

Grossist →*Großhandel*.

Großkunden-Management →*Key Account-Management*.

Großmarkt Ständige →*Marktveranstaltung* zur →*Distribution* von landwirtschaftlichen Produkten (vor allem Obst und Gemüse, tierische Produkte etc.). Die →*Anbieter* sind Erzeuger, Großhändler und Importeure. Die →*Abnehmer* sind der →*Einzelhandel* in seinen verschiedenen Ausprägungen, Großverbraucher und Gewerbetreibende. Der Begriff wird z.T. auch mißverständlich benutzt für die Kennzeichnung von großflächigen Betrieben des →*Groß-* und →*Einzelhandels*.

Grosso →*Großhandel* für den Vertrieb von →*Zeitungen* und →*Zeitschriften*.

Großverbrauchergeschäft Versorgung von z.B. Hotels, Gaststätten, Krankenhäusern, Altenheimen, Kantinen etc. mit →*Konsumgütern* (vor allem Lebensmittel).

Groupshift-Syndrom In Abgrenzung zu →*Groupthink* (als besondere Form der Gruppenkonformität) das Phänomen, daß in Gruppendiskussionen die einzelnen Mitglieder in bezug auf ihre ursprüngliche Meinung eine noch extremere Position in der gleichen Richtung einnehmen. Die Gründe dafür können sein, daß in den Diskussionen neue Argumente die eigene (bereits vorgefaßte) Meinung festigen oder auch eine persönliche Profilierung in der →*Gruppe* durch Übertreibung bzw. Verstärkung angestrebt wird.

Groupthink-Syndrom Gruppenspezifische Vorgänge, die zu Fehlentscheidungen führen. Das von *I.L. Janis (1972)* erkannte und beschriebene Gruppenphänomen beruht primär auf einer Gruppen-Kohäsion (Zusammenhalt), die zu den Symptomen einer Selbstüberschätzung der →*Gruppe*, einer Engstirnigkeit und/oder zu einem Druck zur Einstimmigkeit führt. Daraus resultieren Fehlentscheidungen aufgrund von Entscheidungsdefekt-Symptomen, wie z.B. unzureichende Informationssuche und Informationsverarbeitung, unvollkommene Zielüberprüfung, unvollständige Alternativensuche und Alternativenprüfung etc. Das Groupthink-Syndrom gilt nicht als Kritik an der Gruppenbildung und an der →*Gruppendynamik*, sondern als Warnsignal für eine kollektive Pathologie, die nach *Janis* vermieden werden kann durch z.B. Kritikfähigkeit der Gruppenmitglieder, Vermeidung von Präferenzenvorgaben durch die Unternehmensleitung, Bildung von Untergruppen zur besseren Evaluierung der gefundenen Lösungen, Bildung mehrerer und unabhängig voneinander arbeitenden Problemlösungs-Gruppen, Einbeziehung externer Experten etc.

GRP Abk. für **G**ross **R**ating **P**oint. Er ist das Maß für die →*Bruttoreichweite* eines →*Mediums*. GRP ist die Summe aller Kontakte (ohne Überschneidungen) in Prozent.

Grüner Punkt Kennzeichnung von →*Verpackungen*, die dem →*Dualen System Deutschland (DSD)* zuzuführen sind. Entscheidend für die Vergabe des Grünen Punkts sind die Abnahme- und Verwertungsgarantien, die die beteiligten Industrien übernehmen. Die Kennzeichnung ist kein Signet für besonders umweltverträgliche Produkte (→*Umweltzeichen*).

Grundbedarf →*Bedarf*, der zur Deckung existentieller Lebensnotwendigkeiten (→*Grundbedürfnisse*, →*Primärbedürfnisse*) dient (siehe dazu in Abgrenzung →*Grundnutzen*). Der absolut notwendige Grundbedarf wird ergänzt durch den →*Zusatzbedarf*, der „zusätzlichen" Charakter hat (siehe in Abgrenzung →*Zusatznutzen*).

Grundbedürfnis(se) →*Primärbedürfnisse*.

Grundgesamtheit Gesamtmenge der empirischen Elemente (auch Universum oder Population genannt), die hinsichtlich ihrer Merkmale den Untersuchungsgegenstand repräsentieren. Die präzise Bestimmung der Grundgesamtheit ist vor allem wichtig für die Ziehung der →*Stichprobe*, die die Grundgesamtheit repräsentativ abbilden soll. Die exakte Definition der Grundgesamtheit ist überdies unerläßlich für die Bestimmung des →*Auswahlverfahrens*. Fehler bei der Bestimmung der Grundgesamtheit gefährden die →*Repräsentanz* der Stichprobe und damit möglicherweise die Aufgabenstellung der →*Demoskopischen Untersuchung*.

Grundnutzen Technisch-funktionaler →*Nutzen* von →*Produkten* bzw. →*Dienstleistungen* (in Erweiterung dazu siehe →*Zusatznutzen*).

Gruppe(n) Die (soziale) Gruppe umfaßt eine Mehrzahl von Personen, die eine soziale Einheit bilden und zwischen denen über einen längeren Zeitraum wechselseitige (interaktive) Beziehungen bestehen. Unterschieden werden Primärgruppen (z.B. Familie), Sekundärgruppen (z.B. Verbände, Parteien) und →*Bezugsgruppen*. An letzteren orientieren sich vielfach Individuen in ihrem →*Verhalten* (→*Konsumentenverhalten*). Die sozialen Gruppen bilden →*Normen*, die von den Gruppenmitgliedern als für sich verpflichtend akzeptiert werden.

Gruppendenke →*Groupthink-Syndrom*.

Gruppendiskussion(en) Qualitative Befragungstechnik (→*Befragung*), bei der mehrere Personen gleichzeitig zu einem Untersuchungsgegenstand befragt werden. Hierbei ist eine →*Kommunikation* unter den Gruppenmitgliedern zugelassen bzw. ausdrücklich erwünscht. Ziel ist vor allem die Erforschung von →*Motiven* und →*Einstellungen*. Die Gruppengröße liegt zwischen 6 und 10 Teilnehmern. Die Dauer der Gruppendiskussion beträgt ca. 1 bis 2 Stunden. Der Diskussionsleiter hat die Funktion eines Moderators und Katalysators. Der Gesprächsverlauf wird per Video aufgezeichnet und ausgewertet. Das Gruppengespräch gehört zur Methodengruppe der →*Psychologischen Marktforschung*. Die Ergebnisse sind statistisch nicht repräsentativ (→*Repräsentanz*) und haben die Qualität von →*Pilotstudien*. Trotz dieser Einschränkungen haben sich Gruppendiskussionen in der →*Marktforschung* durchgesetzt. Gruppendiskussionen sind auch geeignet, gruppendynamische Prozesse freizusetzen (siehe →*Gruppendynamik*).

Gruppendynamik Prozesse der wechselseitigen Steuerung von Meinungsbildung und Verhaltensbeeinflussung innerhalb sozialer →*Gruppen* (speziell Kleingruppen). Der Begriff Gruppendynamik (von *K. Lewin, 1939*) umschreibt die durch →*Interaktionen* in einer Gruppe erzielbaren psychischen Veränderungen. Gruppendynamische Prozesse können aufgrund verstärkter emotionaler und intellektueller Anregung zu Leistungssteigerungen und →*Innovationen* führen, jedoch durch Annäherung und Angleichung auch zur Beseitigung sozialer Hemmnisse. Wesentlich hierbei sind u.a. die Gruppenbildung (Ursache und Art des Zusammenschlusses),

Rollenverteilung, Führungsrolle und →*Führungsstil* und die Gruppenstruktur. Als Technik wird die Gruppendynamik im Marketing u.a. in →*Teamorganisationen*, →*Verkaufstrainings*, bei →*Erfa-Gruppen*, in →*Assessment Centern* etc. eingesetzt.

Gruppenentscheidung →*Kollektive Kaufentscheidung*.

Gruppenfreistellung Regelung des europäischen →*Wettbewerbsrechts*, nach der bestimmte wettbewerbsbeschränkende Vereinbarungen von →*Branchen* oder Unternehmensgruppen vom grundsätzlichen Kartellverbot (→*Kartellgesetz*) ausgenommen werden. Beispiele hierfür sind bestimmte Formen des →*Alleinvertriebs* und →*Selektiven Vertriebs* (siehe u.a. →*Franchising*).

Gruppenmarketing Marketing horizontaler oder vertikaler Kooperationssysteme, wie z.B. von →*Einkaufsgenossenschaften*, →*Freiwilligen Ketten* und →*Franchisesystemen* (→*Gemeinschaftsmarketing*).

Gruppenwerbung→*Gemeinschaftswerbung*.

Güter Materielle und immaterielle Mittel, die der →*Bedürfnisbefriedigung* (→*Bedürfnisse*) von →*Nachfragern* dienen. Güter lassen sich differenzieren in freie Güter (z.B. Luft), deren Nutzung mit keiner Gegenleistung verbunden ist und wirtschaftliche Güter, die käuflich bzw. gegen Gebühr erworben werden. Gegenstand der Wirtschaftswissenschaft sind die wirtschaftlichen Güter. Sie werden unterschieden nach materiellen (→*Sachgüter*) und immateriellen Gütern (→*Dienstleistungen*, Rechten, z.B. Nutzungsrechte, und →*Informationen*). Weitere Einteilungen sind die Trennung in mobile und immobile Güter, →*Konsumtiv-* und →*Produktivgüter*, die wiederum in Untergruppen gegliedert werden können (siehe dazu →*Gütertypologie*, →*Konsumgütertypologie*).

Gütertypologie →*Typologisierung* von Wirtschaftsgütern in weitgehend homogene Gruppen. In der vorherrschenden Gütertypologie sind die Gliederungskriterien die Art der Nutzung der →*Güter* und die zeitliche Inanspruchnahme der Güter. Danach erfolgt die erste Unterscheidung nach →*Konsumtiv-* und →*Produktivgüter*. Die Konsumtivgüter (→*Konsumgüter*) werden weiter untergliedert in →*Verbrauchs-* und →*Gebrauchsgüter*, die Produktivgüter in →*Produktions-* und →*Investitionsgüter*. Weitere Untergliederungen sind möglich (siehe →*Konsumgütertypologie*).

Gütezeichen Im Vergleich zum →*Warenzeichen* ein Gütesiegel, das eine Qualitätsaussage darstellt. Gütezeichen werden nach Produktprüfung von Wirtschaftsverbänden vergeben (z.B. RAL Institut für Gütesicherung und Kennzeichnung beim Deutschen Normen-Ausschuß, VDE Verband Deutscher Elektrotechniker, TÜV Technischer Überwachungsverein). Gütezeichen sind nicht herstellerbezogen, sondern nach Qualitätsnormen produktbezogen (siehe in Abgrenzung →*Prüfzeichen*, und →*Staatliche Qualitätszeichen*).

Gustatorische Reize →*Reize* (→*Stimuli*), die vor allem im →*Einzelhandel* (Lebensmitteleinzelhandel) durch →*Verkostungen* (Degustationen) den Geschmackssinn des →*Käufers* ansprechen und einen zusätzlichen Kaufanreiz ausüben sollen (siehe auch →*Sinnesorgane*).

Guttman-Skala Das nach *L. Guttman* benannte →*Skalierungsverfahren*

(→*Skalierung*) stuft gleichzeitig die Antwortkategorie und die Befragungsperson ein. Die →*Einstellung* der → *Probanden* wird gemessen, indem diese ihre Zustimmung oder Ablehnung zu bestimmten Statements geben. Die Statements sind dabei so geordnet, daß die Aussage zu einem Statement die gleiche Aussage der rangniedrigeren Statements mit einschließt. Die→*Items* (Fragen bzw. Feststellungen) müssen also so geordnet sein, daß das extremste Item an erster Stelle der Rangordnung steht. Der Einstellungswert des Probanden wird an dem ranghöchsten Statement gemessen, dem der Befragte zustimmt.

GWA Abk. für **G**esamtverband **W**erbeagenturen (vormals **G**esellschaft **W**erbe**a**genturen). Der Gesamtverband ist ein Zusammenschluß der ehemaligen GWA und des **W**irtschaftsverbands **D**eutscher **W**erbeagenturen (WDW). Die Mitglieder sind die grossen und umsatzstarken →*Werbeagenturen* mit einem Full Service-Angebot (→*Full Service-Agenturen*) und verpflichten sich zur Einhaltung bestimmter Grundsätze (u.a. Werbung nach den Grundsätzen der Klarheit und Wahrheit, Beachtung gesetzlicher Vorschriften etc.).

GWB Abk. für **G**esetz gegen **W**ettbewerbs**b**eschränkungen. Das GWB (Kartellrecht) dient dem Schutz des →*Wettbewerbs*. Es gilt ein grundsätzliches →*Kartell*verbot mit begrenzten Ausnahmeregelungen.

H

Habitualisierung Gewohnheitsverhalten, das durch die soziale →*Gruppe* geprägt wird (siehe dazu auch →*Lerntheorie*, →*Konformität*, →*Adaption*).

Habituation In Abgrenzung zur → *Habitualisierung* (Gewohnheitsverhalten) ein Gewöhnungsvorgang, der die Abnahme physiologischer Reaktionen (z.B. →*Aktivierung*) als Anpassung an einen sich nicht verändernden →*Reiz* beschreibt. Die Habituation gehört neben dem →*Wear-out-Effekt* und der →*Semantischen Sättigung* zu den → *Abnutzungseffekten*, die etwa bei wiederholten Präsentationen von →*Werbebotschaften* auftreten. Sie kann durch die Darbietung eines überraschenden neuen Reizes durchbrochen (Dishabituation) oder durch Ermittlung der optimalen Anzahl der wirksamen Werbewiederholungen (siehe auch →*Kontaktzahl*) vermieden werden.

Habituelles Kaufverhalten Gewohnheitsmäßiges →*Kaufverhalten* (→*Routinekauf*) auf der Basis verfestigter Verhaltensmuster, die wiederum auf in der Vergangenheit bewährten → *Entscheidungen* beruhen. Mit den habitualisierten →*Kaufentscheidungen* sind in der Regel eine hohe →*Markentreue* (→*Produkttreue*) und/oder → *Ladentreue* verbunden.

Habitus Persönlicher Verhaltensstil, der sich im Aussehen und in der Haltung eines Individuums niederschlägt. Vom Habitus kann auf →*Einstellungen* und soziale Prägungen (→*Normen*) geschlossen werden (siehe auch →*Status*, →*Soziale Rolle*).

Händlerhilfen →*Werbehilfen*.

Händler-Promotions Im Gegensatz zu →*Handels-Promotions* von den Herstellern (Lieferanten) ergriffene Initiativen der →*Verkaufsförderung*, um den Herausverkauf der→*Produkte* aus dem →*Handel* (vor allem →*Einzelhandel*) zu unterstützen. Händler-Promotions sind ein Instrument im →*Vertikalen Marketing* und oftmals divergent zu den Vermarktungskonzepten der Handelsunternehmen, da sie in erster Linie die Herstellerprofilierung (→*Markentreue*) zum Ziel haben.

Händlerwettbewerbe →*Händler-Promotions*, die von den Herstellern als →*Verkaufswettbewerbe* im →*Handel* (vor allem im →*Einzelhandel*) durchgeführt werden. Die →*Prämien* (→*Incentives*) sind meist an Umsatzvorgaben gebunden.

Häufigkeit Zahl der Fälle in der Statistik, in denen ein bestimmtes Merkmal auftritt oder eine bestimmte Beobachtung gemacht wird. Es wird unterschieden zwischen der absoluten und relativen Häufigkeit (Anteil an der Gesamtzahl der Fälle).

Häufigkeitsverteilung Zusammenfassung und Darstellung des Datenmaterials aus empirischen Erhebungen der →*Markt-* und →*Sozialforschung* nach absoluten und relativen →*Häufigkeiten*. Die Häufigkeitsverteilung zeigt, in welcher Häufigkeit die unterschiedlichen Ausprägungen einer oder mehrerer →*Variablen* bei verschiedenen Untersuchungsobjekten auftreten.

Half-Life-Konzept Theorie, die davon ausgeht, daß Lernfortschritte als →*Abhängige Variable* der Zeit bei gleichzeitiger Unabhängigkeit von der kumulierten Produktionsmenge anzusehen sind. Die →*Erfahrungskurve* geht hingegen von Lernfortschritten in Abhängigkeit vom kumulierten Produktionsvolumen bei gleichzeitiger Unabhängigkeit von der hierzu benötigten Zeit aus. Beide Konzepte können miteinander verbunden werden.

Halo-Effekt Unbeabsichtigter →*Ausstrahlungseffekt* (→*Spill-over-Effekt*) von Marketingmaßnahmen bzw. von Vorfragen auf die Beantwortung nachfolgender Fragen in der →*Marktforschung*. In bezug auf die Produktanmutung durch den →*Nachfrager* der Gesamteindruck des →*Produkts* bzw. der →*Dienstleistung*, der auf einzelne Leistungsmerkmale des →*Angebots* abstrahlt (siehe dazu in Abgrenzung →*Attributdominanz*).

Handel Austausch von Waren (→*Produkten*) und →*Dienstleistungen* zwischen Wirtschaftspartnern ohne Be- oder Verarbeitung der gehandelten →*Güter*. Diese funktionelle Definition (→*Funktioneller Handel*) wird ergänzt durch die Handelsinstitutionen (→*Institutioneller Handel*), die grob zu differenzieren sind in →*Großhandel*, →*Einzelhandel* und nach der räumlichen Betätigung in →*Binnenhandel* und →*Außenhandel*. Eng verknüpft mit der funktionellen Definition sind die →*Handelsfunktionen*.

Handelsbetriebsform(en) →*Betriebsform(en)*.

Handelsbetriebstyp(en→*Betriebstyp(en)*.

Handelscontrolling Instrument zur Optimierung der Handelsmanagementaufgaben: Zielbildung, Planung, Steuerung, Kontrolle, Koordination und Information. Das Spezifikum des Handelscontrolling ergibt sich nicht aus der Grunddefinition des→*Controlling*, sondern aus den im Vergleich zum Industriecontrolling unterschiedlichen Planungs- und Orientierungsgrößen. Die wichtigsten Controllinginstrumente im →*Handel* sind u.a. die →*Limitrechnung*, →*Betriebsvergleiche*, die →*Handelskalkulation*, die permanente Überprüfung der →*Direkten Produktkosten (DPK)* und der →*Direkten Produktrentabilität (DPR)* incl. der →*Handelsspannen*, das auf den Handel zugeschnittene →*DuPont-Schema* und diverse →*Kennzahlen* (wie z.B. die →*Flächenproduktivität*). Durch →*Scanning* und insbesondere die Entwicklung geschlossener →*Warenwirtschaftssysteme* ist das Handelscontrolling stark gefördert worden.

Handelserosion →*Handels-Lebenszyklus*, →*Store Erosion*.

Handelsform(en) Nach dem Kriterium der Eigentumsübertragung ist juristisch zu unterscheiden zwischen dem Eigenhandel, Kommissionshandel, Agenturhandel und dem Maklerhandel. In bezug auf den →*Handel* sind insbesondere die verschiedenen Handelsbetriebsformen (→*Betriebsformen*) angesprochen, die durch diverse →*Betriebstypen* differenziert werden. Hierbei ist jeweils generell zu unterscheiden nach *→Großhandel* und *→Einzelhandel*.

Handelsforschung Forschung über und für den *→Handel*. Forschungsobjekte sind Betriebe, Betriebs- und Verbundgruppen und alle Managementbereiche im Handel.

Handelsfunktionen Im engeren Sinne handelt es sich um alle Funktionen, die der *→Handel* in der makro- und mikroökonomischen*→Distribution* als Bindeglied zwischen Produktion und Verwendung erfüllt (*→Distributionsfunktionen*). Die funktionalen Grundkategorien sind nach *K. Oberparleiter (1955)* die Überbrückung des Raumes (z.B. *→Transport*), die Zeitüberbrückung (z.B. *→Lagerhaltung*), die Quantität (z.B. Auftragszusammenfassung), die *→Qualität* (z.B. *→Sortiment*ierung), die finanzielle Überbrückung (z.B. Kreditierung) und die *→ Werbung* (z.B. Information und Beratung). *R. Seyffert (1972)* gliedert in Überbrückungsfunktionen, Warenfunktionen und Maklerfunktionen. *H. Buddeberg (1959)* wählt eine Funktionendifferenzierung nach betrieblichen Leistungen und distributionswirtschaftlichen Aufgaben. Praxeologisch umfassen die Handelsfunktionen im wesentlichen die Verteilung der *→Waren* bzw. *→Dienstleistungen*, die Bevorratung und die *→Sortiment*ierung.

Handelskalkulation Kostenträgerrechnung im *→Handel*, die im Vergleich zur Kalkulation von Industrieunternehmen einige Besonderheiten aufweist. So ist die Handelsleistung keine Sachleistung, sondern eine *→ Dienstleistung*. Als problematisch erweist sich in erster Linie die verursachungsgerechte Verrechnung der *→ Kosten* auf die *→Kostenträger*. Das betrifft vor allem die Verrechnung der *→Handlungskosten* (z.B. Personal, Miete, Lager), die weitgehend Fixkostencharakter haben. Mit Hilfe der Ermittlung der *→Direkten Produktkosten (DPK)* versucht man mittlerweile, die sogen. *→Direkte Produktrentabilität (DPR)* im Sinne einer Produktprofitabilität zu ermitteln. Damit werden jedoch die Hauptprobleme der Handelskalkulation in der Praxis kaum gelöst.

Handelskanäle Selbständige *→Absatzmittler* (*→Großhandel*, *→Einzelhandel*), die als *→Distributionskanal* die *→Distributionsfunktionen* bzw. *→Handelsfunktionen* übernehmen.

Handelskette(n) Distributiver Weg, den *→Produkte* bzw. *→Dienstleistungen* vom Hersteller bis zum Verwender nehmen (*R. Seyffert, 1972*). Zwischen Produktion und Verwendung übernehmen verschiedene Zwischenhandelsglieder (*→Handel*) die notwendigen *→Distributionsfunktionen* (*→Handelsfunktionen*). Die Handelskette (*→Distributionskette*) wird gebildet aus Hersteller, *→Großhandel*, *→Einzelhandel* und *→Verwender*. Beim zwischenstaatlichen Handel (*→ Außenhandel*) sind noch Außenhandelsglieder zwischengeschaltet. Es ist nicht zwingend, daß in einer Handelskette alle Handelsglieder vertreten sind. Es können Glieder zusammengefaßt oder auch ausgeschaltet werden. Es können auch bestimmte Glieder mehrfach eingeschaltet sein (etwa auf der Großhandels- und Einzelhandelsstufe).

Handelsklasse(n) Qualitätsnormen für landwirtschaftliche und Fischereierzeugnisse, die im Handelsklassengesetz von 1972 erfaßt sind. Die Merkmale sind *→Qualität*, Herkunft, Angebotszustand, Reinheit, Zusammensetzung, Sortierung, Beständigkeit, Art und Weise sowie Zeitpunkt der Erzeugung, Gewinnung, Herstellung oder

Behandlung. Bei Obst und Gemüse heben die Handelsklassen vor allem auf die äußeren Merkmale Größe und Farbe ab. Die Qualitätsnormen fördern die →*Markttransparenz* der →*Verbraucher* und erleichtern den Qualitäts- bzw. objektiven Preisvergleich.

Handelsklauseln Regelung von bestimmten Vertragsbestandteilen in → *Kaufverträgen*. Die wichtigste Form sind die →*Allgemeinen Geschäftsbedingungen (AGB)* und im →*Außenhandel* die →*Incoterms*, die bei internationalen Geschäften insbesondere die Liefer-, Abnahme- und Zahlungsbedingungen, die Kostenzurechnung (z.B. für Fracht, Versicherung, Verpackung) sowie den Gefahrenübergang vom Verkäufer auf den Käufer regeln.

Handelskonzentration Form der → *Konzentration*, die zur Ausübung von →*Nachfragemacht* des (vor allem) → *Einzelhandels* gegenüber den Herstellern führt. Die damit verbundene → *Asymmetrische Machtverteilung* (unausgewogene →*Marktmacht*) erweist sich wettbewerbsrechtlich (→*GWB*) als zunehmend bedenklich. Sie bewirkt eine Verminderung des marktwirtschaftlichen →*Leistungswettbewerbs*. Die Handelskonzentration ist auf Flächen- und Umsatzexpansionen der Großbetriebsformen des Einzelhandels zurückzuführen, die in den letzten Jahren durch Unternehmenszusammenschlüsse erheblich verstärkt wurden. Dies wiederum hat einen weiteren Rückgang des ungebundenen Einzelhandels zur Folge. Durch →*Horizontale* und →*Vertikale Kooperationen* (z.B. →*Einkaufsgemeinschaften*, → *Einkaufsgenossenschaften*, →*Freiwillige Ketten*, →*Franchising* etc.) versucht der mittelständische (selbständige) →*Handel*, die für ihn mit der Handelskonzentration primär verbundenen Beschaffungsnachteile (vor allem bei den Einkaufskonditionen, → *Konditionen*) zu vermeiden.

Handels-Lebenszyklus Alterungsprozeß von →*Betriebsformen* bzw. →*Betriebstypen* im →*Groß-* und →*Einzelhandel*, der dem Verlauf nach dem →*Produkt-Lebenszyklus* (PLZ) entspricht. Dieser Retail-Life Cycle wird auch als Handelserosion (→*Store Erosion*) bezeichnet. Er ist nachweisbar durch die Entwicklung der z.B. kleinflächigen →*Fachgeschäfte*, → *Warenhäuser* etc. Der Unterschied zum PLZ ergibt sich daraus, daß die „veralteten Produkte" als Betriebstypen wohl verschwinden, nicht hingegen die mehr generellen Betriebsformen. Dem Alterungsprozeß wird begegnet durch eine permanente Marktanpassung der betriebsformenspezifischen Aktionsparameter. Das Ergebnis dieser sich kontinuierlich wie auch diskontinuierlich vollziehenden Marktanpassung ist die sogen. →*Betriebsformendynamik*.

Handelslogistik →*Logistik* des →*Handels*, die sich aus den handelsinternen Modulen →*Beschaffungs-*, → *Distributions-* und Entsorgungslogistik (→*Entsorgung*) zusammensetzt. Vielfach übernehmen die Hersteller im Rahmen des →*Merchandising* wichtige Teile der Distributionslogistik im → *Stationären Einzelhandel* (wie z.B. die Regalbeschickung, Preisauszeichnung etc.), oder sie werden (insbesondere von den Handelskonzernen) an den diesbezüglichen Kosten beteiligt.

Handelsmakler Selbständiger Gewerbetreibender, der gegen →*Provision* für Dritte Handelsgeschäfte vermittelt, aber im Gegensatz zum → *Handelsvertreter* nicht in einem dauerhaften, festen Vertragsverhältnis zu einem bestimmten Auftraggeber steht. Als →*Absatz-* bzw. →*Verkaufsorgane* spielen Handelsmakler nur im internationalen Geschäft (Ex- und Import) eine Rolle.

Handelsmarke(n) →*Markenartikel* des →*Handels*, für die die gleichen Merkmale gelten wie für die →*Herstellermarken*. Der wesentliche Unterschied besteht in der auf die Handelsgruppe konzentrierten →*Distribution* (eingeschränkte →*Ubiquität*). Zu unterscheiden sind Firmen- oder Sortimentsmarken, Warengruppen- oder Segmentmarken, Individual- oder Solitärmarken. Abzugrenzen sind die Handelsmarken von den →*Gattungsmarken* und →*Eigenmarken*.

Handelsmarketing Marktorientierte Unternehmenspolitik von Handelsunternehmen (→*Einzel-* und →*Groß-handel*). Das Handelsmarketing hat einen strategischen und operativen Charakter. Es ist darauf angelegt, eigenständige und unverwechselbare Konzeptionen zu entwickeln, die z.T. auch im Widerspruch zum →*Herstellermarketing* stehen. Das Handelsmarketing hat gegenwärtig seine deutlichsten Ausprägungen in der →*Handelskonzentration*, in der →*Kooperation*, →*Diversifikation*, im →*Controlling* (vor allem in integrierten →*Warenwirtschaftssystemen*) und in Profilierungsstrategien (siehe dazu auch →*Vertikales Marketing*).

Handelspanel Bei der →*Panelerhebung* sind grundsätzlich das →*Verbraucherpanel* (→*Haushaltspanel*) und das Handelspanel zu unterscheiden. Das Handelspanel selbst wird wiederum differenziert in das Großhandels- und Einzelhandels-Panel. Die wichtigste Form ist das Einzelhandels-Panel. Erhoben werden die Verkäufe (nach →*Absatz* und →*Umsatz*), der →*Lagerbestand*, die →*Umschlagsgeschwindigkeit* (→*Warenumschlag*) und die Artikelpräsenz in den Regalen. Die Datenerfassung erfolgt entweder durch →*Beobachtung* (Inventur) oder mit Hilfe der EDV (→*Scanning*). Im Vergleich zum Verbraucherpanel liefert das Handelspanel keine Informationen zu den →*Käufern* und zur Verbrauchsintensität. Da sich wichtige Einzelhandelsunternehmen (z.B. Großbetriebe des Nahrungsmittel-Einzelhandels) an der Panelforschung nicht beteiligen, sind die Handelspanel-Ergebnisse nicht repräsentativ. Vorteilhaft ist jedoch, daß der →*Paneleffekt* und die →*Panelsterblichkeit* im Vergleich zum Verbraucherpanel nicht auftreten. Voraussetzung für das Großhandels-Panel ist, daß die Handelsbetriebe einem Marktforschungsinstitut die entsprechenden Daten zur Auswertung zur Verfügung stellen.

Handels-Portale →*Portale.*

Handels-Promotions Im Gegensatz zu →*Händler-Promotions* Maßnahmen zur →*Verkaufsförderung*, die der →*Handel* aus seiner Interessenlage eigenständig plant und durchführt. Sie sind Bestandteil des →*Handelsmarketing* und oftmals divergent zu den Vermarktungskonzepten der Hersteller, da sie in erster Linie die Handelsprofilierung (→*Ladentreue*) zum Ziel haben (siehe in Abgrenzung auch →*Verbraucher-Promotions*).

Handelsspanne Differenz zwischen dem (Netto-)→*Verkaufspreis* und dem (Netto-)→*Einkaufspreis* von →*Produkten* bzw. →*Dienstleistungen*, die von Handelsunternehmen umgesetzt werden (siehe auch →*Handelskalkulation*). Die Handelsspanne ist das Entgelt für die Handelsleistung (siehe →*Handelsfunktionen*) und wird als Prozentwert vom Verkaufs- oder Einkaufspreis ausgewiesen. Sie muß die →*Handlungskosten* decken und einen zufriedenstellenden →*Gewinn* sicherstellen. Die Handelsspanne kann bezogen werden auf den einzelnen →*Artikel* (Artikelspanne), auf die →*Warengruppe* (Warengruppenspanne) oder auf den gesamten Betrieb (Betriebshandelsspanne) im Vergleich zur →*Branche* (Branchenspanne).

Handelsstrategie(n) Langfristige und grundlegende →*Planung* zur Realisierung von Handelszielen (→*Ziele*). Handelsstrategien sind vergleichbar mit den →*Marketingstrategien* der Hersteller, haben jedoch eine deutlich andere konkrete Ausprägung. Hinsichtlich der Zielmärkte ist zu unterscheiden zwischen einer Totalmarktstrategie (Abdeckung aller relevanten →*Märkte* und der entsprechenden →*Zielgruppen*) und einer →*Segmentationsstrategie* (Auswahl von →*Teilmärkten*). Marketinginstrumental beziehen sich die strategischen Grundorientierungen auf das →*Sortiment* (→*Sortimentsdimensionen*, →*Sortimentsniveau*), die →*Preislagenpolitik* und die damit verbundene Wahl der →*Betriebsform* und des →*Betriebstyps*. Daraus ergeben sich wiederum zielentsprechende →*Strategien* bzgl. sinnvoller →*Betriebstypeninnovationen*, →*Kooperationen* und →*Diversifikationen*, die insgesamt auf eine Profilierung abzielen.

Handelsstufe(n) Verschiedene Stufen, die ein Leistungsangebot (→*Produkt* oder →*Dienstleistung*) von der Herstellung bis zum Endverbraucher bzw. Endverwender durchläuft (→*Handelskette*). Nach der Zahl der eingeschalteten Handelsstufen ist grundsätzlich zu unterscheiden in den →*Direktvertrieb* und →*Indirekten Vertrieb*. Beim indirekten Vertrieb (→*Indirekter Absatz*) bilden →*Groß-* und →*Einzelhandel* die klassischen Handelsstufen, wobei der Großhandel wiederum in mehrere Stufen gegliedert ist (→*Sortiments-*, →*Fach-*, →*Spezialgroßhandel*). Durch die zunehmende Konzentration des Einzelhandels und die damit verbundene Tendenz zur Direktbelieferung der Großbetriebsformen des Einzelhandels durch die Hersteller wird aber der Großhandel immer mehr als Handelsstufe aus dem →*Distributionssystem* ausgeschlossen. Viele Großhandelsunternehmen ziehen daraus die Konsequenz einer →*Diversifikation* in den Einzelhandel hinein.

Handelstyp Synonym für einen →*Geschäftstyp* (vor allem im →*Einzelhandel*). Vgl. dazu auch →*Einzelhandelstyp* und →*Betriebstyp* und in

Abgrenzung →*Handelsformen* und →*Betriebsformen*.

Handelsunternehmen Institutionalisierte Form des →*Handels* (→*Handelsformen*, →*Betriebsformen*).

Handelsvermittler Funktionsträger, deren Aufgabe es ist, Geschäftsverbindungen zwischen Handelspartnern anzubahnen, zu pflegen und weiterzuentwickeln. Die Handelsvermittler weisen eine enge Verwandtschaft mit den →*Absatzmittlern* auf, beziehen sich jedoch nicht auf den →*Institutionellen Handel*, sondern auf die unternehmensfremden →*Absatz-* bzw. →*Verkaufsorgane* (→*Absatzformen*). Die wichtigsten Handelsvermittler sind die →*Handelsvertreter* (in ihren verschiedenen Formen) und →*Handelsmakler*.

Handelsvertreter Selbständiger Gewerbetreibender als betriebsfremdes →*Verkaufsorgan*, →*Absatzorgan* (siehe auch →*Absatzform*). Der wesentliche Unterschied zum →*Reisenden* ergibt sich daraus, daß der Reisende in einem festen Angestelltenverhältnis steht. Bei der Handelsvertretung ist weiter zu differenzieren in einen →*Mehrfirmenvertreter* und einen →*Einfirmenvertreter*. Der Handelsvertreter arbeitet in aller Regel auf Provisionsbasis (siehe →*Vergütungssysteme*), wobei sich die →*Provision* am →*Umsatz* orientiert, und zwar üblicherweise unabhängig davon, ob er den Umsatz in seinem →*Verkaufsbezirk* selbst getätigt bzw. vermittelt hat (siehe auch →*Abschlußvertreter*, →*Vermittlungsvertreter*).

Handelsware(n) →*Waren* (→*Produkte*), die vom Hersteller nicht selbst produziert, sondern von anderen Herstellern (u.a. auch →*Wettbewerbern*) zugekauft und mit den eigenen Leistungsangeboten distribuiert werden. Ziel der Aufnahme von Handelswaren in das →*Angebot* ist, das Leistungsprogramm kundenorientiert zu komplettieren (siehe dazu auch →*Systemgeschäft*, →*System-Marketing*). Die Handelsware ist deutlich zu unterscheiden von der →*Handelsmarke*, die als →*Markenartikel* des →*Handels* gilt und für die die gleichen Merkmale gelten wie für →*Herstellermarken*.

Handelswerbung Profilierung von Betriebsstätten des →*Einzelhandels* mit Hilfe einer spezifischen →*Marketingkommunikation* (→*Handelsmarketing*, →*Vertikales Marketing*). Im Vergleich zur Herstellerwerbung werden die Handelsleistungen (→*Handelsfunktionen*) und vor allem das →*Sortiment* in den kommunikativen Mittelpunkt gerückt. Als Mittler kommen alle →*Kommunikationsmedien* (→*Werbeträger*) zum Einsatz. In diesem Zusammenhang gewinnt die →*Instore-Werbung* immer mehr an Bedeutung (→*Verkaufsförderung*, →*Handels-Promotions*, →*Händler-Promotions*, →*Merchandising*, →*Visual Merchandising*, →*Schaufensterwerbung*), soweit sie (herstellerinitiiert) die Handelsinteressen unterstützt oder direkt von den Handelsunternehmen (mit z.T. finanzieller Beteiligung der Hersteller durch z.B. →*Werbekostenzuschüsse*) durchgeführt wird.

Handlungskosten →*Kosten*, die mit dem Handeln (→*Handel*) von →*Produkten* und →*Dienstleistungen* verbunden sind. Die wichtigsten Handlungskosten sind u.a. die Personal-, Raum-, Energie-, →*Marketing-* und →*Logistikkosten*, Verwaltungskosten, Zinsen und Abschreibungen. Sie haben überwiegend den Charakter von →*Fixkosten* bzw. →*Gemeinkosten* und können nicht exakt den →*Kostenträgern* (→*Artikeln*) verursachungsgerecht zugeordnet werden. Das Verfahren der →*Direkten Produktrentabilität (DPR)* versucht, diese Problematik zu lösen, wenngleich dies bislang noch nicht zufriedenstellend möglich ist. Die Wareneinstandskosten (→*Einstandspreis*) zählen nicht zu den Handlungskosten.

Handwerkshandel Handelstätigkeit von Handwerksbetrieben (als Dienstleistungshandwerk oder produzierendes Handwerk). Die Handelstätigkeit bezieht sich auf den →*Verkauf* von Erzeugnissen, die nicht mit der handwerklichen Leistung verbunden sind und/oder von →*Handelswaren*, die mit dem Handwerksumsatz in einem direkten Zusammenhang stehen (z.B. Fliesen beim Fliesenleger, Tapeten beim Maler etc.).

Handzettel →*Flyer*.

Haptische Reize Taktile →*Reize* (→*Stimuli*), die vor allem im →*Einzelhandel* (z.B. bei Textilien, Lederwaren etc.) den Tastsinn des →*Käufers* ansprechen und bei ihm zur Bildung von →*Präferenzen* führen sollen (siehe auch →*Sinnesorgane*).

Hard Selling Form des →*Persönlichen Verkaufs*, die im Gegensatz zum →*Soft Selling* darauf gerichtet ist, potentielle →*Käufer* rasch zu überzeugen und zum Abschluß (Kaufakt) zu bringen. Wenn überhaupt, so empfiehlt sich diese →*Verkaufstechnik* nur unter der Voraussetzung, daß auf die langfristige Kundenbeziehung bzw. →*Kundenbindung* (Kundentreue) kein Wert gelegt wird (Laufkundschaft).

Hardware Gesamtheit der technischen Elemente (Geräte, Teile) eines Computers oder eines Informationsnetzes. Die Hardware wird gesteuert und kontrolliert durch die Programme (→ *Software*). Im Marketing umfaßt die Hardware das reine Sachleistungsangebot. Es wird ergänzt durch Software-Leistungen (→*Servitization*), wie z.B. →*Dienstleistungen*, →*Pre-Sales-* und →*After-Sales-Services* und ein umfassendes →*Servicemarketing*.

Harzburger Modell →*Führungsstil* bzw. →*Managementtechnik* (→*Management-by-Delegation*). Das Modell geht von der Führung im Mitarbeiterverhältnis aus. Der Name geht auf die Akademie für Führungskräfte der Wirtschaft Bad Harzburg zurück, die 1956 von *R. Höhn* gegründet wurde, der auch als Vater dieser Führungs- bzw. Managementtechnik gilt. Auch wenn noch viele Unternehmen (z.B. weitgehend die klassischen →*Warenhäuser*) nach dem Modell strukturiert sind, gilt es mittlerweile in seiner reinen Form als überholt. Neue →*Organisationsformen* der →*Aufbauorganisation* haben die mit dem Modell verbundene →*Stab-Linien-Organisation* abgelöst (siehe dazu auch →*Marketingorganisation*, →*Leitungssystem* und →*Empowerment*).

Haupteinzugsgebiet Geographisches Gebiet, aus dem ein Einzelhandelsunternehmen (→*Stationärer Einzelhandel*) bzw. eine →*Agglomeration* von Einzelhandelsgeschäften →*Kunden* an sich zieht (siehe auch →*Einzelhandelszentralität* und →*Gravitationsmodell*). Die Haupteinzugsgebiete werden im wesentlichen bestimmt durch die Bevölkerungszahl und Bevölkerungsdichte, das Nachfragerpotential, die Konsumstruktur, die → *Kaufkraft*, das →*Einkommen* und durch die infrastrukturellen Bedingungen (vor allem Verkehrssystem).

Haushalt Personen, die in einer → *Gruppe* in einer Wohnung zusammenleben und eine →*Wirtschaftseinheit* bilden. Unterschieden werden in der Statistik Einpersonen-, Mehrpersonen- und Anstaltshaushalte. Im wesentlichen stellt der Haushaltsbegriff auf die Familie ab, die bei vielen Ausgabenkategorien auch als die entsprechende Verbrauchseinheit behandelt wird. Entscheidend für das Marketing ist, daß die durchschnittliche Haushaltsgröße in Wohlstandsgesellschaften deutlich abnimmt (Trend zum Single-Haushalt, der fast schon die 50%-Marke erreicht hat).

Haushaltbuchforschung →*Tagebuchverfahren*.

Haushaltseinkommen Summe der monatlichen Nettoeinkünfte aller Mitglieder eines →*Haushalts* aus Erwerbstätigkeit bzw. Renten (Pensionen), Versicherungen, aus eigener Bewirtschaftung, Vermietung und Verpachtung (ohne Steuern und Pflichtbeiträge zur Sozialversicherung).

Haushaltspanel →*Panelart* als wichtigste Form des →*Verbraucherpanel*, bei der →*Haushalte* die Befragungseinheiten sind. Erhoben werden Informationen über Haushaltseinkäufe (gegliedert nach →*Produkten* und →*Warengruppen*). Die Bedeutung der Panelart ergibt sich für die Markenartikelhersteller vor allem aus der Ermittlung des →*Markenwechsels* und der →*Markentreue*. Die Hauptprobleme beim Haushaltspanel sind die →*Panelsterblichkeit* (Panelmortalität), der →*Paneleffekt* und die dadurch notwendige →*Panelrotation* (siehe in Abgrenzung dazu →*Handelspanel*).

Haushaltstheorie Mikroökonomischer Ansatz zur Erklärung des →*Konsumentenverhaltens*. Die Theorie geht von rationalen ökonomischen →*Kaufentscheidungen* aus und betrachtet den →*Konsumenten* als →*Homo oeconomicus*. Diese Annahme ist realitätsfremd, da sie verhaltenswissenschaftlich kaum begründet werden kann (siehe →*Behaviorismus*).

Haushaltswerbung Form der →*Direktwerbung*, bei der gedruckte →*Werbeträger* (üblicherweise →*Prospekte*, →*Kundenzeitschriften*) an private →*Haushalte* durch Zustellerdienste verteilt werden. Die Haushaltswerbung ermöglicht eine →*Mikrographische Marktsegmentierung* auf der Grundlage →*Mikrographischer Kriterien* (siehe auch →*Mikro-Marketing*). Als die wesentlichen Probleme der Haushaltswerbung erweisen sich die wirksame Kontrolle der Verteilungsorganisationen und die z.T. ausdrückliche Ablehnung der Haushalte (siehe →*Robinsonliste*). Die Haushaltswerbung wird vor allem vom →*Stationären Einzelhandel*, aber auch von Direktanbietern als →*Werbeform* genutzt und ist mittlerweile ein bedeutender Wirtschaftsfaktor.

Hausierhandel Form des →*Ambulanten Handels*. Der inhaltliche Unterschied zum →*Hausverkauf* besteht darin, daß der Hausierhandel ein selbständiger →*Handel* ist. Überschneidungen ergeben sich hingegen beim Haustürverkauf durch rechtlich selbständige →*Handelsvertreter*, die wie →*Außendienstmitarbeiter* auftreten.

Hausmarke →*Eigenmarke*.

Hausmesse(n) In der Regel Fachmessen, die durch *einen* Hersteller (und seltener durch *ein* Handelsunternehmen) veranstaltet werden. Vorteil der Hausmessen aus Ausstellersicht ist, daß die gewünschten Kundenzielgruppen (→*Zielgruppe*) spezifisch angesprochen werden können. Dieser Vorteil gilt insbesondere für das →*Investitionsgütermarketing*. Aus Besuchersicht ist ein gravierender Nachteil, daß Hausmessen keine Übersicht über das gesamte Marktangebot geben. Hausmessen haben daher nicht den eigentlichen Charakter von →*Messen*, sondern eher den einer Verkaufsförderungs-Aktion (→*Verkaufsförderung*) oder einer →*Imagewerbung* des jeweiligen Veranstalters.

Hausverkauf Auch als Haustürverkauf bezeichneter →*Persönlicher Verkauf*, der eine Form des →*Direktvertriebs* darstellt. Der Haustürverkauf weist Ähnlichkeiten auf mit dem →*Ambulanten Handel* und dem →*Hausierhandel*. Daraus resultiert auch sein überwiegend Negativimage.

Hauswurfsendung Unadressierte →*Werbebriefe* an →*Haushalte* (→*Direktwerbung*, →*Postwurfsendung*).

Hautwiderstandsmessung Wichtigstes Verfahren der Methodengruppe der →*Apparativen Verfahren*. Gemessen wird die Schweißdrüsentätigkeit bei veränderter →*Aktivierung*. Hierbei wird ein Zusammenhang zwischen Aktivierung und Leistung unterstellt. Die Leistung wird z.B. als →*Werbewirkung* interpretiert (siehe auch →*Elektrodermale Reaktion, EDR*).

Hawthorne-Effekt Der Effekt besagt, daß das menschliche →*Verhalten* während der Arbeit vor allem von sozialen Faktoren beeinflußt wird (*E. Mayo, 1880-1949*). Diese Erkenntnis begründete die →*Human Relations*. Im Gegensatz dazu steht der →*Taylorismus*, der die physischen Arbeitsbedingungen in den Vordergrund stellt und die damit verbundene Leistungsvergütung.

HDE Abk. für Hauptgemeinschaft des Deutschen Einzelhandels, Köln. Es handelt sich um einen Zusammenschluß der Landesverbände und der Bundesfachverbände des →*Einzelhandels*. Die Vereinigung nimmt die Einzelhandelsinteressen in der →*Öffentlichkeit* und vor allem im wirtschaftspolitischen Bereich wahr und unterstützt ihre Mitglieder bei der Lösung von Betriebsführungsproblemen.

Headline Kopfzeile bei →*Anzeigen* (siehe auch →*Baseline*).

Health Care Marketing Übertragung der →*Marketingkonzeption* auf den Gesundheitsbereich. Ziel ist, das →*Kommerzielle Marketing* (z.B. der Pharmaunternehmen) mit dem →*Non-Profit-Marketing* (z.B. der Krankenkassen) bei Vermeidung sozial unverträglicher Maßnahmen bzw. Folgen (→*Social Marketing*) zu verbinden.

Hedonismus Verhaltenstheorie, begründet durch *J. Bentham, (1779)*, nach der menschliches Handeln vor allem durch das Genuß- und Lustprinzip bestimmt und motiviert wird. Es gilt die Hypothese, daß Lustgewinn und individuelles Glück die Hauptziele des Lebens sind (siehe auch →*Motivationspsychologie*). Der Hedonismus kann als Gegenbewegung zu den asketischen Moralnormen der frühbürgerlichen Gesellschaft (Puritanismus) gesehen werden. Er wurde zum Leitprinzip der Motivationsforschung und zum zentralen Wert der Wohlstandsgesellschaft (→*Konsumgesellschaft*, →*Ich-AG*). Die Hedonisten sind die primäre →*Zielgruppe* für das →*Erlebnismarketing*.

Heimdienst Form des →*Direktvertriebs* von zumeist Spezialsortimenten im Nahrungs- und Genußmittelbereich (z.B. Tiefkühlkost, Brot- und Backwaren, Obst und Gemüse, Getränke) an private→*Haushalte*. Das Wachstum der Heimdienste ist in erster Linie auf das Bequemlichkeitsbedürfnis derjenigen →*Verbraucher* (zunehmende Single- und 2-Personen-Haushalte) zurückzuführen, die den Anlieferungsservice höher einschätzen als den Preisvorteil, den Lebensmittel-Discounter (→*Discounter*) bei vergleichbarer Produktqualität bieten.

Hemisphärentheorie Theorie, nach

der die rechte Hemisphäre (Gehirnhälfte) vor allem holistische (ganzheitliche) →*Informationen* (Bilder, räumliche Darstellungen, Musik, Kunst, →*Emotionen* etc.) verarbeitet, während die linke Hemisphäre mehr der analytischen →*Informationsverarbeitung* dient (Sprache, rationale Denkprozesse). Die Gehirnspezialisierung führt trotz der Interaktivität beider Gehirnhälften zu einer unterschiedlichen Ausprägung der rechts- bzw. linkshemisphärischen Denk- und Arbeitsweise (→*Hirnforschung*), die durch Veranlagung und Lernprozesse (→*Sozialisation*) verstärkt wird. Die Entwicklung vom Bedürfnis- zum Erlebniskonsum bewirkte eine Emotionalisierung der (gesättigten) →*Märkte* (siehe auch →*Kult-Marketing*, →*Erlebnishandel*, →*Erlebniskauf*) und eine Dominanz rechtshemisphärischer Orientierungen. Daraus resultiert die zunehmende Bedeutung der →*Bildkommunikation* für die →*Marketingkommunikation* und hier speziell für die →*Werbung* (siehe auch →*Imagery-Forschung*).

Herkunftsbezeichnung Hinweis auf die geographische Herkunft einer →*Ware*. Nach →*UWG* in Verbindung mit dem →*Warenzeichengesetz* ist es wettbewerbsrechtlich unzulässig, bei einem nicht unbeachtlichen Teil der →*Beteiligten Verkehrskreise* falsche Vorstellungen (→*Irreführung*) über die Herkunft der Ware zu vermitteln. Die Herkunftsbezeichnung ist abzugrenzen von der →*Gattungsbezeichnung*, wobei die trennscharfe Differenzierung in Einzelfällen schwierig ist. Viele ursprünglich geographische Herkunftsbezeichnungen haben im Laufe der Zeit den Charakter von Gattungsbezeichnungen angenommen (z.B. Pilsener Bier, Kölnisch Wasser etc.).

Herstellermarke(n) →*Markenartikel*, der im Vergleich zur →*Handelsmarke* seine Herstellerbezogenheit im gesamten Marktauftritt deutlich macht. Die in der Vergangenheit bestehende Dominanz der Herstellermarken ist in einigen→*Branchen* (z.B. Textil, Werkzeuge, Personal Computer etc.) in den letzten Jahren erheblich durch die Handelsmarken abgebaut worden.

Herstellermarketing Klassische Form des →*Marketing*, die ihre deutliche Ausprägung Mitte der 60er Jahre in Deutschland durch das →*Produkt-Management* erhielt. Ende der 70er/ Anfang der 80er Jahre trat als „Konkurrent" zum Herstellermarketing das →*Handelsmarketing* auf. Der permanente Konflikt zwischen Hersteller- und Handelsmarketing (→*Vertikales Marketing*) resultiert aus einer unterschiedlichen Grundorientierung. Der Hersteller denkt in →*Marken* (→*Markenimage*), der Handel in →*Sortimenten* (→*Geschäftsimage*).

Herstellkosten Summe aus Material- und Fertigungskosten, die die Basis für die →*Zuschlagskalkulation* bilden. Sie sind die Grundlage für die Verrechnung der →*Vertriebskosten* und Verwaltungskosten und auch der →*Marketingkosten*, soweit diese nicht direkt den →*Kostenträgern* nach dem →*Verursachungsprinzip* zugeordnet werden können.

Herstellungskosten →*Herstellkosten*.

Heterogenität Andersartigkeit von →*Gütern*. Es existieren →*Präferenzen*. Die →*Angebote* sind nur in bestimmten Grenzen substituierbar. Die Heterogenität ist eine der wesentlichen Grundbedingungen für die Existenz eines →*Unvollkommenen Marktes* (siehe dazu im Gegensatz →*Homogenität*).

Heterostase Entwicklungen, die irreversibel vom Gleichgewichtszustand weg zu neuen Zuständen (gefestigt oder auch ungefestigt) führen (im Gegensatz →*Homöostase*).

Heuristik Im Vergleich zu den analytischen Optimierungsmodellen handelt es sich um eine Methode zur Findung von Annäherungslösungen. Die Lösungen beruhen vielfach auf Erfahrungswerten (Faustregeln), die sich in der Praxis bewährt haben und demzufolge nicht optimal, aber zufriedenstellend sind (siehe dazu auch →*Muddling through-Strategie*). Entscheidungsheuristiken werden insbesondere bei der →*Marketingplanung*, →*Mediaplanung* und →*Werbebudgetierung* eingesetzt.

Hierarchy-of-effects-Modell →*Stufenmodell der Werbewirkung* von *R.J. Lavidge und G.A. Steiner (1961)*, das von einer hierarchischen Abfolge von →*Werbewirkungen* ausgeht. Danach durchläuft eine Person im →*Kommunikationsprozeß* folgende Stufen: (1.) Awareness (Wissen von der Existenz des Produkts), (2.) Knowledge (Kenntnis der Produkteigenschaften), (3.) Liking (Wertschätzung des Produkts), (4.) Preference (Bevorzugung des Produkts), (5.) Conviction (Überzeugung), (6.) Purchase (Kauf). Das Stufenmodell weist eine sehr grosse Ähnlichkeit mit dem →*Howard-Sheth-Modell* und den verschiedenen →*Adoptionsmodellen* auf, die auch von einer hierarchischen Abfolge von Wirkungsstufen ausgehen.

High Interest-Produkte →*Konsumgüter*, die aufgrund ihrer Beschaffenheit und ihres →*Preises* spezielle →*Bedürfnisse* erfüllen (→*Prestigekonsum*) und ein →*Kaufrisiko* beinhalten. Die Bedeutung des Kaufentscheids und die Gefahr einer →*Kognitiven Dissonanz* führen zu einem komplexen →*Kaufverhalten*, das durch einen verstärkten Informationsbedarf (→*High Involvement*) und eine intensive →*Informationsverarbeitung* (→*Gedächtnistheorien*) gekennzeichnet ist (im Vergleich →*Low Interest-Produkte*).

High Involvement Starkes Engagement (Ich-Beteiligung), das auf Interesse bzw. Bedarf an bestimmten Informationen oder Produkten schließen läßt. Die erhöhte →*Aufmerksamkeit* aufgrund der →*Aktivierung* des Individuums sorgt für eine effiziente kognitive Verarbeitung (→*Kognitive Prozesse*) und Speicherung der Informationen (→*Gedächtnistheorien*). Die Gedächtnisleistung ist beim involvierten Individuum aufgrund der großen Verarbeitungstiefe besser als beim →*Low Involvement*. Die Beeinflussungswirkung ist jedoch durch die kognitive Kontrolle geringer (siehe im Vergleich →*Low Involvement*, →*Involvement*).

Hilfsstoff(e) Stoffe, die bei der Fertigung in das Erzeugnis eingehen, ohne →*Rohstoff* zu sein (Leim, Farbe etc.).

Hirnforschung Erforschung der Organisation des Gehirns. Hierbei geht die Theorie von einer Trennung des Gehirns in eine linke und rechte Hemisphäre aus (→*Hemisphärentheorie*). Die Hemisphären werden weiter unterteilt in linke und rechte zerebrale Hemisphären und linke und rechte limbische Systeme (*N. Herrmann, 1991*). Linkshemisphärisches Denken ist logisch-analytisch, rechtshemisphärisches Denken ist holistisch-emotional (siehe auch →*Brain Map*).

Histogramm Graphische Darstellung, die nach Klassen geordnete metrisch skalierte →*Daten* in Form eines Skalendiagramms abbildet. Der Flächeninhalt jeder Säule gibt hierbei jeweils die entsprechende Größe der Klasse an.

Hochpreisstrategie →*Präferenzstrategie* (→*Preisstrategie*), die sich im Gegensatz zur →*Niedrigpreisstrategie* (→*Preis-Mengen-Strategie*) aus dem aggressiven →*Preiswettbewerb* heraushält und sich an den →*Markenkäufern* orientiert. Im Zuge des sich weiter verschärfenden Preiswettbewerbs können jedoch Hochpreisstrategien bei einem unveränderten Leistungsangebot in der Regel von einem →*Anbieter* kaum dauerhaft aufrecht erhalten werden. Voraussetzung dazu ist die permanente Schaffung eines →*Akquisitorischen Potentials* (→*Preispolitische Autonomiezone*,→*Monopolistischer Spielraum*) durch →*Produktinnovationen*.

Höchstpreis Staatlich oder per Vertrag festgelegter →*Preis*, der im Gegensatz zum →*Festpreis* unter-, aber nicht überschritten werden darf. Die Höchstpreise werden meist durch staatliche Vorschriften festgelegt und führen in vielen Fällen zur Bildung von illegalen →*Schwarzmärkten* (siehe im Vergleich →*Mindestpreis*).

Hörerforschung Teil der →*Rezipientenforschung*, dessen Untersuchungsgegenstand Größe und Struktur der Hörerschaft von Hörfunkprogrammen sind. Die wichtigsten Untersuchungsfelder sind die Ermittlung der Hörgewohnheiten und der Intensität der Nutzung einzelner Hörfunkprogramme. Entscheidend für die →*Mediaplanung* (→*Hörfunkwerbung*) ist die →*Reichweite* der verschiedenen Hörfunkprogramme.

Hörfunkwerbung Nutzung des Hörfunks als →*Werbeträger* (→*Kommunikationsmedium*) zur Aussendung von Werbespots (→*Spots*). Nicht zuletzt durch das Aufkommen lokaler und regionaler Sender hat das Radio als →*Massenmedium* wieder an Bedeutung gewonnen. Ihr entspricht aber bei weitem noch nicht die Bedeutung als Kommunikationsmedium im Vergleich zur →*Anzeigenwerbung* und →*Fernsehwerbung*. Durch die kontinuierliche Ausweitung der Hörfunkprogramme ist in Zukunft ein Bedeutungszuwachs des Hörfunks als Werbeträger zu erwarten (z.B. für den lokalen und regionalen →*Einzelhandel* und andere Dienstleistungsunternehmen).

Homebanking →*Telebanking*.

Homepage Einstiegsseite einer →*Internet*-Anwendung. Die Homepage wird über einen Domänennamen (Adresse im Internet) angesprochen. Von dort aus erfolgt die Verzweigung innerhalb des Angebots des →*Werbungtreibenden*.

Homeshopping Auch Home Selling genannt, das verschiedene Formen des Einkaufs zu Hause umfaßt. Die klassischen Formen sind der →*Direktvertrieb*, →*Versandhandel* und der →*Heimdienst*. Eine neuere Form ist das →*Teleshopping* (siehe auch →*Electronic Shopping*). Insbesondere der Versandhandel wird in Zukunft vom Teleshopping als Sonderform des Homeshopping erheblich profitieren. Hierbei deuten sich drei Entwicklungsrichtungen an: Nutzung der gewöhnlichen Fernsehkanäle, Aufbau von digitalen interaktiven TV-Systemen und DV-Kommunikations- und Informationssysteme (siehe dazu als Trendrichtung auch →*Telebanking*). Die besten Erfolgsaussichten werden dem Computer Home Shopping (→*Online-Shopping*) beigemessen.

Homöostase Prinzip der Selbstregulierung durch Selbstorganisation, das auf *W.B. Cannon (1932)* zurückgeht. Alle Organismen zeigen bei sich verändernden Lebensbedingungen die autonome Tendenz, ihr Gleichgewicht zu erhalten oder wiederherzustellen. *L.v. Bertalanffy (1968)* spricht von einem Fließgleichgewicht. Der Gegensatz ist die →*Heterostase* (siehe auch →*Kybernetik*).

Homo oeconomicus Rein nach rationalen Kriterien entscheidender →*Konsument*(siehe→*Haushaltstheorie*).

Homogenität Gleichartigkeit von Gütern. Es existieren keine →*Präferenzen*. Die →*Angebote* sind völlig substituierbar. Die Homogenität ist eine Grundbedingung für die Existenz eines →*Vollkommenen Marktes* (im Gegensatz dazu siehe →*Heterogenität*).

Horizontale Diversifikation Form der →*Diversifikation*, bei der eine systematische Programmerweiterung (Angebotsprogramm, →*Programm*) vorgenommen wird. Das angestammte Tätigkeitsfeld (Produkt- und Marktfeld) wird aber nicht verlassen. Dadurch verringert sich das Diversifikationsrisiko entscheidend. Nachahmer (→*Wettbewerber*) werden jedoch angezogen, da eine Adaption mit wenig Aufwand verbunden ist (siehe im Vergleich →*Vertikale* und →*Laterale Diversifikation*).

Horizontale Kooperation Zusammenarbeit von wirtschaftlich selbständigen →*Unternehmen* auf der gleichen Wirtschaftsstufe (siehe in Abgrenzung →*Vertikale Kooperation*). Horizontale →*Kooperationen* sind vor allem im →*Handel* weit verbreitet. Nach den →*Handelsstufen* sind Kooperationen im →*Einzel-* und →*Großhandel* zu unterscheiden. Streng zu trennen von der horizontalen Kooperation sind horizontale Absprachen (→*Kartelle*), die dem Ziel einer Marktbeeinflussung durch Beschränkung des →*Wettbewerbs* dienen. Sie sind nach →*GWB* grundsätzlich verboten.

Horizontale Produktdifferenzierung Veränderung der →*Produkteigenschaften* bei gleichbleibender stofflich-technischer Grundstruktur. Im Vergleich zur →*Vertikalen Produktdifferenzierung* ist die Veränderung nur geringfügig (→*Produktdifferenzierung*).

Host Zentrales Rechnersystem in einem Netzwerk.

Hotline Im →*Telefonmarketing* eine Telefonnummer eines →*Anbieters*, unter der →*Kunden* oder Interessenten anrufen können. Vielfach ist der Anruf kostenlos. Es handelt sich um eine spezifische Form des aktiven →*Servicemarketing* (siehe auch →*Kundendienst*).

Howard-Sheth-Modell Ein von *J.A. Howard* und *J.N. Sheth (1969)* entwickeltes →*Stufenmodell der Werbewirkung*. Danach vollzieht sich die →*Werbewirkung* nach den folgenden Stufen: Attention/Brand (Aufmerksamkeit/Marke), Comprehension (Einsicht), Attitude (Einstellung), Intention (Kaufabsicht) und Purchase (Kaufhandlung). Die Kritik an dem Modell bezieht sich vor allem auf seine hierarchischen Wirkungsstufen, die als voneinander abhängig angesehen werden (siehe auch →*Hierarchy-of-effects-Modell* und vgl. →*Sheth-Modell*).

HTML Abk. für Hyper Text Markup Language. Es handelt sich hierbei um eine Seitenbeschreibungssprache für WWW-Dokumente (→*World Wide Web*). Dadurch ist die Darstellung und Formatierung von Texten möglich, wie auch die Einbindung anderer Elemente (z.B. Graphiken).

HTTP Abk. für Hyper Text Transfer Protocol. Es handelt sich hierbei um ein Datenübertragungsprotokoll für →*HTML*-Dokumente.

Hubs Zentrale Umschlagplätze zur Bündelung und Verteilung von Warenströmen. Sie können sowohl reale als auch virtuelle Orte auf →*Elektronischen Marktplätzen* sein.

Human Capital →*Humankapital*.

Human Concept of Marketing Von *L.M. Dawson (1969)* formulierte →*Marketingkonzeption*, die aus der Kritik am klassischen und „eindimensionalen" →*Marketing* resultiert. Im wesentlichen geht es um die Neubestimmung der Zielinhalte des Marketing durch eine Überwindung bzw. Ergänzung der Gewinn- und Rentabilitätsdominanz zugunsten einer humaneren Leistungsgestaltung. In das Humankonzept eingeschlossen sind u.a. die →*Marketingethik*, das →*Non-Profit-Marketing*, →*Social Marketing* und →*Öko-Marketing*, aber auch die unternehmensinternen →*Führungssysteme*, →*Managementtechniken* und die →*Unternehmungs-* und →*Marketingorganisation*.

Humanistische Psychologie Psychologische Theorie (→*Motivationstheorien*), die neben der →*Psychoanalyse* und dem →*Behaviorismus* als dritte Kraft innerhalb der →*Psychologie* gilt. Bekannteste Vertreter sind *G. Allport*, *A.H. Maslow* (vgl. →*Maslow'sche Bedürfnispyramide*), *C. Rogers*. Die humanistische Psychologie beschäftigt sich vor allem mit dem subjektiven Erleben einer Person, d.h. der Selbstwahrnehmung und Selbstbewertung (dem sogen. →*Selbstkonzept*). Entscheidungsfähigkeit und →*Verhalten* hängen von der →*Kreativität* und Selbstverwirklichungstendenz (→*Selbstverwirklichungsbedürfnisse*) eines Menschen ab. Die →*Motivation* des Individuums wird bestimmt durch den angeborenen Drang, ererbte Fähigkeiten und Talente zur vollen Entfaltung zu bringen.

Humankapital Jeder Mitarbeiter im →*Unternehmen* als Aktivposten, der wie andere Vermögensgüter bewertet wird. Das Humankapital wird immer mehr zu einem entscheidenden Erfolgsfaktor.

Humanpotential Die Gesamtheit menschlicher Arbeitskraft (Mitarbeiter und Führungskräfte mit ihrem Wissen, Können, Verhalten und ihren Wertvorstellungen). Die Potentialentfaltung vollzieht sich nicht automatisch, sondern hängt von einer Vielzahl von Beeinflussungsfaktoren ab, als deren wichtigster die →*Interaktion* angesehen werden muß.

Human Relations →*Öffentlichkeitsarbeit* nach innen. Es geht um die Pflege der menschlichen Beziehungen und des →*Betriebsklimas* im →*Unternehmen*. Die Human Relations stehen in einer engen Beziehung zur →*Corporate Identity* (nach innen) und zur →*Unternehmenskultur* (→*Corporate Culture*).

Human Resource Management Planung, Realisation und Kontrolle der Prozesse, die kurz-, mittel- und langfristig das notwendige →*Humankapital* im →*Unternehmen* sicherstellen. Das Human Resource Management setzt ein integratives ganzheitliches Personalkonzept (→*Personalmarketing*, →*Internes Marketing*) voraus, das in die Gesamtunternehmensstrategie eingebunden ist. In bezug auf den marktorientierten Einsatz der Human Resources geht es vor allem darum, die →*Fachkompetenz* der Mitarbeiter, ihr Verhalten, ihre Emotionalität, Motivation und auch ihre Erfahrungen in die →*Geschäftsprozesse* einzubringen.

Hybride Wettbewerbsstrategie →*Wettbewerbsstrategie*, die zum Ziel hat, eine Synthese (im Sinne einer Simultaneität) von →*Präferenz-* und

→*Preis-Mengen-Strategie* und damit von →*Differenzierung* und →*Kostenführerschaft* herzustellen.

Hybrid-Konsument(en) →*Konsumenten*, die z.B. sowohl preis- bzw. discountorientiert sind als auch erlebnisorientiert. Das hybride →*Verhalten* erschwert die Konzeption und Durchsetzung zielgruppenadäquater →*Betriebstypen* im →*Einzelhandel* (siehe auch →*Versorgungshandel* und →*Erlebnishandel*). Dadurch gestalten sich auch für die Hersteller die notwendigen Produktpositionierungs- und Profilierungsstrategien immer schwieriger.

Hybridorganisation →*Tensororganisation*.

Hygienefaktoren Nach *Fr. Herzberg (1959)* Erhaltungsfaktoren. Als Hygienefaktoren nennt Herzberg die interpersonalen Beziehungen, Statussymbole, Entlohnung und Zusatzvergütungen, die Administration und →*Kontrolle*, die →*Unternehmenspolitik* und die Arbeitsplatzsicherheit. Diese werden auch in Abgrenzung zu den →*Motivatoren* (Satisfier) als Dissatisfier bezeichnet (siehe auch →*Motivationstheorien*).

Hyperlink Anklickbare Textstellen in →*HTML*-Dokumenten (im→*Internet*), die einen Sprung auf eine andere HTML-Seite oder einen anderen Bereich einer HTML-Seite ausführen oder auf andere Dateiformate verweisen, die heruntergeladen werden können.

Hypothese(n) Annahme über Entstehung, Ursache und/oder Wirkung eines Sachverhalts oder über die Zusammenhänge mit anderen Sachverhalten. Die Hypothese unterstellt einen Beziehungszusammenhang zwischen →*Unabhängigen* (bestimmenden) und →*Abhängigen* (Ergebnis-) *Variablen*. Die statistischen Hypothesen haben in der →*Marktforschung* eine besondere Bedeutung. Sie bilden Annahmen über die Wahrscheinlichkeitsverteilung von →*Variablen* in →*Grundgesamtheiten*. Im wesentlichen geht es bei der statistischen Hypothesenbildung um die Überprüfung der →*Daten* aus der → *Stichprobe* (siehe auch →*Signifikanztest*).

Hypothetische(s) Konstrukt(e) Nicht direkt beobachtbare Vorgänge im →*Konsumentenverhalten* (→*Käuferverhalten*). Es handelt sich um theoretische Konstrukte, die im →*S-O-R-Modell* auch als →*Intervenierende Variablen* bezeichnet und zur Erklärung des Konsumentenverhaltens herangezogen werden.

I

IAA Abk. für International Association of Advertising. Es handelt sich um einen 1938 gegründeten internationalen Verband von Werbefachleuten.

Ich-AG →*Trend* zum „Ich-jetzt-hier-sofort". Aus der Kultur des →*Hedonismus* abgeleitete Persönlichkeitsmarke, die die Konzentration des Individuums auf sich selbst, seine Ichbezogenheit deutlich macht. Zum Aufbau der Marke „Ich" werden →*Produkte* und →*Dienstleistungen* benötigt, die zur →*Persönlichkeit* und ihrem →*Lebensstil* passen (siehe dazu auch → *Egonomics*). Die zu beobachtende Entwicklung zum Ego-Kult steht in unmittelbarem Zusammenhang mit dem durch wirtschaftlich/gesellschaftliche Entwicklungen hervorgerufenen → *Wertewandel* (siehe dazu auch →*Tertiärbedürfnisse*).

Idealimage Idealvorstellung, die eine Person oder eine Personengruppe von einem →*Meinungsgegenstand* hat (siehe auch →*Image* und →*Soll-Image*).

Idealpunktmodell Verfahren zur → *Einstellungsmessung*, das die Summe der merkmalbezogenen Differenzen zwischen den subjektiven Idealausprägungen und der tatsächlichen Leistung (Erfahrung) bildet. Im Unterschied zum →*Servqual-Modell* ist die → *Qualität* um so höher, je dichter Erfahrungen und →*Erwartungen* beieinander liegen (vgl. dazu auch → *Trommsdorf-Modell*).

Ideenauswahl Phase, die der →*Ideengewinnung* folgt. Die Ideenauswahl hat zum Ziel, das Mißerfolgsrisiko (vor allem in der →*Innovationspolitik*) abzusenken (Verminderung der →*Flop*-Rate). Dazu empfiehlt sich zunächst eine Grobauswahl (→*Screening*), der sich eine Feinauswahl (Einsatz von → *Scoringmodellen* und →*Wirtschaftlichkeitsanalysen*) anschließt.

Ideenfindungsmethoden →*Kreativitätstechniken*.

Ideengewinnung Ausgangspunkt für eine erfolgreiche →*Innovationspolitik* ist die Entwicklung (Findung, Produktion) neuer Ideen. Ideen können einmal gewonnen werden aus → *Marktuntersuchungen*, Kundengesprächen, verschiedenen Absatzmittler-Informationen, Expertengesprächen (→ *Expertensysteme*) etc. Dies sind die wesentlichen externen Quellen. Zum anderen können auch intern →*Kreativitätstechniken* eingesetzt werden. Dabei ist der Einsatz von Kreativitätstechniken keineswegs nur auf eigene Mitarbeiter beschränkt. Es können sehr wohl auch →*Kunden*, →*Absatzmittler*, Lieferanten, Experten etc. in die kreative Ideenfindung einbezogen werden.

Ideenpiraterie Nachahmung von Werbeideen, vor allem im kreativen Gestaltungsbereich (Konzeptionspiraterie z.B. bei →*Anzeigen*). Der → *BDW* versucht der Ideenpiraterie zu begegnen durch eine Hinterlegungsstelle für Konzeptionen und Ideenkonzepte. In Streitfällen dient die Hinterlegung der Beweisführung. Sie wird aber erheblich erschwert durch die geringe Trennschärfe zwischen unzulässiger Ideenpiraterie und zulässiger Ideeninspiration (siehe auch →*Plagiat*). Überdies ist es fast unmöglich, den Hinweis auf eine zufällige Duplizität der Kreativeinfälle zu widerlegen.

Identifikationstest Verfahren der → *Werbemittelforschung*, das vor allem die Aufmerksamkeits- (→*Aufmerksamkeit*) und →*Gedächtniswirkung* von insbesondere →*Anzeigen* in → *Printmedien* überprüft. Dazu werden Bestandteile (z.B. der Firmenname, einzelne Wörter, Sätze, Bilder etc.) aus dem →*Werbemittel* entfernt bzw. abgedeckt, um zu ermitteln, ob die Befragten aus dem Rest das Ganze wiedererkennen bzw. die notwendigen Ergänzungen vornehmen können.

Image(s) Ein Vorstellungs- bzw. Einstellungsbild, das sich ein Individuum (oder eine →*Gruppe* von Menschen) von einem Objekt bzw. Meinungsgegenstand macht. Ein Image besteht aus objektiven und subjektiven Komponenten. Zu unterscheiden ist zwischen dem →*Fremdimage* und dem →*Eigenimage*, außerdem zwischen dem →*Ist-Image* und dem →*Soll-Image*. Hier können sich erhebliche Diskrepanzen ergeben, deren wiederholte und nicht nur einmalige Ermittlung durch die →*Imageforschung* für Marketingentscheidungen von erheblicher Bedeutung ist. Images bzw. →*Einstellungen* setzen sich aus drei verschiedenen Teildimensionen oder Komponenten zusammen: → *Affektion*, d.h. die gefühlsmäßige Einschätzung eines Meinungsgegenstandes; →*Kognition*, d.h. das subjektive Wissen über ein Objekt; →*Konation*, d.h. die mit der Einstellung verbundene Handlungstendenz, die sich z.B. in der →*Kaufbereitschaft* niederschlägt (siehe in Abgrenzung auch →*Stereotyp(en)* als verallgemeinerte und starre →*Vorurteile*).

Imageanalyse Ermittlung des →*Ist-Image* eines →*Unternehmens* oder → *Produktes*. Die wichtigsten Bestandteile der Analyse sind die Ursachenermittlung (→*Kausalanalyse*), die Darstellung der Entstehungszusammenhänge und die Erklärung evtl. auftretender Divergenzen zwischen →*Eigenimage* und →*Fremdimage*, →*Unternehmensimage* und →*Markenimage* etc.

Imagedesign →*Corporate Design*. Es geht um das ganzheitliche Erscheinungs- und damit Vorstellungsbild des →*Unternehmens* in der →*Öffentlichkeit* (siehe auch →*Unternehmensimage*).

Imageforschung Teilgebiet der → *Marktpsychologie*, das sich vor allem auf die →*Imageanalyse* konzentriert. Die Informationsgewinnung stützt sich weitgehend auf mündliche →*Befragungen*.

Imagedesintegration Negative Verbindung (Integration) zwischen →*Firmen-* und →*Produktimage* bzw. → *Markenimage*. Im Vergleich zur positiven →*Imageintegration* wird versucht, „heterogene psychische Qualitäten zu vereinigen" (*R. Bergler, 1963*). Firmen- und Markenimage fallen auseinander und stehen in einem diskrepanten Verhältnis zueinander. Eine →*Dachmarken*-Politik erweist sich in diesen Fällen als gefährlich, da ein negativer →*Imagetransfer* (→

Spill-over-Effekt, →*Carry-over-Effekt*) auf bislang positive Markenimages oder auf das gesamte Firmenimage zu befürchten ist. Vielfach ist eine gezielte und konsequente →*Imageisolation* die Lösung (siehe in Ergänzung →*Imageidentität*).

Imageidentität Identität von →*Firmen-* und →*Produktimage* bzw. →*Markenimage*. Die →*Marke* ist Ausdruck der Firma, die Firma Ausdruck der Marke (*R. Bergler, 1963*). Die Imageidentität ist eines der konstitutiven Merkmale für die Entwicklung der Markenartikelindustrie und abzugrenzen von der →*Imageintegration*, →*Imagedesintegration* und →*Imageisolation*. Durch die Bildung von →*Dachmarken* (→*Umbrella-Marken*) bietet sie überdies die Möglichkeit, einen positiven →*Imagetransfer* herzustellen.

Imageintegration Positive und enge Verbindung zwischen →*Firmen-* und →*Produktimage* bzw. →*Markenimage*, wobei dieses Verhältnis nicht für die Gesamtheit der →*Marken* eines Unternehmens gilt (*R. Bergler, 1963*). Eine positive Integration ist nur möglich, wenn Firma und Marke aus der Sicht der →*Nachfrager* in einem positiven psychologischen Zusammenhang stehen. Anderenfalls tritt eine →*Imagedesintegration* auf, die *R. Bergler* „Negative Integration" nennt. Dies ist vielfach auch das Problem von →*Markenfamilien*, →*Umbrella-Marken* bzw. →*Dachmarken* und vor allem von extensiven →*Produktdifferenzierungen* (siehe in Abgrenzung →*Imageidentität* und →*Imageisolation*).

Imageisolation Bewußte Abkopplung der →*Produkt-* bzw. →*Markenimages* vom →*Firmenimage*, um einen möglichen negativen →*Imagetransfer* zu vermeiden (siehe *R. Bergler, 1963*). Die Isolation kann so weit gehen, daß man grundsätzlich in der →*Markenpolitik* auf die Bildung von →*Dachmarken* (→*Umbrella-Marken*) und auf den Aufbau eines Firmenimage bzw. auf seine Pflege verzichtet (siehe dazu die konzeptionellen Unterschiede zwischen der →*Schirmmethode* und der →*Pilzmethode*). Dadurch werden mögliche positive Imagetransfers vom Unternehmen auf die verschiedenen Leistungsangebote wohl nicht genutzt, →*Imagedesintegrationen* hingegen auch vermieden. Andererseits ist die damit verbundene →*Einzelmarken*-Strategie mit einem hohen (insbesondere kommunikativen) Aufwand verbunden (siehe im Vergleich →*Imageintegration* und →*Imageidentität*).

Imagemessung Imagemessungen können verbal und/oder nonverbal durchgeführt werden. Das wichtigste verbale Meßverfahren ist das →*Polaritätenprofil* (→*Semantisches Differential*). Bei nonverbalen Messungen werden visuelle →*Reize* (Bilder) in ihrer Wirkung analysiert (siehe →*Imagery-Differential*). Ein methodisches Problem kann in der Bildauswahl liegen, so daß die (anders gearteten) Beeinflussungsgefahren der verbalen Messung (→*Interviewer-Bias*) nicht ausgeschlossen werden können.

Imagepolitik Strategischer Einsatz aller →*Marketing-* (vor allem kommunikationspolitischer) *Instrumente*, um dem →*Unternehmen*, dem bzw. den →*Produkt*(en) oder der →*Marke*(n) ein bestimmtes →*Image* zu geben (siehe dazu auch →*Imagepositionierung*).

Imagepositionierung Eine Form der →*Positionierung*, die Objekte (z.B. →*Produkte*) in einen mehrdimensionalen Wahrnehmungs- bzw. Anmutungsraum einordnet. Ziel der

Imagepositionierung ist die Abhebung vom Konkurrenzumfeld.

Imageprofil(e) Graphische Darstellung der durchschnittlichen Ratingwerte (→*Einstellungen*) der Auskunftspersonen für alle →*Items* (→ *Polaritätenprofil* oder auch →*Semantisches Differential*). Durch den Vergleich des eigenen Profils mit den Profilen der →*Wettbewerber* (und im Abgleich mit dem Idealprofil) werden die eigenen Stärken bzw. Schwächen (→*Stärken-/Schwächenanalyse*) deutlich. Die Umsetzung der gewonnenen Erkenntnisse erfolgt durch die →*Positionierung* (→*Imagepositionierung*).

Imagery →*Innere Bilder* (Vorstellungs- bzw. Gedächtnisbilder), die in der rechten bildverarbeitenden Gehirnhälfte entstehen und die Verarbeitung und Speicherung →*Kognitiver Prozesse* beeinflussen (→*Hemisphärentheorie*). Die Gedächtnisbilder sind bildhafte und/oder sprachliche assoziative Verknüpfungen, die auf →*Anmutungen* beruhen. Bilder von Gegenständen werden besser behalten und erinnert (→*Erinnerung*) als ihre konkreten Bezeichnungen und abstrakte Wörter (siehe →*Bildkommunikation*). Je bildhafter der →*Stimulus*, desto höher ist die Gedächtnisleistung. Die Imagerystärke eines Bildmotivs, d.h. seine Fähigkeit zur →*Aktivierung* und Verankerung im →*Gedächtnis* (→*Gedächtnistheorien*), hängt davon ab, wie schnell und vielfältig sich Verknüpfungen zu anderen bildlichen Vorstellungen herstellen lassen (→*Imagery-Forschung*).

Imagery-Differential Nonverbales Meßverfahren, mit dessen Hilfe die →*Inneren Bilder*, d.h. die visuellen Vorstellungen eines Menschen sichtbar gemacht werden sollen. Imagerydifferentiale messen anhand von Bilder- und Farbskalen bisher nicht erfaßte, visuelle Gedächtnisinhalte.

Imagery-Forschung Erforschung der internen Prozesse der nichtverbalen Entstehung, Verarbeitung und Speicherung von →*Inneren Bildern* (siehe auch →*Imagery*, →*Gedächtnistheorien*, →*Lerntheorien*). Untersucht wird vor allem das „innere Verhalten", d.h. der Einfluß der →*Bildkommunikation* auf Verhaltensdispositionen, insbesondere auf →*Einstellungen* (→*Aktivierende Prozesse*, → *Emotionale Konditionierung*). Erkenntnisse von *A. Paivio (1971)* und der →*Hemisphärentheorie* belegen, daß Bilder und Sprachinformationen in jeweils eigenständigen, aber miteinander verbundenen Systemen im Gehirn auf unterschiedliche Weise verarbeitet und gespeichert werden. Die Beeinflussungskraft der Gedächtnisbilder auf das →*Verhalten* hängt u.a. von ihrer schnellen Verfügbarkeit, ihrer Lebendigkeit, Anziehungskraft und Aktivierungsstärke ab.

Imagetransfer Übertragung von Positivimages auf andere Angebotsleistungen. Ziel ist, eine Identität der →*Images* herzustellen. Der positive Imagetransfer hat eine besondere Bedeutung bei →*Dachmarken* und → *Markenfamilien* (siehe auch →*Markenartikel* und →*Markenpolitik*).

Imagewerbung Gesamtheit der kommunikativen Maßnahmen, die darauf abzielen, das →*Image* eines →*Produkts*, einer →*Produktgruppe* etc. oder eines →*Unternehmens* zu erhalten, zu stärken oder zu verändern. Im Zuge des zunehmenden Angebots von →*Me too-Produkten* gewinnt die Imagewerbung gegenüber der klassischen →*Produktwerbung* eine immer größere Bedeutung (siehe dazu auch →*Akquisitorisches Potential* und →*USP*).

IMF Abk. für International Marketing Federation. Hierbei handelt es sich um den internationalen Zusammenschluß nationaler Marketing- und Marktforschungsvereinigungen.

Imitation →*Nachahmung* (siehe in Abgrenzung →*Adaption*).

Imitationslernen Lernen durch Beobachtung (→*Beobachtungslernen*, →*Soziales Lernen*). Das →*Verhalten* anderer (→*Leitbilder*) wird nachgeahmt, ohne daß eine eigene Erfahrung besteht. Der Imitator verbindet vielfach mit der Nachahmung eine soziale Belohnung (→*Verstärkerprinzip*). →*Sozialisatoren* nehmen einen entscheidenden Einfluß auf das Imitationsverhalten, das auch als Lernen am Modell bzw. Lernen am Vorbild bezeichnet wird.

Imitationsstrategie →*Wettbewerbsstrategie*, die sich auf die →*Nachahmung* von Konkurrenzprodukten (in der Regel von →*Innovationen*) beschränkt. Man spricht in diesem Zusammenhang auch von →*Me too-Produkten*, die das Ziel verfolgen, am Erfolg der originären Wettbewerbsprodukte zu partizipieren bzw. im Vergleich zu ihnen einen noch größeren Gewinn zu erzielen durch die eingesparten Forschungs- und Entwicklungskosten und die damit verbundene Möglichkeit, den →*Preis* erheblich tiefer anzusetzen. Soweit die Imitation nicht den rechtlichen Tatbestand der →*Markenpiraterie* oder des →*Plagiats* erfüllt, ist sie wettbewerbsrechtlich zulässig. Der langfristige Erfolg von Imitationsstrategien wird hingegen in der Praxis vielfach weit überschätzt. Mit ihnen sind keine dauerhaften →*Wettbewerbsvorteile* gegenüber innovationsorientierten Wettbewerbern zu realisieren.

Impact Stärke und Intensität des Werbeeindrucks bei den Umworbenen (→*Werbeempfänger*, →*Kommunikanten* bzw. Rezipienten). Der Begriff wird vor allem im Zusammenhang mit der →*Werbewirkung* benutzt. Empirische Untersuchungen belegen, daß der Impact von →*Spots* um so höher ist, je unterhaltsamer diese sind im Sinne von humorvoll, lustig, originell und nicht langweilig.

Impact-Test Test zur Messung der Stärke und Intensität des Werbeeindrucks bei den Umworbenen (→*Werbeempfänger*, →*Kommunikanten* bzw. Rezipienten). Der Impact-Test ist ein ungestützter →*Recall-Test* (siehe dazu auch →*Starch-Test*, →*Anzeigenkompaß*).

Implementierung Einführung bzw. Umsetzung von geplanten Maßnahmen, →*Systemen* etc. Die Implementierung spielt vor allem bei der →*Organisation* eine entscheidende Rolle.

Import, direkt Die im Ausland hergestellten →*Produkte* werden direkt an Abnehmer im Inland geliefert und durch diese in eigener Regie im Inlandsmarkt vertrieben. Im Importland können Vertriebspartner (→*Großhandelsunternehmen*, →*Einkaufszentralen*), →*Handelsvertreter* oder eigene →*Verkaufsorgane* die Distributeure sein (siehe im Vergleich →*Export, direkt*).

Import, indirekt Die im Ausland hergestellten →*Produkte* werden durch unabhängige ausländische Drittunternehmen im Inland vertrieben (siehe im Vergleich →*Export, indirekt*).

Impulsartikel →*Produkte*, die der →*Verbraucher* impulsiv und spontan kauft (→*Impulskauf*). Entscheidend für Impulsartikel ist deren optische Präsentation (→*Warenpräsentation*,

→*Visual Merchandising*) am →*Point of Purchase (PoP)*.

Impulskauf Affektgesteuerter →*Kaufentscheidungsprozeß* als spontane Reaktion auf →*Reize* (→*Stimuli*) am Kaufort (siehe auch →*Affekt*). Der Impulskauf ist überwiegend emotional (reizgesteuert) und kaum kognitiv (rational) orientiert, aber deutlich abzugrenzen von der krankhaften →*Kaufsucht* als einem zwanghaften →*Kaufverhalten*. Impulskäufe erfolgen meist bei kurzlebigen →*Konsumgütern* und vor allem in individualbezogenen Konsumbereichen (z.B. Textil, Kosmetik etc.). Die valide (→*Validität*) Messung von Impulskäufen ist kaum möglich, da in →*Befragungen* die →*Probanden* ihre →*Kaufentscheidungen* "rationalisieren". Überdies ist es sehr wohl auch möglich, daß durch neue Impulse am →*Point of Purchase (PoP)* frühere, rational begründete →*Kaufabsichten* wieder reaktiviert und bestimmte →*Kaufentscheidungen* in der jüngeren Vergangenheit im nachhinein als impulsiv bewertet werden.

Incentives Materielle Anreize, die zur Leistungssteigerung der Mitarbeiter (vor allem im →*Außendienst*) führen sollen. Die klassische Form sind →*Verkaufswettbewerbe*. Die am meisten eingesetzten Incentive-Prämien sind Geld-, Sach- und Statusprämien (→*Prämie*) und Reisen. Die dauerhaft motivationale Wirkung von Incentives ist umstritten, ebenso wie ihr vermuteter positiver Einfluß auf die →*Corporate Identity* nach innen.

Incoterms Die **In**ternational **Co**mmercial **Terms** regeln die wichtigsten Käufer- und Verkäuferpflichten im internationalen Handel. Die gebräuchlichsten Incoterms sind: ab Werk, fob (free on board) und cif (cost, insurance, freight).

Index Verhältnis von jeweils zwei Werten in Form eines Quotienten. Beispiele sind Preisindizes und der Lebenshaltungskostenindex.

Indifferenzgesetz →*Gesetz der Unterschiedslosigkeit* (Law of Indifference).

Indifferenzkurve(n) Darstellung der Güterkombinationen, die für den →*Konsumenten* den gleichen →*Nutzen* haben; d.h. sie sind indifferent (siehe dazu auch →*Gossen'sche Gesetze*).

Indifferenz-Präferenz-Theorie Weiterentwicklung der klassischen mikroökonomischen →*Haushaltstheorie* durch *J.R. Hicks (1904-1989)* und *F.Y. Edgeworth (1845-1926)*, nach der die →*Haushalte* verschiedene Mengenkombinationen von unterschiedlichen →*Gütern* bzgl. des ökonomischen →*Nutzens* als gleich bewerten (Indifferenz) oder vorziehen (Präferenz). Die Theorie geht davon aus, daß der →*Konsument* bei gleichem Gesamtnutzen die Mengenkombination wählt, die seinem →*Einkommen* entspricht.

Indikatoren →*Variablen*, die Rückschlüsse zulassen auf den eigentlichen Untersuchungsgegenstand und im allgemeinen leichter zu erheben sind als der Untersuchungsgegenstand selbst (siehe auch →*Indikatormethode*).

Indikatormethode Die →*Prognosemethode* analysiert bestimmte wirtschaftliche →*Daten* in ihrem Wert als Indikatoren für zu erwartende Absatzentwicklungen. Beispielsweise sind in vielen Märkten Konjunkturdaten Indikatoren für Absatzentwicklungen. In diesem Zusammenhang haben Frühindikatoren eine besondere Bedeutung.

Sie weisen einen vorauseilenden Verlauf auf gegenüber der Prognose einer bestimmten Entwicklung. In der Konsumentenverhaltensforschung (→*Konsumentenforschung*) werden physiologische Reaktionen (z.B. →*Elektrodermale Reaktionen, EDR*) als Indikatoren für eine →*Aktivierung* angesehen. Entscheidend für den Aussagewert sind die →*Validität* (Gültigkeit) und →*Reliabilität* (Genauigkeit) der Indikatoren.

Indirekte Frage Im Vergleich zur →*Direkten Frage* eine Fragestellung (→*Befragung*), deren Zusammenhang mit dem konkreten Untersuchungsthema den Befragten nicht deutlich wird. Der Befragte nimmt zur Frage ganz allgemein Stellung bzw. in bezug auf reale oder fiktive dritte Personen (→*Projektive Frage*). Diese Frageform eignet sich besonders zur Erhebung sensibler Sachverhalte (z.B. bei der Berührung der Intimsphäre).

Indirekter Absatz Im Vergleich zum →*Direktabsatz* werden selbständige →*Absatzmittler* in den Distributionsweg zum →*Verbraucher* bzw. →*Verwender* eingeschaltet. Man spricht in diesem Fall auch von einem →*Indirekten Vertrieb* im Gegensatz zum →*Direktvertrieb*.

Indirekter Vertrieb Einschaltung von selbständigen →*Absatzmittlern* in den Distributionsweg vom Hersteller zum Bedarfsträger (→*Verbraucher*, →*Verwender*). Diese Form der Distribution wird auch →*Indirekter Absatz* genannt im Gegensatz zum Direktabsatz bzw. →*Direktvertrieb*.

Individualentscheidung →*Kaufentscheidung*, die im Gegensatz zur Kollektiventscheidung (→*Kollektive Kaufentscheidung*) von einem Individuum allein getroffen wird.

Individualgüter →*Produkte* bzw. →*Dienstleistungen*, die nach Spezifikation für die individuelle →*Nachfrage* hergestellt bzw. bereitgestellt werden (siehe im Gegensatz →*Massengüter*, →*Kollektivgüter*).

Individualkommunikation Direkte, →*Persönliche Kommunikation* zwischen Einzelpersonen im Gegensatz zur →*Massenkommunikation*.

Individualmarketing →*Customized Marketing*.

Individualpanel Form des →*Panels*, bei der Einzelpersonen periodisch Informationen über ihre Einkäufe liefern.

Individualpsychologie Auf das Individuum ausgerichtete Verhaltenswissenschaft, die im Gegensatz zur →*Sozialpsychologie* vom psychischen →*Verhalten* des einzelnen Menschen ausgeht und nicht von sozialen Faktoren.

Induktive Statistik Als schließende Statistik (im Gegensatz zur →*Deskriptiven Statistik*) die Ableitung von →*Parametern* aus →*Stichproben* auf die →*Grundgesamtheit* (sogen. Repräsentationsschluß) im Rahmen von berechenbaren →*Konfidenzintervallen*.

Induktor(en) Personen, die gegenüber Neuerungen aufgeschlossen sind und einen wichtigen Einfluß auf die →*Diffusion* von →*Innovationen* nehmen. Sie werden auch als →*Neophile* und üblicherweise als →*Innovatoren* bezeichnet.

Industrial Design →*Design*, →*Produktdesign*.

Industrialisierung Volkswirtschaftlicher Prozeß der Ablösung einer vorwiegend landwirtschaftlich-handwerklichen Produktion (→*Primärer Wirt-*

schaftsbereich) durch Ausweitung der industriellen Fertigung (→*Sekundärer Wirtschaftsbereich*) und des Verkehrssystems. Nach *C. Clark* und *J. Fourastié (1954)* dominiert zunächst auf niedrigem Entwicklungsstand, gemessen am →*Volkseinkommen*, der primäre Sektor, während die Dominanz des sekundären Sektors im fortgeschrittenen Entwicklungsstadium der Volkswirtschaften vorherrscht. Die Anfangsphase des Industrialisierungsprozesses ist gekennzeichnet durch ein Wachstum der Konsumgüterindustrien (→*Konsumgüter*) zur Deckung des Massenbedarfs an lebensnotwendigen →*Gütern*. Das gesamtwirtschaftliche →*Wachstum* und zunehmender Wohlstand führen zu einer Differenzierung der →*Nachfrage* und Produktionsstruktur. Die Weiterentwicklung von Technologien zur Steigerung der →*Produktivität* und die Befriedigung differenzierter →*Bedürfnisse* erfordern neben einer zunehmenden Qualifikation der Arbeitnehmer einen steigenden Kapitaleinsatz. In höherentwickelten Volkswirtschaften verlagert sich daher die Herstellung von →*Produkten* auf das Angebot von →*Dienstleistungen* (→*Tertiärer Wirtschaftsbereich*) und in der Folge durch die Entwicklung moderner →*Kommunikations-* und →*Informationstechnologien* auf den →*Quartiären Wirtschaftsbereich* (→*Informations-* und →*Kommunikationsgesellschaft*).

Industrial Marketing →*Industriegütermarketing*.

Industrial Relations Pflege und Gestaltung der Beziehungen eines Wirtschaftsunternehmens zu Verbänden, Gewerkschaften, Staat und →*Öffentlichkeit* (siehe auch →*Public Affairs*, →*Public Marketing*, →*Public Relations*).

Industriegesellschaft Technisch-wirtschaftlich hochentwickelte →*Gesellschaft*, die in ihrem Aufbau, ihrer Entwicklung und →*Infrastruktur* weitgehend durch die →*Industrialisierung* geprägt ist. →*Wirtschaftswachstum*, verstärktes Leistungsstreben bei wachsender Arbeitsqualifikation und Steigerung der →*Produktivität* begründeten den Wohlstand der modernen Industriegesellschaft (→*Sekundärer Wirtschaftsbereich*). Zunehmender →*Lebensstandard* und die Sättigung der →*Grundbedürfnisse* führten zur Differenzierung der →*Nachfrage* und des →*Konsums* (siehe auch →*Konsumgesellschaft*, →*Überflußgesellschaft*). Das Entstehen neuer Berufe und die →*Urbanisierung* (vertikale und horizontale Mobilität) verändern →*Lebensstil* und →*Lebenswelten* und bewirken eine Auflösung traditioneller Bindungen und einen soziokulturellen Wandel (→*Werte*, →*Wert(e)wandel*, →*Normen*).

Industriegüter →*Produktivgüter*, →*Kapitalgüter*.

Industriegütermarketing In Abgrenzung zum →*Konsumgütermarketing* und →*Handelsmarketing* Gesamtheit der Marketingaktivitäten für →*Produkte* und →*Dienstleistungen*, deren →*Nachfrager* andere Wirtschaftsunternehmen bzw. Institutionen sind (→*Business-to-Business-Marketing*). Der Industriebegriff wird in der Betriebswirtschaftslehre nicht einheitlich definiert, so daß auch das Industriegütermarketing recht diffus ist. Als grundlegendes Charakteristikum gilt, daß die Anbieter-Nachfrager-Beziehungen durch einen (meist auch persönlichen) Direktkontakt (→*Direktmarketing*) gekennzeichnet sind.

Industriegüterwerbung →*Werbung* für Industriegüter (→*Investitionsgüter*, →*Produktionsgüter*), die sich von der Werbung für →*Konsumgüter* bzw.

→Verbrauchsgüter und private *→Gebrauchsgüter* in Form (*→Werbemittelgestaltung*) und *→Mediaselektion* unterscheidet. Die Einkaufsentscheidungen für Industriegüter werden in der Regel in Einkaufsgremien (*→ Buying Center*) der *→Nachfrager* getroffen und sind eher rational als emotional begründet, wenngleich subjektive Eindrücke (z.B. *→Images* der möglichen Lieferanten) vielfach ausschlaggebend für die endgültige Lieferantenauswahl sind. Insofern spielt neben der *→Produktwerbung* die *→Imagewerbung* als *→Kommunikationsform* eine bedeutende Rolle. *→Fachzeitschriften*, *→Messen* und *→Ausstellungen* sind wichtige Kommunikationsmittler (*→Medien*) für die Industriegüterwerbung. Darüber hinaus haben die *→ Persönliche Kommunikation* und das *→Direktmarketing* einen herausragenden Stellenwert und in diesem Zusammenhang insbesondere *→Prospekte* und *→Kataloge* (siehe in Abgrenzung *→Konsumgüterwerbung*).

Inferenzstatistik *→Induktive Statistik.*

Inferiore Güter Geringwertige Güter, deren *→Nachfrage* bei wachsendem *→Einkommen* sinkt (siehe auch *→Einkommenselastizität*, *→Engel-Schwabe'sche Gesetz* und als Gegenfall den *→Giffen-Effekt*). Bei steigendem Einkommen werden die inferioren Güter durch superiore ersetzt. Die Inferiorität eines Gutes ist nicht gleichzusetzen mit einer geringerwertigen Produktqualität (*→Qualität*), sondern resultiert aus dem *→Wert(e)wandel* und der *→Wert(e)dynamik*, die das *→ Konsumentenverhalten* entscheidend prägen.

Influencer Beeinflusser im *→Buying Center*, die Einfluß auf die *→Kaufentscheidungen* und vor allem auf den *→Kaufentscheidungsprozeß* nehmen. Die Influencer haben eine Promotorenfunktion (*→Fach-*, *→Macht-* und/oder *→Prozeßpromotoren*).

Infomercials Vorproduzierte *→Teleshopping*-Sendungen vor allem für hochpreisige *→Produkte* mit hohem Erklärungsbedarf (siehe auch *→Direct-Response-TV*, *→Teleshopping*).

Infomotion Dramaturgisch effektvolle Verknüpfung von *→Informationen* und *→Emotionen*. Die multimediale Präsentation von Produktinformationen, -botschaften und Visionen in phantasievollen Erlebniswelten bewirkt die *→Aktivierung* der Zuschauer für eine nachhaltige Auseinandersetzung mit den Kernwerten von *→Produkt* und *→Unternehmen*. Infomotion als thematische Antwort auf vielschichtige Emotionen des *→Konsumenten* ist wesentlicher Bestandteil eines emotional-informativen Marketing-Events (*→Event Marketing*), der durch Kreativität und Faszination *→ Interaktion* schafft (*→Emotional Design*, *→Emotionale Konditionierung*, *→Multisensuale Wahrnehmung*) und die *→Kaufbereitschaft* anregt.

Information(en) *→Nachrichten* mit Lernwertcharakter. Informationen können auch als zweckorientiertes *→Wissen* bezeichnet werden (*W. Wittmann, 1959*). Informationstheoretisch sind Informationen *→Daten*, die zu Strukturen oder auch Mustern zusammengefaßt werden. Zahlen z.B. sind Daten, eine Ergebnis-Zahlenreihe hingegen ist eine Information. Informationen führen zu Wissen und zu einer zielorientierten Verarbeitung von Daten.

Information Chunks *→Schlüsselinformationen*, die für den *→Konsumenten* besonders wichtig sind und andere *→Informationen* ersetzen oder bündeln. Schlüsselinformationen sind z.B. der *→Markenname*, *→Preis*, Ergebnisse von →*Produkttests* etc. Schlüsselinformationen gewinnen im Hinblick auf die Informationsüberlastung (→*Information Overload*) eine zunehmende Bedeutung und haben damit Auswirkungen auf die →*Marketingkommunikation* (vor allem auf die →*Produktwerbung*).

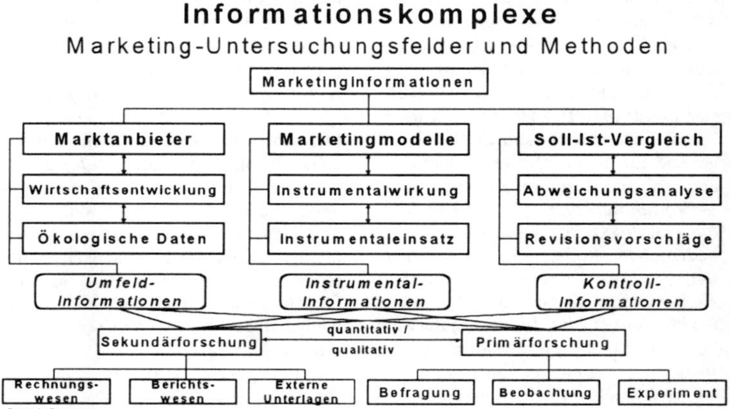

Poth & Partner

Information Highway Weitverzweigte Computernetze, die →*Daten*, Texte, Sprache, Bilder, Video und Musik über Kabel oder Satellit transportieren.

Information Overload Informationsüberlastung der →*Kommunikanten* mit der Folge einer Reizüberflutung und einer abnehmenden →*Wahrnehmung* (siehe auch →*Zapping*). Bei dieser kritischen Interpretation muß man jedoch berücksichtigen, daß ein bestimmter Informationsdruck notwendig ist, um wahrgenommen zu werden. Um 10 bis 20% der →*Informationen* wahrnehmen zu können, müssen 100% ausgesendet werden. Der Information Overload ist also nicht in der Weise kommunikationspolitisch mißzuverstehen, daß bei einer reduzierten Wahrnehmung (aufgrund der Reizüberflutung) die kommunikativen Anstöße auf 10 bis 20% reduziert werden müssen, um noch wahrgenommen zu werden. Bislang konnte auch noch keine eindeutige Korrelation zwischen der Informationsüberlastung und der Intensität der Informationsaufnahme, -verarbeitung und Informationsspeicherung empirisch nachgewiesen werden. So stellt sich z.B. die Frage, ob eine generelle Informationsüberlastung auch zu einer intensiveren →*Selektiven Wahrnehmung* führen kann. Ein solcher Zusammenhang hätte z.B. deutliche Konsequenzen für die →*Kreativität* der →*Werbung*.

Informations-Broking Auftragsbezogene Informationssuche in Online-Diensten (→*Online*). Zu den klassischen Dienstleistungen des Informations-Broking zählen die Überprüfung von gewerblichen →*Schutzrechten* jeder Art, →*Markt-* und →*Konkurrenzanalysen* etc.

Informationsgesellschaft Hochentwickelte →*Industriegesellschaft* im Übergangsstadium von der →*Dienst-*

leistungs- zur (Daten-) →*Wissensgesellschaft* (siehe auch →*Wirtschaftsbereiche*, →*Quartiärer Wirtschaftsbereich*). Das exponentielle Wachstum der →*Informations-* und →*Kommunikationstechnologien* und die wachsende Bedeutung des Wissenskapitals als →*Produktionsfaktor* angesichts nationaler und globaler →*Vernetzung* von Daten prägen die Informationsgesellschaft. Moderne Informationstechnologien verändern Strukturen im Dienstleistungsbereich (z.B. durch Telearbeit, →*Homeshopping*,→*Telebanking*) und beeinflussen über →*Aktivierende* und →*Kognitive Prozesse* die →*Kommunikation* und das Konsumverhalten einer Gesellschaft. Interaktive Kommunikationsmedien (→*Telekommunikation*, →*Internet*) initiieren einen weltweiten Informationsaustausch und beschleunigen die Entwicklung von der Informations- zur →*Kommunikationsgesellschaft*.

Informationsgrad Maß der Unvollkommenheit des Informationsstandes als Verhältnis der vorhandenen zu den notwendigen →*Informationen*.

Informationsmanagement Entwicklung und Pflege von →*Informationssystemen* und die Intensivierung ihrer Nutzung im →*Unternehmen* (z.B. zur Formulierung und Durchsetzung von →*Unternehmensstrategien*).

Informationssystem(e) →*Management-Informationssysteme*, →*Marketing-Informationssysteme*.

Informationstechnologie(n) Alle technologischen (vor allem elektronischen) Verfahren und Methoden zur Erhebung, Verarbeitung, Speicherung, Übermittlung und Nutzung von →*Daten* und →*Informationen* und zur Entwicklung von →*Informationssystemen*. Die modernen Informationstechnologien sind eng mit den →*Kommunikationstechnologien* verbunden.

Informationsüberlastung →*Information Overload*.

Informationsverarbeitung →*Kognitive Prozesse*, bei denen →*Informationen* aufgenommen, verarbeitet und gespeichert werden. Zu unterscheiden sind der sensorische Informationsspeicher (SIS), der Kurzzeitspeicher (KZS) und der Langzeitspeicher (LZS). Der SIS hat eine große Aufnahmekapazität bei geringer Speicherdauer. Der KZS ist Arbeitsspeicher, aktives →*Gedächtnis* und zugleich Schnittstelle zum LZS. Die im KZS verarbeiteten Informationen werden entweder in den LZS übernommen oder vergessen (→ *Vergessen*). Der LZS bildet das Gedächtnis des Menschen (→*Mehrspeichermodell*). Die Verarbeitungstiefe (Anzahl der kognitiven Prozesse bei der Verarbeitung) und Verknüpfung mit vorhandenen Informationen erhöhen die Wahrscheinlichkeit des Abrufs.

Informationsverhalten Das Informationsverhalten umfaßt alle Informationsaktivitäten vor, bei und nach der →*Kaufentscheidung*. Die Informationsaktivitäten bestehen aus Beschaffung, Aufnahme, Verarbeitung, Speicherung und Umsetzung (im Sinne von Nutzung) der →*Informationen*. Die Informationsaufnahme kann zufällig oder gezielt erfolgen. So sind z.B. → *Meinungsführer* und →*Innovatoren* typische aktive Informationssucher, während sich die folgenden →*Adoptergruppen* eher reaktiv verhalten (siehe auch →*Diffusionstheorie*). Das Informationsverhalten wird auch entscheidend durch das →*Involvement* geprägt.

Informative Werbung →*Werbung* (vor allem →*Produktwerbung*), die ausschließlich oder vorwiegend auf die Vermittlung von sachlichen →*Informationen* abhebt und damit im Gegensatz zur →*Suggestivwerbung* steht. Auf einen Appell an die →*Emotionen* (→*Emotionale Werbung*) der Umworbenen (→*Kommunikanten*) wird bewußt verzichtet. Die informative →*Marketingkommunikation* ist daher eher ein Instrument des →*Industriegütermarketing* (für →*Investitions-* und →*Produktionsgüter*) als des →*Konsumgütermarketing* (für →*Konsum-* bzw. →*Verbrauchsgüter* und private →*Gebrauchsgüter*). Eine puristische Grenzziehung zwischen informativer und emotionaler Werbung ist aber insofern problematisch, als jede Art von Werbung in sicherlich unterschiedlicher Intensität auch emotional angelegt ist, um sich von den Konkurrenzprodukten abzuheben. Das gilt um so mehr, je größer der Wettbewerbsdruck ist und die Leistungsangebote austauschbar sind (siehe diesbezüglich den Trend zu →*Me too-Produkten*).

Informelle Gruppe Soziale →*Gruppe*, bei der die Beziehungen zwischen den Gruppenmitgliedern nicht auf definierten organisatorischen Strukturen und Regeln beruhen, sondern auf interpersonellen Gegebenheiten (Freundschaften, gemeinsame Interessen etc.). Informelle Gruppen bilden sich meist in formellen (formalen) →*Organisationen* größerer →*Unternehmen*, sind kaum zu steuern und zu kontrollieren und verletzen durch Cliquenbildung vielfach die festgelegten organisatorischen Regeln (siehe im Gegensatz →*Formelle Gruppe*).

Informelle Organisation Informations- und Kommunikationsbeziehungen zwischen Organisationsmitgliedern, die nicht in organisatorischen Strukturen und Regeln festgelegt sind. Basis der informellen Organisation, die sich insbesondere in größeren Unternehmen zur (nicht unproblematischen) Organisation in der Organisation entwickeln kann, ist die Existenz →*Informeller Gruppen*. Neuere →*Organisationsformen* (wie z.B. →*Teamorganisation*, →*Matrixorganisation*, →*Projekt-Management*, →*Colleague-Modell*, →*Geschäftsprozeßorganisation*, →*Case Management* etc.) fördern durch die mit der Organisationsform verbundenen notwendigen interdisziplinären und auch interhierarchischen Informations- und Kommunikationsbeziehungen die Bildung informeller Organisationsstrukturen. Dies ist insoweit für das Unternehmen positiv und unbedenklich, als dadurch nicht formal festgelegte Organisationsstrukturen und insbesondere →*Zielsysteme* außer Kraft gesetzt werden.

InfoScan →*Scannerpanel*, an dem 400 Einzelhandelsgeschäfte (→*Handelspanel*) beteiligt sind. In den Scanner-Geschäften werden die Einkäufe der Panelmitglieder (→*Haushalte*) elektronisch per →*Scanning* erfaßt. Durch die Identifikationskarte erfolgt eine artikelgenaue und kundenspezifische Datenerhebung. Das →*Single Source*-Verfahren hat den Vorteil der Datengenauigkeit, Aktualität und Detailliertheit der Einkaufsdaten. Überdies werden durch das Scannerpanel wesentliche verzerrende Einflüsse bei der Datenerhebung (z.B. der →*Paneleffekt*) ausgeschlossen.

Infotainment Multimediale Informationsvermittlung mit hohem Unterhaltungswert (z.B. Erlebnisfernsehen) für die →*Kommunikanten* (Rezipienten). Darüber hinaus kann →*Multimedia* auch in der Aus-, Fort- und Weiterbildung eingesetzt werden (→*Edutainment*).

Infrastruktur Gesamtheit der in einer Volkswirtschaft vorhandenen wirtschaftlichen, soziokulturellen und politischen Strukturbedingungen. Die Infrastruktur schafft als „Unterbau" durch zumeist öffentliche Einrichtungen die Grundvoraussetzungen für wirtschaftliche Aktivitäten. Zur Infrastruktur gehören u.a. das Verkehrs- und Nachrichtensystem, das Bildungs- und Gesundheitswesen, die Energieversorgung, die Sozialgesetzgebung, die Rechts- wie auch →*Wirtschaftsordnung*. Die regionale Infrastrukturförderung von Technologie- und Innovationszentren in Deutschland hat z.B. zur Gründung von ca. 268 Zentren geführt, die der Entwicklung neuer →*Informations-* und →*Kommunikationstechnologien* dienen.

Ingredient Branding →*Markenpolitik* für eine Produktkomponente, die einerseits wesentlicher Bestandteil des Endproduktes ist, andererseits aber in das →*Produkt* eingeht und damit nicht mehr erkennbar „untergeht" (z.B. Komponenten im Computer und in Automobilen, →*Verpackungen* für Nahrungsmittel etc.). Das Ingredient Branding richtet sich direkt an den Endverbraucher bzw. Verwender und versucht, ein →*Markenimage* für eine Produktkomponente aufzubauen. Problem ist die Gefahr eines Imageverlustes des Anbieters der Endprodukte bei ungenügender →*Qualitätssicherung* und/oder des Komponentenlieferanten bei qualitäts- oder imagemäßig schwachen Endproduktmarken.

Inhaltsanalyse Erhebungsmethode der →*Marktforschung*, die der objektiven, systematischen und quantitativen Beschreibung von Mitteilungsinhalten dient (auch als Content-Analyse bezeichnet) und von *H.D. Lasswell* und *B.R. Berelson (1952)* begründet wurde. Kern der Inhaltsanalyse ist ein einheitliches und verbindliches Kategoriensystem, das möglichst objektive (zumindest intersubjektiv nachvollziehbare) Aussagen und Interpretationen zuläßt. Die wichtigsten Einsatzgebiete des Verfahrens sind die Analysen von →*Anzeigen*, →*Werbespots*, Zeitungs- und Zeitschrifteninhalten und sonstigen Texten und Bildern.

Inkrementalismus →*Muddling through-Strategie*.

Inlet Zentrale(n) von Handelsunternehmen, durch die der →*Einkauf* vorgenommen wird (siehe in Abgrenzung →*Outlet*).

Innendesign Humanbedingungen incl. Personalentwicklung und Personalförderung (→*Personalmarketing*), die auf die Implementierung der →*Corporate Culture* abzielen und auf die →*Corporate Identity* nach innen einen entscheidenden Einfluß nehmen.

Innendienst Teil der Verkaufsabteilung (→*Verkaufsorganisation*), der zuständig ist für die Auftragsannahme, -bearbeitung und -abwicklung. Aus dem Aufgabenfeld resultiert eine wichtige Schnittstellenfunktion zum →*Aussendienst*, zur →*Logistik* und zur →*Produktion*. In einigen Unternehmen bzw. →*Branchen* zeichnet sich auch ein Trend ab, daß der Innendienst zunehmend zentrale Verkaufsaufgaben übernimmt (siehe →*Telefonmarketing*). Eine Besonderheit stellt in diesem Zusammenhang das →*Key Account-Management* dar, das sowohl zentral im Unternehmen als auch dezentral in den →*Absatzmärkten* arbeitet.

Innengeleitete(r) Mensch(en) Eine auf *D. Riesman (1958)* zurückgehende Personenkategorie(„inner-directed persons"), die sich und ihr Leben selbst bestimmt und weitgehend eigeninitiativ tätig ist. Innengeleitete Menschen handeln nach ihren eigenen Wertvorstellungen (siehe im Gegensatz →*Aussengeleitete Menschen*).

Innere Bilder Visuelle Vorstellungen von Meinungsgegenständen (z.B. Produkten, Personen, Unternehmen), die im Gedächtnis (→*Gedächtnistheorien*) gespeichert werden. Die Vorstellungen können sich auch auf →*Innere Markenbilder* beziehen, von denen angenommen wird, daß sie den Erfolg einer →*Marke* wesentlich beeinflussen (siehe auch →*Imagery*, →*Imagery-Differential*, →*Imagery-Forschung*).

Innere(s) Markenbild(er) →*Innere Bilder*, →*Imagery*, →*Imagery-Differential*, →*Imagery-Forschung*.

Innovation(en) Völlig neue →*Problemlösungen*, die keinen vergleichbaren Vorläufer im →*Markt* haben. Die engere Definition geht davon aus, daß sich die Neuheit aus der Sicht des einführenden →*Unternehmens* ergibt. Die Problemlösungen können sich auf →*Produkte* (→*Produktinnovationen*) bzw. →*Dienstleistungen* beziehen, aber auch auf Verfahren und Techniken (→*Prozeßinnovationen*). Praxeologisch kann auch unterschieden werden in echte Innovationen und Quasi-Innovationen. Im Produktbereich nähern sich Quasi-Innovationen sehr schnell den sogen. →*Me too-Produkten*. Das ist die konventionelle, enge Produktsicht. Im erweiterten Sinne sind Innovationen zu verstehen als grundsätzliche Erneuerungsprozesse, die alle Unternehmensbereiche und insbesondere auch die →*Organisation* umfassen.

Innovationsdesign Form des →*Produktdesign*. Im Unterschied zum →*Re-Design* steht die innovative Gestaltung der Leistungsangebote im Vordergrund. Es besteht eine enge Beziehung zur →*Produktinnovation*.

Innovationsforschung Erforschung von Innovationsmöglichkeiten. Damit verbunden sind Analysen in bezug auf Technik und Produktion, wie auch auf die Entwicklung neuer Verfahren zur →*Ideengewinnung* (siehe dazu auch →*Kreativitätstechniken*).

Innovationsmanagement Durchsetzung von →*Innovationsprozessen*. Die wichtigsten Prozeßstufen sind die Entwicklung, Einführung und Durchsetzung von →*Innovationen*. Hierbei hat die Durchsetzung eine besondere Bedeutung, und zwar nicht nur im →*Absatzmarkt*, sondern auch im →*Unternehmen*. Das betrifft sowohl die →*Produktinnovationen* als auch und insbesondere die →*Prozeßinnovationen*. Insofern hat das Innovations-Management unerläßlich eine wichtige Querschnittsfunktion mit starker Anbindung an die →*Unternehmensführung*. Nach *T.J. Gerpott (1999)* umfaßt Innovationsmanagement „die Planung, Organisation, Führung und Kontrolle derjenigen ... Aktivitäten und Abläufe in Unternehmen, mit denen man die Bereitstellung von Technologie- und Sozialinnovationen sowie deren Einsatz in Produkten/Prozessen ... so vorantreiben will, daß der Unternehmenserfolg (s. →*Unternehmensergebnis*) langfristig gesichert wird."

Innovationsorganisation Dem →*Innovationsprozeß* entsprechende →*Aufbau-* und →*Ablauforganisation*. Als →*Organisationsformen* empfehlen sich das →*Projekt-Management* oder die Bildung von Innovationsteams (→*Teamorganisation*). Die Organisation von Innovationsprozessen gestaltet sich insofern schwierig, als die einzelnen Prozeßstufen unterschiedliche Anforderungen an die organisatorische Gestaltung stellen. So verlangt z.B. die →*Ideengewinnung* ein hohes Maß an →*Kreativität*, die nicht kompatibel ist mit straffen organisatorischen Strukturen. Diese sind jedoch notwendig z.B. bei der →*Wirtschaftlichkeitsanalyse* und vor allem bei der

Durchsetzung von Innovationen und der Kontrolle. Insofern bevorzugen viele Unternehmen die Bildung von Innovationsteams, die sich je nach Prozeßstufe aus Mitarbeitern verschiedener betrieblicher Funktionen und Hierarchieebenen zusammensetzen. Denkbar ist auch (in größeren und stark hierarchisierten Unternehmen) die Bildung von →*Venture Teams*. Ungeachtet der konkreten Organisationsform ist für die Effizienz der Innovationsorganisation aber ein kooperativer → *Führungsstil* eine wesentliche Voraussetzung. Dadurch wird ein innovationsförderndes →*Betriebsklima* geschaffen, das im engen Zusammenhang mit der →*Corporate Culture* steht.

Innovationspolitik Orientierung der →*Unternehmens-*, →*Marketing-* und →*Produktpolitik* und den damit verbundenen relevanten →*Zielen* an der Entwicklung von →*Innovationen*. Ein guter Maßstab für die Beurteilung des Innovationsgrades eines Unternehmens ist der Anteil der →*Produkte*, die sich vor fünf Jahren noch nicht im →*Produktprogramm* befanden unter Berücksichtigung der Grunddefinition für Innovationen. Eine reine Politik der →*Produktdifferenzierung* ist z.B. keine Innovationspolitik.

Innovationsprozeß Prozessuale Abfolge von Prüf- und Entscheidungsphasen bei der Entwicklung von → *Produktinnovationen*. So unterscheidet *Ph. Kotler (1974)* in der hierarchischen Gliederung: →*Ideengewinnung* (siehe dazu auch →*Kreativitätstechniken*), die differenzierte Grobauswahl (mit Hilfe von →*Bewertungsverfahren*), die →*Wirtschaftlichkeitsanalyse* (→*Umsatzanalyse*, →*Kostenanalyse*, Gewinnschätzung), die technische → *Produktentwicklung* (Herstellung von Prototypen), den →*Produkt-* und →*Markttest* (→*Testmarketing*) und die →*Markteinführung* (letzte Überprüfung aller Pläne).

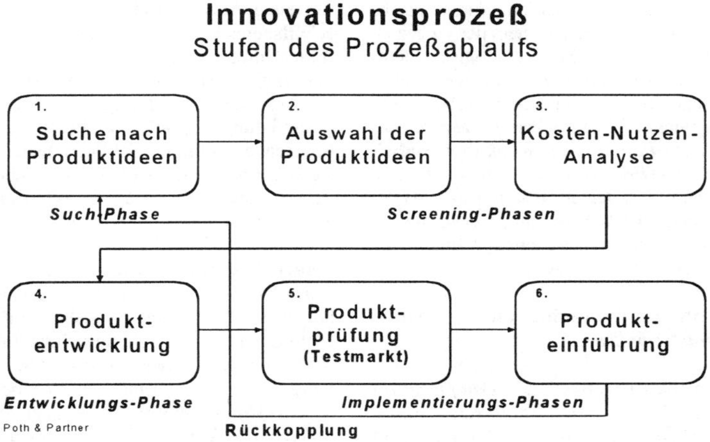

Innovationsrate Häufigkeit von → *Innovationen* in einem →*Unternehmen*, einer →*Branche* oder auch in einer Volkswirtschaft. Die übliche Kennzahl ist der Umsatzanteil neuer

→Produkte am Gesamtumsatz, bezogen auf einen bestimmten Zeitraum (z.B. 5 Jahre).

Innovationsrisiko Dieses *→Risiko* ist primär mit *→Produktinnovationen* verbunden. Die wichtigsten und nur bedingt kalkulierbaren Risiken sind das technische Risiko (Realisationsprobleme und *→Technischer Fortschritt*), Planungsrisiken (Änderung der Marktkonstellation), ökonomische Risiken (Nichterreichen der angezielten *→Rentabilität*), ökologische Risiken (*→Umweltschutz*auflagen), politische Risiken (Gesetzgebung) und allgemeine Marktrisiken (*→Konsumentenverhalten* und Konkurrenzverhalten).*→Produkttests*, *→Markttests* und Parallelstrategien in bezug auf *→Produktentwicklungen* im Gegensatz zu sequentiellen Strategien können die Risiken z.T. reduzieren.

Innovationstechniken *→Kreativitätstechniken*.

Innovator(en) Die *→Adoptergruppe*, die die *→Diffusion* von *→Innovationen* in Gang setzt. Sie hat damit eine Schlüsselrolle. Die Innovatoren besitzen eine hohe Risikobereitschaft und werden auch als *→Neophile* bezeichnet. Sie sind jung, haben ein relativ hohes *→Einkommen*, ein hohes *→Sozialprestige* und einen hohen Ausbildungsgrad. Ihr aktives Kommunikationsverhalten (z.B. *→Mediennutzung*) ist sehr ausgeprägt. Aus den Innovatoren rekrutieren sich die wichtigsten *→Meinungsführer*. Das bedeutet aber nicht, daß Innovatoren und Meinungsführer gleichgesetzt werden können. Die ausgeprägte Innovationsbereitschaft ist ein generelles Persönlichkeitsmerkmal, das das gesamte *→ Kaufverhalten* beeinflußt. Die Meinungsführerschaft bezieht sich hingegen meist nur auf einen bestimmten Konsumbereich. Überdies können Meinungsführer bei geringer Innovationsbereitschaft auch zu Innovationsbehinderern werden. Nach dem Adoptionsmodell von *E.M. Rogers* beträgt der Anteil der Innovatoren an der Gesamtbevölkerung 2,5% (siehe auch *→Adoptionsprozeß*).

Input-Output-Analyse Untersuchung der wirtschaftlichen Leistungsströme zwischen den einzelnen Sektoren einer Volkswirtschaft bzw. Wirtschaftsbereichen (*→Branchen*). Durch Input-Output-Analysen, die auf *W. Leontief (1941)* zurückgehen, ist es möglich, die Auswirkungen von Mengenänderungen eines Sektors auf die Mengen der übrigen Sektoren festzustellen. Input-Output-Analysen können daher auch für *→Absatzprognosen* eingesetzt werden.

Inserts Zwischeneinblendungen in *→ Werbeblöcken*, die vielfach Unterhaltungscharakter haben (siehe z.B. Mainzelmännchen). Gut gestaltete Inserts können in der *→Fernsehwerbung* zur Überlagerung von Werbespots (*→Spots*) führen (siehe dazu *→ Ablenkende Kommunikation*, *→Kannibalisierungseffekt*).

Insourcing Reintegration von Leistungsumfängen, die sich im wesentlichen an den Kernkompetenzen eines *→Unternehmens* orientiert (siehe im Vergleich dazu *→Outsourcing*). Die Kernkompetenzen sind definiert als funktionale*→Wettbewerbsvorteile* gegenüber der *→Konkurrenz*. Die Wettbewerbsvorteile können auch kostenbedingt sein (siehe dazu *→Transaktionskostentheorie*). Die unternehmensspezifischen Kernkompetenzen wie auch die*→Transaktionskosten* bestimmen die optimale *→Fertigungstiefe* (siehe dazu auch *→Wertschöpfungskette*, *→Wertschöpfungstiefe*).

Instant Gratification Konstitutives

Element der Erlebnisgesellschaft (→*Erlebnismarketing*), nämlich die Befriedigung von Wünschen und →*Bedürfnissen* ohne Aufschub.

Institutioneller Handel Handelsinstitutionen (Handelsunternehmen,Handelsbetriebe), deren Tätigkeit sich ausschließlich oder überwiegend auf den →*Handel* im funktionellen Sinne (→*Funktioneller Handel*) bezieht. Der institutionelle Handel läßt sich grob gliedern in →*Großhandel*, →*Einzelhandel* (incl. ihrer Spezialformen) und nach der räumlichen Betätigung in →*Binnenhandel* und →*Außenhandel*.

Institutionelle Werbung Im Gegensatz zur →*Produktwerbung* handelt es sich um eine organisationsbezogene →*Werbung*, die auch als Firmenwerbung bezeichnet wird. Die institutionelle Werbung zielt darauf ab, das →*Image* eines →*Unternehmens*, einer Organisation oder Institution zu schaffen, erhalten, verbessern oder zu verändern. Die Grenzen zur →*Imagewerbung* sind fließend.

Instore-Kommunikation Werbliche Aktivitäten (vor allem die verschiedenen Formen der →*Verkaufsförderung*), die in und um →*Outlets* im →*Stationären Einzelhandel* durchgeführt werden.

Instore-Medien →*Kommunikationsmedien* am →*Point-of-Purchase (PoP)*. Neue Formen sind Instore-Radio und Instore-TV. Die Bedeutung der Instore-Medien nimmt insbesondere bei den Einkäufen zu, die nur z.T. fest geplant sind (z.B. Lebensmitteleinkäufe) und demzufolge am PoP kommunikativ stark durch entsprechende Produktinformationen beeinflußt werden können.

Instore-Werbung Werbemaßnahmen innerhalb der Betriebsstätten des →*Handels* (→*Groß*- und →*Einzelhandel*). Die wichtigsten Formen der Instore-Werbung (→*Handelswerbung*) sind →*Verkaufsförderung*, →*Handels-Promotions*, →*Händler-Promotions*, →*Merchandising*, →*Visual Merchandising* und →*Schaufensterwerbung* incl. →*Schaufenstergestaltung*.

Instrumentalstrategie(n) Im Vergleich zu den →*Basisstrategien* auf das →*Marketinginstrumentarium* bezogene →*Strategien*, die gebildet werden aus dem Verbund von →*Produkt*-, →*Preis*-, →*Distributions*- und→*Kommunikationsstrategie*. Die Instrumentalstrategien werden hierarchisch aus den Basisstrategien abgeleitet.

Instrumentelle Konditionierung Verhaltenssteuerung durch Erfolg oder Mißerfolg von ausgeführten Verhaltensweisen; d.h. das →*Verhalten* des Individuums ist abhängig von den zu erwartenden Verhaltenskonsequenzen (→*Effektgesetz*). Belohnungen (z.B. soziale Anerkennung) führen zu einer Verstärkung, Bestrafungen (z.B. Mißbilligung, Krankheit etc.) zu einer Schwächung des Verhaltens. Bestrafungen sind weniger wirksam als Belohnungen. Das Lernen (→*Soziales Lernen*) erfolgt nach dem →*Verstärkerprinzip*, d.h. durch Versuch und Irrtum (→*Skinner-Box*) oder durch Erfolg (siehe auch →*Operante Konditionierung*).

In-Supplier Bezeichnung von Vorlieferanten, die bereits in den →*Beschaffungs*prozeß eines →*Abnehmers* integriert sind. →*Out-Supplier* sind →*Anbieter*, die bei dem Abnehmer noch kein Lieferant sind und dementsprechend versuchen, über Ergänzungslieferungen längerfristig eine Verdrängung des bisherigen Lieferanten zu erreichen. Eingesetzt werden dazu meist die →*Konditionenpolitik* und die → *Servicepolitik*.

Integralqualität Integrale Kombination von verschiedenen funktionalen Teilqualitäten von →*Produkten* in ein Gesamtsystem. Die Integralqualität spielt im →*Anlagengeschäft* (→*Investitionsgütermarketing*) eine besondere Rolle, ist jedoch nicht auf diese Branche bzw. auf das →*Systemgeschäft* beschränkt. Sie läßt sich auch auf das gesamte →*Produktprogramm* jedes Unternehmens ausdehnen, da die →*Qualität* aller Angebotsleistungen eine akquisitorische Wirkung hat und damit das →*Image* des →*Anbieters* beeinflußt.

Integrierte Kommunikation Prozeß der Planung und Organisation, der darauf ausgerichtet ist, aus den differenzierten Quellen der internen und externen →*Kommunikation* von →*Unternehmen* eine Einheit herzustellen, um ein für die →*Zielgruppen* der → *Unternehmenskommunikation* konsistentes Erscheinungsbild (→*Corporate Image*) zum Unternehmen zu vermitteln (*M. Bruhn,1992*).

Integrierte(r) Mensch(en) Eine auf *D. Riesman (1958)* zurückgehende Personenkategorie („integrated persons"), die ein ausgereiftes psychisches Profil mit einem ausgewogenen Charakter zeigt (siehe in Abgrenzung →*Innen-*, →*Außen-* und →*Traditionsgeleitete Menschen*).

Integriertes Marketing Koordination aller marktbezogenen Funktionen und Aktivitäten im →*Unternehmen*. Notwendig ist die auf das ganze →*Unternehmen* bezogene →*Funktionsvernetzung*, um →*Synergiewirkungen* zu erreichen.

Intelligenz(en) Individuell unterschiedlich ausgeprägte Fähigkeit zu kognitiven Leistungen, die z.T. angeboren ist oder auch durch Lernprozesse (→*Lernen*) erworben wird und als wesentliches Merkmal der →*Persönlichkeit* gilt. *L.L. Thurstone (1938)* unterscheidet sieben primäre Intelligenzen: (1.) Sprachbeherrschung, (2.) Wortflüssigkeit, (3.) Rechenfähigkeit, (4.) Raumvorstellung, (5.) →*Gedächtnis*, (6.) Wahrnehmungsgeschwindigkeit (→*Wahrnehmung*) und (7.) logisches →*Denken*. Überdies ist auch die Bewältigung neuer Aufgaben und Lebensbedingungen ein Kriterium für Intelligenz. Die zunehmende Bedeutung →*Emotionaler Kompetenzen* und sozialer Fähigkeiten (→*Sozialkompetenz*) führte zur Entdeckung der → *Emotionalen Intelligenz* (*D. Goleman, 2000*). Aus der Suche nach Sinn und Werteinnovation und dem Trend zum zukunftsorientierten visionären Denken leiten *D.Zohar* und *I. Marshall (2000)* die gleichfalls genetisch verankerte →*Spirituelle Intelligenz* ab.

Intelligenzquotient (IQ) Maß für die allgemeine intellektuelle Leistungsfähigkeit eines Menschen, bezogen auf den durchschnittlichen Entwicklungsstand der Gleichaltrigen. Der IQ wird nach *W. Stern (1912)* gemessen als Verhältnis von Intelligenzalter und Lebensalter (siehe auch →*Intelligenztests*).

Intelligenztests Psychologische Prüfverfahren zur Bestimmung interindividueller Differenzen der →*Intelligenz*. Als Maßstab der Intelligenz wird üblicherweise der →*Intelligenzquotient (IQ)* verwendet, der nach *W. Stern (1912)* das Verhältnis von Intelligenzalter (altersentsprechende Intelligenzentwicklung) und Lebensalter ist. Intelligenztests werden vor allem bei der Personalauswahl und Personalentwicklung und auch in Verbindung mit →*Assessment Centers* und

→*Career Counselling Workshops* eingesetzt.

Intensive Distribution Erreichung einer möglichst hohen →*Numerischen* und →*Gewichteten Distribution* ohne Berücksichtigung der Wettbewerbsbeziehungen zwischen den Distributionspartnern.

Intensiver Vertrieb →*Intensivvertrieb*.

Intensivinterview→*Tiefeninterview*.

Intensivkäufer →*Verbraucher*, die starke →*Nachfrager* nach bestimmten Leistungsangeboten sind. Sie werden auch als „heavy users" in Abgrenzung zu „light users" bezeichnet. Die Intensivkäufer gehören zu den wichtigsten →*Zielgruppen*, um das →*Markt-* und →*Absatzpotential* auszuschöpfen.

Intensivvertrieb Vielzahl von Verkaufspunkten (z.B. →*Absatzmittler*). Es geht beim Intensivvertrieb um die größtmögliche Verkaufsflächenabdeckung.

Interactive Shopping Form des → *Teleshopping*. Zuschauer können jederzeit →*Informationen* über alle → *Produkte* abrufen und über die Fernbedienung ordern. Das gilt auch für Produkte, die in Spielfilmen gezeigt werden (siehe dazu auch →*Product Placement*).

Interaktion Wechselbeziehung (→ *Sozialer Austausch*) und Wechselwirkung in der →*Kommunikation* bzw. im →*Verhalten* von zwei oder mehreren Personen (→*Interaktionstheorie*, →*Soziale Interaktionstheorie*).

Interaktionsanalyse Die Interaktionsanalyse ist ein →*Beobachtungsverfahren* und erfaßt die Rollenbeziehungen in Kleingruppen. Die Verhaltensweisen werden unter Zuhilfenahme eines Kategoriensystems klassifiziert, woraus sich Interaktionsprofile der einzelnen Gruppenmitglieder ergeben. Ein Anwendungsgebiet der Interaktionsanalyse im Marketing ist die Beschreibung von Gruppen-Kaufentscheidungen (z.B. Familienentscheidungen, →*Kollektive Kaufentscheidungen*).

Interaktionsmarketing →*Anbieter* und →*Nachfrager* werden interaktiv miteinander verbunden durch →*Vernetzung*, →*Kooperation* und →*Kommunikation*. Es handelt sich um eine gewollte Verschmelzung der Marktteilnehmer (siehe als Beispiel →*Prosumer*). Ziel des Interaktionsmarketing ist es vor allem, die Kundenbeteiligung in allen Phasen der Zusammenarbeit optimal zu gestalten. Als hilfreiches und integratives Steuerungsinstrument empfiehlt sich das →*Projekt-Management*.

Interaktionsprozess(e) Formale und informale →*Kommunikationsprozesse* zwischen beteiligten Personen, →*Gruppen* und Organisationen auf der Nachfrager- und Anbieterseite. Multiorganisationale Ansätze sind am ehesten geeignet, Interaktionsprozesse zu analysieren.

Interaktionstheorie Die Theorie geht davon aus, daß sich die Interaktionspartner kosten-nutzen-orientiert in der →*Transaktion* verhalten (siehe auch →*Anreiz-Beitrags-Theorie*) und sich wechselseitig beeinflussen. Die Interaktionsansätze lassen sich unterscheiden in personale Ansätze (z.B. Verkäufer-Käufer-Beziehungen) und organisationale Ansätze (multipersonale Beziehungen, z.B. im →*Buying-* bzw. →*Selling Center*). Andere Erklärungen der →*Interaktion* gehen von den Theorien des sozialen Austauschs aus, und zwar insbesondere von der

Interaktionstheorie von *G.C. Homans (1968)*. Danach wird der →*Interaktionsprozeß* als ein Austausch von negativen und positiven →*Reizen* (im Sinne von sozialen Bestrafungen und Belohnungen) erklärt (siehe auch →*Soziale Interaktionstheorie*). Jeder der Interaktionspartner strebt für sich eine möglichst hohe Nettobelohnung an. Bezogen auf die Verkäufer-Käufer-Beziehungen, ist ein Verkäufer um so erfolgreicher, je mehr es ihm gelingt, durch sein Verhalten den →*Käufer* zu belohnen (*R. Schoch, 1969*).

Interaktive Führung Führungskonzept (→*Führung*), bei dem die Führung operative Entscheidungskompetenzen weitgehend an die Mitarbeiter überträgt (→*Management-by-Delegation*, →*Empowerment*) und für eine intensive →*Kommunikation* und einen offenen Informationsaustausch in der →*Organisation* (siehe auch →*Organisationskultur*) sorgt.

Interdependenzanalyse(n) Oberbegriff für statistische Analyseverfahren (→*Multivariate Analyseverfahren*), bei denen von einer ungeteilten Variablenmenge ausgegangen wird, um wechselseitige Zusammenhänge zwischen den →*Variablen* oder Ähnlichkeiten zu erkennen. Die wichtigsten Verfahren der Interdependenzanalyse sind die →*Faktorenanalyse*, →*Korrespondenzanalyse*, →*Mehrdimensionale Skalierung*, →*Clusteranalyse* und die →*Conjoint-Analyse* (siehe in Abgrenzung →*Dependenzanalyse*).

Interferenztheorie Konstrukt der →*Gedächtnistheorien*. Die Interferenztheorie geht davon aus, daß einmal im →*Langzeitgedächtnis* abgespeicherte →*Informationen* nicht vergessen (→*Vergessen*) werden (siehe im Gegensatz dazu →*Theorie des autonomen Verfalls*). Es können jedoch Interferenzen (d.h. Überlagerungseffekte) auftreten (z.B. durch Konkurrenzkommunikation), die den Zugriff zu anderen gespeicherten Informationen erschweren. Ähnlichkeitsinterferenzen (im Sinne von Verwechslungen) spielen bei der →*Werbewirkung* eine wichtige Rolle.

Intergeneratives Marketing Neue Form des →*Massenmarketing*, das nach Schnittstellen zwischen jung und alt sucht, um mit *einer* →*Strategie* mehrere Generationen gleichzeitig anzusprechen (siehe dazu in Abgrenzung →*Marktsegmentierung*). Ziel ist, die →*Marken* lebendig, d.h. zeitgemäß zu halten, um dadurch ihre Überlebensfähigkeit zu sichern. Es wird versucht, eine Verbindung zwischen Mythos und Dynamik herzustellen. Beispiele für intergeneratives Marketing sind Nivea, Milka, McDonald's etc.

Interior Design Farbgestaltung und Dekoration des Ladeninneren im →*Einzelhandel*. In das Interior Design können auch Raumumfeldfaktoren einbezogen werden, wie z.B. Düfte und Musik (siehe auch →*Ladengestaltung* und →*Ladenlayout*).

Interkulturelle Segmentation Segmentspezifische Strategie des →*Global Marketing* zur Bildung transnationaler →*Zielgruppen* (→*Cross Cultural Target Groups*). Die interkulturelle Segmentation versucht, unter Berücksichtigung kultureller Besonderheiten (→*Kultur*, →*Migration*, →*Kulturelle Diffusion*) länderübergreifende Gemeinsamkeiten aufzuspüren. Verbindende interkulturelle Elemente in den Eß-, Genuß- und Lebensgewohnheiten führen zu einer Änderung bzw. Annäherung der Bedürfnisstrukturen (→*Bedürfnisse*) und bewirken somit ein Zusammenwachsen der →*Märkte* (→*Internationales Marketing*, →*Globalisierung*). Die Komplexität des strategischen Ansatzes ergibt sich aus der beabsichtigten Verknüpfung von einerseits globalen standardisierten Konsumbedürfnissen und andererseits differenzierten kulturellen Unterschieden. Ein weiteres Problem ist die Vergleichbarkeit der Datenerhebung und Dateninterpretation bei kulturell unterschiedlichen Zielgruppen (→*Cross Cultural Research*).

Intermediavergleich Der Vergleich ist orientiert an den →*Kommunikationszielen* und bezieht sich im wesentlichen auf den ziel- (bzw. zielgruppen-) und kostenorientierten Abgleich der verschiedenen infrage kommenden →*Medien* bzw. →*Werbeträger*. Daraus resultiert die Wahl der geeigneten Medienkombination. Innerhalb der Medienkategorie (z.B. →*Zeitschriften*) erfolgen dann im zweiten Schritt die →*Mediaselektion* (→*Intramediavergleich*) und die →*Mediaplanung*. Entscheidende Kriterien für den Intermediavergleich sind die →*Zielgruppe(n)*, die Mediareichweite (→*Reichweite*) und die →*Kosten*. Bislang ungelöst ist das Problem der wirkungsspezifischen Vergleichbarkeit der verschiedenen Mediaarten (→*Kommunikationsmedien*).

Internalisierung Verinnerlichung soziokultureller →*Werte* und →*Normen*. Die Internalisierung erfolgt durch die →*Sozialisation*, die wiederum entscheidend durch →*Bezugsgruppen* (Referenzgruppen) bestimmt wird.

Internationales Marketing Es lassen sich drei Stadien des internationalen Marketing unterscheiden: 1. Stufe: →*Ethnozentrisches Marketing* (→*Exportmarketing*), 2. Stufe: →*Polyzentrisches Marketing* (multinationale Orientierung durch Gründung von Tochtergesellschaften im Ausland), 3. Stufe: →*Geozentrisches Marketing* (weltweite und weitgehend vereinheitlichte Strategie, →*Global Marketing*) (siehe auch →*Marktarealstrategien*).

Internationales Marketingmanagement Übertragung von →*Marketingkonzeptionen* auf ausländische →*Märkte* bzw. →*Kulturen*. Damit ist eine Vielzahl von Analyse-, Planungs-, Umsetzungs- und Kontrollaufgaben verbunden, die sich um so komplexer gestalten, je differenzierter die bearbeiteten Auslandsmärkte sind. Insbesondere die →*Marktanalyse* (Markt- und Rahmenbedingungen) und die Markt- und →*Absatzprognosen* (hinsichtlich der →*Marktentwicklung* und der Umfeldbedingungen) haben im →*Internationalen Marketing* einen herausragenden Stellenwert. Sie bilden die Grundlage internationaler →*Marketingstrategien* und der Formulierung von Strategiealternativen. So empfehlen sich für einige Auslandsmärkte differenzierte Strategien (→*Marktsegmentierung*), für andere hingegen globale und standardisierte Konzepte (→*Global Marketing*). Je nach präferierter →*Basisstrategie* gestalten sich auch Planung, Realisation und Durchsetzung (Bestimmung des →*Marketing-Mix* und seiner Submix-Elemente) incl. der organisatorischen Strukturen unterschiedlich. Daraus ergeben sich wiederum sehr differenzierte Aufgaben für das internationale Marketingmanagement und als Anforderungsprofil eine hohe Flexibilität.

Internationalisierungsstrategien Langfristige Planung der Aktivitäten im Ausland. Als Grundkonzept gelten die Stufen des →*Internationalen Marketing*. Es werden als Stadien das →*Ethnozentrische*,→*Polyzentrische* und →*Geozentrische Marketing* unterschieden. Die Gliederung gilt nicht als strikte Trennung. So werden z.B. in hochdiversifizierten →*Unternehmen* (je nach Geschäftsbereichen, →*Strategischen Geschäftseinheiten*) vielfach auch Mischstrategien verfolgt. Insgesamt sind Internationalisierungsstrategien in erster Linie →*Wachstumsstrategien*.

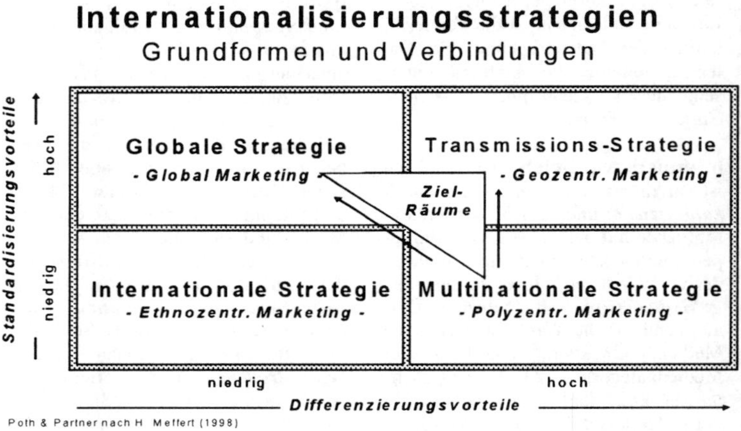

Interne Dienstleistungsqualität →*Dienstleistungsqualität*, die sich auf die internen →*Dienstleistungen* bezieht. Für das Marketing typische interne Dienstleistungen sind die Bereitstellung von Sach-, Markt- und/oder Kundeninformationen z.B. für das →*Produkt-Management* und den →*Außendienst* sowie die verschiedensten Formen von internen Kommunikationsdiensten. Weitere interne und abteilungsübergreifende Dienste sind u.a. die Personal- und EDV-Abteilung sowie die vielfältigen Marketingdienste (z.B. die →*Human Relations*).

Interne Kommunikation Wesentlicher Bestandteil des →*Internen Marketing*, bei dem die Mitarbeiter intensiv in die unternehmensbezogene →*Kommunikation* einbezogen werden. Das betrifft einmal die notwendigen aufgabenbezogenen →*Kommunikationsprozesse* und zum anderen denjenigen persönlichen Austausch von Informationen, der der permanenten Verbesserung des →*Betriebsklimas* dient.

Interne Public Relations (PR) Form der →*Öffentlichkeitsarbeit* (→*Public Relations*), die im Gegensatz zu den →*Externen Public Relations (PR)* intern im →*Unternehmen* stattfindet. Hierbei richten sich die verschiedenen PR-Maßnahmen entweder an die Mitarbeiter (durch z.B. Schwarzes Brett, Betriebsratsinformationen, Firmenzeitschrift etc.) oder an die interessierte →*Öffentlichkeit* (z.B. durch „Tage der offenen Tür", Besichtigungen, Fachveranstaltungen, Tagungen etc.).

Internes Marketing Gestaltung der unternehmensinternen Systemelemente, um die →*Marketingziele* zu realisieren. Das interne Marketing ist primär auf die Gewinnung, Entwicklung und Erhaltung motivierter und kundenorientierter Mitarbeiter gerichtet und hat insbesondere im →*Dienstleistungsmarketing* eine große Bedeutung. Entscheidend ist, daß nicht die →*Bedürfnisse* der Mitarbeiter im

Mittelpunkt stehen, sondern die der →*Kunden*. Insofern muß das personalorientierte interne Marketing abgegrenzt werden vom →*Personalmarketing*, das eine Grundvoraussetzung für das interne Marketing darstellt. Der personalorientierte Ansatz des internen Marketing wird ergänzt bzw. erweitert durch das Marketing interner Leistungen (kundenorientierte Gestaltung interner Prozesse und Dienstleistungen) und durch das kooperationsinterne bzw. subsystemorientierte Marketing (kundenbezogene Zusammenarbeit z.B. verschiedener Geschäftsbereiche).

Internet Weltweit verteiltes Computer-Netzwerk zum Informationsaustausch. Im Unterschied zu den kommerziellen Online-Diensten (z.B. →*T-Online*, →*AOL*), die die Internet-Dienste integrieren, ist das Internet selbst nicht profitorientiert und seine Nutzung weder geographisch noch rechtlich beschränkt (siehe in Abgrenzung und Erweiterung →*Intranet*, →*Extranet*).

Internet-Shopping →*Online-Shopping*.

Interne Überschneidung Mehrfacher →*Werbemittelkontakt* des →*Kommunikanten* (Rezipienten) durch die Mehrfachbelegung eines →*Werbeträgers*. Bei der externen Überschneidung hingegen handelt es sich um die Schaltung von →*Werbemitteln* in mehreren →*Medien* (siehe auch →*Reichweite*, →*Brutto-Reichweite*, →*Netto-Reichweite*).

Interne Validität Eindeutigkeit der Messung im →*Experiment* durch Ausschaltung von Störeinflüssen (→*Störvariablen*). Die Veränderung der →*Abhängigen Variablen* ist ausschließlich auf die Variation der →*Unabhängigen Variablen* (bestimmende Variablen) zurückzuführen(siehe in Abgrenzung →*Externe Validität*).

Interne Zinsfußrechnung Der interne Zinsfuß ist die Effektivverzinsung, die sogen. innere Rendite (→*Rentabilität*) einer Investition. Der Kapitalwert (siehe →*Kapitalwertrechnung*) wird zum Kalkulationszeitpunkt gleich Null. Der Barwert der →*Einzahlungen* ist gleich dem Barwert der →*Auszahlungen* (siehe→*Investitionsrechnung*).

Interstitials Digitale →*Unterbrecherwerbung* im →*Internet*. Interstitials werden dann eingeblendet, wenn der Internet-User eine neue Seite aufruft.

Intervallskala Metrische →*Skala*, die der Klassifizierung von Merkmalen im Sinne einer objektiven oder subjektiven Rangstufung dient (siehe →*Skalierung*, →*Skalierungsverfahren*). Höhere Zahlenwerte bedeuten hierbei höhere Positionen auf dem Meßkontinuum. Die Abstände zwischen den Merkmalsklassen sind gleich groß, so daß die Zahlenwertdifferenzen miteinander verglichen werden können (vgl. in Abgrenzung →*Ordinalskala*, →*Nominalskala* und →*Ratioskala*).

Intervenierende Variable(n) Theoretische bzw. →*Hypothetische Konstrukte*, die im →*S-O-R-Modell* zur Erklärung des →*Konsumentenverhaltens* herangezogen werden. Sie setzen sich zusammen aus den →*Aktivierenden Prozessen* (→*Emotion*, →*Motivation*, →*Einstellung*, →*Erwartung*) und den →*Kognitiven Prozessen* (→*Wahrnehmung*, Erkennen, Denken, →*Lernen*, →*Erinnern*) und erklären die nicht-beobachtbaren Vorgänge im sogen. Organismus (siehe →*Neobehaviorismus*).

Interview(s) Form der →*Befragung*,

bei der →*Interviewer* die Fragen an die →*Probanden* mündlich stellen (persönliches Interview, →*Mündliche Befragung*). Die Befragung wird standardisiert, nicht-standardisiert oder teilstandardisiert durchgeführt. Der Vorteil des Interviews liegt in der höheren Antwortquote im Vergleich zu unpersönlichen →*Schriftlichen Befragungen*. Überdies kann die →*Repräsentanz* eher sichergestellt werden. Als nachteilig müssen die höheren Kosten und der sogen. →*Interviewer-Bias* (Einflüsse auf die Befragten bzw. Antworten) angesehen werden.

Interviewer Die bei →*Mündlichen Befragungen* eingesetzten Personen. Man spricht in diesem Zusammenhang auch von der sogen. →*Feldorganisation*. Die Qualität der Interviewer bestimmt im wesentlichen das Auftreten von Interviewereinflüssen (→*Interviewer-Bias*), die zu Verzerrungen der Untersuchungsergebnisse führen.

Interviewer-Bias Systematische Verzerrung (→*Systematischer Fehler*) von persönlich erhobenen Befragungsergebnissen (bei →*Mündlichen Befragungen*). Die negativen Interviewereinflüsse sind vielfach unbewußt gegeben durch Alter, Geschlecht, Auftreten, Aussehen, Sprechweise etc. des →*Interviewers*. Eine bewußte Beeinflussung kann erfolgen durch die Auswahl der Befragten, Art der Frageformulierung (→*Suggestive Frage*), Einflüsse auf Beantwortung etc. (siehe analog auch →*Beobachtereinfluß*). Die Standardisierung des →*Fragebogens* (→ *Strukturiertes Interview*), die strenge Auswahl und intensive Schulung der Interviewer schränken den Interviewer-Bias ein.

Interviewerleitfaden Grobe Bestimmung der Themenbereiche und des Gesprächsablaufs für den →*Interviewer*. Fragenformulierung und die Reihenfolge der Fragen sind nicht streng determiniert. Die →*Befragungen* sind nicht-standardisiert (→*Unstrukturiertes Interview*).

Intramediavergleich Vergleich von →*Kommunikationsmedien*, →*Werbeträgern* innerhalb einer Medienkategorie (z.B. →*Zeitschriften*). Der Abgleich erfolgt wie im →*Intermediavergleich* ziel- bzw. zielgruppen- und kostenbezogen. Wichtige Kennzahlen für den Intramediavergleich sind u.a. →*Tausenderpreis(e)* und →*Reichweite*. Entscheidendes Kriterium für die Medienwahl ist die Zielgruppen-Kontaktzahl (→*Kontaktzahl*).

Intranet Unternehmensinternes Computer-Netzwerk zum Informationsaustausch von Mitarbeitern. Das Intranet basiert auf der Internet-Technologie (→*Internet* und in Abgrenzung →*Extranet*). Intranet spielt u.a. vor allem bei der →*Außendienststeuerung* und für →*Außendienst-Berichtssysteme* eine zunehmend wichtigere Rolle im Hinblick auf die dynamischen Marktveränderungen und Konkurrenzaktivitäten, die eine möglichst schnelle Reaktion erfordern.

Intrapreneur Im Vergleich zum →*Entrepreneur* ein angestellter Manager (interner Unternehmer), der sich durch große Innovationskraft und hohe Flexibilität auszeichnet. Er ist ein permanenter Querdenker, der in tradierten →*Organisationen* mit strengen Hierarchien vielfach mißverstanden wird. Ein wichtiges Unterscheidungsmerkmal zum Entrepreneur ist, daß das Intrapreneuring alle Managementebenen umfaßt und nicht nur auf das Topmanagement abhebt.

Intrinsische Motivation Bezeichnung in der →*Lernpsychologie* für die Art der Lernmotivation. Die intrinsische Motivation bedeutet →*Aktivie-*

rung für eine Aufgabe oder Tätigkeit, die um ihrer selbst willen ausgeführt wird. Das bedeutet, daß das Interesse an der Arbeit entscheidend für die Durchführung ist und die →*Motivation* allein durch die Sache selbst erfolgt. Im Gegensatz zur →*Extrinsischen Motivation* existieren weder Belohnungen noch →*Anreize* (→*Incentives*) von außen. Obwohl Belohnungen Leistungssteigerungen bewirken können, nimmt man an, daß die intrinsische Motivation zu besseren Ergebnissen führt (siehe dazu auch →*Leistungsmotivation*, →*Motivatoren*, →*Motivationstheorien*).

Invention Erfindung, die sich dadurch von der →*Innovation* unterscheidet, daß es sich hierbei noch nicht um eine marktreife Neuerung handelt, die in Produktion gehen kann.

Inventurdifferenz(en) Differenz(en) zwischen dem Wert des buchmäßig errechneten und dem durch körperliche Aufnahme bei der Inventur tatsächlich ermittelten Warenbestand im →*Handel* (→*Groß-* und →*Einzelhandel*). Die Ursachen von Inventurdifferenzen sind der Diebstahl durch →*Kunden* (→*Ladendiebstahl*), Personal oder Lieferanten; Fehler bei der Warenerfassung, Preisauszeichnung, beim Kassiervorgang, im Rechnungswesen bei der Bestandsaufnahme; Schwund; Verderb oder Bruch. Die Hauptgemeinschaft des Deutschen Einzelhandels (→*HDE*) schätzt, daß 45% der Inventurdifferenzen auf den kundenbezogenen Ladendiebstahl, 40% auf Mitarbeiterdelikte und 15% auf die o.a. organisatorischen Schwachstellen zurückzuführen sind.

Inverse Preiselastizität Diese Form der →*Preiselastizität* folgt nicht ihrer normalen Gesetzmäßigkeit. Preissenkungen sind mit einer Nachfragesenkung verbunden und Preiserhöhungen mit einer Nachfrageerhöhung. Die inverse Preiselastizität tritt in erster Linie bei sogen. Prestigeprodukten (→*Prestigekonsum*, →*Demonstrativkonsum*) auf, die →*Geltungsbedürfnisse* befriedigen (→*Bandwagon-Effekt*, →*Veblen-Effekt*, →*Snobeffekt* und als Sonderfall der →*Giffen-Effekt*).

Investitionsgüter Gewerbliche →*Gebrauchsgüter*, die der →*Produktion* dienen im Sinne der Erhaltung, Erweiterung oder Verbesserung der Produktionsausrüstung und die zusammen mit den →*Produktionsgütern* die Gruppe der →*Produktivgüter* bilden. Die Abgrenzung zu den privaten Gebrauchsgütern ist nicht immer einfach (siehe z.B. Pkw mit z.T. gewerblicher Nutzung). Im Grundsatz gilt, daß Investitionsgüter der Leistungserstellung dienen und nicht dem kurz- oder längerlebigen →*Konsum* (vgl. in Abgrenzung auch →*Konsumgüter* bzw. →*Verbrauchsgüter*).

Investitionsgütermarketing Gesamtheit aller absatzpolitischen Maßnahmen, um die →*Verwender* von →*Investitionsgütern* bzgl. ihrer →*Kaufentscheidungen* zugunsten des entsprechenden Anbieters zu beeinflussen. Der wesentliche Unterschied zum →*Konsumgütermarketing* besteht darin, daß der Vermarktungsprozeß in einer persönlichen →*Interaktion* (siehe →*Interaktionstheorie*) zwischen →*Anbietern* und →*Nachfragern* erfolgt und nicht in einem mehr oder weniger anonymen Massenmarkt. Darüber hinaus sind die Marktbeziehungen zwischen den verschiedenen →*Marktpartnern* üblicherweise langfristig und relativ stabil. Daraus resultiert auch eine größere →*Markttransparenz*.

Investitionsgütermarktforschung →*Primär-* bzw. →*Sekundärforschung* zur Gewinnung von →*Informationen* für Marketingentscheidungen auf Investitionsgütermärkten. Dabei bezieht sich die Datenerhebung sowohl auf die →*Absatz-* als auch auf die →*Beschaffungsmärkte* (→*Absatz-* und →*Beschaffungsmarktforschung).* Aufgrund der Heterogenität der →*Investitionsgüter* werden in der Investitionsgütermarktforschung im Vergleich zur →*Konsumgütermarktforschung* modifizierte Methoden eingesetzt. Dazu zählen u.a. die Erforschung der Substitutionsbeziehungen, der derivativen →*Nachfrage* und der Entscheidungsstrukturen in den →*Buying* und →*Selling Centern* der →*Nachfrager* und →*Anbieter*. Bzgl. der Erforschung der Nachfrageentwicklungen kommen vor allem die Verfahren der Sekundärforschung zum Einsatz. Bei der Primärforschung stehen mündliche →*Befragungen* (z.B.→*Expertenbefragungen*) im Vordergrund. Als Prognoseverfahren (→*Prognosen*) kommen alle üblichen quantitativen und qualitativen Verfahren zum Einsatz.

Investitionsgüterwerbung →*Industriegüterwerbung*.

Investitionsrechnung Verfahren zur Bewertung von Investitionsalternativen. Zu unterscheiden sind im wesentlichen die statischen und dynamischen Verfahren. Die wichtigsten statischen Verfahren sind die →*Kostenvergleichs-*,→*Erlösvergleichs-*, →*Gewinnvergleichsrechnung* und die→*Return-on-Investment-Rechnung*. Zu den wichtigsten dynamischen Verfahren gehören die →*Kapitalwertrechnung* bzw. die →*Discounted-Cash-Flow-Analyse*, die →*Interne Zinsfußrechnung* (bzw. -methode) und die →*Annuitätenrechnung*.

Investment-Intensität Kennziffer, die etwas aussagt über die Nutzung der Investitionspotentiale, die als wesentliche→*Erfolgsfaktoren* gelten. Die Kennziffer ist der Quotient aus getätigten Investitionen und den realisierten Umsätzen (siehe dazu auch →*PIMS-Datenbank*).

Investor Relations Sonderform der →*Public Relations*, die die Gestaltung der Beziehungen zwischen einem →*Unternehmen* und den existenten und auch potentiellen Investoren in den Mittelpunkt stellt (siehe dazu auch →*Financial Relations*, →*Börsenmarketing*, →*Equity Story*).

Involvement Inneres Engagement, mit dem sich jemand einem Gegenstand oder einer Aktivität zuwendet. Das Involvement wird entscheidend geprägt durch zeitabhängige Faktoren, personen- und produktspezifische Einflüsse und durch situationsspezifische Bedingungen. In die Theorie des →*Konsumentenverhaltens* wurde das Konstrukt eingeführt von *H.E. Krugman (1965)*. Zu unterscheiden sind das →*Low Involvement* und das →*High Involvement*. Aus der Stärke des Involvements resultieren auch die Bewertung der →*Produkte* bzw. →*Dienstleistungen* (als Low oder High Interest-Angebote) und die Aufnahme, Verarbeitung und Speicherung von →*Informationen* (→*Marketingkommunikation*). Involvierende →*Stimuli* reizen mehr als allgemeine Aussagen, die alle und keinen ansprechen. Entscheidend für das Involvement des →*Konsumenten* ist die möglichst präzise Zielgruppenansprache (→*Zielgruppe(n)*), und zwar durch den in sich konsistenten →*Marketing-Mix*.

IPRA Abk. für International Public Relations Association, einem internationalen Zusammenschluß nationaler Public Relations-Vereinigungen.

Irradiation Begriff von *B. Spiegel (1961)* aus der →*Gestaltpsychologie*, der das Phänomen beschreibt, daß ein Wahrnehmungsbereich auf einen anderen ausstrahlt und diesen dominant beeinflußt (siehe dazu auch →*Schlüsselinformationen*,→*Information Chunk*). So wird z.B. vom Geruch und von der Farbe eines Reinigungsmittels auf dessen Wirkung geschlossen. In Abgrenzung dazu determinieren bei der →Attributdominanz Teilqualitäten die Beurteilung der Gesamtqualität. Irradiationen können positiv oder negativ sein. Diese Erkenntnis ist wichtig für die →*Produktgestaltung* (→*Produktdesign*).

Irreführende Werbung →*Irreführung*, die nach →*UWG* wettbewerbswidrig und daher unzulässig ist. Für die →*Werbung* (→*Produktwerbung*) gilt, daß sie wahr sein muß, wobei die Maßstäbe für Wahrheit durch objektive Kriterien und vor allem durch die →*Verkehrsauffassung* gesetzt werden. Entscheidend ist aber nicht allein die Richtigkeit bzw. Unrichtigkeit der Werbeaussage selbst, sondern auch die Frage, wie sie von den angesprochenen Verkehrskreisen verstanden wird. Die wichtigsten Formen irreführender Werbung sind die →*Blickfangwerbung* (Vermittlung eines falschen Gesamteindrucks bei isolierter Betrachtung), Irreführung durch das Verschweigen (Nichthinweis auf wesentliche Tatsachen), Werbung mit Selbstverständlichkeiten (z.B. allgemein vorausgesetzte →*Produkteigenschaften*) und die Alleinstellungswerbung (kein Nachweis einer behaupteten Spitzenstellung).

Irreführung Rechtlicher Tatbestand, der hauptsächlich auf die →*Produktwerbung* bezogen, aber nicht auf sie beschränkt ist. Nach zwei unterschiedlichen Ansätzen wird Irreführung einmal nur objektiv und zum anderen erweitert subjektiv definiert. Nach der ersten Definition liegt Irreführung dann vor, wenn eine →*Information* objektiv falsch ist. Die weiterführende und verhaltenswissenschaftlich begründete Definition besagt, daß Irreführung bereits auch dann vorliegt, wenn der Informationsempfänger subjektiv getäuscht wird. Bei dieser Definition wird auf die Verhaltensrelevanz der Information abgestellt. Dadurch gerät der Begriff in die definitorische Nähe der sogen. →*Manipulation*. Danach ist eine Irreführung dann gegeben, wenn der Beeinflußte die Einflußnahme nicht bewußt wahrnimmt. Rechtlich ist die Irreführung im →*UWG* geregelt.

Irritation Verunsicherung durch die Art der wahrgenommenen →*Reize* (→*Stimuli*), die auf den →*Kommunikanten* überraschend wirken. Die durch die Irritation erzeugte →*Aktivierung* verstärkt zwar die →*Informationsverarbeitung*, jedoch ist der gewünschte Beeinflussungserfolg nicht sicher.

ISB Abk. für **I**nstitut für **S**elbst**b**edienung und Warenwirtschaft. Das Institut ist mittlerweile aufgegangen im →*DHI* (Deutsches Handelsinstitut Köln e.V.) und dieses wiederum im →*EHI* (EuroHandelsinstitut e.V., Köln).

ISDN **I**ntegrated **S**ervices **D**igital **N**etwork. Es handelt sich um ein diensteintegrierendes digitales Fernmeldenetz, das für Fernsprech-, Daten- und Textkommunikation gleichzeitig benutzt werden kann. An einen Telefonhauptanschluß können beliebig Telefon, Telefax oder Computer angeschlossen werden (siehe in Erweiterung →*UMTS*).

ISO 9000 Normenreihe DIN ISO 9000 ff., die international gültige Mindestvoraussetzungen für die Qualitätsproduktion in Form von drei Qualitätsmodellen (9001, 9002, 9003) festlegt. ISO 9004 umfaßt einen Leitfaden für die Anwendung der Normen auf →*Dienstleistungen*.

Issue Management Themen-Management, das sich mit Problemen auseinandersetzt, die für das →*Unternehmen* (potentiell) von Bedeutung sind (siehe dazu auch →*Issue Monitoring*). Das Issue Management besteht im wesentlichen aus Vorhersage, Identifizierung, Selektion, Analyse und Bearbeitung von Problemen oder Fragestellungen. Die Relevanz der Ergebnisse wird verglichen mit der Unternehmensposition und den -zielen. Entscheidend für den Management Issue-Erfolg ist die rechtzeitige Bearbeitung der erkannten Probleme (Themen).

Issue Monitoring Regelmäßige Beobachtung, Analyse und Bewertung gesellschaftlicher Meinungsbildungsprozesse zu strategisch relevanten sozialen und ökologischen Themenstellungen. Mit dem Issue Monitoring ist das Ziel verbunden, Risikopotentiale, die durch eine Veränderung der Umfeldbedingungen entstehen und die zu Konflikten führen können, in einem möglichst frühzeitigen Stadium zu erkennen und diesbezüglich Abwehrstrategien zu entwickeln. Gleichzeitig werden dadurch auch Ansatzpunkte sichtbar, wie das →*Unternehmen* aktiv die gesellschaftliche Meinungsbildung in der →*Öffentlichkeit* für sich nutzen kann (siehe dazu auch →*Issue Management*, →*Public Relations*).

Ist-Image Tatsächliches →*Erscheinungsbild*, das ein Meinungsgegenstand (→*Unternehmen*, Leistungsangebot etc.) bei bestimmten Personen oder Personengruppen bzw. in der →*Öffentlichkeit* hat (siehe dazu auch →*Image*).

Istkosten In einer Abrechnungsperiode tatsächlich angefallene →*Kosten*. Istkosten haben Vergangenheitscharakter (siehe im Vergleich →*Normalkosten* und im Gegensatz →*Plankosten*).

IT Abk. für →*Internet*.

Item(s) Einzelne Frage(n) bzw. Feststellung(en), die auch als Statements bezeichnet werden und zu denen die Befragten Stellung nehmen. Wichtig bei der Bestimmung der Items sind die Trennschärfe, die →*Validität* und →*Reliabilität*.

IVW Abk. für Informationsgemeinschaft zur Feststellung der Verbreitung von →*Werbeträgern* e.V., die durch den →*ZAW* gegründet wurde. Die IVW kontrolliert die →*Auflagen* der →*Printmedien*, überwacht die Plakatanschlagstellen (→*Plakatwerbung*) und ermittelt die Besucherzahlen von Kinos (→*Kinowerbung*).

J

Jahresgespräche Abstimmung der Jahresplanungen zwischen Hersteller und →*Handel* im Rahmen des →*Vertikalen Marketing*. Dazu gehören vor allem die Vereinbarungen bzgl. Umsatzziele (→*Umsatzplanung*), →*Konditionen* und Maßnahmen zur →*Verkaufsförderung* (sogen. →*Rahmenabkommen*). Aufgrund der zunehmenden →*Handelskonzentration* (→*Asymmetrische Machtverteilung*) haben sich aber mittlerweile die Jahresgespräche immer mehr zu reinen Konditionengesprächen entwickelt (→*Rabatte*, besonders →*Listungsrabatte*, →*Werbekostenzuschüsse* etc.).

Jahresumsatz-Bonus →*Bonus*, →*Prämie*, →*Incentives*.

Jingle Charakteristische Werbemelodie bzw. gesungener →*Werbeslogan*, der durch permanente Wiederholung bei Werbesendungen im Rundfunk und/oder Fernsehen die →*Erinnerung* an ein bestimmtes →*Produkt* oder einen bestimmten →*Anbieter* herstellt.

Job Description →*Stellenbeschreibung*, die die mit einem Arbeitsplatz verbundenen Tätigkeiten incl. der Über- und Unterstellungen und die Stellvertretung regelt. Die Job Description dient auch der Arbeitsplatzbewertung und der Arbeitsbewertung des Stelleninhabers.

Job Enlargement Arbeitserweiterung, die die Mitarbeiteraufgaben nur rein quantitativ ausdehnt (siehe in Abgrenzung dazu →*Job Enrichment*).

Job Enrichment Arbeitsbereicherung, die dem Mitarbeiter die Möglichkeit bietet, mehr Eigenverantwortung zu übernehmen (siehe in Abgrenzung dazu →*Job Enlargement*). Nach *Fr. Herzberg (1966)* ist die Arbeitsbereicherung das Schlüsselelement für eine Gestaltung der Arbeit, die Mitarbeiter motiviert (→*Mitarbeitermotivation*) und ihre Arbeitszufriedenheit (→*Mitarbeiterzufriedenheit*) erhöht.

Job Matching Methode der Personalauswahl durch Untersuchung des alltäglichen Arbeitsablaufs in einem Job, um daraus die personenbezogenen Eigenschaften zu bestimmen. Es folgt die diesbezügliche Bewertung der Bewerber. Im wesentlichen handelt es sich um einen Vergleich der Jobanforderungen mit der Bewerberqualifikation. Durch diese Methode sollen u.a. die Auswahlfehler reduziert, die personenbezogene Leistungseffizienz erhöht und die kostenintensive Personalfluktuation vermindert werden.

Job Rotation Wechsel der Aufgabenübernahme. Es handelt sich um einen systematischen Arbeitsplatzwechsel, der der Erweiterung der Fachkenntnisse dient. Angezielt wird eine höhere Qualifikation der Mitarbeiter (→*Job Enrichment*).

Job Sharing Ein Arbeitszeitmodell (Form der Teilzeitarbeit), bei dem identische oder auch komplementäre Aufgaben zeitlich auf mehrere Mitarbeiter aufgeteilt werden. Entscheidend beim Job Sharing ist die gleiche Qualifikation der Teammitglieder.

Joint Venture Gemeinschaftsunternehmen im Sinne der Gründung von gemeinsam betriebenen Entwicklungsgesellschaften (z.B. für →*Produktentwicklungen*), die u.a. im →*Internationalen Marketing* eine gewisse Bedeutung erlangt haben (siehe dazu auch →*Strategische Allianzen*). Die gesellschaftsrechtlichen Formen lassen sich im wesentlichen unterscheiden nach Equity Joint Ventures (gemeinsame Übernahme von Führung und Risiko des gegründeten Unternehmens) und Contractual Joint Ventures (Kooperation ohne separate Unternehmensgründung). Weiter kann differenziert werden nach Domestic und International Joint Ventures.

Jubiläumsverkauf →*Sonderveranstaltung*, die vom Verbot nach →*UWG* ausgenommen ist. Als Jubiläum gilt das Bestehen eines Unternehmens im selben Geschäftszweig nach Ablauf von jeweils 25 Jahren. Die Dauer von Jubiläumsverkäufen ist wie bei →*Schlußverkäufen* auf 12 Werktage beschränkt.

Jugendmarkt Markt der 14- bis 19jährigen, der für das Marketing als bedeutsam eingestuft wird und auf den die →*Massenkommunikation* vielfach immer noch abhebt, auch wenn es sich um ein schrumpfendes Zielgruppensegment handelt (→*Zielgruppe*, →*Segment*). Die Wahl dieses →*Demographischen Kriteriums* als →*Segmentationskriterium* für die →*Marktsegmentierung* erweist sich ähnlich problematisch wie die Definition bzw. Wahl des →*Seniorenmarkts*. Das kalendarische Alter ist kein Kriterium für →*Lebensstil*, →*Einstellungen*, →*Erwartungen* und →*Verhalten*. Insofern empfiehlt sich der altersmäßig definierte Jugendmarkt auch nicht für die Bildung von →*Typologien*.

Just-in-Time Integriertes Konzept im produktionstechnischen Bereich, d.h. das richtige Material zum richtigen Zeitpunkt in richtiger Quantität und in richtiger Qualität am richtigen Ort zur Verfügung stellen. Bearbeitungsprozesse und die Bearbeitungsstufen rücken dicht zusammen. Die Materialien werden ohne zeitaufwendige Prüfungen und kostenintensive Lagerung direkt dem Fertigungsprozeß zugeführt. JiT bezieht sich aber auch stark auf die →*Logistik* und bezweckt die spätestmögliche, aber dennoch bedarfs- und zeitgerechte →*Beschaffung* von Material, Halbfertigerzeugnissen oder Endprodukten. Ziel ist die Absenkung der →*Lagerbestände*, ohne die →*Lieferbereitschaft* zu gefährden (siehe auch →*Just-in-Time-Logistik*).

Just-in-Time-Logistik Nachfragesynchrone Bedarfsdeckung, die sich sowohl auf die →*Beschaffungslogistik*, die innerbetriebliche(Produktions-) Logistik als auch auf die →*Distributionslogistik* bezieht. Ziel der JiT-Logistik ist, die Effizienz vor allem des →*Bestandsmanagements* und gleichzeitig den →*Lieferservice* zu erhöhen durch eine flexible Anpassung der Lieferfähigkeit an die Kundenerfordernisse und auch Kundenwünsche. Eine konsequent betriebene JiT-Logistik deckt Schwächen im gesamten →*Logistiksystem* auf, die z.B. durch erhöhte Bestände (→*Lagerbestand*, →*Kapitalbindung*) verdeckt werden.

K

Kabelfernsehen Im Gegensatz zum drahtlosen, über Funk gesteuerten Fernsehen erfolgt die Übertragung durch Breitbandkabel (Koaxial- oder Glasfaserkabel). Das Kabelfernsehen zeichnet sich durch eine hohe Bild- und Tonqualität aus und eröffnet der →*Marketingkommunikation* und vor allem dem →*Direktmarketing* neue Wege (siehe in Abgrenzung →*Satellitenfernsehen*).

Käufer Erwerber eines →*Angebots* (→*Produkt* oder →*Dienstleistung*). Der Käufer ist nicht gleichzusetzen mit dem →*Konsumenten*. Der Unterschied wird besonders deutlich bei Nahrungsmitteln. Die Hausfrau kauft, die Familie konsumiert.

Käuferkumulation Gesamtzahl der →*Erstkäufer*, die innerhalb eines definierten Zeitraums ein →*Produkt* bzw. eine →*Dienstleistung* nachkaufen (siehe auch →*Wiederkaufrate*).

Käufermarkt Die Marktposition der →*Käufer* bestimmt den →*Absatzmarkt* (vgl. im Gegensatz dazu den →*Verkäufermarkt*). In voll entwickelten →*Industriegesellschaften* haben sich die →*Absatzmärkte* seit Anfang der 70er Jahre von Verkäufer- zu Käufermärkten hin entwickelt. Auf den Käufermärkten besteht ein Angebotsüberhang und ein Nachfragedefizit. Dieser Trend hält unvermindert an und wird verstärkt durch die zunehmende internationale Verflechtung der →*Märkte* und →*Anbieter* mit der Folge einer globalen und totalen →*Konkurrenz* (→*Global Marketing*, →*Internationales Marketing*).

Käuferreichweite Prozentsatz der Firmenkunden an der Gesamtzahl aller potentiellen →*Kunden* (siehe auch →*Reichweite*).

Käufertypologie(n) Gliederung der →*Käufer* nach Einstellungs- und Verhaltensmerkmalen. Typologische Kriterien sind soziale, demographische und psychographische Eigenschaften der Käufer. Die praktische Aussagekraft von Käufertypologien muß jedoch mittlerweile erheblich infrage gestellt werden aufgrund der weiter zunehmenden Tendenz eines hybriden, d.h. eines zwitterhaften →*Konsumentenverhaltens* (→*Hybrid-Konsument*). Es ist daher notwendig, eine Vielzahl von Konsumentencharakteristika (z.B. →*Konsumentenmerkmale*) miteinander zu kombinieren, um eine realistische Typologienbildung vornehmen zu können, auf deren Basis dann →*Marktsegmentierungen* möglich sind. Die üblicherweise durch→*Werbeagenturen* verbreiteten Pseudotypologien sind meist nicht mehr als Sozial-Stereotype und damit überwiegend ungeeignet für die Bildung von operational nutzbaren →*Zielgruppen*.

Käuferverhalten Das Käuferverhalten ist für die Interpretation zu differenzieren nach Privatkauf (→*Konsumentenverhalten*) und industriellem →*Einkauf* (→*Investitionsgüter*) incl. Einkauf des →*Handels* (→*Handelsmarketing*). Sowohl →*Einstellungen* als auch →*Verhalten* der o.a. Käufergruppen unterscheiden sich voneinander erheblich, selbst wenn die Personen identisch sind. Grund für die Unterschiede sind die differenzierten Einstellungen bei Konsum- und Beschaffungsentscheidungen.

Käuferwanderung(s-Analyse) → *Gain-and-Loss-Analyse*.

Kaizen Japanisches Management-Prinzip (**Kai** = Wandel, Änderung; **Zen** = das Gute). Im wesentlichen geht es bei dem Kaizen-Prinzip um die kundenorientierte ständige Verbesserung von Produkt- und Prozeßqualität. Dieses Prinzip wird verwirklicht durch eine Strategie, die einen Systemverbund von Konzepten, Systemen und Werkzeugen herstellt. Im Mittelpunkt stehen die Kunden- und Mitarbeiterorientierung, aus denen das notwendige Führungsverhalten und die Managementanforderungen abgeleitet sind. Kaizen integriert auch das →*Total Quality Management*, die →*Wertanalyse* und das →*Lean Management* (siehe auch →*Kontinuierlicher Verbesserungsprozeß, KVP*).

Kalkulationsverfahren Verfahren der →*Preiskalkulation*, die grob gegliedert werden in kostenorientierte (→*Vollkostenrechnung*, →*Zuschlagskalkulation*), marktbezogene (→*Teilkostenrechnung*, →*Deckungsbeitragsrechnung*) und mehr theoretisch orientierte marginalanalytische Verfahren (→*Preistheorie*).

Kalkulatorische Kosten Kalkulatorische Abschreibungen, kalk. Zinsen, kalk. Mieten und kalk. Unternehmerlohn.

Kalkulatorischer Ausgleich Auch als Ausgleichskalkulation bezeichnete →*Mischkalkulation*, die als →*Preiskalkulation* vor allem im →*Handel* (→*Einzelhandel*) angewendet wird. Hierbei erfolgt die →*Preisbildung* für einen oder mehrere →*Artikel* (bzw. für eine Artikelgruppe) nicht nach den verursachten →*Kosten*, sondern nach dem im →*Markt* durchsetzbaren → *Preis*. Ziel ist die Realisation eines möglichst hohen Gesamtgewinns durch einen kalkulatorischen Ausgleich (der unterschiedlichen →*Handelsspannen*) innerhalb des →*Sortiments*.

Kampagne(n) Kommunikationsaktivitäten, die bezogen sind auf die → *Werbung*, →*Verkaufsförderung* (→ *Sales Promotion*, siehe auch →*Promotions*) und →*Imagewerbung* (incl. →*Public Relations* und →*Öffentlichkeitsarbeit*), die unter dem umfassenden Dachbegriff →*Kommunikationsformen* zusammengefaßt werden. Die Kampagnen sind aktionsorientiert, müssen jedoch eingebunden werden in die →*Kommunikationsstrategie*.

Kampagnenmanagement Planung, Durchführung, Steuerung und Kontrolle mediengestützter Marketingaktivitäten (→*Kampagnen*, vor allem Werbekampagnen).

Kanbans Karten, die an Materialbehälter oder Fertigerzeugnisse geheftet werden. Sie lösen einen Produktions- bzw. Bestellvorgang aus. Im Kanban-Verfahren wird die terminorientierte durch eine bedarfsorientierte Bestellung ersetzt. Der nachgelagerte Arbeitsgang entnimmt dem vorgelagerten Arbeitsgang nur das benötigte Teil in der benötigten Menge und zum benötigten Zeitpunkt. Wenn ein →*Min-*

destbestand unterschritten wird, erfolgt durch den Zulieferer automatisch die Nachlieferung. Ausgelöst wird der Auftrag durch den Kanban. Die Karte liegt den Losen in den sogen. Kanban-Behältern bei und meldet bei der Rückgabe dem Zulieferer, daß die benötigten Teile nachgeliefert werden müssen. Ziel des Verfahrens ist die Absenkung der →*Lagerbestände*.

Kannibalisierungseffekt Der Effekt hat vielfältige Ausprägungen. So können →*Sonderangebote* (→*Sonderangebotspolitik*) im →*Einzelhandel* eine ablenkende Wirkung in der Form haben, daß normal kalkulierte →*Artikel* nicht mehr oder weniger nachgefragt werden (→*Substitution*). Bei der →*Produktdifferenzierung* tritt der Effekt dann auf, wenn sich der →*Anbieter* aufgrund einer ungenauen →*Marktabgrenzung* selbst Konkurrenz macht. Es sei denn, der Effekt wird bewußt herbeigeführt, um die →*Markteintrittsbarrieren* für neue oder bestehende →*Wettbewerber* zu erhöhen. Und nicht zuletzt kann auch die →*Ablenkende Kommunikation* zur Kannibalisierung führen, da sie die Informationsaufnahme des →*Kommunikanten* (→*Werbeempfänger*) durch Umlenkung erheblich mindert (siehe dazu auch →*Vampireffekt*).

Kanonische Analyse →*Multivariates Analyseverfahren* zur Untersuchung der Beziehungen zwischen Variablenkomplexen (siehe auch →*Regressionsanalyse*, →*Varianzanalyse*, →*Diskriminanzanalyse* und →*Faktorenanalyse*). Eine Variablengruppe können z.B. mehrere →*Werbemittel* sein, die in ihrer Wirkung untersucht werden.

Kapitalbindung Geldmäßiger Ausdruck für die im →*Unternehmen* vorhandenen Anlagen (Anlagevermögen), die gelagerten Vorräte an Halb- und Fertigfabrikaten, →*Handelswaren* sowie den →*Roh-*, →*Hilfs-* und →*Betriebsstoffen*. Die Höhe der Kapitalbindung ist vor allem ein Maßstab für die Qualität der →*Vorratspolitik* und des →*Bestandsmanagement*.

Kapitalgüter Oberbegriff für die gewerblichen →*Verbrauchsgüter* (→*Produktionsgüter*) und die gewerblichen →*Gebrauchsgüter* (→*Investitionsgüter*). Die Produktions- und Investitionsgüter werden in der →*Gütertypologie* auch unter dem Begriff →*Produktivgüter* zusammengefaßt.

Kapitalrentabilität →*Gesamtkapitalrentabilität*.

Kapitalumschlag Verhältnis von →*Umsatz* zu dem in der Periode durchschnittlich eingesetzten →*Gesamtkapital*.

Kapitalwertrechnung Diskontierung der →*Einnahmen* bzw. →*Erlöse* und der →*Ausgaben* bzw. →*Kosten* auf den gegenwärtigen Zeitpunkt und Errechnung der Gesamtwerte (Zeitwert) der Einnahmenüberschüsse bzw. der Unterdeckung (siehe →*Investitionsrechnung*, →*Discounted Cash Flow*).

Kardinalskala Metrische →*Skala* (→*Skalenniveau*) als Form einer →*Intervallskala* oder →*Ratioskala*.

Kartell(e) Horizontale Absprache(n) zwischen wirtschaftlich und rechtlich selbständigen →*Unternehmen* mit dem Ziel einer Wettbewerbseinschränkung. Nach dem →*GWB* (Gesetz gegen Wettbewerbsbeschränkungen) sind Absprachen dieser Art grundsätzlich verboten. Die Ausnahmeregelungen sind sehr begrenzt (siehe z.B. →*Konditionenkartelle*).

Kartellarten Die wichtigsten Kartellarten sind Preis-, Rabatt-, Mengen-, Konditionen- und Produktionskartelle. Eine Unterscheidung kann auch vorgenommen werden nach dem Grad der Wettbewerbsbeschränkung. Es wird differenziert nach Kartellen niederer Ordnung (z.B. Konditionen-, Normen- und Typenkartelle) und höherer Ordnung (z.B. Preiskartelle). Grundsätzlich gilt nach →*GWB* ein Kartellverbot.

Kartellgesetz Umgangssprachlich andere Bezeichnung für →*GWB* (Gesetz gegen Wettbewerbsbeschränkungen).

Karten-Zahlungssysteme Bargeldlose Zahlungssysteme (z.B. →*Kreditkarte*, →*Kundenkarte*).

Kassationskollegialität Besondere Form des →*Kollegialprinzips*, bei der die gleichberechtigten Entscheidungsträger die unternehmensrelevanten →*Entscheidungen* einstimmig treffen müssen. Jedes Mitglied im Entscheidungsgremium hat ein Vetorecht (siehe in Abgrenzung →*Abstimmungskollegialität*, →*Primatkollegialität*).

Kasuistik Bezeichnung für ein methodisches Verfahren, das aus einzelnen Fällen allgemeinverbindliche Aussagen abzuleiten versucht. Als „Lehre von den Fällen" findet die Kasuistik vor allem Anwendung im Lehrbereich als →*Fallmethode*.

Katalog(e) Gedruckte Übersicht über das Warenangebot eines →*Anbieters* oder über einen Angebotsteil. Unterschieden werden Industrie- und Handelskataloge. Weiter kann differenziert werden in Universal- und Spezialkataloge. Insbesondere die Versandhandelskataloge haben als →*Kommunikationsinstrument* in den letzten Jahren an Bedeutung gewonnen. Dies ist auf den erheblichen Bedeutungszuwachs des →*Versandhandels* (Universal- und Spezialversandhandel) gegenüber dem stationären →*Handel* zurückzuführen, der im wesentlichen beeinflußt wird durch neue Formen der Bestellung (z.B. Telefax und insbesondere →*Neue Medien*).

Katalog-Schauraum →*Catalog Showroom*.

Katalogwerbung Kommunikatives Instrument vor allem des →*Versandhandels*. Die Katalogwerbung dient dem direkten Verkauf (Versandhandel) oder dem Vor-Verkauf (stationärer →*Handel*).

Kauf →*Nachfrage* nach einem Leistungsangebot (→*Produkt*, →*Dienstleistung*).

Kaufabsicht Intention zum →*Kauf* eines →*Produkts* bzw. einer →*Dienstleistung*. Die Messung der Kaufabsicht (durch →*Befragungen*) dient der Verhaltensprognose von →*Käufern* (→*Kaufeintrittsmodelle*). Die Kaufabsicht ist im wesentlichen einstellungsgeprägt (siehe dazu auch →*Kaufbereitschaft*).

Kaufbereitschaft Intention zum →*Kauf* eines →*Produkts* bzw. einer →*Dienstleistung* (siehe auch →*Kaufabsicht*), die im wesentlichen abhängig ist von der Bewertung des →*Preis-Leistungs-Verhältnisses* (siehe dazu insbesondere →*Preistest*).

Kaufeintrittsmodelle →*Prognosemodelle* zur Bestimmung des Zeitpunkts oder auch Zeitraums der →*Kaufentscheidungen* von →*Konsumenten* bzw. →*Verbrauchern* oder →*Verwendern*. Insbesondere bei neuen →*Produkten* (→*Dienstleistungen*) erweisen sich Kaufeintrittsprognosen als unsicher, da keine Vergangenheitsdaten herangezogen werden können.

Kaufentscheidung Auswahl aus Kaufalternativen, die geprägt ist durch Rationalität und/oder Emotionalität. Die rationale Kaufentscheidung wird bewußt auf der Basis einer gegebenen Zielsetzung getroffen (→*Homo oeconomicus*, →*Rationalprinzip*), wohingegen die emotionale Kaufentscheidung durch →*Emotionen* bestimmt wird und sich z.B. im →*Impulskauf* äußert.

Kaufentscheidungsprozeß Prozessualer Ablauf der →*Kaufentscheidung*, der sich wie folgt darstellt: Problemdefinition, Informationsrecherche, Informationsverarbeitung, Alternativenbewertung, gezielte Präferenzenbildung, konkrete →*Kaufentscheidung*, Kaufakt. Die für die Kaufentscheidung wichtigste Phase ist der Informationskomplex incl. Alternativenbewertung und Präferenzenbildung. Der Nachkauf hängt im wesentlichen davon ab, inwieweit Kauf- und Konsumakt mit positiven oder negativen Erlebnisinhalten verbunden wurden (siehe →*Kognitive Dissonanz*, →*Kognitive Konsonanz*).

Kauffrequenz Die in einer Periode getätigten Kaufakte eines bestimmten →*Produkts*, einer →*Produktgruppe* oder →*Dienstleistung*. Die Kauffrequenz hängt im wesentlichen ab von der Verbrauchsintensität (Unterschied zwischen kurzlebigen →*Konsumgütern* und längerlebigen →*Gebrauchsgütern*), aber auch von der Stärke der Ausprägung der →*Produkttreue* und →*Markentreue*.

Kaufhaus →*Betriebsform* (→*Betriebstyp*) des →*Einzelhandels*, die bei einem engen →*Sortiment* stark in die →*Sortimentstiefe* geht. Im allgemeinen dominieren die Bereiche Textilien, Bekleidung und Möbel. Das Kaufhaus ist abzugrenzen gegenüber dem →*Warenhaus*, dessen Sortiment verschiedene Bereiche umfaßt und mehr breit als tief strukturiert ist. Die Betriebsform versteht sich eher als →*Vollsortimenter* in Abgrenzung zum →*Teilsortimenter*. Der wesentliche Unterschied zwischen Kaufhaus und Warenhaus ist einmal die Branchenhomogenität und zum anderen die Branchenheterogenität.

Kaufintensität Kennzahl zur Erfassung der relativen Bedeutung der →*Intensivkäufer* am →*Umsatz* (siehe dazu →*Parfitt-Collins-Modell*). Die Kaufintensität ist definiert als Quotient aus durchschnittlicher Kaufmenge eines →*Angebots* pro →*Käufer* bzw. →*Haushalt* pro Zeiteinheit und der diesbezüglichen Kaufmenge im Gesamtmarkt. Die dazu notwendigen →*Informationen* werden aus →*Haushaltpanel* gewonnen.

Kaufkraft Geldsumme, die einem Wirtschaftssubjekt je Zeiteinheit zur Verfügung steht. Vereinfacht ist die Kaufkraft das Nettoeinkommen (siehe →*Einkommen*) zuzüglich Kredite abzüglich Schuldentilgung. Die realisierte Kaufkraft ist die um die Sparbeträge reduzierte verfügbare Kaufkraft. →*Kaufkraft-Kennziffern* dienen der Ermittlung regionaler Unterschiede.

Kaufkraftkarte Kartographische Darstellung der geographischen Unterschiede der →*Kaufkraft* (→*Kaufkraftkennziffern*) nach Bezirken, Gebieten, Städten, Kreisen, Bundesländern (vgl. auch →*GfK-Kaufkraftkennziffern*).

Kaufkraftkennziffer(n) Beziehungszahl(en) zur Messung der regionalen Unterschiede bzw. der regionalen Verteilung der →*Kaufkraft*. Dazu wird die Gesamtgebietssumme ins Verhältnis gesetzt zur Teilgebietssumme (z.B. Kaufkraft des Kreises). Die Kennziffern werden als Entscheidungshilfe genutzt bei der Standortplanung des →

Einzelhandels, Einsatz des →*Außendienstes* etc. (siehe dazu auch →*GfK-Kaufkraftkennziffern*).

Kaufkraftparität Intervalutarischer Wechselkurs, bei dem die →*Kaufkraft* in verschiedenen Ländern gleich ist. Die Kaufkraftparität spielt für internationale Kaufkraftvergleiche eine wichtige Rolle und hat damit für das →*Internationale Marketing* eine große Bedeutung.

Kaufkraftschwelle Durch die → *Kaufkraft* bzw. das →*Einkommen* bestimmte Schwelle, die Käufer und Nichtkäufer eines Leistungsangebots voneinander trennt.

Kaufmotive →*Motive*, die beim → *Verbraucher* auf den Erwerb von Wirtschaftsgütern (→*Güter*) ausgerichtet sind. Zu unterscheiden sind die antriebsgebundenen Motive (individueller Kaufdrang; siehe auch →*Emotionale Konditionierung*) und die zielgebundenen Motive, die zu einem gezielten →*Kauf* führen, der im wesentlichen vom konkreten →*Bedarf* und von den Eigenschaften des Leistungsangebots abhängt.

Kaufphasenmodelle Erklärungsansätze zum Ablauf der →*Kaufentscheidung* (→*Kaufentscheidungsprozeß*). Die einfachste Phaseneinteilung ist die Gliederung in Vorüberlegung, Informationsgewinnung und Entscheidung. Diese Phasengliederung wird durch eine Vielzahl weiterer Ansätze differenziert, wobei sich letztlich alle Modelle auf das Fünf-Phasen-Schema der →*Entscheidungstheorie* zurückführen lassen: (1.) Problemerkennung, (2.) Informationsgewinnung, (3.) Suche nach alternativen Problemlösungen, (4.) Alternativenauswahl und -bewertung, (5.) Durchführung und Kontrolle.

Kaufrisiko Ungewißheit bei →*Kaufentscheidungen* hinsichtlich möglicher, nicht vorhersehbarer negativer Folgen, die mit dem konkreten → *Kaufverhalten* verbunden sind (siehe →*Kognitive Dissonanz*). Das Kaufrisiko nimmt mit der Längerlebigkeit und Höherwertigkeit der nachgefragten Güter zu (siehe auch →*Konsumgütertypologie*).

Kaufscheinhandel Sonderform des →*Beziehungshandels*, bei der Hersteller oder Handelsunternehmen Endverbrauchern gegen Vorlage eines sogen. Kaufscheins (Einkaufsberechtigungsschein) Sonderkonditionen einräumen. Der Kaufscheinhandel ist nach →*UWG* grundsätzlich unzulässig. Ausgenommen von diesem Verbot sind lediglich Kaufscheine, die zu einem einmaligen Einkauf berechtigen und für jeden Einkauf einzeln ausgestellt und als Legitimationspapier kontrolliert werden.

Kaufsucht Zwanghafter →*Kauf* in deutlicher Abgrenzung zum affektgesteuerten →*Impulskauf*. Der →*Käufer* kann sich gegen den triebhaften Wunsch, ein bestimmtes →*Produkt* besitzen zu müssen, nicht wehren, auch wenn ihm z.B. die finanziellen Folgen bewußt sind und er sich vielfach nach dem Kauf schuldig fühlt. Psychologische Probleme sind die Ursache für das krankhafte →*Kaufverhalten*.

Kaufverbund →*Verbundeffekte*, → *Verbundkauf*, →*Verbundangebote*, → *Verbundpräsentation*.

Kaufverhalten Verhalten von →*Käufern* (→*Käuferverhalten*), das in der Literatur vielfach etwas grob vereinfachend gleichgesetzt wird mit dem → *Konsumentenverhalten* (Verbraucherverhalten). Auch wenn zwischen → *Kauf* und →*Konsum* ein enger Zusammenhang besteht, so existieren dennoch erhebliche inhaltliche Unterschiede zwischen den beiden Begriffen. Für das Marketing und insbesondere für die Zielgruppenansprache von Bedeutung ist die Tatsache, daß →*Käufer* und →*Konsument* nicht in allen Fällen identisch sind. (So ist z.B. die Hausfrau der Käufer des täglichen Konsumbedarfs für die Familie, die Haushaltsmitglieder aber insgesamt sind die Konsumenten.) Die Analyse des Kaufverhaltens dient der Erkennung der Beeinflussungsmöglichkeiten von →*Kaufentscheidungen*, die sich aus mehreren und differenzierten Teilentscheidungen zusammensetzen (siehe z.B. →*Markenwahl*, →*Markentreue*, →*Ladentreue*). Die verschiedenen Forschungsmethoden basieren im wesentlichen wie bei der Analyse und Interpretation des Konsumentenverhaltens auf dem →*S-O-R-Modell* des →*Neobehaviorismus* oder Weiterentwicklungen bei Beibehaltung der Grundannahmen (siehe zum Kaufverhalten auch →*Habituelles Kaufverhalten*, →*Impulskauf*).

Kaufvertrag Gegenseitige vertragliche Vereinbarung, durch die sich der Verkäufer zur Übereignung einer Sache oder eines sonstigen Gegenstandes und der →*Käufer* zur Zahlung des vereinbarten →*Preises* verpflichten.

Kaufwahrscheinlichkeit →*Wahrscheinlichkeit*, mit der (bestimmte) →*Verbraucher* ein Leistungsangebot nachfragen werden. Die Ermittlung der Kaufwahrscheinlichkeit erfolgt in der Regel durch →*Befragungen* zur →*Kaufabsicht*. Kaufabsichtserklärungen erweisen sich aber wegen ihrer geringen Verläßlichkeit als sehr unsicher und daher für Prognosezwecke (→*Absatzprognosen*) vielfach als ungeeignet. Der Hauptgrund für diesen Mangel ist, daß →*Einstellungen* und →*Verhalten* der →*Konsumenten* oftmals weit auseinanderklaffen.

Kaufzwang Wettbewerbsrechtlich (→*UWG*) ist zu unterscheiden in den physischen, psychischen, moralischen und rechtlichen Kaufzwang als Druck auf die →*Kaufentscheidung* des →*Verbrauchers*. Alle Formen des Kaufzwangs verstoßen gegen die Generalklausel des Gesetzes gegen den unlauteren Wettbewerb (UWG). Die bekannteste Form des Kaufzwangs ist die psychologische Einflußnahme auf den Verbraucher (→*Psychologischer Kaufzwang*), die mit dem mittelbar ausgeübten moralischen Druck eine gewisse Verwandtschaft aufweist.

Kausalanalyse Statistisch-analytische Methode zur Überprüfung von →*Hypothesen*. Es handelt sich um eine Form der →*Dependenzanalyse* (siehe auch →*Korrelationsanalyse* etc.). Typische Anwendungsbeispiele sind die Ermittlung von →*Erfolgsfaktoren* auf der Grundlage von →*PIMS-Daten*, die Analyse von →*Zeitreihen*- und →*Paneldaten* etc.

Kausalität Ursächlicher Zusammenhang zwischen zwei oder mehreren →*Variablen*, wobei andere oder zusätzliche Kausalfaktoren ausgeschlossen und die Zusammenhänge in der Regel deterministisch interpretiert werden.

K1-Wert Durchschnittliche Leserschaft einer →*Zeitschrift* (→*Leserschaftsforschung*). Der Wert errechnet sich aus den Angaben zur Lesehäufigkeit und dem →*Weitesten Leserkreis (WLK)* und gibt die →*Kontaktwahrscheinlichkeit* einer durchschnittlichen Nummer einer Zeitschrift an (siehe dazu auch →*LpN* und →*LpA*).

Kennzahlen(systeme) Verhältniszahlen, die gebildet werden aus der Beziehungsverknüpfung von absoluten Zahlen. Durch die Verbindung von Kennzahlen entstehen Kennzahlensysteme. Eine der bekanntesten Kennziffern ist der →*Return on Investment (RoI)*. Kennzahlen (Kennziffern) und ihre systematische Verknüpfung werden vor allem eingesetzt bei der →*Zielplanung*,→*Marketingplanung* und beim →*Betriebsvergleich*.

Kennzeichenschutz Alle geschäftlichen Kennzeichen, soweit sie rechtlich geschützt sind (siehe gewerbliche →*Schutzrechte*). Kennzeichen haben das Ziel, →*Anbieter* und/oder ihre Leistungsangebote von ihren →*Wettbewerbern* zu unterscheiden. Wichtige Kennzeichen sind z.B. →*Firmenzeichen*, →*Warenzeichen*, →*Ausstattung* etc. Entscheidend für den Kennzeichenschutz ist die →*Verwechslungsgefahr*. Sie liegt vor, wenn nach herrschender →*Verkehrsauffassung* der Gesamteindruck der Kennzeichnung so ähnlich ist, daß eine →*Irreführung* der →*Verbraucher* gegeben ist (siehe auch →*Nachahmung*). Die Verwechslungsgefahr ist um so größer, je bekannter die Kennzeichnung und/oder je enger die Waren- und Branchennähe sind.

Kennzifferzeitschrift(en) →*Fachzeitschrift*, in der die →*Anzeigen* und die damit in Verbindung stehenden redaktionellen Beiträge mit Kennziffern versehen sind. Die Leser haben die Möglichkeit, durch Angabe der entsprechenden Kennziffern weitere →*Informationen* bei den →*Werbungtreibenden* anzufordern. Die Kennzifferzeitschriften werden ausschließlich durch die →*Anzeigenwerbung* finanziert. Vorteil für die Werbungtreibenden ist der direkte Kontakt mit den an dem Leistungsangebot interessierten Lesern (siehe in Abgrenzung →*CC-Zeitschrift*, →*Wechselversand*).

Kernkompetenz(en) Einzigartige und marktrelevante Fähigkeiten eines →*Unternehmens*, die den eigentlichen Kern eines →*Wettbewerbsvorteils* auf den →*Absatzmärkten* darstellen. Die Weiterentwicklung von Kernkompetenzen kann in drei Richtungen erfolgen: Deepening (Vertiefung der bereits im Unternehmen vorhandenen Kernkompetenzen), Broadening (Übertragung von Kernkompetenzen auf andere Geschäftsfelder), Shifting (Entwicklung neuer aus bestehenden Kernkompetenzen). Kompetenzdefizite können z.B. durch die Bildung →*Strategischer Allianzen* überwunden werden.

Kernnutzen Technisch-funktionaler →*Nutzen* von→*Produkten*/→*Dienstleistungen* (→*Grundnutzen*). Dieser Nutzen ist eng an die →*Primärbedürfnisse* (→*Grundbedürfnisse*) gekoppelt. Im Bereich der →*Sekundärbedürfnisse* spielt hingegen der Ausdruckswert als expressiver Nutzen eine immer größere Rolle (siehe dazu insbesondere →*Design-Nutzwerte*).

Kernsortiment Teil des →*Sortiments* eines Handelsunternehmens (→*Groß-*, →*Einzelhandel*), der im Gegensatz zum →*Zusatz-* und →*Randsortiment* den Kern des Leistungsangebotes bildet. Der Sortimentsteil wird auch als Standardsortiment oder Grundsortiment bezeichnet, wobei diese Begriffe insofern mißverständlich sind, als sie mit dem →*Sortimentsniveau* verwechselt werden können.

Key Account Aus der Sicht und Interessenlage des Lieferanten ein Schlüsselkunde, dessen Umsatz- bzw. Ertragsbedeutung (siehe auch →*Kundenrentabilität*) überdurchschnittlich ist. Die Key Accounts werden betreut durch Key Account-Manager (siehe →*Key Account-Management*).

Key Account-Management Orientierung der →*Marketing-* und insbesondere →*Verkaufsorganisation* an den Schlüsselkunden. Die Schlüsselkunden sind im wesentlichen definiert durch den Umsatzanteil, den sie beim Lieferanten repräsentieren. Die Umsatzabhängigkeit kann durch die →*Lorenz-Kurve* (Konzentrationskurve) dargestellt werden. Ziel des Key Account-Managements ist es, →*Umsätze* und →*Erträge* mit den Schlüsselkunden zu sichern und auszubauen und sich dem Handelsdruck (siehe →*Vertikales Marketing*, →*Handelsmarketing*) nicht zu beugen (siehe auch →*Marktmanagement*).

Key Account-Organisation

Organisationale Schlüsselkunden-Orientierung

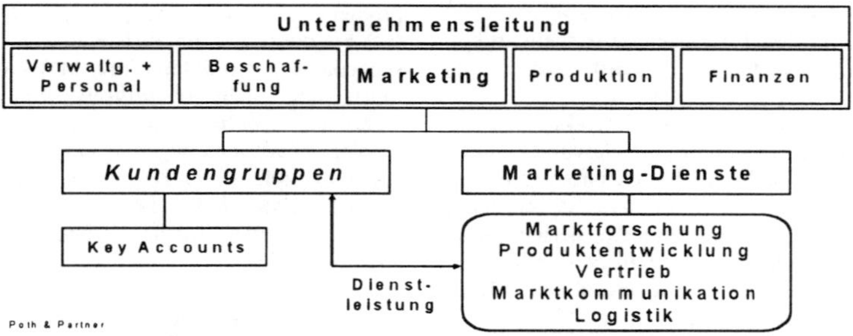

Key Issue-Analyse Gegenüberstellung von externen Faktoren (Chancen und Risiken) und internen Faktoren (Stärken und Schwächen).

Key Visual →*Schlüsselbild*.

Kindchen-Schema →*Schlüsselreiz*, der durch eine Kleinkind-Assoziation (→*Assoziation*) ausgelöst wird und zu einer erhöhten →*Aktivierung* führt. Das Kindchen-Schema wird aufgrund seines hohen Sympathiewertes häufig in der →*Massenkommunikation* eingesetzt. Es besteht dabei jedoch die Gefahr einer Ablenkung von der →*Werbebotschaft* (siehe →*Vampireffekt*).

Kinesik Ausdruck für Körpersprache als Erscheinungsform der →*Nonverbalen Kommunikation*. Die Kinesik hat insbesondere bei →*Verkaufsgesprächen* eine besondere Bedeutung. Die Körpersprache wird bestimmt durch Gestik, Körperhaltung, -orientierung und -bewegung.

Kinowerbung Film- und Diapositivwerbung, die in stationären Filmtheatern durchgeführt wird. Das Kino als →*Werbeträger* (→*Kommunikationsmedium*) hat den Vorteil, daß die →*Werbung* (vor allem die →*Produktwerbung*) zielgruppenspezifisch (je nach Kinotyp und Spielfilm) ausgerichtet werden kann. Die Kinobesucher sind in der Regel sehr aufnahmebereit und können sich der Werbung kaum entziehen, zumal wenn in der Pause nach dem Werbeblock die beworbenen Produkte (Süßigkeiten, Eis, Getränke) zum Kauf angeboten werden.

Kiosk →*Betriebstyp* des →*Einzelhandels*, der fast 2% des gesamten Einzelhandelsumsatzes in Deutschland ausmacht. Kioske und Trinkhallen sind eine Form der →*Convenience Stores* mit einem auch ähnlichen →*Sortiment*. Das Erfolgsgeheimnis beruht ähnlich wie beim „Tankstellengeschäft" auf der Vermeidung der →*Ladenschlußzeiten* (Ladenschlußgesetz). Diese Umgehung ist rechtlich zulässig, wenn der Betreiber eine Trinkhallenkonzession besitzt und damit der Gaststättenverordnung unterliegt. Zudem passen sich Kioske über das Grundsortiment hinaus (Tabak- und Süßwaren, Zeitschriften und Getränke) ortsspezifisch an die →*Bedürfnisse* ihrer →*Kunden* an (z.B. Fast Food, Spielzeug, Geschenkartikel, Reiseandenken, Postkarten etc.).

Kiosk-System(e) Interaktiv bedienbare Terminals in Geschäftsräumen oder auch an anderen Orten (z.B. auf Messen und Ausstellungen), mit deren Hilfe die Interessenten gezielt →*Informationen* abrufen oder auch mit dem →*Anbieter* in einen näheren Kontakt treten können.

Klassische Konditionierung →*Konditionierung*.

Klassische Medien →*Kommunikationsmedien* (→*Werbeträger*), die sich auf die →*Printmedien* (→*Zeitungen*, →*Zeitschriften*), →*Elektronische* bzw. →*Audiovisuelle Medien* (Fernsehen, Hörfunk) und die Medien der →*Aussenwerbung* beschränken (siehe auch →*Klassische Werbung*).

Klassische Werbung →*Kommunikationsform*, die auch als Mediawerbung bezeichnet wird und sich auf den Einsatz der →*Klassischen Medien* (→*Kommunikationsmedien*) bezieht. Der klassischen Werbung nicht zugerechnet werden z.B. die →*Direktwerbung*, →*Verkaufsförderung*, der →*Persönliche Verkauf* und die →*Mundwerbung* (Mund-zu-Mund-Werbung). Die exakte Grenzziehung zwischen der klassischen Werbung und den neuen Kommunikationsformen (wie z.B. →*Sponsoring*, →*Product Placement*, →*Event Marketing*), die z.T. auch verkoppelt sind mit den →*Neuen Medien*, erweist sich zunehmend als schwieriger und auch wertlos für die Kommunikationspraxis. Nicht zuletzt aufgrund der Werbeträgerdynamik wachsen die sogen. klassische und nicht-klassische Werbung immer mehr zusammen.

Kleinpreisgeschäft →*Betriebstyp* des →*Einzelhandels*, der überwiegend problemlose Waren (→*Inferiore Güter*) des kurz- und mittelfristigen Massenbedarfs in den unteren Preisklassen führt (siehe auch →*Kleinpreiswarenhaus*). →*Discounter* sind die betriebstypologischen Nachfolger der nur noch historisch relevanten Kleinpreis- und Einheitspreisgeschäfte (Penny Stores). Das gilt vor allem für den Lebensmitteleinzelhandel.

Kleinpreiswarenhaus →*Betriebstyp* des →*Einzelhandels*, der ähnlich dem →*Warenhaus* ein relativ breites und flaches →*Sortiment* führt. Das →*Angebot* besteht zumeist aus problemlosen Waren des kurzfristigen →*Bedarfs*. Aus Verbrauchersicht steht das →*Preis-Leistungs-Verhältnis* im Vordergrund (siehe dazu auch →*Kleinpreisgeschäft*). Das Kleinpreiswarenhaus ähnelt sehr stark dem →*Discounter*, wobei lediglich die →*Verkaufsfläche* in der Regel größer ist.

Kleinste-Quadrate-Methode Minimierung der Summe der quadrierten Abweichungen der Beobachtungswerte von ihrem →*Mittelwert*. Die Methode findet vor allem Anwendung bei der →*Regressionsanalyse* und →*Trendextrapolation*.

Klischee Druckstock zur Wiedergabe von Bildern oder Graphiken. Der zweite Bedeutungsinhalt bezieht sich auf das →*Image*. →*Einstellungen* verfestigen sich zu →*Stereotypen* und im weiteren zu eingefahrenen Vorstellungen (Klischees), die auch als manifeste →*Vorurteile* bezeichnet werden können.

Klumpenauswahl(verfahren) Ein →*Stichprobenverfahren*, bei dem die →*Grundgesamtheit* in homogene Gruppen (Klumpen) aufgeteilt wird. Die Klumpen sind vielfach regional abgegrenzte Teilmassen (z.B. Wohnblöcke, Betriebe, Gebiete), aus denen nach dem Zufallsprinzip (→*Zufallsstichprobe*, →*Randomauswahl*) einzelne ausgewählt und dann insgesamt untersucht werden. Die →*Flächenauswahl* (Area Sampling) ist eine Variante der Klumpenauswahl. Ein Problem des Verfahrens ist der Klumpeneffekt, d.h. die zu große Homogenität der Gruppen im Vergleich zur Struktur der Grundgesamtheit.

K-Markt →*Konsumentenmarkt*.

KMU Abk. für **k**leinere und **m**ittlere →*Unternehmen*. Die →*Typologisierung* von Unternehmen nach ihrer Größe ist in der Fachliteratur wie auch in der Praxis sehr unterschiedlich und je nach Betrachtungsweise insgesamt unbefriedigend. Meist wird die Anzahl der Beschäftigten und vielfach auch der →*Umsatz* (evtl. auch die Bilanzsumme) zur Unterscheidung herangezogen. Vorrangig bei der Einteilung ist die Anzahl der Beschäftigten (kleinere Unternehmen bis 49; mittlere Unternehmen bis 500) und der Umsatz (kleinere Unternehmen bis 5 Mio. € Jahresumsatz; mittlere Unternehmen bis 50 Mio. € Jahresumsatz). Als problematisch erweist sich diese Klassifikation dann, wenn Beschäftigten- und Umsatzgrenzen erheblich voneinander abweichen (vor allem bei kapitalintensiven Betrieben mit relativ wenigen Beschäftigten). In diesen Fällen ist die nächsthöhere Betriebsgröße anzunehmen. Die mehr qualitative Beschreibung der KMU bezieht sich auf die →*Unternehmensführung* (Eigentümerunternehmen), die →*Unternehmungsorganisation* (→*Funktionengliederung*), die →*Marktbearbeitung* (→*Marktsegmentierung*, →*Nischenstrategie*), die →*Produktion* (Kleinserien- und/oder Auftragsfertigung), →*F + E* (Beschränkung auf die anwendungstechnische Forschung), die Finanzierung (Eigenkapitalfinanzierung) und auf das Personal (Defizite im →*Personalmarketing* und Managementpotential im Vergleich zu Großunternehmen).

Knowledge Management →*Wissensmanagement*.

Körpersprache →*Kinesik*.

Kognition(en) Prozessuale Abfolge von →*Wahrnehmung*, Erkennen, Denken, →*Lernen*, →*Erinnern* (→*Gedächtnistheorien*). Kognitionen sind zu unterscheiden von den →*Emotionen* und der →*Konation* (zielgerichtete Handlungsabsicht). Im Hinblick auf das psychologisch nicht teilbare →*Verhalten* ist eine strenge Trennung zwischen Kognition, Emotion und Konation nicht möglich.

Kognitive Dissonanz Nach *L. Festinger (1957)* Dissonanzen (Disharmonien), die zwischen →*Kognitionen* (→*Wahrnehmungen*) auftreten. Kognitive Dissonanzen treten auf nach →*Kaufentscheidungen*, nach Aufnahme und Verarbeitung neuer →*Informationen*, nach Handlungen, die durch sozialen Druck erfolgten und nach nicht bestätigten →*Erwartungen*. Das Individuum ist bemüht, die Widersprüche durch die Herstellung einer →*Kognitiven Konsonanz* (→*Konsistenztheorie*) zu beseitigen (siehe auch →*Dissonanztheorie*).

Kognitive Konsonanz Beseitigung von kognitiven Widersprüchen (→*Kognitive Dissonanz*). Die wichtigsten Reaktionsformen sind die bewußte Nichtwahrnehmung, die *Ratio*nalisierung des →*Verhaltens* oder die nachhaltige Verhaltensänderung (siehe auch →*Dissonanztheorie* und →*Konsistenztheorie*).

Kognitive Programme →*Informations-Verarbeitungs*programme des →*Konsumenten* zur Bewertung und Auswahl von Leistungsangeboten. Die Modelle sind oftmals einfacher Natur, wie z.B. Denkschablonen (→*Vorurteile*) und Aufnahme von →*Schlüsselinformationen* (→*Information Chunk*). Komplexere Programme sind Schlußfolgerungen aus der Summe von Teilurteilen (→*Multiattributmodelle*).

Kognitive Prozesse Gedankliche Vorgänge, durch die das Individuum sich selbst und seine →*Umwelt* erkennt. Es handelt sich um Informationsverarbeitungsprozesse, die auf →*Wahrnehmung*, Erkennen, Denken, →*Lernen*, →*Erinnern* beruhen (siehe →*Kognition*,→*Gedächtnistheorien*) und der Verhaltenssteuerung und -kontrolle dienen. Von den kognitiven Prozessen sind die →*Aktivierenden* und →*Konativen Prozesse* zu unterscheiden, obwohl aufgrund des Wirkverbundes eine strenge Trennung nicht möglich ist.

Kohäsion Soziale Bindung der Mitglieder an ihre →*Gruppe*. Die Stärke der Kohäsion zeigt sich in ihrer Widerstandskraft gegenüber fremden Einflüssen (siehe auch →*Segregation*).

Kohortenanalyse Eine →*Gruppe* von bestimmten Personen (Kohorte) wird wiederholt in ihrem →*Verhalten* untersucht. Hierbei kann es sich z.B. um eine Geburtskohorte handeln, deren Analyse zu Erkenntnissen führt in bezug auf alters- oder auch generationenbedingte Veränderungen im →*Konsumentenverhalten*.

Kollegialprinzip Prinzip in Kollegialsystemen, nach dem die die →*Organisation* als Ganzes betreffenden →*Entscheidungen* von den Entscheidungsträgern gemeinsam getroffen werden. Das Kollegialprinzip wird unterschieden nach der →*Primatkollegialität*, →*Abstimmungskollegialität* und →*Kassationskollegialität* (siehe dazu im Vergleich →*Direktorialprinzip*).

Kollektierender Großhandel→*Betriebstyp* des →*Großhandels*, der insbesondere die Quantitätsfunktion (als →*Handelsfunktion*) übernimmt. Diese auch als Transformationsfunktion bezeichnete Aufgabe konzentriert sich auf die Zusammenfassung kleiner Erzeugnismengen in größere Verwendungsmengen in bezug auf den Bedarf des differenzierten →*Einzelhandels*.

Kollektivbedürfnisse →*Bedürfnisse* von Individuen in einer →*Gesellschaft*, die als Individualbedürfnisse (→*Individualgüter*) nicht über den →*Markt* befriedigt werden können und dementsprechend als →*Öffentliche Güter* (→*Kollektivgüter*) nachgefragt werden. Zu den Kollektivbedürfnissen zählen u.a. die Bedürfnisse nach Gesundheitsfürsorge, Sicherheit, →*Infrastruktur* etc. Es besteht eine enge Verwandtschaft zwischen Kollektivgütern und →*Meritorischen Gütern* (bzw. Dienstleistungen), die auch zur Dekkung von Kollektivbedürfnissen dienen und aufgrund ihrer gesellschaftlichen Bedeutung vom Staat bereitgestellt werden (z.B. Schulpflicht, Sozialversicherungspflicht, Impfzwang).

Kollektive Kaufentscheidung(en) →*Kaufentscheidungen*, an denen im Gegensatz zu →*Individualentscheidungen* mehrere Personen (z.B. die Familienmitglieder) beteiligt sind. Sie werden auch als Gruppenentscheidungen bezeichnet. Der soziale Einfluß der einzelnen Mitglieder ist je nach Art der Kaufentscheidung sehr unterschiedlich und hängt von ihrer jeweiligen sozialen

Rolle ab. Frauen dominieren eher im Haushaltsbereich, Männer in haushaltsexternen Konsumbereichen.

Kollektivgüter →*Öffentliche Güter*, die der →*Öffentlichkeit* zur Verfügung gestellt werden und von denen keine →*Nachfrager* ausgeschlossen werden können. Kollektivgüter sind öffentliche →*Massengüter* und stehen im Gegensatz zu den →*Individualgütern* und in gewisser Verwandtschaft zu den → *Meritorischen Gütern*. Das Entgelt für Kollektivgüter wird durch Gebühren, Abgaben und Steuern erhoben, die nicht oder nur sehr bedingt an den mit dem Güterangebot verbundenen →*Kosten* orientiert sind.

Kollektivwerbung→*Gemeinschaftswerbung*.

Kombinationspackung(en) Zusammenfassung komplementärer → *Waren* (z.B. Schreibset) oder substitutiver Waren (z.B. verschiedene Weinsorten) durch eine →*Umverpackung* zu einer Verkaufseinheit.

Kombinierte Reichweite →*Reichweite* von mehreren Belegungen in verschiedenen →*Werbeträgern*. Die damit verbundenen Mehrfachkontakte werden insofern berücksichtigt, als die Überschneidungen externer und interner Art (siehe →*Brutto*- und →*Netto-Reichweite*) bei der Ermittlung der kombinierten Reichweite eliminiert werden.

Kombinierter Verkehr Bildung von Transportketten (→*Transport*) in der →*Logistik*, um durch Kombination verschiedener Verkehrsträger ihre jeweiligen Kostenvorteile zu nutzen. Beispiele sind die Verbindung Straße - Schiene (Huckepack-Verkehr), Oberflächenverkehr (Straße, Schiene) - Seeverkehr, Oberflächenverkehr - Luftverkehr (Roll-On / Roll-Off-Verkehr) und Binnenschiffahrt - Seeschiffahrt.

Kommerzielles Marketing Einsatz von →*Marketinginstrumenten* zur Erreichung kommerzieller →*Ziele* bei zentraler Bedeutung des →*Gewinns* (daher auch als Business Marketing bezeichnet). Eine Abgrenzung erfolgt zum →*Non-Profit-Marketing* und → *Social Marketing*. Bei dieser Abgrenzung wird üblicherweise von der These ausgegangen, daß das Social Marketing ex definitione nicht der Realisierung erwerbswirtschaftlicher Ziele dient. Dieser These kann nach der neueren Definition von Social Marketing nicht mehr gefolgt werden.

Kommissionär Selbständiger Gewerbetreibender als betriebsfremdes →*Verkaufsorgan*, →*Absatzorgan* (siehe auch →*Absatzform*), der sich vom →*Handelsvertreter* dadurch unterscheidet, daß er im eigenen Namen und für fremde Rechnung handelt (siehe dazu auch →*Kommissionshandel*, →*Kommissionssystem*, →*Kommissionsware*).

Kommissionierung Auftragsbezogene Zusammenstellung von →*Waren* im →*Lager* und Bereitstellung zum → *Versand* (vgl. auch →*Logistik*, → *Marketing-Logistik*). Durch den Einsatz der EDV ist heute schon in vielen Fällen eine beleglose Kommissionierung möglich.

Kommissionshandel Geschäftliche Betätigung eines Kaufmanns im eigenen Namen und für fremde Rechnung (siehe auch →*Kommissionssystem*, → *Kommissionsware*).

Kommissionssystem Vertragliches →*Vertriebssystem* (siehe dazu auch →*Franchising*) mit "Quasi-Preisbindung" (→*Preisbindung*). Es besteht eine Rücknahmepflicht der →*Ware* durch den Lieferanten. Damit liegt beim Lieferanten das volle Abverkaufsrisiko, das nur bedingt vermindert werden kann durch eine sogen. "Bearbeitungsgebühr". Diesbezüglich bestehen Ähnlichkeiten mit dem →*Depotsystem*.

Kommissionsware →*Ware*, die im eigenen Namen und für fremde Rechnung verkauft wird. Das Kommissionsgeschäft ist als Agentursystem auch ein →*Vertriebssystem* (vgl. z.B. →*Depotsystem*).

Kommunales Marketing Übertragung der →*Marketingkonzeption* auf Kommunen oder Regionen. In diesem Zusammenhang ist auch auf das →*Stadt-Marketing* hinzuweisen. Die mit dem kommunalen Marketing verbundenen Ziele sind einmal intern und zum anderen extern. Intern geht es um die Erhöhung der Akzeptanz der kommunalen Leistungen durch die Bürger („Bürgernähe") und ihre Identifikation mit der Kommune. Extern gilt es, die Kommune zu profilieren und sie besonders attraktiv zu gestalten im Hinblick auf den Industrie-/Dienstleistungs-/Handelsstandort, Kultur, Sport und/oder Fremdenverkehr. Ein wesentliches kommunales Marketinginstrument ist das Angebot von möglichst konsumnahen→*Dienstleistungen* (siehe insbesondere →*Einzelhandel*).

Kommunikant(en) Empfänger von →*Informationen*(→*Nachrichten*), der in der klassischen Werbetheorie auch Werbeempfänger und in der neueren Kommunikationstheorie (→*Kommunikationsforschung*) als Rezipient bezeichnet wird (siehe →*Kommunikation*).

Kommunikation Austausch von Informationen, der zwischen Personen, Maschinen und in Kombination zwischen Mensch und Maschine (z.B. EDV) erfolgen kann. Nach *H.D. Lasswell (1948)* läßt sich der →*Kommunikationsprozeß* in folgende Stufen gliedern: Wer (→*Kommunikator*), sagt was (→*Information*), über welchen →*Kommunikationskanal*(→*Medium*), zu wem (→*Kommunikant*, Rezipient), mit welchem Effekt (→*Kommunikationswirkung*). Zu unterscheiden sind die verbale und →*Nonverbale Kommunikation*, die →*Persönliche Kommunikation* und →*Massenkommunikation* und die →*Ein-*, →*Zwei-* und →*Mehrstufige Kommunikation* (siehe auch →*Marketingkommunikation*).

Kommunikation, einstufige →*Einstufige Kommunikation*.

Kommunikation, mehrstufige →*Mehrstufige Kommunikation*.

Kommunikation, nonverbale →*Nonverbale Kommunikation*.

Kommunikation, zweistufige →*Zweistufige Kommunikation*.

Kommunikationsbudget Budgetierung des in einer Planperiode anzusetzenden Kommunikationsetats (siehe auch →*Werbebudget*). Die in der Praxis vorherrschenden Budgetierungsarten sind die →*Umsatzbezogene Budgetierungsmethode* (percentage-of-sales-method), die →*Gewinnbezogene Budgetierungsmethode* (percentage-of-profit-method), die →*Finanzmittelbezogene Budgetierungsmethode* (all-you-can-afford-method), die →*Wettbewerbs-Paritäts-Methode* (competitive-parity-method), die →*Verkaufseinheits-Budgetierungsmethode* (cost-per-unit-method) und die →*Ziel-Aufgaben-Budgetierungsmethode* (objective-and-task-method). Die →*Werbeanteils-Marktanteils-Budgetierungsmethode* ist eine Variante der Wettbewerber-Paritäts-Methode. Kommunikationstheoretisch ist nur die Ziel-

Aufgaben-Methode akzeptabel, da die anderen Budgetierungsarten im wesentlichen prozyklisch bzw. kaum oder nicht an operationalen →*Zielen* (→ *Marketingziele*, →*Kommunikationsziele*) orientiert sind.

Kommunikationsdesign Einheitliches und integratives Zusammenspiel der →*Kommunikationsformen* (siehe auch →*Corporate Communications*, →*Emotional Design*).

Kommunikationsdifferenzierung Differenzierter Einsatz der →*Kommunikationsinstrumente* nach →*Zielgruppen* und den ihnen primär entsprechenden →*Medien*. Die Kommunikationsdifferenzierung ist im Verbund mit der →*Produktdifferenzierung*, →*Preisdifferenzierung* und der →*Distributionsdifferenzierung* eine wesentliche Form der Instrumentaldifferenzierung im Rahmen der →*Marktsegmentierung*.

Kommunikationsform(en) →*Produktwerbung*, →*Verkaufsförderung*, →*Imagewerbung* (siehe in Verbindung damit auch →*Public Relations*) und im wesentlichen auch der →*Persönliche Verkauf*. In ihrer optimalen Kombination bildet der Verbund den → *Kommunikations-Mix* (siehe auch → *Corporate Communications*).

Kommunikationsforschung Erforschung von →*Kommunikationsprozessen* (vor allem in der →*Massenkommunikation*). Die wesentlichen Forschungsbereiche sind die →*Kommunikatorforschung*, die →*Inhaltsanalyse*, →*Mediaforschung*, →*Werbemittelforschung*, die →*Rezipientenforschung* (→*Hörer-*, →*Leserschafts-* und →*Zuschauerforschung*) und die →*Werbewirkungsforschung*. Wesentlicher Bestandteil der Kommunikationsforschung ist auf allen Kommunikationsebenen die →*Wirkungsforschung*.

Kommunikationsgesellschaft Auf →*Interaktion* ausgerichtete →*Informationsgesellschaft*, in der ein Wechsel der passiven zu den aktiven →*Audiovisuellen Medien* (→*Kommunikationsmedien*) stattfindet. Die →*Kommunikation* durchdringt alle →*Lebenswelten* des →*Konsumenten* und vervielfältigt sein Wissenspotential (→*Wissensgesellschaft*). Der schnelle und selektive Zugriff auf Netzwerke (→*Kommunikationsnetze*) dient nicht nur der Aufnahme von →*Informationen*, sondern auch von Beziehungen zwischen Konsument und →*Anbieter* und damit wechselseitiger Einflußnahme (siehe →*Interaktionsmarketing*, →*Prosumer*). Gesprächsforen im →*Internet* (→*Virtual Community*) schaffen soziale Interaktion und bilden die Basis für ein →*Beziehungsmarketing*. Eventorientierte →*Kommunikationsformen* (z.B. →*Event Marketing*, →*Event Sponsoring*, →*Szenen-Marketing*,→*Szenen-Sponsoring*) sind Ausprägungen der kommerziellen Umsetzung der Kommunikationsgesellschaft.

Kommunikationsinstrument(e) Gesamtheit der Instrumente, die der →*Kommunikation* (→*Marketingkommunikation*) dienen. Im engeren Sinne zählen dazu die →*Kommunikationsformen*, die →*Kommunikationsmedien* und die →*Kommunikationsmittel*, die in der →*Kommunikationspolitik* synergetisch zusammengeschlossen sind. Im erweiterten Sinne leisten aber auch alle übrigen →*Marketinginstrumente* (→*Produkt-*, →*Preis-* und → *Distributionspolitik*) einen entscheidenden kommunikativen Beitrag. Beispielhaft sei nur der →*Persönliche Verkauf* genannt. Neuere Kommunikationsinstrumente sind das →*Product Placement*, →*Sponsoring* (in seinen verschiedenen Ausprägungen) und das →*Event Marketing*, die die klassische Kommunikationsformen-Einteilung mehr und mehr infrage stellen.

Kommunikationskanal Träger (auch →*Kommunikationsmedium* genannt) von →*Informationen*.

Kommunikationsmanagement, strategisches →*Strategisches Kommunikationsmanagement*.

Kommunikationsmedien →*Werbeträger* (→*Medien*), deren Aufgabe es ist, →*Werbebotschaften* mittels →*Werbemitteln* an die →*Kommunikanten* (Rezipienten) heranzuführen. Zu unterscheiden sind die →*Printmedien*, *gien* führen zunehmend zu einer vehementen Werbeträgerdynamik und einer damit verbundenen verschärften Konkurrenz.

Kommunikationsmittel Ausgewählte →*Kommunikationsinstrumente*, deren Einsatz zur Erfüllung der →*Kommunikationsziele* (→*Werbeziele*) beitragen soll. Die Kommunikationsmittel (→*Werbemittel*) sind zu unterscheiden von den →*Kommunikationsmedien* (→*Werbeträger*). Das Kommunikationsmittel ist die Erscheinungsform der →*Werbebotschaft*. Die wichtigsten Kommunikationsmittel sind →*Anzeigen*, →*Spots* (Fernseh- und Rundfunkspots), →*Prospekte*, →*Displays*, →*Kataloge*, →*Plakate*, →*Werbefilme*, →*Packungen* etc. Aufgrund der

Poth & Partner

die →*Elektronischen Medien* (→*Audiovisuelle Medien*), die →*Neuen Medien*, Medien der →*Außenwerbung* und Medien der →*Direktwerbung*. Die neuen →*Informations-* und insbesondere →*Kommunikationstechnolo-* Vielzahl der Kommunikationsmittel ist eine vollständige und allgemein akzeptierte Übersicht kaum darstellbar.

Kommunikations-Mix Optimale Kombination der →*Kommunikations-*

formen (→*Werbung*, →*Verkaufsförderung*, →*Public Relations* in Verbindung mit der →*Imagewerbung*). Eine mehr praxeologische Definition geht von den verschiedenen →*Kommunikationsinstrumenten* aus (→*Klassische Werbung*, →*Außenwerbung*,→*Direktwerbung*, →*Messemarketing*, →*Product Placement*, →*Sponsoring*, → *Event Marketing* etc.).

Kommunikationsnetze Gesamtheit der Kommunikationsendgeräte (→*Telekommunikationstechniken*) zur möglichst schnellen Übertragung von → *Nachrichten* und →*Informationen*.

Kommunikationspolitik Bewußte Gestaltung der auf den →*(Absatz-) Markt* gerichteten →*Informationen* von →*Unternehmen* bzw. Organisationen. Die Informationsübermittlung hat zum Ziel, Wissen, Meinungen, → *Einstellungen*, Verhaltensdispositionen und →*Verhalten* der →*Nachfrager* zu beeinflussen. Der Beeinflussungserfolg (siehe auch →*Werbewirkung*, →*Werbeerfolg*) hängt von der Realisation der operational definierten kommunikativen Ziele ab (siehe im Zusammenhang auch →*Marketingkommunikation* bzw. →*Marktkommunikation*). Die wichtigsten →*Kommunikationsformen* sind die →*Werbung*, →*Verkaufsförderung*, die →*Public Relations* in Verbindung mit der → *Imagewerbung* und der →*Persönliche Verkauf* (→*Direktmarketing*). Durch die in den letzten Jahren entwickelten neuen Kommunikationsformen (wie z.B. →*Sponsoring* in seinen verschiedenen Formen, →*Product Placement* und →*Event Marketing*), die →*Neuen Medien* und →*Telekommunikationstechniken* weitet sich der →*Kommunikations-Mix* ständig aus.

Kommunikationsprozeß Ablauf der →*Kommunikation*, der sich nach *H.D. Lasswell (1948)* in folgender Formel zusammenfassen läßt: „Who says what in which channel to whom with what effect?" Demzufolge gliedert sich der Kommunikationsprozeß als Kommunikationskette in: →*Kommunikator*, Verschlüsselung (→*Encodierung*), Aussage (→*Werbebotschaft*, Message), →*Kommunikationskanal* (→*Werbeträger*, Medium), Entschlüsselung (→*Decodierung*), →*Kommunikant*, Rückkoppelung (Feedback) und →*Kommunikationswirkung*. Der komplexe Informationsaustausch erfolgt in aller Regel mehrstufig (→*Mehrstufige Kommunikation*).

Kommunikationspsychologie Forschungszweig, der sich mit den Voraussetzungen der Aufnahme von Kommunikationsangeboten durch den → *Kommunikanten* (Rezipienten) auseinandersetzt. Die →*Wahrnehmung*, Steuerung der Wahrnehmung durch den Motivationskomplex, die →*Informationsverarbeitung*, die Lernprozesse (→*Lerntheorien*), die Veränderung der erfaßten Inhalte und die →*Kognitiven Dissonanzen* sind der Forschungsgegenstand. Die Kommunikationspsychologie ist eine umfassendere Form der →*Werbepsychologie*, die vor allem die Wirkung der →*Werbung* auf das Erleben und →*Verhalten* der Empfänger untersucht (→*Werbewirkungsmodelle*). Unter Zuhilfenahme der psychologischen Lerntheorien (→ *S-R-Modell*, →*S-O-R-Modell*) gibt die Kommunikationspsychologie Entscheidungshilfen für werbliche Maßnahmen zur →*Motivation* und →*Beeinflussung* der Kommunikanten. Die an der →*Kommunikationsforschung* wichtigsten beteiligten Nachbardisziplinen sind die →*Elementarpsychologie*, → *Ganzheitspsychologie*, →*Gestaltpsychologie* und die →*Soziologie*.

Kommunikationsstrategie Langfristig orientierte →*Kommunikationspolitik*. Sie bezieht sich sowohl auf die kommerzielle →*Marktkommunikation* als auch auf die nicht-kommerzielle (institutionelle) →*Kommunikation*. Die Kommunikationsstrategie verbindet die →*Kommunikationsformen* in einem synergetischen Verbund. Eine der wichtigsten Teilstrategien ist hierbei die →*Werbestrategie*.

Kommunikationssystem(e) Systematik des kommunikativen Ablaufs (siehe →*Kommunikationsprozeß*). Der zweite definitorische Inhalt bezieht sich auf den Verbund von Kommunikationsendgeräten (→*Kommunikationsnetze*, →*Telekommunikationstechniken*).

Kommunikationstechnologie(n) Alle technologischen (und vor allem elektronischen) Verfahren und Methoden zum Austausch von →*Informationen* (→*Kommunikation*). Die modernen Kommunikationstechnologien (dazu auch →*Telekommunikationstechniken*) sind eng mit den →*Informationstechnologien* und mit der Entwicklung der →*Neuen Medien* verbunden.

Kommunikationswirkung Beziehungszusammenhang zwischen Kommunikationsstimuli (aller →*Kommunikationsformen*) und der Reaktion der →*Kommunikanten* (Rezipienten). Die Kommunikationswirkung bezieht sich sowohl auf die ökonomische als auch außerökonomische Wirkung. Insofern ergibt sich ähnlich wie bei der Abgrenzung zwischen →*Werbeerfolg* und →*Werbewirkung* das Problem der Trennschärfe. Dieses wird zudem noch verstärkt durch die Komplexität der →*Marketingkommunikation* mit ihren verschiedenen Formen, die synergetisch zusammenwirken.

Kommunikationsziel(e) Strategisch definierte →*Unternehmensziele*, die mit Hilfe der →*Marketingkommunikation* erreicht werden sollen. Als wichtigste Form der Kommunikationsziele gelten die →*Werbeziele*. Nach den Zielinhalten lassen sich außerökonomische (z.B. →*Bekanntheitsgrad*) und ökonomische Ziele (z.B. →*Umsatz*, →*Marktanteil*) unterscheiden. Die Formulierung ökonomischer Zielkategorien erweist sich jedoch als problematisch, da sie nur schwer bis gar nicht in ihrer Erreichung operational meßbar sind (siehe auch →*Werbewirkung*, →*Werbeerfolg*). Die →*Stufenmodelle der Werbewirkung* versuchen, diesen Mangel zu heilen, indem sie die einzelnen Wirkungsstufen untersuchen.

Kommunikator Aussender (Sender) von →*Informationen* (→*Nachrichten*) an →*Kommunikanten*. Die Sender sind die →*Werbungtreibenden* (siehe →*Kommunikation*).

Kommunikatorforschung Untersuchungsgegenstand dieses Bereichs der →*Kommunikationsforschung* sind die →*Kommunikatoren* und vor allem ihre →*Glaubwürdigkeit*.

Komparative Bezugsgruppe→*Bezugsgruppe*.

Kompensationsgeschäft(e) Sonderform von Auslandsgeschäften. Es handelt sich um einen Realgüteraustausch (siehe auch →*Bartering* und im Vergleich →*Gegengeschäft*). Die Kompensationsgeschäfte können auch mit Geldüberweisungen verbunden werden. Kompensationsgeschäfte finden häufig im internationalen →*Anlagengeschäft* statt (siehe in Ergänzung auch →*Parallelgeschäft*).

Kompensationskalkulation →*Mischkalkulation*, →*Preiskalkulation*.

Kompetenz(en) Gesamtheit der bewußten und unbewußten Kenntnisse und Fähigkeiten, über die ein Individuum verfügt. Entscheidend für die Leistungsfähigkeit und Lernbereitschaft eines Individuums ist das Zusammenwirken der einzelnen Kompetenzen (→*Fach-*, →*Methoden-*, →*Sozial-*, →*Lern-* und →*Emotionale Kompetenz*), die durch Interaktivität und wechselseitige Abhängigkeit gekennzeichnet sind.

Komplementärprodukt(e) →*Produkte* bzw. →*Angebote*, die in einer komplementären, d.h. ergänzenden Beziehung zueinander stehen. Zu unterscheiden sind die →*Substitutionsprodukte*, die in ihren wesentlichen Eigenschaften austauschbar sind.

Komplexität Geistige Erfassung und Beherrschung eines →*Systems*. Die Komplexität beruht auf dem "Reichtum der Beziehungen zwischen den Elementen und seiner Umwelt und äußert sich bei dynamischen Systemen in einer sehr hohen Anzahl möglicher Zustände, die das System annehmen kann" (*H. Ulrich, 1970*).

Komplexitätsoptimierung Organisationsoptimierung, um →*Strukturorganisationen* zeit- und kosteneffizienter zu gestalten. Im wesentlichen geht es um eine Komplexitätsreduktion im Sinne des Abbaus von Hyperstrukturen. Die z.T. notwendige hochgradige Arbeitsteilung erschwert die Komplexitätsoptimierung.

Konation(en) Die konative Komponente kennzeichnet die mit der →*Einstellung* verbundene Handlungstendenz (Handlungsabsicht) und stellt die Prädisposition z.B. zur Produktwahl, Wahl eines bestimmten Handelns etc. dar.

Konative Prozesse Vorgänge, die der zielgerichteten →*Präferenzenbildung* dienen. Der prozessuale Ablauf vollzieht sich durch Präferenzendisposition, Handlungsintention und konkrete Handlungsabsicht. Von den konativen Prozessen sind die →*Aktivierenden* und →*Kognitiven Prozesse* zu unterscheiden, wenngleich aufgrund des engen Wirkverbundes eine strenge Trennung nicht möglich ist.

Kondition(en) Zwischen →*Anbieter* und →*Nachfrager* vereinbarte Leistungen bzw. Gegenleistungen, die von Leistungsunterschieden abgesehen allgemeinverbindlich sind. Die damit verbundenen →*Konditionenarten* sind vielfältig und in praxi kaum noch überschaubar (siehe auch →*Konditionenpolitik* und →*Rabatte*).

Konditionenarten Formen der Gewährung von →*Konditionen*. Die wichtigsten Arten sind →*Garantieleistungen*, →*Rabatte* (incl. →*Boni*), →*Kredite* und die →*Lieferbedingungen*.

Konditionenkartell Horizontale vertragliche Vereinbarung von →*Unternehmen* bzgl. der einheitlichen Gestaltung von →*Konditionen* (→*Allgemeine Geschäftsbedingungen*, →*Liefer-* und →*Zahlungsbedingungen*). Konditionenkartelle sind wettbewerbsrechtlich (→*GWB*) zulässig, wenn sie bei der Kartellbehörde (Kartellamt) angemeldet werden. Konditionenkartelle sind in der Praxis meist branchenbezogene Einheitskonditionen.

Konditionenpolitik Systematische und z.T. kundenspezifische Gestaltung der →*Konditionen* und insbesondere der →*Konditionenarten*. Die Konditionenpolitik ist ein wesentlicher Bestandteil der →*Preispolitik*, geht aber inhaltlich über diese hinaus durch den Einbezug von z.B. →*Garantieleistungen*. Vielfach wird die Konditionenpolitik mit der →*Kontrahierungspolitik* gleichgesetzt. Im klassischen Sinne besteht die Konditionenpolitik aus der

→*Rabattpolitik* (incl. →*Boni*), →*Kreditpolitik* und aus den →*Lieferbedingungen*.

Konditionenspreizung →*Rabattspreizung* als vorherrschende Form, die dadurch gekennzeichnet ist, daß der →*Anbieter* im Rahmen seiner →*Konditionenpolitik* abnehmerspezifisch unterschiedliche →*Konditionen* (üblicherweise →*Rabatte*) gewährt. Der Hauptgrund liegt in der zunehmenden →*Asymmetrischen Machtverteilung*, d.h. im Machtungleichgewicht zwischen den →*Marktpartnern* (Handel - Hersteller). Die Konditionenspreizung ist als wettbewerbsrechtlich bedenklich einzustufen, da hierfür vielfach kein sachlich gerechtfertigter Grund vorliegt (→*Diskriminierung*).

Konditionensystem(e) Durch den →*Anbieter* auf der Basis seiner →*Konditionenpolitik* festgelegte Voraussetzungen, die die Bedingungen für die Gewährung unterschiedlicher →*Konditionen* an die →*Abnehmer* konkret definieren. Hierbei sind die Prinzipien festzulegen u.a. nach Absatzmenge (→*Mengenrabatt*), →*Artikeln* bzw. →*Sortimenten*, bestimmten Abnehmerleistungen (→*Handelsfunktionen*) etc. Die Gestaltung von Konditionensystemen sollte prinzipien-orientiert vorgenommen werden, um →*Diskriminierungen* von insbesondere →*Marktpartnern* zu vermeiden, die keine dominante Marktmacht (→*Nachfragemacht*) besitzen (siehe als Negativbeispiele sachlich nicht begründete →*Konditionen*- und hierbei vor allem →*Rabattspreizungen*, die im wesentlichen auf eine→*Asymmetrische Machtverteilung* durch die zunehmende →*Handelskonzentration* zurückzuführen sind).

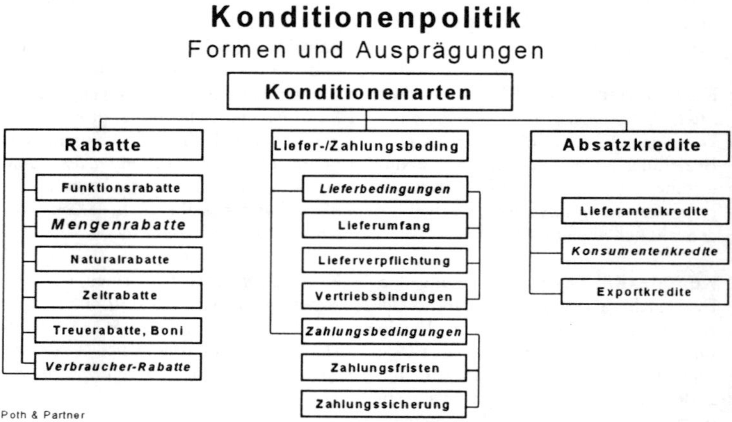

Poth & Partner

Konditionierung Lernprinzip nach den →*Lerntheorien*. Das von *I.P. Pawlow (1927)* empirisch ermittelte Grundprinzip ist, daß wiederholte neutrale (künstliche) →*Stimuli* (→*Reize*) die gleichen Reaktionen auslösen wie natürliche Reize (angeborene Reiz-Reaktions-Verknüpfungen). Damit werden Reize konditioniert (siehe auch →*S-R-Modell*). Entscheidende Voraussetzung für die Konditionierung ist die räumliche und zeitliche Nähe (→*Kontiguität*) des neutralen und natürlichen Reizes. Berühmtes Beispiel für die klassische Konditionierung ist der →*Pawlow'sche Hund*, dem Futter bei gleichzeitigem Glockenton angeboten wird. Die Reaktion ist eine verstärkte Speichelabsonderung, die nach mehreren Wiederholungen auch dann eintritt, wenn nur die Glocke betätigt wird. Der Hund hat gelernt. Es erfolgte eine Konditionierung auf den neutralen Reiz (Glocke). Die →*Marketingkommunikation* hat diesen empirischen Befund bei der Gestaltung von →*Werbemitteln* aufgegriffen, um den →*Werbeempfänger* emotional zu konditionieren (→*Emotionale Konditionierung*). Die klassische Konditionierung ist zu unterscheiden von der →*Instrumentellen* und der →*Operanten Konditionierung*, deren theoretische Basis das Prinzip des →*Lernens* nach dem →*Verstärkerprinzip* (*B.F. Skinner, 1973*) ist. Wiederholte Belohnungen nach der Reaktion führen zu stimulusbedingten Wiederholungshandlungen.

Konditionierung, emotionale →*Emotionale Konditionierung*.

Konditionierung, instrumentelle →*Instrumentelle Konditionierung*.

Konditionierung, operante →*Operante Konditionierung*.

Konfidenzintervall Im Rahmen der Inferenzstatistik (→*Induktive Statistik*) die Wahrscheinlichkeitsangabe, in wieviel Prozent aller →*Stichproben* einer →*Grundgesamtheit* (→*Stichprobenverteilung*) erwartet werden kann, daß der unbekannte (wahre) Wert eines →*Parameters* der Grundgesamtheit in den Grenzen des Intervalls (Vertrauensbereich) liegt (siehe auch →*Sicherheitsgrad*).

Konflikt(e) Zwiespalt (Widerstreit), der in mehreren marketingrelevanten Formen bei →*Konsumenten* auftreten kann. Zu unterscheiden sind im wesentlichen intrapersonelle und interpersonelle Konflikte. Insbesondere die intrapersonellen Konflikte haben eine entscheidende Bedeutung für das →*Konsumentenverhalten* im Sinne einer z.B. Produkt-Präferenzenbildung. Interpersonelle Konflikte treten vor allem bei →*Kollektiven Kaufentscheidungen* (z.B. im →*Buying Center*) auf. Man kann auch unterscheiden in motivationale und kognitive Konflikte. Klassisches Beispiel für einen kognitiven Konflikt ist die →*Kognitive Dissonanz*.

Konformismus Grundeinstellung, die durch soziokulturelle →*Normen* (→*Tradition*, →*Werte*) vermittelt wird und auf Anpassung und Integrität ausgerichtet ist (siehe hierzu auch →*Konformität* und im Unterschied →*Nonkonformismus*).

Konformität Ausrichtung des →*Verhaltens* des Individuums an seiner sozialen Umwelt (siehe auch soziale →*Gruppe*, →*Normen*, →*Adaption*). Die Konformität, d.h. Übernahme der bestehenden Wertesysteme (siehe →*Werte*) und Anpassung an Verhaltensnormen beruht auf Bedürfnissen nach Sicherheit und Akzeptanz. Die Stärke der Konformität wird bestimmt durch den Zusammenhalt (→*Kohäsion*) der Gruppe. Das ausgeprägte Sicherheitsbedürfnis und die Anpassung an vorgelebte Gruppennormen kennzeichnen die Konformisten als→*Späte Mehrheit* innerhalb des →*Adoptionsprozesses*.

Konglomerat Hoch diversifizierter Mischkonzern (→*Diversifikation*), der verschiedenste →*Branchen* und Wirtschaftsstufen umfaßt.

Kongruenzprinzip →*Organisationsprinzip*, das die Übereinstimmung von Kompetenz (im Sinne der Weisungsbefugnis) und Verantwortung der Stelleninhaber in einer →*Organisation* fordert.

Kongruenztheorie Theorie von *E. Osgood* und *P.H. Tannenbaum (1955)*, die auf der →*Konsistenztheorie* beruht und davon ausgeht, daß Individuen grundsätzlich danach streben, Kongruenz zwischen ihren →*Einstellungen* herzustellen, d.h. auch, →*Kognitive Dissonanzen* zu beseitigen und eine →*Kognitive Konsonanz* herbeizuführen (→*Dissonanztheorie*). Die Theorie unterstellt, daß zwei oder auch mehr Einstellungsobjekte, die durch Aussagen miteinander verbunden werden, von einem Individuum unterschiedlich bewertet werden und damit in der Tendenz zur Kongruenz führen. Dies geschieht durch eine Abwertung des positiver besetzten und eine Aufwertung des negativer besetzten Einstellungsobjekts. So werden z.B. negative Informationen über ein Produkt oder Unternehmen (kongruent) harmonisiert durch eine negative Einstellung zur Informationsquelle. Bei Inkongruenz nimmt die Einstellung zum positiven Element (Produkt bzw. Unternehmen) ab und die Einstellung zum negativen Element (Informationsquelle) zu. In welchem Maße diese Konsonanz hergestellt wird, hängt im wesentlichen von den Wahrnehmungseffekten ab (siehe dazu →*Audience-Effekt*, →*Source-Effekt*, →*Message-Effekt*).

Konjekturale Marketingstrategie →*Marketingstrategie*, bei der die als möglich angenommenen Konkurrenzreaktionen (→*Marktreaktionsfunktionen*) im Gegensatz zur →*Autonomen Marketingstrategie* in das Entscheidungskalkül einbezogen werden.

Konjekturale Nachfragefunktion →*Preis-Absatzfunktion*.

Konjunktive Auswahlheuristik Bei der →*Kaufentscheidung* definiert der →*Nachfrager* die Mindestanforderungen, die er bei allen Merkmalen an ein →*Angebot* stellt. Die endgültige Wahl erfolgt danach, welches Angebot die Mindestanforderungen im Vergleich zu anderen Angeboten übertrifft (siehe im Vergleich →*Disjunktive Auswahlheuristik* und generell →*Heuristik*).

Konjunkturforschung Empirisch orientierte Konjunkturbetrachtung im Sinne der Analyse des Wirtschaftsgeschehens incl. seiner Kausalitäten. Hierin eingeschlossen sind →*Diagnosen* und →*Prognosen*. Eine besondere Relevanz hat die Konjunkturforschung sowohl für die branchen- als auch unternehmensbezogenen →*Absatzprognosen* bekommen.

Konjunkturtheorie Teil der Volkswirtschaftstheorie, der die Untersuchung von Konjunkturen, Konjunkturzyklen und -schwankungen zum Inhalt hat. Die Konjunkturtheorie ist eng verbunden mit der →*Wachstumstheorie*.

Konkomitanz Begleitung mit gegenseitiger Beeinflussung der Partner. Als Beispiel kann die Organisation von →*Innovationsprozessen* gelten, in denen im wesentlichen die drei aktiven Stränge zusammenarbeiten müssen: →*Kreativität* (→*Innovation*), →*Produktion* und →*Distribution*.

Konkurrenz Gesamtheit der Mitbewerber und die damit verbundene Marktsituation (siehe dazu auch →*Wettbewerb* und →*Marktform(en)*). Wettbewerbsrechtlich (→*GWB*) ist Wettbewerb (Konkurrenz) „jede Art wirtschaftlichen Handelns, die darauf gerichtet ist, sich im Wirtschaftskampf auf Kosten eines Wettbewerbers einen Vorteil zu verschaffen".

Konkurrenzanalyse Informationsgewinnung zu den →*Wettbewerbern* in den →*Relevanten Märkten*. Die Untersuchungsbereiche sind im wesentlichen die Konkurrenzsituation, die Potentiale der Mitbewerber und das bisherige und zu erwartende Konkurrenzverhalten (siehe auch →*Konkurrenzforschung*).

Konkurrenzausschluß →*Konkurrenzklausel*.

Konkurrenzbezogene Methode der Budgetierung →*Wettbewerbs-Paritäts-Methode*.

Konkurrenzforschung Teil der →*Marktforschung*, der die Konkurrenzbeziehungen zwischen→*Unternehmen* untersucht. Die Untersuchungsbereiche sind primär die Branchenstruktur und das Wettbewerberverhalten incl. der Wettbewerberpotentiale, die für die Gestaltung der →*Wettbewerbsstrategie* von zentraler Bedeutung sind. Wesentlich für die Aussagerelevanz der →*Informationen* ist eine möglichst präzise →*Marktabgrenzung*. Ein weiterer Teilbereich der Konkurrenzforschung ist die Analyse der Konkurrenzbeziehungen zwischen den verschiedenen Leistungsangeboten. Auch hier stellt sich das Problem der Marktabgrenzung, da auch substitutionale Konkurrenzbeziehungen zwischen →*Produkten* bestehen können, die unterschiedlichen →*Branchen* angehören (z.B. Auto und Reise). Das hat zur Folge, daß die in der Marktformenlehre (→*Marktformen*) klassischen →*Substitutionselastizitäten* (→*Kreuzpreiselastizitäten*) kaum noch eine Aussagekraft haben.

Konkurrenzimage →*Einstellungen* und Vorstellungen, die Personen und Personengruppen (→*Zielgruppen*) mit den →*Wettbewerbern* verbinden (siehe auch generell →*Image*, →*Soll-Image* und →*Fremdimage*).

Konkurrenzklausel Vertrag zwischen →*Unternehmen* (siehe auch →*Ausschließlichkeitsvertrag*), der mindestens einen Wirtschaftspartner verpflichtet, mit einem Konkurrenten des Vertragspartners keine gleichartigen Geschäfte zu betreiben. Der sich verpflichtende Partner erhält als Gegenleistung meist Exklusivrechte. Konkurrenzklauseln sind üblich bei →*Vertikalen Kooperationen* im Rahmen der →*Absatzwegepolitik* (→*Vertriebsbindung*, →*Franchising*,→*Depotsystem*), aber auch im Kommunikationsbereich (Verpflichtung von →*Werbeagenturen* gegenüber dem →*Werbungtreibenden*). Konkurrenzklauseln sind wettbewerbsrechtlich (→*GWB*) grundsätzlich zulässig, unterliegen aber der →*Mißbrauchsaufsicht* durch das Kartellamt.

Konkurrenzorientierte Preisstrategie →*Preiskalkulation*, die sich im Vergleich zur →*Kostenorientierten* und →*Nachfrageorientierten Preiskalkulation* (→*Preisbildung*) an den →*Wettbewerbern* und ihren möglichen Preisreaktionen orientiert (siehe dazu auch die Formen der →*Preisführerschaft*). Die Notwendigkeit zur konkurrenzorientierten Preisstrategie stellt sich vor allem bei einem drohenden Konkurrenzeintritt. Hier sind nach *H. Simon (1991)* drei Strategiealternativen denkbar: die „vorgezogene" (proaktive) Preissenkung, die „nachziehende" (reaktive) Preissenkung und die Beibehaltung des (meist hohen) Preises. In der Regel empfiehlt sich auf der Basis einer vorhergehenden →*Skimming-Strategie* eine proaktive Preissenkung, die überdies auf evtl. weitere nachfolgende Wettbewerber abschreckend wirkt (Bildung einer preispolitischen →*Markteintrittsbarriere*). Die reaktive Preissenkung beruht meist auf einer Fehleinschätzung bzgl. der Newcomer. Der Versuch, den Preis zu halten, endet in der Regel im Abmelken („Milking"-Strategie) des Produktes.

Konnotation(en) Mit Begriffen verbundene zusätzliche Vorstellungen (wie z.B. „jung", „laut", „konservativ"). Konnotationen haben eine große Bedeutung für die verbale →*Imagemessung* (siehe auch →*Semantisches Differential*, →*Polaritätenprofil*). Im Vergleich dazu erfaßt die →*Denotation* nur die Sachbedeutung der Begriffe.

Konsignation Form des →*Kommissionshandels*, bei dem die zu verkaufenden →*Waren* vom Konsignanten in das Konsignationslager des ausländischen Konsignators geliefert werden. Die Ware bleibt Eigentum des Konsignanten. Der Konsignator verkauft die Waren zu einem möglichst hohen Preis für Rechnung des Konsignanten und erhält dafür eine →*Provision*.

Konsistenzeffekt Form des →*Halo-Effekts* als ein Ausstrahlungseffekt (→ *Spill-over-Effekt*) von Vorfragen auf die Beantwortung nachfolgender Fragen. Die Befragten sind bemüht, widerspruchsfreie (konsistente) Antworten zu geben bzgl. ihrer Beantwortung der Vorfragen.

Konsistenztheorie(n) Gruppe von Theorien der Einstellungsforschung, die von der grundlegenden Annahme ausgeht, daß Individuen grundsätzlich danach streben, ein kognitives Gleichgewicht (→*Homöostase*, →*Kognitive Konsonanz*) herzustellen. Zu den wichtigsten Konsistenztheorien zählen die →*Balancetheorie*, →*Dissonanztheorie*, →*Assimilations-Kontrast-Theorie*, →*Kongruenztheorie* und die Theorie der→*Affektiv-kognitiven Konsistenz*.

Konsonanz →*Kognitive Konsonanz* und in Abgrenzung →*Kognitive Dissonanz*.

Konsortium Zeitlich befristete →*Kooperation* von selbständigen →*Unternehmen* zur Abwicklung von z.B. Großaufträgen im →*Anlagengeschäft*. Die Konsortialpartner haften im Aussenverhältnis in der Regel als Gesamtschuldner.

Konsum Teilmenge der →*Nachfrage* vor allem der privaten →*Haushalte* nach →*Waren* (→*Produkten*) und → *Dienstleistungen*. Hierbei wird insbesondere auf →*Konsum-* und →*Gebrauchsgüter* abgestellt. Der Konsum ist eine makroökonomische Größe, die in →*Konsumfunktionen* abgebildet wird. Mikroökonomisch wird der Konsum in der Analyse des →*Konsumentenverhaltens* erfaßt. Soziologisch umfaßt der Begriff Verhaltensweisen, die unmittelbar der →*Bedürfnisbefriedigung* dienen (z.B. Nahrungsaufnahme). Davon abzugrenzen sind Verhaltensweisen, die der Bedürfnisbefriedigung vorausgehen (z.B. Nahrungszubereitung). In der →*Konsumforschung* werden der makro- und mikroökonomische Ansatz (unter Berücksichtigung der psychologischen und soziologischen Erkenntnisse) zusammengefaßt.

Konsumdynamik Bezeichnung für beschleunigte Veränderungen des konsumtiven Verhaltens, die sich parallel zur gesamtgesellschaftlichen Entwicklung vollziehen (→*Konsumentenverhalten*, →*Wert(e)dynamik*). Die modernen →*Informationstechnologien* in hochentwickelten →*Industriegesellschaften* (→*Informationsgesellschaft*, →*Kommunikationsgesellschaft*) verändern erheblich die Strukturen der → *Wirtschaftsbereiche* (z.B. →*Dienstleistungsgesellschaft*). Die zunehmende Sättigung der →*Märkte* in einer →

Konsumgesellschaft führt zu einem Konsumhedonismus, d.h. einer fortwährenden Stimulierung durch Konsumgenuß (→*Erlebnisgesellschaft*). Die kontinuierliche Bedürfnisweckung in einer →*Überflußgesellschaft* bewirkt eine Dynamik der →*Produktinnovationen* (→*Mode*). →*Migration* und →*Kulturelle Diffusion* führen zu einer Änderung bzw. Angleichung (→*Globalisierung*) von →*Bedürfnissen*.

Konsument(en) →*Nachfrager* und →*Verbraucher* bzw. Nutzer von →*Konsum-* und →*Gebrauchsgütern*. Konsumenten sind Letztverbraucher, deren →*Verhalten* Gegenstand der →*Konsumentenforschung* (→*Konsumentenverhalten*) ist.

Konsumentenforschung Erforschung des →*Konsumentenverhaltens* in bezug auf Gewohnheiten, →*Motive*, →*Einstellungen* und →*Erwartungen*. Die Erkenntnisse aus der Konsumentenforschung bieten bedeutende Entscheidungshilfen für die Entwicklung einer komplexen →*Marketingkonzeption* und für die Revision bestehender Konzeptionen bzw. →*Marketingstrategien*.

Konsumentenkredit(e) Form der →*Absatzfinanzierung* zur →*Absatzförderung*, die alle Möglichkeiten der Kreditaufnahme umfaßt, die den →*Konsumenten* in privaten →*Haushalten* geboten werden. Neben den diesbezüglichen Bankkrediten spielt vor allem die Kreditgewährung durch den →*Einzelhandel* in Form von Teilzahlungskrediten (auch indirekter Art durch die Einschaltung von Teilzahlungsbanken oder Finanzierungsgesellschaften) eine wichtige Rolle (siehe im Vergleich →*Lieferantenkredite*).

Konsumentenmarkt Nach der →*Markttypologie von Ph. Kotler (1974)* im Sinne der Klassifikation in →*O-Märkte (Organisationen-Märkte)* der sogen. K-Markt. Der Konsumentenmarkt ist der →*Absatzmarkt*, der auf die Endverbraucher (→*Verbraucher*, →*Konsumenten*, private →*Haushalte*) gerichtet ist. Die auf dem Konsumentenmarkt nachgefragten →*Güter* sind →*Konsum-* bzw. →*Verbrauchsgüter*, →*Gebrauchsgüter* und endverbraucherbezogene→*Dienstleistungen*. Diese Güter lassen sich weiter differenzieren in →*Convenience Goods* (Güter des täglichen →*Bedarfs*), →*Shopping Goods* (Güter des gehobenen Bedarfs) und →*Specialty Goods* (Güter des Spezialbedarfs). Der Konsumentenmarkt ist abzugrenzen von dem →*Produzentenmarkt*, →*Wiederverkäufermarkt* und dem →*Markt der öffentlichen Betriebe*.

Konsumentenmerkmale Besitz- und Konsummerkmale, die das →*Kaufverhalten* bzw. →*Konsumentenverhalten* von →*Zielgruppen* konkreter definieren als die Klassifikation nach →*Soziodemographischen Kriterien*. So kann z.B. vom Besitz bestimmter →*Güter* auf den →*Konsum* anderer damit verbundener komplementärer Güter geschlossen werden. Als nachteilig muß angesehen werden, daß Konsumentenmerkmale rein beschreibenden Charakter haben und das komplexe Kauf- bzw. Konsumentenverhalten nicht (kausal) erklären können. Konsumentenmerkmale sind das Ergebnis von →*Kaufentscheidungsprozessen*. Andererseits sind Konsumentenmerkmale ähnlich den soziodemographischen bzw. sozioökonomischen Daten leichter und präziser zu erheben als die →*Psychographischen Kriterien*, die als wesentliche Bestimmungsfaktoren für das Konsumentenverhalten gelten. Durch die Ermittlung von zielgruppenspezifischen Konsumentenmerkmalen (in Verbindung mit soziodemographischen Kriterien) können z.B. Differenzierungen in →*Inten-*

sivkäufer, Normal-, Wenig- und Nichtkäufer, →*Markenkäufer*, →*Preiskäufer* etc. vorgenommen werden.

Konsumentenpanel→*Verbraucherpanel*.

Konsumentenrabatt(e) Preisnachlaß, der den →*Konsumenten* (→*Verbrauchern*) durch den →*Einzelhandel* gewährt wird (neuerdings vielfach auch wieder in Form von →*Rabattmarken*). Die rechtlichen Grundlagen für die Rabattgewährung waren bis zum 25. Juli 2001 im →*Rabattgesetz* geregelt. Danach durften Konsumenten- bzw. Verbraucherrabatte 3% des →*Preises* des →*Produkts* bzw. der →*Dienstleistung* nicht übersteigen. Die Zahlung mußte unverzüglich nach Lieferung erfolgen (siehe dazu in Abgrenzung →*Skonto*). Durch den Wegfall des Rabattgesetzes und der →*Zugabeverordnung* werden in Deutschland der Aufbau von →*Kundenclubs*, der Einsatz von →*Kundenkarten* und das →*Couponing* in Zukunft gefördert.

Konsumentenrente Differenz zwischen dem (höheren) Gleichgewichtspreis (→*Marktpreis*) und dem (niedrigeren) →*Preis*, den der →*Nachfrager* zu zahlen hat (nach *A. Marshall, 1842-1924*). Die individuelle Preisbereitschaft liegt also höher als der Marktpreis. Das Theorem beruht auf der Annahme des →*Polypols* (→*Marktformen*) mit einem →*Monopolistischen Spielraum*, der durch →*Preisdifferenzierung* vom →*Anbieter* ausgeschöpft werden kann. Dadurch wird die Konsumentenrente abgeschöpft (siehe auch →*Abschöpfungsstrategie* und im Vergleich dazu →*Produzentenrente*).

Konsumentensouveränität Modellannahme der klassischen Wirtschaftstheorie, die davon ausgeht, daß der →*Konsument* (→*Käufer*) mit seinem „monetären Stimmzettel täglich über das →*Angebot* abstimmt" (*W. Röpke, 1979*). Der Konsument ist ein →*Homo oeconomicus*, dessen →*Bedürfnisse* gegeben (existent) sind und vom →*Anbieter* nicht geschaffen werden können. Höchstenfalls können latente Bedürfnisse aufgedeckt und befriedigt werden. Die Gültigkeit des Modells muß in Zweifel gezogen werden, auch wenn die →*Konsumfreiheit* als Verbraucherrecht besteht (siehe dazu auch →*Konsumentenverhalten*, →*Konsumerismus*, →*Manipulation*).

Konsumentensozialisation Soziale Einfügung (→*Sozialisation*) des Individuums(→*Konsumenten*) in die Konsumfunktion der →*Gesellschaft*. Die Konsumentensozialisation ist abhängig vom Erfolg des →*Sozialen Lernens* und wird bestimmt durch →*Sozialisatoren* (siehe auch →*Meinungsführer*).

Konsumententypologie →*Käufertypologie*.

Konsumentenverhalten →*Verhalten* in bezug auf die Art und Weise der Befriedigung konsumtiver →*Bedürfnisse*. Verhaltenswissenschaftlich zu unterscheiden sind mehr kognitive (bewußte) (→*Kognitionen*, →*Kognitive Prozesse*) und mehr emotionale (unbewußte) (→*Emotionen*) Verhaltensweisen. Das Konsumentenverhalten wird geprägt durch psychische und soziale Faktoren. Die psychischen Determinanten setzen sich zusammen aus den aktivierenden (→*Aktivierung*) und kognitiven Prozessen, die interaktiv miteinander verknüpft sind. Die sozialen Faktoren sind im weitesten alle Umwelteinflüsse im Sinne von Umfeldeinflüssen. Dazu zählen z.B. Gruppeneinflüsse (→*Bezugsgruppen*), kulturelle und subkulturelle Faktoren und auch die →*Massenkommunikation*, die eine gesellschaftsprägende Funktion ausübt. Die vielfältigen Modelle zur Erklärung des Konsumentenverhaltens lassen sich klassifizieren in Partialmodelle (Untersuchung einzelner Determinanten des Konsumentenverhaltens) und Totalmodelle (Erfassung aller relevanten Determinanten). Zu den wichtigsten Partialmodellen zählen das →*S-R-Modell*, →*S-O-R-Modell*, die verschiedenen Formen der →*Konsistenztheorien*, die Theorien der→*Wahrnehmungspsychologie* (u.a. →*Gestaltpsychologie*, →*Feldtheorie*), die →*Lerntheorien* und die soziologischen Modelle (u.a. die Theorien der sozialen →*Gruppe*, →*Diffusionstheorie*). Zu den wichtigsten Totalmodellen gehören das →*Engel-Blackwell-Kollat-Modell*, →*Howard-Sheth-Modell* und das →*Nicosia-Modell*.

Konsumentenverhalten, Elemente →*Konsumentenverhalten* entsteht durch →*Interaktion* äußerer Einflüsse mit inneren Antriebskräften (→*Aktivierende* und →*Kognitive Prozesse*). →*Reize* sind Auslöser für Verhaltensweisen, die Handlung ist hingegen das Ergebnis psychischer Prozesse. Diese inneren Vorgänge werden durch →*Kultur* und →*Sozialisation* geformt (interpersonale Variablen), durch externe Faktoren (Wirtschaft, →*Gesellschaft*) verstärkt oder abgeschwächt und durch individuelle Orientierungen (intrapersonale Variablen) geprägt. Die aktivierenden Variablen treiben das Individuum an und setzen in Verflechtung mit den kognitiven Variablen Lernprozesse in Gang. Aus dem Zusammenwirken emotionaler und kognitiver Prozesse entwickelt das Individuum Bewertungskriterien, die zu einer Handlungsabsicht, Präferenzenbildung (→*Konative Prozesse*) und letztlich zum →*Kauf* führen können. Die Verhaltenserfahrung steuert künftige Lernprozesse und beeinflußt als Feedback die Inputvariablen.

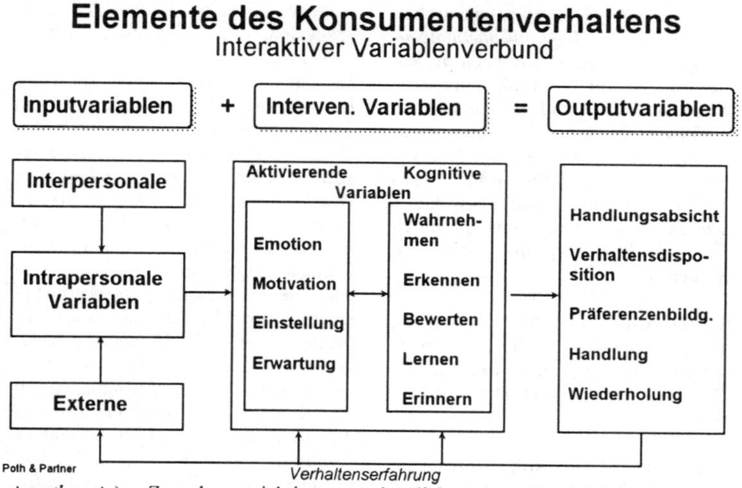

Konsumerismus Verbraucherbewegung, um die Konsumenteninteressen in der →*Öffentlichkeit* durchzusetzen. Der Konsumerismus (Consumerism) ist eng verbunden mit dem →*Verbraucherschutz* und der →*Verbraucherpolitik* und geht zurück auf die von *J.F. Kennedy* 1962 proklamierten Konsumentenrechte (Sicherheit, Information, Wahlfreiheit, Meinungsäußerung). Es gilt eine neue Sichtweise der →*Konsumentensouveränität*. Die Verbraucherbewegung der 60er und 70er Jahre wird gegenwärtig und in Zukunft immer mehr institutionalisiert und verschiebt sich in Richtung →*Umweltschutz* (siehe →*Ökologie* und die damit verbundenen weiteren Begriffe).

Konsumforschung Aggregierte Analyse des makroökonomischen →*Konsums* und des mikroökonomischen →*Konsumentenverhaltens*.

Konsumfreiheit Verbraucherrecht, das autonome Konsumentenentscheidungen sichert (→*Konsumentensouveränität*). Die Konsumfreiheit bezieht sich einmal auf die Einkommensverwendungsfreiheit und hat damit einen marktwirtschaftlichen Ordnungscharakter. Der zweite Begriffsinhalt bezieht sich auf die faktische Einschränkung der Konsumfreiheit durch die →*Anbieter* (→*Manipulation*), die durch die →*Verbraucherpolitik* vermieden werden soll.

Konsumfunktion(en) Darstellung der Abhängigkeit des gesamtwirtschaftlichen →*Konsums* von anderen ökonomischen Größen (z.B. →*Einkommen*).

Konsumgenossenschaft(en) Im Genossenschaftsgesetz sind Konsumgenossenschaften definiert als „Vereine zum gemeinwirtschaftlichen Einkauf von Lebensmitteln oder Wirtschaftsbedürfnissen im großen und Ablaß im kleinen (Konsumvereine)". Der historische Ausgangspunkt der Konsumgenossenschaften war, als hilfswirtschaftliche Zusammenschlüsse von privaten →*Haushalten* ihren Mitgliedern die Möglichkeit zu geben, zu möglichst günstigen →*Preisen* und →*Konditionen* →*Konsumgüter* zu erwerben. Nach Aufhebung des Identitätsprinzips (Identität von Mitgliedern und Kunden) und des Verbots der Gewinnerzielung (Zwang zur Rücklagenbildung) können die Kunden auch Nichtmitglieder sein. Mittlerweile sind die Konsumgenossenschaften zu Trägern von Großhandelsbetrieben, →*Einkaufskontoren* (→*Einkaufsgenossenschaften*) und Einzelhandelsbetrieben geworden (siehe auch →*Genossenschaft*).

Konsumgesellschaft Moderne, industriell hochentwickelte Wohlstandsgesellschaft, deren Wert(e)orientierung (→*Werte*) und Anspruchsniveau vornehmlich durch den Konsumgenuß geprägt sind *(→Überflußgesellschaft, →Erlebnisgesellschaft)*. Sozialer →*Status* und →*Prestige* hängen in einer Konsumgesellschaft weitgehend von der Konsumfähigkeit des Individuums ab und der Teilnahme am →*Demonstrativkonsum* (→*Prestigekonsum*). Der Statuswettbewerb der →*Konsumenten* führt zu überhöhten →*Geltungsbedürfnissen*, die durch das Marketing antizipiert und dynamisiert werden. Die →*Marktsättigung* begünstigt einen Konsumhedonismus (→*Hedonismus*), der →*Bedürfnisse* „produziert" *(J.K. Galbraith, 1958)*, statt sie zu befriedigen. Die Anziehungskraft der Konsumgesellschaft beschleunigt die internationale →*Migration* und →*Kulturelle Diffusion*. Die Konsumgesellschaft wird in ihrem →*Wirtschaftswachstum* begrenzt durch die sich zunehmend verstärkenden ökologischen Probleme (→*Ökologie*).

Konsumgüter Alle Erzeugnisse, die dem Menschen als letztem →*Verbraucher* zur Befriedigung seiner →*Bedürfnisse* dienen (vgl. in Abgrenzung dazu →*Gebrauchsgüter*, →*Investitionsgüter* und →*Produktionsgüter*). Die Charakterisierung des Konsumguts ergibt sich aus der Art seiner Verwendung. Erfolgt die Verwendung eines Konsumguts in einmaliger Art, so spricht man von →*Verbrauchsgütern*. Ist eine mehrmalige Nutzung möglich, so spricht man von Gebrauchsgütern. Die Konsumgüter können weiter differenziert werden in sogen. →*Convenience Goods* (häufige Konsumintervalle), →*Shopping Goods* (sorgfältiger Preis-Qualitäts-Vergleich) und →*Specialty Goods* (spezielle Bedürfnisbefriedigung). Vielfach wird auch eine Unterscheidung nach →*Low Interest-Produkten* und →*High Interest-Produkten* vorgenommen.

Konsumgütermarketing Im Vergleich zum →*Investitionsgütermarketing* handelt es sich um die Vermarktung von →*Konsumgütern* auf mehr oder weniger anonymen Massenmärkten. Das Konsumgütermarketing als die kommunikative Beziehungskette zwischen Hersteller und Endverbraucher wird in der Öffentlichkeit fälschlicherweise oft gleichgesetzt mit →*Marketing* oder noch enger mit →*Produktwerbung* bzw. →*Reklame*. Aus Herstellersicht gewinnen die handelsorientierten Marketingaktivitäten aufgrund der →*Handelskonzentration* immer mehr an Bedeutung (siehe dazu auch →*Handelsmarketing*).

Konsumgütermarkt Bei einer Grobunterteilung des Gesamtmarktes nach der Art der Marktteilnehmer (siehe →*Markttypologie*) ist der Konsumgütermarkt ein →*Konsumentenmarkt*, der sich weiter gliedert in die →*Märkte* für →*Verbrauchsgüter*, →*Gebrauchsgüter* und →*Dienstleistungen*.

Konsumgütermarktforschung →*Primär-* bzw. →*Sekundärforschung* zur Gewinnung von →*Informationen* für Marketingentscheidungen auf →*Konsumgütermärkten*. Hierbei bezieht sich die Datenerhebung sowohl auf die →*Absatz-* als auch auf die →*Beschaffungsmärkte* (→*Absatz-* und →*Beschaffungsmarktforschung*). Untersuchungsobjekte sind alle marketingrelevanten Problemfelder, die auf den →*Konsumenten* (→*Verbraucher*) oder →*Verwender* fokussiert sind. Insofern stehen auch die →*Konsumforschung* und als Untersuchungsgegenstand vor allem das →*Konsumentenverhalten* im Mittelpunkt. Methodisch kommen alle üblichen Marktforschungs- (→*Marktforschung*) und Prognoseverfahren (→*Prognosen*) zum Einsatz (siehe in Abgrenzung →*Investitionsgütermarktforschung*).

Konsumgüterpanel →*Panel*, →*Panelarten*.

Konsumgütertypologie Zu unterscheiden sind zwei verschiedene Differenzierungsansätze. Hierbei ist die klassische Differenzierung die in →*Verbrauchsgüter* (bzw. →*Konsumgüter*) und →*Gebrauchsgüter*. Eine aus dem →*Konsumentenverhalten* abgeleitete Differenzierung gliedert nach verschiedenen Güterkategorien, die für den →*Konsumenten* ein unterschiedliches →*Kaufrisiko* aufweisen. Nach dieser Klassifikation wird zwischen Gütern des täglichen Bedarfs (→*Convenience Goods*), längerlebigen Konsumgütern und Gütern des gehobenen Bedarfs (→*Shopping Goods* und →*Specialty Goods*) unterschieden. Mit der Längerlebigkeit und Höherwertigkeit der Güter nehmen das Kaufrisiko und das Informationsbedürfnis zu.

Konsumgüterwerbung →*Werbung* für →*Konsumgüter*, die sich an das breite Publikum der →*Konsumenten* richtet und ein wesentliches Instrument des →*Konsumgütermarketing* ist (siehe in Abgrenzung →*Industriegüterwerbung*).

Konsumismus Übersteigertes Konsumbedürfnis, das sich auf alle Bedürfnisbereiche (→*Bedürfnisse*) bezieht.

Konsumklimaforschung In regelmäßigen Abständen durchgeführte → *Befragungen* einer repräsentativen Bevölkerungsstichprobe zur Ermittlung der ökonomischen Einschätzungen und Erwartungen der →*Verbraucher*. Hierbei wird differenziert in makroökonomische (z.B. Konjunktur, Arbeitsmarktentwicklung etc.) und mikroökonomische Erwartungen (z.B. finanzielle Situation, Konsum- und Sparbereitschaft etc.).

Konsumpionier(e) →*Konsumenten*, die sehr neuheitenorientiert sind. Sie zählen zu den →*Innovatoren* bzw. →*Frühadoptern* (siehe auch →*Neophile*). Eine ausreichende Trennschärfe zwischen Innovatoren, Neophilen und Konsumpionieren ist kaum gegeben.

Konsumquote Verhältnis des→*Konsums* zum →*Volkseinkommen*.

Konsumstandard Durchschnittliches Konsummuster (siehe auch → *Warenkorb*), das als eine eher normierte Vorstellung des Konsumverhaltens gilt und insofern vom tatsächlichen Verhalten (→*Konsumentenverhalten*) abzugrenzen ist. Der Konsumstandard besitzt jedoch Leitbildfunktion (siehe auch →*Gruppe*, →*Normen*), da er für das Konsumverhalten als verbindlich angesehen werden kann und sich hieraus →*Präferenzen* ableiten lassen (siehe →*Konsumgesellschaft*). Ein statisch festgesetzter Konsumstandard stellt angesichts der sich im Zeitablauf ändernden →*Bedürfnisse* und Leistungsangebote ein Problem dar (→ *Konsumdynamik*, →*Wert(e)dynamik*, →*Wert(e)wandel*).

Konsumtivgüter Gruppe der →*Verbrauchsgüter* und →*Gebrauchsgüter* in der →*Gütertypologie*. Die Konsumtivgüter werden privat genutzt und in der Regel synonym als →*Konsumgüter* bezeichnet (siehe in Abgrenzung →*Produktivgüter*).

Konsumtrend(s) Aus den →*Wert(e)-trends* abgeleitete Veränderungen des →*Konsumentenverhaltens*. Die hedonistische Grundeinstellung (→*Hedonismus*) des →*Verbrauchers* führt zu einer wechselseitigen Bevorzugung preiswerter und zeitsparender →*Convenience Goods* und →*Fast Food* einerseits sowie exklusiver →*Prestigeprodukte* und →*Gourmet Food* andererseits. Entscheidend für den Genuß des →*Hybrid-Konsumenten* sind einmal Bequemlichkeit und Zeitersparnis, zum anderen der →*Geltungsnutzen*. Das→*Selbstverwirklichungsbedürfnis* (→*Tertiärbedürfnisse*) hat zu einer Individualisierung und Differenzierung durch den →*Konsum* geführt (→*Mass Customization*, →*Kultmarken*) und z. T. zu einer interaktiven →*Produktgestaltung* (→*Prosumer*). Der Wellness- und Fitness-Trend ist Ausdruck eines neuen Körperbewußtseins und Ego-Kults (→*Egonomics*). Die Erlebnisorientierung der →*Konsumenten* hat reale und virtuelle Welten beeinflußt (→ *Erlebnishandel*, →*Marketing Events*, →*Virtual Communities*, →*Virtuelles Shopping*). Ein Gegentrend zum Genußkonsum wird durch das zunehmende →*Umweltbewußtsein* (Nachfrage nach Öko-Produkten) initiiert.

Konsumverhalten →*Konsumentenverhalten*.

Kontakt Bindeglied zwischen dem → *Werbungtreibenden* und der →*Werbeagentur*. Die Funktionsträger sind die sogen. Kontakter, die der Etatdirektion unterstellt sind. In der →*Mediaplanung* und →*Mediaforschung* bezeichnet man als Kontakt die Berührung des Werbeempfängers (→*Kommuni-*

kanten) mit einem →*Werbeträger* (→ *Werbeträgerkontakt*) und/oder →*Werbemittel* (→*Werbemittelkontakt*). Die Gesamtkontakte ergeben sich aus der Summe der Erst- und Wiederholungskontakte (→*Mehrfachkontakt*).

Kontaktbewertungskurve →*Werbewirkungsfunktion*, die sich aus dem Zusammenhang zwischen Kontaktanzahl (→*Kontaktzahl*) und →*Werbewirkung* ergibt. Hierbei gilt die Prämisse, daß die Werbewirkung von der Anzahl der Kontakte mit der →*Werbebotschaft* abhängt. Dieser funktionale Zusammenhang spielt auch eine wichtige Rolle bei der →*Kontaktgewichtung*. Die Kontaktbewertungskurve verläuft nach empirischen Untersuchungen entweder s-förmig oder degressiv.

Kontaktdichte Anzahl der →*Kontakte* der Zielpersonen, bezogen auf alle eingesetzten →*Werbeträger*. Die Kontaktdichte ist rechnerisch die Division von Kontaktsumme (→*Brutto-Kontakte*) und Zahl der belegten Werbeträger.

Kontaktdosierung Anzahl und zeitliche Verteilung der →*Werbeträgerkontakte* bzw. →*Werbemittelkontakte*, die durch die →*Mediaplanung* festgelegt werden. Die Kontaktdosierung bestimmt im wesentlichen die →*Kontakthäufigkeit* (→*Kontaktzahl*) und die →*Kontaktintensität* und unterstellt einen bestimmten Verlauf der →*Kontaktbewertungskurve*.

Kontaktfrage(n) →*Eisbrecherfrage(n)*.

Kontaktgewichtung Bewertung alternativer →*Werbeträger* bzw. Werbeträgerkombinationen in der →*Mediaplanung* (siehe auch →*Intermediavergleich*). In die Gewichtung gehen auch die →*Kontaktzahl* und der →*Tausenderpreis* ein. Entscheidend bei der Mediengewichtung sind die Personengewichtung (→*Zielgruppen*) und die Kontaktmengengewichtung (siehe auch →*Kontaktbewertungskurve*, →*Werbewirkungsfunktion*).

Kontakthäufigkeit Durchschnittliche Anzahl der Kontakte der Zielperson oder auch →*Zielgruppe* mit dem →*Werbeträger*. Die Kontakthäufigkeit ist begrifflich weitgehend identisch mit der →*Kontaktzahl*. Eine zentrale Frage in der →*Werbewirkungsforschung* ist, inwieweit durch eine Erhöhung der Kontakthäufigkeit die →*Werbewirkung* eines →*Werbemittels* verstärkt werden kann. Der positive Zusammenhang von →*Gedächtniswirkung* (→ *Erinnerung*) und Werbewirkung läßt darauf schließen, daß durch mehrmalige Wiederholungen von →*Werbebotschaften* (Erhöhung der Kontakthäufigkeit) die Werbewirkung gesteigert werden kann. Eine Generalisierung der Aussage ist aber nicht möglich, da die Werbewirkung von weiteren Kommunikationsbedingungen abhängt (z.B. →*Werbemittelgestaltung*, →*Aktivierung* und →*Involvement* der →*Kommunikanten*, →*Abnutzungseffekt*, → *Information Overload* und eine damit evtl. verbundene →*Reaktanz*).

Kontaktintensität Maß der Stärke, mit der ein →*Werbemittel* oder eine →*Werbebotschaft* vom →*Kommunikanten* wahrgenommen wird. Die Kontaktintensität hängt entscheidend vom →*Mediennutzungsverhalten* ab.

Kontaktkette Herstellung einer kontinuierlichen bzw. permanenten Kommunikationskette zwischen →*Kommunikator* und →*Kommunikanten*. Als →*Kommunikationsinstrument* eignet sich dazu besonders die →*Direct-Response-Werbung*, die auf der Basis von jeweils aktuellen →*Kunden-Datenbanken* verbunden werden kann mit dem →*Direktmarketing* und →*Database-Marketing*.

Kontaktmaßzahlen Kriterien, die zur Messung der →*Werbewirkung* von →*Werbeträgern* (→*Medien*) herangezogen werden. Wichtige Kontaktmaßzahlen sind u.a. die →*Reichweite*, →*Kontakthäufigkeit* (→*Kontaktzahl*) und der →*Tausenderpreis*.

Kontaktmessung Verfahren zur Messung der außerökonomischen → *Werbewirkung*. Hierbei ist verfahrenstechnisch zu unterscheiden nach den verschiedenen →*Werbeträgern* (→ *Medien*). Fernseh- und Rundfunkkontakte werden z.B. mit Hilfe von →*Audimeter*, →*GfK-Meter*, →*Teleskomat*, →*Teleskopie* erfaßt, Printkontakte mittels photographischer Aufzeichnungen.

Kontaktqualität Eignung eines → *Werbeträgers* (→*Mediums*) für an bestimmte →*Zielgruppen* gerichtete → *Werbemittel* bzw. →*Werbebotschaften*. Die Kontaktqualität wird ermittelt durch den Kontakt zwischen Nutzer und Werbemittel in dem Medium bzw. in verschiedenen Medien. Als Maßzahlen werden →*LpS* (Leser pro Seite), → *LpwS* (Leser pro werbeführende Seite) und SMK (Seitenmehrfachkontakt) benutzt.

Kontaktstrecke Länge der Verkaufsregale, die einer bestimmten →*Marke* oder einem →*Artikel* im Einzelhandelsgeschäft (→*Einzelhandel*) zur Verfügung steht. Im Rahmen der →*Regalflächenoptimierung* und insgesamt des →*Merchandising* gewinnt die Kontaktstrecke (insbesondere für die Lieferanten) zunehmend an Bedeutung.

Kontaktsumme →*Brutto-Kontakte*.

Kontaktverteilung Verteilung der →*Kontakte* bzgl. aller erreichten Personen. Die Kontaktverteilung (bzw. der →*Streuplan*) ist um so idealer, je kleiner die →*Streuung* der →*Kontakthäufigkeit* um die Zahl der Durchschnittskontakte ist. Angestrebt wird die Konzentration der Anzahl der Kontakte (→*Kontaktzahl*) auf die → *Zielgruppe(n)*.

Kontaktwahrscheinlichkeit Wahrscheinlichkeit, mit der angenommen wird, daß es zu einer bestimmten Anzahl von →*Kontakten* (→*Kontaktzahl*) mit einem bestimmten →*Werbeträger* kommt.

Kontaktzahl Anzahl der →*Kontakte*, die mit einem bestimmten →*Werbeträger* zustande gekommen ist. Die Kontaktzahl ist abhängig von der → *Kontaktwahrscheinlichkeit* und der → *Kontakthäufigkeit* (durchschnittliche Anzahl der Kontakte der →*Zielgruppe* mit dem Werbeträger). Als ökonomische Kontaktzahl ist der →*Tausenderpreis* in der Praxis weit verbreitet.

Kontextanalyse Erhebungsmethode der →*Marktforschung* bzw. →*Empirischen Sozialforschung*, bei der die Analyse individueller Merkmale (z.B. Wertorientierung, →*Einstellungen*) im Zusammenhang mit den verursachenden Umwelt-, Situations- bzw. Milieudaten (Kontextmerkmalen) erfolgt. Die Kontextanalyse untersucht den Ursache-Wirkungszusammenhang (siehe auch →*Regression*) zwischen den Umweltdaten (z.B. →*Soziale Gruppe*) als →*Unabhängige*(bestimmende) *Variable* und den persönlichen Merkmalen (z.B. →*Soziale Wahrnehmung*) als → *Abhängige Variable*. Probleme sind in der Bestimmung bzw. Abgrenzung von Kontexten und Einflüssen auf die individuellen Merkmale zu sehen (vgl. auch →*Kontingenzanalyse*).

Kontiguitätsprinzip Räumliche und zeitliche Nähe von →*Stimuli* (→*Reizen*). Verschiedene Erlebnisinhalte werden miteinander verknüpft (siehe auch →*Assoziation* und →*Attributionstheorie*). Das Kontiguitätsprinzip spielt eine wichtige Rolle bei der →*Konditionierung* (siehe auch →*Lerntheorien*).

Kontingenzanalyse Untersuchung der Abhängigkeit oder Unabhängigkeit von zwei oder mehreren →*Variablen*. Eine klassische Fragestellung ist z.B., ob eine bestimmte Produktwahl bzw. Nicht-Wahl geschlechtsabhängig ist. Mit Hilfe der →*Nullhypothese* wird festgestellt, ob eine Unabhängigkeit in bezug auf das Geschlecht (Merkmalsausprägung) besteht. In einem weiteren Schritt wird eine →*Alternativhypothese* (Abhängigkeit von der Merkmalsausprägung) gebildet.

Kontinuierlicher Verbesserungsprozeß (KVP) Ständiges Bemühen, die Produkt- und Prozeßqualität (→*Qualität*) zu verbessern. Grundüberlegung ist, daß punktuelle, zyklische →*Innovationen* nicht unbedingt (und allein) zur Nutzung von Produktivitäts- und Prozeßoptimierungs-Potentialen führen (siehe dazu auch →*Kaizen*).

Kontrahierungspolitik Übergeordneter Begriff für →*Preispolitik* und →*Konditionenpolitik* incl. der →*Lieferbedingungen* und der →*Kreditpolitik*.

Kontrahierungszwang Pflicht zur Annahme eines Vertragsangebots. Einem Kontrahierungszwang unterliegen in erster Linie die →*Öffentlichen Betriebe*. Er ist aber auch wettbewerbsrechtlich (→*GWB*) ableitbar aus dem Verbot der →*Diskriminierung*, das sich an marktbeherrschende und auch marktstarke→*Unternehmen* (→*Anbieter*) richtet. Daraus resultiert in vielen Fällen z.B. der Belieferungszwang von Markenartikelherstellern an den →*Handel* (→*Groß-* / →*Einzelhandel*).

Kontraktgüter Komplexe und hochwertige →*Dienstleistungen*, wie z.B. Beratungsleistungen, kundenindividuelle →*Investitionsgüter* etc., die im wesentlichen als Leistungsversprechen ohne vollständigen Vertrag verkauft werden, da zum Zeitpunkt des Vertragsabschlusses nicht alle Aspekte der angestrebten →*Problemlösung* konkret definiert werden können. Kontraktgüter werden in Kooperation von →*Anbieter* und →*Nachfrager* erstellt.

Kontraktmarketing Kooperatives Marketing zwischen Hersteller und →*Handel*, das vertraglich gesichert ist (→*Vertikale Kooperation*). Ziel des Herstellers ist es, bei selektierten Handelsunternehmen (→*Einzelhandel*, →*Großhandel*) distribuiert zu sein. Mit dem Kontraktmarketing ist ein permanenter Dialog zwischen den vertikalen Partnern verbunden.

Kontrolle Ermittlung von Abweichungen zwischen Plan- und Ist-Größen sowie die Analyse der Abweichungen (siehe auch →*Controlling*).

Kontrollfrage(n) In →*Befragungen* Fragestellungen, die der Überprüfung der Konsistenz der Antworten von Auskunftspersonen dienen. Die Kontrolle erfolgt in der Weise, daß bereits gestellte Fragen an anderer Stelle der Befragung nochmals in variierter Form wiederholt oder auch plausible Zusammenhänge in verschiedenen Fragen hergestellt werden. Inkonsistente Abweichungen in den Antworten können dann in der Auswertung näher analysiert werden. Kontrollfragen werden vor allem bei →*Mündlichen Befragungen* verwendet, sind aber auf diese nicht beschränkt. Sie können auch bei →*Schriftlichen Befragungen* in den →*Fragebogen* aufgenommen werden.

Kontrollgruppe Untersuchungseinheiten, die keinen Einflüssen ausgesetzt werden und deren Veränderungen damit autonom erfolgen. Die Meßergebnisse können dann verglichen werden mit den Ergebnissen von Untersuchungseinheiten, auf die ein Einfluß ausgeübt wurde (z.B. Vergleich von Verkäufern ohne und mit Schulung bzgl. ihrer Verkaufsergebnisse). Voraussetzung für einen signifikanten Ergebnisvergleich sind eine vollkommene Strukturgleichheit von Experimental- und Kontrollgruppe und der Ausschluß jeglicher Sondereinflüsse im Untersuchungszeitraum auf die Kontrollgruppe. Diese Bedingungen sind in der Realität kaum zu erfüllen.

Kontrollspannenprinzip →*Organisationsprinzip*, das eine optimale →*Leitungsspanne* (d.h. Anzahl der einem Vorgesetzten unterstellten Mitarbeiter) fordert. Die optimale Leitungsspanne ist einzelfallabhängig und wird durchschnittlich mit zwischen 3 und 10 Mitarbeitern angenommen.

Konzentration Nach der →*Marktformen*theorie eine Beschränkung des →*Wettbewerbs* durch →*Monopolisierung* und →*Oligopolisierung*. Insbesondere die in den letzten Jahren fortschreitende →*Handelskonzentration* (im →*Einzelhandel*) hat zu einem erheblichen Machtungleichgewicht (→*Asymmetrische Machtverteilung*, →*Nachfragemacht*) in den Hersteller-Handels-Beziehungen geführt mit der Folge einer Verminderung des →*Leistungswettbewerbs*.

Konzentrationskurve →*Lorenz-Kurve*.

Konzentrationsprinzip →*Konzentrationsverfahren*.

Konzentrationsstrategie Form der →*Segmentationsstrategie*, die in der Literatur vielfach gleichgesetzt wird mit der Nischenstrategie (→*Nischen-Marketing*). Der →*Anbieter* konzentriert sich auf einen engen →*Teilmarkt* (→*Marktsegmentierung*). Mit Hilfe der Konzentrationsstrategie können →*Wettbewerbsvorteile* erzielt werden, z.B. durch →*Kostenführerschaft* (siehe dazu in Abgrenzung →*Differenzierungsstrategie*).

Konzentrationsverfahren →*Auswahlverfahren* zur Bildung von →*Stichproben* aus der →*Grundgesamtheit*. Es handelt sich um eine Sonderfom der →*Bewußten Auswahl*, die neben der →*Willkürlichen Auswahl* zur Verfahrensgruppe der nicht auf der →*Wahrscheinlichkeitstheorie* basierenden Auswahlverfahren zählt. Man konzentriert sich bei der Stichprobenbildung auf einen bestimmten Teil der Grundgesamtheit, so daß die Untersuchungsergebnisse nicht der Bedingung einer →*Repräsentanz* entsprechen.

Konzentrierte Marktsegmentation Im Gegensatz zur →*Differenzierten Marktsegmentation* erfolgt eine Konzentration auf wenige →*Marktsegmente* (bis zur Reduktion auf ein Segment). Diese →*Segmentationsstrategie* kann zum Problem einer Monostrukturierung führen mit der Folge eines erhöhten Marktrisikos (siehe auch →*Konzentrationsstrategie*).

Konzept(e) Im allgemeinen ein Entwurf. Beispiele aus dem Marketing sind →*Produkt-* und →*Werbekonzepte*. Die Konzepte werden vielfach einem →*Test* unterzogen (→*Konzeptionstests*), bevor sie realisiert werden.

Konzeptionstest(s) Test im Sinne der Prüfung von →*Konzepten* (z.B. Produktideen, →*Werbekonzepte* etc.), bevor sie realisiert werden. Als Testverfahren können grundsätzlich alle Methoden der→*Primärforschung* (siehe auch →*Erhebungsverfahren*) zur Anwendung kommen.

Konzept-Wertanalyse Erzeugnisse werden bereits in der Konzeptions- und Planungsphase wertanalytisch untersucht (Value Engineering). Vgl. dazu in Abgrenzung →*Produkt-Wertanalyse* (Value Analysis) und →*Wertanalyse*.

Kooperation(en) Vertraglich geregelte Zusammenarbeit rechtlich und wirtschaftlich selbständiger →*Unternehmen*, die der Absicherung bzw. Stärkung der →*Wettbewerbsfähigkeit* dient. Zu unterscheiden sind →*Horizontale* (gleiche Wirtschaftsstufe) und →*Vertikale Kooperationen* (Hersteller-Handels-Kooperationen). Kooperationen können grundsätzlich in allen Funktionsbereichen des Unternehmens erfolgen. Im →*Marketing* haben die Kooperationen in der →*Distributionspolitik* (→*Vertriebssysteme*) die weitaus größte Bedeutung. Die wichtigsten Formen im →*Handel* sind →*Einkaufsgenossenschaften*, →*Freiwillige Ketten*, →*Depotsysteme* und →*Franchising*. Weitere Kooperationsformen sind z.B. die →*Gemeinschaftswerbung*, →*Strategische Allianzen* und →*Joint Ventures*. Bei der Bildung von Kooperationen ist immer die mögliche wettbewerbsrechtliche Relevanz zu beachten (→*GWB*).

Kooperativer Führungsstil Im Gegensatz zum →*Autoritären Führungsstil* (siehe in Abgrenzung →*Autoritativer Führungsstil*) wird den Mitarbeitern (→*Gruppe*) ein möglichst großer Entscheidungsspielraum eingeräumt. Eines der wichtigsten Merkmale des →*Führungsstils* ist die →*Delegation* von Verantwortung, die durch eine maßgebliche Beteiligung der Gruppe an der Entscheidungsbildung aus Betroffenen Verantwortliche macht. Dem Führungsstil entspricht das →*Kollegialprinzip*.

Kooperative Werbung →*Gemeinschaftswerbung*.

Kooperative Wettbewerbsbeziehungen Form der →*Horizontalen* und/oder →*Vertikalen Kooperation* unter Einschluß von komplexen Mischformen. Lieferant und Abnehmer bilden (meist in Teilbereichen) eine →*Kooperation* und sind gleichzeitig →*Wettbewerber*. Hauptgrund für eine solche Kooperation ist überwiegend eine ein- oder zweiseitige Ressourcenabhängigkeit (z.B. im Automobilbau, in der Computerbranche etc.). Kooperative Wettbewerbsbeziehungen sind mit der Gefahr verbunden, daß der primär abhängige Partner nach Wissenserwerb die Kooperation verläßt und den ehemals Kooperationspartner als Wettbewerber in seiner →*Kernkompetenz* angreift.

Koordination Zielorientierte Abstimmung interdependenter Handlungen.

Koppelungsangebot(e) Angebotsformen (wie z.B. →*Vorspannangebote*, →*Lockvogelangebote*), die wettbewerbsrechtlich (→*UWG*) als bedenklich eingestuft werden müssen, deren Wettbewerbswidrigkeit aber vielfach nicht nachzuweisen ist.

Koppelungsgeschäft Sonderform der →*Bezugsbindung*, bei der der →*Abnehmer* von →*Produkten* oder →*Dienstleistungen* verpflichtet wird, zusätzlich eine weitere Ware oder Leistung abzunehmen. Hierbei wird in Haupt- und Zusatzware (Nebenware) unterschieden. Weiter ist zu differenzieren nach offener Koppelung (Gesamtpreis und Einzelpreise der gekoppelten Waren werden ausgewiesen) und verdeckter Koppelung (nur Angabe des Gesamtpreises). Vielfach wird bei der Koppelung ein für den →*Käufer* attraktives Angebot „vorgespannt" (→*Vorspannangebot*). Koppelungsgeschäfte sind wettbewerbsrechtlich (→*GWB*, →*UWG*) grundsätzlich zulässig, soweit Wettbewerbsregeln nicht verletzt werden.

Korrelation Stärke des positiven oder negativen Zusammenhangs zwischen der bzw. den →*Unabhängigen* (bestimmenden) *Variable(n)* und der →*Abhängigen Variable*. Der Korrelationskoeffizient drückt die Stärke der Beziehung aus und liegt in den Grenzen zwischen 0 und +/- 1.

Korrelationsanalyse Untersuchung der Strenge („Strammheit") des Zusammenhangs zwischen zwei oder mehreren →*Variablen*. Je nach Anzahl der Variablen wird die einfache von der multiplen Korrelationsanalyse unterschieden. Der Korrelationskoeffizient ist das Maß für die Stärke des Beziehungszusammenhangs und liegt in den Grenzen 0 und +/- 1. Minuswerte zeigen die gegenläufigen Beziehungen. Die →*Korrelation* erklärt nicht die →*Kausalität* von bestehenden Beziehungszusammenhängen (siehe dazu auch →*Scheinkorrelation*) und erkennt auch nicht die mögliche →*Multikollinearität* zwischen den →*Unabhängigen Variablen* (auch als bestimmende oder erklärende Variablen bezeichnet).

Korrelationskoeffizient →*Korrelationsanalyse*.

Korrespondenzanalyse Methode zur visuellen Darstellung von Beziehungen, die durch die →*Kontingenzanalyse* festgestellt werden.

Kosten Nach *E. Schmalenbach (1873-1955)* bewerteter leistungsbezogener Güterverzehr. Im wesentlichen ist zu unterscheiden in →*Einzel-* und →*Gemeinkosten* und in →*Variable* und →*Fixe Kosten*.

Kostenanalyse →*Kosten-Nutzen-Analyse*.

Kostenarten →*Kosten*, die differenziert werden nach der Art des Verzehrs von →*Gütern* und→*Dienstleistungen*. Die fundamentalen Kostengüter (im Produktionsbetrieb) sind die →*Roh-*, →*Hilfs-* und →*Betriebsstoffe* und die menschliche Arbeitsleistung.

Kostenartenrechnung Vollständige und periodengerechte Erfassung der →*Kostenarten*.

Kostenentwicklung Form der Kostenverläufe. Die Verläufe sind entweder proportional, unterproportional, überproportional oder regressiv bei veränderter Beschäftigung (siehe auch →*Variable Kosten*).

Kostenführerschaft Nutzung aller potentiellen Kostenvorteile, um sich dadurch →*Wettbewerbsvorteile* zu sichern. Die Kostenführerschaft ist eine der Grundformen der →*Wettbewerbsstrategien*. Sie schränkt im Vergleich zur →*Differenzierung* die individuellen strategischen Spielräume ein.

Kostenfunktion(en) Darstellung der →*Kosten* als Funktion (Abhängigkeit) der Produktionsmenge. Die Kostenfunktionen sind daher abhängig von den angenommenen bzw. geltenden →*Produktionsfunktionen*. Bei der Produktionsfunktion vom Typ A (siehe auch →*Ertragsgesetz*) verläuft die Gesamtkostenkurve s-förmig und die Grenzkostenkurve u-förmig. Bei der Produktionsfunktion vom Typ B (siehe auch →*Verbrauchsfunktion*) verläuft die Gesamtkostenkurve linear, und die Grenzkostenkurve ist eine Konstante. Die →*Durchschnittskosten* (→*Stückkosten*) nähern sich asymptotisch den →*Grenzkosten*.

Kostenkontrolle Vergleich von → *Plankosten* mit den angefallenen → *Istkosten*, der durch eine →*Abweichungsanalyse* ergänzt wird. Im Marketing gestaltet sich z.T. die Abgrenzung der →*Kosten* recht schwierig (siehe z.B. die Zurechnung der →*Vertriebskosten* auf die →*Kostenträger*).

Kostenmanagement Im Vergleich zur klassischen →*Kostenrechnung*, die lediglich die bei der Leistungserstellung und -verwendung entstehenden →*Kosten* erfaßt (→*Kostenartenrechnung*), verteilt (→*Kostenstellenrechnung*) und sie möglichst verursachungsgerecht den einzelnen →*Kostenträgern* in der →*Kostenträgerrechnung* zurechnet, geht es im Kostenmanagement im wesentlichen um die Kosten- und/oder Nutzenoptimierung innerhalb eines gegebenen Kostenrahmens.

Kostenminimierung Form der → *Wettbewerbsstrategie*, die darauf abzielt, durch deutliche Kostenvorteile einen →*Wettbewerbsvorteil* zu erreichen. Mit der Kostenminimierung wird eine →*Kostenführerschaft* angestrebt. Damit verbunden ist auch die Nutzung der →*Economies of Scale* und des → *Erfahrungskurveneffekts* (→*Lernkurve*). Als Extremumprinzip folgt die Kostenminimierung dem →*Ökonomischen Prinzip* (→*Rationalprinzip*, → *Wirtschaftlichkeitsprinzip*, →*Erwerbswirtschaftliches Prinzip*) und ist nicht primär darauf angelegt, die erzielten Kostenvorteile gegenüber den →*Wettbewerbern* in eine →*Niedrigpreisstrategie* (→*Preisstrategie*) umzusetzen, um z.B. →*Marktanteile* zu gewinnen.

Kosten-Nutzen-Analyse Analytisches Bewertungsverfahren zur Beurteilung eines bestehenden Leistungsprogramms oder auch von Investitionsalternativen incl. der damit verbundenen Aufwendungen. Die künftigen, auf den gegenwärtigen Zeitpunkt abdiskontierten →*Erlöse* (Nutzen) und die entsprechenden →*Kosten* werden gegenübergestellt. Die Analyse (Cost-Benefit-Analyse) dient vor allem als eine Entscheidungshilfe bei der Auswahl aus Investitionsalternativen (siehe auch →*Investitionsrechnung*, → *Kapitalwertrechnung*, →*Discounted Cash Flow*-Analyse).

Kostenorientierte Preiskalkulation →*Preiskalkulation*, die von den → *Kosten* (→*Kostenpreis*) ausgeht und auf der traditionellen →*Kostenträgerrechnung* beruht. Die Kalkulation erfolgt mit Hilfe der →*Vollkostenrechnung* und üblicherweise durch die →*Zuschlagskalkulation* (siehe dazu im Gegensatz →*Nachfrageorientierte Preiskalkulation*, die sich am realisierbaren →*Marktpreis* orientiert und in Abgrenzung die →*Konkurrenzorientierte Preisstrategie*, die auf die →*Wettbewerber* und ihre möglichen Preisreaktionen konzentriert ist).

Kosten-plus-Preis →*Kostenpreis*.

Kostenpreis →*Preis*, der kalkulatorisch (→*Preiskalkulation*) gebildet wird aus den →*Durchschnittskosten* (Stückkosten) und einem Gewinnzuschlag. Man nennt den Kostenpreis daher auch Kosten-plus-Preis. Die Kalkulation (siehe →*Kostenorientierte Preiskalkulation*) erfolgt mit Hilfe der →*Vollkostenrechnung* und üblicherweise durch die →*Zuschlagskalkulation* (siehe dazu im Gegensatz → *Marktpreis*).

Kostenrechnung Erfassung, Verteilung und Zurechnung der →*Kosten*, die bei der betrieblichen Leistungserstellung und -verwendung entstehen. Die Kostenrechnung besteht aus →*Kostenartenrechnung*, →*Kostenstellenrechnung* und →*Kostenträgerrechnung*.

Kostenrechnungssystem(e) Die Kostenrechnung setzt sich zusammen aus der →*Kostenartenrechnung*, der →*Kostenstellenrechnung* und der →*Kostenträgerrechnung*. Nach dem Zeitbezug ist zu unterscheiden nach Ist-, Normal- und Plankostenrechnung. Nach der Kostenzuordnung wird unterschieden nach →*Vollkostenrechnung* und →*Teilkostenrechnung* (→*Deckungsbeitragsrechnung*). Für das Marketing ist die Kostenrechnung ein sehr wichtiges Planungs- und Kontrollinstrument (→*Marketingplanung*, →*Marketing-Controlling*, →*Preispolitik*).

Kostenstellen Rechnungsmäßige Teilbereiche des →*Unternehmens*, deren →*Kosten* ermittelt werden können, um sie den →*Kostenträgern* zuzurechnen.

Kostenstellenrechnung Bindeglied zwischen →*Kostenartenrechnung* und →*Kostenträgerrechnung*. Es geht um die Ermittlung der →*Kosten*, die in den einzelnen Teilbereichen des →*Unternehmens* anfallen, um sie den →*Kostenträgern* zurechnen zu können.

Kostentheorie Analyse der Beziehungen zwischen der Höhe der →*Kosten* und ihren Bestimmungsgrößen. Den Ausgangspunkt der Kostentheorie bildet die →*Produktionstheorie*. Der mit Faktorpreisen bewertete Input (Kosten) wird dem mengenmäßigen Output (Ausbringungsmenge) gegenübergestellt und analysiert auf der Basis der bestehenden →*Produktionsfunktion*. Weiter wird diejenige Kombination von →*Produktionsfaktoren* gesucht, die bei vorgegebener Ausbringungsmenge nach dem →*Ökonomischen Prinzip* zu möglichst geringen Kosten führt. Dazu sind die Wertansätze für die Faktorverbräuche zu ermitteln, die sich in erster Linie für die →*Preiskalkulation* als realistisch und für die Bewertung der knappen Ressourcen als sinnvoll erweisen.

Kostenträger Leistungseinheiten (→*Produkte*, →*Dienstleistungen*), denen die →*Kosten* (nach dem →*Verursachungsprinzip*) zugerechnet werden können.

Kostenträgerrechnung Verursachungsgerechte Zurechnung der in einer Periode angefallenen →*Gesamtkosten* auf die einzelnen →*Kostenträger* (Leistungseinheiten, →*Produkte*, →*Dienstleistungen*). Basis der Kostenträgerrechnung sind die →*Kostenartenrechnung* und die →*Kostenstellenrechnung* (siehe auch →*Kostenrechnungssysteme*).

Kostenvergleichsrechnung Periodenbezogener Vergleich der →*Kosten* (siehe →*Investitionsrechnung*).

Kostenverursachungsprinzip →*Verursachungsprinzip*.

Kosten-Wirksamkeits-Analyse Kontrollverfahren, das die →*Kosten* als Nachteile behandelt. Es wird untersucht, welche unterschiedlichen Nutzenwirkungen verschiedene Kostenhöhen haben (→*Zero-Base-Budgeting*, →*Nutzwertanalyse*).

Kreativität Fähigkeit des Menschen, Ideen zu entwickeln, die in wesentlichen Merkmalen neu sind und ihm vorher unbekannt waren. Kreativität kann auch als Fähigkeit verstanden werden, bekannte Systemelemente zu einem neuen Ergebnis zusammenzuführen (siehe dazu auch →*Laterales*

Denken). Eine der wichtigsten Fähigkeiten kreativer Menschen ist ihre →*Ambiguitätstoleranz*, d.h. die Fähigkeit, in einem Spannungszustand verschiedener →*Konflikte* zu leben und intensiv an einer effizienten Lösung zu arbeiten. Zur Förderung der Kreativität werden →*Kreativitätstechniken* bzw. →*Ideenfindungsmethoden* eingesetzt.

Kreativitätstechniken Arbeitstechniken zur Förderung der →*Kreativität*, die mehrere und verschiedene Führungsebenen (interdisziplinär und interhierarchisch) in den Problemlösungsprozeß einbeziehen. Trotz der Fülle der Methoden lassen sich die Kreativitätstechniken auf wenige wesentliche Basismethoden zurückführen. Unterschieden wird zunächst in die intuitiv-kreativen und analytisch-systematischen Methoden. Die intuitiv-kreativen Methoden erfordern die freie →*Assoziation* und eine ausgeprägte Spontaneität. Die Basismethoden sind das →*Brainstorming* (Ideenwirbel), die →*Methode 635* (Brainwriting, →*Metaplan-Technik*), die →*Synektik* (Analogiemethode) und die →*Bionik* (Verknüpfung von Biologie und Technik). Die zweite Methodengruppe umfaßt die verschiedenen analytisch-systematischen Techniken. Sie definieren, ordnen, komprimieren und variieren die Probleme und ihre möglichen Lösungen. Die Basismethoden sind der →*Morphologische Kasten*, das →*Attribute Listing* (Eigenschaftsliste), die →*Delphi-Methode*, das →*Relevanzbaumverfahren* und die →*Szenario-Technik*.

Kredit(e) Leihweise, zeitlich begrenzte Überlassung von Zahlungsmitteln, →*Sachgütern* oder →*Dienstleistungen*. Im Rahmen der →*Absatzförderung* sind Kredite ein Instrument der →*Absatzfinanzierung*. Die wichtigsten Formen sind →*Konsumentenkredite* (an Endverbraucher) und →*Lieferantenkredite* (an →*Groß-* und →*Einzelhandel*).

Kreditkarte Form des bargeldlosen Zahlungsverkehrs. Nach Kreditprüfung und gegen Zahlung von Jahresbeiträgen an die jeweilige Kreditkartenorganisation kann der Karteninhaber bei allen dem System angeschlossenen Unternehmen bargeldlos zahlen. Die Vertragspartner zahlen an die Kreditkartenorganisation eine Umsatzprovision, die je nach Organisation zwischen 3 und 8 Prozent liegt. Eine Sonderform der Kreditkarte ist die Kundenkarte von Filialsystemen (→*Filialunternehmen*, →*Einzelhandel*). Im wesentlichen soll damit eine höhere →*Kundenbindung* (→*Ladentreue*) erreicht werden. Überdies ist dadurch auch die Möglichkeit zum Ausbau von →*Database-Marketing* gegeben. Das Problem ist, dem →*Kunden* mit der Kundenkarte einen geldwerten Vorteil zu geben, der das geltende Recht des →*UWG* nicht verletzt. Diese Restriktion hat sich nach dem Wegfall des →*Rabattgesetzes* und der →*Zugabeverordnung* erheblich verringert.

Kreditpolitik Instrument der finanziellen →*Absatzförderung*, das zur →*Konditionenpolitik* zählt (→*Kredit(e)*). Die Absatzkreditpolitik umfaßt eine Vielzahl von Finanzierungsangeboten (z.B. Teilzahlung, →*Leasing*), um den interessierten →*Nachfragern* den →*Kauf* eines Leistungsangebots zu erleichtern. Vielfach wird die Kreditpolitik auch der →*Kontrahierungspolitik* zugeordnet (als übergeordneter Begriff für →*Preispolitik* und Konditionenpolitik).

Kreislaufwirtschaft Ökologisch (→*Ökologie*) orientierte, geschlossene industrielle Stoffkreisläufe. Das Leitprinzip der Kreislaufwirtschaft geht davon aus, daß die Austauschbeziehungen zwischen dem →*Öko-System*

(Selbstregelungseffekt der Natur) und dem ökonomischen System (→*Produktion*, →*Konsum*, →*Recycling*, →*Redistribution*, →*Retrodistribution*, →*Abfall*) miteinander in Einklang gebracht werden.

Kreuzpreiselastizität Veränderung der →*Absatzmenge* eines →*Gutes*, induziert durch die Preisveränderung eines anderen Gutes. Voraussetzung ist, daß die betrachteten Güter in einer substitutionalen oder komplementären Beziehung zueinander stehen (siehe auch →*Triffin'scher Koeffizient*).

Kreuztabellierung Verfahren der →*Datenanalyse*, bei dem der Auftritt eines oder mehrerer Merkmale verglichen wird mit der →*Häufigkeit* der Nennung eines oder mehrerer anderer Merkmale. In der →*Marktforschung* werden vielfach →*Demographische* und →*Soziodemographische Kriterien* als Basis für die Kreuztabellierung gewählt. Man gewinnt so Erkenntnisse bzgl. der Abhängigkeiten zwischen verschiedenen Merkmalsausprägungen (siehe auch →*Kontingenzanalyse*). Werden zu viele →*Variablen* miteinander korreliert, wächst die Gefahr einer Fehl- bzw. Überinterpretation der Untersuchungsergebnisse.

Krisen-Marketing Marketingaktivitäten zur Bewältigung von Unternehmenskrisen. Dieser reaktive Ansatz im Sinne von Krisen-Management wird erweitert durch die Berücksichtigung evtl. in Zukunft auftretender Krisen. Frühwarnsysteme (→*Monitoring*), →*Management-* und →*Marketing-Informationssysteme* sind ein Instrument zur möglichst frühzeitigen Krisenerkennung. →*Diversifikationen* haben u.a. zum Ziel, mögliche →*Risiken* zu streuen.

Krisenmarkt Stagnation auf einem abgegrenzten Produktmarkt. Ursachen können u.a. Rezession, →*Marktsättigung*, Substitutionstechnologien und veränderte staatliche Rahmenbedingungen sein. Zentralursache ist in den meisten Fällen die Marktsättigung.

Krisen-PR Teil des →*Krisen-Marketing* durch →*Public Relations*. Auch hier ist der reaktive von dem perspektivischen Ansatz zu unterscheiden, wobei die vorbeugenden Konzepte die größere Bedeutung haben. Da diese aber weitgehend in der Praxis fehlen, sind die PR-Maßnahmen im konkreten Krisenfall in vielen Fällen problematisch und können sogar zur Verschärfung der Krise führen.

Kritischer Weg Engpaßweg im Netzplan (→*Netzplantechnik*), bei dem die Ereigniszeitpunkte der einzelnen Tätigkeiten eine Pufferzeit (als Intervall einer möglichen zeitlichen Verschiebung oder Ausdehnung) von Null haben. Eine Verlängerung des kritischen Weges führt zur zeitlichen Planabweichung in bezug auf die Abwicklung des Gesamtprojekts.

Künstlicher USP *Nach R. Reeves (1961)* wird unterschieden nach einem natürlichen und künstlichen →*USP*. Der natürliche USP ergibt sich unmittelbar aus dem Leistungsangebot und seinen Eigenschaften, während der künstliche USP lediglich durch die →*Marketingkommunikation* (in erster Linie durch die →*Produktwerbung*) generiert wird.

Kulanz Form des →*Kundendienstes*, die sich in erster Linie auf den →*After-Sales-Service* (→*Nachkaufmarketing*) bezieht. Der hierbei wichtigste Faktor ist die kundenorientierte Behandlung von →*Reklamationen*. Die Kulanz ist eng verkoppelt mit der Implementierung des →*Beschwerdemanagements* und einem kompromißlosen →*Servicemarketing*.

Kultmarken Markenprodukte (→*Markenartikel*) mit symbolischem Mehrwert (→*Zusatznutzen*), deren Kultstatus sich weniger aus physischen als aus psychischen →*Produkteigenschaften* herleitet. Im Gegensatz zum schnellebigen Erlebniskonsum (→*Erlebnismarketing*) kommt dem Kultkonsum eine höhere und längerwährende Wertigkeit zu. Kultprodukte (wie z.B. Getränke, Jeans, Sportschuhe) bieten Orientierung und Identifikationsmöglichkeiten für den →*Käufer* bzw. →*Konsumenten* aufgrund ihres Bekenntnisses zu →*Lebensstil* und/oder Wert(e)orientierung (→*Werte*). Die Übereinstimmung zwischen persönlicher Überzeugung und Firmenphilosophie schafft Gemeinsamkeiten nicht nur zwischen Kultmarke und Käufer, sondern auch der Konsumenten untereinander (Kundenstämme als postmoderne Zugehörigkeitsmodelle, →*Tribalität*).

Kult-Marketing Form des →*Kommerziellen Marketing*, die den Aufbau und die Vermarktung von Kultprodukten (→*Kultmarken*) zum Ziel hat. Erklärungshintergrund ist, daß die Veränderungen in den Beziehungen Mensch-Güter-Dienstleistungen nicht nur das Güterangebot prägen, sondern über den jeweiligen Vermarktungsprozeß auch das →*Konsumentenverhalten*. Der Versorgungskonsum wird vom Bedürfniskonsum verdrängt. Daraus entsteht ein irrationaler Erlebnis- und Begehrenskonsum (*N. Bolz; D. Bosshart, 1995*). Kult-Marketing ist ein Konzept, durch individuelle Bekenntnisse zu →*Lebensstil* bzw. →*Werten* eine Beziehung nicht nur zwischen →*Käufer* und Kultmarke zu schaffen, sondern auch der →*Konsumenten* untereinander (siehe dazu auch →*Intergeneratives Marketing*).

Kultur Gesamtheit der für eine →*Gesellschaft* gültigen→*Werte* (→*Wert(e)dynamik*, →*Wert(e)wandel*) und ethischen Grundsätze, die vorwiegend durch →*Tradition* überliefert wurden und sich in Denk- und Verhaltensmustern ausdrücken. Neben immateriellen Werten sind auch materielle →*Güter*, die eine Gesellschaft herstellt (Kirchen, Baudenkmäler) oder mit denen sie sich umgibt (→*Konsumgüter*), wesentlicher Bestandteil einer Kultur. Kulturelle Normen prägen menschliche Verhaltensweisen (→*Sozialisation*), wie umgekehrt Lebens- und Konsumstil einer Gesellschaft ihre Kultur beeinflussen (→*Lebensstil*, →*Lebenswelt*). Die →*Migration* trägt durch zunehmende Kulturkontakte zur Veränderung von Konsumgewohnheiten bei (→*Kulturelle Diffusion*). Durch die damit verbundenen Anpassungsprozesse wird die Grundlage für die →*Globalisierung* geschaffen (→*Global Marketing*).

Kulturanthropologie Disziplin der empirischen, interkulturellen →*Sozialforschung* (siehe auch →*Sozialpsychologie*), die sich insbesondere in den USA und England entwickelt hat und deren Gegenstand die vergleichende Erforschung der verschiedenartigen →*Kulturen* ist. Die jeweilige Kultur prägt entscheidend das →*Verhalten* (→*Konsumentenverhalten*) der Individuen und bietet damit die Möglichkeit zur →*Typologisierung* der →*Zielgruppen* und zur →*Marktsegmentierung*; wenngleich die zunehmende →*Kulturelle Diffusion* (z.T. ausgelöst durch die →*Migration*) die kulturbedingten Verhaltensunterschiede immer mehr verwischt. Die Ergebnisse kulturanthropologischer Forschungen sind u.a. eine wesentliche Hilfe bei der Strategiefestlegung im →*Internationalen Marketing*, wenn es etwa darum geht, sich grundsätzlich entweder für ein →*Polyzentrisches Marketing* oder ein →*Ethnozentrisches Marketing* zu entscheiden, das tendenziell in der

Weiterentwicklung zum →*Geozentrischen Marketing* und →*Global Marketing* neigt.

Kulturelle Diffusion Ausbreitung von→*Kulturen* durch Übernahme bzw. Annahme von Kulturelementen. Kulturelle Bewegungen führen zur Veränderung einer Kultur durch Vermischung bzw. Anreicherung mit neuen Elementen. Die →*Migration* trägt durch zunehmende Kulturkontakte zur Vielgestaltigkeit von Kulturen und Veränderung von Konsumgewohnheiten bei. Individuen mit einer kosmopolitischen Orientierung wirken als →*Innovatoren*, →*Frühadopter* bilden die Mittler zwischen der Außenorientierung der Innovatoren und der Binnenorientierung der nachgelagerten Gruppen (→ *Adoptergruppen*). Darüber hinaus verstärken die modernen Verkehrssysteme (→*Tourismus*), die →*Informations-* und vor allem die →*Kommunikationstechnologien* die kulturelle Diffusion (siehe auch →*Diffusion*).

Kultur-Marketing Marktorientierte Gestaltung des Kulturangebots im Sinne optimaler Tauschrelationen zwischen Kulturangebot und Kulturnachfrage.

Kultur-Sponsoring Besondere Form des →*Sponsoring*, die zunehmend an Bedeutung gewinnt. Gesponsert werden einzelne Künstler, Kulturgruppen und Kulturorganisationen vor allem in den Kulturbereichen Theater, Bildende Kunst, Musik, Literatur und Film. Hauptproblem bei dem Kultur-Sponsoring wie auch beim →*Öko-Sponsoring* (Umwelt-Sponsoring) ist, daß die Gesponserten sehr sensibel sind und sich sehr schnell von den Sponsoren „vereinnahmt" fühlen.

Kumulation Additiver Zuwachs von Einheiten (z.B. Mengen- und Werteinheiten).

Kumulierte Leserschaft Gesamtleserschaft, die mit mehreren Ausgaben eines →*Printmediums* mindestens einmal erreicht wird. Die unterschiedliche Ausprägung der kumulierten Leserschaft der einzelnen Titel führt zu einer entsprechend unterschiedlichen→*Kontaktverteilung* der →*Werbeträger* (siehe dazu auch →*Reichweite*, →*Kontaktzahl*, →*Leserschaftsforschung*).

Kumulierte Reichweite →*Reichweite*.

Kunde(n) Tatsächliche (aber auch potentielle) →*Nachfrager* nach Angebotsleistungen eines bestimmten →*Anbieters*. Kunden können Einzelpersonen, Institutionen und/oder Organisationen sein. Besondere Bedeutung haben die Schlüsselkunden (→*Key Accounts*), die durch das →*Key Account-Management* eine besondere Betreuung erfahren.

Kundenakquisition →*Akquisition*.

Kundenanalyse Analyse der Kundenstruktur und des Kundenverhaltens (→*Konsumentenverhalten*, →*Kaufverhalten*). Als Methoden zur Kundenanalyse bieten sich u.a. →*Panel*, →*A-B-C-Analysen*, →*Kundenstromanalysen*, →*Portfolio-Analysen* (Bewertung der Kundenattraktivität) etc. an.

Kundenbarometer Messung der → *Kundenzufriedenheit* (jährliche Erhebung im Auftrag der Deutschen Marketingvereinigung, →*DMV*). Erhoben werden Zufriedenheits- und Bindungsdaten für das Leistungsangebot von →*Anbietern* von →*Produkten* und →*Dienstleistungen*.

Kundenbedürfnis(se) →*Bedürfnis(se)*.

Kundenbeirat →*Verbraucherbeirat*.

Kundenbindung Beziehung zwischen →*Anbietern* und →*Nachfragern* im Sinne der Realisierung oder Planung wiederholter →*Transaktionen* innerhalb eines bestimmten Zeitraums. Die Stärke der →*Ladentreue* und →*Markentreue* sind Ausdruck der Kundenbindung, die einen langfristigen Charakter haben sollte. →*Database-Marketing*,→*Direktmarketing*,→*Kundendienst* (→*Service*) etc. sind Möglichkeiten, um die Kundenbindung zu verstärken. In den USA existieren im →*Einzelhandel* sogen. Frequent-Shopper-Programme, um die Kundenbindung zu erhöhen. Wer viel kauft, der wird dafür auch mit Wert- oder Warengutscheinen belohnt. Die Kundenbindungsprogramme (siehe dazu auch →*Kundenclub*karte) werden vielfach in vertikaler →*Kooperation* von Herstellern und Händlern entwickelt (siehe dazu auch →*Couponing*).

Kundenbindungs-Controlling Nutzenkontrolle der →*Kundenbindung*, deren Ausgangspunkt die →*Segmentation* der →*Kunden* nach ihrer Attraktivität (→*Kundenwert*) bildet. Neben diesem Anbieternutzen ist aber auch der Kundennutzen (→*Customer Value*) ein entscheidendes →*Segmentationskriterium*. Das Ziel des Kundenbindungs-Controlling ist damit die Herstellung einer Kongruenz von →*Kundenzufriedenheit* und Kundenattraktivität. Instrumente dazu sind u.a. die →*Clusteranalyse* der →*Stammkunden* und das →*Conjoint Measurement*. Es erfolgt dann die Bewertung der Kundensegmente nach ihrem →*Lifetime Customer Value* und der eigenen Kompetenz in bezug auf die Erfüllung der Anforderungen incl. der Feststellung der vorhandenen Kompetenzlücken (→*Stärken-/Schwächenanalyse*, →*Schwachstellenanalyse*). Daraus resultiert wiederum die grundlegende Entscheidung, welche Stärken mit welchen Maßnahmen weiter gestärkt und/oder welche Kompetenzlücken geschlossen werden sollen. Der Kreislauf wird geschlossen durch eine permanente Erfolgsmessung und die Wiederholung des kybernetischen Prozesses in Verbindung mit der mittelfristigen (2- bis 3-Jahres-)Planung. Das Kundenbindungs-Controlling erweist sich insgesamt als ein nützliches Instrument zur Optimierung des →*Kundenportfolios*.

Kundenclub(s) Vereinigungen von Nutzern und Anwendern bestimmter →*Produkte* bzw. →*Dienstleistungen*. Kundenclubs werden von Herstellern, aber vor allem von Unternehmen des →*Einzelhandels* gegründet und dienen primär der →*Kundenbindung*. Hierbei können die Clubkarten (als →*Kundenkarte*) auch die Funktion eines Zahlungsmittels (→*Kreditkarte*) haben (siehe in diesem Zusammenhang auch →*Couponing*).

Kundendatei Umfassender und detaillierter Bestand an Kundeninformationen (siehe →*Database*).

Kunden-Datenbank Systematische Informationsspeicherung bzgl. der →*Kunden*. Dazu gehören im wesentlichen die Kundenadressen, beschreibende Profilinformationen und Merkmale der individuellen Beziehung zum jeweiligen Unternehmen (siehe auch →*Database-Marketing*, →*Direktmarketing*).

Kundendienst Produktverbundene →*Dienstleistung*, die bezüglich des Kaufaktes vorab (→*Pre-Sales-Service*), während (z.B. Information, Beratung, Anlieferungsservice etc.) oder danach (→*After-Sales-Service* im Sinne von →*Nachkaufmarketing*) angeboten wird (siehe dazu auch →*Service*). Der Kundendienst hat den Charakter von Zusatz- und/oder Nebenleistungen, die meist unentgeltlich, vielfach aber auch entgeltlich (z.B. Änderungsdienste) erbracht werden. Ziel des Kundendienstes ist es, die →*Kundenzufriedenheit* und damit die dauerhafte →*Kundenbindung* zu erhöhen. Insofern erweist sich insbesondere der After-Sales-Service immer mehr als ein wichtiges Marketinginstrument der Kundenpflege im Sinne einer permanenten →*Kundennähe*.

Kundenerfolgsrechnung Form der →*Absatzsegmentrechnung*, die primär dem →*Key Account-Management* als Steuerungsinstrument dient (siehe dazu insbesondere →*Kundenanalyse*, → *Kundenrentabilität*, →*Kunden-Portfolio*, →*Kundenselektion*, →*Kundenwert*). In der Kundenerfolgsrechnung werden den →*Kunden* (in der Regel Großkunden bzw. →*Key Accounts*) verursachungsgerecht die →*Erlöse* und →*Kosten* zugeordnet. Dies erfolgt mit Hilfe einer kundenbezogenen → *Deckungsbeitragsrechnung*.

Kundenfang Unzulässige Beeinträchtigung (→*UWG*) des →*Kunden* bzw. Umworbenen in seiner Entscheidungsfreiheit (→*Konsumfreiheit*) mit unverhältnismäßigen Mitteln. Dadurch wird auch der →*Leistungswettbewerb* der →*Anbieter* eingeschränkt. Formen des diesbezüglichen wettbewerbswidrigen Verhaltens sind z.B. →*Irreführung*, Ausübung eines →*Psychologischen Kaufzwangs* etc.

Kundenfrequenzanalyse →*Kundenstromanalyse*.

Kundengruppenmanagement → *Key Account-Management*.

Kundenkarte Kundengruppenspezifische Karte (oftmals auch als →*Kundenclub*-Karte bezeichnet), die den Inhabern zusätzliche →*Dienstleistungen*, →*Rabatte*, Boni (→*Bonus*) etc. bietet. Die Kundenkarte übernimmt vielfach auch die Funktion einer anbieterorientierten →*Kreditkarte*. Je nach Umsatzbedeutung der →*Kunden* kann eine Differenzierung in Normal- und Premiumkarten erfolgen. Statuskarten umfassen meist ein erweitertes Rabatt- und Serviceprogramm.

Kundenkartei →*Kundendatei*.

Kundenklassifikation →*A-B-C-Analyse*.

Kundenlaufstudie(n) →*Kundenstromanalyse*.

Kundenloyalität Hohe →*Wiederkaufrate* von →*Kunden* in bezug auf bestimmte →*Anbieter* (siehe auch → *Kundentreue*, →*Kundenbindung*). Die positive →*Einstellung* des Kunden zum Anbieter zeigt sich u.a. in der Weiterempfehlung bei Familie, Freunden und Bekannten. Die Kundenloyalität ist deutlich abzugrenzen von der →*Kundenzufriedenheit*, da zufriedene Kunden nicht unbedingt auch treue Kunden sind, wie vielfach auch nicht ganz zufriedene Kunden durchaus (etwa aus Bequemlichkeitsgründen) eine hohe Loyalität zu bestimmten Anbietern aufweisen.

Kundenmanagement →*Key Account-Management*.

Kundennähe Konsequente Kundenorientierung, die fokussiert ist auf → *Kundenzufriedenheit* und eine dauerhafte →*Kundenbindung*. Das diesbezüglich wichtigste Instrument ist das unternehmensübergreifende integrative →*Servicemarketing* im Rahmen des Gesamtkonzepts eines →*Nachkaufmarketing* (siehe dazu insbesondere → *Kundendienst*, →*Beschwerdemanagement*).

Kundennutzen →*Customer Value*.

Kundenparlament Institutionelle Form des Dialogs (→*Dialogmarketing*) zwischen →*Anbietern* und →*Kunden*. Insbesondere im →*Einzelhandel* nimmt diese Form des →*Beziehungsmarketing* zu. Durch das Kundenparlament erhält der →*Handel* eine direkte Rückmeldung zur Kundenbeurteilung von →*Service*, →*Ladengestaltung*, →*Bedienungssystemen* bzw. Bedienungsqualität, →*Sortiment* etc., die eine größere →*Validität* aufweist als die Ergebnisse von Kundenbefragungen. Überdies werden die „Parlamentarier" durch ihre mögliche Einflußnahme stärker an das jeweilige Handelsunternehmen gebunden (→*Kundenbindung*, →*Ladentreue*).

Kundenportfolio In Anlehnung an die Portfoliotechnik (→*Portfolio*, →*Portfolioanalyse*) die Aufteilung der →*Kunden* nach verschiedenen Kriterien. Gliederungskriterien können z.B. die realisierbaren kundenbezogenen →*Marktpreise* und die kundenbezogenen →*Kosten* sein. Daraus kann eine Kundenklassifikation entwickelt werden, und zwar nach der Typologisierung in z.B.: Pflegeleichte Kunden, Pflegeintensive Kunden, Traum-Kunden, Alptraum-Kunden incl. der entsprechenden →*Normstrategien* nach →*Kundenrentabilität*, →*Kundenwert* und →*Lifetime Customer Value*.

Kundenrentabilität Verhältnis der Kunden-Nettoerlöse zu den kundenbezogenen →*Kosten* (z.B. kundenspezifische Sonderleistungen, die der Lieferant bestimmten →*Kunden* bietet bzw. bieten muß).

Kundenschulung Vermittlung von in erster Linie Anwendungswissen für technisch komplexe und erklärungsbedürftige Leistungsangebote. Das betrifft vor allem längerlebige →*Gebrauchsgüter* und →*Produktivgüter* (→*Investitionsgüter*). Kundenschulungen sind ein Instrument des →*Servicemarketing* und stärken die →*Kundenbindung* wie auch →*Kundenzufriedenheit*.

Kundenselektion Auswahl von →*Kunden*, die nach Zielkriterien (→*Zielgruppen*) vorgenommen wird. Das wichtigste Selektionsinstrument ist die Kundenkategorisierung durch ein →*Kunden-Portfolio*, nach dem auch die Selektionskriterien bestimmt werden. Diese sind üblicherweise die →*Kundenrentabilitäten* und die damit verbundenen kundenbezogenen→*Kosten*. Weitere Methoden der Kundenklassifikation bzw. -selektion sind die →*A-B-C-Analyse* und →*Scoringmodelle* (Punktbewertungsverfahren).

Kundenservice →*Service*, →*Kundendienst*.

Kundenstamm-Marketing Besondere Behandlung bzw. Betreuung von →*Stammkunden* (siehe auch →*Retention Marketing*). Das Kundenstamm-Marketing gewinnt seine Bedeutung aus der Praxiserfahrung, daß die Neukunden-Akquisition mit einem erheblich höheren Marketingaufwand verbunden ist als die Erhaltung des bestehenden Kundenstamms (siehe dazu insbesondere →*Kundenwert*, →*Lifetime Customer Value*).

Kundenstromanalyse Analyse der physischen Kundenbewegungen in den →*Outlets* des →*Einzelhandels* (wird auch als Kundenlaufstudie bzw. Kundenfrequenzanalyse bezeichnet). Ziel der Analysen ist, die Verkaufsflächenproduktivität (→*Direkte Produktrentabilität*, DPR) zu optimieren (siehe dazu auch →*Ladengestaltung*, →*Ladenlayout*, →*Regalflächenoptimierung*, →*Space Management*). Da es sich um biotische (d.h. realitätsbezogene) Messungen handelt, werden die

Untersuchungen mit Hilfe von →*Beobachtungen* durchgeführt, an die sich →*Befragungen* anschließen können.

Kunden-Strukturanalyse Bewertung von →*Kunden* nach Merkmalen, Profilen und Klassifikationen (siehe →*Kundenanalyse*, →*Kunden-Portfolio*).

Kundentreue Dachbegriff für alle Arten des loyalen Kundenverhaltens (→*Loyalität*) gegenüber →*Anbietern*, deren Leistungsangebote nachgefragt werden. Die wichtigsten Formen der Kundentreue sind die →*Produkttreue*, →*Markentreue* und →*Ladentreue* (siehe in Abgrenzung auch →*Problemtreue*, →*Materialtreue*,→*Wissenstreue*).

Kundenverkehrsanalyse Wiederholt durchgeführte Untersuchung des →*Einkaufsverhaltens* durch die Bundesarbeitsgemeinschaft der Mittel- und Großbetriebe des Einzelhandels, Köln (→*BAG*) in den Stadtzentren. Ziel der Untersuchung ist die Ermittlung der sich im Zeitablauf ändernden Standortqualitäten der Zentren, die für den →*Einzelhandel* von besonderer Bedeutung sind. Die Kundenverkehrsanalyse umfaßt eine Besucherzählung, Besucherbefragung und eine Befragung der teilnehmenden Einzelhandelsunternehmen.

Kundenwert Überschuß des gesamten Zahlungsstroms vom →*Kunden* während der Dauer der Kundenbeziehung an das →*Unternehmen* im Vergleich zum Kostenstrom des Unternehmens für seine →*Akquisition* und laufende Bedienung, diskontiert auf einen gemeinsamen Zeitpunkt (→*Kapitalwert* des Kunden). Der Kundenwert (auch als Customer Equity bezeichnet) kann zu einem →*Lifetime Customer Value* aggregiert werden.

Kundenzeitschrift(en) →*Kommunikationsmedium* (→*Werbeträger*) im Rahmen der →*Printmedien*. Die Kundenzeitschrift (bzw. die Kundenzeitung) ist eine periodisch erscheinende Publikation, die primär vom →*Einzelhandel* den →*Kunden* kostenlos zur Verfügung gestellt wird. Sie enthält sowohl redaktionelle Kundeninformationen als auch →*Anzeigen*, die branchen-, aber auch umfeldbezogen sind. Die Kundenzeitschriften sind eine besondere Form der →*Zielgruppenzeitschriften*. Soweit sie durch den Handel initiiert sind, werden sie überwiegend durch Hersteller-Anzeigen finanziert.

Kundenzufriedenheit Ergebnis des Vergleichsprozesses zwischen der vom →*Kunden* wahrgenommenen Produkt- bzw. Dienstleistungs-Realität und den individuellen →*Erwartungen*, Ansprüchen (→*Anspruchsniveau*), Zielen oder →*Sozialen Normen* bzgl. der → *Produkte* bzw.→*Dienstleistungen*. Die relevanten Bewertungskriterien umfassen sowohl Nutzen- als auch Kostenfaktoren. Die →*Angebote* werden hierbei nicht nur als reine →*Güter* definiert, sondern umfassen auch →*Services* und weitere mögliche Bestandteile des Leistungsangebotes (z.B. → *Marketingkommunikation*). Die Kundenzufriedenheit (Customer Care)kann abgebildet werden in einem Index (Customer Satisfaction-Index),der sich zusammensetzt aus zu bildenden → *Unabhängigen* (bestimmenden) *Variablen* incl. ihrer Gewichtungen. Die Kundenzufriedenheit ist deutlich abzugrenzen von der →*Kundenloyalität* (siehe auch →*Kundentreue*). Zufriedene Kunden sind nicht unbedingt auch treue Kunden, wie vielfach auch nicht ganz zufriedene Kunden durchaus (etwa aus Bequemlichkeitsgründen) eine hohe Loyalität zu bestimmten →*Anbietern* aufweisen.

Kurzzeitgedächtnis Gedächtnisspeicher, der →*Reize* (→*Stimuli*) je nach Intensität der →*Aktivierung* in →*Informationen* umwandelt (→*Gedächtnistheorien*, →*Mehrspeichermodell*). Wichtig ist hierbei die Informationsrelevanz für den Empfänger. Die Kapazität des auch als Arbeitsspeicher bezeichneten Kurzzeitgedächtnisses ist gering, die Verweildauer der Informationen im Speicher kurz. Wiederholungen fördern die Aufnahme der Informationen in den Langzeitspeicher (→*Langzeitgedächtnis*).

Kurzzeitspeicher →*Kurzzeitgedächtnis.*

KVP →*Kontinuierlicher Verbesserungsprozeß.*

Kybernetik Theorie aller dynamischen →*Systeme*, die von *L. v. Bertalanffy (1932)* begründet und neben anderen von *N. Wiener (1948)* weiterentwickelt wurde, auf den auch der Begriff zurückgeht. Wiener definiert die Kybernetik als Erforschung von Steuerungs- und Regelvorgängen in Technik, Biologie und Sozialwissenschaften. Kybernetische Ansätze haben auch im Marketing eine vielfältige Anwendung gefunden, wie z.B. in der →*Marketingplanung*, bei der Bildung von →*Marketingmodellen* (→*Marketing-Mix*), aber auch bei der Gestaltung von →*Marketingorganisationen* etc. Diese komplexen Aufgaben unterliegen den Prinzipien der Steuerung und Regelung (→*Rückkoppelungs*prinzip, Feedback) der Kybernetik. Hierbei ist unter Steuerung die Anweisung an ein Systemelement zu verstehen, bei Systemstörungen unmittelbar einzugreifen. Die Regelung hingegen ist eine Prozeßüberwachung mit der Aufgabe, bei einer Soll-Ist-Abweichung eine automatische (und möglichst sofortige) Korrektur vorzunehmen (→*Homöostase*). In Marketingprozessen werden Steuerung und Regelung miteinander kombiniert (siehe auch →*Regelkreis*).

L

Labeling Kategorisierung und Benennung von →*Konsumenten* (→*Typologien*, →*Lifestyle-Konzept*) und →*Produkten* (→*Markenname*). Das Labeling ist eine künstliche Namensgebung, die sich für die Konsumentenkategorisierung als problematisch erweist. Das zeigt auch die Grenzen einer konsumentenbezogenen Typologienbildung auf.

Laborbeobachtung →*Beobachtung* unter künstlich geschaffenen Versuchsbedingungen (siehe auch →*Laborexperimente*).

Laborexperiment(e) →*Experimente*, die unter künstlichen Bedingungen stattfinden. Es wird im Labor (Institut, Versuchsküche etc.) eine quasibiotische Realität hergestellt (→*Erhebungsverfahren* in der →*Marktforschung*). Der Vorteil der Laborexperimente ist, daß sie unter kontrollierten Bedingungen erfolgen. Nachteilig ist die durch die Testsituation bedingte Verhaltensänderung, die dem realen →*Verhalten* in der Kaufsituation nicht entspricht. Laborexperimente werden vor allem bei →*Produkttests* eingesetzt, die u.a. der Überprüfung der →*Produkteigenschaften* dienen.

Labo(u)r Relations Beziehungen zwischen einem →*Unternehmen* und seinen Mitarbeitern (incl. Gewerkschaften). Diese Beziehungen werden stark beeinflußt durch das →*Personalmarketing*.

Labortest(s) →*Laborexperiment(e)*.

Laddering Eine →*Befragung*, deren Grundlage immer weitergehende „Warum-Fragen" sind (Leitertechnik). Jeder Antwort folgt eine weitere „Warum-Frage", bis der →*Proband* nicht mehr antworten kann. Die Befragungsmethode dient dazu, →*Marketing-Strategien* zu entwickeln, die auf die →*Motive* der →*Konsumenten* ausgerichtet sind und nicht lediglich auf die objektiven →*Produkteigenschaften*, die möglicherweise für den Konsumenten nur bedingt Auslöser für seine →*Kaufentscheidung* sind. Die Ergebnisse aus Laddering-Befragungen zeigen neue Wege für das →*Zielgruppen-Marketing* und die →*Marktsegmentierung*.

Ladenatmosphäre →*Ladengestaltung*.

Ladenbau →*Ladengestaltung*.

Ladendesign →*Ladengestaltung*.

Ladendiebstahl Kunden- und Mitarbeiterdelikt, das vor allem im →*Stationären Einzelhandel* auftritt und jährliche Verluste von mehreren Milliarden € verursacht. Bei einem institutionellen Gesamteinzelhandelsumsatz von knapp 500 Mrd. € und einer durchschnittlichen *→Inventurdifferenz*quote von 1,2% beziffert sich der ökonomische Schaden auf jährlich ca. 5-6 Mrd. €. Die Diebstahlsquote, gemessen am Umsatz (durch Kunden 45%, durch Mitarbeiter 40% der Inventurdifferenz), schwankt je nach Handelsbranche erheblich und ist am höchsten bei Kosmetika, Textilien, Elektroartikeln, Schmuck und Lebensmitteln. Durch *→Elektronische Warensicherung* versuchen die Handelsunternehmen, dem weiter zunehmenden Warendiebstahl (vor allem durch Jugendliche) zu begegnen.

Ladengemeinschaft(en) Lose oder auch stärkere *→Kooperation* von stationären*→Einzelhandel*sbetrieben. Die *→Einkaufs-Center* entwickeln sich z. T. zu Ladengemeinschaften, indem sie als selbständige Betreiber das Prinzip des *→Shop-in-the-Shop* anwenden.

Ladengestaltung Sichtbarer Ausdruck einer händlerischen Konzeption. Ladengestaltung (bzw. Ladenbau als gestaltete Fläche) ist die Verpackung der Handelsleistung. Das bedeutet die notwendige Übereinstimmung mit dem *→Sortiment*, Preisniveau, Standort, *→Service*, der *→Bedienungsform* und *→Warenpräsentation*. Nur aus dem in sich konsistenten Zusammenspiel aller *→Handelsmarketing*-Instrumente heraus leistet die Ladengestaltung einen effizienten Beitrag zur Profilierung eines *→Geschäftstyps*. Die Ladengestaltung im Sinne der Schaffung von Ladenatmosphäre gewinnt besondere Bedeutung hinsichtlich der neuen Formen des *→Erlebnishandels* (siehe auch *→Ladenlayout*).

Ladenlayout Aufteilung und Anordnung der Funktionszonen im *→Einzelhandel*, um eine optimale Kundenfrequenz zu erreichen (siehe auch *→Ladengestaltung* und *→Interior Design*). Im wesentlichen wird unterschieden in Warenfläche, Kundenfläche und Verkaufsfläche (z.B. Theken).

Ladenschlußgesetz *→Ladenschlußzeiten*.

Ladenschlußzeiten Regelung durch das Ladenschlußgesetz (1956), das 1989 novelliert wurde (Donnerstagsregelung, Dienstleistungsabend). Eine weitere Novellierung ist seit 1.11.96 in Kraft. Danach ist an Werktagen die Ladenöffnung bis um 20.00 Uhr erlaubt, an Samstagen bis 16.00 Uhr. Als Ausnahme bleiben die Samstage in der Adventszeit (bis 18.00 Uhr) bestehen. Die Regelung gilt für alle Dienstleistungsunternehmen. Sonderregelungen gelten für Apotheken, Tankstellen, Verkaufsstellen auf Personenbahnhöfen, Flughäfen und Fährhäfen, für Kur- und Erholungsgebiete sowie für den Verkauf in ländlichen Gebieten und an Sonntagen.

Ladentest *→Store-Test*.

Ladentreue Einkaufsstättentreue des *→Konsumenten*. Sie beruht auf einer positiven Einstellung des *→Käufers* zu einem wiederholt präferierten Geschäft und steht z.T. im Wettbewerb mit der *→Markentreue* und *→Produkttreue*. Es können aber auch Zusammenhänge bestehen zwischen der Laden-, Marken- und Produkttreue. So kann z.B. die Laden-(Geschäfts-)treue die Markentreue begründen, wie auch umgekehrt (*→Markenwechsel* bei einem Geschäftswechsel).

Länder-Portfolio Übernahme des Portfoliogedankens (*→Portfolio*, *→ Portfolioanalyse*) zur Einschätzung von Chancen und Risiken von Auslandsmärkten. Hierbei werden Risikopotentiale und Marktattraktivitäten gegeneinander abgewogen und verglichen mit den eigenen Aktionspotentialen. Das Länder-Portfolio ist ein analytisches Instrument im →*Internationalen Marketing*. Im Hinblick auf das →*Global Marketing* erweisen sich weltmarktorientierte Länder-Portfolios mittlerweile als unerläßlich für Unternehmen, deren Ziel es ist, →*Global Player* zu werden oder zu bleiben.

Länderselektion Systematische Auswahl von Ländern bzw. Ländergruppen im Rahmen der →*Auslandsmarktforschung*. Auswahlkriterien sind vor allem die Einschätzung der in den einzelnen Ländern möglichen Zielerreichungsgrade und die Beurteilung der Länderrisiken (→*Länder-Portfolio*, → *BERI-Index*).

Längsschnittanalyse Datenerfassung und -analyse über einen längeren Zeitraum. In bestimmten Zeitabständen werden die gleichen Tatbestände zu bestimmten Untersuchungsobjekten erhoben. Es ergeben sich Längsschnitt- bzw. Zeitreihendaten (→*Zeitreihen*, →*Zeitreihenanalyse*), die →*Trends* bzw. Trendveränderungen deutlich machen. Auf der Basis dieser Daten können →*Prognosen* entwickelt werden in Form von →*Trendextrapolationen* (siehe in Abgrenzung dazu →*Querschnittsanalyse*).

Lager Räume bzw. Freiflächen, in bzw. auf denen →*Waren* vorübergehend gelagert oder in ein anderes logistisches System überführt werden. Im wesentlichen unterscheidet man in →*Zentrallager* und →*Außenlager* (Regionallager) und bzgl. der Funktionen in Vorratslager, Umschlagslager (Durchgangslager) und Verteilungslager. Lager sind ein wichtiger Bestandteil der →*Logistik* (→*Marketing-Logistik*) und bestimmen entscheidend die Qualität des →*Lieferservice* (siehe auch →*Vorratspolitik*, →*Bestands-Management*).

Lagerbestand Bestand an →*Roh-*, →*Hilfs-* und →*Betriebsstoffen*, Halb- und Fertigfabrikaten in Fertigungsbetrieben und Vorrat an Verkaufswaren im →*Handel*. Das →*Bestandsmanagement* hat die Aufgabe, den Lagerbestand zu optimieren (siehe dazu auch →*Lagerumschlag*,→*Warenumschlag*) und die →*Kapitalbindung* möglichst gering zu halten (siehe auch →*Sicherheitsbestand* oder Eiserne Reserve).

Lagergeschäft Verkauf ab Lager (in der Regel Großhandelslager) im Gegensatz zum →*Streckengeschäft*.

Lagergroßhandel →*Betriebstyp* des →*Großhandels*, der in Form von Großhandelslagern die Lagerhaltungsfunktion für den →*Einzelhandel* wie auch für den Hersteller übernimmt. Es handelt sich hierbei um eine Zeitüberbrückungsfunktion zwischen Herstellung und Warenpräsenz im Einzelhandel (siehe im Vergleich dazu → *Streckengroßhandel*).

Lagerhaltung Die auch als Lagerwirtschaft bezeichnete Lagerhaltung ist ein Teil der →*Materialwirtschaft*. Ihre Funktionen sind im wesentlichen der Zeitausgleich zwischen Produktion und Konsumtion und die Vorratshaltung in mehrstufigen Produktionsprozessen (Lagerung von Zwischenprodukten sowie von →*Roh-*, →*Hilfs-* und →*Betriebsstoffen*). Damit verbunden sind auch Entscheidungen bzgl. der →*Vorratspolitik* und der → *Lagerpolitik* (→*Lager*).

Lagerpolitik Strategische Entscheidung darüber, ob ein →*Lagergeschäft* oder ein →*Streckengeschäft* betrieben werden soll. Hierbei sind Mischformen durchaus möglich. Beim Lagergeschäft sind Arten und Umfang der →*Lager* zu bestimmen. Damit verbunden sind auch Entscheidungen zur Durchführung und Abwicklung der →*Lagerhaltung*.

Lagersortiment Diejenigen →*Artikel*, die im →*Handel* (→*Groß-* bzw. →*Einzelhandel*) ständig am →*Lager* bzw. im Verkaufsregal verfügbar sind (siehe im Gegensatz dazu →*Bestellsortiment*).

Lagerumschlag Verhältnis von → *Umsatz* bzw. Lagerabgang und durchschnittlichem →*Lagerbestand*. Die Umschlagshäufigkeit der Waren (sogen. „Drehzahl") ist insbesondere für Handelsbetriebe (→*Warenumschlag*) von besonderer Bedeutung (siehe auch →*Kapitalbindung*).

Lahiri-Verfahren Spezielles →*Mehrstufiges Auswahlverfahren* (nach *D.B. Lahiri*), das die Kumulation von Sekundäreinheiten und die dadurch bedingte Überschreitung des geplanten →*Stichprobenumfangs* (→*Stichprobe*, →*Stichprobenverfahren*) vermeidet.

Laissez-faire-Liberalismus Wirtschaftspolitik, die im Gegensatz zum →*Liberalismus* von *A. Smith (1723-1790)* auf jegliche Einwirkung des Staates auf den Wirtschaftsprozeß im Sinne einer staatlichen Ordnungsfunktion verzichtet. Dem Staat kommt lediglich eine „Nachtwächterfunktion" zu *(F. Lassalle, 1825-1864)*.

Lambda-Hypothese Die Hypothese bezieht sich auf die Wirkungen der →*Aktivierung*. Bei zunehmender Stärke der Aktivierung steigt zunächst die Leistung eines Individuums (im Sinne der →*Wahrnehmung* und Verarbeitung). Von einer bestimmten Aktivierungsstärke ab fällt sie jedoch wieder (umgekehrte u-Funktion).

Lancaster-Modell Das von *K.J. Lancaster (1966)* entwickelte Kaufentscheidungsmodell (→*Kaufentscheidung*, →*Kaufentscheidungsprozeß*) ist eine Weiterentwicklung der klassischen →*Haushaltstheorie*. Das Modell unterscheidet in →*Produkte* und →*Güter* (verarbeitete Produkte). Es wird angenommen, daß die Kaufentscheidung im wesentlichen von der Nutzenfunktion (→*Nutzwert*) des angebotenen Produkts für den →*Konsumenten* abhängt.

Langsamdreher →*Schnelldreher*.

Langzeitgedächtnis Gedächtnisspeicher, der der →*Informationsverarbeitung* dient (→*Gedächtnistheorien*, → *Mehrspeichermodell*). Im Langzeitgedächtnis werden die →*Informationen* langfristig gesichert, wobei durch ihre Überlagerung (→*Interferenztheorie*) und auch Vernetzung ein Zugriff auf sie vielfach nicht mehr möglich ist. Durch Wiederholung und eindrucksvolle Gestaltung der Informationen kann das Problem z.T. behoben werden (siehe im Vergleich →*Kurzzeitgedächtnis*).

Langzeitspeicher →*Langzeitgedächtnis*.

Lasswell-Formel Ein Schema zur Analyse von →*Kommunikationsmitteln* (→*Anzeige*, →*Spot*) nach *H.D. Lasswell (1948)*. Who (Wer, →*Kommunikator*) says what (Kommunikationsinhalt, →*Message*) in which channel (→*Kommunikationskanal*, → *Kommunikationsmedium*) to whom (→*Kommunikant*) with what effect (→*Kommunikationswirkung*)? Die Systematik kann auch auf die Inhalte der →*Kommunikationsforschung* übertragen werden, und zwar nach →*Kommunikatorforschung*, →*Inhaltsanalyse*, →*Mediaforschung*, →*Werbemittelforschung*, →*Rezipientenforschung* und →*Werbewirkungsforschung*.

Latentes Lernen Speicherung von

Verhaltensalternativen (→*Soziales Lernen*), die insbesondere durch Beobachtung (→*Beobachtungslernen*) erworben werden, jedoch zunächst verhaltensunwirksam bleiben. Nach *A. Bandura (1977)* werden von der Vielzahl gelernter Verhaltensmuster vor allem jene umgesetzt, die entsprechend der jeweiligen Situation belohnende Konsequenzen versprechen (→*Soziale Lerntheorie*, →*Lernen*).

Laterale Diversifikation Form der →*Diversifikation*, bei der die Erweiterung des Leistungsprogramms (Angebotsprogramm, →*Programm*) keinen sachlichen Zusammenhang mehr mit den bisherigen Tätigkeiten aufweist. Die laterale Diversifikation ist die typische Form von →*Konglomeraten* (Mischkonzernen). Das Hauptproblem liegt in den vielfach nicht vorhandenen oder nur geringen Erfahrungen auf den neuen Tätigkeits- und Marktfeldern. Hinzu kommt oft der reine Blick auf die Gewinnung von Wachstumsmärkten und die →*Eigenkapitalrentabilität*, die die Sicht auf die Grenzen der eigenen Kompetenz verstellt (siehe im Vergleich →*Horizontale* und →*Vertikale Diversifikation*).

Laterales Denken Art des →*Denkens*, die (nach *E. de Bono, 1989*) mit den vorherrschenden logischen (analytisch-vertikalen) tradierten Denkmustern bricht. Das laterale Denken (als Querdenken) ist ein wesentliches Element der →*Kreativität*. Bekannte Systemelemente werden durch eine analytisch nicht begründbare neue Anordnung zu bisher nicht bekannten Systemen (Kombinationen) zusammengefügt. Insofern unterscheidet sich laterales Denken vom →*Vertikalen* (analytisch-mathematischen) *Denken*, das sich logisch auf aufeinanderfolgenden Schritten vollzieht. Nach *E. de Bono* ist aber laterales Denken kein Ersatz für vertikales Denken. Beide Denkarten sind notwendig und ergänzen sich (etwa bei der →*Produktentwicklung* und insbesondere bei der →*Ideengewinnung*).

Laufkunde(n) →*Käufer*, die im Gegensatz zu →*Stammkunden* keine Bezugsbindung zu bestimmten →*Anbietern* aufweisen. Ihr →*Kaufverhalten* ist im wesentlichen durch Spontaneität bestimmt, oder es handelt sich um →*Preiskäufer*, die ihren →*Kauf* vom aktuellen →*Preis-Leistungs-Verhältnis* der verschiedenen →*Anbieter* abhängig machen. Die Laufkunden sind primär dem →*Konsumgütermarkt* zuzuordnen.

Lavington-Modell →*Simulation* des →*Kaufverhaltens* unter Berücksichtigung der durchgeführten Marketingmaßnahmen. Dabei unterscheidet das Modell in die durch →*Prädisposition* des →*Verbrauchers* bzw. des →*Konsumenten* bestimmten Kaufentscheidungsfaktoren (z.B.→*Preis-Leistungs-Verhältnis*, bereits kennengelernte →*Produkteigenschaften*, wahrgenommene →*Produktwerbung* etc.) und in Entscheidungsfaktoren, die erst unmittelbar vor dem →*Kauf* wirksam werden (z.B. →*Warenpräsentation*, →*Ladengestaltung*, →*Ladenlayout*, →*Interior Design*, →*Visual Merchandising* etc.). Aufgrund seines Ansatzes ist das Modell im wesentlichen auf die Simulation des Kaufverhaltens im Hinblick auf kurzlebige →*Konsumgüter* beschränkt.

Law of Indifference →Gesetz der Unterschiedslosigkeit.

Layout Graphische und typographische Gestaltung von →*Kommunikationsmitteln* und →*Kommunikationsmedien*. Vielfach wird auch als Layout die Visualisierung einer Werbeidee bezeichnet, beginnend mit der Rohskizze (Rough, Scribble) bis hin zum endgültigen Entwurf (Reinzeichnung). Einen verwandten Bedeutungsinhalt hat das →*Ladenlayout* im →*Einzelhandel*.

Lead Country-Konzept Vorgehensweise im →*Internationalen Marketing*, bei der die Auslandsmärkte stufenweise erschlossen werden (→*Wasserfall-Strategie* im Gegensatz zur →*Sprinkler-Strategie*). Hierbei übernimmt ein bestimmtes Land (meist Mutterland) die Führung in der internationalen Strategieentwicklung, deren kommunikative Umsetzung vielfach auch durch eine Leitagentur erfolgt.

Lead User Schlüsselkunden (→*Key Accounts*), die vor allem in der →*Investitionsgüterindustrie* als →*Referenzanwender* für die Einführung neuer Produkte eine große Bedeutung haben. So können Lead User als vielfach →*Meinungsführer* kommunikativ und vor allem akquisitorisch für die Neukundengewinnung eingesetzt werden - etwa durch die Installation „vorzeigbarer" Prototypen neuer Produkte.

Leaflet →*Prospekt*.

Lean Management Ganzheitlicher Managementansatz mit dem Ziel, durch die Integration aller betrieblichen Funktionen und Arbeitsbereiche →*Synergien* zu nutzen. Im wesentlichen geht es um die Maximierung der →*Wertschöpfung*. Notwendig dazu sind: Dezentralisation, Delegation von Verantwortung, flache Hierarchien, Abbau von Zentralbereichen, Beschleunigung von Entscheidungs-, Informations- und Kommunikationsprozessen und insbesondere eine umfassende Teamarbeit im ganzen Unternehmen (siehe dazu auch →*Kaizen*). Als Maxime gilt eine totale Kundenorientierung und nicht (wie vielfach mißverstanden) ein undifferenzierter Abbau von Arbeitsplätzen (siehe in diesem Zusammenhang auch →*Outsourcing*).

Lean Marketing →*Lean Management*.

Lean Organization →*Lean Management*.

Lean Production „Schlanke" Produktion durch geringeren Mitteleinsatz und durch kontinuierliche Verbesserungsprozesse. Üblicherweise bezieht Lean Production das ganze →*Unternehmen* in die Optimierung ein (siehe →*Lean Management*). Vom Konzept her ist Lean Production ein System von Maßnahmen und Methoden, das die effektive und effiziente Planung, Gestaltung und Kontrolle von →*Wertschöpfungsketten* umfaßt. Es handelt sich um eine integrierte Betrachtung von Produkt- und Prozeßtechnologie, die Aufwertung des Menschen zu einem entscheidenden Produktionsfaktor, die konsequente und qualitätsbezogene Marktorientierung sowie das Bemühen um eine kontinuierliche Verbesserung von →*Produkten* und →*Prozessen*.

Leapfrogging Überspringen (to leapfrog = Bockspringen) der gegenwärtigen →*Angebote* (primär in technologieorientierten Märkten). →*Kaufentscheidungen* werden in Erwartung absehbarer, verbesserter →*Produkte* aufgeschoben. Dieser Effekt tritt um so stärker auf, wenn zudem permanente Preissenkungen die →*Branche* bestimmen (z.B. im PC-Bereich). Der Effekt wird beeinflußt durch die Länge der →*Produktlebenszyklen* und Innovationszyklen, durch den →*Technischen Fortschritt* und die Dringlichkeit der Kaufentscheidung. Insbesondere die →*Kommunikationspolitik* (→*Prämarketing*) der →*Anbieter* durch Neuprodukt-Ankündigungen animiert zum Leapfrogging.

Leased Department-Prinzip Vermietung von Abteilungen im →*Einzelhandel* an Fremdunternehmen. Dieses Prinzip verfolgen vor allem die klassischen →*Warenhäuser* und →*SB-Warenhäuser* im Food-Bereich (z.B. Brot- und Backwaren etc.) und/oder Non-Food-Bereich (z.B. Kosmetik etc.). Für den →*Verbraucher* ist vielfach die Eigenständigkeit der →*Anbieter* nicht erkennbar. Der Mieter profitiert von der Kundenfrequenz des Vermieters (meist Großbetrieb des filialisierten Einzelhandels), der Vermieter gewinnt an Kompetenz hinsichtlich der →*Sortimentsbreite* oder→*Sortimentstiefe* (vgl. in diesem Zusammenhang auch →*Rack Jobber*). Ein extensiv betriebenes Leased Department-Konzept weist eine Ähnlichkeit mit einem →*Einkaufs-Center* auf, in dem die verschiedenen selbständigen Betreiber aus Kundensicht eine optische Anbietereinheit bilden.

Leasing Instrument der Investitions- und Finanzierungspolitik aus Nachfragersicht und ein Instrument der →*Absatzfinanzierung* aus Anbietersicht. Leasing berührt damit aus beiden Sichtweisen die →*Preis-* und →*Konditionenpolitik*. Grundprinzip des Leasing ist, daß der →*Kauf* ersetzt wird durch laufende Mietzahlungen. Der Unterschied zur Miete oder Pacht ergibt sich daraus, daß der Leasingnehmer nach Vertragsablauf das Objekt gegen eine geringere Gebühr weiter nutzen oder käuflich erwerben kann. Nach der Fristigkeit wird unterschieden in Operational Leasing (kurzfristig) und Financial Leasing (langfristig). Nach Leasing-Objekten ist zu unterscheiden in Konsumgüter-Leasing und Investitionsgüter-Leasing (Anlagen-Leasing). In bezug auf den Leasing-Geber differenziert man in Direkt-Leasing (durch Hersteller direkt) und indirektes Leasing durch die Einschaltung von Leasing-Gesellschaften, die die Leasing-Verträge mit den Leasing-Nehmern abschließen.

Lebensalter →*Alter*.

Lebensdauer →*Obsoleszenz*.

Lebenshaltung Im Unterschied zum →*Lebensstandard* die tatsächliche Gestaltung des Daseins in Abhängigkeit von →*Einkommen* und Vermögen. Die Lebenshaltung wird in quantitativer (Verwendung der wirtschaftlichen Mittel) und qualitativer Hinsicht (Entwicklung der →*Bedürfnisse*) von der individuellen Struktur des →*Haushalts* bestimmt. Neben gesellschaftlichen Einflußfaktoren (z.B. →*Wertewandel*, →*Konsumstandard*) wird die Lebenshaltung maßgeblich durch die gesamtwirtschaftliche Entwicklung beeinflußt. Der Preisindex für die Lebenshaltung(→*Lebenshaltungskostenindex*) ist ein wesentlicher Indikator für die →*Kaufkraft*.

Lebenshaltungskostenindex Preisindex, der die Veränderung der Lebenshaltungskosten in einem definierten Zeitraum aufgrund von Preisänderungen angibt. Bei der Berechnung des Index wird ein art- und mengenmäßig gleichbleibender →*Warenkorb* zugrundegelegt. Damit ist das Problem verbunden, daß kurz- und mittelfristige Veränderungen im →*Konsumentenverhalten* (d.h. die damit im Zusammenhang stehenden Veränderungen der Lebenshaltungskosten) nicht erfaßt werden können. Eine wiederholte Neudefinition des Warenkorbs bzgl. der Konsumrealität führt hingegen zu Schwierigkeiten bei langfristigen Vergleichen, da keine einheitliche Basis mehr existiert.

Lebensqualität Qualitative Neuorientierung von Zielen in der Gesellschaft (siehe auch →*Wert(e)dynamik* und→*Wert(e)wandel*). Es stehen nicht mehr allein quantitative Größen (wie z.B. →*Wachstum*) im Mittelpunkt des individuellen Zielsystems, sondern ergänzend (und vielfach bereits dominierend) qualitative Zielfunktionen, wie z.B. Freizeit, Gesundheit, Persönlichkeitsentwicklung etc. Diese Neuorientierung führt zur Entwicklung neuer →*Angebote* (siehe Freizeit- und Kulturbranche), aber auch in Verbindung mit dem Wert(e)wandel zur Verminderung der Leistungskraft (→*Wertschöpfung*) einer Volkswirtschaft aufgrund des Abbaus der Primärtugenden (z.B. Fleiß, Pflicht- und Verantwortungsbewußtsein) zugunsten einer →*Hedonismus*-Orientierung.

Lebensstandard Bezeichnung für die Gesamtheit der als erforderlich angesehenen materiellen und immateriellen Versorgungsgüter. Der Lebensstandard umfaßt eine bestimmte Menge und Qualität an materiellen →*Gütern* und →*Dienstleistungen*, öffentlichen Einrichtungen (→*Infrastruktur*) und sozialen Beziehungen (→*Gruppe*). Er ist abhängig von individuellem →*Einkommen*, sozialem →*Status*, →*Normen* und →*Traditionen* und unterliegt gesellschaftlichen Veränderungen (siehe auch →*Wert(e)wandel*, →*Konsumstandard*). Im Unterschied zur →*Lebenshaltung* als effektive Größe (→*Lebenshaltungskostenindex*,→*Warenkorb*) stellt der Lebensstandard eher ein anzustrebendes soziales und kulturelles →*Leitbild* dar.

Lebensstil(e) Spezifische Kombination der Verhaltensmuster von Menschen (siehe auch →*AIO-Ansatz*). Die Verhaltensmuster resultieren aus Überzeugungen, Zielen, Interessen und letztlich Verhaltensweisen und bieten die Möglichkeit zur Typologisierung (→*Käufertypologie*) von →*Zielgruppen* (→*Marktsegmentierung*). Lebensstile unterliegen dynamischen →*Einstellungen* und Verhaltensweisen. Daraus ergibt sich auch vielfach die Problematik von Typologien, die einerseits auf dynamischen Lebensstilen aufbauen und andererseits in der pragmatischen "Marketingbehandlung" als relativ starr angesehen werden.

Lebenswelt Handlungs- und Erfahrungsraum von Individuen, der nach *J. Habermas (1981)* „durch einen kulturell überlieferten und sprachlich organisierten Vorrat an Deutungsmustern repräsentiert“ wird. Daraus leiten sich auch die →*Sozialen Milieus* ab, die in einem engen Zusammenhang mit den →*Lebensstilen* stehen. Da Lebenswelten das individuelle Handeln erklären, eignen sie sich zur Bildung von→*Käufertypologien* und Bestimmung von →*Zielgruppen*(→*Marktsegmentierung*).

Lebenszyklus →*Produkt-Lebenszyklus*, →*Familienzyklus*.

Leerkosten→*Fixkosten*, die dadurch entstehen, daß ein Teil der Kapazität nicht genutzt wird. Die wesentliche Ursache für die Entstehung von Leerkosten ist, daß der →*Produktionsfaktor* →*Betriebsmittel* nicht beliebig teilbar ist und sich daher als relativ unflexibel erweist im Hinblick auf seine Anpassungsmöglichkeit bei Beschäftigungsabweichungen (siehe im Gegensatz →*Nutzkosten*).

Leistungsanreize →*Incentives*.

Leistungsgesellschaft→*Industriegesellschaft*, in der das Streben nach Leistung und Erfolg die Voraussetzung für den Wohlstand der →*Gesellschaft* und die Steigerung des →*Lebensstandards* bildet. Der freie →*Leistungswettbewerb* (siehe auch →*Marktwirtschaft*) der Marktteilnehmer sorgt für eine stetige Verbesserung des Produktangebots und eine wachsende Arbeitsqualifikation. Individuelles →*Einkommen*, sozialer →*Status* und →*Prestige* sind abhängig von Umfang und Qualität der Leistung des einzelnen. Das Leistungsprinzip als Marktmechanimus erhält die Wettbewerbsfähigkeit der Wirtschaft. Die Leistungsgesellschaft ist eine Wettbewerbsgesellschaft, in der sich (national wie international) nur diejenigen →*Anbieter* durchsetzen, deren Leistungserstellung eine im Konkurrenzvergleich höhere →*Produktivität* aufweist.

Leistungsmotivation Resultante eines emotionalen Konflikts zwischen einerseits der Hoffnung auf Erfolg (Annäherungsmotivation) und andererseits der Furcht vor Mißerfolg (Vermeidungsmotivation). Die Tendenz, Erfolg anzustreben, wird als Produkt aus drei Faktoren angesehen: dem Leistungsmotiv (oder Erfolgsmotiv), der subjektiven Wahrscheinlichkeit, daß der Erfolg eintritt und dem Anreizwert des Erfolgs (*J.W. Atkinson, 1964*). Die Leistungsmotivation ist ein →*Bedürfnis* nach Leistung und damit das Bestreben, Hindernisse zu überwinden, über sich selbst hinauszuwachsen, seine Selbstachtung durch die erfolgreiche Ausübung seiner Fähigkeiten zu steigern. Angst und →*Deprivation* (Entzug einer →*Bedürfnisbefriedigung*) führen eher zu einem Reizreduktionsverhalten, das nach *S. Freud* auch stimulierend wirkt. Leistungsbedürfnisse gehen dem →*Wirtschaftswachstum* voraus. Eine Zunahme der Leistungsbedürfnisse erzeugt Wirtschaftswachstum, eine Abnahme wirtschaftlichen Niedergang (siehe auch →*Motivation*, →*Motivationstheorien*).

Leistungsprogramm Gesamtheit der von einem →*Unternehmen* auf dem →*Markt* angebotenen →*Produkte* und/oder →*Dienstleistungen*. Das Leistungsprogramm wird begrifflich im →*Produkt-Mix* zusammengefaßt.

Leistungswettbewerb →*Wettbewerb*, der auf dem Leistungsstreben beruht (z.B. durch eine qualitative Verbesserung des →*Angebots*) und nicht darauf abzielt, die →*Konkurrenz* zu behindern oder zu verdrängen (→*Verdrängungswettbewerb*). Der Leistungswettbewerb ist die dem marktwirtschaftlichen Ordnungssystem (→*Marktwirtschaft*) entsprechende Wettbewerbsform.

Leitbild(er) Personifizierte Vorbilder, deren →*Verhalten* als nachahmenswert erachtet wird. Leitbilder besitzen ein hohes →*Sozialprestige* und werden vornehmlich in der →*Marketingkommunikation* eingesetzt (z.B. Filmstars, Sportler). Ziel ist der →*Imagetransfer* vom Leitbild auf das beworbene Leistungsangebot und das anbietende →*Unternehmen* (siehe auch →*Testimonial*). Problem hierbei ist, daß Leitbilder durch die Berichterstattung in den →*Kommunikationsmedien* einem permanenten Verschleißprozeß ausgesetzt sind und ihre Vorbildfunktion in der →*Öffentlichkeit* wiederholt in das Gegenteil umschlägt.

Leitbildwerbung →*Produktwerbung* mit personifizierten Vorbildern (→*Leitbilder*), deren →*Verhalten* als nachahmenswert erachtet wird (siehe auch →*Testimonial*).

Leithändlersystem Form des →*Vertikalen Marketing*, bei der Hersteller die für sie besonders wichtigen Handelsunternehmen auswählen und diesen eine intensive Marketingunterstützung geben. Daraus kann sich eine →*Selektive Vertriebspolitik* entwickeln.

Leitpreis Preisorientierung am Branchendurchschnitt oder am Preisführer (→*Preisführerschaft*). Der Leitpreis ist als eine Orientierungsgröße zu verstehen, die die →*Preisstrategie* eines →*Anbieters* (vor allem in einem →

Oligopol) wohl berührt, aber nicht bestimmt.

Leitstudie(n) →*Pilotstudie(n)*.

Leitungsspanne Optimale Anzahl der einem Vorgesetzten unterstellten Mitarbeiter (→*Kontrollspannenprinzip*, →*Organisationsprinzipien*). Als Optimum gilt keine feste Regel. Die optimale Leitungsspanne (auch als Führungsspanne bezeichnet) richtet sich nach dem Einzelfall, der Leitungskapazität und insbesondere nach der je Aufgabengebiet sehr unterschiedlichen anforderungsbedingten Leitungsbelastung. Überdies spielen die Beziehungen zwischen Vorgesetzten und Mitarbeitern, die Häufigkeit und Intensität der Beziehungen, die Art der verschiedenen Aufgaben, der Grad der →*Delegation* etc. eine wichtige Rolle. Insofern weichen auch die in der Literatur genannten optimalen Zahlenangaben z.T. erheblich voneinander ab und reichen von drei bis sechs, drei bis acht und auch über zehn hinausgehende Unterstellungen.

Leitungssystem Gesamtheit der personellen Leitungsbeziehungen in der →*Organisation*. Das Leitungssystem wird in einem →*Organigramm* (Darstellung der →*Aufbauorganisation*) visualisiert. Die Grundmodelle der Leitungssysteme sind das Einliniensystem (klare Abgrenzung der Aufgaben und Verantwortungsbereiche), das Stab-Linien-System (Bildung von →*Stabsstellen* innerhalb der →*Linienorganisation*) und Mehrliniensysteme (Mehrfachbeziehungen innerhalb der vertikalen Hierarchie) in Form der →*Matrixorganisation* oder →*Tensororganisation*. Spezielle Ausprägungen des Leitungssystems sind verrichtungs- bzw. funktionsorientierte Modelle (Einliniensystem) und objektorientierte Modelle (→*Spartenorganisation*, →*Produktmanagement*, →*Key Account-Management*) und das →*Profit Center-Konzept*, das nicht mehr als klassisches Leitungssystem gelten kann, dennoch aber in Verbindung mit der Matrixorganisation am konsequentesten dem dezentralen Objektprinzip folgt. Gleiches gilt für das →*Projektmanagement*, das dem Mehrliniensystem folgt und große Ähnlichkeiten mit der Matrixorganisation aufweist.

Lernen Veränderungen von →*Einstellungen*, →*Werten* (siehe auch →*Wert(e)wandel*) und Verhaltensweisen (→*Verhalten*, →*Soziale Lerntheorie*), die auf Erfahrungen und Erkenntnissen basieren. Lernen erfüllt zwei Funktionen: die Informationsfunktion (Verknüpfung neuer mit bereits gespeicherten →*Informationen*) und die Verhaltensfunktion (Anpassung des Verhaltens entsprechend der neuen Erkenntnisse). Vorhandenes Wissen und die →*Aktivierung* des Individuums lenken die →*Kognitiven Prozesse* und bestimmen Dauer und Schnelligkeit der →*Informationsverarbeitung*.

Lernen am Modell →*Modell-Lernen*.

Lernende Organisation →*Organisation*, in der die Organisationsmitglieder den Prozeß des →*Lernens* bewußt durchlaufen und aktiv gestalten. Hierbei geht es vor allem darum, das in der Organisation implizit vorhandene →*Wissen* durch das →*Wissensmanagement* explizit zu machen (d.h. eine Wissensdiffusion in alle Unternehmensbereiche hinein herzustellen), um z.B. die Wertschöpfungsketten (→*Wertketten*) zu optimieren. Ein damit verbundenes weiteres Ziel ist, durch die Generierung neuen Wissens und seine konkrete Umsetzung im Unternehmen →*Kontinuierliche Verbesserungsprozesse (KVP)* in Gang und permanent fortzusetzen. Eine wesentliche Voraussetzung dazu ist die entsprechende →*Organisationskultur* (→*Corporate Culture*, →*Unternehmenskultur*).

Lernkompetenz Fähigkeit zur ständigen Wissenserweiterung aller persönlichen Kompetenzen (→*Fachkompetenz*, →*Methodenkompetenz*, →*Sozialkompetenz*, →*Emotionale Kompetenz*). Insofern besteht eine Interdependenz zwischen dem Fachwissen (gelernte →*Informationen*), der Methodenhandhabung (Instrumentarium), der →*Sozialisation* (→*Interaktion* incl. Integration) und der emotionalen Persönlichkeitsstärke (→*Ambiguitätstoleranz*).

Lernkurve Graphische Darstellung der Ergebnisse von Lernprozessen (→*Lernen*). Idealtypische Lernkurven weisen einen s-förmigen Verlauf auf. Auch in der Produktions- und Kostentheorie spielen Lernkurven eine wichtige Rolle (siehe dazu auch →*Erfahrungskurveneffekt*).

Lernpsychologie Bereich der →*Psychologie*, der sich mit den Lernprozessen des Individuums (vgl. dazu →*Lerntheorien*, →*Verhaltenstheorie*) beschäftigt. Als →*Lernen* gilt jede Verhaltensänderung und Verhaltensmöglichkeit (latentes Lernen), die auf Erfahrung, d.h. Übung und Beobachtung beruhen (ausgenommen hiervon sind Vorgänge aufgrund von Krankheit, biologischer Veränderungen etc.). Klassische Lerntheorien (→*S-R-Modell*) führen das →*Verhalten* primär auf Umweltbedingungen zurück. In kognitiven Theorien wird das Individuum durch gedankliche Einsicht (→*Kognitive Prozesse*, →*Gedächtnistheorien*) zu neuen Verhaltensweisen befähigt. Die →*Soziale Lerntheorie* betont die →*Interaktion* des Menschen mit seiner Umwelt (→*Soziales Lernen*, →*Beobachtungslernen*) unter Einbeziehung kognitiver Ansätze und behavioristischer (→*Behaviorismus*) Prinzipien.

Lerntheorie(n) Erklärung des Verhaltens (→*Kaufverhalten*, →*Konsumentenverhalten*) durch Lernprozesse. Die Lerntheorien lassen sich in zwei Gruppen einteilen: in das →*S-R-Modell* mit Weiterentwicklung zum →*S-O-R-Modell* und in die kognitiven Theorien (siehe dazu die neueren →*Gedächtnistheorien*). Die klassischen S-R-Theorien werden unterschieden nach dem →*Kontiguitätsprinzip* (→*Konditionierung*) und nach dem →*Verstärkerprinzip* (Lernen am Erfolg z.B. im Sinne einer sozialen Anerkennung). Die Lerntheorien (siehe auch →*Soziale Lerntheorie*) haben insbesondere Anwendung gefunden in der Erforschung der →*Werbewirkung*. Die →*Lernkurven* sind in ihrer typischen Form (s-förmige Kurve) weitgehend identisch mit der →*Response Function*, wobei neuere Werbewirkungsanalysen die Gültigkeit der klassischen Annahmen erheblich in Frage stellen.

Leseranalyse →*Leserschaftsforschung*.

Leser-Blatt-Bindung Untersuchungsgegenstand der →*Leserschaftsforschung*. Sie definiert im Rahmen der →*Mediaanalyse* (→*Mediaforschung*) den Grad der Bindung des Lesers an ein Periodikum (→*Zeitung*, →*Zeitschrift*). Von der Blattbindung wird auf die →*Werbewirkung* des →*Kommunikationsmediums* geschlossen. Gemessen wird die Leser-Blatt-Bindung mit Hilfe von Verzichtbarkeits- und/oder Wertschätzungsskalen.

Leserschaftsforschung Die auch als Leseranalyse (Leserschaftsanalyse) bekannte Forschung ist ein Teil der →*Rezipientenforschung*. Untersucht werden Struktur und Gewohnheiten der Leser von →*Zeitungen* und →

Zeitschriften. Hierbei sind für die →*Mediaplanung* u.a. die wichtigsten Erhebungsdaten die →*Reichweite*, die →*Kontaktzahl*, die Leser pro Ausgabe (→*LpA*), die Leser pro Nummer (→*LpN*) und die Leser pro Exemplar (→*LpE*).

Lesezirkel Anzahl von →*Zeitschriften*, die zu Lesemappen zusammengeheftet werden. Die Gebühren sind gestaffelt nach Erstmappen (Erstbezieher), Zweit- und Drittmappen. Durch Lesezirkel können die →*Reichweiten* von Zeitschriften erhöht werden.

Lesezirkelwerbung Aufgrund der großen →*Reichweite* und der hohen Nutzungsintensität werden →*Lesezirkel* als eigenständiges →*Kommunikationsmedium* eingesetzt. Aufkleber auf den Schutzumschlägen, →*Beihefter* und →*Beilagen* eignen sich für Lesezirkel als →*Kommunikationsmittel*.

Letter of Intent Absichtserklärung des →*Abnehmers*, den →*Kauf* eines Leistungsangebots bei einem bestimmten Lieferanten tätigen zu wollen. Die Absichtserklärung ist mit keinem Rechtsanspruch verbunden, sondern beendet lediglich die Verhandlungsphase von →*Anbieter* und →*Nachfrager*. Insbesondere im →*Anlagengeschäft* (→*Investitionsgütermarketing*) und im →*Systemgeschäft* (→*System-Marketing*) hat der Letter of Intent eine große Bedeutung.

Leuchtwerbung →*Lichtwerbung*.

Leverage-Effekt Überproportionale Zunahme der →*Eigenkapitalrentabilität* durch einen verstärkten Fremdkapitaleinsatz. Voraussetzung für die sogen. positive Hebelwirkung des Fremdkapitals ist, daß die Fremdkapitalkosten geringer sind als der durch den Fremdkapitaleinsatz erzielte →*Gewinn* (Gewinn nach Abzug der Fremdkapitalzinsen).

Lexikographische Auswahlheuristik Bei der →*Kaufentscheidung* (Auswahl aus Kaufalternativen) vergleicht der →*Nachfrager* zunächst nur das Produktmerkmal, das für ihn am wichtigsten ist. Entspricht das →*Angebot* diesbezüglich seinen →*Erwartungen*, wird es ungeachtet anderer Merkmale nachgefragt. Anderenfalls beginnt ein neuer →*Entscheidungsprozeß* (siehe auch →*Entscheidung*, →*Heuristik*).

Liberalismus Bezeichnung für unterschiedliche Wirtschafts- und Gesellschaftslehren des 18. und 19. Jhs., die auf dem Prinzip der individuellen Freiheit und Selbstverantwortung beruhen und u.a. auf *J. Bentham (1748-1832)*, *J.Locke (1632-1704)*, *D. Hume (1711-1776)* und *A. Smith (1723-1790)* zurückgehen. Die Grundforderungen des ursprünglichen Liberalismus waren die wirtschaftliche, politische und geistige Freiheit für den Einzelnen, Chancengleichheit und freier →*Leistungswettbewerb*, eine demokratische Grundordnung und Schutz des Privateigentums. Dem Staat kam neben marktkonformen Maßnahmen eine primär überwachende Funktion zu. Die freie Entfaltung und das Eigeninteresse des Einzelnen sollten zu einem allgemeinen Wohlstand und gesellschaftlichen Fortschritt führen, der wirtschaftliche →*Wettbewerb* sich selbst regeln. Die durch den →*Laissez-faire-Liberalismus* bedingten sozialen Mißstände führten zur Entwicklung des →*Neoliberalismus* (→*Ordoliberalismus*) und in Folge zur →*Sozialen Marktwirtschaft* (siehe →*Wirtschaftsordnung*).

Lichtwerbung Form der →*Außenwerbung*, die besonders im →*Einzelhandel* ausgeprägt ist. Neuere Formen der Licht-(Leucht-)werbung sind hinterleuchtete Transparente, Lichtbildwände, beleuchtete Plakatanschläge, beleuchtete Schaufenster etc.

Lieferantenanalyse Form der →*Beschaffungsmarktforschung*, die der gezielten Lieferantenauswahl (→*Lieferantenpolitik*) dient. Die wichtigsten Auswahlkriterien sind u.a. das →*Preis-Leistungs-Verhältnis*, die→*Qualität* der →*Produkte* bzw. →*Dienstleistungen*, der →*Lieferservice*, der →*Service* insgesamt, →*Garantieleistungen*, →*Image* etc. Der ausgewählte Kriterienkatalog zeigt, daß für die Lieferantenauswahl einfache Kostenvergleiche nicht ausreichen. Vielfach kommen →*Scoringmodelle* zur Anwendung, die eine gewichtete Bewertung der verschiedenen Anforderungskriterien ermöglichen. Dadurch wird die Entscheidung für oder gegen einen Lieferanten auf eine rationale und nachvollziehbare Basis gestellt.

Lieferantenbindung →*Vertriebsbindung*.

Lieferantenkredit Form der →*Absatzfinanzierung* (als Instrument der →*Absatzförderung*). Der Lieferant (Hersteller) gewährt seinen →*Abnehmern* (→*Groß-* und →*Einzelhandel*) einen →*Kredit*. Zu unterscheiden sind Ausstattungskredite (Kredit zur Beschaffung von Einrichtungsgegenständen, z.B. in der Gastronomie) und Lieferungskredite (Einräumung einer Zahlungsfrist bzgl. der Regulierung von Lieferverbindlichkeiten). Der relativ teure Lieferungskredit, den der Lieferant üblicherweise als Finanzierungskosten in den Preis einkalkuliert, kann in vielen Fällen vom Abnehmer durch die Inanspruchnahme des →*Skontos* vermieden werden (siehe im Vergleich →*Konsumentenkredite*).

Lieferantenpolitik Strategische Lieferantenwahl auf der Basis detaillierter →*Lieferantenanalysen*. In die Lieferantenpolitik eingeschlossen sind auch die verschiedenen Formen der gezielten Einflußnahme auf die Lieferantenqualität und auf die organisatorische Zusammenarbeit (z.B. Erbringung bestimmter Serviceleistungen durch die Lieferanten).

Lieferantentreue Eine der →*Markentreue*, →*Produkttreue* und →*Ladentreue* verwandte Form der dauerhaften Geschäftsbeziehungen zwischen Lieferanten und Abnehmern. Die Lieferantentreue spielt insbesondere im →*Investitionsgütermarketing* (→*Systemgeschäft*) und im →*Handelsmarketing* (→*Vertikales Marketing*) eine wichtige Rolle.

Lieferbedingungen Wesentlicher Bestandteil des →*Marketing-Mix*, der unter dem Begriff der Lieferungs- und →*Zahlungsbedingungen* der→*Distributionspolitik* (→*Marketing-Logistik*) und/oder der →*Preispolitik* zugerechnet wird. Sinnvoll erscheint die Trennung in Lieferbedingungen (Distributionspolitik) und Zahlungsbedingungen (Preispolitik). Die Lieferungs- und Zahlungsbedingungen sind in den →*Allgemeinen Geschäftsbedingungen (AGB)* festgelegt.

Lieferbereitschaft Prozentsatz der lieferfähigen →*Artikel*, gemessen an der gesamten →*Ordermenge*. Dieser →*Servicegrad* ist ein Maßstab für die Qualität des →*Bestandsmanagements* (siehe auch →*Lieferservice*).

Lieferbereitschaftsgrad →*Servicegrad*.

Lieferfristen Die in den →*Geschäftsbedingungen* festgelegte →*Lieferzeit*.

Lieferservice Output der →*Logistik*. Seine Qualität wird gemessen am realisierten →*Servicegrad*. Der Lieferservice setzt sich zusammen aus der → *Lieferzeit*, der →*Lieferbereitschaft* im Sinne einer -fähigkeit und der →*Lieferzuverlässigkeit*. Zwischen diesen Lieferservice-Elementen besteht ein unmittelbarer Zusammenhang. Z.T. haben die Elemente auch Kompensationscharakter, d.h. daß in Grenzen z.B. Schwächen in der Lieferbereitschaft ausgeglichen werden können durch eine Verkürzung der Lieferzeit (siehe auch →*Lieferbedingungen*).

Lieferzeit Zeitspanne zwischen Auftragserteilung und dem Eintreffen der →*Ware* beim →*Kunden*. Im Food-Bereich ist vielfach der Lieferprozeß aus Handelssicht erst abgeschlossen, wenn die Ware im Regal plaziert (→*Merchandising*) und die →*Preisauszeichnung* vorgenommen ist (siehe auch → *Lieferservice*).

Lieferzuverlässigkeit Zuverlässigkeit des →*Lieferservice*. Entscheidend ist der →*Servicegrad*, der mit dem → *Kunden* vereinbart ist.

Life Cycle →*Produkt-Lebenszyklus*.

Life Cycle Costing Eine auf den gesamten →*Produkt-Lebenszyklus* bezogene Kostenanalyse (→*Kosten-Nutzen-Analyse*). Hierin eingeschlossen sind auch die Forschungs- und Entwicklungskosten, die vor dem eigentlichen Marktzyklus anfallen. Zudem kann es sich als sinnvoll erweisen, auch die Folgekosten zu analysieren, die nach Beendigung der Nutzungsphase auftreten.

Life Style-Konzept Das Segmentationskonzept geht von unterschiedlichen →*Lebensstilen* und Lebensgewohnheiten (siehe →*Psychographische Kriterien*) der →*Verbraucher* bzw. →*Verwender* aus. Sie prägen Einstellungs- und Verhaltensmuster (→*Lebenswelt*) und haben damit Auswirkungen auf Konsumpräferenzen (→*Präferenzen*) und →*Kaufverhalten*.

Lifetime Customer Value →*Kundenwert* nach Lebenszeit, der die Summe der →*Käufe* des →*Kunden* darstellt. Aus diesem Wert lassen sich die Kosten der →*Akquisition* bewerten und für die Zukunft festlegen. Durch *die* →*Kunden-Datenbank* können zudem mögliche Kundenabwanderungen frühzeitig erkannt und diesen mit geeigneten Maßnahmen (→*Direktwerbung*, →*Direktmarketing*) entgegengewirkt werden.

Light-Produkte Kalorienreduzierte Lebensmittel, die dem wachsenden →*Trend* (siehe dazu →*Wert(e)wandel*, →*Wert(e)dynamik*) zur gesunden Ernährung folgen. Light-Produkte können entweder in einer völlig eigenständigen →*Produktlinie* zusammengefaßt oder in die bestehenden →*Produktprogramme* integriert werden. Diesbezüglich werden in der Praxis (→*Markenpolitik*) die Vor- und Nachteile von →*Dachmarken* und →*Einzelmarken* z.T. sehr unterschiedlich bewertet. Die Einzelmarkenstrategie vermeidet einen möglichen negativen →*Imagetransfer* (bedingt durch Geschmacks- und Genußdifferenzen), kann aber das →*Firmenimage* nicht oder nur unvollkommen nutzen.

Likert-Skala Nach *R. Likert (1932)* benanntes →*Skalierungsverfahren* (→ *Ordinalskala*). Die Befragungspersonen wählen aus mehreren (fünf bis sieben) Antwortalternativen diejenige aus, die ihrer →*Einstellung* am besten entspricht. Den einzelnen Antwortkategorien werden Werte zugeordnet. Durch die Addition aller Einzelskalenwerte ergibt sich der Gesamtpunktwert für einen Befragten. Daher wird das Verfahren auch als Methode der summierten Einschätzungen bezeichnet.

Limitationalität Die →*Produktionsfaktoren* stehen in einem bindenden Einsatzverhältnis bzgl. der Ausbringungsmenge und sind nicht substitutional austauschbar (→*Substitutionalität*). Es gelten die Bedingungen der →*Produktionsfunktion* vom Typ B (unterschiedliche →*Verbrauchsfunktionen*).

Limitrechnung Kurzfristige Planungsrechnung im →*Handel* (→*Einzelhandel*, →*Großhandel*) zur Lagerbestands- und Sortimentssteuerung mit dem Ziel einer Kostensenkung und Liquiditätssicherung. Basis der Limitrechnung sind die Plangrößen →*Umsatz*, →*Lagerbestand* (→*Lagerumschlag*) und →*Handelsspanne* für die Planperiode. Das Einkaufslimit (wertmäßige Obergrenze des für den →*Einkauf* verfügbaren Betrages) ergibt sich als Differenz aus Plan-Umsatz und absoluter Handelsspanne. Bei Überschreitung des geplanten Lagerbestandes wird das Einkaufslimit gekürzt, bei Unterschreitung des Lagerbestandes erhöht. Die Limitrechnung bietet keine Sicherheit bzgl. der richtigen Artikeldisposition. Durch die ex post-Betrachtung werden vielfach strukturelle Probleme (im →*Sortiment*) nicht gelöst, sondern fortgeschrieben. EDV-gestützte →*Warenwirtschaftssysteme* bieten hier eine analytische Hilfe.

Linearprogrammierung Optimierungsrechnung zur Erreichung von gesetzten →*Zielen* unter Berücksichtigung von Nebenbedingungen. Der praktische Einsatz im Marketing ist sehr begrenzt, da die Wirkungsbeiträge der einzelnen Variablen der Zielfunktion (→*Marketinginstrumente*) bekannt sein müssen, die Wirkungsbeiträge als unabhängig voneinander gesehen werden (keine →*Synergien*) und Zielfunktion wie Nebenbedingungen ex definitione einen linearen Verlauf aufweisen (siehe dazu das Grundproblem von →*Marketingmodellen*).

Line Enlargement In Abgrenzung zur →*Line Extension* Ausweitung des →*Produktprogramms* bzw. des →*Sortiments* bei gleicher →*Positionierung* auf für das Unternehmen völlig neue →*Absatzmärkte* (siehe Camel-Zigaretten, Outdoor-Bekleidung, Abenteuerreisen). Ziel dieser →*Markenpolitik* ist der positive →*Imagetransfer* (→*Markenimage*) von →*Dachmarken* auf neue →*Produkte*, →*Produktfamilien* und/oder →*Markenfamilien*. Die damit evtl. verbundenen Gefahren sind ähnlich (und in der Regel größer) wie bei einer extensiven Line Extension (siehe dazu auch →*Markentransfer*).

Line Extension Ausweitung des →*Produktprogramms* bzw. des →*Sortiments* (meist durch →*Produktdifferenzierung* bzw. →*Sortimentsvertiefung*). Ziel dieser →*Markenpolitik* ist der →*Imagetransfer* (→*Markenimage*) von →*Dachmarken* auf →*Produktfamilien* (→*Markenfamilien*). Mit der extremen Line Extension ist die Gefahr einer Ausuferung der Produktprogramme bzw. Sortimente verbunden mit der Folge einer →*Kannibalisierung* der →*Angebote* bzw. einer weiteren →*Fraktalisierung* der →*Zielgruppen*. Dadurch wird ein wesentliches Ziel der Line Extension (→*Marktsegmentierung*) nicht erreicht, sondern in das Gegenteil verkehrt. Folge ist die Aushöhlung der Markenkerne (siehe dazu auch →*Markenimage*, →*Markenpolitik*, →*Markentechnik* und in Abgrenzung →*Line Enlargement*).

Linguistisches Relativitätsprinzip Abhängigkeit der →*Wahrnehmung* und des Denkens von den jeweiligen Sprachsystemen (siehe dazu auch die Begriffe →*Semantik*, →*Syntaktik*, →*Pragmatik*, →*Semiotik*).

Linienorganisation Vertikale →*Organisationsform*, die auch als Einliniensystem (im Gegensatz zum →*Mehrliniensystem*) bezeichnet wird. Es gilt das Prinzip der einheitlichen Auftragserteilung, wonach jeder Mitarbeiter nur einer einzigen Instanz unterstellt ist.

Liniensystem →*Linienorganisation*.

Link →*Hyperlink*.

Linking Pins Vertikale und auch horizontale Bindeglieder, die als Mitglieder zweier Gruppen im „System überlappender Gruppen" (siehe z.B. →*Mehrliniensysteme*, →*Projekt-Management*,→*Matrixorganisation*, →*Tensororganisation*) die Aufgabe wahrnehmen, die vertikalen und horizontalen Informations- und Kommunikationsbeziehungen und die Koordination sicherzustellen bzw. zu verbessern. Die Bildung von Linking Pins sind Ausdruck einer Abwendung vom →*Autoritären Führungsstil* und Realisierung des →*Kooperativen Führungsstils*.

Liquidität Fähigkeit, termingerecht die fälligen Zahlungsverpflichtungen zu erfüllen. Liquidität ist dann gegeben, wenn die liquiden finanziellen Mittel (incl. Kreditrahmen z.B. durch Banken) ausreichen, um den Zahlungsmittelbedarf zu decken. Bei verstärktem Fremdkapitaleinsatz (Verschuldungspolitik) besteht die Gefahr einer Antinomie von →*Rentabilität* und Liquidität (siehe dazu auch →*Leverage-Effekt*).

LISREL Abk. für **Li**near **S**tructural **Rel**ations System. Es handelt sich um eine Analysetechnik, die für →*Kausalanalysen* eingesetzt wird. Das Computerprogramm verbindet →*Regressionsanalysen* mit →*Faktorenanalysen*.

Listbroking Vermittlung von Adressen (von →*Listeignern*) an Unternehmen, die damit →*Direktwerbung* betreiben wollen.

Listeigner Unternehmen, die ihre Kunden- und Interessentendateien anderen Unternehmen zur Neukundengewinnung (→*Akquisition*) zur Verfügung stellen (siehe auch →*Listbroking*).

Listenpreis Standardpreis (→*Nettopreis*), den der →*Handel* (→*Groß-* und →*Einzelhandel*) nach Liste dem Lieferanten für sein Leistungsangebot zu zahlen hat. Durch die vielfältigen Formen der →*Rabatt-* und →*Konditionenpolitik* haben Listenpreise in der Praxis mittlerweile nur noch einen deklaratorischen Wert. In den Preisverhandlungen zwischen Hersteller und Handel geht man daher üblicherweise vom „Netto-Netto-Preis" aus, der den Nettopreis um weitere (und vielfach wettbewerbsrechtlich nicht unbedenkliche) individuell vereinbarte Preisabschläge oder Sonderkonditionen vermindert.

Listung Aufnahme eines neuen →*Produkts* in das →*Sortiment* des →*Handels* (→*Groß-* und →*Einzelhandel*). Die mit der Listung in der Regel verbundenen Gebühren (Listungsgebühren, →*Eintrittsgelder*) sind wettbewerbsrechtlich (→*GWB*, →*UWG*) bedenklich (weil sie den →*Leistungswettbewerb* behindern), aber gängige Praxis. Als unbedenklich gelten hingegen →*Listungsrabatte* als Entgelt für den Aufwand des Handels, der mit der Listung verbunden ist.

Listungsrabatt(e) Form des →*Rabatts*, der ein Äquivalent für den Aufwand des →*Handels* (→*Groß-*

und/oder →*Einzelhandel*) darstellt, der mit der →*Listung* (Aufnahme in den →*Ordersatz*) eines neuen Produkts (→*Produkteinführung*) verbunden ist. Die Listungsrabatte sind in der Regel Barrabatte. Sie erweisen sich in der Handelspraxis dann als wettbewerbsrechtlich (→*GWB*, →*UWG*) bedenklich, wenn sie die Form von →*Eintrittsgeldern* für Erstaufträge, Listungsgebühren, Einrichtungszuschüssen, Regalmieten etc. annehmen (siehe →*Sündenregister*). Die diesbezüglichen Grenzen sind fließend mit Tendenz zu wettbewerbswidrigen Verhaltensweisen aufgrund des zunehmenden Wettbewerbsdrucks, der →*Handelskonzentration* und der damit verbundenen →*Asymmetrischen Machtverteilung* im →*Vertikalen Marketing*.

Litfaßsäule Nach *E.Th. Litfaß (1816-1874)* benannte, zylinderförmige Plakatanschlagsäule, die in der →*Außenwerbung* (→*Plakatwerbung*) als →*Werbeträger* (→*Kommunikationsmedium*) eingesetzt wird.

Lizenz Genehmigung, ein gewerbliches →*Schutzrecht* eines anderen in der Regel gegen Entgelt zu nutzen. Hierbei kann es sich um ein →*Produkt*, Verfahren, →*Warenzeichen* etc. handeln. Das Recht erwirbt der Lizenznehmer durch eine vertragliche Vereinbarung mit dem Lizenzgeber. Insbesondere im →*Franchising* ist die Lizenz die Grundlage des Vertrags (siehe auch →*Markenlizenz*).

Lizenzpolitik Vergabe von →*Lizenzen*, die vor allem die →*Markterschließung* zum Ziel hat. Weitere Ziele der Lizenzpolitik sind der Aufbau von →*Markteintrittsbarrieren* gegenüber der →*Konkurrenz*, Kostensenkungen, Amortisation von →*F+E*-Aufwendungen, Risikominderung, Erschließung internationaler Märkte etc. Als problematisch kann sich die mangelhafte →*Kontrolle* erweisen (z.B. bei der →*Qualität*, →*Qualitätssicherung*), ein damit verbundener negativer →*Imagetransfer* und vor allem die Erhöhung der Marktkompetenz des Lizenznehmers. Ihm wird durch die Lizenz evtl. die Möglichkeit gegeben, sich zu einem →*Wettbewerber* gegenüber dem Lizenzgeber zu entwickeln.

Lobbyismus Einflußnahme auf staatliche Institutionen (Legislative, Exekutive), um politische Entscheidungen zu verhindern, die dem →*Unternehmen* oder auch der ganzen →*Branche* schaden bzw. für die Interessenten zuträgliche Entscheidungen zu fördern.

Lockartikel →*Lockvogelangebot(e)*.

Lockvogelangebot(e) Form der →*Sonderangebotspolitik*, die die Preis- bzw. Leistungsfähigkeit der Handelsunternehmen (vor allem →*Einzelhandel*) extrem in den Vordergrund stellt. Die auch als Zugartikel bezeichneten Lockvogelangebote werden vielfach unter dem →*Einstandspreis* angeboten, wobei es (wettbewerbsrechtlich) kaum möglich ist, den Untereinstandspreis (→*Untereinstandspreispolitik*) exakt zu definieren (siehe →*Konditionenpolitik*, →*Werbekostenzuschüsse*). Insofern kann auch der Nachweis einer wettbewerbsrechtlich relevanten →*Irreführung* in aller Regel nicht erbracht werden. Diesbezüglich ist es auch wenig hilfreich, in Lockartikel (zulässig) und Lockvogelangebote (unzulässig) zu unterscheiden.

Logfile-Analyse Analyse der auf einem Server im →*Internet* abgelegten Protokolle mit Informationen über Anfragen und Zugriffe auf den Server. Logfile-Analysen ermöglichen Aussagen über den Nutzungsgrad von Internet-Angeboten.

Logistik Management von →*Prozessen* zur koordinierten Realisierung optimaler unternehmensbezogener und unternehmensübergreifender Materialflüsse und der damit verbundenen Papier- bzw. Informationsflüsse. Dazu gehört die Koordination aller Planungsebenen incl. der Vernetzung von Vorlieferanten, den eigenen Unternehmensbereichen und den Kundenanforderungen (bis hin zum Endverbraucher). Der integrierte Material- und Warenfluß umfaßt die →*Beschaffungs-* und →*Absatzmärkte* und damit die Versorgungslogistik (Physical Supply, →*Beschaffungslogistik*), die innerbetriebliche Logistik (Lagerwirtschaft und innerbetrieblicher Transport) und die →*Distributionslogistik* (Physical Distribution, →*Physische Distribution*). Hinzu ist in den letzten Jahren verstärkt als Schlußglied der logistischen Kette die →*Entsorgungslogistik* getreten. Die Logistik muß in erster Linie marktorientiert sein. Durch die zunehmende Umweltproblematik gewinnen z.B. die Schnittstellen zwischen →*Verpackung*, →*Lagerhaltung* und →*Transport* eine besondere Bedeutung (siehe auch →*Marketing-Logistik*). Im Sinne der Effizienzsteigerung der →*Wertschöpfungsnetze* sind alle in der Logistikkette verknüpften Institutionen (Hersteller, Händler, Spediteure etc.) Gegenstand von Logistikuntersuchungen.

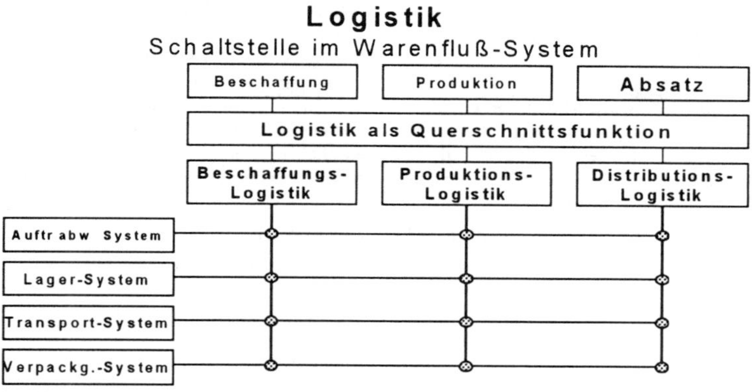

Poth & Partner nach M. Meyer (DBW 2/93)

Logistik-Effizienz Quotient aus Logistik-Leistungswert (Output) und Logistik-Kostenwert (Input).

Logistikkosten Entsprechend der geforderten Durchgängigkeit und insbesondere Ganzheitlichkeit des Logistikkonzepts alle →*Kosten*, die mit der Planung, Gestaltung bzw. Organisation, Steuerung und Kontrolle der Material- und Informationsflüsse (Papierflüsse) von der →*Beschaffung*, über die →*Produktion* bis hin zur →*Distribution* (→*Logistik-Management*) verbunden sind. Die höchsten Kosten verursachen die logistischen Subsysteme →*Auftragsabwicklung*, →*Lagerhaltung*, →*Kommissionierung*, →*Verpackung* und →*Transport*. Die Höhe der Logistikkosten hängt vom →*Lieferservice*, dem realisierten →*Servicegrad* und von der →*Logistik-Effizienz* ab. Aufgrund ihres z.T. Gemeinkostencharakters (→*Gemeinkosten*) sind die Logistikkosten vielfach nur durch eine Schlüsselung den →*Kostenstellen* und →*Kostenträgern* zurechenbar. Das gilt vor allem für die selbsterstellten Logistikleistungen, so daß sich aus Controllingsicht für einige Logistikfunktionen (z.B. für den Transport und die Lagerhaltung) ein →*Outsourcing* empfiehlt.

Logistik-Management Durchgängige Organisation, Planung, Steuerung und Kontrolle des Material- und Informationsflusses (Papierfluß) von der →*Beschaffung* bis zur →*Distribution* der Leistungsangebote.

Logistikorganisation Strukturelle und ablauforganisatorische Gestaltung der Material- und Informationsflüsse (Papierflüsse) von der →*Beschaffung*, über die →*Produktion* bis hin zur →*Distribution*. Üblich ist in der Praxis nach wie vor die Zuordnung der verschiedenen Logistikfunktionen zu unterschiedlichen betrieblichen Organisationsbereichen. Diese Vorgehensweise entspricht nicht dem Ganzheitskonzept der →*Logistik* und ihrer Schnittstellenfunktion. Dadurch werden lediglich konfliktäre Insellösungen geschaffen, die nicht dem Gesamtnutzenprinzip folgen. Als sinnvoll hat sich in der Praxis eine evolutorische organisationale Strukturierung nach den Entwicklungsphasen der Logistik erwiesen. Zur Implementierung der Logistik empfiehlt sich die Einrichtung einer projektorientierten Stabsstelle (→*Stab-Linien-Organisation*), die durch Koordinationsausschüsse ergänzt werden kann. Als nächster Schritt bietet sich die Bildung einer Hauptabteilung (→*Linienorganisation*) an. Diese kann letztlich die Funktion eines Zentralbereichs (→*Matrixorganisation*) erhalten, der konzeptionell übergreifend die dezentralen und operativen Logistikeinheiten in den Werken bzw. Sparten (→*Spartenorganisation*) oder in den →*Strategischen Geschäftseinheiten (SGE)* koordiniert. Denkbar ist auch eine organisatorische Heraushebung der →*Distributionslogistik* (siehe dazu auch →*Marketing-Logistik*). Ungeachtet der konkreten Organisationsform ist jedoch entscheidend, daß die Logistik aufgrund ihrer bereichsübergreifenden Funktion einen hohen hierarchischen Stellenwert erhält.

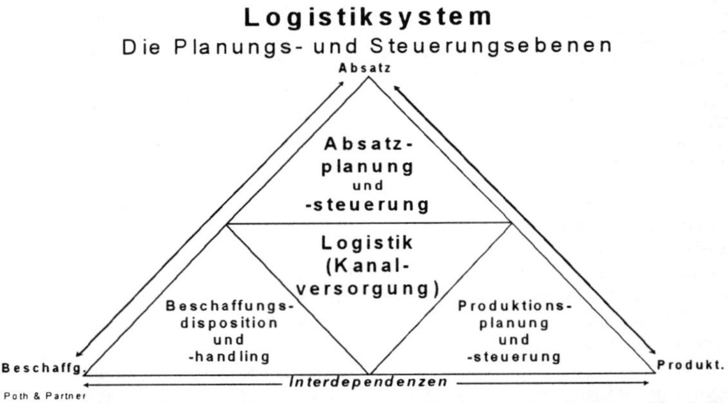

Logistiksystem Systematische Verknüpfung aller Logistikelemente (→*Logistik*) unter Einschluß von →*Absatzprognosen*, →*Produktions-* und →*Absatzplanung*. Das Logistiksystem hat damit die Qualität eines integrierten Netzwerks, das alle Unternehmensbereiche erfaßt.

Logistische Funktion(en) Prognosefunktionen für langfristige →*Prognosen* in Form von →*Wachstums-* und →*Sättigungsfunktionen* (siehe auch →*Gompertzfunktion*). Der Begriff ist abzugrenzen von den Funktionen der →*Logistik*.

Logo →*Firmenzeichen*.

Longitudinalanalyse →*Längsschnittanalyse*.

Lorenz-Kurve Konzentrationskurve, die aussagt, wieviel Prozent der →*Kunden* wieviel Prozent des →*Umsatzes* bzw. →*Deckungsbeitrages* oder →*Gewinns* erbringen. Diese Betrachtung kann auch auf →*Produkte*, →*Produktgruppen* oder →*Sortimente* bezogen werden (siehe dazu auch →*A-B-C-Analyse*). Die in der Praxis häufig auftretende 80/20-Verteilung wird als →*Pareto-Regel* bezeichnet.

Losgrößenformel Die Auflagenhöhe (Losgröße) einer Serie oder Sorte gilt als optimal, wenn die Kosten der Einrichtung der Fertigung, der Arbeitsvorbereitung und der Lagerung (incl. Zinsen) pro Fertigungseinheit zusammen ein Minimum erreichen (Auflagendegression). Eine Abstimmung mit der →*Logistik* ist unerläßlich, um eine Verbindung mit der Bestellmengen-Optimierung herzustellen (→*Bestellmenge*).

Lotterieauswahl →*Auswahlverfahren* (→*Stichprobenverfahren*), bei dem die →*Stichprobe* per Zufall (→*Zufallsauswahl*) aus der →*Grundgesamtheit* gezogen wird (→*Urnenmodell*).

Low Interest-Produkt(e) →*Konsumgüter*, denen die →*Verbraucher* (→*Konsumenten*) ein geringes Interesse entgegenbringen und die durch ein →*Habituelles Kaufverhalten* charakterisiert sind. Sie werden auch als →*Low Involvement*-Produkte bezeichnet (→*Involvement*). Ihnen stehen die →*High Interest-Produkte* gegenüber.

Low Involvement Geringes Engagement (Ich-Beteiligung), das sich in einer nur schwachen →*Aufmerksamkeit* bzw. →*Wahrnehmung* (→*Unbewußte Wahrnehmung*) gegenüber ausgesendeten →*Reizen* (→*Stimuli*) äußert. Die Verarbeitung (→*Lernen*) erfolgt aufgrund der geringen →*Aktivierung* passiv, d.h. mit einer nur geringen Verarbeitungstiefe (→*Gedächtnistheorien*) und unkritisch. Häufige Wiederholungen bzw. emotionale Bilder sind erforderlich, bis die →*Botschaft* gelernt ist (→*Emotionale Konditionierung*). Die fehlende kognitive Verarbeitung (→*Kognitive Prozesse*) bewirkt, daß die gespeicherten Eindrücke weniger erinnert als wiedererkannt werden (siehe im Vergleich →*High Involvement*, →*Involvement*).

Loyalität Sammelbegriff für die Bindungsformen →*Markentreue*, →*Produkttreue* und →*Ladentreue* (→*Kundentreue*). Die Ausprägung der Loyalität ist ein Maßstab für die Intensität der →*Kundenbindung*, die entscheidend von der dauerhaften →*Kundenzufriedenheit* abhängt und den →*Kundenwert* bestimmt (siehe auch→*Lifetime Customer Value*).

Loyalitätsleiter Stufenmodell der Kunden-Anbieter-Beziehungen. Ähnlich wie die →*Stufenmodelle der Werbewirkung* geht das Modell davon aus, daß der →*Kunde* verschiedene Stufen der Beziehung zum →*Anbieter* durchläuft. Zunächst ist der Anbieter für den →*Nachfrager* unbekannt, dann (etwa durch die →*Marketingkommunikation*) bekannt. Die nächsten Stufen sind die Weckung von Kaufinteresse, der Erstkauf, Folgekauf und Mehrfachkauf. Der Kunde fragt dann auch andere →*Angebote* des gleichen Anbieters nach, wird immun gegenüber den Konkurrenzangeboten (und damit zum →*Stammkunden*) und auf der letzten Stufe zum Empfehler (→*Meinungsführer*, →*Multiplikator*). Das Leitermodell hat insofern einen nur sehr begrenzten praktischen Aussagewert, als es einen hierarchischen Wirkungsprozeß unterstellt, der systematisch abläuft und nicht unterbrochen wird durch zufällige oder auch durch Konkurrenzanbieter geplante Störeinflüsse (im Sinne von Gegenmaßnahmen).

Loyalty Marketing Form des →*Beziehungsmarketing*, die auf die langfristige →*Kundenzufriedenheit* und →*Kundenbindung* ausgerichtet ist. Die →*Kunden* werden für ihre dauerhafte →*Kundentreue* belohnt, etwa durch besondere →*Rabatte*(→*Konditionen*), Geschenke, Sonderservices oder Vergünstigungen bei Partnerunternehmen (siehe dazu auch →*Kundenclubs*, →*Couponing*).

LpA Abk. für **L**eser **p**ro **A**usgabe. Es handelt sich um die durchschnittliche Zahl der Leser pro Ausgabe eines →*Printmediums*.

LpE Abk. für **L**eser **p**ro **E**xemplar. Es handelt sich um die Zahl der Leser, die ein Exemplar eines →*Printmediums* nutzen (→*Reichweite*).

LpN Abk. für **L**eser **p**ro letzter **N**ummer (→*LpA*).

LpS Abk. für **L**eser **p**ro **S**eite (siehe auch →LpwS).

LpwS Abk. für **L**eser **p**ro **w**erbeführende **S**eite. Es handelt sich um eine Nutzungswahrscheinlichkeit im Sinne des Kontakts zwischen Leser und →*Anzeige* (→*Werbemittelkontakt*).

LSP Abk. für **L**eitsätze für die **P**reisermittlung aufgrund von Selbstkosten. Die Richtlinien sind die Grundlage von →*Preiskalkulationen* bei öffentlichen Aufträgen.

Lückenanalyse →*Gap-Analyse*.

Luftwerbung Form der →*Außenwerbung* mit Hilfe von Flugzeugen, die ein Werbetransparent hinter sich herziehen oder von beschrifteten Freiluftballons.

Luxusgüter Waren hoher →*Qualität* (auch psychologischer Art) und hoher →*Preise*. Sie dienen dem →*Prestigekonsum* und befriedigen die →*Geltungsbedürfnisse* (→*Zusatznutzen*).

M

MA Abk. für →*Media-Analyse.*

Machtpromotor(en) Hierarchische Einflußnehmer, die durch ihren formalen Einfluß (z.B. Anweisungsbefugnis) Problemlösungs- und auch →*Innovationsprozesse* (→*Innovationen*) aktiv fördern. Ihre eigentliche Durchsetzungskraft entfaltet sich erst im Zusammenwirken mit den →*Fachpromotoren* und →*Prozeßpromotoren* (→*Promotoren*).

MADAKOM **Ma**rkt**da**ten**kom**munikation der →*CCG (Centrale für Coorganisation).* Es werden verkaufsstellenbezogene Artikelverkaufsdaten auf Wochenbasis erhoben, die zur weiteren Analyse sowohl Handelsunternehmen als auch Herstellern zur Verfügung gestellt werden (→*Datenträgeraustausch,* →*Datenverbundsysteme*). Die Messung erfolgt mit Hilfe von → *Scanning.*

Madrider Abkommen Zwei Vertragswerke (von 1891), die dem internationalen →*Markenschutz* dienen. Es handelt sich einmal um das „Abkommen über die Unterdrückung falscher oder irreführender Herkunftsangaben auf →*Waren*" (letzte Fassung von 1958) und zum anderen um das „Abkommen über die internationale Registrierung von Fabrik- und →*Handelsmarken*" (Fassung von 1957).

Mäzenatentum Altruistisches Fördern von Personen und/oder Organisationen (siehe auch →*Ökosponsoring*). Eine Gegenleistung wird von dem Mäzen nicht erwartet. Der Begriff geht auf *Caius Clinius Maecenas* (*70 bis 8 v. Chr.*) zurück (siehe im Vergleich → *Sponsoring*).

Magalog Kombination von →***Magazin*** und →***Katalog*** als →*Medium,* um Produktinformationen zu kommunizieren. Die →*Medienkombination* wird insbesondere im →*Direktmarketing* und in der →*Direktwerbung* eingesetzt.

Magisches Dreieck Volkswirtschaftlicher Ausdruck dafür, daß sich mehrere gesamtwirtschaftliche Ziele nicht gleichzeitig total übereinstimmend erfüllen lassen (→*Zielkonflikt*). Die Ziele sind die Vollbeschäftigung, Geldwertstabilität und das Leistungsbilanzgleichgewicht und werden im sogen. magischen Viereck erweitert durch das →*Wirtschaftswachstum.* Aus betriebswirtschaftlicher Sicht ist das magische Dreieck definiert als die Ausgeglichenheit von (bzw. Antinomie zwischen) →*Rentabilität,* →*Liquidität* und Sicherheit. Die antinomischen → *Ziele* führen dazu, daß sie nicht alle gleichzeitig und im vollen Umfang zu realisieren sind. Der Grund ist die wechselseitige Abhängigkeit der →*Va-*

riablen (siehe dazu auch →*Synergie*, →*Submix-Optimierung* und →*Marketing-Mix*).

Magnitudeskalierung →*Skalierungsverfahren* zur Messung von Wahrnehmungsintensitäten (z.B. bzgl. →*Preis-Leistungs-Verhältnis*, →*Qualität*, →*Kundenzufriedenheit* etc.). Die Wahrnehmungsintensität eines →*Stimulus* (→*Reizes*) wird gemessen durch die Länge einer Linie, die Lautstärke eines Tons, die Dauer eines Tastendrucks etc. Magnitudemessungen werden vielfach auch computergestützt durchgeführt (vgl. in Abgrenzung dazu →*Ratingskalen*).

Mailbox Elektronischer Briefkasten, in den Dateien (z.B. Nachrichten) abgelegt werden können (siehe auch →*E-Mail*).

Mailing Klassisches →*Kommunikationsmedium* der →*Direktwerbung*. Es besteht in der Regel aus einem Brief (→*Werbebrief*), dem Leistungsangebot (z.B. in Form eines →*Prospekts*, →*Katalogs* etc.), einer Antwortkarte bzw. einem Bestellformular und einem Rückumschlag.

Mail Order Bestellung von →*Produkten* oder →*Dienstleistungen* per Post oder Fax. Die Bestellform wird vor allem im →*Versandhandel* eingesetzt und mittlerweile z.T. ergänzt durch →*Online*-Bestellungen (siehe →*Electronic Commerce*).

Mainframe Bezeichnung für Großrechner.

MAIS Abk. für →**M**arketing-**I**nformationssystem(e).

Make-or-Buy Analyse bzw. strategische Entscheidung über Eigenfertigung und/oder den Fremdbezug von →*Produkten* oder →*Dienstleistungen* (siehe dazu auch →*Outsourcing*).

Makler Selbständiger Gewerbetreibender, der gegen eine →*Provision* (Maklerprovision, Courtage) ohne ständigen Auftrag für Dritte Verträge vermittelt oder Gelegenheiten zum Abschluß eines Vertrages nachweist. Der Anspruch auf Maklerprovision besteht nur dann, wenn es aufgrund der Maklertätigkeit zu einem Geschäftsabschluß kommt. Unterschieden werden Zivilmakler (Vermittlung von Geschäften des täglichen Lebens) und Handelsmakler (Vermittlung von Börsen- und Handelsgeschäften).

Makro-Marketing Erweiterung des klassischen, unternehmensbezogenen →*Marketingkonzepts* durch eine gesellschaftliche und vor allem ökologische Marktbetrachtung (→*Non-Profit-Marketing*, →*Social Marketing*, →*Ökologie-Marketing*, →*Ökomarketing*, →*Sustainable Development*).

Makroökonomie Theoretische Auseinandersetzung mit gesamtwirtschaftlichen Größen (u.a. mit den Systemelementen von Wirtschaftskreislauf, Konjunktur und →*Wachstum*) im Vergleich zur →*Mikroökonomie*, die das wirtschaftliche Verhalten des einzelnen Wirtschaftssubjekts (→*Haushalt*, →*Unternehmen*) untersucht (siehe auch →*Haushaltstheorie*).

Makro-Umwelt Umwelt- bzw. Umfeldvariablen, die nicht durch den einzelnen Marktteilnehmer kontrolliert werden können, aber z.T. einen erheblichen Einfluß auf die mikroökonomischen Aktivitäten und insbesondere deren Folgewirkungen ausüben. Die Umweltvariablen werden im wesentlichen gebildet durch das ökonomische (wirtschaftliche Entwicklung, vor allem Einkommensentwicklung etc.), natürliche (Ressourcen, Umweltqualität, →*Umweltschutz*), technologische (→*Technologien*), das kulturelle und soziale (Veränderung der Wert(e)systeme und Lebensgewohnheiten durch →*Wert(e)wandel*) und durch das politisch-rechtliche Umfeld (Wirtschaftsordnung und Gesetzgebung). Die Makro-Umwelt beeinflußt entscheidend Gestaltung und Wirkung des →*Marketing-Mix*.

Mall Ladenstraße(n) in Einkaufszentren (→*Einkaufs-Center*). In der Handelspraxis werden Malls terminologisch vielfach mit Einkaufszentren gleichgesetzt.

Management Gestaltung und Lenkung des →*Unternehmens* in seiner →*Umwelt* durch indirektes Einwirken, das auf die Steuerbarkeit ausgerichtet ist. Ziel ist es, die Lebensfähigkeit des Unternehmens zu maximieren (nach *F. Malik, 1992*). Mit Management ist auch die Gesamtheit der Personen verbunden, die in diesem Sinne Managementaufgaben übernimmt. Ganz allgemein ist Management die Handhabung komplexer →*Systeme* und Phänomene (siehe dazu auch die diversen →*Managementtechniken*).

Management-Buy-Out Verkauf von Unternehmen an eigene Manager. Der klassische Management-Buy-Out ist der Unternehmensverkauf an eigene Manager, die in der Regel eine Finanzierungsgesellschaft einschalten. Eine weitere Möglichkeit ist der Management-Buy-In, bei dem Manager von außen die Firma übernehmen.

Management-by-Decision-Rules Die obere Hierarchieebene delegiert an untere Ebenen und gibt verbindliche Normen vor, nach denen Ziel- und Aufgabenkonflikte im Einzelfall zu lösen sind (siehe auch →*Managementtechniken*). Es fehlen Entscheidungsstrategien bei unvorhergesehenen Situationen.

Management-by-Delegation Delegation von Verantwortung auf Mitarbeiter (siehe auch →*Managementtechniken*). Die Managementtechnik ist auch bekannt unter dem Begriff "Führung im Mitarbeiterverhältnis" (→*Harzburger Modell*). Die Technik ähnelt dem →*Management-by-Results*. Hauptproblem ist die im konkreten Entscheidungsfall Rückdelegation auf die nächst höhere Entscheidungsebene.

Management-by-Exception Die obere Hierarchieebene delegiert wesentliche Aufgaben an untere Ebenen und behält sich Eingriffsbefugnisse für Ausnahmesituationen vor (siehe auch →*Managementtechniken*). Die Schwäche der Managementtechnik ist eine geringe →*Motivation* der Mitarbeiter. Die Managementtechnik ist Ausdruck eines autoritären →*Führungsstils*.

Management-Buy-In Siehe →*Management-Buy-Out*.

Management-by-Motivation Allen Hierarchieebenen wird ein möglichst großer Autonomiebereich eingeräumt (siehe auch →*Managementtechniken*). Bei dieser Managementtechnik ersetzt die Eigenkontrolle die Fremdkontrolle. Dies setzt eine hohe →*Intrinsische Motivation* der Mitarbeiter voraus.

Management-by-Objectives Interhierarchische Zielvereinbarung (und *nicht* Zielvorgabe). Die →*Managementtechnik* kombiniert die sachlich-formalen Ansätze mit der verhaltensorientierten Denkweise. Kennzeichnend für diesen Ansatz (*G.S. Odiorne, 1967*) ist die interhierarchisch definierte, konkrete Zielbestimmung (bis zur Detaillierung der Teilziele). Der *gemeinsam* entwickelte Ziel- und Wertfindungsprozeß stellt sicher, daß sich die daran Beteiligten mit den formulierten →*Zielen* identifizieren und motiviert sind, sie auch zu erreichen. Entscheidend ist die Verknüpfung von (unternehmensbezogenen) Leistungszielen und (persönlichen) Entwicklungszielen.

Management-by-Participation Die Einbindung *aller* Hierarchieebenen in den komplexen Prozeß der Zielfindung und -formulierung (siehe auch *→Managementtechniken*). Die Managementtechnik kommt dem *→Management-by-Objectives* sehr nahe.

Management-by-Results Die obere Hierarchieebene steuert die unteren Ebenen ausschließlich über die Arbeitsergebnisse (überwiegend finanzwirtschaftliche Ergebnisse) bei eigenverantwortlicher Entscheidung nach dem Delegationsprinzip (siehe auch *→Managementtechniken*). Systemimmanente Schwäche der Managementtechnik ist das hohe Maß an *→Kontrolle* seitens der jeweils übergeordneten Hierarchieebene.

Management-by-Wandering-Around Ein von *T.J. Peters/N. Austin (1986)* geprägter *→Führungsstil* (*→ Kooperativer Führungsstil*), der die persönliche Anwesenheit von Führungskräften bei Mitarbeitern, Kunden und Lieferanten in den Mittelpunkt stellt. Dadurch ist u.a. auch eine *→ Zielplanung* mit Hilfe des *→Gegenstromverfahrens* sehr viel effizienter als der langwierige Abgleich von *→ Bottom-up-* und *→Top-down-Planung*. Überdies hat dieser Führungsstil den Vorteil, daß die Mitarbeiter in wichtige Entscheidungsprozesse einbezogen werden (siehe auch *→Management-by-Delegation*, *→Empowerment*).

Managementfunktionen Strategische, auf das gesamte *→Unternehmen* bezogene Aufgaben, die sich konzentrieren auf: *→Leitbild* formulieren, *→Sach-* und *→Formalziele* operational definieren, langfristig planen, systematisch organisieren, konsequent delegieren, gesamthaft koordinieren, persönlich motivieren, zielorientiert budgetieren, unnachsichtig terminieren, sachlich entscheiden und zielbezogen kontrollieren. Bei der Erfüllung seiner Aufgaben ist es besonders wichtig, daß der *→Manager* unternehmensvernetzt denkt und handelt.

Management-Holding *→Organisationsform*, bei der die einzelnen Geschäftsbereiche (*→Strategische Geschäftseinheiten*) auf einer nachgelagerten Organisationsebene (z.B. nach *→Produkten*, Regionen, *→Märkten*) angesiedelt werden und in gesellschaftsrechtlich selbständiger, erfolgsverantwortlicher Form (z.B. als *→Profit Center*) bestehen. Es handelt sich hierbei um eine Kombination des funktional aufgebauten Spartenkonzerns (*→Spartenorganisation*, *→Divisionalisierung*) und des Holdingkonzerns traditioneller Form. Ziel ist die Trennung zwischen der strategischen (Führungs-)Verantwortung und dem operativen (Tages-)Geschäft in der Unternehmensgruppe.

Management-Informationssystem(e) Computergestützte(s) *→Informationssystem(e)* zur Unterstützung von Managemententscheidungen (vgl. dazu auch *→Marketing-Informationssystem*). Voraussetzung für die Installation eines MIS ist die Integration aller betrieblichen Bereiche zu einer organisatorischen Informationsganzheit (*→Datenverbundsysteme*). Die wichtigsten Anforderungen an ein MIS sind die Datenaktualität, -vollkommenheit, -sicherheit, die Auswertungsschnelligkeit, Benutzerfreundlichkeit und die *→Wirtschaftlichkeit*.

Management-Philosophie Grundlegende *→Einstellungen*, Überzeugungen, Werthaltungen des Top Managements in einem →*Unternehmen*. Die Grundhaltung wird bestimmt durch →*Normen* und Werturteile (vgl. dazu auch →*Unternehmenskultur* und →*Corporate Identity*).

Managementprozeß Prozessualer Ablauf von →*Analyse*, →*Diagnose*, →*Prognose*, →*Zielplanung*, →*Planung*, →*Entscheidung*, Durchsetzung, →*Controlling* und Anpassung bzw. Revision von →*Geschäftsprozessen*. Hierin eingebunden sind die →*Koordination*, →*Organisation*, →*Information*, →*Kommunikation* und die → *Motivation*. Die Phasen lassen sich bündeln in die Ablaufeinheiten: Analyse/Bewertung, Zielsetzung/Durchsetzung und Organisation/Motivation.

Management-Supportsystem(e) Unterstützungssystem(e) für Managemententscheidungen (siehe als besondere Form auch →*Expertensysteme*). Die Management-Supportsysteme werden im wesentlichen unterschieden in Daten-Supportsysteme (Datenabfrage incl. Informationsverknüpfung) und Entscheidungs-Supportsysteme, etwa z.B. Unterstützung durch Experten, die als externe Spezialisten genutzt werden, aber auch unternehmensintern als Stabsstelle (→*Stab-Linien-Organisation*) organisational eingebunden sein können. Die Management-Supportsysteme sind spezifische Ausprägungen von →*Management-Informationssystemen* und →*Marketing-Informationssystemen*.

Managementtechniken Techniken zur →*Führung*, die insbesondere bzgl. der Effizienz der →*Marketingorganisation* eine besondere Rolle spielen. Die Hauptformen sind: →*Management-by-Decision Rules* (Normenregelung), →*Management-by-Exception* (Ausnahmeregelung mit Eingriffen), →*Management-by-Delegation* (Delegationsregelung, Aufgabendelegation), →*Management-by-Results* (Ergebnisregelung), →*Management-by-Participation* (Zielfindung), →*Management-by-Objectives* (Zielvereinbarung) und →*Management-by-Motivation* (Zielidentität). Die Reihenfolge ist eine Rangfolge und damit ein Entwicklungs-Kontinuum. Die Managementtechniken sind zentral verbunden mit der →*Unternehmensorganisation* und mit dem →*Führungsstil*.

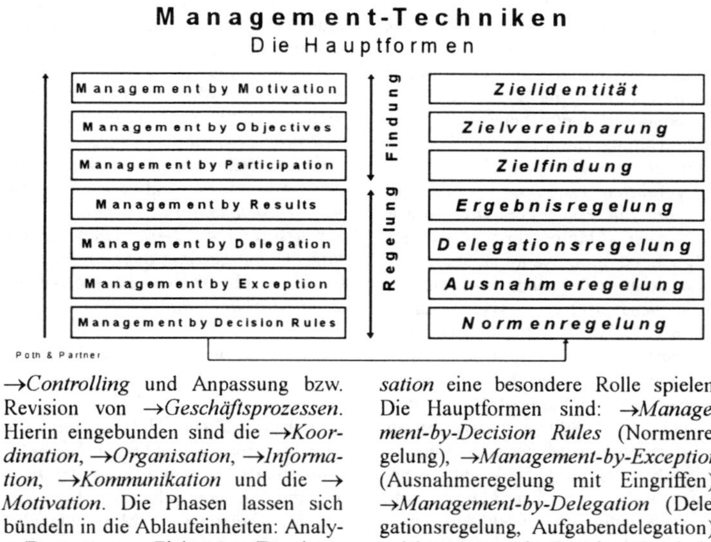

Managementvertrag Form der → *Kooperation* zwischen →*Unternehmen*, bei der ein Unternehmen die Einrichtung und/oder Führung eines Unternehmens an einen Partner vergibt. In der reinen Form erfolgt keine Kapitalbeteiligung des das Management übernehmenden Unternehmens (siehe in Abgrenzung u.a. →*Joint Ventures* und →*Strategische Allianzen*).

Manager→*Management-Funktionen*.

Manipulation(stheorie) Einschränkung der →*Konsumfreiheit* (→*Konsumentensouveränität*) durch eine gezielte Verhaltensbeeinflussung (→*Beeinflussung*, →*Sozialer Einfluß*) und Verhaltenssteuerung des →*Konsumenten* bzw. →*Verbrauchers*. Der Begriff ist semantisch weitgehend negativ besetzt. Daraus resultiert vor allem die Kritik an der →*Werbung*. Die z.T. heftig geführten Diskussionen bewegen sich um die Fragenkomplexe, inwieweit eine Manipulation überhaupt möglich ist und, wenn ja, ein staatlicher Regulierungsbedarf besteht (→*Verbraucherpolitik*, →*Verbraucherschutz*). Dabei hängt der Beeinflussungserfolg der Manipulationstechniken von einer Vielzahl von Bedingungen ab (Empfängertyp, →*Wahrnehmung*, →*Informationsverhalten*, →*Informationsverarbeitung*, Konkurrenzaktivitäten etc.), die kaum voneinander isoliert werden können. Mit dieser realistischen Einschätzung werden die Manipulationsmöglichkeiten nicht bestritten aber eingeschränkt, die reglementiert werden müssen, wenn sie nachweisbar sind und geltendes Recht verletzen (z.B. objektive →*Irreführung*).

Mapping Form der graphischen Darstellung von Forschungsbefunden, die auf Erkenntnissen der kognitiven →*Lerntheorie* beruhen. In bezug auf die →*Produktpositionierung* handelt es sich um die topographische Darstellung von Produktpositionierungsanalysen (→*Produktpositionierung*), die auf der subjektiven →*Wahrnehmung* von →*Produkten* durch die →*Konsumenten* beruhen. Die Darstellung erfolgt in einem zwei- oder dreidimensionalen Merkmalsraum (Positionierungsraum). Es gilt die Annahme, daß die →*Kaufwahrscheinlichkeit* für dasjenige Produkt am höchsten ist, dessen kaufrelevante Eigenschaften (→*Produkteigenschaften*) die geringste Distanz zum Idealprodukt aufweisen. Die Realproduktwahrnehmung (perceptual map) und die Idealproduktwahrnehmung (preference map) werden getrennt oder gemeinsam im →*Produktmarktraum* (joint space) abgebildet. Aus dem Mapping können Informationen für →*Produktinnovationen*, →*Produktvariationen* und →*Produktdifferenzierungen* gewonnen werden, wie auch Hinweise für die →*Marktsegmentierung* und →*Nischenstrategien* (→*Nischen-Marketing*). Damit gewinnt das Mapping die Qualität als Instrument der →*Strategischen Marktforschung*.

Marge →*Rohertrag*, →*Handelsspanne*.

Marginalanalyse Untersuchung der Effekte einer geringfügigen Veränderung einer oder mehrerer →*Variablen* auf die Ausgangssituation. Die Anwendungsbereiche der Marginalanalyse im Marketing sind vielfältig. Sie reichen von der Bestimmung des →*Gewinnmaximums* (Schnittpunkt von →*Grenzkosten* und →*Grenzerlös*) in der →*Monopolistischen Konkurrenz* bis hin zur Bestimmung des →*Marketing-Mix*. Die Grenzen des Optimierungsverfahrens sind dadurch gegeben, daß vielfach die notwendigen →*Daten* nicht vorhanden sind, bzw. sich die Instrumentalwirkungen bei unterschiedlichen Kombinationen erheblich verändern.

Marke(n) Eine Marke unterscheidet ein →*Produkt* oder eine →*Dienstlei-*

stung von ähnlichen und vergleichbaren →*Angeboten* durch ihre Einzigartigkeit, die vom →*Verbraucher* bzw. →*Verwender* wahr- und angenommen wird. Die Marke setzt sich aus dem →*Markennamen* und dem →*Markenzeichen* zusammen (siehe auch →*Markenartikel*). Marken verkörpern als Teil der modernen →*Kultur* (→*Kult-Marketing*) das Bedeutungssystem einer →*Gesellschaft*. Sie stehen stellvertretend für bestimmte Wert(e)-systeme, die sich in →*Einstellungen*, →*Erwartungen* und →*Lebensstilen* ausdrücken und sich in Opposition zu anderen Wertorientierungen befinden. Die Marke bewirkt insofern eine soziale Klassifizierung im Sinne einer Schichtung (→*Soziale Schicht*). Die Identifikation mit der Marke bedeutet gleichzeitig aus Anbietersicht die Abhebung gegenüber den Konkurrenzangeboten (→*Markenpolitik*).

Markenartikel Markenartikel (Markenwaren von Herstellern) sind Produkte mit folgender Charakteristik: 1. →*Markierung* (Kennzeichnung als konstituierendes Prinzip); 2. Konstante bzw. verbesserte →*Qualität* (siehe auch →*Qualitätspolitik*); 3. Gleichbleibende Quantität (Verkaufseinheit); 4. Gleiche Aufmachung (→*Verpackung*, →*Ausstattung*); 5. →*Ubiquität* (Erhältlichkeit in einem größeren Absatzraum); 6. →*Werbung* (Ziel, einen Nachfragesog vom →*Verbraucher* her zu erzeugen, siehe auch →*Pull-Strategie*); 7. Hoher →*Bekanntheitsgrad* im Sinne der →*Verkehrsgeltung* (damit verbunden ist eine hohe →*Numerische* und →*Gewichtete Distribution*); 8. Relative Preiskonstanz (in Verbindung mit der Qualität). Im Hinblick auf das starke Vordringen der →*Handelsmarken* in vielen →*Branchen* haben die vorgenannten bestimmenden Merkmale wesentlich an Bedeutung verloren, da sie von den Handelsmarken in wesentlichen Teilen adaptiert wurden.

Markenartikelwerbung Klassische Form der →*Produktwerbung*, bei der der Hersteller das Ziel verfolgt, durch eine direkte kommunikative Beeinflussung (→*Marketingkommunikation*) der Bedarfsträger (→*Konsumenten*, →*Verbraucher*, →*Verwender*) den Verkauf seiner →*Markenartikel* durch den →*Handel* (→*Groß-* und →*Einzelhandel*) massiv zu fördern (→*Pull-Strategie*). Die Markenartikelwerbung erfolgt meist mit Hilfe reichweitenstarker (→*Reichweite*) →*Massenmedien* (→*Elektronische Medien*, →*Publikumszeitschriften*). Hierbei sind die →*Werbekosten* besonders hoch bei der →*Markteinführung*, →*Marktdurchdringung* und beim →*Verdrängungswettbewerb*.

Markenbekanntheit Anteil der Personen (der →*Zielgruppe*), die eine bestimmte →*Marke* kennen (→*Bekanntheitsgrad*). Die Markenbekanntheit wird mit Hilfe des Einsatzes von →*Recall-* und →*Recognition-Verfahren* gemessen. Unterschieden wird nach dem passiven und aktiven Bekanntheitsgrad. Der passive Bekanntheitsgrad wird ermittelt durch Vorlage von Gedächtnisstützen (Abbildungen, Fotos etc.). Die Messung des aktiven Bekanntheitsgrades erfolgt ohne Hilfen. Der ungestützte Bekanntheitsgrad ist der statistisch härtere Wert. Die Markenbekanntheit hat für den →*Markenschutz* eine erhebliche Bedeutung.

Markenbewußtsein →*Präferenz* von →*Nachfragern* für →*Markenartikel* gegenüber anonymen (unmarkierten) →*Waren*. Voraussetzung für das Markenbewußtsein ist die →*Markenbekanntheit*, wenngleich diese nicht unbedingt zum Markenbewußtsein und zur →*Markenpräferenz* bzw. →

Markentreue (Markenbindung) führen muß.

Markenbilder Verfestigte Vorstellungen (siehe auch →*Image*, →*Stereotyp*) von einer →Marke (→*Markenimage*) oder Firma (→*Firmenimage*), die als Gedächtnisbilder (→*Innere Bilder*, →*Imagery*) auf eine Vielzahl aufgenommener →*Reize* zurückgehen. Einprägsame Marken- oder Firmenbilder entstehen durch →*Multisensuale Wahrnehmung* (siehe auch →*Bildkommunikation*). Wichtig für den Aufbau eines attraktiven Marken- bzw. Firmenbildes ist ein →*Schlüsselbild*, das der Vermittlung sachlicher (→*Informationen*) oder emotionaler Vorstellungen (→*Erlebnisse*) dient und durch sein Attraktivitätspotential für eine Angebotsdifferenzierung sorgt.

Markenbindung →*Markentreue*.

Markendifferenzierung Differenzierung einer →*Marke* gegenüber anderen Konkurrenzmarken durch ein unverwechselbares →*Markenimage*. Es handelt sich also um eine Markenprofilierung. Der zweite begriffliche Inhalt bezieht sich auf eine abgewandelte Form der →*Produktdifferenzierung*, mit der insbesondere ein positiver →*Imagetransfer* erreicht werden soll (siehe dazu auch die Bildung von →*Markenfamilien*).

Markenfamilie(n) Gruppe von →*Markenartikeln*, die unter einem einheitlichen →*Markennamen* angeboten werden. Sie bilden eine →*Produktgruppe* oder →*Produktlinie* (→*Produktfamilie*). Ziel der Gruppen- bzw. Familienbildung von →*Produkten* bzw. →*Marken* ist der positive →*Imagetransfer*.

Markenführung →*Markenpolitik*.

Markengesetz Neuregelung aller Kennzeichenrechte, d.h. nicht nur des Markenrechts, sondern auch des Rechts der geschäftlichen Bezeichnungen. Das Regelwerk enthält überdies Vorschriften über den Schutz geographischer Herkunftsangaben und Bestimmungen zum →*Markenschutz* nach dem →*Madrider Abkommen*. Mit dem Inkrafttreten des Markengesetzes (am 1.1.1995) ist das →*Warenzeichengesetz* außer Kraft getreten.

Markenidentität Übereinstimmung von →*Markenimage* und Markeneigenschaften (→*Markenartikel*).

Markenimage Subjektiv und objektiv (durch Erfahrungen) geprägtes Vorstellungsbild der →*Verbraucher* (→*Konsumenten*) von einer →*Marke* (→*Markenartikel*, →*Markenname*, →*Markenzeichen*). Die Markenimage-Pflege ist ein wesentlicher Bestandteil der →*Markenpolitik*. Das Markenimage ist abzugrenzen vom →*Produktimage* und →*Firmenimage* bzw. →*Unternehmensimage*, wenngleich interaktive Wechselwirkungen zwischen den Imagearten bestehen.

Markenkäufer →*Nachfrager*, für die →*Marken* (→*Markenartikel*) das entscheidende Auswahlkriterium beim →*Kauf* sind. Markenkäufer zeichnen sich in der Regel durch eine hohe →*Markentreue* aus, während preisbewußte oder reine →*Preiskäufer* zu einem häufigen →*Markenwechsel* neigen.

Markenkapital →*Markenwert*.

Markenkern Zentraler →*Nutzen*, den die →*Marke* für den →*Käufer* hat.

Marken-Kompaß →*Markt-Media-Analyse* der Verlagsgruppe Heinrich Bauer, die Daten über das Medienverhalten (→*Mediennutzungsverhalten*) der Nutzer bzgl. ausgewählter →*Pub-*

likumszeitschriften und des Fernsehens liefert. Der Marken-Kompaß enthält überdies Angaben zum Besitz, Verbrauch und zu Anschaffungsabsichten der Mediennutzer in einer Reihe von Konsumbereichen.

Markenlizenz Vergabe von Nutzungsrechten (siehe auch →*Lizenz*) einer →*Marke* an Unternehmen, die unter der für sie fremden Marke (in der Regel handelt es sich hierbei um eine renommierte und prestigegeladene →*Dachmarke*) eigene Produkte herstellen und vertreiben. Beispiele für Markenlizenzen sind u.a. Christian Dior, Boss, Yves Saint Laurent und Pierre Cardin. Wichtig für den Lizenzgeber ist, daß er bei der Vergabe einer Markenlizenz auf die Imagekompatibilität und das Qualitätsniveau des Lizenznehmers achtet, um sein eigenes →*Markenimage* nicht zu gefährden.

Markenmythos →*Marken*, die als Bestandteil der modernen →*Kulur* (→*Kult-Marketing*) einen symbolhaften Charakter erlangt haben. Sie verkörpern Wertemuster, die für den →*Konsumenten* relevant sind (Emotionalität, Autonomie, →*Hedonismus*, Kommunikativität) und bieten eine neue Sinnorientierung (→*Kultmarken*). Mythische Marken gelten als dynamisch und aktiv. Ihnen wird uneingeschränkt Gültigkeit, Macht und Einfluß zugesprochen. Eine Marke büßt ihren symbolischen Wert ein, wenn sich ein →*Wert(e)wandel* (siehe auch →*Wert(e)-dynamik*) vollzieht, d.h. bei gleichbleibender Produktqualität (→*Qualität*) der Erlebniswert für den Konsumenten abnimmt.

Markenname Buchstaben- bzw. Zeichenkombination, die eine →*Marke* oder →*Dienstleistung* kennzeichnet (siehe auch →*Markenartikel*). Der Markenname ist eine →*Schlüsselinformation*, die die →*Markenwahl* erheblich beeinflußt.

Markenpersönlichkeit Menschliche →*Persönlichkeitsmerkmale* (wie z.B. männlich/weiblich, alt/jung, konservativ/progressiv etc.), die vom →*Verbraucher* mit einer bestimmten →*Marke* assoziiert bzw. ihr als „Persönlichkeitsmerkmale“ zugeordnet werden.

Markenpiraterie Wettbewerbswidrige Nachahmung von originären →*Marken* (→*Markenartikel*), insbesondere von →*Warenzeichen*. Man spricht auch von Markenfälschungen (in Ergänzung dazu siehe auch →*Ideenpiratrie*, →*Plagiat*). Eine Sonderform ist die →*Produktpiraterie*, bei der sonderrechtlich z.T. nicht geschützte →*Produkte* oder auch objektiv unikate →*Produkteigenschaften* nachgeahmt bzw. vervielfältigt werden. Marken- und Produktpiraterie verletzen gewerbliche →*Schutzrechte*.

Markenpolitik Gesamtheit der unternehmerischen und insbesondere Marketingentscheidungen, die auf die kurz-, mittel- und langfristige Markenführung ausgerichtet sind. Damit sind insbesondere auch Grundsatzentscheidungen in der →*Produktpolitik* verbunden, die verknüpft werden müssen mit der →*Marketingstrategie*. I.e.S. ist die Markenpolitik eine Markierungspolitik als Teilbereich der Produktpolitik. Die Markenpolitik ist eng mit dem →*Markenartikel* und der →*Handelsmarke* (Markenartikel des Handels) verbunden. Es geht im wesentlichen um die Erzielung von →*Wettbewerbsvorteilen* durch die möglichst prägnante →*Markierung* (→*Marke*, →*Markenzeichen*, →*Warenzeichen*, →*Design*, →*Image* etc.), die kommunikativ und distributiv umgesetzt werden kann.

Markenpositionierung →*Positionierung* einer →*Marke* durch Schaffung und Hervorhebung ihrer Unverwechselbarkeit (→*USP*) im Vergleich zu Konkurrenzprodukten. Die Markenpositionierung weist eine sehr enge Verwandtschaft mit der →*Produktpositionierung* auf. Ziel ist, die Marke an die ideale Wunschvorstellung des →*Konsumenten* (→*Verbrauchers*, →*Verwenders*) heranzuführen und dabei gleichzeitig sicherzustellen, daß sie sich von Konkurrenzmarken unverwechselbar abhebt.

Markenpräferenz Bevorzugung einer bzw. bestimmter →*Marken*. Markenpräferenzen führen zur →*Markentreue* und verhindern einen →*Markenwechsel*. Ziel des →*Markenartikels* (siehe auch →*Markenpolitik*) ist es, →*Präferenzen* aufzubauen, die zur Unvergleichbarkeit (→*USP*) und Unverwechselbarkeit führen.

Markenprägnanz Prägnante Elemente einer →*Marke* (→*Markenartikel*), wie z.B. der →*Markenname*, das →*Markenzeichen* oder die→*Packung*, die für den →*Konsumenten* (→*Verbraucher*, →*Verwender*) einen unverwechselbaren Wiedererkennungswert besitzen und daher zur Erhaltung der →*Markentreue* (im Sinne der Markenbindung) einen nicht unerheblichen Beitrag leisten.

Markenrahmen Alle →*Produkte* (→*Dienstleistungen*) bzw. →*Marken*, die ein →*Käufer* kennt, als kaufbar ansieht und grundsätzlich in seine →*Kaufentscheidungen* einbezieht. Der Markenrahmen ist kleiner als das gesamte Wahrnehmungsfeld bzgl. der →*Angebote* und größer als das engere Auswahlfeld (siehe auch →*Awareness Set*, →*Evoked Set*).

Markenrange →*Markenfamilie(n)*.

Markenschutz Rechtliches Institut, das abgeleitet ist aus: dem zeichenrechtlichen Schutz nach →*Warenzeichengesetz* (WZG), dem →*UWG* und dem Deliktschutz (z.B. →*Markenpiraterie*).

Markenstrategie →*Markenpolitik*.

Markentechnik Schaffung, Einführung, Durchsetzung und dauerhafte Pflege einer →*Marke*. "Eine →*Ware* wird erst dann zu einem... →*Markenartikel*, wenn sie sich mit Namen, Verkaufeinheit, Gesicht, Preis usw. ... langfristig... eingeprägt hat...". Nicht die →*Werbung* macht die Marke, sondern die Marke macht sich ihre Werbung. „Das Produkt selbst ist die entscheidende →*Botschaft*" (*H. Domizlaff, 1982*).

Markentransfer Übertragung eines bekannten →*Markennamens* auf eine andere Produktgattung (z.B. Camel-Zigaretten auf Camel-Bekleidung und Camel-Reisen). Es handelt sich um eine Form der Dachmarkenstrategie (→*Dachmarken*,→*Umbrella-Marken*, →*Schirmmethode*), die das Ziel verfolgt, einen positiven →*Imagetransfer* vom Stammprodukt auf die neue und nicht oder nur bedingt artverwandte Produktgattung herzustellen. Als problematisch kann sich ein negativer Ausstrahlungseffekt bei heterogenen Leistungsangeboten (mit z.B. sehr unterschiedlichen Qualitätslagen) erweisen, der möglicherweise auf das Stammprodukt oder auf das gesamte →*Firmenimage*(→*Unternehmensimage*) durchschlägt (siehe auch →*Line Enlargement*).

Markentreue Markenbindung, die auf einem habituellen →*Konsumentenverhalten* beruht. Maßstab für die Markentreue sind Wiederholungskäufe desselben Markenprodukts (→*Markenartikel*). Im Gegensatz dazu siehe

→*Markenwechsel*. Im Vergleich zur →*Ladentreue* handelt es sich um einen hohen Bindungsgrad zwischen →*Käufer* und →*Marke*. Insbesondere durch Markenartikel wird versucht, eine hohe →*Kundenbindung* (Kundentreue) an die Marke zu erreichen (siehe auch →*Markenpolitik* und in Abgrenzung →*Produkttreue*).

Markenverband Interessenverband der deutschen Markenartikelindustrie mit Sitz in Wiesbaden. Wesentliches Ziel des Verbandes ist die Förderung des →*Markenartikels*.

Markenverbund Komplementärbeziehungen (→*Komplementärprodukte*) zwischen Leistungsangeboten, die für den →*Käufer* zwingend oder fakultativ sind. Im ersten Fall besteht nach →*Kauf* eines →*Produkts* (bzw. einer →*Dienstleistung*) ein objektiver Ergänzungszwang, weil das Ausgangsprodukt (z.B. Drucker) ohne das Komplementärprodukt (typentsprechender Toner) nicht eingesetzt werden kann. Eine fakultative Komplementarität besteht in dem Beispiel bei einer durchaus sinnvollen Erweiterung der Speicherkapazität des Druckers, die aber je nach Anwendung nicht zwingend ist (siehe in Abgrenzung →*Sortimentsverbund*).

Markenwahl Die Erforschung der Markenwahlentscheidungen (Brand Choice) steht im Mittelpunkt der Analyse der →*Kaufentscheidungen* und der damit verbundenen →*Kaufentscheidungsprozesse*. Generell beruht die Markenwahl auf bestimmten Wertvorstellungen. Sie werden z.B. vermittelt durch den →*Markenartikel*, wobei die →*Markenpolitik* darauf abzielt, eine hohe →*Markentreue* zu erreichen.

Markenware →*Markenartikel*.

Markenwechsel Der Markenwechsel beruht auf einem aktiven Lernverhalten (→*Lerntheorien*) der →*Konsumenten*. Es besteht keine affektive Bindung an eine bestimmte →*Marke* (→*Markentreue*). Wiederholungskäufe der gleichen Marke bleiben aus (siehe in Abgrenzung →*Variety Seeking Behavior* und in diesem Zusammenhang auch →*Markenartikel*).

Markenwechselmodelle Die Modelle (Brand-Switching-Modelle) basieren auf den →*Lerntheorien*. Die Grundannahme ist, daß Markenwechsel bzw. →*Markentreue* bestimmt werden durch positive bzw. negative Kauf- und Konsumerlebnisse (siehe dazu auch →*Markoff-Ketten*).

Markenwert Finanzwirtschaftlicher Wert eines →*Markenartikels*, der nach klassischer →*Kapitalwertrechnung* ermittelt werden kann als Barwert der künftigen Einzahlungsüberschüsse, der aus dem Markenartikel resultiert (auch als Brand Equity bezeichnet). Der zweite Wertfaktor ist das Potential als →*Dachmarke*, an die weitere →*Produkte* angehängt werden können (→*Line Extension* und →*Line Enlargement* bzw. →*Markentransfer*). Das dritte Wertelement ist die Vermarktungsfähigkeit der →*Marke* bzgl. des Verkaufs bzw. der Lizenzvergabe. Die Markenwert-Ermittlung ist als sehr problematisch einzustufen, da sie nur bedingt etwas über den Zukunftserfolgswert der Marke aussagt (siehe dazu in Abgrenzung auch →*Brandholder Value*).

Markenzeichen Teil der →*Marke*, der eine visuelle →*Markierung* darstellt und sich insofern vom →*Markennamen* unterscheidet. Markenzeichen und Markennamen bilden jedoch im →*Markenartikel* eine Einheit (siehe auch →*Warenzeichen*).

Marketing →*Märkte* entwickeln und aktiv gestalten. Definition der *AMA* (American Marketing Association) im Jahre 1985: "Marketing is the process of planning and execution the conception, pricing, promotion and distribution of ideas, goods and services to create exchanges that satisfy individual and organizational objectives." Der Marketinggrundgedanke ist eine absolute marktbezogene Denkhaltung, die alle unternehmerischen Aktivitäten prägt (marktgerechte und marktgerichtete →*Unternehmenspolitik*). Der zweite Inhalt umfaßt den integrativen Einsatz der →*Marketinginstrumente* (→*Marketing-Mix*). Der dritte Inhalt bezieht sich auf die organisatorische Implementierung des Marketing in → *Unternehmen* bzw. Organisationen (→ *Unternehmungsorganisation*, →*Marketingorganisation*). Nach der Institutionenlehre kann Marketing u.a. unterschieden werden in →*Konsumgütermarketing*, →*Investitionsgütermarketing*, →*Handelsmarketing*, →*Dienstleistungsmarketing*,→*Bankmarketing*, →*Messemarketing* etc. Räumlich bzw. geographisch ist im wesentlichen zu unterscheiden in nationales und →*Internationales Marketing*. Bezogen auf die betrieblichen Funktionen, wird u.a. nach→*Beschaffungsmarketing*, →*Absatzmarketing*, →*Personalmarketing*, →*Internes Marketing*, →*Finanzmarketing* etc. differenziert. Weitere Feingliederungen ergeben sich durch eine Aufspaltung der Marketinginstrumente u.a. in →*Direktmarketing*, →*Database-Marketing*,→*Servicemarketing* etc. Dazu kommen Varianten, wie u.a. → *Kommerzielles Marketing*, →*Social Marketing*, →*Ökologie-Marketing* (auch →*Öko-Marketing*) etc. Allen differenzierten Definitionen ist gemeinsam, daß die absolute Markt- bzw. Kundenorientierung im Mittelpunkt der gesamten unternehmerischen Aktivitäten steht.

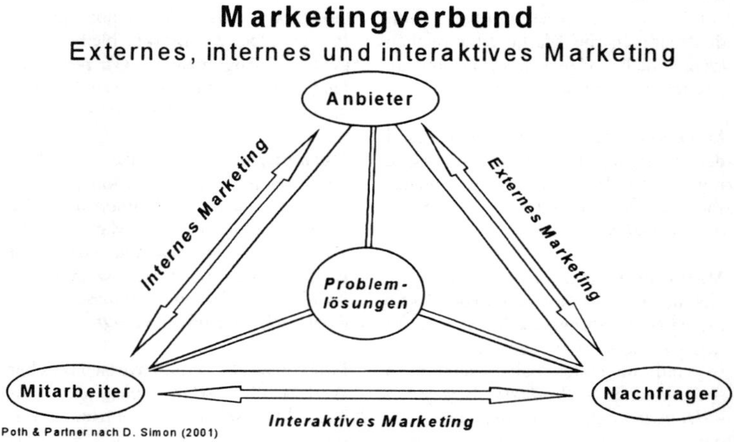

Poth & Partner nach D. Simon (2001)

Marketing Assessment Umfassende Konzeption der Abschätzung von Marketing-Folgewirkungen, die sich in folgenden Schritten vollzieht: (1.) Bestimmung der relevanten Teile der → *Marketingstrategien*, (2.) Abschätzen der Folgewirkungen der geplanten

Marketingstrategien (hinsichtlich der zu erwartenden ökonomischen, politisch-rechtlichen, öffentlichen und ökologischen Folgen), (3.) mögliche Rückwirkungen auf das gesamte →*Unternehmen*, (4.) Bewertung der Marketing-Folgewirkungen (zentraler Kern des Marketing Assessment), (5.) Formulierung der strategischen Handlungsalternativen (zur Vermeidung erwarteter negativer Folgewirkungen für das Unternehmen).

Marketing Audit Teilgebiet des →*Marketingcontrolling*. Im Marketing Audit wird das gesamte Marketingsystem überprüft. Die Prüfung bezieht sich insbesondere auf die →*Marketingziele*, die →*Marketingstrategien* (→*Marketingplanung*), den Einsatz der →*Marketinginstrumente* und auf die →*Marketingorganisation* hinsichtlich der Umfeldbedingungen bzw. -veränderungen (u.a. Markt- und Konkurrenzveränderungen, →*Konsumentenverhalten*). Die Audit-Phasen gliedern sich klassisch in: Analyse/Bewertung, die Zielplanung/Strategienentwicklung und in die Umsetzung/Anpassung.

Marketingbudget Das Marketingbudget setzt sich zusammen aus dem Produkt-, Distributions-, Kommunikations- und Marktinformations-Etat. Die Budgetallokation ist branchen- und/oder unternehmensbedingt (siehe auch →*Budget*, →*Budgetierungsmethoden* und bzgl. der Budgetierungsarten z.B. →*Kommunikationsbudget*).

Marketing-Club(s) Örtliche Vereine, die ihre Mitglieder aus den im Einzugsbereich tätigen Marketingspezialisten rekrutieren. Die einzelnen Marketing-Clubs sind in der →*DMV* (Deutsche Marketing Vereinigung e.V., Düsseldorf) zusammengeschlossen.

Marketingcontrolling Teil des gesamten →*Controlling*-Systems. Zu unterscheiden sind die strategische und operative Marketingkontrolle. Das strategische (langfristige) Marketingcontrolling umfaßt die systematische, langfristige Prüfung und Bewertung der Planungsaktivitäten. Dadurch soll die Möglichkeit zur frühzeitigen Korrektur strategischer Entscheidungen gegeben werden. Im Vergleich dazu hat das operative Marketingcontrolling die Aufgabe, die ergriffenen Maßnahmen dahingehend zu überprüfen, ob sie sich als geeignet und zufriedenstellend erwiesen haben, die operational formulierten →*Marketingstrategien* operativ umzusetzen. Einbezogen in das Aufgabenfeld sind die Abweichungsanalyse und konkrete Maßnahmenempfehlungen zur Beseitigung der Abweichung(en) und die Strategierealisation.

Marketingdesign Zusammenwirken von →*Produktdesign* (→*Packungsdesign*) und →*Kommunikationsdesign*. Diese mehr Industriesicht wird aus Handelssicht erweitert um das →*Outlet-Design*.

Marketing-Dienstleister Service-Unternehmen, die als klassische →*Absatzhelfer* zwar nicht direkt in die →*Absatzkette* eingegliedert sind, aber Absatz- und Beschaffungsprozesse unterstützen (z.B. →*Werbeagenturen*, Produktentwickler, Designer, Spediteure, Kreditinstitute etc.). Die zweite Gruppe bilden Dienstleister, die in die Prozesse der Entscheidungsvorbereitung eingebunden sind (z.B. →*Marktforschungsinstitute*, Vertriebsberater, Unternehmensberater etc.). Die dritte Gruppe sind üblicherweise Spezialisten, die im operativen →*Vertrieb* eingesetzt werden und damit ein wichtiges Glied in der Absatzkette bilden (z.B. Merchandiser, →*Food Broker* etc.). Die sehr fragmentierte Branche der Marketing-Dienstleister weist einen Trend zur Spezialisierung auf, wobei die Aufgaben selbst immer differenzierter und komplexer werden. Insofern erweist sich der Begriff Absatzhelfer zunehmend als veraltet.

Marketingelastizität →*Absatzwertelastizität*.

Marketingentscheidung(en)→*Entscheidungstheorie*.

Marketingethik Auseinandersetzung mit Fragen, die sich auf moralische →*Werte* und →*Normen* des →*Marketing* beziehen und bereits in den 60er Jahren auf dem Hintergrund der Sozialverantwortung des Marketing diskutiert wurden (siehe dazu auch →*Konsumerismus*). Durch die stürmische Entwicklung neuer →*Informations-* und →*Kommunikationstechnologien* gewinnt die Thematik eine erhöhte Aktualität und eine größere Brisanz (siehe auch →*Marktforschungsethik*).

Marketing Event(s) Inszenierte Ereignisse in Form von Veranstaltungen und Aktionen, die den Adressaten (→*Verbraucher* bzw. →*Konsumenten*, →*Kunden*, →*Distributionsorgane*, →*Meinungsführer*, aber auch Mitarbeiter, →*Außendienst* etc.) firmen- oder angebotsbezogene Kommunikationsinhalte erlebnisorientiert vermitteln (siehe dazu marketinginstrumental besonders →*Event Marketing*).

Marketingforschung In Abgrenzung zur →*Marktforschung* (Market Research) handelt es sich um einen übergeordneten Begriff (ehemals →*Absatzforschung*), der die Marktforschung in wesentlichen Teilen einbezieht und auch als Wirkungsforschung bezeichnet werden kann (Marketing Research). Da sich die Marketingforschung auf den →*Absatzmarkt* konzentriert, wird sie im Vergleich zur Marktforschung (Erforschung aller →*Märkte*, u.a. →*Beschaffungsmarktforschung*, Personalmarktforschung, Kapital- bzw. Finanzmarktforschung etc.) vielfach auch als untergeordneter Begriff angesehen. In Theorie wie Praxis setzt sich aber immer mehr die Marketingforschung als übergeordneter Begriff durch, und die Marktforschung reduziert sich begrifflich auf die Ermittlung von →*Marktdaten* (→*Marktanalyse*) durch den Einsatz verschiedener →*Erhebungsverfahren*.

Marketingführerschaft Dominanz, →*Marketingstrategien* im →*Markt* (→*Absatz-* und/oder →*Beschaffungsmarkt*) durchzusetzen. Mit dem Streben nach Marketingführerschaft sind vor allem Probleme in den Hersteller-Handels-Beziehungen (→*Vertikales Marketing*) verbunden, die nur bedingt durch die kooperative Entwicklung von →*Vertikalen Marketingstrategien* überwunden werden können. Die Marketingführerschaft wird im wesentlichen bestimmt durch die Machtverteilung, und zwar durch die jeweils vorherrschende Form der →*Asymmetrischen Machtverteilung*. Aufgrund der in den letzten Jahren vollzogenen und immer noch nicht abgeschlossenen →*Handelskonzentrationen* und der damit verbundenen Einkaufsmacht (→*Nachfragemacht*) hat sich das ehemals sehr deutlich herstellerbezogene Machtungleichgewicht in vielen →*Branchen* zugunsten des →*Handels* (vor allem des →*Einzelhandels* in seinen Großbetriebsformen) verschoben, mit der Folge einer „Kanal"führerschaft, die im wesentlichen die Marketingführerschaft begründet. Das gilt um so mehr, als die Hersteller vielfach unter einer Innovationsarmut leiden und daher keine →*Pull-Strategien* entwickeln können, die den Handelsdruck vermindern und die Machtverhältnisse im vertikalen Marktgefüge verändern können.

Marketingfunktionen →*Marketinginstrumente*.

Marketingholder-Value In Ableitung aus dem Shareholder-Value der öffentliche Wert des marktorientierten →*Management*, der sich auf den Unternehmenswert auswirkt (→*Goodwill*, →*Imagetransfer*).

Marketing-Hysterese In der Physik beschreibt die Hysterese die Fortdauer einer Wirkung nach Aufhören der Ursache (z.B. Magnetisierung). Dieses Phänomen kann auch im Marketing auftreten. Ein nur vorübergehend eingesetzter →*Stimulus* (z.B. →*Werbespot*) hat auch nach seinem Einsatz (Absetzen der →*Kampagne*) noch eine Wirkung (z.B. auf →*Absatz* und/oder →*Marktanteil*). Die Differenz zwischen den Wirkungsniveaulagen wird als Remanenz bezeichnet (siehe in Verbindung →*Carry-over-Effekt* und im Gegensatz →*Wear-out-Effekt*).

Marketing-Informationssystem(e) Die als MAIS oder MIS bezeichneten speziellen Informationssysteme dienen vor allem der →*Marketingplanung* und dem →*Marketingcontrolling*. Die Systeme enthalten →*Daten-*, → *Methoden-* und →*Modellbanken* sowie die dazu notwendigen Kommunikationseinrichtungen. Im wesentlichen geht es um die schnelle Bereitstellung der relevanten →*Informationen* für Marketingentscheidungen. Das Informationssystem ist erst dann effizient, wenn es interaktiv, d.h. im Dialogbetrieb arbeitet und auch auf andere Informationsmodule (z.B. aus →*Produktion* und →*Logistik*) zurückgreifen kann (→*Datenverbundsysteme*). Ziel ist ein umfassendes betriebliches Informationssystem.

Marketinginstrument(arium) Unterschieden werden Informations-, Aktions- und Managementinstrumente. Die →*Marktforschung* mit ihren verschiedenen Methoden bietet die Informationsinstrumente. Die Aktionsinstrumente (siehe auch →*Absatzpolitisches Instrumentarium*) werden üblicherweise in die Submixbereiche → *Produkt-Mix*, →*Preis-Mix*, →*Distributions-Mix* und →*Kommunikations-Mix* untergliedert, die im synergetischen Verbund den →*Marketing-Mix* bilden. Die Managementinstrumente umfassen die Formen der →*Marketingplanung*, →*Marketingorganisation* und des →*Marketingcontrolling*. Hierin ist auch die zielorientierte Führung der Mitarbeiter eingeschlossen (→*Internes Marketing*, →*Personalmarketing*). In bezug auf die z.T. sehr differenzierte vertikale Marktkette sind die Instrumente des →*Beschaffungsmarketing*, Absatzmarketing und des →*Vertikalen Marketing* (→*Handelsmarketing*) zu unterscheiden.

Marketing-Kennzahlen →*Kennzahlen*.

Marketingkoalition Form der → *Marketingkooperation* (→*Kooperation*) von rechtlich selbständigen →*Unternehmen* auf vertikaler oder horizontaler Distributionsebene (→*Vertikale* bzw. →*Horizontale Kooperation*) im Absatzmarketing und/oder → *Beschaffungsmarketing*. Marketingkoalitionen sind in der Praxis vielfach aufgabenbezogen und zeitlich begrenzt. Konkrete Formen sind u.a. → *Joint Ventures*, →*Strategische Allianzen* etc. Koalitionen können auch von →*Wettbewerbern* geschlossen werden (→*Kooperative Wettbewerbsbeziehungen*), soweit dadurch nicht das Kartellgesetz (→*GWB*) verletzt wird.

Marketingkommunikation Das in der Literatur vielfach als Marktkommunikation bezeichnete →*Marketinginstrument* bzw. -instrumentarium hat die Funktion, das Leistungsangebot eines Unternehmens bzw. einer Organisation im →*Markt* zu kommunizieren (→*Kommunikation*). Das bedeutet, die vorhandenen und potentiellen →*Abnehmer* auf das Leistungsangebot aufmerksam zu machen, sie zu informieren, zu überzeugen und schließlich zum →*Kauf* zu veranlassen. Instrumental werden dazu die →*Kommunikationsformen* (→*Produktwerbung*, →*Verkaufsförderung*, →*Imagewerbung* bzw. →*Public Relations*), die →*Kommunikationsmedien* und die →

Marketingkonzept

Vom Verkäufer- zum Käufermarkt

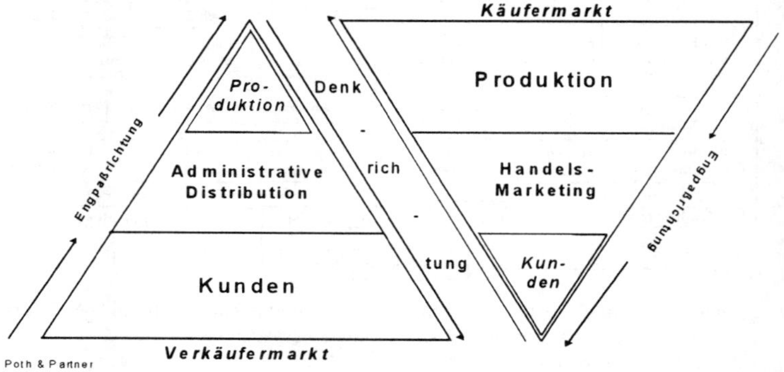

Kommunikationsmittel eingesetzt (→ *Kommunikationsinstrumente*), die integrativ und interaktiv im →*Kommunikations-Mix* miteinander verbunden sind (siehe dazu auch →*Corporate Communication*).

Marketingkontrolle →*Marketingcontrolling*.

Marketingkonzeption Nach *J. Becker (1983)* handelt es sich hierbei um einen umfassenden, gedanklichen Entwurf, „der sich an einer Leitidee bzw. bestimmten Richtgrößen (Zielen) orientiert und grundlegende Handlungsrahmen (Strategien) wie auch die notwendigen operativen Handlungen (Instrumentaleinsatz) zu einem schlüssigen Plan ... zusammenfaßt". Die Inhaltsbestimmung verbindet damit den Grundgedanken des →*Marketing* mit einer gesamthaften strategischen Marktorientierung (→*Marketingstrategie*) und ihrer operativen Umsetzung.

Marketingkooperation Zusammenarbeit (→*Kooperation*) rechtlich selbständiger →*Unternehmen* auf vertikaler oder horizontaler Distributionsebene im Absatzmarketing und/oder →*Beschaffungsmarketing*. Als Kooperationsfelder sind grundsätzlich alle → *Marketinginstrumente* geeignet, wobei sich in der Praxis die →*Marktforschung*, →*Marketingkommunikation* (→*Gemeinschaftswerbung*) und vor allem der →*Vertrieb* (siehe die verschiedenen Formen der →*Horizontalen* und →*Vertikalen Kooperation*) als besonders effizient erwiesen haben. Marketingkooperationen sind ein geeignetes Instrument zur Erhaltung der →*Wettbewerbsfähigkeit*, Begegnung von →*Konzentrationen* und zur → *Markterschließung* bzw. →*Marktentwicklung* (siehe dazu auch →*Gemeinschaftsmarketing*).

Marketingkoordination Abstimmung von →*Zielen*, →*Planungen* und Handlungsabläufen im Marketing. Die Marketingkoordination dient vor allem dazu, Widersprüche in den →*Zielen*, →*Strategien* und Durchführungsmaßnahmen zu vermeiden und →*Synergien* zu nutzen. Die zentrale Marketing-Managementaufgabe erweist sich als besonders wichtig bei größeren Organisationseinheiten und stark diversifizierten (→*Diversifikation*) →*Unternehmen*.

Marketingkosten Summe der →*Kosten*, die in den verschiedenen Marketingabteilungen periodisch anfallen bzw. geplant sind und in einem (Gesamt-) →*Marketingbudget* zusammengefaßt werden. Die Marketingkosten sind in ihrer Höhe nicht allgemein bestimmbar. Entscheidend ist, welche →*Kostenarten* der Marketing-Kostenstelle zugerechnet werden. Üblicherweise sind die klassischen Marketing-Kostenarten die →*Marktforschung*, →*Werbung*, →*Verkaufsförderung* und der →*Vertrieb*. →*Produkt-Management* und →*Produktentwicklung* werden kostenrechnerisch unterschiedlich behandelt. Entweder werden sie als Marketing-Kostenarten, als eigene →*Kostenstelle* (→*Produkt-Management*) geführt oder einer anderen Kostenstelle (z.B. Produktentwicklung zur Forschung und Entwicklung, →*F* + *E*) zugeordnet.

Marketingkultur Form der →*Unternehmenskultur* (siehe auch →*Corporate Culture*, →*Unternehmensphilosophie*, →*Corporate Identity*), die im wesentlichen durch das Verhalten der Marketing-Entscheidungsträger bestimmt wird. Nach *H. Meffert (1994)* sind vier Grundformen von Marketingkultur-Typen zu unterscheiden: (1.) Funktionsorientierte Marketingkultur (Aktionskultur), (2.) Innovationsorientierte Marketingkultur (Pionier-Kultur), (3.) Technokratische Marketingkultur (Administrationskultur), (4.) Systemorientierte Marketingkultur (Kooperationskultur). Die Marketingkultur hängt entscheidend von der Unternehmenskultur ab, wobei sich diese wiederum mit der Unternehmensentwicklung verändert.

Marketing-Logistik Marktbezogene Interpretation der →*Logistik*. Grundsätzlich ist es die Aufgabe der Marketing-Logistik, das richtige →*Produkt* in der richtigen Menge, zur richtigen Zeit an den richtigen Ort zu optimalen →*Kosten* auszuliefern. Diese Funktion umfaßt sowohl den →*Beschaffungsbereich* (Physical Supply, →*Beschaffungslogistik*) und den innerbetrieblichen Bereich als auch die →*Physische Distribution* (Physical Distribution, →*Distributionslogistik*) der Produkte in die →*Absatzmärkte*. Eine problematische Schnittstelle ist aufgrund der erheblichen Kosten die vertikale Aufgabenteilung zwischen Industrie und →*Handel* (→*Handelsmarketing*). Die Tendenz ist die weitere Rückdelegation von logistischen →*Handelsfunktionen* auf den Lieferanten. Eine weitere Entwicklungsrichtung deutet sich an durch das verstärkte →*Outsourcing* von Logistikfunktionen (z.B. →*Transport*, →*Lagerhaltung*) auf selbständige Distributeure (z.B. Speditionen).

Marketingmanagement Funktional ist der Begriff (praxeologisch) mit →*Marketingplanung* gleichzusetzen. Abgeleitet aus →*Management*, handelt es sich aber eher um die marktorientierte Gestaltung und Lenkung eines →*Unternehmens*, die primär verbunden sind mit der →*Marketingorganisation* und den →*Organisationsformen* incl. den verschiedenen Ausprägungen der →*Leitungssysteme*.

Marketing-Managementprozeß

Die grundlegenden Prozeßphasen

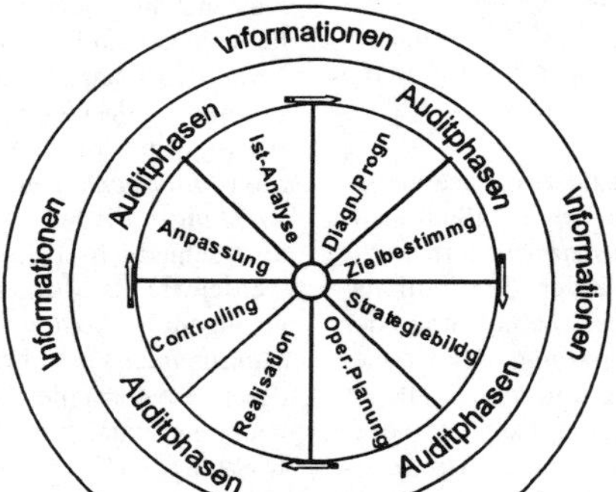

Poth & Partner nach U. Vossebein (2000)

Marketing-Mix Der Begriff wurde von *N.H. Borden (1971)* geprägt. Es handelt sich um die Koordination und optimale Kombination der →*Marketinginstrumente*. Optimal bedeutet die zielentsprechende Strategien- und Taktikenbildung und ihre Durchsetzung im →*Markt*. Der Marketing-Mix ist die operative Seite der →*Marketingkonzeption* nach strategischen Vorgaben. Im Hinblick auf die qualitative und quantitative Gestaltung setzt sich der Marketing-Mix zusammen aus der →*Produktpolitik*, →*Preispolitik*, →*Distributionspolitik* und →*Kommunikationspolitik*. Die Gestaltung des Marketing-Mix ist das fundamentale Entscheidungsproblem in der →*Marketingplanung* (siehe auch →*Absatzpolitisches Instrumentarium*).

Marketing-Mix-Kosten →*Kosten*, die notwendig sind für den integrierten Marketing-Mitteleinsatz. Je nach Zurechnungsmöglichkeit sind diese Kosten fix oder variabel (→*Fixkosten*, →*Variable Kosten*).

Marketingmodell(e) Künstliche Abbildung der Wirkung der Marketing-Instrumentalstruktur (→*Marketing-Mix*) in →*Modellen* (siehe auch →*Ökonometrie*). Unterschieden werden →*Beschreibungs-*, →*Erklärungs-* und →*Entscheidungsmodelle* (siehe dazu u.a. auch →*Simulation*). Der Aussagewert von Marketingmodellen hängt im wesentlichen von ihrer Isomorphie ab, d.h. von ihrer Fähigkeit, die Marktrealität hinreichend genau abbilden zu können.

Marketing Myopia Kurzsichtigkeit (Myopie) der Marketingorientierung an kurzfristigen Kundenwünschen. Der Begriff wurde von *Th.E. Levitt (1960)* geprägt, der damit eine Kurzsichtigkeit von →*Anbietern* gegenüber längerfristigen Bedarfs- und Marktentwicklungen meint. Dieser kritische Hinweis, der insbesondere heute noch im Zeichen des →*Wert(e)wandels* und der→*Wert(e)dynamik* eine zentrale Bedeutung hat, führte zum Grundkonzept des →*Marketing* als ein Denken und Handeln in kundenbezogenen →*Problemlösungen* und einer damit verbundenen strategischen Grundorientierung von im →*Markt* erfolgreichen →*Unternehmen* bzw. Institutionen.

Marketingorganisation Organisationale Verknüpfung der →*Marketingfunktionen* zu einer funktionalen und marktbezogenen Ganzheit. Im erweiterten Sinne handelt es sich um die organisatorische Gestaltung des gesamten →*Unternehmens* unter dem

Poth & Partner

Primat der Markterfordernisse. Um den erweiterten organisatorischen Ansatz zu realisieren, ist es notwendig, die komplexe Marketingaufgabe in den Mittelpunkt der →*Unternehmungsorganisation* zu stellen. Die aufbauorganisatorischen Alternativen sind die klassische →*Funktionengliederung*, die →*Objektegliederung* (→*Produkt-Management*, →*Spartenorganisation* bzw. die →*Divisionalisierung*, →*Key Account-Management*), die mehrdimensionale Organisation (→*Matrix-Organisation*, →*Tensor-Organisation*, →*Team-Organisation*) und Kombinationen der vorgenannten →*Organisationsformen* (siehe dazu auch → *Leitungssystem*). Weitere (mehr theorieorientierte) Gliederungsschemata ergeben sich aus der Unterscheidung nach Einlinien-, Mehrlinien- (→*Linienorganisation*) und Matrixsystemen.

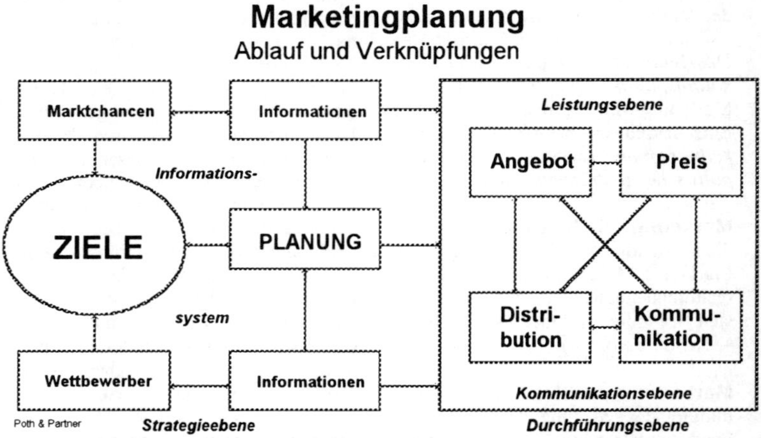

Marketingplanung Abgeleitet aus dem Begriffsinhalt der →*Planung*, ist die Marketingplanung ein Prozeß zur Bestimmung einer zukunftsorientierten und marktbezogenen Verhaltensweise des →*Unternehmens*. Hierin eingeschlossen ist auch die Festlegung der Wege zur Zielerreichung. Der Planungsprozeß vollzieht sich auf der Basis eines möglichst vollständigen und sicheren →*Marketing-Informationssystems*. Der Marketingplan ist der Leitplan für alle weiteren Teilplanungen (Finanz-, Investitions-, →*Produktionsplanung* etc.). Je nach Aufgabenstellung und Zeithorizont ist die Marketingplanung strategisch, taktisch oder operativ angelegt. Dem entspricht auch weitgehend die Unterscheidung in eine lang-, mittel- und kurzfristige Planung.

Marketingpolitik →*Marketingstrategie*.

Marketingpsychologie Untersuchung der psychologischen Voraussetzungen von beeinflussender →*Kommunikation*.

Marketing Research →*Marketingforschung*.

Marketingstrategie(n) Verbindliche Festlegung eines langfristigen (d.h. strategischen) Marketingplans (siehe →*Marketingplanung*) und Bestimmung der nachvollziehbaren und kontrollierbaren →*Marketingziele*. Dazu ist es notwendig, Strategiealternativen zu entwickeln und festzulegen, um den optimalen Lösungsweg zu identifizieren (siehe in Abgrenzung →*Marketingtaktik*).

Marketing-Strategieebenen Die verschiedenen Strategieebenen lassen sich unterscheiden in →*Marktfeldstrategien*, →*Marktstimulierungsstrategien*, →*Marktparzellierungsstrategien* und →*Marktarealstrategien* (*J. Becker, 1990*).

Marketingtaktik In Abgrenzung zur →*Marketingstrategie*, die den langfristigen marktorientierten Handlungsrahmen des →*Unternehmens* festlegt, alle operativen Aktivitäten, die Maßnahmencharakter (Marketingdurchführung) haben und vielfach Reaktionen auf unerwartete Marktsituationen darstellen. Die Verbindung mit der Marketingstrategie ergibt sich aus der →*Zielplanung* und dem →*Zielsystem*.

Marketingtheorie Die moderne Marketingtheorie im Vergleich zur klassischen Absatztheorie läßt sich nach Entwicklungsstufen gliedern in: Systemorientierter Ansatz (→*Systemtheorie*), verhaltenswissenschaftlicher Ansatz (→*Verhaltenstheorie*), entscheidungsorientierter Ansatz (→*Entscheidungstheorie*) und in den situativen Ansatz (→*Situative Marketingtheorie*), wobei letzterer nicht von generell gültigen Entscheidungs- und Handlungsakten ausgeht, sondern von einer situationsbezogenen Angemessenheit. Die verschiedenen Ansätze unter Einschluß der klassischen Absatztheorie weisen z.T. Gemeinsamkeiten auf, die in der praktischen Umsetzung zu pragmatischen Kombinationen führen (z.B. der verbraucherorientierte mit dem Verhaltens-Ansatz).

Marketingumwelt Gesamtheit aller Umweltfaktoren (→*Umwelt*), die direkt oder indirekt auf die →*Marketingstrategie* und →*Marketingtaktik* eines →*Unternehmens* Einfluß nehmen, ohne von diesem einzelwirtschaftlich verändert werden zu können. Auch wenn die Marketing-Umweltfaktoren kein Aktionsinstrument sind, erweisen sie sich zunehmend als wichtige Reaktionsparameter (z.B. für die Entwicklung neuer und umweltverträglicher Produkte). Differenzierte →*Umweltanalysen* eröffnen vielfältige Chancenpotentiale, die aktiv durch das Marketing genutzt werden können.

Marketingziel(e) Zu unterscheiden ist grundsätzlich nach →*Sach-* und →*Formalzielen*. Bei den Marketingzielen handelt es sich um aus den gesamten →*Unternehmenszielen* abgeleitete konkrete (d.h. operationale) Formalziele, die lang-, mittel- und kurzfristig definiert sind (siehe dazu auch →*Marketingplanung*). Die wichtigsten Marketing-Zielgrößen sind →*Umsatz*, →*Marktanteil*, →*Gewinn* und →*Rentabilität*. Diese Ziele sind eingebunden in →*Zielsysteme*, die auf →*Produkte*, →*Produktgruppen* und →*Sparten* (→*Divisions*) heruntergebrochen werden können und in sich stimmig und kompatibel mit den Unternehmenszielen sein müssen.

Market Research →*Marktforschung*.

Marketspace Virtueller Marktplatz im →*Cyberspace*.

Markierung Kennzeichnung eines →*Produktes* oder einer →*Dienstleistung* als →*Marke* (Branding). Die Markierungsmöglichkeiten sind →*Bild-*, →*Wort-* und →*Namenszeichen*, →*Markenzeichen*, →*Warenzeichen*, →*Gütezeichen* (vgl. auch →*Markenpolitik*).

Markoff-Ketten Ein nach *A.A. Markoff (1856-1922)* benannter stochastischer (zufallsabhängiger) Prozeß, bei dem die →*Wahrscheinlichkeit* eines Zustands durch die Wahrscheinlichkeit des vorangegangenen Zustands bestimmt wird. Der Gesamtprozeß wird also durch die Ausgangswahrscheinlichkeiten und Übergangswahrscheinlichkeiten aller Zustände bestimmt. Ein Anwendungsbeispiel für Markoff-Ketten ist die Analyse des →*Markenwechsels* (→*Markenwechselmodelle*).

Markt Zusammentreffen von →*Angebot* und →*Nachfrage*. Durch das Zusammenspiel von Angebot und Nachfrage bildet sich der →*Marktpreis* (siehe auch →*Preis*). Der Markt wird nach verschiedenen →*Marktformen* unterschieden.

Marktabdeckung Ausschöpfungsgrad des für den →*Anbieter* →*Relevanten Marktes* (→*Teilmarkt*). Die Marktabdeckung ist zu unterscheiden in eine partiale (Teilmarkt-Betrachtung) und totale (Gesamtmarkt-Betrachtung) Abdeckung und ein wichtiges Entscheidungs- und Erfolgskriterium für die →*Marktsegmentierung* (→ *Segmentationsstrategie*).

Marktabgrenzung Aufspaltung des Gesamtmarktes in homogene →*Teilmärkte*, die differenziert bearbeitet werden können (→*Marktsegmentierung*, →*Segmentationsstrategie*). In diesem Zusammenhang hat die Bestimmung des →*Relevanten Marktes* eine große wettbewerbsrechtliche Bedeutung (→*Wettbewerbsrecht*). Diese Form der Marktabgrenzung weist die →*Substitutions*beziehungen zwischen den Marktteilnehmern aus und verhindert die Bildung von →*Kartellen*.

Marktabschöpfungsstrategie → *Abschöpfungsstrategie*.

Marktakzeptanz Positive Aufnahme von →*Innovationen* durch die Adressaten. Die Marktakzeptanz bezieht sich vor allem auf neue →*Produkte* und →*Dienstleistungen*, umfaßt aber auch z.B. neue Formen der →*Marketingkommunikation* (→*Neue Medien*, →*Telekommunikations-Systeme*, →*Call Center* etc.) bzw. der →*Werbemittelgestaltung* (→*Werbebotschaften* etc.).

Marktanalyse Zeitpunktbezogene →*Beobachtung* der Merkmale eines bestimmten →*Marktes*, um die Marktstruktur zu einem bestimmten Zeitpunkt erkennen zu können (siehe im Vergleich →*Marktbeobachtung*). Zum Einsatz kommen alle →*Erhebungsverfahren* der →*Marktforschung*.

Marktanteil Anteilswert, der einen Maßstab darstellt für die Vergleichbarkeit eines →*Unternehmens* mit allen übrigen Unternehmen, die im gleichen →*Markt* tätig sind. Der Marktanteil läßt sich als mengenmäßiger und wertmäßiger Anteilswert berechnen. Der mengenmäßige Marktanteil ist die →*Absatzmenge* (eines bestimmten → *Gutes*) eines Unternehmens, dividiert durch das mengenmäßige →*Marktvolumen*. Im Vergleich dazu ist der wertmäßige Marktanteil der →*Umsatz* des Unternehmens mit einem Gut, dividiert durch das wertmäßige Marktvolumen. Der Marktanteil wird üblicherweise in Prozent ausgedrückt. Er ist eine Kennziffer für die Entwicklung der eigenen Leistungseffizienz im Zeitverlauf. Der sogen. "Relative Marktanteil" spielt als Erfolgsfaktor bei der →*Portfolio-Analyse* und im →*Portfolio-Management* eine wichtige Rolle zur Beurteilung der Konkurrenzfähigkeit (→*Wettbewerbsfähigkeit*). Der relative Marktanteil ist das Verhältnis des eigenen Marktanteils zum Hauptwettbewerber oder zu den drei größten Mitbewerbern (siehe auch

→*PIMS-Datenbank*). Die Kennziffer wird als absoluter Wert angegeben.

Marktanteil-Werbeanteil-Methode Form der →*Werbebudgetierung* (siehe insbesondere auch →*Kommunikationsbudget*), die sich am →*Marktanteil* orientiert. Sie ist im wesentlichen identisch mit der →*Wettbewerbs-Paritäts-Methode* (→*Competitive-Parity-Methode*). Die Budgetierungsmethode führt in der Regel zur Aufblähung der →*Werbekosten*, da die Werbebudgets von den einzelnen →*Anbietern* permanent höher angesetzt werden. Das vermeintliche Ziel jedes Anbieters ist, durch eine wettbewerbsorientierte Werbebudgetierung den eigenen Marktanteil zu erhöhen.

Marktarealstrategie(n) →*Marktstrategien*, die auf unterschiedliche Absatzgebiete fokussiert sind *(J. Becker, 1992)*. Die wichtigsten Formen sind nationale und übernationale Gebietsstrategien (siehe auch →*Internationales Marketing*).

Marktausschöpfung Relation von →*Absatzpotential* bzw. Umsatzpotential eines →*Anbieters* zum mengen- bzw. wertmäßigen →*Marktpotential* (siehe dazu auch →*Marktabdeckung*, →*Marktdurchdringung*).

Marktaustritt Aufgabe der Marktteilnahme, die mehrere Gründe haben kann. Der übliche Hauptgrund ist, daß die Geschäftsergebnisse nicht mehr den in den →*Normstrategien* (→*Portfolioanalyse*, →*Portfoliomanagement*) formulierten Geschäftsbereichszielen (z.B. →*Return on Investment*, →*Cash Flow* etc.) entsprechen. Die wesentliche Ursache hierfür ist in der Regel eine nachlassende bzw. ungenügende →*Wettbewerbsfähigkeit*, die vielfach durch eine allgemeine →*Marktsättigung* begleitet wird. Das Unternehmen bzw. der →*Geschäftsbereich* kann der →*Markt-* und →*Wettbewerbsdynamik* nicht mehr folgen. Dem geplanten Marktaustritt stehen jedoch oft gravierende →*Marktaustrittsbarrieren* entgegen. Um die damit verbundenen Probleme zu vermeiden, bietet sich evtl. ein →*Portfolio-Swap* an (Tausch von Geschäftseinheiten mit anderen Unternehmen, die möglicherweise in dem Marktfeld →*Wettbewerber* sind und dort ihre Aktivitäten verstärken wollen).

Marktaustrittsbarrieren Kosten- und Wettbewerbsnachteile, die bei einem →*Marktaustritt* entstehen. Hierbei fallen vor allem die marktbezogenen Wettbewerbsnachteile ins Gewicht (Umsatz- und evtl. auch Imageverluste mit Überlappungseffekt auf andere →*Produkte* bzw. Geschäftsbereiche, →*Strategische Geschäftseinheiten*). Es besteht die Gefahr einer Minderung der Marktkompetenz. Weitere wichtige Marktaustrittsbarrieren sind ein zu geringer Verkaufs- bzw. Liquidationswert der Aktiva, mit dem Austritt verbundene hohe →*Fixkosten* und/oder soziale Restriktionen, wie z.B. Kosten durch einen notwendigen Sozialplan (siehe im Gegensatz dazu →*Markteintrittsbarrieren*).

Marktbearbeitung Systematische Pflege (vor allem) der →*Absatzmärkte*. Hierzu werden alle →*Marketinginstrumente* eingesetzt. Die Marktbearbeitung dient sowohl der →*Markterschließung* und →*Marktentwicklung* als auch der →*Marktdurchdringung* und →*Marktausschöpfung*.

Marktbeherrschung Nach →*GWB* (Kartellgesetz) Stellung eines →*Unternehmens* im →*Markt*, wenn ein →*Marktanteil* (wertmäßig) von einem Drittel und ein →*Umsatz* von mind. 250 Mill. DM erreicht ist oder das Unternehmen keinem wesentlichen →*Wettbewerb* ausgesetzt ist. Bei der rechtlichen Würdigung ist entscheidend, ob marktbeherrschende Unternehmen ihre dominierende Marktstellung mißbräuchlich ausnutzen.

Marktbeobachtung Zeitraumbezogene, kontinuierliche →*Marktanalyse* zur Bestimmung der Marktstruktur im Zeitverlauf. Als wichtigste Methode der systematischen Marktbeobachtung (→*Beobachtung*) gilt das →*Panel*.

Marktdaten →*Informationen* zur Situation und Entwicklung von →*Märkten* (→*Beschaffungsmarkt*, →*Absatzmarkt* etc.). Im engeren Sinne handelt es sich um verkaufsstellenbezogene → *Artikel*verkaufsdaten auf Wochenbasis (→*Madakom*).

Markt der öffentlichen Betriebe Nach der →*Markttypologie von Ph. Kotler (1974)* im Sinne der Klassifikation in →*O-Märkte (Organisationen-Märkte)* der sogen. Ö-Markt. Der Markt der öffentlichen Betriebe bezieht sich auf alle Organe der öffentlichen Verwaltung, die zum Zwecke ihrer Funktionserfüllung →*Produkte* und →*Dienstleistungen* nachfragen. Die →*Kaufentscheidungen* erfolgen unter Budget- und nicht unter kommerziellen (Gewinnerzielung) Aspekten. Bei der →*Beschaffung* steht die Kostenminimierung im Vordergrund, die vielfach nicht am →*Wirtschaftlichkeitsprinzip* (→*Ökonomisches Prinzip*) orientiert ist. Der Markt der öffentlichen Betriebe ist abzugrenzen von dem →*Konsumentenmarkt*, → *Produzentenmarkt* und dem →*Wiederverkäufermarkt*.

Marktdiagnose Bewertung der durch →*Marktanalysen* und →*Marktbeobachtungen* gewonnenen →*Informationen*. Die Marktdiagnose bildet die Grundlage für Marktprognosen (→ *Prognose*, →*Absatzprognose*).

Marktdifferenzierung Gliederung des Gesamtmarktes nach bestimmten Kriterien in →*Teilmärkte* (→*Marktsegmentierung*). Die klassische Form der Marktdifferenzierung ist die → *Produktdifferenzierung* (in der Regel in Verbindung mit der →*Preis-* und → *Qualitätsdifferenzierung*). Diese auf das Leistungsangebot bezogene Differenzierung steht im Gegensatz zur → *Marktunifizierung*. Der Begriff bezieht sich aber auch auf die differenzierte →*Marktbearbeitung*, die ihre wesentliche Ausprägung in der →*Distributions-* und →*Kommunikationsdifferenzierung* hat oder geographisch unterschiedlich ausgeprägt ist (siehe → *Internationales Marketing* in seinen verschiedenen Formen).

Marktdurchdringung Relation von →*Absatz-* und/oder →*Umsatzvolumen* eines →*Anbieters* zu seinem →*Absatzpotential* bzw. Umsatzpotential. Der Grad der Marktdurchdringung (auch als Marktpenetration bezeichnet) zeigt, inwieweit ein →*Unternehmen* seine Absatz- bzw. Umsatzmöglichkeiten bereits ausgeschöpft hat (siehe auch →*Marktausschöpfung*, →*Marktabdeckung*).

Marktdurchdringungsmodelle Dachbegriff für eine Reihe von → *Prognosemodellen* zur Bestimmung von →*Marktanteilen* und Erstkäufen, deren Höhe die Intensität der → *Marktdurchdringung* bestimmt (siehe besonders →*Parfitt-Collins-Modell*).

Marktdurchdringungsstrategie(n) Ausdehnen des →*Marktanteils* auf gegenwärtig bedienten →*Märkten*. Dies erfolgt durch eine verstärkte Stammkundenpflege (Erhöhung der →*Kundenzufriedenheit*) und/oder durch die Gewinnung neuer →*Kunden* (→ *Marktfeldstrategien*).

Marktdynamik Zeitliche →*Marktentwicklung*, die für die Entwicklung von →*Marketingstrategien* eine erhebliche Rolle spielt. Ursachen der Marktdynamik sind z.B. gesellschaftliche und soziodemographische Entwicklungen, →*Wert(e)wandel*, →*Konsumentenverhalten*, →*Marktsättigung*, →*Marktschrumpfung*, Internationalisierung (→ *Internationales Marketing*), →*Wettbewerbsdynamik* etc.

Markteinführung Erste Phase im → *Produkt-Lebenszyklus*, die der →*Produktentwicklung* folgt (siehe auch → *Produkteinführung)*.

Markteintritt Eintritt in einen für das →*Unternehmen* neuen→*Absatzmarkt*, der bislang nicht bearbeitet wurde. Der Markteintritt kann entweder durch eine Unternehmensneugründung, eine →*Diversifikation* oder durch eine geographische →*Markterschließung* erfolgen. Mit dem Markteintritt werden in erster Linie Wachstums- und Renditeziele verfolgt, die im Kontext mit der langfristigen Zukunftssicherung des Unternehmens stehen. In der Regel stößt der Markteintritt auf erhebliche →*Markteintrittsbarrieren*, die ähnlich wie bei der Diversifikation zu nicht zu unterschätzenden →*Risiken* (Notwendigkeit detaillierter →*Risikoanalysen*) führen können.

Markteintrittsbarrieren Kosten- und Wettbewerbsnachteile, die für den Newcomer entstehen. Die Kompetenz auf einem neuen →*Markt* kann nur längerfristig geschaffen werden. Überdies werden die etablierten →*Wettbewerber* den →*Markteintritt* mit aktiven Gegenmaßnahmen behindern und ihr Marktterrain verteidigen. Hierbei nutzen sie ihren Know-how-Vorsprung in →*F+E*, →*Beschaffung*, →*Produktion*, →*Logistik* und vor allem im Einsatz des →*Marketinginstrumentariums*. Damit verfügen die etablierten →*Anbieter* gegenüber dem Neuling über erhebliche →*Wettbewerbsvorteile*, die in der Regel nur durch echte →*Innovationen* ausgeglichen werden können, die einen nachhaltigen Wettbewerbsvorsprung für den Newcomer sichern (siehe im Gegensatz dazu → *Marktaustrittsbarrieren*).

Markteintrittsstrategie Strategische Vorgaben für den →*Markteintritt*. Vor allem geht es um die Bestimmung des Timing für den Markteintritt (siehe dazu insbesondere →*Pionierstrategie*).

Marktentwicklung Im engeren Sinne handelt es sich um die Schaffung neuer →*Märkte* und damit um einen der Kerninhalte des →*Marketing*. Im erweiterten Sinne sind Marktentwicklungen eng an das →*Konsumentenverhalten* gekoppelt. Man spricht in diesem Zusammenhang auch von Markttrends. Beispiele sind einerseits die Individualisierung und andererseits die Homogenisierung des →*Konsums*, die Leistungsorientierung im Gegensatz zur Freizeitgesellschaft, die öko-soziale Orientierung vs. Wohlstandsmehrung, →*Preisbewußtsein* und Prestigeorientierung etc. Marktentwicklungen sind zunehmend charakterisiert durch Gegensätze bzw. Widersprüche (siehe auch →*Fraktalisierung*).

Marktentwicklungsstrategie(n) Finden und Entwickeln neuer →*Märkte* für bereits existierende →*Produkte* bzw. →*Dienstleistungen*. Hierbei kann es sich um neue geographische Markträume, Zusatzmärkte (z.B. neue Anwendungsbereiche) oder auch um neue →*Teilmärkte*(→*Marktsegmentierung*) handeln (→*Marktfeldstrategien*).

Markterhaltungswerbung →*Erhaltungswerbung*.

Markterkundung Unsystematische, gelegentliche und mehr zufällige Untersuchung von →*Märkten* in Abgrenzung zur →*Marktforschung* und den damit verbundenen systematischen → *Marktanalysen*. Unter vor allem Kostendruck wird mittlerweile vieles von der institutionellen Marktforschung angeboten, das lediglich den wenig strengen Kriterien einer spektakulären Markterkundung standhält.

Markterschließung Erkundung und Bearbeitung neuer →*Märkte* (siehe auch →*Marktentwicklung*).

Marktexperiment →*Markttest*.

Marktfaktoren Alle Beeinflussungsfaktoren, die auf die →*Märkte* (→ *Absatz-* und →*Beschaffungsmärkte*) und ihre Entwicklung einwirken. Zu unterscheiden sind die durch die → *Anbieter* initiierten endogenen Marktfaktoren (z.B. Einsatz des →*Marketinginstrumentariums*) und die von außen wirkenden exogenen Marktfaktoren (→*Umwelt*, →*Ökologie*, Ökonomie, Demographie, Änderungen des →*Konsumentenverhaltens*, →*Technischer Fortschritt*). Auf die exogenen Marktfaktoren haben die Anbieter nur bedingt bzw. mittelbar durch die von ihnen gestalteten endogenen Marktkräfte Einfluß. Die Marktfaktoren sind nicht isoliert zu betrachten, sondern bilden ein Wirkungsnetz.

Marktfeldstrategie(n) Nach *J. Becker (1992)* Produkt/Markt-Kombinationen (Marktfelder) als Ausgangspunkt der weiteren Strategiefestlegung (siehe auch →*Produkt-Markt-Matrix*).

Marktform(en) Strukturen von → *Angebot* und →*Nachfrage*, um aus deren Analyse Schlußfolgerungen für die →*Preisbildung* zu ziehen. In der morphologischen Klassifikation (nach *W. Eucken, 1940*) unterscheidet man zwischen einem, wenigen und vielen →*Anbietern* und →*Nachfragern* (siehe auch →*Monopol*, →*Oligopol*, →*Polypol*). Durch die Verbindung von Anbietern und Nachfragern ergeben sich neun Kombinationsmöglichkeiten, die durch Zwischenformen beliebig erweitert werden können (siehe auch

Marktformen

Marktgliederung nach Angebots-/Nachfragestrukturen

Nachfrage \ Angebot		Viele Kleine	Wenige Große	Ein Großer
Viele Kleine	A.)	Atomistische Konkurrenz	Angebots-Oligopol	Angebots-Monopol
	B.)	Polypolistische Konkurrenz	Angebots-Oligopoloid	Angebots-Monopoloid
Wenige Große	A.)	Nachfrage-Oligopol	Bilaterales Oligopol	Beschränktes Angebots-Monopol
	B.)	Nachfrage-Oligopoloid	Bilaterales Oligopoloid	Beschränktes Angeb.-M.poloid
Ein Großer	A.)	Nachfrage-Monopol	Beschränktes Nachfr.-Monopol	Bilaterales Monopol
	B.)	Nachfrage-Monopoloid	Beschränktes Nachfr.-M.poloid	Bilaterales Monopoloid

Poth & Partner nach H. Meffert (1998) A.) = Vollkommener Markt B.) = Unvollkommener Markt

→Vollkommener und *→Unvollkommener Markt*). Die *→Kreuzpreiselastizität* (*→Triffin'scher Koeffizient*) gibt Auskunft über die jeweils gültige Marktform. Die systematische Klassifikation der Marktformen ist Inhalt der Marktformenlehre.

Marktformenlehre *→Marktformen.*

Marktforschung Systematisch betriebene Erforschung von *→Märkten.* Die Formen der Marktforschung sind die *→Ökoskopie* und die *→Demoskopie*. Die Formen, die sich an der Art der Datengewinnung orientieren, sind die *→Primärforschung* (Erhebung originärer, marktbezogener Daten- und Instrumentalinformationen) und die *→Sekundärforschung* (als Auswertung des vorhandenen sekundärstatistischen Datenmaterials). Zu den wichtigsten *→Erhebungsverfahren* gehören die *→Befragung*, die *→Beobachtung* und das *→Experiment.*

Marktforschungsmethoden
Abgrenzung und Zusammenhänge

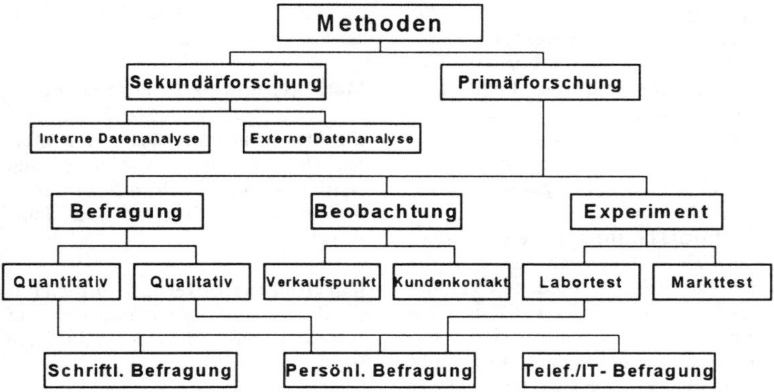

Poth & Partner

Marktforschungsdesign Anlage von Untersuchungen im Rahmen der *→Marktforschung.*

Marktforschungsethik Teil der *→Marketingethik*, der sich auf die moralischen *→Werte* und Normen von Zielen und Methoden der *→Marktforschung* bezieht. Die Problematik konzentriert sich im wesentlichen auf die angewandten Methoden. Hierzu hat die *→ESOMAR* im Jahre 1986 einen internationalen Verhaltenskodex entwickelt. Der Kodex umfaßt u.a. die Forderung nach Vertraulichkeit der Untersuchungsergebnisse, Wahrung der Anonymität der Auftraggeber, den zeitlichen Konkurrenzausschluß und die Objektivität bei der *→Datenanalyse* und -interpretation. In bezug auf die Untersuchungspersonen muß deren Freiwilligkeit der Teilnahme an Untersuchungen sichergestellt sein (Problem beim Einsatz von *→Beobachtungs*verfahren). Weiter gelten die Pflicht zur Information der *→Probanden* (z.B. hinsichtlich des Untersuchungsziels), die Vermeidung von psychischen Belastungen (Problem z.B. bei *→Experi-*

menten) und die strenge Einhaltung der Anonymität personenbezogener Daten (→*Datenschutz*). Im Zuge der Verfeinerung der Marktforschungsmethoden und der Entwicklung der → *Informations-* und →*Kommunikationstechnologien* erweist sich die Einhaltung ethischer Grundprinzipien in der Marktforschung als zunehmend wichtiger.

Marktforschungsinstitut Erwerbswirtschaftlich oder gemeinnützig (wissenschaftlich) tätiges Dienstleistungsunternehmen, das im Auftrag von Unternehmen, Organisationen und staatlichen Institutionen (Behörden, Ministerien) →*Marktforschung* durchführt. Marktforschungsinstitute sind in erster Linie im Bereich der →*Primärforschung* tätig (→*Befragungen*, →*Beobachtungen*, →*Experimente*). Viele Marktforschungsinstitute führen auch eigene Untersuchungen durch (z.B. → *Omnibus-Befragungen*, →*Panel*, → *Markttests*), die Interessenten gegen Entgelt zur Verfügung gestellt werden.

Marktforschungsprozeß Chronologischer Stufenprozeß, der sich gliedert in: Problemdefinition (Definition des Informationsbedarfs), Design (Bestimmung des Aufbaus und der Methode der Untersuchung), Test (Überprüfung des gesamten Untersuchungsdesign durch Pilotstudie), Datenerhebung (Durchführung der Untersuchung), Dokumentation (Analyse und Interpretation der Untersuchungsergebnisse), strategische und operative Empfehlungen (Beratung des Auftraggebers).

Marktforschungsverbände Berufs- und Institutsvereinigungen der → *Marktforschung* im nationalen und internationalen Bereich. →*ADM* (Arbeitskreis Deutscher Marktforschungsinstitute) und →*BVM* (Bundesverband Deutscher Markt- und Sozialforscher) sind die diesbezüglichen deutschen Vereinigungen. International sind vor allem die →*WAPOR* (World Association for Public Opinion Research) und die →*ESOMAR* (European Society for Opinion and Marketing Research) von Bedeutung. Neben der Interessenvertretung des Berufsstands und der institutionellen Marktforschung ist eine der Aufgaben der Verbände die Einhaltung berufsethischer Grundsätze (→*Marktforschungsethik*).

Marktführerschaft Marktanteilsführer in einem →*Relevanten Markt*. Das Anzielen der Marktführerschaft ist ein Wesensbestandteil der →*Wettbewerbsstrategie*. Sie kann verbunden werden mit einer →*Kostenführerschaft* und realisiert werden durch eine →*Konzentrationsstrategie*.

Marktgeltung →*Verkehrsgeltung*.

Markthandel Form des →*Ambulanten Handels*, der auf Marktplätzen stattfindet. Hierzu zählen auch die → *Wochenmärkte*, Kirmesmärkte, Jahrmärkte.

Marktherausforderer →*Anbieter*, die den →*Marktführer* angreifen, um einen höheren →*Marktanteil* zu erzielen.

Marktindikatoren →*Kennzahlen* und Indizes, die als Erklärung und auch →*Prognose* nicht untersuchbarer Marktentwicklungen dienen. Wichtige Marktindikatoren sind z.B. →*Absatz-* und →*Kaufkraftkennziffern*.

Marktintervention Ankaufverpflichtung des Staates im Rahmen der EG- →*Marktordnungen* für Agrarprodukte. Die Marktintervention dient der Preisstützung und ist eine Form der → *Subvention*. Die Interventionspreishöhe ist eine Mindestpreisgarantie (→ *Mindestpreis*). Liegt diese über dem

→*Gleichgewichtspreis* des →*Marktes*, kommt es zu staatlichen Lagerbeständen, die erneut subventioniert werden müssen (durch Exportsubventionen bzw. Verkauf der Produkte im Inland unter dem →*Einstandspreis*).

Marktkapazität Prospektive Aufnahmefähigkeit des →*Marktes*, gemessen an den →*Bedürfnissen* der → *Nachfrager*. Die Marktkapazität ist also größer als das →*Marktpotential* und dieses wiederum größer als das → *Marktvolumen* und das letztere größer als der →*Marktanteil*.

Marktkette →*Absatzkette*, →*Distributionskette*, →*Handelskette*.

Marktkommunikation →*Marketingkommunikation*.

Marktleistung Gesamtheit der Leistungen, die ein →*Anbieter* auf seinen →*Absatzmärkten* offeriert (→*Angebot*). Die Marktleistung umfaßt in der Regel ein komplexes →*Leistungsprogramm* als eine synergetische Verbindung von →*Produkt* und →*Dienstleistung*.

Marktlücke →*Marktnische*.

Marktmacht Grad der →*Marktbeherrschung* durch einen oder mehrere →*Marktpartner* (Angebots- oder → *Nachfragemacht*). Die Ausnutzung von Marktmacht ist wettbewerbsschädlich im Sinne eines marktwirtschaftlichen →*Leistungswettbewerbs* (→*GWB*). Marktmacht ist nicht zu verwechseln mit Marktkompetenz (→ *Wettbewerbsfähigkeit*, Nutzung von → *Wettbewerbsvorteilen*), die den Marktgestaltungsspielraum im Rahmen des →*Wettbewerbs* erweitert und damit die Einflußmöglichkeiten auf den →*Markt* erhöht.

Markt-Management Marktbezogener Organisationstyp (→*Marketingorganisation*), der auf →*Kunden* bzw. Kundengruppen fokussiert ist. Das Markt-Management bezieht sich auf ganze Abnehmerbranchen. Werden hingegen Abnehmergruppen in den Mittelpunkt gestellt, handelt es sich um ein Kundengruppenmanagement, bei der Ausrichtung auf Schlüsselkunden um ein →*Key Account-Management*. Das Markt-Management als Kundenmanagement erweist sich nur dann als ein sinnvoller Organisationstyp, wenn die →*Nachfrager* bzw. Nachfragergruppen voneinander abgrenzbar sind und es notwendig ist, für die verschiedenen →*Zielgruppen* unterschiedliche, d.h. kundenspezifische →*Produktprogramme* (Angebotsprogramme) zu entwickeln. Aufgrund der immer wichtiger werdenden →*Marktsegmentierung* zeigt sich eine steigende Tendenz zur Implementierung von Markt-Managements, die vielfach mit dem →*Produkt-Management* (z.T. als →*Matrixorganisation*) verknüpft werden und dem Marketingziel einer totalen Kundenorientierung organisational am besten entsprechen, wenngleich sich dadurch auch erhebliche →*Zielkonflikte* ergeben können (primär Produktrentabilität versus →*Kundenrentabilität*).

Markt-Media-Analyse Konsumentenbefragung zur Informationsgewinnung bzgl. des →*Kaufverhaltens* (Konsumverhalten, →*Konsumentenverhalten*) und →*Mediennutzungsverhaltens*. Die wichtigsten Verfahren sind die diversen →*Mediaanalysen* (→*MA*, →*AWA*, →*Marken-Kompaß*) und die →*Verbraucheranalyse*.

Marktmonitoring →*Monitoring*.

Marktmorphologie Marktformenlehre, →*Marktformen*.

Marktneuheit(en) →*Innovation(en)*, →*Produktinnovation(en)*.

Marktnische(n) →*Teilmarkt*, der durch vorhandene Leistungsangebote nicht abgedeckt wird. Marktnischen können abnehmer-, produkt-, teilmarkt- (regional-) oder auch technologiebezogen definiert werden. Nach der →*Feldtheorie* (*K. Lewin, 1890-1947*; *B. Spiegel, 1961*) wird zwischen manifesten (bereits existenten) und latenten (noch verborgenen) Marktnischen unterschieden. Mit Hilfe des →*Nischen-Marketing* werden die primär marktpsychologisch definierten Marktlücken geschlossen. Der →*Anbieter* hat zumindest kurzfristig eine Monopolstellung. Der strategische Ansatz weist eine enge Verwandtschaft mit der →*Marktsegmentierung* auf.

Marktordnung(en) Staatliche Lenkung von →*Angebot*, →*Nachfrage* und →*Preisbildung* in eine bestimmte Richtung. Zu unterscheiden ist eine totale Lenkung (in Zentralverwaltungswirtschaften) und partielle (in der Regel branchenspezifische) Regelungen (z.B. die landwirtschaftliche Marktordnung für bestimmte Produkte). Marktordnungen sind begrifflich abzugrenzen von →*Wirtschaftsordnungen*, wenngleich mit Planwirtschaften systemimmanent eine mehr oder weniger totale Marktregulierung verbunden ist.

Marktpartner →*Anbieter* und →*Nachfrager*, die auf einem →*Markt* miteinander in eine Geschäftsbeziehung (→*Transaktion*) eintreten.

Marktparzellierungsstrategie(n) →*Marktstrategien*, die die Art und Weise der Differenzierung bzw. Abdeckung des →*Marktes* betreffen *(J. Becker, 1992)*. Die wichtigsten Formen sind das →*Massenmarketing* und die →*Marktsegmentierung*.

Marktpenetration →*Marktdurchdringung*, →*Marktausschöpfung*, →*Marktabdeckung*.

Marktpolarisierung Kontrastierung von vor allem →*Konsumgütermärkten*, die sich in erster Linie in der Schichtung der →*Preislagen* zeigt. Hierbei wird unterschieden in die gehobene, mittlere und untere Preis-(Markt-)klasse incl. der damit verbundenen →*Qualitätsdifferenzierungen*. →*Wert(e)wandel* und →*Wert(e)dynamik* haben ihrerseits zu einer Konsumpolarisierung geführt mit der Konsequenz eines Abschmelzens der Marktmitte zugunsten der gehobenen und unteren Marktschichten (sog. Verlust-der-Mitte-Phänomen). Das veränderte →*Konsumentenverhalten* (siehe vor allem →*Hybrid-Konsumenten*) ist die entscheidende Ursache für die Marktpolarisierung, die ihre deutlichsten Auswirkungen im →*Einzelhandel* (sinkende Zahl der mittelständisch geprägten, ungebundenen Betriebe) zeigt und auf die →*Produkt-*, →*Preis-* und →*Qualitätspolitik* der Hersteller zurückwirkt. Der gleiche →*Nachfrager* ist einmal →*Markenkäufer* (mit einer hohen →*Markentreue*) und dann wieder →*Preiskäufer* (mit einem häufigen →*Markenwechsel*). Dadurch wird die Entwicklung von →*Segmentationsstrategien* erheblich erschwert.

Marktpotential Maximale →*Absatzmenge* bzw. der maximale →*Umsatz*, die von einem →*Unternehmen* potentiell im →*Markt* durchgesetzt werden können. Das Marktpotential entspricht der gesamten →*Nachfrage* nach dem →*Produkt* bzw. der Leistung. Die Gesamtnachfrage entspricht der im Augenblick gültigen Gesamtaufnahmefähigkeit des Marktes (siehe auch →*Absatzpotential*). Das Marktpotential ist kleiner als die (mögliche) →*Marktkapazität* und größer als das →*Marktvolumen*.

Marktpreis Der durch →*Angebot* und →*Nachfrage* bestimmte →*Preis*. Im klassischen Fall pendelt sich ein →*Gleichgewichtspreis* ein (in Ergänzung dazu →*Spinnwebtheorem*, oder auch →*Cobweb-Theorem* genannt). Aus kalkulatorischer Sicht (→*Preiskalkulation*) ist der Marktpreis ein nachfrageorientierter Preis (→*Nachfrageorientierte Preiskalkulation*). Er wird gebildet aus dem im →*Markt* realisierbaren→*Durchschnittserlös* minus den durch den →*Kostenträger* verursachten →*Kosten*. Man nennt den Marktpreis daher auch Erlös-minus-Preis. Die Kalkulation erfolgt mit Hilfe der →*Teilkostenrechnung* und üblicherweise durch die →*Deckungsbeitragsrechnung* (siehe dazu im Gegensatz →*Kostenpreis*).

Marktprognose →*Absatzprognose*, →*Prognose*, →*Prognosemodelle*.

Marktpsychologie Untersuchung des →*Marktes* mit Hilfe der →*Psychologischen Marktforschung* (marktpsychologische Forschung) in Abgrenzung zu den sogen. quantitativen Methoden der →*Marktforschung*. Vor allem das →*Konsumentenverhalten* ist Forschungsgegenstand der Marktpsychologie.

Marktreaktionsfunktion(en) Zusammenhang zwischen Marketing-Input- und zu prognostizierenden Outputgrößen. Eine der in der Theorie (→*Preistheorie*) elementaren Marktreaktionsfunktionen ist die →*Preis-Absatzfunktion*, die einen Zusammenhang herstellt zwischen der →*Absatzmenge* und dem →*Preis*. Weitere Reaktionsfunktionen sind z.B. die →*Werbewirkungsfunktionen*, →*Kontaktbewertungskurve* etc.

Marktrecht Dachbegriff für alle den →*Markt* regelnden Gesetze und Verordnungen. Das Marketing und insbesondere die →*Marketinginstrumente* sind von einer Fülle von Gesetzen und Regulierungen betroffen, angefangen vom →*Urheberrecht*, →*Preisverordnungen* und Vertragsrecht etc. bis hin zu mehr marketingspezifischen Vorschriften im Gesetz gegen Wettbewerbsbeschränkungen (→*GWB*), Gesetz gegen den unlauteren Wettbewerb (→*UWG*) und in speziellen Verordnungen (wie z.B. →*Warenzeichengesetz*, diverse →*Schutzrechte* und im →*Einzelhandel* die Regelung von →*Schlußverkäufen*, →*Räumungsverkäufen*, →*Ladenschlußzeiten*, →*Preisauszeichnung* etc.). Die z.T. Unübersichtlichkeit und auch Vernetzung der diversen gesetzlichen Marktregulierungen haben bereits zu der eigenen Disziplin „Marketingrecht“ geführt.

Marktreife Stand der →*Produktentwicklung*, bei dem das →*Produkt* (→*Dienstleistung*) so weit entwickelt ist, daß es vermarktet werden kann. Abzugrenzen von dem Begriff ist die →*Reifephase* im →*Produkt-Lebenszyklus*, in der das Produkt bzw. die Dienstleistung dem realisierbaren Umsatzmaximum (→*Grenzerlös* gleich Null) zustrebt (→*Marktsättigung*).

Marktsättigung Marktsättigung ist gegeben, wenn das →*Marktpotential* erschöpft ist. Der Sättigungsgrad ergibt sich durch den Quotienten aus →*Marktvolumen* und →*Marktpotential*. Im →*Produkt-Lebenszyklus* ist die Marktsättigung im Scheitelpunkt der Umsatzfunktion erreicht. Das →*Produkt* tritt dann in die →*Degenerationsphase* ein, wobei möglicherweise der Abschwung gestoppt werden kann (Plafondierungs-, →*Versteinerungsphase*), und zwar durch →*Relaunching* oder →*Facelifting* (→*Revival*).

Marktschichtung Gliederung der

→*Abnehmer* nach ihrer Schichtenzugehörigkeit. Üblich ist die soziale Schichtung nach Oberschicht, Mittelschicht und Unterschicht.

Marktschreierische Werbung Übertriebene →*Werbung* (→*Produktwerbung*) durch wettbewerbswidrige Methoden (→*UWG*), wie z.B. →*Anlocken* von →*Kunden*, →*Anreißen*, irreführende Angaben (→*Irreführung*) etc. Soweit die Marktschreierei das →*Wettbewerbsrecht* nicht verletzt, ist sie zulässig, da man der Werbung (→ *Reklame*) eine gewisse Übertreibung zugesteht.

Marktschrumpfung Abnahme von →*Marktpotential* und →*Marktvolumen*, deren Ursachen vielfältig sind und u.a. auf Branchenkrisen, → *Marktsättigung*, →*Marktdynamik* etc. zurückzuführen sind. Die Marktschrumpfung führt in der Regel zum →*Verdrängungswettbewerb*. Mit Hilfe z.B. der →*Marktentwicklung* und → *Diversifikation* kann u.U. der Marktschrumpfung begegnet werden.

Marktsegmentation →*Marktsegmentierung*.

Marktsegmentierung Zielgruppenorientierte Zerlegung des Gesamtmarktes in →*Teilmärkte* (→*Segmente*), die möglichst homogen sind. Die Differenzierung erfolgt nach →*Geographischen Kriterien*, →*Mikrogeographischen Kriterien*, →*Demographischen Kriterien*, →*Soziodemographischen Kriterien* und/oder →*Psychographischen Kriterien* (→*Segmentationskriterien*). In der Praxis werden in der Regel die Kriterien nicht einzeln genutzt, sondern miteinander kombiniert. Die Marktsegmentierung ist aber nicht nur eine →*Marktforschungsmethode*, sondern vor allem eine sich an spezifischen Bedürfniskomplexen (→ *Bedürfnisse*) verschiedener →*Zielgruppen* orientierende →*Marketingstrategie*, die undifferenziert, differenziert oder konzentriert sein kann. Die

Poth & Partner

ausgewählte→*Segmentationsstrategie* wird durchgesetzt durch die Instrumentaldifferenzierungen (→*Produkt-*, →*Preis-*, →*Distributions-* und→*Kommunikationsdifferenzierung*). Ziel der →*Segmentation* ist es, durch die Vermeidung von →*Streuverlusten* einen höheren Zielerreichungsgrad zu realisieren (siehe auch →*Absatzsegment* und →*Selektive Absatzpolitik*).

Marktsoziologie Teil der →*Wirtschaftssoziologie* (→*Soziologie*), der sich mit der Analyse der Wechselwirkungen zwischen →*Markt* und →*Gesellschaft* beschäftigt. Die Marktsoziologie untersucht die diversen Veränderungen von Wirtschaftsstrukturen (z.B. →*Marktformen* und →*Marktordnungen*) aus soziologischer Sicht, analysiert Ursachen gesellschaftlicher Entwicklungen (u.a. den sozialen Wandel, →*Wert(e)wandel*) und ihre Folgen für Markt- und →*Wirtschaftsordnungen* im historischen Vergleich, wie z.B. die Entwicklung von →*Industriegesellschaften* zu →*Dienstleistungs-* und in der weiteren Entwicklung zu →*Informationsgesellschaften*.

Marktstagnation Nullwachstum von →*Marktpotential* und →*Marktvolumen*. Ursachen und Wirkungen sind ähnlich wie bei der →*Marktschrumpfung*. Die Nutzung von Kostensenkungspotentialen und die Differenzierung gegenüber den →*Wettbewerbern* sind die möglichen Reaktionen, wenn keine neuen →*Absatzmärkte* erschlossen werden können (→*Marktentwicklung*, →*Markterschließung*).

Marktstimulierungsstrategie(n) →*Marktstrategien*, die die Art und Weise der Marktbeeinflussung bestimmen *(J. Becker, 1992)*. Die wichtigsten Formen sind die →*Präferenzstrategie* (Schaffung von →*Präferenzen* aus Marktsicht) und die→*Preis-Mengen-Strategie*(→*Preiswettbewerb*).

Marktstörung Marktbezogene Unlauterkeit, die sich vor allem auf die Beeinträchtigung der Interessen anderer Gewerbetreibenden und/oder der →*Verbraucher* bezieht (→*UWG*). Marktstörungen behindern den → *Wettbewerb*.

Marktstrategie(n) Es handelt sich um →*Strategien* der →*Marktbearbeitung*. Nach *J. Becker (1992)* lassen sich vier Strategieebenen unterscheiden: →*Marktfeldstrategien* (→*Marktdurchdringung*, →*Marktentwicklung*, →*Produktentwicklung*, →*Diversifikation*), →*Marktstimulierungsstrategien* (→*Präferenzstrategie*, →*Preis-Mengen-Strategie*), →*Marktparzellierungsstrategien* (→*Massenmarketing*, →*Marktsegmentierung*) und →*Marktarealstrategien* (lokale, regionale, überregionale, nationale, multinationale, internationale Strategien und → *Global Marketing*). Durch die Verbindung der verschiedenen Strategieebenen mit den Strategiealternativen lassen sich unterschiedliche Strategiekombinationen entwickeln, die für das gesamte →*Unternehmen* und/oder für →*Produkte* bzw. →*Dienstleistungen* gebildet werden können.

Marktstruktur Gefüge des Zusammenhangs und Zusammenspiels von →*Angebot* und →*Nachfrage*. Die klassische Form der Marktstrukturierung geht auf das Marktformenschema (→*Marktformen*) von *W. Eucken (1891-1950)* zurück. Im Marketing hat sich die →*Markttypologie* von *Ph. Kotler (1974)* nach Art der Marktteilnehmer in →*Konsumentenmärkte* (K-Märkte), →*Produzentenmärkte* (P-Märkte), →*Wiederverkäufermärkte* (W-Märkte) und →*Märkte der öffentlichen Betriebe* (O-Märkte) durchgesetzt.

Marktstufen →*Handelsstufen*, die ein Leistungsangebot (→*Produkt* oder

→*Dienstleistung*) von der Herstellung bis zum Endverbraucher bzw. Endverwender durchläuft (→*Absatzkette*, →*Handelskette*). Die verschiedenen Stufen lassen sich in ihrer Abfolge wie folgt klassifizieren: Rohstoffproduktion, Halbfabrikateproduktion, Endprodukteherstellung, →*Produktionsverbindungshandel*, →*Groß-* und →*Einzelhandel* (in ihren verschiedenen typologischen Ausprägungen). Als Folge der →*Handelskonzentration* überspringen viele Großbetriebsformen des Einzelhandels (vor allem im Lebensmitteleinzelhandel) mittlerweile die Großhandelsstufe und kaufen direkt beim Hersteller. Diese Tendenz setzt sich im gesamten Einzelhandel durch mit der Konsequenz einer für die Hersteller nicht unproblematischen Verkürzung der Absatz- bzw. Handelskette.

Marktteilnehmer →*Marktpartner*.

Markttest(s) Überprüfung der Marktchancen von →*Produkten*. Das neue Produkt wird für eine bestimmte Zeit in einem abgegrenzten →*Markt* (→*Testmarkt*) unter Einsatz ausgewählter oder aller →*Marketinginstrumente* verkauft. Ziel ist, die Erfolgschancen des neuen Produkts zu testen, bevor es endgültig im Gesamtmarkt eingeführt wird (siehe →*Innovationsprozeß* und →*Produktplanung*). Der Markttest bietet auch die Möglichkeit, die eingesetzten Marketinginstrumente in ihrer Wirkung zu überprüfen. Aus den Testergebnissen können Schlußfolgerungen gezogen werden für eine evtl. notwendige Veränderung des Marketingmitteleinsatzes oder auch für Korrekturen am Produkt selbst (siehe auch →*Testmarketing*).

Markttransparenz Marktdurchsichtigkeit bzw. Überschaubarkeit der Marktbedingungen für alle Marktbeteiligten. Die Markttransparenz ist eine der Bedingungen für eine →*Vollkommene Konkurrenz*. In der Marktrealität kann eine vollkommene Markttransparenz nicht erreicht werden. Um eine befriedigende Überschaubarkeit sicherzustellen, wird die →*Marktforschung* eingesetzt.

Markttypologie Die bekannteste Markttypologie ist das →*Marktformen*schema. Die Markttypen werden durch folgende Merkmale voneinander abgegrenzt: (1.) Zutrittsmöglichkeit (geschlossener, beschränkter, offener →*Markt*), (2.) Vollkommenheitsgrad (→*Vollkommener Markt*, →*Unvollkommener Markt*), (3.) Geographisches Einzugsgebiet (Binnenmarkt, Exportmarkt), (4.) Wirtschaftsstufe (Grundstoffgüter-, Investitionsgüter-, Gebrauchsgüter-, Konsumgüter- bzw. Verbrauchsgüter- und Dienstleistungsmarkt), (5.) Marktstufe (→*Beschaffungsmarkt*, →*Absatzmarkt*), (6.) Vertikalität (→*Direktabsatz*, →*Indirekter Absatz*), (7.) Art der Marktteilnehmer (→*Konsumenten-*,→*Produzenten-*, →*Wiederverkäufermarkt*, →*Markt der Öffentlichen Betriebe*), (8.) Marktorientierung (→*Verkäufermarkt*, →*Käufermarkt*).

Marktunifizierung Im Gegensatz zur →*Marktdifferenzierung* die einheitliche Behandlung des Gesamtmarktes. Es erfolgt keine Aufspaltung des Gesamtmarktes in →*Teilmärkte* (durch →*Marktsegmentierung*) und damit auch keine differenzierte →*Marktbearbeitung*. Soweit die Marktunifizierung mit einer konsequenten →*Konzentrationsstrategie* (→*Konzentrierte Marktsegmentation*) verbunden wird, können sich daraus →*Wettbewerbsvorteile* (→*Kostenführerschaft*) ergeben. Dabei dürfen aber nicht die Risiken einer Monostrukturierung (z.B. Branchenkrisen, →*Technischer Fortschritt*) übersehen werden. Vielfach resultieren Unternehmenskrisen gerade aus der Marktunifizierung. Der Begriff darf zudem nicht verwechselt werden mit dem →*Global Marketing*, das trotz →*Standardisierung* sehr wohl feingliedrige Marktdifferenzierungen durch Modulkombinationen aufweist.

Marktuntersuchung(en) →*Marktanalyse* als systematische Bestandsaufnahme und Untersuchung des → *Marktes*. Marktuntersuchungen dienen vor allem der Erkundung der Stellung eines →*Unternehmens* im →*Markt* (im Vergleich zu den →*Wettbewerbern*) mit Hilfe der Methoden der → *Marktforschung*.

Marktveranstaltung(en) Institutionelle Form der Zusammenführung von →*Angebot* und →*Nachfrage* zwecks Anbahnung und/oder Abschluß von Geschäftsvereinbarungen. Marktveranstaltungen dienen überdies der Informationsgewinnung zur →*Marktentwicklung* und →*Marktdynamik*. Die wichtigsten Formen sind →*Messen*, →*Ausstellungen*, →*Börsen*, →*Auktionen* und mittlerweile auch →*Web-Auktionen*.

Marktvolumen Die in einer →*Branche* effektiv abgesetzte Menge von → *Waren* oder Leistungen (mengenmäßig) bzw. die Gesamtheit der →*Umsätze* (wertmäßig). Das Marktvolumen ist kleiner als das →*Marktpotential* und dieses wiederum kleiner als die →*Marktkapazität*. Wird das →*Absatz-* oder →*Umsatzvolumen* eines Wirtschaftsunternehmens in Beziehung zum Marktvolumen gesetzt, so ergibt sich sein →*Marktanteil*. Der Quotient aus Marktvolumen und Marktpotential gibt den Grad der → *Marktsättigung* an.

Marktwachstum Steigendes → *Marktvolumen* aufgrund des noch nicht ausgeschöpften →*Marktpotentials*. Besonders junge →*Märkte* zeichnen sich durch ein hohes Wachstumspotential (→*Wachstum*) aus, das → *Wettbewerber* anlockt. Im →*Produkt-Lebenszyklus* handelt es sich um die zweite Phase (nach der →*Einführungsphase*), die abgelöst wird durch die →*Reifephase*.

Marktwirkungsfunktion(en) →*Response Function(s)*, →*Marktreaktionsfunktion(en)*.

Marktwirtschaft →*Wirtschaftsordnung*, die auf dem klassischen → *Liberalismus* beruht und deren wesentliche konstituierende Merkmale der freie und ungehinderte →*Leistungswettbewerb* und die →*Konsumfreiheit* (→*Konsumentensouveränität*) sind. Die Koordination der einzelwirtschaftlichen Interessen erfolgt durch das Zusammenspiel von →*Angebot* und →*Nachfrage* und die freie Bildung von →*Marktpreisen*. Im Wirtschaftsprozeß fungiert der Staat lediglich als Anbieter von →*Kollektivgütern*. Als eine Weiterentwicklung der marktwirtschaftlichen Grundordnung gilt die Soziale Marktwirtschaft (*W. Eucken, A. Müller-Armack*), die dem Staat als weitere Aufgaben die Sicherung des →*Wettbewerbs* bzw. die Verhinderung von Wettbewerbsmißbrauch und vor allem die soziale Korrektur rein marktwirtschaftlichen Handelns zuweist. Aus dem letzteren Aufgabenkomplex resultiert wiederholt die Forderung nach weiteren staatlichen Eingriffen in das Wettbewerbssystem (Globalsteuerung) und insbesondere in das Einkommens-Verteilungssystem. Hierbei ist zu berücksichtigen, daß sich Marketing als mikroökonomische Marktwirtschaft nur in einem möglichst wenig staatlich regulierten Ordnungsrahmen entwickeln kann. Der Ordnungsrahmen muß in erster Linie der rechtlichen Sicherstellung des Wettbewerbs dienen und sollte nicht zu einer staatlichen Detailsteuerung verengt werden.

Marktzugang →*Markteintritt*, →*Markteintrittsbarrieren*.

Mart →*Großhandelszentrum* (Trade Mart).

Maslow'sche Bedürfnispyramide Form der Strukturierung der →*Bedürfnisse* (nach *A.H. Maslow, 1977*). Pyramide deshalb, weil das Bedürfnismodell davon ausgeht, daß zunächst die →*Primärbedürfnisse* befriedigt sein müssen, bevor die →*Sekundärbedürfnisse* angestrebt werden können. Diese Annahme ist auch der Hauptgrund für die Kritik an dem Modell. Die Primärbedürfnisse werden unterschieden in →*Physiologische Bedürfnisse* und →*Sicherheitsbedürfnisse*. Die Befriedigung dieser niedrigen, jedoch dringlichen Bedürfnisse motiviert zur Erfüllung höherer psychologischer Bedürfnisse, die für das Wachstum des Menschen entscheidend sind. Sie werden in dem Bedürfnismodell hierarchisch geordnet in →*Soziale Bedürfnisse*, →*Geltungsbedürfnisse* und in→*Selbstverwirklichungsbedürfnisse* (siehe dazu auch in Erweiterung →*Tertiärbedürfnisse*).

Bedürfnispyramide

Hierarchische Rangfolge der Bedürfnisse

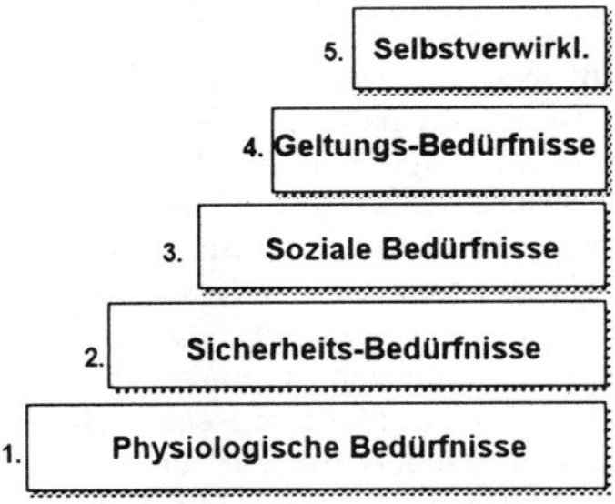

Poth & Partner nach A.H. Maslow (1954)

Mass Customization Mischstrategie, bei der →*Produkte* oder →*Dienstleistungen* so flexibel gestaltet werden, daß sie sich sowohl in Massen herstellen lassen als auch spezifischen Anforderungen der →*Kunden* entsprechen. Es handelt sich um eine Form des →*Customized Marketing* (→*Prosumer*, →*Postponement*).

Massengüter →*Güter*, die in großen Massen hergestellt werden und sich auf Industriegüter (→*Investitionsgüter*, →*Produktionsgüter*) beziehen. Nach der →*Gütertypologie* ergibt sich die Unterscheidung zu den →*Massenprodukten* (→*Konsum-*,→*Verbrauchs-* und →*Gebrauchsgüter*). Im Gegensatz zu den Massengütern stehen die →*Individualgüter*.

Massenkommunikation Die Theorie der Massenkommunikation geht davon aus, daß die durch die →*Massenmedien* ausgesendeten →*Informationen* von allen →*Kommunikanten* (Rezipienten) in gleicher Weise parallel aufgenommen werden. Diese Modellannahme ist weitestgehend durch die Realität widerlegt. Bei der Massenkommunikation handelt es sich um eine unpersönliche, indirekte →*Kommunikation* (→*Marketingkommunikation*) im Sinne einer Massenansprache mit Hilfe der →*Massenmedien* (→*Printmedien*, →*Elektronische Medien*). Die Massenkommunikation richtet sich an ein breites Massenpublikum und steht damit im Gegensatz zu einer persönlichen und direkten Kommunikation mit einem klar definierten Zielpublikum. Im Vergleich zur →*Persönlichen Kommunikation* (→*Individualkommunikation*) findet in der Massenkommunikation keine Rückkoppelung zwischen →*Kommunikanten* und →*Kommunikatoren* statt. Massenkommunikation ist mehr oder weniger eine →*Einwegkommunikation*, beruht im wesentlichen auf dem →*Verstärker-*

prinzip und schließt eine →*Interaktion* (→*Interaktionsprozeß*, →*Interaktionstheorie*) aus.

Massenkonsum →*Nachfrage* nach standardisierten Güterangeboten in → *Industriegesellschaften*, die eine möglichst günstige Versorgung breiter Bevölkerungsschichten ermöglichen (→ *Massenprodukte*). Voraussetzung des Massenkonsums ist die Massenproduktion und eine Nachfrage, die auf das schnelle und problemlose Beschaffen von →*Gütern* ausgerichtet ist (siehe auch →*Versorgungshandel*). Die zunehmende Individualisierung und Befriedigung differenzierter →*Bedürfnisse* führten zur→*Mass Customization* als Form eines kundenindividuellen Marketing (→*Customized Marketing*). Mass Customization versucht, den Kostenvorteil der Massenfertigung mit den kundenspezifischen Wünschen zu verbinden (siehe hierzu auch → *Prosumer*).

Massenmarketing Unifizierungsstrategie (→*Marktunifizierung*), die keine Unterschiede in den →*Bedürfnis*strukturen und den Verhaltensweisen der →*Abnehmer* berücksichtigt (siehe auch →*Undifferenzierte Marktsegmentation* und im Gegensatz dazu →*One-to-One-Marketing*).

Massenmedien Im wesentlichen handelt es sich um die →*Printmedien* und die →*Elektronischen Medien* (siehe auch →*Massenkommunikation*). Die sogen. →*Neuen Medien* in ihren verschiedenen Ausprägungen nehmen zwischen Massenkommunikation und →*Persönlicher Kommunikation* gegenwärtig noch eine Zwitterstellung ein. Vom Ursprung her sind sie Massenmedien, wobei jedoch ihr Trend eindeutig in die Richtung der persönlichen Kommunikation durch →*Interaktion* (→*Mehrstufige Kommunikation*) weist.

Massenprodukte →*Produkte* (→ *Konsum-*, →*Verbrauchs-* und →*Gebrauchsgüter*), die im Gegensatz zu den →*Individualgütern* in großen Mengen (Massenfertigung) hergestellt werden (siehe in Abgrenzung →*Massengüter*).

Master Sample Ausgangsstichprobe (→*Stichprobe*), die je nach Untersuchungszweck weiter selektiert werden kann.

Materialtreue Orientierung der Erstellung von →*Leistungsprogrammen* an bestimmten Grundmaterialien. Daraus ergeben sich Spezialisierungs- und Rationalisierungsvorteile (→*Wissenstreue*), die jedoch mit der Gefahr einer materialtechnischen Veralterung und einer Verminderung der →*Problemtreue* verbunden sind mit der Folge einer auch möglichen Abnahme der → *Kundentreue*.

Materialwirtschaft Versorgungsfunktion mit Managementcharakter (Material Management). Im Vergleich zum mehr exekutiven →*Einkauf* handelt es sich um eine gestaltende Funktion (siehe auch →*Beschaffung*). Es geht um die Optimierung der Materialversorgung für die →*Produktion* und damit um die Sicherstellung der Leistungsbereitschaft der →*Unternehmung*. Mit dieser Aufgabenstellung sind folgende Funktionen verbunden: Einkauf (Beschaffungsweg, Lieferantenauswahl), Bedarfsermittlung (Disposition), →*Lagerhaltung* (Bevorratung) und →*Transport* (innerbetriebliche Versorgung). Die Integration dieser Funktionen erfolgt durch das Material-Management. Der integrative Ansatz kann auch die →*Produktionsplanung* und -steuerung und die →*Absatzplanung* einschließen (siehe in Abgrenzung dazu die →*Logistik* als Querschnittsfunktion über die Bereiche Beschaffung, Produktion und →*Absatz*).

Matrix-Organisation In Abgrenzung zu hierarchischen →*Organisationsformen* (→*Linienorganisation*, →*Stab-Linien-System*) wird interfunktional ein Mehrlinienkonzept realisiert. Horizontal und vertikal werden die verschiedenen funktionalen Linien interdisziplinär miteinander verbunden. Die Zweidimensionalität kann erweitert werden zu einem Würfelsystem. Bei drei- und mehrdimensionalen Strukturen handelt es sich um →*Tensororganisationen*. Die Matrixorganisation ist eine der anspruchsvollsten Organisationsformen und produziert vom Ansatz her bereits Konflikte. Wenn diese in Grenzen gehalten und die entstehenden Spannungen in Energie umgesetzt werden können, setzt die Organisationsform aufgrund ihrer hohen Flexibilität und Offenheit Innovationskräfte im →*Unternehmen* frei (siehe auch →*Projekt-Management*).

Matrix-Organisation
Produktbezogene Gliederung

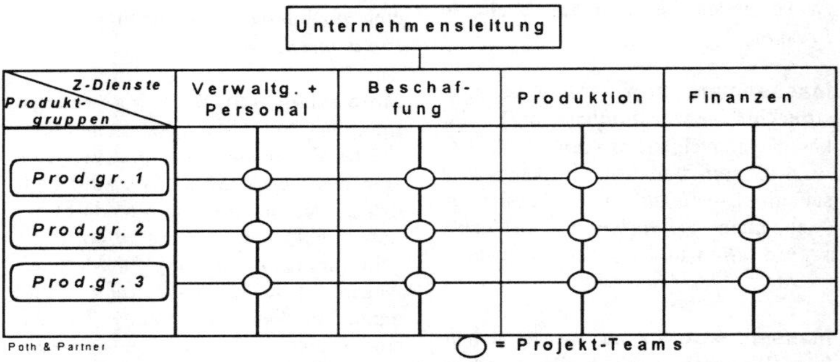

Maximax-Regel Regel für →*Entscheidungen* unter →*Unsicherheit*. Danach gilt diejenige Entscheidungsalternative als die optimale, die einen maximalen Erfolg verspricht. Im Gegensatz zur →*Minimax-Regel* handelt es sich um ein optimistisches Entscheidungskriterium.

Maximin-Regel Regel für →*Entscheidungen* unter →*Unsicherheit*. Die Regel steht im Gegensatz zur extrem optimistischen →*Maximax-Regel* und zur extrem pessimistischen →*Minimax-Regel*. Danach gilt diejenige Entscheidungsalternative als die optimale, bei der der minimal zu erwartende Erfolg maximiert wird.

Maximum-Likelihood-Methode Punktschätzung (im Vergleich zur Intervallschätzung) in der Statistik, die u.a. auch in der →*Marktforschung* zur Anwendung kommt. Das Schätzverfahren geht nicht vom arithmetischen Mittel, sondern vom häufigsten Wert einer →*Häufigkeitsverteilung* aus.

Maximumprinzip Annahme der neoklassischen Mikroökonomie, daß die Wirtschaftssubjekte eine Maximierung der Zielerreichung anstreben (→*Gewinnmaximierung* bei erwerbswirtschaftlich tätigen →*Unternehmen*, →*Nutzenmaximierung* bei privaten →*Haushalten*).

M-Commerce →*Mobile Commerce.*

Means-End-Chains Ketten von Mitteln zur Zweckerfüllung, auf die der →*Kauf* eines Leistungsangebotes (→ *Produkt* bzw. →*Dienstleistung*) zurückzuführen ist. Zu unterscheiden sind hierbei die funktionalen Konsequenzen (Erfüllung des Produkt- bzw. Dienstleistungszwecks) und die psychosozialen Konsequenzen (Prestige- bzw. →*Geltungsbedürfnis* des →*Käufers*).

Media →*Kommunikationsmedien*, → *Werbeträger.*

Mediaagentur Dienstleistungsunternehmen, das ausschließlich spezialisiert ist auf →*Mediaplanung* und vor allem auf die Durchführung der Werbemittelstreuung (→*Werbemittler*).

Mediaanalyse Teil der →*Mediaforschung*, der auf primärstatistischen Erhebungsmethoden beruht und die Informationsgrundlagen für die →*Mediaplanung* bereitstellt. Zu unterscheiden sind quantitative und qualitative Mediaanalysen. Die quantitativen Analysen stellen primär auf die Kontaktmengen ab, die qualitativen Analysen in erster Linie auf die →*Kontaktqualität* der →*Werbeträger* in bezug auf die Kontaktpersonen (→*Zielgruppen*). Die wichtigsten Kontaktmeßzahlen sind die→*Kontaktzahl*, →*Reichweite*, →*Tausenderpreis*, →*Kontaktgewichtung*, →*Kontaktwahrscheinlichkeit*, →*Kontakthäufigkeit.*

Media-Analyse (MA) Gemeinschaftsanalyse (→*Mediaanalyse*) bei Zeitschriften, Lesezirkeln, Tageszeitungen, Rundfunk, Film und Fernsehen. Untersucht wird die Mediennutzung (→*Mediennutzungsverhalten*) der Wohnbevölkerung in Deutschland. Hierbei sind die Nutzercharakteristika auf →*Soziodemographische Kriterien* beschränkt (siehe dazu im Vergleich und in Abgrenzung Allensbacher Werbeträger-Analyse, →*AWA*, und →*Marken-Kompaß*). Die Ergebnisse der MA dienen den →*Werbungtreibenden* und den →*Werbeagenturen* als Entscheidungshilfe für die →*Mediaplanung* und die zielgruppenspezifische →*Mediaselektion*. Träger der MA ist die Arbeitsgemeinschaft Media-Analyse (→*AG.MA*), in der die wichtigsten Publikumsmedien, Werbeagenturen und verschiedene werbungtreibende Unternehmen zusammengeschlossen sind.

Mediaforschung Das auch als Werbeträgerforschung bezeichnete Forschungsgebiet hat zum Ziel, den Beitrag von →*Werbeträgern* zur →*Werbewirkung* bzw. zum →*Werbeerfolg* zu untersuchen. Basis der Mediaforschung sind die →*Mediaanalysen*. Die Forschungsergebnisse dienen vor allem der →*Mediaplanung* und haben einen besonderen Wert für die Medienauswahl (→*Mediaselektion*) durch die Verknüpfung von medialem und konsumtivem →*Konsumentenverhalten.*

Media-Mix Optimale Kombination der →*Kommunikationsmedien*(→*Werbeträger*) im Hinblick auf ihren Beitrag zur Erreichung der →*Kommunikations-* bzw. →*Werbeziele*. Hierbei sind vor allem das inhaltliche und zeitliche Zusammenwirken der →*Medien*, die Bestimmung ihrer unterschiedlichen Gewichtung und die nach ihrem strategisch angestrebten Zielbeitrag optimale Allokation des →*Werbebudgets* bzw. →*Kommunikationsbudgets* von besonderer Bedeutung. Die Gestaltung des Media-Mix ist die zentrale Aufgabe bei der Entwicklung der → *Mediastrategie* und damit wesentlicher Bestandteil des →*Kommunikations-Mix.*

Mediamodell(e) Ökonometrische Modelle zur Optimierung der →*Werbebudgets*, die im wesentlichen der Bestimmung des optimalen →*Media-Mix* (→*Mediaplanung*) und damit der →*Mediaselektion* dienen.

Median Zentralwert in einer statistischen →*Häufigkeitsverteilung*. Der Median hat als lagetypischer →*Mittelwert* für die →*Markt-* und →*Sozialforschung* insofern eine große Bedeutung, als er Extremwerte ausschließt.

Mediaplanung Planung des Medieneinsatzes zur Maximierung der → *Werbewirkung* in bezug auf die → *Zielgruppen* in Verbindung mit der optimalen Nutzung des →*Werbebudgets*. Ergebnis der Mediaplanung ist der →*Streuplan* (siehe zu den quantitativen Grundlagen →*Kontaktzahl*, → *Reichweite*, →*Tausenderpreis*,→*Kontaktgewichtung*,→*Kontaktwahrscheinlichkeit*, →*Kontakthäufigkeit*). Zur Durchführung der Mediaplanung (und der →*Mediaselektion*) greift man als Entscheidungshilfe auf →*Mediaanalysen* zurück.

Mediaselektion(smodelle) Medienauswahl (→*Mediaplanung*) mit Hilfe computergestützter Selektionsprogramme. Im wesentlichen geht es um die Optimierung des Medieneinsatzes (→*Werbeträger*) im Hinblick auf die →*Werbewirkung* in Verbindung mit den →*Werbezielen* und dem zur Verfügung stehenden →*Werbebudget*.

Mediastrategie Teil der →*Werbestrategie* bzw. der übergreifenden → *Kommunikationsstrategie*. Die Mediastrategie legt im Rahmen der →*Mediaplanung* fest, welche Medien (→ *Kommunikationsmedien*, →*Werbeträger*) zur Erreichung bestimmter → *Werbeziele* bzw. →*Kommunikationsziele* eingesetzt werden. Je nach Gewicht wird hierbei in Basismedien und flankierenden Medien unterschieden (siehe auch →*Media-Mix*).

Mediationsverfahren Konstruktive Konfliktlösung in Verhandlungsverfahren durch neutralen Dritten (Mediator).

Mediawerbung →*Klassische Werbung*.

Medien →*Kommunikationsmedien*, →*Werbeträger*.

Medienauswahl →*Mediaselektion*.

Mediengestaltung Form des Medienstils bzw. der Art und Weise der Informationsübermittlung, die stark geprägt wird durch die →*Neuen Medien* und die modernen →*Informations-* und →*Kommunikationstechnologien*. Die →*Kommunikanten* präferieren zunehmend Formen der →*Bildkommunikation*. Zu dieser Entwicklung hat in erster Linie das Fernsehen als →*Kommunikationsmedium* beigetragen. Von den Medien wird eine aufreizende, unterhaltsame und sinnlich wahrnehmbare Inszenierung von →*Informationen* (*W. Kroeber-Riel, 1989*) erwartet. Die Emotionalisierung der Medien (→*Emotionale Werbung*) hat auch deutliche Konsequenzen für die →*Werbemittelgestaltung*.

Mediennutzungsverhalten Intensität der Nutzung der Medien (→ *Kommunikationsmedien*, →*Werbeträger*) durch die →*Kommunikanten* (Rezipienten). Hierbei untersucht die → *Kommunikationsforschung* bzw. → *Mediaforschung* auch die Nutzungsintensität der verschiedenen Mediengattungen.

Medienökonomie Ökonomische Betrachtung aller wirtschaftlichen Aspekte, Daten und insbesondere Strukturen sowohl einzelner Medienunternehmen als auch der verschiedenen Medienbranchen. Damit verbunden ist auch der Einbezug aller →*Medien* in ein spezifisches und eigenständiges gesellschaftliches System. Medienökonomie ist auf eine Kurzformel gebracht die Verflechtung der Medien als →*Markt*.

Megabrands →*Weltmarken* (→*Marken*) die über ein klares, unverwechselbares Profil verfügen (z.B. Coca Cola, McDonalds, Marlboro) und mit kulturübergreifenden Symbolen fast alle Konsumententypen (→*Käufertypologie*) erreichen. Megabrands repräsentieren multikulturelle →*Lebenswelten*. Gemeinsamkeiten im konsumrelevanten Verhalten (→*Konsumentenverhalten*) bilden die Grundlage für ein →*Global Marketing* und →*Global Advertising* auf der Basis einer → *Cross Cultural Research*. Die →*Migration* prägt das sich im Zeitablauf dynamisch verändernde Konsumentenverhalten und führt durch die →*Kulturelle Diffusion* zu einer →*Globalisierung*.

Megamarketing Ausdehnung des komplexen Mehrparteien-Marketingkonzeptes (durch Einbezug von Regierungen, Gewerkschaften, Banken, Bürgerinitiativen etc.), Einebnung der Unterschiede zwischen externen und kontrollierbaren Einflußfaktoren (Einbindung von externen Kräften), Vertiefung des Verständnisses der Funktionsweise von →*Märkten* (z.B. Zusammenhänge von →*Angebot* und → *Nachfrage*). Vgl. in diesem Zusammenhang auch →*Stakeholder*. Im wesentlichen handelt es sich nach *Ph. Kotler (1986)* um die Analyse und Berücksichtigung komplexer Zusammenhänge, die im klassischen Marketing nicht oder nur unvollständig betrachtet werden.

Megatrends Vorherrschende weltweite →*Trends* (nach *J. Naisbitt/P. Aburdene*) die durch die zunehmende →*Globalisierung* der →*Unternehmen* entstanden sind (siehe dazu auch → *Polyzentrisches Marketing*) und durch die wachsende →*Migration* (→*Kulturelle Diffusion*) verstärkt werden. Beispiele für Megatrends sind u.a. die Entwicklung der →*Industrie*- zu →*Informationsgesellschaften* und der nationalen Ökonomien zu einem weltwirtschaftlich vernetzten Wettbewerbssystem sowie die Veränderungen, die sich hieraus für Wirtschaft und → *Gesellschaft* ergeben. Die Notwendigkeit eines →*Internationalen Marketing* (→*Global Marketing*) führte zum Aufbau von →*Weltmarken* (→*Megabrands*) und zur Bildung von Weltfirmen (→*Global Players*). Die Herausbildung von →*Multioptionsgesellschaften* ermöglichte überdies durch die Vielfalt von Lebens- und Handlungsmöglichkeiten den Trend zum wechselhaften→*Hybrid-Konsumenten* (siehe dazu auch →*Wert(e)trends*).

Mehrdimensionale Skalierung Ermittlung der wichtigsten Merkmalsdimensionen, auf denen→*Produkte* oder →*Marken* positioniert (→*Positionierung*, →*Produktpositionierung*) werden können. Die Ergebnisdarstellung erfolgt graphisch (ein- oder mehrdimensional).

Mehrfachgebinde →*Angebot* (vielfach →*Sonderangebot*) im →*Handel* von mehreren Einzelstücken eines → *Produktes* in einer sogen. Mehrfach- oder Mehrstückpackung. Durch die Bildung eines Mehrstückpreises ist es dem →*Käufer* kaum möglich, einen auf das Einzelstück bezogenen, differenzierten →*Preisvergleich* vorzunehmen. Die →*Preistransparenz* wird bewußt vermindert. Es wird vielmehr der Eindruck eines insgesamt preisgünstigen Angebots vermittelt. Ein weiterer Anbietervorteil der Bildung von Mehrfachgebinden ist, daß die damit vielfach kombinierten →*Preisaktionen* nicht auf die einzelnen Produkte fokussiert sind und sie (insbesondere höherwertige →*Markenartikel*) damit nicht einem möglichen Preis- und Imageverfall ausgesetzt werden.

Mehrfachkontakt Mehrfacher →*Kontakt* des Werbeempfängers (→*Kommunikanten*) mit einem →*Werbeträger*, vor allem aber mit einem →*Werbemittel*. Die Mehrfachkontakte beruhen entweder auf internen Überschneidungen (mehrere Werbemittel werden in einem Werbeträger geschaltet und vom Werbeempfänger gesehen) oder auf externen Überschneidungen (Schaltung eines Werbemittels in mehreren →*Kommunikationsmedien*).

Mehrfirmenvertreter →*Handelsvertreter*, der für mehrere Firmen tätig ist (siehe in Abgrenzung →*Einfirmenvertreter*). Üblicherweise sind Handelsvertreter Mehrfirmenvertreter.

Mehrheit →*Adoptionsprozeß*, →*Frühe Mehrheit*, →*Späte Mehrheit*.

Mehrliniensystem Funktionales Organisationssystem, das nicht vom Prinzip der Einheit der Auftragserteilung (siehe →*Einliniensystem*, →*Linienorganisation*) ausgeht, sondern von einer Mehrfachunterstellung nachgeordneter Stellen bzw. Instanzen. Das Mehrliniensystem weist den Vorteil kurzer Informations- und Kommunikationswege auf. Andererseits ist das System anfällig für Kompetenzkonflikte und führt vielfach zu Problemen der Kompetenzregelung und -abgrenzung.

Mehrmarkenstrategie Differenziertes →*Angebot* mehrerer Produkt- bzw. Markenvarianten einer Produktart (siehe auch →*Produktdifferenzierung*, →*Line Extension*). Ziel der Mehrmarkenstrategie ist es, heterogene →*Zielgruppen* mit unterschiedlichen →*Bedürfnissen* zu erreichen. Die Mehrmarkenstrategie ist im wesentlichen weitgehend identisch mit der Einzelmarkenstrategie (→*Einzelmarken*). Die Abgrenzung ergibt sich daraus, daß sich die Mehrmarkenstrategie im Gegensatz zur Einzelmarkenstrategie als differenziertes Leistungsangebot aus einer Kernmarke ableitet und daraus →*Kannibalisierungseffekte* resultieren können (siehe im Gegensatz →*Dachmarken*).

Mehrphasiges Auswahlverfahren Bei diesem auch als „multiphase sampling" bezeichneten →*Auswahlverfahren* (→*Stichprobenverfahren*) werden mehrere →*Zufallsauswahlen* (→*Randomauswahl*) hintereinander geschaltet. Im Vergleich zum →*Mehrstufigen Auswahlverfahren* bleiben aber die Auswahleinheiten gleich.

Mehrspeichermodell Modell der →*Informationsverarbeitung* von →*Konsumenten* (siehe auch →*Gedächtnistheorien*, →*Drei-Speicher-Modell*). Im →*Sensorischen Infomationsspeicher (SIS)* bzw. Ultrakurzzeitspeicher werden die aufgenommenen →*Informationen* für sehr kurze Zeit bewahrt. Teile der Informationen werden in den →*Kurzzeitspeicher (KZS)*, auch Arbeitsspeicher genannt, übernommen. Dort erfolgt die Informationsverarbeitung. Die verarbeiteten Informationen gelangen dann in den →*Langzeitspeicher (LZS)*.

Mehrstückpackung →*Mehrfachgebinde*.

Mehrstückpreis Gesamtpreis für

ein→*Angebot* im →*Handel*, das aus mehreren Einzelstücken eines →*Produktes* der gleichen oder ungleichen Art besteht. Die Angebotsform ist in der Regel ein →*Mehrfachgebinde* (auch als Mehrfach- oder Mehrstückpackung bezeichnet).

Mehr-Stufen-Fluß der Kommunikation Weiterentwicklung der →*Zwei-Stufen-Fluß-Kommunikation* (→*Zweistufige* und →*Mehrstufige Kommunikation*).

Mehrstufige Kommunikation Weiterentwicklung der →*Zweistufigen Kommunikation* nach *V.C. Troldahl (1966)*, nach der die →*Meinungsführer* weiter differenziert werden. Die Theorie geht davon aus, daß die Meinungsführer ihrerseits Experten (als Meinungsführer) in ihre Bewertung einbeziehen. Der mehrstufige Kommunikationsablauf vollzieht sich demnach in einem Netzwerk von Meinungsbeeinflussern, die in einem →*Interaktionsprozeß* miteinander verbunden sind, wobei zu den Meinungsbeeinflussern auch die Mitläufer (Follower) gehören (siehe im Vergleich auch →*Einstufige Kommunikation*).

Mehrstufiger Vertrieb Einschaltung des →*Großhandels* bzw. von Grossisten und des →*Einzelhandels* als →*Absatzmittler* in den →*Vertrieb* zur Bedienung des →*Verbrauchers* bzw. →*Verwenders*.

Mehrstufiges Auswahlverfahren Bei diesem auch als „multistage sampling" bezeichneten →*Auswahlverfahren* (→*Stichprobenverfahren*) werden mehrere →*Zufallsauswahlen* (→*Randomauswahl*) hintereinander geschaltet. Aus der →*Grundgesamtheit* wird zunächst eine →*Stichprobe* (Primäreinheiten) gezogen, aus dieser eine weitere (Sekundäreinheiten). Der Stufeneffekt besteht in der Reduktion des →*Stichprobenfehlers*, wenn die Primäreinheiten in sich sehr heterogen sind. Das mehrstufige Auswahlverfahren kann mit dem →*Geschichteten Auswahlverfahren* kombiniert werden. Man spricht dann von einer geschichteten mehrstufigen Auswahl. Eine spezielle Form ist das →*Lahiri-Verfahren*. Von dem mehrstufigen Auswahlverfahren zu unterscheiden ist das →*Mehrphasige Auswahlverfahren*.

Mehrthemenbefragung →*Omnibus-Befragung*.

Mehrwegsystem(e) Formen der →*Redistribution* bzw. →*Retrodistribution* zur Abfallverminderung (siehe dazu auch →*Duale Abfallwirtschaft*, →*Duales System Deutschland*, →*Grüner Punkt*). Das mit den Mehrwegsystemen verbundene Ziel (→*Ökologie*) einer signifikanten Abfallvermeidung (Veränderung des Verbraucherverhaltens,→*Konsumentenverhaltens*) konnte bislang nicht oder nur kaum erreicht werden. Insbesondere die marketingkommunikativen Aktivitäten der Markenartikelunternehmen und die Handelspraktiken (vor allem die des →*Versandhandels* in bezug auf →*Verpackungen*) erweisen sich bezüglich der Durchsetzung von Mehrwegsystemen vielfach (siehe ALDI im Lebensmitteleinzelhandel) als kontradiktorisch.

Mehrwegverpackung →*Verpackung*, die (im Gegensatz zur →*Einwegverpackung*) nach Gebrauch einer mehrfachen erneuten Verwendung (→*Recycling*, →*Redistribution*) zum gleichen Zweck zugeführt wird (z.B. Flaschen).

Meinungsbildner →*Meinungsführer*.

Meinungsforschung Erhebung von

wirtschaftlichen und außerwirtschaftlichen (politischen, gesellschaftlichen, kulturellen) Meinungen (als subjektive Äußerungen). Die empirische Meinungsforschung ist ein Teil der →*Marktforschung* bzw. →*Demoskopie* (→*Marketingforschung*). Es besteht eine enge Verwandtschaft mit der →*Motivforschung*, so daß die beiden Begriffe vielfach miteinander in Zusammenhang gebracht werden.

Meinungsführer Personen (Opinion Leader), die in einem bestimmten Bereich (z.B. Mode, Auto etc.) auf andere Wirtschaftssubjekte einen verhaltensbestimmenden Einfluß ausüben. Meinungsführer sind →*Multiplikatoren* von medialen →*Informationen*. Diese werden in der direkten, →*Persönlichen Kommunikation* an andere weitergegeben. Meinungsführer (siehe in Abgrenzung →*Change Agents*) übernehmen sehr stark die Funktion von persönlichen Ratgebern (siehe auch →*Zwei-Stufen-Fluß der Kommunikation*).

Meinungsführer, symbolische →*Symbolische Meinungsführer*.

Meinungsführer, virtuelle →*Virtuelle Meinungsführer*.

Meinungsmultiplikatoren →*Multiplikatoren*.

Meistbegünstigungsklausel Garantie des günstigsten Angebotspreises für den →*Kunden*. Die Garantie gibt dem Kunden die Sicherheit, daß der →*Anbieter* mit keinem anderen Kunden günstigere Vertragsbedingungen vereinbart (siehe auch →*Preisbildung*, →*Preispolitik*).

Meldebestand →*Bestellpunkt*.

Mengenanpasser Nach der mikroökonomischen →*Preistheorie* →*Anbieter* in der →*Marktform* des vollkommenen →*Polypols* (unter den Bedingungen der →*Atomistischen Konkurrenz*, →*Vollkommener Markt*), die auf den →*Preis* keinen Einfluß nehmen, sondern ihren →*Gewinn* lediglich über die Angebotsmenge steuern können. Die →*Preisabsatzfunktion* verläuft bei dieser (sehr praxisfernen) Marktform als Parallele zur Mengenachse im Abstand des allgemein gültigen →*Marktpreises* (siehe im Gegensatz dazu →*Preisanpasser*).

Mengenrabatt(e) →*Rabatt*, der dem →*Handel* (→*Groß-* und →*Einzelhandel*) durch die Lieferanten für die Abnahme unterschiedlicher Mengen eines Leistungsangebots gewährt wird. Die Mengenrabattierung erfolgt durch die Mengenstaffel, die entweder linear, degressiv und/oder progressiv gestaltet ist. In der Praxis sind progressive Rabattstaffeln üblich mit der Folge einer →*Rabattspreizung* (→*Konditionenspreizung*), die u.a. die →*Handelskonzentration* begünstigt hat.

Mengenstaffel →*Mengenrabatt(e)*.

Mentoring Führungsinstrument zur Förderung und Fortbildung neuer und vor allem junger Mitarbeiter im Rahmen des →*Personalmarketing*. Ziel des Mentoring ist, fachliche Inhalte (→*Fachkompetenz*) nicht nur berufsbezogen, sondern auch sehr persönlich zu vermitteln. Damit verbunden ist die Entwicklung von →*Sozialkompetenz* und →*Emotionaler Kompetenz* (siehe dazu auch →*Emotionale Intelligenz*) der Mitarbeiter und insbesondere die Verstärkung ihrer Kundenorientierung (→*Internes Marketing*).

Merchandising Gesamtheit aller verkaufsaktiven Maßnahmen, die Hersteller beim →*Handel* durchführen. Im wesentlichen wird darunter heute die sogen. Regalarbeit (→*Warenpräsentation*) verstanden bzw. die Dispositionsoptimierung am Verkaufsregal. Diese Arbeiten übernehmen z.T. auch schon spezialisierte Merchandising-Agenturen, wenn die Außendienstorganisationen (→*Verkaufsorganisation*) der Hersteller im wesentlichen aus Kostengründen die Merchandising-Funktionen nicht mehr wahrnehmen können. Als praktikabel erweist sich vielfach auch bereits ein sogen. Pool-Merchandising, bei dem verschiedene Hersteller miteinander kooperieren und gemeinsam einen Merchandising-Dienstleister einsetzen. Dadurch entsteht ein Warengruppen-Merchandising, das aber im Hinblick auf die Wettbewerbssituation nicht immer problemfrei ist. Der nächste Schritt ist ein Total-Merchandising, das outlet-bezogen arbeitet und alle →*Warengruppen* umfaßt (siehe in Verbindung damit auch →*Verkaufsförderung*, →*Push-Strategie*, →*Pull-Strategie*, →*Food Broker*). Der zweite Begriffsinhalt bezieht sich auf das →*Handelsmarketing*. Danach umfaßt Merchandising die koordinierte Marketingverantwortung für einen Handelsbetrieb. Ergänzt wird das Merchandising durch das handelsspezifische →*Operating*, das die logistischen Funktionen (→*Handelslogistik*) umfaßt.

Mergers & Acquisitions Bezeichnung für Beratungsunternehmen, die als Makler tätig sind beim Kauf und Verkauf von →*Unternehmen*.

Meritorische Güter Wirtschaftsgüter zwischen →*Individualgütern* und Öffentlichen Gütern (→*Kollektivgüter*), die zur Befriedigung von →*Kollektivbedürfnissen* dienen. Aufgrund ihrer gesellschaftlichen Bedeutung und der gesetzlichen Auflagen, wie z.B. der Schul-, Impf- und Sozialversicherungspflicht, werden sie vom Staat angeboten.

Message →*Werbebotschaft(en)*.

Message-Effekt Wahrnehmungseffekt einer Botschaft (z.B. →*Werbebotschaft*) ohne Berücksichtigung der Empfängereinstellung (→*Audience-Effekt*) und der Glaubwürdigkeit der Informationsquelle (→*Source-Effekt*).

Messe(n) Zeitlich begrenzte, im allgemeinen regelmäßig wiederkehrende →*Marktveranstaltung*, auf der Aussteller ihr →*Angebot* präsentieren und überwiegend nach Muster an gewerbliche Verbraucher oder Großabnehmer vertreiben (nach Gewerbeordnung; siehe in Abgrenzung dazu auch →*Ausstellung*). Messen werden heute überwiegend von den Ausstellern als kommunikatives Instrument genutzt, um mit →*Kunden* bzw. potentiellen Kunden in Kontakt zu kommen. Zu unterscheiden sind regionale/nationale und internationale Messen, Universalmessen, Branchenmessen, Spezial- und Fachmessen. Weiter kann differenziert werden in Konsumgüter-, Investitionsgüter- und Dienstleistungsmessen. Als neue Form der Dienstleistungsmesse sind mittlerweile auch Kontaktmessen entstanden (z.B. Info-Messen für Studenten).

Messemarketing Zwei unterschiedliche Ausgangspunkte bestimmen den Inhalt des Begriffs. Zum einen beschreibt das Messemarketing ein eigenständiges→*Marketinginstrument* im →*Kommunikations-Mix* der Aussteller. Zum anderen umfaßt es aber auch das Marketing der Messegesellschaften, das instrumental weitestgehend dem→*Dienstleistungsmarketing* entspricht. Insbesondere diese Form des Messemarketing gewinnt zunehmend an Bedeutung im Hinblick auf die Internationalität der Messen, der exponentiellen Flächenexpansion und der *→Konzentration*. Diese Entwicklung stellt eine besondere Herausforderung für die kleineren Messeplätze dar. Als besonders anspruchsvoll erweist sich das Messemarketing insofern, als mit dem gleichen Leistungsangebot sehr unterschiedliche *→Zielgruppen* (Aussteller, Messebesucher) angesprochen werden, deren Interessen vielfach divergent sind.

Metamarketing Ausweitung des *→Kommerziellen Marketing* auf alle Bereiche (siehe auch *→Non-Profit-Marketing*, *→Social Marketing*). Das Metamarketing geht von einem generischen Ansatz aus (*→Generic Marketing*).

Metaplan-Technik Weiterentwicklung des *→Brainwriting* als *→Kreativitätstechnik*. Das Verfahren wird auch als Kartenabfrage- oder Pinwand-Technik bezeichnet. Unter Leitung eines Moderators werden Ideen bzw. Lösungsvorschläge in Kurzfassung auf einzelnen Karten notiert und auf einer Pinwand (geordnet nach Inhalten) befestigt. In mehreren Schritten kann die komplexe Gesamtthematik in Einzelthemen aufgerastert und zur weiteren Diskussion gestellt werden. Vorteil der Kreativitätstechnik ist die Einbindung der *→Gruppe* in den Problemlösungsprozeß. Als Grundregel gelten die Bedingungen des *→ Brainstorming* mit Ausnahme der Teilnehmerzahl und Dauer, die erhöht werden können.

Methode der gleitenden Durchschnitte *→Gleitender Durchschnitt.*

Methodenbank Zusammenfassung und Organisation von DV-Programmen zur Verarbeitung der in der *→ Datenbank* gespeicherten *→Informationen* (siehe auch *→Marketing-Informationssystem*, *→Management-Informationssystem*). Eine Abgrenzung zur *→Modellbank* ist problematisch und erweist sich auch insofern als überflüssig, als Methoden- und Modellbank in der Datenbank integrativ miteinander verbunden sind.

Methodenkompetenz Fähigkeit zur Anwendung des Fachwissens (*→ Fachkompetenz*) im Sinne der Befähigung, komplexe Tatbestände zu strukturieren, systematisieren und zu organisieren (siehe auch *→Sozialkompetenz*, *→Lernkompetenz*, *→Emotionale Kompetenz*).

Methode 635 Die Methode gehört zu den intuitiven *→Kreativitätstechniken*. Sie wird auch als *→Brainwriting* bezeichnet. Das Prinzip ist relativ einfach. 6 Teilnehmer schreiben jeweils 3 Ideen in Zeitabständen von jeweils 5 Minuten auf. Jeder Teilnehmer gibt dann seine Ideen an seinen Nachbarn weiter, der die Vorschläge aufnimmt, sie ergänzt oder daraus neue Ideen entwickelt. Das Verfahren ist beendet, wenn jeder Teilnehmer jedes Formular bearbeitet hat. Die *B. Rohrbach (1971)* zugeschriebene Kreativitätstechnik erklärt die „5" auch als fünfmaligen Durchlauf durch die *→Gruppe*. Gegenüber dem *→Brainstorming* hat die Methode 635 den Vorteil, daß die Probleme strukturiert behandelt und nicht zerredet werden. Der Nachteil ist aber, daß unter den Teilnehmern keine persönliche Kommunikation stattfindet. Dadurch werden gruppendynamische Prozesse (*→Gruppendynamik*) ausgeschlossen. Eine Kombination von Brainwriting mit Brainstorming ist methodisch möglich.

Me too-Produkt(e) Ich-auch-Produkte, die sich als Imitation (*→Imitationsstrategie*) an erfolgreichen Wettbewerbsprodukten orientieren. Es besteht eine deutliche Nähe zu den Quasi-Innovationen (siehe →*Innovation*). Ziel der Me too-Produkte ist es, am Erfolg der originären Wettbewerbsprodukte zu partizipieren bzw. im Vergleich zu ihnen einen noch größeren Gewinn zu erzielen durch die eingesparten Forschungs- und Entwicklungskosten und die damit verbundene Möglichkeit, den →*Preis* erheblich tiefer anzusetzen. Der langfristige Erfolg dieser Adaption wird in der Praxis weit überschätzt. Von den Me too-Produkten zu unterscheiden ist die unzulässige→*Markenpiraterie*, wenngleich die Schnittstellen zwischen den beiden Begriffen Grauzonen aufweisen.

Metra-Potential-Methode (MPM) Methode zur Optimierung von Projektplänen, die mit der →*Linearprogrammierung* methodisch verbunden werden kann. Einsatzfelder sind z.B. die →*Neuproduktplanung*, →*Produkteinführung* etc. (siehe →*Netzplantechnik*).

Migration Bevölkerungswanderungen von Individuen oder →*Gruppen*. Dazu gehören vorübergehende (→*Tourismus*) und dauerhafte Bewegungen, wie auch ein Wechsel der soziokulturellen Umgebung im Inland. Im Vergleich zur übrigen Bevölkerung weisen wanderungsbereite Individuen spezifische Persönlichkeitsmerkmale auf, die denen der →*Konsumpioniere* sehr stark ähneln. Auswirkungen der Migration sind die Verbreitung von Kulturelementen (→*Kulturelle Diffusion*) und daraus folgend eine Änderung der Bedürfnisstrukturen (→*Bedürfnisse*), wie z.B. erkennbar in der Veränderung der Eß- und Trinkgewohnheiten. Die Migration prägt das sich im Zeitablauf dynamisch verändernde →*Konsumentenverhalten*. Sie führt (durch die kulturelle Diffusion) zu einer Globalisierung (→*Global Marketing*) der Konsumgewohnheiten.

Mikrographische Kriterien Feingliederung der →*Geographischen Kriterien* nach Kreisen, Postleitzonen, Gemeinden, Ortsteilen, Straßen, Häusern. Die Mikrogliederung ist die Grundlage für eine →*Mikrographische Marktsegmentierung*, die insbesondere für die →*Vertriebspolitik* eine zunehmend größere Bedeutung einnimmt.

Mikrographische Marktsegmentierung Gliederung der →*Konsumenten* bzw. →*Verwender* nach →*Mikrographischen Kriterien*.

Mikro-Marketing Orientierung der Marketingaktivitäten an einzelnen Marktsubjekten (z.B. Einzelpersonen, →*Haushalten*, →*Unternehmen* etc.) im Gegensatz zum →*Makro-Marketing*, das von gesamtwirtschaftlichen und damit gesamtgesellschaftlichen Problemstellungen ausgeht (→*Generic Marketing*).

Mikroökonomie Dachbegriff für Theorien des wirtschaftlichen Verhaltens des einzelnen Wirtschaftssubjekts (→*Haushalt*, →*Unternehmen*) als →*Anbieter* und →*Nachfrager* auf den verschiedenen →*Märkten* (siehe auch →*Haushaltstheorie*). Im Vergleich dazu setzt sich die →*Makroökonomie* mit gesamtwirtschaftlichen Größen auseinander (u.a. mit den Systemelementen von Wirtschaftskreislauf, Konjunktur und →*Wachstum*).

Mikroökonomische Haushaltstheorie →*Haushaltstheorie*.

Mikrozensus Repräsentative Stichprobenerhebung, die im Zusammenhang mit der amtlichen Statistik jährlich durchgeführt wird. Erfaßt werden ca. 1% der →*Haushalte* mit Hilfe des Verfahrens der →*Flächenauswahl* (→*Stichprobenverfahren*). Der Mikrozensus (siehe im Gegensatz dazu →

Zensus) dient der permanenten Analyse der Strukturentwicklung der privaten Haushalte und ist eine sinnvolle Ergänzung der umfangreichen →*Vollerhebungen* (Volkszählungen).

Milieu(s) →*Soziale Milieus*.

Mimetisches Marketing Marktorientierte Anpassung des →*Unternehmens* an seine →*Umwelt*. Das Konzept ist abgeleitet aus der biologischen Mimesis. Danach überleben Organismen nur dann, wenn es ihnen gelingt, sich weitestgehend an ihre Umwelt anzupassen. Beim mimetischen Marketing handelt es sich um eine ganzheitliche Unternehmensaufgabe, die von allen Organisationsmitgliedern „verschmelzend" erfüllt wird. Damit werden die klassischen →*Organisationsformen*, die von einer strikten Aufgabendelegation ausgehen, in Frage gestellt. Das →*Marketingkonzept* wird auch als →*New Marketing* bezeichnet.

Mindermengenzuschlag Preisaufschlag bei Unterschreitung einer festgesetzten Mindestabnahmemenge bzw. eines Bestellwertes (z.B. im →*Versandhandel*). Es handelt sich somit um eine Form der →*Preisdifferenzierung*, um zumindest die auftragsfixen Abwicklungskosten (→*Auftragsabwicklung*) zu decken. Als „negativer →*Rabatt*" wird der Mindermengenzuschlag aus Kundensicht vielfach als Bestrafung empfunden. Insofern kann es sich bzgl. der →*Kundenzufriedenheit* und →*Kundenbindung* als sinnvoller erweisen, die Mengenstaffel (→ *Mengenrabatt*) als ein attraktives Belohnungssystem zu gestalten und lediglich eine Mindestabnahmemenge zu definieren, die alle Kosten der Auftragsabwicklung deckt und für den → *Kunden* zu keinen finanziellen Sanktionen führt, die mit der Gefahr einer Kundenabwanderung verbunden sind.

Mindestbestand →*Sicherheitsbestand* (Eiserne Reserve).

Mindesthaltbarkeitsdatum Wichtiges Element der →*Warenkennzeichnung* für Lebensmittel, das der →*Verbraucherinformation* dient. Bei dem Mindesthaltbarkeitsdatum handelt es sich um ein Verfalldatum, vor dessen Eintritt der →*Einzelhandel* üblicherweise für die betroffenen →*Artikel* → *Aktionsplazierungen* vornimmt in Verbindung mit →*Preisaktionen* (→*Sonderangebote*).

Mindestpreis Staatlich oder per Vertrag festgelegter →*Preis*, der im Gegensatz zum →*Festpreis* über-, aber nicht unterschritten werden darf. Mindestpreise haben zum Ziel, einen Preisverfall und damit einen ruinösen → *Wettbewerb* zu verhindern. →*Preisbindungen* und →*Preisempfehlungen* hatten bzw. haben vielfach den Charakter von Mindestpreisen. Soweit mit der Festlegung von Mindestpreisen die Absicht verbunden ist, den →*Preiswettbewerb* auszuschalten, ist dies wettbewerbsrechtlich (→*GWB*) unzulässig (siehe im Vergleich →*Höchstpreis*).

Minimalebenenprinzip →*Organisationsprinzip*, das eine möglichst flache Organisationshierarchie fordert.

Minimalkostenkombination Kombination der →*Produktionsfaktoren*, die bei gegebenen →*Kosten* zum größten Output führt, bzw. bei gegebenem Output zu den geringsten Kosten. Unterstellt ist eine beliebige Substitution der Produktionsfaktoren (siehe →*Produktionsfunktionen*). Bei einer limitationalen Produktionsfunktion existiert nur *eine* optimale Faktorkombination (bei gegebener Ausbringungsmenge). Das Optimum wird dann bestimmt durch die →*Verbrauchsfunktion*.

Mini-Markttest Verkleinerter, lokaler →*Testmarkt* im Sinne einer Testsimulation. Für den →*Produkttest* werden bestimmte, meist größere →*Einzelhandel*sbetriebe ausgewählt (siehe auch →*Store-Test*). Im Gegensatz zum quasibiotischen Laborexperiment (→ *Labortest*, →*Laborexperiment*,→*Testmarktsimulation*) findet der Mini-Markttest unter realen Markt- und Kaufbedingungen statt (siehe auch →*Telerim*). Die →*Repräsentanz* des Mini-Markttests ist eingeschränkt.

Mini-Testmarkt →*Mini-Markttest*.

Minimax-Regel Regel für →*Entscheidungen* unter →*Unsicherheit*. Danach gilt diejenige Entscheidungsalternative als die optimale, die zum wahrscheinlich kleinsten der maximal möglichen Verluste führt. Es handelt sich um einen extrem pessimistischen Entscheidungsalgorithmus, der im Gegensatz steht zur →*Maximax-Regel*.

Minimax-Regret-Regel Regel für →*Entscheidungen* unter →*Unsicherheit*, die auch unter dem Begriff der *Savage-Niehans-Regel* bekannt und mit der →*Minimax-Regel* fast identisch ist. Der Unterschied ergibt sich aus der Definition des sogen. Verlustes. Nach der Minimax-Regret-Regel gilt diejenige Entscheidungsalternative als die optimale, bei der das maximal wahrscheinliche Bedauern (Regret) minimiert wird. Das Bedauern wird operationalisiert durch einen sogen. Bedauernswert als Nutzendifferenz zwischen dem höchstmöglichen und dem tatsächlich erreichten Ergebnis. Es wird diejenige Entscheidungsalternative gewählt, bei der der Bedauernswert im Falle einer ungünstigen Entwicklung am geringsten ist (Prinzip des kleinsten Bedauerns).

MIS Abk. für →*Marketing-Informationssystem(e)*.

Mischkalkulation Diese auch als Ausgleichs- oder Kompensationskalkulation bezeichnete →*Preiskalkulation* wird überwiegend im →*Handel* (→*Einzelhandel*) angewendet. Hierbei erfolgt die →*Preisbildung* für einen oder mehrere →*Artikel* (bzw. für eine Artikelgruppe) nicht nach den verursachten →*Kosten*, sondern nach dem im →*Markt* durchsetzbaren →*Preis*. Ziel ist die Realisation eines möglichst hohen Gesamtgewinns durch einen kalkulatorischen Ausgleich (der unterschiedlichen →*Handelsspannen*) innerhalb des →*Sortiments*. Vielfach hat die Mischkalkulation auch die Funktion eines →*Lockvogelangebots* (→ *Sonderangebotspolitik*), um die Preis- bzw. Leistungsfähigkeit des →*Anbieters* beim →*Konsumenten* bzw. → *Kunden* zu unterstreichen.

Mißbrauchsaufsicht Aufgabe der Kartellbehörden, eine wettbewerbswidrige Rechtsausnutzung zu verhindern. Die Mißbrauchsaufsicht gilt z.B. für →*Vertikale Kooperationen* (→*Vertriebsbindungen*),→*Konditionen*- und →*Rabattspreizungen* und für die verschiedenen Formen des möglichen →*Behinderungswettbewerbs* etc.

Mitarbeiterbefragung(en) →*Befragung(en)* der Mitarbeiter zu unternehmensinternen Tatbeständen und ihre diesbezüglichen →*Einstellungen*, Bewertungen und →*Erwartungen*. Es handelt sich hierbei um ein Instrument der internen →*Marktforschung* und der →*Internen Kommunikation* (als wesentlicher Bestandteil des →*Internen Marketing*). Mitarbeiterbefragungen haben zum Ziel, Stärken und Schwächen des Unternehmens aufzudecken, die →*Mitarbeiterzufriedenheit* zu ermitteln und die Mitarbeiter möglichst frühzeitig in notwendige Veränderungsprozesse (z.B. →*Organisationsentwicklung*) einzubinden.

Mitarbeiterbindung Im Kontext der →*Kundenbindung* eines der Hauptziele des →*Internen Marketing*. Im wesentlichen geht es um die Stärkung von →*Commitment* in Unternehmen bzw. Institutionen. Die Mitarbeiterbindung hängt ganz entscheidend von der →*Mitarbeitermotivation* ab.

Mitarbeitermotivation Die →*Motivation* der Mitarbeiter ist eines der entscheidenden Elemente des →*Internen Marketing*. Eine hohe Mitarbeitermotivation hat sehr positive Auswirkungen auf die →*Mitarbeiterzufriedenheit* und →*Mitarbeiterbindung*, die wiederum erheblichen Einfluß nehmen auf die Kundenorientierung der Mitarbeiter und damit auch auf die →*Kundenzufriedenheit*, →*Kundenbindung* und →*Kundenloyalität*. Instrumente zur Erhöhung der Mitarbeitermotivation sind u.a. Anreizsysteme (→*Incentives*), deren längerfristiger Motivationswert jedoch umstritten ist, vor allem aber moderne →*Führungssysteme* (u.a. →*Empowerment* etc.).

Mitarbeiterzufriedenheit Ergebnis des Vergleichsprozesses zwischen der vom Mitarbeiter wahrgenommenen Unternehmensrealität und seinen individuellen →*Erwartungen*, Ansprüchen (→*Anspruchsniveau*), Zielen oder →*Sozialen Normen* (siehe im Vergleich auch →*Kundenzufriedenheit*). Die Erklärungsansätze der Mitarbeiterzufriedenheit beruhen im wesentlichen auf den klassischen →*Motivationstheorien*. Die Stärkung der Mitarbeiterzufriedenheit dient vor allem der Erhöhung der →*Mitarbeitermotivation* und →*Mitarbeiterbindung*.

Mitläufereffekt →*Bandwagon-Effekt*.

Mittelstandsempfehlungen Unverbindliche Empfehlungen von Vereinigungen kleiner oder mittlerer Unternehmen an ihre Mitglieder. Die Mittelstandsempfehlungen sind grundsätzlich wettbewerbsrechtlich (→*GWB*) zulässig, wenn sie zum Ziel haben, die Leistungsfähigkeit (→*Wettbewerbsfähigkeit*) von Klein- und Mittelbetrieben gegenüber Großunternehmen zu fördern bzw. zu stärken. Die Empfehlungen beziehen sich vor allem auf die →*Preisbildung*, →*Preiskalkulation*, →*Sortimentspolitik* etc. und schaffen u.a. auch die Möglichkeit zur Durchführung von gemeinsamen Werbeaktionen (→*Gemeinschaftswerbung*).

Mittelwert(e) Statistische Maßzahlen zur Kennzeichnung der zentralen Lage einer Datenmenge (→*Häufigkeitsverteilung*). Die in der →*Markt-* und →*Sozialforschung* am häufigsten verwendeten Mittelwerte sind das →*Arithmetische Mittel* (Quotient aus der Summe aller Einzelwerte und der Anzahl der Einzelwerte als Durchschnittswert) und das →*Geometrische Mittel* (Multiplikation der ungewichteten oder gewichteten Einzelwerte mit den jeweils folgenden Werten und Ziehung der n-ten Wurzel aus dem Produkt). Lagetypische Mittelwerte sind der →*Median* (Zentralwert) und der →*Modus* (häufigster Wert).

MMS Abk. für Multimedia Messaging Service. Es handelt sich um eine aus dem →*SMS* entwickelte Mobil-Kommunikationsform, für die entsprechend ausgerüstete Mobil-Telefone notwendig sind. Mit Hilfe von MMS können Kombinationen von Schrift, Bildern, Audio- und Videobestandteilen übertragen werden (siehe auch →*Mobile Commerce*).

Mobbing Kommunikative Handlungen, die gegen eine Person gerichtet sind und von einer bzw. mehreren Personen über einen längeren Zeitraum hinweg ausgeübt werden. Die Ursachen für Mobbing liegen vor allem in der →*Organisation* und →*Führung* (siehe dazu auch →*Führungsstil* und →*Managementtechniken*).

Mobile Commerce Geschäftliche →*Transaktionen* mit Hilfe von mobilen elektronischen Datenübertragungssystemen. Die im Augenblick für M-Commerce wichtigsten Servicetechnologien sind →*SMS* und →*WAP*. Durch den Einsatz der elektronischen Übertragungstechnologie →*UMTS* wird die Bedeutung von M-Commerce zunehmen (siehe in diesem Zusammenhang auch →*Online-Shopping*, →*Electronic Shopping*, →*Electronic Banking*).

Mobile Datenerfassung (MDE) Technologie, die →*Daten* elektronisch direkt am Ort und zum Zeitpunkt ihres Entstehens (z.B. mittels Handheld Computer) erfaßt. Die mobilen Datenerfassungsgeräte werden vor allem im →*Außendienst* eingesetzt (→*Modacom*). Dadurch sind z.B. eine permanente Aktualisierung der →*Kunden-Datenbank* und eine Optimierung der →*Außendienststeuerung* möglich. Überdies können durch den Außendienst oder durch die Handelspartner auch Daten aus zentralen →*Datenbanken* abgerufen werden (z.B. Einkaufspreise, Lieferfähigkeit von Produkten, Angebote von neuen Produkten etc.). Weitere Einsatzmöglichkeiten ergeben sich in der →*Marktforschung* (→*Befragung*) durch die direkte Eingabe der Befragungsergebnisse in ein Handterminal. Dadurch werden Übertragungsfehler vermieden und die Datenerfassungen beschleunigt (siehe dazu auch →*Computergestützte Befragung*).

Modacom Abk. für **Mo**bile **Da**ta **Com**munications der →*Telekom*. Datenübertragung zwischen drahtlosen mobilen Terminals oder auch die Kommunikation zwischen einem fest installierten Rechner und mobilen Terminals. Durch den Datenfunkdienst kann z.B. eine kontinuierliche Datenverbindung zwischen der EDV-Zentrale und dem →*Außendienst* hergestellt werden. Eine weitere Einsatzmöglichkeit ist die zeitlich flexible →*Tourenplanung* des →*Fuhrparks*.

Mode Periodischer Wandel von ästhetischen bzw. gesellschaftlich geprägten Stilrichtungen, der eng verbunden ist mit →*Wert(e)wandel* und→*Wert(e)dynamik* und alle Konsumbereiche (nicht nur Kleidung) umfaßt. Die Zyklen des Wandels werden auch als „Wellen" bezeichnet. In diesem Sinne hat die Mode für das Marketing eine erhebliche Relevanz. Sie beeinflußt vor allem die →*Produktpolitik* (→*Produktgestaltung*, →*Produktdesign*). Der z.T. extrem schnelle Stilwandel verkürzt die →*Produkt-Lebenszyklen* (durch psychische →*Obsoleszenz*). Der Stilwandel selbst ist wiederum nicht zuletzt zurückzuführen auf die →*Innovationspolitik* der Hersteller (→*Produktinnovationen*), die aber notwendig ist zur Aufrechterhaltung der nationalen und internationalen →*Wettbewerbsfähigkeit*.

Modediffusion Räumlicher und zeitlicher Verbreitungsprozeß (→*Diffusion*, →*Diffusionstheorie*) von→*Moden* in der →*Gesellschaft*. Zur theoretischen Erklärung des Verbreitungsprozesses werden das Schichtenmodell (Klassifikation der Gesellschaft in Ober-, Mittel- und Unterschicht als →*Soziale Schichten*) und die Diffusionstheorie herangezogen. Als wahrscheinlich (da empirisch nicht belegt) muß angenommen werden, daß sich je nach Art (Konsumbereiche) der neuen Stilrichtungen die Verbreitungsprozesse sehr unterschiedlich vollziehen.

Modell(e) Konstrukt, das in vereinfachter Form die wesentlichen Merkmale eines Ausschnitts der Realität wiedergibt. Der Aussagewert von Modellen hängt von ihrer Isomorphie ab, d.h. von der Gleichförmigkeit der Modellannahmen und den Ausprägungen der Realität (siehe dazu auch →*Hypothese*).

Modellbank System von Regeln zur Datenverknüpfung in →*Marketing-Informationssystemen* und →*Management-Informationssystemen*. Eine Abgrenzung zur →*Methodenbank* ist problematisch und erweist sich auch insofern als überflüssig, als Modell- und Methodenbank in der →*Datenbank* integrativ miteinander verknüpft sind.

Modell-Lernen →*Beobachtungslernen*, →*Imitationslernen*, →*Soziales Lernen*.

Moderne Von *E. Wolff (1886)* geprägter Begriff für die Neuzeit, von *J. Habermas (1981)* auch als Projekt der Aufklärung bezeichnet. Die Moderne beruht auf der Idee von Autonomie und Freiheit, Demokratie und Menschenrechten, Rationalität (→*Homo oeconomicus*) und Gesellschaftsplanung. Ursprünge dieser Entwicklung gehen auf das Zeitalter der Renaissance und der Reformation zurück. Der entscheidende Durchbruch erfolgte in der Epoche der Aufklärung (*R. Descartes, I. Kant, 17. und 18. Jhdt.*) und durch die Auswirkungen der Industriellen und Französischen Revolution. Kennzeichen der Moderne und zugleich Kriterien einer modernen →*Gesellschaft* sind die Rationalität, ein optimistischer Fortschrittsglaube, individuelle Freiheit, kapitalistisch-marktwirtschaftliches Denken (→*Marktwirtschaft*) bei aktiver Weltgestaltung (siehe auch →*Postmoderne*).

Modularisierung Zerlegung eines komplexen →*Produktes* in Teilsysteme, die zu kundenbezogenen →*Problemlösungen* kombiniert werden (siehe dazu auch →*Prosumer*, →*Customized Marketing*, →*Postponement*). Voraussetzungen für die Modularisierung (Massenindividualisierung) sind die konkrete Kenntnis der Kundenbedürfnisse (→*Database*), flexible Fertigungs- bzw. Dienstleistungssysteme und die Existenz einer modularen Entwicklungsorganisation (Projektorganisation, →*Projekt-Management*). Das kundenindividuelle Marketing erhöht →*Kundenbindung* und →*Kundenzufriedenheit*, die als wichtige →*Erfolgsfaktoren* gelten.

Modular Sourcing Bezug vormontierter Module (komplexe Funktionsgruppen) von Systemlieferanten zur Entlastung der eigenen Montage und zur Reduzierung der Anzahl der Lieferanten (siehe im Vergleich dazu →*Single Sourcing* und →*Global Sourcing*).

Modus Häufigster Wert in einer statistischen →*Häufigkeitsverteilung*.

Mogelpackung →*Packung* bzw. →*Verpackung* (→*Verkaufsverpackung*), die beim →*Verbraucher* den falschen Eindruck vermittelt, daß der Inhalt größer als in Wirklichkeit ist. Es handelt sich hierbei um eine objektive →*Irreführung*, die wettbewerbsrechtlich (→*UWG*) als unzulässig zu bewerten ist.

Mondpreis Zu hoch angesetzte unverbindliche →*Preisempfehlung*, die rechtlich (→*Wettbewerbsrecht*) als Mißbrauch behandelt wird. Der mögliche Mißbrauch ist dadurch gegeben, daß Handelsunternehmen den →*Verkaufspreis* deutlich unter dem Mondpreis festlegen und damit gegenüber dem →*Verbraucher* im Vergleich zum Leistungsangebot der Mitbewerber eine besondere Preisgünstigkeit vortäuschen. Dies wird als objektive →*Irreführung* bewertet.

Monopolistische Konkurrenz

Preisbildung von Alleinanbietern

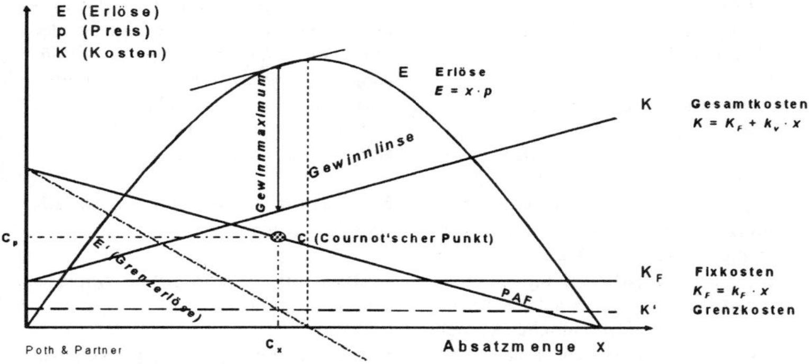

Monitoring →*Frühwarnsysteme* als →*Management-* und →*Marketing-Informationssysteme*, die mögliche künftige Gefahren antizipieren und melden. Monitoringsysteme sollen die →*Unternehmen* in die Lage versetzen, rechtzeitig geeignete Gegenmaßnahmen zur Abwehr oder Minderung der signalisierten Gefahren zu treffen (→ *Krisen-Marketing*). Die Aufgabenfelder der Frühwarnung sind die Unternehmens- und Umweltüberwachung, Informationsverwertung und Situationsanalyse, Entwurf von Handlungsalternativen, Bewertung der verschiedenen Handlungsalternativen, systematische Entwicklung von Eventualplänen und bei Bedarf ihre Realisierung. Mit der strategischen Früherkennung (im Sinne einer Frühaufklärung) ist darüber hinaus die Identifikation von neuen Geschäftsfeldern (→ *Strategische Geschäftseinheiten*) verbunden.

Monomarke(n) →*Einzelmarke(n)* im Gegensatz zu →*Dachmarken* (→*Umbrella-Marken*).

Monopol *Ein* →*Anbieter* beherrscht den →*Markt*. Das Monopson hingegen ist ein Nachfragemonopol. Das →*Gewinnmaximum* des Monopolisten ergibt sich aus dem →*Cournot'schen Punkt*, in dem die →*Grenzkosten* gleich dem →*Grenzerlös* sind (siehe auch →*Marginalanalyse*).

Monopolistische Konkurrenz → *Atomistische Konkurrenz* auf →*Unvollkommenem Markt*. Es handelt sich um eine weit verbreitete →*Marktform* in der Praxis.

Monopolistischer Spielraum Monopolistischer Bereich in der →*Polypolistischen* →*Preisabsatzfunktion*. Das →*Gewinnmaximum* ergibt sich aus dem →*Cournot'schen Punkt* (siehe auch →*Preispolitische Autonomiezone* und →*Akquisitorisches Potential*).

Monte-Carlo-Simulation Sammelbezeichnung für Simulationsverfahren (→*Simulation*), die aus Verteilungsfunktionen aufgebaute mathematische Ausdrücke mit Hilfe von Zufallsmechanismen (Zufallszahlen) auf der Grundlage der →*Wahrscheinlichkeitstheorie* simulieren und numerisch bestimmen. Die Simulationsverfahren werden eingesetzt in der →*Marketingplanung* (z.B. bei der Bestimmung des optimalen Marketing-Mitteleinsatzes, →*Marketing-Mix*) und bei der →*Risikoanalyse* (z.B. bei der Bewertung von Investitionsalternativen).

Morphologischer Kasten Das Verfahren gehört zu den analytisch-systematischen →*Kreativitätstechniken*. Das zu lösende Problem wird in seine wesentlichen, voneinander unabhängigen Merkmale (Dimensionen, Parameter) zerlegt. Diese werden in einem "Kasten" (Matrix) untereinander angeordnet. Im zweiten Schritt werden zu den Merkmalen möglichst viele denkbare Einzelmöglichkeiten (Merkmalsausprägungen) gesucht und in Beziehung gesetzt zu den Merkmalen. Bei der Suche nach den operationalen Verbindungen zwischen Merkmalen und Merkmalsausprägungen kann das →*Brainstorming* als intuitive Kreativitätstechnik eingesetzt werden. Durch die sinnvolle Kombination der gefundenen Merkmalsausprägungen in Verbindung mit den Dimensionen ergibt sich die →*Problemlösung*.

Motiv(e) Wunsch bzw. Drang, ein →*Bedürfnis* zu befriedigen (siehe auch →*Maslow'sche Bedürfnispyramide*, →*Motivation*). Verwandte und vielfach mit dem Motiv gleichgesetzte Bezeichnungen sind Bedürfnis, Trieb, Wunsch, Instinkt, Neigung. Die Motive werden in der →*Konsumentenforschung* den emotionalen (→*Emotion*) Konstrukten zugeordnet, wenngleich sie auch eine wesentliche kognitive (→*Kognition*) Komponente enthalten.

Motivation Synergistische Summe von Einzelmotiven (→*Motiv*) im Sinne der Befriedigung von Bedürfniskomplexen (→*Bedürfnis*). Vereinfacht ist die Motivation der menschliche Antrieb, komplexe Mangellagen zu beseitigen. Es handelt sich im wesentlichen um das Zusammenwirken verschiedener aktivierter Motive, die das →*Verhalten* in einer bestimmten konkreten Situation determinieren. Die Motivation ist ein zentrales Element in der →*Konsumentenforschung* (zur Erklärung des →*Konsumentenverhaltens*), spielt aber auch eine wichtige Rolle im →*Management* (→*Managmentprozeß*, →*Unternehmensführung*).

Motivation, extrinsisch →*Extrinsische Motivation*.

Motivation, intrinsisch →*Intrinsische Motivation*.

Motivationspsychologie Synopse der psychologischen Theorien, die die Ursachen des menschlichen →*Verhaltens* zu erklären versuchen. Das Prinzip des →*Hedonismus*, Lust zu maximieren und Unlust zu vermeiden, gilt als Leitprinzip der Motivationsforschung und Basis menschlichen Handelns. Theorien, die auf dem →*Homöostase*-Prinzip (vgl. dazu →*Psychoanalytische Theorie*) beruhen, gehen davon aus, daß der Organismus danach strebt, sein Gleichgewicht zu erhalten. Neuere Forschungsansätze in der →*Attributionstheorie* und →*Sozialen Lerntheorie* beschäftigen sich mit dem Selbst (→*Selbstkonzept*) und berücksichtigen dabei insbesondere →*Emotionen* (→*Aktivierende Prozesse*) und →*Kognitive Prozesse*, da neben dem Verstehen des eigenen Selbst das Streben nach kognitiver Bewältigung der Umwelt an Bedeutung gewinnt. Nach den Erwartungswert-Theorien wird Verhalten von der Attraktivität des Ziels (Anreizwert) und der Erfolgserwartung, dieses Ziel zu erreichen, bestimmt. Die Stärke der →*Motivation* hängt von der Ausprägung der beiden Faktoren „Wert" und „Erwartung" ab (siehe auch →*Erwartungswert*). In der →*Humanistischen Psychologie* geht *A.H. Maslow (1954)* davon aus, daß neben der Defizit-Motivation, die auf dem Homöostase-Prinzip beruht, eine angeborene Wachstums-Motivation (→*Selbstverwirklichungsbedürfnisse*) besteht.

Motivationstheorie(n) Zusammenfassung von Theorien, die unterschiedliche Bedürfnissysteme als Motivationsquelle menschlicher Verhaltensweisen spezifizieren (siehe dazu auch →*Motive*, →*Motivation*). Auf einem z.T. sehr unterschiedlichen Forschungshintergrund basieren die wesentlichen Theorien jedoch gemeinsam auf einer Hierarchisierung der →*Bedürfnisse*, die von existentiellen Bedürfnissen ausgeht und mit →*Selbstverwirklichungsbedürfnissen* endet. Insofern weisen alle Motivationstheorien die →*Maslow'sche Bedürfnispyramide* als ihren theoretischen Kern aus. Auch *Fr. Herzberg (1959)* folgt in seiner Organisationspsychologie diesem Grundschema (siehe →*Motivatoren*), strukturiert jedoch sehr stringent die Bedürfnisebenen in Entfaltungsfaktoren (Satisfier) und Unzufriedenheitsfaktoren (Dissatisfier). Damit ist wohl mehr methodologische Ordnung in die komplexe Bedürfnis- bzw. Motivationsstrukturierung gekommen, die aber bereits an *Maslow* geübte Kritik der strikten Trennung der verschiedenen Bedürfnisebenen wurde hingegen eher noch verstärkt.

Motivatoren Nach *Fr. Herzberg (1959)* Entfaltungsfaktoren (Satisfier), die →*Bedürfnisse* nach Anerkennung, Verantwortung, Aufstiegsmöglichkeiten, Selbstbestätigung und Selbstverwirklichung befriedigen (siehe dazu auch →*Maslow'sche Bedürfnispyramide*, →*Motivationstheorien*). Satisfier sind unmittelbar mit dem jeweiligen Aufgabenbereich bzw. der entsprechenden Arbeitsleistung verknüpft und als aktive Motivatoren unerläßlich im Arbeitsprozeß. Im Gegensatz dazu ergeben sich die zur Unzufriedenheit führenden Faktoren (Dissatisfier) zumeist aus dem Arbeitsumfeld. Dissatisfier als →*Hygienefaktoren* sind die interpersonalen Beziehungen, Statussymbole, Entlohnung und Zusatzvergütungen, die Administration und →*Kontrolle*, die →*Unternehmenspolitik* und die Arbeitsplatzsicherheit. Je geringer die Motivatoren (z.B. Arbeitszu-

Motivationstheorien

Bedürfnisse als Motivationsbasis

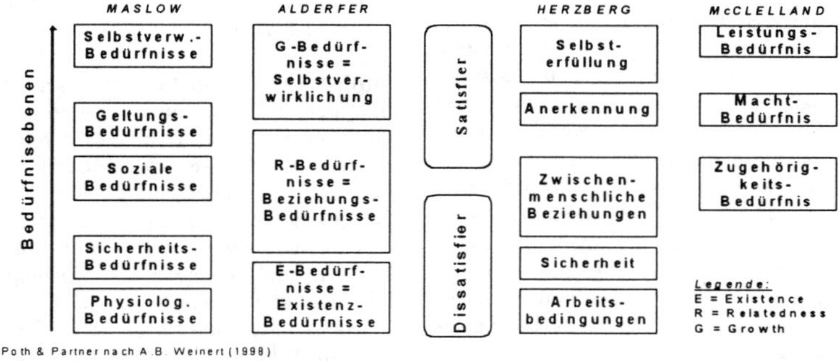

Poth & Partner nach A.B. Weinert (1998)

friedenheit) ausgeprägt sind, um so mehr gewinnen die Hygienefaktoren (z.B. Entlohnung) an scheinbarer Bedeutung.

Motivforschung Erforschung der menschlichen →*Motivationen*. Im Marketing dient die Motivforschung vor allem zur Analyse des →*Konsumentenverhaltens*. Dazu werden primär →*Projektive Verfahren* eingesetzt, um die Beweggründe für ein bestimmtes →*Verhalten* zu ermitteln.

MPM Abk. für →*Metra-Potential-Methode* (→*Netzplantechnik*).

Muddling through-Strategie Die Strategie basiert auf einer Entscheidungstheorie („Sich-Durchwursteln"), die von wenigen Annahmen ausgeht. Die Theorie wird auch als zusammenhangloser Inkrementalismus bezeichnet. Es werden nicht alle möglichen Strategiealternativen bewertet, sondern es wird nur eine relativ kleine Zahl von Alternativen betrachtet. Auch die daraus abgeleiteten Konsequenzen werden beschränkt. Es wird also keine „richtige" Lösung abgeleitet, sondern durch serielle Analysen und Einschätzungen eine schrittweise Näherungslösung angestrebt. Die Vorgehensweise entspricht einem iterativen Vorgehen (siehe dazu auch →*Heuristik*). Hierbei werden Probleme immer wieder neu definiert, um damit besser zielorientiert umgehen zu können.

Mündliche Befragung Form der →*Befragung* (→*Interview*) in der empirischen →*Marktforschung* im Gegensatz zur →*Schriftlichen Befragung*. Der Vorteil der Befragungsart ist darin zu sehen, daß sich die Auskunftspersonen nur schwer einer Antwort entziehen können, wenn sie der Befragung zugestimmt haben. Dadurch wird das →*Repräsentanz*problem erheblich vermindert. Überdies erfolgen die Antworten in der Regel spontan, was sich je nach Untersuchungsthema als nützlich erweisen kann. Als Nachteil empfinden die Auftraggeber vielfach die relativ hohen Kosten, die mit mündlichen Befragungen verbunden sind. Der →*Interviewer-Bias* ist bei mündlichen Befragungen ein grundlegendes methodisches Problem.

Multiattributmodelle Form der →*Kognitiven Programme*. Als Meßverfahren dienen sie der Ermittlung von →*Einstellungen* des →*Konsumenten* (→*Einstellungsmessung*). Die Modelle werden unterschieden nach kompensatorischen (→*Fishbein-Modell*, →*Trommsdorf-Modell*) und nicht-kompensatorischen Verfahren (→*Multidimensionale Skalierung*, →*Conjoint Measurement*).

Multi-Channel-Marketing Verknüpfung der nicht-elektronischen →*Kommunikationsmedien* (z.B. →*Printmedien* und die diversen klassischen Formen der →*Direktwerbung*) mit den Formen der elektronischen →*Marketingkommunikation* (z.B. →*Fernsehwerbung* und zunehmend →*Werbung* im →*Internet*; siehe dazu auch →*Cross Media-Marketing*). Der Begriffsinhalt bezieht sich aber auch auf das gesamte →*Marketinginstrumentarium* (siehe →*Online-Marketing*). So wird z.B. die klassische →*Absatzwegepolitik* (etwa →*Direktvertrieb* bzw. →*Indirekter Vertrieb*) verknüpft mit →*Electronic Commerce* und den daraus abgeleiteten elektronischen Vertriebsformen (wie z.B. →*Electronic Shopping* und →*Online-Banking*).

Multi Client-Befragung →*Einthemenbefragung*, die für mehrere Auftraggeber durchgeführt wird. Im Vergleich dazu werden bei der Mehrthemenbefragung (sogen. →*Omnibus-Befragung*) mehrere Themen für in der

Regel mehrere Auftraggeber untersucht. Eine weitere Abgrenzung besteht zu Eigenerhebungen (ein- oder mehrthematisch) durch →*Marktforschungsinstitute*, die ohne Kundenauftrag erfolgen und deren Ergebnisse beliebigen Interessenten zum Kauf angeboten werden.

Multidimensionale Skalierung (MDS) Gruppe von Verfahren zur →*Einstellungsmessung* (→*Skalierungsverfahren*, →*Skalierung*). Ziel der MDS ist, Objekte in einem mehrdimensionalen Raum in der Weise zu positionieren (→*Positionierung*), daß ähnliche Objekte eine geringe und unähnliche Objekte eine große Distanz (→*Distanzmaß*) untereinander aufweisen (siehe dazu→*Produktmarktraum*). Die MDS beruht somit im Vergleich zu anderen Skalierungsverfahren nicht auf bereits festgelegten Kriterien, sondern auf der Messung subjektiv empfundener Ähnlichkeiten bzw. Unähnlichkeiten von Objekten. Die Ähnlichkeit wird durch die Methode des →*Paarvergleichs* festgestellt.

Multikollinearität Gegenseitige Abhängigkeit von →*Unabhängigen* (bestimmenden) *Variablen* bei der →*Korrelations-* und →*Regressionsanalyse*. Die erklärenden Variablen weisen untereinander eine hohe →*Korrelation* auf, z.B. Geschlecht und Einkommen in bezug auf bestimmte Verhaltensweisen, so daß die eigentlich bestimmende Variable nicht erkennbar ist.

Multikulturelle Gesellschaft Sozialwissenschaftliche Bezeichnung für eine →*Gesellschaft*, deren Bevölkerung hinsichtlich ethnischer Herkunft, Nation, Sprache, Religion, Wertesystem (→*Werte*) etc. durch mehrere unterschiedliche→*Kulturen* gekennzeichnet ist. Die Anziehungskraft der Wohlstandsgesellschaft (→*Konsumgesellschaft*, →*Überflußgesellschaft*) und zunehmende →*Globalisierung* begünstigen die internationale →*Migration* und →*Kulturelle Diffusion*. Die kulturelle Vermischung der eigenen Kultur mit fremden Elementen führt zu einer Änderung der Bedürfnisstrukturen (→*Bedürfnisse*) und prägt die sich im Zeitablauf angleichenden Konsumgewohnheiten (→*Konsumentenverhalten*).

Multi-Level-Marketing Form des →*Direktvertriebs*, bei der weitere Verkaufsmitarbeiter durch bereits tätige Verkäufer gewonnen werden und die Vergütungen der Verkäufer der Vorstufen von der Verkaufstätigkeit der nachgelagerten Verkäuferstufen abhängig sind. Im Gegensatz zum →*Schneeballsystem* (nach →*UWG* verboten) werden die Verkäufer nicht zur Abnahme von →*Waren* bzw. zur Haltung von Lagerbeständen verpflichtet. Überdies besteht auch ein Rückgaberecht der nicht abgesetzten Waren.

Multimedia Integration verschiedener →*Medien* in bezug auf Text, Graphik, Ton, Bild, Video und auch Animation in einem Endgerät. Multimedia umfaßt damit auch die Zusammenführung von bisher getrennten, nicht miteinander zu kombinierenden Geräten, als deren wichtigste der Fernseher, das Telefon und der Personal Computer zu nennen sind. Hierbei ist das Prinzip der →*Interaktion* von besonderer Bedeutung, d.h. der mögliche aktive Eingriff des →*Kommunikanten* in den →*Kommunikationsprozeß* mit Lernwertcharakter für den →*Kommunikator*.

Multimoment-Verfahren Stichprobenerhebung zur Erfassung des Zeitaufwands für Haupttätigkeiten und vor allem für unproduktive Tätigkeiten in

Betriebsprozessen. Das Verfahren ist besonders geeignet für die Analyse von logistischen Ablaufprozessen (→*Logistik*) in Industrie- und Handelsunternehmen.

Multinationales Marketing→*Internationales Marketing*.

Multioptionsgesellschaft→*Gesellschaft* der →*Moderne* (→*Postmoderne*), die durch eine zunehmende Vielfalt von Lebensmöglichkeiten (→*Lebensstilen*) gekennzeichnet ist. Die dynamisch fortschreitende Individualisierung führt zu einer wachsenden Heterogenität von Meinungen und →*Einstellungen* und einer Bevorzugung gegensätzlicher Wertewelten (→*Werte*, →*Wert(e)wandel*). →*Kaufentscheidungen* werden nicht nach dem „Entweder-oder-Prinzip", sondern unter dem „Sowohl-als-auch-Aspekt" getroffen. Ein eindeutiges Bekenntnis, das mit dem Verlust anderer Optionen verbunden wäre, findet nicht statt (siehe →*Hybrid-Konsument*). Nach *A. Döblin (1938)* ist mit der Steigerung der Erlebens- und Handlungsmöglichkeiten, der Optionen insgesamt, eine Traditionsvernichtung verbunden (→*Tradition*).

Multipack →*Mehrfachgebinde*.

Multiple Choice Auswahl aus mehreren Antwortmöglichkeiten, die auf eine Nennung beschränkt wird oder auch Mehrfachnennungen zuläßt (siehe auch →*Geschlossene Fragen*).

Multiple Regressionsprognose Prognoseverfahren (→*Prognose*), das eine besondere Form des →*Regressionsverfahrens* darstellt. Analysiert werden die Wirkungszusammenhänge zwischen der zu prognostizierenden →*Zeitreihe* (z.B. →*Absatzvolumen* etc.) und anderen Zeitreihen (→*Einkommen*, konjunkturelle Entwicklung, Änderungen im →*Konsumentenverhalten* etc.).

Multiple Sourcing →*Global Sourcing* (Gegensatz →*Single Sourcing)*.

Multiplikatoren Personen und/oder →*Medien*, die in starkem Maße →*Informationen* verbreiten (siehe auch →*Meinungsführer*).

Multisensuale Wahrnehmung Simultanes Wahrnehmen (→*Wahrnehmung*) mehrerer →*Reize* (z.B. visuell, akustisch, olfaktorisch) durch unterschiedliche →*Sinnesorgane* (Auge, Ohr, Geruchssinn/Nase). Die Gleichzeitigkeit verschiedener Sinneseindrükne führt zu Verbundwirkungen i.S. synästhetischer Wirkungen. So werden mit bestimmten Farben Anmutungsqualitäten (→*Anmutung*) assoziiert (→ *Assoziation*) und auf das →*Produkt* übertragen. Durch das gleichzeitige Ansprechen mehrerer Sinne, vor allem visuell (→*Visualisierung*) und akustisch, wird nicht nur eine bessere Einprägsamkeit erreicht, sondern auch eine Transferwirkung erzielt. Fehlt in einem →*Medium* das visuelle (Rundfunk) oder akustische Bild (Zeitschrift), so wird es von anderen Sinnesorganen aus dem →*Gedächtnis* (→*Gedächtnistheorien*) ergänzt.

Multi-Step-Flow-Kommunikation →*Mehrstufige Kommunikation*.

Multivariate Analyseverfahren Zusammenfassung der verschiedenen Methoden, Verfahren und Modelle zur →*Datenanalyse* mit drei oder mehr →*Variablen*. Zu unterscheiden sind die statistischen Verfahren der →*Dependenzanalyse* (z.B. →*Korrelationsanalyse*, einfache und multiple →*Regressionsanalyse*, →*Kanonische Ana-*

lyse, →*Diskriminanzanalyse*, →*Varianzanalyse* und →*Kontingenzanalyse*) von denen der →*Interdependenzanalyse* (→*Faktorenanalyse*, →*Korrespondenzanalyse*, →*Mehrdimensionale Skalierung* und →*Clusteranalyse*).

Mystery Shopper Verdeckte Scheinkäufer (auch als Silent Shopper bezeichnet), die zur Messung der Dienstleistungsqualität (vor allem im →*Einzelhandel*) eingesetzt werden (siehe dazu auch →*Testkauf*).

Mundwerbung Die auch als Mund-zu-Mund-Werbung bezeichnete →*Kommunikationsform* ist eine interpersonelle Kommunikation (→*Persönliche Kommunikation*). Sie steht in einer engen Beziehung mit der →*Diffusionstheorie* (→*Adoptionsprozeß*). →*Meinungsführer* spielen hierbei eine besondere Rolle, deren „face-to-face"-Kontakte mit den gruppenkonformen →*Kommunikanten* eine subjektiv empfundene →*Glaubwürdigkeit* aufweisen bzw. auch erzeugen. Meinungsführer haben einen interpersonellen Expertenstatus (ob objektiv gerechtfertigt oder nicht). Insofern hat die Mundwerbung einen erheblichen Einfluß auf →*Einstellungen*, →*Images* und damit auch auf das →*Konsumentenverhalten* der relevanten →*Bezugsgruppen*.

Musterung →*Marktveranstaltung* für bestimmte gewerbliche Abnehmergruppen, die vor allem im Textil- und Schuhhandel durchgeführt werden. Veranstalter sind Hersteller, Handelszentralen, Großfilialisten, Großhandelsunternehmen etc. Musterungen sind wie →*Messen* ein Verkaufsinstrument, dienen aber auch den ausstellenden Unternehmen als Entscheidungshilfe für die →*Produktionsplanung* bzw. Einkaufsdisposition. Besonders bei modischen Produkten sind den Hauptmusterungen Vormusterungen vorgeschaltet, um eine absatzeffiziente Selektion der →*Artikel* vornehmen zu können.

N

Nachahmung Imitation von fremden →*Produkten* oder Leistungen jedweder Art. Die Nachahmung ist grundsätzlich zulässig, soweit sie keine gewerblichen →*Schutzrechte* verletzt (siehe →*Plagiat*, →*Markenpiraterie*). Die Nachahmungsfreiheit ist jedoch eingeschränkt, wenn die Nachahmung durch eine sogen. „sklavische Nachahmung" den →*Verbraucher* irreführt (→*Irreführung*). Durch die →*Verwechslungsgefahr* wird das Warenzeichenrecht (→*Warenzeichen*, →*Warenzeichengesetz*) verletzt (siehe auch →*Kennzeichenschutz*). Hierbei ist davon auszugehen, daß die Verwechslungsgefahr um so größer ist, je bekannter die Kennzeichnung ist. Überdies sind die Waren- und Branchennähe entscheidend.

Nachbarschaftsladen →*Convenience Store*.

Nachbarschaftszentrum →*Einkaufs-Center* mit einem relativ kleinen →*Einzugsgebiet*. Die →*Käufer* wohnen in der Regel in unmittelbarer Nachbarschaft des Zentrums und decken dort ihren täglichen bzw. kurzfristigen →*Bedarf* an →*Convenience Goods* (z.B. Lebensmittel). In einigen Fällen findet man in Nachbarschaftszentren aber auch Handelsunternehmen, die →*Specialty Goods* führen. Die →*Anbieter* von Convenience Goods haben üblicherweise ein begrenztes →*Angebot* (flaches →*Sortiment*), während die Anbieter von Specialty Goods vielfach sehr tief sortimentiert (→*Sortimentstiefe*) sind und den Charakter von →*Fachgeschäften* haben.

Nachfrage Im Vergleich zu →*Bedürfnissen*, die erst durch die →*Kaufkraft* zum →*Bedarf* konkretisiert werden, ist die Nachfrage die Marktentnahme von →*Produkten* und →*Dienstleistungen* durch die Wirtschaftssubjekte (→*Nachfrager*). Die Nachfrage ist der marktwirksam gewordene Bedarf (in Verbindung dazu siehe auch →*Angebot*).

Nachfrageanalyse Untersuchung der quantitativen und qualitativen Aspekte der Nachfrageentwicklung. Die für die Analyse wichtigsten Nachfragegrößen sind der →*Absatz* und →*Umsatz* und daraus abgeleitete weitere Größen, wie z.B. →*Marktanteil*, →*Marktdurchdringung* etc.

Nachfrageeffekte Verhaltenseffekte von →*Nachfragern*. Unterschieden werden der →*Bandwagon-Effekt* (Mitläufereffekt), der →*Snob-Effekt* (gegenläufiges Nachfragerverhalten), der →*Veblen-Effekt* (preisbezogenes Prestigeverhalten, →*Prestigekonsum*) und der →*Giffen-Effekt* (Sonderform der →*Inversen Preiselastizität* bei →*Inferioren Gütern*).

Nachfrageelastizität(en) Verhältnis der relativen Änderung der →*Nachfrage* nach einem →*Gut* zu der sie auslösenden relativen Änderung des Einsatzes der →*Marketinginstrumente*. Die in Theorie und Praxis bekanntesten Nachfrageelastizitäten sind die →*Preiselastizität* und →*Werbeelastizität*. Darüber hinaus sind auch Einkommensveränderungen nachfragebestimmend (siehe →*Einkommenselastizität*).

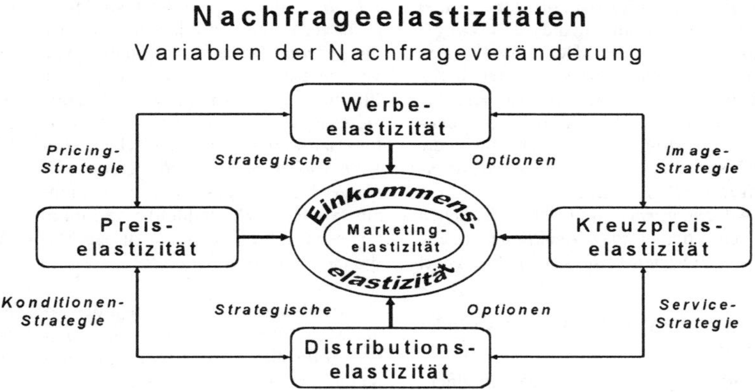

Poth & Partner

Nachfragefunktion Zusammenhang zwischen der →*Nachfrage* nach einem →*Angebot* und der die Nachfrage bestimmenden Faktoren. Die →*Preistheorie* geht davon aus, daß im wesentlichen die Nachfrage als Funktion des →*Preises* angesehen werden muß (siehe auch →*Preisabsatzfunktion*). Aus Marketingsicht ist gegen diese generalisierende Theorie Einspruch einzulegen, da sie die Einflußmöglichkeiten der übrigen →*Marketinginstrumente* auf die Nachfrage weitgehend ausschließt oder sie als nebensächlich einstuft (siehe in Abgrenzung →*Angebotsfunktion*).

Nachfragemacht Machtpotential eines im →*Markt* überlegenen →*Nachfragers*, seine Interessen gegenüber einem abhängigen →*Anbieter* durchzusetzen. Die Ausnutzung von Machtpotentialen erweist sich als wettbewerbsschädlich im Sinne eines marktwirtschaftlichen →*Leistungswettbewerbs* (→*GWB*). Das Machtungleichgewicht (→*Asymmetrische Machtverteilung*) tritt insbesondere bei Organisationen der öffentlichen Hand, industriellen Großunternehmen (gegenüber mittelständischen Zulieferern) und den Großbetriebsformen des filialisierten →*Einzelhandels* als Nachfrager auf. Die Nachfragemacht äußert sich z.B. im →*Handel* primär in Preiszugeständnissen der Lieferanten und Leistungen ohne Gegenleistung (siehe u.a. →*Werbekostenzuschüsse*, bestimmte Formen der →*Rabattpolitik*, →*Eintrittsgelder*, →*Regalmieten* etc.). Der gegenteilige Fall ist die →*Angebotsmacht*, bei der →*Anbieter* aufgrund einer anbieterbezogenen Machtverteilung ihre Interessen gegenüber →*Nachfragern* durchsetzen. Für die Angebotsmacht gelten die gleichen wettbewerbsrechtlichen Bedenken wie für die Nachfragemacht.

Nachfrageorientierte Kalkulation →*Preiskalkulation*, die sich an der konkreten Nachfragesituation und erst sekundär an den →*Kosten* (siehe dazu →*Kostenorientierte Preiskalkulation*) orientiert. Die Kalkulation erfolgt mit Hilfe der →*Teilkostenrechnung* und üblicherweise durch die →*Deckungsbeitragsrechnung*. Der zentrale Fixpunkt der nachfrageorientierten Preiskalkulation ist der realisierbare →*Marktpreis* und nicht der →*Kostenpreis*. Daraus ergibt sich auch die Abgrenzung zur →*Konkurrenzorientierten Preisstrategie*, die auf die →*Wettbewerber* und ihre möglichen Preisaktionen bzw. -reaktionen (siehe →*Marktreaktionsfunktion*) fokussiert ist.

Nachfrageprognose →*Nachfrageschätzung*.

Nachfrager Zahl der Marktteilnehmer, die auf einem →*Markt* Leistungen von →*Anbietern* zu einem →*Preis* (→*Marktpreis*) nachfragen (siehe auch →*Nachfrage* und als Pendant →*Anbieter*).

Nachfragerbündelung Zusammenschluß von mindestens zwei wirtschaftlich selbständigen →*Nachfragern* zwecks des gemeinsamen und zeitgleichen →*Einkaufs* von jeweils mindestens einer Einheit eines bestimmten Leistungsangebots (siehe auch →*Einkaufsgemeinschaft*, →*Einkaufsgenossenschaft*). Zentrales Charakteristikum der Nachfragerbündelung ist, daß die Nachfrager gegenüber dem →*Anbieter* als eine Einheit auftreten. Das nachfragerbezogene →*Bundling* hat zum Ziel, von den Lieferanten günstigere Einkaufskonditionen zu erhalten. Prinzipiell ist die Nachfragerbündelung auf allen Wirtschafts- und Wertschöpfungsstufen möglich.

Nachfrageschätzung Form der meist kurzfristigen →*Absatzprognose* eines Leistungsangebots in einem definierten →*Absatzmarkt*. Zur Durchführung der Nachfrageschätzung werden methodisch u.a. die →*Exponentielle Glättung* (→*Gleitender Durchschnitt*), die →*Trendextrapolation* (Hochrechnung von Zeitreihenwerten), die →*Indikatormethode* (Analyse von wirtschaftlichen Daten als Indikatoren für die Absatzentwicklung), →*Regressionsverfahren* (Analyse der Wirkungszusammenhänge zwischen→*Bestimmenden* und →*Abhängigen Variablen*) etc. eingesetzt. Darüber hinaus können auch qualitative Verfahren angewendet werden (siehe zu den Methoden →*Prognosemodelle*).

Nachkalkulation Ermittlung der →*Selbstkosten* auf der Basis von →*Istkosten* für die →*Preiskalkulation* (siehe im Vergleich →*Vorkalkulation*).

Nachkaufdissonanz →*Kognitive Dissonanz*, die nach dem →*Kauf* eines Leistungsangebots beim →*Käufer* auftritt, wenn er die Vorzüge der gewählten Alternative mit denen der ausgeschlagenen Alternativen vergleicht und eine Diskrepanz feststellt. Der Käufer versucht in vielfältiger Weise, den Widerspruch zu beseitigen und eine für ihn→*Kognitive Konsonanz* herzustellen. Dies geschieht u.a. durch die bewußte Nichtwahrnehmung, die *Rationalisierung* seines →*Verhaltens*, eine künftige Verhaltensänderung oder etwa auch durch die Suche nach kaufbestätigenden →*Informationen* (z.B. in der →*Produktwerbung*). Hier setzt die →*Nachkaufkommunikation* als zentraler Bestandteil des →*Nachkaufmarketing* an.

Nachkaufkommunikation Zentraler Bestandteil des →*Nachkaufmarketing*, um eine →*Nachkaufdissonanz* (→*Kognitive Dissonanz*) bei den →*Käufern* zu vermeiden bzw. abzubauen.

Wichtig ist hierbei vor allem die persönliche und dialogorientierte *→Marketingkommunikation*. Dies gilt insbesondere dann, wenn bereits Nachkaufdissonanzen aufgetreten sind, die dem *→Anbieter* z.B. durch Beschwerden und *→Reklamationen* von *→Kunden* bekannt sind. Als Instrumente bieten sich in diesen Fällen das *→Beschwerdemanagement* und eine großzügige Reklamationsbehandlung an. Die intensive Nachkaufkommunikation beeinflußt ganz entscheidend die dauerhafte *→Kundenzufriedenheit* incl. *→ Kundenbindung* und über die *→ Mundwerbung* das *→Unternehmensimage*.

Nachkaufmarketing Marketing in der Nachkaufphase, um eine langfristige *→Kundenbindung* zu erreichen. Dadurch soll der Ertragswert der *→ Kunden* (*→Kundenwert*) für den *→ Anbieter* gesteigert werden. Das Nachkaufmarketing führt zu einer höheren *→Kundenzufriedenheit* und mindert die Gefahr des Auftretens einer *→ Kognitiven Dissonanz* (siehe in diesem Zusammenhang auch *→Servicemarketing*, *→Relationship-Marketing* und *→Beschaffungsmarketing*).

Nachkaufservice *→After-Sales-Service* (*→Kundendienst*, *→Service*, *→ Servicemarketing*).

Nachricht(en) Mitteilung, die erst dann zur *→Information* wird, wenn sie verstanden wird (siehe dazu *→ Semiotik* und die damit verbundenen Dimensionen *→Syntaktik*, *→Semantik*, *→Pragmatik*).

Nachzügler Eine *→Adoptergruppe*, die in starkem Maße vergangenheits- und traditionsorientiert ist. Zu unterscheiden sind die Nicht-Informierten ohne soziale und mediale Kontakte, die Konservativen und die Ablehner. Eine generelle Innovationsfeindlichkeit der Adoptergruppe kann nicht unterstellt werden. Ansonsten würde keine *→Diffusion* von *→Innovationen* zustandekommen. Was die*→Soziodemographischen Kriterien* (Merkmale) der *→Gruppe* betrifft, so befindet sie sich am Ende der sozialen Stufenleiter. Ihr Anteil an der Gesamtbevölkerung beträgt nach dem *→Adoptionsmodell* von *E.M. Rogers* 16% (siehe dazu auch *→Adoptionsprozeß*).

Namenstest Teil des *→Produkttests*, der sowohl zur Findung eines Produkt- oder *→Markennamens* als auch zur Überprüfung der Eignung durchgeführt wird. Zur Namensfindung werden *→Gruppendiskussionen* (siehe dazu auch *→Laborexperimente*) und *→Kreativitätstechniken* eingesetzt, zur Namensüberprüfung, wie aber auch zur -findung, eignen sich vor allem *→ Assoziationstests*, um die spontanen *→Assoziationen* der Befragten mit alternativen Produkt- und Markennamen zu ermitteln.

Namenszeichen *→Warenzeichen* (*→Markenzeichen*), das in Abgrenzung zum *→Wortzeichen* aus einem personenbezogenen Nachnamen (meist dem des Firmengründers) besteht (z.B. Krupp, Henkel, Oetker).

Narratives Interview Besondere Form des *→Interviews* bei *→Mündlichen Befragungen*, die vor allem in der *→Motiv-* und *→Meinungsforschung* eingesetzt wird. Das narrative Interview als nicht-standardisiertes Interview (*→Unstrukturiertes Interview*) wird angewendet, um den *→ Probanden* zum Erzählen persönlicher Erfahrungen zu veranlassen (siehe im Unterschied hierzu *→Strukturiertes Interview*).

Natürlicher USP *→USP*, *→Künstlicher USP*.

Naturalrabatt(e) Form des Warenrabatts (→*Rabatt*), der dem →*Handel* (→*Groß-* und →*Einzelhandel*) von den Lieferanten in erster Linie als → *Einführungsrabatt* bei →*Produkteinführungen* eingeräumt wird. Mit der Gewährung von Naturalrabatten, die in ihren extremen Formen wettbewerbsrechtlich (→*GWB*,→*UWG*) nicht unbedenklich sind, wird herstellerseitig das Ziel verfolgt, neue Produkte möglichst schnell im Markt zu penetrieren (→*Marktdurchdringung*), um die gewünschte →*Numerische* und → *Gewichtete Distribution* kurzfristig zu erreichen und eine möglichst hohe → *Wiederkaufrate* sicherzustellen.

Navigation Bewegungen eines Besuchers auf den Seiten einer →*Website* im →*Internet*. Eine intuitive, schnell durchschaubare Navigation ist notwendig, damit die Besucher möglichst schnell die gewünschten →*Informationen* auf der Website finden.

NDWK Abk. für **N**ormenausschuß **D**aten- und **W**arenverkehr in der **K**onsumgüterwirtschaft.

Negative Bezugsgruppe(n) →*Bezugsgruppe*, mit deren →*Verhalten*, →*Normen*, →*Werte* und →*Ziele* man sich unter keinen Umständen identifizieren will. Die negative Bezugsgruppe wird von einem Individuum als abschreckendes Beispiel angesehen und wirkt dadurch verhaltensprägend (siehe im Gegensatz →*Normative Bezugsgruppe*).

Neobehaviorismus Weiterentwicklung des →*Behaviorismus* durch Einbeziehung nicht-beobachtbarer Vorgänge, der →*Intervenierenden Variablen*. Die Erkenntnis, daß gleiche → *Reize* bei gleichen Situationen unterschiedliche Verhaltensweisen (→*Verhalten*) hervorrufen, führte dazu, neben den beobachtbaren Größen (Reiz und Reaktion) auch individualspezifische, nicht-beobachtbare Besonderheiten des Individuums bei der Reizverarbeitung (→*Aktivierende Prozesse*, →*Kognitive Prozesse*) zu berücksichtigen, die im Organismus zwischen dem Auftreten des Reizes und der Reaktion wirksam werden. Durch Einbeziehung der inneren Vorgänge zur Verhaltenserklärung wurde das behavioristische →*S-R-Modell* zum →*S-O-R-Modell* erweitert.

Neoliberalismus Modifizierte Form des Liberalismus, die den Kern der → *Marktwirtschaft* als →*Wirtschaftsordnung* darstellt. Im Mittelpunkt des wirtschaftspolitischen Ordnungssystems steht der freie (nicht behinderte) →*Leistungswettbewerb* einer Vielzahl von →*Anbietern*, die eine Vielzahl von →*Nachfragern* bedienen. Der Staat hat lediglich eine Ordnungsfunktion bzgl. der Sicherstellung des →*Wettbewerbs*. Der Neoliberalismus (Ordoliberalismus) ist eng verbunden mit der Freiburger Schule (*W. Eucken*). *W. Röpke*, *A. Rüstow* und *A. Müller-Armack* erweiterten den Ansatz durch Berücksichtigung der sozialen Gerechtigkeit und auch wirtschaftsethischer Grundsätze zur Sozialen Marktwirtschaft. Die zunehmende staatliche Machtkonzentration, bedingt durch die staatliche soziale Korrektur eines rein marktwirtschaftlichen Handelns, führte zur massiven Kritik der Neoliberalen *F.A. v. Hayek* und *M. Friedman*. Der gegenwärtige ordnungspolitische Trend ist gekennzeichnet durch die Forderung nach weiteren staatlichen Eingriffen in das Wettbewerbssystem (Globalsteuerung) und insbesondere in das Einkommens-Verteilungssystem.

Neophile Personen, die ein ausgeprägtes Interesse an allen →*Innovatio-*

nen haben. Man nennt sie auch →*Konsumpioniere* (siehe →*Innovatoren*, →*Adoption*, →*Diffusion*).

Nerlove-Arrow-Modell Ein von *M. Nerlove* und *K.J. Arrow* entwickelter Ansatz zur Optimierung der →*Werbebudgetierung* unter Berücksichtigung von →*Carry-over-Effekten* (zeitliche Nachwirkung von Werbemaßnahmen). Der →*Werbeerfolg* ist eine Funktion des →*Preises*, der Werbeausgaben (→*Werbekosten*) des Unternehmens und seiner →*Wettbewerber*, des realisierten →*Goodwill*-Potentials und der Zeit.

Netapps-Modell Ein von *D. Starch* entwickeltes Modell zur Kontrolle des Zielerreichungsgrades der →*Werbung* (→*Werbeerfolg*, →*Werbeerfolgskontrolle*). Ermittelt wird das direkte Verhältnis von Werbeaufwand und Verkaufserfolg (**Net Ad P**roduced **P**urchases). Dazu wird das →*Kaufverhalten* der Personen mit →*Werbemittelkontakt* mit dem der Personen ohne Werbekontakt verglichen. Mit Hilfe von →*Panelerhebungen* werden die Personen mit Werbemittelkontakt (ohne und mit Kauf) und ohne Werbemittelkontakt (ohne und mit Kauf) ermittelt und ihr Verhalten miteinander verglichen. Die eindimensionale Kausalkette von Werbung und Kaufverhalten ist in ihrem Aussagewert als äußerst problematisch einzuschätzen.

Nettopreis →*Preis* für ein Leistungsangebot nach Abzug aller →*Konditionen*. Der Nettopreis ist ein →*Listenpreis*, der in der Praxis mittlerweile nur noch einen deklaratorischen Wert hat. In den Preisverhandlungen zwischen Hersteller und Handel geht man daher üblicherweise vom „Netto-Netto-Preis" aus, der den Nettopreis um weitere (und vielfach wettbewerbsrechtlich nicht unbedenkliche) individuell vereinbarte Preisabschläge oder Sonderkonditionen vermindert (siehe auch →*Einstandspreis*).

Netto-Reichweite Form der →*Reichweite* als wichtige →*Kontaktzahl* zur Bestimmung der Mediareichweite. Im Vergleich zur →*Brutto-Reichweite* ist die Netto-Reichweite um die externen Überschneidungen bereinigt, die durch die parallele Nutzung verschiedener →*Medien* auftreten. Interne Überschneidungen, die durch Kontaktwiederholungen im gleichen Medium entstehen, werden durch die kumulierte Reichweitenermittlung bereinigt.

Nettosozialprodukt →*Bruttosozialprodukt* (zu Marktpreisen) ./. Abschreibungen.

Netto-Stichprobe Umfang der Gesamtstichprobe (→*Stichprobenumfang*) nach Abzug aller →*Stichprobenausfälle* („neutrale" und „echte" Ausfälle).

Netzplantechnik Planungsinstrument zur optimalen Bestimmung der →*Ablaufplanung*. Es wird die Reihenfolge der verschiedenen Tätigkeiten festgelegt einschl. der frühest- und spätestmöglichen Ereigniszeitpunkte für jede einzelne Tätigkeit. Die wichtigsten Verfahren sind die →*Critical-Path-Methode (CPM)*, die →*Metra-Potential-Methode (MPM)*, die →*Graphical Evaluation and Review Technique (GERT)* und die →*Program Evaluation and Review Technique (PERT)*.

Netzwerkeffekt →*Wettbewerbsvorteil*, der auf die Ausbreitung eines →*Standards* zurückzuführen ist und bei der →*Markteinführung*, →*Marktdurchdringung* und →*Marktabdekkung* eine entscheidende Rolle spielt. Beispiele für die Wirkung des Netzwerkeffekts sind das heute dominierende VHS-System (JVC) gegenüber Betamax (Sony) und Microsoft-Windows gegenüber Apple-Macintosh.

Neue Medien Kombination und Weiterentwicklung der traditionellen →*Elektronischen Medien* zur →*Telekommunikation*. Zu den neuen Medien zählen →*Bildschirmtext*(Btx), →*Online*, Telefax, →*E-Mail*, →*Kabelfernsehen*, Kabeltext, →*Videotext*, →*Satellitenfernsehen* sowie die Audiovisionsmedien.

Neuproduktbewertung →*Produktbewertung*.

Neuprodukteinführung Letzte Phase im Prozeß der →*Produktentwicklung* (→*Produktplanung*). Es handelt sich um die erste Phase im →*Produkt-Lebenszyklus*, der sich die →*Wachstumsphase* anschließt.

Neuproduktentwicklung →*Produktentwicklungsprozeß*, →*Produktplanung*, →*Innovationsprozeß*.

Neuproduktplanung Entwicklung neuer →*Produkte* (→*Produktinnovation*, →*Produktentwicklung*) und Planung der →*Markteinführung*.

Neurolinguistische Programmierung (NLP) Untersuchung der Vorgänge im Gehirn (Neuro). Dazu werden Sprachmuster (linguistisch) und die nonverbale →*Kommunikation* analysiert. Die Analyseergebnisse werden in weiteren Schrittfolgen in Strategien bzw. Programme (Programmierung) umgesetzt. Dadurch ist es möglich, die interaktive Kommunikation zu optimieren im Sinne einer Konsenserzielung. Anwendungsbeispiele sind Kommunikationstrainings für Führungskräfte und Verkaufsmanager.

Neuronale Netze Computergestützte Informations-Verarbeitungssysteme,die auf der →*Simulation* der →*Informationsverarbeitung* innerhalb lebender Nervensysteme beruhen.

Neutraler Reiz →*Reiz* (→*Stimulus*), der für das Individuum zunächst keine Bedeutung hat (bedingter Reiz) und auch keine Reaktion auslöst (Glockenton in der Versuchsanordnung von *I.P. Pawlow*, →*Pawlow'scher Hund*). In Verbindung mit einem →*Unbedingten Reiz* als angeborener Reflex (Speichelabsonderung des Hundes bei Darbietung von Futter) findet eine klassische →*Konditionierung* statt. Das Individuum (Hund) hat gelernt, auf den ursprünglich neutralen Reiz zu reagieren. Wichtig ist hierbei die räumliche und zeitliche Nähe der beiden Reize (→*Kontiguitätsprinzip*).

New Age Bezeichnung für eine soziokulturelle Bewegung aus den USA, die in den 60er Jahren entstand und das mechanistisch-materialistische Denken der Jetztzeit durch das ganzheitliche Denken eines neuen Zeitalters mit einer geistig-spirituellen Weltanschauung ablösen wollte (→*Postmaterialismus*). Als Ursprung der New Age-Bewegung gelten die ungelösten Probleme der modernen →*Gesellschaft*, die sich aus dem →*Wirtschaftswachstum*, der Umweltzerstörung, →*Kulturellen Diffusion* und dem →*Wert(e)wandel* (→*Wert(e)dynamik*) einer Gesellschaft ergeben (siehe auch →*Postmoderne*). Die New Age-Bewegung umfaßt neben religiösen, okkulten und spirituellen Strömungen auch Ökologie- und Alternativbewegungen. Ihre Sehnsucht nach einem neuen Zeitalter mit neuer Ordnung ist durch widersprüchliche Denkrichtungen gekennzeichnet (siehe auch →*Wert(e)trends*).

New Charity Form der →*Corporate Philanthropy*, bei der stärker die Interessen und der Nutzen des →*Unternehmens* berücksichtigt werden. Insofern hat auch die nach außen gerichtete →*Unternehmenskommunikation* einen höheren Stellenwert.

New Economy Schlagwort für eine →*Branche*, die vor allem in der Kommunikationswirtschaft ihr Tätigkeitsfeld hat.

New Marketing Ganzheitlicher Ansatz des Marketing, der langfristig orientiert ist (siehe im Gegensatz dazu →*Marketing Myopia*). Das New Marketing weist eine enge Verwandtschaft mit dem →*Mimetischen Marketing* auf. Im Grunde genommen beruht das Konzept auf dem klassischen Marketingansatz, das →*Unternehmen* durch eine hohe Markt- und →*Kundennähe* möglichst dicht an die →*Konsumenten* bzw. →*Verwender* und ihre →*Bedürfnisse* heranzuführen. Nur dadurch ist es möglich, diesen langfristig durch nachfragerelevante Leistungsangebote zu entsprechen.

Nichtkommerzielles Marketing →*Non-Profit-Marketing* (im Gegensatz →*Kommerzielles Marketing*).

Nichtparametrische Testverfahren →*Signifikanztests* zur Prüfung von →*Hypothesen*, die im Gegensatz zu den →*Parametrischen Testverfahren* keine Annahmen über einzelne →*Parameter* der Verteilungsfunktion von Stichprobenvariablen in der →*Grundgesamtheit* voraussetzen.

Nichtstandardisiertes Interview →*Standardisiertes Interview*,→*Strukturiertes Interview*.

Nicosia-Modell Ein von *F.M. Nicosia (1966)* entwickeltes Modell zur Erklärung von →*Kaufentscheidungsprozessen*. Es handelt sich um ein kybernetisches Modell, bei dem auch Rückkoppelungsprozesse von Konsumentenentscheidungen auf die Marketingmaßnahmen (vor allem auf die →*Werbung*) stattfinden. Das Nicosia-Modell besteht aus vier Variablengruppen: Kontakt der →*Konsumenten* mit →*Werbebotschaften*, Informationssuche und -verarbeitung incl. Alternativenbewertung, Kaufentscheidung und konsumtive Erfahrung, die das künftige →*Kaufverhalten* (→*Konsumentenverhalten*) bestimmen (vgl. dazu auch →*Engel-Blackwell-Kollat-Modell*, →*Howard-Sheth-Modell*).

Niedrigpreisstrategie→*Preis-Mengen-Strategie* (→*Preisstrategie*), die sich im Gegensatz zur →*Präferenzstrategie* an einem aggressiven →*Preiswettbewerb* ausrichtet und an den →*Preiskäufern* orientiert (siehe →*Discount-Konzept*). Im Zuge des sich weiter verschärfenden Preiswettbewerbs führen Niedrigpreisstrategien in der Regel immer mehr für alle Beteiligten zu einem eskalierenden ruinösen →*Wettbewerb*, da die dazu notwendigen Kostenvorsprünge (als →*Wettbewerbsvorteil*) nicht gehalten werden können.

Nielsen-Gebiete Geographische Einteilung Deutschlands in 7 Teilräume (Gebiete) und 13 Ballungsräume durch das Marktforschungsunternehmen A.C. Nielsen, Frankfurt. Die Gebiete und Ballungsräume sind: Gebiet 1 (Hamburg, Bremen, Schleswig-Holstein, Niedersachsen mit den Ballungsräumen Hamburg, Bremen, Hannover), Gebiet 2 (Nordrhein-Westfalen mit dem Ballungsraum Ruhrgebiet), Gebiet 3a (Hessen, Rheinland-Pfalz, Saarland mit den Ballungsräumen Rhein-Main, z.T. Rhein-Neckar), Gebiet 3b (Baden-Württemberg mit den Ballungsräumen z.T. Rhein-Neckar, Stuttgart), Gebiet 4 (Bayern mit den Ballungsräumen Nürnberg, München), Gebiet 5 (Berlin mit dem Ballungsraum Berlin), Gebiet 6 (Mecklenburg-Vorpommern, Brandenburg, Sachsen-Anhalt mit dem Ballungsraum Halle), Gebiet 7 (Thüringen, Sachsen mit den Ballungsräumen Leipzig, Dresden, Chemnitz/Zwickau, Gera, Erfurt). Die Nielsen-Gebiete (und ihre Konsumentenstrukturen) haben insbesondere für das →*Konsumgütermarketing*, die →*Marktforschung*, →*Marketingkommunikation*, →*Mediaplanung*, →*Außendienststeuerung* etc. eine große Bedeutung. Sie sind eine wichtige Informations- bzw. Entscheidungsquelle für alle →*Planungen*.

Nischen-Marketing →*(Markt-)Nischen* können abnehmer-, produkt-, teilmarkt- (regional-) und/oder technologiebezogen definiert werden. Im erweiterten Teilmarktansatz (→*Teilmarkt*) ist eine enge Verbindung mit der →*Marktsegmentierung* gegeben. Nach *B. Spiegel (1961)* ist eine (Markt-)Nische immer marktpsychologisch, d.h. kundenbezogen zu definieren. Daraus leiten sich zwei Typen von Nischen ab, die manifeste (bereits existente) und die latente (noch verborgene). Es gilt, diese Nischen zu identifizieren und sie mit spezifischen Angebotsleistungen auszufüllen. Die Nischenstrategie ist nicht gleichzusetzen mit der →*Konzentrationsstrategie*, die in Abgrenzung zur →*Differenzierungsstrategie* eine besondere Strategieform bei der Marktsegmentierung (→siehe *Segmentationsstrategien*) darstellt.

Nischenstrategie Besetzen eines Marktsegments (→*Teilmarkt*). Wichtigste Form der Nischenstrategie ist die →*Marktsegmentierung*.

Nominalgüter →*Realgüter*.

Nominalskala Aufteilung des Meßkontinuums in sich wechselseitig ausschließende Merkmalsklassen (siehe →*Skalierung*, →*Skalierungsverfahren*). Die Merkmalsklassen werden mit Zahlenwerten versehen (vgl. →*Intervallskala*, →*Ordinalskala*, →*Ratioskala*).

No Names Markenlose →*Produkte*, die auch als →*Gattungsmarken*, →*Weiße Produkte*, →*Generics*, produits libres etc. bezeichnet werden. Sie sind abzugrenzen von den →*Handelsmarken*, als deren Sonderform sie zunächst entwickelt wurden, um die →*Discounter* anzugreifen. No Names konzentrieren sich im wesentlichen auf Produkte des täglichen →*Bedarfs* (die sogen. problemlosen Schnelldreher).

Non-Business-Marketing →*Non-Profit-Marketing*.

Nonkonformismus Abweichendes →*Verhalten* von sozialen →*Normen* und kritische →*Einstellung* gegenüber den herrschenden Wertesystemen (siehe →*Werte*). Nonkonformismus (siehe im Unterschied →*Konformismus*, →*Konformität*) gilt als Unabhängigkeit von sozialen →*Gruppen* und traditionellen Verhaltensmustern. Eine gezielte kommunikative Ansprache von Nonkonformisten kann sich als nützlich erweisen im Hinblick auf die Gewinnung von →*Innovatoren* als →*Adoptergruppe* (→*Adoptionsprozeß*), die aufgrund ihrer gering ausgeprägten Gruppenbindung eine Opinion-Leader-Funktion für nonkonformistische →*Zielgruppen* hat.

Non-Profit-Marketing Übertragung des kommerziellen (erwerbswirtschaftlichen) Marketing (→*Kommerzielles Marketing*) auf den nicht-erwerbswirtschaftlichen Bereich und seine Organisationen, den sogen. Non-Profit-Organisationen. Man spricht in diesem Zusammenhang auch von Non-Business Marketing. Es ergibt sich ein enger Zusammenhang mit →*Social Marketing*, den →*Sozioaufgaben* und dem → *Spendenwesen* (→*Fundraising*).

Non-Response-Problem →*Stichprobenausfälle*.

Non-Store Marketing Marketing von →*Einzelhandelsunternehmen*, die ihre Leistungsangebote ohne stationäre →*Outlets* vertreiben. Formen des Non-Store Marketing sind z.B. Versandhauskataloge, →*Direktwerbung*, → *Hausverkauf*, →*Heimdienst*, →*Warenautomaten* etc. →*Non-Trade Distribution* hingegen beschreibt aus Herstellersicht die →*Distribution* von → *Produkten* und/oder →*Dienstleistungen* ohne Einschaltung des selbständigen →*Handels* (siehe auch →*Electronic Marketing*).

Non-Trade Distribution →*Distribution* von →*Produkten* und/oder → *Dienstleistungen* ohne Einschaltung des selbständigen →*Handels* (siehe dazu in Abgrenzung aus Handelssicht →*Non-Store Marketing* und auch → *Electronic Marketing*).

Nonverbale Kommunikation Alle Ausdrucksformen, die weder schriftlich noch mündlich sind. Die nonverbalen →*Informationen* werden mit den Sinnesorganen wahrgenommen. Für das Marketing hat die nonverbale, visuelle →*Kommunikation* die größte Bedeutung (z.B. für die →*Produktwerbung*, →*Ladengestaltung*, →*Verkaufsgespräch* etc.). In der →*Persönlichen Kommunikation* sind vor allem die Gesichtssprache, Körpersprache (→*Kinesik*) und das Blickverhalten wichtig (siehe dazu auch →*Neurolinguistische Programmierung (NLP)*).

Noreensches Modell Ein von der *Noreen Company* entwickeltes Verfahren zur →*Werbeerfolgskontrolle*. In vier räumlich voneinander abgegrenzten →*Absatzmärkten* werden pro Jahr (über vier Jahre) vier Werbeaktionen durchgeführt, und zwar in der Weise, daß in jedem Jahr und in jeder Saison in jedem Absatzmarkt jede der Aktionen jeweils einmal eingesetzt wird. Die Verkäufe in den einzelnen Gebieten und in den jeweiligen Saisons werden dann addiert. Die Werbewirksamkeit der vier Aktionen ergibt sich durch den Vergleich der Umsatzmittelwerte mit dem Normwert (arithmetisches Mittel der Mittelwerte). Insbesondere die Modellannahmen einer längerfristigen Konstanz der Werbeaktionen bei gleichen Marktbedingungen und einer Unabhängigkeit der Werbung von den Teilmärkten und Saisons erweisen sich in der Praxis als unrealistisch.

Norm(en) In Abgrenzung zu →*DIN*-Normen handelt es sich um soziale Verhaltensvorschriften (→*Verhalten*), die von der sozialen →*Gruppe* gebildet und anerkannt werden. Normen haben Weisungs- und bei Verletzung Sanktionscharakter. Hierbei ist zu unterscheiden nach Muß-, Soll- und Kann-Normen. Die Normen entwikkeln sich aus dem →*Sozialen Lernen* (→*Lerntheorie*) durch →*Sozialisation*. Für das Marketing hat die → *Konsumentensozialisation* eine große Bedeutung durch z.B. kommunikative Einflußmöglichkeiten (→*Marketingkommunikation*) auf →*Sozialisatoren* (→*Meinungsführer*), die im Zeichen des →*Wert(e)wandels* normenbeeinflussend sind.

Normalkosten In einer Abrechnungsperiode durchschnittlich angefallene →*Kosten*. Normalkosten haben wie die →*Istkosten* Vergangenheitscharakter (siehe im Gegensatz →*Plankosten*).

Normalverteilung Glockenkurve (nach *C.F. Gauß, 1777-1855*, auch *Gauß*-Verteilung genannt), die symmetrisch und eingipflig verläuft. Die Berühmtheit der *Gauß'*schen Glockenkurve resultiert daraus, daß durch eine Vielzahl von empirischen Untersuchungen (u.a. →*Produkt-Lebenszyklus*, →*Diffusionstheorie*, →*Response Function* etc.) das mathematische Modell im Grundsatz verifiziert wurde.

Normative Bezugsgruppe(n)→*Bezugsgruppe*, mit der sich ein Individuum identifiziert (auch als Referenzgruppe bezeichnet). Die Identifikation bezieht sich auf →*Normen*, →*Werte* und →*Ziele* und beeinflußt das →*Verhalten* entscheidend. Die durch normative Bezugsgruppen induzierte Verhaltensbeeinflussung ist eng verbunden mit dem →*Verstärkerprinzip* und dem →*Sozialen Lernen* (siehe im Gegensatz, aber mit gleicher Wirkung →*Negative Bezugsgruppe*).

Normstrategie(n) Im →*Portfoliomanagement* müssen je nach "Standort" der Geschäftseinheiten (→*Strategische Geschäftseinheiten*) in der Vierfelder- oder Neunfelder-Matrix unterschiedliche →*Strategien* formuliert werden. Diese werden Normstrategien genannt im Sinne von Soll-Strategien.

NpA Abk. für **N**utzer **p**ro **A**usgabe. Es handelt sich um die durchschnittliche Zahl der Nutzer pro Ausgabe eines →*Printmediums*.

Nürnberger Schule Eine aus der Nürnberger Handelshochschule zwischen 1919 und 1945 entstandene wissenschaftliche Richtung der →*Absatzforschung*, aus der sich die **G**esellschaft **f**ür **K**onsumforschung (GfK) entwickelt hat. Die Nürnberger Schule ist eng verbunden mit der von *W. Vershofen (1940)* formulierten →*Nutzentheorie*. Zu den weiteren bekannten Vertretern der Schule gehören *E. Schäfer*, *G. Bergler* und *L. Erhard*. Insbesondere durch *L. Erhard* ergibt sich die Verknüpfung der klassischen Absatztheorie und der daraus abgeleiteten →*Marketingtheorie* mit der Sozialen Marktwirtschaft (→*Marktwirtschaft*) als die erfolgreichste →*Wirtschaftsordnung*. Beiden gemeinsam ist die stringente Orientierung an der →*Konsumentensouveränität* (Fokussierung aller Maßnahmen auf die →*Bedürfnisse* der →*Kunden*).

Nullhypothese Statistisches Prüfverfahren, das zur Gruppe der →*Signifikanztests* gehört. Es gilt die Annahme der Unabhängigkeit einer Merkmalsausprägung (z.B. Geschlecht) auf eine zweite Variable (z.B. Produktwahl-Entscheidung). Im Gegensatz und komplementär dazu steht die →*Alternativhypothese*.

Nullsummenspiel In der →*Spieltheorie* (nach *J.v. Neumann/O. Morgenstern, 1944*) ein Wettbewerbsspiel, bei dem die Summe der Gewinne aller Spieler (→*Wettbewerber*) bei jedem möglichen Spielausgang gleich Null ist. Daraus folgt, daß ein Spieler nur dann gewinnen kann, wenn einer oder mehrere Mitspieler verlieren. Die Wettbewerbsspiele sind in der Praxis meist darauf angelegt, sich gegenseitig an der jeweiligen Zielerreichung zu hindern (siehe im Gegensatz dazu Win-Win-Strategien in Form der →*Delphinstrategie*).

Numerische Distribution Anteil aller branchenrelevanten →*Einzelhandelsunternehmen*, die ein bestimmtes →*Produkt* führen und vorrätig haben, gemessen an der Anzahl aller relevanten Geschäfte (siehe im Vergleich →*Gewichtete Distribution*).

Nutritional Marketing Ein auf das Gesundheitsbewußtsein der →*Verbraucher* zielendes →*Marketing*. In diesem Zusammenhang ist auch auf die bei Lebensmitteln geltenden Kennzeichnungsnormen hinzuweisen (siehe

→*Warenkennzeichnung*). Sie sollen auf Risiken aufmerksam machen bzw. zur Risikoverminderung beitragen. Neben den ernährungsphysiologischen, lebensmitteltechnologischen und ökonomischen Überlegungen fließen in das Nutritional Marketing vor allem Erkenntnisse aus den Kommunikations- und Sozialwissenschaften sowie der Ernährungspsychologie ein.

Nutzen Größtmögliche Befriedigung von →*Bedürfnissen* bei einem gegebenen Mitteleinsatz. Unterschieden werden →*Grundnutzen* und →*Zusatznutzen* (siehe auch →*Primärbedürfnisse*, →*Sekundärbedürfnisse*). Vgl. dazu insbesondere →*Maslow'sche Bedürfnispyramide*.

Nutzen (Kern-) →*Kernnutzen*.

Nutzenmaximierung Diese aus dem →*Rationalprinzip* abgeleitete Zielfunktion des →*Konsumenten* geht von der Annahme eines gleichgerichteten Anbieterverhaltens aus, das eine →*Gewinnmaximierung* zum Inhalt hat. Unterstellt wird ein →*Homo oeconomicus*. Die Hypothese wird fragwürdig, wenn man die Nutzenkategorien als →*Bedürfnisse* und →*Bedürfnisbefriedigung* interpretiert (siehe dazu →*Maslow'sche Bedürfnispyramide*). Dann wird auch deutlich, daß die Nutzenmaximierung ein komplexes Konsumenten-Zielsystem ist, das immer mehr durch →*Emotionen* gesteuert wird.

Nutzenschwelle →*Gewinnschwelle*, die mit Hilfe der →*Break-even-Analyse* ermittelt wird. Aus Nachfragersicht kann die Nutzenschwelle auch als eine bestimmte Form des →*Grenznutzens* definiert werden (siehe dazu auch →*Gossen'sche Gesetze*).

Nutzentheorie Die von *W. Vershofen (1940)* entwickelte Theorie unterscheidet in →*Grundnutzen* und →*Zusatznutzen*. Da sich der Grundnutzen entsprechend der Theorie ausschließlich auf den stofflichen Nutzen des →*Produkts* bezieht, werden die →*Dienstleistungen* in der Definition nicht erfaßt bzw. dem Zusatznutzen zugeordnet. Die Theorie kann daher auch nicht auf immaterielle →*Güter* angewendet werden.

Nutzkosten →*Fixkosten*, die durch die volle Kapazitätsausnutzung entstehen. Im Gegensatz dazu werden die durch einen ungenutzten Teil der Kapazität entstehenden Kosten als →*Leerkosten* bezeichnet.

Nutzungswahrscheinlichkeit In Abgrenzung zum →*Mediennutzungsverhalten* die Wahrscheinlichkeit, daß die →*Kommunikanten* (Rezipienten) ein→*Kommunikationsmedium*(→*Werbeträger*) nutzen. Die durchschnittliche Nutzungswahrscheinlichkeit ergibt sich aus dem Quotienten von Nutzerschaft pro Ausgabe bzw. Sendung und dem weitesten Nutzerkreis (siehe →*Weitester Leserkreis*). Vielfach wird in der→*Mediaforschung* die Nutzungswahrscheinlichkeit mit der →*Kontaktwahrscheinlichkeit* gleichgesetzt.

Nutzwert Beitrag einer Alternative zur ökonomisch oder auch individualpsychologisch besseren Zielerfüllung.

Nutzwertanalyse Messung einzelner →*Ziele*, die unterschiedlich sind, aber in ein gleichnamiges →*Gesamtziel* (→*Nutzwert*) zusammengeführt werden können. Hierbei ist es notwendig, daß die →*Einzelziele* entsprechend der→*Ziel-Mittel-Hierarchie* gewichtet werden. Die gewichteten Zielausprägungen bilden in der Summe den Nutzwert. Die Nutzwertanalyse dient als Planungsmethode der Entscheidungsvorbereitung bei der Auswahl komplexer Projektalternativen.

Die Auswahl der Alternativen wird geprägt durch die Präferenzstruktur des Entscheidungsträgers. Die Präferenzstruktur wird wiederum bestimmt durch die Gesamtheit der relativen Bedeutungen, die der Entscheidungsträger den Zielen und den unterschiedlichen angenommenen Zielerträgen der Alternativen beimißt (siehe auch →*Zielkonflikt(e)*).

Nyktoskop Gerät zur Erfassung der →*Wahrnehmung* eines Untersuchungsgegenstands durch ein sukzessives Aufhellen des zunächst völlig verdunkelten Wahrnehmungsobjekts. Der Untersuchungsansatz gehört zur Gruppe der →*Apparativen Verfahren*, wird aber in der Forschung (z.B. →*Werbemittelforschung*) kaum noch verwendet.

O

Objective-and-task-Methode →*Werbebudgetierung* nach den operational definierten →*Zielen*, die mit Hilfe der →*Werbung* erreicht werden sollen.

Objektegliederung Organisatorische Gliederung des →*Unternehmens* nach den verschiedenen Marktobjekten (siehe im Gegensatz dazu →*Funktionsgliederung*). Marktobjekte sind →*Produkte* bzw. →*Produktgruppen* (→*Produkt-Management*, →*Spartenorganisation*), →*Kunden* bzw. Kundengruppen (→*Key Account-Management*), aber auch Ziele bzw. zu lösende Probleme (→*Projekt-Management*, →*Matrixorganisation*).

Objektive Wahrscheinlichkeit →*Wahrscheinlichkeit*.

Objektkommunikation Besondere Form der →*Persönlichen Kommunikation* in Verbindung mit der →*Nonverbalen Kommunikation*. Die verschiedenen Ausdrucksformen beziehen sich auf die äußerliche Erscheinung des →*Kommunikators* (z.B. Kleidung, Schmuck etc.), seine persönlichen Gebrauchsgegenstände (z.B. Auto, Aktentasche, Schreibgeräte etc.), die im →*Interaktionsprozeß* vom Kommunikator eingesetzten →*Stimuli* (z.B. Geschäftsessen, Geschenke etc.) und die zum Umfeld des Kommunikators gehörenden Gegenstände (z.B. Firmengebäude, Büroeinrichtung etc.). Die Objektkommunikation erweist sich insbesondere dann als ein wirksames Kommunikationsinstrument, wenn etwa →*Prestige*, sozialer →*Status* und →*Kompetenz* demonstriert werden sollen.

Obsoleszenz Eine weitgehend geplante, vorzeitige Veralterung von →*Produkten*. Zu unterscheiden sind: die funktionell-technische Obsoleszenz (Neuerungen), die qualitative Obsoleszenz (eingebauter Verschleiß) und die psychische Obsoleszenz (Mode- und Geschmackswechsel).

Odd Pricing Nutzung des →*Preisschwelleneffekts*. Grundannahme ist, daß der →*Verbraucher* bzw. →*Konsument* den gebrochenen →*Preis* der unteren Preiskategorie zuordnet und ihn daher als günstiger bewertet. Empirischen Untersuchungen zufolge ist entscheidend, daß der Preis unterhalb der psychologischen Preisschwelle liegt.

Öffentliche Güter →*Kollektivgüter*, die der Staat bzw. öffentliche Institutionen zur Befriedigung von →*Kollektivbedürfnissen* bereitstellen. Das Entgelt für Öffentliche Güter wird durch Gebühren, Abgaben und Steuern erhoben, die nicht oder nur sehr bedingt an den mit dem Güterangebot verbundenen →*Kosten* orientiert sind.

Öffentliche Meinung In der breiten *→Öffentlichkeit* herrschende Meinung über Angelegenheiten des öffentlichen Interesses, die meist auf gesellschaftspolitische Themen bzw. Probleme (wie z.B. Arbeitslosigkeit, Rentensicherheit, Gesundheitswesen, Umwelt etc.) konzentriert sind. Die öffentliche Meinung wird entscheidend geprägt durch die von den *→Massenmedien* veröffentlichten Meinungen (siehe in diesem Zusammenhang auch *→Meinungsführer*, *→Multiplikatoren*, *→Gatekeeper*, *→Agenda Setting*, *→Mehrstufige Kommunikation*).

Öffentlicher Betrieb Organisationseinheit (*→Wirtschaftseinheit*), in der die *→Produktionsfaktoren*, die sich im öffentlichen Eigentum befinden, miteinander kombiniert werden. Entscheidend bzgl. der Abgrenzung zum privaten Betrieb ist damit ausschließlich die Frage, wer Eigentümer der Produktionsfaktoren ist. Hierbei sind Mischbetriebe möglich.

Öffentliches Marketing *→Marketing* der *→Öffentlichen Betriebe* und Institutionen. Beispiele sind das *→Stadtmarketing*, das *→Kommunale Marketing*, wesentliche Teile des *→Kultur-Marketing* etc.

Öffentliches Vertrauen Frage der bzw. Aktivitäten zur Vertrauensgewinnung oder -erhaltung von *→Unternehmen* bzw. Organisationen in der *→Öffentlichkeit* (siehe dazu auch *→Unternehmensimage*, *→Imagetransfer*, *→Goodwill*, *→Public Relations*, *→Öffentlichkeitsarbeit*).

Öffentliche Vergabeverfahren Verfahren, die die Vergabe öffentlicher Aufträge regeln. In den Verdingungsordnungen für Leistungen (*→VOL*) und Bauleistungen (*→VOB*) werden die öffentliche *→Ausschreibung*, die beschränkte Ausschreibung und die freihändige Vergabe unterschieden. Grundsätzlich ist bei der Vergabe öffentlicher Aufträge die öffentliche Ausschreibung vorgesehen. Die übrigen Verfahren sind auf Ausnahmen beschränkt. Als Vergabekriterium gilt das *→Wirtschaftlichkeitsprinzip* (*→Ökonomisches Prinzip*) und nicht das billigste *→Angebot*. Damit soll vermieden werden, daß *→Anbieter* die *→Qualität* ihrer Leistung absenken. Im Zeichen der leeren öffentlichen Kassen wird gegen dieses Prinzip wiederholt verstoßen und die Kostenminimierung in den Mittelpunkt gestellt (siehe dazu auch *→Markt der öffentlichen Betriebe*).

Öffentlichkeit Gesamtheit der in einer *→Gesellschaft* lebenden Menschen. *→Public Marketing* und *→Public Relations* (*→Öffentlichkeitsarbeit*) sind vor allem auf die Öffentlichkeit fokussiert.

Öffentlichkeitsarbeit Bewußtes, legitimes und kontinuierliches Bemühen eines *→Unternehmens* bzw. einer Institution um Aufbau und Pflege von Vertrauen in der *→Öffentlichkeit* (bzw. in Teilöffentlichkeiten) auf der Grundlage einer systematischen Einstellungsforschung. Das bedeutet Arbeit *in* der Öffentlichkeit, Arbeit *für* die Öffentlichkeit und Arbeit *mit* der Öffentlichkeit. Im wesentlichen geht es um die Imagefestigung oder um den Ausgleich der Differenz zwischen tatsächlich vorhandenem und gewünschtem Image (siehe dazu auch *→Image*, *→Fremdimage*, *→Eigenimage*, *→Public Relations*).

Öffentlichkeitsmarketing *→Public Marketing*.

Öko-Audit-Verordnung EG-Verordnung über die freiwillige Beteiligung gewerblicher *→Unternehmen* an einem Gemeinschaftssystem für das →

Umwelt-Management und die Umwelt-Betriebsprüfung (gültig ab 10. Apr. 1995). Ziel der Verordnung ist die marktwirtschaftliche Einbindung des →*Umweltschutzes* in die →*Unternehmenspolitik*. Der wesentliche Unterschied zu den bisherigen Öko-Zeichen ist neben dem umweltfreundlichen →*Produkt* der Nachweis eines umweltfreundlichen Produktionsprozesses (siehe auch →*Umwelt-Audit*, →*Umweltschutz-Audit*).

Öko-Bilanz Input-Output-Bilanz, die alle eingehenden Vorprodukte, Stoffe und Energien (Input) sowie die entstehenden Endprodukte und Emissionen, wie Abluft, Abfall und Lärm (Output) erfaßt. Dadurch soll es ermöglicht werden, die Wirkungen hinsichtlich der Ressourcen-Inanspruchnahme, die ökologischen Belastungen und die soziale Verträglichkeit abzuschätzen bzw. ihre Auswirkungen auf Natur, Gesellschaft und Wirtschaft zu untersuchen (siehe auch →*Ökologische Buchhaltung*).

Öko-Controlling Ökologieorientierte, funktionen- und unternehmensübergreifende Informationsgewinnung und -auswertung. Durch Steuerungs- und Kontrollmechanismen wird die Durchsetzung der ökologieorientierten →*Unternehmensziele* sichergestellt.

Öko-Design Einbindung des →*Produkt-Design* in die →*Ökologie*. Die Grundhypothese ist: Ökologisch orientierte →*Produkte* müssen nicht häßlich sein. Mit dieser Forderung verbunden sind Herausforderungen an das Produkt-Design und an die →*Produktinnovation*.

Ökologie Wissenschaft vom Haushalt (griech.: oikos = das Haus) der Organismen mit ihren Lebensbedürfnissen und ihren Verhältnissen zu den übrigen Organismen, mit denen sie zusammenleben (*E. Haeckel, 1866*). Einbezogen in die Betrachtung ist der Mensch bzw. die menschliche →*Gesellschaft* und ihre Verflechtungen mit der natürlichen →*Umwelt*, wobei dieser Zusammenhang auch als Humanökologie bezeichnet wird. Die ökologische Problematik hat sich dadurch zusehends verschärft, daß der Mensch in den ökologischen Haushalt individualegoistisch eingreift und damit mit exponentieller Wirkung die →*Umwelt* zerstört.

Ökologie-Marketing An ökologischen Problemen orientiertes →*Marketing*, mit dem Ziel, relevante →*Problemlösungen* zu entwickeln und nach dem →*Erwerbswirtschaftlichen Prinzip* zu vermarkten. In diesem Zusammenhang spricht man auch von →*Öko-Marketing*.

Ökologische Buchhaltung Erfassung der Umwelteinwirkungen eines →*Unternehmens* bzw. einer Institution durch die Ermittlung ökologischer Rechnungseinheiten. Problem ist die monetäre Bewertung der Unternehmenseinwirkungen auf die →*Umwelt*. Zudem ist es kaum möglich, die Langzeitauswirkungen hinreichend präzise abzuschätzen (siehe auch →*Öko-Bilanz*).

Ökologisches Benchmarking Übertragung des →*Benchmarking* auf die →*Ökologie* und das →*Umwelt-Management*. Die Besonderheiten ergeben sich daraus, daß sich das ökologische Benchmarking nur indirekt auf den Kundennutzen (→*Customer Value*) bezieht. Die ökologischen Leistungen, die →*Unternehmen* erbringen, stehen im Vordergrund. Leistungsmaßstab sind die „Best Ecological Practices". Hierbei sind die Branchenbenchmarks entscheidend.

Öko-Marketing Ganzheitliche umweltorientierte (strategische und operative) →*Unternehmensführung* nach Markt- und Kundenerfordernissen. Damit verbunden ist die Schaffung von Marktleistungen mit hohem Kundennutzen (→*Customer Value*) und gleichzeitig hoher Umweltverträglichkeit bei permanenter Berücksichtigung der Auswirkungen der Unternehmenstätigkeiten auf die ökologische →*Umwelt*.

Ökonometrie Verbindung von *Öko*nomie und *Metri*c (Messung). Eine Anwendung ist die Bildung von Reaktionsfunktionen (→*Response Functions*), um Zusammenhänge zwischen →*Stimuli* (→*Reizen*) und Reaktionen darzustellen. Bei den Reizen (→*Unabhängige Variablen*) handelt es sich um den Einsatz des →*Marketinginstrumentariums*, bei den Reaktionen (→*Abhängige Variablen*) um das →*Konsumentenverhalten* bzw. →*Käuferverhalten*. Die funktionalen Beziehungen werden schrittweise an die Realität herangeführt. Sonstige Einflußfaktoren und Interaktionseffekte werden durch eine Zufallsvariable (Störglied) berücksichtigt (siehe dazu auch →*Marketingmodelle*).

Ökonomisches Prinzip Ziel ist, mit geringstmöglichem →*Aufwand* einen bestimmten →*Ertrag* zu realisieren (Minimumprinzip) oder mit einem bestimmten Aufwand einen größtmöglichen Ertrag (→*Maximumprinzip*; siehe auch →*Rationalprinzip*, →*Wirtschaftlichkeitsprinzip*, →*Erwerbswirtschaftliches Prinzip*). Generell gilt das Extremumprinzip, d.h. das Verhältnis zwischen Aufwand und Ertrag möglichst günstig zu gestalten.

Ökoskopie In Abgrenzung zur →*Demoskopie* erhebt die ökoskopische Marktforschung (siehe →*Marktforschung*) objektive, sachbezogene Tatbestände bei Auskunftsquellen. Die Differenzierung hat kaum einen praktischen Wert und konnte sich daher auch nicht als Gliederungskriterium durchsetzen.

Öko-Sponsoring Eine noch relativ junge Form des →*Sponsoring* (Umwelt-Sponsoring), bei der im Vergleich zum →*Sport-* und →*Kultur-Sponsoring* nicht persönlich Gesponserte im Vordergrund stehen, sondern die thematischen Förderungsziele (→*Mäzenatentum*). Gesponsert werden in erster Linie Umweltschutzorganisationen vor allem auf den Gebieten Natur- und Artenschutz. Öko-Sponsoring kann auch eingebunden werden in Marketingaktivitäten der Sponsoren, wobei sich hieraus Probleme ergeben können im Hinblick auf die Glaubwürdigkeit der umweltbezogenen Förderungsziele bzw. derjenigen, die die Fördermittel angenommen haben (siehe dazu auch →*Kultur-Sponsoring*, das die gleiche Problematik aufweist).

Öko-System Funktionale Einheit mit Selbstregelungseffekt, bestehend aus Organismen und unbelebter Natur, die eine Lebensgemeinschaft bilden.

OEM Abk. für **O**riginal **E**quipment **M**anufacturer. Es handelt sich um Unternehmen (Investitionsgüterhersteller), die Zulieferteile unverändert in ihre eigenen Produkte einbauen (siehe z.B. Automobilindustrie). Vielfach legt der →*Käufer* (→*Verwender*) auf die Herkunft der Komponenten großen Wert (siehe z.B. Reifen, Batterie, Mikroprozessoren etc.).

Ö-Markt →*Markt der öffentlichen Betriebe*.

Off-Air-Promotion Alle werblichen Aktivitäten von TV-Sendern in eigener Sache mit Hilfe der →*Klassischen Medien* (→*Printmedien*, →*Plakatwer-*

bung), Zuschauerclubs und →*Sponsoring*.

Offene Frage(n) Bei →*Befragungen* (→*Marktforschung*) sind frei formulierte Antworten zugelassen. Die Fragen haben einen sogen. inkategorialen Charakter. Vorteil der offenen Fragen ist, daß der Befragte mit eigenen Worten antworten kann. Problematisch gestaltet sich hingegen die Auswertung (→*Codierung* der Antworten in Kategorien). Diesen Nachteil vermeiden → *Geschlossene Fragen*, die aber die Befragten in ihren Antwortmöglichkeiten einschränken.

Offer Screening Ein aus der → *Produktentwicklung* abgeleitetes → *Screening-* bzw. →*Scoring-Verfahren*. Die Haupteinsatzmöglichkeit liegt in der Erstellung von auftragsbezogenen →*Angeboten*. Die wichtigsten Entscheidungskriterien sind die Kundenanforderungen, die technischen Anforderungen, die Realisierbarkeit und die Auftragsprofitabilität.

Office-Test Einfacher →*Markttest* (→*Produkt-*, →*Preis-*, →*Packungs-*, →*Namenstest* etc.), der bei Mitarbeitern im →*Unternehmen* durchgeführt wird. Dieses auch deutlich abwertend als „Putzfrauentest" bezeichnete →*Erhebungsverfahren* weist den Vorteil geringer Kosten und einer einfachen und schnellen Durchführbarkeit auf. Dem stehen als Mängel die fehlende →*Repräsentanz* und vor allem die Befangenheit der Befragten gegenüber. Als eine Art →*Pretest*, →*Pilotstudie* oder auch →*Konzeptionstest* ist der Office-Test aber durchaus geeignet, erste Marktinformationen zu gewinnen, die z.B. auch nützlich sein können zur Bestimmung des weiteren Untersuchungsbedarfs und zur Gestaltung des →*Marktforschungsdesigns*.

Offline Nutzung von multimedialen Informationsträgern (z.B. →*CD-ROM*), ohne daß eine direkte Verbindung mit dem Informationsanbieter besteht (siehe im Vergleich →*Online*).

Off-Price-Store Besonders preisaggressiver →*Betriebstyp* des →*Stationären Einzelhandels*. Ähnlich wie bei den →*Factory Outlets* sind Off-price-Stores ein Vertriebsweg (→*Absatzkanal*) für Überschußware, Ware Zweiter Wahl und/oder auslaufende Ware. Der Betriebstyp verliert zunehmend seine Eigenständigkeit und entwickelt sich immer mehr zu einem →*Discounter*.

OLAP Abk. für Online Analytical Processing. Es handelt sich um eine Technik, die es Entscheidern ermöglicht, mit entsprechender →*Software* komplexe →*Analysen* auf der Grundlage mehrdimensionaler →*Daten* durchzuführen. Das Verfahren eignet sich besonders für detaillierte →*Kundenanalysen*, bei denen Daten verschiedener Dimensionen miteinander verknüpft werden sollen.

Olfaktorische Reize →*Reize* (→ *Stimuli*), die vor allem im →*Einzelhandel* (z.B. Bäckereien, Parfümerien etc.) den Geruchssinn des →*Käufers* ansprechen und einen bestimmten Kaufanreiz ausüben sollen (siehe auch →*Sinnesorgane*).

Oligopol Der Markt wird beherrscht durch nur wenige →*Anbieter* und/oder →*Nachfrager* (Oligopson). Die Oligopolisten weisen eine starke Reaktionsverbundenheit auf. Das betrifft alle Marketingaktivitäten, vor allem aber die →*Preisbildung* und die →*Werbung*. Demzufolge liegt bei Oligopolen die Gefahr eines →*Parallelverhaltens* nahe, das zu einem wettbewerbs-

Oligopolistische Konkurrenz

Preisbildung in oligopolen Marktstrukturen

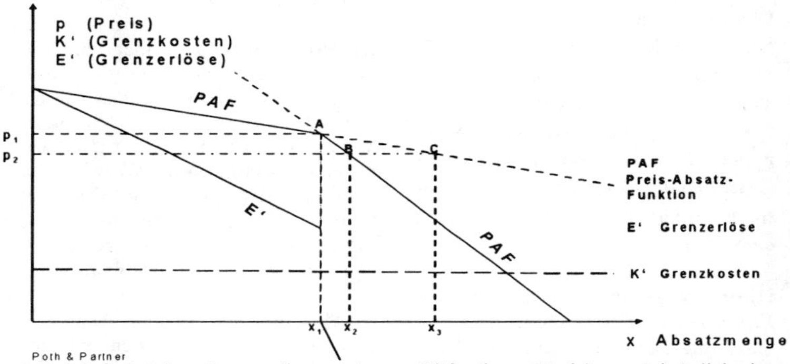

Poth & Partner

rechtlich (→*GWB*) unzulässigen →*Abgestimmten Verhalten* führen kann. Marktbeherrschende Oligopolisten (→ *Marktbeherrschung*) unterliegen der →*Mißbrauchsaufsicht*. Bei nur zwei Anbietern bzw. Nachfragern handelt es sich um ein sogen. →*Dyopol*.

O-Märkte (Organisationen-Markt) Form der →*Markttypologie* (*Ph. Kotler, 1974*), die unterscheidet nach dem K-Markt (→*Konsumentenmarkt*), P-Markt (→*Produzentenmarkt*), W-Markt (→*Wiederverkäufermarkt*) und Ö-Markt (→*Markt der öffentlichen Betriebe*).

Ombudsmann Vertrauensperson, die die Interessen von Individuen in der →*Gesellschaft* vertritt (in der schwedischen Verfassung verankert). Verkürzt kann der Ombudsmann als Verbraucheranwalt definiert werden (siehe dazu auch →*Beschwerdemanagement*, →*Verbraucherpolitik*,→*Verbraucherschutz*,→*Verbraucherorganisationen*).

O'Meara-Modell Eines der bekanntesten, von *J.T. O'Meara (1961)* entwickelten Punktbewertungsverfahren (→*Scoring-Modelle*), das (auch in abgewandelter Form) vor allem im →*Innovationsmanagement* für die →*Produktbewertung* eingesetzt wird. Mit Hilfe dieses Verfahrens wird diejenige Produktidee aus den Ideenalternativen herausgefiltert (→*Screening*), die in bezug auf Ziele, Ressourcen und Restriktionen den größtmöglichen Erfolg verspricht. Dazu werden die gewichteten Hauptfaktoren (Marktfähigkeit, Lebensdauer, Produktionsmöglichkeiten und Wachstumspotential) in Teilfaktoren aufgesplittet und jeweils mit den Einzelbeurteilungen (Abschätzen der Wahrscheinlichkeiten, mit denen das Produkt die Eigenschaft sehr gut, gut usw. erreichen wird) gewichtet. Die Gesamtbewertung ergibt sich aus der Summe aller gewichteten Einzelbewertungen, multipliziert mit den Hauptfaktorengewichten.

Omnibus-Befragung Mehrthemenbefragung, an der in der Regel mehrere Auftraggeber mit unterschiedlichen Befragungsthemen teilnehmen (siehe auch →*Befragung*). Neben der größeren Wirtschaftlichkeit weist die Mehrthemenbefragung gegenüber der → *Einthemenbefragung* u.a. den Vorteil auf, daß die Befragten weniger konditioniert und damit Verzerrungen in den Aussagen vermieden werden (in Abgrenzung →*Multi Client-Befragung*). Als Nachteil der Omnibus-Befragung kann sich erweisen, daß die Mehrthemenbefragung zur Ablenkung der Befragten führt. Systemimmanent sind die notwendige Beschränkung der Fragen für jedes Thema und die Gefahr, daß sich die Fragen evtl. gegenseitig beeinflussen.

OMR-Codierung Abk. für **O**ptical **M**ark **R**ecognition auf Dokumenten. Eine OMR-Funktion an entsprechend ausgestatteten Kuvertiersystemen liest diese Steuerzeichen. Dadurch ist eine kundenbezogene Zusteuerung von z.B. →*Beilagen* und eine optimale Ausnutzung von Portogewichtsklassen möglich.

On-Air-Promotion Alle werblichen Aktivitäten von TV-Sendern in eigener Sache im eigenen Sender. On-Air-Promotions sind meist ein fester Programmbestandteil zur Herausbildung eines unverwechselbaren →*Profils* (Markenprofils) im Vergleich zu den →*Wettbewerbern*. Hierbei ist vor allem wichtig, daß die einzelnen Programmelemente zu einem unverwechselbaren Gesamtbild zusammengefügt werden.

One-Step-Flow-Kommunikation →*Einstufige Kommunikation*.

One-Stop-Shopping Sortimentskonzept (→*Sortiment*) von Großbetriebsformen des →*Einzelhandels*, das dem Wunsch vieler →*Verbraucher* (→*Konsumenten*) Rechnung trägt, den Gesamtbedarf beim Einkauf an *einem* Einkaufsort zu decken (→*Verbundkauf*). Die klassischen (City-) →*Warenhäuser*, →*SB-Warenhäuser* und insbesondere die →*Einkaufs-Center* (→*Versorgungszentren*) versuchen im Rahmen ihrer→*Sortimentspolitik* (siehe auch →*Sortimentsverbund*), dem Konsumentenbedürfnis nach einem One-Stop-Shopping zu entsprechen.

One-to-One-Marketing Kundenindividuelle, personalisierte Befriedigung von →*Bedarfen*, d.h. die Bearbeitung eines jeden „Segment of One" (siehe auch die verschiedenen Formen des → *Direktmarketing* und im Gegensatz dazu →*Massenmarketing*). Grundlage für ein erfolgreiches One-to-One-Marketing ist eine permanent aktualisierte →*Kunden-Datenbank*.

Online Datenverbindung, die zu einem anderen Computer oder Computersystem per Netz oder Telefonverbindung existiert und dadurch eine Datenübertragung ermöglicht. Im weiteren handelt es sich um die Nutzung von Online-Diensten (→*Internet*, →*T-Online*, →*Compu-Serve*, →*AOL*). Dadurch ist eine →*Interaktion* mit anderen Systemen und deren Nutzern möglich (→*Online-Marketing*, →*Online-Shopping*). Überdies besteht bei Online-Medien (im Vergleich zu →*Offline*) die Möglichkeit einer permanenten Aktualisierung der angebotenen → *Informationen*.

Online-Banking →*Telebanking*, für das sich mittlerweile der Begriff Homebanking durchgesetzt hat.

Online-Befragung →*Befragung*, die über ein interaktives Telekommunikations-Medium (→*Telekommunikation*) erfolgt. Die Befragten geben ihre Antworten auf die am Bildschirm angezeigten Fragen per Tastatur in den Personal Computer ein. Die Antworten werden online an das →*Marktforschungsinstitut* bzw. an das die Untersuchung durchführende Unternehmen weitergeleitet. Online-Befragungen haben den Vorteil einer schnellen und kostengünstigen Durchführung (Wegfall des Aufwands für den Einsatz von →*Interviewern*). Außerdem werden die ergebnisverzerrenden Interviewereinflüsse (→*Interviewer-Bias*) vermieden. Der wesentliche Nachteil der Befragungsmethode ist die nicht gegebene →*Repräsentanz* der →*Stichprobe* und damit der Untersuchungsergebnisse. Dieser Mangel wird aber durch die zunehmende Ausrüstung der privaten →*Haushalte* mit Personal Computern und die Nutzung von Online-Diensten (→*Online*) langfristig behoben bzw. erheblich vermindert.

Online Chat Computerbasierte → *Kommunikation* (Online-Forum), bei der ein interaktiver Informationsaustausch zwischen zwei oder mehreren Personen (→*Community*) stattfindet. Im Marketing können vor allem → *Kunden*-Chats eine zunehmende Bedeutung gewinnen als eine neue Form des →*Beziehungsmarketing* durch z.B. Einbindung der Kunden in die → *Produkt*- und →*Programmpolitik* des Herstellers (→*Prosumer*).

Online-Marketing Nutzung der kommerziellen Online-Dienste (z.B. →*Internet*, →*T-Online*, →*CompuServe*, →*AOL*) für Kommunikations-, Distributions- und Servicezwecke. Anwendungsbeispiele sind in der Kommunikation →*E-Mail* (elektronische Post) und in der Distribution interaktive Bestellsysteme.

Online-Marktforschung →*Online-Befragung*.

Online-Shopping Nutzung von Online-Medien (→*Internet*, →*World Wide Web*, Online-Dienste) zum Erwerb von →*Produkten* und →*Dienstleistungen* (siehe auch →*Electronic Shopping* und im Vergleich →*Teleshopping*). Die Online-Medien weisen drei wesentliche Merkmale auf, die sie von anderen →*Medien* unterscheiden, nämlich die Hypermedialität (Verknüpfung von Text, Bild, Film und Ton), die maschinelle Interaktivität (Beeinflussung der Informationsaufnahme durch den Nutzer) und die personale Interaktivität (interaktive → *Kommunikation*).

Operante Konditionierung Im Vergleich zu der →*Instrumentellen Konditionierung* werden bei der operanten Konditionierung (*B.F. Skinner, 1973*) spontane Reaktionen untersucht, deren Auftretenshäufigkeit sich unter verschiedenen Reizbedingungen ändert. Die Konsequenzen eines Verhaltens (Operation durch den „Operant“) beeinflussen das weitere Verhalten. Führt das Verhalten zum Erfolg (Lernen am Erfolg, →*Verstärkerprinzip*), so wird es wiederholt.

Operating Management des Warenflusses (→*Handelslogistik*) im → *Handel* und der damit verbundenen Aufgaben des →*Personalmarketing*. Ergänzt wird das Operating im →*Handelsmarketing* durch das handelsspezifische →*Merchandising*, das die koordinierte Marketingverantwortung für einen Handelsbetrieb oder bei größeren Handelsunternehmen für die einzelnen Abteilungen umfaßt.

Operational Cash Flow →*Cash Flow*. Im Unterschied zum →*Financial Cash Flow* handelt es sich um den Einnahmenüberschuß/Jahr ohne Berücksichtigung der Abschreibungen und Rückstellungen.

Operationalisierung Konkretisierung von z.B. →*Marketingkonzeptionen*, →*Marketingzielen*,→*Marketingplanungen* etc. in empirisch überprüfbare, numerische Größen, die meßbar sind (z.B. →*Umsatz*, →*Marktanteil*, →*Bekanntheitsgrad* etc.). Die Notwendigkeit zur Operationalisierung ergibt sich vor allem aus der Vielzahl der nicht-operationalen Konstrukte (wie z.B. →*Image*, →*Goodwill*, →*Kun-*

denzufriedenheit etc.), die in meßbare (und damit auch im Zeitablauf vergleichbare) Größen transformiert werden müssen. Dies ist eine Voraussetzung für die →*Validität* (Gültigkeit) und →*Reliabilität* (Zuverlässigkeit) der Zielgrößen und ihre Überprüfbarkeit durch das →*Marketingcontrolling*.

Operationalitätsprinzip →*Organisationsprinzip*, das die Zielbestimmtheit und -klarheit der formulierten →*Ziele* fordert.

Operations Research Unternehmensforschung, die sich mathematischer Methoden bedient, um →*Entscheidungsmodelle* zur optimalen (auf Basis definierter →*Ziele*) Lösung von komplexen Problemen zu entwickeln. Im Marketing werden Operations Research-Methoden u.a. in der →*Logistik* (z.B. →*Lagerhaltung*, →*Transport*) und im →*Vertrieb* (z.B. →*Routenplanung*, →*Außendienststeuerung*) eingesetzt.

Operative Lücke →*Gap-Analyse*.

Operative Marketingplanung Konkrete und kurzfristige Festlegung einzelner Maßnahmen der →*Produkt-*, →*Preis-*, →*Distributions-* und→*Kommunikationspolitik* im Rahmen der →*Strategischen Marketingplanung*, die in die funktionsübergreifende und umfassende strategische Unternehmensplanung (→*Planung*) eingebunden ist.

Opinion Leader →*Meinungsführer*.

Opportunitätskosten (Alternative) Kosten, die dadurch zu einem entgangenen →*Nutzen* führen, daß die eingesetzten knappen Ressourcen anderen und lukrativeren Verwendungsmöglichkeiten hätten zugeführt werden können. Es handelt sich also um eine Art Zinsverlust. Ermittlung und Analyse der Opportunitätskosten haben zum Ziel, den Einsatz der knappen Mittel zu optimieren. Dazu kann eine Opportunitätskosten-Matrix (Entscheidungsmatrix) entwickelt werden, die eine Hilfe bei der Bewertung von Investitionsalternativen darstellt. Das Verfahren hat eine gewisse Ähnlichkeit mit dem →*Zero Base Budgeting*. Opportunitätskosten treten im Marketing vor allem bei Nachlässigkeiten im →*Service* (→*Kunden-*/→*Lieferservice*) auf. Sie können gemessen werden durch den Gewinnentgang bei Kundenverlusten, die auf Schwächen in der →*Servicequalität* zurückzuführen sind.

Optimale Bestellmenge →*Bestellmenge*.

Optimale Betriebsgröße Diejenige Betriebsgröße, bei der das Minimum der gesamten →*Durchschnittskosten* erreicht wird unter Berücksichtigung der optimalen Kombination der →*Produktionsfaktoren*(Faktorkombination). Hinsichtlich der Abhängigkeit der stückfixen Kosten von der Produktionsmenge ist diese (zumindest kurz- bis mittelfristig) entscheidend für die Bestimmung der Betriebsgröße. Langfristig werden alle Kosten variabel (bei einem konstanten Produktionsmittelbestand), so daß die optimale Betriebsgröße unabhängig von der Produktionsmenge ist.

Optimierung Suche nach der bestmöglichen Lösung eines konkreten Entscheidungsproblems unter Zugrundelegung der Zielfunktion (→*Zieldimension*) und Berücksichtigung der gegebenen Randbedingungen (Restriktionen). Die klassische und hochkomplexe Optimierungsaufgabe stellt sich bei der Bestimmung des →*Marketing-Mix* und seiner Submix-Kombinationen (siehe →*Submix-Optimierung*). Zur Lösung von Optimierungsproblemen werden die diversen Methoden der →*Operations Research* eingesetzt (siehe dazu insbesondere auch →*Simulation*, →*Computersimulation*, → *Sensitivitätsanalyse*).

Ordermenge Menge von →*Produkten*, die vom →*Kunden* beim Lieferanten geordert wird. Die →*Lieferbereitschaft* bzw. der →*Servicegrad* gibt an, wie groß die Differenz ist zwischen der georderten und der gelieferten Menge. Die Differenz ist das Maß für die Qualität des →*Bestandsmanagements*.

Ordersatz Verzeichnis der von einem Handelsunternehmen (→*Einzelhandel*, →*Großhandel*) geführten →*Artikel*, nach dem die Bestellungen durch die →*Kunden* vorgenommen werden. Es handelt sich um eine Bestell-Liste, die das Gesamtsortiment (→*Sortiment*) systematisch gliedert. Der Ordersatz enthält die genaue Produktbezeichnung (Größe, Packungseinheit etc.) und den →*EAN-Code*.

Ordinalskala Metrische →*Skala*, die der Klassifizierung von Merkmalen im Sinne einer objektiven oder subjektiven Rangstufung (Rangskala) dient (siehe →*Skalierung*, →*Skalierungsverfahren*). Höhere Zahlenwerte bedeuten hierbei höhere Positionen auf dem Meßkontinuum. Die Ordinalskala hat keine gleichen Intervalle (vgl. →*Intervallskala*, →*Nominalskala*, →*Ratioskala*).

Ordnungspolitik →*Wirtschaftsordnung(en)*.

Ordoliberalismus →*Neoliberalismus*.

Organigramm(e) Graphische Darstellung der Aufbaubeziehungen in der →*Organisation* (siehe dazu →*Aufbauorganisation*, auch als Strukturorganisation bezeichnet). Stellen bzw. Abteilungen, Dienstwege und Unterstellungsverhältnisse werden vor allem als Orientierungshilfe für die Organisationsmitglieder (und weniger für das Umfeld) vereinfacht abgebildet. Organigramme bestimmen in einer Organisation primär den funktionalen und hierarchischen Ordnungsrahmen, geben aber in der Regel keine Übersicht über die wichtigsten Prozeßabläufe und damit z.B. auch keine →*Informationen* zu den Möglichkeiten einer →*Geschäftsprozeßoptimierung*. Dieser Mangel wird behoben durch sogen. →*Organigraphen* (*H. Mintzberg/L. van der Heyden, 1999*), die Ablaufprozesse bzw. Geschäftsprozesse graphisch abbilden und mit den Grundelementen von Organigrammen verbinden.

Organigraph(en) Im Vergleich zu →*Organigrammen* graphische Abbildungen von Prozeßabläufen in der → *Organisation* (siehe dazu auch →*Ablauforganisation*, →*Prozeßkettenorganisation*), die →*Flußdiagrammen* ähneln. Mit Hilfe von Organigraphen (*H. Mintzberg/L. van der Heyden, 1999*), die auch noch die wichtigsten Elemente von Organigrammen enthalten, ist es möglich, →*Geschäftsprozeßoptimierungen* vorzunehmen und z.B. auch Informationsflüsse in die entscheidungsrelevanten Richtungen zu lenken.

Organisation Strukturierung von → *Systemen* zur Erfüllung von Daueraufgaben. Hierbei wird unter einem System eine Menge von Elementen verstanden, die miteinander in Beziehung stehen (*E. Grochla, 1972*). Im wesentlichen geht es bei der Organisation um die Installation von auf Dauer festgelegten organisatorischen Regeln, die sich in personenbezogene Verhaltensregeln und maschinenbezogene Funktionsregeln unterscheiden lassen. Diese

Regeln bilden in ihrer Gesamtheit ein formales System, das als Organisation bezeichnet wird. →*Ziele* und daraus abgeleitete Aufgaben stehen im Mittelpunkt der organisatorischen Gestaltung. „Durch die Struktur erhält die Unternehmung aufgrund eines bestimmten Bauplanes ihre besondere Gestalt..." (*E. Kosiol, 1976*). In der betriebswirtschaftlichen Organisationslehre hat sich die Unterscheidung zwischen →*Aufbauorganisation* (Strukturorganisation) und →*Ablauforganisation* durchgesetzt.

Organisationsentwicklung Schrittweise und systematische Veränderung von Organisationsstrukturen oder Verhaltensweisen im Sinne einer Optimierung von Problemlösungs- und Erneuerungsprozessen (→*Change Management*). Organisationale Veränderungen können sich beziehen auf den Abbau bürokratischer Strukturen, Schaffung neuer Anreizsysteme zur Erhöhung der →*Motivation* der Mitarbeiter (→*Motivatoren*), Änderung des →*Führungsstils* etc. Das in den USA entstandene Konzept der Organization Development sieht eine Humanisierung der Arbeit vor durch Abbau von Fremdbestimmung zugunsten von mehr Mitbestimmung (kooperativer Führungsstil), Entwicklung der Teamfähigkeit durch Förderung der →*Sozialkompetenz* und Ausweitung von Autonomie und Eigenverantwortlichkeit zur Steigerung der Flexibilität, Problemlösungs- und damit Leistungsfähigkeit einer →*Organisation*. Der Erfolg einer Organisationsentwicklung hängt von der Koordination struktureller, personeller und technologischer Bedingungen unter Berücksichtigung der →*Unternehmenskultur* ab (siehe auch →*Organisationspsychologie*, →*Organisationssoziologie*).

Organisationsentwicklung
Phasenverlauf von Change Management

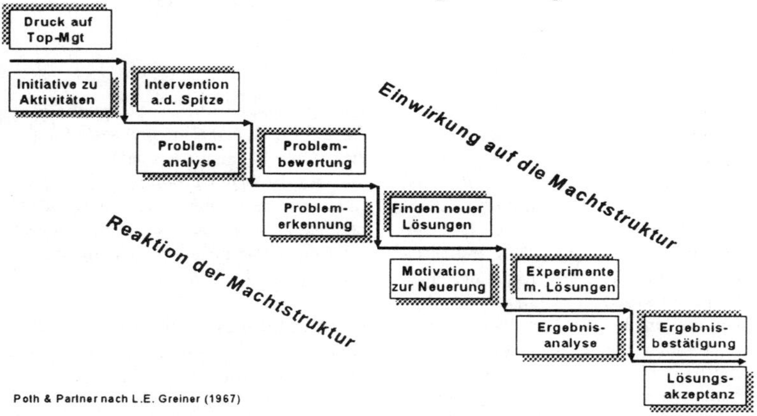

Poth & Partner nach L.E. Greiner (1967)

Organisationsformen Grundmodelle der →*Aufbauorganisation* (Strukturorganisation). Im wesentlichen sind zu unterscheiden die Einlinien- und Mehrliniensysteme, die präzisiert werden durch spezielle Ausformungen (siehe dazu →*Leitungssystem*).

Organisationsgrad Begriff für das Ausmaß der organisatorischen

Strukturierung eines →*Systems* (→*Organisation*). Der Organisationsgrad bezeichnet das Verhältnis zwischen der Selbst- und Außenbestimmung, d.h. inwieweit die Tätigkeiten innerhalb der Organisation durch →*Normen* und Regeln festgelegt (formalisiert) sind. Der Organisationsgrad ist ein Maß für die Zentralisation bzw. Dezentralisation von →*Unternehmen* oder Institutionen. Einen hohen Zentralitäts- und damit Organisationsgrad weisen z.B →*Filialunternehmen* im →*Einzelhandel*, →*Waren-* und →*Kaufhäuser*, Franchise-Systeme(→*Franchising*), die Großbanken, eigentümergeprägte Industrieunternehmen etc. auf. Mehr dezentral hingegen arbeiten multinational tätige Unternehmen, kreative Dienstleister (z.B. kleine bis mittlere →*Werbeagenturen*), stark innovationsorientierte Unternehmen etc. aufgrund der unterschiedlichen Markt- und Nachfragerstrukturen.

Organisationsformen
Strukturierungskonzeptionen

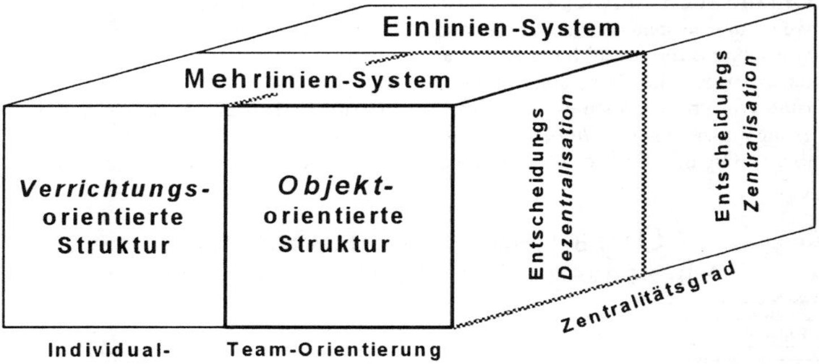

Poth & Partner nach E. Grochla (1978)

Organisationskultur →*Corporate Culture* (→*Unternehmenskultur*) in ihrer organisatorischen Ziel-, Werte- und Normenprägung. Die wesentlichen systembildenden Elemente der Organisationskultur sind das →*Corporate Behavior* (konsistentes und einheitliches →*Verhalten*), die dazu notwendige →*Corporate Language* (Unternehmenssprache), die →*Corporate Communications* (ganzheitliche →*Unternehmenskommunikation*) und das →*Corporate Design* (gesamthaftes visuelles →*Erscheinungsbild*). Die Geschlossenheit dieser Corporate-Inhalte führt zu einer →*Corporate Identity* (Unternehmensidentität), aus der sich ein →*Corporate Image* (→*Unternehmensimage*) als allgemeines Vorstellungsbild eines →*Unternehmens* oder einer Organisation bzw. Institution in der →*Öffentlichkeit* bildet.

Organisationsprinzipien Regelsystem für die Gestaltung der →*Unternehmungsorganisation*, das sich im wesentlichen zusammensetzt aus dem →*Operationalitätsprinzip* (Zielbestimmtheit und -klarheit), →*Kongruenzprinzip* (Übereinstimmung von Kompetenz und Verantwortung der Stelleninhaber), →*Minimalebenenprinzip* (möglichst flache Organisationshierarchie) und →*Kontrollspannenprinzip* (optimale →*Leitungsspanne*, d.h. Anzahl der einem Vorgesetzten unterstellten Mitarbeiter). Die Organisationsprinzipien sind eng verbunden mit den →*Managementtechniken* und den →*Führungsstilen*.

Organisationspsychologie Teilgebiet der angewandten →*Psychologie*, insbesondere der→*Wirtschaftspsychologie*, das sich mit den sozialpsychologischen Aspekten des Arbeitsverhaltens in →*Organisationen* beschäftigt (siehe auch →*Sozialpsychologie*). Die Organisationspsychologie untersucht u.a. Beziehungen und Wechselwirkungen zwischen dem Individuum und der Organisationsstruktur, Auswirkungen unterschiedlicher →*Führungssysteme* (→*Führungsstil*) auf das Arbeitsverhalten, das Verhältnis zwischen Individuum und seinem sozialen Umfeld (siehe auch →*Gruppe*, →*Gruppendynamik*). Die Erkenntnisse der Organisationspsychologie haben Konsequenzen für die Gestaltung der →*Struktur-* bzw. →*Aufbau-* und →*Ablauforganisation* und insbesondere der →*Marketingorganisation* (→*Internes Marketing*, →*Personalmarketing*).

Organisationssoziologie Teilgebiet der →*Soziologie* (siehe im Vergleich →*Marktsoziologie*, →*Wirtschaftssoziologie*), das sich mit der Analyse von Strukturen, den formellen und informellen sozialen Prozessen von →*Organisationen* befaßt (siehe auch →*Leitungssystem*, →*Formelle Gruppe*, →*Informelle Gruppe*). Forschungsgebiete der Organisationssoziologie sind das Verhältnis der Organisation zu ihren Mitgliedern und zur sozialen Umwelt (siehe auch →*Organisationspsychologie*), die Veränderung von Organisationsstrukturen und -normen infolge des gesamtgesellschaftlichen →*Wert(e)wandels*, die Effizienz der Zielerreichung in Abhängigkeit von der Leistungsfähigkeit der →*Organisationsform*, Konflikte zwischen funktionaler Sachautorität und Amtsautorität (siehe auch →*Promotoren*, →*Machtpromotoren*, →*Fachpromotoren*) und die traditionell-hierarchischen oder innovativ-kooperativen Arbeitsverhältnisse (→*Führungssysteme*, →*Führungsstil*).

Organismus Verhaltenstheoretisch synonym für →*Intervenierende Variable(n)*.

Orientierungslernen Form des kognitiven Lernens (→*Kognitive Prozesse*, →*Lerntheorie*). Es handelt sich um einen Lernprozeß, der auf Erfahrungen aus bisherigen →*Entscheidungen* beruht. Steht nun der →*Konsument* vor einer gleichen oder ähnlichen Wahlentscheidung, greift er auf die gespeicherten Erfahrungen zurück. Die Entscheidungsheuristiken (→*Heuristik*) werden vor allem bei der Produktauswahl (→*Markenwahl*) eingesetzt.

Orientierungsreaktion Kurzzeitige, reflexartige Hinwendung des Organismus zu einem →*Reiz* (→*Stimulus*) oder einer Reizkonstellation. Diese →*Aktivierung* führt zur →*Informationsverarbeitung* und zur motorischen Reaktion (z.B. Drehen des Kopfes in Richtung Reizquelle). Die Messung der Orientierungsreaktion erfolgt mit Hilfe der →*Pupillometrie*.

Osgood-Skala →*Semantisches Differential*.

OTC-Produkte Rezeptfreie Medikamente, die von Apotheken bzw. anderen →*Einzelhandel*sunternehmen direkt (**O**ver the **C**ounter) verkauft werden. Die Umsatzbedeutung der OTC-Produkte nimmt im Rahmen der Selbstmedikation ständig zu, nicht zuletzt aber auch aufgrund der Reform des Gesundheitswesens.

Outlet(s) →*Verkaufsstellen* eines Handelsunternehmens. Hier erfolgt der Abverkauf der →*Waren* (→*Point-of-Sale*, →*Point-of-Purchase*). Der → *Einkauf* des Handels erfolgt hingegen in den sogen. →*Inlets* (Zentralen).

Outlet-Design Gestaltung der →*Verkaufsstelle(n)*. Es handelt sich um ein Instrument des strategischen →*Handelsmarketing*. Die wesentlichen Dimensionen sind die Verkaufsraumgestaltung (→*Ladengestaltung*) und die →*Warenpräsentation*.

Outpacing Form einer Führer-/Folger-Strategie, um →*Wettbewerbsvorteile* zu erzielen. Konkret geht es um die Verfolgung von →*Differenzierung* und Kostensenkung (→*Kostenführerschaft*) unter Einbezug der Qualitäts- und Zeitdimension. Langfristiges Ziel des Outpacing ist die gleichzeitige Preis- und Qualitäts-, d.h. Leistungsdominanz gegenüber den →*Wettbewerbern*. Beim Strategietyp A steht zunächst der →*Preis*, dann die Leistung (→*Qualität*) im Vordergrund (siehe auch →*Penetration-Strategie*), beim Strategietyp B hingegen umgekehrt zunächst die Leistungs- und dann erst die Preisdominanz (siehe auch→*Skimming-Strategie*). Entscheidend für beide Strategietypen ist die möglichst frühzeitige Antizipation der wichtigsten Technologieentwicklungen (und damit der Know-how-Vorsprung) im Vergleich zu den Wettbewerbern (siehe in diesem Zusammenhang auch →*Marktführerschaft*, →*Wettbewerbsstrategien*, →*Nischen-Marketing*, → *Turbo-Marketing*, →*Zeitwettbewerb* und →*Preisstrategien*).

Outplacement Maßnahmen im → *Personalmarketing*, die darauf abzielen, freigesetzte Mitarbeiter (*out*) in andere Unternehmen zu vermitteln (*placement*). Outplacement empfiehlt sich insbesondere bei einvernehmlichen Freisetzungen, die z.B. auf Veränderungen in der Organisationsstruktur zurückzuführen sind.

Outsourcing Verlagerung von bestimmten betrieblichen Funktionen (z.B. →*Produktion*, Forschung und Entwicklung →*F + E*, →*Logistik* etc.) auf externe →*Anbieter*, die in diesen Bereichen leistungsfähiger sind als das eigene →*Unternehmen* (Verminderung der→*Wertschöpfungstiefe*). Beim *Outside reSourcing* geht es um die Konzentration auf die eigenen →*Kernkompetenzen* (siehe auch →*Insourcing*), die Kosteneinsparung durch Transformation fixer in variable Kosten, mehr Flexibilität durch kurzfristig erweiterbare oder abbaubare Kapazitäten und durch höhere Schnelligkeit der betrieblichen Ablaufprozesse (siehe auch → *Lean Management* und →*Business Process Management*).

Out-Supplier →*Anbieter*, die beim →*Abnehmer* noch kein Lieferant sind (im Gegensatz zum→*In-Supplier*) und versuchen, über Ergänzungslieferungen den In-Supplier zu verdrängen.

Overlapping Überschneidung, die vor allem in der →*Media-* und →*Leserschaftsforschung* auftritt. Der Overlapping-Effekt bezeichnet die Überschneidung der Nutzerschaften mehrerer →*Werbeträger* (siehe dazu auch → *Reichweite*).

Overreporting Besondere Form des →*Paneleffekts*. Es werden Produktkäufe genannt, die nicht stattgefunden haben, vom Panelteilnehmer aber als sozial wünschenswert angesehen werden, weil sie dem →*Status* seiner → *Sozialen Rolle* entsprechen und damit sein →*Geltungsbedürfnis* befriedigen (→*Prestigekonsum*). Der Gegenfall ist das →*Underreporting*, bei dem getätigte →*Käufe* nicht angegeben werden.

Overspending →Share of Advertising.

Overstoring Überbesetzung eines Verkaufsgebietes mit →*Einzelhandel*sunternehmen. Der Effekt, der mit einem folgenden →*Verdrängungswettbewerb* verbunden ist, tritt vor allem in neuen regionalen →*Absatzmärkten* auf, die unterversorgt sind (geringe Handelsdichte) und ein starkes Wachstum aufweisen. Beispiele hierfür sind die neuen deutschen Bundesländer und die osteuropäischen Märkte.

P

Paarvergleich →*Skalierungsverfahren*, bei dem die Untersuchungsobjekte den Befragungspersonen jeweils in Paaren zur Beurteilung vorgelegt werden. Die →*Probanden* werden aufgefordert, sich für eines der beiden Objekte zu entscheiden. Die subjektiven Unterschiede der Ordinalurteile (→*Ordinalskala*) können in Skalenwerte transformiert werden.

Packung Unter werblichen und technischen Gesichtspunkten verarbeitetes Packmaterial. Die Packung ist die für den Marktzweck positionierte Handelseinheit (siehe dazu in Abgrenzung →*Verpackung*) und hat insbesondere für →*Markenartikel* aufgrund ihrer kommunikativen Wirkung (→ *Packungsdesign*) eine große Bedeutung, da sie das gesamte Erscheinungsbild des →*Produkts* funktional und emotional kommuniziert.

Packungsdesign Gestaltung einer →*Packung*, die im gesamten Erscheinungsbild das →*Produkt* funktional und emotional kommuniziert. Die Pakkung dient als Medium (→*Kommunikationsmittel*). Ihr kommt eine Signalfunktion zu am →*Point of Purchase (PoP)* in bezug auf →*Glaubwürdigkeit* der Produktaussage und Herausbildung von →*Markenpräferenzen* (→ *Markenartikel*). Die Identität von → *Produktdesign* und Packungsdesign führt zur Produktpersönlichkeit (→ *Markenimage*). In einigen Produktbereichen (z.B. Depotkosmetik) ist die Packung ein wesentlicher Teil der → *Produkteigenschaften* und auch Kriterium für die Beurteilung der Produktqualität (→*Qualität*) durch die → *Nachfrager*.

Packungsgestaltung →*Packungsdesign*.

Packungstest Teil eines umfassenden →*Produkttests*, der zur Ermittlung der Aufmerksamkeitswirkung (→*Aufmerksamkeit*),→*Anmutung* und →*Werbewirkung* von →*Packungen* durchgeführt wird. Die wichtigsten Untersuchungsbereiche sind die Bewertungen durch die Befragten in bezug auf die Gestaltung (→*Packungsdesign*), die Handhabung, die Informationsfunktion und Größe bzw. das Volumen der Packung. Die am häufigsten bei Packungstests eingesetzten Erhebungsmethoden sind die →*Greifbühne* (Greifbühnen-Test) und das → *Tachistoskop*.

Palette Eine nach DIN 15145 und DIN 55405 tragbare Plattform mit oder ohne Aufbau, die dazu dient, Güter zusammenzufassen, um eine Ladeeinheit mit den →*Versandverpackungen* zu bilden. Die palettierte Ladeeinheit soll die Beförderung, Lagerung und Stapelung mit Hilfe von mechanischen Einrichtungen, z.B. Gabelstapler, Gabelhubwagen etc. ermöglichen.

Panel Bestimmte, gleichbleibende Gruppe von Untersuchungseinheiten, bei der in regelmäßigen zeitlichen Abständen Erhebungen (durch →*Befragung* und →*Beobachtung*) durchgeführt werden. Der Untersuchungsgegenstand bleibt im Prinzip gleich. Je nach Untersuchungsziel sind die Panelteilnehmer entweder Privatpersonen (Individualpanel) bzw. →*Haushalte* (→*Haushaltspanel*) oder Gewerbetreibende bzw. →*Unternehmen*. Die wichtigsten →*Panelarten* sind das →*Verbraucherpanel* und das →*Handelspanel*.

Panel

Die Panelarten

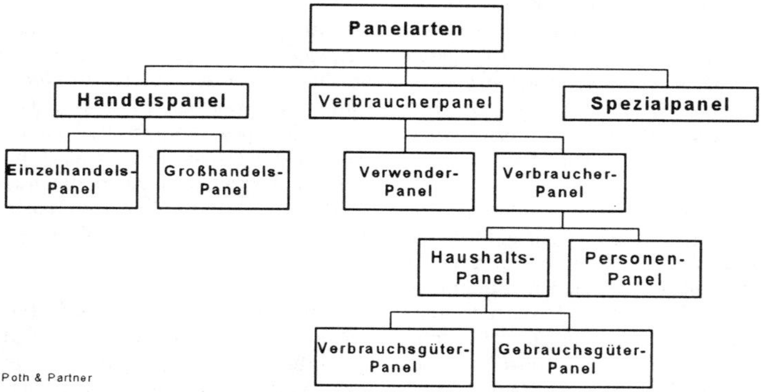

Poth & Partner

Panelarten Die wichtigsten Formen des →*Panels* sind das →*Verbraucherpanel* und das →*Handelspanel*. Das Verbraucherpanel setzt sich zusammen aus Einzelpersonen (Individualpanel) oder aus →*Haushalten* (→*Haushaltspanel*). Das Handelspanel ist zu unterscheiden nach Großhandels- und Einzelhandelspanel. Eine weitere Form ist das Spezialpanel (als z.B. Produkttestpanel oder Minimarkttest-Panel).

Paneleffekt Verzerrung der Panelinformationen durch eine mehr oder weniger unbewußte Verhaltensänderung der Panelteilnehmer. Dieser Effekt tritt vor allem im →*Haushaltspanel* auf durch die laufende Berichterstattung der Kauftätigkeiten. Dadurch können das rationale →*Kaufverhalten* bzw. das →*Preisbewußtsein* beim →*Kauf* und die Informationsrecherche vor dem Kauf verstärkt werden. Weitere, mit dem Paneleffekt verbundene Probleme sind das →*Overreporting* (Angabe von Käufen, die nicht stattgefunden haben) und das →*Underreporting* (fehlende Angaben von stattgefundenen Käufen, z.B. aufgrund von Ermüdungserscheinungen). Durch →*Panelrotation* und insbesondere durch das →*Scannerpanel* (elektronisches Panel) kann der Paneleffekt reduziert werden.

Panelerhebung Erhebung von speziellen Marktinformationen durch →*Panel* (siehe auch →*Panelarten*). Die wichtigsten methodischen Probleme bei der Panelerhebung sind die Auswahl und Gewinnung der Panelteilnehmer (→*Repräsentanz*) und die durch →*Panelsterblichkeit* und auftretende →*Paneleffekte* notwendige →*Panelrotation*.

Panelerstarrung Durch →*Panelrotation* (infolge →*Panelsterblichkeit*) bedingte gleichbleibende Struktur des →*Panels*. Dies führt zu einer Erstarrung, da das Panel im Laufe der Zeit die sich verändernden Konsumenteneigenschaften und damit die sich auch wandelnden Konsumverhaltensweisen nicht mehr repräsentativ abbildet.

Panelmortalität →*Panelsterblichkeit*.

Panelrotation Austausch von Panelteilnehmern aufgrund der natürlichen →*Panelsterblichkeit* oder, um →*Paneleffekte* bzw. andere Störgrößen (z.B. →*Over-* oder →*Underreporting*) zu vermeiden. Der Austausch erfolgt durch die →*Bewußte Auswahl*, indem bei jeder Welle 30 bis 50% der Panelteilnehmer strukturgleich ausgewechselt werden, um das Panel konsumrelevant zu halten. Problem bei der Panelrotation sind die Aufrechterhaltung der →*Repräsentanz* des Panels und die →*Reliabilität* (Zuverlässigkeit) der Untersuchungsergebnisse.

Panelroutine Mit der kontinuierlichen →*Panelerhebung* verbundene Ermüdungserscheinung der Panelteilnehmer, die im →*Verbraucherpanel* (→*Haushaltspanel*) zu ungenauen und unvollständigen Berichterstattungen führt. Durch die →*Panelrotation* kann das Problem behoben werden.

Panelsterblichkeit Zentrales Problem bei der →*Panelerhebung* und insbesondere beim →*Haushaltspanel*. Zu unterscheiden sind die natürliche Panelsterblichkeit (bedingt durch Tod, Umzug, Verweigerung der Panelteilnehmer) und die künstliche Panelsterblichkeit (bedingt durch die →*Panelrotation*, um →*Paneleffekte* und andere Störgrößen zu vermeiden).

Paradigmawechsel Permanente Anpassung der Führungsgrundsätze, der Wertvorstellungen und Überzeugungen entsprechend den sich permanent verändernden Bedingungslagen.

Parallelgeschäft Form des →*Kompensationsgeschäftes*, bei dem ein Realgüteraustausch erfolgt (→*Bartering*). Der Unterschied zum klassischen Kompensationsgeschäft ist die Verpflichtung des Exporteurs, bestimmte Waren in einem bestimmten wertmäßigen Prozentsatz in einem bestimmten Zeitraum aus dem Abnehmerland zu beziehen.

Parallelsortiment Im →*Handel* (vor allem im →*Einzelhandel*) mehrfach geführte →*Warengruppen* bzw. →*Sortimente*, die weitgehend identisch sind (gleiche→*Produkte* verschiedener Hersteller). Die Parallelsortimente sollten einer permanenten →*Sortimentskontrolle* unterzogen werden, um →*Substitutionseffekte* (siehe auch →*Kannibalisierungseffekte*) zu vermeiden. Andererseits dienen die Parallelsortimente der Darstellung der Sortimentskompetenz (→*Sortimentsdimension*, →*Sortimentspolitik*). Überdies können Parallelsortimente im Rahmen der →*Sonderangebotspolitik* als akquisitorisches Instrument (→*Akquisition*) eingesetzt werden.

Parallelverhalten Anpassungsverhalten von →*Wettbewerbern*, das nicht auf einer Abstimmung beruht (→*Abgestimmtes Verhalten*) und dementsprechend wettbewerbsrechtlich (→

GWB) zulässig ist. Parallelverhalten kann aber je nach Ausprägung als ein Indiz für ein unzulässiges abgestimmtes Verhalten gelten.

Parameter Konstante Größe von Datenelementen, die ihren Verteilungstyp charakterisiert (z.B. ein →*Mittelwert* als Wert zwischen dem größten und kleinsten Wert einer Verteilung oder auch Menge).

Parametrische Testverfahren →*Signifikanztests* zur Prüfung von →*Hypothesen*, die im Gegensatz zu den →*Nichtparametrischen Testverfahren* Annahmen über einzelne →*Parameter* der Verteilungsfunktion von Stichprobenvariablen (z.B. →*Normalverteilung*) in der →*Grundgesamtheit* voraussetzen.

Pareto-Analyse Nach *V. Pareto (1848-1923)* benannte Ursachenanalyse für →*Abweichungen*, wobei der Grad der Auswirkungen als entscheidend angesehen wird. Es gilt die →*Hypothese*, daß nur wenige Ursachen für die Mehrheit der Fehler verantwortlich sind. Man beschränkt sich daher auf die Analyse der Ursachen mit den größten Auswirkungen (siehe auch →*Pareto-Regel*).

Pareto-Optimum Bestmögliche →*Bedürfnisbefriedigung* (Wohlfahrt) aller Wirtschaftssubjekte einer Volkswirtschaft. Ein Wirtschaftssystem befindet sich in einem pareto-optimalen Zustand, wenn der →*Nutzen* keiner Wirtschaftseinheit erhöht werden kann, ohne den Nutzen mindestens einer anderen Wirtschaftseinheit zu vermindern (nach *V. Pareto, 1848-1923*).

Pareto-Regel Die sogen. Gesetzmäßigkeit ist bekannt als 80/20-Regel. Konzentrationskurven (→*Lorenzkurve*) in der Praxis zeigen vielfach, daß 20% der →*Produkte* (→*Kunden*) 80% des →*Absatzes* (→*Umsatzes*, →*Gewinns*) ausmachen. Diese Verteilung konnte sowohl in der Konsumgüter- als auch in der Investitionsgüterindustrie nachgewiesen werden. Die Theorie (nach *V. Pareto, 1848-1923*) basiert auf der grundlegenden Erkenntnis, daß innerhalb einer Gruppe von Aufgaben/Tätigkeiten normalerweise die bedeutenden Dinge einen relativ kleinen Anteil der Gesamtaufgaben ausmachen.

Parfitt-Collins-Modell Ein nach *J.H. Parfitt / B.J.K. Collins (1968)* benanntes Modell zur Bestimmung der →*Marktdurchdringung*. Hierbei wird der zu prognostizierende →*Marktanteil* eines →*Anbieters* in die Komponenten →*Feldanteil*, →*Wiederkaufrate* und →*Kaufintensität* zerlegt. Hierbei gibt der Feldanteil die Marktpenetration eines →*Angebots* in der relevanten Käuferschaft an, die Wiederkaufrate den Anteil der →*Erstkäufer*, die innerhalb eines definierten Zeitraums nachkaufen und die Kaufintensität die relative Bedeutung der →*Intensivkäufer* am →*Umsatz*. Aus der multiplikativen Verknüpfung der drei Größen ergibt sich der prognostizierte Marktanteil des Anbieters.

Pariser Verbandsübereinkunft Internationales Abkommen von 1883 zum Schutz des gewerblichen Eigentums, das u.a. vor allem dem internationalen →*Markenschutz* dient.

PAR-Modell Ein aus dem PIMS-Modell (→*PIMS-Datenbank*) entwickeltes analytisches Verfahren, das die →*Rentabilität* (→*Return on Investment* bzw. den →*Cash Flow*) einer →*Strategischen Geschäftseinheit* mit den in der Datenbank gespeicherten Informationen vergleicht. Das Ergebnis wird im „Par report" zusammengestellt. Aus dem Vergleich können Erkenntnisse gewonnen werden bzgl. der Verbesserung der strategischen Position der Geschäftseinheit zu anderen eigenen Einheiten und/oder denen von →*Wettbewerbern.*

Partialanalyse(n) Mikroökonomische Teilanalyse, die z.B. Interdependenzen verschiedener →*Märkte* nicht berücksichtigt. Es handelt sich um eine isolierte Betrachtungsweise, die auf der Modellannahme der →*Ceteris-paribus-Regel* beruht und Gesamtzusammenhänge nicht transparent macht.

Partiegeschäft Warenposten (Partie), der zu einem vereinbarten Gesamtpreis veräußert wird. Das Charakteristikum der Partie ist ihre →*Homogenität.* Das Partiegeschäft weist eine große Ähnlichkeit mit dem Postengeschäft (→*Postenware*) im →*Einzelhandel* auf. In beiden Fällen handelt es sich nicht um den Bestandteil eines festen →*Sortiments*, das eine gewisse Kontinuität aufweist, sondern um einen zeitlich begrenzten Verkauf völlig fachfremder →*Produkte*.

Partizipationseffekt Absatzeffekt, der bei der →*Produktdifferenzierung* auftritt. Durch die Differenzierung des Leistungsangebots gewinnt der →*Anbieter* neue →*Kunden.* Dies kann auch als eine bestimmte Form der →*Marktentwicklung* bzw. →*Markterschließung* angesehen werden. Hierbei kann sich aber das Auftreten eines →*Kannibalisierungseffektes* (eine besondere Form des →*Substitutionseffektes*, →*Substitution*) als Gefahr erweisen.

Partyverkauf Form des →*Direktvertriebs*, bei der Hausfrauen Freunden und Gästen →*Produkte* verkaufen, die auf der Party vorgestellt und erklärt werden. Die Gastgeberin erhält vom →*Anbieter* in der Regel einen preislichen Einkaufsvorteil.

Passiver Bekanntheitsgrad →*Bekanntheitsgrad.*

Patent Gewerbliches →*Schutzrecht*, das am weitestgehenden Produkt- und Verfahrensinnovationen schützt. Die Laufzeit beträgt 20 Jahre.

Pawlow'scher Hund Berühmtes Hunde-Experiment von *I.P. Pawlow (1927)* zur Theorie der klassischen →*Konditionierung*, die auf dem →*Kontiguitätsprinzip* beruht. Auf die Darbietung von Futter reagiert der Hund mit Speichelabsonderung (→*Unbedingter Reiz*, angeborener Reflex). Es handelt sich hierbei um einen unkonditionierten Reflex. Wird nun das Füttern wiederholt mit einem →*Neutralen Reiz* (→*Stimulus*) in Form eines akustischen oder optischen Signals kombiniert, so sondert der Hund nach einiger Zeit auch dann Speichel ab, wenn nur das akustische oder optische Signal gegeben wird (bedingter Reflex). Eine Erweiterung erfährt die Theorie der Konditionierung durch die →*Skinner-Box*. Die beiden experimentell begründeten Theorien bilden die Grundlage für den →*Behaviorismus.*

Pay-off-Periode Periodenbezogener Zeitraum, in dem die kumulierten →*Auszahlungen* gleich geworden sind mit den kumulierten →*Einzahlungen.* Es handelt sich um die Kapitalrückfluß- bzw. Amortisationsdauer einer Investition, die im Marketing insbesondere eine große Rolle spielt bei der →*Neuproduktplanung* (→*Produktinnovation*, →*Produktentwicklung*). Die Pay-off-Periode muß in Verbindung gesehen werden mit der →*Break-even-Analyse*, dem →*Return on Investment* und dem →*Discounted Cash Flow* (siehe auch →*Investitionsrechnung*).

Peer Group(s) Soziale →*Gruppe* von „gleichen" (gleichaltrigen) Jugendlichen, in der das Individuum seine soziale Orientierung sucht und die ihm als →*Bezugsgruppe* dient. Peer Groups weisen die Merkmale von →*Subkulturen* auf mit eigenen →*Normen*, →*Einstellungen* und Verhaltensweisen. Diese sind geprägt durch eine Unabhängigkeit in bezug auf spezifische Wertvorstellungen und →*Erwartungen* der Erwachsenen (vor allem der Eltern) und ihrer Kontrolle. Andererseits zeichnen sich Peer Groups durch eine starke →*Konformität* und eine große Loyalität gegenüber den Verhaltensnormen der eigenen Gruppe aus und akzeptieren die Führungsrolle von→*Meinungsführern* und die für die Gruppe verbindlichen →*Sanktionen*. Die Zugehörigkeit zu Peer Groups ist eine wichtige Funktion im Abschnitt der Adoleszenz und bestimmt in dieser Phase ganz entscheidend das →*Kaufverhalten* und Konsumverhalten (→*Konsumentenverhalten*). Diese äußern sich u.a. in einem gruppenspezifischen →*Demonstrativkonsum* (z.B. Kleidung, Freizeitverhalten etc.).

Penetration Stärke des →*Bekanntheitsgrades* eines umworbenen Leistungsangebots (oder auch eines →*Werbemittels*) als Maßstab für die erreichte →*Werbewirkung*. Die Penetration bezieht sich darüber hinaus auch auf die Durchdringung von →*Innovationen* innerhalb eines sozialen Systems (→*Diffusion*) bzw. die Durchdringung von →*Zielgruppen* (gemessen an →*Erstkäufern*, →*Wiederkaufrate*, →*Kaufintensität*, →*Distributionsgrad*).

Penetration(s)-Strategie →*Preisstrategie*, die von einem niedrigen Einführungspreis ausgeht, der im Zeitablauf sukzessive angehoben wird, z.B. durch Preiserhöhung von Ersatzteilen und Reparaturen (indirekte Produkt-Preiserhöhung). Ziel ist, bei einer gegebenen kurzfristig hohen →*Preiselastizität* große Verkaufszahlen und damit einen hohen →*Marktanteil* zu erreichen (siehe in Abgrenzung dazu →*Abschöpfungsstrategie* und →*Skimming-Strategie*).

Penny Store →*Kleinpreisgeschäft*.

Percentage-of-Profit-Methode Werbebudgetierung nach dem gegenwärtigen →*Gewinn* (siehe →*Werbebudgetierung*).

Percentage-of-Sales-Methode Werbebudgetierung nach dem gegenwärtigen →*Umsatz* (siehe →*Werbebudgetierung*).

Performance Measurement Einsatz mehrerer, unterschiedlicher Meßgrößen (u.a. →*Kosten*, →*Qualität*, →*Kundenzufriedenheit*) zur Beurteilung der Leistung bzw. Leistungspotentiale von z.B. Organisationseinheiten und Prozeßabläufen. Ziel ist die Verbesserung von Planungs- und Steuerungsabläufen. Im Vergleich zu den rein monetären →*Kennzahlen* (z.B. →*Return on Investment, R.o.I.*) handelt es sich durch die Verknüpfung von quantitativen und qualitativen Kriterien um einen ganzheitlichen Ansatz (siehe dazu auch →*Balanced Scorecard*).

Performance-Modell Verfahren zur →*Einstellungsmessung*, das die ungewichtete Beurteilung der attributbezogenen Leistungsbeurteilungen zu einem Gesamturteil addiert.

Permission Marketing Ein auf dem Einverständnis der Adressaten basierendes →*Direktmarketing*. Mit Hilfe interaktiver →*Kommunikationstechnologien* (→*Internet*, →*E-Mail*) werden →*Nachrichten* übermittelt, die ausdrücklich vom Empfänger erwünscht sind, wobei er die Erlaubnis jederzeit widerrufen kann (siehe auch →*Robinsonliste*). Ziel des Permission

Marketing ist es, eine nachhaltige Beziehung mit potentiellen und/oder bestehenden →*Kunden* aufzubauen und Leistungsangebote zu personalisieren.

Persönliche Befragung →*Mündliche Befragung*.

Persönliche Kommunikation Unmittelbarer, persönlicher interaktiver Informationsaustausch zwischen dem →*Kommunikator* und →*Kommunikant*. Die Wirksamkeit der persönlichen Kommunikation (→*Sozialkommunikation*) beruht auf Flexibilität, Vertrauen, Zweckfreiheit und Belohnung (siehe dazu →*Interaktionstheorie* nach *G.C. Homans, 1968*). Die persönliche Kommunikation hat eine zentrale Bedeutung im →*Persönlichen Verkauf* und bei der →*Mundwerbung* (Mund-zu-Mund-Werbung).

Persönlicher Verkauf Alle Formen des →*Verkaufs*, bei denen Verkäufer und Käufer in einem persönlichen Kontakt stehen. Im persönlichen Verkauf (Personal Selling) spielen die Prozesse der →*Transaktion* und →*Neurolinguistischen Programmierung (NLP)* eine besondere Rolle (siehe auch →*Verkaufsgespräch*). Sonderformen sind der →*Fahrverkauf* (→*Heimdienst*), →*Hausverkauf* und der →*Hausierhandel*. Der →*Telefonverkauf* ist kein klassischer persönlicher Verkauf, da sich die persönlichen Kontakte auf die verbale Ebene beschränken. Der persönliche Verkauf hat vor allem Bedeutung im Bedienungshandel (→*Einzelhandel*, →*Großhandel*), in der Investitionsgüter-, Bank- und Versicherungsbranche und bei erklärungsbedürftigen →*Angeboten*.

Persönlichkeit Gesamtheit der entwickelten psychischen Anlagen, die teils genetisch bedingt, teils durch →*Interaktion* mit der Umwelt entstanden sind (→*Sozialisation*). Die Eigenart einer Persönlichkeit wird bestimmt durch die Struktur der Eigenschaften (→*Persönlichkeitsmerkmale*), die individuell einzigartig ist. Die in einer →*Gesellschaft* herrschenden →*Werte*, →*Normen* und Verhaltensmuster (→*Tradition*, →*Kultur*) prägen Rollenerwartungen und Verhaltensweisen des Individuums. Persönlichkeit ist insofern das Ergebnis der Wechselwirkung zwischen individuellen Anlagen und dem vorherrschendem Wertesystem einer Gesellschaft (siehe dazu auch →*Wert(e)wandel*, →*Wert(e)dynamik*, →*Moderne*).

Persönlichkeitsmerkmale Relativ konsistente Eigenschaften, die das →*Verhalten* einer Person nicht nur gelegentlich, sondern in wechselnden Situationen erklären. Persönlichkeitsmerkmale eines Individuums weisen auf Verhaltenstendenzen (z.B. im →*Kaufverhalten*, →*Konsumentenverhalten*) hin, wobei das tatsächliche Verhalten von der jeweiligen Situation abhängig ist. Man unterscheidet Persönlichkeitsmerkmale nach ihrer Konsistenz, Generalität und Universalität. Konsistenz bedeutet, daß ein Persönlichkeitsmerkmal (z.B. Impulsivität) ein bestimmtes Verhalten häufig oder immer kennzeichnet. Die generellen Persönlichkeitsmerkmale (z.B. →*Markentreue*) bestimmen mehrere Verhaltensarten in unterschiedlichen Situationen. Als universell gilt ein Persönlichkeitsmerkmal, wenn es nicht nur bei einer Person, sondern auch bei vergleichbaren Personengruppen auftritt. Die Ermittlung universeller, zielgruppenspezifischer Persönlichkeitsmerkmale ist die Grundlage für die Bildung von →*Käufertypologien* (auf der Basis zielgruppenhomogener →*Konsumentenmerkmale*).

Personalkauf Vergünstigter Einkauf

von in der Regel →*Konsumgütern* durch das Personal (Mitarbeiter) von Unternehmen (Hersteller, →*Einzelhandel*).

Personalmanagement Entwicklung, Einführung und Bewertung von Konzepten zur Gewinnung, Beurteilung, Honorierung und Entwicklung von Mitarbeitern im Sinne von Mit-Unternehmern (siehe auch →*Personalmarketing*).

Personalmarketing Alle Aktivitäten, die der Beschaffung, Erhaltung und Entwicklung von Mitarbeitern zur Erfüllung der →*Unternehmensziele* dienen (siehe in Abgrenzung dazu auch →*Internes Marketing*).

Personal Selling →*Persönlicher Verkauf*.

Persuasion Zweckorientierte Kommunikationsform, die beabsichtigt, bei den →*Kommunikanten* (Rezipienten) bestimmte Wirkungen zu erzielen. Die Persuasion (Überzeugung, Überredung) ist Ziel jeder Form der → *Marketingkommunikation*. Die Abgrenzung zur →*Manipulation* (Herabsetzung der Abwehrkräfte des Rezipienten) ist problematisch. Die Absicht einer Handlungsbeeinflussung und Forcierung von interessengebundenen Anschlußhandlungen sind kommunikationsimmanent.

PERT Abk. für →*Program Evaluation and Review Technique* (→*Netzplantechnik*).

Perzeption →*Wahrnehmung*.

Peter-Prinzip *L.J. Peter* hat das nach ihm benannte Prinzip aufgestellt, das in →*Organisation* und →*Führung* nicht nur eine scheinbare Rolle spielt. Es besagt, daß in einer Hierarchie jeder Angestellte dazu tendiert, auf die Ebene aufzusteigen, auf der seine persönliche Inkompetenz erreicht ist.

Pfadanalyse →*Kausalanalyse*.

Pflichtenheft Spezifikation der erforderlichen Eigenschaften eines Leistungsangebots (auch als Lastenheft bezeichnet).

Physical Distribution →*Physische Distribution*, →*Distributionslogistik*.

Physical Supply →*Beschaffungslogistik*.

Physiologische Bedürfnisse Physische →*Bedürfnisse*, die inhaltlich auf Nahrung, Kleidung, Wohnung, Selbst- und Arterhaltung bezogen sind (siehe →*Maslow'sche Bedürfnispyramide*).

Physische Distribution Die physische Distribution (Physical Distribution) wird in Abgrenzung zur →*Akquisitorischen Distribution* im Rahmen der →*Distributionspolitik* unterschiedlich breit definiert. Der erweiterte Ansatz ist weitgehend identisch mit der →*Logistik* und umfaßt den gesamten vertikalen Materialfluß vom Lieferanten, über die Produktion bis hin zum Kunden. Die engere begriffliche Fassung beschreibt lediglich den Fluß der Endprodukte vom Abschluß der Fertigung bis zum Empfang beim Kunden.

Picture-Frustrations-Test (PFT) →*Projektives Verfahren*, das auch als Sprechblasen-Test bekannt ist. Den →*Probanden* werden karikaturähnliche Zeichnungen vorgelegt, in denen eine oder mehrere Personen ein Gespräch führen. Die Dialoge werden in Sprechblasen wiedergegeben, wobei einige Sprechblasen leer sind. Die Probanden ergänzen dann die fehlenden Teile, um den Dialog zu komplettieren. Durch dieses Verfahren sollen die Versuchspersonen veranlaßt werden, die für sie typischen Antworten zu geben, die sie offen nicht geäußert hätten (siehe auch →*Ballontest*).

Pilotstudie(n) Formlose Untersuchung (→*Marktforschung*), deren Ergebnisse statistisch nicht repräsentativ (→*Repräsentanz*) sind. Die auch als Leitstudien bezeichneten Pilotstudien werden vor allem in der →*Psychologischen Marktforschung* eingesetzt, können aber auch in der sogen. quantitativen Marktforschung zur Anwendung kommen. Pilotstudien dienen in erster Linie zur detaillierteren Problemdefinition, um daraus den möglicherweise weiteren Untersuchungsbedarf ableiten zu können (siehe in Abgrenzung →*Probebefragung*).

Pilzmethode Im Vergleich zur →*Schirmmethode* wird jedes →*Produkt* unter einem eigenen →*Markennamen* (→*Einzelmarken*) geführt. Dadurch wird ein möglicher negativer →*Imagetransfer* vermieden, aber auch auf die Nutzung von →*Synergien* (→*Umbrella-Marken*) verzichtet.

PIMS-Datenbank Die Datenbank (**P**rofit **I**mpact of **M**arket **S**trategies) enthält Angaben über fast 3.000 →*Strategische Geschäftseinheiten*(SGE) aus ca. 300 Unternehmen. Die Ergebnisse der bisherigen PIMS-Analysen zeigen, daß der →*Marktanteil* eine entscheidende Bedeutung für die →*Gewinnerzielung* hat sowie für den →*Return on Investment* (RoI) und den →*Cash Flow*. Dies gilt sowohl für den eigenen absoluten Marktanteil als auch für den sogen. relativen Marktanteil, der das Verhältnis des eigenen Marktanteils zum Marktanteil des Hauptwettbewerbers (oder auch der drei größten Konkurrenten) ausdrückt. Die PIMS-Daten bilden die geeignete Grundlage für die →*Portfolio-Analyse* und für das →*Portfolio-Management*. Nach neuesten Untersuchungen sind die Schlüsselfaktoren für den unternehmerischen Erfolg (1.) die →*Investment-Intensität* (Investition dividiert durch den →*Umsatz*), (2.) die →*Produktivität* (→*Wertschöpfung* im Verhältnis zu den eingesetzten →*Produktionsfaktoren*), (3.) der relative Marktanteil (Verhältnis des eigenen Marktanteils zu dem des Hauptkonkurrenten oder der wichtigsten drei Mitbewerber), (4.) die relative →*Qualität* der Marktleistung (Qualität aus der Sicht der →*Kunden* im Vergleich zum →*Wettbewerb*), (5.) das →*Marktwachstum* (Marktsegment-Wachstum) und (6.) die →*Innovationsrate* (Prozentsatz des Umsatzes, der mit Produkten gemacht wird, die nicht älter als drei bis fünf Jahre sind).

PIN Abk. für **P**ersonal **I**dentification **N**umber als unerläßliche Voraussetzung für eine datensichere Übertragung in elektronischen Netzen.

Pionierstrategie →*Wettbewerbsstrategie*, die vor allem durch einen →*Zeitwettbewerb* (Tempoführerschaft, →*Turbo-Marketing*) →*Wettbewerbsvorteile* anstrebt. Hierbei bezieht sich der Zeitwettbewerb auf den →*Markteintritt* und/oder auf die Innovationsorientierung. Die Vorteile der Pionierstrategie liegen in der Schaffung eines zumindest kurz- bis mittelfristig nutzbaren →*Monopolistischen Spielraums* (preisautonomer Bereich) und im möglichen Aufbau einer damit verbundenen →*Marktführerschaft*. Als Probleme der Strategie können sich die z.T. hohen Kosten für die →*Markterschließung* erweisen, die nicht amortisiert werden können, wenn kurzfristig Nachahmer auftreten (siehe →*Adaption*, →*Nachahmung*, →*Imitationsstrategie*). Ergebnisse von →*PIMS-Datenbanken* zeigen aber, daß in der Regel die durchschnittlichen Kapitalrenditen von →*Pionierunternehmen* höher liegen als bei anderen Unternehmen.

Pionierunternehmen →*Unternehmen*, die sehr offensiv sind und sich im Vergleich zu den →*Wettbewerbern* durch eine starke Innovationsorientierung auszeichnen.

Pitch Konkurrenzpräsentation von →*Werbeagenturen* bei einem →*Werbungtreibenden*, um im Wettbewerb mit anderen Agenturen den Werbeetat (→*Werbebudget*) für eine bestimmte kommunikative Aufgabe oder für die gesamte Werbung zu gewinnen.

Plagiat Urheberrechtsverletzung, die darauf beruht, daß eine fremde Geistesarbeit unzulässig verwertet wird (siehe auch →*Ideenpiraterie*, →*Markenpiraterie*).

Plakat Wichtigstes →*Werbemittel* (→*Kommunikationsmittel*) der →*Außenwerbung*. Das Plakat ist eng verbunden mit der von *E. Litfaß (1855)* entwickelten Litfaßsäule. Die Plakatanschlagstellen werden je nach Abmessungen unterschieden in Großflächen und Allgemeinstellen. Die bedeutendsten mobilen Plakatwerbeträger (→*Werbeträger*, →*Kommunikationsmedien*) sind Straßenbahn, S- und U-Bahn, Omnibus und Taxi. Durch den mobilen Plakateinsatz ergibt sich die enge Verknüpfung mit der →*Verkehrsmittelwerbung* als eine besondere Form der →*Plakatwerbung*.

Plakatwerbung Alle Formen der Werbung (→*Außenwerbung*) mit Hilfe von →*Plakaten* (Innenplakate und Außenplakate), soweit diese nicht der →*Verkehrsmittelwerbung* zuzurechnen sind.

Plankosten Im voraus (für eine oder mehrere Planperioden) angenommene bzw. festgesetzte →*Kosten*. Plankosten haben projektiven Charakter (siehe im Gegensatz →*Ist-* und →*Normalkosten*).

Planspiel(e) Ausbildungsmethode für die Weiterbildung von Führungskräften, die in den USA entwickelt wurde und ursprünglich aus dem militärischen Bereich stammt. Unternehmensplanspiele haben im Vergleich zur →*Fallmethode* den Vorteil einer grösseren Realitätsnähe, da sich die Spieler ständig an wechselnde Umwelt- und Unternehmenssituationen sofort anpassen müssen. Die im Planspiel simulierten Unternehmen haben die gleichen Startbedingungen in bezug auf die Marktausgangssituation, Betriebsgröße, Struktur, den Finanzstatus etc. Die Teilnehmer, die zumeist gruppenweise die Unternehmen vertreten, treffen in jeder Spielperiode Entscheidungen, deren Auswirkungen auf die Unternehmensentwicklung und Umfeldsituation (Konkurrenzsituation) per EDV ermittelt werden. Anhand dieser Daten sind die Entscheidungen für die nächste Spielperiode vorzubereiten. Ein Planspiel umfaßt mehrere Spielperioden und dauert in der Regel mehrere Tage oder auch Wochen (Fernplanspiele).

Planung Prozeß der Bestimmung von erwarteten und angestrebten zukünftigen Situationen unter Einschluß der Bestimmung der Wege zur Zielerreichung (siehe auch →*Planungsprozeß*). Das Planungssystem hat drei Ebenen: die strategische, taktische und operative. Im Vergleich zur formalzielorientierten →*Budgetierung* ist die operative Aktionsplanung sachzielorientiert.

Planungsinstrumente Die Grundarten sind: Analytische Instrumente (z.B. →*Kennzahlensysteme*), heuristische Instrumente (z.B. →*Kreativitäts-*

techniken), prognostische Instrumente (z.B. →*Trendextrapolation*, →*Regressionsanalyse*, →*Delphi-Methode*, →*Simulationsverfahren*) und Bewertungs- und Entscheidungsinstrumente (z.B. →*Scoring-Modelle*, →*Entscheidungsbaumverfahren*).

Planungsprozeß Prozeßstufen der →*Planung*, die wie folgt aufgebaut sind: Ziel- und Problemanalyse, Alternativensuche, Alternativenbewertung, Auswahl aus Alternativen.

Planungsprozeß

Stufen des systematischen Ablaufs

1. ***WO*** **stehen wir ?** →	**IST-Analyse**
2. ***WIE*** **verändern sich die Märkte ?** →	**Diagnose / Prognose**
3. ***WAS*** **wollen wir erreichen ?** →	**Zielbestimmung**
4. ***WIE*** **können wir das erreichen ?** →	**Strategiefestlegung**
5. ***WAS*** **müssen wir dazu konkret tun ?** →	**Maßnahmenplanung**
6. ***WIEVIEL*** **Mittel brauchen wir ?** →	**Budgetplanung**
7. ***WIE*** **nah kommen wir an das Ziel ?** →	**Controlling**
8. ***WAS*** **müssen wir korrigieren ?** →	**Anpassung**

Poth & Partner

Planwirtschaft →*Wirtschaftsordnung* (im Gegensatz →*Marktwirtschaft*).

Platzvertretersystem Form der Außendienstorganisation (→*Verkaufsorganisation*) im →*Direktvertrieb*, bei der dem Außendienstmitarbeiter ein fester →*Verkaufsbezirk* zugewiesen wird. Das Platzvertretersystem hat den Vorteil, daß die permanente Kundenbetreuung durch den gleichen Außendienstmitarbeiter die dauerhafte →*Kundenbindung* sichert. Andererseits besteht die Gefahr, daß durch den damit verbundenen Gewöhnungseffekt die Gewinnung neuer →*Kunden* vernachlässigt wird. Dieses Problem wird beim →*Rotationsvertretersystem* vermieden, bei dem die Einsatzgebiete der Außendienstmitarbeiter in bestimmten zeitlichen Abständen gewechselt werden. Dadurch kommt aber keine dauerhafte Bindung zwischen Kunde und Verkäufer zustande. Es besteht die nicht geringe Gefahr von Kundenabwanderungen, wenn nicht andere Kundenbindungsinstrumente (wie z.B. →*Image*, →*Qualität*, →*Preis-Leistungs-Verhältnis* etc.) dominant sind und greifen.

Pluralistische Gesellschaft Moderne →*Gesellschaft* (→*Moderne*, →*Postmoderne*), die durch eine Vielzahl von konkurrierenden →*Gruppen* und Organisationen mit unterschiedlichen Interessen, →*Einstellungen* und →*Normen* geprägt ist (siehe auch →*Kulturelle Diffusion*). Im Gegensatz zu traditionellen Gesellschaften verfügt eine pluralistische Gesellschaft über eine differenzierte Sozial- und Herrschaftsstruktur und bietet dem Individuum den größtmöglichen Entfaltungs- und Handlungsspielraum (siehe auch →*Multioptionsgesellschaft*).

Pluralistische Unternehmenskultur Im Zuge der fortschreitenden Internationalisierung aller Geschäftstätigkeiten (→*Internationales Marketing*) die Anpassung der →*Unternehmenskultur* an die jeweiligen landeskulturellen Gegebenheiten (→*Polyzentrisches Marketing*). Dies führt dazu, daß sich in jeder Auslandsgesellschaft eine spezifische Unternehmenskultur entwickelt. Das multinationale Unternehmen wird so ein multikulturelles Unternehmen (siehe auch →*Multikulturelle Gesellschaft* und im Gegensatz dazu →*Universelle Unternehmenskultur*) mit den entsprechenden Differenzierungs- und auch Spezialisierungsvorteilen.

P-Markt →*Produzentenmarkt*.

Point of Purchase (PoP) Verkaufspunkt, d.h. der Ort, an dem ein →*Kauf* bzw. →*Verkauf* (Point-of-Sale) erfolgt. Hierbei bezieht sich der Verkaufspunkt auf ein →*Einzelhandel*sgeschäft. →*Verkaufsförderung* (Sales Promotion) und →*Merchandising* unterstützen den Abverkauf der →*Ware* (am PoS). Hierbei kann die PoP-Kommunikation sehr weit gefaßt sein. Sie reicht von der →*Schaufensterwerbung* bis hin zur →*Ladengestaltung* und letztlich zu allen kommunikativen Aktivitäten, die im →*Outlet* stattfinden.

Point of Sale (PoS) →*Point of Purchase* (PoP).

Polaritätenprofil Aus dem →*Semantischen Differential* durch *P. Hofstätter (1958)* modifiziertes Meßverfahren (→*Skalierung*, →*Skalierungsverfahren*) zur Bestimmung bzw. Erklärung von →*Einstellungen* oder →*Images* (siehe auch →*Imagemessung*). Im Vergleich zum semantischen Differential wird bei allen Untersuchungen mit den gleichen 24 Eigenschaftspaaren gearbeitet. Dadurch sind untersuchungsübergreifende Profilvergleiche möglich. Nachteilig kann sich hingegen auswirken, daß die gleichbleibenden Gegensatzpaare bei unterschiedlichen Untersuchungsobjekten semantisch (inhaltlich) nicht einheitlich aufgenommen und damit auch sehr unterschiedlich interpretiert werden.

Polypol →*Marktform*, bei der auf der Seite des →*Angebots* und der →*Nachfrage* viele kleine Marktteilnehmer agieren. Der →*Markt* kann vollkommen oder unvollkommen sein. Nach der klassischen Definition der polypolistischen Konkurrenz ist der Markt dadurch unvollkommen, daß die →*Anbieter* aus der Sicht der →*Nachfrager* einige oder mehrere →*Präferenzen* aufweisen. Das Polypol bedeutet daher eine →*Atomistische Konkurrenz* auf einem →*Unvollkommenen Markt*, wobei die Unvollkommenheitsbedingungen unterschiedlich ausgeprägt sein können.

Polyzentrisches Marketing Form des →*Internationalen Marketing*, die den ausländischen Tochtergesellschaften weitgehende Freiheiten einräumt, um sich den örtlichen Marktverhältnissen anpassen zu können. Das polyzentrische Marketing führt zu international sehr differenzierten →*Marketingkonzepten* und entspricht damit der extensiven →*Marktsegmentierung*. Diese Strategie kann sich als problematisch erweisen im Hinblick auf die Realisierung eines →*Global Marketing* und einer weltweit gültigen →*Corporate Identity* (siehe im Vergleich dazu →*Geozentrisches Marketing* und →*Ethnozentrisches Marketing*).

Poor Dogs →*Problemprodukte*, → *Portfoliomanagement*.

Pop-Ups →*Werbung* im →*Internet*, die bei Aufruf einer →*Website* in einem eigenen, neuen Fenster geladen wird. Das Fenster ist meist deutlich größer als die eines Banners (→*Bannerwerbung*). Pop-Ups bieten zudem auch die Möglichkeit zu mehr Graphik, Animation und Sound.

PoP-Werbung →*Verkaufsförderung*.

Portal(e) (Virtuelle) Eingänge im → *Internet*, die zu im weltweiten Netz hinterlegten →*Informationen* führen. →*Suchmaschinen* unterstützen die Nutzer beim Finden und bei der Auswahl der für sie relevanten Portale. Branchenportale öffnen den Zugang im →*Business-to-Business (-Marketing)* und entwickeln sich zunehmend zu virtuellen Marktplätzen (z.B. bei → *Beschaffung* und →*Einkauf*). Weitergehend können →*Wertschöpfungsnetze* von verschiedenen Unternehmen gebildet werden (z.B. Hersteller, Handel, Logistikunternehmen), um die →*Wertkette* als Kosten-Nutzen-Relation zu optimieren. →*Joint Ventures* und → *Strategische Allianzen* gewinnen so eine völlig neue Dimension.

Polypolistische Konkurrenz

Preisbildung auf unvollkommenen Märkten

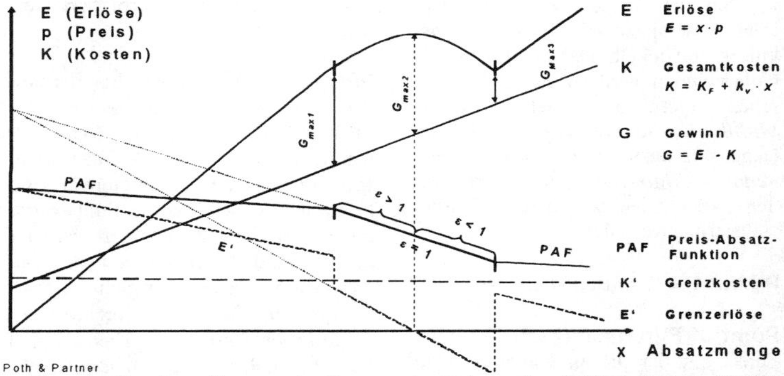

Poth & Partner

Portfolio Aufteilung des →*Unternehmens* in Anlehnung an das Portfolio von Wertpapieren in seine →*Strategischen Geschäftseinheiten* (SGE) bzw. →*Produktlinien*. Grundidee ist, das Geschäftsportfolio so zu gestalten, daß das Gesamtziel erreicht und eine optimale Mischung von finanzmittelfreisetzenden und finanzmittelverbrauchenden Geschäftseinheiten sichergestellt wird unter Berücksichtigung der →*Liquidität*.

Portfolioanalyse Positionierung der →*Strategischen Geschäftseinheiten* (SGE) in einer zweidimensionalen Matrix. Die Koordinaten werden durch die Erfolgsfaktoren bestimmt. Hierbei ist die Abszisse mit Faktoren besetzt, die das →*Unternehmen* direkt beeinflussen kann. Dazu zählen z.B. der relative →*Marktanteil*, →*Gewinn*, → *Deckungsbeitrag*, →*Return on Investment* (*RoI*), →*Cash Flow* und die Flächenleistung pro qm im →*Einzelhandel* etc. Die Ordinate ist mit Faktoren belegt, die weitgehend vom →*Markt* bestimmt sind und durch das Unternehmen nur indirekt beeinflußt werden können. Dazu zählen das →*Marktvolumen*, das →*Marktwachstum*, die Phasen im →*Produktlebenszyklus* etc. Entscheidend bei der Portfolioanalyse ist, daß die Strategischen Geschäftseinheiten trennscharf voneinander abgegrenzt sind. Die Portfolioanalysen können verknüpft werden mit der →*PIMS-Datenbank*. Da die Analysemethode auch zur Bewertung von Investitionsalternativen dient, ist es unbedingt erforderlich, die Koordinatenbestimmung vergleichbar zu halten.

Portfolio-Management Der Ausgangspunkt ist das sogen. Marktwachstum-Marktanteil-Portfolio in einer Vierfelder-Matrix. Hierin werden deutlich. Die Felder werden beschrieben mit Question Marks, Stars, Cash Cows und Poor Dogs. Das Portfoliomanagement hat nun die Aufgabe, für diese Felder entsprechende →*Strategien* zu entwickeln. Question Marks sind die künftigen Marktanteils- und Gewinnträger. Um sie zu Stars zu machen, sind Innovations- und Investitionsstrategien notwendig. Die Stars benötigen eine Verteidigungsstrategie, die auch mit einer Investitionsstrategie verbunden ist, um die hohen →*Marktanteile* zu halten. Die Cash Cows liefern die Finanzmittelüberschüsse, um die Question Marks zu entwickeln und die Stars zu sichern. Die entsprechenden Strategien dienen vor allem der Marktanteilserhaltung und der →*Marktausschöpfung*. Bei den Poor Dogs stellt sich die Frage, ob erheblich investiert werden soll, um sie zu einer

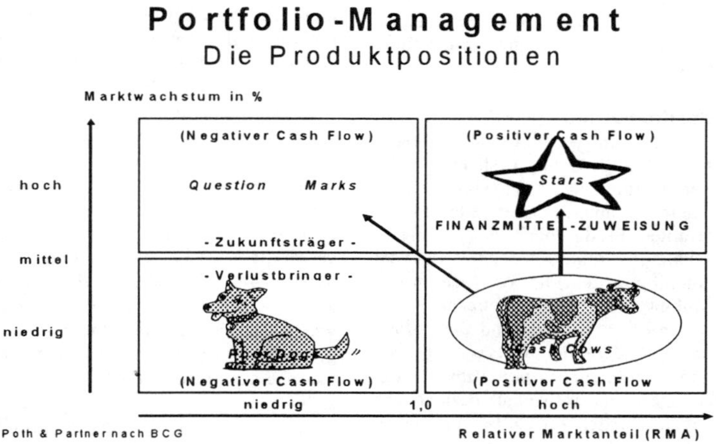

die →*Strategischen Geschäftseinheiten* (SGE) bzw. die verschiedenen →*Produktlinien* eingetragen und damit ihr "Standort" definiert. Durch die Größe der Kreisfläche wird die Umsatzbedeutung der jeweiligen SGE Star-Position zurückzuführen oder sich die konsequente Desinvestition empfiehlt. Der →*Relaunch* ist eine diesbezügliche Form der Investitionsstrategie. Die unterschiedlichen Strategien werden auch als sogen. →*Normstrate-*

gien bezeichnet. Die Hauptdimensionen können zudem durch die Faktoren "Marktattraktivität" und "Relative Wettbewerbsvorteile" ersetzt werden, die sich wiederum jeweils aus mehreren Einflußgrößen zusammensetzen.

Portfolio-Swap Tausch (Swap) von Geschäftseinheiten mit anderen Unternehmen, um das →*Portfolio* bzgl. der Konzentration auf Kernaktivitäten zu optimieren. Der Portfolio-Swap umfaßt damit gezielte Desinvestitions- und Akquisitionsentscheidungen (siehe dazu auch →*Diversifikation*).

POS-Banking Elektronisches Zahlungssystem als Form des →*Telebanking*, das zunehmend im →*Einzelhandel* zum Einsatz kommt (siehe auch →*Kreditkarte*). Hinsichtlich der Autorisierung durch den →*Kunden* und Buchung durch die Bank sind Offline- und Online-Systeme zu unterscheiden. Der Trend geht in die Richtung der Online-Systeme.

Positionierung Bewußte, mit Marketingmitteln (→*Marketinginstrumentarium*) angestrebte Festlegung oder Veränderung der vom →*Verbraucher* wahrgenommenen bzw. erlebten relevanten Produktposition (im Eigenschafts-, Wahrnehmungs- und/oder Anmutungsraum) im Vergleich zu den Mitbewerbern (→*Wettbewerber*). Die wesentlichen Formen sind die →*Produkt-*, →*Marken-*, →*Preis-*, →*Werbe-* und →*Imagepositionierung*. Ein erweiterter Begriffsinhalt bezieht sich auf den Prozeß zur Bestimmung einer Erfolgsposition (→*Wettbewerbsvorteile*) im →*Markt*. Entscheidend ist hierbei die Unterscheidung von den Mitbewerbern als strategische Positionierung.

Positionierungsmodell →*Produktpositionierung*.

Postenware Warenposten, die im →*Einzelhandel* als Mitnahmeware zu meist Discount-Preisen (→*Discount-Konzept*) verkauft werden. Sie gehören nicht zum festen →*Sortiment* und werden in der Regel auch nicht bevorratet. Ziel ist der schnelle Herausverkauf der üblicherweise völlig fachfremden →*Ware* (siehe in diesem Zusammenhang auch →*Warenumschlag*).

Postmaterialismus Von *R.Inglehart* *(1977)* entwickelte Theorie einer Wertsubstitution, die eine Ablösung materialistischer Werte (z.B. Streben nach →*Einkommen*, Besitz) zugunsten postmaterialistischer Wertvorstellungen (z.B. Steigerung von →*Lebensqualität*, Mitbestimmung) beinhaltet. Begründet wird die Theorie mit der Knappheits- und Sozialisationshypothese. Dabei besagt die Knappheitshypothese, daß Menschen knappen →*Gütern* einen besonders hohen Wert beimessen. Demzufolge entwickeln Menschen, die im Wohlstand aufgewachsen sind, und hier speziell die jüngere Generation, aufgrund der Sättigung der materialistischen →*Werte* spezifische postmaterialistische Wertprioritäten (wie z.B. Freizeit, Selbstverwirklichung) i.S. eines intergenerativen →*Wert(e)wandels* (siehe hierzu auch →*Maslow'sche Bedürfnispyramide)*. Die Sozialisationsthese hingegen geht davon aus, daß die materialistische bzw. postmaterialistische Einstellung des Menschen bereits in den ersten Sozialisationsphasen aufgrund seiner Erfahrungen (Wohlstand bzw. Entbehrung) geprägt wird.

Postmoderne Mehrdeutig verwendeter und z.T. auch widersprüchlicher Begriff, der einen kulturellen Umbruch oder sogar eine neue Epoche nach der →*Moderne* andeuten möchte, da sich diese aufgrund von Umwelt-, Wachstums-, Kultur- und Wertproblemen in einer tiefen Krise befindet. *A. Etzioni (1968)* bezeichnet die postmoderne Gesellschaft als eine zur Selbststeuerung fähige aktive Gesellschaft, die die technokratische Herrschaft überwunden hat. Von anderer Seite wird die Postmoderne als Weiterentwicklung der Moderne mit einer radikalen Pluralität der Lebensmöglichkeiten gesehen. Der Vielfalt von Wertsystemen (*→Werte*), *→Einstellungen,→Lebensstilen* und Verhaltensweisen (Entwicklung zur *→Informations-* und *→Kommunikationsgesellschaft*) stellen die Kritiker der Postmoderne wachsende Konflikte aufgrund zunehmender Gegensätze und Orientierungsprobleme angesichts des dynamischen*→Wert(e)wandels* (siehe auch *→Wert(e)dynamik*) gegenüber.

Postponement Verlagerung von individuellen (kundenorientierten) Spezial-Problemlösungen auf möglichst späte Wertschöpfungsstufen (*→Wertkette*), um auf früheren Stufen durch Standardisierung die *→Economies of Scale* zu realisieren. Durch Postponement werden die standardisierten mit den kundenspezifischen Prozessen verbunden. Es wird als Ziel angestrebt, Kosten zu senken bei Aufrechterhaltung der kundenorientierten Produktionsflexibilität (siehe dazu auch *→Prosumer*, *→Customized Marketing*).

Posttest *→Werbetest*, bei dem ex post z.B. nach Schaltung von *→Anzeigen* deren Wirkung (*→Werbewirkung*) kontrolliert bzw. gemessen wird. Zu den wichtigsten Posttest-Verfahren zählen das *→Recall-Verfahren*, *→Recognition-Verfahren*, der *→Foldertest* und der *→Copytest* (siehe im Vergleich dazu *→Pretest*).

Postwurfsendung Unadressierte *→Werbebriefe* an *→Haushalte* (*→Direktwerbung*, *→Hauswurfsendung*).

Potentialanalyse Analyse und Bewertung der gegenwärtigen und zukünftigen Unternehmenspotentiale im Sinne von Ressourcen. Mit der Potentialanalyse können auch entsprechende Wettbewerbsanalysen (*→Konkurrenzanalyse*, *→Konkurrenzforschung*) verbunden werden.

PR Abk. für *→Public Relations* oder auch *→Öffentlichkeitsarbeit*.

Prädisposition Vorprägungen, die gebildet werden durch *→Einstellungen* und den individuellen Persönlichkeitsmerkmalen des *→Verbrauchers* (*→Konsumenten*). Prädispositionen können mit Hilfe der *→Marketingkommunikation* beeinflußt werden.

Präferenzen Bevorzugungen durch Unterscheidungsmerkmale von Leistungsangeboten, die die *→Homogenitätsbedingung* des *→Vollkommenen Marktes* aufheben (siehe auch *→ Marktformen* und *→Polypol*). Nachfragerpräferenzen schaffen ein *→Akquisitorisches Potential*, das bei einer ansonsten geltenden elastischen *→ Nachfragefunktion* die Ausnutzung eines *→Preispolitischen Autonomiebereichs* (*→Monopolistischer Spielraum*) zuläßt. Dadurch gelingt es (z.B. durch *→Produktdifferenzierungen*), eine *→Atomistische Konkurrenz* unter Vollkommenheitsbedingungen in eine *→Polypolistische Konkurrenz* unter Unvollkommenheitsbedingungen umzugestalten. Die Präferenzen sind sachlich und/oder persönlich, räumlich und zeitlich bedingt.

Präferenzkonflikt*→Appetenz-Appetenz-Konflikt*.

Präferenzstrategie(n) →*Qualität* und →*Preis* werden hoch angesetzt (siehe →*Preis-Qualitäts-Strategie*), um den →*Markenkäufer* zu gewinnen. Die Abgrenzung zur →*Preis-Mengen-Strategie* ist nicht trennscharf, da sich vielfach (z.T. konkurrenzbedingt) auch Mittellagen- und Aktionsstrategien als notwendig erweisen (→*Marktstimulierungsstrategien*). Präferenzstrategien sind nur dann durchsetzbar, wenn aus Kundensicht Produktpräferenzen (→ *Präferenzen*) bestehen, die den hohen Preis rechtfertigen.

Prägnanzprinzip Fundamentalprinzip der →*Wahrnehmung*, das sich aus der →*Ganzheitspsychologie* und der →*Gestaltpsychologie* ableitet. Danach ist die Prägnanz definiert als die Stärke der Abhebung einer →*Gestalt* von ihrem gesamten Wahrnehmungsumfeld (siehe auch →*Gestaltfestigkeit*). Das Prägnanzprinzip hat eine besondere Bedeutung für die →*Werbemittelgestaltung*. Nach *K. Chr. Behrens (1963)* sind die diesbezüglichen wichtigsten Prägnanzbedingungen Einfachheit, Einheitlichkeit und Kontrast.

Prämarketing Absatzbezogenes Instrumentarium der Marktvorbereitung, das vornehmlich in der Vorphase der →*Produkteinführung* zum Einsatz kommt. Prämarketing kann sich als Vorsprung im →*Zeitwettbewerb* erweisen, setzt jedoch auch den →*Anbieter* unter Zeitdruck, zum angekündigten Termin den →*Markt* zu bedienen. Beispiele für Prämarketing bieten die Automobilindustrie und auch Banken (kommunikative Aktivitäten vor der Aktien-Emission). Abzugrenzen von dem Begriff ist das →*Nachkaufmarketing*, wenngleich ein Kontext besteht zwischen Vor- und Nacharbeit. Auf diesen Kontext ist besonders deshalb hinzuweisen, weil sich das Marketing in der Praxis vielfach zu sehr auf den operativen, gegenwartsorientierten Instrumentaleinsatz konzentriert und dabei die Marktvorbereitung und Marktpflege vernachlässigt.

Prämie(n) Im Rahmen des →*Vergütungssystems* eine leistungsorientierte Zusatzvergütung (→*Verkaufsprämie*). Die Prämie ist an Vorgaben gekoppelt und zeitlich begrenzt oder unbegrenzt. Nach der Prämienart sind monetäre und Sachprämien zu unterscheiden. Weiterhin kann nach Individual- und Gruppenprämien differenziert werden (siehe in Abgrenzung → *Provision* und in Ergänzung →*Incentives*).

Pragmatik Dimension der Bedeutsamkeit von Zeichen für Sender und/oder Empfänger (siehe auch → *Syntaktik* und →*Semantik*).

Preis Der in Geld ausgedrückte Tauschwert eines Leistungsangebots. Voraussetzungen für die Preisbildung sind die Knappheit des →*Angebots* und das Zusammenspiel von →*Anbietern* und →*Nachfragern*.

Preis-Absatz-Funktion Preis-Mengen-Relation, die angibt, welche Menge zu einem bestimmten →*Preis* abgesetzt werden kann. Die Preisabsatzfunktion repräsentiert also eine konjekturale →*Nachfragefunktion* (als eine →*Marktreaktionsfunktion*). Das Verhältnis der relativen Mengenänderung zu der sie verursachenden relativen Preisänderung wird durch die →*Nachfrageelastizität* in bezug auf den Preis (→*Preiselastizität*) ausgedrückt. Hierbei ist zu berücksichtigen, daß die Preiselastizität nur *eine* der Nachfrageelastizitäten ist, die in der Gesamtwirkung die →*Absatzwertelastizität* (→*Marketing-Elastizität*) bestimmen. Durch die klassische → *Preistheorie* werden für die verschiedenen →*Marktformen* unterschiedliche Preisabsatzfunktionen entwickelt.

Preisabsatzkurve →*Preisabsatzfunktion*.

Preisabschrift(en) Preisherabsetzung einer →*Ware* unter den bisherigen →*Verkaufspreis*. In Abgrenzung zu →*Sonderangeboten* werden vor allem im →*Handel* (→*Einzelhandel*) Preisabschriften aufgrund einer unbefriedigenden →*Nachfrage* vorgenommen. Damit ist primär das Ziel verbunden, den oder die →*Artikel* möglichst schnell herauszuverkaufen, um die notwendige Regalfläche für neue Angebote zu schaffen (Aktualisierung des →*Sortiments*). Besonders bei modischen und verderblichen Waren erfolgen Preisabschriften oft nach einem definierten Zeitraum automatisch.

Preisabsprachen Vereinbarung zwischen →*Anbietern*, gleichwertige →*Angebote* preislich nicht zu unterbieten bzw. die →*Preise* gleichförmig und möglichst gleichzeitig zu erhöhen. Ein derartiges Preiskartell (auch „Frühstücks-Kartell" genannt) ist nach →*Wettbewerbsrecht* (→*GWB*) unzulässig. Eine unverabredete →*Preisführerschaft* ist hingegen kein Verstoß im Sinne des Wettbewerbsrechts, wenngleich sie zu einer ordnungspolitisch nicht erwünschten Wettbewerbsverzerrung führen kann.

Preisänderungswirkung Preiswirkung, die sich auf den früheren Preis als Beurteilungsmaßstab für den gegenwärtigen Preis aus Sicht des →*Nachfragers* bezieht. Entscheidend für die →*Preisbeurteilung* des Nachfragers ist nicht das absolute Preisniveau, sondern seine Veränderung. So führen z.B. größere Preissenkungen bei technischen →*Gebrauchsgütern* zur verstärkten →*Nachfrage* oder auch zur Kaufzurückhaltung in Erwartung weiterer Preissenkungen (→*Preiserwartungseffekte*).

Preisagentur(en) Dienstleistungsunternehmen, die für ein bestimmtes →*Produkt* bzw. eine →*Dienstleistung* den preisgünstigsten →*Anbieter* ermitteln. Die Suche kann sich auch auf eine durch den Auftraggeber definierte Region beschränken. Die unternehmensexterne Preisrecherche muß für den Auftraggeber kostengünstiger sein als die eigene Informationsbeschaffung. Entscheidend ist die Unabhängigkeit bzw. Neutralität der Preisagenturen. Als problematisch kann sich erweisen, daß es sich um eine reine Preisrecherche handelt und damit keine Qualitätsbewertung der Anbieter bzw. →*Angebote* verbunden ist. Insofern ist die exakte Spezifikation des Produktes/Dienstleistung durch den Auftraggeber unerläßlich. Die →*Provision* der Preisagentur beträgt zwischen 30 und 45% der Ersparnis für den Auftraggeber (Differenz zwischen dem Vorgabepreis und dem recherchierten Preis).

Preisaktion(en) Form der →*Sonderangebotspolitik* (→*Sonderaktionen*, →*Sonderangebote*) als zeitlich begrenzte →*Preisvariation*, die in erster Linie im →*Stationären Einzelhandel* sehr beliebt ist. Durch die Aktionsorientierung soll primär die Preiswürdigkeit des →*Anbieters* (→*Preis-Leistungs-Verhältnis*) deutlich gemacht werden. Bei häufigen Sonderangeboten („Preisaktionitis") kann die Gefahr eines kontinuierlichen Preisverfalls und/oder einer Imageschädigung von Prestigeprodukten auftreten (siehe dazu auch →*Prestigekonsum*).

Preisakzeptanz Subjektive Empfindung der Angemessenheit des verlangten →*Preises* (→*Preis-Leistungs-*

Verhältnis). Die Preisakzeptanz wird entscheidend durch das →*Preisbewußtsein* beeinflußt.

Preisangaben-Verordnung Regelungen und Vorschriften zur →*Preisauszeichnung* vom 14.3.1985. Danach sind die →*Anbieter* zur Preisklarheit und Preiswahrheit verpflichtet. Es müssen Endpreise incl. der Umsatzsteuer angegeben werden. Durch die Preisangaben-Verordnung soll der →*Verbraucher* in die Lage versetzt werden, einen objektiven Preisvergleich durchführen zu können.

Preisanpasser Nach der mikroökonomischen →*Preistheorie* →*Anbieter* in der →*Marktform* des unvollkommenen →*Polypols* (Bedingungen des →*Unvollkommenen Marktes*), deren maximale Angebotsmenge durch den →*Absatzmarkt* (→*Marktvolumen*) begrenzt wird, die ihren →*Gewinn* aber (im Gegensatz zu den →*Mengenanpassern* im vollkommenen Polypol) über den →*Preis* (→*Preisbildung*) autonom steuern können. Die →*Preisabsatzfunktion* verläuft bei dieser Marktform als fallende Lineare von der Preis- zur Mengenachse. Die Marktform ist sehr praxisnah und gibt den Anbietern die Möglichkeit zur Schaffung →*Akquisitorischer Potentiale* (Nutzung →*Preispolitischer Autonomiezonen* bzw. →*Monopolistischer Spielräume*) durch entsprechende Marketingaktivitäten (z.B. →*Produktinnovationen*, →*Marketingkommunikation*).

Preisanpassungsklausel →*Preisgleitklausel*.

Preisargumentation Form der →*Verkaufsargumentation*, die im →*Verkaufsgespräch* die Preisattraktivität des →*Angebots* in Verbindung mit seinen Eigenschaften und seiner →*Qualität* besonders hervorhebt. Am häufigsten werden →*Preisgegenüberstellungen* zur Preisargumentation benutzt. Diese sind aus wettbewerbsrechtlicher Sicht (→*UWG*) unbedenklich, soweit sie keine die Konkurrenzprodukte herabsetzenden →*Preisvergleiche* darstellen. Weitere Argumentationsformen sind die Angabe von →*Nettopreisen* (abzügl. der Mehrwertsteuer und/oder des Wertes von in Zahlung genommenen Altgeräten), die Nennung von Grundpreisen ohne Betonung der Zubehör- oder Folgekosten (z.B. beim Autokauf), die Auslobung und auch Demonstration des Kundennutzens (→*Customer Value*) etc. Preis- und Verkaufsargumentationen sind grundsätzlich wesentliche Instrumente der →*Preisdurchsetzung*, soweit sie nicht mißbräuchlich zur →*Irreführung* des →*Nachfragers* (→*Kunden*) eingesetzt werden.

Preis-Audit Ermittlung der durchschnittlichen →*Marktpreise* für →*Konsumgüter* und →*Dienstleistungen*. →*Handelspanel* und/oder →*Verbraucherpanel* dienen als Instrumente der Preisermittlung (siehe auch →*Preisvergleich*, →*Preisspiegel*).

Preisaufklärung Bereitstellung von →*Verbraucherinformationen* bzgl. der gegebenen (aktuellen) durchschnittlichen →*Marktpreise* für →*Waren* (→*Produkte*) und →*Dienstleistungen*. Die Preisaufklärung ist ein wichtiges verbraucherpolitisches Instrument (→*Verbraucherpolitik*) zur →*Verbraucheraufklärung* (siehe auch →*Preisvergleich*, →*Preisspiegel*, →*Preis-Audit*). Von den →*Anbietern* (Hersteller und →*Handel*) wird die Preisaufklärung jedoch z.T. sehr ambivalent beurteilt, da sie im Rahmen ihrer taktischen →*Preisbildung* an einer vollständigen →*Preistransparenz* (allein schon aus Wettbewerbsgründen) kaum interessiert sind. Eine „gläserne" Preisbildung engt den preisautonomen Entscheidungsbereich erheblich ein.

Preisausschreiben Besondere Form von →*Gewinnspielen*, die entweder als →*Verbraucher-Promotions* oder auch als →*Handels-Promotions* bzw. →*Händler-Promotions* durchgeführt werden und der →*Verkaufsförderung* dienen. Preisausschreiben sind wettbewerbsrechtlich (→*UWG*) unbedenklich, wenn sie nicht an den →*Kauf* des Leistungsangebots (auch im Sinne eines →*Psychologischen Kaufzwangs*) gekoppelt werden.

Preisauszeichnung Nach →*Preisangaben-Verordnung* vom 14.3.1985 ist es gesetzliche Pflicht, →*Waren* (→*Produkte*) oder →*Dienstleistungen* am Produkt (Produktpreisauszeichnung) oder am Regal (Regalpreisauszeichnung) durch Hersteller oder Handelsunternehmen mit dem Endpreis auszuzeichnen. Durch die Preisauszeichnung soll der →*Verbraucher* in die Lage versetzt werden, einen objektiven Preisvergleich durchführen zu können (siehe auch →*Warenkennzeichnung*).

Preisbereitschaft →*Preis*, den der →*Nachfrager* für ein →*Angebot* zu zahlen bereit ist (→*Preisakzeptanz*). Die Preisbereitschaft hängt im wesentlichen vom Vergleich der →*Ausgabe* mit dem →*Nutzen* ab.

Preisbeurteilung Subjektive Bewertung von Angebotspreisen durch die →*Käufer*, die eng verbunden ist mit Preisinteresse, →*Preisbewußtsein*, →*Preiswahrnehmung* und →*Preiskenntnis*. Die Preisbeurteilung basiert im wesentlichen auf einem Preisempfinden (→*Ankerpreis*), das geprägt wird durch das →*Preisverhalten* (→*Preiskäufer* versus →*Markenkäufer*). Damit ist auch die Wertschätzung der →*Qualität* im Vergleich zum Preis verknüpft (siehe →*Preis-Leistungs-Verhältnis*).

Preisbewußtsein Subjektive Vorstellung von →*Verbrauchern* (→*Konsumenten*) über den angemessenen →*Preis* eines Leistungsangebots (siehe auch →*Preisakzeptanz*, →*Preis-Leistungs-Verhältnis*). Die rein subjektive Auffassung zum Vorhandensein des Preisbewußtseins ist stärker ausgeprägt als die tatsächliche →*Preiskenntnis*. Vielfach gilt der Preis als ein Maßstab für die →*Qualität* (→*Veblen-Effekt*). Das Preisbewußtsein ist abhängig vom Preisinteresse und der →*Preisbeurteilung* und dem damit verbundenen Qualitätsinteresse und der Qualitätsbeurteilung (siehe auch →*Qualitätsbewußtsein*).

Preisbildung Festlegung der →*Preise* für die Leistungsangebote. Die Preisbildung erfolgt durch die →*Preiskalkulation* (→*Preispolitik*, →*Preistheorie*) und orientiert sich an der →*Marktform*, den →*Nachfrageelastizitäten* und den →*Kosten* unter Berücksichtigung der →*Unternehmensziele*.

Preisbindung Vertikale Preisbindung bzw. Preisbindung der zweiten Hand beschreibt den Tatbestand, daß der Hersteller den →*Handel* preispolitisch bindet. Die Preisbindung für Markenwaren (→*Markenartikel*) und Verlagserzeugnisse wurde Ende 1973 aufgehoben und ist seitdem nur noch auf Verlagserzeugnisse beschränkt. Weitere Ausnahmen bestehen bei Arzneimitteln und Tabakwaren. Zulässig ist hingegen die vertikale →*Preisempfehlung* bei Markenwaren.

Preisbündelung →*Bundling*.

Preisdifferenzierung Unterschiedliche →*Preisbildung* für das gleiche Leistungsangebot. Unterschieden werden die räumliche (geographisch unterschiedliche Märkte), zeitliche (z.B. Sommerpreise), sachliche (Verwendungszweck) und abnehmerorientierte (→*Zielgruppen*) Preisdifferenzierungen. Insbesondere bei der abnehmerbezogenen Preisdifferenzierung (durch z.B. versteckte →*Rabatte* und Sonderregelungen der →*Konditionen*) besteht die Gefahr der →*Preisdiskriminierung*, die wettbewerbsrechtlich relevant ist. Die Preisdifferenzierung hat eine wichtige Funktion als Form der Instrumentaldifferenzierung bei der →*Marktsegmentierung* im Verbund mit der →*Produktdifferenzierung*, → *Distributionsdifferenzierung* und → *Kommunikationsdifferenzierung* (siehe dazu auch →*Bundling*). Mit Hilfe der Preisdifferenzierung sollen insbesondere neue Zielgruppen erschlossen werden (neue Konsumentenschichten oder auch →*Handelskanäle*).

Preisdiskriminierung Die unterschiedliche preispolitische Behandlung gleichartiger →*Abnehmer* bei gleichem Leistungsangebot. Die Diskriminierung hat dann nach →*GWB* Rechtsrelevanz (§ 26 Abs. 2 GWB), wenn der →*Anbieter* ein marktbeherrschendes bzw. marktstarkes Unternehmen ist. In den Handels-Hersteller-Beziehungen spielt in diesem Zusammenhang vor allem die →*Rabatt-/Konditionenspreizung* eine wichtige Rolle.

Preisdurchsetzung Alle Maßnahmen, die dazu dienen, die Angebotspreise in den →*Absatzmärkten* durchzusetzen. Hierbei gilt es vor allem, auf die→*Preisbeurteilung* der →*Verbraucher* bzw. →*Konsumenten* (z.B. durch diverse Arten der →*Marketingkommunikation* und durch die verschiedenen Formen der →*Preispolitik*) Einfluß zu nehmen. Ein weiterer wesentlicher Einflußfaktor ist beim →*Mehrstufigen Vertrieb* der →*Handel* (→*Groß-* und →*Einzelhandel*). Hier gilt es, alle → *Distributionsorgane* (incl. den →*Aussendienst*) in den Preis-Durchsetzungsprozeß einzubinden. Die diesbezüglichen instrumentellen Maßnahmen sind z.B. →*Preisempfehlungen*, die verschiedenen Formen der →*Vertikalen Kooperation* und die Stärkung der richtlinienbezogenen Preiskompetenz des Außendienstes. Bezüglich der Kostenentwicklung ist für die Preisdurchsetzung in vielen →*Branchen* (vor allem im →*Anlagengeschäft*) überdies eine →*Preissicherung* notwendig (z.B. durch →*Preisgleitklauseln*).

Preiselastizität Verhältnis der relativen Mengenänderung zu der sie verursachenden relativen Preisänderung. Das →*Substitutionsverhältnis* der Angebote untereinander wird durch die →*Substitutionselastizität* (→*Kreuzpreiselastizität*, →*Triffin'scher Koeffizient*) oder durch die →*Amoroso-Robinson-Formel* ausgedrückt. Es wird als normal angenommen, daß Preissenkungen zur Nachfragesteigerung führen und Preiserhöhungen zur Nachfrageverringerung. Diese Annahme kann jedoch nicht als allgemeingültig angesehen werden. Bei der Befriedigung von →*Sekundärbedürfnissen* kann der "anormale" Effekt auftreten, daß Preissenkungen mit einer Nachfragesenkung verbunden sind und Preiserhöhungen mit einer Nachfrageerhöhung (siehe dazu auch →*Inverse Preiselastizität*, →*Bandwagon-Effekt*, →*Veblen-Effekt* und →*Snobeffekt*).

Preisempfehlung Im Vergleich zur →*Preisbindung* handelt es sich um eine →*Empfehlung*, die der Hersteller dem →*Handel* als Richtpreis gibt. Die Empfehlung ist unverbindlich und nur zulässig bei Markenwaren (→*Markenartikel*). Die unverbindliche Preisempfehlung unterliegt der Mißbrauchsaufsicht des Bundeskartellamts. Zu hoch angesetzte Preisempfehlungen (→ *Mondpreise*) werden rechtlich als

Mißbrauch behandelt. Eine Sonderform unverbindlicher Preisempfehlungen sind die sogen. →*Mittelstandsempfehlungen*. Danach können Vereinigungen kleiner oder mittlerer Hersteller- oder Handelsunternehmen zur Steigerung der Leistungs- und Wettbewerbsfähigkeit für ihre Mitglieder Preisempfehlungen aussprechen.

Preisendzifferneffekt →*Odd Pricing*.

Preiserwartungseffekte →*Kaufverhalten*, das sich an den Erwartungen künftiger Preisentwicklungen orientiert. Bei zu erwartenden Preiserhöhungen werden beabsichtigte →*Käufe* zeitlich vorgezogen, bei angenommenen künftigen Preissenkungen werden Käufe zurückgehalten. Dadurch kann aus Anbietersicht das Ziel von Preisänderungen (vor allem bei Preissenkungen) verfehlt werden (siehe als Beispiel die Konsumelektronik).

Preisführerschaft Anpassungsstrategie in der →*Preispolitik*, die insbesondere im →*Oligopol* zur Anwendung kommt. Im Grundsatz handelt es sich um eine kollektive →*Preisbildung*, durch die eine Kollision mit dem →*Wettbewerbsrecht* (→*GWB*) vermieden werden soll (→*Preisabsprachen*). Unterschieden wird die dominierende Preisführerschaft (der marktdominante →*Anbieter* gibt die Preisorientierung) und die barometrische Preisführerschaft (temporärer Wechsel des jeweiligen Preisführers). Durch das Konzept der Preisführerschaft wird insbesondere für Neuanbieter eine →*Markteintrittsbarriere* aufgebaut, die im deutlichen Widerspruch zum ordnungspolitisch gewünschten →*Leistungswettbewerb* stehen kann.

Preisgarantie Den →*Kunden* eingeräumte Garantie, für ein Leistungsangebot einen bestimmten →*Preis* (Angebotspreis) einzuhalten. Die Preisgarantie tritt in der Praxis in verschiedenen Varianten auf. Die Garantie gilt entweder für einen bestimmten Zeitraum oder hat die Form einer Geld-zurück-Garantie bei einem niedrigeren Wettbewerberpreis für das gleiche Leistungsangebot bzw. Akzeptanz eines niedrigeren Preises durch →*Wettbewerber*, der z.B. durch eine →*Anzeige* belegt ist (sogen. Price Matching Plans). Das Risiko einer extensiven Ausnutzung der letztgenannten Preisgarantie durch die Kunden wird dadurch eingeschränkt, daß sich die Garantie nur auf das identische Leistungsangebot bezieht. Die Preisgarantie ist aber mit der Gefahr verbunden, daß dadurch eine Preisspirale (→*Discount-Konzept*) nach unten entsteht (siehe auch →*Preisbildung*, →*Preispolitik*).

Preisgegenüberstellung →*Preisvergleich* mit höheren Referenzpreisen als →*Preis*- bzw. →*Verkaufsargumentation* zur →*Preisdurchsetzung*. Preisgegenüberstellungen (z.B. in den Verkaufsräumen des→*Einzelhandels*) haben den Charakter einer blickfangmäßigen Preiswerbung und sind wettbewerbsrechtlich (→*UWG*) zulässig. Unzulässig sind hingegen Preisvergleiche in Form der konkurrenzherabsetzenden →*Vergleichenden Werbung*.

Preis-Gewinn-Funktion Funktionaler Zusammenhang zwischen der Höhe des →*Preises* und dem →*Gewinn*. Vor allem bei der →*Marktform* des →*Polypols* auf →*Unvollkommenen Märkten* dient die Preis-Gewinn-Funktion der Ermittlung gewinnmaximaler Preise (als Schnittpunkt von →*Grenzkosten* und →*Grenzerlös*). Die Grundlage des Zusammenhangs bilden die →*Preis-Absatz-Funktion*, →*Preis-Umsatz-Funktion* und die →*Preis-Kosten-Funktion*.

Preisgleitklausel Form der →*Preissicherung*, bei der der endgültige → *Preis* von der Preisentwicklung z.B. der →*Rohstoffe* oder von anderen Indikatoren (z.B. →*Lebenshaltungskostenindex*, Inflationsrate, allgemeine Kostenentwicklung etc.) abhängig gemacht wird. Durch Preisgleitklauseln sollen die Risiken (vor allem im →*Anlagengeschäft*) gemindert werden, die mit z.T. extremen Preisschwankungen verbunden sind. In diesbezüglichen Verträgen ist die Häufigkeit der Preisanpassung zeitlich oder auch indikatorabhängig geregelt (siehe auch → *Preisbildung*, →*Preispolitik*).

Preisimage Teilimage (→*Image*) eines →*Anbieters* bei →*Verbrauchern* (→*Konsumenten*) bzw. →*Kunden*, das sich auf den →*Preis* (→*Preislage*, → *Preislinienpolitik*) bezieht. Preisimages sind subjektive Preisurteile, die auf Preiserfahrungen beruhen und sich zu Generalisierungen verfestigen. Sie haben insbesondere für Handelsbetriebe (→*Einzelhandel*) eine große Bedeutung. So wird mit bestimmten →*Handelsbetriebsformen* und ihren typischen Ausprägungen (z.B. →*Fachmärkte*) eine besondere Preisgünstigkeit verbunden. In bezug auf Hersteller ist das Preisimage eng an das →*Unternehmensimage* und →*Markenimage* gekoppelt.

Preisindex →*Lebenshaltungskostenindex*.

Preiskäufer →*Nachfrager*, für die der →*Preis* das entscheidende Auswahlkriterium beim →*Kauf* ist. Preiskäufer zeichnen sich im Gegensatz zu →*Markenkäufern* durch einen häufigen →*Markenwechsel* und/oder Einkaufsstättenwechsel (→*Einkaufsstättenwahlverhalten*) und damit durch eine geringe →*Markentreue* bzw. → *Ladentreue* aus.

Preiskalkulation Ermittlung und Festlegung von →*Preisen* (→*Preisbildung*, →*Preispolitik*) für die Angebotsleistungen von Unternehmen. Die Preiskalkulation läßt sich in drei Verfahrensgruppen gliedern: (1.) Kostenorientierte Verfahren (→*Vollkostenrechnung*, →*Zuschlagskalkulation*, → *Progressive Preiskalkulation*), (2.) Marktbezogene Verfahren (→*Teilko-*

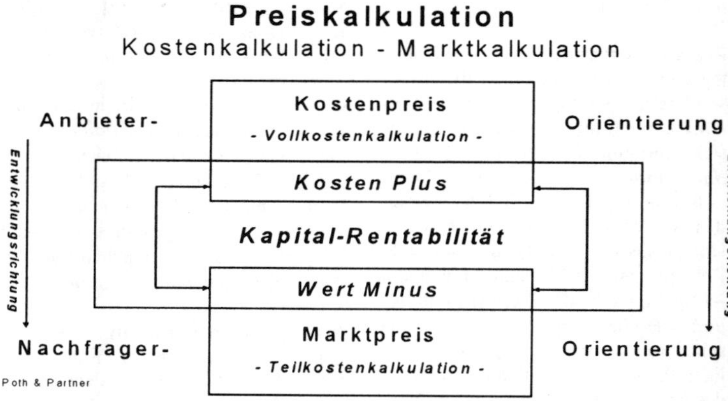

stenrechnung, →*Deckungsbeitragsrechnung*, →*Retrograde Preiskalkulation*), (3.) Marginalanalytische Verfahren (→*Preis-Absatz-Funktion*, →*Cournot'scher Punkt*, →*Marginalanalyse*).

Preiskartell →*Kartell* (→*Kartellarten*) höherer Ordnung, das den →*Wettbewerb* erheblich einschränkt und dementsprechend nach →*GWB* (Gesetz gegen Wettbewerbsbeschränkungen) grundsätzlich verboten ist. Eine Ausnahme bildet das preispolitisch relevante und anmeldungs- und genehmigungspflichtige →*Rabattkartell* (als →*Erlaubniskartell*). Ziel der Ausnahmeregelung ist die Vermeidung einer ruinösen Rabattkonkurrenz (siehe →*Rabatt-/Konditionenspreizung*).

Preiskenntnis Von Preisinteresse und →*Preisbewußtsein* abhängiges objektives Preiswissen des →*Käufers* in bezug auf Einzelangebote. →*Preistransparenz* und die Aufnahme und Verarbeitung von Preisinformationen (z.B. →*Preisvergleiche*, →*Preisspiegel*, →*Preis-Audits*) sind die Voraussetzung für Preiskenntnis. Unter dieser Bedingungslage ist die objektive Preiskenntnis der →*Verbraucher* als äußerst gering einzuschätzen. Sie reduziert sich im wesentlichen auf die Kenntnis von →*Sonder-* und →*Lockvogelangeboten* und bestimmten sozialen Eckpreisen von Lebensmitteln (z.B. Butter, Brot, Fleisch, alkoholfreie Getränke, Bier) im →*Einzelhandel*.

Preis-Kosten-Funktion Funktionaler Zusammenhang zwischen →*Preisen* und→*Kosten*. Die Ausbringungsmenge ist die entscheidende Kosteneinflußgröße. Aus dem Zusammenhang zwischen →*Absatzmenge* und Ausbringungsmenge ergibt sich die Verbindung zwischen der Preis-Kosten-Funktion und der →*Preis-Absatz-Funktion*.

Preislage(n) Verschiedene →*Preise* nach unterschiedlichen Qualitätsniveaus. Innerhalb der Qualitätsniveaus sind die Preise gleich bzw. unterscheiden sich nur geringfügig voneinander. Durch die verschiedenen Preislagen sollen unterschiedliche Käufergruppen (→*Zielgruppen*) angesprochen werden. Insofern gilt die Bedingung der →*Marktsegmentierung*, daß die Preislagen in sich homogen und zueinander heterogen sein sollen (siehe auch →*Preislagenpolitik*).

Preislagenpolitik Bildung unterschiedlicher →*Preislagen* (meist nach →*Qualitäten*) im →*Sortiment* bzw. →*Produktprogramm* entsprechend der →*Positionierung* des Unternehmens. Hierbei müssen für den →*Konsumenten* bzw. →*Kunden* die Nutzenunterschiede deutlich werden. Wichtig ist dabei vor allem die Preis-Image-Konsistenz (siehe auch →*Preisimage*, →*Preispositionierung*).

Preis-Leistungs-Verhältnis Subjektive Empfindung der Angemessenheit des →*Preises* in bezug auf die →*Qualität* des →*Angebots*. Das Preis-Leistungs-Verhältnis kann beeinflußt werden durch die →*Servicepolitik* und durch die Veränderung des →*Preisimages*. Die →*Marketingstrategie* sollte so angelegt sein, daß aus dem Preis-Leistungs-Verhältnis ein Leistungs-Preis-Verhältnis wird. Dadurch wird der reine →*Preiswettbewerb* reduziert.

Preislinienpolitik Teil der →*Preispolitik* bzgl. der →*Preisbildung* für die einzelnen Teile des →*Sortiments* bzw. →*Produktprogramms*. Hierbei ist vor allem zu beachten, daß zwischen den Preislinien (→*Preislagen*) bzw. den Leistungsangeboten vielfältige Verbundbeziehungen bestehen, die sich auf das →*Preisimage* auswirken.

Preis-Management Dispositive Umsetzung der →*Preisstrategie* und →*Preispolitik*. Da es sich bei der Preisstrategie um Grundsatzentscheidungen handelt, die langfristigen Charakter haben, liegt der Verantwortungsbereich bei der →*Unternehmensführung* (→*Management*).

Preismechanismus Wesentliches Merkmal der →*Marktwirtschaft*. Die →*Preisbildung* erfolgt durch das (auch staatlicherseits) ungehinderte Zusammenspiel von →*Angebot* und →*Nachfrage* und die freie Bildung von →*Marktpreisen*. Knappheit bzw. Überangebot von →*Gütern* bestimmen die Marktpreise. In diesem Zusammenhang spielt auch die Höhe der Angebotspreise eine wichtige Rolle.

Preis-Mengen-Strategie(n) Im Gegensatz zu den →*Präferenzstrategien* sind die Preis-Mengen-Strategien auf einen aggressiven →*Preiswettbewerb* ausgerichtet und orientieren sich am →*Preiskäufer* (siehe →*Discount-Konzept*). Die Grenzen zu Mittellagen- und Aktionsstrategien sind fließend (→*Marktstimulierungsstrategien*).

Preis-Mix Untergruppe des →*Marketing-Mix*, die die Teilbereiche (Funktionen) der →*Preispolitik* als Submix synergetisch zusammenfaßt.

Preis-Nachfrage-Funktion Preis-Mengen-Relation, die der →*Preis-Absatz-Funktion* ähnelt und sich von dieser nur dadurch unterscheidet, daß es sich um einen makroökonomischen Zusammenhang handelt.

Preisobergrenze →*Preis*, der von den →*Nachfragern* gerade noch akzeptiert wird. Die Preisobergrenze entspricht der →*Preisuntergrenze* der →*Anbieter*.

Preisoptik Kommunikative Darstellung der besonderen Preis-Leistungs-Fähigkeit des →*Anbieters*. Instrumental werden dazu alle Formen der →*Produktwerbung* eingesetzt, im →*Handel* (vor allem im →*Einzelhandel*) die →*Preisauszeichnung* im Schaufenster (→*Schaufensterwerbung*), →*Outlet* und/oder Regal, Herausstellen von →*Sonderangeboten* (→*Lockvogelangebote*), →*Aktionsplazierungen* etc.

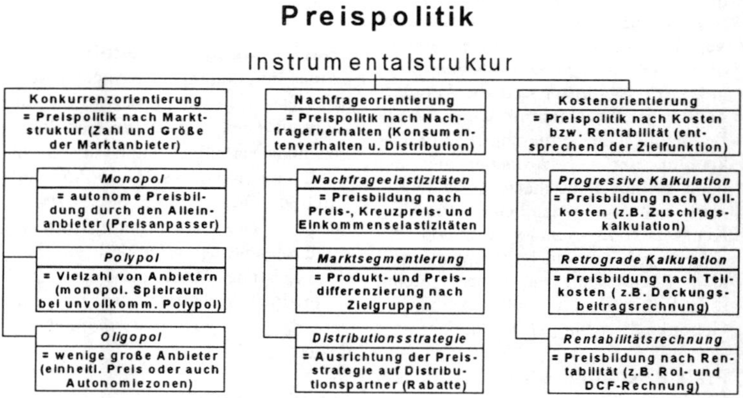

Poth & Partner

Preispolitik Bestimmung der →*Preise* als Entgelt für Leistungsangebote. Die →*Preisbildung* orientiert sich an der →*Marktform*, den →*Nachfrageelastizitäten* und den →*Kosten* incl. der angezielten →*Umsatzrentabilität*. Die Preispolitik weist einen engen Zusammenhang mit der →*Konditionenpolitik* auf (siehe auch →*Kontrahierungspolitik* als übergeordneter Begriff). Die Verbindung zur →*Preistheorie* ergibt sich aus der →*Preis-Absatz-Funktion*. Ihre praktische Umsetzung erfährt die Preispolitik durch die Gestaltung des →*Preis-Mix*.

Preispolitische Autonomiezone →*Monopolistischer Spielraum* in der →*Marktform* des →*Polypols* auf →*Unvollkommenen Märkten*. Der monopolistische Spielraum wird markiert durch einen Oberpreis und durch einen Unterpreis (→*Cournot'scher Punkt*). In diesem Bereich der →*Nachfragefunktion* (auch →*Preis-Absatz-Funktion*) kann der →*Anbieter* preispolitisch fast reaktionsfrei agieren. Die Autonomiezone wird entscheidend bestimmt durch die →*Präferenzen*, die der Anbieter bei den →*Nachfragern* besitzt (→*Akquisitorisches Potential*).

Preispositionierung Spezielle Form der →*Produktpositionierung*. Das Leistungsangebot wird in Abgrenzung bzw. Abhebung zum Konkurrenzangebot positioniert bzgl. Preis-Leistung (→*Preis-Leistungs-Verhältnis*) bzw. Preis-Qualität. Damit verbunden ist eine →*Preisdifferenzierung* nach verschiedenen Qualitäts-/Leistungsklassen aufgrund der sehr unterschiedlichen Ansprüche von →*Zielgruppen* in bezug auf das Preis-Qualitäts-Verhältnis (siehe→*Preis-Qualitäts-Strategie*). Die Preispositionierung steht in einem engen Zusammenhang mit der →*Preislagenpolitik* und →*Preislinienpolitik*.

Preis-Prestige-Effekt →*Veblen-Effekt*.

Preis-Qualitäts-Assoziation Assoziative Verbindung der →*Qualität* mit dem→*Preis* für unbekannte Leistungsangebote oder auch für Prestigeprodukte (→*Prestigekonsum*, →*Demonstrativkonsum*, →*Veblen-Effekt*) aus Sicht des →*Nachfragers*. Die Preis-Reaktions-Funktion (→*Preis-Absatz-Funktion*) zeigt vielfach sogar einen inversen Verlauf (→*Inverse Preiselastizität*). Generell gilt, daß die Preis-Qualitäts-Assoziation um so stärker ist, je geringer die Produktkenntnisse des Nachfragers und je größer die Produktvielfalt mit ihren →*Qualitätsdifferenzierungen* sind. Aus der Assoziation können sich auch Übertragungseffekte (→*Irradiation*) auf andere Leistungsangebote ergeben (siehe auch →*Preisimage*).

Preis-Qualitäts-Strategie →*Präferenzstrategie*, bei der im Vergleich zur →*Preis-Mengen-Strategie* die →*Qualität* bei der →*Preisbildung* im Vordergrund steht. Die wichtigsten Strategieformen sind die →*Premiumstrategie* (hoher →*Preis* aufgrund überlegener Qualität und hohem →*Customer Value*), die Mittelfeldstrategie (ausgewogenes Durchschnittsfeld von Preis und Qualität) und die Niedrigqualitätsstrategie (niedriger Preis und geringe Qualität). Die Niedrigqualitätsstrategie weist eine große Ähnlichkeit mit der Preis-Mengen-Strategie auf (siehe im thematischen Gesamtzusammenhang auch →*Outpacing*).

Preis-Reaktions-Funktion →*Preis-Absatz-Funktion*.

Preisregulierung →*Preisbindung* (gebundener Preis), die behördlich verordnet wird.

Preis-Response-Funktion →*Preis-Absatz-Funktion*.

Preisschleuderei Niedrigstpreisstrategie, die bewußt eine Wettbewerbsvernichtung anstrebt und als wettbewerbswidrig (→*GWB*,→*UWG*) einzustufen ist. Die Preisschleuderei ist deutlich abzugrenzen von den zulässigen diversen Formen der →*Niedrigpreisstrategie* (z.B. →*Discount-Konzept*, →*Untereinstandspreispolitik*). Die rechtliche Würdigung der relevanten Fälle gestaltet sich insofern äußerst problematisch, als eine exakte Trennschärfe zwischen Schleuderpreisen und Untereinstandspreisen nicht gegeben ist.

Preisschwelleneffekt Phänomen, daß erst ab einer bestimmten Grenze eine Reaktion der →*Verbraucher* (→*Konsumenten*) auf eine Preisveränderung erfolgt. Preispolitisch wird dieser Effekt durch die Bildung gebrochener →*Preise* genutzt (geringfügige Unterschreitung runder Preise). Dadurch wird der Eindruck einer besonderen Preisgünstigkeit vermittelt (siehe auch →*Odd Pricing*).

Preissicherung Preispolitische Maßnahme (→*Preispolitik*), um sich vor Preisschwankungen (verursacht durch Kostensteigerungen) zu sichern. Dies ist vor allem notwendig bei →*Anlagengeschäften*, bei denen die Abwicklung der Aufträge in der Regel eine längere Zeit in Anspruch nimmt. Die wichtigsten Formen der Preissicherung sind der Festpreiseinschluß (Risikoaufschlag), der Preisvorbehalt (Nachweis der Kostensteigerungen) und insbesondere die Vereinbarung von →*Preisgleitklauseln*.

Preisspiegel Vergleichende Gegenüberstellung von →*Marktpreisen* für homogene →*Konsumgüter* und →*Dienstleistungen* (siehe auch →*Preisvergleich*). Preisspiegel werden von Beratungsstellen herausgegeben und dienen der →*Verbraucherinformation* (→*Preistransparenz*, →*Preisaufklärung*).

Preisstaffel Form der →*Preisdifferenzierung* (→*Preispolitik*, →*Kontrahierungspolitik*,→*Konditionenpolitik*) für Leistungsangebote der gleichen Gattung, die sich aber hinsichtlich →*Ausstattung*, →*Qualität*, Abnahme-

Preisstrategien

Zusammenhänge zwischen Preis- und Qualitätspolitik

<table>
<tr><th>Preis / Qualität</th><th>Niedrig</th><th>Mittel</th><th>Hoch</th></tr>
<tr><td>Hoch</td><td colspan="2">Aktions-Strategie</td><td rowspan="2">Präferenz-Strategie</td></tr>
<tr><td>Mittel</td><td rowspan="2">Preis-Mengen-Strategie</td><td>Verlust der Mitte</td></tr>
<tr><td>Niedrig</td><td colspan="2">„Absahne“-Strategie</td></tr>
</table>

Poth & Partner nach J. Becker (1998)

menge etc. voneinander unterscheiden. Eine der für die →*Vertriebspolitik* wichtigsten Arten der Preisstaffel ist die Mengenstaffel (→*Mengenrabatt*).

Preisstellung Preisniveau (→*Preislage*) eines Leistungsangebots in Relation zu vergleichbaren Konkurrenzpreisen. Neben der Konkurrenzsituation hängt die Preisstellung im wesentlichen vom Nachfragerverhalten und von der Kostenstruktur ab (siehe auch Faktoren der →*Preisbildung*).

Preisstrategie Festlegung der → *Preispolitik* über einen längeren Zeitraum. Hiermit sind vor allem die → *Preispositionierung*, →*Preislagenpolitik* und →*Preislinienpolitik* verbunden. Die Preisstrategie steht in einem engen Zusammenhang mit der →*Produktstrategie*. Grundsätzlich ist zu unterscheiden zwischen der →*Abschöpfungsstrategie*, →*Skimming-Strategie* und der →*Penetration-Strategie*. Die wichtigsten Preislagenstrategien sind die →*Preis-Mengen-Strategie* und die →*Präferenzstrategie*.

Preistest(s) Ermittlung der →*Preisakzeptanz* von →*Käufern* (→*Nachfragern*) in bezug auf das →*Preis-Leistungs-Verhältnis*. Das Verfahren dient der Messung der →*Kaufbereitschaft*. Problem von Preistests ist der vielfach festgestellte Unterschied zwischen verbaler Akzeptanz und tatsächlichem → *Verhalten*. Diese Problematik kann deutlich gemindert werden durch die Anlage eines umfassenden →*Produkttests*, der die Preisakzeptanz mit erfaßt.

Preistheorie Volkswirtschaftstheorie, die sich mit der Erklärung der mikroökonomischen →*Preisbildung* auseinandersetzt. Die Preistheorie beruht im wesentlichen auf der Marktformenlehre (→*Marktformen*).

Preistransparenz Vollständige und richtige Kenntnisse über die jeweils gültigen →*Marktpreise* von relevanten →*Waren* (→*Produkte*/→*Dienstleistungen*). →*Preisvergleiche*, →*Preisspiegel*, →*Preis-Audits* und →*Preisaufklärung* tragen zur Herstellung der Preistransparenz bei. Ihre Basis bilden Aufnahme und Verarbeitung von Preisinformationen in Verbindung mit einer Marken-, Qualitäts- und Anbietertransparenz, die die Grundvoraussetzung für eine solide →*Preiskenntnis* sind. Die Intensität der diesbezüglichen Informationsaufnahme und Informationsverarbeitung hängt entscheidend vom →*Preisverhalten* ab. Dieses ist unterschiedlich ausgeprägt bei →*Unternehmen* (u.a. abhängig von →*Marktform*, →*Wettbewerbsstrategie* etc.) und →*Verbrauchern* (z.B. →*Preiskäufer* im Vergleich zu →*Markenkäufern*).

Preis-Umsatz-Funktion Funktionaler Zusammenhang zwischen der Höhe des →*Preises* und dem →*Umsatz*, der sich aus der →*Preis-Absatz-Funktion* ableiten läßt (Umsatz bzw. →*Erlös* = →*Absatzmenge* x Preis).

Preisuntergrenze Festlegung der unteren Preisgrenze für das Leistungsangebot. Zu unterscheiden ist zwischen der kurz- und langfristigen Preisuntergrenze. Die kurzfristige Preisuntergrenze ist bestimmt durch die Deckung der →*Variablen Kosten* (→*Teilkostenrechnung*). Langfristig müssen alle →*Kosten* (→*Vollkostenrechnung*) gedeckt sein. Die kostenorientierte Preisuntergrenze der →*Anbieter* entspricht der →*Preisobergrenze* der →*Nachfrager*.

Preisvariation Veränderung des üblichen (geltenden) Angebots- bzw. → *Listenpreises* als Instrument der → *Absatzförderung*. Die Preisvariation kann kontinuierlich vorgenommen werden (z.B. durch den Einsatz der →*Rabattpolitik*) oder temporär durch →*Sonderangebote* (→*Sonderangebotspolitik*) und ist zu unterscheiden von der →*Preisdifferenzierung* als unterschiedliche Preisgestaltung für verschiedene Angebotsbedingungen (z.B. im Sinne der Instrumentaldifferenzierung bei der →*Marktsegmentierung*).

Preisveränderung(en) Preisbewegung für ein Leistungsangebot in Relation zu Konkurrenzangeboten. Die Formen der Preisveränderung(en) sind Preissenkungen/Preiserhöhungen. Sie haben einen erheblichen Einfluß auf die →*Marktanteile* der →*Anbieter*.

Preisvergleich(e) Öffentliches Verzeichnis von empirisch erhobenen →*Marktpreisen* für homogene →*Konsumgüter* und →*Dienstleistungen*. Preisvergleiche dienen vor allem der →*Verbraucherinformation* (d.h. Herstellen von →*Preistransparenz* im Sinne einer →*Preisaufklärung*). Eine der wichtigsten Institutionen, die Preisvergleiche durchführen, ist die →*Arbeitsgemeinschaft der Verbraucherverbände (AgV)* (siehe auch →*Preispiegel*, →*Preis-Audit*). Preisvergleiche von →*Anbietern* als Form der →*Vergleichenden Werbung* waren hingegen bisher in Deutschland wettbewerbsrechtlich (→*UWG*) unzulässig, sind jedoch seit 1998 nach EU-Richtlinie (1997) unter Einhaltung bestimmter Rechtsnormen möglich.

Preisverhalten Wesentlicher Teil des →*Käuferverhaltens*, der mit dem →*Preisbewußtsein* eng verknüpft ist. Das Preisverhalten hängt vom Preisinteresse und vom Preisbeurteilungsverhalten ab und bestimmt entscheidend die →*Markenwahl* und das →*Einkaufsstättenwahlverhalten*. Hierbei sind Preisinteresse und →*Preisbeurteilung* im Kontext des Qualitätsinteresses zu sehen, da vielfach der Preis als ein Maßstab für die →*Qualität* gilt (→*Veblen-Effekt*). Überdies üben die →*Preisimages* der →*Anbieter* auf die Preisbeurteilung der →*Käufer* einen erheblichen Einfluß aus. So gelten z.B. bestimmte →*Produkte* oder auch Handelsbetriebe als besonders teuer, preiswert oder billig, ohne daß diese →*Einstellungen* durch eine solide →*Preiskenntnis* gesichert sind.

Preisverordnungen Festlegung von Grundsätzen der →*Preisbildung* bei öffentlichen Aufträgen. Hierin eingeschlossen sind auch die Grundsätze eines geordneten Rechnungswesens und darauf basierender →*Preiskalkulationen* (siehe auch →*LSP*).

Preiswahrnehmung Aufnahme von Preisinformationen(→*Preisvergleiche*, →*Preisspiegel*, →*Preis-Audits*), die vom →*Käufer* subjektiv bewertet werden. Entscheidend für die Preiswahrnehmung sind Preisinteresse, →*Preisbewußtsein*, →*Preiskenntnis* und →*Preisbeurteilung*. Die Preisbeurteilung als Folge der Intensität der Preiswahrnehmung ist abhängig vom intentionalen →*Preisverhalten*, das wiederum von der jeweils gewünschten Form der →*Bedürfnisbefriedigung* (→*Grundnutzen*, →*Zusatznutzen*, →*Geltungsnutzen*) bestimmt wird.

Preiswettbewerb Der →*Wettbewerb* wird primär über den →*Preis* ausgetragen (→*Preis-Mengen-Strategie*, →*Discount-Konzept*). Die →*Produkte* sind homogen (→*Homogenität*) und weisen keine →*Präferenzen* auf. Der Preiswettbewerb führt nur dann zu einem →*Wettbewerbsvorteil* und auch Ertragszuwachs, wenn eine günstigere Kostenstruktur besteht.

Premiummarke→*Premiumstrategie*.

Premiumstrategie(n) Form der →*Präferenzstrategie* (→*Marktstimulierungsstrategien*), die nur dann realisiert werden kann, wenn der →*Anbieter* über ein überlegenes Leistungsangebot (→*Angebot*) verfügt, das bzgl. →*Qualität* und Kundennutzen (→*Customer Value*) einen hohen →*Preis* aus Kundensicht rechtfertigt. Zur Marktsicherung von Premiummarken ist ein hohes →*Werbebudget* notwendig. Vielfach empfiehlt sich auch die Wahl eines →*Selektiven Vertriebs*, um der Gefahr von →*Lockvogelangeboten* durch den →*Handel* (vor allem →*Einzelhandel*) zu begegnen.

Pre-Sales-Service(s) →*Dienstleistungen*, →*Informationen* etc. zur gezielten Kundengewinnung (→*Akquisition*). Durch ein umfassendes →*Servicemarketing* werden Pre-Sales- und →*After-Sales-Services* integrativ miteinander verbunden.

Pressure Group(s) Interessenverbände und -gruppen, die gegenüber der Politik und auch →*Öffentlichkeit* Druck ausüben zur Durchsetzung ihrer Interessen (siehe in diesem Zusammenhang auch →*Lobbyismus* und →*Stakeholder*). Soweit die Pressure Groups legitime Mittel einsetzen und in der Öffentlichkeit eine Transparenz bzgl. des Mitteleinsatzes besteht, sind sie ein notwendiges Element der politischen Willensbildung.

Prestige Soziale Anerkennung, die einem Individuum aufgrund seiner →*Sozialen Rolle*, der →*Sozialen Schicht* oder seines →*Status* zuteil wird. Das Prestige, das eine Person genießt, hängt von ihren →*Soziodemographischen Kriterien* (Merkmalen) ab und beeinflußt →*Einstellung* und →*Verhalten* (siehe →*Prestigekonsum*).

Prestigekonsum →*Demonstrativkonsum*, der →*Geltungsbedürfnisse* befriedigt (→*Zusatznutzen*). Der →*Preis* wird als Qualitätsmerkmal angesehen (→*Veblen-Effekt*).

Prestigenutzen →*Geltungsnutzen*.

Prestigeprodukt(e) Leistungsangebote, die primär darauf gerichtet sind, die →*Geltungsbedürfnisse* der →*Nachfrager* zu befriedigen und einen →*Geltungsnutzen* zu bieten (siehe dazu auch →*Prestigekonsum*, →*Demonstrativkonsum*). Prestigeprodukte sind eine besondere Ausprägung von wohlstandsorientierten →*Konsumgesellschaften*.

Pretest Form des →*Werbetests*, bei dem ex ante z.B. vor Schaltung einer →*Anzeige* deren mögliche Wirkung (→*Werbewirkung*) hinreichend genau bestimmt werden soll. Der Pretest wird vielfach auch als →*Konzeptionstest* bezeichnet. Sein Einsatz konzentriert sich vor allem auf die →*Werbemittelforschung*. Als →*Erhebungsverfahren* können alle Methoden der →*Empirischen Markt-* und →*Sozialforschung* zur Anwendung kommen (siehe im Vergleich dazu →*Posttest*).

Primacy-Effekt Erkenntnis aus der Gedächtnisforschung (→*Gedächtnistheorien*, →*Lerntheorien*), daß die ersten Wörter innerhalb einer Wortreihe (z.B. →*Werbebotschaft*) besser im Gedächtnis haften bleiben. Die Gedächtnisleistungen sind am höchsten am Anfang und Ende (→*Recency-Effekt*) von z.B. →*Verkaufsgesprächen*, →*Verkaufstrainings*, Aufnahme von →*Werbespots* etc.

Primärbedürfnisse →*Physiologische* (besser: physische) *Bedürfnisse* und →*Sicherheitsbedürfnisse* (siehe auch →*Maslow'sche Bedürfnispyramide*). Die wichtigsten Bedürfniskategorien sind Nahrung, Kleidung, Wohnung, Selbst- und Arterhaltung (elementare physiologische Bedürfnisse) und Arbeitsplatzsicherheit, generelle persönliche Sicherheit (Sicherheitsbedürfnisse im Sinne erweiterter physiologischer Bedürfnisse). Siehe dazu insbesondere auch die Begriffe →*Grundbedürfnisse* und →*Grundnutzen* und in Abgrenzung →*Sekundärbedürfnisse* und →*Tertiärbedürfnisse.*

Primärer Wirtschaftsbereich Bezeichnung für die agrarisch-handwerkliche →*Produktion*, die in Volkswirtschaften mit einem niedrigen Entwicklungsstand vorherrschend ist. Neben der menschlichen Arbeitskraft stellt der landwirtschaftlich nutzbare Grundbesitz den wichtigsten →*Produktionsfaktor* dar (siehe in Abgrenzung →*Sekundärer*, →*Tertiärer* und →*Quartiärer Wirtschaftsbereich* und zusammenfassend →*Wirtschaftsbereiche*).

Primärforschung Gewinnung originärer →*Daten*, wenn sekundärstatistische Daten (→*Sekundärforschung*) nicht ausreichen, sei es aus Aktualität, Vergleichbarkeit, Umfang oder auch Genauigkeit. Die Gewinnung der originären Daten (Primärdaten) erfolgt durch eigene Erhebungen "im Feld". Man spricht deshalb auch von →*Feldforschung* bzw. →*Felderhebungen* oder von →*Field Research.* →*Interviewer* (→*Feldorganisation*) erheben mit Hilfe von →*Fragebogen* bei den Zielpersonen auf der Basis einer repräsentativen →*Stichprobe* die relevanten →*Marktdaten.*

Primatkollegialität Form des →*Kollegialprinzips*, bei der die gleichberechtigten Entscheidungsträger aus ihrer Mitte einen Vorsitzenden (primus inter pares) wählen, der bei Meinungsverschiedenheiten oder Patt-Situationen entscheidet (siehe in Abgrenzung →*Abstimmungskollegialität*,→*Kassationskollegialität*).

Prime Time Besonders werbewirksame Werbeeinschaltzeiten für die →*Fernsehwerbung* und →*Hörfunkwerbung* aufgrund hoher →*Einschaltquoten.* Die Prime Time beim Fernsehen ist die Zeit vor den Nachrichtensendungen, beim Rundfunk zwischen 6 und 9 Uhr. Durch das verstärkte Aufkommen privater Fernsehanstalten und lokaler und regionaler Sender und nicht zuletzt aufgrund der gesetzlich geregelten zeitlichen Werbebeschränkung öffentlich-rechtlicher Sender ist eine exakte Bestimmung der Prime Time bzgl. der Einschaltquoten nicht möglich.

Print-Day After Recall-Test Form eines →*Werbetests*, bei dem die Untersuchungspersonen einen Tag nach dem Erscheinen einer →*Anzeige* in einem →*Printmedium* zu der Anzeige befragt werden (→*Recall-Verfahren*). In gleicher Weise wird der →*Day-After Recall-Test* bei →*Fernsehspots* durchgeführt.

Printmedien Sammelbegriff für alle auf Papier bedruckten →*Werbeträger* (→*Kommunikationsmedien*). Eine Unterteilung erfolgt nach →*Zeitungen* (Tageszeitungen, Wochenzeitungen), →*Zeitschriften* (→*Publikumszeitschriften*, →*Fachzeitschriften*), Bücher (Belletristik, Sachbücher) und sonstige Druckerzeugnisse (wie z.B. →*Beilagen*, →*Kataloge*, →*Prospekte* und →*Anzeigenblätter*).

Print on Demand (PoD) →*Books on Demand (BoD).*

Prinzipal-Agenten-Theorie Analyse und optimale Gestaltung von Auftragsbeziehungen zwischen einem Auftraggeber (Prinzipal) und Auftragnehmern (Agenten). Diese Analyse kann sich u.a. als sehr sinnvoll erweisen bei der Wahl der →*Absatzform* (→*Handelsvertreter*, →*Reisende*) und der Entwicklung von Entlohnungs- bzw. →*Vergütungssystemen*.

Prinzip des flachen Maximums Das auf *D.S. Tull u.a. (1986)* zurückgehende Prinzip besagt, daß eine Abweichung des →*Budgets* für →*Marketinginstrumente* (z.B. für →*Werbung*) von bis zu +/- 25% von seiner optimalen Höhe keinen nennenswerten Einfluß auf den absoluten →*Deckungsbeitrag* hat. Die Begründung ergibt sich daraus, daß die höheren Kosten die durch die Budgeterhöhung verursachten Deckungsbeitragsgewinne fast ausgleichen und umgekehrt. Hierbei hat ein Überschreiten des Budget-Optimums geringere Wirkungen als ein Unterschreiten. In bezug auf die Erhöhung von →*Umsatz* und →*Marktanteil* empfiehlt sich daher nach dem Prinzip die Überschreitung des optimalen →*Marketingbudgets*.

Privater Haushalt →*Haushalt*.

Privater Verbrauch Privater →*Konsum*, der vom Statistischen Bundesamt definiert wird als Verbrauch der inländischen privaten →*Haushalte* an →*Konsum-* und →*Gebrauchsgütern* incl. von →*Dienstleistungen*. Statistisch ist der private Verbrauch in Ausgabenkategorien (Haupt- und Untergruppen) gegliedert. Insbesondere für →*Marktanalysen* haben die Ausgabenkategorien und ihre Entwicklung eine Bedeutung zur Einschätzung künftiger Bedarfsstrukturen (→*Bedarf*, →*Nachfrage*). Die konsumtiven →*Ausgaben* sind als Ergebnis des →*Wert(e)wandels* und der →*Wert(e)-dynamik* zu interpretieren.

Proband(en) Bezeichnung für Versuchspersonen in der →*Markt-*/ →*Meinungs-*/ →*Motivforschung* bzw. →*Empirischen Sozialforschung*.

Probebefragung Testweise →*Befragung* vor Durchführung der eigentlichen Untersuchung, um inhaltlich und formal den →*Fragebogen* zu optimieren (siehe in Abgrenzung →*Pilotstudie*).

Problemlösung(en) →*Bedürfnis-Befriedigungs*leistungen, die als →*Innovationen* gelten, wenn sie keinen vergleichbaren Vorläufer im →*Markt* haben. Der Entwicklung von Problemlösungen (Innovationen) gilt die Priorität in der →*Produktpolitik*.

Problemlösungstechniken→*Kreativitätstechniken*.

Problemlose Ware(n) Aus Sicht des →*Nachfragers* (→*Verbraucher*, →*Konsument*, →*Käufer*) nicht erklärungsbedürftige Leistungsangebote, die demzufolge auch keine Beratung erfordern. Im Gegensatz dazu stehen erklärungsbedürftige →*Waren*.

Problemprodukt(e) Bezeichnung einer Produktkategorie in der →*Portfolioanalyse* (→*Portfoliomanagement*). Charakteristikum der auch als Poor Dogs bezeichneten Problemprodukte ist, daß sie sich in einem Geschäftsfeld mit geringem →*Marktwachstum* befinden und auch ihre →*Marktanteile* unbedeutend sind. Dies hat zur Folge, daß sie in der Regel auch erhebliche Verluste verursachen. Es stellt sich daher die Frage, ob in die Poor Dogs noch erheblich investiert (z.B. durch →*Relaunch*) oder eine konsequente Desinvestition vorgenommen werden sollte. Die diesbezüglichen Praxiserfahrungen sind sehr unterschiedlich, wenngleich sich im Grundsatz eine Desinvestition empfiehlt, um die finanziellen Ressourcen in den Geschäftsfeldern mit einem hohen Marktwachstum einzusetzen. Die Entscheidung muß abgeglichen werden mit der →*Programmpolitik* (siehe u.a. →*Kom-*

plementärprodukte) und den Grundsätzen des →*System-Marketing* (siehe in Abgrenzung →*Fragezeichenprodukte*, →*Starprodukte*,→*Cash-Kühe*).

Problemtreue Orientierung der Erstellung von →*Leistungsprogrammen* an den Kundenbedürfnissen (in Abgrenzung →*Kundentreue*, →*Wissenstreue*, →*Materialtreue*). Die Problemtreue wird auch als Bedarfstreue bezeichnet und geht auf *H. Gross (1907-1979)* zurück.

Product Placement Gezielte, zu Werbezwecken erfolgende Plazierung (Nennung und/oder optische Präsentation) von →*Produkten* (meist →*Markenartikel*) als lebensechte Requisiten in Spielfilmen, Hörspielen, Theaterstücken oder in redaktionellen Teilen von →*Printmedien*. Grundsätzlich sind alle →*Kommunikationskanäle* für das Product Placement geeignet. Die typische Placement-Branche hat sich aber im wesentlichen im Bereich der audiovisuellen →*Medien* entwickelt. Die inhaltliche Verwandtschaft zwischen Product Placement und →*Sponsoring* ist sehr eng. Vielfach ist das Product Placement eine Gegenleistung für den Sponsor (siehe auch →*Bartering*). Überdies besteht die Problematik einer inhaltlichen Abgrenzung zur wettbewerbsrechtlich (→*UWG*) unzulässigen→*Schleichwerbung*. Sie ist dann gegeben, wenn die Produktplazierung nicht dramaturgisch notwendig ist und/oder mit ihr Geldzahlungen verbunden sind. Eine Alternative ist die Lizenznahme und damit der Erwerb der Vermarktungsrechte für Film, →*Logo*, Darsteller oder Requisiten durch →*Werbungtreibende* bzw. zwischengeschaltete Lizenzagenturen.

Product Publicity Plazierung von →*Produkten* oder →*Dienstleistungen* im redaktionellen Teil von elektronischen →*Medien* oder auch →*Printmedien* (siehe auch →*Schleichwerbung*).

Produkt(e) Komplexe Ansammlung zu befriedigender Wertvorstellungen (→*Problemlösung*). Der generische Gegenstand an sich ist noch kein Produkt, sondern lediglich das Produktminimum. Das Produkt ist der Gesamtnutzen (materieller und immaterieller Art), den der →*Käufer* erhält (nach *Th. Levitt, 1982*). Das Produkt setzt sich zusammen aus dem Produktkern und den akzessorischen Eigenschaften (wie z.B. Symbolik, Ästhetik etc.).

Produktanforderungen Konkrete Ansprüche des →*Nachfragers* an ein Leistungsangebot. Der Unterschied zu den →*Bedürfnissen* und dem daraus abgeleiteten →*Bedarf* ergibt sich aus dem Produktbezug. Dieser wird im wesentlichen bestimmt durch den erwarteten →*Nutzen*, der sich neben dem →*Produktnutzen* (→*Produkteigenschaften*) auch z.B. aus dem →*Service*, den →*Konditionen* etc. ergeben kann.

Produktart(en) →*Gütertypologie*.

Produktaufmachung →*Produktgestaltung*.

Produktausstattung →*Produktgestaltung*.

Produktbewertung Zweite Phase im Produkt-Planungsprozeß (→*Produktplanung*, →*Innovationsprozeß*). Ziel der Produktbewertung ist es, diejenige Produktidee aus den Ideenalternativen herauszufiltern (→*Screening*), die in bezug auf Ziele, Ressourcen und Restriktionen den größtmöglichen Erfolg verspricht. Die wichtigsten Bewertungsverfahren(→*Scoringmodelle*) sind das Prüflistenverfahren (Checklistenverfahren), die Produkt-Bewertungsmatrix (Gewichtung der gewichteten Hauptkriterien mit dem Erfüllungsgrad der Produktidee), Wertskalaverfahren (Wertskalierung der Bewertungsfaktoren), Punktbewertungsverfahren (Modifikation der Produkt-Bewertungsmatrix. Die gewichteten Hauptfaktoren werden in Teilfaktoren zerlegt und jeweils mit den Einzelbeurteilungen gewichtet. Die Gesamtbewertung ist die Summe aller gewichteten Einzelbewertungen, multipliziert mit den Hauptfaktorengewichten).

Produkt-Bewertungsmatrix →*Produktbewertung.*

Produktdesign Ganzheitliche Formgebung bzw. Gestaltung von →*Produkten* als Ausdruck ihrer funktionalen und symbolischen →*Produkteigenschaften* (→*Produktgestaltung*). Das Produktdesign kommuniziert den Gebrauchswert (→*Gebrauchsnutzen*) eines Produktes durch seinen emotionalen Ausdruckswert (→*Added Value*), um nicht nur ästhetische, sondern auch Prestige-, Erlebnis- und individualistische →*Bedürfnisse* zu befriedigen (→*Emotionale Produktdifferenzierung*). Die Identität von Produkt- und →*Packungsdesign* ist wesentlicher Bestandteil der Produktpersönlichkeit (→*Produkt-*,→*Markenimage*). Die Kongruenz von Produktdesign und Packungsdesign mit dem gesamten Leistungsangebot des Unternehmens (→*Produktprogramm*) führt zum → *Corporate Design*).

Produktdifferenzierung Entsprechend den unterschiedlichen Nachfragerbedürfnissen wird das →*Produkt* in verschiedene Varianten differenziert, die sich in Form und/oder →*Qualität* von den eigenen und/oder Konkurrenzprodukten unterscheiden (→*Line Extension*). Streng zu trennen ist die Produktdifferenzierung von der →*Produktvariation*. Die Produktvariation ist die Schaffung eines Nachfolgeprodukts. Die Produktdifferenzierung hat eine wichtige Funktion als Form der Instrumentaldifferenzierung bei der → *Marktsegmentierung* im Verbund mit der →*Preisdifferenzierung*, →*Distributionsdifferenzierung* und mit der → *Kommunikationsdifferenzierung* (als werbliche Differenzierung). Durch die Produktdifferenzierung (→*Horizontale* und →*Vertikale Produktdifferenzierung*) sollen insbesondere für das Unternehmen neue →*Zielgruppen* erschlossen werden (z.B. durch verschiedene Packungsgrößen).

Produktdifferenzierung, emotionale →*Emotionale Produktdifferenzierung.*

Produkt-Divisions →*Divisionalisierung*, →*Spartenorganisation.*

Produkteigenschaft(en) Es handelt sich im wesentlichen um den gesamthaften →*Nutzen*, den das →*Produkt* dem →*Nachfrager* stiftet. Die Bewertung der Produkteigenschaften durch den Nutzer ergibt sich aus den →*Bedürfnissen* und der Produktfunktion als →*Problemlösung.*

Produkteinführung Einführung neuer →*Produkte* auf den →*Markt.* Ihr gehen die →*Produktplanung* und →*Produktentwicklung* voraus. Die Produkteinführung ist die erste Phase im →*Produkt-Lebenszyklus.*

Produktelimination Herausnahme eines oder mehrerer →*Produkte* aus dem →*Produktprogramm.* Die Hauptgründe für die notwendige Produktelimination sind Markt- und Ertragsschwächen und die Programmkonzentration (→*Programmpolitik*). Einer der wichtigsten qualitativen Gründe ist der negative Einfluß eines Produkts auf das übrige Produktprogramm, der in der Regel vor allem bedingt ist durch Mängel in der →*Qualität*. Damit ist auch die Gefahr einer Schädigung des →*Firmenimage* verbunden. Mit der →*Produktvariation* ist in der Regel auch eine Produktelimination verbunden (siehe im Gegensatz →*Produktinnovation* und →*Produkteinführung*).

Produktenbörse →*Warenbörse*.

Produktentwicklung Planmäßige Konzipierung neuer →*Produkte* bzw. Verbesserung bestehender Produkte. Im Produkt-Planungsprozeß schließt sich die Produktentwicklung an die Phasen →*Ideengewinnung* und →*Produktbewertung* an. Ihr folgen die Phasen der Durchführung von →*Konzeptionstests* und →*Markttests*. Der Produktplanungsprozeß wird abgeschlossen durch die →*Markteinführung* bzw. →*Produkteinführung* (siehe dazu insbesondere →*Produktentwicklungsprozeß*, →*Produktplanung* und →*Innovationsprozeß*).

Produktentwicklungsprozeß Der Produktentwicklungsprozeß umfaßt im wesentlichen drei Stufen: 1. Ideengewinnung, 2. Ideenbewertung, 3. Ideenverwirklichung.

Produktentwicklungsstrategie(n) Entwicklung neuer →*Produkte* für bestehende →*Märkte* (→*Innovationspolitik*). Dadurch sollen insbesondere stagnierende Märkte wieder belebt werden. Problem ist die damit verbundene Verkürzung der →*Produkt-Lebenszyklen* (→*Marktfeldstrategien*).

Produktfamilie(n) Gruppe von →*Produkten* im Sinne einer →*Produktlinie*. Die →*Produktpolitik* tendiert zunehmend in die Richtung einer →*Line Extension* (Vergrößerung der Produktfamilien) durch →*Produktdifferenzierung*. Damit ist die Gefahr verbunden, daß immer mehr →*Me too-Produkte* angeboten werden, verstärkt →*Kannibalisierungseffekte* auftreten und →*Produktinnovationen* in ihrer Entwicklung blockiert werden.

Produktforschung Untersuchung der eigenen →*Angebote* und die der →*Wettbewerber*. Besondere Bedeutung hat die Produktforschung als Entscheidungshilfe bei der Entwicklung und Einführung neuer →*Produkte* (→*Produktinnovationen*). Der zweite begriffliche Inhalt bezieht sich auf die Forschung und Entwicklung (→*F+E*), die eng mit der →*Produktentwicklung* verbunden sind.

Produktgestaltung Wichtiges Element der →*Produktpolitik*. Die wesentlichen Dimensionen sind die →*Produktqualität* (Eigenschaften und Funktion), das Produktäußere (siehe dazu auch →*Produktdesign*) und sonstige Faktoren, wie z.B. Produktname (→*Marke*), →*Preis*, Distributionsorte (→*Distribution*) und die produktbezogene Marktkommunikation (→*Marketingkommunikation*).

Produktgruppe(n) →*Produktfamilie*, die auch als →*Produktlinie* bezeichnet wird. Die Produktgruppe weist einen Bedarfs- oder auch einen produktionstechnischen Zusammenhang auf. In enger Verbindung damit muß die →*Preislinienpolitik* gesehen werden.

Produktgruppen-Management Zusammenfügen einzelner →*Produkt-Managements* zu einem Gruppen-(→*Produktgruppen*) Management. Organisational handelt es sich um eine →*Objektegliederung* der →*Marketingorganisation* unter Einschluß des

Grundprinzips der →*Linienorganisation.*

Produkthaftung Haftung für Schaden, der durch ein fehlerhaftes →*Produkt* (bzw. →*Dienstleistung*) nachweisbar verursacht wurde. Eine Exkulpation durch den Schadensverursacher ist nicht möglich. Wichtige Faktoren zur Verhinderung von Haftpflichtansprüchen sind risikogerechte und anwendungsbezogene →*Produktinformationen.*

Produkthandhabung Umgang mit bzw. Einsatz von →*Produkten* durch den →*Verwender.* Mit der Produkthandhabung können Probleme verbunden sein, die z.B. auf unzulängliche →*Produktinformationen* zurückzuführen sind. Im Schadensfalle haftet der Hersteller (→*Produkthaftung*), wenn seinerseits ein Verschulden vorliegt.

Produktideen →*Ideengewinnung.*

Produktimage Generisches (d.h. generelles) und vorherrschendes Vorstellungsbild in der Marktöffentlichkeit (→*Öffentlichkeit*) über ein →*Produkt*, eine →*Produktgruppe* oder auch über eine ganze →*Branche.* Das allgemeine Produktimage kann das einzelne →*Marken-* und →*Unternehmensimage* entscheidend beeinflussen (siehe dazu →*Irradiation*).

Produktinformation(en) →*Informationen* zu bestimmten Produktmerkmalen (→*Produkteigenschaften*). Produktinformationen sind ein wesentlicher Teil des Systems der →*Warenkennzeichnung* und dienen dem →*Nachfrager* zur vergleichenden Produktbeurteilung. Hinsichtlich der Endverbraucher sind die Produktinformationen (→*Verbraucherinformationen*) ein wichtiges Instrument der →*Verbraucherpolitik*(→*Verbraucherschutz*) zur →*Verbraucheraufklärung.*

Produktinnovation(en) →*Innovation(en)*, die sich auf die Leistungsangebote beziehen und abzugrenzen sind von den →*Prozeßinnovationen*, die sich auf die Organisationsinnovation und Weiterentwicklung von Produktionsverfahren konzentrieren. Durch die →*Technologie* (Innovationstechnologien) und den →*Technischen Fortschritt* ergeben sich jedoch enge Zusammenhänge zwischen Produkt- und Prozeßinnovationen. Aufgrund der z.T. ausufernden →*Produktdifferenzierungen* gewinnt aber in vielen Branchen die Prozeßinnovation einen höheren Stellenwert.

Produktion Im technischen Sinne handelt es sich um die Erzeugung, Herstellung, Fertigung von →*Sachgütern.* Der wirtschaftliche Produktionsbegriff umfaßt die →*Beschaffung*, Herstellung und Bereitstellung von →*Gütern* (→*Produkten*) und Diensten (→*Dienstleistungen*) auf dem bzw. für den →*Markt.*

Produktionsfaktoren Die zur →*Produktion* notwendigen →*Güter* materieller und immaterieller Art. Die volkswirtschaftliche Gliederung erfolgt nach Arbeit, Boden, Kapital und unternehmerische Tätigkeit (→*Dispositiver Faktor*). Betriebswirtschaftlich umfassen die Produktionsfaktoren alle Elementarfaktoren und den dispositiven Faktor. Die Elementarfaktoren sind die objektbezogene menschliche Arbeit, die →*Betriebsmittel* (Gebäude, Maschinen, Anlagen und Werkzeuge) und die Werkstoffe (→*Roh-*, →*Hilfs-* und →*Betriebsstoffe*). Die Kombination der Produktionsfaktoren erfolgt durch den dispositiven Faktor.

Produktionsfunktionen Im wesentlichen sind zwei Arten von Produktionsfunktionen zu unterscheiden, und zwar die Typen A und B. Typ A geht von einer substitutionalen Beziehung der →*Produktionsfaktoren* aus (siehe auch →*Ertragsgesetz*), Typ B von einer →*Limitationalität* aufgrund unterschiedlicher →*Verbrauchsfunktionen*. Erweiterungen zum Typ B sind Typ C (Zerlegung des gesamten Leistungsprozesses in Teileinheiten und Bildung von Teilkombinationen) und Typ D (weitere Differenzierung durch detaillierte Analyse der Produktionsstruktur).

Produktionsgüter Gewerbliche →*Verbrauchsgüter*, die zur Herstellung anderer Güter (→*Produkte* bzw. →*Dienstleistungen*) notwendig sind. Sie bilden zusammen mit den →*Investitionsgütern* die →*Produktivgüter* (siehe in Abgrenzung dazu →*Konsumgüter*).

Produktionslogistik Teil der →*Logistik* (→*Marketing-Logistik*), der die zeit- und mengengerechte Versorgung der →*Produktion* (Fertigung) mit den erforderlichen →*Roh-*, →*Hilfs-* und →*Betriebsstoffen* und →*Produktivgütern* (→*Produktions-* und →*Investitionsgüter*) sicherstellt. Überdies ist die bedarfsgerechte Bereitstellung der Fertigprodukte für den →*Vertrieb* eine wichtige Aufgabe der Produktionslogistik. Hinsichtlich der Notwendigkeit von integrierten Logistikkonzepten (→*Logistiksystem*) empfiehlt sich die (auch organisatorische) Verknüpfung von→*Distributions-*, →*Beschaffungs-* und Produktionslogistik.

Produktionsplanung Die auch als Fertigungsplanung bezeichnete Produktionsplanung umfaßt die Produktionsprogrammplanung, Produktionsprozeßplanung, Produktionssteuerung (Fertigungsvollzugsplanung) und die Produktionskontrolle.

Produktionstheorie Analyse der mengenmäßigen Beziehungen zwischen dem Einsatz von →*Produktionsfaktoren* und dem mengenmäßigen Output. Damit verbunden ist auch die Ermittlung der relevanten Einflußgrössen und der optimalen Faktorkombination, die in der →*Produktionsfunktion* abgebildet wird. Die Produktionstheorie beschränkt sich auf eine reine Produktivitätsbetrachtung (→*Produktivität*). Die betriebswirtschaftlich wichti-

Lebenszyklus-Modell
Produkt-Lebenszyklus in Phasen

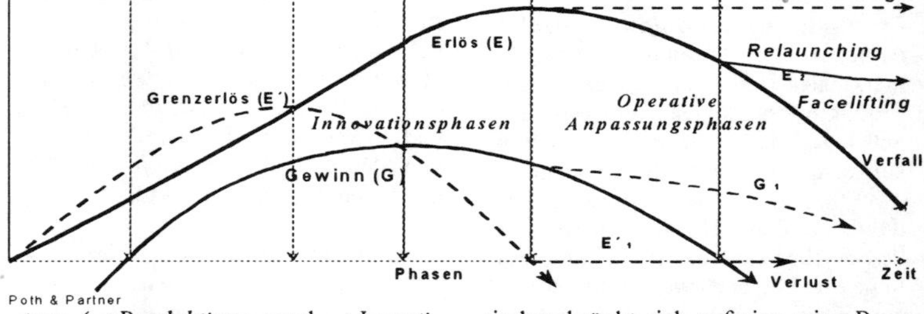

ge Weiterentwicklung erfolgt durch die →*Kostentheorie*, in der die mit Faktorpreisen bewerteten Faktoreinsatzmengen (→*Kosten*) dem mengenmäßigen Output gegenübergestellt werden.

Produktionsverbindungshandel (PVH) Form des →*Großhandels*, die ihre Leistungsangebote an Verarbeiter (z.B. Handwerker) veräußert. Der PVH hat eine große Bedeutung für die Distribution von →*Investitionsgütern*. Im Vergleich zum sogen. Absatzgroßhandel (klassischer Großhandel) und insbesondere zum →*Abholgroßhandel* (→*Cash & Carry*) muß der PVH sehr hohe Serviceleistungen erbringen. Der PVH ist in aller Regel ein Branchenspezialist, der seine Funktionsberechtigung aus dem →*Angebot* von geschlossenen (komplexen) →*Problemlösungen* für die gewerblichen → *Nachfrager* ableitet.

Produktivgüter Gruppe der →*Produktionsgüter* und →*Investitionsgüter* in der →*Gütertypologie*. In Abgrenzung zu den →*Konsumtivgütern* ist die gewerbliche Nutzung entscheidend.

Produktivität →*Wertschöpfung* im Verhältnis zu den eingesetzten →*Produktionsfaktoren* (siehe in Abgrenzung auch →*Wirtschaftlichkeit* und →*Rentabilität*). Die Produktivität wird ausgedrückt als Quotient aus Faktor-Output und Faktor-Input. Der mengenmäßige →*Ertrag* wird ins Verhältnis gesetzt zur Menge der eingesetzten Produktionsfaktoren (siehe dazu auch →*Ertragsgesetz*).

Produktklassifikation →*A-B-C-Analyse*.

Produktkonzept(e) Im wesentlichen handelt es sich um die Entwicklung von →*Produktinnovationen* (→*Innovationen*, →*Produktentwicklung*) und die damit verbundene →*Ideengewinnung*. Die Produktkonzepte werden durch den systematischen →*Produktentwicklungsprozeß* schrittweise konkretisiert.

Produkt-Lebenszyklus Theoretisches Modell, das davon ausgeht, daß jedes →*Produkt* in seiner Absatzentwicklung fünf Phasen durchläuft: → *Einführung*, →*Wachstum*, →*Reife*, → *Sättigung*, →*Degeneration*. In verschiedenen Modellen werden auch die Forschungs- und Entwicklungsphase (→*Entstehungszyklus*) in den integrierten Produkt-Lebenszyklus (PLZ) einbezogen und/oder die Modellbetrachtung erweitert durch eine →*Versteinerungsphase* (6. Phase). Das PLZ-Modell ist einer vielfältigen Kritik ausgesetzt worden. Die wichtigsten Kritikpunkte sind: Der Lebenszyklus eines Produkts unterliegt nicht einer allgemeinen Gesetzmäßigkeit nach s-förmigem Kurvenverlauf (Quasi-Glokkenkurve). Die Absatzentwicklung ist nur bedingt (etwa bei modischen Artikeln) eine Funktion der Zeit. Damit ist der PLZ keine →*Kausalanalyse*. Die einzelnen Phasen sind nicht trennscharf. Die zeitliche Gleichverteilung der Phasen ist realitätsfremd. Trotz aller Kritik ist zu konstatieren, daß sich der PLZ als →*Beschreibungsmodell* in der Praxis bewährt hat. In Kombination mit der →*A-B-C-* und → *Portfolioanalyse* liefert der PLZ durchaus Entscheidungshilfen für phasenentsprechende Marketingmaßnahmen (→*Produktentwicklung*, →*Produktvariation*, →*Relaunch*). Eine inhaltliche Verbindung besteht mit der →*Diffusionstheorie* (→*Adoptionsprozeß*).

Produktlinie(n) Gruppe von →*Produkten* (→*Produktgruppe*), die einen

Produkt-Management
Grundform der Objekte-Gliederung

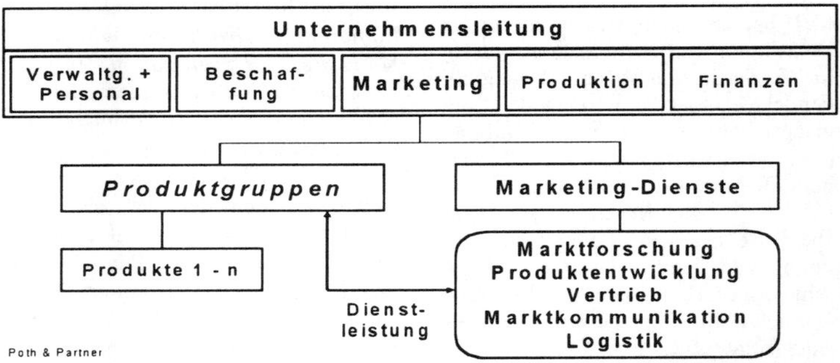

Poth & Partner

Programmverbund darstellt (siehe dazu auch *→Programm*, *→Programmpolitik*). Hierbei ist zu unterscheiden in die *→Programmbreite* und *→Programmtiefe*. Die Programmbreite ist definiert durch die Zahl der Produktlinien, die Programmtiefe ergibt sich aus der Anzahl der Einzelprodukte (*→Artikel*), die eine Produktlinie bilden.

Produkt-Management Marketingfunktion mit der Aufgabe, Marketingpläne (*→Marketingplanung*) für ein *→Produkt* oder mehrere Produkte (*→ Produktgruppe*) zu entwickeln, für die Plandurchführung zu sorgen, den Ergebnisverlauf zu beobachten und bei Planabweichungen Korrekturmaßnahmen vorzunehmen bzw. zu veranlassen. Hierbei handelt es sich in bezug auf das Organisations- und *→Leitungssystem* um eine organisationale *→Objektorientierung*. Die Grundidee der *→Organisationsform* ist, die im Grunde funktionale Organisation mit einer zweiten Organisationsebene zu überlagern, um den maximalen Produkterfolg sicherzustellen.

Produkt-Markt-Matrix Eine von *H.I. Ansoff (1966)* entwickelte Vierfelder-Matrix der grundlegenden *→Marketingstrategien*. Sie ergeben sich aus der Kombination von *→Produkten* (gegenwärtige, neue) und *→(Absatz-) Märkten* (gegenwärtige,neue) und sind definiert als Strategien der *→Marktdurchdringung*, *→Marktentwicklung*, *→Produktentwicklung* und *→Diversifikation*. Durch Differenzierung der Basisvariablen kann die Produkt-Markt-Matrix erweitert werden.

Produktmarktraum Topographische Darstellung der von den *→Konsumenten* subjektiv wahrgenommenen Real- und Idealprodukte in einem zwei- oder dreidimensionalen Raum(*→Mapping*). Der Produktmarktraum umfaßt die kaufrelevanten *→Produkteigenschaften*, die Positionen der bekannten Produkte nach der Ausprägung ihrer Eigenschaften, die Kundenklassifikation nach verschiedenen Produktanforderungen und die Distanzen zwischen den Real- und Idealpositionen der einzelnen Produkte. Die Produktmarkträume werden gebildet aus den Eigenschaftsbeurteilungen der Befragten oder mit Hilfe der *→Multidimensionalen Skalierung (MDS)*, um die Positionen der Produkte nach ihren kaufrelevanten Eigenschaften möglichst genau zu bestimmen.

Produkt-Mix Untergruppe des →*Marketing-Mix*, die die Teilbereiche (Funktionen) der →*Produktpolitik* als Submix synergetisch zusammenfaßt (vgl. auch →*Leistungsprogramm*).

Produktname →*Markenname*.

Produktnutzen →*Customer Value* (Kundennutzen), den das →*Produkt* dem →*Käufer* bietet. Der Produktnutzen ist zielgruppenabhängig (→*Zielgruppe*) und stellt ein mehr oder weniger individuelles Bedürfnis-Befriedigungspotential dar (→*Bedürfnisbefriedigung*) im Sinne einer →*Problemlösung*.

Produktpiraterie Nach →*Wettbewerbsrecht* untersagtes Nachahmen (→*Nachahmung*) und Vervielfältigen von sonderrechtlich z.T. nicht geschützten →*Produkten* und auch objektiv unikaten →*Produkteigenschaften* (siehe auch →*Markenpiraterie*).

Produktplanung Es besteht eine enge Verbindung mit dem →*Produktentwicklungsprozeß*. In der ersten Phase müssen zunächst Produktideen (→*Ideengewinnung*) entwickelt werden, die im nächsten Schritt nach →*Zielen* und notwendigen bzw. verfügbaren Ressourcen bewertet werden (→*Produktbewertung*, →*Screening*, →*Bewertungsverfahren*, →*Scoringmodelle*). Es folgt die →*Wirtschaftlichkeitsanalyse*, der sich die konkrete →*Produktentwicklung* anschließt. Es werden dann nach Möglichkeit repräsentative →*Markttests* durchgeführt. Die Produktplanung wird abgeschlossen durch die →*Markteinführung* (→*Produkteinführung*). Das →*Produkt* verläßt dann die Planung und tritt in die erste Phase seines Lebens im →*Markt* ein (→*Produkt-Lebenszyklus*).

Produktpolitik Zentrales →*Marketinginstrument* im →*Marketing-Mix*, das eng gekoppelt ist an die →*Qualitätspolitik*. Die Produktpolitik umfaßt alle strategischen und operativen Maßnahmen, bei denen das →*Produkt* als Marketinginstrument eingesetzt wird. Hierzu zählen die →*Produktgestaltung* incl. Packungs- und Verpackungsgestaltung (→*Produkt-Design*) und die →*Marken-* und →*Imagepolitik*. Diese Teilbereiche sind im →*Produkt-Mix* synergetisch zusammengefaßt. Eine weitere Unterteilung kann vorgenommen werden nach den produktstrategischen Bereichen →*Produktdifferenzierung*,→*Produktvariation* und →*Produktinnovation* (→*Produktelimination*), die in der Praxis verbunden werden mit der →*Marktsegmentierung* und →*Diversifikation*.

Produktportfolio →Portfolio, →Portfoliomanagement.

Produktpositionierung Die Produktpositionierung erfolgt in einem meist zweidimensionalen und bipolaren Eigenschafts- bzw. semantischen Raum. In diesem Raum wird das eigene →*Produkt* positioniert (→*Positionierung*) und mit den Konkurrenzprodukten verglichen. Die Positionierung wird nicht nach Produktmerkmalen (→*Produkteigenschaften*) vorgenommen, sondern nach den →*Einstellungen* der existenten oder wünschenswerten →*Zielgruppe* (siehe dazu auch →*Feldtheorie*). Ziel ist, das Produkt an die ideale Wunschvorstellung des →*Konsumenten* (→ *Verbrauchers*, →*Verwenders*) heranzuführen und dabei gleichzeitig sicherzustellen, daß es sich von Konkurrenzprodukten unverwechselbar (→*USP*) abhebt. Die Produktpositionierung ist daher nicht nur auf neue Produkte beschränkt, sondern umfaßt auch die

Neu- oder Umpositionierung bestehender Produkte (siehe auch →*Mapping*).

Produkt-PR Form der →*Produktwerbung*, die auf das kommunikative Umfeld des Leistungsangebots gerichtet ist (siehe auch →*Public Relations*). Die wichtigsten Ziele der Produkt-PR sind die Erhöhung des →*Bekanntheitsgrades* des Leistungsangebots, Verbesserung des →*Produktimage*, Stärkung der →*Kundenbindung* und die Herstellung eines positiven →*Imagetransfers* (dazu auch →*Spill-over-Effekt*, →*Carry-over-Effekt*, →*Cross Selling-Effekt*).

Produktprogramm →*Angebot*, →*Programmpolitik*,→*Sortimentspolitik*.

Produktqualität →*Qualität*.

Produktrange →*Produktlinie(n)*.

Produktrentabilität →*Direkte Produktrentabilität (DPR)*.

Produktstrategie(n) →*Produktpolitik*.

Produkttest Letzte Phase in der →*Produktplanung* (siehe auch →*Innovationsprozeß*) vor der →*Produkteinführung*. Ziel ist die Überprüfung der →*Produkteigenschaften*, vor allem aber ihre Beurteilung und Bewertung durch die →*Nachfrager*, die als →*Zielgruppe* definiert sind. Zu den Produkteigenschaften zählen im weiteren Sinne z.B. der →*Markenname*, die →*Packung*, →*Verpackung*, der →*Preis*, die →*Produktaufmachung*,→*Produktausstattung*, →*Produkthandhabung*. Produkttests werden als Partialtest (Beurteilung einzelner Komponenten des Produkts) oder als Volltest durchgeführt (Gesamteindruck). →*Befra-*

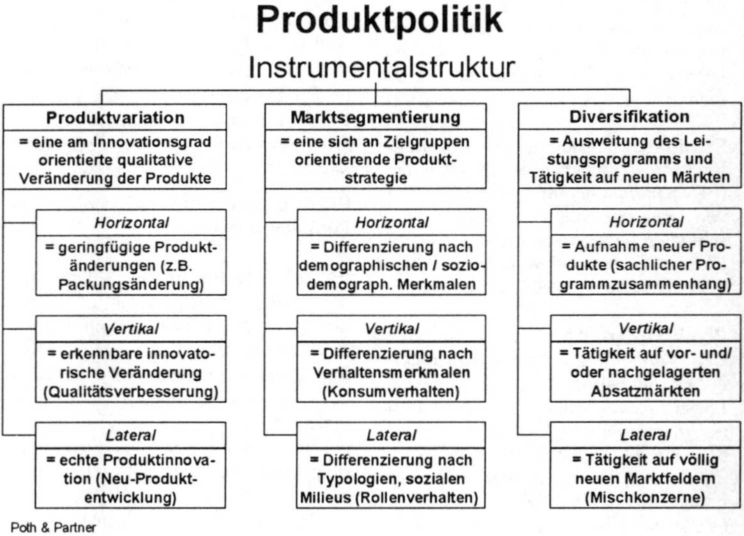

Poth & Partner

gungen und →*Gruppendiskussionen* (siehe auch →*Laborexperimente*) sind die üblichen Testverfahren.

Produkttreue Treuebindung des →*Käufers* an ein →*Produkt*. Es besteht eine enge Verwandtschaft zur →*Markentreue*, die sich auf den →*Markenartikel* bezieht.

Produkttypologie →*Gütertypologie*.

Produktvariation Schaffung eines Nachfolgeprodukts im Sinne einer grundlegenden Produktveränderung (siehe in Abgrenzung dazu →*Produktdifferenzierung*). Insofern ist eine exakte Trennschärfe zur →*Produktinnovation* (→*Innovation*) nicht gegeben. Das Nachfolgeprodukt löst das Vorgängerprodukt ab. Die Produktvariation erfolgt in der Regel durch →*Revival* (→*Relaunch*, →*Facelifting*) und hat zum Ziel, das →*Produkt* im →*Produkt-Lebenszyklus* zu stabilisieren. Problem häufiger Produktvariationen ist die (ungewollte) Verstärkung der →*Obsoleszenz*, die auf Dauer den Produktkern oder auch →*Markenkern* (→*Markenimage*) zerstört mit der Folge eines weiteren Lebensverfalls.

Produktvereinheitlichung →*Marktunifizierung*.

Produktversteinerung →Versteinerungsphase, →Degenerationsphase.

Produktwerbung Bestandteil des →*Kommunikations-Mix*, der in Praxis wie auch Literatur gleichgesetzt wird mit →*Werbung* (sogen. klassische Werbung als →*Kommunikationsform* neben →*Verkaufsförderung*, →*Public Relations*, →*Imagewerbung* und neueren Formen, wie u.a. →*Direktwerbung*, →*Direktmarketing*, →*Sponsoring*, →*Event Marketing*, →*Product Placement*).

Produkt-Wertanalyse Wertanalytische Untersuchungen (siehe →*Wertanalyse*) von bestehenden →*Produkten* im Produktionsprogramm.

Produktwissen Im →*Gedächtnis* des →*Konsumenten* (→*Verbrauchers*) gespeicherte →*Produktinformationen*. Sie beziehen sich auf alle bekannten (→*Awareness Set*) und relevanten (→*Evoked Set*) →*Produkte*. Das Produktwissen nimmt Einfluß auf die Produktauswahl und steuert entsprechend die →*Wahrnehmung* (→*Selektive Wahrnehmung*).

Produzentenhaftung →*Produkthaftung*.

Produzentenmarkt Nach der *Markttypologie von Ph. Kotler (1974)* im Sinne der Klassifikation in →*O-Märkte (Organisationen-Märkte)* der sogen. P-Markt. Der Produzentenmarkt ist der Markt für →*Produktivgüter* (→*Investitionsgüter*, →*Produktionsgüter*), der auf →*Unternehmen* gerichtet ist (→*Business-to-Business-Marketing*), die durch den Einsatz von Produktivgütern wiederum→*Produkte* oder →*Dienstleistungen* erstellen. Der Produzentenmarkt ist abzugrenzen von dem →*Konsumentenmarkt*, →*Wiederverkäufermarkt* und dem →*Markt der öffentlichen Betriebe*.

Produzentenrente Differenz zwischen dem Gleichgewichtspreis (→*Marktpreis*) und einem niedrigeren →*Preis*, zu dem aus Kostensicht die Leistung angeboten werden könnte (nach *A. Marshall, 1842-1924)*. Die Produzentenrente ist also ein Gewinnzuwachs, der dadurch entsteht, daß die Zahlungsbereitschaft (→*Preisakzeptanz*) der →*Nachfrager* die →*Grenzkosten* übersteigt (siehe im Vergleich →*Konsumentenrente*).

Profil(e) Persönlichkeitsmerkmale

(wie z.B. jung, dynamisch, modern etc.), die →*Produkten*, →*Marken* (→ *Markenimage*) oder auch →*Betriebstypen* des →*Einzelhandels* vom → *Käufer* (→*Konsumenten*) zugewiesen werden. Ziel von Profilierungsstrategien ist es, ein unverwechselbares → *Image* (→*Imagepositionierung*) zu schaffen (→*USP*). Dies geschieht vor allem durch die →*Marketingkommunikation*.

Profit Center Dezentrale Ertragszentren mit eigener Investitions-, Kosten- und Gewinnverantwortung. Nicht zwingend ist die eigene →*Produktion* als ein systemimmanenter Bestandteil. Im Hinblick auf das →*Outsourcing* macht eine definitorische Einengung keinen Sinn mehr. In Verbindung mit der →*Matrixorganisation* ist die Profit Center-Gliederung die konsequenteste Umsetzung des Objektprinzips in Form der →*Objektegliederung* (siehe dazu auch →*Leitungssystem*). Das auch als Quasi-Profit Center bezeichnete interne Outsourcing setzt das dezentrale Grundprinzip konsequent um. So können z.B. die Abteilungen Personal, Ausbildung, EDV, Marktforschung, Werbung, Grundlagenforschung etc. als Profit Center strukturiert werden. Damit werden aus →*Kostenstellen* Ertragszentren.

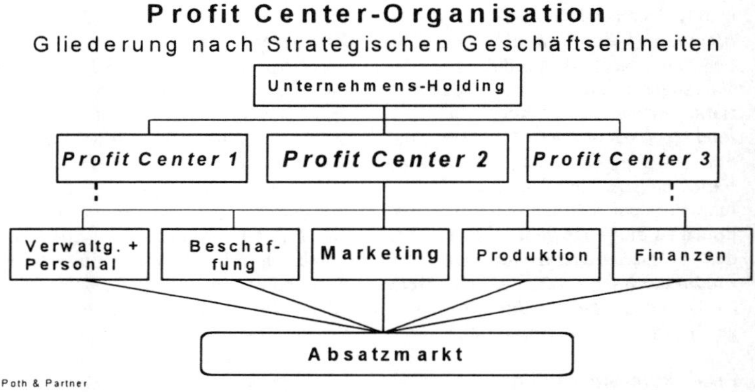

Prognose(n) Aussagen über voraussichtliche Entwicklungen in der Zukunft (→*Trends*). Im Mittelpunkt der Prognostik stehen vor allem die Markt- und →*Absatzprognosen*. Die Prognoseverfahren werden unterschieden nach quantitativen und qualitativen (intuitiven) Verfahren. Zu den quantitativen Verfahren zählen die → *Trendextrapolationen* (Hochrechnung von →*Zeitreihen*werten), die →*Indikatormethoden* (Analyse von wirtschaftlichen Daten als →*Indikatoren* z.B. der Absatzentwicklung), die → *Regressionsverfahren* (Analyse der Wirkungszusammenhänge zwischen →*Unabhängigen* d.h. bestimmenden und →*Abhängigen Variablen*) und ökonometrische Techniken, bei denen eine zu prognostizierende Größe durch mehrere unabhängige Variablen bestimmt wird (multiple Regression). Zu den qualitativen Verfahren zählen alle Vorhersagemethoden, die darauf verzichten, komplexe Wirkzusammenhänge mathematisch-statistisch zu erklären und in entsprechenden → *Modellen* abzubilden. Zu den bekanntesten Techniken der qualitativen

Prognosen zählen die →*Delphi-Methode*, →*Szenario-Technik*, →*Expetensysteme* etc.

Prognosemodell(e) →*Modelle*, die als Grundlage für →*Absatzprognosen* dienen. Prognosemodelle definieren künftige Zustände auf Basis vergangener und gegebener Istzustände z.B. mit Hilfe der →*Szenario-Technik*, →*Delphi-Methode* etc. als qualitative Prognoseverfahren. Als quantitative Verfahren werden die →*Trendextrapolation*, →*Regressionsanalyse*, →*Querschnitts-*, →*Längsschnittsanalyse* etc. eingesetzt (siehe dazu in Abgrenzung →*Beschreibungs-*, →*Erklärungs-* und →*Entscheidungsmodelle*).

Program Evaluation and Review Technique (PERT) Methode zur Planung und Überwachung von Projekten. Die Planungsmethode ist z.B. einsetzbar bei der Entwicklung und Einführung neuer Produkte (siehe → *Netzplantechnik*).

Programm Angebotsprogramm von Herstellern (→*Programmpolitik*) oder Handels- bzw. Dienstleistungsunternehmen (→*Sortimentspolitik*).

Programmanalysator Gerät zur Messung spontaner Reaktionen von Versuchspersonen (→*Apparative Verfahren*). Durch Betätigen einer Zustimmungs- oder Ablehnungstaste während der Darbietung von Filmen, Werbespots, Hörfunkspots etc. wird zeitidentisch eine Bewertung des Wahrnehmungsobjekts vorgenommen (→*Werbewirkung*, →*Werbewirkungskontrolle*). Die spontanen Reaktionen haben im Vergleich zu →*Befragungen* (je nach Untersuchungsobjekt und Untersuchungszweck) den Vorteil, daß eine längere gedankliche Auseinandersetzung ausgeschlossen ist.

Programm-Bartering →*Kompensations-* bzw. →*Gegengeschäfte*, bei denen die →*Werbungtreibenden* selbst ein Programm produzieren und es gegen Sende- bzw. Werbezeit dem TV-Sender zur Verfügung stellen. Das Programm-Bartering, das auch als →*Werbebartering* bezeichnet wird, weist eine sehr enge Verwandtschaft mit dem →*Product Placement* auf.

Programmbreite Das Produktprogramm des Herstellers besteht in der Regel aus einem breiten →*Angebot* sehr unterschiedlicher →*Produkte*. Insbesondere bei stark diversifizierten →*Unternehmen* ist die Programmbreite ausgeprägt (siehe auch →*Sortimentsbreite* in Handelsunternehmen).

Programming →*Programm-Sponsoring*.

Programmpolitik Strategische und operative Entscheidungen bzgl. des Produktprogramms (→*Angebot*). Der vergleichbare Begriff im Handel ist die →*Sortimentspolitik*.

Programm-Sponsoring Neue Form des →*Sponsoring*, bei der vor allem Programme im Fernsehen und Rundfunk gesponsert werden. Diese Form des Sponsoring wird auch als Programming bezeichnet. Eine gewisse Ähnlichkeit besteht mit dem →*Kultur-Sponsoring*. Abzugrenzen ist das Programm-Sponsoring vom →*Product Placement*, wenngleich eine Verwandtschaft besteht. Product Placement wird vielfach als Gegenleistung zum Programm-Sponsoring gesehen.

Programmtiefe Das Produktprogramm des Herstellers ist stark spezialisiert und konzentriert auf eine bestimmte Produktgattung, die differenziert wird (→*Produktdifferenzierung*). Die Programmtiefe ist nicht zu verwechseln mit der →*Fertigungstiefe*, die sich auf die →*Produktion* im eigenen Unternehmen bezieht (siehe auch →*Sortimentstiefe* in Handelsunternehmen).

Programmvariation Veränderung des Angebotsprogramms von Herstellern (→*Programm*, →*Programmpolitik*) bzw. Handelsunternehmen (→*Sortiment*, →*Sortimentspolitik*). Die Notwendigkeit von Programmvariationen ergibt sich aus einer Vielzahl von Ursachen, deren wichtigste Veränderungen im →*Konsumentenverhalten* (z.B.→*Wert(e)wandel*,→*Wert(e)dynamik*), in der Wettbewerbs- und Kostenentwicklung und den →*Produkt-Lebenszyklen* zu sehen sind.

Progressive Preiskalkulation → *Preiskalkulation*, →*Vollkostenrechnung*.

Prohibitivpreis Staatlich festgelegter →*Preis* (siehe im Vergleich →*Höchstpreis*), um die →*Nachfrage* nach einem bestimmten →*Angebot* zum Erliegen zu bringen bzw. zu dämpfen. Durch illegale Praktiken (z.B. durch Schmuggel, →*Schwarzmarkt*) wird die Wirksamkeit von Prohibitivpreisen meist unterlaufen.

Projektcontrolling Überwachung aller Abläufe, Termine und Kosten eines Projekts zur Unterstützung des →*Projekt-Managements*. In den Fällen, bei denen Projektteams z.B. zur Entwicklung und Markteinführung neuer Produkte bzw. zur Lösung anderer komplexer Probleme im Marketing eingesetzt werden, ist das Projektcontrolling Teil des →*Marketingcontrolling*, das wiederum mit dem Zentralcontrolling (→*Controlling*) verbunden ist.

Projektion Vorhersage, die sich von der→*Prognose* dadurch unterscheidet, daß sie auf subjektiven →*Wahrscheinlichkeiten* beruht und einen meist längerfristigen Erwartungscharakter hat. Die Prognosen hingegen basieren auf nachprüfbaren →*Daten* und Entwicklungen incl. theoretisch gesicherter Verfahren und Methoden. Insofern weisen Projektionen eine engere Verwandtschaft mit der Zukunftsforschung (→*Futurologie*) auf.

Projektive Frage Form der indirekten Fragestellung (→*Indirekte Frage*), um durch die Projektion auf andere reale oder fiktive Personen für den Befragten unangenehme oder intime Sachverhalte zu ermitteln (→*Drittpersonentechnik*). Hierbei wird unterstellt, daß sich die Befragten durch den Einsatz →*Projektiver Verfahren* nicht persönlich angesprochen fühlen und demzufolge leichter ihre wahre Meinung äußern.

Projektive Verfahren Verfahren in der →*Motivforschung* zur Ermittlung der →*Motive* des →*Konsumentenverhaltens*. Die wichtigsten projektiven Verfahren sind der →*Thematische Apperzeptions-Test (TAT)*, der → *Ballontest*, der →*Picture-Frustrations-Test (PFT)*, der →*Wortassoziations-Test (WAT)* und der →*Satzergänzungs-Test (SET)*. Die methodischen Grenzen zwischen den projektiven und →*Assoziations-Tests* sind fließend.

Projekt-Management In Abgrenzung zum →*Produkt-Management* die zeit- und aufgabenbezogene Arbeit im Projektteam. Ziel ist, interdisziplinär und z.T. auch interhierarchisch Probleme zu lösen oder auch →*Innovationen* zu entwickeln, die durch die bestehende Organisation (→*Struktur-* und →*Ablauforganisation*) nicht bewältigt werden können. Ein →*Projektmanager* leitet das Projektteam. Bei der Projektorganisation ist zu unterscheiden zwischen dem Einfluß-Projektmanagement (Stabsstelle), dem reinen Projektmanagement (Linienverantwortung) und dem Matrix-Projektmanagement (siehe dazu auch →*Organisation*, →*Organisationsformen*, →*Marketingorganisation*).

Projektmanager Führungskraft, die im →*Projekt-Management* bzw. in der Projektorganisation ein Projektteam leitet. Der Erfolg der Projektarbeit ist nicht zuletzt von den Kompetenzen abhängig, die dem Projektmanager gegeben werden. Zu empfehlen ist eine Linienverantwortung in Kombination mit einer →*Matrixorganisation*.

Projektorganisation Gesamtheit der Organisationseinheiten sowie der aufbau- und ablauforganisatorischen Regelungen, die für die erfolgreiche Abwicklung eines Projekts notwendig sind. Die Projektorganisation legt neben den Details im Kern die Aufgabenstruktur und -verteilung und die Entscheidungswege und Kompetenzen des Projektleiters und der Projektmitglieder fest. Darüber hinaus ist die Kommunikation innerhalb und außerhalb des Projekts zu organisaieren (siehe auch →*Projekt-Management*).

Projekt-Management
Aufgabenbezogene Team-Organisation

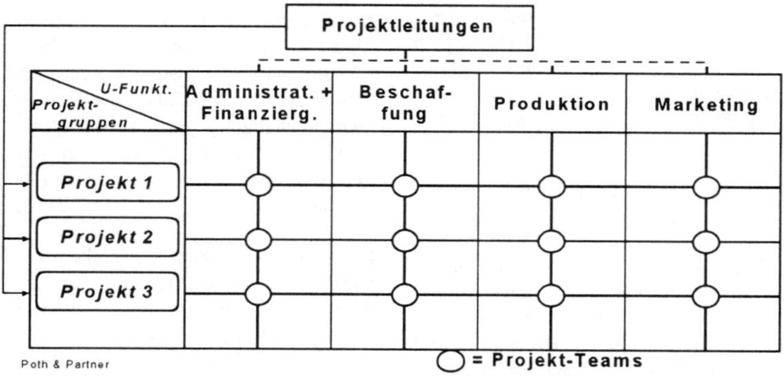

Promotion(s) Maßnahmen der →*Verkaufsförderung* (Sales Promotion) zur zielorientierten Unterstützung des →*Verkaufs*. Die Promotion-Aktionen sind fokussiert auf die kommunikativen und distributiven Maßnahmen am Verkaufspunkt (→*Point of Purchase*).

Promotor(en) Personen, die einen →*Innovationsprozeß* (→*Innovationen*) aktiv fördern (→*Innovatoren*). Zu unterscheiden sind →*Machtpromotoren* (hierarchische Einflußnehmer), →*Fachpromotoren* (fachliche Einflußnehmer) und →*Prozeßpromotoren* (→*Beziehungspromotoren* als Organisations-Einflußnehmer). Vor allem in größeren Organisationen stoßen die Promotoren auf Macht- und Fachopponenten, die prima facie Innovationsprozesse behindern, aber auch durch ihre Widersprüche Innovationsprozesse vorantreiben können. Die Promotorenfunktion (in Verbindung mit der Opponentenfunktion) zeigt sich auch in der →*Beschaffung* und hierbei vor allem im →*Buying Center*.

Propaganda Kommunikative Verbreitung politischer Ideen (Ideologien) und Ziele. Die Propaganda ist scharf abzugrenzen von der ökonomisch orientierten →*Werbung*.

Propagandist(en) Verkäufer, die zur Einführung neuer Produkte (→*Konsum-* und →*Gebrauchsgüter*) vom Hersteller (in der Regel durch spezialisierte Dienstleistungsunternehmen) an attraktiven Verkaufspunkten (→*Point of Purchase, PoP*) eingesetzt werden. Die Direktansprache (→*Direktvertrieb*) der potentiellen →*Käufer* (→ *Nachfrager*) ist ein Instrument der → *Verkaufsförderung*. Die wichtigsten Einsatzorte für Propagandisten sind der →*Einzelhandel*, →*Marktveranstaltungen* und die diversen Formen des →*Ambulanten Handels*.

Proportionale Schichtung Beim →*Geschichteten Auswahlverfahren* (→*Befragung*) eine entsprechend dem Anteil der Schichten an der →*Grundgesamtheit* gebildete →*Stichprobe* (siehe im Gegensatz →*Disproportionale Schichtung*).

Prosaisonale Werbung →*Prozyklische Werbung*.

Prospekt(e) Werbeschrift (auch als Leaflet bezeichnet) von einer bzw. wenigen Seiten in einem gängigen Format, die in der →*Direktwerbung* (Briefwerbung) eingesetzt oder als → *Beilage* in periodisch erscheinenden Druckmedien (→*Zeitungen*, →*Zeitschriften*) verwendet wird. Ziel der Prospektwerbung ist die zielgruppenspezifische Ansprache der Adressaten. Die erweiterte Form des Prospekts ist der →*Katalog*.

Prosumer Integration von Konsument und Produzent im Sinne der Einbeziehung des →*Konsumenten* in die Produktionstätigkeit. Dies kann z.B. erfolgen durch den Einfluß auf die Produktfunktionen (→*Produkteigenschaften*), →*Qualität*, →*Produkthandhabung* etc. Als Beispiel kann die Jeans-Herstellung dienen. Der Prosument gibt Hüftumfang und Beinlänge in den Computer ein. Auch Sonderwünsche (Schnitt, Farbe) können berücksichtigt werden. Die „Unikat-Jeans" sind in max. drei Wochen hergestellt. Damit werden die Kostenvorteile einer Massenfertigung (→*Massenmarketing*) mit den kundenindividuellen Wünschen verbunden (siehe dazu auch →*Customized Marketing*, →*Postponement*).

Prosumerismus Tendenz, daß → *Konsumenten* in vielfältiger Form als Produzenten tätig werden (→*Prosumer*). Dies reicht von der Selbstherstellung von →*Produkten* und → *Dienstleistungen* bis hin zur aktiven Mitarbeit in Bürgerinitiativen, Selbsthilfegruppen etc. Insoweit geht der Prosumerismus weit über die Konsumentenbeteiligung an →*Produktentwicklungen* hinaus. Abzugrenzen von dem Begriff ist der Consumerism (→ *Konsumerismus*).

Provider Dienstleister (vor allem Internet-Service-Provider), der Anwendern einen Zugang zum →*Internet* und in der Regel die damit verbundenen →*Dienstleistungen* (→*Services*) bietet.

Provision Form der Leistungsvergütung (→*Vergütungssystem*). Die bekanntesten Provisionsformen sind die Umsatzprovision im →*Verkauf* (→ *Verkaufsprovision*) und die Provision für →*Werbeagenturen* (→*Provisionssystem*). Abzugrenzen gegenüber der Provision ist die →*Prämie* als leistungsorientierte Zusatzvergütung.

Provisionssystem Form der →*Agenturvergütung*, die sich im Grundsatz an der Tätigkeit der →*Werbeagentur* als →*Werbemittler* orientiert. Die →*Provision* beträgt in der Regel 15% vom Netto-Einschaltvolumen. Weitere Vergütungen erfolgen nicht. Dem Vorteil der Einfachheit des Verfahrens stehen erhebliche Nachteile gegenüber. So stehen zunächst nicht die Leistungen der Agentur im Vordergrund, sondern die Provisionssätze der ausgewählten →*Werbeträger* (→*Medien*). Damit hängt die Agenturvergütung entscheidend von der →*Mediaplanung* der Agentur und vor allem von der Höhe des Werbeetats (→*Werbebudget*) ab. Die reine Orientierung der Agenturvergütung an der Mittlerfunktion führt dazu, daß die (eigentlich wichtigeren) kreativen Leistungen der Agentur nicht ausreichend honoriert werden (siehe im Vergleich →*Service Fee-System*).

Prozeß Gesamtheit von integrierten, funktionsübergreifenden Tätigkeiten mit einem meßbaren In- und Output. Prozesse sind wertschöpfend und wiederholbar. Beispiele sind die Leitung einer →*Strategischen Geschäftseinheit*, die Projektleitung, die Entwicklung eines neuen Produkts etc.

Prozeßinnovation(en) →*Innovationen*, die sich auf ablauforganisatorische →*Prozesse* beziehen. Die Prozeßinnovation ist fokussiert auf die Organisationsinnovation (→*Organisation*, →*Ablauf*- und →*Aufbauorganisation* bzw. Strukturorganisation). In den Begriff eingeschlossen sind auch technische Verfahrensinnovationen (→*Technologien*), die z.B. Fertigungsabläufe optimieren (siehe in Abgrenzung →*Produktinnovationen*).

Prozeßkettenorganisation Organisation nach dem Prinzip des Durchlaufs der einzelnen Leistungsprozesse. Im Vergleich zur klassischen funktionalen Gliederung (→*Funktionengliederung*) steht die Zielrichtung der Leistungsprozesse im Vordergrund (siehe auch →*Wertschöpfungskette*). Die Verantwortung der Prozeßleitungen erstreckt sich auf mehrere Funktionsbereiche bzw. Abteilungen, wobei eine weitere Gliederung in Sub-Prozesse möglich ist.

Prozeßkostenmanagement Prozeßorientierung der →*Unternehmungsorganisation* (siehe auch →*Prozeßkettenorganisation*). Die Prozeßkosten (siehe →*Prozeßkostenrechnung*) werden im unternehmensbezogenen Gesamtzusammenhang gesehen. Inhaltlicher Hintergrund ist das notwendige Management von →*Prozessen*.

Prozeßkostenrechnung Zurechnung der fertigungsnahen →*Gemeinkostenbereiche* auf die →*Kostenträger* (→*Produkte*). Die Weiterentwicklung der Methode des Activity-Based-Costing ist die Definition der →*Kunden* als Kostenträger (Activity Accounting). Dadurch kann das Kundenmanagement (→*Key Account-Management*) erfolgsorientierter gestaltet werden. Die kundenbezogenen Aufwendungen bestimmen die Kundenertragskraft (→*Kundenrentabilität*). Sie ergibt sich aus dem Vergleich der kundenspezifischen Kosten und der entsprechenden Nettoerlöse.

Prozeßmanagement →*Geschäftsprozeßoptimierung*.

Prozeßmarketing Marktorientiertes Management im Sinne einer Verknüpfung der Marktprozesse mit den marktrelevanten Tätigkeiten in der Organisation (siehe auch →*Prozeßmanagement* und in Abgrenzung →*Marketing-Mix*).

Prozeßorientierte Budgetierung →*Budgetierung* nach Prozeßabläufen. Basis der prozeßorientierten Budgetierung ist die Analyse der bereichsbezogenen Teilprozesse und bereichsübergreifenden Hauptprozesse nach Struktur, Mengen und Kosten (siehe dazu →*Prozeßkostenrechnung*). Es folgt im nächsten Schritt ein internes und auch externes →*Benchmarking* der ermittelten Prozeßkosten. Die daraus entwickelten Zielwerte werden dann auf die Teilprozesse heruntergebrochen und im letzten Schritt wieder aggregiert zu einer Zielgröße für den Gesamtprozeß.

Prozeßpromotor(en) Einflußnehmer, die aufgrund ihrer Einwirkungsmöglichkeiten auf die Beziehungs- und Organisationsstrukturen im Unternehmen Problemlösungs- und auch →*Innovationsprozesse* (→*Innovationen*) aktiv fördern. Vielfach üben die Prozeßpromotoren auch die Funktion von →*Machtpromotoren* aus, um die →*Fachpromotoren* in →*Task Forces* (→*Teamorganisation*, →*Projekt-Management*) einzubinden (siehe auch →*Promotoren*).

Prozeßteam(s) Gruppe von Mitarbeitern, die gemeinsam einen vollständigen, komplexen Unternehmensprozeß (z.B. →*Produktentwicklung*, Systeminstallation bei →*Kunden* etc.) durchführt. Im wesentlichen zu unterscheiden sind „Caseteams" (Erfüllung wiederholt vorkommender, komplexer und kundenbezogener Routineaufgaben) und „virtuelle Teams" (Lösung konkreter, einmaliger Probleme). Die genannten Arten von Prozeßteams haben eine große Ähnlichkeit mit dem →*Projekt-Management* als aufgabenbezogene Organisationsform. Die dritte Form von Prozeßteams ist das sogen. „Deal Structuring" (Zusammenfassung von Querschnittsfunktionen (z.B. →*Logistik*) in einer Organisationseinheit, die vielfach bis zu einem einzelnen Mitarbeiter („Caseworker") heruntergebrochen werden kann (z.B. bei der geschlossenen→*Auftragsabwicklung*).

Prozyklische Werbung Form des (meist noch üblichen) →*Werbetiming*, die der konjunkturellen Entwicklung folgt. Das betrifft insbesondere die Festlegung der Höhe der Werbeausgaben (→*Werbebudgetierung*). In Zeiten der Hochkonjunktur wird viel geworben, in denen der Rezession deutlich weniger. Diese Vorgehensweise bezieht sich in der Regel auch auf die Entwicklung z.B. der unternehmensbezogenen →*Umsätze* bzw. →*Gewinne* und das Reagieren auf Saisonschwankungen, wobei die letzteren aufgrund des gleichförmigen →*Kaufverhaltens* (über das ganze Jahr hinweg) im Konsumgüterbereich kaum noch eine Rolle spielen (siehe im Gegensatz dazu →*Antizyklische Werbung*).

Prüflistenverfahren →*Produktbewertung*.

Prüfzeichen Qualitätssiegel (→*Gütezeichen*), die von privatwirtschaftlichen Testinstitutionen auf der Basis von Prüfgebühren vergeben werden und keinen staatshoheitlichen Charakter haben (z.B. TÜV-geprüft, Bewertung durch die →*Stiftung Warentest* etc.). Das Qualitätsniveau der Prüfzeichen ist abhängig von der jeweiligen Prüforganisation und damit sehr unterschiedlich.

Psychische Distanz Psychisch wahrgenommene Entfernung zu einem Handlungsziel. Bei zunehmender Zielnähe verstärkt sich die Verhaltenstendenz.

Psychoanalytische Theorie Tiefenpsychologische Lehre, die von *S. Freud (1856-1939)* begründet wurde und eine Analyse menschlichen Handelns in der Motivationsforschung (→ *Motivationstheorie*) darstellt. Sie verbindet die hedonistische (→*Hedonismus*) Doktrin *J. Benthams (1779)* mit dem Prinzip der →*Homöostase (W.B. Cannon, 1932)*. Darüber hinaus wurde *Freud* beeinflußt durch das Überlebensmodell des →*Darwinismus* (*Ch. Darwin, 1809-1882*). Die psychoanalytische Lehre bildete in der Jahrhundertwende (nach *B. Weiner, 1988*) neben dem →*Behaviorismus* die Hauptströmung in der psychologischen Forschung. Nach *Freud* ist alles →*Verhalten* triebbestimmt und daher unbewußt. Unbefriedigte →*Bedürfnisse* (z.B. Nahrungsmangel) bei begrenzten Ressourcen motivieren das Individuum zum Handeln. Aktivität gilt als Zeichen für Unbefriedigtsein (vgl. → *Aktivierende Prozesse*). Die Triebreduktion wird als lustvoll empfunden. Die Homöostase gilt als Zustand der Lust, in dem alle Wünsche befriedigt sind.

Psychogalvanische Reaktion → *Hautwiderstandsmessung*.

Psychographische Kriterien Die wichtigsten Kriterien sind: Allgemeine →*Persönlichkeitsmerkmale*, →*Einstellungen* und Nutzen-Erwartungen, →*Lebensstil* bzw. Lebensgewohnheiten. Sie bilden auch die Grundlage für die →*Psychographische Marktsegmentierung*.

Psychographische Marktsegmentierung Gliederung der →*Konsumenten* bzw. →*Verwender* nach → *Psychographischen Kriterien*.

Psychologie Erfahrungswissenschaft, die sich mit dem →*Verhalten* von Organismen, d.h. von Menschen und Tieren (vgl. →*Behaviorismus*), den inneren Vorgängen (→*Aktivierende* und →*Kognitive Prozesse*) sowie den Verhaltensbedingungen (biologische Einflußgrößen, siehe →*Hirnforschung*, →*Hemisphärentheorie*) und Umwelteinflüssen (→*Kultur*, →*Sozialisation*) befaßt. Aufgabe der Humanpsychologie ist es, Gesetzmäßigkeiten bzw. Ursache-Wirkungs-Beziehungen zu erkennen, die dem menschlichen Verhalten, Erleben und Bewußtsein zugrundeliegen. Ziel ist einmal die Prognose des Verhaltens (Auftretenswahrscheinlichkeit), zum anderen die Verhaltensbeeinflussung mittels Verhaltenskontrolle, d.h. Auslösung und Veränderung von Verhaltensweisen.

Psychologische Marktforschung Sie wird vielfach auch als marktpsychologische Forschung (→*Marktpsychologie*) bezeichnet. In Abgrenzung zu der sogen. →*Quantitativen* → *Marktforschung* handelt es sich um die Übernahme von aus der →*Psychologie* stammenden Erhebungsmethoden. Mit Hilfe der psychologischen Marktforschung werden →*Motive* und →*Einstellungen* durch in der Regel mündliche →*Befragungen* untersucht. →*Imagemessungen*, →*Einstellungsmessungen*, →*Assoziationstests*, → *Projektive Verfahren* und →*Gruppendiskussionen* gehören zu den wichtigsten Untersuchungsmethoden. Als Problem der psychologischen Marktforschung erweist sich vielfach die Operationalisierung der erhobenen Befunde.

Psychologische Marktsegmentierung →*Psychographische Marktsegmentierung*.

Psychologische Produktdifferenzierung Differenzierung des Leistungsangebots (→*Produktdifferenzierung*), die die emotionalen Nutzenunterschiede in den (vor allem kommunikativen) Mittelpunkt stellt (→

Emotionale Produktdifferenzierung). Hinsichtlich der funktional-sachlichen →*Produkteigenschaften* werden keine oder nur geringe Modifikationen (z.B. in Formgebung, Farbe, →*Packung*) vorgenommen.

Psychologischer Kaufzwang Insbesondere durch werbliche Maßnahmen (z.B. →*Zugaben*, →*Werbegeschenke*, →*Preisausschreiben* etc.) ausgeübter Zwang auf den →*Verbraucher*, ein bestimmtes →*Angebot* zu kaufen. Die Ausübung eines psychologischen Kaufzwangs gilt wettbewerbsrechtlich (→*UWG*) als unlauterer Wettbewerb (siehe dazu auch →*Kaufzwang*).

Psychologischer Preis →*Odd Pricing*, →*Preisschwelleneffekt*.

Psychologisches Marktmodell Strukturierung und Interpretation der Meinungsverteilung im sozialen Feld (*B. Spiegel, 1961*). Das Modell erweist sich vor allem bei der →*Produktpositionierung* und →*Marktsegmentierung* (hierbei insbesondere für die Formulierung von →*Nischenstrategien*) als eine sehr nützliche Entscheidungshilfe, da durch das psychologische Marktmodell für die Leistungsangebote erfolgreiche →*Produktmarkträume* abgebildet werden können (siehe auch →*Mapping*).

Psychometrie Sammelbegriff für alle quantitativen Methoden, die in der psychologischen Forschung zur Anwendung kommen (siehe auch →*Psychophysik*).

Psychophysik Teilgebiet der experimentellen →*Wahrnehmungspsychologie*, das sich mit den Zusammenhängen zwischen physikalischen und psychischen Faktoren beschäftigt (siehe →*Weber-Fechner'sches Gesetz*).

Public Affairs In Abgrenzung zu →*Public Relations* Teil des →*Public Marketing* zur Gestaltung der Unternehmensbeziehungen zur sozialen und politischen Umwelt. Public Affairs können daher auch als kommunikative Umsetzung des →*Social Marketing* verstanden werden im Sinne einer sozialverantwortlichen →*Marketingkommunikation*.

Public Goods →*Öffentliche Güter*.

Public Marketing Im Vergleich zu →*Public Relations* die Ausrichtung aller Marketingaktivitäten (und nicht nur eine Sonderform der →*Marketingkommunikation*) an den Belangen und Interessen der allgemeinen → *Öffentlichkeit*. Die Notwendigkeit dazu ergibt sich vor allem aus den oftmals auftretenden Zieldivergenzen zwischen der Öffentlichkeit und den erwerbswirtschaftlich tätigen →*Unternehmen* (siehe auch →*Stakeholder*).

Public Opinion →*Öffentliche Meinung*.

Public Private Partnership Öffentlich-private →*Kooperationen*, die vor allem der Realisierung von Konzepten des →*Kommunalen Marketing* bzw. →*Stadtmarketing* dienen. Die konkreten Kooperationsformen sind sehr vielfältig. Sie reichen von der privatwirtschaftlichen finanziellen Beteiligung an der Stadtentwicklung bzw. Stadterneuerung bis hin zur Übernahme bestimmter kommunaler Aufgaben, die von der Kommune (aus Kostengründen) nicht erfüllt werden können.

Public Relations (PR) →*Öffentlichkeitsarbeit* mit dem Ziel, Partikularinteressen und Gemeinwohl in

Übereinstimmung zu bringen (*E. Bernays, 1926*). Die Begründer der Öffentlichkeitsarbeit in Deutschland *C. Hundhausen (1969)* und *A. Oeckl (1976)* haben diese Definition weitgehend übernommen. Die prägnante Formel von *Oeckl* lautet: „Public Relations = Information + Anpassung + Integration". Weitergehend kann daraus die Forderung abgeleitet werden, daß PR die →*Unternehmenspolitik* in Informationspolitik übersetzt und auch in der →*Öffentlichkeit* umsetzt. Es besteht ein enger Zusammenhang zwischen Public Relations und →*Imagepolitik*.

Publikum Teilnehmende→*Öffentlichkeit*.

Publikumsforschung →*Rezipientenforschung*.

Publikumswerbung →*Werbung*, die sich an die breite →*Öffentlichkeit* (→*Konsumenten*) richtet. Die Publikumswerbung ist nicht zu verwechseln mit einer zielgruppenunspezifischen Werbung. Üblicherweise werden als →*Kommunikationsmedien* (→*Werbeträger*) →*Publikumszeitschriften* eingesetzt, deren Auswahl (→*Mediaselektion*) zielgruppenspezifisch (→*Zielgruppe*) erfolgt (siehe im Gegensatz dazu →*Fachwerbung*).

Publikumszeitschrift(en) Regelmäßig erscheinende Druckerzeugnisse, die den Charakter von Massenzeitschriften haben (in Abgrenzung dazu siehe →*Spezialzeitschriften* und →*Zielgruppenzeitschriften*).

Pufferfrage(n) →*Ablenkungsfrage(n)*.

Pufferzeit →*Kritischer Weg*, →*Netzplantechnik*.

Pull-Strategie Aktivierung von Endverbrauchernachfrage durch →*Werbung*. Ziel ist, einen Nachfragesog im →*Einzelhandel* zu erzeugen. Die damit verbundenen →*Marketingstrategien* sollen einen Druck auf den Handel ausüben, das jeweilige →*Produkt* (siehe auch →*Markenartikel*, →*Markenartikelwerbung*) zu listen bzw. nachzubestellen. Sinnvoll ist die Pull-Strategie besonders dann, wenn eine hohe →*Markentreue* bzw. →*Markenpräferenz* besteht (im Vergleich und Abgrenzung dazu →*Push-Strategie*).

Pulsationsstrategie Form der →*Marktstimulierungsstrategie*, bei der die Dosierung des Einsatzes der →*Marketinginstrumente* in regelmäßigen oder auch unregelmäßigen zeitlichen Abständen verändert wird. Die Pulsationsstrategie wird vor allem in der →*Preispolitik* und bei der →*Werbebudgetierung* (→*Pulsierende Werbung*) eingesetzt. So bieten sich z.B. wechselnde Preissenkungen und Preiserhöhungen an (siehe →*Sonderangebotspolitik* im →*Einzelhandel*), wenn der Absatz- bzw. Umsatzzuwachs bei Preissenkungen höher ist als der Absatz- bzw. Umsatzverlust bei Preiserhöhungen (durch Rückkehr zum Normalpreis; siehe auch →*Preisänderungswirkung*). →*Werbung* (vor allem →*Produktwerbung*) in Phasen im Gegensatz zur zeitlich gleichförmigen Verteilung der Werbeanstöße nutzt das Phänomen der →*Marketing-Hysterese*, d.h. die zeitliche Nachwirkung von Werbeaktionen. Sie bietet die Möglichkeit zur Optimierung der Werbebudgetierung.

Pulsierende Werbung →*Werbung* in Phasen im Gegensatz zur zeitlich gleichförmigen Verteilung der Werbeanstöße. Grundlage dieser →*Werbestrategie* ist die Erkenntnis aus der →*Lernpsychologie*, daß Werbekampagnen noch einige Zeit nach ihrer Durchführung von den →*Kommunikanten* (Rezipienten) erinnert werden. Es empfiehlt sich daher, innerhalb oder zwischen den Kampagnen Werbepausen einzulegen. Die →*Pulsationsstrategie* weist gegenüber der zeitlichen Gleichförmigkeit der Werbeanstöße Vorteile auf, da kontinuierliche →*Kontakte* zu hohen Kontaktmengen führen, die nur noch unterproportional im →*Gedächtnis* (→*Gedächtnistheorien*) wirksam werden (siehe dazu auch→*Marketing-Hysterese*).

Punktbewertungsverfahren→Scoring-Modelle, →Produktbewertung.

Pupillometrie →*Apparatives Verfahren*, das die Veränderung des Pupillendurchmessers aufgrund der Aufnahme von →*Stimuli* (z.B. →*Werbemittel*) feststellt. Von der Pupillenveränderung wird auf die →*Aktivierung* der Versuchsperson geschlossen. Im Vergleich zur →*Blickregistrierung* (kognitiver Vorgang) hat sich das Verfahren in der experimentellen →*Mediaforschung* (z.B. bei →*Pretests*) nicht durchgesetzt.

Push-Strategie Im Gegensatz zur →*Pull-Strategie* wird versucht, die Ware in den →*Einzelhandel* hineinzudrücken. Die Push-Strategien umfassen alle Herstelleraktivitäten, die auf den Handel fokussiert sind. Im wesentlichen gehören dazu die →*Verkaufsförderung* und das →*Merchandising*.

Q

Qualität Gesamtheit von Eigenschaften und Merkmalen eines →*Produktes* (bzw. einer →*Dienstleistung*) oder einer Tätigkeit, die sich auf deren Eignung zur Erfüllung gegebener Erfordernisse bezieht (Deutsche Gesellschaft für Qualität). Die Erfordernisse sind projiziert auf die Kundenanforderungen bzw. -erwartungen (DIN ISO 8402). Die Qualität wird bestimmt durch das integrierte Zusammenwirken von Vorfabrikate-, Konstruktions- und Ausführungsqualität. Zur Ausführungsqualität zählen auch die Auslieferungsqualität (z.B. die →*Verpackung*) und der →*Kundendienst*. Nach DIN 55350 Teil 11 ist Qualität die "Gesamtheit von Eigenschaften und Merkmalen eines Produktes oder einer Tätigkeit, die sich auf deren Eignung zur Erfüllung gegebener Erfordernisse bezieht. Die Erfordernisse ergeben sich aus dem Verwendungszweck des Produkts oder dem Ziel der Tätigkeit unter Berücksichtigung der Realisierungsmöglichkeiten" (siehe dazu auch →*Integralqualität*). Das Leistungsangebot hat die richtige Qualität, wenn es die Ansprüche, →*Bedürfnisse* und →*Erwartungen* der →*Kunden* (→*Kundenzufriedenheit*) erfüllt. Maßstab für die Qualität ist die →*Einstellung* der Kunden, die als →*Image* sowohl objektiv als auch subjektiv geprägt ist. Die Einstellung zur Qualität wird z.T. entscheidend beeinflußt durch →*Opinion Leader*.

Qualitätsabweichung Soll-Ist-Abweichung in der →*Produktqualität*.

Qualitätsaudit Systematische und unabhängige Untersuchung (→*Auditing*), um festzustellen, ob die qualitätsbezogenen Tätigkeiten und die damit zusammenhängenden Ergebnisse den geplanten Anforderungen entsprechen und ob diese Anforderungen wirkungsvoll verwirklicht und geeignet sind, die Ziele zu erreichen (DIN ISO 8402).

Qualitätsbewußtsein Subjektive Vorstellung von →*Verbrauchern* (→*Konsumenten*) über die →*Qualität* eines Leistungsangebots. Ähnlich wie das →*Preisbewußtsein* ist das Qualitätsbewußtsein eine rein subjektive Größe, die vielfach auf →*Produktimages* beruht, die ihrerseits →*Irradiationen* auslösen können. Und bei einigen Bedürfniskategorien (→*Prestigekonsum*) wird der →*Preis* ohnehin als konsumverbindliches Qualitätsmerkmal angesehen (→*Veblen-Effekt*).

Qualitätscontrolling Weiterentwicklung der systematischen →*Qualitätskontrolle* über die →*Qualitätssicherung* und das →*Qualitätsmanagement* zu einem geschlossenen und an der gesamten →*Wertkette* (Wertschöpfungskette) orientierten Controlling-Konzept. Während sich die Qualitätskontrolle lediglich auf das Leistungsangebot (→*Produkt* und/ oder →*Dienstleistung*) bezieht und Qualitätssicherung und -management die Prüfung auf den Produktionsprozeß ausdehnen, erfaßt das Qualitätscontrolling alle prozessualen Abläufe incl. die Potentialfaktoren. Aus diesem Anspruch ergibt sich eine enge Verwandtschaft zum →*Total Quality Management (TQM)*.

Qualitätsdifferenzierung Besondere Form der →*Produktdifferenzierung*, die sich auf unterschiedliche Ausprägungen des Leistungsangebots bzgl. der →*Qualität* bezieht. Sie gehört damit zu den Formen der Instrumentaldifferenzierung bei der → *Marktsegmentierung*. Bei zu extensiver Handhabung der Qualitätsdifferenzierung kann damit aber ein negativer →*Imagetransfer* auf das gesamte Leistungsangebot verbunden sein.

Qualitätskontrolle Älterer Begriff für →*Qualitätsprüfung*. Der Unterschied zur →*Qualitätssicherung* besteht darin, daß die →*Qualität* lediglich aus dem fertigen →*Produkt* herauskontrolliert wird (siehe dazu in Abgrenzung →*Qualitätscontrolling*).

Qualitätskosten Kosten, die bei der →*Qualitätssicherung* entstehen. Im wesentlichen sind die folgenden Kostengruppen zu unterscheiden: Fehlerverhütungskosten (Vorbeugung und Begrenzung), Prüfkosten zur →*Qualitätskontrolle* und Fehlerfolgekosten (Reklamationen, Nachbesserung, Beschwerdebehandlung etc.) bei Qualitätsmängeln.

Qualitätslenkung Einleiten von Korrekturmaßnahmen auf der Basis von →*Schwachstellenanalysen* bei Qualitätsabweichungen.

Qualitätsmanagement Durchsetzen des Qualitätsgedankens im ganzen →*Unternehmen*. Das Qualitätsmanagement umfaßt die Planung, Lenkung, Prüfung und Dokumentation aller qualitätsbezogenen Tätigkeiten im Unternehmen. In diesen Prozeß sind alle Funktionen und Funktionsträger eingeschlossen. Es handelt sich um ein sogen. →*Total Quality Management*.

Qualitätsnorm(en) →*ISO 9000ff*.

Qualitätsplanung Definition der Qualitätsmerkmale (prüfbare und realisierbare Anforderungen), Festlegung der Toleranzen (Grenzwerte), Untersuchung der Möglichkeiten für fehlerfreie Herstellung und Prüfung.

Qualitätspolitik Gestaltung und absatzpolitischer Einsatz der →*Qualität* eines →*Produkts* bzw. einer →*Dienstleistung* als wesentlicher Teil der →*Wettbewerbsstrategie*. Hierbei hängt die Qualität des Leistungsangebots entscheidend vom →*Customer Value* ab, der wiederum in Teilnutzen bzw. in Teilfunktionen (z.B. Haltbarkeit, Gebrauchszuverlässigkeit, Ausstattung, Form etc.) zerlegt werden kann. Zwischen der Qualitäts- und →*Servicepolitik* besteht eine sehr enge Verbindung.

Qualitätspreise →*Quality Awards*.

Qualitätsprüfung Maschinennahe Prüfung und Optimierung des Fertigungsprozesses. Qualitätsabweichungen werden statistisch festgestellt und ausgewertet (Statistical Process Control).

Qualitätssicherung Fehlerverhütung, die sichergestellt wird durch → *Qualitätsplanung*,→*Qualitätslenkung* (Überwachung und Änderung) und →*Qualitätsprüfung* (Kontrolle). Es geht im wesentlichen darum, →*Qualität* in das →*Produkt* bzw. die → *Dienstleistung* hineinzuentwickeln und nicht am fertigen Leistungsergebnis herauszukontrollieren (→*Qualitätskontrolle*).

Qualitätswesen Koordinationsfunktion aller qualitätsbezogenen Maßnahmen im →*Unternehmen*.

Qualitätswettbewerb Form der → *Präferenzstrategie*, bei der die →*Qualität* als →*Präferenz* (für den →*Kunden*) entwickelt wird. Insbesondere bei höherwertigen Leistungsangeboten ist es das Ziel, den Qualitätswettbewerb zu forcieren und den →*Preiswettbewerb* zu vermeiden.

Qualitätszeichen →*Gütezeichen*.

Qualitätszertifizierung Prozeßorientierte Form der Bewertung der → *Qualität*, die sich an internationalen (→*ISO*) und/oder nationalen (→*DIN*) Normen ausrichtet. Die Einhaltung der Normvorschriften wird durch ein Zertifikat bestätigt und regelmäßig überprüft.

Qualitätszirkel Gruppen aus vier bis acht Mitarbeitern eines Bereiches, die freiwillig und regelmäßig zusammenkommen, gemeinsam wichtige Probleme aus dem eigenen Arbeitsbereich aufgreifen und besprechen, Probleme in methodischer Vorgehensweise analysieren und Lösungen vorschlagen. Die Arbeitsfelder lassen sich klassifizieren in qualitäts-, produktivitäts- und mitarbeiterorientierte Zielsetzungen. Arbeitsergebnisse und Lösungsvorschläge werden dem Management präsentiert. Es entscheidet über die Realisation der Lösungen und sorgt für den dauerhaften Erfolg. Die Realisation kann der Gruppe übertragen werden, die die Umsetzung selbständig oder im Instanzenweg durchführt (siehe in Abgrenzung →*Autonome Arbeitsgruppe*).

Qualitative Marktforschung → *Psychologische Marktforschung* (→ *Marktpsychologie*), mit deren Hilfe im Vergleich zur →*Quantitativen Marktforschung* verhaltensbestimmende → *Motive* und Meinungen (→*Einstellungen*) untersucht werden (siehe →*Motiv-* und →*Meinungsforschung*), deren Untersuchungsergebnisse aber nicht als mathematisch-statistisch repräsentativ (→*Repräsentanz*) angesehen werden können.

Quality Awards Qualitätswettbewerbe, als deren wichtigste der amerikanische Malcolm Baldrige National Quality Award, der japanische Deming Award und der European Quality Award von der European Foundation for Quality Management (seit 1992) gelten. Die Kriterien für die Vergabe der Qualitätspreise sind ähnlich und umfassen im wesentlichen Konzept und Methodik der Qualitätsarbeit und deren Umsetzung im Unternehmen incl. der nachweisbaren Ergebnisse. Der europäische Qualitätspreis berücksichtigt darüber hinaus soziale und gesellschaftliche Aspekte (z.B. Umweltschutzgesichtspunkte; siehe in diesem Zusammenhang auch die kommunikative Funktion der →*Umwelt-Audits* und →*Umweltschutz-Audits*).

Quality Circle →*Qualitätszirkel*.

Quantitative Marktforschung Ermittlung numerischer Werte über die verschiedenen Arten von →*Märkten* mit Hilfe standardisierter Untersuchungsmethoden, die eine statistische →*Repräsentanz* der Untersuchungsergebnisse gewährleisten. Die quantitative Marktforschung ist abzugrenzen von der →*Qualitativen Marktforschung* (→*Psychologische Marktforschung*, →*Marktpsychologie*), die die tieferliegenden Ursachen des Verbraucherverhaltens (→*Konsumentenverhalten*) offenlegt (wenngleich unter nicht mathematisch-statistischen Repräsentanzbedingungen).

Quartiärer Wirtschaftsbereich Bezeichnung von *J. Fourastié (1954)* für den Bereich der Informationsproduktion, -verteilung und -vernetzung, der aufgrund des exponentiellen Wachstums der →*Informations-* und →*Kommunikationstechnologien* in hochentwickelten Volkswirtschaften einen wichtigen Produktiv- und Wirtschaftsfaktor darstellt. Die Expansion des Quartiären Wirtschaftsbereichs weist auf den Wandel der →*Industriegesellschaften* zu →*Informationsgesellschaften* und →*Kommunikationsgesellschaften* hin und auf die zunehmende Bedeutung des →*Produktionsfaktors* Wissenskapital in der →*Wissensgesellschaft* (siehe in Abgrenzung →*Primärer*, →*Sekundärer* und →*Tertiärer Wirtschaftsbereich* und zusammenfassend →*Wirtschaftsbereiche*).

Querschnittsanalyse Vergleich der Ausprägungen einzelner →*Variablen* bei unterschiedlichen Untersuchungsobjekten zu einem bestimmten Zeitpunkt. Beispiele für Querschnittsanalysen sind die Untersuchung der Einkommensverwendung von →*Haushalten* unterschiedlicher Einkommensklassen nach den einzelnen Ausgabenkategorien, das Ausgabenverhalten (z.B. in der Freizeit) der verschiedenen →*Sozialen Schichten* etc. (siehe in Abgrenzung →*Längsschnittanalyse*).

Question Marks →*Fragezeichenprodukte*, →*Portfoliomanagement*.

Quotenverfahren →*Auswahlverfahren* (→*Stichprobenverfahren*), bei dem die →*Stichprobe* nach der →*Bewußten Auswahl* (und nicht nach der →*Zufallsauswahl*) gebildet wird. Der Struktur der →*Grundgesamtheit* entsprechend wird die Quotierung vorgenommen (nach repräsentativen Merkmalsvorgaben). Auf Basis der genauen Quotenanweisung wählt der →*Interviewer* die Befragungssubjekte aus. Das Auswahlverfahren weist trotz seiner präzisen Zielgruppenauswahl als wichtigste Fehlerquellen seitens der Interviewer subjektive Verzerrungen und Bequemlichkeitseffekte auf. Überdies sind mit dem Auswahlverfahren vielfach Klumpungseffekte verbunden.

R

Rabatt(e) Preisnachlaß für →*Waren* (→*Produkte*) und/oder →*Dienstleistungen* (siehe auch →*Preisbildung*, →*Preispolitik*) auf einen →*Listenpreis*. Die wichtigsten (handelsbezogenen) Rabattarten sind: →*Funktionsrabatte*, →*Mengenrabatte*, →*Zeitrabatte* und →*Treuerabatte* (siehe in Abgrenzung dazu auch →*Skonti* und →*Boni*). Der Trend der →*Rabattpolitik* geht in Richtung eines leistungsorientierten Rabattsystems, das sich zusammensetzt aus einem Grundrabatt, Leistungs- und Mengenrabatt und einem Jahresbonus. Eine besondere Form stellen die →*Konsumentenrabatte* (Verbraucherrabatte) dar, deren rechtliche Grundlagen im →*Rabattgesetz* (Gesetz über Preisnachlässe) bis zu seinem Wegfall am 25. Juli 2001 geregelt waren.

Rabattgesetz Gesetzliche Regelung der →*Rabatte* an Endverbraucher (→ *Verbraucher*), insbesondere Barzahlungsrabatte (→*Skonti*), →*Mengenrabatte*, Sonderpreisnachlässe für bestimmte Personengruppen und die Formen genossenschaftlicher Rückvergütungen. Seit dem 25. Juli 2001 haben das Rabattgesetz und die →*Zugabeverordnung* in Deutschland keine Gültigkeit mehr. Nicht von dem Wegfall betroffen sind die gesetzlichen Regelungen gegen den unlauteren Wettbewerb (→*UWG*).

Rabattkartell(e) →*Erlaubniskartell(e)* (→*Kartell*), das nach →*GWB* (Gesetz gegen Wettbewerbsbeschränkungen) unter bestimmten Voraussetzungen zulässig ist, um eine Rabattkonkurrenz (siehe dazu u.a. auch →*Rabatt-/Konditionenspreizung*) zu vermeiden. Rabattkartelle sind anmeldungs- und genehmigungspflichtig und auch nur dann zulässig, wenn die gewährten →*Rabatte* ein echtes Leistungsentgelt darstellen und nicht der →*Preisdiskriminierung* anderer und vergleichbarer Abnehmergruppen dienen.

Rabattkombination Besondere Rabattgewährung bzgl. der Nutzung (→ *Kauf*) mehrerer Leistungsangebote des →*Anbieters* durch die →*Nachfrager*. Die Rabattkombination wird vor allem von Verlagen als Instrument zur Inserentenakquisition für bestimmte → *Printmedien* bzw. Medienkombinationen genutzt.

Rabatt-/Konditionenspreizung Unterschiedliche Gewährung von → *Rabatten* und/oder →*Konditionen* bei gleichartigen →*Abnehmern* und gleichem Leistungsangebot. Bei starker Spreizung ohne sachlichen Grund ist der Tatbestand der →*Preisdiskriminierung* gegeben, der rechtsrelevant ist (→*GWB*).

Rabattmarken Form der Gewährung eines →*Konsumentenrabatts* durch den →*Einzelhandel*. Besonders im Lebensmitteleinzelhandel spielten die Rabattmarken in den 50/60er Jahren eine bedeutende Rolle und wurden dann abgelöst durch das Nettopreissystem. Mittlerweile werden Rabattmarken wieder vereinzelt als preispolitisches Instrument eingesetzt, um die →*Ladentreue* der →*Kunden* zu erhöhen.

Rabattpolitik Form der →*Konditionenpolitik* (→*Konditionenarten*), wobei die Gestaltung der →*Rabatte* vielfach kundenspezifisch (→*Rabatt-*, →*Konditionenspreizung*) vorgenommen wird. Die Rabattpolitik ist wettbewerbsrechtlich nicht unbedenklich, wenn sie den sachlich begründeten Gleichheitsgrundsatz der →*Abnehmer* verletzt.

Rabattspreizung Differenz zwischen dem maximal erzielbaren →*Rabatt* (incl. aller →*Sonderformen der Rabatte*) und dem minimal erreichten Rabatt (der auch dem umsatzmäßig kleinsten →*Abnehmer* eingeräumt wird). Der Hauptgrund für die abnehmerspezifische Rabattspreizung (→ *Konditionenspreizung*) liegt in der zunehmenden →*Asymmetrischen Machtverteilung*, d.h. im Machtungleichgewicht zwischen den →*Marktpartnern* (Handel - Hersteller). Demzufolge ist diese Form der →*Rabattpolitik* als wettbewerbsrechtlich bedenklich einzustufen, da hierfür vielfach kein sachlich gerechtfertigter Grund vorliegt (→ *Diskriminierung*).

Rabattstaffel →*Mengenrabatt(e)*.

Rack Jobber Regalgroßhändler (→ *Betriebsform* des →*Großhandels*) oder auch Hersteller aus der Konsumgüterbranche, die in →*Einzelhandels*unternehmen Regalflächen oder auch Verkaufsraum anmieten und diese auf eigene Rechnung, in eigener Disposition und auf eigenes Risiko mit →*Waren* bestücken. Neben oder statt einer Miete kann auch eine →*Provision* (Umsatzprovision) vereinbart werden. Das Rack Jobbing wird auch als Service- →*Merchandising* bezeichnet.

Radiowerbung →*Hörfunkwerbung*.

Räumliche Distanz Bei abnehmender räumlicher Distanz nimmt die →*Kontaktwahrscheinlichkeit* zu. Diese Erkenntnis ist sehr wichtig für die →*Marketingkommunikation* und für den →*Verkauf* (→*Verkaufsgespräch*).

Räumungsverkauf →*Sonderveranstaltung* des →*Einzelhandels*, die nach →*UWG* beschränkt zulässig ist, wenn einer der gesetzlich festgelegten Räumungsgründe vorliegt (z.B. Umbau, Geschäftserweiterung, Verlegung der Geschäftsräume, höhere Gewalt etc.). Im Unterschied zu →*Schluß-* und →*Jubiläumsverkäufen* darf nur der bestehende Warenbestand verkauft werden. Die Räumungsverkäufe sind abzugrenzen von den →*Ausverkäufen*.

Rahmenabkommen Jahresvereinbarung (→*Jahresgespräche*) zwischen Hersteller und →*Handel* im Rahmen des →*Vertikalen Marketing*. Die Abkommen beziehen sich vor allem auf Umsatzziele (→*Umsatzplanung*), → *Konditionen* und Maßnahmen zur → *Verkaufsförderung*. Aufgrund der zunehmenden →*Handelskonzentration* (→*Asymmetrische Machtverteilung*) haben sich vielfach die Jahresgespräche zu reinen Konditionengesprächen entwickelt (→*Rabatte*,→*Werbekostenzuschüsse* etc.), in denen der Handel seine →*Nachfragemacht* ausspielt.

Rahmenlieferungsverträge Rahmenverträge, die zwischen Lieferanten und →*Abnehmern* geschlossen werden und sich insbesondere auf Abnahmemengen, →*Qualitäten*, →*Konditionen* und →*Lieferbedingungen* beziehen (siehe dazu auch →*Rahmenabkommen*, →*Jahresgespräche*).

RAL-Testate →*Warenkennzeichnung*, die Sachinformationen über → *Gebrauchsgüter* liefert. Die Testate werden vergeben vom RAL-Ausschuß für Lieferbedingungen und Gütesicherung beim Deutschen Normenausschuß e.V., Frankfurt/M. Der Ausschuß ist ein Selbstverwaltungsorgan der Wirtschaft, das seit 1954 besteht.

Randomauswahl Wahrscheinlichkeitsauswahl nach dem Zufall. Bei der →*Zufallsauswahl* nach der →*Wahrscheinlichkeitstheorie* hat jedes Element die gleiche statistische Chance, in die →*Stichprobe* zu kommen. Im Gegensatz dazu steht die →*Bewußte Auswahl*, als deren wichtigstes Verfahren das →*Quotenverfahren* gilt.

Random-Route-Verfahren →*Auswahlverfahren* (→*Stichprobenverfahren*) als besondere Form der →*Zufallsauswahl*. Der →*Interviewer* erhält eine nach Zufall ausgewählte Ausgangsadresse. Danach wählt er die → *Stichprobe* selbst aus, und zwar nach streng vorgegebenen, zufallsabhängigen Regeln (u.a. Gehrichtung, Straßen, Häuserblocks, Stockwerken etc.). Das Verfahren wird oftmals auch in der Literatur als Sonderform des →*Quotenverfahrens* bezeichnet.

Randsortiment Teil des →*Sortiments* eines Handelsunternehmens (→ *Groß-*, →*Einzelhandel*), der zwischen dem →*Kern-* und →*Zusatzsortiment* liegt. Beispiel im Textilhandel sind Übergrößen. Vielfach werden Randsortimente vom →*Fachhandel* als Profilierungsinstrument eingesetzt. Randsortimente sind ein Spezifikum von Handelsbetrieben mit einem gemischten Sortiment (z.B. →*Warenhäuser*, →*SB-Warenhäuser*,→*SB-Märkte*) und entfallen bei →*Fachgeschäften* und insbesondere bei →*Spezialgeschäften*, aber auch bei →*Discountern* und → *Kleinpreisgeschäften*.

Rangordnungsverfahren →*Skalierungsverfahren*.

Ranking →*Skalierungsverfahren*, das nach →*Ordinalskalen* metrisch →*Einstellungen* von relevanten → *Zielgruppen* oder auch →*Kunden* zu allgemeinen oder auch konkreten Meinungsgegenständen (z.B. →*Kundenzufriedenheit*) mißt. Methodisch können die zu bewertenden Merkmalsklassen auch intervallskaliert werden (→*Intervallskala*). Die Ranking-Skalierung wird im wesentlichen für Beurteilungsvergleiche diverser Meinungsgegenstände eingesetzt. Die Popularität der methodisch nicht neuen Methode ist vor allem auf die Einfachheit des Untersuchungsansatzes und die kommunikationswirksame Umsetzung der wenig differenzierten Untersuchungsergebnisse zurückzuführen.

Ratingskala Dieses auch als Einschätzungs- bzw. Zuordnungsskala bezeichnete Meßverfahren (→*Skalierung*, →*Skalierungsverfahren*) teilt das Meßkontinuum in numerische Werte mit gleichen Abständen auf. Die Auskunftspersonen tragen ihre Einschätzungen in die vorgegebene Antwortskala ein. Die →*Skala* selbst ist entweder gleitend oder polar, unipolar oder bipolar, verbal oder non-verbal, numerisch oder graphisch angelegt.

Rationale Kaufentscheidung → *Kaufentscheidung*.

Rationale Werbung →*Informative Werbung* und im Gegensatz dazu → *Emotionale Werbung*, →*Suggestivwerbung*.

Rationalprinzip Ziel des rein →*Ökonomischen Prinzips* ist es, den Erfolg im Verhältnis zum Mitteleinsatz zu maximieren (siehe auch →*Nutzenmaximierung*, →*Erwerbswirtschaftliches Prinzip*,→ *Wirtschaftlichkeitsprinzip*).

Ratioskala Aufteilung des Meßkontinuums in sich wechselseitig ausschließende Merkmalsklassen (siehe →*Skalierung*, →*Skalierungsverfahren*). Die Merkmalsklassen werden mit Zahlen versehen. Höhere Zahlenwerte bedeuten hierbei höhere Positionen auf dem Meßkontinuum. Die Abstände zwischen den Merkmalsklassen sind gleich groß. Im Vergleich zur →*Intervallskala* und zur →*Ordinalskala* existiert ein Nullpunkt, so daß auch Zahlenwertverhältnisse (Verhältnisskala) miteinander verglichen werden können (vgl. auch →*Nominalskala*).

Raumeffizienz →*Kennzahl* im → *Handel* (vor allem →*Einzelhandel*), die den →*Umsatz* oder →*Deckungsbeitrag* je Flächeneinheit (qm Verkaufsfläche) angibt.

Reaktanz Verhaltenswiderstand gegen eine subjektiv empfundene Bedrohung oder tatsächliche Einschränkung der persönlichen Verhaltensfreiheit. Die Reaktanzstärke ist abhängig vom subjektiv wahrgenommenen Beeinflussungsdruck, der als freiheitseinschränkend empfunden wird und von der →*Resistenz* als Maß der individuellen Widerstandsfähigkeit. Die Reaktanz hat einen erheblichen Einfluß auf die →*Kommunikationswirkung* und auf das →*Konsumentenverhalten*.

Reaktion →*Verhalten* eines →*Organismus* als Antwort auf →*Reize* bzw. Reizkonstellationen (siehe auch →*Behaviorismus*, →*Verhaltenstheorie*, → *Lerntheorien*).

Reaktionsfunktion(en) →*Response Function(s)*, →*Marktreaktionsfunktion(en)*.

Realgüter Konkrete →*Sachgüter* (→ *Produkte*) oder →*Dienstleistungen*. Realgüter haben einen materiellen (Sachmittel) oder auch einen immateriellen Charakter (z.B. Informationen). Abzugrenzen von den Realgütern sind die →*Nominalgüter* (Geld, Darlehen, Beteiligungen etc.).

Reason Why Anspruchsbegründung für ein Leistungsangebot (siehe auch →*USP*).

Recall-Verfahren Das Erinnerungsverfahren ermittelt, ob und inwieweit sich die Befragten an ein →*Werbemittel* (z.B. →*Anzeige*) erinnern. Unterschieden wird zwischen einer gestützten Erinnerung (aided recall) und einer ungestützten Erinnerung (unaided recall). Die Stützung beinhaltet Hilfen für den Befragten (Abbildungen, Fotos etc.). In Abgrenzung dazu siehe auch →*Recognition-Verfahren*.

Recency-Effekt Erkenntnis aus der Gedächtnisforschung (→*Gedächtnistheorien*, →*Lerntheorien*), daß die letzten Wörter innerhalb einer Wortreihe (z.B. →*Werbebotschaft*) besser im Gedächtnis haften bleiben. Die Gedächtnisleistungen sind am höchsten am Anfang (→*Primacy-Effekt*) und Ende von z.B. →*Verkaufsgesprächen*, →*Verkaufstrainings*, Aufnahme von →*Werbespots* etc.

Rechtsbruch Verstoß, der sich im Marketing in erster Linie auf die Verletzung der relevanten und damit in Verbindung stehenden Gesetze und Vorschriften bezieht (z.B. →*UWG*, →*GWB*, →*Preisangaben-Verordnung*, →*Ladenschlußgesetz* etc.). Weiter sind insbesondere die gewerblichen → *Schutzrechte* angesprochen.

Recognition-Verfahren Das Wiedererkennungsverfahren ermittelt, ob und inwieweit die Befragten z.B. ein →*Werbemittel* wiedererkennen. Das Verfahren ist jedoch nicht nur auf die →*Werbemittelforschung* beschränkt, sondern dient auch zur Ermittlung des →*Bekanntheitsgrades* von z.B. → *Marken*. Die am häufigsten verwendeten Verfahren sind der →*Starch-Test* und die →*Copytests* (in Abgrenzung siehe →*Recall-Verfahren*).

Recovery-Management Bewältigung von Ausnahmesituationen (Konfliktsituationen) in den Anbieter-Kunden-Beziehungen, um Kundenunzufriedenheit zu vermeiden bzw. die →*Kundenzufriedenheit* wiederherzustellen. Das Recovery-Management gewinnt insbesondere im Dienstleistungsbereich (→*Dienstleistungsmarketing*) eine zunehmende Bedeutung, ohne ein Ersatz für eine zuverlässige Leistungserstellung zu sein zur Sicherung einer dauerhaften Kundenzufriedenheit. Insofern wird das Rückgewinnungsmanagement (→*Customer Recovery*) begrifflich heute umfassender definiert als alle Planungs-, Umsetzungs- und Controllingaktivitäten eines Unternehmens zum Zweck der Rückgewinnung verlorener →*Kunden* bzw. auch als alle diesbezüglichen Präventivmaßnahmen als Kundenmanagement(→*Key Account-Management*), um Kundenverluste zu vermeiden (Senkung der →*Churn Rate*).

Recycling Wiederverwendung bzw. Wiederverwertung von in Produktionsrückständen, Produkten und Altstoffen gebundenen natürlichen Ressourcen in der Güterproduktion. Die verschiedenen Recycling-Arten sind: Wiederverwendung (direktes Primärrecycling, z.B. Pfandflasche), Weiterverwendung (direktes Sekundärrecycling, z.B. Senfglas als Trinkglas), Wiederverwertung (indirektes Primärrecycling, z.B. Altglaseinsatz) und Weiterverwertung (indirektes Sekundärrecycling, z.B. Kartonagen aus Altpapier).

Re-Design Form des →*Produktdesign*. Im Unterschied zum →*Innovationsdesign* steht die Produktveränderung im Vordergrund. Es besteht eine enge Beziehung zum →*Relaunch* bzw. →*Facelifting* (siehe auch →*Revival*).

Redistribution Rückführung und anschließende Wiederverwendung von Abfallmaterialien (→*Recycling*). Ziel ist die Reduktion der mit dem →*Konsum* anfallenden Müllmengen. In diesem Zusammenhang ist auch zu verweisen auf die →*Duale Abfallwirtschaft* (→*Duales System Deutschland*) und das Abfallentsorgungskonzept →*Grüner Punkt* (siehe auch →*Retrodistribution*).

Redressment Kompensation von →*Stichprobenausfällen* bzw. von dadurch bedingten unter- oder überrepräsentierten Stichprobeneinheiten. Durch Über- bzw. Untergewichtung wird die →*Repräsentanz* der →*Stichprobe* zur →*Grundgesamtheit* hergestellt.

Reduktionsmarketing →*Demarketing*.

Redundanz Maß eines Überschusses an →*Information* im Sinne einer Wiederholung. Redundante Informationen haben keinen Innovationswert, wohl aber bei guter Dosierung einen Lernwert durch die mit der Redundanz verbundene Erhöhung der Lernfähigkeit (→*Gedächtnistheorien*, →*Lerntheorien*) von Inhalten. Die Vernachlässigung von Informations-Redundanz erschwert das →*Lernen* bzw. macht es unmöglich.

Reengineering Fundamentales

Überdenken und radikale Neustrukturierung von →*Unternehmen* oder wesentlichen Unternehmensprozessen. Das Resultat sind Verbesserungen in wichtigen und meßbaren Leistungsgrößen in den Bereichen →*Kosten*, →*Qualität*, →*Service* und Zeit (*M. Hammer/J. Champy, 1994*). Im wesentlichen geht es um die Optimierung des →*Wertschöpfungssystems*. Die →*Prozesse* können eng definiert werden (einzelne Tätigkeiten) oder breit (alle Tätigkeiten). Empfehlenswert ist die Untersuchung einer möglichst großen Prozeßbreite. Darüber hinaus ist die Definition der Prozeßtiefe notwendig. Sie wird bestimmt durch die Organisation, Informationsabläufe, Kommunikationssysteme, Motivationsanreize und die Qualifikation der Funktionsträger in den einzelnen Tätigkeitsfeldern. Auch hier empfiehlt es sich, zur Nutzung der Reengineering-Potentiale möglichst tief in die Prozeßabläufe einzudringen.

Refa-Studie(n) Zeitstudie(n) als Instrument insbesondere für die Personaleinsatzplanung (siehe auch→*Multimoment-Verfahren*).

Referenzanwender Produktanwender, der als Referenz genannt werden kann. Vielfach sind die Referenzanwender auch bereit, Interessenten die Produktanwendung vorzuführen. Die Referenzanwender haben eine besondere Bedeutung in der →*Investitionsgüterindustrie* als →*Meinungsführer* (siehe auch →*Lead User*).

Referenzgruppe(n) →*Bezugsgruppe(n)*, →*Normative Bezugsgruppe(n)*.

Referenzkunde(n) →*Referenzanwender*.

Referenzpreis →*Adaptations-Niveau-Theorie*.

Reformhäuser →*Betriebsform* des →*Stationären Einzelhandels*, die als →*Genossenschaft* (Neuform-Genossenschaft) organisiert ist und überwiegend ein →*Sortiment* an naturbelassenen Lebensmitteln, Diätprodukten, Naturheilmitteln und Kosmetik- bzw. Körperpflegemitteln anbietet. Abzugrenzen von den Reformhäusern sind die →*Bioläden*, deren konzeptioneller Ansatz über die gesunde Ernährung hinaus mehr im übergreifenden →*Ökologie-Marketing* liegt.

Regalflächenoptimierung Flächen- und raumorientierte Optimierung der Verkaufsstätte im →*Einzelhandel* (siehe auch →*Space Management*). Die Optimierung erfolgt durch die warengruppen-, artikelgruppen- und artikelspezifische Regalflächenzuweisung. Hierin eingeschlossen sind auch die →*Zweitplazierungen* (→*Aktionsplazierungen*) und der Einsatz von →*Displays*. Entscheidungsgrundlage für die Flächenzuweisung ist die →*Direkte Produktrentabilität*.

Regalgroßhändler →*Rack Jobber*.

Regalmiete(n) Form der Marktbearbeitungskonditionen, die im →*Sündenregister* des Bundeswirtschaftsministeriums und der Wirtschaft in einer gemeinsamen Vereinbarung ausdrücklich als wettbewerbswidrige Praxis im →*Vertikalen Marketing* eingestuft wird. Aufgrund der bestehenden →*Asymmetrischen Machtverteilung* sind Regalmieten jedoch nach wie vor üblich, um z.B. die →*Listung* neuer →*Produkte* im →*Handel* (→*Groß-* und →*Einzelhandel*) durchzusetzen.

Regalplatz Wichtigste Präsentationseinrichtung (Warenträger) im →*Einzelhandel*, deren attraktive Gestaltung kaufstimulierend wirkt und z.B. →*Impulskäufe* fördert. Aufgrund der üblicherweise Raumknappheit im Einzelhandel haben die Regalformen und die Regalplazierung eine besondere Bedeutung im Rahmen der →*Regalflächenoptimierung* bzw. des →*Space Management* (orientiert an der →*Direkten Produktrentabilität*).

Regelgröße →*Regelkreis*, →*Kybernetik*.

Regelkreis Bezeichnung der →*Kybernetik* für ein dynamisches →*System*, dessen Elemente miteinander in Beziehung stehen und sich durch die →*Rückkoppelung* selbst regulieren. Der Regelkreis besteht aus dem Regler und der Regelgröße, der Regelstrecke und der Stellgröße. Aufgabe des Reglers ist es, die Regelstrecke zu überwachen, damit die Regelgröße den vorgegebenen Sollwerten entspricht und bei →*Abweichungen* (Störeinflüssen) die Regelgröße mittels Stellgröße den Zielvorgaben möglichst schnell anzunähern.

Regelstrecke→*Regelkreis*,→*Kybernetik*.

Regelung →*Kybernetik*, →*Regelkreis*, →*Rückkoppelung*.

Regiebetrieb(e) Einzelhandelsbetriebe, die von den Zentralen der →*Verbundgruppen* bzw. von den angeschlossenen Großhandelsbetrieben als selbständige Einheiten geführt werden. Bei den →*Öffentlichen Betrieben* (insbesondere bei den Kommunen) sind Regiebetriebe Eigenbetriebe, die nach dem →*Erwerbswirtschaftlichen Prinzip* arbeiten.

Regler →*Regelkreis*, →*Kybernetik*.

Regression(-sanalyse) Die Regression mißt die Abhängigkeiten zwischen einer oder mehrerer →*Unabhängigen* (bestimmenden) *Variablen* (z.B. Einkommen, Sparquote etc.) und der →*Abhängigen* (beeinflußten) *Variablen* (z.B. Neuzulassungen von Personenkraftwagen). Bei nur einer unabhängigen Variable spricht man von einer einfachen Regression, bei mehreren unabhängigen Variablen von einer multiplen Regression. Der Regressionskoeffizient mißt die Wirkung auf die abhängige Variable(n). Der →*Korrelationskoeffizient* mißt die Stärke des positiven oder negativen Zusammenhangs zwischen der bzw. den unabhängigen Variable(n) und der abhängigen Variable(n).

Regulierter Preis →*Preisregulierung*.

Reichweite Zahl der Personen, die Kontakt mit einem →*Werbeträger* haben bzw. hatten (→*Kontaktzahl*). Durch die Nutzung verschiedener Werbeträger kommt es zu externen Reichweitenüberschneidungen. Zu unterscheiden ist daher die →*Brutto-Reichweite* und die →*Netto-Reichweite*, die um die externen Überschneidungen bereinigt ist. Interne Überschneidungen ergeben sich durch Kontaktwiederholungen im gleichen →*Medium*. Sie werden in der kumulierten Reichweitenermittlung bereinigt.

Reifephase Dritte Phase im →*Produkt-Lebenszyklus*, die durch ein Absinken der →*Umsatz*- und →*Gewinnzuwächse* gekennzeichnet ist. Das →*Gewinnmaximum* wird überschritten. In dieser Phase (siehe in Abgrenzung →*Marktreife*) bieten sich →*Revival*-Maßnahmen (→*Relaunching*, →*Facelifting*) an, um das →*Produkt* zu revitalisieren. Diese Maßnahmen können auch bereits in der →*Wachstumsphase* (bei Überschreiten des Grenzerlösmaximums) getroffen werden. Die Höhe des →*Marketingbudgets* hängt entscheidend von den präferierten Revivalmaßnahmen ab. Die Signale für die notwendige →*Innovationspolitik* (→ *Produktinnovation*) werden in dieser Phase des Produkt-Lebenszyklus überdeutlich.

Reimport Rücktransfer exportierter →*Produkte* in das Herstellerland. Wesentlicher Grund für Reimporte sind die internationalen Preisdifferenzen (siehe dazu insbesondere →*Grauer Import*).

Reisende(r) Betriebseigene →*Absatzform* bzw. →*Verkaufsorgane* (→ *Distributionsorgane*). Man spricht in diesem Zusammenhang auch von einem eigenen →*Außendienst*. Er ist zu unterscheiden von dem selbständigen →*Handelsvertreter* als sogen. betriebsfremdes Verkaufsorgan. Als Leistungsvergütung (→*Vergütungssysteme*) erhalten die Reisenden ein Fixum, das kombiniert werden kann mit einer →*Provision* oder mit →*Prämien*. Der Reisende hat entweder Vermittlungsvollmacht oder auch Abschlußvollmacht.

Reiz(e) →*Stimulus* als äußere oder innere Bedingung, die über die →*Sinnesorgane* (Rezeptoren) auf einen Organismus einwirkt. Reize müssen eine bestimmte →*Reizschwelle* überschreiten, um wahrgenommen (→*Wahrnehmung*) zu werden (siehe auch →*Unterschwelliger Reiz*). Die Reizverarbeitung (von der →*Aktivierung* des Rezeptors bis zur Auslösung der Empfindung bzw. Reaktion) ist eine der wichtigsten Bestimmungsgrößen für die → *Werbemittelgestaltung*.

Reiz-Reaktions-Modell →*S-R-Modell*.

Reizschwelle Grenze, ab der→*Reize* (→*Stimuli*) überhaupt erst wahrgenommen (→*Wahrnehmung*) werden. Unterschieden werden die absolute Reizschwelle und die relative Reizschwelle (Wahrnehmung von Reizunterschieden). Hierbei hängt die Wahrnehmbarkeit von Reizunterschieden vom Ausgangsreiz ab. Die Wahrnehmungsintensität nimmt bei Reizverstärkung nicht in gleichem Maße zu (→*Weber-Fechner'sches Gesetz*). Das bedeutet, daß bei einer zunehmenden Reizüberflutung (→*Information Overload*) eine immer höhere Reizdosierung notwendig ist, um die Wahrnehmung bei den Empfängern zu gewährleisten. Diese Erkenntnis hat eine große Bedeutung für die →*Marketingkommunikation*. Eine Bestätigung erfährt die Reizschwellentheorie überdies auch durch den →*Preisschwelleneffekt*.

Reizsummenregel Regel der →*Verhaltenstheorie*. Sie besagt: Je geringer der innere Antrieb ist, desto größer muß der äußere →*Reiz* sein; und je stärker der Antrieb (das →*Involvement) ist*, desto geringer kann der Reiz sein, um →*Verhalten* (z.B. →*Konsumentenverhalten*) auszulösen. Das menschliche Verhalten ist somit das Ergebnis von Innen- und Außensteuerung.

Reizüberflutung →*Information Overload*.

Reizwirkung(en) Durch →*Reize* ausgelöste →*Aktivierung*, die in emotional, kognitiv und physisch differenziert wird. Emotional wirkende Reize, wie z.B. Busen, →*Kindchen-Schema* als visuelle →*Schlüsselreize*, Düfte und Musik führen zu einer inneren Erregung, die kognitiv wenig kontrolliert wird. Überraschende und neuartige Reize, wie z.B. Verfremdungen, intensivieren durch Widersprüche und gedankliche Konflikte →*Wahrnehmung* und→*Informationsverarbeitung*. Eine kognitiv bewirkte Aktivierung wird besser erinnert, unterliegt jedoch bei Wiederholungen einem →*Abnutzungs-*

effekt. Physisch wirkende Reize aktivieren durch Größe, Intensität (Farbe) und Dynamik (Bewegung; z.B. →*Citylight-Board*), wobei eine hohe Aktivierung nichts über die Emotionsqualität (→*Emotionen*) aussagt, da z.B. Größe und Intensität auch einen →*Bumerangeffekt* auslösen können.

Reklamation(en) Form der Beschwerde (siehe auch →*Beschwerdemanagement*), bei der der →*Kunde* (nicht andere Anspruchsgruppen, →*Stakeholder*) in der Nachkaufphase (nicht vor oder beim Kauf) Beanstandungen von Leistungen mit der Einforderung eines Rechtsanspruchs verbindet, der vertraglich begründet wird. Die kundenorientierte Behandlung von Reklamationen seitens des→*Anbieters* ist eine wichtige Form des →*Nachkaufmarketing*.

Reklame →*Marktschreierische Werbung*, die meist als negativ empfunden und vielfach in der →*Öffentlichkeit* mit der →*Werbung* (→*Produktwerbung*) oder sogar mit dem →*Marketing* gleichgesetzt wird.

Relationship Marketing Beziehungsmanagement (in Abgrenzung zum →*Beziehungsmarketing*), das durch eine Zusammenarbeit mit allen relevanten internen und externen Anspruchsgruppen (→*Stakeholder*) gekennzeichnet ist. Das Relationship Marketing geht über die Anbieter-Nachfrager-Beziehungen weit hinaus.

Relationship Pricing Beziehungsorientiertes (d.h. kundenorientiertes) Preiskonzept (→*Preispolitik*). Im wesentlichen handelt es sich um eine kundenbezogene →*Nachkalkulation* auf der Basis von periodenbezogenen Kundendeckungsbeiträgen (siehe →*Deckungsbeitragsrechnung*), von einzelnen →*Transaktionskosten* und bisher gewährten →*Boni* und →*Rabatten*. Hierin eingeschlossen ist die Berücksichtigung der Gesamtdauer der Geschäftsbeziehungen (Kundenbeziehungen) incl. Abgleich mit den Beziehungen der Kunden zu Konkurrenzlieferanten.

Relative Deprivation →*Deprivation*.

Relativer Marktanteil →*Marktanteil*.

Relaunch(ing) Form des →*Revival*, um die →*Wachstumsphase* oder auch →*Reifephase* bzw. Rentabilitätsphase im →*Produkt-Lebenszyklus* eines Leistungsangebots zu dehnen bzw. zu stabilisieren. Im Vergleich zum →*Facelifting* erfolgt das Relaunching umfassend (totale „Produkt-Politur") unter Einsatz aller →*Marketinginstrumente*. Es handelt sich um eine →*Produktvariation*, die vielfach sogar die Qualität einer echten →*Produktinnovation* aufweist. Da beim Relaunching das Vorgängerprodukt aus dem →*Markt* herausgenommen wird, sind damit in aller Regel zunächst Marktanteilsverluste verbunden, die bei Erfolg der Maßnahme erst später wieder durch Marktanteilsgewinne überkompensiert werden.

Relevanter Markt →*Marktabgrenzung*, um die Substitutionsbeziehungen zwischen den Leistungsangeboten zu erkennen. Der relevante Markt hat insbesondere für das →*Wettbewerbsrecht* (*GWB*) eine große Bedeutung, um die wettbewerblichen Handlungen der Marktteilnehmer beurteilen zu können. Marketingstrategisch ist die Marktabgrenzung wichtig, um z.B. die Leistungsangebote markt- und kundenspezifisch zu positionieren oder auch →*Marktnischen* im Sinne von Marktlücken zu identifizieren.

Relevanter Produktmarkt Gesamtheit der →*Produkte* (→*Marken*), die der →*Konsument* kennt und als Kaufalternativen ansieht (→*Evoked Set*).

Relevant Set Selektive Produktbzw. →*Marken*(aus)*wahl* durch den →*Konsumenten*. Der mehrstufige Selektionsprozeß beginnt mit allen verfügbaren, setzt sich fort mit den bekannten, vertrauten und akzeptierten und endet mit den präferierten →*Produkten* bzw. →*Marken* (siehe dazu insbesondere →*Evoked Set*).

Relevanzbaumverfahren Das Verfahren gehört zu den analytisch-systematischen →*Kreativitätstechniken*. Ein komplexes Problem wird in hierarchisch strukturierte Unterprobleme zerlegt. Wichtig bei dem Verfahren ist, daß die Lösung eines Unterproblems von direkter Relevanz für die Lösung des Oberproblems sein muß und zu diesem nicht im Widerspruch stehen darf. Die Unterprobleme werden mit Relevanzziffern versehen, z.B. nach Dringlichkeit, Wirtschaftlichkeit oder Durchführbarkeit und nach diesen bewertet. Das Unterproblem mit der höchsten Relevanzzahl wird weiterverfolgt und wiederum in relevante Teilprobleme aufgeteilt. Ergebnis ist ein Relevanzbaum mit hierarchisch verästelten Strukturen. Der Relevanzbaum bietet eine Gesamtübersicht zum definierten Grundproblem mit allen relevanten Lösungen.

Reliabilität Zuverlässigkeit von Meßverfahren. Die Meßgenauigkeit ist entscheidend, d.h. die Fähigkeit des Meßverfahrens, bei wiederholten Messungen, Beobachtungen, Erhebungen, Untersuchungen etc. die formale Konstanz sicherzustellen. Im Vergleich zur →*Validität* (Gültigkeit) ist die Reliabilität ein Maß der formalen Konstanz der Meßwerte ohne Bezug auf ihre inhaltliche Plausibilität (Validität). Dennoch ist die Reliabilität eine notwendige Voraussetzung für die Validität. Sie ist unabdingbar, kann aber nicht die Validität substituieren, die die inhaltliche Thematik repräsentiert.

Remailing Sammeln von Massendrucksachen im Inland, Transport ins Ausland und dann klassisches →*Mailing* vom Ausland ins Inland. Grund für das Remailing ist das Monopol der deutschen Post im "gelben Bereich" und die damit verbundene Hochpreispolitik. Das Remailing ist rechtlich nicht unbedenklich. Tangiert wird der Art. 23 des Weltpostvertrages. Danach hat die Post das Recht, Sendungen, die in einem anderen Land als dem Residenzland des Absenders zur Post gegeben worden sind, nicht zu befördern. Überdies widerspricht das Remailing dem deutschen Postgesetz, so daß dieser Form des →*Direct Mail* für die Zukunft keine großen Chancen eingeräumt werden können. Es ist eher zu vermuten, daß im Zuge der internationalen Harmonisierung der gesetzlichen Bestimmungen das deutsche Postmonopol schrittweise aufgelöst wird.

Reminder-Technik Frequenztechnik im Sinne einer Wiederholungstechnik, die in der →*Werbung* eingesetzt wird. Beispielhaft ist der →*Werbespot*, der im gleichen Werbeblock (vielfach in verkürzter Form) wiederholt wird, um die Erinnerungsleistung der →*Kommunikanten* (Rezipienten) zu erhöhen. Gleiches gilt für die Doppelanzeigen (auf folgenden Seiten) in →*Printmedien*.

Remissionen Rücksendung von →*Produkten*, die fehlerhaft sind oder nicht den Kundenwünschen entsprechen (siehe auch →*Retouren*).

Rentabilität →*Gesamtkapitalrentabilität*, →*Eigenkapitalrentabilität* und →*Fremdkapitalrentabilität*.

Rentabilitätsschwelle →*Gewinnschwelle*, →*Break-even-Analyse*.

Replenishment Koordination des Warenflusses (→*Logistik*) zwischen Hersteller und Handel mit Hilfe des →*Electronic Data Interchange* (→ *EDI*). Im wesentlichen geht es um eine Kostenreduktion der operativen Warenlogistik durch kooperative Abstimmungen zwischen den Distributionspartnern. Insbesondere dem Handel ist an solchen Abstimmungen sehr gelegen, um kostenintensive Überbevorratungen und gewinnmindernde Unterbevorratungen zu vermeiden (siehe auch →*Continuous Replenishment*).

Repräsentanz Repräsentative Abbildung der →*Grundgesamtheit* in ihren Merkmalen und Verteilungen durch die →*Stichprobe* bei demoskopischen Untersuchungen. Gefordert ist die Strukturidentität von Grundgesamtheit und Stichprobe. Die Repräsentanzbedingung ist insofern unerläßlich, als man üblicherweise auf →*Vollerhebungen* verzichtet und die →*Teilerhebung* präferiert.

Residenzhandel Institutioneller →*Einzelhandel* mit der üblichen Form des direkten Kundenkontakts (siehe in Abgrenzung →*Distanzhandel*).

Residualmethode Methode der → *Werbebudgetierung*, die von dem in der Vorperiode erzielten →*Gewinn* ausgeht. Die Residualmethode weist eine enge Verwandtschaft mit der →*All-you-can-afford-Methode* und der →*Gewinnbezogenen Budgetierungsmethode* auf (siehe →*Kommunikationsbudget*). Als wesentliches Problem der Methode muß angesehen werden, daß das Kommunikationsbudget prozyklisch (→*Prozyklische Werbung*) bestimmt wird und sich nicht an der Ziel-Aufgaben-Funktion (→*Ziel-Aufgaben-Budgetierungsmethode*) der →*Marketingkommunikation* orientiert.

Resistenz Verhaltenswiderstand als Ausdruck der Widerstandsfähigkeit eines Individuums, um verhaltenswirksam eine →*Reaktanz* auf Einflüsse (z.B. Werbeeinflüsse) ausüben zu können. Die Resistenz ist damit eine notwendige Bedingung für eine wirksame Reaktanz.

Response-Anzeige(n) →*Coupon-Anzeige(n)*.

Response Function(s) Wirkungsfunktion(en), die in der →*Marketingforschung* eine große Bedeutung haben. Die bekanntesten Formen sind die diversen →*Werbewirkungsfunktionen*. Für den →*Behaviorismus* (→*S-R-Modell*) wie auch →*Neobehaviorismus* (→*S-O-R-Modell*) ist der Response die alleinige Wirkungsgröße, aus der mehr oder weniger verwertbare Erkenntnisse bzgl. der Effizienz der Inputvariable(n) gewonnen werden können. Response Functions sind eine Form der →*Marktreaktionsfunktionen*.

Resteverkauf Wettbewerbsrechtlich (→*UWG*) zulässige →*Sonderveranstaltung* des →*Einzelhandels*, die während der letzten drei Tage von → *Schlußverkäufen* (Saisonschlußverkäufen) für die gesetzlich zugelassenen →*Waren* durchgeführt werden dürfen. Es handelt sich hierbei um eine der wenigen Ausnahmeregeln vom grundsätzlichen Verbot von Sonderveranstaltungen.

Retail-Life Cycle →*Handels-Lebenszyklus*.

Retention Marketing Intensivierung bestehender Kundenbeziehungen zur Sicherstellung der weiteren →*Kundenzufriedenheit* und Erhöhung der →

Kundenbindung. Die damit verbundene →*Kundenanalyse* erfolgt unter Rentabilitätsgesichtspunkten, an die sich besondere Maßnahmen der Bearbeitung wichtiger Kundengruppen anschließen (je nach ihrem →*Kundenwert* bzw. →*Lifetime Customer Value*). Das Retention Marketing ist im wesentlichen ein differenziertes →*Kundenstamm-Marketing*, das eine intensive Kundenstamm-Analyse voraussetzt (siehe dazu auch →*Beziehungsmarketing*, →*Relationship Marketing*).

Retouren Rücklauf von Zusendungen, die entweder unzustellbar sind oder bei denen der Adressat von seinem Rückgaberecht Gebrauch macht (siehe auch →*Remissionen*).

Retrodistribution Rückführung bzw. Rückholung von Abfallstoffen (u.a. →*Verpackung*). Funktionsfähige Retrodistributionssysteme (→*Redistribution*) sind die Grundvoraussetzung für ein →*Recycling* (siehe dazu auch →*Duales System Deutschland* und →*Grüner Punkt*).

Retrograde Preiskalkulation →*Preiskalkulation*, →*Deckungsbeitragsrechnung*.

Return on Investment (RoI) Die Kennziffer drückt den →*Ertrag* des investierten Kapitals aus (→*Kapitalrentabilität*). Der RoI ergibt sich aus der Multiplikation der →*Umsatzrentabilität* mit dem →*Kapitalumschlag*. Eine Verfeinerung ist das Verhältnis des →*Cash Flow* zum in der Periode durchschnittlich eingesetzten Kapital (siehe →*Investitionsrechnung*).

Revenue Management Konzept zur Ertragsoptimierung, bei dem unter Einsatz integrierter →*Informationssysteme* eine dynamische Preis-Mengen-Steuerung erfolgt, die zu einer gewinnoptimalen Nutzung vorhandener Kapazitäten führt. Das Revenue Management kommt vor allem in der Dienstleistungsbranche (Tourismus, Luftfahrt, Hotelgewerbe, Mietwagenunternehmen etc.) zur Anwendung (siehe in diesem Zusammenhang auch →*Yield Management*), ist aber nicht auf das Angebot von Dienstleistungen beschränkt.

Reverse-Auktion(en) →*Web-Auktionen* bzgl. der →*Beschaffung* (→*Einkauf*) im →*Business-to-Business* (B-2-B)-Bereich. Es handelt sich um eine Absteigerung (siehe →*Auktion*) im →*Internet*. Der Einkäufer (bzw. das →*Buying Center*) lädt einen ausgewählten Kreis von Zulieferern (10 – 12) zur Web-Auktion ein. Die Auktionsteilnehmer werden registriert und eingehend über die Details des zu vergebenden Auftrags informiert. Aufgrund der vollständigen Transparenz des Preisgeschehens in der Auktion ergeben sich für das nachfragende Unternehmen z.T. erhebliche Senkungen der realen →*Einkaufspreise* (→*Einstandspreise*). Überdies hat das Verfahren den Vorteil einer schnellen Abwicklung (im Vergleich z.B. zur recht zeitintensiven →*Ausschreibung*). Das Reverse-Marketing (→*Beschaffungsmarketing*) erhält durch Web-Auktionen eine völlig neue Dimension.

Reverse Engineering Zerlegung des Leistungsangebots von Mitbewerbern, um ihre Funktions-, Design- und Fertigungsprinzipien analysieren und im Hinblick auf die Kundenanforderungen bzw. -erwartungen bewerten zu können. Das Prüfverfahren dient im wesentlichen der Analyse der Wertschöpfungsstruktur der Konkurrenzangebote, um Differenzierungsmöglichkeiten zu erkennen (siehe dazu auch →*Differenzierungsstrategie*, →*Segmentationsstrategie*, →*Innovationspolitik*).

Reverse Marketing →*Beschaffungsmarketing*.

Revival Maßnahmen zur Revitalisierung von →*Produkten* mit dem Ziel der Verlängerung der →*Wachstumsphase* oder auch der Stabilisierung der →*Reifephase* bzw. Rentabilitätsphase im →*Produkt-Lebenszyklus*. Zu unterscheiden sind das →*Relaunching* und das →*Facelifting*, die einen unterschiedlichen Komplexitätsgrad und Wirkungsgrad im Instrumentaleinsatz aufweisen.

Rezeptoren →*Sinnesorgane*.

Rezipient(en) →*Kommunikant(en)*.

Rezipientenforschung Untersuchungsgegenstand dieses Bereichs der →*Kommunikationsforschung* sind die →*Kommunikanten*(Rezipienten). Man bezeichnet die Rezipientenforschung auch als Publikumsforschung, bestehend aus der →*Hörerforschung*, →*Leserschaftsforschung* und →*Zuschauerforschung*.

RFMR-Methode Form der Adressenbewertung im →*Direktmarketing* und →*Database-Marketing*. Die Bewertungsparameter sind **R**ecency (letztes Kaufdatum), **F**requency (Kaufhäufigkeit) und **M**onetary **R**atio (kundenspezifische Umsätze). Ziel der Adressenbewertung ist die Aktualisierung der →*Database* oder auch die Reaktivierung von Altkunden (→*Retention Marketing*).

RGH Abk. für **R**ationalisierungs-**G**emeinschaft des **H**andels. Das Institut ist mittlerweile aufgegangen im →*DHI* (Deutsches Handelsinstitut Köln e.V.).

Richtpreis →Preisempfehlung.

Risiko Unvorhersehbarkeit von Ereignissen. Im Gegensatz zur →*Unsicherheit* ist das Risiko aber kalkulierbar, d.h. berechenbar. Bei der Quantifizierung des Risikos kommen die→*Wahrscheinlichkeitstheorien* und ihre Verfahren zum Einsatz.

Risikoanalyse Methode zur Abbildung und Auswahl von Alternativen bei u.a. Investitionsentscheidungen, die in ihrem Erfolg von vielen Einflußfaktoren mit unterschiedlichen Ausprägungen und Eintrittswahrscheinlichkeiten abhängen. Mit Hilfe der →*Simulation* werden alle denkbaren (realistischen) Möglichkeiten und deren mögliche Eintrittswahrscheinlichkeiten durchgespielt.

Risiko-Kommunikation →*Kommunikationsprozesse*, die sich auf die Erkennung, Analyse, Bewertung und Beeinflussung von →*Risiken* beziehen. Hierin eingeschlossen ist die Kommunikation zwischen den Beteiligten (Unternehmen, Anspruchsgruppen; siehe dazu auch →*Stakeholder*). Instrumental ist die Risiko-Kommunikation eine bestimmte Form des →*Risiko-Management*. Im wesentlichen handelt es sich um einen Risiko-Dialog mit allen betroffenen Anspruchsgruppen.

Risiko-Management Form einer integrierten →*Dienstleistung*, die der Anlagenanbieter für den →*Kunden* erbringt. Das Risiko-Management spielt eine besondere Rolle im internationalen →*Anlagengeschäft* (siehe dazu auch →*Dienstleistungs-* und →*Investitionsgütermarketing*).

Ritual(e) Regelmäßige Wiederholung von bestimmten Verhaltensweisen (→*Verhalten*). Tradierte Rituale finden sich vor allem in klassischen „verbeamteten" und vornehmlich autoritär strukturierten →*Unternehmungsorganisationen* und →*Unternehmenskulturen*, und zwar sowohl (und primär) in der →*Strukturorganisation* als auch in der →*Ablauforganisation*.

RKW Abk. für RationalisierungsKuratorium der deutschen Wirtschaft (gegr. 1921), dessen Aufgabe es ist, bzgl. der verschiedenen Funktionsbereiche in →*Unternehmen* Rationalisierungsvorschläge zu entwickeln und auch entsprechende Maßnahmen beratend zu begleiten. Eine große Bedeutung haben die vom RKW begründeten →*Erfa-Gruppen* in der Praxis gewonnen.

Robinsonliste Eine vom Deutschen Direktmarketing-Verband (→*DDV*) herausgegebene Liste, in der die Personen erfaßt sind, die ausdrücklich kein Direktwerbematerial (→*Direktwerbung*) jedweder Art (Postwurfsendungen, →*Prospekte*, →*Kataloge* etc.) wünschen. Im eigenen Interesse der →*Anbieter* sollte diesem Wunsch bestimmter →*Verbraucher* (→*Konsumenten*) stringent entsprochen werden, um evtl. Imageschäden zu vermeiden.

Rogers-Skala Nach *E.M. Rogers* benannter Katalog von →*Items* zur Ermittlung der Meinungsführerschaft von Befragten. Die Ermittlung erfolgt durch Selbsteinstufung der →*Probanden*. Es ist fraglich, ob das Verfahren der Selbsteinstufung zu einer gesicherten Identifizierung von →*Meinungsführern* führen kann.

Rohertrag →*Handelsspanne* (→*Abschlagsspanne*) in absoluten Zahlen. Der entsprechend relative Ausdruck wird als Prozentspanne oder Marge bezeichnet.

Rohstoff(e) Stoffe, die den Hauptbestandteil der Fertigerzeugnisse bilden (Stahl, Kunststoff etc.). Siehe in Abgrenzung dazu →*Hilfs-* und →*Betriebsstoffe*.

Rohstoffmarketing Form des →*Investitionsgütermarketing* für Grundstoffe (→*Rohstoffe*). Angebot von und Nachfrage nach Rohstoffen werden entscheidend durch die Komplexität der verschiedenen Verarbeitungsprozesse (in Verbindung mit anderen →*Produktionsgütern*) und durch die damit verbundenen diversen →*Marktstufen* beeinflußt. Daraus resultieren sehr wechselhafte Substitutions- und Komplementaritätsbeziehungen, die überdies durch die Dynamik der Entwicklung neuer Produktionstechnologien z.T. sehr heftigen eruptiven Veränderungen ausgesetzt sind. Aufgrund dieser Rahmenbedingungen kann im Rohstoffmarketing auch das klassische →*Marketinginstrumentarium* nicht greifen. Entscheidend sind vielmehr die langfristigen Geschäftsverbindungen, die geprägt werden durch besondere Formen des →*Kontraktmarketing* und des →*In-Supplying*.

RoI Abk. für →***Return on Investment***.

Rolle →*Soziale Rolle*.

Rollende Planung Der Planungshorizont wird jeweils um eine Teilplanungsperiode in Form einer überlappenden Planung "weitergerollt". Die übliche Periodeneinteilung sind Monate und Jahre. Vielfach spricht man auch von einer rollierenden Planung.

Rollenkonflikte Unterschieden werden personelle, Intrarollen- und Interrollen-Konflikte. Ein Personen-Rollenkonflikt tritt auf, wenn das Rollenverständnis des Rollenträgers von der üblichen Rollenerwartung (die mit der →*Sozialen Rolle* verbunden ist) abweicht. Ein Intrarollen-Konflikt liegt vor, wenn unterschiedliche →*Motive* bestehen, die zu divergenten →*Zielen* und schließlich zu einem widersprüchlichen →*Verhalten* führen. Der klassische Rollenkonflikt ist der Interrollen-

Konflikt. Der Träger verschiedener sozialer Rollen kommt in eine konfliktäre Situation, wenn er den nicht miteinander zu vereinbarenden Verhaltenserwartungen unterschiedlicher sozialer → *Gruppen* entsprechen soll.

Rollenspiel →*Simulation* von → *Verhalten*. Den Spielteilnehmern werden jeweils unterschiedliche →*Soziale Rollen* zugewiesen, die sie kompetent und glaubhaft im interaktiven Gespräch zu vertreten haben. Ziel ist, die Fähigkeit der Teilnehmer zur →*Interaktion* (→*Interaktionstheorie*) zu erhöhen. Eines der Haupteinsatzgebiete von Rollenspielen ist das →*Verkaufstraining*. Hier geht es vor allem um die Optimierung der→*Interaktionsprozesse* zwischen →*Käufer* und Verkäufer.

Rollenverhalten Situationsspezifisches →*Konsumentenverhalten*, das von der jeweiligen →*Sozialen Rolle* abhängt. Wichtige soziale Rollenumfelder sind z.B. Familie, Beruf, Freizeit. Der →*Konsument* setzt die verschiedenen →*Produkte* als Requisiten in den jeweiligen Rollen ein, um nach dem →*Verstärkerprinzip* (→*Lerntheorie*) durch den spezifischen → *Konsum* eine soziale Anerkennung (z.B. von seiner sozialen →*Gruppe*) zu erhalten. Diese von *P. Brückner (1967)* entwickelte und von *P. Zernisch* werblich umgesetzte dynamische Theorie des Konsumentenverhaltens steht im deutlichen Gegensatz zur Entwicklung der statischen →*Käufertypologien* (*O.W. Haseloff, 1982*), die das →*Verhalten* typologisch festschreiben (siehe dazu in Folge alle weiteren →*Life-style-Konzepte*). Der individuale Rollenverhaltensansatz zur Erklärung des differenzierten Konsumentenverhaltens ist wegen der populistischen Typologien in der →*Verhaltenstheorie* in Vergessenheit geraten.

Rollierende Planung →*Rollende Planung*.

Rorschach-Test Ein nach *H. Rorschach (1884-1922)* benanntes →*Projektives Verfahren*, das vor allem in der Persönlichkeitsforschung eingesetzt wird. Die Auskunftspersonen deuten schwarz-weiße und farbige Tafeln mit Tintenklecksbildern (Kleckso-graphietest). Der Rorschach-Test wird primär in der →*Motivforschung* zur Analyse von Käufertypen (→*Käufertypologie*) verwendet.

Rosenzweig-Test Das von *S. Rosenzweig (1938)* entwickelte →*Projektive Verfahren* gehört zur Gruppe der →*Picture-Frustrations-Tests (PFT)*. Die Auskunftspersonen bewerten mehrere Bildzeichnungen von Personen in frustrierenden Situationen, indem sie leere Sprechblasen mit angenommenen Reaktionen der frustrierten Personen ausfüllen. Der Test kommt vor allem in der →*Motiv-* und →*Imageforschung* zum Einsatz.

Rotationsvertretersystem Form der Außendienstorganisation (→*Verkaufsorganisation*) im →*Direktvertrieb*, bei der im Gegensatz zum → *Platzvertretersystem* den Außendienstmitarbeitern in bestimmten zeitlichen Abständen andere →*Verkaufsbezirke* zugewiesen werden. Ziel der Rotation ist, die Verkaufsaktivitäten dynamisch zu halten. Damit verbunden ist aber eine nur sehr lose Bindung zwischen →*Kunde* und Verkäufer (→*Kundenbindung*). Es besteht die nicht zu unterschätzende Gefahr von Kundenabwanderungen, wenn nicht andere Kundenbindungsinstrumente (wie z.B. → *Image*, →*Qualität*, →*Preis-Leistungs-Verhältnis* etc.) dominant sind und die mangelhafte persönliche Kundenbeziehung kompensieren können. Die zunehmende Bedeutung des →*Beziehungsmarketing* spricht für das Platzvertretersystem, wobei die systemimmanente Erlahmung der Leistungsmotivation des →*Außendienstes* durch entsprechende →*Vergütungssysteme* vermieden werden kann.

Routenplanung Systematische Planung der Verkaufsrouten (für den →*Außendienst*) durch die →*Verkaufsleitung*. Zur Stringenz der Routenplanung stehen sich in der Praxis wie üblich die Verfechter des Zentralismus und Dezentralismus gegenüber. Eine zu enge →*Planung* verhindert die insbesondere im →*Verkauf* notwendige Flexibilität (z.B. bedingt durch unterschiedliche Besuchshäufigkeiten, die sich am →*Kunden* orientieren müssen). Andererseits führt eine zu lasche Routenplanung zu extremen Unwirtschaftlichkeiten (Fahrtkosten, Verhältnis von Kontakt- und Reisezeit, Vernachlässigung bestimmter Kunden etc.). Daraus folgt, daß eine optimale Routenplanung (siehe auch →*Tourenplanung*) im Sinne einer kostenminimalen Lösung nur möglich ist auf der Basis von →*Kundenanalysen* (→*Kunden-Strukturanalysen*, →*Kundenrentabilität*, →*Kundenwert*).

Routinekauf →*Käufe*, die gewohnheitsmäßig erfolgen (→*Gewohnheitsverhalten*) und kaum durch →*Kognitive Prozesse* gesteuert werden. Die Basis dieses →*Habituellen Kaufverhaltens* sind verfestigte Verhaltensmuster, die wiederum auf in der Vergangenheit bewährten →*Entscheidungen* beruhen. Mit habitualisierten →*Kaufentscheidungen* sind in der Regel eine hohe →*Markentreue* (→*Produkttreue*) und/oder →*Ladentreue* verbunden.

Rubin'scher Becher Bild, das je nach Dominanz des Vorder- oder Hintergrunds bzw. Blicksprung des Betrachters entweder einen Pokal oder zwei Gesichter im Profil zeigt. Die durch *E.J. Rubin (1921)* gewonnene Erkenntnis (→*Figur-Grund-Wahrnehmung*) ist für die →*Werbemittelgestaltung* von erheblicher Bedeutung und führt zu dem Schluß, daß ein →*Werbemittel* eine um so größere Wirkung (→*Werbewirkung*) hat, je höher sein →*Gestaltwert* ist im Hinblick auf den zu vermittelnden →*Werbeinhalt*.

Rückkoppelung Wesentliches Prinzip der kybernetischen (→*Kybernetik*) →*Regelkreise*. Die Wirkung einer Ursache wirkt wieder auf die Ursache zurück. Bei positiver Rückkoppelung verstärkt die Rückwirkung die auslösende Ursache, bei negativer Rückkoppelung bleibt das →*System* stabil, bzw. die Rückwirkung schwächt das gesamte Funktionssystem. Im Marketing treten Rückkoppelungseffekte in vielfältiger Weise auf, vor allem in der →*Marketingplanung*, bei der Bildung von →*Marketingmodellen* (→*Marketing-Mix*), aber auch bei der Gestaltung von →*Marketingorganisationen* etc.

Rücklaufquote Prozentsatz der zurückerhaltenen →*Fragebogen* von den insgesamt versendeten.

Rückwärtsintegration Tätigkeit auf vorgelagerten →*Märkten* (Wirtschaftsstufen), um sich von den Lieferanten unabhängiger zu machen (→*Vertikale Diversifikation*). So wird z.B. der Verarbeiter auch zum Rohstoffproduzent oder das Handelsunternehmen auch zum Markenartikelhersteller. Die Gefahr der Rückwärtsintegration ist die Abhängigkeit von Branchenstrukturkrisen (Gefahr der Monostrukturierung). Das gilt vor allem für Handelsunternehmen, die in die Fertigungsstufe diversifizieren. Hier erweisen sich z.B. auftretende Überkapazitäten als ein erhebliches Problem, da andere →*Abnehmer* Handelsmitbewerber sind (im Vergleich →*Vorwärtsintegration*).

Rückzugsstrategie(n) Geplanter Rückzug (→*Marktaustritt*) aus einem

→*Absatzmarkt*, der in der Regel rentabilitätsbedingt und auf eine Unterlegenheit im →*Wettbewerb* (ungenügende →*Wettbewerbsfähigkeit*) zurückzuführen ist. Bei der Rückzugsstrategie gilt es insbesondere, die →*Marktaustrittsbarrieren* abzubauen. Diese sind u.a. gegeben durch evtl. Kosten- und Wettbewerbsnachteile (etwa Imageschädigung). Vielfach scheitern Rückzugsstrategien auch an zu geringen Verkaufs- bzw. Liquidationswerten. Dieser Fall tritt insbesondere dann ein, wenn die geplante Rückzugsstrategie *vor* der Realisierung in weiten interessierten Käuferkreisen bekannt wird und diese den weiteren Unternehmensverfall abwarten, um den Kaufpreis abzusenken.

Rufschädigung Wettbewerbswidrige Imageschädigung eines →*Unternehmens* bzw. seiner Leistungsangebote durch →*Wettbewerber* oder →*Absatzmittler*. Eine Verletzung gewerblicher →*Schutzrechte* kann vom Kläger generell auch als Rufschädigung geltend gemacht werden. Das Verbot der Rufschädigung gilt auch für das Verramschen von →*Markenartikeln* durch den →*Einzelhandel*. Hierbei erweist sich jedoch bei der Rechtsfindung oft die Grenzziehung zwischen der wettbewerbsrechtlich (→*GWB*, →*UWG*) unzulässigen →*Preisschleuderei* und den diversen zulässigen Formen der →*Niedrigpreisstrategien* der Absatzmittler als problematisch.

Rundfunkökonomie Wirtschaftswissenschaftliche Spezialdisziplin, die sich mit den ökonomischen Aspekten der Produktion, Verbreitung und Nutzung von Rundfunk (Radio- und Fernsehprogrammen) befaßt. Hierbei steht das z.T. polare Verhältnis zwischen dem publizistischen und ökonomischen Wettbewerb im Vordergrund (siehe auch →*Fernsehwerbung*).

Rundfunkwerbung →*Hörfunkwerbung*.

S

Saccade(n) Blicksprünge bei der Betrachtung von Bild- bzw. Textelementen, die im Rahmen der *→Blickregistrierung* (*→Augenkamera*) gemessen werden. Im Vergleich zu den *→ Fixationen* mißt man den Saccaden eine geringe oder gar keine Wahrnehmungsbedeutung (*→Wahrnehmung*) bei.

Sachgüter Güter(*→Gütertypologie*), die sich von *→Dienstleistungen* dadurch unterscheiden, daß sie tangibel und lagerfähig sind.

Sachziel(e) Im Gegensatz zu *→Formalzielen* handelt es sich um die Sach- bzw. Zweckbestimmung des *→Unternehmens* bzw. der Institution (vgl. auch *→Unternehmensziele*, *→Marketingziele*).

Sättigungsfunktion(en) *→Wachstumsfunktion* als Prognosefunktion, die einen s-förmigen Verlauf aufweist. Nach einem Wachstumsabschnitt erreicht die Funktion einen Scheitelpunkt (Sättigungspunkt) und fällt danach ab. Die Sättigungsfunktion dient u.a. der formalen Beschreibung der *→Werbewirkung* in Verbindung mit dem eingesetzten *→Werbebudget* (*→ Werbewirkungsfunktionen*) und der Darstellung der *→Marktsättigung* (etwa durch den *→Produkt-Lebenszyklus*). Die wichtigsten Sättigungsfunktionen als methodische Hilfe bei der Entwicklung von *→Prognosen* (vor allem Markt- und *→Absatzprognosen*) sind Exponential- und *→Logistische Funktionen* (*→Gompertzfunktion*).

Sättigungsphase Vierte Phase im *→Produkt-Lebenszyklus*, die durch weiter absinkende *→Umsatz*- und *→ Gewinn*zuwächse gekennzeichnet ist. Die Umsatzfunktion erreicht ihr Maximum, die *→Grenzerlös*funktion den Nullpunkt. Je nach Kostenstruktur treten auch bereits Verluste auf. Der klassische Reaktionsmechanismus in der Praxis ist vielfach ein *→Revival* in Form eines *→Facelifting*, das sehr kostenintensiv ist und meist nicht die gewünschten Ergebnisse (erneutes Umsatzwachstum) bringt. Die Signale für die notwendige *→Innovationspolitik* (*→Produktinnovation*) in den Vorphasen (*→Wachstums*- und *→Reifephase*) werden vielfach überhört (vgl. dazu auch *→Marktsättigung*).

Saisonartikel *→Artikel*, deren *→Absatz* einem *→Saisonzyklus* unterliegen. Zum Ausgleich von saisonalen Schwankungen werden preispolitisch im *→Handel* (*→Groß*- und *→Einzelhandel*) vor allem *→Saisonrabatte* eingesetzt.

Saisonbereinigung Eliminierung von Saisonschwankungen (*→Saisonzyklus*) für die *→Absatzprognose* mit Hilfe z.B. der Methode der *→Expo-*

nentiellen Glättung (Exponential Smoothing).

Saisonrabatt(e) Besondere Form des →*Zeitrabatts*, der dem →*Handel* (→ *Groß-* und →*Einzelhandel*) vom Lieferanten bei saisonabhängigen →*Artikeln* (→*Saisonartikel*) gewährt wird. Hierbei handelt es sich vielfach um Frühbezugsrabatte, die den Handel veranlassen sollen, die →*Waren* vor Saisonbeginn zu ordern. Aus Herstellersicht ist damit das Ziel verbunden, saisonal bedingte Absatzschwankungen (→*Saisonzyklus*) zu vermindern.

Saisonschlußverkäufe →*Schlußverkäufe*.

Saisonzyklus Jahreszeitlich oder extrasaisonal (z.B. Wetter, Feiertage) bedingte saisonale Schwankungen der Absatzentwicklung, die nicht trendbedingt sind.

Sales Folder Schriftliche und ansprechend aufgemachte Unterlage zur Unterstützung des →*Verkaufsgesprächs* im Sinne des →*Anbieters*. Sales Folder sind im →*Persönlichen Verkauf* ein wichtiges Instrument der →*Verkaufsförderung* und enthalten diesbezüglich neben den →*Produktinformationen* auch Hinweise zu Aktionen, →*Rabatten* und →*Konditionen*.

Sales Force →*Außendienst*.

Sales Management →*Verkaufsleitung*.

Sales Promotion →*Verkaufsförderung*, →*Promotion(s)*.

Sammelbestellersystem Form der Kundenakquisition und -betreuung im →*Versandhandel*. Der Sammelbesteller ist →*Kunde* des Versandunternehmens und akquiriert auf Basis eines →*Katalogs* im Bekanntenkreis neue Kunden. Anschließend übernimmt er die Bestellung, die Warenverteilung und das Inkasso und erhält dafür als Leistungsentgelt einen bestimmten Prozentsatz vom Warenbestellwert (→*Provision*). Eine Ähnlichkeit dieser Form des →*Direktvertriebs* besteht mit dem →*Partyverkauf*.

Sammelwerbung →*Gemeinschaftswerbung*.

Sample →*Stichprobe*.

Sample Point Kleinste Einheit einer →*Stichprobe*.

Sanktion(en) Formen der Belohnung oder Bestrafung eines →*Verhaltens*. Das sich an sozialen →*Normen* orientierende Verhalten (→*Konformität*) wird belohnt durch sozialen Aufstieg, →*Status* und →*Prestige*. Die soziale Bestrafung erfolgt für ein nicht-konformes Verhalten. Hierbei beziehen sich die sozialen Normen auf die Konformität sozialer →*Gruppen*, die für die Gruppenmitglieder als verbindlich angesehen werden. Sanktionen werden in dem Maße überflüssig, wie die → *Internalisierung* das Verhalten bestimmt.

Satellitenfernsehen Im Gegensatz zum →*Kabelfernsehen* erfolgt die Übertragung über einen im Weltraum stationierten Nachrichtensatelliten. Die neue →*Informations-* und →*Kommunikationstechnologie* eröffnet der globalen→*Marketingkommunikation* völlig neue Wege.

Satisfier →*Motivatoren*.

Satzergänzungs-Test (SET) → *Projektives Verfahren*, das eine Sonderform des →*Wortassoziations-Tests (WAT)* darstellt. Den →*Probanden* werden unvollständige Sätze vorgelegt, die sie spontan und unter Zeitdruck ergänzen müssen (siehe auch →*Picture-Frustrations-Test (PFT)*, →*Ballontest*). Aus den Ergebnissen lassen sich Schlüsse ziehen z.B. hinsichtlich →*Einstellungen* und →*Erwartungen* der Befragten zum Untersuchungsgegenstand. Durch die indirekte Fragestellung wird die bei →*Befragungen* üblicherweise unerwünschte kognitive Kontrolle der Befragten vermindert.

Savage-Niehans-Regel →*Minimax-Regret-Regel.*

Say'sches Theorem Theorie von *J.B. Say (1767-1832)*, nach der eine Überproduktion in einer Volkswirtschaft nicht möglich ist, weil sich jedes Produktionsniveau das ihm entsprechende Bedürfnis- und Nachfrageniveau schafft. Diese Theorie wird von *J.K. Galbraith (1958)* in seiner →*Überflußgesellschaft* (→*Konsumgesellschaft*) erneut aufgegriffen. Danach besteht das Problem nicht in der Bedarfsdeckung, sondern in der permanenten Entwicklung von immer neuen →*Bedürfnissen* durch das →*Marketing*. Lediglich die zunehmende Umweltbelastung (→*Ökologie*), knapper werdende Ressourcen, Krisen des Arbeitsmarktes (damit verbundene Absenkung der →*Einkommen*) und eine nachlassende →*Leistungsmotivation* begrenzen das →*Wachstum* der Wirtschaft wie auch die Überflußgesellschaft.

SB Abk. für →*Selbstbedienung.*

SB-Großhandel →*Abholgroßhandel.*

SB-Laden Sammelbegriff für →*Betriebsformen* (→*Betriebstypen*) des →*Einzelhandels*, deren →*Bedienungssystem* die →*Selbstbedienung* ist.

SB-Markt →*Betriebsform* (→*Betriebstyp*) des →*Einzelhandels*, die ähnlich dem →*Verbrauchermarkt* und dem →*Supermarkt* ein →*Vollsortiment* an Nahrungs- und Genußmitteln führt sowie ergänzende Non-Food-Artikel. Als →*Bedienungssystem* dominiert die →*Selbstbedienung.*

SB-Warenhaus →*Betriebsform* (→*Betriebstyp*) des →*Einzelhandels*, die vielfach auch in Form eines SB-Zentrums geführt wird. Die SB-Warenhäuser haben sich aus den →*Verbrauchermärkten* heraus entwickelt, führen aber heute ein →*Sortiment* wie jedes klassische →*Warenhaus* auf einer →*Verkaufsfläche* von ca. 20.000 - 40.000 qm. Im Vordergrund der Betriebsform stehen die →*Selbstbedienung*, das →*Discount-Konzept*, der Standort in Stadtrandgebieten und die großflächigen Parkmöglichkeiten für die →*Kunden.*

Scanner Elektronisches Datenerfassungsgerät (Kassenterminals, Datenkassen), das jeden →*Artikel* am Verkaufspunkt erfaßt (zur weiteren Erklärung siehe →*Scanning*).

Scannerpanel Elektronische →*Panelerhebung* mit Hilfe von →*Scanning*. Diese Form der Datenerhebung eignet sich insbesondere für das →*Handelspanel*. Ansätze dazu existieren z.B. bereits im →*Behaviour Scan*. Die Vorteile des Verfahrens liegen in der kostengünstigen Bestandserhebung bei den Panelteilnehmern, der Datengenauigkeit, der Aktualität und Detailliertheit der Daten und in der Erfassung von Zusammenhängen zwischen Marketingmaßnahmen und Abverkäufen. Möglich ist dadurch auch eine bessere Panel-Systemforschung im Sinne der Kombination von Daten aus dem Handels- und →*Haushaltspanel.*

Scanning Datenerfassung beim Warenausgang in Handelsunternehmen (→*Einzelhandel*). Die Datenerfassung erfolgt durch elektronische Kassenterminals (Datenkassen), die den Abverkauf artikelspezifisch einlesen. Der einzelne →*Artikel* wird identifiziert durch einen Strich-Code (→*Artikelnumerierungssysteme*, →*EAN-Code*), der in der Regel durch den Hersteller angebracht ist. Das Scanning hat zur Entwicklung geschlossener →*Warenwirtschaftssysteme* entscheidend beigetragen.

Scantrack →*Handelspanel*, dessen Ergebnisse Nutzern gegen Gebühr zur Verfügung gestellt werden.

Schaufenstergestaltung Form des →*Visual Merchandising* im Rahmen der →*Handelswerbung* und hierbei insbesondere der →*Instore-Werbung*. Entscheidend ist, daß die mit der →*Schaufensterwerbung* verbundene →*Anmutung* mit dem Ladeninneren bzw. mit der →*Ladengestaltung* (und mit den erbrachten →*Handelsfunktionen*) übereinstimmt. Was die verschiedenen Grundtypen der Schaufenstergestaltung betrifft, wird (nach *H. Richter, 1982*) unterschieden in Stapelfenster oder Massenfenster (große Warenfülle mit Niedrigpreis-Assoziation), Phantasie-, Ideen- oder Stimmungsfenster (exquisite Waren mit hohem Anspruch), bedarfsorientierte Fenster (Bedarfsbündelung) und Anlaßfenster (zeitliche Anlaßbezogenheit auch als Mischung der Grundtypen). Eine weitere Gliederung ist die Differenzierung in Puppenschaufenster (Schaufensterpuppen), Luxusschaufenster (wenige Objekte mit dekorativem Beiwerk) und Warenhausschaufenster (großer Schaufensterraum mit Rückwand).

Schaufensterwerbung Wichtige →*Kommunikationsform* des →*Einzelhandels* (→*Handelswerbung*), die als →*Instore-Werbung* darauf gerichtet ist, bei Passanten Kaufwünsche zu erzeugen und sie zu animieren, das Geschäft zu betreten und sich für die ausgestellte Ware zu interessieren. Die Schaufensterwerbung ist eine auf das Einzelhandelsgeschäft fokussierte →*Außenwerbung*. Durch die Art der →*Schaufenstergestaltung* können bestimmte →*Kommunikationsziele* an ein breites Kaufpublikum vermittelt werden.

Schauwerbung Formen der →*Werbung* (→*Produktwerbung*), die ortsgebunden sind. Dazu gehören vor allem die →*Schaufenstergestaltung*, →*Schaufensterwerbung*, →*Instore-Werbung*, das →*Visual Marketing* und insgesamt die →*Ladengestaltung* im →*Stationären Einzelhandel*, wie auch die Werbung bei zeitlich begrenzten →*Marktveranstaltungen* (→*Ausstellungen*, →*Messen*).

Scheinkorrelation Es besteht eine nur scheinbare →*Korrelation* zwischen zwei oder mehreren →*Variablen*. Ein kausaler Zusammenhang (→*Kausalität*) existiert nicht trotz einer möglicherweise strengen statistischen Beziehung. Die wesentliche Ursache für die Scheinkorrelation ist in der Regel die Existenz von weiteren →*Unabhängigen Variablen*, die die Korrelation bestimmen. Eine klassische Scheinkorrelation ist der Anstieg der Geburtenrate im Herbst, der statistisch signifikant durch die vermehrte Zahl der Störche begründet werden kann. Das Phänomen der Scheinkorrelation belegt, daß eine Korrelation nicht unbedingt einen Kausalzusammenhang begründet.

Schiefe Maß für den Grad der Asymmetrie einer →*Häufigkeitsverteilung*.

Schirmmethode Die Leistungsangebote (→*Produkte*, →*Dienstleistungen*) werden unter dem Firmennamen zusammengefaßt (siehe auch →*Dach-*

marken, →*Umbrella-Marken*). Ziel der Dachmarkenstrategie ist der positive →*Imagetransfer* des Firmennamens auf das gesamte Leistungsprogramm. Als problematisch kann sich ein negativer Ausstrahlungseffekt bei heterogenen Leistungsangeboten (mit z.B. unterschiedlichen Qualitätslagen) erweisen, der möglicherweise auf andere Produkte oder auf das gesamte →*Unternehmensimage* durchschlägt. Die →*Pilzmethode*, bei der jedes Produkt unter einem eigenen →*Markennamen* (→*Einzelmarken*) geführt wird, vermeidet diese Problematik. Als Nachteil müssen aber die höheren →*Marketingkosten* angesehen werden, da ein synergetischer Imagetransfer ausgeschlossen ist.

Schleichwerbung Werbeform, bei der →*Werbebotschaften* an den →*Verbraucher* bzw. →*Verwender* gesandt werden, ohne daß er den werblichen Charakter unmittelbar erkennen kann. Diese Art getarnter →*Werbung*, die in allen →*Medien* (im Zeitungs- und Zeitschriftenbereich ebenso wie im Rundfunk- und Fernsehsektor) auftreten kann, wird durch das →*Gesetz gegen den unlauteren Wettbewerb (UWG)* untersagt (siehe auch →*Product Placement* bzw. →*Product Publicity* und die Problematik der inhaltlichen Abgrenzung).

Schleuderpreis(e) →*Preisschleuderei*.

Schließende Statistik →*Induktive Statistik*, →*Inferenzstatistik*.

Schlüsselbild Bildmotiv, das beim →*Verbraucher* eine klare visuelle Vorstellung (→*Image*) einer →*Marke* oder eines →*Unternehmens* hevorruft und auch als Key Visual bezeichnet wird. Schlüsselbilder dienen dem langfristigen Aufbau von verhaltenswirksamen→*Inneren Bildern* (→*Imagery*). Das Schlüsselbild enthält den visuellen Kern der →*Werbebotschaft*, d.h. sachliche →*Informationen* oder emotionale →*Erlebnisse*, um das →*Angebot* beim →*Konsumenten* zu positionieren. Es muß schnell erkennbar und einprägsam (→*Imageryforschung*) und im Grundmotiv trotz seiner Kontinuität im Zeitablauf anpassungsfähig sein, damit die inhaltliche Botschaft in unterschiedliche Einzelmotive umgesetzt werden kann. Das unterscheidet das Schlüsselbild vom starren →*Markenzeichen*.

Schlüsselinformation(en) Zusammenfassung von Einzelinformationen zu Informationsblöcken (→*Information Chunks*). Schlüsselinformationen werden vom →*Konsumenten* als höherwertige →*Informationen* bewertet. Die Reduktion der Informationsaufnahme auf wichtige Schlüsselinformationen dient dem Konsumenten bei →*Kaufentscheidungen* als Informationsentlastung (siehe dazu →*Information Overload*).

Schlüsselkunde →*Key Account*.

Schlüsselreize →*Reize* (→*Stimuli*), denen sich der →*Kommunikant* (Rezipient) automatisch und weitgehend unbewußt zuwendet. Als Beispiele gelten menschliche Augen, erotische Reize, →*Kindchen-Schema*. Schlüsselreize werden vor allem in der →*Massenkommunikation* eingesetzt, um die →*Aufmerksamkeit* (→*Aktivierung*) zu steigern.

Schlußverkäufe Saison-Sonderveranstaltungen (→*Sonderveranstaltungen*) im →*Einzelhandel* (Sommer- und Winterschlußverkäufe), deren Beginn und Zeitraum gesetzlich (→*UWG*) geregelt sind. Die Schlußverkäufe haben an Attraktivität für den →*Verbraucher* in den letzten Jahren stark verloren aufgrund der ganzjährigen →*Sonderangebotspolitik* im Einzelhandel. Dadurch wird vielfach auch der Eindruck eines vorweggenommenen Schlußverkaufs vermittelt.

Schlußziffernauswahl →*Auswahlverfahren* (→*Systematische Auswahl*) bei der Ziehung von →*Stichproben*. Aus der durchnumerierten →*Grundgesamtheit* kommen die Elemente mit bestimmten, per Zufall festgelegten Schlußziffern in die Auswahl. Die Schlußziffernauswahl eignet sich besonders bei elektronisch gespeicherten und numerierten Grundgesamtheiten.

Schmarotzen →*Nachahmung* fremder Leistungen, die gewerbliche →*Schutzrechte* verletzt und demzufolge wettbewerbsrechtlich (→*UWG*) unzulässig ist.

Schneeballsystem Form des →*Direktvertriebs*, bei dem Unternehmen Personen zur Abnahme von →*Waren* bzw. zum Erwerb von Depot- und Verkaufsrechten veranlassen, indem sie ihnen für den Fall der erfolgreichen Anwerbung weiterer →*Kunden* einen finanziellen Vorteil gewähren. Die gewonnenen Kunden sollen wiederum Kunden (Verteiler) anwerben usw. (Pyramidensystem). Die Ware gelangt nur z.T. an wirkliche Endverbraucher, und die letzten „Kunden" bleiben auf der Ware sitzen. Der Systemträger verdient am Füllen der Pipeline (Vertriebsorganisation). Schneeballsysteme sind in Deutschland (nach →*UWG*) verboten und werden auch strafrechtlich verfolgt (siehe dazu in Abgrenzung →*Multi-Level-Marketing*).

Schneeballverfahren →*Auswahlverfahren* bei der Bildung von →*Stichproben*. Eine Person mit den benötigten Merkmalen nennt Personen mit den gleichen Merkmalen usw. Das Verfahren kann angewendet werden bei der Auswahl von nur schwer auffindbaren→*Probanden* (Minderheiten). Problem ist das mögliche Auftreten von systematischen →*Stichprobenfehlern*.

Schnelldreher →*Konsumgüter*, die sich im →*Handel* (→*Groß-* und →*Einzelhandel*) schnell umschlagen (drehen). Schnelldreher weisen eine höhere →*Direkte Produktrentabilität (DPR)* im Vergleich zu Langsamdrehern auf, da aufgrund ihrer höheren →*Umschlagsgeschwindigkeit* (Umschlagshäufigkeit, Umschlagsfrequenz) der →*Kapitalumschlag* steigt bzw. die →*Kapitalbindung* sinkt. Die sogen. „Renner-/Pennerlisten" sind ein wichtiges Entscheidungsinstrument bei der →*Sortimentsoptimierung*.

Schnellgreifbühne →*Greifbühne*.

Schnittstellen-Management Bei Schnittstellen handelt es sich um Berührungsstellen von selbständigen Abteilungen im →*Unternehmen*. Insbesondere der Marketingbereich weist wichtige Schnittstellen zu anderen Betriebsfunktionen auf (z.B. zu →*F + E*, →*Produktion*, →*Beschaffung*, →*Logistik*, →*Planung*, →*Controlling* etc.). Aufgabe des Schnittstellen-Managements ist es, im Sinne des Gesamtnutzenprinzips einen Konsens herzustellen. Dazu ist vor allem die Herstellung von zielgerichteten Informations- und Kommunikationsbeziehungen von besonderer Bedeutung. Diesbezügliche →*Organisationsformen* sind das →*Projekt-Management*, die →*Matrixorganisation* und die →*Tensororganisation*. Auch beim →*Outsourcing* entstehen Schnittstellen, die koordiniert werden müssen (→*Beziehungsmanagement*).

Schreibtischforschung →*Sekundärforschung*.

Schriftliche Befragung Form der

→*Befragung* in der empirischen → *Marktforschung* im Gegensatz zur → *Mündlichen Befragung*. Der wesentliche Vorteil der Befragungsart liegt aus Auftraggebersicht bei den geringeren Kosten. Dieser Vorteil erweist sich jedoch vielfach nur als scheinbar, da schriftliche Befragungen nicht der Bedingung der →*Repräsentanz* (z.B. geringe und vor allem nicht stichprobenentsprechende →*Rücklaufquote*) entsprechen. Die →*Telefonische Befragung* als semipersönliche Form versucht, diesen Mangel zu heilen, wenngleich auch hier die Repräsentanzbedingung vielfach nicht ausreichend erfüllt ist (hohe Verweigerungsrate der Zielpersonen) und die Befragung aus zeitlichen Akzeptanzgründen der Befragten an der thematischen Oberfläche bleibt und damit je nach thematischer Komplexität wichtige Problemfelder unerkannt bleiben.

Schrumpfender Markt →*Marktschrumpfung*.

Schrumpfungsphase →*Degenerationsphase*.

Schutzrecht(e) Die gewerblichen Schutzrechte sind →*Patente*, →*Gebrauchsmuster*, →*Geschmacksmuster*, →*Warenzeichen* und →*Urheberrechte*. Sie dienen dem Schutz von →*Innovationen* bzw. vor →*Plagiaten* und →*Markenpiraterie*.

Schwabe-Engel'sche Gesetz → *Engel-Schwabe'sche Gesetz*.

Schwache Signale Nach *H.I. Ansoff (1976)* schwache →*Informationen*, die nicht als Frühwarnung (→*Frühwarnsysteme*) vom Empfänger zur Kenntnis genommen werden. Dadurch werden →*Trends* und vor allem Trendbrüche, die sich in der Regel frühzeitig ankündigen, nicht wahrgenommen. Das gilt insbesondere für Struktur- und Branchenkrisen, die nicht unvermittelt eintreten, sondern meist einen längeren Entwicklungszeitraum umfassen, bevor sie virulent werden. Durch die Nichtwahrnehmung von schwachen Signalen bleibt für die Unternehmen vielfach keine Zeit mehr, um wirkungsvolle Reaktionsstrategien zu entwickeln (siehe dazu auch →*Krisen-Marketing*, →*Krisen-PR*).

Schwachstellenanalyse Analyse der Schwächen des eigenen →*Unternehmens*, die alle Funktionen und Prozesse umfassen sollte. Diese Prüfung kann eingebunden werden in eine → *Stärken-/Schwächenanalyse*, die auch qualitative Prüffelder enthalten sollte (wie z.B. →*Kundenzufriedenheit*, Mitarbeiterzufriedenheit, Innovationsorientierung aller Mitarbeiter, Managementqualität, Führungsverhalten, → *Unternehmensimage* etc.). Eine permanente Schwachstellenanalyse ist unerläßlich im Hinblick auf die Erhaltung der →*Wettbewerbsfähigkeit* und die Entwicklung von →*Wettbewerbsstrategien* (→*Benchmarking*).

Schwarzmarkt Im Gegensatz zum →*Grauen Markt* ein ungesetzlicher, illegaler Markt, der insbesondere in Notzeiten mit Bewirtschaftung und Kontingentierung von Waren besteht. Die knappen →*Güter* werden illegal und zu überhöhten →*Preisen* gehandelt. Auch in Wohlstandsgesellschaften kann es gelegentlich aufgrund eines Nachfrageüberhangs (z.B. bei Eintrittskarten für Sportveranstaltungen) zur Bildung von Schwarzmärkten kommen.

Schwedenschlüssel Vorgabe für → *Interviewer* bei →*Mündlichen Befragungen* in→*Haushalten* bzgl. der Auswahl der Befragten nach dem Verfahren der →*Systematischen Auswahl*. Auf der Basis von →*Zufallszahlen* kann der Interviewer am Ort des →*In-*

terviews unter den Haushaltsangehörigen eine →*Zufallsauswahl* treffen.

Schweigespirale Eine von *E. Noelle-Neumann (1982)* aus der politischen →*Meinungsforschung* entwickelte Theorie der Entscheidungsfindung. Unzureichende Artikulation und fehlende Akzeptanz der individuellen Meinung führen zum Konflikt (Stillschweigen) mit evtl. Meinungsumschwung. Aus Isolationsfurcht schließen sich die Individuen einer Mehrheitsmeinung an. →*Medien* (insbesondere →*Massenmedien*) dienen als Übermittler von Argumenten zur Stabilisierung des eigenen Standpunktes.

Schweinezyklus →*Spinnwebtheorem* (Cobweb-Theorem).

Schwellenpreis →*Preisschwelleneffekt*.

Schwerin-Kurve Eine nach *H. Schwerin* benannte Funktion, die den Zusammenhang zwischen der Anmutungsqualität (→*Anmutung*) als Gefühlsqualität von →*Werbemitteln* (z.B. →*Anzeige*, →*Werbespot*) und der Gedächtnisleistung darstellt. Danach werden positiv besetzte Appelle besser erinnert als negative. Die Gedächtnisleistung ist am geringsten bei neutral gestalteten →*Stimuli* (siehe dazu auch →*Lambda-Hypothese*). Nach neueren Untersuchungen spielt bzgl. der Gedächtnisleistung das →*Involvement* des →*Kommunikanten* (Rezipienten) eine entscheidende Rolle.

Schwerin-Test Ein von der *Schwerin Research Corp.* entwickelter →*Werbetest* (→*Pretest*) in Form eines →*Laborexperiments*. Die Testpersonen geben zunächst an, welches Geschenk sie aus einer Reihe von Produkten haben möchten. Anschließend wird ihnen ein Film mit eingeblendeten →*Werbespots* vorgeführt. Nach der Vorführung haben die Testpersonen erneut die Möglichkeit, ein Geschenk auszuwählen. Bei signifikanten Präferenzänderungen werden diese auf den Werbemittelkontakt zurückgeführt. Gegen dieses Verfahren können generell die gleichen Bedenken geltend gemacht werden wie bei jedem Laborexperiment (quasibiotische Realität, Repräsentanz der Testpersonen, keine Kaufentscheidungssituation).

Scientific Management →*Wissenschaftliche Betriebsführung* (→*Taylorismus*).

Scorecard →*Balanced Scorecard*.

Scoringmodell(e) Punktbewertungsverfahren zur Evaluation von Entscheidungsalternativen. Die Alternativen beziehen sich meist auf Forschungs- und Entwicklungsprojekte (z.B.→*Produktentwicklungsprozesse*). Im Marketing sind die wichtigsten Entwicklungsprojekte im produktpolitischen Bereich angesiedelt (siehe auch →*Produktbewertung*).

SCOR-Modell Abk. für **S**upply **C**hain **O**peration **R**eference Model. Es handelt sich um ein branchenunabhängiges Standard-Referenzmodell für den Informationsaustausch zwischen Unternehmen in einer Supply Chain (→*Supply Chain Management*). Das Modell dient dazu, unternehmensübergreifende Liefer-Prozeßketten mit dem Ziel einer Transaktionskosten-Optimierung (→*Transaktionskosten*) zu standardisieren.

Screening Erste und grobe Vorauswahl („Durchsieben") aus Handlungsalternativen (siehe vor allem →*Produktbewertung*), um den nachfolgenden Evaluierungsaufwand zu reduzieren. Methodisch bieten sich dazu →*Scoringmodelle* an.

Scribble Grobe Skizze für den Entwurf eines →*Werbemittels* in Form einer Rohzeichnung.

SDS Abk. für Sedas-Daten-Service (→*SEDAS*). Es handelt sich um ein System der Bestelldatenkommunikation unter Einschaltung einer Clearingstelle. Das →*Datenverbundsystem* ist eine Entwicklung der →*CCG* und General Electric und beschleunigt die Informationsabläufe zwischen Industrie und Handel.

Sechs-Hüte-Methode →*Kreativitätstechnik* (entwickelt von *E. de Bono, 1996*), die das Ziel verfolgt, →*Gruppendiskussionen* thematisch und inhaltlich zu strukturieren, um dadurch schneller zu kreativen Lösungen von Problemen zu kommen (u.a. auch zur Entwicklung von →*Problemlösungen*). Der Moderator verteilt je nach Diskussionsstufe an die Teilnehmer Hüte mit unterschiedlicher Farbe. Jeder Diskussionsteilnehmer setzt sich je nach Diskussionsphase einen Hut derselben Farbe auf. Jede Hutfarbe symbolisiert eine bestimmte Gesprächsphase. „Weiß" (neutral) steht für Problemanalyse, „Schwarz" für kritische Bewertung, „Rot" für emotionale Intuition, „Gelb" für Lösungsvorschläge, „Grün" für neue Ideen zur Lösung und „Blau" für Entscheidung.

SEDAS Abk. für **S**tandardregelungen für ein **e**inheitliches **D**aten(-träger)-**a**ustausch-**S**ystem (→*Datenträgeraustausch*), die von der →*CCG* (Centrale für Coorganisation) für den Liefer- und Bestelldatenaustausch zwischen Handel und Industrie entwickelt wurden. Innerhalb des SEDAS-Konzeptes bestehen besondere Standardregelungen für die Marktdatenkommunikation (→*MADAKOM*).

Segment(e) Ausschnitt aus einem Gesamtmarkt, der auch als →*Teilmarkt* bezeichnet wird (→*Segmentation*, →*Marktsegmentierung*).

Segmentation Zerlegung des Gesamtmarktes in homogene →*Teilmärkte* (→*Marktsegmentierung*).

Segmentationskriterien Bestimmungsfaktoren, nach denen ein Gesamtmarkt in homogene →*Teilmärkte* aufgeteilt wird (→*Segmentation*, →*Marktsegmentierung*). Die Differenzierung erfolgt nach →*Geographischen Kriterien*, →*Mikrogeographischen Kriterien*, →*Demographischen Kriterien*, →*Soziodemographischen Kriterien* und/oder →*Psychographischen Kriterien*. In der Praxis werden in der Regel die Kriterien nicht einzeln genutzt, sondern kombiniert.

Segmentationsstrategie(n) Bei der →*Marktsegmentierung* werden die →*Differenzierungsstrategie* und die →*Konzentrationsstrategie* unterschieden. Vielfach wird in der Literatur auch noch die undifferenzierte Vorgehensweise als Strategieform angeführt. Hierbei handelt es sich aber im eigentlichen nicht um eine aktive Marktsegmentierung. Die Segmentationsstrategien sind eine Form der →*Wettbewerbsstrategie* (siehe als weitere Ausprägung auch →*Nischen-Marketing*).

Segregation Soziale Abgrenzung von Bevölkerungsgruppen nach z.B. Alter, Geschlecht, ethnischer Zugehörigkeit, Religion, Hautfarbe, →*Sozialer Schicht*, Berufszugehörigkeit etc. Freiwillige Segregation dient der Absicherung des eigenen sozialen →*Status* (→*Soziale Milieus*, →*Soziale Rolle*), der →*Sozialen Distanz* und/ oder der Förderung der Gruppensolidarität (→*Gruppe*). Erzwungene Segregation entsteht überwiegend aufgrund ungleicher sozialer Verteilung, z.B. in Wohnstandorten mit der Gefahr sozialer Diskriminierung. Die zunehmende Absonderung von Gruppen führt aufgrund intensiver Binnen- und fehlender Außenkontakte (→*Sozialkommunikation*) zu einer Verstärkung milieuspezifischer →*Einstellungen* und Verhaltensweisen (→*Verhaltensforschung*) und zu einem Auseinanderfallen von →*Lebenswelten* und Wertewelten. Die Segregation ist damit ein Ansatz zur sozialen →*Marktsegmentierung*.

Seifenoper Melodramatische Familienserien im Fernsehen oder auch im Hörfunk. Der Begriff geht auf das →*Programm-Sponsoring* der Waschmittel- und Seifenhersteller von Sendungen zurück, deren →*Zielgruppe* vor allem Hausfrauen sind.

Sektorales Marketing Besondere Berücksichtigung von branchenspezifischen Marktgegebenheiten (als Beispiele siehe →*Handelsmarketing*, →*Bankmarketing*, →*Versicherungsmarketing* etc.) vor allem im differenzierten Einsatz des →*Marketinginstrumentariums*. Eine weitere und globalere Differenzierung ist die sektorale Gliederung in →*Konsumgüter*, →*Investitionsgüter*, →*Produktionsgüter* (siehe dazu insbesondere →*Gütertypologie*).

Sekundärbedürfnisse →*Soziale Bedürfnisse*, →*Geltungsbedürfnisse* und →*Selbstverwirklichungsbedürfnisse* (siehe →*Maslow'sche Bedürfnispyramide*). Die wichtigsten Bedürfniskategorien sind soziale Kontakte, soziale Anerkennung, Selbstwertgefühl und Persönlichkeitsentfaltung (siehe in Abgrenzung dazu auch →*Primärbedürfnisse* und in Erweiterung →*Tertiärbedürfnisse*).

Sekundärdaten Informationsbasis für die →*Sekundärforschung*. Unterschieden werden interne (unternehmenseigene) und unternehmensexterne →*Daten* (→*Informationen*) bzw. ihre Quellen. Die wichtigsten internen Datenquellen sind das →*Controlling* und der →*Außendienst* (→*Berichtssysteme* im Sinne von →*Marketing-* und →*Vertriebs-Informationssystemen*). Die wichtigsten externen Datenquellen sind amtliche bzw. halbamtliche Statistiken, Verbandsinformationen, Veröffentlichungen von wissenschaftlichen Instituten, Berichterstattungen und Untersuchungen von Medienunternehmen, Firmenpublikationen, frei zugängliche Marktuntersuchungen etc.

Sekundärorganisation→*Duale Organisation*.

Sekundärer Wirtschaftsbereich Dominanz der industriellen Fertigung in einer Volkswirtschaft auf fortgeschrittenem Entwicklungsstand (→*Industrialisierung*, →*Industriegesellschaft*). Die Weiterentwicklung von Technologien zur Steigerung der →*Produktivität* erfordert eine zunehmende Qualifikation der Arbeitnehmer und einen erhöhten Kapitaleinsatz. Das Kapital als bedeutender →*Produktionsfaktor* bestimmt Schnelligkeit und Intensität des Industrialisierungsprozesses (siehe in Abgrenzung →*Primärer*, →*Tertiärer* und →*Quartiärer Wirtschaftsbereich* und zusammenfassend →*Wirtschaftsbereiche*).

Sekundärforschung Beschaffung und Auswertung bereits erhobenen statistischen Materials "aus zweiter Hand", das frei zugänglich ist. Die Sekundärforschung wird auch als →*Schreibtischforschung* oder →*Desk Research* bezeichnet. In Abgrenzung dazu siehe →*Primärforschung*.

Selbstabholung Logistikkonzept (→*Logistik*), bei dem die →*Kunden* die →*Ware* selbst beim Lieferanten abholen und im Falle der Großbetriebsformen des →*Einzelhandels* in eigenen Distributionszentren lagern. Von dort aus werden dann die einzelnen →*Verkaufsstellen* in Handelsregie beliefert. In die Selbstabholung können auch Logistik-Dienstleister (z.B. Spediteure) eingebunden werden. Alternativen zur Selbstabholung sind die →*Zentralbelieferung* und →*Streckenbelieferung*.

Selbstauswahl →*Vorwahl* als eine Mischform zwischen →*Bedienung* und →*Selbstbedienung* (→*Bedienungssysteme*) im →*Einzelhandel*. Der →*Kunde* wählt aus dem Leistungsangebot selbst aus. Die verkäuferische Leistung reduziert sich auf die Klärung von Zweifelsfragen und die Abwicklung des Kaufabschlusses.

Selbstbedienung Form des →*Bedienungssystems* im →*Einzelhandel* und →*Großhandel*. Der →*Kunde* wählt selbst die →*Waren* aus und transportiert sie zur Kasse. Eine Sonderform der reinen SB ist die partielle SB, bei der der Kunde eine →*Vorwahl* vornimmt und erst dann die Dienste des Verkaufspersonals in Anspruch nimmt. Die reine SB kann zudem auf Sortimentsteile beschränkt werden. Beim →*Automatenverkauf* (Warenautomaten) handelt es sich um eine totale SB incl. Inkassovorgang (siehe als Sonderformen z.B. auch →*Homebanking*,→*Teleshopping*,→*Tele-Insuring*). Die Selbstbedienung (SB) ist überdies ein begriffskonstitutives Merkmal bestimmter →*Betriebsformen* im stationären →*Handel* (z.B. →*SB-Großhandel*, →*SB-Markt*, →*SB-Warenhaus*, →*Discounter* etc.).

Selbstbedienungsgroßhandel →*Cash & Carry*.

Selbstbedienungswarenhaus →*SB-Warenhaus*.

Selbstbeschränkende Werbung Freiwillige Werbeselbstkontrolle von →*Werbungtreibenden* und Unternehmen der →*Werbewirtschaft*, um der Sozialverantwortung der →*Werbung* (siehe auch →*Marketingethik*) zu entsprechen. Die wichtigsten Ziele der Werbeselbstkontrolle sind die Verhinderung von Auswüchsen in der Werbung incl. eines unlauteren Wettbewerbs (→*UWG*) und die Sicherung der →*Werbeakzeptanz* in der →*Öffentlichkeit*. Das Kontrollorgan ist der →*Deutsche Werberat* (→*Werberat*). Die Effizienz der Selbstkontrolle ist nicht unumstritten. So wenden Kritiker ein, daß bei Verstößen gegen die freiwilligen Regeln rechtliche Sanktionen nicht möglich sind. Überdies widerspricht ein Kontrollorgan, das sich aus den interessengebundenen Werbungtreibenden und der Werbewirtschaft zusammensetzt, der Grundfunktion einer unabhängigen →*Kontrolle*.

Selbstbild →*Eigenimage*.

Selbstimage →*Eigenimage*.

Selbstkonzept Gesamtheit der Vorstellungen, →*Einstellungen* und Bewertungen, die ein Individuum in bezug auf sich selbst, sein →*Verhalten* und seine Fähigkeiten hat (Selbstbild, →*Eigenimage*). Das Selbstkonzept umfaßt sowohl Körperbewußtsein, soziales Rollenverhalten (→*Soziale Rolle*) als auch Selbstpräsentation. Es bildet sich in sozialer →*Interaktion* (→*Soziale Interaktionstheorie*) mit Bezugspersonen und sozialen →*Gruppen* (→*Soziales Lernen*), ist relativ stabil und bestimmt das Verhalten des Individuums (vgl. →*Soziale Lerntheorie*). In der →*Humanistischen Psychologie* ist das Selbstkonzept als Persönlichkeitseigenschaft ein Teil des Prozesses zur Selbstverwirklichung (→*Selbstverwirklichungsbedürfnisse*).

Selbstkosten Summe aller im betrieblichen Leistungsprozeß entstandenen →*Kosten*, die auch auf ein Stück (Stückkosten, →*Durchschnittskosten*) bezogen werden können. Auf der Basis der →*Zuschlagskalkulation* (als wichtigste Form der →*Vollkostenrechnung*) ergeben sich die Selbstkosten aus der Summe von Materialkosten, Fertigungskosten, Verwaltungs- und Vertriebsgemeinkosten und Sondereinzelkosten des Vertriebs.

Selbstkostenpreis →*Einstandspreis*, →*Kostenpreis*, →*Preiskalkulation*.

Selbstverwirklichungsbedürfnisse →*Bedürfnisse*, die auf die Entfaltung der eigenen →*Persönlichkeit* ausgerichtet sind (→*Tertiärbedürfnisse*). Sie werden auch als Ego-Bedürfnisse bezeichnet (siehe →*Maslow'sche Bedürfnispyramide*).

Selektionsverfahren →*Auswahlverfahren* in der →*Empirischen Sozialforschung*. Darüber hinaus werden Selektionsverfahren z.B. eingesetzt bei der →*Produktplanung* (→*Screening*, →*Scoringmodelle*), der →*Marktsegmentierung* (Auswahl der zu bearbeitenden →*Teilmärkte*), der →*Vertikalen Marketingstrategie* (Auswahl der →*Betriebsformen* des →*Handels* als Distributionspartner, →*Absatzwegepolitik*, →*Selektive Absatzpolitik*, →*Selektive Vertriebspolitik*) und bei der →*Mediaplanung* (→*Mediaselektion*).

Selektive Absatzpolitik Beschränkung der →*Absatzpolitik* auf ausgewählte →*Abnehmer*, Absatzgebiete (→*Teilmärkte*) und/oder →*Produktgruppen* (siehe auch →*Selektive Vertriebspolitik*). Der Unterschied zur →*Marktsegmentierung* ergibt sich daraus, daß die selektive Absatzpolitik mehr ein Kontroll- und die Marktsegmentation mehr ein strategisches Planungskonzept ist.

Selektive Distribution Zwischenform der →*Exklusiven* und →*Intensiven Distribution*. Es handelt sich um die gezielte Auswahl einer begrenzten Zahl von Distributionspartnern, die auch an ein bestimmtes →*Kooperationssystem* gebunden werden können.

Selektive Lagerhaltung Produkt- und zielgruppenspezifische →*Lagerhaltung*, die davon ausgeht, daß nicht für alle →*Güter* die gleichen Lagerhaltungsrichtlinien (→*Lagerbestand*) gelten müssen. Die wichtigsten Einflußfaktoren für eine differenzierte Vorgehensweise sind die jeweils z.T. sehr unterschiedlichen Bedingungen u.a. des →*Lager-* und →*Warenumschlags*, des notwendigen →*Sicherheitsbestands* (etwa bedingt durch saisonale/extrasaisonale Absatzschwankungen) und vor allem der Kundenerwartungen (in Verbindung mit dem Konkurrenzverhalten) bzgl. des →*Lieferservice* (→*Lieferbereitschaft*).

Selektiver Vertrieb Beschränkung auf bestimmte Verkaufspunkte (z.B. →*Depotsystem*, →*Franchising*). Ziel des Selektivvertriebs ist es, durch die →*Absatzwegepolitik* (Vertriebswegepolitik), die →*Marketingstrategie* des Herstellers im →*Handel* (primär im →*Einzelhandel*) durchzusetzen (siehe dazu auch →*Selektive Absatzpolitik*, →*Selektive Vertriebspolitik*).

Selektive Vertriebspolitik Beschränkung der →*Vertriebspolitik* auf ausgewählte →*Abnehmer* bzw.→*Handelskanäle*. Beispiel: →*Depotsystem* bei hochwertiger Kosmetik (siehe auch →*Selektive Absatzpolitik*, →*Abnehmerselektion*).

Selektive Wahrnehmung Tatsächlich wahrgenommene (→*Wahrneh-*

mung) →*Informationen* aus der Fülle der effektiv ausgesandten Informationen. Wichtige Charakteristika der selektiven Wahrnehmung sind die gezielte Informationssuche bei wichtigen →*Kaufentscheidungen*, die Bestätigung von →*Einstellungen* und die Abwehr diesbezüglich irrelevanter Informationen (siehe auch →*Information Overload*).

Self Destroying Prophecy Sich selbst zerstörende →*Prognose*, die das Eintreten eines vorausgesagten Ereignisses durch die vorherige Ankündigung verhindert (siehe im Gegensatz dazu →*Self Fulfilling Prophecy*).

Self Fulfilling Prophecy Sich selbstbestätigende →*Prognose*, die dadurch eintritt, daß sich alle bzw. die Mehrheit der Marktteilnehmer entsprechend der Voraussage verhalten. Die Prognose wird damit zur Realität. Das Phänomen tritt z.B. bei der Prognose einer Inflation durch die sich anschließende Flucht in Sachwerte auf (siehe im Gegensatz dazu →*Self Destroying Prophecy*).

Self Liquidating Offer →*Zugabe*, die zum eigentlichen →*Produkt* angeboten wird. Es handelt sich um ein Instrument *der* →*Verbraucher-Promotions* (→*Verkaufsförderung*), die sich dann als wettbewerbsrechtlich unzulässig erweist, wenn die Zugabe an den →*Kauf* des Hauptprodukts gebunden ist. Bedenklich ist diese Form der Zugabe auch dann, wenn sie auf den →*Käufer* einen Lockreiz ausübt.

Selling Center In Abgrenzung zum →*Buying Center* (Nachfragerseite) ein Verkaufskollegium auf der Anbieterseite. Analog dem Buying Center können die Funktionsträger unterschieden werden in Produktionsverantwortliche, Beeinflusser, Verkäufer, Entscheider und Informationsselektierer. Gleiches gilt für die Differenzierung in →*Fach-* und →*Machtpromotoren* (→*Promotoren*) bzw. Fach- und Machtopponenten.

Semantik Als Teilgebiet der →*Semiotik* allgemeine Lehre von den Zeichen und Symbolen. Untersucht wird der Bedeutungsinhalt von Zeichen, Wörtern, Bildern etc. Der Bedeutungsinhalt ist besonders wichtig in der →*Marktforschung* (Entwicklung von →*Fragebogen* und Art der Fragen), →*Motivforschung* (→*Semantisches Differential*), in der →*Produktgestaltung* und in der →*Marketingkommunikation*. Entscheidend ist, daß die verwendeten Zeichen (→*Syntaktik*) die gewünschte Bedeutung vermitteln.

Semantische Sättigung Bedeutungsverlust, der vor allem in der Werbepraxis beobachtet wird und durch ständiges Wiederholen von Begriffen und Bildern entsteht. Der →*Abnutzungseffekt*, der wissenschaftlich umstritten ist, beruht (offensichtlich) auf einer zu häufigen Verwendung von werblichen Aussagen. Worte, Zeichen und Symbole verlieren dadurch für den Empfänger ihren ursprünglichen Bedeutungsinhalt (→*Semantik*) und wirken ‚abgedroschen' (siehe dazu auch →*Wear-out-Effekt*, →*Habituation*).

Semantisches Differential Verbales Meßverfahren (entwickelt von *Ch.E. Osgood, 1957*) zur Ermittlung von →*Einstellungen* bzw. →*Images*. Das Meßverfahren (→*Skalierung*, →*Skalierungsverfahren*) geht von der Annahme aus, daß erlebte Gefühle sprachgebunden sind. Die Befragten geben ihr emotionales Erleben auf mehrstufigen →*Ratingskalen* an. Unterschiedliche →*Items* beschreiben inhaltlich die emotionale Qualität (siehe auch →*Polaritätenprofil*). Deutlich abzugrenzen von den verbalen sind die nonverbalen Meßverfahren (siehe →*Imagerydifferential*).

Semiometrie Marktforschungsansatz, der eine enge Verwandtschaft mit den →*Assoziationstests* aufweist und der davon ausgeht, daß die menschlichen Grundhaltungen nicht nur →*Einstellungen* bestimmen, sondern z.B. auch das →*Konsumenten-* und →*Mediennutzungsverhalten* prägen. Die Semiometrie mißt die soziokulturellen und psychologischen Werthaltungen anhand eines →*Panel* (Individualpanel), ordnet sie in ein Positionierungsmodell und bildet die Untersuchungsergebnisse in einem →*Mapping* ab. Die Basis bilden 210 Begriffe, die den emotionalen Raum abdecken. Zusätzlich werden Daten über Freizeit-, Marken- und Mediennutzung erhoben. Die Verknüpfung von Wertvorstellungen mit Konsum- und Mediendaten gibt Aufschluß über die Übereinstimmung von →*Markenimages* und →*Präferenzen* der →*Zielgruppe* bzw. der Gegensätze der einzelnen Zielgruppen untereinander.

Semiotik Erforschung der Aufnahme und Verarbeitung von wahrnehmbaren →*Reizen* (→*Stimuli*) bzw. Zeichen (z.B. Sprache). Die Semiotik erfaßt die drei verschiedenen, aber miteinander verknüpften Dimensionen →*Syntaktik* (Zeichenverständnis),→*Semantik* (Bedeutungsinhalt) und →*Pragmatik* (Zeichenbedeutsamkeit). Die semiotische Zeichenanalyse ist eine bedeutsame Methode zur differenzierten Erklärung des →*Konsumentenverhaltens*.

Seniorenmarkt Markt der 60jährigen und Älteren, der derzeit mit ca. 15 Mio. als für das Marketing bedeutsam eingestuft wird. Die Schwäche der Zielgruppenbestimmung (→*Zielgruppe*) ist in der reinen Ausrichtung an einem →*Demographischen Kriterium* zu sehen, die z.B. →*Psychographische Kriterien* nicht berücksichtigt. So werden in bezug auf →*Lebensstil*, →*Einstellungen*, →*Erwartungen* und →*Verhalten* weitgehend lediglich →*Hypothesen* gebildet. Der eigentliche Mangel dieser Typologienbildung (→*Käufertypologie*) ist aber, daß die rein kalendarische Altersbestimmung das psychologische Alter als Einstellungs- und Verhaltensdeterminante vernachlässigt. Insofern ist auch der Aussagewert von empirischen Untersuchungen bzgl. des Senioren- bzw. Altenmarktes stark eingeschränkt. Aufgrund der Differenzierung (Heterogenität) des demographischen Segments wird das Alter als →*Segmentationskriterium* zunehmend unbrauchbarer. Die Kombination dieser Klassifikation mit →*Soziodemographischen Kriterien* (z. B. →*Einkommen*) erhöht die Gefahr einer Fehlinterpretation (siehe im Vergleich auch →*Jugendmarkt*).

Sensitivitätsanalyse(n) Verfahren zur Ermittlung und auch Überprüfung z.B. der optimalen Marketingmittel-Kombination (→*Marketing-Mix*). Sie dient überdies zur Bestimmung möglicher Auswirkungen von Unsicherheiten und →*Risiken* (siehe auch →*Risikoanalyse*).

Sensorische Produktforschung Geschmacksforschung, die die vom Produktkern ausgelösten →*Reize* (→*Stimuli*) beim →*Konsumenten* untersucht. Damit wird die klassische →*Produktforschung* erweitert um die Messung von psychologischen →*Anmutungen*. Die Untersuchungsergebnisse sind bedeutsam für die Wahl der verwendeten →*Roh-* und →*Hilfsstoffe* in der →*Produktentwicklung*.

Sensorischer Informationsspeicher (SIS) →*Sensorischer Speicher*, →*Mehrspeichermodell*.

Sensorischer Speicher Speicherung von →*Stimuli* in den fünf →*Sinnesorganen* (visuelles System, auditives System, Geschmackssinn, Geruchssinn, haptisches System). Jedes der Sinnesorgane besitzt einen eigenen sensorischen Speicher (→*Drei-Speicher-Modell*). Für die →*Marketingkommunikation* hat der sensorische Speicher (auch als Ultrakurzzeitgedächtnis bezeichnet) insofern eine große Bedeutung, als →*Informationen*, die in der Phase des sensorischen Speichers als unwichtig erscheinen, verfallen und nicht weiter im →*Kurzzeit-* oder →*Langzeitspeicher* abgelegt werden.

Sequentielle Auswahl Schrittweise Vergrößerung des →*Stichprobenumfangs*, wenn sich dies aus Gründen der →*Repräsentanz* und des →*Sicherheitsgrades* als notwendig erweist.

Sequentielles Marketing Zeitliche Abfolge und auch Dosierung des Einsatzes der →*Marketinginstrumente* (*B. Tietz, 1978*). Das sequentielle Marketing orientiert sich an Nachfrageänderungen, der Konkurrenzdynamik und vor allem am wechselhaften →*Konsumentenverhalten* (siehe →*Hybrid-Konsumenten*), das ursächlich mit dem →*Wert(e)wandel* und der →*Wert(e)dynamik* verbunden ist. *B. Tietz* nennt als wichtigste Ausprägungen des sequentiellen Marketing den Zeitpunkt eines Strategiewechsels, die strategischen Variationen, Sequenzdauer, Stetigkeit, Intensität und Häufigkeit der Einsätze in Verbindung mit einer simultanen oder sukzessiven Vorgehensweise. Entscheidend ist überdies für das sequentielle Marketing der Einbezug eines, mehrerer oder aller Marketinginstrumente.

Server Rechner, der über ein elektronisches Netzwerk Daten oder Anwendungen für andere Rechner (Clients) bereitstellt.

Service Neuerer Begriff für →*Kundendienst*, der unterschieden wird nach warengebundenen Serviceleistungen (z.B. Abhol- und Auslieferdienst, Reparaturen etc.) und warenungebundenen Services (Kinderhort, Restaurant, Reinigung etc.). Eine weitere Klassifikation trennt in den sogen. technischen Kundendienst (Hardware, wie z.B. Installation, Reparatur, Ersatzteillieferung etc.) und den kaufmännischen Kundendienst (Software, wie z.B. Zustellung etc.). Der (Kunden-) Service entwickelt sich immer mehr zu einem unternehmensübergreifenden, konzeptionellen und damit strategischen →*Servicemarketing* (siehe auch →*Servicequalität*). Er ist zunehmend ein unerläßliches akzessorisches Element der Vermarktung von gehobenen Leistungsangeboten.

Service Branding Dienstleistungsmarken(→*Dienstleistungsmarketing*), die ähnlich den →*Markenartikeln* im tertiären Markt professionell vermarktet werden. Im Vergleich zum greifbaren (tangiblen) Markenartikel handelt es sich bei der Dienstleistungsmarke um ein abstraktes Leistungsangebot (z.B. Unternehmensberatung), bei dem aus Kundensicht die Qualitätsunsicherheit eine noch größere Herausforderung an den →*Anbieter* darstellt.

Service Fee-System Form der →*Agenturvergütung*, die sich an den von den →*Werbeagenturen* erbrachten (vor allem kreativen) Leistungen orientiert. Bei diesem aus den USA stammenden Vergütungssystem tritt die Agentur alle ihr mit dem Auftrag zufließenden Rabatte und Provisionen durch die →*Werbeträger* (→*Medien*) an den →*Werbungtreibenden* ab. Vergütet wird nur die eigentliche Agenturleistung. Der Service Fee beträgt in der Regel 17,65% vom Netto-Netto-Umsatz, d.h. vom Brutto-Umsatz minus Rabatte und Provisionen (siehe im Vergleich →*Provisionssystem*, das die Vergütung an die Mittlerfunktion der Agentur koppelt).

Servicegrad Grad der Erfüllung der Lieferservice-Anforderungen des →*Kunden*. Die Elementarfaktoren sind die →*Lieferzeit*, die →*Lieferbereitschaft* im Sinne der -fähigkeit und die →*Lieferzuverlässigkeit* (siehe dazu auch →*Lieferservice*). Der Servicegrad ist ein aus den Lieferservice-Elementen zusammengesetzter Wert. Als Kennzahl ist er das Verhältnis zwischen der Anzahl der in einer Periode realisierten Kundenaufträge und der in der gleichen Periode zu erfüllenden Aufträge. Hierin ist der Lieferbereitschaftsgrad eingeschlossen. Als Plan-Servicegrad dient er zur Berechnung des →*Sicherheitsbestands*.

Servicemarketing Marketing in einer Servicegesellschaft unter Berücksichtigung des Produktes "Service". Servicemarketing ist kein sektorales Marketing für die Serviceindustrie, sondern in Abgrenzung zum Gütermarketing eine dienstleistungsorientierte →*Marketingkonzeption* bzw. →*Marketingstrategie*. Das Servicemarketing-Konzept ist ein unternehmensübergreifender integrativer Ansatz.

Servicepolitik Alle Planungs- und Handlungsabläufe, die die aktuelle und künftige Gestaltung von Serviceleistungen und deren Zusammenfassung in einem Serviceprogramm umfassen (siehe auch →*Servicemarketing*).

Servicequalität Qualitätsniveau, das sich aus der Kundenbeurteilung (→*Kundenzufriedenheit*) ergibt. Es ist das Maß der →*Bedürfnisbefriedigung*. Die Bewertung erfolgt auf der Basis der Ansprüche und →*Erwartungen*, die sowohl kundentypologisch als auch kaufsituativ bedingt sind. Daraus folgt, daß eine allgemeingültige Bewertung der Servicequalität nicht vorgenommen werden kann.

Servitization Erweiterung des Sachleistungsangebots um komplementäre Serviceangebote. Die so gebildeten Leistungs-Verbundsysteme sollen die →*Kundenbindung* stärken (vor allem wichtig im →*Investitionsgütermarketing*).

Servqual-Modell Verfahren (Abk. für *Serv*ice *Qual*ity) zur →*Einstellungsmessung* der Dienstleistungsqualität durch eine kombinierte Erhebung von Qualitätswahrnehmung und Qualitätserwartung eines →*Angebots* (entwickelt von *A. Parasuraman, V.A. Zeithaml, L.L. Berry, 1985*). Die Erhebung erfolgt auf der Basis von 22 Statements, deren Beurteilung auf einer 7-stufigen Skala abgetragen wird. Die Meßergebnisse werden vor allem ausgewertet im Hinblick auf die Differenzen zwischen Qualitätswahrnehmung und -erwartung (siehe dazu auch →*Qualität*). Die Gesamtqualität des Untersuchungsobjekts ist um so größer, je mehr die Erfahrungen die →*Erwartungen* überschreiten (vgl. auch →*Idealpunktmodell*).

SGE Abk. für →*Strategische Geschäftseinheit*.

Sharebranding Behandlung der Aktie als Markenprodukt und eine dementsprechende →*Markenpolitik* (*Markenführung*) und →*Markenpositionierung* (siehe dazu auch →*Investor Relations*, →*Financial Relations* →*Aktienmarketing*).

Shared Services Service-Organisationseinheiten mit eigener Ergebnisverantwortung (Quasi-Profit Center), die ihre Dienste primär (aber nicht unbedingt ausschließlich) unternehmensinternen Organisationseinheiten (Sparten, *→Divisions*, *→Profit Centern*) anbieten. Der Vorteil der Shared Services liegt zum einen im Kostenabbau von Dienstleistungs-Zentraleinheiten (siehe hierzu auch *→Outsourcing*), zum anderen (und wesentlichen) aber in der Umwandlung von Kosten- in Ertragszentren. Beispiele für Shared Services sind u.a. Personal, Ausbildung, EDV, Marktforschung, Werbung, Grundlagenforschung etc. Ein Problem bei dem Konzept ist in praxi die Preisgestaltung. Hier sollte als Ziel gelten, die Leistungen der Shared Services nach üblichen *→Marktpreisen* zu vergüten.

Shareholder Value Marktwert des Eigenkapitals aus der Sicht der Eigenkapitalgeber. Der Shareholder Value ist eng verbunden mit der Renditeerwartung. Zielpunkt ist die Maximierung des Aktionärsvermögens.

Share of Advertising Anteil des Werbeaufwands eines *→Anbieters* am Werbeaufwand der *→Branche*. Dieser Quotient wird verglichen mit dem *→Marktanteil* (Share of Market). Aus dem Vergleich kann ein neuer Quotient gebildet werden. Ist dieser größer 1, spricht man von Overspending, bei kleiner 1 von Underspending (siehe dazu *→Competitive-Parity-Methode*, *→Werbebudgetierung*).

Share of Mind Anteil der vom eigenen *→Streuplan* erzielten Kontakte pro Zielperson zu den Kontakten der Konkurrenzpläne pro Zielperson.

Share of Voice Anteil der erreichten Zielgruppenkontakte an den Gesamtkontakten der *→Branche* bzw. der von allen *→Anbietern* beworbenen Produktkategorie.

Sheth-Modell Ein von *J.N. Sheth* entwickeltes *→Kaufentscheidungsmodell*, das einen Zusammenhang zwischen *→Einstellung* und *→Verhalten* herstellt. Dem Modell liegt die Annahme zugrunde, daß Verhalten das Ergebnis affektiver Einstellungen gegenüber einem Kaufobjekt und der Verhaltensintention ist (vgl. auch *→ Howard-Sheth-Modell*).

Shop-in-the-Shop Abteilungen im *→Einzelhandel*, in denen *→Sortiments*bereiche akquisitorisch und insbesondere räumlich als Spezialabteilungen herausgehoben werden. Entscheidend ist, daß sich durch die *→ Ladengestaltung* die Sortimentsteile in Anordnung und Aufmachung vom Umfeld abgrenzen. Damit soll dem Trend zum *→Erlebnishandel* gefolgt werden. Der zweite Begriffsinhalt betrifft die Vermietung von Verkaufsflächen an externe Anbieter (Hersteller, Händler, Dienstleister). Zu den unterschiedlichen Formen siehe *→Rack Jobber* und *→Store in the Store*.

Shop ´O`Tainment Zusammengesetzter Begriff aus Advertising und Entertainment, *→Information* und Commercials, Shopping und Events, *→Tradition* und *→Trends*. Im wesentlichen geht es um die Stärkung der *→Kundenbindung* (*→Kundenloyalität*) durch die Präsentation von Erlebniswelten und nicht um die Ansammlung von Leistungsangeboten.

Shopping Center *→Einkaufs-Center*.

Shopping Goods Im *→Konsumentenmarkt* *→Güter* des gehobenen *→ Bedarfs*, die in der Regel in längeren Zeitabständen nachgefragt werden. Das *→Kaufverhalten*(*→Kaufentscheidung*) ist bei den üblicherweise *→ High Interest-Produkten* durch einen verstärkten Informationsbedarf aufgrund eines →*High Involvement* und eine intensive →*Informationsverarbeitung* gekennzeichnet. Die Shopping Goods sind daher deutlich abzugrenzen von den →*Convenience Goods* (→*Low Interest-Produkte*). Mit den →*Specialty Goods* (Güter des Spezialbedarfs) besteht eine Verwandtschaft wegen ihres höherwertigen und vielfach persönlichen Charakters.

Sicherheitsbedürfnisse →*Bedürfnisse*, die auf die Sicherheit des Arbeitsplatzes, die physische Sicherheit (Schutz) und die Sicherung der Gesundheit bezogen sind (siehe → *Maslow'sche Bedürfnispyramide*).

Sicherheitsbestand Mengenmäßiger Ausdruck der mittleren absoluten Prognosefehler bei der Bedarfsbestimmung. Die Bedarfsprognose hängt entscheidend ab von dem gewünschten bzw. geforderten Lieferbereitschaftsgrad (→*Servicegrad*). Der Sicherheitsbestand wird praxeologisch auch eiserne Reserve genannt.

Sicherheitsgrad Konfidenzgrad (→ *Konfidenzintervall*, →*Signifikanz*) als Wahrscheinlichkeitsmaß, mit dem angenommen werden kann, daß ein Ergebnis zutrifft bzw. mit einem Fehler behaftet ist. Eine Erhöhung des Sicherheitsgrades kann erreicht werden durch eine Vergrößerung des →*Stichprobenumfangs* oder durch eine Absenkung des Vertrauensbereichs.

Side Trading In Abgrenzung zum →*Trading Up* und →*Trading Down* wird das Leistungsniveau des Unternehmens (→*Einzelhandel*) beibehalten, hingegen das Angebotsprogramm (→*Sortiment*) verändert, um neue → *Zielgruppen* zu erschließen.

Signet →*Firmenzeichen*, auch →*Logo* genannt.

Signifikanz Bestimmtheitsmaß, das zum Ausdruck bringt, inwieweit die → *Abhängige Variable* durch die →*Unabhängige(n) Variable(n)* erklärt wird. Die allgemeine Definition bezieht sich auf die →*Repräsentanz* der erhobenen →*Daten* in bezug auf die Daten der →*Grundgesamtheit*. Die Signifikanz bzw. das Signifikanzniveau ist das Maß der Wahrscheinlichkeit der Richtigkeit von Aussagen (Daten) im Verhältnis zur Grundgesamtheit.

Signifikanztest(s) Test(s) zur Prüfung der →*Hypothese*, daß Unterschiede zwischen den erhobenen → *Daten* mehr oder weniger übereinstimmen mit den Unterschieden zwischen den Daten in der →*Grundgesamtheit*.

Silent Shopper →*Mystery Shopper*.

Simulation Nachahmung der Realität. Die diesbezüglichen Verfahren bzw. Modelle werden eingesetzt z.B. in der →*Marketingplanung*, wenn es etwa darum geht, durch →*Sensitivitätsanalysen* die Wirkungen eines bestimmten Marketing-Mitteleinsatzes (→*Marketing-Mix*) näher zu bestimmen. Darüber hinaus kommen die Simulationsverfahren bei der →*Risikoanalyse* zur Anwendung (siehe auch →*Computersimulation*).

Simultaneous Engineering Methode zur Verkürzung der →*Produktentwicklung* durch die Parallelisierung der notwendigen Entwicklungsarbeiten. In diesen simultanen Prozeß können auch die Lieferanten einbezogen werden, um die Produktentwicklung zu beschleunigen und zu optimieren.

SINFOS Informationssystem zur Adreß- und Artikelstammdatenkommunikation zwischen Industrie und Handel (→*Datenträgeraustausch*, → *Datenverbundsysteme*).

Single Source Ganzheitlicher Untersuchungsansatz, der z.B. den Zusammenhang zwischen Werbeimpuls und Kaufakt deutlicher machen will. Ziel ist die bessere Kontrolle der →*Werbewirkung*. Single Source bedeutet allgemein "Alles aus einer Quelle" bzw. unterschiedliche →*Informationen* von den gleichen Befragten. Es werden also nicht die Daten unterschiedlicher Erhebungen fusioniert. Methodisch werden alle Verkaufs-, Media- und Marketingfaktoren aus einer einheitlichen Quelle (z.B. →*Haushalte*) gemessen, integriert und interpretiert, die das →*Konsumentenverhalten* beeinflussen.

Single Sourcing In Abgrenzung zu →*Single Source* Bedarfsdeckung für ein bestimmtes Beschaffungsobjekt bei nur einem Lieferanten (siehe im Vergleich dazu →*Global Sourcing*). Die wesentlichen Gründe für das Single Sourcing sind der Wunsch nach einem bedarfssynchronen Materialfluß (siehe dazu →*Just-in-Time*) und die Durchsetzung von Qualitätssicherungsmaßnahmen. Überdies können mengenabhängige Stückkostenvorteile (siehe →*Economies of Scale*, auch Skaleneffekte genannt) genutzt werden. Als nachteilig kann sich die Abhängigkeit von einer einzigen Bezugsquelle erweisen (siehe im Vergleich dazu →*Modular Sourcing*).

Sinnesorgane Organe (Rezeptoren) zur →*Wahrnehmung* der unterschiedlichen Sinnesreize. Reizaufnahme und -interpretation können visuell erfolgen (Auge), auditorisch (Ohr), taktil (Tastsinn/Haut), olfaktorisch (Geruchssinn/Nase) und gustatorisch (Geschmackssinn/Zunge). Die Sinnesorgane stehen in ständiger →*Interaktion* miteinander. Die Intensität der Reizaufnahme, der -verarbeitung und -speicherung wird nachhaltig gesteigert durch das Zusammenwirken mehrerer Sinne, z.B. Sehen und Hören von Musik; Sehen, Schmecken und Riechen von Speisen. Ein ganzheitlich sinnliches →*Erlebnis* schafft die Basis für eine höchstmögliche →*Aktivierung* des →*Konsumenten* und eine erfolgreiche →*Kommunikation* (→*Marketingkommunikation*).

Sinus-Milieus →*Soziale Milieus*.

S-I-R-Modelle →*S-O-R-Modelle*.

Sitcom Kurzfilmserie (**Sit**uation **Co**medy), die komödienhaft, zeitgeist- und milieugerecht Konfliktsituationen des täglichen Lebens in Ehe, Familie, Beruf etc. aufarbeitet und zugleich die →*Bedürfnisse* nach Harmonie und Geborgenheit befriedigt, die durch die stete Wiederkehr bekannter Darsteller in vertrauter Umgebung (z. B. Wohnzimmer, Krankenhaus) vermittelt werden.

Sittenwidrige Werbung→*Werbung*, die gegen die guten Sitten verstößt. Ein Verstoß liegt vor, wenn das Anstandsgefühl aller billig und gerecht Denkenden und der übrigen beteiligten Verkehrskreise (→*Verkehrsauffassung*) verletzt wird. Eine diesbezügliche generelle Würdigung aller relevanten Wettbewerbshandlungen ist aber nicht möglich. Jeder einzelne Fall muß in seiner gesamthaften Wirkung beurteilt werden. Überdies sind die Maßstäbe für die guten Sitten nicht statisch, sondern unterliegen einem permanenten Wandel der soziokulturell geprägten →*Werte* und der sich daraus ergebenden veränderten →*Normen*. Der →*Kundenfang* und die verschiedenen Formen der →*Irreführenden Werbung* sind generalisierende Beispiele für eine sittenwidrige Werbung.

Situative Marketingtheorie Ansatz der modernen →*Marketingtheorie*, der nicht von generell gültigen →*Ent-*

scheidungen und Handlungen ausgeht, sondern von einer situationsbezogenen Angemessenheit. Im Vordergrund steht die Entwicklung von Strategiealternativen und von →*Szenarien* (→*Szenario-Technik*) im Sinne von Optionen, die situationsgerecht genutzt werden können.

Skala Klassifikation zur Differenzierung von Eigenschaften einer Menge von Untersuchungseinheiten. In der → *Marktforschung* wird nach dem Meßniveau unterschieden in →*Nominalskalen* und →*Ordinalskalen* (Rangskalen). Bei den metrischen Skalen wird unterschieden nach →*Intervallskalen* und →*Ratioskalen* (Verhältnisskalen).

Skaleneffekt(e) →*Economies of Scale*, →*Economies of Scope*.

Skalenmaß(e) Bildung von Merkmalsklassen auf einem Meßkontinuum. Es handelt sich um die Darstellung von nicht-metrisch skalierten Daten (→*Nominalskala*,→*Ordinalskala*).

Skalenniveau Unterscheidung von Skalenkategorien nach nicht-metrischen →*Skalen* (→*Nominalskala*, → *Ordinalskala*) und metrischen Skalen (→*Intervallskala*, →*Ratioskala*).

Skalierung Messung von qualitativen Sachverhalten (z.B. →*Einstellungen*, Meinungen, →*Images*, →*Kundenzufriedenheit* etc.) nach vorgegebenen Kategorien auf einer →*Skala*. Die wichtigsten →*Skalierungsverfahren* sind die Methode des →*Paarvergleichs*, die →*Thurstone-Skala*, →*Likert-Skala*, →*Guttman-Skala*, die Methode des →*Semantischen Differentials* (→*Polaritätenprofil*), →*Multidimensionale Skalierung*, das →*Fishbein-Modell* und das →*Trommsdorff-Modell*.

Skalierungsverfahren Verfahren zur Klassifikation von Bewertungen durch →*Probanden*. Im wesentlichen handelt es sich dabei um Meßverfahren, deren wichtigste Formen sind: → *Ratingskalen* (Kategorialskalen, die den Grad der Zustimmung von Befragten angeben und ein- oder zweipolig sein können), *Bilderskalen* (Form der Ratingskalen, bei denen die Meßkategorien nicht verbal, sondern durch Bilder dargestellt werden), *Konstant-Summen-Skalen* (Verteilung einer Punktesumme auf eine fest definierte Objekteanzahl, →*Scoringmodelle*), → *Paarvergleich* (Skalierung nach Rangordnung von bewerteten Paaren). Weitere differenzierte Formen sind die →*Thurstone-Skala*, →*Likert-Skala*, → *Guttman-Skala* und die →*Magnitudeskalierung* (siehe auch →*Skalierung*).

Skimming-Strategie →*Abschöpfungsstrategie*. Ein hoher Einführungspreis wird im Zeitablauf sukzessive abgesenkt. Ziel ist die Abschöpfung der sogen. →*Konsumentenrente* (in Vergleich→*Penetration-Strategie*).

Skinner-Box Erweiterung der klassischen →*Konditionierung* (→*Pawlow'scher Hund*) zur →*Instrumentellen* bzw. →*Operanten Konditionierung* durch *B.F. Skinner (1938)*. Die Theorie beruht auf dem →*Verstärkerprinzip* und dem →*Effektgesetz* (von *E.L. Thorndike, 1913*). In der Skinner-Box fällt Futter immer dann, wenn das Versuchstier einen bestimmten Hebel betätigt. Es lernt durch Erfolgs- und Mißerfolgserlebnisse und stellt sein künftiges →*Verhalten* darauf ein (siehe auch →*Lerntheorien*).

Skonto Barzahlungsrabatt (siehe auch →*Rabatte*). Es handelt sich um einen Preisnachlaß. Im Vergleich zum Rabatt bleibt aber der Grundpreis bestehen. Der Preisnachlaß ist im Prinzip eine Reduktion in Höhe der Finanzierungskosten einer nicht in Anspruch genommenen Kreditgewährung durch den Lieferanten (→*Lieferantenkredit*).

Sleeper-Effekt Effekt, der die Wirkung von unglaubwürdiger →*Werbung* beschreibt. →*Glaubwürdigkeit* erhöht die →*Werbewirkung*, Unglaubwürdigkeit senkt sie ab, wobei diese negative Wirkung jedoch einem zeitlichen Verschleißprozeß unterliegt. Der →*Kommunikant* erkennt bei kontinuierlicher kommunikativer Penetration nicht mehr, was glaubwürdig bzw. unglaubwürdig ist. Daraus folgt, daß die Wirkung der unglaubwürdigen Werbung relativ (positiv) steigt.

Slice-of-Life-Werbung Vornehmlich in der Fernsehwerbung gewählte Szenendarstellung aus dem Alltagsleben. Es wird versucht, das beworbene Leistungsangebot möglichst natürlich in der Realität darzustellen. Typische Familien bzw. Verbraucher bilden üblicherweise die Szene.

Slogan →*Werbeslogan*.

Smart Shopper Ein qualitätsbewußter, informierter →*Käufer*, der maximale →*Qualität* zu niedrigstem →*Preis* nachfragt. Zur Vermeidung →*Kognitiver Dissonanzen* strebt er günstigste Einkaufsbedingungen an. Die Smartheit resultiert aus zunehmendem Wissen (→*Informationen*) mit dem Ziel einer Bescheidenheit auf höchstem Niveau. Das aktive →*Informationsverhalten* ist eine wesentliche Komponente des Smart Shopping neben der in der Regel intensiveren Vorbereitung auf die Kaufhandlung. Die Konsequenz für den →*Handel* (vor allem →*Einzelhandel*) ist das →*Trading Down* bzw. eine „Aldisierung". Hierbei darf jedoch preisstrategisch nicht übersehen werden, daß Smart Shopping vor allem der Befriedigung emotionaler →*Bedürfnisse* dient und nur sekundär auf einkommensbedingt notwendige finanzielle Ersparnisse abzielt.

SMS Abk. für Short Message Service für mobile Telefone. SMS entwickelt sich zunehmend zu einem →*Kommunikationsinstrument* für die werbliche Ansprache vor allem junger →*Zielgruppen*. So können etwa kurze →*Werbebotschaften* in Text und Bild übermittelt, Gewinn- und Reaktionsspiele kommunikativ eingesetzt und insbesondere eine maßgeschneiderte →*Werbung* nach Themenfeldern und Zielgruppen entwickelt werden (siehe auch →*Mobile Commerce*).

Snob-Effekt Im Gegensatz zum →*Bandwagon-Effekt* ist die individuelle →*Nachfrage* negativ mit der Gesamtnachfrage korreliert. Der Snob fragt von einem →*Gut* bei gegebenem →*Preis* mehr nach, weil andere weniger nachfragen und umgekehrt. Dieser Effekt hat erhebliche Konsequenzen bei Preissenkungen für →*Prestigeprodukte* (→*Prestigekonsum*), wenn die Grundannahme der →*Preiselastizität* gilt (siehe dazu insbesondere →*Inverse Preiselastizität*).

Social Marketing Planung, Organisation, Durchführung und Kontrolle von →*Marketingstrategien* und -aktivitäten kommerzieller und nichtkommerzieller →*Unternehmen* oder Organisationen, die direkt oder indirekt auf die Lösung gesellschaftlicher (→*Sozioaufgaben*) Probleme gerichtet sind. Der engere Ansatz geht von nichtkommerziellen Organisationen als Träger des Social Marketing aus und bezieht sich nur auf soziale Aktivitäten, die lediglich einen Teil des Soziobegriffs abdecken. Der weitergehende Sozioansatz umfaßt auch das Marketing z.B. zur Lösung von Problemen im →*Umweltschutz* und im →*Recyc-*

ling, wobei die relevanten →*Problemlösungen* durchaus auch im Sinne des →*Erwerbswirtschaftlichen Prinzips* kommerzialisiert werden können.

Social Sponsoring →*Soziosponsoring*.

Soft Selling Form des →*Persönlichen Verkaufs*, die im Gegensatz zum →*Hard Selling* die für den →*Kunden* optimale →*Problemlösung* in den Mittelpunkt der verkäuferischen Aktivitäten stellt. Die auf →*Kundenzufriedenheit* fokussierte →*Verkaufstechnik* empfiehlt sich insbesondere dann, wenn auf langfristige Kundenbeziehungen bzw. →*Kundenbindungen* (→ *Kundentreue*) Wert gelegt wird.

Software Bezeichnung für alle Programme, die notwendig sind, um Computer (→*Hardware*) betriebsfähig zu machen. Grundsätzlich wird zwischen Anwender- und System-Software unterschieden. Im Marketing umfaßt die Software alle Dienstleistungskomponenten, die das reine Sachleistungsangebot (Hardware) ergänzen (z.B.durch →*Pre-Sales-* und →*After-Sales-Services*).

Solitärmarke(n) →*Einzelmarke(n)* im Gegensatz zu →*Dachmarken* (→ *Umbrella-Marken*).

Soll-Image Gewünschtes →*Erscheinungsbild* eines Meinungsgegenstandes (z.B. →*Unternehmen*, →*Produkt* etc.). Zwischen dem Soll-Image und dem →*Idealimage* bestehen direkte Beziehungen. Diskrepanzen zwischen Soll-Image und →*Ist-Image* lassen darauf schließen, daß negative Einflußfaktoren wirksam sind. In diesen Fällen empfiehlt sich die Überprüfung des →*Eigen-* im Vergleich zum → *Konkurrenzimage*.

Soll-Ist-Vergleich Feststellung der →*Abweichungen* zwischen Ist- und Planwerten (siehe hierzu auch →*Abweichungsanalyse*).

Sonderaktion(en) Meist als Synonym für →*Sonderangebote* benutzt. Die Sonderaktionen sind abzugrenzen von den →*Sonderveranstaltungen*, die wegen ihrer Anlockwirkung mit Ausnahme von →*Schlußverkäufen*, →*Jubiläumsverkäufen* und →*Räumungsverkäufen* wettbewerbsrechtlich (→*UWG*) untersagt sind.

Sonderangebote Form der zeitlich begrenzten →*Preisvariation*, die vor allem im →*Stationären Einzelhandel* sehr beliebt ist. Durch die aktionsorientierte →*Sonderangebotspolitik* (→ *Sonderaktionen*) soll in erster Linie die Preiswürdigkeit des →*Anbieters* (→*Preis-Leistungs-Verhältnis*) deutlich gemacht werden. Bei häufigen Sonderangeboten kann die Gefahr eines Preisverfalls und/oder einer Imageschädigung von →*Prestigeprodukten* (→*Prestigekonsum*) auftreten.

Sonderangebotspolitik Aktionsbezogene Angebote von →*Waren* durch den →*Handel* (Aktionsangebote) mit zeitlich begrenzter Preisreduzierung (durch z.B. →*Aktionsplazierung*). Ziel ist der schnelle Herausverkauf von bestimmten Produkten und vor allem die Darstellung der Preis-/Leistungsfähigkeit des Handels (siehe dazu auch →*Lockvogelangebote*). Die Sonderangebotspolitik ist zu unterscheiden von dem →*Discount-Konzept*, das eine dauerhafte Niedrigpreispolitik für das gesamte →*Sortiment* zum Ziel hat.

Sondergebiet(e) Im Bau- und Planungsrecht besonders ausgewiesene Gebiete für die Ansiedlung von Gewerbebetrieben. Davon sind insbesondere die Großbetriebsformen des → *Einzelhandels* betroffen (→*Baunut-*

zungsverordnung). Nach BauNVO gilt als Vermutungsgrenze für einen Großbetrieb eine →*Verkaufsfläche* von 1.200 qm. Filialisierte →*Discounter* und →*Fachmärkte* versuchen z.T. erfolgreich, die staatliche Regulierung durch besondere →*Betriebstypeninnovationen* zu unterlaufen.

Sonderkosten →*Kosten*, die nicht regelmäßig anfallen und daher den einzelnen →*Kostenträgern* gesondert zugerechnet werden müssen. Bei einer möglichen Einzelzurechnung handelt es sich um Sondereinzelkosten. Sind mehrere Kostenträger betroffen, werden die anfallenden Sonderkosten als Sondergemeinkosten behandelt. Unterschieden werden die Sonderkosten der Fertigung und des Vertriebs (siehe auch →*Vollkostenrechnung*, →*Zuschlagskalkulation*).

Sonderplazierung →*Zweitplazierung*.

Sonderveranstaltungen Verkaufsveranstaltungen im →*Einzelhandel*, die wegen ihrer hohen Anlockwirkung wettbewerbsrechtlich (→*UWG*) untersagt sind. Ausnahmeregelungen bestehen lediglich für →*Schlußverkäufe*, →*Resteverkäufe*, →*Jubiläumsverkäufe* und →*Räumungsverkäufe*.

S-O-R-Modell Modellform des →*Neobehaviorismus* zur Erklärung des →*Konsumentenverhaltens*. Im Vergleich zum →*S-R-Modell* (→*Behaviorismus*) wirken **S**timuli auf den **O**rganismus ein und führen zu beobachtbaren **R**eaktionen (Response). Der Unterschied zum S-R-Modell besteht darin, daß der sogen. →*Organismus* durch die →*Intervenierenden Variablen* als theoretische Konstrukte beschrieben und erklärt wird. Die intervenierenden Variablen setzen sich aus →*Aktivierenden Prozessen* (→*Emotion*, →*Motivation*, →*Einstellung*, →*Erwartung*) und den →*Kognitiven Prozessen* (→*Wahrnehmung*, Erkennen, Denken, →*Lernen*, →*Erinnerung*) zusammen. Der Einbezug der intervenierenden Variablen in die Modellbetrachtung hat dazu geführt, daß das S-O-R-Modell auch als S-I-R-Modell bezeichnet wird.

Sorte Kleinste und nicht mehr weiter teilbare Einheit im Ordnungssystem eines →*Sortiments* bzw. →*Produktprogramms*. Hierbei gilt die Gliederung in Warenart (→*Warengruppe*), Warenbereich (Ausschnitt aus einer Warengruppe), Artikelgruppe (Teilgruppe der Warengruppe), →*Artikel* (Einzelartikel der Artikelgruppe) und Sorte (Einzelartikel in der Artikelgruppe nach unterschiedlichen Größen, Formen, Farben, Qualitäten etc.). In der Praxis wird hingegen keine Differenzierung in Artikel und Sorte vorgenommen. Der Artikel ist das einzelne →*Produkt* in seiner durch den →*EAN-Code*(→*Artikelnumerierung*) detaillierten Spezifikation, die alle wichtigen Sortendifferenzierungen und die diesbezüglichen →*Produktinformationen* umfaßt.

Sortiment Angebotsprogramm eines Handelsbetriebs analog dem →*Produktprogramm* eines Herstellers. Die →*Sorten* sind die kleinste Einheit des Sortiments. Die verschiedenen Sorten bilden die →*Artikel*, die zu Artikelgruppen zusammengeführt werden. Die unterschiedlichen Artikelgruppen wiederum bilden den Warenbereich. Die Anzahl der Warenbereiche und ihre Bündelung zu →*Warengruppen* bestimmen das dem →*Nachfrager* offerierte Sortiment. Hierbei ist zu unterscheiden nach →*Vollsortimenten* und →*Teilsortimenten*. Die Bildung eines kundenorientierten Sortiments ist die Aufgabe der →*Sortimentspolitik*. Das Sortiment ist stark abhängig von der →*Betriebsform* und dem →*Be-*

triebstyp des Einzelhandelsbetriebs, aber auch vom →*Standort* und der Kunden- und Konkurrenzstruktur.

Sortimentsanalyse Bestandsaufnahme und -bewertung des →*Sortiments* als Instrument der →*Sortimentspolitik* und Entscheidungshilfe für die permanent notwendige →*Sortimentsoptimierung* (→*Sortimentsbereinigung*) auf der Basis einer systematischen →*Sortimentskontrolle*. Die wesentlichen Bestandteile einer zielorientierten Sortimentsanalyse sind die artikelspezifische →*Umsatzanalyse* (in Verbindung mit entsprechenden →*Absatzanalysen*) und die Kontrolle der Entwicklung der →*Handelsspannen*, →*Deckungsbeiträge* und →*Direkten Produktrentabilitäten (DPR)*.

Sortimentsbereinigung Reduktion des →*Sortiments* um →*Sorten*, →*Artikel*, →*Warengruppen* oder auch um ganze →*Teilsortimente*, die sich nicht mehr im Sortimentsgleichgewicht befinden, d.h. bei denen →*Nachfrage* und Sortiment nicht mehr übereinstimmen. Bei der Sortimentsbereinigung muß jedoch beachtet werden, daß dadurch das →*Sortimentsniveau* und auch die →*Sortimentsdimension* tangiert werden können. Sie wiederum bestimmen entscheidend die gültige →*Sortimentspolitik*.

Sortimentsbreite Das Gesamtsortiment des Handelsbetriebs besteht bei einem breiten →*Sortiment* aus mehreren und sehr unterschiedlichen →*Warengruppen* bzw. Warenbereichen (z.B. Nahrungs-/Genußmittel, Bekleidung, Einrichtung, Haushaltsausstattung). Als typische →*Betriebsformen* eines sehr breiten Sortiments gelten →*Warenhäuser* und →*SB-Warenhäuser* (siehe in Abgrenzung dazu →*Sortimentstiefe*).

Sortimentsdimension(en) Bestimmung der →*Sortimentsbreite* und →*Sortimentstiefe* des Handelsangebots. Die verschiedenen Dimensionen sind: (1.) schmal und flach; wenige →*Warengruppen* und keine Tiefe; z.B. →*Discounter*, (2.) schmal und tief; wenige Warengruppen, aber tief gegliedert; z.B. →*Fachgeschäft*, (3.) breit und flach; viele Warengruppen und keine Tiefe; z.B. →*SB-Warenhäuser*, (4.) breit und tief; viele Warengruppen und hohe Sortimentstiefe; z.B. teilweise →*Warenhäuser*, →*Einkaufs-Center*.

Sortimentsgenre →*Sortimentsniveau*.

Sortimentsgestaltung →*Sortimentspolitik*.

Sortimentsgroßhandel →*Betriebsform* (→*Betriebstyp*) des →*Großhandels*, die ihr →*Sortiment* breit und flach nach dem Bedarf des →*Einzelhandels* ausrichtet. Bei einer Konzentration auf wenige Sortimentsbereiche nähert sich die Betriebsform dem →*Fachgroßhandel* (siehe in Abgrenzung auch →*Spezialgroßhandel*).

Sortimentskontrolle Permanente Überwachung des Sortimentsgleichgewichts, d.h. der Übereinstimmung von →*Nachfrage* und bestehendem →*Sortiment*. Diese Kontrolle ist unerläßlich für die →*Sortimentsoptimierung* und die sich evtl. als notwendig erweisende →*Sortimentsbereinigung* im Hinblick auf die Einhaltung der →*Sortimentspolitik*. Die wichtigsten Kontrollinstrumente sind die differenzierte (nach →*Artikeln* und →*Warengruppen*) Umsatz-, Handelsspannen-, Ergebnis- und Kostenkontrolle.

Sortimentsniveau Sortimentsgestaltung in qualitativer und preislicher Hinsicht. Unterschieden werden ein hohes und ein niedriges Niveau. Man spricht in diesem Zusammenhang auch vom sogen. Sortimentsgenre bzw. von der Genrepolitik des Handelsbetriebs. Das Sortimentsniveau ist im wesentlichen abhängig von der gewählten →*Betriebsform* und dem →*Betriebstyp*.

Sortimentsoptimierung Optimierung der →*Sortimentspolitik* auf der Basis der →*Sortimentskontrolle*. Ein wesentliches Instrument der Sortimentsoptimierung ist die permanente Überprüfung des →*Sortimentsniveaus* und evtl. auch der Kundenakzeptanz bzgl. der bestehenden →*Sortimentsdimension*.

Sortimentspolitik Strategische und operative Festlegung der →*Sortimente* im →*Handel*. Die Gestaltung der Sortimentspolitik setzt sich aus einer Vielzahl systembildender Faktoren zusammen. Dazu gehören vor allem die →*Sortimentsdimension* (→*Sortimentsbreite* und →*Sortimentstiefe*) und das →*Sortimentsniveau* (Preis- und Qualitätsniveau, auch als Sortimentsgenre bezeichnet), die nach →*Betriebsformen* bzw. →*Betriebstypen* sehr unterschiedlich gestaltet sind. Weiter spielen z.B. der Handelsstandort und die dort vorherrschende Nachfrager- und Konkurrenzstruktur, das →*Bedienungssystem* und die dominierende Markenorientierung(→*Markenartikel*, →*Handelsmarken*, →*Eigenmarken*) für die Sortimentspolitik eine ganz erhebliche Rolle.

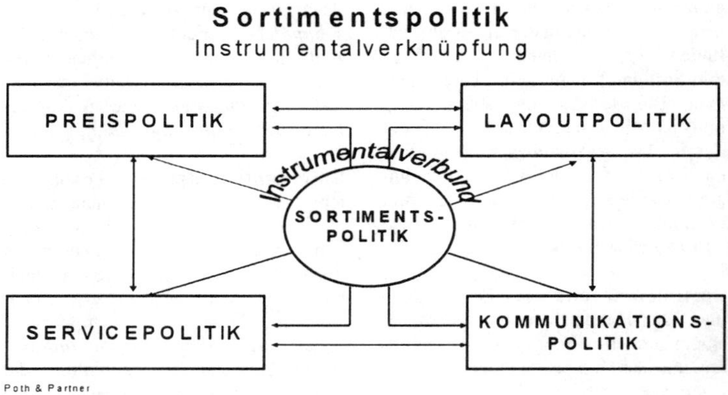

Sortimentstiefe Das Gesamtsortiment des Handelsbetriebs besteht bei einem tiefen Sortiment aus einer oder wenigen →*Warengruppe(n)*. →*Fachgeschäfte* haben in der Regel ein schmales, aber tief gegliedertes →*Sortiment*, →*Warenhäuser* hingegen ein breites und vielfach relativ flaches oder auch tiefes Sortiment (siehe in Abgrenzung →*Sortimentsbreite*).

Sortimentsverbund Verbundbeziehungen zwischen →*Artikeln*, →*Warengruppen* oder auch Teilen von →*Sortimenten* im →*Handel* (vor allem →*Einzelhandel*). Ein positiver (komplementärer) Verbund liegt vor, wenn sich die Einzelangebote gegenseitig positiv beeinflussen; ein negativer (substitutiver), wenn sich die Einzelangebote kannibalisieren (→*Kannibalisierungseffekt*). Ziel ist die Schaffung eines Nachfrageverbunds (Akquisitionsverbund) im Sinne einer möglichst hohen Bedarfsdeckung in einer Einkaufsstätte („Alles unter einem Dach“, →*One-Stop-Shopping*). Diese positive Beziehung wird auch als →*Verbundkauf* bezeichnet in Abgrenzung zum Kaufverbund (alle beim Einkaufsgang erworbenen Waren, ungeachtet der Einkaufsstätte).

Sortimentsversandhandel Klassische Form des →*Versandhandels*, die auch als Universalversandhandel bezeichnet wird. Der Versandhandelstyp weist im Vergleich zum →*Spezialversandhandel* bzw. Fachversandhandel eine ähnliche Sortimentsstruktur auf wie die →*Warenhäuser* (breit und relativ flach oder tief).

Source-Effekt Positiver Wahrnehmungseffekt einer glaubwürdigen Informationsquelle (siehe dazu im Vergleich →*Audience-Effekt*, →*Message-Effekt*).

Soziale Bedürfnisse Sozioorientierte →*Bedürfnisse*, die auf den sozialen Kontakt bezogen sind. Sie sind zentriert auf die →*Gesellschaft*, den Gruppenkontakt, das Zugehörigkeitsgefühl und auf die Liebe und Freundschaft (siehe →*Maslow'sche Bedürfnispyramide*).

Soziale Distanz Die Distanz wird bestimmt durch die Abweichung im sozialen →*Status*. Im Zusammenhang mit der →*Räumlichen Distanz* lassen sich alle Mitglieder eines sozialen Systems in ein soziales Feld einordnen und die Distanz zu anderen Feldern bestimmen.

Soziale Gruppe →*Gruppe(n)*.

Soziale Interaktionstheorie Erfolgshypothese nach *G.C. Homans (1968)*, die den sozialen Verkehr (→*Interaktion*) als einen Austausch gegenseitiger Belohnungen und Bestrafungen ansieht (→*Soziales Lernen*, →*Verstärkerprinzip*). Die Hypothese lautet: Je häufiger die Aktivität einer Person belohnt wird, mit umso größerer Wahrscheinlichkeit wird diese Person die Aktivität ausführen (vgl. dazu auch die Theorie der →*Operanten Konditionierung* von *B.F. Skinner*, →*Effektgesetz*).

Soziale Kategorie(n) Personenmehrheiten (→*Gruppen*) mit ähnlichen Merkmals- oder auch Verhaltensausprägungen. Die konkrete Definition einer sozialen Kategorie kann je nach Untersuchungszweck unterschiedlich vorgenommen werden, und zwar (grob unterteilt) nach →*Soziodemographischen Kriterien*, →*Psychographischen Kriterien* und nach →*Sozialen Milieus*, wobei zur Kategorienbildung auch Merkmalskombinationen gebildet werden können. In allen Fällen der Kategorienbildung von Marketingsubjekten handelt es sich um eine rein formale →*Typologisierung*, deren Aussagekraft bzgl. →*Konsumentenverhalten* bzw. →*Käuferverhalten* nach wie vor als zweifelhaft gilt (siehe dazu auch →*Käufertypologien* und →*Soziale Schichten*).

Soziale Lerntheorie Form des →*Sozialen Lernens*, die die →*Interaktion* des Menschen mit seiner Umwelt betont. Verhaltensbestimmend neben den Umweltreizen ist die Situation (vgl. →*Beobachtungslernen*, →*Verstärkerprinzip*), jedoch beeinflussen auch →*Kognitive Prozesse* das Handeln (siehe auch →*Lerntheorien*). Im Gegensatz zum →*Behaviorismus* ist das Individuum fähig zur Selbststeuerung und Selbstkontrolle. Dazu entwickelte *A. Bandura (1986)* das kognitive Konzept zur Selbstwirksamkeit (Self-Efficacy). Das Bewußtsein der individuellen Leistungsfähigkeit beeinflußt durch die Erwartungshaltung die

→*Wahrnehmung*, das →*Lernen* und →*Verhalten*.

Soziale Marktwirtschaft →*Marktwirtschaft*.

Soziale Milieus Klassifizierung von →*Sozialen Schichten* (→*Lebensstile*, →*Lebenswelten*) in die sich z.T. mehrfach überlappenden sozialen →*Gruppen*: Traditionelles Arbeitermilieu, Kleinbürgerliches M., Konservativ-gehobenes M., Aufstiegsorientiertes M., Modernes bürgerliches M., Liberal-intellektuelles M., Postmodernes M., Modernes Arbeitnehmer-M., Hedonistisches M. und Traditionsloses Arbeiter-M. Diese von *Sinus* Marktforschung (1996) entwickelte Klassifikation (wie auch die Vorgängermodelle) kann für die Bildung von →*Typologien* (→*Käufertypologien*) verwendet werden. Als problematisch erweist sich die operationale Umsetzung der soziologischen Erkenntnisse im Marketing (vor allem für die →*Marktsegmentierung*).

Soziale Norm(en) →*Norm(en)*.

Sozialer Austausch →*Interaktion*, →*Interaktionsprozeß*, →*Interaktionstheorie*.

Sozialer Einfluß Einflußnahme von Personen und/oder Institutionen (→*Sozialisatoren*) auf andere Personen und deren →*Einstellungen* und →*Verhalten*. Der soziale Einfluß beruht auf sozialer Macht. Hierbei sind die Machtmittel sehr vielfältig und vielschichtig (Belohnungs- und Bestrafungsmacht, Expertenmacht, Kommunikationsmacht, Identifikationsmacht sozialer →*Vorbilder*). Als ethisch-normativ problematisch ist zu bewerten, daß die Sozialisatoren auf das Verhalten anderer in der Weise Einfluß nehmen, daß es sich im Interesse der Machtausübenden ändert, wobei ohne diesen Einfluß die Änderung nicht erfolgt wäre (siehe dazu auch →*Beeinflussung*, →*Manipulation*).

Sozialer Kontext Interdependenz von Individuen. Sie hat bei zwischenmenschlichen →*Transaktionen* eine große Bedeutung, weil sie dem Einzelnen ermöglicht, das Verhalten anderer in spezifischen Situationen zu verstehen. Voraussetzung dazu ist jedoch bei jedem Mitglied der Besitz fundamentaler →*Informationen*.

Soziale Rolle Summe von Verhaltenserwartungen, die an einen sozialen →*Status* gebunden sind. Das der Rolle konforme →*Verhalten*(→*Konformität*) wird durch →*Sanktionen* sichergestellt (siehe dazu auch →*Normen*). Soziale Rollen entstehen soziobiologisch (Kinder-Eltern), psychologisch (durch →*Soziales Lernen*) und soziologisch (durch →*Sozialisation*). In →*Gruppen* (z.B. in der Familie als Primärgruppe) sind den einzelnen Mitgliedern soziale Rollen (auch im Sinne der Arbeitsteilung) zugewiesen. Soweit Rolle und eigenes Rollenverständnis der Rollenträger übereinstimmen, entstehen in der sozialen Gruppe keine Probleme. →*Rollenkonflikte* treten hingegen auf, wenn der Träger verschiedener sozialer Rollen nicht miteinander zu vereinbarenden Verhaltenserwartungen entsprechen soll (z.B. vielfach ein Problem von →*Projekt-Managern*).

Sozialer Status →*Status*.

Soziale Schicht(en) Personen mit gleichem sozialen →*Status*. Die sozialen Schichten werden nach →*Soziodemographischen Kriterien* klassifiziert. Die Schichteneinteilung erfolgt nach Oberschicht (A), gehobene Mittelschicht (B), breite Mittelschicht (C) und Unterschicht (D). Bzgl. der Nutzung der Schichtenklassifizierung für die Bestimmung von →*Zielgruppen*

(→*Marktsegmentierung*) ist bei der Erhebung der sozialen Schichten zu unterscheiden in die subjektive Einschätzung der Personen ihrer Schichtenzugehörigkeit und ihrem tatsächlichen Status. Diese Differenzierung ist notwendig, weil das →*Konsumentenverhalten* vielfach entscheidend geprägt wird durch die →*Motivation*, sich durch einen entsprechenden →*Konsum* (z.B. →*Prestigekonsum*) auf eine höhere soziale Schicht hochzuarbeiten (siehe dazu auch →*Lebensstile*, →*Lebenswelt*).

Soziales Lernen Erlernen (→*Lernen*) von Verhaltensmustern (*A. Bandura, 1977*) durch →*Interaktion* mit der sozialen Umwelt (sowohl nach dem →*Kontiguitätsprinzip* als auch nach dem →*Verstärkerprinzip* möglich). Das soziale Lernen ist notwendig, um sich in die →*Gesellschaft* einfügen zu können (siehe dazu auch →*Lerntheorien*). Das soziale Lernen erfolgt vielfach auch durch Beobachten (→*Beobachtungslernen*,→*Imitationslernen*). Hierbei werden die Verhaltensweisen anderer (→*Leitbilder*) nachgeahmt, ohne daß eine eigene Erfahrung besteht. Das Verstärkerprinzip findet auf eine andere Weise Anwendung. Wesentlich für die Übernahme des Modell-Verhaltens ist weniger eine Belohnung oder Bestrafung des eigenen Verhaltens als vielmehr eine Verstärkung des Modell-Verhaltens.

Soziales System Gesamtheit aller →*Gruppen* und Personen, die einen →*Sozialen Einfluß* auf das →*Verhalten* anderer Personen ausüben (siehe auch →*Sozialisatoren*, →*Meinungsführer*).

Soziale Wahrnehmung →*Wahrnehmung*, die durch persönliche und soziale Faktoren beeinflußt wird. Persönliche →*Einstellungen*, Werthaltungen und der Konformitätsdruck der sozialen →*Gruppe* verändern die Art der Wahrnehmung und Verarbeitung von Reizkonstellationen (→*Emotionen*, →*Kognitive Prozesse*), da das Individuum bevorzugt →*Informationen* aufnimmt, die mit seinen →*Erwartungen* und seiner sozialen Umwelt übereinstimmen (→*Selektive Wahrnehmung*, →*Unbewußte Wahrnehmung*). Persönliche Vorstellungen, Meinungen und Urteile entstehen durch die →*Sozialisation* und sind abhängig von der sozialen Lage (→*Soziale Rolle*) des Individuums, seiner Schichtzugehörigkeit (→*Soziale Schicht*, →*Soziale Milieus*) und seiner Stellung im →*Kommunikationsprozeß* (→*Kommunikation*, →*Mehrstufige Kommunikation*, →*Meinungsführer*).

Sozialforschung →*Empirische Sozialforschung*.

Sozialisation Lernen von Verhaltensweisen (→*Soziales Lernen*), die zur Integration eines Individuums in die→*Gesellschaft* (→*Soziales System*) führen (siehe dazu auch →*Konsumentensozialisation*).

Sozialisatoren Personen bzw. Institutionen, die als Sozialisationsinstanzen bzw. Sozialisationsagenten in ihrer →*Kompetenz* von den lernenden Sozialisanden akzeptiert werden (→*Sozialisation*) und auf diese einen →*Sozialen Einfluß* ausüben. Wichtige Sozialisatoren sind lebensphasenspezifisch die Eltern, Familie, gleichaltrige Gruppen, soziale →*Gruppen* (Arbeitskollegen), aber auch die zielgruppenorientierte →*Marketingkommunikation* in ihren massenmedialen Ausprägungen. Zwischen den Sozialisatoren und →*Meinungsführern* besteht eine enge Verbindung.

Sozialkommunikation Austausch von →*Informationen* zwischen Mitgliedern einer →*Sozialen Schicht*, →

Gruppe oder in →*Sozialen Milieus*. Die Sozialkommunikation als Form der →*Persönlichen Kommunikation* gewährleistet im Gegensatz zur →*Massenkommunikation* aufgrund eines gemeinsamen Wertesystems und der Interaktionshäufigkeit ihrer Mitglieder Unmittelbarkeit, flexibles Reagieren durch permanente Rückkoppelung und eine hohe Intensität der Beeinflussung (→*Sozialer Einfluß*). Der Konformitätsdruck der Gruppe verändert die Art der →*Wahrnehmung* (→*Soziale Wahrnehmung*) und Verarbeitung von Reizkonstellationen (→*Reize*). Gemeinsame Ziele und →*Normen* dienen u.a. der Sicherung des eigenen sozialen →*Status* (vgl. hierzu →*Segregation*) und führen in Verbindung mit intensiven Binnenkontakten zu einer Verstärkung gruppenspezifischer →*Einstellungen* und Verhaltensweisen (→*Verhaltensforschung*). Die Sozialkommunikation hat damit aufgrund des gleichförmigen→*Verhaltens* bestimmter →*Zielgruppen* für die →*Marktsegmentierung* eine große Bedeutung.

Sozialkompetenz Fähigkeit zur →*Kommunikation* (Dialogfähigkeit), Integration (Konsensfähigkeit) und zur Kooperation (Teamfähigkeit). Basis der Sozialkompetenz ist die →*Empathie*, d.h. das Einfühlungsvermögen in andere Menschen, das eng mit der Selbstwahrnehmung verknüpft ist. Die Sozialkompetenz resultiert aus der →*Sozialisation* bzw. aus dem →*Sozialen Lernen* (siehe auch →*Fachkompetenz*, →*Methodenkompetenz*, →*Lernkompetenz*,→*Emotionale Kompetenz*). Insbesondere im →*Persönlichen Verkauf* haben die Sozial- und emotionale Kompetenz eine große Bedeutung (siehe auch →*Emotionale Intelligenz*).

Sozialprestige →*Prestige*, →*Sekundärbedürfnisse*, →*Maslow'sche Bedürfnispyramide*.

Sozialprodukt Wert aller von einer Volkswirtschaft innerhalb eines bestimmten Zeitraums (meist ein Jahr) erstellten →*Güter* und →*Dienstleistungen*. Höhe und Wachstum (→*Wirtschaftswachstum*) des Sozialprodukts sind Maßstäbe für die Bewertung der Leistungsfähigkeit einer Volkswirtschaft (vgl. auch →*Bruttosozialprodukt*, →*Bruttoinlandsprodukt*, →*Nettosozialprodukt*, →*Volkseinkommen*).

Sozialpsychologie Überwiegend empirisch ausgerichtete Verhaltenswissenschaft, die sich mit der Analyse des individuellen →*Verhaltens* im sozialen Zusammenhang befaßt (siehe auch →*Verhaltensforschung*). Die Sozialpsychologie untersucht u.a. die Entstehung bzw. Wirkungsweise psychischer Grundfunktionen (→*Aktivierende* und →*Kognitive Prozesse*) und ihre Beeinflussung durch soziale Faktoren, die →*Sozialisation* des Individuums (→*Lerntheorien*, →*Soziales Lernen*), →*Interaktionsprozesse* zwischen Individuen und →*Gruppen* sowie Gruppenstrukturen und -prozesse (→*Gruppendynamik*). Eine besondere Bedeutung kommt hierbei der Entwicklung der sprachlichen →*Kommunikation* zu, die nicht nur die →*Persönlichkeit* prägt, sondern auch die →*Interaktionen* des Individuums gestaltet (siehe in Abgrenzung →*Individualpsychologie*).

Sozialstatus →*Status*.

Sozialtechnik Anwendung von sozialwissenschaftlichen (verhaltenswissenschaftlichen) Erkenntnissen zur Gestaltung der sozialen Umwelt. Insbesondere dient die Sozialtechnik zur Beeinflussung von →*Kommunikanten* (siehe dazu auch →*Konditionierung*).

Sozialziel(e) →*Sozioaufgaben*.

Sozioaufgaben Aufgaben, die zur

Lösung gesellschaftlicher Probleme anfallen. Sie umfassen nicht nur soziale Aktivitäten (wie z.B. im Gesundheitswesen, karitative Tätigkeiten im weitesten Sinne), sondern beziehen sich auch auf die Bewältigung gesellschaftlicher Probleme (wie z.B. →*Umweltschutz*, Arbeitslosigkeit etc.).

Soziodemographische Kriterien Die wichtigsten Kriterien sind: Geschlecht, Alter, Familienstand, Haushaltsgröße, Einkommen, Besitzmerkmale, Beruf, Ausbildung, Wohnort. Sie werden auch als sozioökonomische Kriterien bezeichnet und bilden die Grundlage für die →*Soziodemographische Marktsegmentierung*.

Soziodemographische Marktsegmentierung Gliederung der →*Konsumenten* bzw. →*Verwender* nach →*Soziodemographischen Kriterien*.

Soziogramm Graphische Darstellung der Kommunikationsbeziehungen in einer sozialen →*Gruppe*. Im Soziogramm werden die einzelnen Gruppenmitglieder als Kreise dargestellt. Stärke und Zahl der Verbindungslinien zeigen die Intensität der interaktiven Beziehungen (→*Interaktion*, →*Interaktionsprozeß*) zwischen den Personen. Die Länge der Linien drückt die Distanz zwischen den Personen aus (siehe auch →*Soziomatrix*, →*Soziometrie*). Aus dem Soziogramm läßt sich erkennen, wer die →*Meinungsführer* in der Gruppe sind, welche Gruppenmitglieder weitere Untergruppen (Cliquen) bilden und wer sich isoliert.

Soziologie Grundlagenwissenschaft der Sozialwissenschaften, die versucht, Struktur-, Funktions- und Entwicklungszusammenhänge der →*Gesellschaft* zu erklären. Die Soziologie untersucht u.a. die Mechanismen des gesellschaftlichen Zusammenhalts, Ursachen und Formen sozialer Konflikte und Veränderungen, die Wechselwirkungen von Gesellschaft und Individuum, d.h. inwieweit Denken und Handeln von der Gesellschaft geprägt sind. Das Forschungsgebiet der Soziologie umfaßt die Analyse des individuellen sozialen Handelns (vgl. →*Psychologie*) gemeinschaftlicher Institutionen, wie z.B. Familie, soziale →*Gruppen* (vgl. →*Sozialpsychologie*) und gesellschaftlicher Organisationen (z.B. Verbände, Parteien, Betriebe, Staat) wie auch gesamtgesellschaftlicher Probleme des →*Wert(e)wandels* bzw. der →*Wert(e)dynamik* (→*Kultur*, →*Tradition*).

Sozio-Marketing →*Social Marketing*.

Soziomatrix Tabellarische Darstellung der Ergebnisse soziometrischer Tests (→*Soziometrie*). Es handelt sich um eine Beziehungsmatrix, die Sympathie- und Antipathiebeziehungen in einer sozialen →*Gruppe* deutlich macht. Auf der Grundlage der Soziomatrix kann ein →*Soziogramm* entwickelt werden, aus dem sich die unterschiedlich starken Informations-, Kommunikations- und Kooperationsbeziehungen zwischen den Gruppenmitgliedern ableiten lassen. Durch die Errechnung soziometrischer Koeffizienten können die spezifischen Eigenschaften der Gruppe wie auch der →*Status* der Gruppenmitglieder (→*Meinungsführer*) ermittelt werden, um daraus segmentspezifische Differenzierungen abzuleiten.

Soziometrie Verfahren zur Messung der interaktiven Beziehungen (→*Interaktion*, →*Interaktionsprozeß*) zwischen Individuen und →*Gruppen* sowie deren Strukturen. Die Ergebnisse werden in einem →*Soziogramm* und/ oder einer →*Soziomatrix* dargestellt. Die Soziometrie eignet sich besonders zur Identifizierung von →*Meinungsführern* und →*Sozialisatoren*, die einen erheblichen Einfluß z.B. auf die Entwicklung der →*Konsumgesellschaft* ausüben.

Sozio-Sponsoring Im wesentlichen die kommunikative und distributive Förderung der Gesundheit, des →*Umweltschutzes* (→*Umwelt-Sponsoring*), Denkmalschutzes und von Bildung und Wissenschaft (siehe auch →*Kultur-Sponsoring*). Sozio-Sponsoring hat zum Ziel, eine langfristige Unternehmens- und Markenprofilierung zu schaffen und zu erhalten (siehe im Zusammenhang auch →*Sponsoring*).

Space Management Flächen- und raumorientierte Optimierung der Verkaufsstätte im →*Einzelhandel*. Konkret geht es im einzelnen um die Optimierung der Warenträger (z.B. Abmessungen und Anordnungen der Regale) einerseits und um die Präsentation der →*Waren* (Bildung von bedarfsgerechten →*Warengruppen*) andererseits. Verkürzt und allgemein handelt es sich beim Space Management um die Regaloptimierung (→*Regalflächenoptimierung*) im Einzelhandel. Ziel ist die Erhöhung der →*Direkten Produktrentabilität* (besser: Direkter Produktgewinn) und die Reduktion der Bestandslücken (Out of Stock).

Space Utilisation Größenzuteilung von →*Verkaufsflächen* auf die einzelnen →*Warengruppen*. Diese quantitative Raumzuteilung wird ergänzt durch die topographische Anordnung der Warengruppen. Sie hat qualitativen Charakter und orientiert sich an den Verkaufszonenwertigkeiten (siehe auch →*Ladengestaltung*, →*Ladenlayout*).

Späte Mehrheit Die →*Adoptergruppe* ist im Hinblick auf Neuerungen skeptisch, zurückhaltend und passiv. Was ihre →*Soziodemographischen Kriterien* (Eigenschaften) betrifft, liegt sie im Vergleich zur Gruppe der →*Frühen Mehrheit* unter dem Durchschnitt. Ihr Anteil an der Gesamtbevölkerung beträgt nach dem Adoptionsmodell von *E.M. Rogers* 34% (siehe auch →*Adoptionsprozeß*).

Spartenorganisation

Weiterentwicklung des Produkt-Management

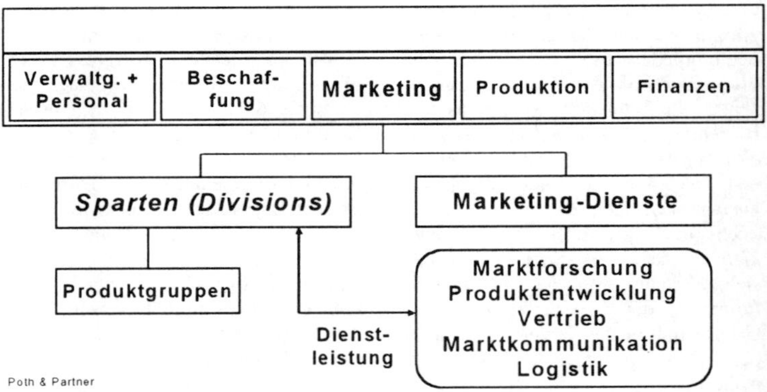

Späte Übernehmer →*Nachzügler.*

Spamming Unerbetene Zusendung allgemeiner E-Mail-Werbung an Internet-Nutzer bzw. von Fax-Sendungen (siehe dazu auch →*Robinsonliste*).

Spannweite →*Streuungsmaß*, das als Abstand zwischen dem größten und kleinsten Merkmalswert einer statistischen Gesamtheit definiert ist.

Spartenorganisation Nach →*Produktgruppen* (→*Objektegliederung*) ausgerichtete →*Marketingorganisation.* Die Organisationsform ist eine Weiterentwicklung des →*Produkt-Managements.* Grundidee ist die Dezentralisation der Marketingorganisation durch die Bildung sogen. Produkt-Divisions (→*Divisionalisierung*). Die Weiterentwicklung ist die Schaffung von →*Strategischen Geschäftseinheiten (SGE)*, die organisational eigenständige Geschäftsbereiche bilden können. Die Spartenorganisation weist vielfach den Weg zur →*Profit Center-Organisation.*

Special Interest-Zeitschriften → *Spezialzeitschrift(en.*

Specialty Goods Im →*Konsumentenmarkt* →*Güter* des Spezialbedarfs, die in der Regel nur in längeren Zeitabständen nachgefragt werden. Als besondere→*High Interest-Produkte* weisen die Specialty Goods mit den → *Shopping Goods* eine gewisse Ähnlichkeit auf. Das komplexe →*Kaufverhalten* (→*Kaufentscheidung*) ist durch einen verstärkten Informationsbedarf (→*High Involvement*) und eine intensive →*Informationsverarbeitung* gekennzeichnet im Gegensatz zu den kurzlebigen→*Convenience Goods* (→ *Low Interest-Produkte*).

Speed-Management →*Tempoführerschaft*, →*Turbo-Marketing*, →*Zeitwettbewerb.*

Spektralanalyse Verfahren der → *Zeitreihenanalyse* zur Zerlegung der →*Varianz* von →*Zeitreihen* in mehrere additive Komponenten, die verschiedenen sich überlappenden Saisonzyklen zugeordnet werden können. Dazu werden die Prozesse durch eine Vielzahl von Schwingungen nachgebildet.

Spendenmarketing →*Spendenwesen.*

Spendenwesen Vergabe von Geld- und/oder Sachmitteln an gemeinnützige Organisationen durch Personen oder Organisationen. Die Spenden können steuerlich geltend gemacht werden (siehe dazu auch →*Mäzenatentum*, →*Fundraising* und die verschiedenen Formen des→*Sponsoring*).

Spezialgeschäft →*Betriebsform* (→*Betriebstyp*) des →*Einzelhandels*, die sich im Vergleich zum →*Fachgeschäft* noch stärker durch eine warengruppen- bzw. branchenbezogene →*Sortimentstiefe* auszeichnet. Die Spezialisierung erfolgt durch die Konzentration des →*Sortiments* auf ein Sortimentssegment des Fachgeschäfts (z.B. in der Damenoberbekleidung auf die Umstandsmode). Die →*Sortimentsdimension* ist äußerst schmal und extrem tief (z.B. Größen, Dessins, Preislagen etc.).

Spezialgroßhandel →*Betriebsform* (→*Betriebstyp*) des →*Großhandels* entsprechend dem →*Spezialgeschäft* auf der Einzelhandelsebene. Das → *Sortiment* ist sehr schmal, aber tief (siehe in Abgrenzung →*Fachgroßhandel* und →*Sortimentsgroßhandel*).

Spezialsortiment →*Teilsortiment.*

Spezialversandhandel Form des →*Versandhandels*, die auch als Fachversandhandel bezeichnet wird. Der Versandhandelstyp weist im Vergleich zum →*Sortimentsversandhandel* bzw. Universalversandhandel eine ähnliche Sortimentsstruktur auf wie →*Fachhandel*, →*Fachgeschäft*, →*Spezialgeschäft* (flach, schmal und tief). Der Wachstumstrend geht in Richtung der Spezialversender.

Spezialzeitschrift(en) Regelmäßig erscheinende Druckerzeugnisse, die den Charakter von Massenzeitschriften haben, aber in Abgrenzung zu den →*Publikumszeitschriften* spezielle Themen behandeln, wie z.B. Wohnen, Hobby, Auto, Sport etc. (vgl. auch →*Zielgruppenzeitschriften*). Die Spezialzeitschriften stellen auf ein spezielles Interesse der Leserschaft ab (Special Interest).

Spieltheorie Theorie zur Analyse interdependenter Entscheidungssituationen (z.B. in der →*Marktform* des →*Oligopols*), die auf *J.v. Neumann/O. Morgenstern (1944)* zurückgeht. Unterschieden wird in Zwei- und Mehrpersonenspiele. Bei einem Wettbewerbsspiel führt der Gewinn eines Spielers zum Verlust mindestens eines oder mehrerer anderer Spieler (→siehe dazu insbes. →*Nullsummenspiel*). Bei konstanter Nutzensumme ergibt die Summe der Nutzenwerte der einzelnen Spieler Null. Die ökonomischen Wettbewerbsspiele sind in der Praxis meist darauf angelegt, sich gegenseitig an der jeweiligen Zielerreichung zu hindern (siehe dazu im Gegensatz Win-Win-Strategien in Form der→*Delphinstrategie*).

Spill-over-Effekt →*Ausstrahlungseffekt* von Marketingmaßnahmen, der positiv oder negativ sein kann (siehe →*Carry-over-Effekt*, →*Decay-Effekt*, →*Cross Selling-Effekt*, →*Imagetransfer*), aber in aller Regel unbeabsichtigt ist. In der →*Markt-* und →*Sozialforschung* ist der Spill-over-Effekt unerwünscht. Er verzerrt die Befragungsergebnisse dadurch, daß die Vorfragen die Beantwortung der nachfolgenden Fragen beeinflussen (siehe auch →*Halo-Effekt*). In bezug auf die Produktanmutung die Ausstrahlung von durch den →*Nachfrager* subjektiv empfundenen →*Produkteigenschaften* auf verwandte →*Produkte*. In der Regel wirkt der Spill-over-Effekt bei →*Komplementärprodukten* positiv, bei →*Substitutionsprodukten* negativ.

Spinnwebtheorem Darstellung der oszillatorischen Preis- und Mengenbewegungen (Cobweb-Theorem), die zurückzuführen sind auf verzögerte Angebotsanpassungen (auch als „Schweinezyklus“ bezeichnet). Die Modellannahme ist, daß sich die →*Anbieter* (Schweinezüchter) an den Preisen der Vorperiode orientieren und die →*Nachfrage* vom jeweiligen →*Preis* abhängt. Nach den Steigungsmaßen der →*Angebots-* und →*Nachfragefunktion* ergeben sich die drei Grundformen: 1. stabiles Gleichgewicht (Einpendeln auf den →*Marktpreis*), 2. labiles Gleichgewicht (explodierender Fall, bei dem sich die Preisbzw. Mengenentwicklung immer weiter vom Gleichgewichtszustand entfernt) und 3. labiles Gleichgewicht (rotierender Fall, bei dem aufgrund der gleichen Steigungsmaße von Angebots- und Nachfragekurve die Preis- und Mengenbewegungen in konstanter Entfernung um den Gleichgewichtspunkt(→*Gleichgewichtspreis*) kreisen.

Spin Off →*Unternehmen*, die aus einer bestehenden →*Organisation* ausgegliedert werden. Weiterhin umfaßt der Begriff Forschungsergebnisse (→*Invention*, →*Innovation*) meist zufälliger Art, die außerhalb der eigenen Geschäftstätigkeiten liegen oder nicht in eigener Regie produziert bzw. vermarktet werden können. Hier bieten sich →*Joint Ventures* oder die Lizenzvergabe (→*Lizenz*) an.

Spin Out Innovationsteams werden aus der bestehenden Organisationsstruktur (z.T. auch räumlich) herausgelöst und arbeiten unabhängig an Projekten, die nicht unbedingt mit dem bestehenden Leistungsangebot im direkten Zusammenhang stehen müssen.

Spirituelle Intelligenz Fähigkeit, Gesamtzusammenhänge zu erkennen, Regeln und →*Werte* infrage zu stellen bzw. zu ändern und neue Möglichkeiten der →*Kreativität* durch eine ganzheitliche Nutzung aller Hirnfunktionen zu erschließen (→*Brain Map*, →*Hirnforschung*). Die spirituelle Intelligenz agiert nach *D. Zohar* und *I. Marshall (2000)* als Mittler zwischen Verstand und →*Emotion* und bewirkt eine Integration der rationalen (seriellen) und emotionalen (assoziativen) Intelligenz (siehe auch →*Intelligenzen*, →*Emotionale Intelligenz*). Intuitives, visionäres →*Denken* ergänzt eine faktenorientierte, logische Vorgehensweise und erhöht die Problemlösungsfähigkeit durch eine Interaktion der verschiedenen Intelligenzen.

Split Ballot Gegabelte →*Befragung*, bei der verschiedene Versionen einer oder mehrerer Fragen einer oder mehreren unabhängigen und repräsentativen Teilstichproben (einer Gesamtstichprobe, →*Stichprobe*) präsentiert werden. Aufgrund der Stichprobengleichheit sind Unterschiede in den Ergebnissen ausschließlich auf die unterschiedlichen Frageformulierungen zurückzuführen. Neben anderen Einsatzmöglichkeiten eignet sich das Verfahren insbesondere zur Überprüfung von →*Fragebogen*.

Split Half-Methode Methode zur Prüfung der →*Reliabilität* (Zuverlässigkeit) von →*Tests* oder →*Skalen*. Das Meßinstrumentarium (z.B. die Skalenitems) werden in zwei Hälften aufgeteilt (z.B. nach geradzahligen bzw. ungeradzahligen →*Items*). Die Zuverlässigkeit ergibt sich aus der →*Korrelation* zwischen den Werten der beiden Test- bzw. Skalenhälften.

Split Run-Test →*Werbetest*, bei dem bei Konstanthaltung aller anderen Faktoren verschiedene →*Werbemittel* bei möglichst strukturgleichen Untergruppen einer →*Grundgesamtheit* (→*Zielgruppe*) auf Wirkungsunterschiede hin untersucht werden.

Split Screen Form der →*Gemeinschaftswerbung* (→*Fernsehwerbung*), bei der der →*Werbeblock* resp. Bildschirm durch mehrere →*Werbungtreibende* gesplittet genutzt wird. Es erfolgt unter Konkurrenzausschluß eine doppelte Bildschirmbelegung, wobei spektakuläre Werbeauftritte im Hintergrund (z.B. ein fahrendes Auto) eine verstärkte Aufmerksamkeitswirkung nicht nur des laufenden →*Fernsehspots*, sondern beider Werbekampagnen (→*Kampagnen*) bewirken sollen.

Sponsoring Planung, Organisation, Durchführung und Kontrolle sämtlicher Aktivitäten, die mit der Bereitstellung von Geld, Sachmitteln oder Dienstleistungen durch →*Unternehmen* für Personen oder Organisationen im sportlichen, kulturellen, sozialen und ökologischen Bereich zur Erreichung von →*Marketing-* und →*Kommunikationszielen* verbunden sind (*M. Bruhn, 1987*). Systembildend sind: Motive der Förderung, die Zusammenarbeit mit den Geförderten und die Medienwirkung. Das Sponsoring ist eine Weiterentwicklung des →*Mäzenatentums* (→*Spendenwesen*; siehe auch →*Fundraising*). Die wichtigsten Erscheinungsformen des Sponsoring sind das →*Sport-Sponsoring*, →*Kultur-Sponsoring*, →*Öko-Sponsoring* (Umwelt-Sponsoring), →*Sozio-Sponsoring* und das →*Programm-Sponsoring*. Weitere Formen sind das Forschungs-Sponsoring (Wissenschafts-Sponsoring) und das Parteien-Sponsoring, deren Erklärung durch die generelle Definition weitgehend abgedeckt ist. Sport-, Kultur- und Umwelt-Sponsoring (in Verbindung mit Sozio-Sponsoring) haben die wirtschaftlich größte Bedeutung.

Sponsorship →*Sponsoring*.

Spontankauf →*Impulskauf*.

Sport-Sponsoring Nach wie vor die wichtigste und auch älteste Form des →*Sponsoring*.Gesponsert werden Einzelsportler, Mannschaften und Sportveranstaltungen vor allem in den Sportarten Fußball, Tennis, Motorsport, Reiten, Ski und Golf.

Spot(s) Abk. für Spotlight. Es handelt sich um die →*Werbemittel* im Fernsehen (→*Fernsehspot*), Rundfunk und Kino.

Sprechblasen-Test →*Picture-Frustrations-Test (PFT)*, →*Ballontest*.

Sprinkler-Strategie Häufig angewandte Strategieform im →*Internationalen Marketing* (auch Akkumulationsstrategie genannt). Im Gegensatz zur →*Wasserfall-Strategie* werden die wichtigsten Auslandsmärkte simultan erschlossen und bearbeitet. Diese Vorgehensweise erfordert einen hohen finanziellen Aufwand und empfiehlt sich nur bei Schlüsselmärkten (z.B. Europa, USA, Japan).

Sprinter-Modell →*Marketingmodell* zur Unterstützung der →*Neuproduktplanung* für neue →*Konsumgüter*, die eine hohe →*Kauffrequenz* aufweisen. Die wesentlichen Ziele des →*Prognosemodells* sind eine frühzeitige →*Prognose* des →*Marktanteils* vor der →*Produkteinführung*, die Wirkungsanalyse des →*Marketing-Mix* auf das →*Kaufverhalten*, Unterstützung bei den Einführungsentscheidungen, Entscheidungshilfen bei der Entwicklung der Markteinführungsstrategie, frühzeitige Problemerkennung in der →*Einführungsphase* und Unterstützung bei der Auswahl von Alternativstrategien (siehe auch →*Demon-Modell* und im weiteren →*Scoring-Modelle*, →*Screening* als die wichtigsten Verfahren zur →*Produktbewertung*) .

Sprungwerbung Typische Form der →*Pull-Strategie*, bei der in der →*Produktwerbung* (vor allem →*Markenartikelwerbung*) der Hersteller die →*Absatzmittler* bewußt übersprungen werden und sich die →*Marketingkommunikation* unmittelbar an die →*Verbraucher* (→*Konsumenten*, →*Verwender*) richtet. Die Sprungwerbung verfolgt das Ziel, durch Erzeugung eines Nachfragesogs einen Druck (→*Pull-Strategie*) auf den →*Handel* (vor allem auf den →*Einzelhandel*) auszuüben, das umworbene Leistungsangebot zu listen bzw. nachzubestellen.

SPSS Abk. für **S**uperior **P**erforming **S**oftware **S**ystems, vormals **S**tatistical **P**ackage for **S**ocial **S**ciences. Es handelt sich um ein Software-Programmpaket zur →*Datenanalyse* in der →*Markt-* und →*Sozialforschung*, das vor allem in der Wissenschaft eingesetzt wird.

S-R-Modell Modellform des klassischen →*Behaviorismus* zur Erklärung des →*Konsumentenverhaltens*. **S**timuli wirken auf den Organismus (Black-Box) ein und führen zu beobachtbaren **R**eaktionen (Response). Die Verhaltenstheorie wird im →*Neobeha-*

viorismus weiterentwickelt zu →*S-O-R-Modellen*.

Staatliche Qualitätszeichen →*Gütezeichen*, die staatlich geregelt sind. Hierbei wird unterschieden in verpflichtende Qualitätszeichen (z.B. →*Handelsklassen* bei Lebensmitteln) und freiwillige Qualitätszeichen (z.B. →*Blauer Engel*, →*Grüner Punkt*, →*Umweltzeichen*).

Stab-Linien-Organisation Vertikale Organisationsform (siehe →*Linienorganisation*), die durch Stabsabteilungen (→*Stabsstellen*) ergänzt wird. Die Stäbe haben keine operative Funktion. Ihre Aufgaben sind in der Regel: Informationserhebung und -aufbereitung, Planung, Entscheidungsvorbereitung, Kontrolle und fachliche Beratung.

Stabsstelle(n) Nicht weisungsbefugte Organisationseinheit, die einer Linieninstanz zugeordnet ist und diese unterstützt. Ihre Aufgaben sind in der Regel: Informationserhebung und Informationsauswertung, Planung, Entscheidungsvorbereitung, Kontrolle und fachliche Beratung. Stabsstellen können auf allen Hierarchieebenen installiert werden und bilden vielfach eine eigene Stabshierarchie mit Weisungsrechten zu den nachgeordneten Stabsstellen. In diesen Fällen kann das Problem auftreten, daß die Stabsstellen eine eigene Organisation in der Organisation bilden, ihre eigentlichen Servicefunktionen für die Linienabteilungen nicht mehr wahrnehmen und die operativen Linienverantwortlichen (→*Linienorganisation*) in ihrer Arbeit nicht unterstützen, sondern aufgrund ihrer abgeleiteten Leitungsaufgabe behindern.

Stadtmagazin Lokaler →*Werbeträger* (→*Kommunikationsmedium*), der den →*Zeitschriften* zuzurechnen ist. Die →*Zielgruppe* sind junge, kritische und zeitgeistorientierte Leser.

Stadtmarketing Übertragung der →*Marketingkonzeption* auf Städte (siehe auch →*Kommunales Marketing*). Im wesentlichen geht es um das Angebot attraktiver, erlebnisorientierter →*Dienstleistungen* durch den →*Einzelhandel* und durch Komplementärbetriebe (wie z.B. Cafés, Restaurants, Kinos etc.). Weitere imageprägende Faktoren sind das gesamthafte Stadtbild und mittlerweile vor allem die konsumfreundliche Bewältigung der Verkehrsprobleme, die eine der größten Herausforderungen für das künftige Stadtmarketing darstellen (siehe auch →*City-Management*).

Stärken-/Schwächenanalyse Ermittlung und Bewertung von →*Erfolgspotentialen* und →*Risiken* (→*Risikoanalyse*) eines Unternehmens (siehe auch →*Schwachstellenanalyse*, →*SWOT-Analyse*). Im Rahmen einer detaillierten →*Potentialanalyse* werden alle Ressourcen einer kritischen Prüfung unterzogen und verglichen mit den Marktanforderungen einerseits und den Potentialen der wichtigsten →*Wettbewerber* andererseits. In die Analyse werden vielfach auch die Umwelteinflüsse und ihre möglichen Wirkungen auf das Unternehmen einbezogen. Die Stärken-/Schwächenanalyse ist ein wichtiges Instrument, um →*Wettbewerbsvorteile* zu erkennen, die die Basis für die Entwicklung von erfolgreichen →*Wettbewerbsstrategien* bilden.

Staffelrabatt(e) →*Rabatt*, der als →*Mengenrabatt* (Mengenstaffel) je nach Höhe der Abnahmemenge gewährt wird. Die Staffelrabatte sind entweder linear, degressiv oder progressiv gestaltet. Die in der Praxis vorherrschende Form der progressiven Ausprägung führt zur →*Rabattspreizung*

(→*Konditionenspreizung*) und damit zur Förderung einer weiteren →*Handelskonzentration*.

Stakeholder Personen oder Gruppen, die Ansprüche an oder Eingriffsmöglichkeiten in das →*Unternehmen* haben und daher als relevante Beeinflusser (zusammengefaßt: Anspruchsgruppen) einzustufen sind. Die Ansprüche und Eingriffsmöglichkeiten der Stakeholder sind gesetzlich, faktisch oder vertraglich begründet oder auch aus gesellschaftlichen Konventionen oder Wertesystemen ableitbar. Wichtige Stakeholder sind z.B. Kunden, Absatzmittler, Lieferanten, Konkurrenten, Mitarbeiter, Gewerkschaften, Aktionäre, Medien, Verbände, staatliche Institutionen etc., die Einflußmacht haben und diese auch ausüben können (siehe auch →*Pressure Groups*).

Stammkunde(n) →*Käufer*, die im Gegensatz zu →*Laufkunden* eine hohe Bezugsbindung zu bestimmten →*Anbietern* aufweisen. Der Begriff ist eng verknüpft mit →*Lieferantentreue*, →*Markentreue*, →*Produkttreue* und →*Ladentreue*.

Stammkunden-Marketing →*Kundenstamm-Marketing*.

Standard(s) Verbindliche Leistungsmerkmale von →*Angeboten*, die entweder auf einer Normung (→*DIN*-Normen) oder auf vorherrschenden Marktanforderungen beruhen.

Standardabweichung →*Streuungsmaß* zur Charakterisierung von Verteilungen. Die Standardabweichung ist definiert als positive Quadratwurzel aus der →*Varianz*.

Standardfehler Maß für den→*Stichprobenfehler*, d.h. der Variation von Stichprobenschätzungen um den wahren Wert in der →*Grundgesamtheit* (bei einer großen Anzahl von →*Zufallsstichproben* aus derselben Grundgesamtheit).

Standardisiertes Interview→*Fragebogen*, der die Fragen und ihre Reihenfolge für den →*Interviewer* exakt vorgibt. Die Vorteile dieser Standardisierung liegen in der Vergleichbarkeit und leichteren Auswertung der Befragungsergebnisse. Die Standardisierung (bzw. das →*Strukturierte Interview*) weist aber andererseits gegenüber den nichtstandardisierten oder teilstandardisierten bzw. teilstrukturierten oder auch →*Unstrukturierten Interviews* den Nachteil auf, daß die Antworten z.T. pauschal sind und die eigentliche Meinung der Befragten nicht umfassend wiedergeben.

Standardisierung Im Bereich der →*Produktpolitik* eine Vereinheitlichung der Leistungsangebote, die individuelle Kundenwünsche nur noch bedingt berücksichtigt. Die Standardisierung ist im wesentlichen auf Kostengründe (→*Kostenführerschaft*) zurückzuführen. Die Gefahr liegt in der weitgehenden Homogenisierung (→*Homogenität*) des →*Angebots*, die zu einer Erhöhung der Wettbewerbsintensität und vor allem zu einem verstärkten →*Preiswettbewerb* führt. Durch →*Postponement*, →*Customized Marketing* und durch Einbezug des →*Konsumenten* in die →*Produktion* (→*Prosumer*) wird versucht, einen Mittelweg zwischen reiner Standardisierung und Individualisierung zu finden. Der Begriff wird erweitert durch das →*Global Marketing* (Standardisierung von →*Prozessen* und →*Programmen*) im →*Internationalen Marketing* (→*Geozentrisches Marketing*). Auch hier gelingt es vielfach, durch Modulsysteme einen Konsens herzustellen zwischen Standardisierung und

Differenzierung (abgeschwächtes →*Polyzentrisches Marketing*).

Standort Geographischer Ort(e), an dem ein →*Unternehmen* im Hinblick auf eine bestmögliche Erreichung der →*Unternehmensziele* →*Produktionsfaktoren* kombiniert.

Standortagglomeration Räumliche Konzentration (→*Agglomeration*) von →*Unternehmen* der gleichen oder auch ungleichen →*Branche* an einem →*Standort* auf einem engen Raum. Diese Konzentration findet sich vor allem im →*Einzelhandel* und ist entweder gewachsen (z.B. City-Zentren) oder geplant (z.B. →*Einkaufs-Center*). Branchengleiche und -ungleiche Standortagglomerationen erhöhen die Marktattraktivität von Standorten und den →*Leistungswettbewerb*.

Standortanalyse Prüfung geographischer Orte, an denen ein →*Unternehmen* →*Produktionsfaktoren* einsetzt, um möglichst optimal Leistungen erstellen bzw. vermarkten zu können. Eine systematische Standortanalyse (und damit Standortpolitik) ist vor allem für den →*Einzelhandel* von besonderer Bedeutung. Die wichtigsten Bestimmungsfaktoren (→*Standortfaktoren*) sind das Nachfragerpotential, die →*Kaufkraft*, Konsum- und Einkaufsgewohnheiten der →*Zielgruppen*, die Konkurrenzsituation, Kostensituation und nicht zuletzt die rechtlichen Rahmenbedingungen bzw. gesetzlichen Auflagen.

Standortfaktoren Von *A. Weber (1868-1959)* eingeführter Begriff, der die Standortwahl von →*Unternehmen* (Hersteller wie Handel) lediglich auf die mit dem →*Standort* verbundenen →*Kosten* bezieht. Die marktbezogene Betrachtung (→*Beschaffungs-* und →*Absatzmärkte*) bleibt bei der industriegeprägten Definition unberücksichtigt. Die neueren Standorttheorien umfassen hingegen neben den standortabhängigen Kosten und den logistischen Objektgegebenheiten vor allem die Marktkomponenten, wie z.B. wirtschaftliche Faktoren (→*Kaufkraft*, →*Einkommen*, Zugang zu Bezugsquellen etc.), →*Soziodemographische Kriterien*, →*Psychographische Kriterien*, Nachfragerstruktur (→*Käuferverhalten*, →*Konsumentenverhalten*), die örtliche →*Infrastruktur*, Konkurrenzsituation und die standortgegebenen rechtlichen Restriktionen (wie z.B. die Handhabung der →*Baunutzungsverordnung*). Die Beispiele der wichtigsten Standortfaktoren belegen insbesondere ihre Bedeutung für den →*Einzelhandel*, für den die Standortwahl mehr als für die Industrie und sonstige Dienstleistungsunternehmen einen herausragenden strategischen Stellenwert einnimmt.

Standort-Marketing Vor allem →*Imagewerbung* für eine Ansammlung von gewerblichen Standorten unter Anwendung der Erkenntnisse und Methoden des Marketing.

Standortpolitik Markt- und kostenorientierte Wahl eines geographischen Ortes (→*Standort*), an dem ein →*Unternehmen* die zur Erreichung seiner →*Unternehmensziele* günstigsten →*Standortfaktoren* vorfindet. Die Standortpolitik hat besonders für den →*Einzelhandel* eine extrem große Marktbedeutung.

Starch-Test Nach *D. Starch (1966)* benanntes Wiedererkennungsverfahren (→*Recognition-Verfahren*). Den Befragten wird ein →*Printmedium* vorgelegt. Geprüft wird die Wiedererkennung von →*Anzeigen*. Ziel ist die Ermittlung des →*Werbeerfolgs* bzw. der →*Werbewirkung*. Die deutsche

Version des Starch-Tests ist der →*Anzeigenkompaß*.

Starprodukt(e) Bezeichnung einer Produktkategorie in der →*Portfolioanalyse* (→*Portfoliomanagement*). Charakteristikum der Stars ist, daß sie sich in einem Geschäftsfeld mit hohem →*Marktwachstum* befinden und dabei gleichzeitig einen hohen →*Marktanteil* besitzen. Um Marktanteil und Wachstum zu halten, sind Verteidigungsstrategien gegenüber dem →*Wettbewerb* notwendig, die z.B. mit erheblichen →*Marketingbudgets* verbunden sind und die vielfach nicht durch das Produkt selbst gedeckt werden können. Für die notwendigen Investitionen müssen die Finanzmittelüberschüsse der Cash Cows eingesetzt werden (siehe in Abgrenzung →*Fragezeichenprodukte*, →*Cash-Kühe*, →*Problemprodukte*).

Stars →*Starprodukte*, →*Portfoliomanagement*.

Start-ups Neue →*Dienstleistungs*unternehmen, die (in der Regel ausgestattet mit →*Venture Capital*) innovative Geschäftsideen im →*World Wide Web (WWW)* umsetzen.

Stationärer Einzelhandel →*Betriebsform* des →*Einzelhandels*, die im Vergleich zum →*Ambulanten Handel* den Verkauf des Waren- und Dienstleistungsangebots in Verkaufsstellen bzw. an festen Standorten durchführt. Der stationäre Einzelhandel wird im Sprachgebrauch mit Einzelhandel gleichgesetzt.

Statische Investitionsrechnung →*Investitionsrechnung*.

Statistik Allgemein die Erfassung und Aufbereitung von Dateninformationen. Die Statistik wird unterschieden in die →*Induktive* und →*Deduktive Statistik*.

Status Bewertung einer →*Sozialen Rolle* in der →*Öffentlichkeit*. Man spricht deshalb auch von einem Sozialstatus. Es treten wiederholt Unterschiede bis hin zu Diskrepanzen zwischen der sozialen Rolle als Funktion und dem Status als sozialer Position auf. Die Differenzierung der →*Verbraucher* (→*Konsumenten*) nach ihrem sozialen Status ist für die →*Marktsegmentierung* von großer Bedeutung. Hierbei geht man davon aus, daß Personen mit gleichem sozialen Status zu *einer* Schicht (→*Soziale Schicht*) gehören, deren →*Verhalten* (→*Konsumentenverhalten*) als ähnlich bis gleich angenommen wird. Als Statuscharakteristika werden üblicherweise die →*Soziodemographischen Kriterien* herangezogen.

Statussymbole Symbole, die einen bestimmten gesellschaftlichen →*Status* repräsentieren (z.B. Einzelbüro, Dienstwagen, Kleidung, Schmuck, eigenes Haus etc.). Der Drang nach dem Besitz von Statussymbolen ist vielfach ein Surrogat für die echte Befriedigung von →*Sekundärbedürfnissen* und ein Charakteristikum für die moderne →*Konsumgesellschaft* mit ihrer starken Dominanz des →*Prestigekonsums*.

Steam-Modell Abk. für **St**ochastic **E**volutionary **A**doption **M**odell. Es handelt sich um ein Simulationsmodell zur frühzeitigen und langfristigen →*Prognose* des →*Marktanteils* neu eingeführter →*Produkte* (→*Konsumgüter* mit hoher →*Kauffrequenz*) auf der Basis von Paneldaten (→*Panelerhebung*, →*Haushaltspanel*). Aus Erstkäufen und Wiederkäufen werden nachfragerindividuelle →*Wahrscheinlichkeiten* für Nachkäufe errechnet. Sie werden zusammengefaßt zu Wahrscheinlichkeitsfunktionen des →*Kaufverhaltens*. Die grundlegenden Parameter des Modells sind die Anzahl bisheriger Käufe, der Zeitpunkt des letzten Kaufs und die Zeitdauer seit dem letzten Kauf.

Stellenbeschreibung Beschreibung der mit einem Arbeitsplatz verbundenen Tätigkeiten incl. der Über- und Unterstellungen und der Regelung der Stellvertretung (siehe auch →*Job Description*).

Stellgröße →*Regelkreis*, →*Kybernetik*.

Stereotyp(en) Verallgemeinerte und starre →*Vorurteile* (→*Klischees*), die vielfach sozial geprägt sind (z.B. „Die da oben"). Stereotypen können konsumbeeinflussend wirken, wenn bei bestimmten Verbrauchergruppen spezifische Leistungsangebote mit negativen, aber auch positiven Vorurteilen besetzt sind (siehe auch →*Image*).

Stern-Modell Ein von *M.E. Stern (1968)* entwickeltes Simulationsmodell (→*Simulation*) zur Bestimmung des →*Marketing-Mix*. Es handelt sich um eine Form der →*Submix-Optimierung*, bei der die Subsysteme (→*System*) des →*Marketinginstrumentariums* additiv zu einem Gesamt-Wirkungsoptimum zusammengefügt werden. Hierbei werden die Wechselwirkungen zwischen den Marketinginstrumenten nicht berücksichtigt, so daß auch die synergetischen (→*Synergien*) Verbundwirkungen der Instrumente nicht erfaßt werden können. Damit bleibt das eigentliche Problem der Erklärung der komplexen Zusammenhänge der Marketing-Instrumentalstruktur ungelöst.

Steuerung →*Kybernetik*.

Stichprobe Auswahl von n Elementen aus der Gesamtheit aller N Elemente (→*Grundgesamtheit*), die die Grundgesamtheit im kleinen abbilden. Verlangt ist eine →*Repräsentanz* der Stichprobe (Sample) im Hinblick auf die Grundgesamtheit, um aus den Untersuchungsergebnissen Generalisierungen vornehmen zu können. Die Stichprobenbildung erfolgt durch die Anwendung von →*Auswahlverfahren* (→*Stichprobenverfahren*).

Stichprobenausfälle Verminderung des →*Stichprobenumfangs*, die im wesentlichen auf zwei Ursachen zurückgeführt werden kann. Teile der→*Stichprobe* gehören nicht zur definierten → *Grundgesamtheit* (stichproben"neutrale" Ausfälle, die zu einer wünschenswerten Stichprobenbereinigung führen). Die „echten" Ausfälle hingegen beruhen auf Antwortverweigerungen (Non-Response-Problem) und führen zu Ergebnisverzerrungen, wenn sich die Verweigerer von den Antwortenden unterscheiden. Das Problem tritt auch dann auf, wenn der →*Interviewer* auf andere Auskunftspersonen zurückgreift, um den Stichprobenumfang sicherzustellen (verdeckter Ausfall). Besonders häufig sind in der Praxis Teilausfälle durch die Nichtbeantwortung einzelner Fragen.

Stichprobenfehler Zufallsfehler, der sich aus der zufälligen Schwankung von Stichprobenergebnissen um den wahren Wert der →*Grundgesamtheit* ergibt. Zu unterscheiden sind die echten Zufallsfehler, die durch die Vergrößerung des Erhebungsumfangs (→ *Stichprobenumfang*) verringert werden können und die →*Systematischen Fehler* (Bias), die auf Unzulänglichkeiten bei der Erhebung (z.B. bei der Bildung der →*Stichprobe*) zurückzuführen sind.

Stichprobenumfang Die Stichprobengröße wird bestimmt durch den geforderten →*Sicherheitsgrad* (Wahrscheinlichkeit der Ergebniszuverlässigkeit) des Stichprobenergebnisses, von der →*Fehlerspanne* (Schätzsicherheit) und von der →*Varianz* (durchschnittliche quadratische Abweichung der Einzelwerte von ihrem Mittelwert). Die →*Stichprobe* muß um so größer sein, je höher der geforderte Sicherheitsgrad ist, je kleiner die Fehlerspanne angesetzt wird und je größer die Varianz bereits in den Ursprungswerten ist.

Stichprobenverfahren Die Verfahren unterscheiden sich nach zufälligen und nicht-zufälligen →*Auswahlverfahren*. Die Zufallsverfahren sind die einfache →*Zufallsauswahl* (jedes Element der →*Grundgesamtheit* hat die gleiche Wahrscheinlichkeit, in die → *Stichprobe* zu kommen), die →*Geschichtete Auswahl* (Schichtung nach Merkmalen, z.B. Geschlecht), die → *Klumpenauswahl* (Einteilung der Grundgesamtheit in Klumpen), die → *Mehrstufige Auswahl* (Ziehung der Sekundär-Stichprobe aus der Primär-Stichprobe) und die →*Sequentielle Auswahl* (schrittweise Vergrößerung des →*Stichprobenumfangs*, wenn erforderlich). Die nicht-zufälligen Auswahlverfahren sind die →*Quotenauswahl* (Vorgabe von Eigenschaftsmerkmalen entsprechend der Struktur der Grundgesamtheit), das →*Konzentrationsverfahren* (Konzentration auf einen Teil der Grundgesamtheit) und die → *Auswahl aufs Geratewohl* (→*Willkürliche Auswahl*).

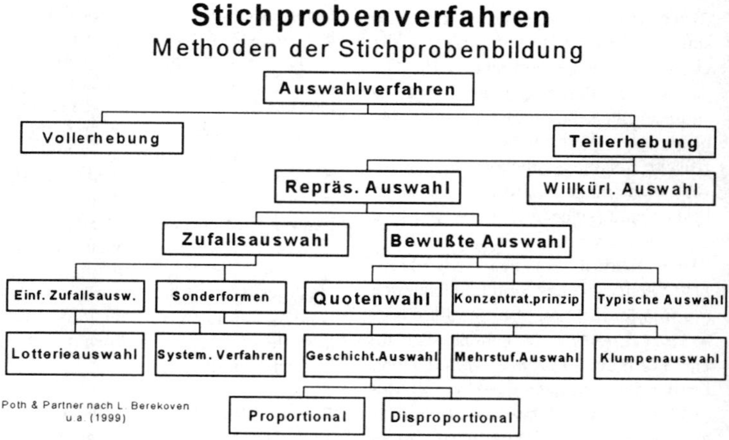

Poth & Partner nach L. Berekoven u.a. (1999)

Stichprobenverteilung Wahrscheinlichkeitsverteilung von →*Parametern* in verschiedenen und gleich großen →*Stichproben* der gleichen → *Grundgesamtheit*. Bei einem hohen → *Stichprobenumfang* nähert sich die Stichprobenverteilung einer →*Normalverteilung*.

Stiftung Verbraucherinstitut Verbraucherinstitution, die der Förderung der verschiedenen →*Verbraucherorganisationen* (Fremdorganisationen) dient. Das Institut wurde 1978 von der →*Arbeitsgemeinschaft der Verbraucherverbände (AgV)* und der →*Stiftung Warentest* gegründet.

Stiftung Warentest Bedeutendste Institution des vergleichenden →*Warentests* in Deutschland. Die Stiftung wurde 1964 von der Bundesregierung gegründet. Ihr Ziel ist, durch die erhöhte →*Markttransparenz* der →*Verbraucher* den →*Leistungswettbewerb* im Konsumgüter- und Gebrauchsgüterbereich zu fördern. Im Vordergrund der unabhängigen →*Tests* steht die Funktionsfähigkeit der angebotenen →*Produkte* und →*Dienstleistungen*.

Stimmfrequenzanalyse Form der →*Apparativen Verfahren*, die durch die Analyse der Stimmfrequenz (Lautstärke und Tonhöhe des Stimmklangs) das Maß der →*Aktivierung* zu bestimmen versucht. Wichtig ist hierbei vor allem, den Grundton zu definieren. Lautstärke und Tonhöhe sind abhängig von Atemfrequenz, Muskelspannung und Tremor (Muskelzittern). Bzgl. der Aussagekraft der Ergebnisse von Stimmfrequenzanalysen gelten verstärkt die Einschränkungen aller apparativen Verfahren.

Stimmung(en) Momentane, subjektiv erfahrene Befindlichkeit eines Menschen, die zielungerichtet ist. Stimmungen (siehe auch →*Emotionen*) werden bestimmt durch Wertigkeit (skaliert von Hochstimmung bis hin zur schlechten Laune und Depression), Intensität (Stärke des Erlebens) und Dynamik (zeitlicher Stimmungsverlauf). Stimmungen spielen eine wichtige Rolle bei der Aufnahme, Verarbeitung und Speicherung von →*Stimuli* und damit auch für dadurch bedingte Verhaltensänderungen (→*Konsumentenverhalten*).

Stimulus →*Reiz* zur →*Aktivierung* des →*Verhaltens*. Die Stimulus- bzw. Reizarten lassen sich (nach *W. Kroeber-Riel, 1990*) unterscheiden in: emotionale Stimuli (gefühlsbetont), kognitive Stimuli (gedanklich betont) und physische (physikalische) Stimuli (wahrnehmungsbetont, z.B. bezogen auf Größe, Farbe, Typografie und Plazierung von →*Anzeigen*).

Stochastik Teil der →*Wahrscheinlichkeitstheorie*, der sich mit der Analyse und Interpretation zufallsgesteuerter Ereignisse und Vorgänge beschäftigt. Die im Marketing eingesetzten stochastischen Verfahren sind vor allem die →*Markoff-Ketten* und die →*Monte-Carlo-Simulation*.

Störvariable(n) Nichtbeeinflußbare →*Variablen*, die zur erheblichen Verzerrung von Untersuchungsergebnissen führen können. Beispiele für Störvariablen sind unkontrollierte Veränderungen des →*Marketing-Mix*, Konkurrenzmaßnahmen, die Dynamik im →*Konsumentenverhalten* etc. Soweit die Testgruppen in bezug auf die Störvariablen strukturgleich sind oder eine zufällige Gleichverteilung besteht, sind die Störgrößen für die Genauigkeit der Untersuchungsergebnisse unerheblich.

Store Check Überprüfung der →*Warenpräsentation* bzw. Angebotsbedingungen für die →*Artikel* eines Herstellers in bestimmten →*Outlets* von →*Einzelhandelsunternehmen*.

Store Erosion „Ladenverschleiß", der in seinem Phasenverlauf dem →*Produkt-Lebenszyklus* ähnelt (→*Handels-Lebenszyklus*). In der →*Reifephase* wird die Erosionswirkung immer deutlicher. Der →*Handelsbetriebstyp* leidet zunehmend stärker unter Ertragsverfall. Die Store Erosion wird im wesentlichen verursacht durch die Assimilation konkurrierender →*Handelsbetriebe*, die zu einer Vermischung und Verwischung der Einzelimages führt (Homogenisierungstendenz). Die Store Erosion ist überdies eine zwangsläufige Begleiterscheinung der Dynamik im →*Handel* (→*Betriebsformendynamik*).

Store-in-the-Store Anmietung eines Teils der →*Verkaufsfläche* im →*Einzelhandel* durch externe →*Anbieter*. In der Regel sind diese Flächen von den übrigen Verkaufsräumen abgetrennt oder befinden sich außerhalb der Hauptverkaufszonen (z.B. Bäckerei im →*Warenhaus* bzw. →*SB-Warenhaus*). Im Vergleich zum →*Shop-in-the-Shop* haben die Betreiber eine noch größere Möglichkeit zur eigenständigen Profilierung.

Store-Test →*Produkttest* vor der → *Produkteinführung* in Form einer → *Beobachtung* in ausgewählten Einzelhandelsbetrieben (siehe →*Testmarkt*). Es handelt sich um einen →*Mini-Markttest*, der gegenüber dem klassischen →*Testmarkt* erhebliche Kostenvorteile aufweist, jedoch nicht die Grundbedingung der →*Repräsentanz* erfüllt, da meist nur größere Einzelhandelsgeschäfte ausgewählt werden.

Storyboard Bebildertes Drehbuch für Werbespots (→*Spots*).

Straßenhandel Form des →*Ambulanten Handels*, der im Vergleich zum →*Hausierhandel* (oder auch Haustürverkauf) auf den Straßen mit hoher Fußgängerfrequenz stattfindet (z.B. in den Konsumbereichen Lebensmittel, Blumen etc.). Eine enge Verwandtschaft besteht mit dem →*Markthandel*.

Strategie(n) Verbindliche Festlegung eines langfristigen (strategischen) Plans (→*Planung*) und Bestimmung der nachvollziehbaren und kontrollierbaren →*Ziele* (→*Unternehmensziele*). Dazu ist es notwendig, Strategiealternativen zu entwickeln und festzulegen, um den optimalen Lösungsweg zu identifizieren (siehe im Vergleich und in Ergänzung →*Taktik*).

Strategische Allianz(en) →*Kooperationen* (→*Horizontale Kooperation*) von selbständigen →*Unternehmen*, die Aufgaben erfüllen, die von den einzelnen Unternehmen nicht bewältigt werden können (siehe dazu auch →*Joint Venture*). Beispiele sind Allianzen in Forschung und Entwicklung (→*F+E*), →*Logistik* etc. Strategische Allianzen sind wettbewerbsrechtlich (→*GWB*) zugelassen, soweit sie nicht wettbewerbsbehindernd wirken.

Strategische Bilanz Ermittlung der unternehmensindividuellen künftigen strategischen →*Erfolgsfaktoren*, Feststellung des konkreten Handlungsbedarfs und des existenten Handlungsspielraums.

Strategische Erfolgsfaktoren → *Erfolgsfaktoren*, die langfristige → *Wettbewerbsvorteile* aufweisen.

Strategische Erfolgsposition(en) →*Wettbewerbsvorteile*, die aus Kundensicht einen bedürfnisrelevanten, wahrnehmbaren und dauerhaften Leistungsvorsprung gegenüber den → *Wettbewerbern* darstellen. Die diesbezüglichen Erfolgsdimensionen beziehen sich vor allem auf die →*Qualität* des Leistungsangebots, *das* →*Preis-Leistungs-Verhältnis*, →*Image*, den → *Service* (→*Kundendienst*, →*Lieferservice*) und insgesamt auf die Kundenorientierung des →*Anbieters*.

Strategische Frühaufklärung → *Frühwarnsysteme*, →*Monitoring*, → *Strategische Marktforschung*.

Strategische Geschäftseinheit Geschäftsbereiche/-felder in einem →*Unternehmen*. In einer SGE werden jeweils für ein bestimmtes Produkt-Marktsegment die Funktionen →*Marketing* (incl. →*Vertrieb*), Forschung und Entwicklung (→*F+E*), →*Produktion* und Verwaltung zusammengefaßt und von einer Person mit General Management-Verantwortung geführt. Im üblicherweise interdisziplinären Team existieren keine hierarchischen Unterschiede. Der SGE-Leiter ist primus inter pares. Das duale Organisationsprinzip (funktionaler Linienbereich in Verbindung mit dezentraler Geschäftseinheit) stellt an die Teammitglieder hohe Anforderungen, aber auch an die Unternehmensleitung im Sinne eines kooperativen bzw. partizipativen →*Führungsstils*. Ähnlichkeiten des Organisationskonzepts bestehen zum →*Projekt-Management* und zur →*Matrix-Organisation*, aber auch zum →*Profit Center* (siehe auch →*Portfolioanalyse* und →*Portfolio-Management*).

Strategische Gruppe Zusammenfassung von →*Unternehmen* der gleichen →*Branche* zum Zweck brancheninterner Strukturanalysen (→*Branchenstrukturanalysen*). Dadurch ist es dem einzelnen Unternehmen möglich, seine Stellung im relevanten und direkten Wettbewerbsumfeld zu bestimmen (→*Stärken-/Schwächenanalyse*) und zu analysieren hinsichtlich der Entwicklung von →*Wettbewerbsstrategien* und der damit verbundenen Schaffung von →*Wettbewerbsvorteilen*.

Strategische Intention Langfristige Zielorientierung bzgl. der angestrebten Marktposition bei Berücksichtigung der operativen Vorgehensweise. Die strategische Intention reflektiert die Zukunft auf die Gegenwart.

Strategische Kooperation(en) Vertraglich geregelte Zusammenarbeit (→*Kooperation*) rechtlich und wirtschaftlich selbständiger →*Unternehmen*, die langfristig angelegt ist. Beispiele für strategische Kooperationen sind →*Strategische Allianzen* und →*Joint Ventures*, die der Erreichung langfristiger →*Unternehmensziele* dienen.

Strategische Lücke →*Gap-Analyse*.

Strategische Marketingplanung Orientierung aller Planungsaktivitäten am →*Strategischen Marketing*. Daraus ergibt sich eine weitgehende Identität von strategischer Unternehmensplanung (→*Planung*) und strategischer →*Marketingplanung*. In der Praxis hingegen wird in der Regel der Begriff enger gefaßt. Er meint die langfristige Planung der Marketingaktivitäten, die in die langfristige, funktionsübergreifende und umfassende strategische Unternehmensplanung integrativ eingebunden ist. Bei dieser engeren Betrachtung umfaßt die strategische Marketingplanung die langfristige →*Marktforschung* (→*Strategische Marktforschung*) und die Planung des Einsatzes der →*Marketinginstrumente*. Sie bilden auch die Grundlage für die →*Operative Marketingplanung* (kurz- und mittelfristig). Hinsichtlich des Phasenablaufs gelten die Prozeßstufen der Planung: →*Marktanalyse*, →*Marktdiagnose*,→*Prognose*,→*Stärken-/Schwächenanalyse*, →*Zielplanung*, Entwicklung der →*Marktarealstrategien* und →*Marktfeldstrategien*, Festlegung der →*Marketingstrategie* incl. des →*Marketing-Mix*, →*Budgetierung* und →*Controlling* bzw. →*Marketing-Audit*.

Strategische Marktforschung Gewinnung von zukunftsgerichteten →*Informationen* als Entscheidungshilfe für das →*Strategische Marketing*. Methodisch werden dazu (meist in Kombination) quantitative und qualitative Prognoseverfahren (→*Prognosen*) eingesetzt.

Strategische Netzwerke →*Vertikale Kooperationen* (→*Kooperationen*), bei denen die Kooperationspartner verschiedene Aktivitäten in die gemeinsame Wertschöpfungskette (→*Wertkette*) einbringen (siehe insbesondere →*Wertschöpfungsnetze*). Strategische Netzwerke reduzieren die →*Wertschöpfungstiefe* und geben damit den kooperativ verbundenen Unternehmen die Möglichkeit, sich jeweils auf ihre →*Kernkompetenzen* zu konzentrieren.

Strategische Option(en) Realisierbare Strategiealternativen (→*Strategien*), die umgesetzt werden können. Die strategischen Optionen zeigen die Möglichkeiten zur Nutzung von Chancenpotentialen auf und sind damit die wesentliche Basis der →*Strategischen Planung*. Der Einsatz der →*Strategischen Marktforschung* ist die wichtigste Voraussetzung der systematischen Entwicklung und unternehmensbezogenen Bewertung strategischer Optionen.

Strategische Planung →*Planung*, die als langfristige →*Zielplanung* das →*Unternehmen* in seiner Gesamtheit umfaßt und nicht auf unternehmensbezogene Teilbereiche oder auch auf →*Teilmärkte* beschränkt ist. Grundlage der strategischen Planung sind Analyse und Bewertung der langfristigen Chancen und Risiken für das Unternehmen auf der Basis detaillierter →*Stärken-/Schwächenanalysen*. Damit verbunden sind zudem vor allem →*Markt-* und →*Konkurrenzanalysen* (→*Strategische Marktforschung*), um →*Strategische Optionen* wahrnehmen zu können.

Strategischer Wettbewerbsvorteil →*Wettbewerbsvorteil(e)*, →*Strategische Erfolgsposition(en)*.

Strategisches Dreieck Beziehungszusammenhang zwischen →*Kunden*, →*Wettbewerbern* und eigenem →*Unternehmen*. Das strategische Dreieck macht die eigenen →*Wettbewerbsvorteile* oder auch -nachteile in bezug auf die →*Konkurrenz* deutlich. Hierbei stehen die Kundenbedürfnisse (→*Bedürfnisse*) im Mittelpunkt der Betrachtung.

Strategisches Geschäftsfeld Für ein →*Unternehmen* strategisch bedeutsame Marktfelder (siehe auch →*Marktfeldstrategien*), die nicht unbedingt identisch sein müssen mit den →*Strategischen Geschäftseinheiten*. Eine organisatorische Geschäftseinheit kann mehrere Geschäftsfelder umfassen. In Theorie und Praxis werden jedoch die beiden Begriffe meist synonym verwendet.

Strategisches Kommunikationsmanagement Wesentlicher Teil der →*Kommunikationsstrategie*, bei dem es darum geht, die verschiedenen →*Kommunikationsformen* zu einem optimalen synergistischen Verbund zu verknüpfen. Ziel ist die Vermeidung von inhaltlichen Divergenzen zwischen den Kommunikationsformen, d.h. eine Konsistenz sicherzustellen in den Inhalten von z.B. →*Produktwerbung*, →*Verkaufsförderung* und →*Imagewerbung* in Verbindung mit den →*Public Relations*.

Strategisches Kostenmanagement Kombination von Methoden und Instrumenten zur optimalen Gestaltung der Kostenstruktur. Im Gegensatz zum operativen Kostenmanagement ist das strategische Kostenmanagement langfristig und auf die Optimierung der →*Wertkette* (bzw. Wertschöpfungskette) ausgerichtet im Sinne einer Markt- und Konkurrenzorientierung (siehe dazu auch →*Target Costing*, →*Prozeßkostenrechnung*, →*Transaktionskosten*, →*Cost-Benchmarking*).

Strategisches Management Aufbau, Erhaltung und Erhöhung von →*Erfolgspotentialen*. Dazu gehören zielgerichtete →*Strategien* und die → *Positionierung* gegenüber dem → *Wettbewerb*.

Strategisches Marketing Langfristig orientierte →*Marketingkonzeption*, deren Kern die →*Strategische Marketingplanung* ist. Diese muß unerläßlich in die strategische Unternehmensplanung (→*Planung*) eingebunden sein, um die langfristige Marktorientierung des →*Unternehmens* sicherzustellen.

Strategisches Spielbrett Von der Unternehmensberatung *McKinsey* entwickelte dreidimensionale Darstellung von →*Wettbewerbsstrategien*. Basis des Spielbretts sind die Differenzierung in Gesamtmarkt und →*Marktnischen* einerseits und in die Formen des Konkurrierens (nach bekannten oder neuen Regeln) andererseits. Aus der Kombination dieser Basisvariablen ergeben sich unterschiedliche →*Marketingstrategien*.

Strategische Unternehmensplanung →*Strategische Planung*.

Stratified Sampling →*Geschichtetes Auswahlverfahren*.

Streckenbelieferung Direkte Belieferung der →*Verkaufsstellen* des → *Einzelhandels* durch den Hersteller (siehe dazu auch →*Streckengeschäft* und im Gegensatz →*Zentralbelieferung*).

Streckengeschäft Direktbelieferung des →*Einzelhandels* durch den Hersteller im Gegensatz zum →*Lagergeschäft*. Der →*Großhandel* als Zwischenstufe übernimmt lediglich die Rechnungstellung und das →*Delkredere* und erhält dafür eine →*Provision*. Das Streckengeschäft ist für den Hersteller mit hohen Kosten verbunden, so daß in einigen →*Branchen* die Tendenz zum Lagergeschäft über den Großhandel besteht. Durch die Ausschaltung von wesentlichen →*Handelsfunktionen* läuft der Großhandel längerfristig Gefahr, aus der →*Handelskette* ausgeschlossen zu werden, und zwar durch Direktkontrakte zwischen Herstellern und den Großbetriebsformen des Einzelhandels, wie sie bereits heute z.B. im Nahrungsmittelbereich bestehen. Die zunehmende →*Handelskonzentration* im Einzelhandel verstärkt diesen Trend.

Streckengroßhandel →*Betriebstyp* des →*Großhandels*, der im Vergleich zum →*Lagergroßhandel* keine Lagerhaltungsfunktion übernimmt. Sie verbleibt beim Hersteller. Die →*Handelsfunktionen* beschränken sich auf → *Akquisition* und Disposition.

Streuplan(ung) Festlegung des Medieneinsatzes (→*Mediaplanung*).

Streuungsmaße Maßzahlen für die Bestimmung der Abweichungen von Einzelwerten einer Häufigkeitsverteilung um den Mittelwert (siehe auch →*Spannweite*).

Streuverlust(e) Zusätzliche Kosten bei der Streuung von →*Werbemitteln* (→*Streuplan*), die durch Überstreuung und/oder unnötige Überschneidungen entstehen. Sie werden verursacht durch diejenigen Kontakte, die außerhalb der definierten →*Zielgruppe* aufgebaut werden (d.h. bei Personen, die als Nachfrager für das umworbene

Leistungsangebot von vornherein nicht in Frage kommen).

Streuwerbung →*Werbeform*, bei der die →*Werbemittel* breit an namentlich unbekannte →*Zielgruppen* gestreut werden. Die Streuwerbung als →*Massenkommunikation* mit Hilfe von →*Massenmedien* ist im Vergleich zur →*Persönlichen Kommunikation* (→*Individualkommunikation*) und zum →*Direktmarketing* (→*Direktwerbung*) die nach wie vor dominante Form der →*Werbung* (→*Produktwerbung*).

Strichcode →*Artikelnumerierung*.

Strukturiertes Interview →*Fragebogen*, der die Fragen und ihre Reihenfolge für den →*Interviewer* wohl vorgibt (siehe →*Standardisiertes Interview*), dem Interviewer aber die Möglichkeit läßt, in der konkreten Befragungssituation von der straffen Vorgehensweise je nach Notwendigkeit abzuweichen. Dadurch wird zwar die Vergleichbarkeit der Befragungsergebnisse gemindert, doch kann auf die spezifischen Meinungen der Befragten eingegangen werden. Die noch offeneren teilstrukturierten bzw. teilstandardisierten Interviews greifen diesen Vorteil auf (siehe in Erweiterung →*Unstrukturiertes Interview*).

Strukturorganisation →*Aufbauorganisation*.

Stück-Deckungsbeitrag Differenz zwischen Stückerlös und stückvariablen Kosten.

Stückerlös →*Durchschnittserlös*.

Stückkosten →*Durchschnittskosten*.

Studiotest →*Laborexperimente*.

Stufenmodelle der Werbewirkung Hierarchische Formen der →*Werbewirkungsmodelle*, die davon ausgehen, daß der →*Kommunikant* (Rezipient) verschiedene Stufen der werblichen Beeinflussung durchläuft, bevor er eine →*Kaufentscheidung* trifft. Die bekanntesten Stufenmodelle sind die →*AIDA-Formel*, →*DAGMAR-Formel*, das →*Howard-Sheth-Modell* und die →*Adoptionsmodelle*. Die Kritik an den Modellen bezieht sich vor allem auf ihre hierarchischen Wirkungsstufen, die als voneinander abhängig angesehen werden.

Stufenrabatt(e) →*Funktionsrabatt*, der sich auf die Funktionserfüllung des →*Handels* (→*Groß-* und →*Einzelhandel* als →*Handelsstufen*) bzgl. der →*Distribution* der Leistungsangebote der Lieferanten bezieht.

Subcontracting Temporäre Verlagerung bestimmter Einzelfertigungen auf fremde Unternehmen (siehe dazu auch →*Outsourcing*).

Subjektive Wahrscheinlichkeit →*Wahrscheinlichkeit*.

Subkultur(en) Soziale →*Gruppe(n)* von Individuen, deren →*Normen*, →*Einstellungen* und Verhaltensweisen von der jeweiligen Mehrheitskultur der dominanten →*Kultur* erheblich und z.T. konfliktär abweichen. Gleiche soziodemographische Merkmale (→*Soziodemographische Kriterien*) bzw. die Zugehörigkeit zur gleichen →*Sozialen Schicht* fördern die Bildung von Subkulturen. Sie bieten dem Individuum die Möglichkeit zur Identifikation (durch Ab- bzw. Ausgrenzung von der dominanten Kultur) und auch Verhaltenssicherheit. Das konforme (→*Konformität*) →*Verhalten* in Subkulturen und die Akzeptanz von →*Sanktionen* sind stark ausgeprägt und bestimmen auch entscheidend das →*Kaufverhalten* und Konsumverhalten (→*Konsumentenverhalten*). Eine typische Form von Subkulturen sind die sogen. →*Peer Groups*. Aus Subkulturen können sich auch Gegenkulturen (z.B. Alternativbewegungen) herausbilden, die den sozialen Wandel (→*Wert(e)wandel*) entscheidend prägen (→*Wert(e)dynamik*).

Subline Zwischenüberschrift, die der Strukturierung langer Texte dient. Mit Hilfe von Sublines können bestimmte Teile in Werbetexten für den Leser besonders akzentuiert werden (siehe in Abgrenzung →*Headline*, →*Baseline*).

Submission →*Ausschreibung*.

Submissionskartell(e) Wettbewerbsrechtlich (→*GWB*) grundsätzlich verbotene Absprachen von →*Anbietern* bei →*Ausschreibungen*.

Submix-Optimierung Additive Optimierung der Wirkung von Elementen bzw. Instrumenten (meist mit Hilfe von EDV-Programmen). Die Submix-Optimierung wird vielfach eingesetzt bei der Gestaltung des →*Marketing-Mix*. Nach den bisherigen praktischen Erfahrungen ist die Effizienz der Methode aber sehr beschränkt (siehe dazu auch →*Synergie*) im Hinblick auf die Optimierung von komplexen Prozessen. Bei klar definierten Teilproblemen (z.B. Programm- bzw. Sortimentsoptimierung, Lager- und Transportoptimierung,→*Außendienststeuerung* etc.) kann die schrittweise Submix-Optimierung (Submix-Programmierung) jedoch eine brauchbare Methode sein im Sinne einer Entscheidungshilfe.

Submix-Programmierung →*Submix-Optimierung*.

Subskriptionspreis Besonders günstiger →*Einführungspreis* eines neuen →*Produkts*, der den →*Abnehmern* bis zu einem terminlich festgelegten Zeitpunkt nach Verkaufsbeginn gewährt wird. Die Subskription wird vor allem bei Verlagserzeugnissen (Fortsetzungs- und Sammelwerke, Lexika) als Instrument der →*Absatzförderung* eingesetzt.

Substitut Bezeichnung für eine Hierarchieebene in der →*Verkaufsorganisation* des →*Einzelhandels* (vor allem im →*Warenhaus*). Der Substitut hat eine Mittelstellung zwischen Verkäufer und Abteilungsleiter. Die Substitutenausbildung führt hin zur Funktion des Abteilungsleiters im Einzelhandel bzw. Betriebsleiters im →*Abholgroßhandel* (→*Cash & Carry*).

Substitution Austauschbarkeit von →*Angeboten*. Je höher die →*Homogenität* der Angebote ist, um so stärker sind die substitutionalen Beziehungen, die auch als →*Substitutionseffekte* bezeichnet werden. Der Substitutionseffekt ist ein Maß für die Stärke der →*Substitutionskonkurrenz*. In der →*Preistheorie* wird die Substitution von Angeboten überwiegend auf die Preisunterschiede bezogen (siehe →*Kreuzpreiselastizität* und →*Triffin'scher Koeffizient*). Hierbei wird unterstellt, daß keine anderen →*Präferenzen* entwickelt werden können, um die Angebote zu heterogenisieren. In der →*Produktionstheorie* spricht man dann von substitutionalen →*Produktionsfaktoren*, wenn diese untereinander ausgetauscht werden können.

Substitutionalität Die →*Produktionsfaktoren* stehen in einem Austauschverhältnis zueinander bzgl. der Ausbringungsmenge, und ihr Einsatzverhältnis ist nicht bindend wie bei der →*Limitationalität*. Es gelten die Bedingungen der →*Produktionsfunktion* vom Typ A (→*Ertragsgesetz*).

Substitutionseffekt Maß für die Stärke der →*Substitutionskonkurrenz*. Dieser negative Absatz- und/oder Umsatzeffekt wird vielfach im eigenen Unternehmen erzeugt durch eine extensive →*Produktdifferenzierung* (siehe auch →*Kannibalisierungseffekt*).

Substitutionselastizität Maß für die Austauschbarkeit von →*Angeboten* oder →*Produktionsfaktoren*. In der →*Preistheorie* ist die wichtigste Substitutionselastizität die →*Kreuzpreiselastizität*. Sie gibt an, wie sich die →*Nachfrage* bei homogenen Angeboten aufgrund von Preisänderungen verlagert.

Substitutionskoeffizient Maß für die Stärke der Konkurrenzbeziehungen zwischen →*Anbietern* (→*Triffin'scher Koeffizient*).

Substitutionskonkurrenz Austauschbeziehungen zwischen verschiedenen →*Angeboten*. Die Stärke der Substitutionskonkurrenz wird ausgedrückt durch die →*Substitutionselastizität* (bzw. durch die →*Kreuzpreiselastizität*).

Substitutionslücke Ein von *J.V. Robinson (1933)* entwickeltes Konzept zur →*Marktabgrenzung*, das sich an der →*Substitutionskonkurrenz* orientiert. Alle →*Angebote* bilden Ketten. Die verschiedenen Produktketten weisen eine unterschiedliche substitutionale Nähe zueinander auf. Hierbei besteht zwischen den verschiedenen →*Produkten* einer →*Produktgruppe* eine stärkere →*Substitution* als zwischen verschiedenen Produktgruppen. Es existieren substitutionale Lücken in den Produktketten, die zur Vermeidung bzw. Minderung der Substitutionskonkurrenz genutzt werden können.

Substitutionsprodukte →*Produkte* bzw. →*Angebote*, die in einer substitutionalen Beziehung zueinander stehen (→*Substitutionselastizität*). Zu unterscheiden sind die →*Komplementärprodukte*, die ein →*Produktprogramm* bzw. →*Sortiment* komplettieren.

Substitutionsverhältnis Grad der Austauschbarkeit von →*Produkten* bzw. →*Dienstleistungen*. Das Substitutionsverhältnis wird ausgedrückt durch die →*Kreuzpreiselastizität* bzw. den →*Triffin'schen Koeffizient*.

Subvention(en) Staatliche Zuwendung(en) an private →*Unternehmen*, die einem öffentlichen Zweck (wirtschafts- oder allgemein gesellschaftspolitischer Art) dienen und in der Regel nicht an ökonomisch marktrelevante Gegenleistungen gebunden sind. Von Kultursubventionen abgesehen, stören bzw. behindern Subventionen (in erster Linie die ökonomisch nicht begründbaren Erhaltungssubventionen) den marktwirtschaftlichen →*Leistungswettbewerb* und sind ein Relikt planwirtschaftlicher Staatslenkung.

Subzeption Unbewußter Abwehrmechanismus unterhalb des bewußten Erkennens (siehe auch →*Dissonanztheorie*).

Suchfeldanalyse Identifizierung von neuen, erfolgversprechenden Produkt- und Marktfeldern und Prüfung von diesbezüglichen Kombinationsmöglichkeiten (→*Produkt-Markt-Matrix*). Mit der Suchfeldanalyse sollten eine →*Stärken-/Schwächenanalyse* und eine →*Potentialanalyse* verknüpft werden, um mögliche →*Risiken* zu vermeiden, die vor allem mit der →*Diversifikation* verbunden sind.

Suchmaschine(n) →*Datenbanken* mit Verzeichnissen von →*Internet*-Angeboten, in denen Anwender nach verschiedenen Kriterien und Suchmechanismen →*Anbieter* suchen können. In der Regel lassen sich die Anbieter in

Suchmaschinen aufnehmen. Einige Suchmaschinen durchsuchen das Internet in eigener Regie und kontinuierlich nach neuen Anbietern. Die wichtigsten Suchmaschinen sind: Alta Vista, Fireball, Infoseek, Lycos, Web.de, Excite, Hotbot, Crawler.de, Yahoo, Google.

Sündenregister Ein vom Bundeswirtschaftsministerium und der Wirtschaft 1974 aufgestellter Beispielkatalog von Praktiken im →*Vertikalen Marketing*, die als wettbewerbswidrig gelten und sich primär auf das →*Anzapfen* beziehen. Genannt werden z.B. →*Eintrittsgelder* für Erstaufträge, Listungsgebühren, Einrichtungszuschüsse, →*Regalmieten*, Zuwendungen zu Jubiläen, überhöhte →*Werbekostenzuschüsse* etc. Aufgrund der Rechtsunverbindlichkeit (→*UWG*) der gemeinsamen Erklärung, des zunehmenden Wettbewerbsdrucks und der →*Asymmetrischen Machtverteilung* zwischen Industrie und Handel (vor allem →*Einzelhandel*) hat das Sündenregister bislang in der Praxis keine nachhaltigen Wirkungen gezeigt.

Suggestivfrage Frage in einem →*Interview* (→*Mündliche Befragung*), die so gestellt wird, daß eine gewollte Antwort erfolgt. Es handelt sich hierbei um einen →*Systematischen Fehler* (→*Interviewer-Bias*), der zu Verzerrungen der Befragungsergebnisse führt. Der Fehler muß aber nicht unbedingt auf einen Interviewereinfluß zurückzuführen sein, sondern kann bereits durch die Art der Frageformulierung im →*Fragebogen* entstehen.

Suggestivwerbung →*Werbung* (→*Produktwerbung*), die ausschließlich an die →*Emotionen* der Umworbenen appelliert (→*Emotionale Werbung*) und bewußt auf die Vermittlung von sachlichen →*Informationen* (→*Informative Werbung*) verzichtet. Eine solche Werbung ist rechtlich (→*UWG*) grundsätzlich zulässig, soweit damit kein →*Kundenfang* oder eine →*Irreführung* (→*Irreführende Werbung*) verbunden sind. Für die rechtliche Beurteilung konkreter Fälle ist wichtig, ob die werbliche Gefühlsbetonung bzw. die Gefühlsausnutzung in einem sachlichen Zusammenhang mit dem umworbenen Leistungsangebot steht.

Superiore Güter →*Inferiore Güter*.

Supermarkt →*Betriebsform* (→*Betriebstyp*) des →*Einzelhandels*, die ähnlich dem →*Verbrauchermarkt* und dem →*SB-Markt* ein →*Vollsortiment* an Nahrungs- und Genußmitteln in mittlerer Qualitäts- und Preislage auf einer →*Verkaufsfläche* von ca. zwischen 400 und 1.000 qm führt sowie ergänzende Non Food-Artikel. Als →*Bedienungssystem* dominiert die →*Selbstbedienung*.

Supplement(s) Thematisch bestimmte →*Beilagen* in →*Zeitungen* und →*Zeitschriften*, die in regelmäßiger Folge erscheinen. Supplements sind an die Trägermedien gebunden. Die wichtigsten Formen sind Programm-Supplements (in Konkurrenz zu Programmzeitschriften), unterhaltende bzw. meinungsbildende Supplements (Magazine in Zeitungen) und Fachzeitschriften-Supplements (branchenübergreifende und auch branchenvertiefende Informationen, die z.T. auch integrativer Bestandteil des Trägermediums sind). Hauptziel der Supplements ist die Stärkung der Leserbindung (→*Leser-Blatt-Bindung*) an das Trägermedium. Damit verbunden ist auch eine gewisse Konkurrenz zu den →*Spezialzeitschriften*.

Supply Chain Management Form einer vertikalen →*Strategischen Allianz*, die idealtypisch die gesamte Lieferkette vom Rohstofflieferanten über den Hersteller bis zum →*Kunden* incl. zwischengeschalteter Transport- und Lagerunternehmen und Zwischenhändler umfaßt. Das Lieferketten-Management setzt jedoch voraus, daß sich Hersteller und →*Handel* als ein logistisches Gesamtsystem verstehen, bei dem der Handel möglichst schnell Informationen über →*Online* bzgl. Bestände, Aktionen und Abverkäufe liefert und der Hersteller eine kontinuierliche und nachfrageorientierte Warennachlieferung sicherstellt (siehe dazu auch →*SCOR-Modell*). →*Efficient Consumer Response (ECR)* fokussiert hingegen die gesamten Informationsströme vom Endverbraucher bis zum Produzenten.

Sustainable Development Unternehmensleitbild, das die Umwelterhaltung in den Mittelpunkt stellt (siehe auch →*Umwelt-Management*). Die wichtigsten Prinzipien sind das Kreislauf-, Verantwortungs- und Kooperationsprinzip. Das Kreislaufprinzip erfaßt die komplexen Beziehungen zwischen ökonomischen und ökologischen Systemen. Das Verantwortungsprinzip bezieht sich einmal auf das Wohlstandsgefälle zwischen Industrie- und Entwicklungsländern und zum anderen auf die zukünftigen Generationen und ihre Umweltbedingungen. Das Kooperationsprinzip betrifft das abgestimmte Verhalten aller Beteiligten.

SWOT-Analyse Abk. für Strength-Weaknesses - Opportunities-Threats-Analyse. Es handelt sich um eine Positionierungs-Analyse der eigenen Aktivitäten gegenüber dem →*Wettbewerb*. Als differenzierte →*Stärken-/Schwächenanalyse* bzw. Chancen-/Risikenanalyse weist die SWOT-Analyse eine große Ähnlichkeit mit der →*Portfolioanalyse* auf.

SWOT-Matrix
Strength-Weaknesses/Opportunities-Threats-Analyse

Umfeld / Unternehmen	Chancen (**O**pportunities)	Risiken (**T**hreats)
Stärken (**S**trengths)	***Ausbauen*** zur Ausschöpfung der Chancen	***Absichern*** vor Gefährdungen
Schwächen (**W**eaknesses)	***Aufholen*** zur Nutzung der Chancen	***Meiden*** wegen doppelter Gefährdung

G. Bodenstein (1998)

Symbolische Meinungsführer Personen, die aufgrund ihres →*Status* (z.B. Hausfrau oder Zahnarzt) als →*Meinungsführer* glaubwürdig und kompetent wirken, um in einer scheinbar →*Persönlichen Kommunikation* (im Fernsehen oder Radio) den →*Kommunikanten* (Rezipienten) produktbezogene Ratschläge zu erteilen. Nachgestellte Szenen aus dem Alltagsleben (→*Slice-of-Life-Werbung*) verringern die →*Soziale Distanz* und erhöhen die →*Glaubwürdigkeit* der →*Werbebotschaft*. Im Gegensatz zu den →*Virtuellen Meinungsführern* werden die symbolischen Meinungsführer erst durch die →*Werbung* bekannt.

Symmetrische Machtverteilung Machtgleichgewicht zwischen den →*Marktpartnern* (siehe im Gegensatz dazu →*Asymmetrische Machtverteilung*). Das Machtgleichgewicht fördert den →*Leistungswettbewerb* und verhindert die z.T. für die marktwirtschaftliche Ordnung schädlichen →*Verdrängungswettbewerbe*, die nicht zuletzt aufgrund der wachsenden →*Konzentration* (siehe dazu besonders →*Handelskonzentration*) zunehmen.

Synektik Eine der erfolgreichsten →*Kreativitätstechniken* auf der Suche nach neuen Ideen, insbesondere Produktideen. Die Methode (entwickelt von *W.J.J. Gordon, 1961*) geht davon aus, daß die Bildung von Analogien die beste Methode ist, um sich von Denkroutinen zu befreien. Der Ablauf basiert auf folgenden Schritten: (1.) Das zu lösende Problem wird der Kreativgruppe von einem Experten detailliert erklärt; (2.) In einem kurzen →*Brainstorming* werden spontan direkte Problemlösungen entwickelt; (3.) Von diesen direkten Problemlösungen gilt es sich zu lösen durch die Bildung von Analogien aus anderen Bereichen (Natur oder Technik). Das konkrete Problem wird so weit wie möglich durch die Analogie verfremdet. Dazu gehört auch die persönliche Analogie, d.h. die persönliche Identifikation mit den gefundenen Analogien; (4.) Weitere Analogien aus anderen Bereichen werden gebildet, um das eingangs formulierte konkrete Problem noch mehr zu verfremden; (5.) Die von der Kreativgruppe am besten bewertete Analogie wird jetzt auf das konkrete Problem projiziert. Ergibt sich daraus eine Lösung des Problems, ist der Prozeß abgeschlossen. Anderenfalls beginnt der Problemlösungsprozeß erneut durch die Bildung weiterer Analogien, die immer wieder mit dem konkreten Problem konfrontiert werden.

Synergie(n) Effekt, der sich aus dem Zusammenwirken einzelner Elemente bzw. Instrumente ergibt. Die Gesamtwirkung ist größer bzw. kleiner als die additive Summe der Einzelwirkungen. Es können also positive wie auch negative Synergismen auftreten. Der Effekt spielt eine besondere Rolle bei der Gestaltung des →*Marketing-Mix* und belegt, daß eine reine →*Submix-Optimierung* (z.B. durch →*Linearprogrammierung*) nur im praktischen Ausnahmefall bzw. spezifischen Einzelfall zum Erfolg führt. Unternehmensstrategisch bezieht sich die Synergie auf die Fähigkeit von zwei oder mehr Geschäftsbereichen (→*Strategische Geschäftseinheiten*) bzw. →*Unternehmen*, durch diverse Formen der Zusammenarbeit (→*Kooperationen*) oder auch Zusammenschluß (Fusion) eine größere →*Wertschöpfung* (Bildung von →*Wertketten*, →*Wertschöpfungsnetzen* und →*Wertschöpfungsringen*) zu realisieren, als dies bei getrenntem Vorgehen der Fall wäre.

Syntaktik Lehre von den Zeichen und Symbolen (Syntax). Entscheidend ist, daß der Zeichenvorrat (z.B. Sprache) des Empfängers gleich ist dem des Senders. Anderenfalls treten Verständnisprobleme auf (siehe →*Semantik*).

System Ganzheit, aufgebaut aus Elementen, die miteinander in Beziehung stehen. Das Beziehungsgefüge der Elemente bildet die Struktur des Systems. Elemente, die ihrerseits Systemeigenschaft besitzen, werden als Teil- oder Subsysteme bezeichnet. Übergeordnete Systeme sind sogen. Supersysteme.

Ein System ist gekennzeichnet durch eine Vielzahl von →*Variablen*, die durch ein Netzwerk kausaler Abhängigkeiten miteinander verbunden sind. Die Beziehungen der einzelnen Variablen zueinander und in ihrer Bedeutung zum Gesamtsystem werden vielfach erst deutlich, wenn man sie in ihre Bestandteile zerlegt.

Systemanalyse →*Systemtheorie*.

Systematische Auswahl →*Auswahlverfahren* (bei der →*Zufallsauswahl*, →*Randomauswahl*) zur Bildung von →*Stichproben*. Schlußziffern (→*Schlußziffernauswahl*), Zufallszahlen, Anfangsbuchstaben etc. bilden die Auswahlgrundlage. Das Verfahren findet vor allem Anwendung, wenn Telefon- oder Adreßbücher für die Stichprobenbildung genutzt werden.

Systematischer Fehler Meßfehler, die vor allem bei →*Mündlichen Befragungen* auftreten können und die keine →*Zufallsfehler* sind. Die häufigsten systematischen Fehler sind der Ausfall von Befragten (→*Stichprobenausfälle*), Fragebogenfehler, Interviewereinflüsse (→*Interviewer-Bias*), Eingabe- und Codierungsfehler und Interpretationsfehler. Hinzu kommen mögliche Fehler bei der Bestimmung der →*Grundgesamtheit* und Erhebung der →*Stichprobe*.

Systembindungseffekt Systembedingter Kaufverbund, der dadurch entsteht, daß sich der →*Käufer* in seinen Folgekäufen durch seinen getroffenen Erstkaufentscheid an ein bestimmtes System bindet. Der Systembindungseffekt tritt insbesondere beim →*Kauf* von →*Investitionsgütern* auf, die durch Systemkomponenten gekennzeichnet sind (z.B. Betriebssysteme in der EDV oder auch die Zulieferung im →*Systemgeschäft*). Die Systembindung stellt hohe Anforderungen an den →*Anbieter* in bezug auf sein →*Qualitätsmanagement* und →*Servicemarketing*. Wenn sich hier dauerhafte und gravierende Mängel zeigen, werden die →*Kunden* (in der Regel fast endgültig!) zu →*Wettbewerbern* abwandern, sofern diese vergleichbare und vielleicht sogar mit dem bisher eingesetzten System kompatible →*Angebote* offerieren können.

Systemgeschäft Komplettes →*Angebot* für die Erfüllung der ganzheitlichen Aufgabenstellung durch den →*Kunden*, unabhängig von der eigenen Leistungstiefe (siehe auch →*System-Marketing*). Der Systemanbieter übernimmt die Verantwortung für die Abwicklung des Kundenauftrages.

System-Marketing Je nach Blickrichtung wird der Begriff sehr unterschiedlich definiert. Im →*Investitionsgütermarketing* verbindet man damit das Marketing für →*Systemgeschäfte* (komplexe Systemangebote). Ausgehend von der →*Systemtheorie* werden hingegen Synergieeffekte in den Vordergrund gerückt. Der dritte definitorische Ansatz bezieht sich auf ein ganzheitliches Marketing, das instrumental- (→*Marketing-Mix*) und/oder kundenorientiert ist. Hierbei kann die systemische Ganzheitlichkeit auch Lieferanten und Anspruchsgruppen (→*Stakeholder*) einbeziehen. In diesem Falle umfaßt das System-Marketing alle Glieder der →*Wertschöpfungskette* unter Einschluß der eigenen Organisation und Mitarbeiter.

Systemtheorie Ansatz der modernen →*Marketingtheorie*, der von einer integrativen Verknüpfung der Systemelemente (Menschen, Unternehmen) ausgeht. Unterschieden werden Makro-Marketingsysteme (Lieferant, Hersteller, Absatzmittler, Kunden) und Mikro-Marketingsysteme (→*Interakti-*

onen zwischen den marktrelevanten Subsystemen im →*Unternehmen*).

System überlappender Gruppen →*Teamorganisation*, →*Colleague-Modell*.

Systemvergleich(e) Form der →*Vergleichenden Werbung*, die wettbewerbsrechtlich (→*UWG*) zulässig ist, wenn sie sich auf die Darstellung von Systemvorteilen des eigenen Leistungsangebots im Vergleich zu den Wettbewerbsangeboten beschränkt. Wie beim →*Fortschrittsvergleich* gilt auch beim Systemvergleich, daß die →*Konkurrenz* nicht herabgesetzt werden darf (z.B. durch Herausstellen nur eines Systemmerkmals und daraus die Schlußfolgerung auf das Gesamtsystem).

Szenarien Strukturierung von Ungewißheiten durch die Entwicklung in sich konsistenter Alternativen. Im wesentlichen handelt es sich um Quasiprognosen auf der Basis der Annahme verschiedener Welten und nicht von möglichen Entwicklungen in derselben Welt. Ergebnis ist eine Optionsplanung im Sinne von in sich schlüssigen verschiedenen Alternativplänen, die Wandel, Komplexität und Ungewißheit berücksichtigen.

Szenario-Technik Systematisches und mehrstufiges Verfahren zur Entwicklung alternativer möglicher Zukunftsbilder auf der Basis der →*Analyse* der gegenwärtigen Situation. Ziel ist, auf der Grundlage verschiedener →*Szenarien* (Möglichkeiten der Entwicklung) Empfehlungen für künftige →*Planungen* und Maßnahmen abzuleiten. Die Szenarien (Zukunftsbilder) sind vornehmlich gerichtet auf weltwirtschaftliche, ökologische, technologische, gesellschaftspolitische→*Trends* und werden projiziert auf die Möglichkeiten der Unternehmensentwicklung. Die Szenario-Technik kann zur Methodengruppe der analytisch-systematischen →*Kreativitätstechniken* gezählt werden.

Szenen-Marketing Kundenorientierung an Konsumszenen, die eine Kombination von sozialen →*Bezugsgruppen* und →*Lebensstilen* darstellen (siehe auch →*Event Marketing*). Hintergrund ist die zunehmende Individualisierung des →*Konsumentenverhaltens* (Abnahme der Homogenität der →*Zielgruppen*). Das Szenen-Marketing erfordert ein sehr detailliertes Wissen bzgl. individueller Konsumstrukturen (→*Database-Marketing*), die bei Gleichartigkeit (vor allem bei Freizeitaktivitäten) zu zielgruppenkonformen Szenen zusammengefaßt werden können.

Szenen-Sponsoring Finanziell geförderte Aktivitäten von Einzelpersonen oder Gruppen, die neue →*Lebensstile* begründen oder aufgreifen und in sogen. Events (→*Event Marketing*) kommunikativ umsetzen. Die gemeinsamen Identifikationssymbole stehen im Einklang mit den Zielen und Leistungsangeboten der Sponsoren (siehe auch →*Szenen-Marketing*).

T

Tachistoskop Projektionsinstrument, mit dem es möglich ist, →*Produkte*, →*Packungen*, →*Anzeigen*, →*Spots* etc. nur Bruchteile von Sekunden auf einer Leinwand oder einem Bildschirm sichtbar zu machen. Die Darbietungszeiten können verlängert bzw. verkürzt werden. Durch die zeitliche Steuerung des Wahrnehmungsprozesses kann man die unbewußte und eindeutige →*Wahrnehmung* feststellen (siehe auch →*Apparative Verfahren*). Abzugrenzen von diesem Verfahren ist die →*Augenkamera* (→*Blickregistrierung*), mit der der Blickverlauf (Verweildauer auf Bild- bzw. Textelementen und Blicksprünge) festgestellt wird, um daraus Schlußfolgerungen für die →*Werbewirkung* abzuleiten.

Tagebuchverfahren Standardisierte →*Schriftliche Befragung*, die u.a. im →*Haushaltspanel* eingesetzt wird. Problem sind Vollständigkeit, Regelmäßigkeit und Kontinuität der Eintragungen in das Haushaltsbuch. Im Laufe der Zeit treten in der Regel bei den →*Probanden* Ermüdungserscheinungen auf (siehe dazu auch →*Paneleffekt*).

Tageszeitung(en) →*Zeitung(en)*.

Taktik Verbindliche und konkrete Festlegung einzelner (operativer) Maßnahmen im Rahmen der festgelegten →*Strategie*.

Tamlog Abk. für Television Audience Measurement Log. Es handelt sich um ein →*Tagebuchverfahren*, das durch die Erhebung personenbezogener→*Informationen* zum Fernsehverhalten die Messungen mit Hilfe des →*Tammeters* ergänzt.

Tammeter Abk. für Television Audience Measurement. Es handelt sich um ein elektromechanisches Gerät zur Ermittlung von Fernsehzuschauerzahlen(→*Zuschauerforschung*). Die Messung erfolgt ähnlich wie beim →*Audimeter*. Ergänzend wird das →*Tamlog* zur Datenerhebung eingesetzt (siehe auch →*Teleskopie*).

Tandem-Spot →*Fernsehspot*, der aus zwei Teilspots besteht und durch Musik unterbrochen wird.

Tanimoto-Koeffizient →*Distanzmaß* zur Bestimmung der Ähnlichkeit zweier Objekte bei der →*Multivariaten Analyse*, insbesondere bei der →*Clusteranalyse*.

Tankstellenmärkte →*Betriebsform* (bzw. →*Betriebstyp*) des →*Stationären Einzelhandels*, deren →*Sortiment* mittlerweile weit über das auto- und diesbezügliche zubehörbezogene Angebot hinausgeht. Vielfach haben Tankstellenmärkte bereits den Charakter von →*Supermärkten* und übernehmen in Form von →*Convenience*

Stores als Nachbarschaftsläden für die →*Nachfrager* eine Nahversorgungsfunktion, die vormals von den sogen. „Tante Emma-Läden" wahrgenommen wurde. Der wesentliche Grund für das →*Wachstum* der Tankstellenmärkte ist weniger mikroökonomisch als vielmehr ordnungspolitisch bedingt, und zwar durch die mit einer →*Marktwirtschaft* unvereinbaren Regelung der →*Ladenschlußzeiten*, die auch durch eine mittlerweile erfolgte Liberalisierung nicht marktwirtschaftskonform gestaltet werden kann. Die Tankstellenmärkte verdanken ihre Existenz und ihr Wachstum daher nicht einer besonderen→*Wettbewerbsfähigkeit*, sondern einer grundlegenden ordnungspolitischen Fehlentscheidung.

Tante-Emma-Laden Nachbarschaftsladen, →*Convenience Store*.

Targetable TV TV-Kabelnetz, das die kommunikative Direktansprache der Zielkunden ermöglicht (siehe auch →*Direktmarketing*). Das Verfahren kann auch eingesetzt werden zur Erprobung von →*Spots* und Produkten in →*Testmärkten*.

Target Costing Beim Target Costing erfolgt die Kalkulation nach Preis ./. Gewinn = Kosten (siehe auch →*Zielkostenmanagement*). Im Gegensatz zur →*Vollkostenrechnung* (Kosten + Gewinn = Preis) besteht eine Ähnlichkeit der Zielkostenrechnung mit der →*Deckungsbeitragsrechnung* und →*Prozeßkostenrechnung*.

Target Design Am Ziel (Target) der Kundenwunscherfüllung ausgerichtete Gestaltung (→*Design*) der Leistungsangebote. Die Umsetzung erfolgt üblicherweise zusammen mit (ausgewählten) →*Kunden* in z.B. →*Kundenparlamenten*, Kundenbeiräten (→*Verbraucherbeiräten*).

Target Marketing Zielgruppenausrichtung aller marktbezogenen Aktivitäten auf der Basis von →*Database-Marketing*. Hierin eingeschlossen sind die →*Marktsegmentierung*, →*Produktpositionierung*, die Zielgruppen-Kommunikation und die zielgruppenbezogene →*Marketingorganisation* (→*Key Account-Management*). Das Target Marketing ist ein Gesamtkonzept der differenzierten Marktauswahl und der darauf basierenden konzentrierten →*Marktbearbeitung*. Im Gegensatz dazu steht das undifferenzierte und meist nur kostenorientierte →*Massenmarketing* (→*Commodities*), das sich höchstenfalls durch eine →*Produktvariation* auszeichnet.

Target Pricing Zielpreisfindung, bei der derjenige →*Preis* gesucht wird, der bei einer geschätzten →*Absatzmenge* und geschätzten →*Kosten* zu einem →*Erlös* führt, der gleich den →*Gesamtkosten* plus dem gewünschten →*Gewinn* ist. Target Pricing ist eine Form der →*Vollkostenrechnung* (siehe im Vergleich →*Teilkostenrechnung*), die in der Regel aufgrund der Vernachlässigung der Nachfrage- und Konkurrenzsituation zu Fehlschätzungen der Absatzmenge und des diesbezüglichen realisierbaren →*Marktpreises* führt.

Tarife Staatlich festgelegte →*Preise*, die einem marktwirtschaftlichen Preisbildungsprozeß entzogen sind. Typische Beispiele für diese reglementierte Form der →*Preisbildung* sind Energiepreise und Postgebühren. Tarife sind eng verknüpft mit Staatsmonopolen. Sobald privatwirtschaftlichen →*Anbietern* der →*Markteintritt* gestattet wird (meist aufgrund des massiven Drucks konsumtiver und investiver →*Nachfrager*) entwickeln sich Tarife in relativ kurzer Zeit zu →*Marktpreisen* (siehe dazu als Beispiel den →*Wettbewerb* im Telekommunikationsbereich nach Aufgabe des Postmonopols in diesem Teilmarkt).

Task-and-Objective-Methode Form der Werbebudgetierung nach operational (nachvollziehbar und meßbar) klar definierten →*Zielen* (siehe →*Werbebudgetierung*).

Task Force Auf Zeit begrenzte Arbeitsgruppe zur Lösung definierter und komplexer Aufgaben. Die Mitglieder kommen in der Regel aus unterschiedlichen Funktionsbereichen (Interdisziplinarität) und vielfach auch von unterschiedlichen hierarchischen Ebenen (Interhierarchie). Nach Beendigung ihrer Aufgabe kehren die Mitglieder wieder in ihre bisherigen Aufgabenfelder zurück oder erhalten eine neue Aufgabe. Dieser Teamgedanke (→ *Teamorganisation*) ist vor allem im → *Projekt-Management* realisiert.

TAT →*Thematischer Apperzeptions-Test*.

Tauschhandel Form des →*Kompensationsgeschäfts* als Realgütertausch (→*Bartering*), bei dem die →*Marktpartner* wechselseitig →*Güter* bzw. →*Dienstleistungen* ohne zusätzliche Zahlungen austauschen.

Tausenderpreis →*Kontaktzahl* für die →*Mediaplanung*, die sich aus dem Verhältnis der Werbeträgerkosten zu den erzielten Werbeträgerkontakten ergibt (z.B. Werbeträgerkosten je 1000 Zielpersonen). Weitere Bezugsgrößen sind z.B. die Auflagenhöhe des → *Printmediums* und die →*Reichweite*. Da die →*Werbeträger* in ihrer Qualität jedoch nicht gleichgewichtig sind, muß die →*Kontaktgewichtung* in die Bewertung einbezogen werden.

Taylorismus Nach *Fr. W. Taylor (1881)* benannte Methode der →*Wissenschaftlichen Betriebsführung*. Sie hat zum Ziel, die →*Produktivität* der menschlichen Arbeit (exekutive Arbeit) dadurch zu erhöhen, daß die Abläufe in den Arbeitsprozessen systematisch analysiert werden, um sie dann mit Zeitgewinn besser ordnen zu können. Hauptkritiker ist *E. Mayo (1880-1949)*, Begründer der Bewegung der →*Human Relations*. Auf seinen umfangreichen Analysen in den

Team-Organisation
System überlappender Gruppen

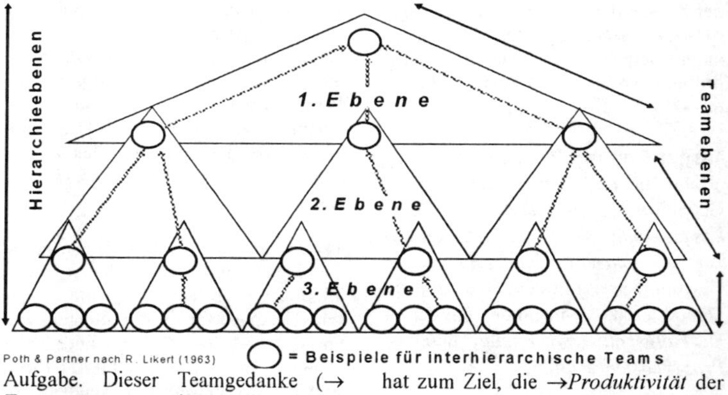

Poth & Partner nach R. Likert (1963)

Hawthorne-Werken basiert der sogen. →*Hawthorne-Effekt*, der die sozialen Faktoren in den Vordergrund stellt.

Team-Organisation Erweiterung der →*Linienorganisation* durch eine interdisziplinär (und vielfach auch interhierarchisch) orientierte Zusammenarbeit von Organisationsmitgliedern in einem oder auch in mehreren Teams. Nach *R. Likert (1963)* wird dieser Organisationstyp auch als „System überlappender Gruppen" bezeichnet. Die mögliche Gefahr einer Störung der üblichen Organisationsabläufe wird mehr als ausgeglichen durch das flexible und integrative Grundkonzept der →*Organisationsform* (siehe dazu auch →*Matrixorganisation* und →*Projekt-Management*).

Teaser Hinweise auf den Umschlägen von →*Werbebriefen*, die neugierig auf den Inhalt machen sollen. Die gleiche Funktion haben auch Teaser im TV-Bereich. Sie geben stimulierende Hinweise auf nachfolgende Sendungen durch „Gleich"- oder „Jetzt"-Ankündigung.

Teaser-Anzeigen Kleinformatige Vorschaltanzeigen (→*Anzeige*) in →*Printmedien*, die auf die Hauptanzeige aufmerksam machen sollen.

Technischer Fortschritt Weiterentwicklung der Technik und der technischen Verfahren. Der technische Fortschritt hat erhebliche Konsequenzen für die →*Innovationspolitik* und Kostenentwicklung (→*Kostenführerschaft*). Damit ist seine Nutzung ein wesentliches strategisches Wettbewerbsinstrument (→*Wettbewerbsstrategie*). Die Dynamik des technischen Fortschritts bewirkt aber auch eine Verkürzung der →*Produkt-Lebenszyklen* (siehe dazu auch →*Obsoleszenz*) und verursacht dadurch negative Nebenwirkungen, wie z.B. die Ausuferung der →*Produktdifferenzierung*, Auftreten von →*Kannibalisierungseffekten*, Nichterreichen der Amortisation von Investitionen in Anlagen etc.

Technologie(n) Komplexes System von technischen →*Problemlösungen*. Unterschieden werden im wesentlichen die Basistechnologien (bekannte und auf breiter Basis angewandte Grundlagentechnologien), Schlüsseltechnologien (patentrechtlich abgesicherte Technikentwicklung mit Wettbewerbsvorsprung) und Innovationstechnologien (zukunftsorientierte technische Neuentwicklungen). Insbesondere technologieinduzierte →*Innovationen* führen zu langfristigen →*Wettbewerbsvorteilen* (→*Wettbewerbsstrategien*).

Technologie-Management Erkennen und Umsetzung von Technologiepotentialen in unternehmensbezogene →*Erfolgspotentiale*, um →*Wettbewerbsvorteile* zur Erhaltung der →*Wettbewerbsfähigkeit* zu schaffen.

Technologie-Portfolio Zweidimensionale Matrix zur Bewertung von Technologiefeldern. Die Bewertungskriterien sind die Attraktivität und die relative Stärke der Technologie- bzw. Innovationsfelder gegenüber den wichtigsten →*Wettbewerbern* (siehe zur Portfoliotechnik →*Portfoliomanagement*).

TEDIS Abk. für **T**rade **E**lectronic **D**ata **I**nterchange **S**ystems. Es handelt sich um ein internationales DV-Informations- und →*Kommunikationsnetz*.

Teilerhebung Im Gegensatz zur →*Vollerhebung* (Totalerhebung) werden mit Hilfe von →*Stichprobenverfahren* nur Teile der →*Grundgesamtheit* zur Datenerfassung herangezogen (siehe auch →*Auswahlverfahren*). Die Teilerhebung ist die übliche Form in der →*Empirischen Sozialforschung*.

Teilkostenrechnung Im Gegensatz zur →*Vollkostenrechnung* wird nur ein Teil der →*Kosten* (→*Variable Kosten*) den →*Kostenträgern* verursachungsgerecht zugeordnet (siehe auch →*Deckungsbeitragsrechnung*).

Teilmarkt Ausschnitt aus einem Gesamtmarkt, der auch als →*Segment* bezeichnet wird (→*Segmentation*, →*Marktsegmentierung*).

Teilsortiment(er) Ausschnitt aus einem Branchensortiment (→*Vollsortiment*). Andere Bezeichnungen für das Teilsortiment, das mehr tief als breit ist, sind Fachsortiment oder Spezialsortiment. Beispiele für Teilsortimenter sind Bekleidungs-, Möbel- etc. →*Fachgeschäfte* in Abgrenzung von z.B. →*Warenhäusern*.

Teilstandardisiertes Interview →*Standardisiertes Interview*, →*Strukturiertes Interview*.

Teilstrukturiertes Interview →*Strukturiertes Interview*, →*Standardisiertes Interview*.

Teilzahlungskredit →*Konsumentenkredit(e)*.

Telebanking Elektronische Form (z.B. Telefon, Btx/Datex-J, T-Online, Internet, Fax) der Abwicklung von Bankgeschäften. Technische Voraussetzung ist die Zwei-Wege-Kommunikation (→*Electronic Marketing*, →*Teleshopping*, →*Online-Shopping*, →*Homeshopping*). In der Vermarktungsphase des Systems hat sich mittlerweile Homebanking als Begriff durchgesetzt.

Telefaxwerbung Form der →*Direktwerbung*, die wettbewerbsrechtlich (→*UWG*) grundsätzlich untersagt ist.

Telefonische Befragung Form der semipersönlichen →*Befragung*, die in den letzten Jahren deutlich an Bedeutung gewonnen hat. Die Durchführung erfolgt meist mit Hilfe eines standardisierten (vollstrukturierten) →*Fragebogens*, wenngleich auch nicht-standardisierte bzw. teilstrukturierte Formen möglich sind (z.B. bei →*Expertenbefragungen*). Die Fragebogen in Schriftform werden vielfach bereits ersetzt durch computergestützte Systeme (siehe →*CATI*). Die Vorteile der telefonischen Befragung liegen in der schnellen Abwicklung und im Vergleich zur persönlichen Befragung (→*Mündliche Befragung*) bei den geringeren Kosten. Zudem können schwer erreichbare Auskunftspersonen problemloser gefunden und angesprochen werden. Nachteilig ist, daß die Befragung nicht in die Tiefe gehen kann und je nach Themenkomplexität wichtige Problemfelder unerkannt bleiben.

Telefonmarketing Semipersönlicher →*Verkauf* mittels Telefon. Zu unterscheiden ist das passive („inbound") Telefonmarketing (Bestellannahmen, Servicetelefon etc.) von dem aktiven („outbound") Telefonmarketing (Kontaktaufnahme, Informationserhebung etc.). Soweit der Kundendialog im Mittelpunkt steht, spricht man mittlerweile auch von einem →*Call Center* (siehe dazu auch →*Direktmarketing*).

Telefonverkauf Einsatz des Telefons als Verkaufsinstrument (→*Direktmarketing*, →*Telefonmarketing*). Der Telefonverkauf ist im Vergleich zum →*Persönlichen Verkauf* auf die verbale Kommunikation beschränkt. Das mindert seinen Wert bei beratungsintensiven →*Produkten* bzw. →*Dienstleistungen*. Die Verkaufsform hat auch wettbewerbsrechtliche Relevanz (→ *UWG*). So ist der Telefonverkauf bei Privatpersonen nicht gestattet, soweit kein ausdrückliches Einverständnis (z.B. durch die Rücksendung einer →*Coupon-Anzeige*) vorliegt. Umstritten ist auch die Ansprache von Gewerbetreibenden, wenn der gewerbliche sachliche Bezug fehlt oder die Zusendung unverlangter Faxmitteilungen mit Werbe- bzw. Verkaufscharakter.

Telefonwerbung Form der →*Direktwerbung* (siehe insbesondere → *Telefonmarketing*), für die die gleichen wettbewerbsrechtlichen Restriktionen (nach →*UWG*) gelten wie für den → *Telefonverkauf*.

Tele-Insuring Einsatz neuer Kommunikations- und Informationstechniken (→*Telekommunikationstechniken*) im Versicherungsbereich. Das Tele-Insuring ist im wesentlichen durch die →*Selbstbedienung* geprägt. Grundsätzlich lassen sich zwei Varianten unterscheiden: (1.) Tele-Insuring-Center (multimediale Selbstbedienungsterminals an Orten mit relativ hoher Kundenfrequenz, →*Kundenstromanalyse*, oder in den Geschäftsstellen von Versicherungsunternehmen), (2.) Home-Insuring (mittels →*Online* bzw. → *Internet*, →*T-Online*, →*AOL*, →*Compuserve* etc. oder Teletext als Audiotext).

Telekom Deutsche Telekom AG, Bonn, die →*Anbieter* von →*Produkten* und →*Dienstleistungen* im Bereich der →*Telekommunikation* ist.

Telekommunikation Direkte kommunikative Vernetzung unterschiedlicher Institutionen. Für die →*Marketingkommunikation* ist hierbei der Aufbau von →*Kommunikationsnetzen* von besonderem Interesse.

Telekommunikationstechniken → *Kommunikationstechnologien*, die in ihrer Entwicklung unterschieden werden können nach den Informationskategorien Sprache, Text, Daten, Grafiken und Bilder.

Telemarketing →*Telefonmarketing*.

Telematik Verbindung von →*Telekommunikation* und Informatik. Anwendungsbeispiele sind Verkehrsführungssysteme, logistische Verknüpfungen für Passagiere und Fracht, Fahr- und Flugplänen etc.

Telemeter →*Audimeter*.

Telerim Abk. für **Tele**vision Electronic **R**esearch for **I**nsights into **M**arketing. Es handelt sich um ein elektronisches Mikro-Testmarktverfahren (→ *Mini-Markttest*) zur Analyse und Bewertung der Marketingmaßnahmen unter realen Marktbedingungen. Primäres Ziel ist die Ermittlung der Marktchancen von Neuprodukten (bzw. Produktveränderungen) und der Wirkung von Kommunikationsmaßnahmen. Das Mikro-Testmarktverfahren kann ergänzt werden durch die sogen. TV-cut-in-Technik. Durch sie ist es möglich, TV-Spots auf die Teststädte zu begrenzen. Hinsichtlich der →*Repräsentanz* der Untersuchungsergebnisse sind diese wie beim Mini-Markttest nur beschränkt aussagefähig.

Teleshopping Form des →*Homeshopping*. Es erfolgen Produktangebote im Fernsehen mit der Aufforderung zur telefonischen Bestellung (→ *Direct-Response-TV*). Vielfach sind Teleshopping-Sendungen nach →*Produktgruppen* segmentiert und mit Unterhaltungselementen (wie z.B. Studiogästen oder Gewinnspielen) kombiniert. Im Vergleich zu den USA, Italien und Frankreich sind die ersten Versuche in Deutschland (z.B. Quelle, Otto-

Versand, Allkauf-Reisen) eher skeptisch als optimistisch zu beurteilen. Die Gründe dafür sind vielfältig, liegen aber primär in der konzeptionellen Grundlage der Durchführung (siehe dazu im Vergleich →*Electronic Shopping* und →*Online-Shopping*).

Teleskomat →*Teleskopie*.

Teleskopie Kontinuierliche Beobachtung des Einschalt- und Fernsehverhaltens (→*Zuschauerforschung*). Die elektronische Messung erfolgt mit Hilfe des Teleskomats. Die →*Einschaltquoten* werden in der Praxis für die Wirkung von Werbesendungen als besonders wichtig angesehen und sind daher (besonders für private Fernsehanstalten) ein Maßstab für die Programmpolitik (zu den Meßverfahren u.a. →*Audimeter*, →*Tammeter*).

Tempoführerschaft →*Zeitwettbewerb*.

Tensor-Organisation Weiterentwicklung der →*Matrixorganisation*, die auch als Hybridorganisation bezeichnet wird. Es werden mindestens drei oder mehr Integrationsbelange gleichwertig miteinander verknüpft. Beispiel ist die Verbindung von Betriebsfunktionen (Beschaffung, Fertigung, Marketing, Verwaltung), Märkten (Verkaufsregionen) und Leistungsangeboten (Produkte bzw. Produktgruppen) in einer dreidimensionalen Organisations-Matrix.

Tensor-Organisation

Dreidimensionale Organisations-Matrix

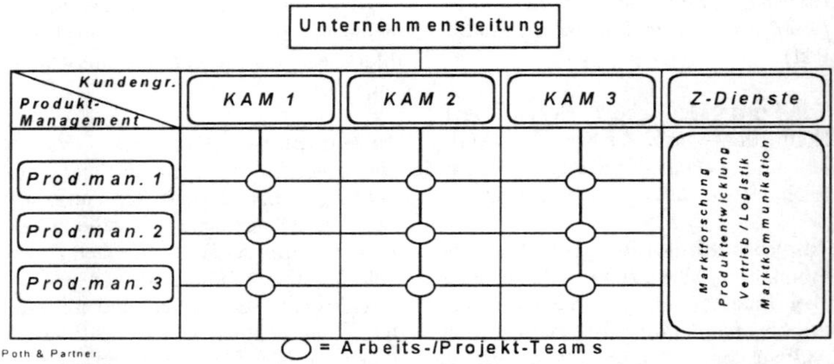

Termingeschäft(e) Form des Börsenhandels (→*Börse*) und insbesondere bei →*Warenbörsen*, um die künftige →*Beschaffung* von vor allem →*Rohstoffen* zu aktuellen →*Preisen* zu sichern. Darüber hinaus können Termingeschäfte auch einen finanzwirtschaftlich spekulativen Charakter haben (siehe in Abgrenzung →*Effektivgeschäft*).

Terms of Trade Durchschnittliches Preisverhältnis zwischen →*Exporten* und →*Importen*.

Tertiärbedürfnisse →*Bedürfnisse*, die auf das Ich bezogen sind (Selbstverwirklichung bzw. Selbstentfaltung). Sie grenzen sich insoweit von den →*Sekundärbedürfnissen* ab, als diese in sozialer →*Interaktion* erworben bzw. gelernt sind. Daraus ergibt sich die Differenzierung in eine sozial abhängige und individual autonome Bedürfnisstruktur. Die →*Maslow'sche Be-*

dürfnispyramide läßt sich demzufolge auch interpretieren als eine Dreiteilung des komplexen Bedürfnisverbunds in biologische, soziale und egozentrierte Bedürfniskomplexe.

Tertiärer Wirtschaftsbereich Bezeichnung für die Verlagerung des wirtschaftlichen →*Wachstums* in höherentwickelten Volkswirtschaften auf den →*Konsum* und die →*Produktion* von →*Dienstleistungen*. Mit wachsender Bedeutung des Tertiären Bereichs wandelt sich die moderne →*Industriegesellschaft* zur →*Dienstleistungsgesellschaft* (siehe in Abgrenzung →*Primärer*, →*Sekundärer* und →*Quartiärer Wirtschaftsbereich* und zusammenfassend →*Wirtschaftsbereiche*).

TESI Abk. für →*Testmarktsimulation* (→*Mini-Markttest*).

Test(s) Im allgemeinen handelt es sich bei Tests um Prüfverfahren. Der Begriff wird im folgenden eingegrenzt auf die wichtigsten Testverfahren in der →*Marktforschung*. Hierbei ist zu unterscheiden in die experimentellen Tests zur Überprüfung der Wirkungen von Marketingmaßnahmen (z.B. →*Produkttest*, →*Preistest*, →*Markttest*, →*Store-Test*, →*Werbetest*) und in die Meßverfahren der →*Psychologischen Marktforschung* (z.B. →*Assoziationstests*, →*Projektive Verfahren* und ihre verschiedenen Formen).

Testeffekt Ergebnisverzerrung bei →*Experimenten* bzw. →*Tests*, die dadurch entsteht, daß eine Vorhermessung (vor dem eigentlichen Versuch) durchgeführt wird (→*Halo-Effekt*). Der negative Effekt tritt vor allem bei der Messung von →*Bekanntheitsgrad*, →*Markenpräferenzen*, Wiedererkennung etc. auf. Um die Gefahr einer solchen ungewollten →*Konditionierung* zu vermeiden, sollte in diesen Fällen auf eine Vorhermessung verzichtet werden.

Testimonial(s) Werbliches Auftreten von Persönlichkeiten des öffentlichen Lebens (→*Virtuelle Meinungsführer*) in den →*Massenmedien*. Die Personen präsentieren nicht nur ein Leistungsangebot, sondern geben auch vor, es zu benutzen. Entscheidend für einen positiven →*Imagetransfer* sind die Übereinstimmung des →*Produktimage* mit den gegebenen oder auch vermeintlichen Eigenschaften des Prominenten und die →*Glaubwürdigkeit* der →*Werbebotschaft*, die durch eine →*Zweiseitige Argumentation* erhöht werden kann.

Testkauf Durchführung von Einkäufen durch Testkunden (Testkäufer, →*Mystery Shopper*) im vor allem →*Stationären Einzelhandel*. Das Ziel von Testkäufen ist in erster Linie die Ermittlung der Qualität des Verkaufspersonals (z.B. in bezug auf Information, Beratung, Bedienung, Behandlung von →*Reklamationen* und Gewährleistungen, Kassiervorgang), um Mängel möglichst frühzeitig (z.B. durch →*Verkaufstraining*) beheben zu können. Weiter dienen Testkäufe zur Überprüfung von →*Warenpräsentation*, →*Verkaufsförderung*, →*Ladengestaltung*, →*Ladenlayout*, →*Interior Design*, →*Visual Merchandising*, →*Regalflächenoptimierung*, →*Schaufenstergestaltung*, →*Schaufensterwerbung* bis hin zur Kontrolle der Einhaltung der →*Ladenschlußzeiten* und der Diebstahlsicherung. Auch wenn Testkäufe als Instrument zur Informationsgewinnung (mit Ausnahme des problematischen Einsatzes in der →*Forensischen Marktforschung*) grundsätzlich methodisch akzeptabel sind, so haben sie dennoch den Mangel, daß sie im Vergleich zu →*Biotischen Tests* nur quasi-biotischen Charakter haben und damit nur bedingt eine echte Einkaufssituation widerspiegeln. Die Testkäufer sind zudem durch Zielvorgaben vielfach konditioniert, so daß ihre Urteile oft nur verzerrt die Einkaufsrealität reflektieren.

Testladen →*Store-Test*.

Testmarketing Überprüfung des gesamten →*Marketingkonzepts*, bevor das neue Produkt (→*Produktinnovation*) im Gesamtmarkt eingeführt wird (siehe auch →*Markttest*). Aus den Testergebnissen können sich Hinweise ergeben für notwendige Veränderungen bzw. Verbesserungen. Entscheidend ist die repräsentative Gültigkeit des →*Testmarktes* für den Gesamtmarkt.

Testmarkt →*Teilmarkt*, der der Bedingung genügen muß, daß er den Gesamtmarkt repräsentativ abbildet (siehe auch →*Markttest*, →*Testmarketing*). Diese notwendige Voraussetzung ist nie vollständig erfüllt. Die →*Repräsentanz* bezieht sich nicht nur auf die soziodemographische Bevölkerungsstruktur und das →*Konsumverhalten*, sondern auch auf die Handels-, Kommunikations- und Wettbewerbsstruktur. Insbesondere die unterschiedliche Medienstruktur erschwert die Erfüllung der Repräsentanzbedingung. Die klassischen Testmärkte sind bislang noch Berlin, das Saarland und Hessen. Für die repräsentative Testmarktgröße gibt es keine verbindliche Regel (ca. 2 - 5% der Gesamtbevölkerung). Für die Erhebung werden →*Einzelhandelspanel* oder →*Verbraucherpanel* eingesetzt (siehe auch →*Mini-Testmarkt*, →*Store-Test*, →*Verkaufstest*).

Testmarktsimulation Nachahmung von →*Testmärkten* unter Laborbedingungen (→*Laborexperiment*). In Abgrenzung zum →*Mini-Markttest* findet die Testmarktsimulation nicht unter realen Markt- und Kaufbedingungen statt, sondern ist quasibiotisch. Sie wird in der Regel als kombinierter Labor-/Home-Test durchgeführt und weist die gleichen Vor- und Nachteile wie Laborexperimente auf. Die Ergebnisse können mit denen aus →*Verbraucherpanels* verbunden werden. Die Vorteile des Verfahrens im Vergleich zu Testmärkten und Mini-Markttests liegen bei den geringeren Kosten, der schnellen Abwicklung und vor allem in der Geheimhaltung vor den →*Wettbewerbern*. Der letztere Vorteil ist bedeutsam für →*Markttests* von neuen Produkten (→*Produktinnovationen*), die relativ schnell adaptiert werden können.

Thematischer Apperzeptions-Test (TAT) →*Projektives Verfahren*, das in erster Linie ein Persönlichkeitstest ist. Den Testpersonen werden verschiedene Bilder mit typischen Lebens-, Konsum- und Kaufsituationen vorgelegt. Die →*Probanden* schildern dann, was sich auf den Bildern abspielt, wie es zu der Situation kam und wie die Geschichte weitergehen könnte. Analysiert werden vor allem die Verhaltensweisen und die Beweggründe, die sich aus den Bildgeschichten ergeben.

Themenhäuser →*Betriebstyp* des →*Einzelhandels*, dessen →*Sortimente* und →*Dienstleistungen* nach spezifischen Zielgruppenbedarfen gegliedert sind. Besonders geeignet ist der Betriebstyp für Einzelhandelsgeschäfte mit einer großen →*Sortimentsbreite* und →*Sortimentstiefe* (z.B. →*Waren-* und →*Kaufhäuser*). Beispiele für an Lebensbereichen orientierte Konsumfelder sind Wohnbedarf, Essen und Trinken, Sport, Textilien, persönliche Accessoires, Multimedia, modische Produkte etc.

Theoretisches Konstrukt →*Hypo-*

thetisches Konstrukt.

Theorie des autonomen Verfalls Konstrukt der →*Gedächtnistheorien*, nach dem das →*Vergessen* zeitabhängig ist. Das bedeutet, daß die →*Erinnerung* an einen →*Stimulus* abhängig ist vom Zeitabstand zwischen der → *Wahrnehmung* und dem Abruf gelernter (→*Lernen*) Inhalte. Im Gegensatz dazu steht die →*Interferenztheorie*, nach der →*Informationen* nicht ausgelöscht, sondern durch andere (z.B. neuere) Informationen überlagert werden, so daß die Erinnerung an zeitlich länger zurückliegende Informationen erschwert oder auch unmöglich wird. Aus beiden Theorien läßt sich aber ableiten, daß es z.B. für die →*Marketingkommunikation* von großer Bedeutung ist, eine möglichst hohe →*Penetration* von →*Werbebotschaften* zu erreichen. Diese kann etwa durch eine →*Pulsierende Werbung* hergestellt werden.

Thermographie Form der →*Apparativen Verfahren*, die durch die Analyse der Reaktion der Körperoberflächentemperatur der →*Probanden* auf wechselnde →*Stimuli* (z.B. →*Anzeigen*) das Maß der →*Aktivierung* der Versuchspersonen zu bestimmen versucht.

Thurstone-Skala Nach *L.L. Thurstone* benanntes →*Skalierungsverfahren* (→*Skalierung*). Zunächst werden möglichst viele Statements zum Einstellungsobjekt gesammelt und einer Expertengruppe zur Bewertung (Bildung einer Rangordnung) vorgelegt. Die Zielpersonen wählen dann diejenigen Statements aus, die ihrer Meinung am besten entsprechen. Die Werteskala ist hierbei den →*Probanden* unbekannt. Aus dem anschließend berechneten Mittelwert der zugestimmten → *Items* ergibt sich die Meinung der Befragten.

Tiefeninterview Form der nichtstandardisierten bzw. teilstrukturierten →*Mündlichen Befragung* (auch als Intensivinterview bezeichnet), die vor allem in der →*Motivforschung* eingesetzt wird. Die relativ große Freiheit der →*Interviewer* bzgl. Inhalt und Gestaltung der →*Interviews* stellen an die Durchführenden hohe Anforderungen. Mit dem völlig freien Gespräch ist auch die Gefahr von Interviewer-Einflüssen (→*Interviewer-Bias*) verbunden. Andererseits ist durch die erhöhte Auskunftsbereitschaft und die Spontaneität der Befragten die Chance höher, wahre Aussagen zu erhalten (z.B. in bezug auf →*Motive*, →*Einstellungen*, →*Erwartungen*, →*Kaufverhalten*, → *Konsumentenverhalten* etc.).

Time Based Management Management-Konzept, das die Zeit, d.h. die Schnelligkeit der Reaktion auf Kundenwünsche, als wesentlichen →*Wettbewerbsvorteil* herausstellt (→*Zeitwettbewerb*, →*Turbo-Marketing*). Das betrifft vor allem die →*Produktentwicklung*. Das Management-Konzept kann sich dann als problematisch erweisen, wenn damit eine Reduzierung von notwendigen →*Produkttests* verbunden ist (siehe →*Qualität* und → *Qualitätsmanagement*).

Time-Management Systematische Nutzung der Zeit im Sinne einer ökonomischen Optimierung und/oder der Gewinnung eines Zeitvorsprungs gegenüber den →*Wettbewerbern* (→ *Zeitwettbewerb*, →*Turbo-Marketing*), um dadurch einen →*Wettbewerbsvorteil* zu erzielen.

Time Pacing Form der Tempoführerschaft (→*Zeitwettbewerb*), die z.B. →*Produktentwicklungen* weit im voraus unternehmensautonom festlegt. Der wesentliche Unterschied zum Zeitwettbewerb ist die regelmäßige, in vorbestimmten Zeitrhythmen proaktive

Vorgehensweise (z.B. die Zielvorgabe, 30% des Jahresumsatzes durch →*Produktinnovationen* zu erwirtschaften). Time Pacing schafft damit einen zielorientierten Rhythmus für Veränderungen im →*Unternehmen* und dementsprechend einen permanenten Wettbewerbsvorsprung (→*Wettbewerbsvorteil*) durch die innovative Taktvorgabe in den relevanten →*Absatzmärkten* (siehe dazu im Gegensatz →*Event Pacing*).

Timing →*Zeitwettbewerb*.

Tonality Grundton der →*Werbebotschaft*. Die Tonality ist ein wesentlicher Bestandteil der →*Copystrategie* und bestimmt, in welcher Art und Weise der →*Customer Value* den definierten →*Werbesubjekten* (→*Kommunikanten*, →*Zielgruppen*) vermittelt werden soll.

Tonbildschau Kombination von Bildprojektion und Tonuntermalung. Tonbildschauen werden vor allem in der Schulung und →*Verkaufsförderung* als kommunikatives Instrument eingesetzt.

T-Online Online-Dienst (siehe auch →*Online-Marketing*, →*Internet*). Das Online-System dient dem Nutzer z.B. in Verbindung mit Internet als Informations- und Kommunikationsinstrument.

Top-down-Budgetierung →*Budgetierung*, die vom Top-Management ausgeht und die Budgets für die nachgelagerten Organisationsebenen bzw. Organisationseinheiten absolut verbindlich festlegt. Die Budgetierungsform basiert auf der →*Top-down-Planung* und erweist sich dann als zunehmend problematisch, wenn die →*Planung* aufgrund unterschiedlicher und sich dynamisch verändernden Umfeldbedingungen keine zentralistische Allgemeinverbindlichkeit zuläßt und eine →*Bottom-up-Planung* erforderlich macht. In diesen und zunehmend relevanteren Fällen ist eine →*Bottom-up-Budgetierung* notwendig. Damit stellt sich aber auch die Frage nach mehr Zentralisation oder Dezentralisation der Unternehmungsorganisation (→*Aufbauorganisation*), wobei die Theorie mehrheitlich die Dezentralisation fordert.

Top-down-Planung Planungsprinzip vor allem im →*Internationalen Marketing*. Die in der Zentrale entwickelte →*Planung* wird den ausländischen Tochtergesellschaften verbindlich vorgegeben (siehe im Gegensatz dazu →*Bottom-up-Planung* und →*Gegenstromverfahren*).

Totalerhebung →*Vollerhebung*.

Total Productive Maintenance (TPM) Konzept zur Maximierung der Betriebsmitteleffizienz. Im wesentlichen geht es um die vorbeugende Instandhaltung der →*Betriebsmittel*. In diesen Optimierungsprozeß sind alle Mitarbeiter interdisziplinär und interhierarchisch eingebunden.

Total Quality Management (TQM) Integriertes Führungskonzept, das auf der Mitwirkung aller Mitglieder einer Organisation beruht, die →*Qualität* in den Mittelpunkt stellt und durch Zufriedenstellung der →*Kunden* auf den langfristigen Geschäftserfolg sowie auf den Nutzen für die Mitglieder der Organisation und für die Gesellschaft zielt (DIN ISO 8402). Die wichtigsten Prinzipien sind: Ausrichtung aller Aktivitäten auf die Zufriedenstellung der Kunden, Behandlung jeder Aktivität als eine Summe von →*Prozessen*, Streben nach anhaltender, kontinuierlicher Verbesserung der Qualität in allen betrieblichen Abläufen (siehe auch →*Qualitätsmanagement*). In diesem

Kontext umfaßt Qualität den gesamten unternehmensbezogenen Wertschöpfungsprozeß (→*Wertkette*), die Qualität der Arbeitsbedingungen und die der Beziehungen zur Unternehmensumwelt, insbesondere zu Kunden und Zulieferern. TQM ist demzufolge kein derivatives, sondern ein eigenständiges →*Unternehmensziel* mit der Qualität einer →*Unternehmensphilosophie* bzw. →*Unternehmenskultur*, „die in ihrem Kern eine Reihe von Werten trägt, die vor allem Dienstleistungsorientierung auf hohem Niveau repräsentieren" (*A.B. Weinert, 1998*).

Tourenplanung Besuchsplanung des →*Außendienstes*, die im wesentlichen von der Besuchshäufigkeit der →*Kunden* und den Entfernungen abhängt. Die Tourenplanung ist ein wichtiges Instrument der →*Außendienststeuerung*. Im logistischen Bereich (→*Logistik*) bezieht sich die Tourenplanung auf die Transportplanung (siehe auch →*Routenplanung*).

Tourismus Reiseverkehr, der sich vor allem in der Freizeit bzw. im Urlaub, aber auch beruflich vollzieht. Der Tourismusmarkt ist nach wie vor ein starker Wachstumsmarkt und beeinflußt im erheblichen Umfang das →*Konsumentenverhalten*. Deutliche Ausprägungen dieses Einflusses sind die →*Migration* und die →*Kulturelle Diffusion*.

Tourismusmarketing Form des →*Dienstleistungsmarketing* von →*Anbietern* auf dem Touristikmarkt. Aufgrund der Vielfalt der touristischen Marktleistungen ist der Gesamtmarkt charakterisiert durch eine Reihe von Teilmärkten (Beherbergungs-, Transport-, Reisebüro-, Reiseveranstaltermarkt etc.). Überdies ist das Tourismusmarketing eng verknüpft mit dem →*Kommunalen Marketing* und dem →*Stadtmarketing*.

Tracking-Studie(n) Kontinuierliche →*Befragung* von (im Unterschied zum →*Panel*) wechselnden Personen in regelmäßigen Abständen. Die Befragungsmethode wird vor allem als →*Posttest* für die →*Werbewirkungskontrolle* eingesetzt.

Trade-Marketing Alle auf die Anforderungen des →*Handels* ausgerichteten Aktivitäten der Lieferanten (siehe dazu auch →*Vertikales Marketing*, →*Handelsmarketing*). Die Leistungsziele werden durch den →*Markt* bzw. die →*Kunden* bestimmt.

Trade Mart →*Großhandelszentrum*.

Trade-off-Analyse Gleichzeitiges Abwägen mehrerer Faktoren, die die →*Kaufentscheidung* bestimmen; z.B. die Verbindung von Preisunterschieden mit differenzierten →*Produkteigenschaften*. Für die verschiedenen Preis-Leistungs-Kombinationen ergibt sich eine Rangfolge der Nutzenbeiträge auf der Basis subjektiver →*Präferenzen* (siehe auch→*Conjoint Measurement*).

Trading Down Konzept des →*Einzelhandels* (insbesondere des →*Fachhandels*), sich durch einen Abbau des Leistungsniveaus und Einschränkung des Leistungsprogramms vor allem gegenüber den →*SB-Warenhäusern* und →*Discountern* zu profilieren. Damit verbunden ist auch eine stringente und nicht nur temporäre Kostensenkungsstrategie (siehe im Gegensatz dazu →*Trading Up* und in Abgrenzung →*Side Trading*).

Trading Up Konzept des →*Einzelhandels* (insbesondere von →*Warenhäusern*), sich durch eine Erweiterung des Leistungsprogramms (mit ertragsstarken und in aller Regel höherpreisigen Waren- und Dienstleistungsangeboten) zu profilieren. Diese Strategie ist in erster Linie gegen den →*Fachhandel* gerichtet (siehe im Gegensatz dazu →*Trading Down* und in Abgrenzung →*Side Trading*).

Tradition Gesamtheit der von den Vorfahren an nachfolgende Generationen überlieferten →*Werte*, der Verhaltens- und Sprachgewohnheiten (→ *Kultur*) und des technisch-sachlichen Wissens. Die Bedeutung der Tradition ergibt sich aus der Identifikation einer →*Gesellschaft* mit ihrer Geschichte und der Weitergabe traditioneller Werte durch die →*Sozialisation*. Gesellschaften wie auch soziale →*Gruppen* (→*Soziale Milieus*) lassen sich danach unterscheiden, inwieweit sie der Tradition verhaftet sind bzw. sich aus ihr gelöst haben. Die Wertorientierungen: traditionsbewußt, angepaßt oder nonkonformistisch als Hedonisten (→*Hedonismus*) oder Individualisten bestimmen →*Lebensstil* und ästhetische Grundbedürfnisse des Erlebens und Verhaltens (→*Alltagsästhetik*) und steuern das →*Konsumentenverhalten*.

Traditionsgeleitete Mensch(en) Eine auf *D. Riesman (1958)* zurückgehende Personenkategorie, deren → *Verhalten* sich im Gegensatz zu →*Innen-* und →*Außengeleiteten Menschen* an der gemeinsamen →*Tradition* (als Form der überlieferten →*Sozialisation*) orientiert (siehe dazu auch →*Integrierte Menschen*).

Tragfähigkeitsprinzip Prinzip, nach dem die →*Kosten* nach der Tragfähigkeit der →*Kostenträger* (→*Produkte* bzw. →*Dienstleistungen*) aufgeteilt werden. Tragfähigkeitsmaßstäbe können z.B. der →*Umsatz*, →*Deckungsbeitrag* oder der →*Gewinn* sein.

Trailer →*Spot* im Fernsehen, der eine künftige Sendung in wichtigen Szenen präsentiert. Die Inhalte bzw. Themen werden durch Schlüsselszenen und eine grobe Darstellung der Handlung vorgestellt. Ergänzt wird die Vorstellung durch Titel und Sendetermin sowie vielfach durch eine Erkennungsmelodie.

Transaktion(en) Austauschbeziehungen zwischen den →*Marktpartnern*, wobei die Transaktionen den Tausch von →*Waren* und/oder →*Dienstleistungen* gegen andere →*Güter* oder üblicherweise gegen Geld umfassen (siehe auch →*Interaktionstheorie*).

Transaktionsepisode Ablaufprozesse, die eine →*Transaktion* herbeiführen. Insbesondere im →*Investitionsgütermarketing* hat die Transaktionsepisode (aufgrund der langen Dauer) eine große Bedeutung.

Transaktionskosten Alle →*Kosten*, die mit →*Transaktionen* (Tauschakten) und ihren prozessualen Abläufen verbunden sind (siehe dazu auch →*Interaktionstheorie*). Zu den wichtigsten Transaktionskosten zählen die Informations-, Kommunikations- und Kontraktkosten, die im Rahmen der Anbahnung, Vorbereitung, Durchführung, Anpassung und Nachbereitung einer Transaktion für die Transaktionspartner entstehen und durch eine langfristige Zusammenarbeit erheblich gesenkt werden können als Ergebnis der Verringerung von vor allem Wissens- und Informationsdifferenzen. Unterschieden werden die externen (marktbedingten) und internen (unternehmensbedingten) Transaktionskosten.

Transaktionskostentheorie Die Theorie geht davon aus, daß die Produktionskosten bei vergleichbaren Unternehmen in etwa gleich sind. Die Ursache für Kostendifferenzen liegt in den unterschiedlichen Koordinationskosten (z.B. zwischen →*Beschaffung*, →*Produktion* und →*Distributionslogistik*). Im wesentlichen leistet die

Theorie einen Kostenvergleich alternativer institutioneller Arrangements der Abwicklung und Organisation von →*Transaktionen*. Zu den →*Transaktionskosten* zählen die Informations-, Verhandlungs- und Vertragskosten sowie die Kosten der Absicherung, Durchsetzung und evtl. Anpassung vertraglicher Vereinbarungen. Mit dem Instrumentarium der Transaktionskostentheorie läßt sich z.B. die für das Marketing bedeutsame →*Make-or-Buy*-Entscheidung fundieren.

Transaktionsmarketing Gezielte Förderung der Austauschbeziehungen (→*Transaktionen*) zwischen den verschiedenen →*Marktpartnern* (siehe dazu auch →*Interaktionsmarketing*). Das →*Beziehungsmarketing* und vor allem das →*Relationship Marketing* als eine Partnerschaft mit allen externen und internen Anspruchsgruppen (→*Stakeholder*) sind eine Weiterentwicklung des Transaktionsansatzes. Das Transaktionsmarketing ist fokussiert auf die Beeinflussung, das Relationship Marketing hingegen auf das Vertrauen. Die instrumentellen Ansätze dazu bietet u.a. das →*Interne Marketing*.

Transferpreis(e) →*Verrechnungspreis(e)* von Lieferungen und Leistungen zwischen verschiedenen Einheiten eines Unternehmens oder Konzerns. Transferpreise haben vor allem in stark diversifizierten Unternehmen, die im Ausland durch eigene Tochtergesellschaften vertreten sind, eine große Bedeutung. Die Gestaltung der Transferpreise (entweder mehr kosten- oder marktpreisorientiert) führt wiederholt zu Auseinandersetzungen zwischen dem Mutter- und den Tochterunternehmen.

Transithandel Durchfuhrhandel im →*Außenhandel*, bei dem →*Güter* aus einem Ursprungsland von einem Transithändler in ein Drittland verbracht und von dort an den →*Käufer* im Einfuhrland geliefert werden. Sonderformen des Transithandels sind der Reexport (Nutzung von zollfreien Gebieten oder Preisunterschieden) und Dreiecksgeschäfte (Exportstreckengeschäft).

Transplants Tochterunternehmen, die im Ausland aufgebaut werden und im Vergleich zum Mutterland unterschiedliche wirtschaftliche, politische und soziale Systeme vorfinden. Die Schwierigkeit besteht darin, die wesentlichen Erfolgsmerkmale eines Konzepts im Mutterland auf die Tochterunternehmen im Ausland zu übertragen (siehe dazu als Beispiele →*Kaizen*, →*Quality Circles* oder →*Lean Management*).

Transport Funktion der →*Logistik*, deren Planung und Gestaltung im wesentlichen abhängt von den Eigenschaften der Transportgüter, dem Lieferort und der jeweiligen Verkehrsinfrastruktur. Zu unterscheiden sind der innerbetriebliche bzw. außerbetriebliche Transport und der Werksverkehr (→*Fuhrpark*) bzw. der Fremdbetrieb (Spedition). Die Auswahl der Transportmittel erfolgt nach ihren spezifischen Eigenschaftsprofilen, wie z.B. Schnelligkeit, Sicherheit, Flexibilität, Massenleistungsfähigkeit und Kosten. Durch die Bildung von Transportmittelketten (→*Kombinierter Verkehr*) werden die Vorteile der verschiedenen Transportmittel (Verkehrsträger) kombinatorisch genutzt.

Transportverpackung Besondere Form der →*Verpackung*, die dazu dient, →*Güter* auf dem Weg vom Erzeuger bis zum Vertreiber (oder beim →*Direktvertrieb* bis zum →*Verwender* bzw. →*Verbraucher*) vor Schäden zu bewahren oder die aus Gründen des

→*Transports* oder der Verteilung der Ware erforderlich ist (§ 3 VerpackVO).

Trend(s) Entwicklungen, die in der Gegenwart bereits erkennbar sind und mittel- bis langfristig wirksam werden. Die Trendforschung ist ein wichtiges Instrument zur Entwicklung von →*Prognosen* und geht weit über die Ermittlung rein statistischer Trends hinaus. Sie beinhaltet die futurologische (→*Futurologie*) Bestimmung von gesellschaftlichen Entwicklungen bzw. von psychologischen und sozialpsychologischen Entwicklungstendenzen und Strukturen (siehe →*Megatrends*, →*Wertetrends*, →*Konsumtrends*), die in Zukunft z.B. das →*Konsumentenverhalten* prägen.

Trendextrapolation Fortschreibung des →*Trends* einer →*Zeitreihe* (siehe dazu auch →*Prognose*). Die Trendextrapolation wird mit Hilfe der sogen. →*Kleinste-Quadrate-Methode* durchgeführt (siehe dazu auch →*Gleitender Durchschnitt*, →*Exponentielle Glättung*).

Trendscouting Form der Zukunftsforschung (→*Futurologie*), die langfristige →*Trends* von Branchenstrukturen zu bestimmen versucht (siehe auch →*Prognosen*, →*Projektionen*). Dazu bedient man sich Personen, die über die örtlichen „Szenen" berichten und Entwicklungen in bestimmten Konsumbereichen (Kleidung, Musik, Sport, Freizeit, Ernährung, Gesundheit etc.) im Frühstadium (→*Monitoring*, →*Frühwarnsysteme*) erkennen. Als Trendscouts eignen sich u.a. Journalisten, Gastronomen, aber auch Branchenspezialisten etc.

Treuerabatt(e) Form des →*Rabatts*, durch den die Lieferanten die Bezugstreue des →*Handels* (→*Groß*- und →*Einzelhandel*) honorieren (→*Lieferantentreue*). Wettbewerbsrechtlich (→*GWB*, →*UWG*) erweisen sich Treuerabatte dann als problematisch, wenn sie mit →*Mengenrabatten* und →*Boni* verknüpft werden und letztere im voraus zur Auszahlung kommen. In diesen Fällen handelt es sich in der Regel um eine Form des unzulässigen →*Behinderungswettbewerbs*.

Triade Von *K. Ohmae (1985)* entwickeltes Konzept, das für die Bildung von →*Internationalisierungsstrategien* und ihre Umsetzung durch das →*Internationale Marketing* von Bedeutung ist. Grundüberlegung ist, daß Europa, Japan und USA die drei weltweit wichtigsten Wirtschaftszentren sind, die von Unternehmen bearbeitet werden müssen, um dauerhaft im internationalen Wettbewerb bestehen zu können. Hierbei wird eine weitere →*Globalisierung* der →*Märkte* bzw. Vereinheitlichung der →*Nachfrage* unterstellt (→*Global Marketing*). Die internationale Konsumentwicklung zeigt die grundsätzliche Richtigkeit der Annahme, wenngleich sich längerfristig die Bestimmung der wichtigsten Wirtschaftszentren verändern wird (durch z.B. die Wirtschaftsräume Südamerika, China, Indien, Afrika).

Tribalität Erkenntnis, daß Menschen mit ähnlichen Profilen dazu neigen, Gemeinschaften (Tribalitäten) zu bilden. Mitglieder des gleichen „Stammes" neigen zu gleichen oder ähnlichen Verhaltensweisen (z.B. Berufsgruppen, wie Vorstände, Ärzte, Angestellte auf den verschiedenen Hierarchieebenen etc.). Daraus können aus Marketingsicht Konsequenzen für die Zielgruppenorientierung (→*Marktsegmentierung*) abgeleitet werden. Hierbei ist der entscheidende Marketingansatz die →*Homogenität* der →*Bedürfnisse* in den Tribalitäten, die in aller Regel sehr stabil sind und einer →

Fraktalisierung entgegenwirken. Dies gilt jedoch nur unter der Voraussetzung, daß die Leistungsangebote „stammesorientiert" sind und nicht mit „Unterstämmen" (z.B. Helferin zum Arzt) vermischt werden. Tribalitäten verteidigen ihr Territorium und verändern auch ihr bisheriges →*Konsumentenverhalten*, wenn sie sich in ihrer Tribalität gestört bzw. verletzt fühlen.

Triffin'scher Koeffizient →*Substitutionskoeffizient* (benannt nach *R. Triffin, 1971*), der die Stärke der Konkurrenzbeziehungen zwischen →*Anbietern* mißt. Ermittelt werden die Preis-Mengen-Beziehungen (→*Kreuzpreiselastizität*).

Trommsdorff-Modell Das nach *V. Trommsdorff* benannte Modell ist eine Variante des →*Fishbein-Modells* (→ *Skalierungsverfahren*, →*Skalierung*). Die kognitive Komponente wird direkt über die wahrgenommenen Eigenschaftsausprägungen gemessen, die affektive Komponente indirekt über die für ideal erachteten Merkmalsausprägungen. Der Einstellungswert ergibt sich durch die Addition aller relevanten Eigenschaften. Danach wird der Wert für die Idealausprägung vom Wert der wahrgenommenen Ausprägung subtrahiert. Es ergibt sich der Eindruckswert der Befragungsperson. Je kleiner die Differenz einer wahrgenommenen realen Merkmalsausprägung zur idealen Ausprägung ist, um so höher wird das wahrgenommene Produktmerkmal eingeschätzt.

Tür-zu-Tür-Verkauf Haustürverkauf, →*Hausverkauf*.

Turbo-Marketing Nutzung der Zeit, die als strategischer →*Erfolgsfaktor* zunehmend an Bedeutung gewinnt (→ *Zeitwettbewerb*). Dadurch kann eine Tempoführerschaft erreicht werden, die neben der →*Marktführerschaft* und →*Kostenführerschaft* einen wesentlichen →*Wettbewerbsvorteil* darstellt. Ein entscheidendes Element des Turbo-Marketing ist die Beschleunigung der Entwicklungs- und Fertigungszeiten. Sie darf jedoch nicht in Konflikt geraten mit der →*Qualität* und insgesamt mit dem →*Total Quality Management (TQM)*. Das Konzept geht auf den amerikanischen Marketingwissenschaftler *Ph. Kotler* zurück.

t-Verteilung Auch als t-Test oder *Student*-Verteilung (von *W.S. Gosset, 1908* unter dem Pseudonym *Student* entwickelt) bezeichnete →*Wahrscheinlichkeitsverteilung* für die →*Mittelwerte* aus normalverteilten →*Grundgesamtheiten*. Die t-Verteilung gilt für kleine →*Stichprobenumfänge* (< 30). Bei größeren →*Stichproben* kann die Differenz zwischen der t-Verteilung und der →*Normalverteilung* vernachlässigt werden.

TV-Werbung →*Fernsehwerbung*.

Two-Step-Flow-Kommunikation →*Zweistufige Kommunikation*.

Typische Auswahl →*Stichprobenverfahren* der →*Bewußten Auswahl*. Es werden diejenigen Elemente aus der →*Grundgesamtheit* ausgewählt und in die →*Stichprobe* aufgenommen, die für „typisch" gehalten werden. Das Verfahren ähnelt stark der →*Willkürlichen Auswahl* und entspricht nicht den Bedingungen der →*Repräsentanz*.

Typographie Gestaltung von Texten (z.B. Schriftart, Schriftgröße, Umbruch, Block- und Abschnittsbildung etc.) in →*Printmedien*.

Typologie(n) →*Käufertypologie*.

Typologie der Wirtschaftsgüter

→Gütertypologie, *→Konsumgütertypologie*.

Typologie sozialer Milieus *→Soziale Milieus*.

Typologisierung Systematische Gliederung von verschiedenen Betrachtungsobjekten in möglichst homogene Gruppen. Diese können sehr vielfältig sein. Die für das Marketing wichtigsten Typologien sind die *→Gütertypologien*, *→Markttypologien* und *→Käufertypologien*. Bei der Typologisierung handelt es sich nicht um eine formalistische Klassifikation, sondern um eine Gliederung nach charakteristischen Merkmalen, die zu in sich homogenen Gruppen zusammengefaßt werden können.

U

UAP Abk. für Unique Advertising Proposition. In Abgrenzung zum →*USP*, der sich auf produktspezifische Merkmale bezieht, beschreibt der UAP den kommunikativen einzigartigen →*Wettbewerbsvorteil*. In der Praxis werden die beiden Begriffe in der Regel synonym verwendet bzw. inhaltlich im USP zusammengefaßt. Da sich aber der UAP in der Regel nicht aus dem Leistungsangebot und seinen Eigenschaften selbst ableitet, sondern lediglich aus der Art und Weise der Angebotsprofilierung durch die →*Marketingkommunikation*, handelt es sich hierbei nach der Definition des USP durch *R. Reeves (1961)* um einen konstruierten (künstlichen) und nicht natürlichen USP.

Ubiquität (Überall-)Erhältlichkeit eines →*Produktes* bzw. einer →*Dienstleistung* in einem größeren Absatzraum (siehe auch →*Markenartikel*). Der →*Distributionsgrad* (Distributionsquote) bestimmt das Maß der Ubiquität.

Überflußgesellschaft Bezeichnung von *J.K. Galbraith (1958)* für eine hochentwickelte →*Industriegesellschaft* (→*Konsumgesellschaft*), die aufgrund ihrer Massenproduktion und eines ausgebauten Dienstleistungs-, Handels- und Verkehrssystems einen hohen Versorgungsstand der Bevölkerung erreicht hat. Das wirtschaftliche Problem in der Überflußgesellschaft besteht nicht in der Bedarfsdeckung, sondern in der Entwicklung von →*Bedürfnissen* zur Auslastung der Produktionskapazitäten und Erhaltung des →*Wirtschaftswachstums*. Die zunehmende Umweltbelastung (→*Ökologie*), die knapper werdenden Ressourcen an →*Rohstoffen*, Krisen des Arbeitsmarktes und eine nachlassende →*Leistungsmotivation* begrenzen das →*Wachstum* der Wirtschaft wie auch die Überflußgesellschaft.

Überlappende Planung →*Rollende Planung*.

Übertragungseffekt(e) →*Carry-over-Effekt(e)*.

Ultrakurzzeitgedächtnis →*Sensorischer Speicher*, →*Mehrspeichermodell*, →*Drei-Speicher-Modell*.

Umbrella-Marke(n) →*Dachmarke(n)*. Umbrella-Marken werden auch als Schirmmarken (→*Schirmmethode*) bezeichnet in Abgrenzung zu Pilzmarken (→*Pilzmethode*, →*Einzelmarken*, →*Solitärmarken*) und dienen vor allem einem positiven →*Imagetransfer*.

Umfeldanalyse →*Umweltanalyse*.

Umfrageforschung Form der →*Marktforschung*, die mit der →*Demoskopie* gleichgesetzt wird und zu der auch inhaltlich die →*Meinungsforschung* gehört.

Umsatz Summe aller Verkaufserlöse für Leistungen, die in einer Rechnungsperiode (Monat, Jahr) erzielt wurden. Man unterscheidet den Brutto-Umsatz vom Netto-Umsatz. Der Netto-Umsatz ist der um die Umsatzsteuer und →*Erlösschmälerungen* bereinigte Brutto-Umsatz.

Umsatzanalyse Kontinuierliche Überprüfung der →*Wirtschaftlichkeit* und →*Rentabilität* des →*Umsatzes* durch →*Umsatzkennziffern* und deren Vergleich mit früheren Perioden und anderen →*Unternehmen* (→*Betriebsvergleich*).

Umsatzanteil Wertmäßiger Anteilswert, den der →*Umsatz* des →*Unternehmens* mit den einzelnen Leistungsangeboten, gemessen am wertmäßigen →*Marktvolumen*, hat(→*Marktanteil*). Diese Betrachtung bezieht sich auf die Marktstellung des Unternehmens. Die zweite Betrachtungsebene ist der Grad der Konzentration des Umsatzes auf Teile des gesamten Leistungsangebots des Unternehmens (→*A-B-C-Analyse*). Diese Form der →*Umsatzanalyse* gibt wichtige Hinweise für die evtl. notwendige Umgestaltung der →*Programmpolitik*.

Umsatzbezogene Budgetierungsmethode Am →*Umsatz* orientierte →*Werbebudgetierung* (→*Kommunikationsbudget*). Die Budgetierungsmethode unterstellt einen funktionalen Zusammenhang zwischen Umsatz und →*Werbung*, der nur umgekehrt gegeben sein kann. Überdies führt das Verfahren zu einer →*Prozyklischen Werbung* mit der Folge, daß sich bei sinkenden Umsätzen und damit sinkenden Werbeausgaben die negative Entwicklung (evtl. sogar überproportional) weiter fortsetzt. Bei steigenden Umsätzen ist der Werbeetat hingegen vielfach überhöht.

Umsatzbindung(en) Auf den →*Umsatz* bezogene vertragliche Verpflichtung, die selbständige →*Unternehmen* (Lieferanten und Abnehmer) untereinander eingehen. Unterschieden werden horizontale und vertikale Bindungen (→*Vertriebsbindung*), die die wirtschaftliche Unabhängigkeit des Vertragspartners unterschiedlich stark einschränken. Das gilt insbesondere für vertikale Bindungen (siehe in Ergänzung dazu auch →*Absatzbindungen*).

Umsatzkennziffern →*Absatzkennziffern*.

Umsatzplanung Teil der periodenbezogenen Gesamtplanung des →*Unternehmens*, der von der realisierbaren →*Absatzmenge* (→*Absatzplanung*) ausgeht. Die Absatzplanung wird verbunden mit der Kostenplanung (Plankostenrechnung) und mit der Schätzung der künftigen →*Erlösfunktionen* (→*Nachfragefunktionen*). Hierbei erweist sich in der Praxis die Bestimmung der Erlösfunktionen als das größte Problem, und zwar aufgrund vieler und nur schwer planbarer Einflußgrößen (z.B. →*Preisakzeptanz*, Konkurrenzverhalten, Branchenentwicklung, Konjunktur etc.).

Umsatzprovision →*Provision*, →*Vergütungssystem(e)*.

Umsatzrentabilität Quotient aus →*Gewinn* mal 100 und dem →*Umsatz*.

Umsatzvolumen Gesamtheit der →*Umsätze*, die in einem bestimmten Zeitraum mit den verschiedenen Leistungsangeboten getätigt wurden. Das realisierte Umsatzvolumen wird in Beziehung gesetzt zu dem Gesamtumsatz im →*Relevanten Markt*. Daraus ergibt sich der wertmäßige →*Marktanteil*, der etwas über die Marktstellung des Unternehmens aussagt.

Umsatzvorgabe(n) Soll-Umsätze (→*Verkaufsquoten*), die dem →*Aussendienst* als verbindliche Zielgröße vorgegeben werden. Die Vorgaben werden vielfach verbunden mit →*Incentives* (→*Verkaufswettbewerbe*), um die notwendige Motivationsbasis zu schaffen. Ungeachtet der Tatsache, daß der →*Umsatz* nicht die alleinige Zielgröße für die →*Außendienststeuerung* sein kann, sind auch grundsätzliche Zweifel an der Wirksamkeit dieses autoritären →*Führungsstils* angebracht. Wenn man von der zunehmenden Bedeutung der →*Bottom-up-Planung* ausgeht, so ist eine Zielvereinbarung (→*Management-by-Objectives*) in Verbindung mit einer Mitarbeitermotivation (→*Management-by-Motivation*) weitaus erfolgversprechender als eine Zielvorgabe.

Umsatzzielabkommen Wesentlicher Bestandteil der →*Jahresgespräche* (→*Rahmenabkommen*) zwischen Hersteller und →*Handel*, der einen entscheidenden Einfluß auf die Festlegung der →*Konditionen* (→*Konditionenpolitik*) ausübt (so z.B. auf →*Rabatte*, →*Boni*, →*Werbekostenzuschüsse* etc.).

Umschlagsfrequenz →*Umschlagsgeschwindigkeit*.

Umschlagsgeschwindigkeit Betriebswirtschaftliche →*Kennzahl*, die Leistungen in Beziehung setzt zu Beständen und auch als Umschlagshäufigkeit bzw. Umschlagfrequenz bezeichnet wird. Wichtige Umschlagskennziffern sind der →*Lagerumschlag* bzw. →*Warenumschlag* (Lagerabgang zu →*Lagerbestand*), der →*Kapitalumschlag* (→*Umsatz* zum eingesetzten →*Gesamtkapital*) oder auch der Verschuldungsgrad (→*Cash Flow* zum Fremdkapital).

Umschlagshäufigkeit →*Umschlagsgeschwindigkeit*.

Umschlagslager Zwischenlager (Depot), in dem →*Güter* vorübergehend eingelagert werden.

UMTS Abk. für Universal Mobile Telecommunications System. Hierbei handelt es sich um eine neue elektronische Übertragungstechnologie, die mit einer Übertragungsrate von 384 Kbit/s und maximal bis zu 2 Mb/s arbeitet (im Vergleich zu →*ISDN* mit einer Übertragungsrate von 64 Kbit/s).

Umverpackung Zusätzliche →*Verpackung* von →*Verkaufsverpackungen*. Die Umverpackung dient primär dem Abverkauf von →*Waren* in →*Selbstbedienungs*systemen. Die Umverpackung hat zudem die Aufgabe der Diebstahlerschwerung, aber auch der →*Produktwerbung* (§ 3 VerpackVO).

Umwelt Umgebung des Menschen bzw. der Einzelwirtschaften. Zu unterscheiden ist zwischen einer natürlichen und einer künstlichen Umwelt. Die natürliche Umwelt sind die Bereiche der unbelebten und belebten Natur und ihre Wechselbeziehungen, die das →*Ökologische System* oder auch Ökosystem (siehe auch →*Ökologie*) bilden. Die künstliche Umwelt ist der gesamte von Menschen geschaffene Lebensraum mit allen Einzelwirtschaften, Gebäuden,→*Logistiksystemen* etc. Die natürliche Umwelt wird wirtschaftlich als Entnahmemedium für Ressourcen und als Aufnahmemedium für Abfälle und Emissionen genutzt. Mit dieser wirtschaftlichen Nutzung sind mittlerweile erhebliche Probleme verbunden (siehe dazu alle Stichworte, die Ökofragen ansprechen).

Umweltanalyse Teil der →*Strategischen Marketingplanung* (im Sinne einer Umfeldanalyse), der gegliedert ist in die Analyse der globalen Umwelt und die der Wettbewerbsumwelt. Die globale Umwelt läßt sich weiter unterteilen in die makroökonomische, technologische, politisch-rechtliche und sozio-kulturelle Umwelt. Die Wettbewerbsumwelt bezieht sich auf die unmittelbar relevanten Wettbewerbskräfte. Aufgabe der Umweltanalyse ist die systematische Erkundung von Risiko- und Chancenpotentialen. Methodisch werden dazu die verschiedenen Formen der →*Frühwarnsysteme* (→*Monitoring*), die →*Cross Impact-Analyse*, →*Szenario-Technik*, →*Delphi-Methode*, →*Branchenanalysen* etc. eingesetzt (siehe im Vergleich und in Ergänzung →*Unternehmensanalyse*).

Umwelt-Audit Feststellung und Prüfung des aktuellen ökologischen status quo des →*Unternehmens* (siehe auch →*Öko-Bilanz*). Der Status wird ermittelt durch ein Bestands-Audit (Materialien, Substanzen, Rohstoffe etc.), Input-Audit (Zugänge) und Output-Audit (Ausgänge). Die Audit-Schwerpunkte können erweitert werden durch Produkt-, Verbrauchs- und Prozeß-Audits. Das Umwelt-Audit wird in einem Umweltbericht dokumentiert (siehe auch →*Umweltschutz-Audit*).

Umweltbewußtsein Der Begriff ist gleichzusetzen mit Ökologiebewußtsein. Es handelt sich um die Einsicht in die Gefährdung der natürlichen Lebensgrundlagen des Menschen durch diesen selbst, verbunden mit der Bereitschaft zur Abhilfe. Das Umweltbewußtsein besteht aus einer affektiven (gefühlsmäßigen) Dimension, kognitiven Dimension (Einsicht) und einer intentionalen (konativen) Komponente (aktive Bereitschaft zur Abhilfe), wobei zwischen Bewußtsein und →*Verhalten* immer noch eine erhebliche Diskrepanz besteht. Diese Lücke zu schließen, ist ein wesentliches Ziel der →*Umweltpolitik*.

Umwelt-Bilanz →*Öko-Bilanz*.

Umwelt-Controlling →*Öko-Controlling*.

Umweltengel →*Blauer Engel*, →*Umweltzeichen*.

Umweltgesetzgebung Die unbestreitbare Notwendigkeit zu mehr →*Umweltschutz* hat in Deutschland zu einer kaum noch überschaubaren Flut von Gesetzen und Regelungen geführt, die bislang aber nicht zu einem ganzheitlichen Umweltschutzgesetz zusammengefaßt wurden. Gleiches gilt auch für das Europäische Umweltrecht mit seiner Vielzahl von Richtlinien und Verordnungen.

Umwelthaftung Verursachungshaftung des Schädigers für Umweltschäden (nach Umwelthaftungsgesetz von 1991).

Umwelt (Makro-) →*Makro-Umwelt*.

Umwelt-Management →*Managementprozeß*, bestehend aus: (1.) Formulierung einer →*Unternehmenspolitik* zum →*Umweltschutz*; (2.) Entwicklung zielentsprechender Programme (Politiken); (3.) Etablierung eines geeigneten Managementsystems zur Durchsetzung und Kontrolle; (4.) Durchführung einer periodischen, systematischen und objektiven Kontrolle (durch unabhängige Dritte); (5.) Veröffentlichung in einem Umweltbericht (Environmental Statement; siehe auch →*Umwelt-Audit*).

Umweltökonomie Wirtschaftswissenschaftliche Disziplin, die sich mit Umweltproblemen beschäftigt. Es werden Lösungen gesucht, die ein Gleichgewicht zwischen Ökonomie und →*Ökologie* herstellen, und zwar durch die Erstellung gesamtwirtschaftlicher →*Öko-Bilanzen* und die Entwicklung eines umweltpolitischen Instrumentariums (z.B. in Form von Monetarisierungsstrategien durch Umwelt-Lizenzen, Öko-Steuern etc.).

Umweltpolitik Vermeidung schädlicher Einwirkungen auf die →*Umwelt* bzw. Beseitigung von Schäden und deren Folgen durch staatliche Maßnahmen. Es gelten drei grundlegende Prinzipien: das Vorsorgeprinzip, Verursacherprinzip und das Kooperationsprinzip (Beteiligung *aller* Marktteilnehmer).

Umweltpsychologie Psychologisches Forschungsgebiet, das sich mit dem Einfluß der physischen Umwelt (im Sinne des Umfeldes; z.B. Gebäude, Einrichtungen etc.) auf das menschliche →*Verhalten* beschäftigt. Die diesbezüglichen empirischen Erkenntnisse zeigen, daß das psychologische Umfeld (z.B. im →*Einzelhandel* die →*Ladengestaltung*, das →*Ladenlayout* und insbesondere das →*Interior Design*) für den →*Kunden* eine sehr wichtige Bedeutung hat. Hierbei ist das jeweilige Vorstellungsbild des Kunden entscheidend (z.B. das erwartete →*Sortimentsniveau* und das dazu passende Umfeld, die eng verknüpft sind mit der →*Betriebsform* bzw. dem →*Betriebstyp*. So verbindet man mit dem →*Discounter* eine andere Vorstellung als mit einem →*Fachgeschäft* und erwartet ein jeweils stimmiges Umfeld.

Umweltschutz Alle Maßnahmen (vor allem Auflagen durch den Gesetzgeber), die dazu dienen, die Umweltverschmutzung und die Ressourcenverschwendung zu reduzieren. Entsprechend der Definition ist der Umweltschutz eine passive Reaktion und erfüllt nicht seine eigentliche Funktion der Prophylaxe (Vorbeugung im Sinne der Verhütung).

Umweltschutz-Audit Darstellung und Überprüfung der Umweltschutzaktivitäten von →*Unternehmen*. Die Umweltschutz-Audits werden der →*Öffentlichkeit* zugänglich gemacht und dienen auch kommunikativen Zwekken (→*Umwelt-Audit*).

Umwelt-Sponsoring →*Öko-Sponsoring*.

Umweltzeichen →*Warenkennzeichnung* für →*Produkte*, die im Vergleich zu Substitutionsprodukten (gleiche Warengattung) die →*Umwelt* weniger stark belasten. Die Umweltzeichen (→*Blauer Engel*, →*Grüner Punkt*) unterliegen vielfach der Kritik, daß sie nur von einer Problemverminderung ausgehen und nicht von einer gesamtökologisch orientierten Problemvermeidung. Überdies greifen die Umweltzeichen nur jeweils einen begrenzten Umweltaspekt auf.

Unabhängige Variable In der →*Empirischen Sozial-* und →*Wirtschaftsforschung* und →*Datenanalyse* diejenige Größe (z.B. →*Einkommen*), die einen bestimmenden Einfluß (daher auch als bestimmende Variable bezeichnet) auf eine oder mehrere →*Abhängigen Variablen* (z.B. →*Konsum*) ausübt.

Unawareness Set Alle dem →*Konsumenten* unbekannten →*Produkte* bzw. →*Marken*, die als Kaufalternative nicht infrage kommen können (siehe im Gegensatz →*Awareness Set*).

Unbedingter Reiz →*Reiz* (→*Stimulus*), der einen angeborenen Reflex darstellt und eine „unbedingte" Reaktion auslöst. Durch die wiederholte Verknüpfung von unbedingten Reizen mit →*Neutralen Reizen* kann das Individuum in der Weise konditioniert (→*Konditionierung*) werden, daß der ursprünglich neutrale Reiz zu einer Reaktion führt (siehe →*Pawlow'scher Hund*). Wichtig ist hierbei die räumliche und zeitliche Nähe der beiden Reize (→*Kontiguitätsprinzip*).

Unbewußte Wahrnehmung →*Wahrnehmung* von →*Reizen* (→*Stimuli*), deren sich der →*Kommunikant* (Rezipient) nicht bewußt ist. Man spricht in diesem Zusammenhang auch von unterschwelliger Wahrnehmung (→*Unterschwellige Werbung*). Emotionale Elemente eines Gesamtbildes (z.B. ein Kind, eine Frau, Text oder Sprache) können insgesamt die Wahrnehmung verstärken, ohne selbst bewußt wahrgenommen zu werden (→*Emotionale Konditionierung*). Reize unterhalb der Wahrnehmungsschwelle können →*Bedürfnisse* aktivieren und modifizieren, ohne jedoch spezifische (produktspezifische) Verhaltensweisen auszulösen. Aufgrund fehlender kognitiver Verarbeitung (→*Gedächtnistheorien*) werden unbewußt aufgenommene →*Informationen* eher wiedererkannt (→*Recognition-Verfahren*) als erinnert (→*Recall-Verfahren*).

Underreporting Besondere Form des →*Paneleffekts*. Es werden Produktkäufe nicht genannt, die stattgefunden haben. Die Gründe für die Nichtnennung von Produktkäufen sind, daß sie vergessen wurden oder als sozial nicht wünschenswert angesehen werden (z.B. Alkoholika, Tabakwaren). Beim →*Overreporting* will man hingegen Produktkäufe vortäuschen, die möglicherweise mit einem →*Prestigekonsum* (Befriedigung von →*Geltungsbedürfnissen*) verbunden sind und von denen man annimmt, daß sie von der relevanten sozialen →*Gruppe* (Referenzgruppe, →*Bezugsgruppe*) als erstrebenswert angesehen werden, da sie dem →*Status* der →*Sozialen Rolle* entsprechen.

Undifferenzierte Marktsegmentation Im Vergleich zur →*Differenzierten* und →*Konzentrierten Marktsegmentation* wird keine bewußte Aufteilung des Gesamtmarktes vorgenommen. Insofern handelt es sich um keine echte →*Marktsegmentierung* im Sinne einer sich an spezifischen Bedürfniskomplexen (→*Bedürfnisse*) verschiedener →*Zielgruppen* orientierenden →*Marketingstrategie* (→*Segmentationsstrategie*). Diese Form der →*Segmentation* ist vielmehr eine Unifizierungsstrategie, die es dem Gesamtmarkt selber überläßt, sich durch das konkrete →*Käuferverhalten* in →*Teilmärkte* aufzuspalten, die dann mit unterschiedlichen Leistungsangeboten bedient werden können.

Unifizierungsstrategie →*Marktunifizierung*.

Unique Selling Proposition→*USP*.

Unit Pricing Grundpreisauszeichnung (→*Preisangaben-Verordnung*, →*Preisauszeichnung*), die →*Preise* für Einheitsmengen festsetzt. Mit der Grundpreisauszeichnung soll die →*Preistransparenz* der →*Verbraucher* erhöht und damit auch eine →*Irreführung* (z.B. durch →*Mogelpackungen*) vermieden werden.

Univariate Analyseverfahren Analyse (→*Datenanalyse*) einer →*Variablen* und deren Ausprägungen (siehe in Abgrenzung →*Bivariate* und →*Multivariate Analyseverfahren*).

Universalversandhandel →*Sortimentsversandhandel*.

Universelle Unternehmenskultur Hineinsozialisation von Auslandsgesellschaften (→*Internationales Marketing*) in die bestehende und im Stammhaus entwickelte →*Unternehmenskultur* (siehe auch →*Ethnozentrisches Marketing*). Die Auslandsgesellschaften werden zu integralen Teilen der Gesamtkultur. Diese Vorgehensweise ist eng verknüpft mit →*Dachmarken*-Konzeptionen (siehe im Gegensatz dazu die →*Pluralistische Unternehmenskultur*) und hat den Vorteil einer auch organisatorischen Systemeinheit. Als Nachteil muß hingegen die mangelhafte Flexibilität angesehen werden.

Unlauterer Wettbewerb →*UWG*.

Unsicherheit Unvorhersehbarkeit zukünftiger Ereignisse. Die →*Wahrscheinlichkeitstheorie* versucht, die Unsicherheit quantitativ zu erfassen. Zu unterscheiden sind die objektive Unsicherheit und die subjektive Unsicherheit. Bei der objektiven Unsicherheit liegen keine →*Informationen* über zukünftige Ereignisse vor. Bei der subjektiven Unsicherheit werden den zukünftigen Ereignissen individuelle Wahrscheinlichkeitsgrade zugemessen (siehe auch →*Risiko*).

Unstrukturiertes Interview Im Gegensatz zum →*Strukturierten* bzw. →*Standardisierten Interview* die Beschränkung des →*Fragebogens* auf einen groben →*Interviewerleitfaden*, der dem →*Interviewer* die Möglichkeit gibt, Formulierung und Reihenfolge der Fragen selbst zu bestimmen, Fragen wegzulassen oder auch hinzuzufügen. Der Vorteil des Verfahrens ist, daß eine natürliche Gesprächssituation hergestellt wird und die Befragten ihre eigentliche Meinung äussern. Als Nachteile gelten der mögliche →*Interviewer-Bias* (→*Systematischer Fehler*), die mangelhafte Vergleichbarkeit der Aussagen der Befragten und die damit verbundenen Auswertungsprobleme.

Unterbrecherwerbung Unterbrechung von Spielfilmen im Fernsehen durch →*Produktwerbung* (siehe auch →*Zapping*).

Untereinstandspreispolitik Verkauf von →*Waren* (→*Produkten*) unter dem →*Einstandspreis* (Bezugspreis) im →*Einzelhandel*. Diese vor allem bei →*Sonderangeboten* und →*Preisaktionen* durchgeführte preispolitische Maßnahme ist grundsätzlich nicht wettbewerbswidrig (→*UWG*). Unzulässig ist die (langfristige) Untereinstandspreispolitik hingegen dann, wenn damit ein →*Verdrängungswettbewerb* im Sinne eines Vernichtungswettbewerbs verbunden ist. Die rechtliche Würdigung der relevanten Fälle gestaltet sich insofern äußerst problematisch, als der Einstandspreis nicht exakt definiert werden kann. So ist z.B. die Heranziehung des →*Listenpreises* zur definitorischen Bestimmung ungeeignet, da er durch die vielfältigen Formen der →*Rabatt-* und →*Konditionenpolitik* kaum noch eine praktische Aussagekraft hat.

Unternehmen Selbständige →*Wirtschaftseinheit*, die als rechtliche, organisatorische und wirtschaftlich-finanzielle Einheit auf eine erfolgsorientierte oder auch gemeinnützige Leistungserstellung und Leistungsverwertung abzielt. Zum Unternehmen gehören nicht unerläßlich fertigungstechnische →*Betriebe* (siehe Holding-Gesellschaften). Die Begriffe Unternehmen und Unternehmung werden in der Regel synonym verwendet.

Unternehmensanalyse Im Vergleich zur →*Umweltanalyse* (im Sinne einer Umfeldanalyse) die umfassende Überprüfung der unternehmensinternen Ressourcen incl. der →*Erfolgspotentiale* und →*Risiken*. Als wichtigstes Instrument der Unternehmensanalyse gilt die →*Stärken-/Schwächenanalyse* in Verbindung mit (soweit wie möglich detaillierten) →*Konkurrenzanalysen*.

Unternehmensbewertung Bestimmung des Gesamtwertes eines →*Unternehmens*. Der Gesamtwert ist wichtig beim Kauf oder Verkauf eines Unternehmens (→*Mergers & Acquisitions*). Die wichtigsten Wertansätze sind der Substanzwert (Reproduktionswert des Unternehmens) und der →*Ertragswert* (Barwert aller künftig zu erwartenden →*Einnahmen*). Die Differenz zwischen dem Gesamtwert und dem Substanzwert wird auch als →*Goodwill* oder Geschäftswert bezeichnet (siehe auch →*Firmenwert*).

Unternehmensdesign →*Corporate Design*.

Unternehmenserfolg →*Unternehmensergebnis*.

Unternehmensergebnis Summe von →*Betriebsergebnis* und neutralem Ergebnis.

Unternehmensethik Normenkatalog, um das ansonsten gültige Gewinnprinzip (→*Gewinnmaximierung*) zu begrenzen. Der weitergehende Ansatz ist, daß Unternehmensethik nicht nur als Normenkatalog für Ausnahmefälle zu sehen ist, sondern ein grundsätzlich verändertes Prinzip ökonomischen Handelns darstellt (siehe auch →*Unternehmensphilosophie*, →*Unternehmenskultur*, →*Corporate Culture*).

Unternehmensforschung →*Operations Research*.

Unternehmensführung Umfassende Gestaltung und Lenkung der Unternehmung (*H. Ulrich, 1968*), wobei die Unternehmung (→*Unternehmen*) als komplexes, vieldimensionales, offenes und dynamisches →*System* verstanden wird (siehe auch →*Management*). Damit ist →*Führung* deutlich mehr als lediglich das zielorientierte Einwirken auf Menschen (Individuen oder→*Gruppen*). Vielfach wird für die umfassende Funktion auch der Begriff Unternehmungsführung verwendet.

Unternehmensidentität →*Corporate Identity*.

Unternehmensimage Vorstellung von einem →*Unternehmen* bzw. einer Institution, die durch seine bzw. ihre Tätigkeit im Bewußtsein der Menschen individuell und in der →*Öffentlichkeit* besteht. Das Unternehmensimage (→*Firmenimage*) ist weitestgehend das Fremdbild (→*Fremdimage*) des Unternehmens, die →*Corporate Identity* das Selbstbild (→*Eigenimage*). Anzustreben ist eine weitestgehende Übereinstimmung von Fremdimage und Eigenimage. Das Unternehmensimage kann als Ergebnis der Corporate Identity-Politik angesehen werden, die sich auf den Außen- *und* Innenbereich beziehen muß.

Unternehmenskommunikation Organisierte →*Kommunikation* von →*Unternehmen* mit der →*Öffentlichkeit*. Sie ist sowohl nach innen als auch nach außen gerichtet. Nach innen hat sie die Funktion eines →*Frühwarnsystems*, nach außen die der Vermittlung von strategischen →*Informationen* (siehe dazu auch →*Corporate Communications* und →*Public Relations*).

Unternehmenskultur Komplexes Gefüge von Verhaltens-, Handlungsanweisungen und Wertvorstellungen eines →*Unternehmens* (bzw. einer Institution), das einen spezifischen, unverwechselbaren Charakter zum Ausdruck bringt. In Abgrenzung zur →*Unternehmensphilosophie* ist die Unternehmenskultur ein "sichtbar gelebtes Wertesystem" (*Th. Peters/R. Waterman, 1983*). Die Unternehmenskultur umfaßt sowohl die gesamten soziokulturellen Gestaltungen (z.B. →*Produkte*) wie auch die entsprechenden →*Werte*, →*Normen* und Regeln (siehe auch →*Corporate Culture*, →*Organisationskultur*), die für die Organisationsmitglieder als gemeinsame Orientierungen gelten und akzeptiert werden.

Unternehmenskultur als Führungsbasis
Die C-Zusammenhänge

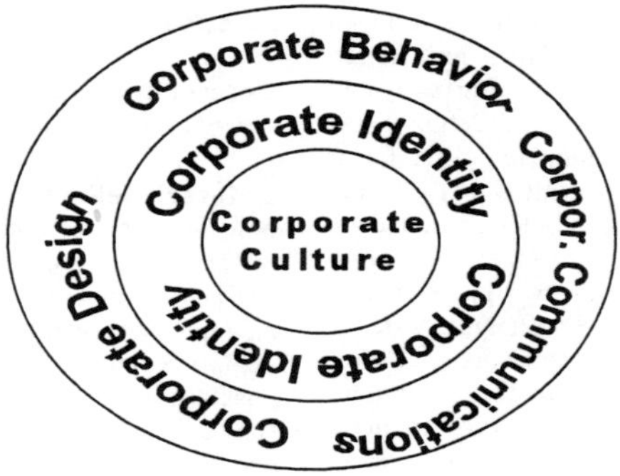

Poth & Partner

Unternehmensorganisation →*Unternehmungsorganisation.*

Unternehmensphilosophie Formulierte unternehmenspolitische Leitsätze und→*Normen*, die für alle Handlungen verbindlichen Charakter haben (siehe auch →*Corporate Culture*) und die Ausgangsbasis darstellen für die Entwicklung einer →*Corporate Identity* (→*CI*). Die Unternehmensphilosophie basiert auf der Gesamtheit von Grundannahmen, Prinzipien, →*Werten* und Überzeugungen, die in einem →*Unternehmen* (bzw. einer Institution) gelten sollen. Die Philosophie geht in aller Regel auf jene Persönlichkeiten zurück, die das Unternehmen in seinen Anfängen geformt und geprägt haben. Die Unternehmensphilosophie ist im wesentlichen herkunfts- (vergangenheits-) bezogen, die Unternehmensvision hingegen zukunftsorientiert. Die Unternehmensmission zieht klare Ziellinien (→*Sachziele*, →*Formalziele* und →*Sozialziele*) und einen festen zeitlichen Rahmen zu ihrer Realisation. Missionen benötigen aber vor allem nachfolgende →*Macht-*, →*Fach-*, →*Prozeß-* bzw. →*Beziehungspromotoren*, um die →*Unternehmensstrategie* zu verwirklichen.

Unternehmensplanung →*Planung.*

Unternehmenspolitik Gesamtheit von Problemen bzw. Aufgaben, die gelöst bzw. erfüllt werden müssen, wenn das Verhalten der Gesamtunternehmung bestimmt wird (siehe auch →*Unternehmensstrategie*). Vielfach wird auch der Begriff Unternehmungspolitik gewählt, um den weiterführenden Ansatz deutlich zu machen. Hierin sind die Wertvorstellungen und

Interessen aller internen und externen →*Gruppen* eingeschlossen (siehe auch →*Stakeholder*). Die Unternehmungspolitik umfaßt die Gesamtheit der politischen Leitsätze der Unternehmung, die durch die →*Unternehmensplanung* operationalisiert werden.

Unternehmensstrategie Langfristige →*Unternehmenspolitik*, die vor allem auf der →*Prognose* von künftigen Chancen und Risiken beruht. Hierzu werden die vielfältigsten Analyseinstrumente eingesetzt.

Unternehmenstheater →*Kommunikationsinstrument* (vor allem für die unternehmensinterne →*Kommunikation*), das konkrete Problemstellungen mit theatralischen Mitteln aufbereitet, zu einem Theaterstück verarbeitet und dann die Inhalte an eine definierte →*Zielgruppe* kommuniziert. Das Kommunikationsinstrument eignet sich besonders als Hilfe bei der betrieblichen Umsetzung des →*Change Management*, das vor allem zum Ziel hat, Strukturen und Handlungsabläufe in der gesamten Organisation zu verbessern. Mit strukturellen Veränderungsprozessen, die bewußt tradierte Verhaltensweisen aufbrechen wollen, sind aber Verunsicherungen und Widerstände der Mitarbeiter verbunden, die den langfristigen Erfolg des Change Management verhindern können. Das Unternehmenstheater kann dazu beitragen, diese negativen Effekte über die induzierte persönliche Auseinandersetzung mit der Problemstellung zu vermeiden.

Unternehmensverhalten →*Corporate Behaviour*.

Unternehmensziel(e) →*Ziele* des →*Unternehmens* (der Unternehmung) im Sinne der Realisation eines →*Zielsystems*. Die →*Operationalisierung* der Unternehmensziele erfolgt über die drei Dimensionen: Inhalt, angestrebtes Ausmaß und zeitlicher Bezug.

Unternehmung →*Unternehmen*.

Unternehmungsorganisation →*Organisation*, →*Organisationsformen*, →*Strukturorganisation*, →*Ablauforganisation*.

Unterschwelliger Reiz →*Reiz* (→*Stimulus*), der keine Empfindung auslöst, da er unterhalb der absoluten →*Reizschwelle* liegt. Im Rahmen der immer wieder auflebenden Diskussionen zur Existenz der →*Unterschwelligen Werbung* wird auch in gleicher Intensität die mögliche Wirkung der →*Unbewußten Wahrnehmung* erörtert.

Unterschwellige Wahrnehmung →*Unbewußte Wahrnehmung*.

Unterschwellige Werbung Nicht bewußt wahrgenommene (→*Wahrnehmung*, →*Unbewußte Wahrnehmung*) →*Werbung* (→*Produktwerbung*), die also unter der Wahrnehmungsschwelle liegt. Die immer wieder auflebenden Diskussionen zur Existenz der unterschwelligen Werbung und ihrer möglichen Wirkung wurden begründet durch *V. Packard (1957)*. Das Experiment sah wie folgt aus: In einen Spielfilm (Kino) wurden für wenige Bruchteile von Sekunden Werbespots (Coca Cola, Popcorn) eingeblendet. Im Vergleich zur Kontrollgruppe (in einem anderen Kino und ohne Werbeeinblendung) wies die Experimentalgruppe im Vergleich zur Kontrollgruppe bzgl. der Nachfrage nach den „beworbenen" Produkten in der Pause deutliche Unterschiede auf. Die Experimentalgruppe fragte die Produkte mehr nach als die Kontrollgruppe. Bislang konnten diese Ergebnisse durch methodisch einwandfreie empirische Untersuchungen nicht bestätigt werden. *K.-F. Koeppler (1972)* und *S.C. Dudley*

(1986) kommen jedoch in ihren Zusammenstellungen der diesbezüglich relevanten Experimente zu dem Ergebnis, daß unterschwellige Reize zur Bedürfnisaktivierung führen können.

Untersuchungsdesign Verbindliche Festlegung des Untersuchungsrahmens in der →*Marktforschung* (→*Befragung*). Im ersten Schritt sind Untersuchungsziel und →*Zielgruppe(n)* festzulegen. Es müssen dann die Meßverfahren ausgewählt werden, mit deren Hilfe die →*Daten* erhoben werden sollen. Daran schließt sich die Entwicklung des →*Fragebogens* an, der vielfach durch eine →*Probebefragung* (siehe auch →*Pilotstudie*) überprüft und nötigenfalls auch überarbeitet wird. Es muß dann im nächsten Schritt das geeignete →*Stichprobenverfahren* ausgewählt werden (soweit es sich nicht um eine →*Vollerhebung* handelt). Abschließend wird die Form der →*Datenanalyse* definiert.

Unverbindlicher Richtpreis → *Preisempfehlung*.

Unvollkommene Konkurrenz→ *Monopolistische Konkurrenz*, bei der die einzelnen Marktteilnehmer Einfluß auf die Preisgestaltung nehmen können. Das ist dadurch möglich, daß die Bedingungen des →*Vollkommenen Marktes* ganz oder teilweise aufgehoben sind und/oder die Anzahl der Marktteilnehmer beschränkt ist (siehe auch →*Unvollkommener Markt* und im Gegensatz dazu →*Vollkommene Konkurrenz* bzw. →*Atomistische Konkurrenz*).

Unvollkommener Markt →*Marktform*, die im Gegensatz zum →*Vollkommenen Markt* dadurch charakterisiert ist, daß z.B. die →*Angebote* nicht homogen sind und aus der Sicht der →*Nachfrager* →*Präferenzen* existieren (siehe auch →*Unvollkommene Konkurrenz*).

UPC-Code Abk. für Universal Product Code, dem amerikanisch/kanadischen System zur →*Artikelnumerierung*, das in seiner Normalversion aus 12 Stellen und in einer Kurzversion aus 7 Stellen besteht (siehe im Vergleich →*EAN-Code*).

Updating Aktualisierung eines Softwareprogramms auf die neueste Version.

Upgrading Ausweitung des Leistungsangebots durch den Verkäufer im →*Persönlichen Verkauf*, nachdem sich der →*Kunde* für den →*Kauf* entschieden hat. Dies geschieht etwa durch das →*Angebot* komplementärer Leistungen oder durch Aufwertung (Angebot eines größeren Leistungsumfangs, z.B. zusätzlicher →*Service*).

Urbanisierung Ausbreitung städtischer Lebens- und Siedlungsformen in ländlichen Gebieten, die lange Zeit z.B. für den →*Einzelhandel* ein entscheidendes Kriterium für seine Standortwahl war. Diese Entwicklung ist aber weitgehend abgeschlossen, so daß Unter- und Kleinzentren (→*Zentrenhierarchie*) bereits Probleme der Erhaltung ihrer Anziehungskraft haben. Der →*Trend* geht wieder in Richtung der Oberzentren, der aber für den großflächigen Einzelhandel gebremst wird durch ordnungspolitische Maßnahmen (siehe u.a. →*Baunutzungsverordnung*).

Urheberrecht(e) Gewerbliches → *Schutzrecht* in bezug auf persönliche geistige Schöpfungen in den Bereichen Literatur, Wissenschaft und Kunst. Das Urheberrecht erlischt 70 Jahre nach dem Tod des Urhebers.

URL Abk. für Uniform Resource Locator. Es handelt sich um die weltweit gültige Adresse einer →*Website* im → *Internet*.

Urnenmodell Mathematisch-statistisches Verfahren, das bei der →*Zufallsauswahl* zur Anwendung kommt. Nach dem →*Gesetz der großen Zahl* ergibt sich mit wachsendem →*Stichprobenumfang* eine →*Normalverteilung* der Stichprobenwerte.

User Groups Zusammenschlüsse der Anwender von Systemtechnologien. Die Nutzung von User Groups durch Hersteller stellt eine Sonderform des →*Beziehungsmarketing* dar (siehe in Abgrenzung auch →*Kontraktmarketing*, →*Relationship-Marketing*).

USP Abk. für Unique Selling Proposition. Einzigartiges Verkaufsargument, das ein →*Angebot* besitzt. Der USP (*R. Reeves, 1961*) ist eine bestimmte Form des →*Akquisitorischen Potentials*, das zur Schaffung eines → *Monopolistischen Spielraums* führt. Dadurch werden die Bedingungen des →*Vollkommenen Marktes* ganz oder teilweise aufgehoben. Der USP kann nicht mono-instrumental, sondern nur multi-instrumental geschaffen werden. Insofern handelt es sich inhaltlich präziser um eine "Unique Marketing Proposition". Die kommunikative Alleinstellung wird durch den →*UAP* (Unique Advertising Proposition) dargestellt. Dieser hat vielfach den Charakter eines konstruierten →*Künstlichen USP*, der aus dem Leistungsangebot und seinen Eigenschaften selbst nicht abgeleitet werden kann, sondern lediglich durch die →*Marketingkommunikation* (in erster Linie durch die → *Produktwerbung*) generiert wird.

UWG Abk. für Gesetz gegen den unlauteren Wettbewerb. Das UWG ist in Verbindung mit dem →*GWB* zu sehen, das den →*Wettbewerb* auf Anbieter- und Nachfragerseite regelt. Ziel des Gesetzes ist, den einzelnen →*Verbraucher* und die Allgemeinheit gegen unlauteres Verhalten im Wettbewerb zu schützen. Als unlauteres Verhalten gelten primär der →*Kundenfang*, die unbillige Behinderung von Mitbewerbern (→*Behinderungswettbewerb*), →*Ausbeutung* fremder Leistung, der → *Rechtsbruch* und die →*Marktstörung*.

V

Valenz Nach der →*Feldtheorie* von *K. Lewin (1951)* die Fähigkeit eines Objekts (→*Produkt*, →*Packung*, →*Produktdesign*, →*Werbemittel* etc.), eine Person durch Auslösung einer bestimmten Bedürfnisdisposition zum Handeln zu aktivieren. Hierbei kann es sich um eine positive (Anziehung) oder negative (Abstoßung) Valenz handeln. Bei einer Nicht-Eindeutigkeit der →*Anmutung* besteht eine →*Ambivalenz*, und es kann ein →*Ambivalenzkonflikt* auftreten. Üblicherweise wird begrifflich mit der Valenz eine (positive) Anziehung verbunden.

Validität Gültigkeit eines Tests oder Meßverfahrens im Hinblick auf seine inhaltliche Genauigkeit. Die grundsätzliche Frage ist, ob das Verfahren mißt, was es messen soll. Validität liegt dann vor, wenn die Meßwerte das Untersuchungsziel inhaltlich genau abbilden. Im Vergleich zur →*Reliabilität* als formale Konstanz von Meßverfahren und damit Meßwerten ist die Validität in erster Linie ein Problem der operationalen Definition des zu messenden Inhalts und der Auswahl des entsprechenden Verfahrens, das als logisch gültig gelten kann. Bei der Validität wird unterschieden in eine →*Externe* und →*Interne Validität*.

Validität, externe →*Externe Validität.*

Validität, interne →*Interne Validität.*

VALS-System Abk. für **Va**lues and **L**ife-**S**tyles (→*Wertvorstellungen* und →*Lebensstile*). Die →*Typologisierung* der →*Konsumenten* (→*Käufertypologien*) zur Zielgruppenbestimmung (des Stanford Research-Instituts) beruht auf dem von *D. Riesman (1958)* entwickelten Kategoriensystem, das die Konsumenten in die vier Grundtypen einteilt: →*Außengeleitete*, →*Innengeleitete*, →*Integrierte* und →*Traditionsgeleitete* Menschen. Die Kategorien werden in dem VALS-System in insgesamt neun Typen untergruppiert.

Value Added Marketing Schaffung eines für den →*Kunden* nachvollziehbaren und akzeptierten Mehrwerts, der über die originären →*Produkteigenschaften* hinausgeht. Ziel ist (vor allem bei homogenen →*Angeboten*), dadurch einen →*Wettbewerbsvorteil* zu erreichen. Als wichtigstes Instrument dazu dient der →*Value Added Service* (siehe auch →*Value Marketing* und den →*USP*).

Value Added Service →*Dienstleistungen*, die die Kernleistung des →*Angebots* wertsteigernd anreichern. Ziel ist, der zunehmenden Homogenisierung von Kernleistungen zu begegnen. Beispiel für eine solche Profilierungsstrategie ist die BahnCard (Kernleistung) in Verbindung mit der VISA-Kreditkarte, die als zusätzlicher Value das Kernprodukt profilieren soll. Die Grundidee ist alt (siehe z.B. Wartungsverträge, Kauffinanzierung etc.). Mit dem Value Added Service soll nicht zuletzt eine dauerhafte →*Kundenbindung* erreicht werden.

Value Analysis →*Wertanalyse*.

Value Based Management Instrument der strategischen →*Unternehmensführung*. Es handelt sich um eine bestimmte Form des Wertsteigerungs-Managements, d.h. der Steigerung der Wertbeiträge einzelner Geschäftsbereiche (siehe auch →*Portfoliomanagement*). Die einzelnen Wertbeiträge ergeben sich aus den Differenzen der jeweiligen Eigenkapital-Kostenanteile (z.B. →*Opportunitätskosten*) und den Rentabilitäten pro Untersuchungseinheit. Mit diesem Analyseinstrument soll ermittelt werden, wer die Wertererzeuger und wer die Wertvernichter im →*Portfolio* sind.

Value Marketing Schaffung von Kundenwerten (im Sinne von Kundennutzen bzw. Kundenvorteilen), um im Vergleich zur Konkurrenz →*Wettbewerbsvorteile* zu erzielen. Value Marketing ist strategisch (→*Wettbewerbsstrategien*) und operativ angelegt. Ausgangspunkt ist die Analyse des erkennbaren Kundennutzens (→*Customer Value*) und seiner wichtigsten Einflußfaktoren. Value Marketing hat eine besondere Bedeutung im →*Investitionsgütermarketing*. Hier ist der wichtigste Faktor die Anwenderwirtschaftlichkeit. Weitere Kundenwerte können Zusatzleistungen (→*Value Added Service*) des →*Anbieters* sein, Komplettangebote (→*Systemgeschäft*, →*System-Marketing*), →*Service*, Logistikleistungen etc., die letztlich alle am ökonomisch nachvollziehbaren Kundennutzen orientiert sind.

Value Webs →*Internet*-basierte Beziehungen zu einem Netzwerk von Unternehmen um das eigene Unternehmen herum. Die im Value Web zusammengeschlossenen Unternehmen können wechselseitig auf die für sie relevanten →*Daten* zugreifen (siehe dazu auch →*Extranet*). In der Regel basiert der Datenaustausch auf integrierten Informations- und Kommunikationssystemen (→*Informations-* und →*Kommunikationstechnologien*).

Vampireffekt Negativer Effekt der Ablenkung von der eigentlichen →*Werbebotschaft* durch eine besonders auffällige →*Werbemittelgestaltung* oder durch die Vermittlung von →*Schlüsselreizen* (z.B. erotische Reize, →*Kindchen-Schema* etc.), die zu stark in den optischen Mittelpunkt gerückt werden (siehe auch →*Ablenkende Kommunikation*).

Variable(n) Merkmal(e) von Untersuchungsobjekten. Unterschieden werden die oder auch mehrere →*Unabhängige Variable(n)* als bestimmende Variable(n), die die Entwicklung der →*Abhängigen Variable(n)* beeinflussen.

Variable Kosten Veränderliche →*Kosten*. Sie verändern sich mit dem Beschäftigungsgrad des Unternehmens. Zu unterscheiden sind eine proportionale, unterproportionale, überproportionale, progressive, degressive und regressive Entwicklung (im Gegensatz dazu →*Fixe Kosten*). Eine regressive Entwicklung ist dann gegeben, wenn bei zunehmendem Beschäftigungsgrad die →*Gesamtkosten* absolut abnehmen (und umgekehrt).

Varianz Maß für die →*Streuung* von metrischen →*Variablen*. Die Varianz bestimmt die Verteilung der einzelnen Merkmalswerte um den →*Mittelwert*. Hierbei werden die mittleren quadratischen Abweichungen vom arithmetischen Mittel gemessen. Klassisches Marketingbeispiel ist die Verteilung der →*Adoptergruppen* im →*Adoptionsprozeß*.

Varianzanalyse Untersuchung der Abhängigkeit zwischen einem oder mehreren Faktoren auf eine oder mehrere →*Abhängige* (metrische) *Variablen*. Mit dem Verfahren können Kausalhypothesen überprüft werden; etwa die Frage, ob das Geschlecht (→*Unabhängige Variable*) auf bestimmte →*Kaufentscheide* (abhängige Variable) einen prägenden Einfluß ausübt bzw. geschlechtsspezifisch im →*Kaufverhalten* Unterschiede bestehen.

Varietät Anzahl der möglichen Zustände, die ein →*System* bzw. ein Instrumentarium annehmen kann. Varietät ist das Maß für die →*Komplexität*. Ein System mit n Elementen, die k Zustände annehmen können, besitzt eine Varietät von k^n.

Variety Seeking Behavior Markenwechselverhalten (→*Markenwechsel*, →*Markenwechselmodelle*), das dem →*Bedürfnis* der →*Konsumenten* nach Abwechslung entspricht und nicht auf positive bzw. negative Kauf- und Konsumerlebnisse zurückzuführen ist (siehe im Gegensatz dazu →*Markentreue*).

Veblen-Effekt Nach *Th. B. Veblen (1857-1929)* wird der →*Preis* als ein Qualitätsmerkmal eines →*Gutes* angesehen. Es besteht eine enge Verbindung mit dem →*Bandwagon-Effekt* und insbesondere den →*Sekundärbedürfnissen* (siehe prestigeorientierter →*Zusatznutzen*, →*Prestigekonsum*, →*Demonstrativkonsum* und die entgegengesetzten Fälle des →*Giffen-Effekts* und des →*Snob-Effekts*).

Veiling Form der Absteigerung („auf Abstrich") bei →*Auktionen* von Frischwaren (z.B. Blumen, Fische etc.). Die Versteigerungsuhr, die ständig sinkende Preise anzeigt, wird durch das erste Käufergebot zum Stillstand gebracht. Zu dem zuletzt angezeigten →*Preis* gilt das →*Angebot* als angenommen.

Vending Professioneller →*Automatenverkauf* (Warenautomaten) mit hohem →*Organisationsgrad* und vor allem ausgeprägter marktorientierter Fokussierung auf den →*Konsumenten* (→*Verbraucher*, →*Kunden*). Angebotsschwerpunkte des Vending sind Getränke und →*Fast Food* und deutlich weniger der Non Food-Bereich.

Vendor Managed Inventory Disposition der Warenbestände im Handelslager durch den Hersteller in eigener Verantwortung, ohne daß das Handelsunternehmen planend und/oder steuernd eingreift. Üblicherweise ist das Verfahren verknüpft mit →*Cross Docking* und →*Replenishment*. Vielfach erfolgt die Berechnung des Kundenbedarfs durch den Lieferanten bereits →*Internet*-gestützt auf der Basis von Echt- und Prognosedaten sowie des aktuellen →*Lagerbestands* und der gewünschten Zielreichweite des Bestands.

Venture Capital Risiko-(Wagnis-) kapital, das von Venture-Kapitalgebern meist jungen Unternehmen (vor allem in der Technologiebranche) zur Verfügung gestellt wird. Die Kapitalgeber gehen (im Vergleich zum Bankkredit) in Erwartung einer hohen →*Rentabilität* ein höheres →*Risiko* ein, zumal weder Zinsen noch Tilgung anfallen. Bei Konkurs tragen die Venture-Kapitalgeber voll den Verlust.

Venture Teams Teams, die innovative Projekte bearbeiten, die in der bestehenden Organisation nicht aufgegriffen werden können (siehe auch →*Spin out*).

Veralterung →*Obsoleszenz*.

Veranstaltungsmarketing Form des →*Dienstleistungsmarketing* für Veranstaltungen vielfältiger Art (z.B. Weltausstellungen, Aufführungen in Theatern, Kongresse, Turniere). Es besteht eine enge Verbindung mit →*Event Marketing* und →*Sponsoring* (kommunikative Plattform).

Veranstaltungsverkauf Form des →*Ambulanten Handels*. Der →*Verkauf* von →*Produkten* erfolgt im Rahmen von Veranstaltungen, z.B. auf Busfahrten ("Kaffeefahrten"), Schiffsreisen ("Butterfahrten"), Modeschauen, →*Partyverkauf* etc. →*Verkaufsveranstaltungen* sind wettbewerbsrechtlich grundsätzlich zulässig, wenngleich vielfach in ihren praktischen Gestaltungsformen nicht unbedenklich (siehe auch →*Verkaufsfahrten*).

Verbrauch →*Privater Verbrauch*.

Verbraucher →*Konsument*, der am →*Markt* als Letztverbraucher (→*Käufer*, →*Verwender*) auftritt.

Verbraucherabteilung Unternehmensbezogene Institutionalisierung zur Wahrung der Verbraucherinteressen, um einen permanenten Dialog mit den →*Verbrauchern* herzustellen. Die Verbraucherabteilung erfüllt sehr wichtige Funktionen im Rahmen des →*Beschwerdemanagement*, der →*Verbraucherpolitik* und des →*Verbraucherschutzes*. Im Vergleich zum →*Ombudsmann* (nach schwedischem Muster) und zu den →*Verbraucherorganisationen* ist die Verbraucherabteilung fest im →*Unternehmen* verankert. Eine weiterentwickelte Form ist der →*Verbraucherbeirat*.

Verbraucheranalyse Untersuchung des →*Kaufverhaltens* (Konsumverhalten, →*Konsumentenverhalten*) in Verbindung mit dem →*Mediennutzungsverhalten* (→*Markt-Media-Analyse*).

Verbraucheraufklärung Wichtiger Teil der →*Verbraucherinformation*. Die Aufklärungskampagnen sind primär auf das →*Käuferverhalten* (Konsumverhalten, →*Konsumentenverhalten*) gerichtet bzgl. der Vermeidung von Umwelt- und Gesundheitsschädigungen (→*Öko-Marketing*, →*Social Marketing*).

Verbraucherbeirat Weiterentwikkelte Form der →*Verbraucherabteilung*, deren Vorteil darin besteht, daß neben Unternehmensangehörigen vor allem unternehmensexterne →*Verbraucher* den Beirat im Sinne eines Verbraucherforums) bilden. Damit ist eine unabhängige (neutrale) Urteilsbildung sichergestellt, die in der Verbraucherabteilung in der Regel nicht gegeben ist. Problem bleibt dennoch grundsätzlich die Verbraucherrepräsentanz der Mitglieder.

Verbraucherberatung Form der →*Verbraucherinformation*, die im Vergleich zur →*Verbraucheraufklärung* darauf abzielt, den →*Verbrauchern* in konkreten Problemsituationen zu helfen. Beispiele für die Beratungsfelder sind die Rechtsberatung, Kredit-, Produkt-, Energie-, Ernährungs-, Mieterberatung etc. Die Beratungsfunktion übernehmen nicht nur die verschiedenen →*Verbraucherorganisationen*, sondern auch Unternehmen (Dienstleister) und Verbände (z.B. Berufsverbände, Industrie- und Handelskammern etc.).

Verbraucherboykott Form des →*Konsumerismus*, bei der die Nachfrage nach bestimmten Produkten boykottiert wird. Ausgangspunkt der Boykotts sind Mißstände (wie z.B. Umwelt- und Gesundheitsschädlichkeit). In jüngster Zeit zeigen Verbraucherboykotts nachhaltigere Wirkungen als in der Vergangenheit. Wichtig ist hierbei vor allem der Organisationsgrad der Boykottmaßnahmen. Träger der Verbraucherboykotts sind in erster Linie selbstorganisierte →*Verbraucherorganisationen*.

Verbrauchererziehung Einwirkung auf das Verbraucherverhalten (→*Konsumentenverhalten*) im Sinne eines gesellschaftsverträglichen →*Konsums* (siehe dazu auch →*Öko-Marketing*, →*Social Marketing*). Die Instrumentarien sind die schulische Ausbildung, Erwachsenenbildung, die →*Massenmedien* und alle Formen der →*Verbraucherinformation*, →*Verbraucheraufklärung* und →*Verbraucherberatung*. Die bisherigen Erfolge der Verbrauchererziehung sind im Hinblick auf das z.T. diffuse Konsumentenverhalten als sehr kritisch einzuschätzen.

Verbraucherinformation(en) →*Informationen*, die der Sicherung der →*Konsumfreiheit* dienen. Dazu zählen vor allem verbraucherzentrierte Informationen über →*Angebote*, →*Preise* und →*Qualitäten* (→*Produktinformationen*), die die →*Kaufentscheidungen* erheblich beeinflussen. Damit erweisen sich die Verbraucherinformationen als ein sehr wichtiges Instrument der →*Verbraucherpolitik* und des →*Verbraucherschutzes*. →*Warenkennzeichnung* und die Ergebnisse vergleichender →*Warentests* sind Beispiele für konsumrelevante Verbraucherinformationen.

Verbraucherinstitut →*Stiftung Verbraucherinstitut*.

Verbraucherinteresse →*Involvement*.

Verbrauchermarkt →*Betriebsform* (→*Betriebstyp*) des →*Einzelhandels*, die in günstigen Verkehrs- und Stadtlagen vor allem ein →*Vollsortiment* an Nahrungs- und Genußmitteln auf ca. 800 - 1.500 qm →*Verkaufsfläche* führt. Die Non-Food-Artikel beschränken sich auf den kurzfristigen Bedarf. Als →*Bedienungssystem* dominiert die →*Selbstbedienung*, als Preispolitik das →*Discount-Konzept*. Die Betriebsform weist z.T. hinsichtlich des →*Sortiments* und insbesondere der →*Sortimentsdimension* eine Ähnlichkeit mit dem →*SB-Warenhaus* auf, nicht hingegen mit der durchschnittlichen Verkaufsfläche, die bei SB-Warenhäusern deutlich höher liegt.

Verbraucherorganisationen Zusammenschlüsse von →*Verbrauchern* (Selbstorganisationen), die dem →*Verbraucherschutz* dienen und damit verbraucherpolitische Aufgaben (→*Verbraucherpolitik*) übernehmen. Sie werden unterstützt durch Fremdorganisationen (Initiativen des Staates oder von Verbänden). Die wichtigsten Fremdorganisationen sind die →*Arbeitsgemeinschaft der Verbraucherverbände (AgV)*, die →*Verbraucher-Zentralen (VZ)*, die →*Stiftung Verbraucherinstitut*, der →*Verbraucherschutzverein (VSV)* und die →*Stiftung Warentest*. Insbesondere die Selbstorganisationen sind die Träger von →*Verbraucherboykotts*.

Verbraucherpanel →*Panelart*, bei der die Panelteilnehmer entweder Einzelpersonen oder →*Haushalte* (→*Haushaltspanel*) sind. In bezug auf die zu untersuchenden →*Warengruppen* ist zu unterscheiden in Gebrauchsgüter- und Verbrauchsgüterpanel. Die Einzelpersonenpanel werden auch Individualpanel genannt. Sie erheben den individuellen, persönlichen →*Konsum* der →*Verbraucher* (siehe in Abgrenzung dazu →*Handelspanel*).

Verbraucherpolitik Alle Maßnahmen staatlicher Organe und →*Verbraucherorganisationen*, um die →*Verbraucher* in erster Linie vor unerlaubten Praktiken der →*Anbieter* zu schützen (→*Verbraucherschutz*). Der zweite Inhalt der Verbraucherpolitik ist die Aufrechterhaltung der →*Konsumfreiheit* (→*Konsumentensouveränität*), die vielfach durch die Informations- und Machtdefizite der Verbraucher gefährdet ist.

Verbraucherpräferenz(en) →*Präferenzen*.

Verbraucherpreisempfehlung An die →*Verbraucher* gerichtete →*Preisempfehlung* (z.B. durch Aufdruck auf die →*Packung*).

Verbraucher-Promotions Maßnahmen der →*Verkaufsförderung*, um durch Anreize den →*Konsumenten* an das Leistungsangebot heranzuführen und ihn zum →*Kauf* zu veranlassen, ohne einen wie immer auch gearteten →*Kaufzwang* auszuüben. Die wesentlichen Ziele der Verbraucher-Promotions sind die Gewinnung neuer →*Kunden*, die Erhöhung der →*Markentreue*, die Verbrauchsintensivierung und die Förderung von →*Impulskäufen* (siehe dazu in Abgrenzung →*Handels-Promotions*).

Verbraucherrabatt(e) →*Konsumentenrabatt(e)*.

Verbraucherschutz Teil der →*Verbraucherpolitik*, der sich der gültigen Rechtsnormen bedient, um die →*Verbraucher* vor unerlaubten Praktiken der →*Anbieter* zu schützen. Typische Bereiche sind der Rechtsschutz bei →*Kaufverträgen*, die →*Warenkennzeichnung* und die →*Preisauszeichnung* (siehe auch die verschiedenen →*Verbraucherorganisationen*).

Verbraucherschutzverein (VSV) Verbraucherinstitution (→*Verbraucherorganisationen*) mit Sitz in Berlin, die speziell auf dem Gebiet des rechtlichen →*Verbraucherschutzes* tätig ist.

Verbrauchersozialisation Lernprozesse (→*Lerntheorien*) und Lerneffekte bei →*Verbrauchern*, die bewirkt werden durch →*Soziale Einflüsse*, →*Sozialisatoren* (→*Sozialisation*) und durch →*Meinungsführer*.

Verbrauchertypologie Typisierung (→*Typologisierung*) der →*Verbraucher* bzw. →*Verwender* (→*Käufertypologie*) nach Einstellungs- und Verhaltensmerkmalen unter Berücksichtigung von →*Soziodemographischen Kriterien*.

Verbraucherverbände →*Verbraucherorganisationen*,→*Arbeitsgemeinschaft der Verbraucherverbände,AgV*.

Verbraucherverhalten →*Konsumentenverhalten*.

Verbraucher-Zentralen (VZ) →*Verbraucherorganisationen* (Fremdorganisationen), die jeweils in den einzelnen Bundesländern tätig sind. Ihre Tätigkeitsfelder sind der rechtliche →*Verbraucherschutz* und vor allem die →*Verbraucherinformation*.

Verbraucherzufriedenheit Über die →*Kundenzufriedenheit* hinausgehender Begriff, der auf die generelle Zufriedenheit der →*Verbraucher* mit den Leistungsangeboten der →*Anbieter* abhebt. Die Differenzierung in Verbraucher- und Kundenzufriedenheit hat insofern ihre Berechtigung, als im Hinblick z.B. auf die Neukundengewinnung insbesondere die potentiellen →*Kunden* von Interesse sind hinsichtlich ihrer Zufriedenheit mit den bisher von ihnen präferierten Anbietern. Die Analyse der Verbraucherzufriedenheit ist somit sehr wertvoll für die Entwicklung von →*Wettbewerbsstrategien* (Gewinnung von →*Wettbewerbsvorteilen*).

Verbrauchsfunktion Beziehung zwischen dem Verbrauch von →*Produktionsfaktoren* und den technischen Eigenschaften des jeweiligen →*Betriebsmittels*. Die Funktion ist zudem abhängig von der Intensität des Betriebsmitteleinsatzes (siehe auch →*Produktionsfunktionen*).

Verbrauchsgüter →*Konsumgüter*, die nur einmal verwendet werden.

Verbrauchsgütermarketing →*Konsumgütermarketing*.

Verbrauchsgüterpanel →*Panel*, →*Panelarten*.

Verbund Im weitesten Sinne alle Formen von →*Kooperationen* horizontaler und vertikaler Art. Zu den modernen Verbundsystemen zählen vor allem →*Joint Ventures* und →*Strategische Allianzen*. Der Begriff wird in der Praxis vielfach in Verbindung gebracht mit →*Verbundaktionen* (Partneraktionen) von Herstellern und Handelsunternehmen (→*Händler-Promotions*, →*Handels-Promotions*).

Verbundaktionen Über →*Verbundplazierung* und →*Verbundpräsentation* hinausgehende Maßnahmen (insbesondere der →*Verkaufsförderung*), die der kooperativen Produktvermarktung dienen. Diese auch als Partneraktionen bezeichneten gemeinsamen Konzepte können von verschiedenen Herstellern (mit bedarfsverwandten Produkten) entwickelt werden, sind vor allem aber die gängige Form von sogen. →*Händler-Promotions* und auch →*Handels-Promotions* im vertikalen Distributionssystem (Hersteller-Handel) und damit ein wichtiges Instrument im →*Vertikalen Marketing* und →*Handelsmarketing*.

Verbundanalyse →*Conjoint-Analyse*.

Verbundangebote Angebotsverbund (Komplementärverbund) von →*Artikeln* im →*Einzelhandel*, die sich aus Verbrauchersicht ergänzen (z.B. Kaffee und Filtertüten, Schuhe und Socken, Golfschläger und Golfkurse etc.). Grundidee der Verbundangebote ist die Förderung des →*Verbundkaufs* (Initiierung von →*Verbundeffekten*) durch bestimmte Formen der →*Verkaufsförderung* (→*Verbundplazierung*, →*Verbundpräsentation*).

Verbundeffekte Verbundeffekte resultieren im wesentlichen aus →*Verbundangeboten* im →*Sortiment* des →*Einzelhandels*. Der Verbund ergibt sich aus einem Bedarfsverbund. Durch die →*Verbundpräsentation* von →*Artikeln* (z.B. Getränke und Gebäck, Fleisch und Gemüse, Anzug und Hemd/Krawatte/Schuhe etc.) werden Bedarfskomplexe des →*Konsumenten* angesprochen, die zu Bedarfserweiterungseffekten führen sollen. Die Erreichung von Verbundeffekten durch Verbundangebote ist auch das wesentliche Ziel von →*Verbundaktionen* von Industrie und Handel. Hierbei ist die vertikale kommunikative Kooperation (→*Gemeinschaftswerbung*) von nicht unerheblicher Bedeutung (siehe im erweiterten Sinne auch →*Spill-over-Effekt*, →*Ausstrahlungseffekt*).

Verbund-Gemeinschaftswerbung →*Gemeinschaftswerbung*.

Verbundgruppe(n) Kooperativer Zusammenschluß von selbständigen →*Unternehmen* (vor allem im →*Einzelhandel* und →*Großhandel*), um Einkaufsvorteile und →*Synergismen* im Marketing (z.B. Absatz) zu nutzen. Die Bildung von Verbundgruppen empfiehlt sich primär für mittelständisch geprägte →*Branchen*. Beispiele handelsbezogener →*Kooperationen* sind u.a.→*Einkaufsgemeinschaften*,→*Einkaufsgenossenschaften* und →*Freiwillige Ketten*. Die Verbundgruppen betreiben z.T. ein aktives →*Gruppenmarketing* (→*Gemeinschaftsmarketing*).

Verbundkauf Ergebnis eines positiven →*Sortimentsverbunds*. Der Verbundkauf ist ein Nachfrageverbund im Sinne der Bedarfsdeckung des →*Verbrauchers* in einer Einkaufsstätte (→ *One-Stop-Shopping*).

Verbundmarketing →*Gemeinschaftsmarketing*, →*Gruppenmarketing*.

Verbundpackung →*Combipack*.

Verbundplazierung Form der → *Zweitplazierung* von →*Waren* im → *Einzelhandel*, um →*Verbundeffekte* von →*Artikeln* zu nutzen (z.B. Getränke und Gebäck, Fleisch und Gemüse, Käse und Wurstwaren, Dosenmilch und Kaffee, Anzug und Hemd/Krawatte/Schuhe etc.). Weitergehende Möglichkeiten der Verbundplazierung (→*Verbundpräsentation*) sind →*Verbundaktionen*, die sich auf bedarfsverwandte Produkte beziehen und für die eine gemeinsame Vermarktungskonzeption entwickelt wird. Hierbei kann es sich um Partneraktionen von Herstellern handeln, aber auch um Aktionen im vertikalen Distributionsverbund von Herstellern und Handelsunternehmen.

Verbundpräsentation Zusammenführung von →*Artikeln*, die für den →*Konsumenten* in einem engen Verwendungs- bzw. Bedarfszusammenhang stehen. Die Verbundpräsentation hat zum Ziel, Bedarfserweiterungseffekte auszulösen (siehe auch →*Ladengestaltung*).

Verbundwerbung →*Gemeinschaftswerbung*.

Verdingung →*Ausschreibung*, →*Öffentliche Vergabeverfahren*.

Verdrängungsstrategie →*Verdrängungswettbewerb*.

Verdrängungswettbewerb Extreme Form des →*Wettbewerbs*, die darauf gerichtet ist, Wettbewerber zum Ausscheiden aus dem →*Markt* zu zwingen. Soweit damit ein Vernichtungswettbewerb (kein →*Leistungswettbewerb*) verbunden ist, wird das marktwirtschaftliche Ordnungssystem (siehe dazu →*Marktwirtschaft*) gestört (vgl. auch →*Wettbewerbsrecht*, →*Wettbewerbsregeln*).

Verfahren der gleitenden Durchschnitte →*Gleitender Durchschnitt*.

Vergabeverfahren →*Öffentliche Vergabeverfahren*.

Vergessen Ein dem →*Lernen* (→ *Gedächtnis*, →*Lerntheorien*) entgegengesetzter Prozeß. Vergessen bedeutet, daß bestimmte abgespeicherte →*Informationen* aus dem Gedächtnis

(→*Gedächtnistheorien*) nicht mehr abrufbar sind. Nach der →*Theorie des autonomen Verfalls* ist das Vergessen zeitabhängig, nach der →*Interferenztheorie* hingegen das Ergebnis von Informationsüberlagerungen (z.B. bedingt durch Konkurrenzkommunikation). Die neuere Theorie geht davon aus, daß sowohl der zeitlich bedingte autonome Verfall als auch Überlagerungseffekte zum Vergessen von Informationen führen.

Vergleichender Warentest →*Warentest*.

Vergleichende Werbung Eine auf →*Wettbewerber* (→*Konkurrenten*) bezugnehmende →*Werbung* (primär → *Produktwerbung*), die nach →*UWG* grundsätzlich nicht verboten ist. So sind Abwehrvergleiche (Verteidigung im Falle rechtswidriger Angriffe durch Mitbewerber), Fortschrittsvergleiche (Darstellung des technischen Fortschritts), Systemvergleiche (Darstellung von Vor- bzw. Nachteilen verschiedener Systeme) und Auskunftsvergleiche (bedingt durch Kundenanfragen) rechtlich zulässig. Herabsetzungen der Konkurrenzangebote oder eine Anlehnung (→*Anlehnende Werbung*, →*Schmarotzen*) an diese sind unzulässig, wie auch die Anpreisung von →*Nachahmungen* oder Imitationen fremder Leistungsangebote. Kritische Vergleiche sind unbedenklich, wenn sie unter die Fallgruppe der zulässigen Vergleiche fallen. Nach EU-Richtlinie (1997) ist vergleichende Werbung zulässig, wenn sie nicht irreführend (objektive →*Irreführung*) ist, sich auf →*Güter* des gleichen →*Bedarfs* bezieht, objektiv relevante, nachprüfbare und typische Eigenschaften von →*Waren* oder →*Dienstleistungen* vergleicht und den/die Wettbewerber nicht herabsetzt oder verunglimpft. Unter diesen Voraussetzungen sind auch die namentliche Nennung der Wettbewerber und →*Preisvergleiche* möglich.

Vergütungssystem(e) Die Formen der Leistungsvergütung sind grundsätzlich zu unterscheiden nach Festgehaltssystemen (Fixum), Provisionssystemen (→*Provision*), Prämiensystemen (→*Prämie*) und vielfältigen Arten von damit verbundenen Kombinationssystemen. Sinn aller Vergütungssysteme sind die leistungsgerechte Entlohnung und die Leistungssteigerung. Die Entwicklung geht in Richtung Provision / Prämie und Kombinationsformen. Damit wird die noch gültige Dominanz der Festgehaltssysteme auf allen Hierarchieebenen schrittweise gebrochen. Vorteil der modernen Vergütungssysteme ist vor allem ihre Flexibilität.

Verhalten Alle Formen des Agierens und Reagierens von Organismen und Individuen nach außen wie nach in-

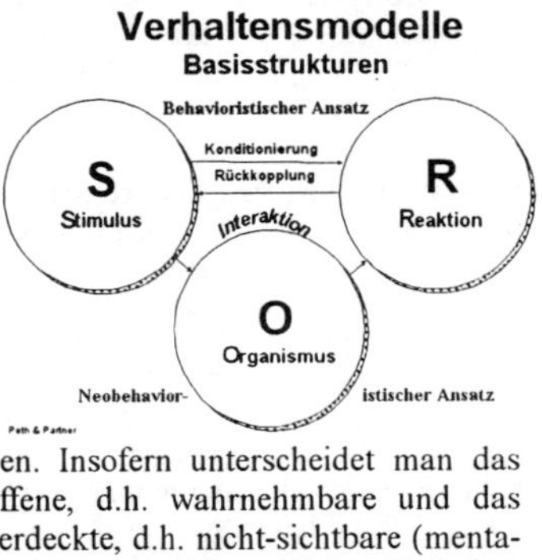

nen. Insofern unterscheidet man das offene, d.h. wahrnehmbare und das verdeckte, d.h. nicht-sichtbare (mentale) Verhalten. Menschliches Verhalten ist komplex, individuell unterschiedlich und geprägt durch Wechselwirkungen von ererbten Anlagen und Umwelteinflüssen. Verhaltensweisen werden durch äußere Anreize (→*Stimuli*) und innere, mentale Antriebe (→*Antriebskräfte*) ausgelöst. Mangelzustände aktivieren das Individuum zur Bedürfnisbefriedigung, äußere Reize stimulieren zur Bedürfnisweckung (→*Bedürfnisse*, →*Motive*). Je geringer der innere Antrieb aufgrund des Sättigungsniveaus in einer →*Überflußgesellschaft* ist, desto größer muß der äußere Reiz sein und umgekehrt, um Verhalten auszulösen. Lernvorgänge wirken auf das Verhalten ein (→*Lerntheorie*, →*Verhaltenstheorie*). →*Aktivierende Prozesse* beeinflussen die →*Wahrnehmung* (→*Kognitive Prozesse*) und steuern direkt/indirekt das Verhalten (→*Verhaltensforschung*).

Verhaltensforschung Erforschung der Aktivitäten von Organismen. Im Marketing hat die Verhaltensforschung eine zunehmende Bedeutung gewonnen, und zwar durch die Weiterentwicklung des →*Behaviorismus* und →*Neobehaviorismus*. Untersucht werden insbesondere das ökonomische →*Konsumentenverhalten* und das →*Kaufverhalten*. Dazu werden die Erkenntnisse aus der →*Psychologie*, →*Soziologie* und →*Sozialpsychologie* genutzt.

Verhaltenstheorie Der verhaltenstheoretische Ansatz der →*Marketingtheorie* untersucht allgemein die Kausalitäten von Handlungen. Aus diesen Erkenntnissen (→*Konsumentenverhalten*) werden Konsequenzen gezogen in bezug auf die mögliche Steuerung der Marketingsubjekte. Die Verhaltenstheorie als marketingtheoretischer Ansatz hat demzufolge besonders Eingang gefunden in die →*Marketingkommunikation* (*W. Kroeber-Riel, 1972*). Die Verhaltenshypothese ist, daß →*Stimuli* (z.B. Werbeimpulse) auf den sogen. Organismus (→*Inter-venierende Variablen*) einwirken und zu einem signifikanten →*Verhalten* führen (siehe dazu insbesondere das →*S-O-R-Modell*).

Verifikation Überprüfung einer →*Hypothese* auf deren Richtigkeit. Hypothesen können nach dem Wissenschaftstheoretiker *K.R. Popper (1902-1994)* nur durch wiederholte →*Falsifikationen* auf ihre Richtigkeit hin überprüft werden und gelten nie als endgültig verifiziert.

Verkäufermarkt Im Gegensatz zum →*Käufermarkt* bestimmt der Verkäufer den →*Absatzmarkt*. Auf Verkäufermärkten besteht ein Nachfrageüberhang und ein Angebotsdefizit. Die damit verbundene Marktstärke der →*Anbieter* nimmt jedoch seit Anfang der 70er Jahre immer mehr ab aufgrund der internationalen Verflechtungen der →*Märkte* und der globalen →*Konkurrenz* (→*Global Marketing*, →*Internationales Marketing*), die auch zur Verminderung von →*Monopolstellungen* führen.

Verkäuferschulung →*Verkaufstraining*.

Verkäufertraining →*Verkaufstraining*.

Verkauf Wichtige Funktion in der →*Distributionspolitik* (→*Verkaufsorgane*, →*Absatzformen*). Im Hinblick auf den →*Persönlichen Verkauf* bestehen jedoch auch Berührungspunkte mit der →*Kommunikationspolitik*. Sie ergeben sich aus der Akquisitions- und Kommunikationsfunktion des Verkaufs. Die Funktionen des Verkaufs lassen sich gliedern in Akquisitionsfunktion (Kundengewinnung), Kommunikationsfunktion (persönlicher Kundenkontakt), Abschlußfunktion (→*Verkaufsabschluß*), Servicefunktion (Dienst am Kunden), Informationsfunktion (Informationsgewinnung) und Koordinationsfunktion (Verkaufsabwicklung).

Verkaufsabschluß Durch den Verkäufer gezielte Hinführung des →*Kunden* zur finalen Kaufhandlung, die insbesondere beim →*Persönlichen Verkauf* höherwertiger und langlebiger →*Produkte* bzw. →*Dienstleistungen* von Bedeutung ist. Nach *A. Bänsch (1990)* können folgende alternative Abschlußtechniken (→*Verkaufstechniken*) unterschieden werden: Herbeiführung nebensächlicher Teilentscheidungen des Kunden (Herstellen einer Zustimmungsabfolge), Alternativtechnik (Stärkung der vermeintlichen Kundensouveränität durch Alternativangebote), Taktik der falschen Wahl (Provokation des Kunden durch kundenirrelevante Alternativangebote), Taktik der Übertreibung (abgewandelte Taktik der falschen Wahl), Taktik der verscherzten Gelegenheit (Dramatisierung der Nachteile eines Kaufverzichts), Taktik der vollzogenen Tatsachen (psychologischer Druck hinsichtlich einer schnellen Kaufhandlung, →*Hard Selling*).

Verkaufsabteilung Unternehmenseigenes →*Distributionsorgan*, dessen Aufgabe es ist, die Verkaufsaktivitäten des →*Außendienstes* zu planen, zu steuern und zu kontrollieren. Hinzu kommen die Durchführung von →*Verkaufsanalysen*, Planung und Steuerung von →*Verkaufsaktionen* (Verkaufskampagnen) und die Aufstellung des →*Verkaufsbudgets*.

Verkaufsaktionen Außerhalb der normalen Verkaufstätigkeit durchgeführte Sonderaktionen (Verkaufskampagnen), die der besonderen →*Absatzförderung* dienen. Diese Form der →*Verkaufsförderung* ist vor allem notwendig bei der →*Produkteinführung*, zum Ausgleich saisonaler Absatzschwankungen und zur Sicherung bzw. Steigerung des →*Marktanteils* (siehe auch →*Verkaufsveranstaltungen*). Im →*Vertikalen Marketing* (→*Vertikale Marketingstrategie*) sind Verkaufsaktionen eine der wichtigsten Formen der operativen →*Vertikalen Kooperation* (z.B. im Zusammenwirken von →*Handels-* und →*Händler-Promotions*).

Verkaufsanalyse(n) Bewertung der Verkaufsergebnisse des →*Außendienstes*, die mit Hilfe von Leistungskennziffern durchgeführt werden kann. Leistungskennziffern sind z.B. der Kundenumsatz bzw. -deckungsbeitrag; die Kundenbesuche pro Tag, Woche, Monat; die Zahl der gewonnenen Neukunden bzw. des Verlustes von Altkunden; Ergebnisse von →*Verkaufsaktionen* bzw. →*Verkaufswettbewerben* etc. Die primären Leistungskennziffern sind →*Umsätze* und →*Deckungsbeiträge*. Kontinuierlich durchgeführte Verkaufsanalysen sind ein gut funktionierendes Kontrollinstrument zur Feststellung von Soll-Ist-Abweichungen, die wiederum nach einer detaillierten Ursachenanalyse zur →*Außendienststeuerung* herangezogen werden können (→*Vertriebscontrolling*).

Verkaufsargumentation Wesentlicher Teil der →*Verkaufstechniken* im →*Verkaufsgespräch* (→*Persönlicher Verkauf*). Die Verkaufsargumentation umfaßt die überzeugende Auslobung der →*Qualität* des Leistungsangebots (Darstellung des Kundennutzens, →*Customer Value*) und seiner Preisattraktivität (→*Preisargumentation*) mit dem Ziel der →*Preisdurchsetzung*. Eine weitere und bzgl. des erfolgreichen Verkaufsabschlusses sehr wichtige Aufgabe der Verkaufsargumentation ist die für den →*Kunden* zufriedenstellende Behandlung von Kundeneinwänden, die vom Verkäufer ungeachtet ihres objektiven Werts immer ernst genommen werden müssen. Das gilt insbesondere für berechtigte Einwände, mit denen sich der Verkäufer argumentativ auseinandersetzen muß (siehe in diesem Zusammenhang auch →*Beschwerdemanagement* als Instrument zur Schaffung einer dauerhaften →*Kundenzufriedenheit* und → *Kundenbindung*).

Verkaufsaußendienst →*Außendienst*.

Verkaufsautomat(en) →*Warenautomat(en)*, →*Automatenverkauf*.

Verkaufsbericht →*Außendienstberichtssystem(e)*.

Verkaufsbezirk Geographisch abgegrenztes Gebiet als Verkaufsgebiet für →*Reisende*, →*Handelsvertreter*, →*Fahrverkäufer*. Mit der Abgrenzung des Verkaufsbezirks kann auch ein →*Gebietsschutz* verbunden sein. Der Gebietsschutz ist vor allem eine entscheidende Frage bei →*Depot-* und →*Franchisesystemen*.

Verkaufsbezirkseinteilung Zuordnung der →*Kunden* auf die Mitarbeiter im →*Außendienst* (Form des → *Gebietsschutzes*). Die Verkaufsbezirks- (bzw. Verkaufsgebiets-)einteilung ist ein wesentlicher Bestandteil der →*Verkaufsorganisation* und dient vor allem der intensiven Kundenpflege und -akquisition und zudem der → *Außendienststeuerung* und dem → *Vertriebscontrolling*. Wesentliche Kriterien für die Verkaufsbezirkseinteilung sind u.a. das Kunden- und Umsatzpotential, die räumliche Verteilung der Kunden und die Konkurrenzstruktur.

Verkaufsbudget Erfassung der zu erwartenden →*Absatzmengen* und → *Umsätze* und der diesen Ergebnissen zurechenbaren →*Kosten*. Die Festlegung des Verkaufsetats weist die gleichen Formen und auch Schwierigkeiten wie das →*Kommunikationsbudget* (→*Werbebudget*) auf. Üblicherweise wird die Budgetierung gekoppelt an den →*Absatz*, →*Umsatz*, →*Gewinn*, →*Deckungsbeitrag*, →*Marktanteil*, an das Konkurrenzbudget, Verkaufseinheiten oder einfach an die vorhandenen finanziellen Mittel. Die einzig sinnvolle Budgetierungsform ist auch hier die Mittelfestlegung und Mittelverteilung nach möglichst konkreten →*Verkaufszielen*.

Verkaufsdemonstration Gezielter Einsatz von Demonstrationsmaterial im →*Persönlichen Verkauf*, um den →*Kaufentscheidungsprozeß* gezielt in Richtung des Leistungsangebots zu lenken. Mit Hilfe der Verkaufsdemonstration ist es überdies möglich, Kundeneinwände objektiv auszuräumen und als unfreundlich empfundene Belehrungen zu vermeiden.

Verkaufseinheits-Budgetierung An der Produkt- bzw. Verkaufseinheit orientierte →*Werbebudgetierung* (→ *Kommunikationsbudget*). Das Verfahren weist eine große Ähnlichkeit mit der →*Umsatzbezogenen Budgetierungsmethode* auf und ist in gleicher Weise zu bewerten.

Verkaufsfahrer →*Fahrverkauf*.

Verkaufsfahrten Verkaufsveranstaltungen (mit Omnibussen) für →*Konsumgüter* (meist mit Gesundheitscharakter). Eine Variante der Verkaufsfahrten („Kaffeefahrten") sind die „Butterfahrten". Insbesondere die Verkaufsfahrten sind wegen ihres möglichen →*Psychologischen Kaufzwangs* wettbewerbsrechtlich (→*UWG*) nicht unbedenklich. Duty-Free-Shops sind in allen Varianten seit 1. Juli 1999 im EU-Bereich untersagt.

Verkaufsfläche Teil der Gesamtfläche eines Handelsunternehmens, auf dem der →*Verkauf* erfolgt. Die amtliche Statistik schließt Treppen-, Schaufenster- und Freiflächen (nicht aber Parkplatzflächen) in die Verkaufsfläche ein.

Verkaufsförderung Absatzstimulierende Maßnahmen am →*Point of Purchase (PoP)*. Begriffliche Definition und Abgrenzung zu →*Absatzförderung* und →*Merchandising* sind in Theorie und Praxis sehr unterschiedlich. Die VKF wird auch als Sales Promotion bezeichnet und ist die dritte wesentliche →*Kommunikationsform* neben der klassischen →*Produktwerbung* und der →*Imagewerbung*, wobei letztere eine deutliche Nähe zu den →*Public Relations* aufweist. Die Verkaufsförderung umfaßt alle Maßnahmen im →*Marketing-Mix* zur zielorientierten Unterstützung des →*Verkaufs*. Ihre Aktivitäten sind fokussiert auf die kommunikativen und distributiven Maßnahmen am Verkaufspunkt. Daraus kann aber nicht nur eine taktisch-operative Bedeutung abgeleitet werden. Die Verkaufsförderung hat auch eine strategische Bedeutung im Marketing (siehe dazu →*Below the line-Kommunikation*).

Verkaufsgebiet →*Verkaufsbezirk*.

Verkaufsgebietseinteilung →*Verkaufsbezirkseinteilung*.

Verkaufsgespräch Wichtigste Form der →*Transaktion* zwischen Verkäufer und →*Käufer* (siehe auch →*Neurolinguistische Programmirung, NLP*) im →*Persönlichen Verkauf*. Das Verkaufsgespräch sollte nach den folgenden Stufen verlaufen: Begrüßung (Gesprächseröffnung), Stellen von Fragen (Bedürfnisermittlung), Demonstration des →*Angebots* (Merkmale-Vorteile-Nutzen), Einwandwiderlegung, →*Verkaufsabschluß*, Verabschiedung und Empfehlung.

Verkaufsgremium →*Selling Center*.

Verkaufsleitung →*Dispositiver* (leitender) *Faktor* zur Planung, Steuerung und Kontrolle des →*Außendienstes*. Einige →*Verkaufsorganisationen* fassen den Außendienst und →*Innendienst* unter der Verkaufsleitung zusammen. In anderen Fällen werden die Leitungen Außendienst und Innendienst einer übergeordneten Vertriebsleitung unterstellt.

Verkaufsmanagement →*Verkaufsleitung*.

Verkaufsmethode Teil der →*Absatzmethode*, durch den die diversen Verkaufsformen bestimmt werden. Der Begriff ist nicht exakt definierbar, da er auf alle Formen des →*Verkaufs* ausgedehnt werden kann (bis hin zu den →*Bedienungssystemen*). Die klassische Verkaufsmethode der Industrie und des →*Institutionellen Handels* (→*Groß-* und →*Einzelhandel*) ist der →*Persönliche Verkauf* durch unternehmenseigene (→*Reisende*) und/oder unternehmensfremde (→*Handelsvertreter*) →*Verkaufsorgane* (→*Absatzformen*). Neben den üblicherweise stationären Formen des institutionellen Handels haben in den letzten Jahren der nichtstationäre →*Versandhandel* und der →*Telefonverkauf* (→*Telefonmarketing*) als eine spezifische Ausprägung des →*Direktmarketing* erheblich an Bedeutung gewonnen. Neuere Verkaufsmethoden sind das →*Online-Shopping* (siehe als Ergänzung →*Teleshopping*) und die diversen Formen des →*Homeshopping*, die vom klassischen →*Heimdienst* bis hin zum →*Telebanking* (Homebanking) reichen und deren Entwicklung bei weitem noch nicht abgeschlossen ist.

Verkaufsmobil →*Verkaufswagen*.

Verkaufsniederlassung(en) Unternehmenseigene Verkaufsfilialen, die Aufgaben des →*Verkaufs*, aber auch des →*Service* übernehmen (siehe in Abgrenzung auch →*Factory Outlets*). Vielfach sind an die Verkaufsniederlassungen auch →*Außenlager* angeschlossen (→*Logistik*, →*Marketing-Logistik*). Die Verkaufsniederlassungen dienen in erster Linie einer möglichst dichten Kundennähe (→*Lieferservice*, →*Kundenservice*).

Verkaufsorgane →*Absatzformen* (→*Distributionsorgane*, →*Absatzorgane*) entweder in unternehmenseigener oder auch unternehmensfremder Form. Mischformen sind in der Praxis üblich. Die Verkaufsorgane stehen in einer engen Beziehung zu dem →*Vertriebssystem* und den →*Absatzwegen* (siehe auch →*Absatzmethode* und →*Akquisitorische Distribution*). Verkaufsorgane sind definitorisch abzugrenzen von den →*Absatzmittlern*.

Verkaufsorganisation Organisatorische Strukturierung des →*Außendienstes* (→*Verkaufsorgane*, →*Absatzformen*) in Verbindung mit dem →*Innendienst*. Die wichtigsten Organisationsformen sind die regionale Gliederung nach Verkaufsgebieten (→*Verkaufsbezirkseinteilung*) und/oder die kundenorientierte Ausrichtung (→*Key Account-Management*). Trend ist (zumindest im Konsumgüterbereich) eine duale Organisation (regionale Gliederung in Verbindung mit einem Key Account-Management). Damit sind jedoch in der Praxis vielfach auch erhebliche Koordinationsprobleme (Produkt- versus Kundenorientierung) verbunden.

Verkaufsprämie(n) Leistungsorientierte Zusatzvergütung(en) für Außendienstmitarbeiter (→*Außendienst*). →*Prämien* sind an Vorgaben gekoppelt (z.B. →*Umsatz*, Neukundengewinnung, Ergebnisse bei →*Verkaufswettbewerben* etc.). Eine Variante der Verkaufsprämien sind die →*Incentives* als temporäre Leistungsanreize. Abzugrenzen gegenüber der Prämie ist die →*Verkaufsprovision* als fester Bestandteil von →*Vergütungssystemen*.

Verkaufspreis →*Preis*, der dem →*Abnehmer* in Rechnung gestellt wird (Verkaufsrechnungspreis).

Verkaufsprovision Variable Leistungsvergütung (→*Vergütungssysteme*), die im →*Verkauf* (→*Außendienst*) zur Leistungssteigerung eingesetzt wird. Die üblichen Formen sind die Provisionierung der →*Umsätze* und/oder erzielten →*Deckungsbeiträge*. Abzugrenzen gegenüber der →*Provision* ist die →*Verkaufsprämie* als leistungsorientierte Zusatzvergütung.

Verkaufspsychologie Teil der angewandten →*Psychologie*, dessen Untersuchungsgegenstand die →*Interaktionsprozesse* in den Verkäufer-Käufer-Beziehungen sind. Ein wesentlicher Kern der Verkaufspsychologie ist die →*Interaktionstheorie* (siehe auch →*Transaktion*, →*Transaktionsepisode*). Die Erkenntnisse der Verkaufspsychologie dienen der Gestaltung des →*Transaktions-* und →*Interaktionsmarketing* und vor allem der Entwicklung und des Einsatzes der →*Verkaufstechniken* im →*Persönlichen Verkauf*.

Verkaufsquote Periodenbezogene Sollvorgabe hinsichtlich der zu erzielenden Absatzergebnisse für den →*Außendienst* oder auch für →*Absatzmittler*. Die Verkaufsquoten sind abgeleitet aus den →*Verkaufszielen*. →*Umsatzvorgaben* sind in der Praxis die häufigste Form. Sie werden auf die einzelnen →*Absatzorgane* bzw. →*Verkaufsorgane* bezogen (vielfach differenziert nach →*Verkaufsbezirken*).

Verkaufsrichtlinien Präzise Vorgaben für den →*Außendienst*, die neben den allgemeinen Informationen z.B. zum →*Produktprogramm* (→*Sortiment*), einer detaillierten Aufgabenbeschreibung etc. vor allem (auch z.T. kundenbezogene) →*Verkaufsquoten* (als periodenbezogene Sollvorgaben bzgl. der zu erreichenden Absatzergebnisse), die →*Vertriebspolitik* (→ *Absatzwegepolitik*) und das geltende →*Konditionensystem* umfassen. Die Verkaufsrichtlinien sind vielfach auch in einem Verkäuferhandbuch niedergelegt, das für alle →*Verkaufsorgane* (→*Absatzformen*, →*Distributionsorgane*, →*Absatzorgane*) verbindlich ist. Festlegung und kontinuierliche Überprüfung der Einhaltung der Verkaufs- bzw. Vertriebsrichtlinien sind ein fester Bestandteil der Vertriebspolitik bzw. des →*Vertriebscontrolling*.

Verkaufsstelle(n) Üblicherweise die →*Outlets* von Handelsunternehmen, in denen der Warenverkauf erfolgt. Weniger ausgeprägt sind herstellereigene Verkaufsstellen, wenn man von →*Factory Outlets* (z.B. im Textilbereich) absieht. Weitere Berührungspunkte ergeben sich durch die werksgebundenen →*Vertriebssysteme* (→ *Franchising*). Sie treten im →*Markt* wie eigenständige →*Filialunternehmen* auf.

Verkaufssteuerung →*Außendienststeuerung*.

Verkaufsstil Art und Weise des operativen →*Verkaufs*. Im wesentlichen wird beim Verkaufsstil unterschieden in →*Hard Selling* (aggressiver Verkaufsstil) und →*Soft Selling* (beratender Verkaufsstil). Bei →*Marktsättigung* und einem zunehmenden →*Verdrängungswettbewerb* tendieren die →*Anbieter* immer mehr zu einem „harten" Verkaufen. Dies ist jedoch eine kurzsichtige Betrachtungsweise. Langfristig ist nur ein „weiches" Verkaufen erfolgreich als eine auf die dauerhafte →*Kundenzufriedenheit* und damit →*Kundenbindung* fokussierte →*Verkaufstechnik*.

Verkaufstechniken Alle Maßnahmen und Mittel zur Optimierung des →*Verkaufs* (→*Persönlicher Verkauf*). Das →*Verkaufsgespräch* ist eines der wichtigsten Formen.

Verkaufstest →*Store-Test*.

Verkaufstraining Schulungsmaßnahmen, um die fachliche, methodische und soziale →*Kompetenz* der Verkäufer zu verbessern. Die Lehrmethoden sind vielfältig und reichen vom Lehrvortrag mit Diskussion, Gruppenarbeiten,→*Rollenspielen*, Fallbehandlungen (→*Fallmethode*), →*Planspielen* bis hin zu Workshops und Training-on-the-Job. Ebenso vielfältig sind die eingesetzten Trainingsmedien (Tageslichtprojektor, Dia- bzw. →*Tonbildschau*, →*Videofilm*, Audiokassetten etc.). Durch Vergleiche vor/nach Training bzw. Vergleich der Gruppen mit/ohne Training kann der Trainingserfolg gemessen werden. Wichtig ist vor allem ein permanentes Verkaufstraining, um den dauerhaften Erfolg sicherzustellen.

Verkaufsveranstaltung(en) →*Verkaufsaktionen*, die der →*Absatzförderung* dienen und mit den →*Marktveranstaltungen* eine gewisse Verwandtschaft aufweisen. Beispiele für Verkaufsveranstaltungen sind →*Auktionen*, →*Einschreibungen*, →*Wochenmärkte* etc. Diese sind wettbewerbsrechtlich (→*UWG*) unbedenklich im Gegensatz zu den →*Sonderveranstaltungen* im →*Einzelhandel*, die mit Ausnahme von →*Schlußverkäufen*, → *Resteverkäufen*, →*Jubiläumsverkäufen* und →*Räumungsverkäufen* untersagt sind. Grund für die restriktive rechtliche Handhabung ist, eine irreführende (→*Irreführung*) Anlockwirkung (→*Anlocken*) auf →*Verbraucher* zu vermeiden (siehe in Ergänzung →*Werbeveranstaltungen*).

Verkaufsverpackung →*Verpakkung*, die vom →*Verbraucher* (→*Verwender*) zum →*Transport* und/oder bis zum Verbrauch (Gebrauch) der Ware verwendet wird (§ 3 VerpackVO).

Verkaufswagen →*Betriebsform* des →*Ambulanten Handels*, die große Ähnlichkeiten mit dem →*Heimdienst* aufweist. Die mobilen →*Verkaufsstellen* führen ein Voll- oder Spezialsortiment (z.B. Brot- und Backwaren, Obst und Gemüse etc.) an Nahrungs- und Genußmitteln und bieten ihre →*Waren* zu festgelegten Zeiten an wohnortnahen Halteplätzen an. Die bevorzugten Verkaufspunkte sind ländliche Gebiete und Stadtrandsiedlungen, in denen der →*Stationäre* (Lebensmittel-) *Einzelhandel* unterrepräsentiert ist. Insofern unterscheidet sich die Betriebsform vom →*Straßenhandel*, →*Wochenmärkten*, →*Markthandel* und →*Hausierhandel*.

Verkaufswettbewerb(e) Leistungsanreize für Außendienstmitarbeiter (→*Außendienst*), die sich in Wettbewerben untereinander messen. Die typischen Anreize sind Geld- bzw. Sachprämien (→*Prämien*, →*Verkaufsprämien*) und die vielfältigen Formen von →*Incentives*. Die Wirkung von Verkaufswettbewerben konnte bislang empirisch nicht nachgewiesen werden und ist kritisch einzuschätzen im Hinblick auf den wünschenswerten Teamgeist im Außendienst (→*Corporate Behavior*) und damit auch auf die optimale Erreichung des Gesamtziels.

Verkaufsziel(e) Aus den →*Unternehmenszielen* und daraus abgeleiteten →*Marketingzielen* entwickeltes Sub-Zielsystem, das sich auf den →*Verkauf* bezieht. Verkaufsziele haben im Vergleich zu den Unternehmens- und Marketingzielen eher einen kurzfristigen Charakter und sind meist am →*Absatz* und →*Umsatz* orientiert. Durch z.B. Erhöhung der Verkaufsleistungen wird aber auch Einfluß genommen auf die Realisierung der Oberziele (z.B. →*Gewinn*, →*Dekkungsbeitrag*). Insofern sind Abstimmungen zwischen den Ober-, Bereichs- und Unterzielen notwendig, um →*Zielkonflikte* und Zielinkonsistenzen zu vermeiden. Die Abstimmung erfolgt durch die →*Top-down-Planung* in Verbindung mit der →*Bottom-up-Planung* (→*Gegenstromverfahren*).

Verkauf unter Einstandspreis →*Untereinstandspreispolitik*.

Verkehrsauffassung Nach →*Wettbewerbsrecht* die Auffassung der interessierten und beteiligten Verkehrskreise. Die Verkehrsauffassung ist nicht identisch mit der Meinung der →*Verbraucher*. In der Rechtsprechung gilt die Verkehrsauffassung des entscheidenden Richters, soweit er den beteiligten Verkehrskreisen angehört. Anderenfalls werden Sachverständigengutachten herangezogen.

Verkehrsgeltung Begriff des →*Wettbewerbsrechts*, der auch als Marktgeltung bezeichnet wird. Die Verkehrsgeltung eines →*Produkts* wird am →*Bekanntheitsgrad* gemessen, der juristisch weder nach seiner Form (passiv-gestützt, aktiv-ungestützt) noch in seiner Mindesthöhe eindeutig definiert ist. Vielfach wird als Mindesthöhe unspezifisch 10-15% angenommen. Hat ein Produkt nach dieser Definition Verkehrsgeltung, genießt es →*Markenschutz*. Die Verkehrsgeltung ist eines der konstituierenden Merkmale des →*Markenartikels*.

Verkehrsmittelwerbung→*Werbung* an den Außen- und Innenflächen von öffentlichen und privaten Verkehrsmitteln. Definitorische Überschneidungsprobleme ergeben sich mit der →*Plakatwerbung* (z.B. Werbung in den Gebäuden und Einrichtungen von Verkehrsbetrieben).

Verkostungen Kostproben von meist Nahrungs- und Genußmitteln, die dem →*Verbraucher* (→*Konsument*) meist im →*Stationären Einzelhandel* und vielfach auch im →*Ambulanten Handel* zum kostenlosen Probieren angeboten werden, um den →*Kaufentscheidungsprozeß* ohne Ausübung eines →*Psychologischen Kaufzwangs* gezielt in Richtung des Leistungsangebots zu lenken. Verkostungen (auch als Degustationen bezeichnet) sind eine Form der →*Verbraucher-Promotions* und werden in der Regel von →*Propagandisten* durchgeführt (siehe auch →*Verkaufsdemonstration*).

Verlagsmarketing Absatzmarktbezogene Aktivitäten der Verlagswirtschaft. Differenziert wird in Vertriebs- und Anzeigenmarketing. Das Verlagsmarketing ist somit auf zwei völlig unterschiedliche →*Absatzmärkte* gerichtet, nämlich einerseits auf den Käufer- bzw. Lesermarkt und andererseits auf den Anzeigenmarkt mit auch jeweils unterschiedlichen →*Zielgruppen*. Die Verbindung zwischen den beiden Märkten ergibt sich daraus, daß →*Werbungtreibende* durch →*Anzeigen* in Verlagserzeugnissen möglichst ohne →*Streuverluste* ihre Zielgruppen erreichen wollen. Daher müssen Vertriebs- und Anzeigenmarketing eng miteinander verkoppelt werden, ohne ihre notwendige Autonomie zu gefährden.

Verlagstypologien →*Käufertypologien*, die zu Werbezwecken (für →*Medien*) vor allem von Verlagen entwikkelt werden. Die Typologien basieren meist auf →*Life Style-Konzepten*. Ohne produktbezogene Variablen sind allgemeine Typologien für die Praxis unbrauchbar. Verlagstypologien bieten z.T. interessante Informationen zum →*Konsumentenverhalten*, sollten aber z.B. für die Entwicklung einer konkreten →*Werbeplanung* nur mit großer Vorsicht als Entscheidungshilfe herangezogen werden.

Vermittlungsvertreter →*Handelsvertreter*, der im Gegensatz zum →*Abschlußvertreter* nur berechtigt ist, als →*Einfirmen-* oder →*Mehrfirmenvertreter* Geschäfte zu vermitteln (siehe auch →*Handelsvermittler*), nicht aber abzuschließen.

Vernetzung →*Datenverbundsysteme* als elektronischer →*Datenträgeraustausch* in einem →*Unternehmen* und/ oder zwischen verschiedenen Unternehmen. Unternehmensintern sind Datenverbundsysteme die Basis für →*Vertriebs-*, →*Marketing-* und →*Management-Informationssysteme*. Als Beispiel für sehr erfolgreiche Datenverbundsysteme zwischen verschiedenen Unternehmen gelten die Formen des elektronischen Datenträgeraustauschs von Industrie und →*Handel* (siehe dazu insbesondere →*EDI*, →*TEDIS*, →*EDI-FACT*, →*SEDAS*, →*MADAKOM*, →*SDS*, →*SINFOS*). Dadurch werden sowohl die Informationsbeziehungen zwischen den Distributionspartnern verbessert als auch die Geschäftsabläufe zeitlich optimiert.

Verpackung Umhüllung von →*Gütern* und Objekten zum Zweck des Inhalt- und →*Umweltschutzes*, der Lagerungs-, Transport-, Verkaufs- und der Verwendungserleichterung sowie

-ermöglichung (siehe auch *→Pakkung*). Die Verpackung besteht nach der Norm DIN 55405 aus dem Packstoff, dem Packmittel und dem Pakkungshilfsmittel. Packstoff ist der Werkstoff (z.B. Holz, Papier, Pappe, Kunststoff, Glas), aus dem die Verpackung hergestellt wird. Packmittel ist das Erzeugnis (z.B. Kiste, Karton) aus dem Packstoff, das dazu dient, das Packgut zu umhüllen. Packhilfsmittel dienen zusammen mit dem Packmittel dazu, ein Gut zu verpacken (z.B. Leim, Nägel, Folien, Klebebänder). Nach der *→Verpackungsverordnung* wird unterschieden in *→Transport-*, *→Um-* und *→Verkaufsverpackungen*.

Verpackungsgestaltung Über die eigentlichen Funktionen der *→Verpakkung* hinausgehende Gestaltung, die kommunikativen Charakter hat. Die Gestaltungsmittel sind Material (Packstoff), Form, Farbe, Zeichen und Beschriftung. Die Verpackungsgestaltung soll sich einfügen in die Einheit aus *→Produkt-* und *→Packungsdesign*, ohne dabei ihre logistischen Hauptfunktionen zu vernachlässigen oder sogar zu verletzen.

Verpackungsverordnung Verordnung zur Vermeidung von Verpakkungsabfällen (VerpackV), die ein stufenweises Inkrafttreten festlegt. Danach sind Hersteller und Vertreiber (Händler) nach dem Verursacherprinzip zur Rücknahme und Wiederverwertung von *→Verpackungen* verpflichtet. Es gelten verbindliche Erfassungs-, Sortier- und Verwertungsquoten. Die Verordnung unterscheidet nach *→Transport-*, *→Um-* und *→Verkaufsverpackungen*. Transportverpackungen (z.B. Kisten, Kartonagen) dienen dem Schutz der *→Waren* auf dem Weg vom Hersteller zum Vertreiber, Umverpackungen (z.B. Folien) der Selbstverkäuflichkeit und dem Diebstahlschutz wie auch die Verkaufsverpackungen (z.B. Blister). Für Umverpackungen und Verkaufsverpackungen gelten die Rücknahmepflicht des *→Institutionellen Handels* in oder bei der Verkaufsstelle und die Sortierpflicht.

Verpflegungsbetriebe Gastronomische Betriebe, die z.T. auch mit *→Beherbergungsbetrieben* (Hotels) verbunden sind. Die vielfältigen Formen der selbständigen und unabhängigen oder als System des *→Franchising* institutionalisierten Verpflegungsbetriebe (siehe dazu auch Anbieter von *→Fast Food*) sind zu unterscheiden von der betrieblichen Zwischenverpflegung, die von den Unternehmen selbst oder von Fremdunternehmen (*→Catering*) durchgeführt wird.

Verrechnungspreis(e) Monetäre Bewertungen von Lieferungen und Leistungen zwischen verschiedenen Einheiten eines *→Unternehmens* oder Konzerns. Zu unterscheiden sind kostenorientierte und marktpreisorientierte Verrechnungspreise. Insbesondere in stark diversifizierten Unternehmen haben Verrechnungspreise eine große Bedeutung (siehe auch *→Transferpreise*).

Verrichtungsorganisation *→Funktionengliederung*.

Verrichtungsprinzip *→Funktionengliederung*.

Versand Auslieferung der Aufträge aus dem *→Lager* (*→Auftragsabwicklung*, *→Logistik*).

Versandhandel *→Betriebstyp* des *→Einzel-* und *→Großhandels*, der nicht-stationär und charakterisiert ist durch die physische Distanz von *→Käufer* und Verkäufer sowie durch die physische Distanz von *→Käufer* und *→Ware*. Die typische Form des Absatzkontaktes ist der →*Katalog*. Er kann ergänzt werden durch →*Elektronische Medien* (z.B. →*Btx*, →*Online* etc.) oder auch durch →*Sammelbestellersysteme*. Der Versandhandel ist eine spezifische Form des →*Direktvertriebs* und läßt sich grob unterscheiden nach →*Sortimentsversandhandel* (Universalversandhandel) und →*Spezialversandhandel* (Fachversandhandel).

Versandverpackung →*Verpackung* (→*Umverpackung*), die in ihren spezifischen Ausprägungen im → *Versandhandel* eine besondere Bedeutung hat.

Verschlüsselung →*Codeplan*, → *Codierung*.

Versicherungsmarketing Absatzmarktbezogene Aktivitäten der Individualversicherungen. Der Einsatz der →*Marketinginstrumente* (Leistungsprogramm, Prämiengestaltung, →*Werbung*, →*Verkaufsorganisation*) konzentriert sich im wesentlichen aufgrund der aufsichtsrechtlichen Bestimmungen auf die →*Kommunikationspolitik* (→*Marketingkommunikation*) und →*Distributionspolitik* (vor allem auf den →*Persönlichen Verkauf*). Besonders wichtig ist bei Versicherungen das →*Nachkaufmarketing* bzw. der →*After-Sales-Service* (z.B. bei Schadensregulierungen, die häufig zur Kundenunzufriedenheit führen).

Versorgungshandel Im Vergleich zum →*Erlebnishandel* steht die reine Versorgung der →*Konsumenten* mit →*Waren* oder →*Dienstleistungen* im Vordergrund. Die →*Preispolitik* (siehe auch →*Discount-Konzept*) hat die höchste Priorität. Die Handelsunternehmen streben (vor allem für Nahrungs- und Genußmittel) ein für den Konsumenten optimales →*Preis-Leistungs-Verhältnis* an.

Versorgungszentrum Form des → *Einkaufs-Centers*, in dem durch ein breites →*Angebot* von →*Produkten* und →*Dienstleistungen* dem →*Verbraucher* die Möglichkeit einer umfassenden Vollversorgung offeriert wird (→*One-Stop-Shopping*, →*Verbundkauf*).

Verstärkerprinzip Grundlage der kognitiven →*Lerntheorie*, die vom → *Lernen* durch Versuch und Irrtum oder Lernen am Erfolg (z.B. im Sinne einer sozialen Anerkennung) ausgeht. Das →*Verhalten*(→*Kaufverhalten*, →*Konsumentenverhalten*) wird entscheidend geprägt durch Erfahrungen (Belohnungen, Bestrafungen). Belohnungen wirken verhaltensverstärkend, Bestrafungen verhaltensmindernd bzw. -verändernd (siehe dazu in Abgrenzung →*Konditionierung*, die sich aufgrund des →*Kontiguitätsprinzips* automatisch und nicht willentlich vollzieht).

Versteigerung →*Auktion*.

Versteinerungsphase Sechste und letzte Phase im →*Produkt-Lebenszyklus*, in der die Umsatzfunktion parallel zur Zeitabszisse verläuft. Die Umsatzbasis wird auf Höhe des Endpunktes der →*Degenerationsphase* plafondiert und keine →*Produktelimination* vorgenommen. Hauptgrund für diese Entscheidung ist, die →*Produkttreue* der üblicherweise →*Nachzügler* (→*Adoptergruppen*, →*Adoptionsprozeß*) zu erhalten, soweit dadurch keine zusätzlichen →*Marketingbudgets* notwendig werden. Überdies ist mit jeder Produktelimination auch die Gefahr eines negativen →*Imagetransfers* auf das übrige →*Produktprogramm* und auf das →*Unternehmensimage* verbunden. Das gilt insbesondere für die →*Markenpolitik* unter einem Firmendach (→*Umbrella-Marken*).

Vertikale Diversifikation Form der →*Diversifikation*, durch die das →*Unternehmen* auf vor- und/oder nachgelagerten→*Absatzmärkten* bzw. Wirtschaftsstufen tätig wird. Diese Form der Diversifikation wird auch →*Rückwärts-* bzw. →*Vorwärtsintegration* genannt. Die vertikale Diversifikation weist eine Reihe von Gefahrenpunkten auf. So wird durch die Rückwärtsintegration die Abhängigkeit von Zulieferern wohl verringert, aber das Risiko bei einer möglichen Branchenstrukturkrise auf dem Absatzmarkt erhöht (Gefahr einer Monostrukturierung). Durch die Vorwärtsintegration werden wohl neue →*Kunden* gewonnen, doch die bisherigen Kunden werden zu →*Wettbewerbern*. Dies ist insbesondere ein Problem für Hersteller, die in den →*Handel* diversifizieren (siehe im Vergleich →*Horizontale* und →*Laterale Diversifikation*).

Vertikale Kooperation Zusammenarbeit von wirtschaftlich selbständigen →*Unternehmen* auf unterschiedlichen Wirtschaftsstufen (siehe in Abgrenzung →*Horizontale Kooperation*). Vertikale Kooperationen bilden häufig die Form der Zusammenarbeit von Herstellern und Händlern (→*Kontraktmarketing*), aber auch von Groß- und Einzelhandelsunternehmen (→*Verbundgruppen*, →*Freiwillige Ketten*). Weitere Formen der vertikalen Kooperation sind die →*Vertriebsbindungen* (→*Selektiver* und →*Exklusiver Vertrieb*, →*Depotsystem*, →*Franchising*).

Vertikale Marketingstrategie Eine langfristig orientierte Optimierung des →*Vertikalen Marketing* zur Reduzierung der Spannungen zwischen Industrie und →*Handel* auf die konstitutiv bedingten Unterschiede. Dazu zählen nach *W. Irrgang (1989)* aus Hersteller- wie Handelssicht die Selektionsstrategie (Auswahl der Partner) in Verbindung mit dem Ausbau des →*Beziehungsmanagements*, Stimulierungsstrategie (→*Konditionenpolitik*, →*Händler-Promotions*, →*Handels-Promotions* etc.) und vor allem die Kontraktstrategie (vertragliche Regelungen zwischen Industrie und Handel, →*Vertikale Kooperation*, →*Kontraktmarketing*).

Vertikale Preisbindung →*Preisbindung* der zweiten Hand.

Vertikale Preisempfehlung →*Preisempfehlung*.

Vertikale Produktdifferenzierung Veränderung der →*Produkteigenschaften* in der stofflich-technischen Grundstruktur (siehe im Vergleich →*Horizontale Produktdifferenzierung*, →*Produktdifferenzierung*).

Vertikales Denken Logisch-analytisches →*Denken* im Gegensatz zum →*Lateralen Denken*, aber auch als Ergänzung (nach *E. de Bono, 1989*).

Vertikales Marketing Problematik, die auf verschiedenen →*Distributionsstufen* (beim →*Mehrstufigen Vertrieb*) entwickelten →*Marketingstrategien* zu koordinieren. Die Problemursachen sind: Machtkonflikte und die damit verbundenen Rollenkonflikte (→*Asymmetrische Machtverteilung*), Zielkonflikte (unterschiedliche →*Formalziele* von Herstellern und Händlern), Informationsvorsprünge vor allem des →*Einzelhandels* durch z.B. →*Scanning* (siehe in diesem Kontext auch →*Absatzmethode*, →*Akquisitorische Distribution*, →*Handelsmarketing*). Zu den Instrumenten einer vertikalen Koordination zählen u.a. die verschiedenen Formen der →*Vertikalen Marketingstrategien* und →*Vertikalen Kooperationen*.

Vertragsfertigung Form der →*Ko-*

operation rechtlich und wirtschaftlich selbständiger →*Unternehmen*, bei der im Vergleich zur Vergabe einer →*Lizenz* der Auftragnehmer bei der Fertigung nach genauen Anweisungen des Auftraggebers vorzugehen hat. Der Auftraggeber übernimmt in der Regel eine Abnahmegarantie und den →*Vertrieb* der hergestellten Erzeugnisse. Die Fertigungsvergabe empfiehlt sich bei einer kostengünstigeren →*Produktion* durch den oder die Partner (siehe in diesem Zusammenhang auch → *Outsourcing*).

Vertragshändlersystem Strenge Form der →*Vertriebsbindung* als Typ der →*Vertikalen Kooperation*, bei der die →*Absatzmittler* fest in das →*Vertriebssystem* des Lieferanten eingebunden sind. Vielfach bezieht sich die Bindung im Sinne einer Einflußnahme auf das gesamte →*Sortiment*, die → *Logistik*, →*Werbung*, →*Verkaufsaktionen*, Schulung der Verkäufer etc. Die eigentliche Bindung betrifft aber die Verpflichtung des Vertragshändlers, das Herstellersortiment exklusiv zu führen und die Preis-, Rabatt- und Lieferbedingungen zu erfüllen. Weiter werden zu erbringende Serviceleistungen und Mindestumsätze, Mindestabnahmemengen etc. vereinbart. Als Gegenleistung wird den Vertragshändlern →*Gebietsschutz* gewährt (→*Exklusivvertrieb*), und sie erhalten Marketingunterstützung (z.B. bei der Werbung, →*Verkaufsförderung*, →*Ladengestaltung*). Mit Vertragshändlersystemen (primär bei hochwertigen → *Gebrauchsgütern*) ist als Hauptziel die Renditesicherung für die Vertriebspartner verbunden.

Vertrauen Verläßlichkeit von →*Informationen* (z.B. →*Werbebotschaften*) und Verhaltensweisen, deren Wahrheitsgehalt nur schwer oder gar nicht überprüfbar ist. Das Vertrauen steht damit in einer engen Beziehung zur →*Glaubwürdigkeit* und spielt daher für z.B. →*Kundenzufriedenheit*, →*Kundenbindung* und →*Kundentreue* eine entscheidende Rolle. Vertrauensenttäuschungen bei den Interaktionspartnern (→*Interaktionsprozesse*) können zu erheblichen Imageverlusten (→*Image*) des Verursachers führen.

Vertrauensbereich →*Konfidenzintervall*.

Vertreter →*Handelsvertreter*.

Vertrieb Vermittlungs- und Kontraktfunktion zwischen →*Produktion* und Konsumtion (→*Konsum*), wobei die Konsumtionsfunktion auch die Eigenschaften einer Gebrauchsfunktion haben kann und die Produktion im wirtschaftlichen Sinne auch die verschiedenen Formen von →*Dienstleistungen* einbezieht.

Vertrieb, direkter →*Direktvertrieb*.

Vertrieb, einstufiger →*Einstufiger Vertrieb*.

Vertrieb, exklusiver Restriktive Selektion der →*Absatzmittler* (→*Exklusivvertrieb*). Im Vergleich zum →*Selektiven Vertrieb* sind die vertraglichen Regelungen noch stringenter (siehe dazu auch →*Franchising*) formuliert.

Vertrieb, indirekter →*Indirekter Vertrieb*, →*Indirekter Absatz*.

Vertrieb, intensiver →*Intensivvertrieb*.

Vertrieb, mehrstufiger →*Mehrstufiger Vertrieb*.

Vertrieb, selektiver →*Selektiver Vertrieb*.

Vertriebsbindung Vertikale →*Ab-*

satzbindung, die dem →*Handel* durch den Hersteller Beschränkungen auferlegt oder umgekehrt dem Hersteller durch den Handel (Lieferantenbindung). Vertriebsbindungen sind konzeptioneller Bestandteil der →*Absatzwegepolitik* (Vertriebswegepolitik) und unerläßlich für die Durchsetzung und Aufrechterhaltung der →*Selektiven Absatz-* und →*Selektiven Vertriebspolitik*. Sie unterliegen nach →*GWB* der Mißbrauchsaufsicht der Kartellbehörde. Die z.T. umfangreichen vertraglichen Regelungen (siehe z.B. im →*Franchising*) konstituieren die →*Vertikale Kooperation*. Soweit sich Hersteller gegenseitig verpflichten, nur bestimmte →*Handels-* bzw. →*Distributionskanäle* (z.B. →*Fachhandel*) zu beliefern, handelt es sich um eine horizontale Vertriebsbindung. Ihre Bedeutung hat jedoch erheblich abgenommen aufgrund der Vermischung der Handelsbetriebstypen (→*Betriebstypen*) und der→*Handelskonzentration*.

Vertriebscontrolling Teilsystem des →*Marketingcontrolling*, das sowohl einen strategischen als auch operativen Inhalt hat. Das strategische (langfristige) Vertriebscontrolling umfaßt die systematische Prüfung und Bewertung der Vertriebsplanung (→*Absatzplanung*). Dadurch soll die Möglichkeit zur frühzeitigen Korrektur strategischer Entscheidungen gegeben werden. Im Vergleich dazu hat das operative Vertriebscontrolling die Aufgabe, die ergriffenen Vertriebs- (Absatz-)maßnahmen dahingehend zu überprüfen, ob sie sich als geeignet und zufriedenstellend erwiesen haben, die operational formulierte →*Vertriebspolitik* umzusetzen. Einbezogen in das Aufgabenfeld sind die →*Abweichungsanalyse* und konkrete Maßnahmenempfehlungen zur Beseitigung der →*Abweichung(en)* und Strategierealisation.

Vertriebsforschung Untersuchung der →*Absatzwege* in bezug auf ihre Bedeutung für die eigenen →*Angebote* und die der →*Wettbewerber*. Damit verbunden ist auch die Untersuchung von →*Absatzkanal*-Präferenzen bei bestimmten Verbrauchergruppen (z.B. wichtig für die →*Marktsegmentierung* und die Gestaltung der →*Vertriebskonzeption*).

Vertriebsgebiet(e) →*Absatzgebiet*.

Vertriebsgemeinschaft →*Vertriebskooperation*.

Vertriebsgesellschaft Rechtlich selbständige Gesellschaft, die für das Produktionsunternehmen den →*Vertrieb* übernimmt. Hierbei ist das Produktionsunternehmen Eigner der Vertriebsgesellschaft oder an dieser wesentlich beteiligt. Weiter ist möglich, daß die Vertriebsgesellschaft als Gemeinschaftsunternehmen von mehreren Herstellern betrieben wird (→*Horizontale Kooperation*).

Vertriebs-Informationssystem(e) Teilsystem des →*Marketing-Informationssystems*, das in weitere Module zerlegt werden kann. Dazu zählen die →*Kunden-Datenbank*, →*A-B-C-Analysen*, Verkaufsstatistik, Vertriebserfolgsrechnung (im →*Handel* die →*Artikelerfolgsrechnung*), Außendienstberichte, →*Absatzplanung* etc. Im Hinblick auf die notwendigerweise zunehmende Markt- und Kundenorientierung erweist sich das Vertriebs-Informationssystem in Verbindung mit →*Konkurrenzanalysen* (Wettbewerbsanalysen) und Markt-Informationssystemen immer mehr als das Herzstück des Marketing-Informationssystems.

Vertriebskooperation Vor allem →*Horizontale Kooperation* von Herstellern, die den gemeinsamen →*Vertrieb* von bestimmten Leistungsangeboten zum Inhalt hat (siehe besonders →*Strategische Allianzen*, →*Joint Ventures*). Vertriebskooperationen von →*Wettbewerbern* sind wettbewerbsrechtlich (→*GWB*) nicht unbedenklich.

Vertriebskosten Alle →*Kosten*, die im →*Vertrieb* und seinen Teilfunktionen entstehen. Die Erfassung der Vertriebskosten weist zwei Hauptprobleme auf. Zunächst ist es in vielen →*Unternehmen* sehr schwierig, den Vertriebsbereich von anderen Unternehmensbereichen abzugrenzen (z.B. vom übergeordneten oder z.T. auch nebengeordneten Marketingbereich). Damit ist auch die Inhaltsabgrenzung des Vertriebs verbunden (z.B. ein- oder ausschließlich der →*Logistik*). Das zweite Problem betrifft die Differenzierung in →*Einzelkosten* und →*Gemeinkosten* (die verursachungsgemäße Zuordnung zur →*Kostenstelle*). Ein typisches Beispiel für diese Problematik sind wesentliche Teile der Personalkosten, die sich wohl über eine Vertriebskostenstellenrechnung zurechnen lassen, jedoch aufgrund ihres Gemeinkostencharakters nicht auf die →*Kostenträger* verrechnet werden können.

Vertriebsleitung →*Verkaufsleitung*.

Vertriebslinien-Mix →*Vertriebs-Mix*.

Vertriebslizenz Übertragung des Rechts an einen Lizenznehmer, den →*Vertrieb* eines →*Produkts* (→*Produktgruppe*) oder einer →*Dienstleistung* in einem definierten →*Absatzgebiet* durchzuführen.

Vertriebsmanagement →*Dispositiver Faktor* für die Gestaltung der strategischen wie auch operativen →*Vertriebspolitik*. Die wichtigsten Aufgaben des Vertriebsmanagements liegen in den operativen Bereichen der →*Außendienststeuerung*, →*Absatz-* und →*Umsatzplanung*. Damit verbunden sind →*Abweichungsanalysen* und die Beseitigung von →*Abweichungen*.

Vertriebs-Mix Untergruppe des →*Distributions-Mix*, die sich primär auf die →*Absatzmethode* (→*Akquisitorische Distribution*) bezieht. Hierbei wird unter Mix neben der Optimierung vor allem die Verknüpfung mehrerer Distributionsformen verstanden. So können bei den →*Vertriebssystemen* z.B. selbständige →*Absatzmittler* als →*Verkaufsorgane* kombiniert werden mit herstellereigenen →*Factory Outlets* (als Weiterentwicklung der →*Werkshandelsunternehmen*). Bei den →*Absatzformen* wird von vielen Unternehmen der duale Einsatz von →*Reisenden* und →*Handelsvertretern* seit Jahren mit Erfolg praktiziert. Auch hinsichtlich der Wahl der →*Absatzwege* sind Kombinationen von →*Direktvertrieb* und →*Indirektem Vertrieb* möglich. Diese auch als Vertriebslinien-Mix bezeichnete Verbindung spielt insbesondere im →*Handel* (vor allem →*Einzelhandel*) eine wichtige Rolle. So lassen sich z.B. →*Direktmarketing* und →*Versandhandel*, →*Fachhandel* und →*Fachmärkte*, →*Warenhäuser* und →*Einkaufs-Center*, →*Fachgeschäfte* und →*Discounter* etc. sehr gut miteinander kombinieren. Diese Entwicklung ist im Rahmen der →*Diversifikation* bei Herstellern und Handelsunternehmen bei weitem noch nicht abgeschlossen.

Vertriebsorganisation →*Verkaufsorganisation*.

Vertriebsplanung →*Absatzplanung*.

Vertriebspolitik Form der →*Absatzpolitik*, die sich primär auf die →*Absatzwegepolitik* (Vertriebswegepolitik,→*Distributionspolitik*) bezieht. Hierbei ist aus Herstellersicht eine der wichtigsten strategischen Entscheidungen die Wahl der →*Absatzmittler*. Hinzu kommen die Entscheidungen bzgl. der →*Absatzmethode* und der →*Marketing-Logistik*. Die Vertriebspolitik hat grundsätzlich einen konstitutiven und damit langfristigen Charakter.

Vertriebssteuerung →*Außendienststeuerung*.

Vertriebssystem(e) Elementarer Bestandteil der →*Absatzmethode* (→ *Akquisitorische Distribution*). Zu unterscheiden sind werkseigene, werksgebundene und werksfremde Vertriebssysteme. Das →*Franchising* hat sich in den letzten Jahrzehnten als eine wichtige Form der werksgebundenen Vertriebssysteme herauskristallisiert.

Vertriebsweg(e) →*Absatzweg(e)*.

Vertriebswegepolitik →*Absatzwegepolitik*, →*Vertriebspolitik*.

Verursachungsprinzip Prinzip, nach dem die →*Kosten* verursachungsgemäß den →*Kostenstellen* und →*Kostenträgern* zugerechnet werden müssen.

Verwechslungsgefahr →*Irreführung* der →*Verbraucher* durch z.B. → *Nachahmung* (Imitation) fremder → *Produkte* oder Leistungen. Dadurch werden in aller Regel auch gewerbliche →*Schutzrechte* (z.B. →*Warenzeichen*, →*Warenzeichengesetz*, →*Kennzeichenschutz*) verletzt. Entscheidend für den Tatbestand einer Verwechslungsgefahr ist der nach →*Verkehrsauffassung* bestehende Gesamteindruck einer sehr großen Ähnlichkeit zwischen der nachgeahmten und der nachahmenden Leistung (z.B. Warenzeichen, Produkt, Dienstleistung, Werbung). Die Verwechslungsgefahr ist um so größer, je bekannter die Kennzeichnung und/oder je enger die Waren- und Branchennähe sind.

Verweigerungsquote →*Ausfallquote* (→*Stichprobenausfälle*) bei → *Befragungen* (vor allem bei →*Mündlichen Befragungen*), die zum Problem der →*Repräsentanz* (bezogen auf die →*Grundgesamtheit*) der → *Stichprobe* führt.

Verwender Im Unterschied zu → *Konsumenten* (→*Konsumgüter*) Anwender von →*Produkten* (→*Gebrauchsgüter*). Der Verwenderbegriff bezieht sich in der Regel auf →*Konsumtivgüter*. Bei →*Produktivgütern* erfolgt die Abgrenzung zu den → *Käufern*. Die begriffliche Unterscheidung ist wichtig bei der Analyse von →*Kaufentscheidungen*, die sich auf die Käufer beziehen. Diese sind nicht unbedingt identisch mit Konsumenten bzw. Verwendern, und zwar sowohl im Konsumtiv- als auch Produktivgüterbereich.

Video →*Kommunikationsmedium* (→ *Werbeträger*), das bisher für die → *Werbung* (→*Produktwerbung*) noch keine wesentliche Bedeutung hat (so etwa in der →*Telekommunikation* oder auch in der werblichen Nutzung von Videotext).

Videokonferenz Informationsaustausch zwischen mehreren, räumlich getrennten Gesprächspartnern mit Hilfe der Videotechnik.

Video-Mall Video-Einkaufszentrum (→*Einkaufs-Center*), das eine besondere Form des →*Teleshopping* darstellt. Hierbei betreiben die →*Anbieter* eigene Teleshopping-Kanäle.

Videotext Vermittlung von Informationen mit Hilfe der Videotechnik auf Fernsehgeräten.

Virales Marketing Form des →*Direktmarketing*, die als Weiterentwicklung der →*Mundwerbung* (Mund-zu-Mund-Werbung) gilt. Ziel der →*Kommunikationsform* ist, →*Informationen* (vor allem →*Werbebotschaften*) „viral“ zu verbreiten. Geeignete Medien (→*Kommunikationsmedien*) sind diejenigen, die besonders schnell Botschaften übermitteln (z.B. →*Internet*). Die neuen →*Informations-* und →*Kommunikationstechnologien* begünstigen die Entwicklung des viralen Marketing.

Virtual Community Gemeinschaften im →*Internet*, die nach selbst definierten Verhaltensregeln regelmäßig miteinander kommunizieren. Virtuelle Gemeinschaften dienen der Informationsbeschaffung, Unterhaltung und gegenseitiger Hilfeleistung. Communities ermöglichen die →*Kommunikation* zwischen ihren Mitgliedern wie auch zwischen →*Unternehmen* und →*Kunden*. Da in Communities auch persönliche →*Daten* preisgegeben werden, gelten sie als Basis für den Aufbau eines →*Beziehungsmarketing* (siehe dazu auch →*Community Marketing* und →*On-line Chat*).

Virtuelle Meinungsführer Persönlichkeiten des öffentlichen Lebens, denen ungeachtet ihres speziellen Einflußgebietes eine umfassende Kompetenz zugeschrieben wird. Sie werden auch als fiktive →*Meinungsführer* bezeichnet (siehe in Abgrenzung →*Symbolische Meinungsführer*).

Virtuelle Realität Künstliche Welt, die mit Hilfe der Elektronik geschaffen wird und in die der Nutzer interaktiv eingebunden ist (z.B. Auto- und Flugzeugsimulatoren). Es können auch virtuelle →*Produkte* durch den →*Konsumenten* als Co-Produzent (→*Prosumer*) geschaffen werden. Beispielsweise kann der Bauherr in der Planungsphase mit Hilfe der →*Computersimulation* im 3-D-Modell durch sein Badezimmer geführt werden, um es seinen →*Bedürfnissen* und Wünschen entsprechend zu gestalten. Ähnliches läßt sich auch denken für die kundengerechte Laden-Layoutgestaltung (→*Ladengestaltung*) im →*Einzelhandel* (→*Virtuelles Shopping*).

Virtueller Markt „Künstlicher“ durch die Elektronik (→*Internet*) geschaffener →*Markt* (siehe auch →*Virtuelles Shopping*, →*Electronic Commerce*, →*Elektronischer Marktplatz*, →*Electronic Business*).

Virtuelles Shopping Simulation eines typischen →*SB-Marktes* mit seinen Regalfronten und Einkaufsstraßen im Computer. Der →*Konsument* kann sich am Bildschirm frei in dem Einzelhandelsgeschäft "bewegen", Produkte aus dem Regal nehmen und in seinen Einkaufswagen legen. Mit Hilfe des Simulationssystems können unterschiedliche Testbedingungen für die Ladenpräsentation (→*Ladengestaltung*, →*Ladenlayout*), Regalplazierung (→*Regalflächenoptimierung*) und Produktpositionierung im Shopping-Labor konstruiert und optimale Kombinationen gefunden werden.

Vision Management Entwicklung einer unternehmensspezifischen Vision, die Basis für die →*Unternehmens-* und →*Marketingstrategie* ist. Grundlage des Vision Management ist die systematische Analyse der künftigen Entwicklungen des generellen Gesellschafts-, Markt- und Wettbewerbsumfeldes. Vision Management soll notwendige Wandlungsprozesse fördern und die Ressourcenallokation zukunftsorientiert gestalten (siehe dazu auch →*Szenariotechnik*, →*Portfolio-Management*).

Visualisierung Form der bildhaften →*Kommunikation* von →*Informationen* (→*Bildkommunikation*). Die Visualisierung ist kein Ersatz für die →*Persönliche Kommunikation*, sondern hat Verstärkerfunktion im Sinne einer Erhöhung der Gedächtniswirkung (→*Gedächtnistheorien*).

Visual Merchandising Form der →*Warenpräsentation* im →*Einzelhandel*, bei der die →*Ware* dem →*Kunden* so dargeboten wird, daß sie sich selbst ohne Unterstützung durch Verkäufer anbietet. Visuelle →*Stimuli* (siehe auch →*Bildkommunikation*) haben die Aufgabe, den gesamten →*Nutzen* (→*Customer Value*), den das →*Angebot* dem →*Käufer* bietet, visuell darzustellen bzw. zu dramatisieren. Dies hat Konsequenzen für →*Ladengestaltung*, →*Ladenlayout* und →*Interior Design*. Die wichtigsten Gestaltungselemente sind Form, Farbe und Material der Ladengestaltung, Licht im Verkaufsraum, Flächengliederung und Kundenführung, Möblierung und Warenpräsentation, Decke und Boden des Verkaufsraums und insgesamt die Ladenatmosphäre (incl. olfaktorische und akustische Reize). Das Visual Merchandising hat für alle →*Bedienungssysteme* eine zunehmend größere Bedeutung, vor allem aber für die →*Selbstbedienung*, bei der der Käufer im wesentlichen auf sich selbst gestellt ist.

Visuelle Kommunikation →*Bildkommunikation*.

Visuelle Reize →*Reize* (→*Stimuli*), die etwa durch Form- und Farbgebung (siehe auch →*Design*, →*Produktdesign*) des →*Angebots* oder auch der →*Werbemittelgestaltung* eine →*Kaufentscheidung* (auch im Sinne der Bildung von →*Präferenzen*) des potentiellen oder aktuellen →*Nachfragers* herbeiführen (siehe auch →*Sinnesorgane*).

VOB Abk. für **V**erdingungs**o**rdnung für **B**auleistungen. Es handelt sich um Vorschriften zur Auftragsvergabe und Auftragsabwicklung von öffentlichen Bauaufträgen (siehe→*Öffentliche Vergabeverfahren*).

VOL Abk. für **V**erdingungs**o**rdnung für **L**eistungen. Es handelt sich um Vorschriften für die Vergabe von öffentlichen Aufträgen (siehe →*Öffentliche Vergabeverfahren*).

Volatilität Flüchtigkeit, die das gegenwärtige Verhältnis des →*Konsumenten* (→*Hybrid-Konsument*) zu →*Produkten*, Menschen und Unternehmen kennzeichnet und sich in sinkender →*Markentreue* und auch Handelstreue (→*Ladentreue*) und abnehmender Loyalität in persönlichen und beruflichen Beziehungen ausdrückt. Die Ursache der Volatilität wird in der zunehmenden Wahlmöglichkeit von diversen Lebens- und Handlungsalternativen (→*Multioptionsgesellschaft*) und der wachsenden Autonomie des Individuums gesehen.

Volkseinkommen →*Nettosozialprodukt* (zu Marktpreisen) ./. Indirekte Steuern + Subventionen. Das Volkseinkommen ist das Nettosozialprodukt zu →*Faktorkosten*.

Volkswirtschaftliche Gesamtrechnung Quantitative Darstellung der wirtschaftlichen Zusammenhänge in einer Volkswirtschaft. Dazu wird eine sektorale Einteilung vorgenommen in →*Unternehmen*, private Haushalte (→*Haushalt*), Staat und Ausland, deren →*Transaktionen* als Ströme dargestellt werden. Die volkswirtschaftlichen Gesamtrechnungen sind gegliedert in Entstehung, Verwendung und Verteilung (incl. Umverteilung) des →*Sozialprodukts* bzw. des →*Volkseinkommens*.

Vollerhebung Erhebung, bei der im Vergleich zur →*Teilerhebung* alle Elemente der →*Grundgesamtheit* in die Untersuchung eingehen. Die Vollerhebung (auch als Totalerhebung bezeichnet) spielt nur noch bei der amtlichen Statistik (→*Zensus*) eine Rolle. In der →*Marktforschung* beschränkt man sich auf →*Stichproben*.

Vollkommene Konkurrenz Vollständige oder →*Atomistische Konkurrenz*, bei der einer Vielzahl von →*Anbietern* eine Vielzahl von →*Nachfragern* gegenübersteht. Die einzelnen →*Marktanteile* sind so gering, daß die Marktteilnehmer den →*Marktpreis* nicht beeinflussen können. Der Marktpreis ist ein Datum. Anbieter und Nachfrager sind reine Mengenanpasser (siehe in Ergänzung auch →*Vollkommener Markt* und im Gegensatz dazu →*Unvollkommene Konkurrenz* und →*Monopolistische Konkurrenz*).

Vollkommener Markt →*Marktform*, bei der im Gegensatz zum →*Unvollkommenen Markt* das →*Gesetz der Unterschiedslosigkeit* gilt. Es sind folgende Bedingungen erfüllt: →*Homogenität* der →*Angebote*, keine →*Präferenzen* aller Marktteilnehmer, unendlich schnelle Anpassungs- bzw. Reaktionsgeschwindigkeit aller Marktteilnehmer, absolute →*Markttransparenz*, Gültigkeit des →*Erwerbswirtschaftlichen Prinzips*, freier Marktzugang (siehe in Ergänzung auch →*Vollkommene Konkurrenz* und im Gegensatz →*Unvollkommener Markt*).

Vollkostenrechnung Im Gegensatz zur →*Teilkostenrechnung* werden bei diesem Verfahren der →*Preiskalkulation* alle →*Kosten* (→*Einzel-* und →*Gemeinkosten*) den →*Kostenträgern* zugerechnet. Das übliche Kalkulationsverfahren ist die →*Zuschlagskalkulation*. Sie geht in der Weise vor, daß die Materialeinzelkosten und Materialgemeinkosten zu Materialkosten zusammengefaßt werden. Materialkosten plus Lohneinzelkosten und Lohngemeinkosten (Fertigungskosten) bilden die Herstellkosten. Durch Hinzufügung der Verwaltungs- und Vertriebsgemeinkosten und der Sondereinzelkosten der Fertigung und des Vertriebs erhält man die →*Selbstkosten*. Der Gewinnaufschlag auf die Selbstkosten führt zum Angebotspreis. Die Vollkostenkalkulation weist eine Reihe von schwerwiegenden Problemen auf. Das erste Hauptproblem betrifft die willkürliche Gemeinkostenschlüsselung. Dadurch wird dem →*Verursachungsprinzip* (Kostenverursachungsprinzip) nicht entsprochen. Das zweite Problem liegt in der Konstruktion eines Angebotspreises (→*Kostenpreis*), der in der Regel nicht mit dem realisierbaren →*Marktpreis* übereinstimmt. Eine modernere Variante der Vollkostenkalkulation ist das →*Target Pricing* (→*Target Costing*), das aber bereits Ähnlichkeiten mit der →*Deckungsbeitragsrechnung* (Retrograde Preiskalkulation) und →*Prozeßkostenrechnung* aufweist.

Vollsortiment(er) Abdeckung des Gesamtbedarfs der →*Verbraucher*. Im allgemeinen umfaßt das Vollsortiment Nahrungs-/Genußmittel, Bekleidung, Haushaltsausstattung und Einrichtung und ist mehr breit als tief (siehe dazu in Abgrenzung auch →*Teilsortiment* bzw. Fachsortiment.

Vorbild(er), soziale(s) →*Bezugsgruppe(n)* oder →*Sozialisator(en)*, die einen →*Sozialen Einfluß* auf andere Personen ausüben. Zur Einflußnahme werden vielfältige soziale Machtmittel eingesetzt.

Vorhersage →*Prognose(n)*.

Vorkalkulation Ermittlung der →*Selbstkosten* auf der Basis von →*Plankosten* für die →*Preiskalkulation* (siehe dazu im Vergleich →*Nachkalkulation*).

Vorratspolitik Teilbereich der →*Marketing-Logistik* (→*Bestands-Management*), der einen entscheidenden Einfluß auf den →*Lieferservice* ausübt. Die Vorratshaltung muß sich am künftigen Bedarf orientieren. Daraus ergibt sich die Notwendigkeit einer möglichst genauen →*Absatzplanung*, die wiederum die →*Beschaffung* beeinflußt.

Vorspannangebot Besondere Form des →*Koppelungsgeschäfts*, bei der der →*Kauf* einer extrem preisgünstigen →*Ware* oder Leistung vom Erwerb einer anderen Ware oder Leistung zum regulären (oder auch überhöhten) →*Preis* abhängig gemacht wird. Ziel von Vorspannangeboten ist, das Interesse des →*Käufers* auf die Nebenware zu lenken und von der Prüfung der (damit gekoppelten) Hauptware hinsichtlich →*Qualität* und →*Preis-Leistungs-Verhältnis* abzulenken. Vorspannangebote sind grundsätzlich als wettbewerbsrechtlich (→*UWG*) bedenklich bzw. unzulässig einzustufen (siehe dazu auch →*Self Liquidating Offer*).

Vorurteil(e) Vorgeprägte Urteile, die auf →*Klischees* beruhen (auch →*Stereotyp*). Vorurteile können aus eigenen Erfahrungen resultieren, sind jedoch in den meisten Fällen sozial geprägt. Sie wirken verhaltens- und damit auch konsumbeeinflussend (positiv wie negativ, überwiegend aber negativ).

Vorverkauf Akquisitorische (primär kommunikative) Maßnahmen in der Vorkaufphase. Das klassische Instrument zum Vorverkauf ist die →*Produktwerbung* (→*Pull-Strategie*), um einen Nachfragesog im →*Einzelhandel* zu erzeugen und auch einen Druck auf den Handel auszuüben, das beworbene →*Produkt* zu listen bzw. nachzubestellen.

Vorwärtsintegration Tätigkeit auf nachgelagerten →*Märkten* (Wirtschaftsstufen), um sich von den →*Abnehmern* unabhängiger zu machen (→*Vertikale Diversifikation*). So wird z.B. der Rohstoffproduzent auch Verarbeiter oder der Markenartikelhersteller auch Händler. Die Gefahr der Vorwärtsintegration ist der Verlust von →*Kunden* durch die neugeschaffene vertikale Wettbewerbssituation (siehe im Vergleich →*Rückwärtsintegration*).

Vorwahl Mischform zwischen →*Bedienung* und →*Selbstbedienung* (→*Bedienungssysteme*) im →*Einzelhandel*. Der →*Kunde* wählt aus dem Leistungsangebot selbst aus (→*Selbstauswahl*). Die verkäuferische Leistung reduziert sich auf die Klärung von Zweifelsfragen und die Abwicklung des Kaufabschlusses.

W

Wachstum Gesamtwirtschaftlich die prozentuale Veränderung des →*Sozialproduktes* während eines Zeitraums (z.B. ein Jahr). Einzelwirtschaftlich ist es der zeitraumbezogene Zuwachs operationaler Zielgrößen, wie →*Absatz*, →*Umsatz*, →*Marktanteil* (mengen- und wertmäßig), →*Gewinn*, →*Deckungsbeitrag*. Das Wachstum bezieht sich auf das gesamte →*Unternehmen* (bzw. den Konzern) und/oder auf →*Produkte* (→*Dienstleistungen*), →*Produktgruppen* (→*Sortimente*), →*Strategische Geschäftseinheiten*.

Wachstumsfunktion(en) Prognosefunktionen für langfristige →*Prognosen* in Form von →*Sättigungsfunktionen*. Die wichtigsten Wachstumsfunktionen sind die Exponentialfunktion, →*Logistische Funktion* und die →*Gompertz-Funktion*.

Wachstumsphase Zweite Phase im →*Produkt-Lebenszyklus*, die durch einen steilen Anstieg der →*Umsätze* und →*Deckungsbeiträge* charakterisiert ist. Die →*Gewinnschwelle* ist überschritten, und das →*Produkt* befindet sich in der Phase der →*Marktdurchdringung*. In der Wachstumsphase erreicht die Grenzumsatzkurve (→*Grenzerlös*) ihr Maximum. Das Grenzerlösmaximum ist gekennzeichnet durch den Wendepunkt der Umsatzfunktion und ist damit ein Signal für die →*Innovationspolitik* (→*Produktinnovation*). Da in dieser Phase der Konkurrenzdruck (Nachahmer) zunimmt, sind erhöhte Investitionen in die →*Distributionspolitik* (→*Absatzmittler*) notwendig.

Wachstumsstrategie(n) Langfristige Orientierung am →*Wachstum* des →*Unternehmens*. Die wesentlichen Ausprägungsformen sind die →*Marktdurchdringung*, →*Marktentwicklung*, →*Produktentwicklung* und die →*Diversifikation*.

Wachstumstheorie Teil der Wirtschaftstheorie, der die Untersuchung der Bedingungen bzw. Wachstumsfaktoren für das →*Wirtschaftswachstum* zum Inhalt hat. Die Wachstumstheorie ist eng verbunden mit der →*Konjunkturtheorie*.

Wahrnehmung Kognitiver Vorgang, der in der Verknüpfung mit →*Aktivierenden Prozessen* (→*Emotion*, →*Motivation*) und den →*Kognitiven Prozessen* (Denken, →*Lernen*, →*Erinnerung*) die Informationsaufnahme, →*Informationsverarbeitung* (Entschlüsselung) und -speicherung (→*Gedächtnistheorie*) bewirkt. Für den Wahrnehmungsprozeß kennzeichnend sind seine Informationsauswahl (→*Selektive Wahrnehmung*), individuelle Interpretation (Subjektivität) und die Aktivität in der Erfassung von Sinneseindrücken (→*Sinnesorgane*, →*Multisensuale Wahrnehmung*). Die →*Anmutung* entscheidet über die Stärke der →*Aktivierung*. Bei der Wahrnehmung (Perzeption) handelt es sich um einen bewußten kognitiven Vorgang (siehe dazu in Abgrenzung →*Unbewußte Wahrnehmung* und auch →*Wahrnehmungsabwehr*).

Wahrnehmung, multisensuale →*Multisensuale Wahrnehmung*.

Wahrnehmungsabwehr Herabsetzung der Wahrnehmungsschwelle, bei der die Aufnahme emotional störender oder tabuisierter →*Informationen* unterdrückt, verzögert oder verfälscht wird. Die Ursache wird in den bei der →*Wahrnehmung* äußerer →*Reize* (→*Stimuli*) mitwirkenden motivationalen Faktoren (→*Bedürfnis*, →*Einstellungen*, →*Erwartungen*) gesehen.

Wahrnehmung, selektive →*Selektive Wahrnehmung*.

Wahrnehmung, soziale →*Soziale Wahrnehmung*.

Wahrnehmung, unbewußte →*Unbewußte Wahrnehmung*.

Wahrnehmungsfeld →*Awareness Set* in Abgrenzung zu →*Unawareness Set* (siehe auch →*Evoked Set*).

Wahrnehmungspsychologie Teilgebiet der allgemeinen →*Psychologie*, das die Prozesse und Ergebnisse der Verarbeitung von →*Reizen* in Organismen erforscht (dazu insbesondere →*Gestaltpsychologie*, →*Ganzheitspsychologie*).

Wahrnehmungsschwelle Unterschwellige Wahrnehmung, →*Unbewußte Wahrnehmung*.

Wahrscheinlichkeit Quantifizierung des Grades der Sicherheit des Eintretens eines Ereignisses. Unterschieden werden die objektive und subjektive Wahrscheinlichkeit. Während die objektive Wahrscheinlichkeit logisch mathematisch begründet ist, handelt es sich bei der subjektiven Wahrscheinlichkeit um eine personenbezogene Glaubwürdigkeitsschätzung bzgl. des Eintretens bestimmter Ereignisse.

Wahrscheinlichkeitstheorie Zusammenfassende Bezeichnung für mathematisch-statistische Schätz- und Testverfahren. Ein Beispiel für die Anwendung der Wahrscheinlichkeitstheorie sind die →*Stichprobenverfahren*.

Wahrscheinlichkeitsverteilung Statistische Verteilung der →*Wahrscheinlichkeiten* für das Eintreten von sich gegenseitig ausschließenden Ereignissen.

WAP Abk. für Wireless Application Protocol. Es handelt sich um den Standard zur Datenübertragung mittels mobiler Telefone. Mit einem WAP-fähigen Mobiltelefon kann der Nutzer auf spezielle WAP-Seiten im →*Internet* zugreifen. Allerdings müssen die Internet-Seiten in einem speziellen Format bereitgestellt werden, um sinnvolle Anwendungen für Handys mit ihrem kleinen Display zu ermöglichen (siehe zu den Nutzungsmöglichkeiten auch →*Mobile Commerce*).

WAPOR Abk. für World Association for Public Opinion Research. Der Schwerpunkt der Verbandstätigkeit liegt in der →*Meinungsforschung*.

Ware Bewegliche →*Sachgüter* (→*Güter*), wobei sich der Begriff vor allem bei der Strukturierung der Sortimentshierarchie im →*Handel* (→*Groß-* und →*Einzelhandel*) durchgesetzt hat. Hierbei wird in der hierarchischen Gliederung (siehe →*Sortiment*) unterschieden in Warenart, →*Warengruppe*, Warenbereich, Artikelgruppe, →*Artikel* und →*Sorte*. Ähnlich der → *Gütertypologie* kann auch differenziert werden nach Gebrauchs- und Verbrauchswaren. Ein weiteres Einteilungskriterium ist die Periodizität des →*Bedarfs* nach Waren des täglichen, periodischen und aperiodischen Bedarfs. Eine für die →*Markenpolitik* sehr wichtige Unterscheidung ist die Gliederung nach dem Markierungscharakter in →*Markenartikel*, →*Handelsmarken*, →*Eigenmarken*, →*Gattungsmarken* (→*No Names*).

Warehouse Club(s) →*Betriebstyp* des →*Handels* (→*Einzelhandel*) der insbesondere ein Wettbewerber für → *Warenhäuser*, →*SB-Warenhäuser*, → *Verbrauchermärkte*, →*Supermärkte*, →*Discounter* und →*Cash & Carry* ist. Grundidee ist die Clubmitgliedschaft (Gebühr von ca. 50,-- DM/Jahr, die einen wesentlichen Bestandteil des Betriebsergebnisses darstellt), die zum Einkauf berechtigt. Das Angebot (Food und Nonfood) ist breit und flach (Großpackungen) mit 4.000 bis 5.000 →*Artikeln*. Die Märkte sind großflächig (10.000 qm und mehr), haben eine einfache Ausstattung, verzichten weitgehend auf →*Service* und sind äußerst preisaggressiv.

Warenausstattung →*Ausstattung*, →*Produktausstattung*.

Warenautomat(en) →*Automatenverkauf*.

Warenbörse Besondere Form der →*Marktveranstaltung*, auf der fungible (vertretbare) →*Güter* (→*Fungibilität*) gehandelt werden (z.B. Rohstoffe, landwirtschaftliche Produkte). Die Warenbörse wird auch als Produktenbörse bezeichnet. Voraussetzung für die Börsenfähigkeit der →*Waren* sind ihre einheitlichen Qualitätseigenschaften (in Klassen festgelegt). Die Kontrakte werden in Form von →*Termingeschäften* abgewickelt oder aber auch als →*Effektivgeschäft* (Ähnlichkeit mit Großhandelsmärkten).

Warengruppe(n) Kombination(en) verschiedener →*Artikel* bzw. Artikelgruppen und unterschiedlicher Warenbereiche (z.B. Lebensmittel, Non Food etc.) zu →*Sortimenten* im →*Handel*.

Warengruppen-Management → *Category Management*.

Warenhaus →*Betriebsform* (→*Betriebstyp*) des →*Einzelhandels*, die stark in die →*Sortimentstiefe* geht. Im Vergleich zum →*Kaufhaus* herrscht die Branchenheterogenität vor, und es wird die Funktion eines →*Vollsortimenters* auf einer →*Verkaufsfläche* von ca. 20.000 - 40.000 qm angestrebt. Diese klassische Definition verliert jedoch insofern an Bedeutung, als einige Warenhäuser in den letzten Jahren (z.T. standortspezifisch) Sortimente aufgegeben haben (z.B. Nahrungsmittel, Möbel, Leuchten, Großelektrogeräte etc.). Diese Lücken sind z.B. von den →*Fachmärkten* geschlossen worden. Die Warenhäuser (City-Warenhäuser) stehen schon seit den 70er Jahren in einem scharfen Wettbewerb mit den →*SB-Warenhäusern*, die auf gleicher oder noch größerer Verkaufsfläche mit gleichen →*Sortimenten* operieren. Insbesondere →*Einkaufs-Center* verstärken den Wettbewerbsdruck und erweisen sich zunehmend als sogen. „Category Killer" (Auflösung der klassischen Handelstypologisierung). Der Erfolg des →*Trading Up* als Antwort auf den Wettbewerb steht noch aus.

Warenkennzeichnung Informationen (→*Produktinformationen*) über bestimmte Produktmerkmale (→*Pro-*

dukteigenschaften). Zu unterscheiden sind handels- und verbraucherbezogene Warenkennzeichen. Die wichtigste handelsbezogene Warenkennzeichnung sind →*Artikelnumerierungssysteme* (z.B. →*EAN*). Die käuferbezogene Warenkennzeichnung hingegen umfaßt im wesentlichen Gebrauchs- und Güteinformationen, die der →*Markttransparenz* dienen sollen. Beispiele aus dem Lebensmittelbereich sind z.B. Gewichts- und Kalorienangaben, Inhaltsstoffe, Verwendungseigenschaften, →*Mindesthaltbarkeitsdatum* etc. Ein wichtiges Element der Warenkennzeichnung ist aus Verbrauchersicht die →*Preisauszeichnung*.

Warenkorb Preisindex für die Lebenshaltung(→*Lebenshaltungskostenindex*). Um einen Periodenvergleich durchführen zu können, muß der Warenkorb art- und mengenmäßig gleich zusammengesetzt sein. Da Veränderungen von Konsumgewohnheiten kurz- und mittelfristig methodisch bewußt nicht erfaßt werden, hat der Warenkorb keinen Erklärungswert für das →*Konsumentenverhalten*, das einer erheblichen Dynamik unterliegt. Eine wiederholte Veränderung des Warenkorbs an die Konsumrealität führt hingegen zu Problemen bei langfristigen Vergleichen, da keine einheitliche Basis mehr existiert.

Warenpräsentation Art und Weise der kundenorientierten Angebotsdarbietung im →*Einzelhandel*. Die Warenpräsentation ist eng verbunden mit der →*Ladengestaltung*, dem →*Ladenlayout* und dem →*Interior Design* und damit auch entscheidend abhängig vom →*Visual Merchandising* und den damit verbundenen Zielen (→*Handelsmarketing*). Ein weiteres wichtiges Kriterium für die Präsentation der Ware im Sinne der Plazierung sind die →*Regalflächenoptimierung* (→*Space Management*) und die Rahmenbedingungen der →*Space Utilisation*. Sie wiederum sind entscheidend abhängig vom jeweiligen →*Betriebstyp* der entsprechenden →*Betriebsform*.

Warenprobe(n) Unentgeltliche Abgabe von →*Waren* (in kleinen →*Pakkungen*), die dem Ausprobieren durch den potentiellen →*Käufer* dienen soll. Es handelt sich hierbei um eine besondere Form der →*Verbraucher-Promotions*. Der Erprobungszweck ist das wesentliche Abgrenzungsmerkmal zur →*Zugabe* und zum →*Werbegeschenk*.

Warentest Nach DIN 66052 „die Prüfung und Bewertung der für die Gebrauchstauglichkeit maßgebenden Eigenschaften von ihrer Herkunft nach bestimmbaren →*Waren*. Sein Ziel ist es, dem →*Käufer* die als Grundlage für den Kaufentschluß notwendigen sachlichen →*Informationen* in allgemein verständlicher Form zugänglich zu machen.“ Der Warentest (siehe auch →*Stiftung Warentest*) orientiert sich nur an den funktionsbezogenen →*Produkteigenschaften* und ist damit deutlich eingeschränkter als der →*Produkttest*, der überdies eine Vielzahl marketingrelevanter Faktoren berücksichtigt. Der Warentest als Qualitätsprüfung erfolgt durch neutrale Institutionen. Die werbliche Nutzung seiner Ergebnisse ist wettbewerbsrechtlich (→*UWG*) zulässig und keine Form der →*Vergleichenden Werbung*.

Warenumschlag Kennzahl (Verhältniszahl) von →*Umsatz* bzw. Lagerabgang zum durchschnittlichen →*Lagerbestand*. Die als „Drehzahl“ bezeichnete Warenumschlagsgeschwindigkeit (→*Lagerumschlag*) hat insbesondere im →*Handel* eine große Bedeutung, und zwar vornehmlich für die →*Sortimentskontrolle*.

Warenwirtschaft Planung, Steuerung und Kontrolle des Warenflusses vom Lieferanten bis zum Kunden. Dies bezieht sich einmal auf den Informations-(Daten-)fluß und zum anderen auf den physischen Warenfluß (→*Physische Distribution*, →*Logistik*). Ziel der Warenwirtschaft ist es, einen bestmöglichen →*Lieferservice* zu geringstmöglichen→*Logistikkosten* zu realisieren bzw. sicherzustellen und für lieferbezogene Marketing- und Vertriebsentscheidungen die notwendige Informationsbasis zu schaffen (siehe auch →*Warenwirtschaftssysteme*).

Warenwirtschaftssystem(e) Kernstück der →*Logistik* in Handelsunternehmen, das sich im wesentlichen zusammensetzt aus den Teilsystemen Disposition bzw. Bestellwesen, Wareneingang und Warenausgang, die zu einem geschlossenen Informationssystem verdichtet werden können. →*Artikelnumerierungssysteme* (→*EAN*) und →*Scanning* als Datenerfassungssysteme haben entscheidend zur Entwicklung der Warenwirtschaftssysteme beigetragen. Im Mittelpunkt stehen daher auch die artikelgenaue Wareneingangs- und Warenausgangs-Erfassung. Die hier gewonnenen Daten sind eine wichtige Grundlage für die →*Sortimentspolitik* (→*Sortimentskontrolle*). Sie können auch dazu dienen, mögliche →*Verbundeffekte* in den einzelnen Sortimentsbereichen zu erkennen und näher zu analysieren. Insofern sind die Warenwirtschaftssysteme sehr hilfreich bei der kundenorientierten →*Sortimentsoptimierung*.

Warenzeichen Gewerbliches →*Schutzrecht* von →*Wort-* und/oder →*Bildzeichen*, die in die →*Zeichenrolle* des Deutschen Patentamtes eingetragen sind. Der Warenzeichenschutz beträgt 10 Jahre und kann um jeweils weitere 10 Jahre verlängert werden (siehe auch →*Markenzeichen*).

Warenzeichengesetz Regelung des gesetzlichen Schutzes von eingetragenen →*Warenzeichen*. Nach dem WZG in der Fassung von 1968 wird dem Inhaber des Warenzeichens das Recht gewährt, Dritten die Verwendung des geschützten Zeichens zu untersagen. Bei Verletzung des Schutzrechts stehen dem Verletzten Unterlassungs- und Schadensersatzansprüche zu.

Warteschlangentheorie Verfahren zur Behebung von Warteschlangenproblemen bei →*Bedienungssystemen*. Eine der bekanntesten Methoden ist die →*Monte-Carlo-Simulation*, die aus Verteilungsfunktionen aufgebaute mathematische Ausdrücke mit Hilfe von Zufallsmechanismen (Zufallszahlen) auf der Grundlage der →*Wahrscheinlichkeitstheorie* simuliert und numerisch bestimmt. Daraus wird die optimale Anzahl der Bedienungseinheiten abgeleitet in bezug auf das Verhältnis von Bedienungsanforderungen und -erfüllung.

Wasserfall-Strategie Strategieform im →*Internationalen Marketing*. Sie wird auch Konzentrationsstrategie, Cascading oder Trickle-down-Prinzip genannt. Die Auslandsmärkte werden schrittweise in zentrischen Kreisen erschlossen (z.B. Zentraleuropa, Randeuropa, Asien, Übersee). Die stufenweise Erschließung des Weltmarktes weist ein geringeres Risiko auf als die →*Sprinkler-Strategie*. Andererseits ist sie in bezug auf die Konkurrenz adaptionsanfälliger.

Wear-in-Effekt Im Vergleich zum →*Wear-out-Effekt* nur noch unterproportionale Steigerung der →*Werbewirkung* bei zunehmendem Werbedruck (Erhöhung der →*Kontaktdosierung* bzw. →*Kontaktzahl*).

Wear-out-Effekt →*Abnutzungseffekt*, der eine Abnahme der Lernwirkungen bei wiederholtem →*Werbe-*

kontakt unterstellt. Der empirische Nachweis und die theoretische Begründung des Abnutzungseffektes sind umstritten. Einige →*Experimente* registrierten bei Werbewiederholungen erhöhte Erinnerungswerte als zunehmende Lernleistung (siehe im Vergleich →*Wear-in-Effekt*). Ein weiterer Abnutzungseffekt ergibt sich aus Habituationswirkungen, die zu einer abnehmenden →*Aktivierung* des Werbeempfängers (→*Kommunikanten*) infolge einer Gewöhnung (→*Habituation*) führen. Häufige Wiederholungen in knappen Abständen können überdies einen Bedeutungsverlust an Informationsgehalt und Unterhaltungswert (→*Semantische Sättigung*) bewirken.

Web-Auktion(en) →*Auktionen* (Versteigerungen), die über das →*Internet* erfolgen. Vorteile dieser virtuellen →*Marktveranstaltungen* (→*Virtuelle Realität*) für die →*Nachfrager* sind die Vielzahl der →*Anbieter* und die hohe →*Markttransparenz*. Für die Anbieter hingegen verschärfen sich die Wettbewerbsbedingungen.

Web-Browser →*Browser*.

Weber-Fechner´sches Gesetz Das nach *E.H. Weber (1834)* und *G.Th. Fechner (1850)* benannte Gesetz basiert auf der →*Psychophysik* und besagt, daß der Reizzuwachs, der eine eben merkliche Verstärkung der Empfindung bewirkt, in einem konstanten Verhältnis zu dem schon vorhandenen Reizbetrag steht, die relativen Unterschiedsschwellen also konstant bleiben (*Weber'sches Gesetz*). *Fechner* greift diese Gesetzmäßigkeit auf und entwickelt daraus ein Verhältnis von →*Reiz* und Empfindung (*Fechner'sches Gesetz*). Demnach entspricht die Intensität der Empfindung dem Logarithmus des Reizes, bzw. das Anwachsen der Reizstärke in geometrischer Reihe bewirkt einen Anstieg der Empfindung in arithmetischer Reihe (konvexe Wirkungsfunktion).

Website Sinnvoll miteinander verknüpfte einzelne Webseiten im →*Internet*. Die wichtigste dieser Webseiten ist die →*Homepage*, die als Einstiegs- und Übersichtsseite fungiert.

Webvertising Einsatz der globalen (→*World Wide Web*) →*Kommunikationsnetze*(→*Cyberspace*) als →*Kommunikationsmedien* (→*Werbeträger*). Diesen →*Online*-Systemen (z.B. →*Internet*, →*T-Online*,→*AOL*,→*Compuserve*) sind gegenwärtig Grenzen gesetzt durch den Stand der →*Kommunikationstechnologie* (Übertragungsgeschwindigkeit, z.B. bei komplexen Bildern, Kommunikationsstau).

Wechselverhalten Wechsel (insbesondere seine Häufigkeit) des →*Anbieters* durch den →*Nachfrager*. Das Wechselverhalten der Nachfrager betrifft alle Wirtschaftszweige (→*Investitionsgüter*, →*Dienstleistungen*, →*Konsumgüter*), vor allem aber den →*Markenwechsel* (siehe auch →*Markenwechselmodelle*) im Konsumgüterbereich.

Wechselversand Von →*Fachzeitschriften* praktizierte Form des →*Vertriebs*, bei der die Gesamt- oder auch Teilauflage einer, mehrerer oder aller Ausgaben der Zeitschrift an bestimmte →*Zielgruppen* versendet werden. Der Wechselversand erfolgt zielgruppenspezifisch entweder nach Themenplan, festem Versandintervall oder nach Rotation der Empfängergruppen (siehe dazu in Abgrenzung →*CC-Zeitschrift*, →*Kennzifferzeitschrift*).

Weinberg-Modell Von *R.S. Weinberg (1960)* entwickelte →*Budgetierungsmethode* zur Optimierung des

Werbemittelbudgets (→*Kommunikationsbudget*, →*Werbebudget*). Das Modell geht vom Ziel der Erhöhung des →*Marktanteils* mit Hilfe der →*Werbung* aus unter Berücksichtigung der Werbeaktivitäten der →*Wettbewerber*. Der Ansatz ist eine Modellform der diversen →*Competitive-Parity-Methoden* (siehe dazu auch →*Wettbewerbs-Paritäts-Methode*, →*Werbeanteils-Marktanteils-Budgetierungsmethode*).

Weiße Produkte →*No Names*, die ihren Namen durch die weiße, namenlose →*Packung* erhalten. Die Anonymität wird zum →*Markenzeichen*.

Weitester Leserkreis Anteil der Befragten (WLK), der einen Titel zumindest einmal in den letzten 12 Erscheinungsintervallen gelesen hat (→*LpA*, →*Reichweite*).

Welfare Economics Auch als Wohlfahrtsökonomie bezeichnete Maximierung der ökonomischen und allgemeinen sozialen Wohlfahrt einer Volkswirtschaft.

Wellenerhebung →*Tracking-Studie(n)*.

Weltmarken Globalisierte →*Marken* (→*Megabrands*) als Form des →*Global Marketing* (→*Internationales Marketing*) im Rahmen des →*Geozentrischen Marketing*. Die Marken sind zentral und einheitlich auf den Weltmarkt ausgerichtet. Die regionalen bzw. örtlichen Marktgegebenheiten bleiben unberücksichtigt. Es gilt die Grundannahme einer zunehmenden Homogenisierung der →*Bedürfnisse* bestimmter →*Zielgruppen*. Die damit verbundene Standardisierung von →*Produktion* und →*Marketinginstrumentarium* führt zu Kostendegressionen und zur Nutzung der →*Economies of Scale* (siehe dazu auch →*Erfahrungskurveneffekt*).

Werbeabteilung Organisatorische Einheit im →*Unternehmen*, deren Aufgaben die Planung, Gestaltung und Durchführung der →*Marketingkommunikation* sind. In der Regel wird die interne Werbeabteilung durch eine externe →*Werbeagentur* unterstützt.

Werbeagentur Dienstleistungsunternehmen, das als →*Full Service-Agentur* auf allen Gebieten der →*Marketingkommunikation* tätig ist. Die wesentlichen Hauptfunktionen sind die Beratung des →*Werbungtreibenden* (bei der Konzepterstellung), die Mittlung (bei der Herstellung von →*Werbemitteln* und beim Medieneinkauf) und die Planung, Gestaltung und Durchführung der kommunikativen Aktivitäten. Innerhalb dieser Funktionsfelder ist die wichtigste Aufgabe die kreative Umsetzung der →*Werbestrategie*. Die →*Agenturvergütung* erfolgt in der Regel nach dem →*Provisionssystem* (15% vom Netto-Einschaltvolumen) oder nach dem →*Service Fee-System* (Pauschalvergütung der erbrachten Leistung). Mischformen und Sonderregelungen sind in der Praxis üblich, wie z.B. die erfolgsbezogene Honorierung auf der Grundlage Basishonorar plus Umsatzzuwachs. Weitere Bezugsgrößen sind u.a. die Erhöhung der →*Markenbekanntheit* bzw. Verbesserung des →*Markenimage*.

Werbeakzeptanz Grad der Annahme der →*Werbung* (vor allem der →*Produktwerbung*) durch die →*Verbraucher* bzw. durch die →*Öffentlichkeit*. Empirische Studien zeigen, daß die Einstellung zur Werbung mehrheitlich positiv bis neutral ist. Informationsüberlastung (→*Information Overload*), zunehmende ökologische Probleme (→*Ökologie*), →*Umweltbewußtsein* etc. verstärken jedoch erkennbar die Kritik an der Werbung und die Forderung nach weiteren Maßnahmen zur Werberegulierung, da die →*Selbstbeschränkende Werbung* als nicht ausreichend angesehen wird.

Werbeanalyse Ausgangspunkt der →*Werbeplanung* und wesentlicher Bestandteil der →*Werbestrategie*. Die Analyse bezieht sich in erster Linie auf die →*Werbeobjekte*, →*Werbesubjekte*, →*Werbeträger* und →*Werbemittel*. Hierin eingeschlossen sind die relevanten Marktentwicklungen und die →*Konkurrenzanalyse*.

Werbeanteils-Marktanteils-Budgetierungsmethode Am vorwiegend wertmäßigen →*Marktanteil* orientierte →*Werbebudgetierung* (→ *Kommunikationsbudget*). Das Verfahren ist eine Variante der →*Wettbewerbs-Paritäts-Methode* und in gleicher Weise zu bewerten. Durch die Priorität des Werbeanteils ist die Methode stärker auf die Hauptwettbewerber fokussiert. Mit dem im Vergleich zur Konkurrenz höheren Werbeanteil sollen Marktanteile gewonnen werden. Dies unterstellt eine hohe →*Werbeelastizität* bei ansonsten homogenen Wettbewerbsbedingungen (bzgl. der übrigen eingesetzten →*Marketinginstrumente*). Diese Voraussetzungen sind meist nicht gegeben, es sei denn bei völlig homogenen →*Produkten*, deren Marktanteil nur durch →*Werbung* erhöht werden kann (z.B. Zigaretten, Waschmittel etc.).

Werbeanzeige(n) →*Anzeige(n)*.

Werbeaufwand →*Werbekosten*.

Werbeawareness Maß für die Bekanntheit (→*Bekanntheitsgrad*) konkreter Werbekampagnen (→*Kampagnen*) bzw. beworbener Leistungsangebote. Die Werbeawareness wird unterschieden in eine allgemeine und medienspezifische Bekanntheit und gilt als Indikator für den →*Impact* (Stärke und Intensität des Werbeeindrucks) bei den Umworbenen(→*Werbeempfänger*, →*Kommunikanten*,→*Rezipienten*),der die →*Werbewirkung* beeinflußt. Durch die wiederholte Messung der Werbeawareness können →*Abnutzungseffekte* (Wear-out-Effekte) von Kampagnen frühzeitig erkannt und auch Konsequenzen für die künftige Medienauswahl (→*Mediaselektion*) gezogen werden.

Werbebanner →*Bannerwerbung*.

Werbebartering Form des →*Bartering*, die auch als →*Programm-Bartering* bezeichnet wird und bei der Filmprogramme gegen Werbezeit getauscht werden. →*Werbungtreibende* bzw. →*Werbeagenturen* produzieren Unterhaltungsfilme, die sie (privaten) Fernsehanstalten gegen Überlassung von Werbezeit zur Verfügung stellen. Abzugrenzen vom Werbebartering sind das →*Programm-Sponsoring* und → *Product Placement*.

Werbebeilage →*Beilage*.

Werbeblock Blockweise Zusammenfassung der Werbesendungen in der →*Fernsehwerbung*.

Werbebotschaft(en) Kommunikative →*Nachricht* (auch Message genannt), die an →*Zielgruppen* gerichtet ist. Aufgabe der Werbebotschaft ist es, in bezug auf das →*Werbeobjekt* bei den →*Werbesubjekten* →*Aufmerksamkeit* und Sympathie zu erzeugen und ihm ein unverwechselbares →*Profil* (→*USP*) zu geben.

Werbebrief →*Werbemittel* (→*Kommunikationsmittel*) der →*Direktwerbung*. Es handelt sich um adressierte oder unadressierte, standardisierte oder individualisierte Briefe, die kommunikativen Charakter haben und per Post oder durch Verteilerorganisationen (→*Haushaltswerbung*) an die Zielpersonen (→*Zielgruppen*) verteilt werden.

Werbebriefing →*Briefing*.

Werbebudget(ierung) Bestimmung der Ausgaben für →*Werbung*. Orientierungsgrößen sind →*Umsatz*, →*Gewinn*, verfügbare Mittel, die Werbeintensität der →*Wettbewerber* und/oder die anvisierten →*Werbeziele*. Klar definierte →*Ziele*, die mit dem Werbebudget erreicht werden sollen, sind der einzig sinnvolle Maßstab für die Budgetbestimmung. Die übrigen Maßstäbe sind prozyklisch. Es besteht bei ihnen kein sachlogischer Zusammenhang zwischen →*Budget* und dem damit beabsichtigten Erfolg (siehe zu den verschiedenen →*Budgetierungsmethoden* →*Kommunikationsbudget*).

Werbedruck →*Share of Advertising*.

Werbeelastizität Verhältnis zwischen der relativen Nachfrageänderung und der relativen Veränderung der Werbeausgaben (siehe auch →*Werbebudget*).

Werbeempfänger →*Rezipient(en)*, →*Kommunikant(en)*.

Werbeerfolg Grad der Zielerreichung, den eine Werbemaßnahme nach definiertem →*Werbeziel* realisiert. Zu unterscheiden ist nach dem ökonomischen und außerökonomischen Werbeerfolg. Maßstäbe für den ökonomischen Werbeerfolg sind →*Absatzmenge*, →*Umsatz*, der entsprechende →*Marktanteil*, →*Deckungsbeitrag* und →*Gewinn*. Die Kritik an den Meßgrößen (Wirkung des →*Marketing-Mix*) ist gleicherweise richtig wie müßig. Die →*Werbung* muß sich an den gleichen Aufwands- und Ertragsbeziehungen orientieren wie jede andere Aktivität, die an konkreten → *Zielen* (→*Unternehmensziel*, → *Marketingziel*) ausgerichtet ist. Insofern ist auch der außerökonomische Werbeerfolg letztlich an der Ökonomie zu messen. Seine wichtigsten Meßgrößen sind die→*Erinnerung*(→*Recall-Verfahren*) und die Wiedererkennung (→*Recognition-Verfahren*). Die Abgrenzung zur →*Werbewirkung* (die als umfassender angesehen werden muß) ist schwierig.

Werbeerfolgskontrolle Kontrolle des Zielerreichungsgrades der →*Werbung*. Hierbei wird unterschieden zwischen dem ökonomischen und außerökonomischen →*Werbeerfolg*. Im Vergleich zur →*Werbewirkungskontrolle* ist die Messung primär auf ökonomische Dimensionen (z.B. →*Umsatz*, → *Marktanteil*, →*Kauffrequenz* etc.) begrenzt.

Werbeetat →*Werbebudget*.

Werbefernsehen →*Fernsehwerbung*.

Werbefilm Ein in der →*Kinowerbung* eingesetztes →*Werbemittel*. Der Werbefilm muß aufgrund seines spezifischen Umfelds noch stärker als die →*Fernsehwerbung* einen unterhaltenden Charakter haben.

Werbeformen Einsatz von →*Werbemitteln*, →*Werbebotschaften* und → *Werbeträgern* entsprechend den verschiedenen →*Zielgruppen*. Die Wahl der Werbeformen hängt im wesentlichen vom Typ der Adressaten (→ *Kommunikanten*,Werbeempfänger) ab. Sind diese für den →*Kommunikator* anonym, kommen →*Massenmedien* zum Einsatz, bei namentlich bekannten Werbeadressaten vornehmlich alle Formen des →*Direktmarketing* (→*Di-*

rektwerbung, →*Persönliche Kommunikation*).

Werbeforschung Analyse und Bewertung der eigenen →*Werbekonzeption* und die der →*Wettbewerber* in bezug auf die Wirkung (→*Werbewirkung*,→*Werbewirkungsforschung*)und den Erfolg (→*Werbeerfolg*). Im Mittelpunkt der praktischen Werbeforschung steht die Überprüfung der → *Werbemittel*(→*Werbemittelforschung*). Die Untersuchung der →*Medien* ist Aufgabe der →*Mediaforschung*.

Werbefunk →*Hörfunkwerbung*.

Werbegemeinschaft →*Gemeinschaftswerbung*.

Werbegeschenk(e) Im Vergleich zur →*Zugabe* handelt es sich um unentgeltliche →*Waren* bzw. →*Dienstleistungen*, die von einem entgeltlichen Geschäft unabhängig sind. Der Unterschied zur →*Warenprobe* ergibt sich aus dem nicht existenten Erprobungszweck. Wettbewerbsrechtlich (→*UWG*) sind Werbegeschenke grundsätzlich zulässig und unbedenklich.

Werbegestaltung →*Werbemittelgestaltung*.

Werbehilfen Besondere Form der → *Werbemittel*, die neben ihrer Hauptfunktion auch Werbeaufgaben erfüllen (z.B. Tragetaschen mit Werbeaufdruck, Bierdeckel, Zündholzschachteln etc.) und als Verkaufshilfen dem → *Einzelhandel* vom Lieferanten kostenlos oder zu Selbstkosten zur Verfügung gestellt werden. Je nach Ausgestaltung haben Werbehilfen den Charakter einer→*Wertwerbung* (Wertreklame).

Werbeindikator→*Werbemonitoring*, →*Werbetracking*.

Werbeinhalte Codierung der Produktaussage, d.h. Nutzenversprechen (→*Produktnutzen*) und →*Produktpositionierung* in verbale, visuelle und emotionale Zeichen. Die Wirksamkeit einer →*Werbebotschaft* beruht auf der Identität von Werbeinhalt und Produktkompetenz (→*Inhaltsanalyse*). Entscheidend für die →*Decodierung* ist eine bedürfnisadäquate Ansprache der →*Zielgruppen* entsprechend ihrer sozialen Orientierung (→*Soziale Milieus*, →*Soziale Schicht*). Das bedeutet differenzierte Werbeappelle für unterschiedliche Verbrauchergruppen in ausgewählten →*Medien* (→*Mediaanalyse*, →*Mediaselektion*) mit entsprechend gestalteten →*Werbemitteln* (→*Werbemittelgestaltung*), um die → *Streuverluste* zu minimieren.

Werbekampagne(n) →*Kampagnen*.

Werbekodex Generelle Verhaltensregeln des →*Deutschen Werberats* für die →*Werbungtreibenden* und →*Werbungschaffenden*.

Werbekontakt →*Werbeträgerkontakt*, →*Werbemittelkontakt*.

Werbekontrolle Instrumental werden darunter die →*Werbewirkungskontrolle* und die →*Werbeerfolgskontrolle* subsumiert. Institutionell handelt es sich um die Kontrolle der freiwilligen Selbstbeschränkung der → *Werbewirtschaft* (Vereinbarung von → *Werbungtreibenden* und →*Werbungschaffenden*), die vom →*Deutschen Werberat* durchgeführt wird (→*Selbstbeschränkende Werbung*).

Werbekonzeption Der →*Werbestrategie* vorgelagerte Grundüberlegung, wie die →*Werbung* gestaltet werden soll, um die definierten →*Werbe-* und →*Kommunikationsziele* zu erreichen. Insofern geht die Werbegestaltung weit über die →*Werbemittelgestaltung* hinaus und definiert primär den instrumentellen Beitrag der Werbung im →*Marketing-Mix* zur Zielrealisation.

Werbekooperation →*Gemeinschaftswerbung*.

Werbekosten Die im →*Werbebudget* festgelegten Aufwendungen für Planung, Durchführung und Kontrolle aller geplanten bzw. durchgeführten werblichen Maßnahmen. Nach dem →*Verursachungsprinzip* lassen sich die Werbekosten gliedern in →*Einzelkosten* (den →*Werbeobjekten* direkt zurechenbar) und →*Gemeinkosten* (allgemeine Kosten, die mit der Werbung verbunden sind; z.B. Personalkosten). Hinsichtlich der Kostenplanung und →*Kostenkontrolle* empfiehlt sich eine Differenzierung der Einzelkosten in →*Fixkosten* (objektabhängig, aber intensitätsunabhängig) und →*Variable Kosten* (objektabhängig und intensitätsabhängig; vor allem „Streukosten" der →*Werbeträger*).

Werbekostenzuschuß Finanzielle Zuwendungen der Lieferanten an Handelsunternehmen. Man bezeichnet den Werbekostenzuschuß in der Praxis als Kurzform mit WKZ. Das eigentliche Ziel von Werbekostenzuschüssen ist, die →*Absatzmittler* zu einer verstärkten →*Werbung* für bestimmte →*Produkte* zu bewegen. Diese Grundidee hat in der Praxis aufgrund der →*Marktmacht* von filialisierten Handelskonzernen kaum noch eine Bedeutung. Der WKZ ist zu einem festen Bestandteil der →*Konditionenpolitik* geworden und in seinen Ausprägungen z.T. rechtlich bedenklich (siehe dazu →*GWB* und →*UWG*).

Werbemedien →*Kommunikationsmedien*, →*Werbeträger*.

Werbemittel In Abgrenzung zu →*Werbeträgern* (→*Kommunikationsmedien*) alle konkreten, d.h. sinnlich wahrnehmbaren Erscheinungsformen der →*Werbebotschaft*. Die wichtigsten Werbemittel sind →*Anzeigen*,→*Spots*, →*Werbefilme* (→*Kommunikationsmittel*). →*Produkt*, →*Zielgruppe* und Werbebotschaft entscheiden in Abhängigkeit von den →*Werbezielen* über die Wahl des Werbemittels und den Einsatz des geeigneten Werbeträgers. Den einzelnen Werbemittelkategorien kommen unterschiedliche Grundfunktionen zu (informieren, aktivieren, erinnern). Der gleichzeitige Einsatz mehrerer Werbemittel erhöht die →*Kontaktwahrscheinlichkeit*. Die Vielfalt der Gestaltungselemente führt zu Kontakten unterschiedlicher Qualität und Intensität (→*Kontaktgewichtung*), die nicht nur die →*Werbewirkung* erhöhen, sondern auch einem vorzeitigen Abnutzungseffekt (→*Wear-out-Effekt*) entgegenwirken können.

Werbemittelforschung Wirkungsmessung der →*Werbemittel* einzeln und im Vergleich zueinander. Die Werbemittelbewertung kann als →*Pretest* oder →*Posttest* durchgeführt werden. Der Pretest liefert Entscheidungshilfen bei der Auswahl, Gestaltung bzw. Korrektur von Werbemitteln vor ihrem Einsatz, während der Posttest die Wirkung bereits durchgeführter Werbemaßnahmen mißt (→*Werbewirkungsforschung*). Dazu werden als wichtigste →*Apparative Verfahren* die →*Blickregistrierung* (Aufzeichnung des Blickverlaufs beim Betrachten des Werbemittels), das →*Tachistoskop* (Messung der →*Wahrnehmung* im Millisekundenbereich), die →*Elektrodermale Reaktion* (Messung der →*Aktivierung* durch eine Hautwiderstandsveränderung), das →*Elektroenzephalogramm* (Erfassung der veränderten Hirnströme aufgrund von unterschiedlichen→*Stimuli*) und der→*Programmanalysator* (Erfassung von Spontanreaktionen) eingesetzt.

Werbemittelgestaltung Kreative Umsetzung der →*Werbebotschaft*, d.h. Gestaltung von →*Anzeigen*, →*Prospekten*, →*Werbebriefen* und →*Plakaten*, Entwicklung von →*Spots* und →*Werbefilmen*. Auswahlkriterien bei der Gestaltung von →*Werbemitteln* bzw. Bestimmung ihrer Wirkungselemente bilden die zu umwerbende(n) →*Zielgruppe(n)* (Struktur und Erreichbarkeit), die Art des →*Werbeobjektes* (Produktanspruch, →*Positionierung*) und die zu vermittelnde Botschaft (informativ/rational oder emotional/aktivierend). Die emotionale und innovative Gestaltung des Werbemittels und der Einsatz von Aktivierungstechniken sind neben den optischen Wirkungen (Größe und Farbigkeit) entscheidend für die Erzielung von Aufmerksamkeitswirkungen und Abhebung im Konkurrenzumfeld (siehe auch →*Mediengestaltung*).

Werbemittelkontakt Kontakt, den Personen mit einem →*Werbemittel* (z..B. →*Anzeige*) haben (siehe dazu auch →*Kontaktzahl* als Anzahl der Kontakte, die mit einem bestimmten →*Werbeträger* zustande gekommen ist). In der →*Werbemittelforschung* bilden die →*Werbeträgerkontakte* die Grundlage für die Werbemittelkontakte. Die Messung der Kontakte mit Werbemitteln in →*Printmedien* erfolgt mit Hilfe der →*Leserschaftsforschung*, die Kontaktmessung von →*Fernsehspots* durch die →*Zuschauerforschung* (→*Teleskopie*). Bei der Zuschauerforschung bilden die →*Einschaltquoten* die Meßgrundlage.

Werbemitteltest(s) Verfahren zur Wirkungsmessung von →*Werbemitteln*. Die Werbemittelbewertung kann als →*Pre-* oder →*Posttest* vorgenommen werden. Entsprechend der Zielsetzung werden die Verfahren ausgewählt (→*Werbemittelforschung*, →*Werbewirkungsforschung*). Als relevante Prüfkriterien für den Werbemitteltest gelten die Prägnanz und Durchsetzungsfähigkeit, Anmutungsqualität (→*Anmutung*), Aktivierungswirkung (→*Lambda-Hypothese*), das Verständnis der →*Werbebotschaft*, ihre Akzeptanz und →*Erinnerung*, die Bildung oder Veränderung von →*Produktimages* sowie die →*Kaufabsicht*.

Werbemittler →*Mediaagenturen*, die auf die Planung und Durchführung der Werbemittelstreuung (→*Streuplanung*, →*Mediaplanung*) spezialisiert sind. Die konzeptionellen und kreativen Gestaltungsleistungen werden entweder durch die eigene →*Werbeabteilung* der →*Werbungtreibenden* oder durch →*Werbeagenturen* erbracht.

Werbemonitor Form des →*Werbetests*, bei der die Wirkungen einer Werbekampagne während der Schaltung ermittelt und analysiert werden. Methodisch erfolgt diese Art der →*Werbekontrolle* (→*Werbewirkungskontrolle*) mit Hilfe von →*Mündlichen Befragungen* der Zielpersonen (u.a. durch den Einsatz von →*Recall-* und →*Recognition-Verfahren*).

Werbeobjekt(e) Leistungsangebote (→*Produkte* und →*Dienstleistungen*), für die geworben wird. Werbeobjekte können aber auch →*Unternehmen* und Institutionen kommerzieller oder nicht-kommerzieller Art sein (→*Institutionelle Werbung*, →*Imagewerbung*) oder gesellschaftliche Anliegen (→*Sozioaufgaben*, →*Umweltschutz* etc.).

Werbeplanung Systematische und schrittweise Planung der Werbemaßnahmen für eine Planperiode auf der Grundlage der →*Werbekonzeption*. Die Werbeplanung vollzieht sich in folgenden Phasen: →*Werbeanalyse*, Bestimmung der →*Werbeziele*, Entwicklung der →*Werbestrategie*, Definition der →*Werbeobjekte* und →*Werbesub-*

jekte, Auswahl der →*Werbeträger* (→ *Mediaselektion*) und →*Werbemittel*, Festlegung des →*Werbebudgets*, → *Werbemittelgestaltung*, Formulieren der →*Werbebotschaft*(→*Werbeinhalt*), Werbedurchführung und →*Werbekontrolle* (→*Werbewirkungskontrolle*, → *Werbeerfolgskontrolle*).

Werbepositionierung →*Positionierung* von Leistungsangeboten (→*Produktpositionierung*), →*Unternehmen* oder Institutionen (→*Imagepositionierung*) mit Hilfe der →*Werbung* (siehe →*UAP*). Durch die Werbepositionierung als Einordnung des →*Werbeobjekts* in einen mehrdimensionalen Wahrnehmungs- bzw. Anmutungsraum (→*Produktmarktraum*) soll eine Abhebung vom Konkurrenzumfeld erreicht werden.

Werbeprospekt →*Prospekt*.

Werbepsychologie Teilgebiet der →*Marktpsychologie* (→*Psychologische Marktforschung*), das sich auf die Erforschung des →*Konsumentenverhaltens* in Abhängigkeit von den kommunikativen Beeinflussungsmaßnahmen (→*Marketingkommunikation*) konzentriert. Bei den vornehmlich empirischen Untersuchungen werden alle Verfahren der psychologischen Marktforschung eingesetzt. Die wichtigsten Hilfs- bzw. Nachbardisziplinen sind die →*Elementarpsychologie*, →*Ganzheitspsychologie* und →*Gestaltpsychologie* (siehe auch →*Kommunikationspsychologie*).

Werberat →*Deutscher Werberat* als ein vom Zentralausschuß der Werbewirtschaft (→*ZAW*) eingesetztes Organ der freiwilligen Werbeselbstkontrolle (→*Werbekontrolle*, →*Selbstbeschränkende Werbung*). Durch das Kontrollorgan sollen Mißstände in der Werbepraxis beseitigt bzw. vermieden werden.

Werberecht Gesamtheit der Rechtsnormen, die sich auf die →*Werbung* (vor allem auf die →*Wirtschaftswerbung*) beziehen. Die vielfältigen Vorschriften sind in Deutschland nicht in einem geschlossenen Werberecht zusammengefaßt, sondern in spezifischen Gesetzen verankert. Dazu zählen vor allem das →*UWG* (in Verbindung mit dem →*GWB*), das →*Rabattgesetz*, die →*Zugabeverordnung* und die gewerblichen →*Schutzrechte* zum Schutz vor werblicher →*Nachahmung* (siehe dazu auch →*Anlehnende* und →*Vergleichende Werbung*).

Werbe-Response-Funktion →*Werbewirkungsfunktion*.

Werberichtlinien →*Werbekodex*.

Werbeselbstkontrolle →*Deutscher Werberat*.

Werbeslogan Knappe und prägnante Zusammenfassung der Werbeaussage. Wichtig ist vor allem, daß der Slogan eingängig, treffend, verständlich und unverwechselbar ist. In Verbindung mit einem →*Jingle* (mit Ohrwurmcharakter) ist der Werbeslogan besonders einprägsam.

Werbespot →*Spot(s)*.

Werbestil Der über einen längeren Zeitraum hinweg gültige und einheitliche Werbeauftritt eines →*Unternehmens* bzw. einer Institution incl. der Leistungsangebote in der →*Öffentlichkeit*. Ein „stabiler" Werbestil hat positive Auswirkungen auf das →*Unternehmens*- und →*Markenimage* (→ *Corporate Identity*, →*Corporate Image*), soweit er nicht in konservativer Routine erstarrt (→*Abnutzungseffekt*). Dem konstanten Werbestil steht also nicht eine Aktualisierung und Anpassung der →*Werbung* an den Zeitgeist entgegen. Wichtig sind nach *R. Bergler (1989)* zur Identitätserhaltung und -stärkung u.a. primär die Eindeutigkeit, Unverwechselbarkeit, Prägnanz, Geschlossenheit und Ganzheit des Werbestils. Die Bestimmung des Werbestils ist elementarer Bestandteil der →*Werbekonzeption*.

Werbestrategie Langfristig orientierte →*Werbeplanung*. Sie wird vielfach auch definitorisch gleichgesetzt mit der →*Werbekonzeption*. Ausgangspunkt sind die →*Werbeanalyse* und die Formulierung der →*Werbeziele*. Daran schließen sich die Auswahl der →*Werbeobjekte* (Leistungsangebote), →*Werbesubjekte* (→*Zielgruppen*), →*Werbeträger* (→*Mediaselektion*) und →*Werbemittel* und die Festlegung des →*Werbebudgets* an. Die →*Werbekontrolle* (→*Werbewirkungskontrolle*, →*Werbeerfolgskontrolle*) hat sowohl einen strategischen als auch operativen Planungscharakter. Die Werbestrategie ist ein wichtiger Teil der →*Kommunikationsstrategie* und wird, meist auf die einzelnen Werbekampagnen bezogen, in der sogen. →*Copystrategie* dokumentiert.

Werbestreuplanung →*Streuplanung*, →*Mediaplanung*.

Werbesubjekt(e) Personenkreis, an den sich die →*Werbung* wendet (→*Zielgruppe*), um die →*Werbeziele* zu erreichen.

Werbetest(s) Untersuchung(en) zur Messung der Wirkung von werblichen Maßnahmen. Zu unterscheiden nach dem Testzeitpunkt sind die →*Pretests* und →*Posttests*. Gemessen werden üblicherweise die außerökonomischen →*Werbewirkungen* (durch z.B. →*Recall-Tests* und →*Recognition-Tests*) oder mit Hilfe →*Apparativer Verfahren* und daraus abgeleiteter Methoden (siehe →*Werbewirkungskontrolle*).

Werbetext Textteil von →*Werbemitteln*, der auch als Copy bezeichnet wird. Der Werbetext besteht aus einer Headline, dem Haupttext und der Baseline. Der Werbetext sollte verständlich, bildhaft, erlebbar und glaubwürdig sein.

Werbetiming Bestimmung des zeitlichen Einsatzes der →*Werbung*. Die wichtigsten Formen sind die sich an der Konjunkturentwicklung orientierende →*Prozyklische* und →*Antizyklische Werbung*, die die →*Werbebudgetierung* entscheidend beeinflussen. Durch die immer noch vorherrschende Umsatzbezogenheit der Werbebudgetierung (→*Umsatzbezogene Budgetierungsmethode*,→*Percentage-of-Sales-Methode*) dominiert in der Praxis die prozyklische Werbung. Die sinnvollerweise an den →*Werbezielen* orientierte Budgetierung (→*Ziel-Aufgaben-Budgetierungsmethode*, →*Objective-and-Task-Methode*) führt in der Regel zu einem antizyklischen Werbeeinsatz. Eine Sonderform des jährlichen Werbetiming sind die geringeren Werbebudgets in den Monaten Juli/August (Sommerloch). Das→*Konsumentenverhalten* bietet aber keine Erklärung für diese Vorgehensweise, da sich die Konsumausgaben mit Ausnahme weniger Extrasaisonalitäten (z.B. Ostern/Weihnachten) fast gleichmäßig über das ganze Jahr verteilen.

Werbetracking Form des →*Werbemonitor*ing, bei der die →*Werbewirkungen* kontinuierlich den Werbeaufwendungen gegenübergestellt werden. Aus diesen Vergleichen können Erkenntnisse für die künftige →*Werbebudgetierung* gewonnen werden.

Werbeträger →*Medien* (→*Kommunikationsmedien*), die grob typologisiert werden können in →*Printmedien*, →*Elektronische Medien*, →*Neue Medien*, Medien der →*Außenwerbung* und der →*Direktwerbung* (siehe auch →*Kommunikationsmedien*).

Werbeträgeranalyse →*Mediaanalyse*.

Werbeträgerauswahl →*Mediaselektion*.

Werbeträgerforschung →*Mediaforschung*.

Werbeträgergewichtung Bewertung der verschiedenen →*Werbeträger* hinsichtlich ihrer Eignung als →*Medien* zur Übermittlung von →*Werbebotschaften* an →*Zielgruppen* in Form von →*Werbemitteln*. Das Werbeträgergewicht wird bestimmt durch die Werbemittelkontaktwahrscheinlichkeit und die Werbemittelkontaktqualität (siehe auch →*Kontaktgewichtung*).

Werbeträgerkontakt Kontakt (Medienkontakt), den Personen mit einem →*Werbeträger* (→*Medium*) haben. Die Kontaktmessung bei den →*Printmedien* erfolgt mit Hilfe der →*Leserschaftsforschung*, bei den →*Elektronischen Medien* durch die →*Zuschauerforschung* (→*Teleskopie*). Bei der Zuschauerforschung bilden die →*Einschaltquoten* die Meßgrundlage.

Werbeträgerplanung →*Mediaplanung*.

Werbeveranstaltung(en) Werbeaktionen, die der →*Absatzförderung* dienen und vielfach den Charakter von →*Verkaufsveranstaltungen* haben. Insofern gelten auch für Werbeveranstaltungen z.T. wettbewerbsrechtliche (→*UWG*) Restriktionen. Das gilt insbesondere dann, wenn mit den Werbeveranstaltungen unentgeltliche Zuwendungen an die Besucher verbunden sind (siehe →*Wertwerbung*).

Werbevergleich →*Vergleichende Werbung*.

Werbewiderstand →*Reaktanz*.

Werbewirkung Im Vergleich zum →*Werbeerfolg* (primär ein Maßstab für die Erreichung ökonomischer →*Werbeziele*) bezieht sich die Werbewirkung auf den Beziehungszusammenhang zwischen Werbestimuli (→*Stimuli*) und der Reaktion der →*Kommunikanten* (Rezipienten). Die →*Stufenmodelle der Werbewirkung* versuchen, diese Wirkungskette zu analysieren und zu interpretieren. Es wird wie beim Werbeerfolg zwischen ökonomischen und außerökonomischen Wirkungen unterschieden. Aus dieser Differenzierung resultiert eine nur sehr ungenügende Trennschärfe zwischen Werbewirkung und Werbeerfolg.

Werbewirkungsforschung Untersuchung →*Kognitiver* (Gedächtnisleistung), →*Aktivierender* (→*Motive*, →*Einstellungen*) und →*Konativer Prozesse* (→*Kaufabsicht*) im Hinblick auf die →*Werbewirkung*. Im Vergleich zur →*Werbeerfolgskontrolle* (Grad der Zielerreichung), beschäftigt sich die Werbewirkungsforschung mit den Wirkungen bestimmter Werbemaßnahmen. Das bedeutet die Erhebung von Erinnerungs-, Bekanntheits- und Einstellungswerten sowie der Kaufintention. Die wichtigsten Testverfahren sind die →*Posttests* (→*Recall-*, →*Recognition-Verfahren*), Verfahren zur →*Einstellungsmessung*, →*Explorative* und →*Projektive Verfahren*.

Werbewirkungsfunktion(en) Beziehungszusammenhang zwischen den

Werbeaktivitäten und den damit verbundenen Wirkungen (→*Werbewirkung*). Eine klassische Relation ist die der Werbewirkungsstufen werden als Meßverfahren u.a. →*Apparative Verfahren*, die →*Blickregistrierung*, →

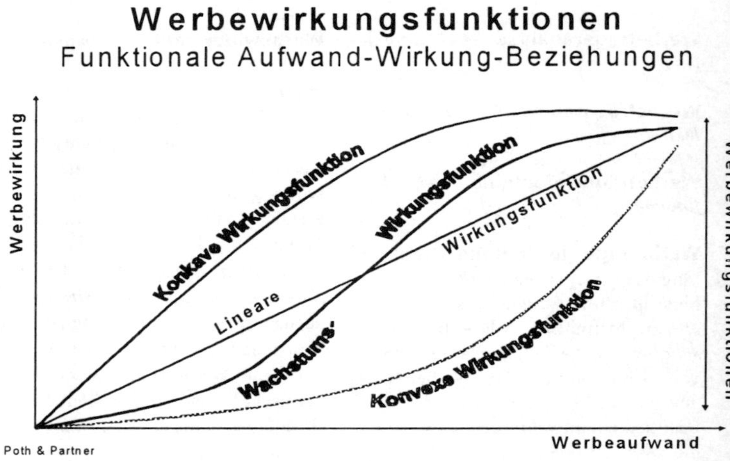

Beziehung zwischen der Anzahl der Werbekontakte (→*Kontaktzahl*) und der →*Erinnerung* an die →*Werbebotschaft*. Die Herstellung ökonomischer Zusammenhänge (z.B. von Werbeaufwand und →*Umsatz* und/oder →*Marktanteil*) ist nicht unproblematisch in bezug auf die →*Validität* (inhaltlicher Zusammenhang). Als typische Form der Werbewirkungsfunktion (→*Response Function*, Reaktionsfunktion) hat sich die s-förmige Kurve erwiesen. Andere Untersuchungen belegen einen degressiven Wirkungsverlauf (siehe auch →*Kontaktbewertungskurve*).

Werbewirkungskontrolle Messung der Wirkung von →*Werbemitteln* vor oder nach ihrem Einsatz. Daraus ergibt sich die Unterscheidung der →*Werbetests* nach →*Pretests* und →*Posttests*. Methodisch kann das gesamte Instrumentarium der →*Marktforschung* eingesetzt werden. Hinsichtlich *Erinnerungsverfahren* und →*Wiedererkennungsverfahren* (→*Recall-*,→ *Recognition-Verfahren*) und →*Einstellungsmessungen* eingesetzt (siehe in Abgrenzung dazu →*Werbeerfolgskontrolle*).

Werbewirkungsmodelle Theoretische Annahmen zur Messung der → *Werbewirkung*. Die bekanntesten Formen sind die →*Stufenmodelle der Werbewirkung*, das →*S-R-Modell* und das →*S-O-R-Modell*. Die jüngeren Ansätze zur Bestimmung der Werbewirkung sind die kommunikationstheoretischen Modelle (z.B. →*Mehrstufige Kommunikation*) und die Weiterentwicklung der →*Verhaltensforschung* (→*Verhaltenstheorie*) und → *Imageforschung* (→*Imagemessung*).

Werbewirtschaft Alle Dienstleistungsbereiche, die mit der Herstellung und Durchführung von →*Werbung* befaßt sind. Hierzu zählen vor allem die

→*Werbeagenturen*, die unternehmenseigenen →*Werbeabteilungen* der → *Werbungtreibenden* (auch wenn diese in der Regel keine selbständigen Unternehmen sind), spezifische Teile der Verlage, Rundfunk- und Fernsehanstalten, Druckereien und sonstige technische Zulieferer.

Werbeziel(e) Strategisch definierter Beitrag der →*Werbung* zur Erreichung der →*Marketing-* und →*Unternehmensziele*. Die Werbeziele haben damit keinen originären, sondern einen derivativen Charakter. Sie befinden sich in der Zielhierarchie auf der vierten Ebene, da sie aus den umfassenderen →*Kommunikationszielen* abgeleitet sind. Nach den Zielinhalten lassen sich außerökonomische und ökonomische Werbeziele unterscheiden (siehe auch →*Kommunikationsziele*).

Werbezugabe →*Zugabe*.

Werbung Wesentlicher Bestandteil des →*Kommunikations-Mix* (vor allem →*Produktwerbung*) als Teil des →*Marketing-Mix* neben den weiteren →*Kommunikationsformen* →*Verkaufsförderung*, →*Public Relations*, →*Imagewerbung* und neueren Formen, wie z.B. →*Direktmarketing*, → *Sponsoring*, →*Event Marketing*, → *Product Placement*. In der allgemeinen Definition umfaßt Werbung alle kommunikativen Aktivitäten zur intensiven Meinungsbeeinflussung der →*Werbesubjekte* in bezug auf bestimmte → *Werbeobjekte*.

Werbung, antizyklische →*Antizyklische Werbung*.

Werbung, prozyklische →*Prozyklische Werbung*.

Werbungdurchführende Alle Personen bzw. →*Unternehmen*, die den →*Werbungtreibenden* gegen Vergütung →*Werbeträger* und/oder →*Werbemittel* zur Realisierung ihrer →*Werbeziele* zur Verfügung stellen.

Werbungschaffende Gesamtheit der Personen (Werbeberufe), die an der Werbevorbereitung (z.B. Markt- und Mediaforscher), →*Werbeplanung* (z.B. Mitarbeiter in →*Werbeagenturen*, →*Werbeabteilungen*), Werbedurchführung (z.B. Grafiker, Texter, Layouter, Photographen) und →*Werbekontrolle* (z.B. Markt- und Mediaforscher) beteiligt sind.

Werbungskosten In Abgrenzung zu →*Werbekosten* steuerrechtlich →*Aufwendungen*, die zum Erwerb, zur Sicherung und Erhaltung der →*Einnahmen* eines Einkommensteuerpflichtigen gemacht werden und steuerlich absetzbar sind.

Werbungtreibende →*Unternehmen* oder Institutionen, die mit Hilfe der → *Werbung* ihr Leistungsangebot kommunikativ anbieten und vermarkten.

Werbung, unterschwellige →*Unterschwellige Werbung*.

Werbung, vergleichende →*Vergleichende Werbung*.

Werkshandelsunternehmen →*Institutioneller Handel*, der überwiegend →*Waren* von einem oder mehreren Herstellern führt, die gemeinsam zu mehr als 50 Prozent Kapitaleigner des Handelsunternehmens sind (siehe in Abgrenzung →*Factory Outlets*). Werkshandelsunternehmen haben den Charakter von →*Fachgeschäften* und sind ein Konzept der →*Vertikalen Diversifikation* von Herstellern, um dem →*Handelsmarketing* wirkungsvoll zu begegnen.

Wertanalyse Rationalisierungsmethode, die sowohl bei →*Produkten* als auch →*Dienstleistungen* angewendet werden kann. Die Methode beruht auf einer systematischen Funktionen- und Kostenanalyse. Zu unterscheiden sind die →*Produkt-Wertanalyse* (bei bestehenden Produkten) und die →*Konzept-Wertanalyse* (bei geplanten Produkten). Ziel ist, bei klarer Funktionendefinition des Untersuchungsobjektes kostengünstigere Lösungen zu entwickeln. Das schließt die Elimination unnötiger Funktionen ein, aber auch bei zu erwartender Gewinnerhöhung die Erweiterung der Funktionspalette.

Werte Soziokulturell geprägte Orientierungen (→*Sozialisation*), die historisch entstanden sind (→*Tradition*). Sie bilden die entscheidenden Elemente einer →*Kultur*, sind wandelbar (→ *Migration*, →*Kulturelle Diffusion*) und durch die jeweilige Kultur gestaltbar (→*Wert(e)wandel*). Als Vorstellungen des Wünschenswerten wirken die Werte verhaltensprägend für das Individuum, setzen Maßstäbe für gruppenkonformes→*Verhalten* (→*Gruppe*) und stellen grundlegende Ordnungsfaktoren für das gesellschaftliche Zusammenleben dar. Wertorientierungen steuern Lebensstrategien und beeinflussen damit Lebens- und Konsumstile (→*Konsumentenverhalten*, →*Lebensstil*,→*Lebenswelt*). Werte haben eine stringente Orientierungsfunktion für →*Konsumenten* wie auch→*Unternehmen* (siehe →*Unternehmensphilosophie*, →*Unternehmenskultur*).

Wert(e)dynamik Schnelligkeit, mit der sich der →*Wert(e)wandel* vollzieht. Die Beschleunigung wird wesentlich bestimmt durch die Modernisierung bzw. Fortschrittsorientierung einer →*Gesellschaft* (→*Moderne*). Die Anpassungsgeschwindigkeit an veränderte Werthaltungen und der daraus resultierende Wandel der →*Bedürfnisse*, →*Einstellungen* und Verhaltensweisen variieren entsprechend der →*Sozialen Schicht* (→*Soziale Milieus*) und dem Lebenszyklus des Individuums (→*Familienzyklus*). Wechselwirkungen zwischen dem →*Verhalten* der Konsumenten(→*Soziale Rolle*, →*Konsumentenverhalten*) und dem Wert(e)wandel wirken als Rückkoppelungsmechanismus. Dieser wird zudem beeinflußt durch die Dynamik der →*Produktinnovationen*, die zu einer permanenten Instabilität von →*Werten* führen (siehe hierzu auch →*Mode*).

Wert(e)forschung Untersuchung der sich wandelnden Wert(e)orientierungen (→*Werte*, →*Wert(e)wandel*, → *Wert(e)dynamik*) und Bestimmung der daraus resultierenden →*Wert(e)trends*. Ein weiteres Untersuchungsfeld sind die (meist erst mit einem Time-lag wirkenden) Konsequenzen der Wert(e)-veränderungen bzgl. des →*Verhaltens* und hierbei insbesondere des →*Konsumentenverhaltens*. Dadurch erweist sich die Wert(e)forschung als ein wichtiges Prognoseinstrument (→*Prognose*, →*Prognosemodell*) und →*Frühwarnsystem* (→*Monitoring*), deren Erkenntnisse insbesondere für die →*Innovationspolitik* (wegen ihres notwendigen zeitlichen Vorlaufs) von erheblicher Bedeutung sind.

Wert(e)trends Veränderte Wert(e)-orientierungen, die eng mit dem → *Postmaterialismus* verbunden sind. Als wichtigste →*Trends*, die das → *Konsumentenverhalten* erheblich beeinflussen, gelten gegenwärtig u.a. der →*Hedonismus* (Genußprinzip), die Befriedigung von →*Selbstverwirklichungsbedürfnissen*, der z.T. dazu im Widerspruch stehende Spiritismus (Okkultismus, Heilslehren), Wellness (persönliches Wohlbefinden, Gesundheit, Fitness), die Erlebnisorientierung (→*Erlebnisgesellschaft*), das →*Umweltbewußtsein*, der→*Konsumerismus* (gefördert durch zunehmende →*Verbraucherinformationen*) und die Qualitätsorientierung durch ein erhöhtes →*Qualitätsbewußtsein* (siehe auch → *Megatrends*, →*New Age*).

Wert(e)wandel Veränderung von → *Werten* und Handlungsmustern, die aufgrund der Verflechtung mit →*Bedürfnissen* und →*Einstellungen* Verhaltensweisen und →*Lebensstile* prägen. Die Ursachen werden u.a. in sozio-strukturellen Veränderungen (neue Technologien, Veränderung von Arbeits- und Lebensbedingungen) und im soziokulturellen Wandel (→*Migration*, →*Kulturelle Diffusion*) gesehen. Es bestehen unterschiedliche Theorien zur Erklärung des Wert(e)wandels. Von *R. Inglehart (1977)* stammt die These der Wertsubstitution, nach der materialistische Wertvorstellungen insbesondere bei jüngeren Menschen, die im Wohlstand aufgewachsen sind, von postmaterialistischen Werten (→*Postmaterialismus*) abgelöst werden. Die These von einem mehrdimensionalen Wert(e)wandel (z.B. *H. Klages, 1984; P. Pawlowsky, 1986*) geht davon aus, daß Verschiebungen von akquisitiv-extrinsischen Werten (Einkommen, Karriere) zu intrinsischen Werten (Lebenslust, Selbstentfaltung) stattgefunden haben. Der signifikante Rückgang von Pflicht- und Gehorsamswerten zugunsten einer zunehmenden Autonomie des Individuums charakterisiert das veränderte Verhältnis des Individuums zu den Anforderungen der gesellschaftlichen Umwelt.

Wertkette(n) →*Wettbewerbsvorteile*, die definiert sind als eine günstigere Kosten-Nutzen-Relation des →*Angebots* für den →*Abnehmer* im Vergleich zu den →*Wettbewerbern*. Diese Kosten-Nutzen-Relation ist der "Wert". Der "Wert" wird durch das →*Unternehmen* mit all seinen betrieblichen Funktionen geschaffen. Daraus ergibt sich die Wertkette (*M.E. Porter, 1985*), die auch als Wertschöpfungskette bezeichnet wird. Sie liefert wichtige Hinweise für die Entwicklung von →*Wettbewerbsstrategien*. Die Kette wird gebildet durch primäre Aktivitäten (Logistik, Herstellung, Marketing, Kundendienst) und durch unterstützende Aktivitäten (Unternehmens-Infrastruktur, Personalwirtschaft, Technologieentwicklung, Beschaffung). Durch die Analyse der Wertkette werden die Ansatzpunkte zur Schaffung von strategischen Wettbewerbsvorteilen deutlich. Durch die Verbindung der Wertketten verschiedener Unternehmen im kooperativen Verbund entstehen →*Wertschöpfungsnetze*.

Wertreklame →*Wertwerbung*.

Wertschöpfung Differenz aus Umsatzerlösen (plus evtl. Lagerzugang) abzüglich Dienste- und Materialzukauf sowie Sollzinsen. Die Wertschöpfung deckt den eigenen Faktoreinsatz und den →*Gewinn* ab. Die Wertschöpfungsspanne ist die Differenz aus allen vom →*Markt* honorierten Unternehmensaktivitäten und den zugekauften Vorleistungen (siehe dazu auch →*Wertkette*, →*Wertschöpfungstiefe*).

Wertschöpfungskette →*Wertkette*.

Wertschöpfungskreislauf Kosten-Nutzen-Relation, die sich auf die Phasen →*Produktion* (z.B. Einsatz von Rohstoffen und Energie, physische Produktlebensdauer, →*Recycling*), die Verwendung (z.B. Umwelt- und Gesundheitsverträglichkeit) und Entsorgung (z.B. Abfallvolumen und Recyclingfähigkeit) bezieht. Die diesbezügliche Kreislaufoptimierung wird sich in Zukunft für Unternehmen zunehmend als strategischer →*Wettbewerbsvorteil* erweisen (→*Ökologisches Benchmarking*, →*Umwelt-Audit*).

Wertschöpfungsnetz(e) Im Vergleich zur →*Wertkette* bzw. Wertschöpfungskette (*M.E. Porter, 1985*), die die unternehmensinternen Wertaktivitäten beschreibt, bilden sich die Wertschöpfungsnetze (→*Strategische Netzwerke*) durch die Wertaktivitäten verschiedener →*Unternehmen*, die in einem Netzwerk (Wertkettenverknüpfung) miteinander verbunden sind (siehe dazu auch →*Outsourcing*). Das Netzwerk verschiedener Unternehmen realisiert Effizienz- und damit →*Wettbewerbsvorteile*.

Wertschöpfungsrechnung Ermittlung der →*Wertschöpfung* eines →*Unternehmens*. Die Wertschöpfungsrechnung gliedert sich in eine Entstehungsrechnung und Verteilungsrechnung. Die Wertschöpfung entsteht durch die Umsatzerlöse, vermehrt um Eigenleistungen und Erträge aus Finanzanlagevermögen und vermindert um Vorleistungen und Abschreibungen. Die Verteilung der Wertschöpfung wird nach den Partizipantengruppen Mitarbeiter (Löhne, Gehälter), Staat (Steuern), Kapitalgeber (Dividende) und Unternehmen (Rücklagen) vorgenommen. Die Wertschöpfungsrechnung dient primär als Publizitätsinstrument, kann aber auch als Instrument der internen Unternehmenssteuerung eingesetzt werden.

Wertschöpfungsring Form des →*Wertschöpfungsnetzes*, bei der ringförmig vertikale Verknüpfungen der →*Wertketten* des Unternehmens mit seinen Lieferanten und →*Distributionskanälen* (→*Handelskanälen*) hergestellt werden. Grundlage der vertikalen Verknüpfung sollten die horizontalen (unternehmensbezogenen) Wertschöpfungsringe der beteiligten Distributionspartner sein. Der geschlossene Wertschöpfungsring ergibt sich letztlich aus der integrativen Verbindung der unternehmensinternen und -externen Wertschöpfungsaktivitäten (siehe z.B. Systemverknüpfung von →*Logistik* und →*Vertrieb* auf allen vertikalen Distributionsebenen).

Wertschöpfungstiefe Verhältnis der Differenz von Umsatz und Einkaufsleistung zum Umsatz. Montageorientierte Betriebe weisen aufgrund ihrer hohen wertmäßigen Einkaufsvolumina in der Regel eine geringere Wertschöpfungstiefe auf als materialorientierte Betriebe. In Verbindung mit dem →*Outsourcing* erweist sich in vielen Industriebereichen (siehe Auto- und Computerindustrie) eine Verminderung der Wertschöpfungstiefe im Vergleich zum →*Insourcing* als ein strategischer →*Wettbewerbsvorteil*. Dieser resultiert aus der Erhöhung der →*Produktivität* durch Beschränkung auf die →*Kernkompetenzen* (siehe auch →*Fertigungstiefe*).

Wertskalaverfahren →*Produktbewertung*.

Wertwerbung Werbung mit →*Produkten* und/oder →*Dienstleistungen*, die dem →*Abnehmer* kostenlos oder zu besonders günstigen →*Preisen* (zu →*Selbstkosten*) zur Verfügung gestellt werden. Die am häufigsten anzutreffenden Formen der Wertwerbung (Wertreklame) sind →*Zugaben*, →*Warenproben*, →*Werbegeschenke* und →*Werbehilfen*, die je nach ihrer Ausgestaltung entweder unbedenklich sind oder aber auch wettbewerbsrechtliche Relevanz (→*UWG*) haben.

Wettbewerb(er) Marktwirtschaftliches Ordnungs- und Steuerungsprinzip, das die →*Konkurrenz* unter den →*Anbietern* fördert. Die Wettbewerber stehen in einem leistungsorientierten Rivalitätsverhältnis zueinander. Zu unterscheiden sind der Individual- und Gruppenwettbewerb. Der Wettbewerb wird geregelt durch das →*Wettbewerbsrecht* (→*GWB*) und ist dort definiert als „jede Art wirtschaftlichen Handelns, die darauf gerichtet ist, sich im Wirtschaftskampf auf Kosten eines Wettbewerbers einen Vorteil zu verschaffen".

Wettbewerbsanalyse →*Konkurrenzanalyse*.

Wettbewerbsdynamik Zeitliche Wettbewerbsentwicklung, die geprägt ist durch das veränderte →*Konsumentenverhalten*, den →*Markteintritt* neuer →*Wettbewerber*, die Internationalisierung des →*Wettbewerbs* (→*Internationales Marketing*), Innovations- und Kostendynamik, staatliche Maßnahmen etc. Die Wettbewerbsdynamik hängt eng mit der →*Marktdynamik* zusammen.

Wettbewerbsfähigkeit Fähigkeit, auf der Basis des →*Preis-Leistungs-Verhältnisses* mit den →*Wettbewerbern* zu konkurrieren. Hierbei geht es nicht nur um die Leistungsfähigkeit der →*Angebote*, sondern auch um die Fähigkeit, z.B. →*Innovationen* (vor allem →*Produktinnovationen*) umzusetzen, schnell zu agieren und zu reagieren und sich flexibel auf sich ändernde Marktbedingungen einzustellen, um bestehende →*Wettbewerbsvorteile* zu sichern oder zu schaffen.

Wettbewerbs-Paritäts-Methode Konkurrenzbezogene →*Werbebudgetierung* (→*Kommunikationsbudget*). Der eigene Kommunikationsetat orientiert sich an dem der →*Wettbewerber* (→*Competitive-Parity-Methode*). Die Budgetierungsmethode führt in der Regel zur Aufblähung der →*Werbekosten*, da die Werbebudgets von den einzelnen →*Anbietern* permanent höher angesetzt werden. Als Reaktionsform gegenüber den Hauptwettbewerbern kann sich das Verfahren temporär aber als sinnvoll erweisen.

Wettbewerbsrecht Recht zum Schutz des →*Wettbewerbs* als eine →*Konkurrenz* zwischen →*Anbietern*. Das →*GWB* (Gesetz gegen Wettbewerbsbeschränkungen) dient der Förderung und Sicherung des Wettbewerbs. Ein weiterer wesentlicher Bestandteil des Wettbewerbsrechts ist das →*UWG* (Gesetz gegen den unlauteren

Wettbewerb), das unlauteres Verhalten (Verstoß gegen die guten Sitten) verhindern will.

Wettbewerbsregeln Nach →*GWB* handelt es sich um "... Bestimmungen, die das Verhalten von →*Unternehmen* im →*Wettbewerb* regeln zu dem Zweck, einem den Grundsätzen des lauteren oder der Wirksamkeit eines leistungsgerechten Wettbewerbs zuwiderlaufenden Verhaltens im Wettbewerb entgegenzuwirken und ein diesen Grundsätzen entsprechendes Verhalten im Wettbewerb anzuregen." Zahlreiche →*Branchen*, Verbände (z.B. der →*Markenverband*) und auch Berufsgruppen haben über den Rahmen des gesetzlichen Regelwerks hinaus Pflichtenkataloge festgelegt (z.B. Werbeselbstkontrolle, →*Selbstbeschränkende Werbung*), die z.T. auch ethische Grundsätze (→*Marketingethik*) beinhalten und für die Mitglieder einen verbindlichen, aber keinen rechtsverpflichtenden Charakter haben (siehe in diesem Zusammenhang auch →*Sündenregister*).

Wettbewerbsstrategie(n) →*Strategie(n)*, sich innerhalb der →*Branche* im Vergleich zu den →*Wettbewerbern* (→*Strategische Gruppe*) möglichst günstig zu plazieren. Die Grundtypen nach *M.E. Porter (1990)* sind die Strategien der →*Kostenführerschaft*, der →*Differenzierung* und der Konzentration (→ *Marktsegmentierung*). Bei der Kostenführerschaft geht es darum, alle potentiellen Kostenvorteile zu nutzen. Die Differenzierung strebt eine erkennbare Unterscheidung vom Wettbewerb an. Die Marktsegmentierung führt zur Bearbeitung mehrerer →*Teilmärkte*. Differenzierung und Marktsegmentierung begünstigen individuelle Spielräume, die Kostenführerschaft schränkt diese ein. Die Analyse von →*Wertketten* schafft die Voraussetzungen für die Entwicklung von Wettbewerbsstrategien. Die wichtigsten strategischen Verhaltensweisen im Wettbewerb sind: Defensives bzw. offensives Strategieverhalten und/oder imitatives bzw. innovatives Strategieverhalten. Durch Kombination ergeben sich die zwei typischen Muster von Wettbewerbsstrategien, nämlich "das des defensiven, auf Sicherheit durch Imitation der Leistungen des Markt-

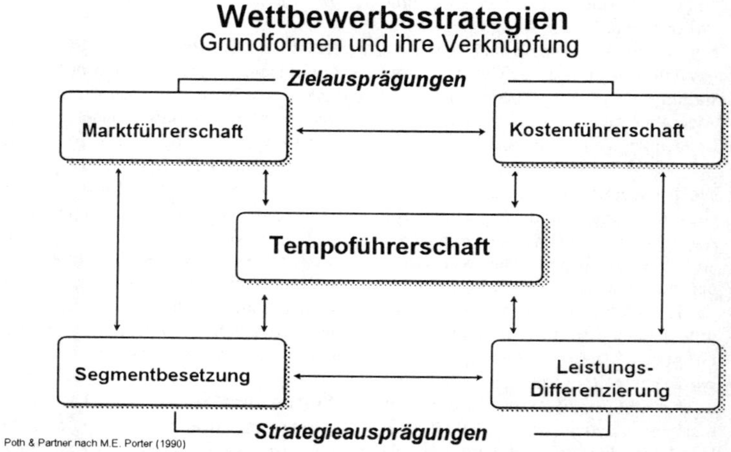

leaders bauenden Konformisten und das des offensiven, auf →*Wettbewerbsvorteile* durch Marktinnovationen zielenden Pioniers" (*K. Bleicher, 1991*).

Wettbewerbsvorteil(e) Im Vergleich zum →*Wettbewerb* eine überlegene Leistung, die ein wichtiges Leistungsmerkmal betrifft, vom →*Kunden* wahrgenommen und auch honoriert wird und eine gewisse Dauerhaftigkeit (Alleinstellung) im Hinblick auf Konkurrenzreaktionen aufweist (→*Strategische Erfolgsposition*). Wettbewerbsvorteile sind eine wesentliche Voraussetzung für die Entwicklung von →*Wettbewerbsstrategien* und zur Schaffung eines →*USP*.

Wettbewerbszentrale Kurzform der Zentrale zur Bekämpfung unlauteren Wettbewerbs e.V., Frankfurt (gegr. 1912). Neben ihrer eigentlichen Aufgabe beteiligt sich die Wettbewerbszentrale auch an der wettbewerbsrelevanten Rechtsforschung.

Wholesale Club(s) Form der →*Warehouse Clubs* auf Großhandelsebene (→*Abholgroßhandel*), wobei die exakte Trennschärfe zwischen →*Einzelhandel* (Verkauf an Endverbraucher) und →*Großhandel* (Verkauf an gewerbliche Weiterverwender) als Folge der zunehmenden Vermischung der Handelsbetriebsformen (→*Betriebsformen*) immer mehr abnimmt (siehe auch →*Betriebsformendynamik*).

Wiedererkennung Identifikation gelernter (→*Lernen*) Inhalte. Die Wiedererkennung unterscheidet sich dadurch von der →*Erinnerung*, daß sie lediglich eine passive (gestützte) Gedächtnisleistung (→*Gedächtnis*) darstellt (siehe dazu auch →*Recognition-Verfahren* und in Abgrenzung →*Recall-Verfahren*).

Wiedererkennungsverfahren →*Recognition-Verfahren*.

Wiederkaufrate Anteil der →*Erstkäufer*, die innerhalb eines definierten Zeitraums ein →*Produkt* bzw. eine →*Dienstleistung* nachkaufen (siehe dazu →*Parfitt-Collins-Modell*).

Wiederverkäufermarkt Nach der →*Markttypologie von Ph. Kotler (1974)* im Sinne der Klassifikation in →*O-Märkte (Organisationen-Märkte)* der sogen. W-Markt. Der Wiederverkäufermarkt bezieht sich auf →*Unternehmen*, die →*Produkte* oder →*Dienstleistungen* nachfragen, um sie wiederzuverkaufen. Der →*Handel* in seinen verschiedenartigen Ausprägungen (→*Groß-* und →*Einzelhandel*) bildet primär den Wiederverkäufermarkt. Der Wiederverkäufermarkt ist abzugrenzen von dem →*Konsumentenmarkt*, →*Produzentenmarkt* und dem →*Markt der öffentlichen Betriebe*.

Willkürliche Auswahl Aus der →*Grundgesamtheit* wird willkürlich eine →*Stichprobe* gezogen. Man bezeichnet dieses →*Auswahlverfahren* auch als →*Auswahl aufs Geratewohl*. Das Verfahren ist zu unterscheiden von der →*Bewußten Auswahl*, die methodisch vorgenommen wird (siehe →*Quotenverfahren* und in Abgrenzung →*Randomauswahl*, →*Zufallsstichprobe*).

Win-Win-Strategie(n) →*Delphinstrategie(n)*, →*Spieltheorie*.

WIPO Abk. für **W**orld **I**ntellectual **P**roperty **O**rganization. Die Sonderorganisation der Vereinten Nationen beschäftigt sich mit Fragen des internationalen gewerblichen Rechtsschutzes (→*Schutzrechte*). In diesem Zusammenhang hat der internationale →*Markenschutz* eine besondere Bedeutung (siehe auch →*Madrider Abkom-*

men, →Pariser Verbandsübereinkunft).

Wir-Gefühl Das Wir-Gefühl (siehe auch *→Corporate Culture, →Corporate Identity*), d.h. ein Gefühl des Einsseins mit anderen zu erleben, wurzelt in den Existenzbedingungen des Menschen und ist eines seiner stärksten Antriebskräfte. Das Verlangen, mit anderen eins zu sein, manifestiert sich sowohl in den niedrigsten als auch höchsten Verhaltensweisen. Es ist auch die Hauptantriebsfeder des Bedürfnisses, sich anzupassen. Entscheidend für jede *→Gesellschaft* ist die Art von Einheitserlebnis und Solidarität, die sie fördert bzw. unter den gegebenen Bedingungen ihrer sozio-ökonomischen Struktur fördern kann (*Erich Fromm, 1976*).

Wirkungsforschung Untersuchung der Folgen gesellschaftlicher, politischer, technologischer, wirtschaftlicher, ökologischer etc. Veränderungen. Im Marketing bezieht sich die Wirkungsforschung vor allem auf die Wirkung des unterschiedlichen Einsatzes von *→Marketinginstrumenten* (siehe u.a. *→Werbewirkungsforschung* etc.).

Wirkungskontrolle Messung der Wirkung des Einsatzes der verschiedenen *→Marketinginstrumente* in bezug auf den Erreichungsgrad definierter Ziel- und Sollgrößen. Abzugrenzen von der Wirkungskontrolle ist die Wirkungsanalyse, bei der die reine Wirkung des Instrumentaleinsatzes gemessen wird ohne Berücksichtigung der Zielfunktion(en). Die Wirkungskontrolle ist entweder monetär (einzelinstrumental z.B. die *→Werbeerfolgskontrolle*) oder nichtmonetär (z.B. *→Werbewirkungskontrolle*) und bezieht sich entweder auf die Wirkung *eines* Marketinginstruments oder auf den gesamten Instrumentalverbund (*→Marketing-Mix*). Aufgrund der synergetischen (*→Synergien*) Wechselwirkungen zwischen den Instrumenten hat die auf den Instrumentalverbund bezogene Wirkungskontrolle eine wesentlich größere Aussagekraft als die instrumentellen Einzelbetrachtungen, auch wenn diese einfacher und präziser durchgeführt werden können. Sie weisen aber den gravierenden Nachteil einer rein rechnerischen Isolation der einzelnen Instrumentalwirkungen auf, die nicht der Realität entspricht. Mit dieser Vorgehensweise sind möglicherweise auch krasse Fehlentscheidungen verbunden (z.B. für die künftige *→Budgetierung*).

Wirtschaftlichkeit Im Vergleich zur *→Produktivität*, die als Leistungskennzahl den Faktor-Output mit dem Faktor-Input nur mengenmäßig vergleicht, ist die Wirtschaftlichkeit eine Erfolgsmeßzahl aus dem Verhältnis von mit *→Marktpreisen* bewerteten Leistungen zu den *→Kosten* für die verbrauchten Faktoreinsatzmengen. Die Wirtschaftlichkeit zeigt also, inwieweit nach dem *→Wirtschaftlichkeitsprinzip* gehandelt wurde, d.h. ob der größtmögliche ökonomische Wirkungsgrad erreicht wurde. In Abgrenzung zur *→Rentabilität* wird die erbrachte Leistung nicht mit dem eingesetzten Kapital verglichen.

Wirtschaftlichkeitsanalyse Untersuchung der *→Wirtschaftlichkeit* von ökonomischen Aktivitäten. Hierbei beziehen sich die Aktivitäten auf Investitionen, Produktionsverfahren, *→Produktentwicklung* etc. und auf den Einsatz des gesamten *→Marketinginstrumentariums* (siehe auch *→Kosten-Nutzen-Analyse*).

Wirtschaftlichkeitsprinzip Das Prinzip als Ziel besagt, mit geringstmöglichen Mitteln einen bestimmten

Erfolg zu erzielen oder mit bestimmten Mitteln einen größtmöglichen Erfolg (siehe auch →*Wirtschaftlichkeit*, → *Ökonomisches Prinzip*).

Wirtschaftlichkeitsrechnung Verfahren zur Bestimmung der →*Wirtschaftlichkeit* von Investitionen. Die für ökonomische →*Entscheidungen* wichtigsten Verfahren sind die verschiedenen Arten der →*Investitionsrechnung*.

Wirtschaftsbereiche Gliederung der Wirtschaft in Sektoren entsprechend ihrem Entwicklungsstand, wobei jeder Wachstumsphase vom → *Primären* zum →*Sekundären*, →*Tertiären* und →*Quartiären Wirtschaftsbereich* eine veränderte soziale →*Infrastruktur* entspricht. Die einzelnen Stufen: Agrargesellschaft, →*Industriegesellschaft*, →*Dienstleistungsgesellschaft* und →*Informationsgesellschaft* bzw. →*Kommunikationsgesellschaft* bis hin zur künftigen und bereits jetzt erkennbaren →*Wissensgesellschaft* liefern in ihren verschiedenen Ausprägungen wesentliche Erkenntnisse bzgl. gesellschaftlicher Veränderungen (→*Wert(e)wandel*, → *Wert(e)dynamik*) und des →*Konsumentenverhaltens*.

Wirtschaftseinheit(en) Private → *Haushalte*, öffentliche Haushalte (die Gebietskörperschaften Bund, Länder und Gemeinden, Sozialversicherungsträger etc.) und →*Unternehmen* bzw. →*Betriebe* (incl.→*Öffentliche Betriebe*) als Träger von wirtschaftlichen → *Entscheidungen*.

Wirtschaftsforschung →*Empirische Wirtschaftsforschung*.

Wirtschaftsgüter →*Güter*.

Wirtschaftskreislauf Darstellung und Analyse der Güter- und Geldströme in einer Volkswirtschaft. Im einfachsten Falle bestehen nur zwischen zwei →*Marktpartnern* (→*Unternehmen* und →*Haushalte*) Austauschbeziehungen (→*Transaktionen*). Der erweiterte Wirtschaftskreislauf umfaßt alle Güter- und Geldströme zwischen den Wirtschaftssektoren →*Unternehmen*, private →*Haushalte*, Staat, Banken und Ausland.Das Kreislauftableau geht auf *F. Quesnay (1758)* zurück.

Wirtschaftsordnung(en) Staatlicher Ordnungsrahmen, der die Abläufe von Wirtschaftsprozessen regelt. Die Ordnungsstrukturen sind generell zu unterscheiden in marktwirtschaftliche und planwirtschaftliche Systeme. Die →*Marktwirtschaft* stellt →*Leistungswettbewerb*, →*Konsumfreiheit* und das (durch die freie Bildung von → *Marktpreisen*) realisierte Marktgleichgewicht von →*Angebot* (→*Produktion*) und →*Nachfrage* (→*Konsum*) in den Mittelpunkt der Wirtschaftsordnung und der damit verbundenen wirtschaftspolitischen Ordnungspolitik. Diese hat primär (in bezug auf den Ablauf der verschiedenen Wirtschaftsprozesse) die Aufgabe, den →*Wettbewerb* sicherzustellen und mit rechtlichen Mitteln Wettbewerbsmißbräuche zu verhindern. Die planwirtschaftlichen Systeme (Zentralverwaltungswirtschaften) hingegen regulieren Produktion und Konsum und die damit verbundenen Detailprozesse. Die Tendenz in →*Industriegesellschaften* ist eine gelenkte Marktwirtschaft mit z.T. exzessiver Globalsteuerung, Investitionslenkung, Einkommensumverteilung etc. zur Realisierung einer allgemeinen →*Wohlfahrtsökonomie*.

Wirtschaftspsychologie Teilgebiet der angewandten →*Psychologie*, das sich mit der Analyse psychologischer Vorgänge in wirtschaftlichen Prozessen beschäftigt (siehe dazu auch →*Lernpsychologie*). Das Untersuchungsgebiet der Wirtschaftspsychologie umfaßt u.a. gesamtwirtschaftliche Entwicklungen und ihre Auswirkungen auf den →*Konsum*, die Betriebspsychologie mit der Analyse des menschlichen →*Verhaltens* am Arbeitsplatz (siehe →*Hygienefaktoren*, →*Motivatoren*), die →*Organisationspsychologie* mit der Untersuchung psychologischer Prozesse in sozialen Systemen (siehe auch →*Sozialpsychologie*, → *Soziale Lerntheorie*) sowie die → *Marktpsychologie* mit der Analyse konsumtiver Entscheidungs- und Verhaltensabläufe (→*Konsumentenverhalten*, →*Werbepsychologie*).

Wirtschaftssoziologie Spezielle → *Soziologie*, die sich mit wirtschaftlichen Vorgängen und Strukturen als Teil allgemeiner gesellschaftlicher Prozesse befaßt und die Wechselwirkungen zwischen wirtschaftlichen, politischen, kulturellen und sozialen Vorgängen im Zeitvergleich untersucht.

Wirtschaftsunternehmen →*Unternehmen*.

Wirtschaftswachstum Steigerung der wirtschaftlichen Leistungskraft einer Volkswirtschaft, die sich in der gesamtwirtschaftlichen Produktion und im gesamtwirtschaftlichen Einkommen ausdrückt. Indikatoren für das Wirtschaftswachstum sind das →*Bruttosozialprodukt*, das →*Bruttoinlandsprodukt* und das →*Volkseinkommen*. Wirtschaftliches Wachstum ist seit 1967 als wirtschaftspolitisches Ziel der BRD im Stabilitäts- und Wachstumsgesetz (StWG) verankert und gehört neben der Preisniveaustabilität, dem außenwirtschaftlichen Gleichgewicht und einem hohen Beschäftigungsgrad zum Magischen Viereck (→*Magisches Dreieck*) der Wirtschaftspolitik. Die Probleme des wirtschaftlichen Wachstums angesichts zunehmender Umweltbelastung wurden erstmals 1972 vom Massachussetts Institute of Technologie (MIT) von *D. Meadows* für den Club of Rome analysiert. Seitdem wird über eine Begrenzung des quantitativen Wachstums (gesellschaftlicher Wohlstand) zugunsten eines qualitativen Wachstums (Steigerung der →*Lebensqualität* durch z.B. Verbesserung der Umweltbedingungen) diskutiert (siehe auch →*Überflußgesellschaft*).

Wirtschaftswerbung Wirtschaftlichen Zwecken dienende →*Werbung*. Die Definition sollte nicht zu eng gefaßt werden, um eine Ausgrenzung gemeinwirtschaftlicher→*Unternehmen* bzw. Institutionen zu vermeiden, die z.B. im Bereich des →*Umweltschutzes* und/oder zur Bewältigung von →*Sozioaufgaben* tätig sind. Insofern hat sich der Begriff der Wirtschaftswerbung mittlerweile überlebt und ist mit Werbung gleichzusetzen.

Wissen Vernetzte →*Informationen*, die Individuen in die Lage versetzen, Probleme zu lösen (siehe dazu auch →*Wissensgesellschaft*, →*Wissensmanagement*). „Wissen entsteht als Ergebnis der Verarbeitung von Informationen durch das Bewußtsein. Informationen sind...der Rohstoff, aus dem Wissen generiert wird und die Form, in der Wissen kommuniziert und gespeichert wird“ (*K. North, 1998*).

Wissenschaftliche Betriebsführung Auch als Scientific Management bezeichneter Begriff, der auf *F.W. Taylor (1881)* zurückgeht und als → *Taylorismus* bekannt ist. Die wissenschaftliche Betriebsführung ist auf die möglichst effiziente Gestaltung von Produktionsprozessen gerichtet. Sie hat zum Ziel, die →*Produktivität* der menschlichen Arbeit (exekutive Arbeit) dadurch zu erhöhen, daß die Abläufe in den Arbeitsprozessen systematisch analysiert werden, um sie dann mit Zeitgewinn besser ordnen zu können. Hauptkritiker ist *E. Mayo (1880-1949)*, Begründer der Bewegung der →*Human Relations*.

Wissensgesellschaft In Erweiterung der →*Informations-* und →*Kommunikationsgesellschaft*, die in wesentlichen Teilen die technologische Seite des gesellschaftlichen Wandels umfassen, das menschliche Wissen als neuer →*Produktionsfaktor*. Er ergänzt die klassischen Produktionsfaktoren Boden, Arbeit und Kapital, erneuert und vermehrt sich hingegen im Gegensatz zu ihnen immer wieder selbst. Das vorhandene Wissen veraltet immer schneller, und das notwendige neue Wissen wird immer mehr. Daraus folgt, daß verstärkte und insbesondere qualifizierte Aus- und Weiterbildungssysteme die Grundlage einer dynamischen Wissensgesellschaft bilden.

Wissensmanagement Erfassung, Systematisierung und Verknüpfung des in einem Unternehmen vorhandenen Wissens, das sich im Zeichen der dynamischen→*Wissensgesellschaft* zu einem entscheidenden →*Wettbewerbsvorteil* entwickelt. Wichtig ist hierbei die Wissensdiffusion in alle (jeweils relevante) Unternehmensbereiche, um die Wertschöpfungsketten (→*Wertketten*) zu optimieren. Als geeignete Organisationsform für die Implementierung des Wissensmanagement bietet sich das →*Projekt-Management* an.

Wissenstreue Orientierung der Erstellung von →*Leistungsprogrammen* am vorhandenen Know-how bzgl. Verfahrenstechnologien, Materialeinsatz (→*Materialtreue*) etc. Ein Wissensvorsprung vor den →*Wettbewerbern* ist ein erheblicher →*Wettbewerbsvorteil*. Eine zu stringente Ausrichtung der Unternehmensaktivitäten an der Wissenstreue ist jedoch mit der deutlichen Gefahr verbunden, daß an den Marktbedürfnissen vorbei produziert wird (Abnahme der →*Problemtreue* und →*Kundentreue*).

WKZ →*Werbekostenzuschuß*.

W-Markt →*Wiederverkäufermarkt*.

Wochenmärkte Form des →*Ambulanten Handels* (→*Markthandel*), der regelmäßig, örtlich und zeitlich fixiert auf Marktplätzen stattfindet. Die →*Angebote* umfassen vor allem →*Güter* des täglichen Bedarfs (Lebensmittel) und Frischeerzeugnisse von Erzeugern (Landwirten).

Wohlfahrtsökonomie →*Welfare Economics*.

Wohlstandsgesellschaft →*Überflußgesellschaft* (siehe auch →*Konsumgesellschaft*).

Workflow Management DV-gestütztes System, das arbeitsteilige Prozesse steuert. Dazu werden die verschiedenen →*Geschäftsprozesse* analysiert und jeweils in die einzelnen Arbeitsschritte zerlegt. Ziel ist die Steuerung der Arbeitsflüsse zwischen den verschiedenen Organisationseinheiten und damit die Optimierung der Prozeßabläufe. Bei unternehmensübergreifenden Workflows kann sich die relative Starrheit des Systems in bestimmten Situationen als Nachteil erweisen (siehe auch →*Geschäftsprozeßoptimierung*, →*Geschäftsprozeßorganisation*).

World Wide Web (WWW) Weltweites Informations-Netzwerk(→*Information Highway*). Um WWW-Seiten (siehe →*Website*) einzurichten, vermittelt ein Provider die Anbindung an das →*Internet* und registriert auch die weltweit gültige Adresse, die Domäne, unter der das Informationsangebot erreicht werden kann. Die Domänennamen werden durch das INTERNIC in den USA verwaltet, für Deutschland von der DE-NIC in Karlsruhe.

Wortassoziations-Test (WAT) →*Projektives Verfahren*, bei dem der Befragte aufgefordert wird, zu vorgegebenen Reizworten Begriffe zu nennen, die ihm spontan einfallen. Bei den Wörtern handelt es sich sowohl um neutrale Begriffe (z.B. Haus, Garten, Wetter etc.) als auch um kritische (z.B. →*Markennamen*,→*Anbieter* etc.). Die Vorgaben weisen keine für den →*Probanden* erkennbare Reihenfolge auf. Aus den assoziierten Begriffen lassen sich Schlüsse ziehen, z.B. hinsichtlich →*Markenimage*, →*Unternehmensimage*, →*Kundenzufriedenheit* etc. Durch die indirekte Fragestellung (→*Indirekte Frage*) wird die bei →*Befragungen* üblicherweise unerwünschte kognitive Kontrolle der Befragten vermindert. Eine Sonderform ist der →*Satzergänzungs-Test (SET)*.

Wortzeichen →*Warenzeichen* (→*Markenzeichen*), das im Vergleich zum →*Bildzeichen* und zum →*Zahlenzeichen* aus einem Wort oder aus mehreren Wörtern besteht (z.B. Unilever, Gardena). Eine Form des Wortzeichens ist das →*Namenszeichen*.

WTO Abk. für **W**orld **T**rade **O**rganization (gegr. am 1.1.1995). Es handelt sich um eine weltweit gültige Handelsordnung, die der Liberalisierung des Welthandels dient und eine Weiterentwicklung des →*GATT* (**G**eneral **A**greement on **T**ariffs and **T**rade) vom 1.1.1948 ist.

Wurfsendung →*Haushaltswerbung*, bei der gedruckte →*Werbeträger* (üblicherweise →*Prospekte*, Handzettel, →*Kundenzeitschriften*, →*Kataloge* etc.) an private →*Haushalte* durch Zustellerdienste verteilt werden.

WWS Abk. für →Warenwirtschaftssystem(e).

YZ

Yellow Press Auch als Regenbogenpresse bezeichnete wöchentlich erscheinende →*Zeitschrift* (meist Frauenzeitschrift), die vornehmlich aus dem Privatleben von Prominenten berichtet.

Yield Management Optimierung des Preis-/Nachfrageverhaltens zu unterschiedlichen Bedingungen (z.B. Zeiten/Preisen). Das Optimierungsverfahren wird hauptsächlich im Tourismus, in der Luftfahrt und im Hotelgewerbe mit Hilfe computergestützter Buchungssysteme eingesetzt (siehe auch →*Revenue Management*). Leistungsfähige Buchungs-Datenbanken, Vertriebs- und Prognosesysteme sind die Voraussetzung und auch die wichtigsten Bausteine zur Optimierung der Ertragssteuerung. Die Ertragssteuerung orientiert sich ausschließlich an der Steuerung der Kapazitäten, die mit der →*Preisakzeptanz* der →*Kunden* verbunden werden muß (Verteilung der Kapazitäten auf die verschiedenen Preisklassen).

Zahlenzeichen →*Warenzeichen* (→*Markenzeichen*), das im Vergleich zum →*Bildzeichen* und zum →*Wortzeichen* aus Zahlen bzw. -kombinationen besteht (z.B. 4711).

Zahlungsbedingungen Vereinbarungen über den Zahlungsort und die Zahlungsfrist. Die Zahlungsbedingungen sind in der Regel verbunden mit den →*Lieferbedingungen* und festgelegt in den →*Allgemeinen Geschäftsbedingungen (AGB)*.

Zapping Kontaktvermeidung mit →*Werbung* im Fernsehen (→*Fernsehwerbung*) durch Umschalten des Programms bei Werbeeinblendungen mit Hilfe der Fernbedienung auf einen anderen Fernsehkanal, wenn →*Werbespots* gesendet werden (siehe auch →*Unterbrecherwerbung*). Eine Sonderform des Zapping ist das Zipping bei Einsatz von Videorecordern. Durch das zeitversetzte Abspielen der aufgezeichneten Programme können TV-Spots (→*Fernsehspots*) durch Vorspulen übergangen werden. Bei simultanem Sehen und Aufnehmen eines Programms können mit Hilfe der Pause-Taste TV-Spots herausgeschnitten werden (siehe dazu auch →*Flipping*).

ZAW Abk. für Zentralausschuß der deutschen Werbewirtschaft, Bonn (gegründet 1949) als Dachorganisation der deutschen →*Werbewirtschaft*. Im ZAW ist auch der →*Deutsche Werberat* integriert. Der ZAW ist der Sprecher des gesamten Wirtschaftszweiges gegenüber dem Gesetzgeber, Regierungs- und Verwaltungsstellen und anderen Organisationen.

Zeichenrolle Eintragung von →*Warenzeichen* in die Zeichenrolle (Register) beim Deutschen Patentamt, die dem Warenzeichenschutz dient. Die Schutzdauer des eingetragenen Zeichens beträgt 10 Jahre (mit Beginn der Anmeldung) und kann jeweils um weitere 10 Jahre verlängert werden. Die Anmeldungsvoraussetzungen wie auch die Schutzdauer sind im →*Warenzeichengesetz* in der Fassung von 1968 geregelt.

Zeichentheorie →*Semiotik*.

Zeitgeist Bezeichnung für Werthaltungen, →*Einstellungen*, Denkrichtungen und →*Lebensstile* einer Zeitepoche. Der Zeitgeist unterliegt einem steten Wandel. Soziostrukturelle und soziokulturelle Veränderungen (siehe auch →*Wertewandel*) beeinflussen →*Bedürfnisse* und Verhaltensweisen und bestimmen durch die →*Wertedynamik* auch den Zeitgeist einer →*Gesellschaft*. Die Vielfalt an Lebens-, Handlungs- und Genußmöglichkeiten der →*Wohlstandsgesellschaft* führt durch ein Überangebot zu einem Problem der individuellen Zeitökonomie. Die fortschreitende Individualisierung mit dem Ziel einer autonomen Lebensgestaltung (siehe →*Ich-AG*) ist bestimmendes Element des Zeitgeistes in der modernen Gesellschaft.

Zeitrabatt(e) →*Rabatt*, der auf den Zeitpunkt der Bestellung oder der Abnahme von →*Produkten* und/oder →*Dienstleistungen* bezogen ist. Dazu zählen u.a. →*Saisonrabatte* und vor allem →*Einführungsrabatte*.

Zeitreihe(n) Anzahl zeitlich geordneter →*Daten* über einen längeren Zeitraum hinweg zum gleichen Untersuchungsgegenstand (→*Zeitreihenanalyse*).

Zeitreihenanalyse Analyse und Interpretation von →*Zeitreihen* (zeitlich geordnete Datenreihen) zwecks Ermittlung von →*Trends* und Erstellung von →*Prognosen* (siehe hierzu auch →*Längsschnittanalyse*). Die Analyse erfolgt mit Hilfe der →*Trendextrapolation*. Problem hierbei ist die Annahme, daß sich die Entwicklungen in der Vergangenheit auch in Zukunft fortsetzen werden. Deshalb ist die Zeitreihenanalyse nur für eine kurzfristige (ein Jahr) Prognose geeignet. Eine für diesen Zweck in der Praxis weit verbreitete Methode ist die →*Exponentielle Glättung* (Exponential Smoothing).

Zeitschrift(en) Wichtiges →*Kommunikationsmedium* (→*Werbeträger*) in der Gruppe der →*Printmedien*. Die Wesensmerkmale des Mediums sind die Periodizität, Publizität, Aktualität und die Universalität. Die Hauptformen sind die →*Publikums-* und →*Fachzeitschriften*. Weitere Formen sind die →*Zielgruppenzeitschriften*, →*Kundenzeitschriften* und die →*Spezialzeitschriften* (siehe in Abgrenzung dazu →*Zeitung*).

Zeitung(en) Wichtiges →*Kommunikationsmedium* (→*Werbeträger*) in der Gruppe der →*Printmedien*. Die wesentlichen Wesensmerkmale des Mediums sind seine Periodizität und vor allem die Aktualität in Verbindung mit einer Universalität. Die Hauptformen sind die Tageszeitung, Wochenzeitung und Sonntagszeitung. Der Hauptunterschied der Zeitung zur →*Zeitschrift* liegt in der tagesaktuellen Berichterstattung, wobei dies eigentlich nur für die Tageszeitung gilt. Die diesbezügliche Grenzziehung wird schwierig bei dem Vergleich einer Wochenzeitung mit einer →*Publikumszeitschrift* (z.B. Wochen-Magazin).

Zeitwettbewerb Wettbewerbsvorsprung durch Zeitvorsprung z.B. bei der →*Produktentwicklung* und →*Pro-*

dukteinführung. Die sogen. Tempoführerschaft (→*Turbo-Marketing*) bietet einen erheblichen →*Wettbewerbsvorteil* und kann eine erfolgreiche → *Wettbewerbsstrategie* sein, wenn sie sich nicht zu einer undifferenzierten Produktvielfalt ausweitet und überdies nicht die Kriterien bzw. Anforderungen an →*Qualität*, →*Qualitätsprüfung* und →*Qualitätssicherung* verletzt werden.

Zensus Statistische (amtliche) Totalerfassung von Bestandsmassen (z.B. Personen, Familien, →*Haushalte*, → *Unternehmen* bzw. →*Betriebe*) in einem abgegrenzten geographischen Gebiet mit Hilfe der →*Vollerhebung* (Totalerhebung). Davon abzugrenzen ist der →*Mikrozensus* als eine repräsentative Stichprobenerhebung (→*Teilerhebung*).

Zentralausschuß der deutschen Werbewirtschaft →*ZAW*.

Zentralbelieferung Belieferung der →*Distributionszentren* des →*Einzelhandels* durch den Hersteller. Vom jeweiligen Distributionszentrum aus werden dann die einzelnen →*Verkaufsstellen* in Handelsregie beliefert (siehe im Gegensatz dazu →*Streckenbelieferung*).

Zentrale zur Bekämpfung unlauteren Wettbewerbs →*Wettbewerbszentrale*.

Zentralität →*Zentrenhierarchie*.

Zentrallager Überregionale →*Lager* für Halb- und Fertigerzeugnisse, aber auch für Ersatzteile. Zentrallager werden sowohl von Herstellern als auch Handelsunternehmen unterhalten. Industrieunternehmen gliedern vielfach die Zentrallager an die Fertigungsstätte(n) an.

Zentralregulierung Zentrale Rechnungsregulierung durch →*Einkaufsgemeinschaften*, →*Einkaufsgenossenschaften*, →*Einkaufskontore* und → *Einkaufszentralen* (→*Verbundgruppen*) für ihre Mitglieder. Der Einkaufsverband übernimmt auch das →*Delkredere* und erhält für seine Leistungen eine →*Provision* (Delkrederevergütung).

Zentralverwaltungswirtschaft → *Wirtschaftsordnung(en)*.

Zentralwert →*Median*.

Zentrenhierarchie Klassifizierung von Regionen oder auch Orten nach der Bedeutung ihrer Versorgungsfunktion für die Bevölkerung (Zentralität). In der Zentrenhierarchie wird unterschieden nach Ober-, Mittel-, Unter- und Kleinzentren. Die Typologisierung der Regionen bzw. Orte erfolgt nach der Vielfalt des Güterangebots, aber auch nach der vorhandenen →*Infrastruktur* (soziale, kulturelle, politische und wirtschaftliche Einrichtungen). Die Anziehungskraft von Zentren bestimmt im wesentlichen ihr →*Einzugsgebiet* und ist damit ein entscheidender Faktor für die Standortwahl im → *Einzelhandel* (vgl. auch →*Agglomeration*, →*Standortagglomeration*, → *Gravitationsmodell*).

Zero Base Budgeting Auf Basis Null werden alle →*Kosten* (insbesondere →*Gemeinkosten*) auf ihre Notwendigkeit hin (Budgethöhe in Verbindung mit der erbrachten Leistung) analysiert. Bei dem Analyseverfahren geht es im wesentlichen um die optimale Ressourcenverteilung in bezug auf die gesetzten →*Ziele* (→*Budgetierung*, →*Budgetierungsmethoden*).

Zertifizierung Prüfung des →*Anbieters* und seiner Leistungserstellung durch einen unabhängigen Auditor (→

Auditing, →*Qualitätsaudit*), um ein Qualitätszertifikat (z.B. nach →*ISO 9000*) zu erhalten.

Ziel(e) Konkrete, d.h. operational nachvollziehbare Vorstellung(en) über angestrebte Zustände. Notwendig ist die Konkretisierung von Zielen, um aus ihnen Entscheidungskriterien und Handlungsalternativen zur Zielerreichung zu entwickeln (siehe auch → *Planung*). Ziele müssen vor allem folgenden Bedingungen genügen: Operationalität (präzise Zielformulierung), Konsistenz (Widerspruchsfreiheit), Aktualität (Präsenz mit Zukunftsbezogenheit), Vollständigkeit (nach Wichtigkeit), Transparenz (Bekanntheit), Überprüfbarkeit (Kontrollfähigkeit). Die Ziele sind einzuordnen in ein → *Zielsystem* (siehe auch →*Unternehmensziele*).

Ziel-Aufgaben-Budgetierungsmethode An den definierten →*Zielen* (→*Marketing-* und →*Kommunikationsziele*) und den daraus abgeleiteten Aufgaben der →*Werbung* orientierte →*Werbebudgetierung* (→*Kommunikationsbudget*). Die Budgetierungsmethode beruht auf der →*Managementtechnik* der Zielvereinbarung (→*Management-by-Objectives*). Im Mittelpunkt des Verfahrens steht die →*Ziel-Mittel-Hierarchie*. Die Werbebudgetierung ist integraler Bestandteil der →*Werbeplanung* (stufenweise, hierarchische Phasenplanung). Das Werbebudget selbst ist definiert als der notwendige Etat, um die operational definierten Ziele zu erreichen. Damit erweist sich die Budgetierungsmethode als die einzig sinnvolle Form, um die Werbeaufwendungen möglichst effizient im Sinne der Markterfolgsorientierung einzusetzen.

Zieldimension(en) Definition der →*Ziele* nach: Zielinhalt, Zielbereich, Zielausmaß und Zeitmaß.

Ziele (Einzel-) →*Einzelziele*.

Ziele (Formal-) →*Formalziele*.

Ziele (Gesamt-) →*Gesamtziele*.

Ziele (Sach-) →*Sachziele*.

Zielfunktion Orientierung der →*Entscheidungen* an den gesetzten →*Zielen*.

Zielgruppe(n) Gesamtheit der spezifisch definierten →*Verbraucher* bzw. →*Verwender*, die mit einem differenzierten →*Marketingmitteleinsatz* bearbeitet werden. Die Zielgruppenbildung (→*Marktsegmentierung*) erfolgt nach →*Geographischen*, →*Mikrographischen*, →*Demographischen*, →*Soziodemographischen* und →*Psychographischen Kriterien*. In diesem Zusammenhang ist besonders die →*Typologisierung* zu erwähnen. Ziel ist, weitestgehend in sich bedürfnishomogene Kundengruppen zu bilden, die mit einer bestimmten →*Marketingstrategie* bearbeitet werden können. Werden unterschiedliche Zielgruppen angesprochen, so ist deren Trennschärfe bzw. Heterogenität besonders wichtig, um nicht gewünschte Überlappungseffekte zu vermeiden. Als notwendig erweist sich dann aber auch die Entwicklung zielgruppenspezifischer Marketingstrategien (→*Zielgruppenmarketing*). Entscheidend für die Zielgruppenorientierung sind die Anbieterkompetenz und insbesondere die notwendige →*Programm-* bzw. → *Sortimentstiefe*.

Zielgruppenbestimmung Festlegung der zu bearbeitenden →*Zielgruppen*. Die Zielgruppenbildung erfolgt nach den verschiedenen →*Segmentationskriterien*.

Zielgruppendifferenzierung Systematische Aufspaltung einer diffusen bzw. zu heterogenen →*Zielgruppe* in homogenere Teilgruppen, um deren → *Bedürfnisse* besser befriedigen zu können.

Zielgruppengewichtung Vor allem für die →*Mediaplanung* notwendige →*Kontaktgewichtung* der →*Zielgruppe(n)*. Es handelt sich um eine Personengewichtung in bezug auf die zielgruppenspezifische Medienaffinität.

Zielgruppenmarketing Zielgruppenausrichtung aller marktbezogenen Aktivitäten. Der Ausgangspunkt des Zielgruppen-Marketing ist die zunehmende Differenzierung der Konsumentenwünsche (z.B. →*Szenen-Marketing*), die zu hybriden Konsumstrukturen führen (→*Konsumentenverhalten*). Dadurch gewinnen z.B. →*Database-Marketing*, →*Direktmarketing* und →*Marktsegmentierung* zunehmend an Bedeutung.

Zielgruppenzeitschrift(en) Im Vergleich zu den →*Publikumszeitschriften* und →*Spezialzeitschriften* wird ein bestimmtes Bevölkerungssegment mit zielgruppenspezifischen Themen angesprochen (z.B. Frauen, Männer, Eltern, Jugendliche etc.). Zu den Zielgruppenzeitschriften zählen auch die →*Kundenzeitschriften*.

Zielhierarchie →*Ziel-Mittel-Hierarchie*.

Zielkonflikt Beziehung zwischen verschiedenen →*Zielen*, die nicht gleichzeitig in dem gewünschten Maß erreicht werden können. Ein klassischer makroökonomischer Zielkonflikt ist das →*Magische Dreieck* bzw. Viereck. Mikroökonomisch tritt vielfach ein Zielkonflikt auf bei dem Versuch, eine Ausgeglichenheit von →*Rentabilität*, →*Liquidität* und finanzwirtschaftlicher Sicherheit herzustellen.

Zielkostenmanagement Orientierung an den Zielkosten (→*Verkaufspreis* minus →*Gewinn*) und nicht primär an den kostenverursachenden Tätigkeiten (Kosten-plus-Verfahren, → *Kostenpreis*). Die auch als →*Target Costing* bezeichnete Methode besteht aus folgenden Einzelschritten: (1.) Er-

Zielsystem der Unternehmung

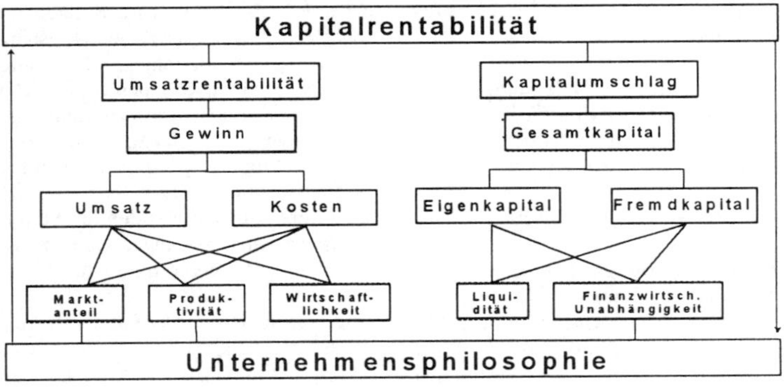

Poth & Partner

mittlung des realisierbaren →*Marktpreises* unter Berücksichtigung der entsprechenden Stückzahlen, (2.) Umsatzprognose (→*Prognose*) abzüglich des angezielten Gewinns, (3.) Differenzierung der gesamten Produktkosten durch Kostenspaltung und (4.) Prüfung von Kostensenkungsmöglichkeiten. Entscheidend für das Zielkostenmanagement ist die Sicherheit der Umsatzprognose (siehe in diesem Zusammenhang auch →*Deckungsbeitragsrechnung* und →*Prozeßkostenrechnung*).

Zielkunde(n) Verdichtung der →*Zielgruppe(n)* durch →*Selektionsverfahren* zur →*Segmentation* der →*Absatzmärkte* (→*Marktsegmentierung*).

Ziellücke →*Gap-Analyse*.

Ziel-Mittel-Hierarchie System, bei dem die konkreten→*Ziele* einer Entscheidungsebene (Unterziele) die Mittel auf der nächsthöheren Entscheidungsebene (Oberziele) bestimmen. Die Bildung einer Zielhierarchie ist die Grundlage der →*Marketingplanung*.

Zielplanung Prozessualer Ablauf, der sich wie folgt vollzieht: Zielsuche, Zielanalyse, Zielstrukturierung, Operationalisierung, Prüfung auf Realisierbarkeit, Zielentscheidung, Zielanordnung bzw. -vereinbarung, Zielkontrolle, Zielanpassung.

Zielpreisfindung →*Target Pricing*.

Zielsystem(e) Strukturierung der →*Ziele* nach →*Sachzielen*, →*Formalzielen* und zunehmend auch nach →*Sozialzielen*. Weiter wird differenziert nach Oberzielen/Basiszielen (Existenzsicherung), strategischen Zielen (Langfristziele) und nach operativen Zielen (Konkretisierung der Ausführungshandlungen). Die letztgenannte Zielartenstrukturierung hat auch einen Fristigkeitscharakter (nach lang-, mittel- und kurzfristig). Zielsystem und damit Zielpluralismus verlangen eine →*Zielplanung* und Zielkoordination.

Finanzwirtschaftliches Zielsystem

Zusammenhang Rentabilität und Finanzwirtschaft

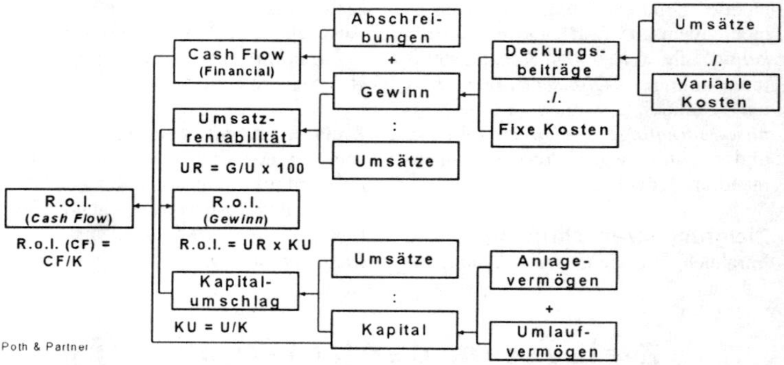

Zieltrajektorie Planfortschrittskontrolle, die sicherstellt, daß Zielabweichungen (→*Ziele*) möglichst früh erkannt werden, um unmittelbar Gegenmaßnahmen einleiten zu können. Die wesentliche Voraussetzung für die Anwendung des Verfahrens ist, daß die

Einflußfaktoren auf den Zielerreichungsgrad und ihre Interdependenzen bekannt sind. Nur dadurch ist es möglich, zu erwartende Planabweichungen rechtzeitig zu erkennen und durch geeignete operative Maßnahmen abzuschwächen oder auch zu verhindern. Bei der Zieltrajektorie handelt es sich um eine Form des →*Monitoring*.

ZIP Weit verbreitetes Komprimierungsformat für Dateien, das insbesondere für das Downloaden im →*Internet* eine bedeutende Rolle spielt.

Zipping →*Zapping*.

Zirkuläre Organisation →*Organisationsform*, die die Hierarchieorientierung abschwächt durch dezentrale organisatorische Teilsysteme (z.B. durch Komitees, die horizontal und vertikal vernetzt sind). Das →*Projekt-Management* hat sich diesbezüglich als praktikable Organisationsform erwiesen (siehe auch →*Teamorganisation*).

Zölle Abgaben, die bei der Ein-, Aus- und Durchfuhr von →*Sachgütern* erhoben werden.

Zufallsauswahl →*Randomauswahl* und →*Zufallsstichprobe*.

Zufallsfehler Quantifizierbarer Fehler, der dadurch entsteht, daß statt der →*Grundgesamtheit* nur eine →*Stichprobe* erhoben wird. Die →*Standardabweichung* weist den Zufallsfehler aus (siehe auch →*Stichprobenfehler* und in Abgrenzung →*Systematischer Fehler*).

Zufallsstichprobe Uneingeschränktes →*Stichprobenverfahren* (→*Auswahlverfahren*), bei dem jede Teilmenge die gleiche →*Wahrscheinlichkeit* hat, in die →*Stichprobe* zu kommen. Im Gegensatz dazu steht die →*Bewußte Auswahl*. Grundmodell für die Zufallsstichprobe ist das sogen. →*Urnenmodell* (siehe auch →*Randomauswahl*).

Zufallszahlen Tabelle zufällig aufeinanderfolgender Zahlen, die per EDV generiert wird. Zufallszahlentabellen dienen in der →*Marktforschung* zur Bildung von →*Stichproben* bei der Zufallsauswahl (→*Randomauswahl*, →*Zufallsstichprobe*).

Zufriedenheitsforschung Analyse der Differenz zwischen erwarteter und erlebter Leistung. Der Zufriedenheitsgrad wird anhand einer →*Skala* (sehr zufrieden - sehr unzufrieden) abgefragt (siehe auch →*Kundenzufriedenheit*).

Zugabe Kostenlose Mitlieferung von →*Produkten* beim →*Kauf*, um der →*Ware* selbst, an die sie gebunden ist, einen größeren Kaufanreiz zu geben. Nach →*Zugabeverordnung* waren solche Zugaben bis zum 25. Juli 2001 (Wegfall des →*Rabattgesetzes* und der Zugabeverordnung) verboten. Zulässig als Zugabe waren nach der Zugabeverordnung und nach der Rechtsprechung lediglich „geringwertige Kleinigkeiten", „handelsübliches Zubehör", „handelsübliche Nebenleistungen" und „Sammelzugaben von geringem Wert". Das Zugabeverbot bezog sich auch auf die Tarnung höherwertiger Zugaben durch ein Scheinentgelt.

Zugabeverordnung Die Verordnung regelte bis zum 25. Juli 2001 (Wegfall des →*Rabattgesetzes* und der Zugabeverordnung) die Zugabewerbung und definierte die Ausnahmen des generellen Verbots. Zulässig waren nur "geringwertige Kleinigkeiten", „handelsübliches Zubehör", „handelsübliche Nebenleistungen" und „Sammelzugaben von geringem Wert". Von den →*Zugaben* unterschieden wurden →*Waren-* bzw. →*Dienstleistungspro-*

ben und →*Werbegeschenke*, die wettbewerbsrechtlich (→*UWG*) zulässig sind.

Zugartikel →*Lockvogelangebot(e)*.

Zukunftsforschung →*Futurologie*.

Zuliefergeschäft Typisch für das →*Industriegütermarketing*. Hierbei handelt es sich um Produktion und Lieferung kundenindividuell entwickelter Komponenten. Zu unterscheiden sind die Standardkomponenten-Lieferanten, die Systemlieferanten, Komponentenlieferanten und Modullieferanten.

Zusatzbedarf →*Bedarf*, der über den →*Grundbedarf* hinausgeht und einen „zusätzlichen" Charakter hat. Begrifflich ist der Zusatzbedarf vom →*Zusatznutzen* zu trennen, der primär dem →*Geltungsnutzen* entspricht. Durch die in Theorie wie Praxis vorherrschende Vermischung von Bedarf und →*Nutzen* ist die von *W. Vershofen (1878-1960)* vorgenommene Klassifikation in einen Grund- und Zusatzbedarf bzw. -nutzen nicht mehr sinnvoll.

Zusatznutzen Im wesentlichen handelt es sich nach *W. Vershofen (1878-1960)* um den →*Geltungsnutzen* und Erbauungsnutzen (siehe auch →*Sekundärbedürfnisse*, →*Maslow'sche Bedürfnispyramide* und im Vergleich →*Grundnutzen*). Im weiteren zählen zum Zusatznutzen (auch als →*Added Value* bezeichnet) zusätzliche Produktnutzenaspekte, wie z.B. →*Service*, →*Kundendienst*, →*Garantieleistungen*, →*Markenimage* etc.

Zusatzsortiment Teil des →*Sortiments* eines Handelsunternehmens (→*Groß-*, →*Einzelhandel*), der sich an das →*Kernsortiment* anschließt. Der Unterschied zum →*Randsortiment* ergibt sich daraus, daß Zusatzartikel das Kernsortiment (Grundsortiment, Standardsortiment) preislich nach oben und/oder unten komplettieren oder das Sortiment in der Breite (→*Sortimentsbreite*) ausdehnen.

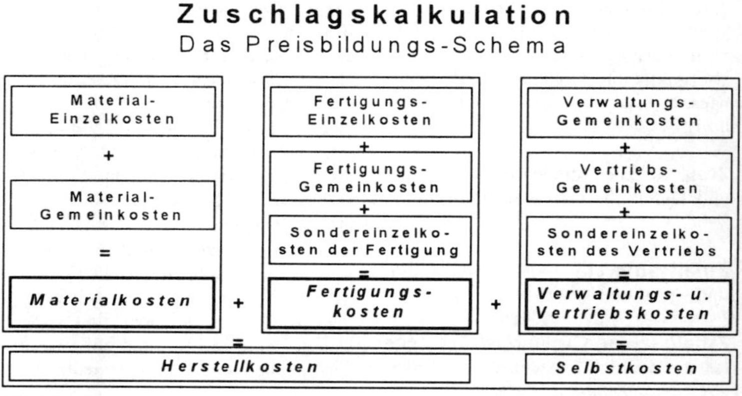

Poth & Partner

Zuschauerforschung Teil der →*Rezipientenforschung*, dessen Untersuchungsgegenstand die Struktur und Gewohnheiten der Fernsehzuschauer sind. Als entscheidend für die →*Mediaplanung* (→*Fernsehwerbung*) werden in der Werbepraxis die →*Einschaltquoten* angesehen (siehe auch →*Teleskopie*).

Zuschlagskalkulation Erfassung und Zurechnung der →*Einzelkosten* auf die verschiedenen →*Kostenträger*. Die übrigen Kosten werden als sogen. →*Gemeinkosten* den Einzelkosten zugeschlagen (siehe auch →*Vollkostenrechnung*).

Zustellgroßhandel In Abgrenzung zum →*Abholgroßhandel* eine besondere Form des →*Bedienungsgroßhandels*. Die →*Ware* wird dem →*Kunden* durch einen internen oder externen Zustelldienst angeliefert.

Zwei-Hemisphären-Theorie →*Hemisphärentheorie*, →*Hirnforschung*.

Zweiseitige Argumentation Kommunikative Darstellung von positiven und auch negativen Aspekten eines Leistungsangebots (z.B. einen im Vergleich zum Konkurrenzangebot höheren →*Preis*). Die zweiseitige Argumentation erhöht die →*Glaubwürdigkeit* der →*Massenkommunikation*. Sie kommt dennoch in der Praxis nur selten zur Anwendung, da die →*Werbungtreibenden* vielfach dadurch eine Kaufzurückhaltung befürchten.

Zwei-Stufen-Fluß der Kommunikation Der Fluß der →*Massenkommunikation* vollzieht sich nach *P.F. Lazarsfeld, B. Berelson, H. Gaudet (1940)* in der Weise, daß die medialen →*Informationen* zunächst von den →*Meinungsführern* aufgenommen und von diesen verbreitet werden (→*Zweistufige Kommunikation*). Die zwei Stufen beziehen sich auf den Fluß von der massenmedialen zur →*Persönlichen Kommunikation*. Die Weiterentwicklung ist die Zwei-Zyklen-Theorie *von V.C. Troldahl (1966)*. Hier werden Experten in den →*Kommunikationsprozeß* (→*Messages* der →*Massenkommunikation*) als →*Kommunikanten* und weitere Meinungsführer zwischengeschaltet. Der Kommunikationsablauf vollzieht sich demnach in einem mehrstufigen Netzwerk von Meinungsbeeinflussern (→*Mehrstufige Kommunikation*), die in einem →*Interaktionsprozeß* miteinander verbunden sind, wobei zu den diversen Meinungsbeeinflussern auch die Mitläufer (Follower) gehören.

Zweistufige Kommunikation Zwischenschaltung von →*Meinungsführern* (Relaisstationen) in den →*Kommunikationsprozeß*. Die Meinungsführer haben nach *P.F. Lazarsfeld, B. Berelson, H. Gaudet (1940)* eine Selektions-, Transformations- und Verstärkerfunktion im Sinne der Beeinflussung (siehe im Vergleich →*Einstufige Kommunikation*, →*Mehrstufige Kommunikation*).

Zweitmarke(n) Im Rahmen der →*Produktdifferenzierung* und vor allem →*Marktsegmentierung* Schaffen von zweiten →*Marken*, die neben den →*Erstmarken* angeboten werden und vielfach den Charakter von Billigmarken haben. Ziel der Zweitmarkenstrategie ist, neue und primär preisreagible Käuferschichten als →*Kunden* zu gewinnen. Zur Vermeidung eines negativen →*Imagetransfers* besteht in der Regel keine Verbindung zwischen der Zweit- und Erstmarke (z.B. Herstellerhinweis). Insofern weist die Zweitmarke eine Ähnlichkeit mit der →*Handelsmarke* auf, die von einem Markenartikelhersteller produziert und neben dem →*Markenartikel* z.T. in den gleichen →*Absatzkanälen* distribuiert wird. Diese Form der Doppelstrategie kann zu unerwünschten →*Kannibalisierungseffekten* führen und in der Konsequenz zu einer Verstärkung des ruinösen →*Preiswettbewerbs*.

Zweitplazierung Präsentationen zusätzlich zu der Stammplazierung von →*Waren* bzw. →*Warengruppen* in den Regalen des →*Einzelhandels*. Vielfach sind die Zweitplazierungen mit Aktionen (z.B. →*Preisaktionen*) verbunden (→*Aktionsplazierung*, Sonderplazierung). Um →*Verbundeffekte* zu nutzen, wählt man →*Verbundplazierungen* (→*Verbundpräsentation*).

Zweiwegkommunikation Dachbegriff für alle Formen der eigentlichen →*Kommunikation*, bei der nicht nur eine Vermittlung von →*Botschaften* vom Sender (→*Kommunikator*) an den Empfänger (→*Kommunikant*) erfolgt, sondern vielmehr ein Informationsaustausch (→*Interaktion*, →*Interaktionsprozeß*, →*Interaktionstheorie*) zwischen den Kommunikationspartnern stattfindet (d.h. der Empfänger wird durch Rückkoppelung zum Sender, der Sender zum Empfänger). Nach dieser Definition erfüllt die →*Massenkommunikation* nicht die basale Kommunikationsfunktion und ist demnach mehr oder weniger eine →*Einwegkommunikation*.

Zwei-Zyklen-Theorie →*Zweistufige Kommunikation*, →*Mehrstufige Kommunikation*.

Zyklische Werbung →*Prozyklische Werbung* im Gegensatz zur →*Antizyklischen Werbung*.

ZZF-Zulassung Das Zentralamt für Zulassungen im Fernmeldewesen (ZZF) vergibt Zulassungsnummern für Endgeräte, die an das Netz der Deutschen Bundespost (→*Telekom*) angeschlossen sind.

Das große Weihnachtsbuch

Das große Weihnachtsbuch

Basteln, Backen, Kochen und Singen zur Advents- und Weihnachtszeit

Redaktionelle Anmerkung des Verlags:
Schablonen und Schnittmuster
in Originalgröße sind blau abgebildet.
Wenn Schablonen und Schnittmuster
vergrößert werden müssen, sind sie grau
abgebildet.

Idee, Akquisition und Koordination:
Schloß Verlag GmbH, Promotion & Präsent Service
Druck und Bindung:
Mohndruck Graphische Betriebe GmbH, Gütersloh

Inhalt

Die Wochen vor Advent

Es treibt der Wind ...

**Es treibt der Wind im Winterwalde
die Flockenherde wie ein Hirt,
und manche Tanne ahnt, wie balde
sie fromm und lichterheilig wird,
und lauscht hinaus. Den weißen Wegen
streckt sie die Zweige hin – bereit,
und wehrt dem Wind und wächst entgegen
der einen Nacht der Heiligkeit.**

R. M. Rilke

Sankt Martin

Es geschah an einem Wintertag, daß er ritt durch das Tor von Arniens, da begenete ihm ein Bettler, der war nackt und hatte noch von niemandem ein Almosen empfangen. Da verstund Martinus, daß von ihm dem Armen sollte Hilfe kommen; und er zog sein Schwert und schnitt den Mantel, der ihm allein noch übrig war, in zwei Teile, und gab die eine Hälfte dem Armen, und tat selber das andere Teil wieder um. Des Nachts danach sah er Christum für ihn kommen, der war gekleidet mit dem Stücke seines Mantels, das er dem Armen hatte gegeben. Und der Herr sprach zu den Engeln, die um ihn stunden: „Martinus, der noch nicht getauft ist, hat mich in diesem Kleide gekleidet."

Viele Legenden und Geschichten ranken sich um die Person des heiligen Martinus. Man könnte auf den Gedanken verfallen, er selbst sei eine Legende, ein Produkt menschlicher Phantasie, doch hat er tatsächlich existiert.

Martin von Tours wurde um 316 in Sabaria, in Ungarn geboren. Sein Vater war ein römischer Rittmeister und auch Martinus diente zunächst als Soldat unter Kaiser Julian.

Er bekannte sich zum Christentum und gründete das erste Mönchskloster im damaligen Gallien. 371 wurde er zum Bischof von Tours ernannt. Er starb am 8. 11. 397 in Candes. Bestattet wurde er vermutlich am 11. 11. 397, weshalb dieses Datum zum Fest des heiligen Martinus wurde.

Sein Mantel (die Cappa) kam in den Besitz der Merowingerkönige. Als Kleinod wurde er von den Cappelani (Kaplänen) gehütet und auf Kriegszügen als siegbringendes Zeichen mitgeführt.

Der Brauch, an Martini eine Gans zu braten, geht auf die Legende zurück, daß der Heilige Martin sich bei seiner Wahl zum Bischof aus Bescheidenheit im Gänsestall versteckt haben soll. Die Gänse hatten ihn mit ihrem lauten Geschnatter aber verraten, weshalb er sie später braten ließ.

In Wirklichkeit aber hängt das Schlachten der Gänse mit dem Ablauf des bäuerlichen Jahres zusammen. Denn um diese Zeit wurde meist das Vieh von den Weiden in die Ställe getrieben, auf den Äckern gab es keine Arbeit mehr. Es mußte Vorrat für den nahenden Winter angelegt werden, deshalb wurde um diese Zeit geschlachtet.

Ich geh' mit meiner Laterne

Ich geh' mit meiner Laterne und meine Laterne mit mir.
Dort oben leuchten die Sterne, hier unten, da leuchten wir.
Der Martinsmann, der zieht voran.
Labimmel, labammel, labum.

Ich geh' mit meiner Laterne und meine Laterne mit mir.
Dort oben leuchten die Sterne, hier unten, da leuchten wir.
Ein Kuchenduft liegt in der Luft.
Labimmel, labammel, labum.

Ich geh' mit meiner Laterne und meine Laterne mit mir.
Dort oben leuchten die Sterne, hier unten, da leuchten wir.
Beschenkt uns heut', ihr lieben Leut'.
Labimmel, labammel, labum.

Ich geh' mit meiner Laterne und meine Laterne mit mir.
Dort oben leuchten die Sterne, hier unten, da leuchten wir.
Mein Licht ist aus, wir geh'n nach Haus.
Labimmel, labammel, labum.

Volksweise

Köstliches für kalte Tage

Teepunsch

1 l starker schwarzer Tee
0,1 l Arrak oder Rum
75 g Zucker, ersatzweise Kandis
2 unbehandelte Zitronen
Würfelzucker
hochprozentiger Rum zum Flambieren

1. Den Tee mit Rum, Zucker oder Kandis erhitzen. Von einer Zitrone die Schale abreiben, dann die Zitrone auspressen. Zitronenschale und -saft zum Tee geben.
2. Die zweite Zitrone in dünne Scheiben schneiden. Den heißen Punsch in feuerfeste Gläser gießen. In jedes Glas eine Zitronenscheibe geben.
3. Pro Glas ein Stück Würfelzucker auf einen Teelöffel geben, mit Rum beträufeln. Den Löffel quer über das Glas legen, den getränkten Würfelzucker anzünden und brennend servieren. *Foto oben.*

Zimtschnecken

Für 24 Stück

Teig:
850 g Mehl
100-150 g Butter
50 g Hefe
$^1/_2$ l Milch
100 g Zucker
1 Prise Salz
1–2 TL Kardamom
Füllung:
60 g Butter
60 g Zucker
2 TL Zimt
2 TL Kardamom

1. Das Mehl in eine Schüssel sieben. Die Butter schmelzen, die Milch zugeben und lauwarm werden lassen. In das Mehl eine Vertiefung drücken, die Hefe hineinbröckeln. Etwas Milch über die Hefe gießen und mit wenig Mehl zu einem Vorteig rühren. Die Schüssel mit einem Küchentuch zudecken und den Vorteig 20 Minuten an einem warmen Ort gehen lassen.
2. Die restliche, lauwarme Milch, den Zucker, Salz und Kardamom nach und nach zugeben und mit dem Mehl zu einem geschmeidigen Teig verkneten. Den Teig zur Kugel formen, mit etwas Mehl bestäuben und zugedeckt nochmals 30-40 Minuten gehen lassen.
3. Butter in einem kleinen Topf schmelzen. Den Teig in zwei Teile teilen, auf der bemehlten Arbeitsfläche ausrollen, mit der flüssigen Butter bestreichen. Zucker, Zimt und Kardamom in einer kleinen Schale mischen, den Teig damit bestreuen und aufrollen. Jede Rolle in 12 Stücke schneiden.
4. Den Backofen auf 220°C vorheizen. Ein Backblech mit Backpapier auslegen. Die Teigstücke mit der Schnittfläche nach oben in entsprechende Papierförmchen geben. Auf das Backblech setzen. Die Zimtschnecken auf der mittleren Schiene in den Ofen schieben und ca. 10 Minuten backen.

Glühwein

1 l trockener Rotwein
1 unbehandelte Zitrone
2 Stangen Zimt
3 Nelken
3 EL Zucker
nach Belieben etwas Kardamom

1. Den Rotwein in einen Topf gießen und erhitzen. Die Zitrone in Scheiben schneiden und mit den Gewürzen und dem Zucker in den heißen Rotwein geben. Alles etwa 5 Minuten erwärmen, dann vom Herd nehmen und etwa 1 Stunde zugedeckt ziehen lassen.
2. Den Glühwein vor dem Servieren nochmals erhitzen und durch ein Sieb in vorgewärmte Steinkrüge – am besten mit Zinndeckel – gießen. *Foto rechts.*

Laternen für kleine Leute

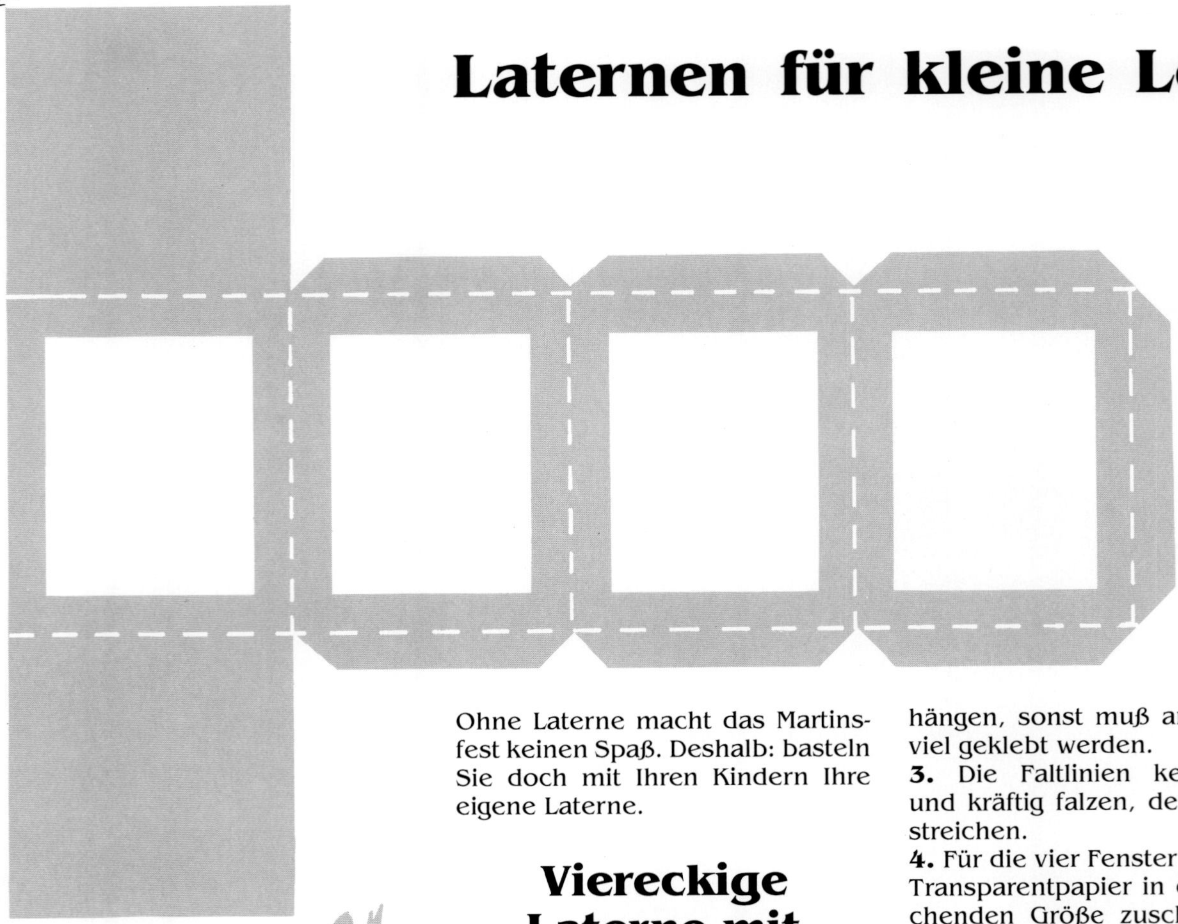

Ohne Laterne macht das Martinsfest keinen Spaß. Deshalb: basteln Sie doch mit Ihren Kindern Ihre eigene Laterne.

Viereckige Laterne mit Tonpapiermotiven

Material und Werkzeug

Schwarzes Tonpapier, buntes Transparentpapier, Klebstoff, 2 Lochverstärker, Draht für die Aufhängung, 1 Teelicht, 1 Holzstab zum Tragen der Laterne (Durchmesser ca. 1 cm, Länge ca. 50 cm), Bleistift, Lineal, spitze Schere, Bastelmesser.

Die abgebildete Laterne hat eine Höhe von 18 cm, der Boden eine Kantenlänge von 15,5 cm. Sie können diese Maße variieren, viel kleiner sollte die Laterne allerdings nicht sein.

Anleitung

1. Die Umrisse für die Laterne nach der Schablonenzeichnung auf das schwarze Tonpapier zeichnen.

2. Die Laterne mit einer Schere ausschneiden. Die einzelnen Teile der Laterne sollten zusammenhängen, sonst muß anschließend viel geklebt werden.

3. Die Faltlinien kennzeichnen und kräftig falzen, den Falz glattstreichen.

4. Für die vier Fenster der Laterne Transparentpapier in der entsprechenden Größe zuschneiden, es muß etwas größer als das Fenster sein. Das Transparentpapier von der linken Seite in die Fenster kleben.

5. Die Motive für die Fenster nach den Schablonen auf Tonpapier zeichnen und mit einem Bastelmesser ausschneiden. Wenn Sie die Laternen zusammen mit Kindern basteln, wählen Sie einfachere Motive wie Sterne, Kerzen, Tannenbäume usw.

6. Die Tonpapiermotive von außen auf das Transparentpapier kleben.

7. Die Seitenteile der Laterne zusammenkleben, dann den Boden und den Deckel befestigen. Zuvor in den Deckel 2 Löcher für die Drahtaufhängung stanzen, mit Lochverstärker verstärken.

8. Auf dem Boden der Laterne die Hülle eines Teelichts befestigen, es dient als Kerzenhalter.

TIP Da bei Verwendung von Kerzen auch immer die Gefahr besteht, daß die Laterne in Flammen aufgeht, empfiehlt sich die Verwendung eines speziellen Leuchtstabes für Laternen, den Sie in Bastelgeschäften erhalten.

Runde Laterne

Material und Werkzeug

Eine runde Span-Käseschachtel (Durchmesser ca. 16 cm) mit Deckel, Transparentpapier, buntes Tonpapier, 2 Lochverstärker, Klebstoff, 1 Teelicht, Draht für die Aufhängung, 1 Holzstab zum Tragen der Laterne (Durchmesser ca. 1 cm, Länge ca. 50 cm).

Anleitung

1. Aus dem Transparentpapier einen Mantel für die Laterne schneiden. Dafür den Umfang der Käseschachtel messen und auf jeder Seite noch 2 cm zugeben. Die Höhe der Laterne beträgt hier ca. 22 cm.
2. Auf das Tonpapier einfache Motive zeichnen: Sterne, Monde, Bäume... Die Motive mit einer Schere ausschneiden.
3. Das Teelicht auf dem Boden der Käseschachtel festkleben. Den Transparentpapiermantel über die Käseschachtel stülpen und festkleben.
4. In den Deckel der Käseschachtel mit einem Bastelmesser ein Loch von ca. 13 cm Durchmesser schneiden. 2 Löcher für die Aufhängung in den Rand bohren, mit Lochverstärker verstärken.
5. In den Holzstab eine Kerbe schneiden. Oder im Bastelgeschäft einen fertigen Laternenstab kaufen.
6. Ein Drahtstück von 50 bis 60 cm Länge zuschneiden und durch die Löcher für die Aufhängung ziehen, die Enden mehrmals gegeneinander verdrehen. Den Draht doppelt nehmen und an dem Holzstab befestigen.

Knusprige Martinsgans

Herbstsalat

Für 4 Personen

200 g Blattsalat (Lollo Rossa, Batavia, Kresse, Eichblatt etc.)
100 g frische Pilze (Pfifferlinge, Steinpilze)
100 g Rehfleisch, ohne Knochen
2 Scheiben Toastbrot
2 EL Butterschmalz
2 EL Butter
4 Wachteleier
Sauce:
3 EL Haselnußöl
1/2 TL scharfer Senf
1 EL Sherryessig
1 EL Fleischbrühe
1 Knoblauchzehe
1 Prise Thymian, getrocknet
1 EL Oregano, getrocknet
Salz
schwarzer Pfeffer
aus der Mühle

1. Die Salate und die Pilze putzen und waschen. Die Salate trockenschleudern, die Pilze abtupfen und in Scheiben schneiden. Das Rehfleisch in feine Streifen schneiden.
2. Für die Sauce das Haselnußöl und den Senf verrühren. Mit dem Essig, der Brühe, dem geschälten, durchgepreßten Knoblauch, dem Thymian, 1/2 EL Oregano, Salz und Pfeffer mischen.
3. Das Toastbrot in sehr kleine Würfelchen schneiden, in 1 EL Butterschmalz in einer Pfanne hellgelb braten und herausnehmen. Die Bratpfanne ausreiben. 1 EL Butter hineingeben und die Pilze ganz kurz darin anziehen lassen. Aus der Pfanne nehmen und beiseite stellen. Die Pfanne trockenreiben, das restliche Butterschmalz hineingeben, das Fleisch darin ganz kurz anbraten. Es soll innen hellrosa bleiben.
4. Die Salatblätter auf Tellern verteilen. Die Pilze darauflegen und mit der Sauce beträufeln. Mit den Buttercroûtons und dem restlichen Oregano bestreuen.
5. Die Wachteleier aufschlagen und in der in der Pfanne verbliebenen Butter zu Spiegeleiern braten. Auf dem Salat anrichten.
Dazu paßt frisches Baguette.

Gefüllter Gänsebraten

Für 6-8 Personen

1 junge Mastgans mit Innereien (ca. 3,5 kg)
1/2 Bund Suppengrün
Salz
1 kg Eßkastanien
200 g Bratwurstfülle (Brät)
2 Scheiben Toastbrot, in Milch eingeweicht
1 Zwiebel
1 Schalotte
1 Knoblauchzehe
2 cl Kirschwasser
1 EL gehackte Petersilie
schwarzer Pfeffer aus der Mühle
Bier zum Bestreichen der Gans
1 TL Zucker
Majoran

1. Eine tiefgekühlte Gans am Vorabend aus der Packung nehmen.
2. Die ausgenommene Gans (Herz und Leber beiseite legen) innen und außen waschen und mit einem Küchentuch abtrocknen.
3. Aus dem Gänseklein, bis auf Herz und Leber, dem geputzten und kleingeschnittenen Suppengrün und Salz eine Brühe kochen.
4. Die Kastanien seitlich einkerben und im Backofen auf der mittleren Schiene etwa 20 Minuten bei 200°C backen, sie sollen nicht zu weich sein. Schälen und salzen. Den Backofen anlassen.
5. Das Gänseherz, die in Stücke geschnittene Gänseleber, die Bratwurstfülle und das gut ausgedrückte Toastbrot in einer Küchenmaschine pürieren. Die geschälte, in kleine Würfel geschnittene Zwiebel, Schalotte und Knoblauchzehe sowie die Hälfte des Kirschwassers und einige der in Würfel geschnittenen Kastanien hinzufügen. Herzhaft mit Petersilie, Salz und Pfeffer würzen. In die Gans füllen und die Öffnung mit Küchengarn zunähen.
6. Die Gans mit der Brustseite nach unten in eine Bratenpfanne oder auf den Grillrost der Bratenpfanne legen. 1/8 l kochendes Wasser hinzugießen und die Gans auf die untere Schiene in den Backofen schieben. Bei 200°C eine gute Stunde braten, dann wenden, die Keulen am unteren Ende mit einer Gabel einstechen, damit das Fett ausbraten kann, und das bisher ausgetretene Fett abschöpfen. Nach einer weiteren Bratzeit von etwa 1 1/2 Stunden (Bratzeit pro kg Gans 25 Minuten) die Gans mit etwas Bier einpinseln, damit die Haut schön knusprig wird. Dann herausnehmen und warm stellen.
7. Während der Bratzeit der Gans 3 EL Gänseschmalz erhitzen, die Kastanien hineingeben, den Zukker darüberstreuen und die Kastanien unter Wenden glasieren.
8. Den Bratensaft entfetten, mit dem restlichen Kirschwasser und einer Tasse Gänsebrühe aufgießen, mit Majoran würzen und einkochen lassen.
9. Die Füllung vorsichtig aus der Gans holen und in Scheiben schneiden.
10. Die tranchierte Gans auf einer großen Platte anrichten. Füllung, glasierte Kastanien und die Sauce getrennt dazu reichen.
Zu diesem leckeren Gänsebraten passen gedünsteter Rosenkohl und Kartoffelplätzchen.

Rosenkohl

Für 4 Personen

1 kg Rosenkohl
Salz
etwas frisch geriebene Muskatnuß
3 EL Butter
Pfeffer aus der Mühle
nach Belieben einige gebratene Speckwürfel

1. Den Rosenkohl gründlich waschen und abtropfen lassen. Die Schnittfläche abschneiden, die äußeren Blätter bei Bedarf entfernen, den Strunk kreuzweise einschneiden, damit die Röschen gleichmäßiger garen.
2. Die Röschen in wenig Salzwasser etwa 20 Minuten dünsten. Mit frisch geriebener Muskatnuß würzen.
3. Das Wasser abgießen, die Röschen unter eiskaltem Wasser kurz abschrecken. Die Butter in dem Topf zerlassen, den Rosenkohl darin schwenken, mit Pfeffer würzen. Wer es gerne mag, kann den Rosenkohl mit knusprig gebratenen Speckwürfeln mischen.
Für die Kartoffelplätzchen zum Gänsebraten siehe Rezept „Fingernudeln" auf Seite 57.

Zimteis mit Weinbirnen und Krokant

Für 4 Personen

Zimteis:
1/4 l Milch
250 g Sahne
1 Vanilleschote
1 gestrichener EL Zimt
4 Eigelb
100 g Zucker
Weinbirnen:
1/2 l Burgunderwein
80 g Zucker
1 Zimtstange
2 Gewürznelken
4 Birnen
Saft von 1/2 Zitrone
1 EL Cassislikör
6 EL Cassisgelee
Krokant:
100 g geschälte Mandeln
100 g Zucker
1 TL Butter

1. Für das Zimteis die Milch und die Sahne mit der aufgeschlitzten Vanilleschote aufkochen.
2. Inzwischen die Eigelbe mit Zucker und Zimt zu einer weißlichen Creme schlagen. Die warme Milch unter Rühren zu der Eicreme gießen. Die Milch-Ei-Creme wieder in den ausgewaschenen Topf zurückgeben und unter ständigem Rühren bis vor den Siedepunkt erhitzen, aber nicht mehr aufkochen. Die Creme erkalten lassen, dabei immer wieder umrühren. Die Vanilleschote entfernen. Die Eismasse im Tiefkühlfach 4 Stunden gefrieren lassen.
3. Für die Weinbirnen den Wein, den Zucker, die Zimtstange und die Gewürznelken aufkochen und 10 Minuten bei starker Hitze etwas einkochen lassen.
4. Inzwischen die Birnen schälen, dabei den Stiel nicht entfernen. Die geschälten Birnen mit Zitronensaft einreiben und im vorbereiteten Sirup weich kochen, ohne daß sie zerfallen. Je nach Sorte dauert das 15-30 Minuten.
5. Die Birnen aus dem Wein nehmen. Den Sud bis zur Hälfte einkochen lassen und mit Cassislikör und Cassisgelee mischen. Das Ganze so lange einkochen, bis ein dickflüssiger Sirup entsteht. Der Sirup soll an der Kelle in Tropfen hängenbleiben!
6. Für den Krokant die Mandeln grob hacken.
7. Den Zucker in einer trockenen Bratpfanne schmelzen, bis er hellbraun wird und schäumt. Die gehackten Mandeln zufügen, gut mischen und kurz karamelisieren.
8. Die Krokantmasse auf eine mit Butter bestrichene Alufolie gießen und erkalten lassen. Anschließend mit einem Nudelholz zu Bröseln zerkleinern.
9. Die Birnen in eine Schale stellen und mit dem Sirup überziehen.
10. Pro Person je eine Kugel Zimteis auf einen Teller geben. Eine Birne daneben anrichten. Das Ganze mit Sirup begießen und mit Krokant bestreuen.

TIP Das Dessert läßt sich mit fertig gekauften Zutaten auch ganz schnell zubereiten: Das Zimteis kann durch gekauftes Nußeis ersetzt werden und den Krokant gibt's fertig. Krokant läßt sich übrigens in einer Blechdose aufbewahren.

Adventskalender basteln

Große und kleine Leute lieben Adventskalender. Sie selbst zu machen, lohnt sich, denn diese Kalender können Sie übrigens mehrere Jahre verwenden.

Tannenbaum aus Holz

Material und Werkzeug

Für einen Tannenbaum von ca. 60 cm Höhe:
2 Sperrholzplatten, ca. 45 x 60 cm, 1 Holzplatte, ca. 45 x 45 cm, jeweils 5-7 mm stark; eine Laubsäge mit passenden Sägeblättern, Schmirgelpapier und einen Handbohrer.
Grüne Lackfarbe, 20-24 kleine Haken, Kneti, Basteldraht, selbstklebende Ziffern, eine große goldene Tortenspitze, Schleifenreste, Blüten oder Steckkugeln.
Insgesamt 24 Päckchen, kleine Körbe und Säckchen. Die Körbchen können Sie fertig kaufen. Wie die Päckchen und Säckchen herzustellen sind, ist unten beschrieben.

Anleitung

1. Den Tannenbaum in der entsprechenden Größe auf ein festes Stück Papier zeichnen, ausschneiden und die Schablone 2x auf die Sperrholzplatten übertragen. Die Tannenbaumteile werden ineinander gesteckt, deshalb erhält der eine Tannenbaum einen Einschnitt oben, der andere unten.
2. Einen Kreis von 40 cm Durchmesser auf die dritte Sperrholzplatte zeichnen.
3. Die Teile sorgfältig aussägen und die Kanten glattschmirgeln. Die Baumteile zusammenstecken und kontrollieren, ob sie passen. Eventuell etwas nachbessern. Die Baumteile und die Standplatte grün lackieren und über Nacht trocknen lassen.

4. An jedem Baumteil sowohl auf der Vorder- als auch auf der Rückseite fünf kleine Haken anbringen.
5. Die goldene Tortenspitze mit Kneti auf der runden Holzplatte befestigen. Die beiden Baumteile zusammenstecken und auf die Holzplatte stellen. Die Klebeziffern auf din Säckchen oder über den Haken anbringen, die Ziffern für die Adventssonntage auf der Tortenspitze befestigen.
6. Die Geschenke in die Säckchen, Körbchen und Päckchen geben und an den Haken befestigen. Die Geschenke für die Adventssonntage dürfen etwas grö-ßer ausfallen und liegen auf der Holzscheibe.

Päckchen

Material und Werkzeug

Streichholzschachteln, Geschenkpapierreste, verschiedenfarbige Schmuckbänder, Tesafilm, Schere, Maßband.

Anleitung

Kleine Geschenke wie Süßigkeiten, Zinnfiguren, kleine Glücksbringer etc. passen gut in Streichholzschachteln. Die Streichholzschachteln anschließend wie ein kleines Geschenk verpacken.
1. Das Geschenkpapier in der passenden Größe zuschneiden.
2. Die Streichholzschachtel auflegen. Das Papier auf einer Seite mit Tesa festkleben, die andere Seite darüberklappen, die Seiten schließen.
3. Die fertigen Päckchen mit bunten Bändern verzieren – sie dienen gleichzeitig als Aufhänger.

Säckchen

Material und Werkzeug

Taft-, Samt- oder auch anderes Schmuckband, 60 cm lang und 1 cm breit; 18 x 8 cm Stoff für das Säckchen, passendes Nähgarn, Maßband, Schere, Näh- und Stecknadeln, Nähmaschine. Das fertige Säckchen hat eine Größe von ca. 8 x 6 cm.

Anleitung

1. Den Stoff mit Naht- und Saumzugabe zuschneiden. Am Beuteleingriff den Saum erst $^1/_2$ cm umschlagen, dann nochmals 1 cm umschlagen und festnähen.
2. Das Taft- oder Schmuckband in zwei 30 cm lange Stücke teilen. Jedes Teil nochmals auf die Hälfte zusammenlegen und mit dem Bug in eine Seitennaht stecken, etwa 2,5 cm unterhalb des Saums.
3. Die Seitennähte schließen, das Säckchen wenden, die Nähte glattstreichen. Das Säckchen mit Süßigkeiten oder anderen Geschenken füllen und mit zwei Bändern schließen. Die beiden anderen Bänder als Aufhänger benützen.

Spirale als Adventskalender

Material und Werkzeug

1 Drahtspirale (aus dem Bastelgeschäft), eine künstliche Tannengirlande, kleine Gegenstände zum Verzieren der Girlande (Engelchen, Schleifen, Päckchen, Seidenblumen, kleines Spielzeug, Sterne usw.), reichlich ca. 1 cm breites Schleifenband als Aufhänger für die Säckchen, 24 Säckchen mit eingenähter Schleife (Anleitung siehe Seite 16), dünner Golddraht, Schere, Klebepistole, Seitenschneider, Nähmaschine.

Anleitung

1. Die Drahtspirale mit der Tannengirlande so umwickeln, daß von dem Draht nichts mehr zu sehen ist. Das Ganze mit dünnem Golddraht umwickeln: So bekommt die Tannengirlande Halt und wird gleichzeitig geschmückt.
2. Die schmückenden Zutaten je nach Gewicht und Größe mit Golddraht oder mit der Klebepistole an der Spirale befestigen.
3. Die kleinen Säckchen werden mit den angenähten Schleifenbändern oben an der Spirale festgebunden. Die Bänder müssen so lang sein, daß sie unten aus der Spirale herausschauen. So können die einzelnen Geschenke Tag für Tag ohne Probleme einfach „abgepflückt" werden.

Adventskalender aus Streichholzschachteln

Dieser Adventskalender hat die Form eines Spruchbandes. Die 24 Streichholzschachteln können kleine Geschenke aufnehmen und tragen die Aufschrift: Fröhliche Weihnachtszeit! So kommt auf jede Streichholzschachtel ein Buchstabe, die letzte erhält das Ausrufungszeichen.

Material und Werkzeug

Eine Holzplatte (ca. 30 x 60 cm), weiße Lackfarbe, 24 Streichholzschachteln, feine Goldborte vom Meter (Länge je nach Größe der Holzplatte ausmessen), weißer Filz, Goldspray, Dekomaterial (Schleifen, Dekokugeln, Seidenblumen, Tannenzweige), weiße Kordel zum Aufhängen, Lineal und Bleistift, Laubsäge, Schmirgelpapier, Klebepistole, Basteldraht, Zeitungspapier.

Anleitung

1. Nach der Schemazeichnung das „Spruchband" mit Bleistift auf die Holzplatte zeichnen. An der dünnsten Stelle ist das Spruchband etwa 10 cm breit. Die aufgezeichnete Form mit einer Laubsäge aussägen. Anschließend die Kanten mit Schmirgelpapier sorgfältig glattschleifen.
2. Das Spruchband mit einem trockenen Tuch abwischen und eine Seite mit Lackfarbe bemalen oder besprühen. Auf Zeitungspapier trocknen lassen, am besten über Nacht, dann die andere Seite bemalen oder besprühen.
3. Die leeren Streichholzschachteln mit Goldspray besprühen und über Nacht trocknen lassen. Die Streichholzschachteln auf der Vorderseite mit weißem Filz bekleben. Die Filzstücke sollen die Vorderseite nicht ganz bedecken.

4. Aus der feinen Goldborte Buchstaben formen und auf jede Streichholzschachtel einen Buchstaben kleben. Das sollten Sie vorher einmal auf einem Stück Papier probieren.
5. Die Dekoration (Schleifen, Deko-Kugeln, Seidenblumen usw.) mit der Klebepistole seitlich befestigen.
6. Für die Kordel oben in das Spruchband zwei Löcher bohren. Die Kordel durchziehen und hinten fest verknoten.

Fröhliche
Weihnachtszeit!

Korb mit Päckchen

Material und Werkzeug

1 Korb, Farbe aus der Sprühdose, verschieden breite und lange Schleifen, eine kleine Weihnachtsdecke (gekauft oder selbst hergestellt, sie sollte über den Korbrand hängen), 24 kleine Geschenke (verpackt in passenden Kartons oder in verschieden großen, selbstgenähten Säckchen), einige Tannenzweige, goldene oder rote Seidenblumen (Weihnachtssterne), Schleifenband, Basteldraht, Klebepistole, Seitenschneider.

Anleitung

1. Den Korb von allen Seiten mit Farbe besprühen und trocknen lassen. In der Zwischenzeit die Säckchen nähen (Anleitung siehe Seite 55) oder die Päckchen verpacken.
2. Aus künstlichem Tannengrün, den Seidenblumen und Schleifen ein kleines Bukett legen, mit Draht gut abbinden, die Abbindestelle mit einer großen Schleife verzieren.
3. Eine Weihnachtsdecke passend zum Korb kaufen oder nähen.

Weiß-goldene Weihnachtsdecke

Material und Werkzeug

Ein Stück weißes Linon (die Größe richtet sich nach der des Korbes, die Decke sollte in den Korb passen), Schablonen mit Weihnachtsmotiven (Tannenbaum, Schneemann und Stern), weiße Nähseide, Bleistift, festes Papier, Goldspray, Schere, Nähmaschine.

Anleitung

1. Den Stoff einmal heiß durchwaschen, damit die Appretur entfernt wird: So haftet die Farbe besser und der Stoff kann später nicht mehr einlaufen.
2. Die Tischdecke säumen. Die Weihnachtsmotive auf Papier übertragen und mit einem Bastelmesser ausschneiden.
3. Die Verteilung der Motive auf der Decke bestimmen, die Punkte markieren. Die Motive mit doppeltem Faden und Heftstichen auf dem Stoff fixieren.
4. Mit dem Goldspray rasch über die Motive sprühen. Die Farbe gut antrocknen lassen. Wenn die Farbe trocken ist, das Tuch von rechts und links bügeln - benützen Sie ein Bügeltuch und verwenden Sie Sprühstärke.

TIP Das Tuch läßt sich problemlos bei 60° C waschen.

Adventskalender „Schlamperwand"

Ein Adventskalender, der auch nach der Weihnachtszeit noch von Nutzen ist. Die fertige Schlamperwand ist etwa 55 x 55 cm groß.

Material und Werkzeug

1,10 m Nessel (1,40 breit), ca. 6 m Schlingenborte (1 cm breit), 55 cm Weihnachtsborte (ca. 60 cm lang und 5 -10 cm breit), passende Nähseide, Nähmaschine, farblich passende Kordel als Aufhänger, etwas Deko-Material (Tannengrün, Seidenblumen, Kugeln), 55 cm aufbügelbare Vlieseline, 1 Holzstab, Stoffreste und Borte für 4 Säckchen, 4 goldfarbene Ringe (Durchmesser 2-3 cm), selbstklebende Zahlen von 1 bis 24, Klebepistole, Basteldraht, Maßband.

Anleitung

1. Aus dem Nessel einen Streifen von 110 x 55 cm zuschneiden. Die Vlieseline auf 55 x 55 cm zuschneiden und auf eine Hälfte des Stoffes von links aufbügeln.
2. Den Stoffstreifen mit den linken Seiten nach außen auf die Hälfte zusammenlegen und die beiden Seitennähte schließen. Wenden und die Kanten von rechts schmalkantig absteppen.
3. Am oberen Rand einen Saum von 4 cm nach vorn umschlagen, so festnähen, daß ein Tunnel für den Stab entsteht. Die Weihnachtsborte auf die Naht heften und festnähen, die Naht soll abgedeckt sein.
4. Aus dem restlichen Nessel drei Streifen à 55 x 15 cm, 55 x 18 cm und 55 x 22 cm nähen. Die Streifen jeweils auf den langen Seiten 1 cm breit säumen. Säume mit Schlingenborte abdecken. Mit der Naht nach unten auf die Schlamperwand nähen. Dann oben den schmalsten, unten den breitesten Streifen befestigen. Zwischen den Streifen genügend Abstand lassen. Die Nähte und die Ränder nach Belieben mit Schlingenborte abdecken.

5. Senkrecht Taschen in verschiedenen Größen abteilen und mit der Nähmaschine absteppen.
6. Aus Stoffresten vier Säckchen nähen (Anleitung siehe Seite 55). Die Säckchen an der Unterkante mit der Weihnachtsborte verzieren. An der Schlamperwand vier Goldringe befestigen, an denen die Säckchen später befestigt werden können.
7. Aus dem restlichen Nessel drei Streifen à 40 x 10 cm zuschneiden. Die Seiten schmal säumen. Aus den Bändern drei Schleifen legen, in der Mitte mit Basteldraht abbinden. Die Schleifen nach Belieben mit dem Deko-Material verzieren. Die Schleifen an den beiden oberen Ecken der Schlamperwand und in der Mitte der Kordel befestigen.
8. Den Holzstab durch den Tunnel am oberen Rand schieben. Die Kordel für die Aufhängung an beiden Enden befestigen. An beiden Ecken und in der Mitte der Kordel eine Schleife festmachen.
9. Die Taschen der Schlamperwand und die Säckchen mit kleinen Geschenken füllen. Die Taschen können mit selbstklebenden Zahlen beklebt werden.

Kränze für die Adventszeit

Es muß nicht immer der tradionelle Adventskranz sein. Wie wäre es mit einem rustikalen Strohkranz oder einem Halbtürkranz?

Halbtürkranz

Material und Werkzeug

1 Halbkranz aus künstlichem Tannengrün (erhältlich in Bastelgeschäften), 1 kleiner Kunststoffengel (ca. 6-8 cm groß), etwa 2 m Perlenschnur vom Meter, goldene Rosen und Blätter, weiße Blüten und Blätter, einige goldene Dekosteck-Kugeln, selbstgemachter Perlenschmuck (Anleitung auf Seite 22), ca. 1,20 m langes und 3 cm breites Band in Weiß/Gold, 1,20 m langes und 1 cm breites Goldband, dünner Basteldraht, Klebepistole, Seitenschneider, Schere.

Anleitung

1. Die Stiele von Blüten und Blättern auf ca. 3 cm zurückschneiden. Aus den Bändern großzügige Schleifen legen und mit Draht abbinden (Anleitung siehe Seite 23). Mit der Klebepistole zuerst die große und dann die kleine Schleife in der Mitte des Türkranzes befestigen. Die Klebestelle mit dem kleinen Engel verdecken.
2. Ein Ende der Perlenschnur zur Schleife legen, andrahten und an einem Ende des Türkranzes festkleben oder mit Draht befestigen. Das freie Ende der Perlenschnur mehrmals um den Kranz schlingen, an einigen Enden mit Kleber oder Draht fixieren und am anderen Ende des Kranzes aus der Perlenschnur wieder eine Schleife legen und wie die erste fixieren.
3. Den Türkranz nach Belieben mit den Dekorationsmaterialien verzieren. Die Teile entweder festkleben oder mit Draht fixieren.

Perlensterne

Material und Werkzeug

Pro Stern 30 gold- oder silberfarbene Wachsperlen (Durchmesser etwa 0,5 cm) mit Loch, dünne Gold- oder Silberschnur für die Aufhänger, Basteldraht, Schere.

Anleitung

1. Von dem Draht ein etwa 50 cm langes Stück abschneiden. Fünf Perlen auffädeln, zum Kreis schließen, dabei ein Drahtende sehr lang stehen lassen. Den Draht mehrmals gegeneinander verdrehen, so daß sich der Kreis nicht mehr öffnen kann. *Foto oben.*

2. Wieder 5 Perlen auffädeln, den Draht zurück zum Kreis führen, eine Perle im Kreis überspringen, den Draht durch die nächste Perle führen, fixieren. So fortfahren bis der Stern fünf Zacken hat. Das Drahtende am Schluß gut fixieren, nochmals durch zwei Perlen führen, abschneiden. *Foto links unten.*
3. Passende Aufhänger anbringen.

Perlenringe

Material und Werkzeug

Pro Ring 12-14 Wachsperlen (Durchmesser 0,5 - 0,8 cm) beidseitig gelocht, Basteldraht, grobzackiger, goldener Bouillondraht, 20 cm schmales, weißes Band, 40 cm dünne Goldkordel, 2 goldene Sternchen (Durchmesser 0,8 cm), Schere, Klebepistole.

Anleitung

1. Die Perlen locker auf den Draht auffädeln, die Drahtenden nur locker gegeneinander verdrehen.
2. Ein langes Stück Bouillondraht nehmen, nicht abschneiden. Den Bouillondraht an der Außenseite des Rings über jede Perle führen, nach jeder Perle einmal um den Mitteldraht schlingen.
3. Wieder ein langes Stück von dem Bouillondraht abwickeln und nun an der Innenseite des Rings um die Perlen führen. Nach jeder Perle den Bouillondraht einmal um den Mitteldraht schlingen.
4. Am Schluß den Bouillondraht durch zwei Perlen ziehen und abschneiden. Ist der Perlenring zu locker, den Draht fester anziehen. Ist der Ring zu fest, den Draht noch etwas lockern, die Enden gegeneinander verdrehen, durch zwei Perlen ziehen, abschneiden.
5. Das weiße Band zur Schleife legen. Aus der Goldkordel gemäß der Zeichnung eine Doppelschleife mit Aufhänger legen und mit Draht abbinden. Beide Schleifen auf die Verschlußstelle des Rings kleben oder mit Draht fixieren. Die Klebestelle beidseitig mit einem goldenen Sternchen bekleben.

Schleifen legen

1. Einfache Schleife: Das Band oder den Stoffstreifen zur Schlaufe legen. Um die Mitte einen Draht schlingen, fest anziehen und die Enden gut gegeneinander verdrehen. *Foto oben.*

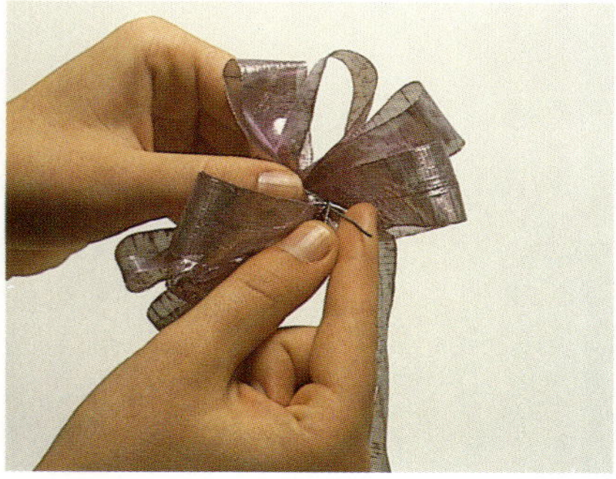

2. Doppelte oder mehrfache Schleife: Je nachdem, wie groß die Schleife werden soll, das Band oder Stoffstück mehrmals übereinander legen, Draht um die Mitte der Schlaufen legen, fest anziehen und die Drahtenden gegeneinander verdrehen. *Foto oben.*

TIP Diese Schleifen können Sie gut auf Kränzen feststecken, wie dekorativ das aussieht, zeigt der Halbtürkranz. Natürlich können Sie damit auch Geschenken einen festlichen Charakter verleihen.

Strohkranz

Material und Werkzeug

1 Strohkranz (Durchmesser etwa 35 cm), 1 Holzständer (Höhe etwa 40 cm), 4 m langes und 3 cm breites Band für Schleife und Aufhänger, für die vier kleinen Schleifen je ein 50 cm langes und 2 cm breites Band, farblich abgestimmte Seidenblumen, 1,20 m langes und 2-3 cm breites Band für die Ständerschleife, 20-28 mit Bouillondraht verzierte Nelken, 4 Kerzenhalter, passende Kerzen, 2 m dünne Kordel, 4 kleine, grüne Manschetten, 8 kleine Glöckchen, Farbe für den Ständer, Basteldraht, Pinsel, Klebepistole, Schere.

Anleitung

1. Den Holzständer naturbelassen – oder wie hier – grün anmalen. Trocknen lassen.
2. Von dem 4 m langen Band ca. 2 x 1 m abschneiden. Jedes der vier Enden an den Strohkranz knoten. Die Bänder über Kreuz in den Ständer einhängen (Abweichungen ergeben sich eventuell aus der Ständerhöhe). Der Kranz sollte ca. 10 cm über der Tischfläche hängen.
3. Aus dem Rest des Bandes 4 gleich große Schleifen legen. (siehe Seite 23), drahten und auf die Stellen legen, wo die Bänder am Kranz festgeknotet sind.
4. Das andere Band in 4 gleiche Teile schneiden, ebenfalls zu Schleifen legen, auf die bereits am Kranz befestigten Schleifen legen.
5. In je eine kleine grüne Manschette kleine Seidenblüten und einige, mit goldenem Bouillondraht verzierte Nelken kleben (siehe Seite 60).
6. Die gefüllten Manschetten auf die Abbindestellen der Schleifen kleben.
7. Je 2 Glöckchen an die Kordel binden und um die Schleife hängen.
8. Die Kerzenhalter mit den Kerzen auf den Kranz stecken.
9. Das 1,20 m lange Band zu einer mehrschlaufigen Schleife legen, drahten und oben auf den Holzständer stecken.

Traditioneller Adventskranz in Rot und Grün

Material und Werkzeug

1 Kranz (Durchmesser ca. 50 cm) aus echter oder künstlicher Tanne, 4 x 1 m langes und 4 cm breites Band in Rot-Gold-Grün, 4 x 1 m langes und 1 cm breites rotes Taftband, 8 Streichholzschachteln, Goldfolie, goldenes Ringelband, 4 Holzscheiben (Durchmesser 5-7 cm) als Kerzenhalter, 4 rote Kerzen, 8 lange Nägel, 4 rot-bunte Biedermeier-Manschetten als Tropfenfänger, 4 Scheiben aus fester Pappe (Durchmesser 5-7 cm), Goldspray, goldener Basteldraht, Klebepistole, Schere, Hammer.

Anleitung

1. Die Holzscheiben mit Goldfarbe ansprühen und über Nacht trocknen lassen. In die Mitte jeder Holzscheibe einen Nagel schlagen, er dient als Dorn für die Kerze. In die Gegenrichtung

ebenfalls einen Nagel schlagen, mit ihm wird der Kerzenhalter am Kranz befestigt.
2. Aus dem breiten Band vier doppelte Schleifen legen, mit Draht abbinden. Aus dem roten Taftband vier 6-schlaufige Schleifen legen, jede mit Draht abbinden.
3. Aus leeren Streichholzschachteln und Goldfolie acht kleine Päckchen packen. Mit goldenem Ringelband verzieren.
4. Auf die Abbindestelle der großen Schleifen je zwei Päckchen kleben. Die kleine Schleife daraufkleben. Klebstoff gut trocknen lassen. Das Gebinde auf den Kranz kleben oder mit Draht befestigen.
5. Die Kerzenhalter von oben durch den Kranz stecken, die Pappscheiben von unten gegen die Nägel drücken, das gibt Halt und ist gleichzeitig ein gewisser Schutz vor Kratzern auf dem Tisch. Allerdings muß die Pappe wirklich dick sein. Ebensogut geeignet sind Korkscheiben, die Sie von Flaschenkorken abschneiden können.
6. Auf jeden Kerzenhalter eine Manschette geben, dann die Kerze feststecken. *Foto rechts.*

Adventskranz in Altrosétönen

Material und Werkzeug

1 Adventskranz aus künstlichen Tannenzweigen, 7-9 Papier- oder Seidenrosen, 1,20 m langes Spitzenband, 1,20 m langes Band mit Rosenmotiven, 4 fliederfarbene Kerzen, 4 Kerzenhalter zum Feststecken, 4 Flaschenkorken, 1 Terrakotta-Engel, Basteldraht, Klebepistole, Nadel und Faden.

Anleitung

1. Den Kranz großzügig und locker mit goldenem Basteldraht umwickeln. Die Rosen zu einem Bukett legen und mit Draht zusammenbinden. Die Drahtenden durch den Kranz stecken, wieder nach oben führen und das Rosenbukett fixieren.
2. Aus je 40 cm Spitzenband Kerzenmanschetten nähen. Dafür die Spitze an einer Seite mit Heftstichen schmalkantig säumen. Den Faden anziehen, so daß sich die Spitze zum Ring schließt (an den Kerzen Maß nehmen) und die Fadenenden mehrmals verknoten. Faden abschneiden.
3. Die verbleibende Spitze zur Schleife legen und mit Draht fixieren. Das bedruckte Band ebenfalls zur Schleife legen und mit Draht fixieren. Beide Schleifen übereinander auf die Bindestelle des Rosenbuketts kleben. Den Terrakotta-Engel in die Mitte der Schleife kleben.
4. Die Kerzenhalter asymmetrisch auf dem Kranz anbringen. Auf der Kranzunterseite jeweils mit einer dicken Korkenscheibe sichern. Erst die Manschetten, dann die Kerzen auf die Kerzenhalter stecken. *Foto links.*

Das ist die stillste Zeit im Jahr

Karl Heinrich Waggerl

Advent, sagt man, sei die stillste Zeit im Jahr. Aber in meinem Bubenalter war er keineswegs die stillste Zeit. Zu Anfang Dezember, in den unheimlichen Tagen, während Sankt Nikolaus mit dem Klaubauf unterwegs war, wurde ich in den Wald geschickt, um den Christbaum zu holen. Mit Axt und Säge zog ich aus, von der Mutter bis zum Hals in Wolle gewickelt und mit einem geweihten Pfennig versehen, damit mich ein heiliger Nothelfer finden konnte, wenn ich mich etwa verirrte. Ein Wunder von einem Baum stand mir vor Augen, mannshoch und sehr dicht beastet, denn er sollte nachher ja auch etwas tragen können. Stundenlang kroch ich im Unterholz herum, aber ein Baum im Wald sieht sich ganz anders an als einer in der Stube. Wenn ich meine Beute endlich daheim in die Waschküche schleppte, hatte sich das schlanke, pfeilgerade Stämmchen doch wieder in ein krummes und kümmerliches Gewächs verwandelt, auch der Vater betrachtete es mit Sorge. Er mußte seine ganze Zimmermannskunst aufwenden, um das Ärgste zurechtzubiegen, ehe uns die Mutter dazwischenkam.

Ach, die Mutter! In diesen Wochen lief sie mit hochroten Wangen herum, wie mit Sprengpulver geladen, und die Luft in der Küche war sozusagen geschwängert mit Ohrfeigen. Dabei roch die Mutter so unbeschreiblich gut, überhaupt ist ja der Advent die Zeit der köstlichen Gerüche. Es duftet nach Wachslichtern, nach angesengtem Reisig, nach Weihrauch und Bratäpfeln. Ich sage ja nichts gegen Lavendel und Rosenwasser, aber Vanille riecht doch eigentlich viel besser, oder Zimt und Mandeln.

Mich ereilten dann die qualvollen Stunden des Teigrührens. Vier Vaterunser das Fett, drei die Eier, ein ganzer Rosenkranz für Zucker und Mehl. Die Mutter hatte die Gewohnheit, alles Zeitliche in ihrer Kochkunst nach Vaterunsern zu bemessen, aber die mußten laut und sorgfältig gebetet werden, damit ich keine Gelegenheit fände, den Finger in den köstlichen Teig zu tauchen. Wenn ich nur erst den Bubenstrümpfen entwachsen wäre, schwor ich mir damals, dann wollte ich eine ganze Schüssel voll Kuchenteig aufessen, und die Köchin sollte beim geheizten Ofen stehen und mir dabei zuschauen müssen! Aber leider, das ist einer von den Knabenträumen geblieben, die sich nie erfüllt haben.

Am Abend nach dem Essen wurde der Schmuck für den Christbaum erzeugt. Auch das war ein unheilschwangeres Geschäft. Damals konnte man noch ein Buch echten Blattgoldes für ein paar Kreuzer beim Krämer kaufen. Aber nun galt es, Nüsse in Leimwasser zu tauchen und ein hauchdünnes Goldhäutchen herumzublasen. Das Schwierige bei der Sache war, daß man vorher nirgendwo Luft von sich geben durfte. Wir saßen alle in der Runde und liefen blaurot an vor Atemnot, und dann geschah es eben doch, daß plötzlich jemand niesen mußte. Im gleichen Augenblick segelte eine Wolke von glänzenden Schmetterlingen durch die Stube. Einerlei, wer den Zauber verschuldet hatte, das Kopfstück bekam jedenfalls ich, obwohl es nur bewirkte, daß sich der goldene Unsegen von neuem in die Lüfte hob. Ich wurde dann in die Schlafkammer verbannt und mußte Silberpapier um Lebkuchen wickeln.

Es kam endlich doch der Heilige Abend, und mit ihm die letzte der Prüfungen, das Bad in der Küche. Das fing ganz harmlos an, ich saß im Zuber wie ein gebrühtes Schweinchen und plätscherte verschämt mit dem Wasser, in der Hoffnung, daß ich nun doch schon groß genug sei, um der Schande des Gewaschenwerdens zu entgehen. Aber plötzlich fiel die Mutter wieder mit der Reisbürste über mich her, es half nichts, kein Gezeter und Gespreize. Erst in der äußersten Not erbarmte sich der Vater und nahm ein bis zur Unkenntlichkeit entstelltes, ein durchscheinendes Geschöpf in seine Arme. Da war sie nun wirklich, die stillste Zeit im Jahr, wirklich Stille und Friede und köstliche Geborgenheit an seiner breiten

Brust. Später, wenn die Kerzen am Baum längst erloschen waren, um die Mitternacht, durfte ich die Mutter zur Messe begleiten. Ich weiß noch gut, wie stolz ich war, als sie mich zum erstenmal nicht mehr an der Hand führte, sondern neben sich hergehen ließ als ihren Sohn und Beschützer. Auch in der Kirche kniete ich nun auf der Männerseite. Die Frauen sangen auf dem Chor, und der Pfarrer am Altar hielt eine Weile inne, um das Weihnachtslied anzuhören, diese holde Weise von der stillen Nacht, die schon so lang, über Grenzen und Zeiten hinaus, das Gemüt der Menschen bewegt.

Und wir Heutigen? Leben wir nicht auch in einer Weltzeit des Advents? Scheint uns nicht alles von der aufkommenden Finsternis bedroht zu werden, das karge Glück unseres Daseins? Wir warten bang auf den Engel mit der Botschaft des Friedens und überhören so leicht, daß diese Botschaft nur denen gilt, die guten Willens sind. Es ist keine Hilfe und keine Zuflucht bei der Weisheit der Weisen und bei der Macht der Mächtigen. Denn der Herr kam nicht zur Welt, damit die Menschen weiser, sondern damit sie gütiger würden. Und darum sind es allein die Kräfte des Herzens, die uns vielleicht noch werden retten können.

Maria durch ein Dornwald ging

Was trug Maria unterm Herzen?
Kyrie eleison,
Ein kleines Kindlein ohne Schmerzen,
Das trug Maria unterm Herzen.
Jesus und Maria.

Da haben die Dornen Rosen getrag'n;
Kyrie eleison.
Als das Kindlein durch den Wald getragen,
Da haben die Dornen Rosen getrag'n.
Jesus und Maria.

Melodie: Aus dem Eichsfeld
Aus: A. von Harthausen, Geistliche Volkslieder, 1850

Auf dem Berge, da gehet der Wind

Aus: „Des Knaben Wunderhorn". Ursprung vermutlich in Schlesien.

Die erste Adventswoche

Mich deucht, ich sah ...

Mich deucht, ich sah einen güldenen Schein:
Guckt da nicht Sankt Niklas zum Fenster herein?
Glocken erklingen in weiter Ferne.
Bratäpfelduft aus dem Ofen quoll.
Am nachtklaren Himmel schimmern die Sterne
verheißungsvoll
und schauen das Treiben und freuen sich mit
bei der eilenden Menschen frohklingendem Schritt.
Friedvolles Hasten weit und breit:
Weihnacht ist nahe! O heimliche Zeit!

Albert Sergel

Vorweihnachtliches Backvergnügen

Dresdner Christstollen

1 kg Weizenmehl
1 TL Salz
40 g frische Hefe
$^{1}/_{4}$ l lauwarme Milch
250 g Butter
150 g Schweineschmalz
150 g Zucker
2 Eigelb
etwas abgeriebene Schale von
1 unbehandelten Zitrone
200 g Mandeln
10 g bittere Mandeln (können auch entfallen)
125 g Zitronat
500 g Rosinen
150 g Butter zum Bestreichen
150 g Puderzucker zum Bestreuen

1. Das Mehl mit dem Salz in einer Schüssel vermischen. In die Mitte eine Vertiefung drücken. Die Hefe hineinbröckeln und mit der Hälfte der Milch und etwas Mehl zu einem Vorteig verrühren. Zugedeckt an einem warmen Ort 30 Minuten gehen lassen.
2. Die Butter und das Schmalz in der restlichen Milch schmelzen lassen, um den Vorteig gießen. Den Zucker, die Eigelbe und die abgeriebenen Zitronenschale hinzufügen. Alles zu einem glatten Teig verarbeiten und so lange schlagen, bis er sich vom Schüsselboden löst. Zugedeckt an einem warmen Ort gut 1 Stunde gehen lassen.
3. Inzwischen die Mandeln mit kochendem Wasser überbrühen und abziehen, dann grob hacken. Das Zitronat fein würfeln, die Rosinen waschen.
4. Mandeln, Zitronat und Rosinen unter den Teig kneten. Den Stollenteig zu einer runden Platte ausrollen und von beiden Seiten so übereinanderschlagen, daß eine Stollenform entsteht. Den Stollen leicht zusammendrücken.
5. Den Stollen einige Stunden oder über Nacht ruhen lassen.
6. Den Backofen 10 Minuten auf 190°C vorheizen. Das Backblech mit Backpapier auslegen.
7. Den Stollen auf das Backblech setzen und auf der unteren Schiene des Backofens in $1^{1}/_{4}$ bis $1^{1}/_{2}$ Stunden schön braun backen. Mit einer Stricknadel prüfen, ob der Stollen gar ist.
8. Die Butter in einem Topf zerlassen. Den Stollen nach dem Backen auf ein Kuchengitter legen. Noch warm mit der Hälfte der Butter bestreichen und mit der Hälfte des Puderzuckers bestäuben. Diesen Vorgang nach 5 Minuten wiederholen. *Foto rechts.*

Anisplätzchen

4 Eier
200 g Zucker
250 g Mehl
1 TL Anis, gemahlen

1. Die Eier mit dem Zucker schaumig schlagen. Das Mehl langsam dazusieben, den gemahlenen Anis ebenfalls dazugeben.
2. Ein Backblech mit Backpapier auslegen oder einfetten. Aus dem Teig kleine runde Häufchen formen und auf das Backblech legen. Mit einem Küchentuch bedecken und über Nacht an einem kühlen Ort ruhen lassen.
3. Am nächsten Tag den Backofen auf 150° C vorheizen. Die Anisplätzchen auf der mittleren Schiene in den Backofen schieben und etwa 30 bis 40 Minuten backen. Der Boden der Plätzchen sollte leicht gebräunt, das Häubchen aber noch weiß sein.

Feines Früchtebrot

Für eine Kastenform von 30 cm Länge:
125 g getrocknete Feigen
100 g getrocknete Datteln
125 g Sultaninen
100 g Orangeat
100 g Zitronat
125 g Haselnüsse
7 große Walnüsse
etwas Butter für die Form
Semmelbrösel zum Ausstreuen der Form
3 Eier
125 g Zucker
2 EL Rum
125 g Mehl
1 TL Zimt, gemahlen
1 TL Backpulver

1. Die Früchte und Nüsse sollten möglichst frisch sein, deshalb hackt und schneidet man sie am besten selbst. Die Feigen und Datteln in feine Streifen schneiden. Die Sultaninen, Orangeat und Zitronat und die Nüsse grob bis mittelfein hacken.
2. Die Kastenform mit Butter einfetten und mit den Semmelbröseln ausstreuen. Den Backofen auf 150°C vorheizen.
3. Die Eier mit dem Zucker schaumig rühren, bis sich der Zucker gelöst hat. Die gehackten Früchte und Nüsse dazugeben und den Rum unterrühren.
4. Mehl mit Zimt und Backpulver mischen und über die Masse sieben. Alles gut verkneten. Diesen Teig in die vorbereitete Kastenform füllen und auf der 2. Schiene von unten bei 150°C etwa 60 bis 90 Minuten backen.
Nach einer Stunde Backzeit eventuell die Oberfläche mit Folie bedecken, damit sie nicht zu dunkel wird.
5. Nach dem Backen das Früchtebrot noch mindestens 15 Minuten in der Form ruhen lassen. Dann aus der Form lösen und auf einem Kuchengitter völlig erkalten lassen.
Das Früchtebrot nach dem Auskühlen in Alufolie wickeln oder in einer Blechdose aufbewahren, so können Sie es wochenlang aufbewahren. *Foto oben.*

Quarkstollen

150 g Butter
150 g Zucker
2 Päckchen Vanillinzucker
3 Eier
100 g getrocknete Aprikosen
100 g Orangeat
50 g Zitronat
Saft von 1 Orange
Saft von 1 Zitrone
250 g Speisequark
600 g Mehl
1 Päckchen Backpulver
125 g Rosinen
Margarine zum Einfetten
Mehl zum Bestäuben
50 g zerlassene Butter
25 g Puderzucker

1. Die Butter, den Zucker und den Vanillinzucker in einer Schüssel schaumig rühren. Eier nach und nach dazugeben. Kräftig weiterrühren.
2. Die Aprikosen waschen, abtropfen lassen und zusammen mit dem Orangeat und Zitronat fein hacken. Mit Orangen- und Zitronensaft in die Butter-Zucker-Eier-Masse geben.
3. Den Quark durch ein Sieb in die Schüssel streichen. Das Mehl mit dem Backpulver mischen und darüber streuen. Alles gut verrühren und kräftig kneten. Es muß ein fester Teig entstehen.
4. Die Rosinen in einem Sieb unter heißem Wasser gründlich abbrausen. Abtropfen lassen, mit Haushaltspapier trockenreiben. In etwas Mehl wälzen und in den Teig kneten. Den Teig zu einem Stollen formen. Auf das eingefettete und mit Mehl bestäubte Backblech legen, in den auf 200°C vorgewärmten Backofen schieben und ca. 70 Minuten backen.
5. Nach 50 Minuten mit Alufolie abdecken. Aus dem Ofen nehmen und noch warm mit zerlassener Butter bestreichen und mit Puderzucker bestreuen.

Springerle

2 Eier
1 Prise Salz
250 g Zucker oder Puderzucker
abgeriebene Schale von
1/2 unbehandelten Zitrone
1 EL Anis (nach Geschmack)
1-2 EL Kirschwasser
250 g Mehl
1 Msp. Hirschhornsalz

1. Die Eier trennen. Das Eiweiß mit einer Prise Salz steif schlagen. Den Zucker oder Puderzucker langsam unter Rühren einrieseln lassen und so lange weiterschlagen, bis der Eischnee beim Hochziehen des Handrührgeräts steife Spitzen bildet.
2. Die Eigelbe, die abgeriebene Zitronenschale und nach Belieben Anis und Kirschwasser zufügen. Das Mehl mit dem Hirschhornsalz mischen und in den Eischnee sieben. Alles zu einem glatten Teig verkneten.
3. Den Teig in Alufolie wickeln und mindestens 1 Stunde kühl stellen.
4. Den Teig auf bemehlter Arbeitsfläche ausrollen. Die Springerleformen mit Mehl bestäuben, auf den Teig drücken und die Formen ausschneiden. Den Teig aus der Form klopfen und auf ein gefettetes Backblech setzen (mit dem Muster nach oben). Die Springerle mit einem Küchentuch zudecken und über Nacht an einem kühlen Ort ruhen lassen.
5. Den Backofen auf 150-175°C vorheizen. Die Springerle darin ca. 20 Minuten backen, dabei die Backofentür einen Spalt geöffnet halten (eventuell einen Kochlöffel dazwischenklemmen). Dann die Türe schließen und die Temperatur auf 175-200°C erhöhen. Weitere 10-15 Minuten backen. Die Oberfläche der Springerle sollte weiß bleiben.
6. Die Springerle aus dem Ofen nehmen und auf einem Kuchengitter auskühlen lassen. Die Springerle können mit Zuckerguß glasiert oder mit Lebensmittelfarbe angemalt werden. *Foto rechts.*

Adventlich geschmückte Räume

Adventssträuße und Weihnachtsgirlanden schmücken und verschönern jeden Raum. Hier einige originelle Ideen zum Nachbasteln.

Weihnachtsgirlande

Für eine Weihnachtsgirlande benötigen Sie pro Meter etwa 8-10 Päckchen.

Material und Werkzeug

Styropor oder Steckmoos, goldenes Geschenkpapier, rotes, schmales Band, pro Päckchen 50 cm langes und 1 cm breites Ziehband für die Schleife, pro Päckchen 15 cm Perlenschnur, dünne Goldkordel, 1 Stricknadel oder 1 lange Stopfnadel, Klebepistole, 1 Stecknadel, großes Messer, 1 Brettchen zum Zuschneiden des Styropors, Schere.

Anleitung

1. Aus dem Steckmoos oder dem Styropor mit dem Messer kleine Quader in den Maßen von ca. 5 x 4 x 5 cm zuschneiden und in Goldpapier einwickeln. Mit dem Geschenkband verschnüren, die Stecknadel in den Knoten stekken, dann rutscht das Band nicht weg. Nach einem Doppelknoten die Bandenden auf etwa 4-5 cm kürzen.
2. Die Ziehschleife ziehen. Die Perlenschnur in 3 gleiche Teile schneiden. Erst die Perlenschnur, dann die Schleife auf das Päckchen kleben.
3. Mit der Stricknadel durch jedes Päckchen durchstechen. Die Goldkordel mit Hilfe der Stopfnadel durch die Öffnung ziehen. Eventuell mit der Klebepistole fixieren.

Zimtleiter

Material und Werkzeug

Pro Leiter 6 Zimtstangen, 40 cm langes, schmales Band als Aufhänger, 1 kleine, goldene Figur (Engel o.ä.) zum Aufkleben, Sternendraht, kleine Blüten, Beeren, Zweige, goldener Basteldraht, Klebepistole.

Anleitung

1. Aus den Zimtstangen eine Leiter kleben. Für die Sprossen die Zimtstangen halbieren. Die Klebestellen kreuzweise mit goldenem Basteldraht umwickeln.
2. Die beiden Enden des Bandes zu einer kleinen Schleife legen, mit Draht fixieren. Mit Draht an der Leiter befestigen oder mit der Klebepistole ankleben.
3. Die goldene Figur auf die Sprossen kleben. Die restlichen Zutaten zu einem kleinen Gebinde arrangieren und seitlich ankleben oder mit Draht festbinden. Sternendraht zu einer großzügigen Schleife legen und ankleben.

Geschenkdose

Material und Werkzeug

1 Spandose (Größe nach Wahl), dicke, glänzende Kordel, 60 cm langes und 3 cm breites Schleifenband, 3-5 goldene Weihnachtssterne, 50 cm dünne Perlenschnur, 1-3 kleine, goldene Deko-Steck-Kugeln, 60 cm dünne Goldkordel, 2 kleine Goldglöckchen, 3-5 farblich passende Blüten, Schere, Basteldraht, Klebepistole.

Anleitung

1. Ober- und Unterteil der Dose mit Kordel bekleben. Auf dem Deckel am besten von außen nach innen kleben. Die Kordel stückchenweise mit Kleber bestreichen und festdrücken. Darauf achten, daß sich die Dose noch gut öffnen und schließen läßt.
2. Die Blütenstiele in unterschiedlicher Länge abschneiden. Die Perlenschnur in 15-20 cm lange Stücke schneiden. Mit Basteldraht bündeln. Die Glöckchen an die dünne Goldkordel binden.
3. Das Schleifenband zu einer großzügigen Schleife legen, mit Basteldraht abbinden (Anleitung siehe S. 23). Die Schleife auf den Deckel kleben, die Blüten, Perlenschnüre, Goldglöckchen und Deko-Steck-Kugeln nach und nach auf der Schleife festkleben.

TIP Legen Sie die Dekomaterialien erst einmal probeweise auf die Schleife, bevor Sie sie festkleben.

Adventsstrauß aus Tannengrün

Material und Werkzeug

Kleine Watte- oder Styroporkugeln und Papptaler (Durchmesser ca. 5 cm), reichlich klein geschnittene Zimtstangen, schmales Schleifenband, kleine Blüten und Beeren, Sternendraht, goldener Bouillondraht, dünne, goldene Perlenschnur, 1 kleine, goldene Quaste, Schere, Klebepistole, Basteldraht.

Anleitung

1. Die Kugeln und Taler mit Klebstoff einstreichen, am besten immer nur ein kleines Stück, und dann in die zerschnittenen Zimtstangen drücken, bis sie mit Zimtstücken bedeckt sind.
2. Den Bouillondraht leicht auseinanderziehen. Großzügig um die Zimttaler und -kugeln spinnen.
3. Den Rand der Taler mit Perlenschnur bekleben. Jede Zimtkugel bekommt eine goldene Quaste.
4. Die übrigen Zutaten in unterschiedliche Längen schneiden und oben festkleben. Aus dem Schleifenband eine mehrschlaufige Schleife legen, mit Draht festbinden und ankleben. Aus dem Sternchendraht zwei Schlaufen legen, ebenfalls festkleben.

Schmuck aus Papierkordel

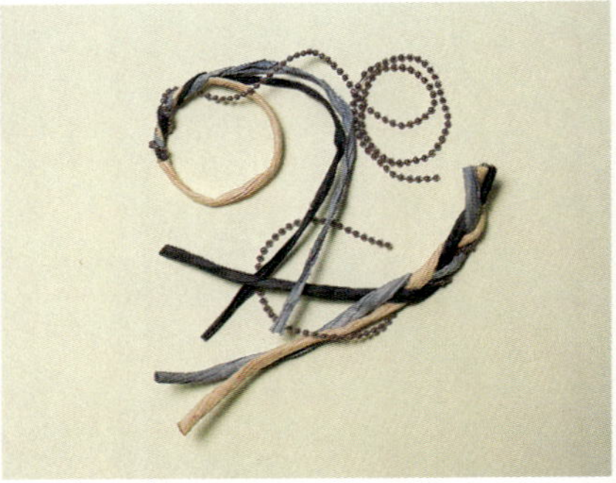

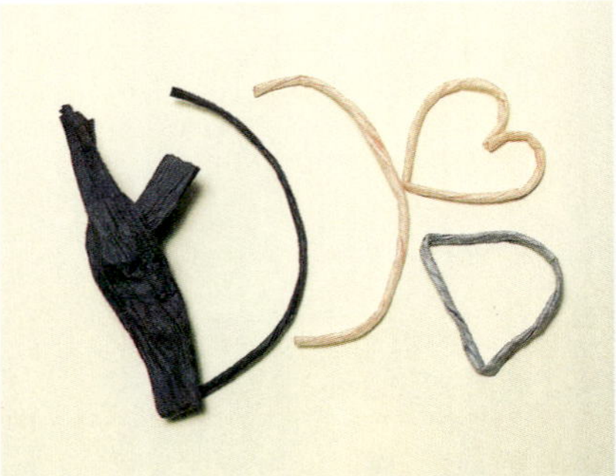

Material und Werkzeug

Papierkordel in drei Farben, dünne Perlenschnur, kleine Goldsternchen, schmales Schleifenband in drei Farben (passend zur Papierkordel), dicke goldene Perlen (für die Glocke), Klebepistole, Schere.

Anleitung

1. Für den Zopf von den drei Papierkordeln drei Stück à 20 cm Länge abschneiden, am oberen Ende mit Draht abbinden und die drei Stränge zum Zopf flechten. Den Zopf zum Ring formen und die Enden zusammenkleben.
2. Die Perlenschnur anschließend in den Zopf fädeln oder gleich mit einflechten, Anfang und Ende festkleben. Ein Stück von der Papierkordel auseinanderziehen und glattstreichen. Die Klebestelle damit kaschieren. *Foto links oben.*
3. Aus dem schmalen Band eine mehrschlaufige Schleife legen (siehe Seite 23), festdrahten. Mit einem Aufhänger aus Perlenschnur oder Schleifenband an der Nahtstelle festkleben.
4. Für den Ring ein 18 cm langes Stück von einer Papierkordel abschneiden (z.B. Rosa). Zum Ring legen und an den Schnittstellen zusammenkleben.
5. Zwei 25 cm lange Stücke von den beiden anderen Papierkordeln abschneiden (z.B. Hell- und Dunkellila). Die Stücke auseinanderziehen und glattstreichen. Der Länge nach einmal durchschneiden.
6. Je zwei der schmalen Streifen von verschiedenen Farben (also Hell- und Dunkellila) oben fassen und wieder zur Kordel drehen. Den Ring damit umwickeln. Von der Perlenschnur ebenfalls ein 25 cm langes Stück abschneiden und den Ring damit umwickeln. Die Enden festkleben. *Foto links oben.*
7. Aus dem Schleifenband eine mehrschlaufige Schleife mit Aufhänger legen (siehe Seite 23), auf der Nahtstelle festkleben oder mit Draht fixieren.
8. Herz und Glocke arbeiten Sie ebenso. Die Glocke erhält unten eine Goldperle als Klöppel. *Foto links unten.*

Blütenengel

Material und Werkzeug

Pro Engel: 1 Seidenblüte in Glocken- oder Kelchform (4-6 cm hoch), es gibt diese Blüten auch als Blütenzweige mit mehreren Blüten, 1 Holzperle mit aufgemaltem Gesicht (mit Loch zum Einkleben der Blüte), grobzackiger, goldener Bouillondraht, 25 cm lange, dünne Goldkordel, 1 Paar Flügel, fertig gekauft oder aus Goldfolie selbst hergestellt (Höhe 5-6 cm), 1 Wachsperle (Durchmesser 0,8-1 cm) mit Loch, 1 weißer Pfeifenputzer, 2 Wachs- oder Goldperlen (Durchmesser 0,5 cm) mit Loch, Glitter-Liner aus der Tube, Seitenschneider, Schere, Klebepistole.

Anleitung

1. Auf den Hinterkopf des Holzperlenkopfes einen dicken Tupfer Klebstoff geben. Den Bouillondraht ein Stück abwickeln und auseinanderziehen. Das Ende des Bouillondrahtes fest auf den Klebstofftupfer drücken. Gut trocknen lassen.
2. Jetzt den gesamten Hinterkopf mit Klebstoff bestreichen, den abgewickelten Bouillondraht um den Kopf wickeln, bis ein dichter „Haarschopf" entstanden ist.
3. Den Blütenstiel von unten in die Perle kleben. Trocknen lassen. Den Pfeifenputzer einmal um den „Hals" des Engels schlingen und fest anziehen. Das gibt die Arme. Die Arme auf die richtige Länge zurückschneiden. Die beiden Perlen an die Enden der Pfeifenputzer kleben – das sind die Hände.
4. Die Goldkordel als Aufhänger durch eine dicke Perle ziehen, auf dem Lockenkopf festkleben. Die Flügel hinten an der Blüte festkleben. Die Blüte mit dem Glimmer aus der Tube verzieren.
Wundern Sie sich nicht: Der Glimmer ist milchig, wenn er aus der Tube kommt, er wird erst später glitzrig.

Die heilige Barbara

Der Tag der heiligen Barbara wird am 4. Dezember begangen. Wie um alle Heiligenfiguren, so ranken sich auch um sie zahlreiche Legenden.
Nach der Legende war die heilige Barbara die Tochter eines reichen Nikomediers namens Dioskuros und lebte zwischen 236 und 305 nach Christi Geburt. Ihr Übertritt zum Christentum versetzte den Vater so in Zorn, daß er nicht allein ihre Verurteilung zum Tode bewirkte, sondern sogar das Scharfrichteramt mit eigener Hand an ihr ausübte. Für solchen Frevel ward der unnatürliche Vater sogleich vom Blitze erschlagen. Von da an wurde die bald heilig gesprochenen Barbara als Schutzheilige gegen Blitz und Donner angerufen. Da die Kirchen mit ihren höher als die meisten Gebäude emporragenden Türmen dem Blitzstrahl sehr ausgesetzt waren, ist es begreiflich, daß man sie häufig der heiligen Barbara weihte, um sie dadurch vor Feuersgefahr zu schützen. Auch die Feuerglocken taufte man vielfach auf ihren Namen und bereits im frühen Mittelalter war es Sitte, solche Barbaraglocken zu läuten, sobald ein Gewitter am Himmel stand. Dieser Sitte verdankt die Artillerie ihre Patronin, denn durch ihre Kanonen ahmte sie gleichsam Donner und Blitz nach.

Viele Bräuche haben sich aus der Heiligenverehrung entwickelt, am bekanntesten und der wohl am meisten gepflegte Brauch ist das Schneiden von Blütenzweigen (Kirsch- oder Forsythienzweige) am 4.12. Sie werden über Nacht in lauwarmes Wasser gelegt, am nächsten Tag in eine Vase gestellt und sollen am 24. Dezember blühen. Dabei haben die blühenden Zweige vielfach die Funktion eines Orakels. Sie sind ein Indiz für Glück und Gesundheit im kommenden Jahr, für eine gute Ernte, für eine sich erfüllende Liebe oder Fruchtbarkeit bei Kinderwunsch.
Die christliche Interpretation ist dagegen weit weniger bekannt: Die Zweige erinnern an das Martyrium der heiligen Barbara, daran, daß sie ihren Glauben an ein Weiterleben nach dem Tod auch unter dem Druck der sie umgebenden Gefängnismauern nicht aufgegeben hat und vor allem auch an die bevorstehende Geburt Jesu:

Es ist ein Ros' entsprungen
aus einer Wurzel zart,
wie uns die Alten sungen
von Jesse kam die Art.
Und hat ein Blümlein bracht
mitten im kalten Winter,
wohl zu der halben Nacht.

Barbarazweig

Dich abgebrochnen Zweig vom Apfelbaum,
Erstarrt und kalt,
Dich hol ich ein zum warmen Winterraum.
Ich weiß, du blühst mir bald.
Ein klares Wasser richt ich dir im Krug,
Der Ruf des Lichts
Ergeht an dich, Ihn hören ist genug.
Aus dir vermagst du nichts.
Laß die erwartungsvollen Wochen still
Vorübergehn,
Der Christnacht, die auch dich erlösen will,
Wird niemand widerstehn.
Erstarrter, abgebrochner Apfelzweig,
Dein Traum war tief.
Nun kam die Segensstunde. Und nun zeig,
Was in dir schwieg und schlief.

Bernt von Heiseler

Fensterbilder

Fenster zu schmücken, macht vor allem Kindern Spaß. Schon mit ganz einfachen Schablonen können Sie mit Ihren Kindern wunderschönen Fensterschmuck basteln.

Engelschar

Material und Werkzeug

Tonpapier oder festes Schreibmaschinenpapier, Schere, Tesafilm, Schemazeichnung (siehe unten), Spezialfarbspray.

Anleitung

1. Das Motiv von der Vorlage abnehmen und auf Tonpapier oder festes Schreibmaschinenpapier übertragen. Ausschneiden. Auf diese Weise Engel in verschiedenen Größen herstellen.
2. Die Engel mit Tesafilm am Fenster befestigen und mit der Spezialfarbe besprühen. Die Schablone wieder entfernen, fertig.

TIP Die Schablone eignet sich auch als Schnittmuster zum Applizieren, für Kartenmotive etc. oder zum Aufsprühen auf Stoff oder Papier.

Sternenhimmel fürs Fenster

Material und Werkzeug

Bastelfolie, Schreibmaschinenpapier oder Buntpapier, Schere, Zirkel oder ein runder Gegenstand (z.B. ein Glas oder eine Tasse), Bleistift, Lineal, Spezialfarbspray.

Anleitung

1. Mit dem Zirkel oder einem umgestülpten Glas einen Kreis auf das Papier Ihrer Wahl zeichnen. Den Kreis 3-4 mal zusammenfalten. Die Sternspitzen zuschneiden und in den Falz kleine Dreiecke in verschiedenen Größen einschneiden, das gibt beim Auffalten hübsche Muster. Den Stern wieder auffalten und glattstreichen.
2. Auf diese Weise Sterne in verschiedenen Größen aus Papier herstellen. Die Sterne mit Tesafilm am Fenster befestigen, mit Spezialspray besprühen und die Schablonen wieder entfernen. Fertig ist der Sternenhimmel.

TIP Die Sterne können auf vielfältige Weise genutzt werden: Als Fensterschmuck, für Karten, Geschenkanhänger oder als Schablonen zum Aufsprühen oder Applizieren (siehe Seite 94 f. und 132).

Fenster-dekoration Mond und Sterne

Material und Werkzeug

Sperrholz (5-7 mm dick), schmales Band, Basteldraht, Schablonen für Mond und Sterne, Goldspray oder Lackfarbe, mittelfeste Pappe, dünne Kordel, schwarze Lackfarbe, Laubsäge, feines Schmirgelpapier, Bleistift, Handbohrer, Pinsel.

Anleitung

1. Nach der Schemazeichnung aus der Pappe Schablonen für Mond und Sterne herstellen. Die Motive mit Bleistift auf die Spanplatte übertragen und aussägen. Mit Schmirgelpapier die Kanten glattschleifen. Die Holzteile von dem Holzstaub befreien, sie müssen ganz sauber sein.
2. Im unteren Bereich des großen Sterns und des Mondes 5 bis 7 kleine Löcher bohren. Goldkordel in unterschiedlicher Länge (ca. 15-30 cm) durchziehen.
3. An den Enden der Goldkordel jeweils einen Stern oder Mond festkleben.
4. Bohr- und Klebestellen mit Schleifen aus Taftband abdecken.
5. An dem großen Stern für die Aufhängung Loch in eine der Zacken bohren, beim Mond vor dem Bohren das Gleichgewicht austarieren.

Weihnachtliche Mobiles

Mobiles sind ein wunderschöner Schmuck, gerade auch für kleine Wohnungen oder Zimmer, wo kein Platz für große Sträuße usw. ist.

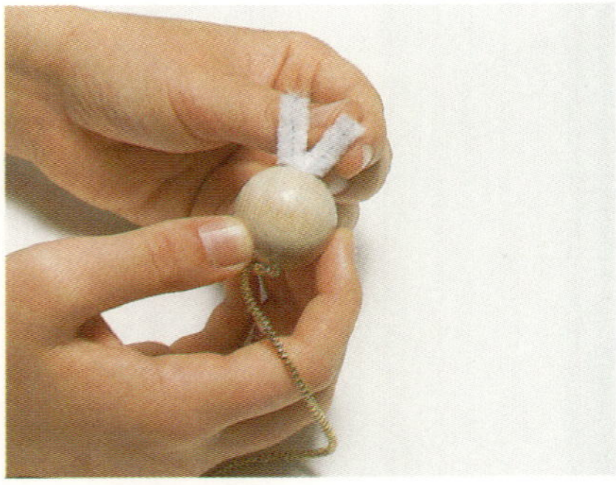

Zapfenengel

Material und Werkzeug

Pro Engel: 1 Zapfen von 5 cm Höhe, eine Holzperle (Durchmesser 3 cm) mit Loch, 1 Wachsperle (Durchmesser 1 cm) mit Loch, 20 cm langes und 3 cm breites Schleifenband, weiße Pfeifenputzer ca. 4 cm, grobzackiger, goldener Bouillondraht, etwas Perlenschnur, 10 cm schmales Goldband, 2 goldene Seidenblätter, Goldfarbe, Basteldraht, Nadel und Faden, Schere, Filzstifte, Klebepistole, Pinsel, Schere, Seitenschneider.

Anleitung

1. Die Spitzen der Zapfenschuppen mit Goldfarbe bemalen. Das breite Schleifenband zum Kreis legen, die Enden zusammenkleben. Am Rand knappkantig mit doppeltem Faden einkräuseln, Faden gut vernähen. Dieses Röckchen auf den Zapfenansatz kleben. *Foto links oben.*
2. Den Pfeifenputzer in der Mitte knicken, mit der Knickstelle in das Loch der Holzperle kleben. Etwa 3 cm herausschauen lassen. *Foto links Mitte.*
3. Den Bouillondraht am oberen Loch der Holzkugel befestigen und gut antrocknen lassen. Den Hinterkopf mit Heißkleber bestreichen und den Bouillondraht so um den Hinterkopf legen, daß eine hübsche Frisur entsteht (siehe auch Seite 39).
4. Den Pfeifenputzer auf knapp 1/2 cm abschneiden und den Kopf damit an dem Röckchen festkleben. Eine kleine Schleife legen, festdrahten und unter den Kopf kleben (für den Hals). *Foto links unten.*
5. Einen Nähfaden doppelt legen, dann durch die Wachsperle ziehen und am Kopf festkleben. Die Klebestelle mit einer Perlenschnur abdecken. Hinten am Röckchen zwei goldene Blätter als Flügel ankleben.

Zapfenengel-Mobile

Material und Werkzeug

6 Zapfenengel (Anleitung siehe Seite 44), fester Faden oder Zwirn, Draht oder Holzstäbe (speziell für Mobiles), Seitenschneider, Rundzange, Klebepistole.

Anleitung

1. Aus dem Draht vier verschieden lange Stücke schneiden (etwa 30, 25, 20, 15 cm). Das längste Drahtstück ist oben, nach unten werden die Stücke immer kürzer. Die Enden der Drahtstücke mit der Rundzange zu Ösen biegen. Oder fertige Holzstäbe für Mobiles verwenden.

2. An einem Ende der Draht- oder Holzstäbe mit Zwirn einen Engel, am anderen Ende einen neuen Draht befestigen. Am letzten Draht werden an beiden Enden Engel aufgehängt.

3. Am obersten Draht eine Goldkordel befestigen, aufhängen und die Drähte und Engel ins Gleichgewicht bringen. Wenn das Mobile im Gleichgewicht ist, alle Aufhänger (Engel und Drähte) mit Heißkleber festkleben.

Der heilige Nikolaus

Der heilige Nikolaus dürfte beinahe weltweit der populärste Heilige sein. Die Feste und Gebräuche zu seinen Ehren gehen wohl auf zwei Männer gleichen Namens zurück: Abt Nikolaus von Sion und Nikolaus, Bischof von Myra.
Von den beiden Heiligen, die im Laufe der Zeit zu einer Gestalt verschmolzen, werden zahlreiche Legenden erzählt. Sie kennzeichnen den Heiligen als Ehestifter, Retter aus Sturmes- und Hungersnot, Helfer der Gefangenen, Schutzpatron des Eigentums und der Diebe, aber vor allem als Freund und Beschützer der Kinder. Deshalb ist das Fest seiner Verehrung vor allem auch ihr Fest.

Bereits im 6. Jahrhundert wurde zu Ehren des heiligen Nikolaus eine Kirche in Konstantinopel erbaut, die Kaiser Justinian in Auftrag gegeben hatte. Auch in unseren Breiten wurden seit dem 11. Jahrhundert zahlreiche Kirchen dem heiligen Nikolaus geweiht, vor allem die Kirchen der Hafenstädte trugen seinen Namen.
Sein Namenstag, der 6. Dezember (übrigens auch sein Todestag), fällt in eine Zeit, in der die Bauern ihre Vorräte für den Winter herrichten. Früher wurde zu dieser Zeit auch geschlachtet.
In der Weihnachtszeit war Nikolaus lange Zeit der einzige, der den Kindern Gaben brachte. Erst etwa ab dem 18. Jahrhundert hat das Christkind ihn sozusagen abgelöst.
Im Brauchtum der einzelnen Völker entwickelte sich das Fest des heiligen Nikolaus in zahlreichen Formen. Dazu gehört auch das Auftreten seiner Begleiter: maskierte Gestalten, Engel, Heilige, Bauern, Handwerker und wilde Gesellen.
Ebenso vielschichtig wie die Bräuche sind auch die Bezeichnungen und die Funktionen von Nikolaus und seinen Begleitern: Zinterklos, Sünnerklaas, Samichlaus, Nikolo oder einfach Helje... Dem deutschen Nikolaus entsprechen Santa Claus in England und Sinter Klaas in den Niederlanden.
Sein bekanntester Begleiter dürfte Knecht Ruprecht sein, auch Beelzebub, Pelzprecht oder Pelzmärte, Rasselbock, Klaubauf oder Krampus genannt. Häufig tragen diese Begleiter furchterregende Masken, zottelige Pelze und sind mit Ketten oder Ruten bewaffnet. Immer bilden sie einen krassen Gegenpol zu der eher feinen freundlichen Erscheinung des Nikolaus. Während dieser für die Belohnung der Kinder zuständig ist, sorgt sein finsterer Begleiter für die Bestrafung der Ungezogenen und Ungehorsamen.

Knecht Ruprecht

Von drauß', vom Walde komm ich her.
Ich muß euch sagen, es weihnachtet sehr!
Allüberall auf den Tannenspitzen
Sah ich goldene Lichtlein blitzen.
Und droben aus dem Himmelstor
Sah mit großen Augen das Christkind hervor.
Und wie ich so strolcht durch den finsteren Tann,
Da rief's mich mit heller Stimme an:
Knecht Ruprecht, rief es, alter Gesell,
hebe die Beine und spute dich schnell!

Die Kerzen fangen zu brennen an,
Das Himmelstor ist aufgetan.
Alt und Junge sollen nun
Von der Jagd des Lebens einmal ruhn.
Und morgen flieg ich hinab zur Erden,
Denn es soll wieder Weihnachten werden!

Ich sprach: O lieber Herre Christ,
Meine Reise fast zu Ende ist.
Ich soll nur noch in diese Stadt,
Wo's eitel gute Kinder hat.
Hast denn das Säcklein auch bei dir?
Ich sprach: Das Säcklein, das ist hier,
Denn Äpfel, Nuß und Mandelkern
Essen fromme Kinder gern.
Hast denn die Rute auch bei dir?
Ich sprach: die Rute, die ist hier.
Doch für die Kinder nur, die schlechten,
Die trifft sie auf den Teil, den rechten.

Christkindlein sprach: So ist es recht.
So geh mit Gott, mein treuer Knecht!

Von drauß', vom Walde komm ich her.
Ich muß euch sagen, es weihnachtet sehr!
Nun sprecht, wie ich's herinnen find:
Sind's gute Kind, sind's böse Kind?

Theodor Storm

Aus dem Leben des heiligen Nikolaus

Jacobus de Voragine

Nikolaus war Bürger der Stadt Patara in Kleinasien und entstammte reichen und frommen Eltern. Sein Vater hieß Epiphanes, seine Mutter Johanna. Als seine Eltern ihn in der Blüte ihrer frühen Jugend gezeugt hatten, führten sie darauf ein keusches und jungfräuliches Leben. Der kleine Nikolaus aber stand schon, als er das erste Mal gebadet wurde, aufrecht in der Wanne. Auch sog er am vierten und sechsten Wochentag nur einmal an der Mutterbrust, denn das waren Fastentage. Als er aber ein junger Mann geworden war, da mied er die ausgelassenen Spiele seiner Altersgenossen, er ging lieber in Kirchen, und getreulich hielt er alles in seinem Gedächtnis fest, was er aus der Heiligen Schrift erfahren konnte. Und als seine Eltern gestorben waren, begann er, darüber nachzudenken, wie er eine so große Menge an Reichtum, die sie ihm hinterlassen hatten, verwenden könne, nicht um bei den Menschen, sondern um bei Gott Ruhm und Ehre zu erlangen.
Zur damaligen Zeit sah sich ein adliger Nachbar von ihm gezwungen, aus Geldnot seine drei jungen Töchter Liebesdienste ausführen zu lassen, um sich ernähren zu können. Sobald der Heilige das erfuhr, war er über diesen Frevel empört und warf heimlich des Nachts einen Klumpen Gold, den er in ein Tuch gewickelt hatte, durch ein Fenster ins Haus und verschwand dann ebenso heimlich. Als der Nachbar morgens aufstand, fand er den Klumpen Gold, dankte Gott und richtete seiner erstgeborenen Tochter die Hochzeit. Nicht viel später vollbrachte Nikolaus, der Diener Gottes, eine ähnliche Tat. Der Nachbar fand wieder Gold, brach in überschwengliches Lob aus, doch nahm er sich vor, künftig wach zu bleiben, denn er wollte wissen, welcher Wohltäter seine Not gelindert hatte. Einige Tage später warf Nikolaus einen doppelt so großen Klumpen Goldes ins Haus. Durch dieses Geräusch aber wurde der Nachbar wach, er lief dem fliehenden Nikolaus nach und rief: „Bleibe stehen und zeige dich mir!", und als er näher kam, da erkannte er, daß es Nikolaus war. Er warf sich sogleich vor ihm nieder und wollte die Füße des Heiligen küssen; der aber wehrte ab und verlangte von seinem Nachbarn, er solle niemandem etwas von dieser Wohltat verraten, solange er lebe.
Bald darauf wurde Nikolaus zum Bischof von Myra in Kleinasien gewählt und lebte fromm und in Demut.
Als nun eines Tages Seeleute auf dem Meere in Not waren, da beteten sie unter Tränen: „Nikolaus, Diener Gottes, wenn es wahr ist, was wir über dich hören, so wollen wir es nun in Erfahrung bringen."
Und sogleich erschien ihnen jemand, der so wie Nikolaus aussah, und sprach: „Seht, hier bin ich, denn ihr habt mich gerufen." Und er begann, ihnen an den Rahen, Tauen und dem anderen Takelwerk des Schiffes zu helfen, und sogleich ließ der Sturm nach. Als die Seeleute dann zu der Kirche des Heiligen gekommen waren, erkannten sie diesen, ohne ihn je vorher wirklich gesehen zu haben. Da dankten sie Gott und ihm. Der Heilige aber sagte ihnen, sie sollten ihre Rettung dem Erbarmen Gottes und ihrem Glauben zuschreiben, er selbst, Nikolaus, habe daran keinen Anteil.
Einmal auch suchte eine große Hungersnot die Provinz des heiligen Nikolaus heim, so daß es allen an Nahrung mangelte. Als aber der Mann Gottes hörte, daß mit Weizen beladene Schiffe im Hafen angelegt hätten, eilte er flugs dorthin und bat die Seeleute, den hungrigen Menschen zu helfen und ihnen doch wenigstens hundert Scheffel von jedem der Schiffe zu überlassen. Da antworteten jene: „Das wagen wir nicht, Vater, denn in Alexandria wurde alles genau aufgewogen, und wir müssen die ganze Ladung in den Lagerscheunen des Kaisers abliefern." Darauf entgegnete ihnen der Heilige: „Macht, wie ich es euch sage, und ich verspreche euch, bei der Macht Gottes, daß euch bei den kaiserlichen Verwaltern nichts von der Ladung fehlen wird." Das taten denn auch die Seeleute, und als sie den kaiserlichen Verwaltern die Ladung abgeliefert hatten, da war es genau die Menge, die sie in Alexandria geladen hatten. Da erzählten sie von dem Wunder, und in den höchsten Tönen lobten sie Gott in seinem Diener. Der Mann Gottes aber verteilte das Getreide jedem nach seiner Bedürfigkeit, so daß es auf wunderbare Weise für zwei Jahre nicht nur zur Nahrung ausreichte, sondern auch noch reichlich als Saat übrig blieb.
Auch nach seinem Tode noch vollbrachte der heilige Nikolaus viele Wunder. So beging ein Mann aus Liebe zu seinem Sohn, der die Wissenschaften erlernte, jedes Jahr feierlich das Fest des heiligen Nikolaus. Nun hatte der Vater wieder einmal ein Mahl herrichten lassen und viele Geistliche eingeladen. Es kam aber auch der Teufel in Gestalt eines Pilgers an die Tür und erbat sich ein Almosen. Und der Vater hieß sogleich seinen Sohn, dem Pilger ein Almosen zu geben. Der Sohn eilte zur Tür, und da er den Pilger dort nicht mehr vorfand, lief er ihm hinterher. An einer Wegkreuzung aber ergriff der Teufel den Jungen und erwürgte ihn. Als der Vater dies hörte, brach er in lautes Wehklagen aus, holte den Leichnam und legte ihn ins Schlafgemach. Vor Schmerz begann er laut zu klagen: „Geliebter Sohn, wie steht es nun um dich! Ist das der Lohn für die Ehre, heiliger Nikolaus, die ich dir so lange erwiesen habe?" Und als er diese und noch weitere Wehklagen ausstieß, da öffnete der Knabe sogleich die Augen und stand auf, als hätte er nur geschlafen.

Aus dem Lateinischen übertragen von Erich Ackermann

Die Weihnachtgeschenke

Von Bertil Malmberg

„Mama", sagte Åke, „darf ich in die Stadt gehen und Weihnachtsgeschenke für Papa kaufen?"
„Ist das nicht ein wenig zu früh? Wir haben heute erst den zwanzigsten November."
„Es könnte ausverkauft werden", sagte Åke.
„Ja so, darum", antwortete die Mutter. „Aber du hast ja noch kein Geld für Weihnachtsgeschenke bekommen."
„Ich habe fünfundzwanzig Öre", sagte Åke. „Das reicht."
„Dann mußt du wohl gehen", sagte die Mutter. „Das wäre ja schrecklich, wenn die Geschäfte leer wären, ehe du deine fünfundzwanzig Öre losgeworden bist. Aber vergiß nicht, Galoschen anzuziehen."
In fliegender Hast nahm Åke Rock, Wintermütze und Galoschen und eilte hinaus.
Es lag schon Dunkel über der schneeigen Straße, als Åke durch die Gartentür hinauskam, und da und dort blinkte ein Fenster zwischen dem weißen Zweigwerk der Gärten. Er fand es schrecklich, daß es noch so lange bis Weihnachten war. Nun war es, als wollte er springen, es zu fangen. Aber er sprang nicht geradeaus, sondern im Zickzack, und er hüpfte kreuz und quer über die Schneewehen, die am Rande der Straße lagen. Denn er glaubte, daß er auf diese Art schneller vorwärts käme. – So kam es, daß er plötzlich mit einem Fuß in einer Schneewehe festsaß, und als er den Fuß hochzog, war die Galosche in dem Loch geblieben.
Hätte Åke nun so gehandelt, wie es recht gewesen wäre, so hätte er haltmachen und nach der Galosche suchen müssen, hätte sich keine Ruhe gönnen dürfen, bis er sie gefunden hätte. Aber er war viel zu sehr von dem Gedanken an die Weihnachtsgeschenke erfüllt, als daß er sich lange hätte aufhalten können. Er grub ein Weilchen im Schnee, gab aber bald das langweilige Unternehmen auf und lief weiter.
Er wollte für seinen Vater eine Kuckuckspfeife und vier Zinnsoldaten kaufen. Vater hatte ihm nämlich erzählt, wie sehr er sich damals gefreut hatte, als er diese Kostbarkeiten zu Weihnachten bekam. Åke wußte, daß man solche Dinge in Johannssons Buch- und Papierhandlung kaufen konnte. Er beschleunigte sein Tempo. Und als er zu Johannssons Buch- und Papierhandlung kam, hatte er apfelrote Backen.
Er ging die Treppe hinauf, und als er die Tür öffnete, begann es zu klingeln. Es war ein scharfes und gelles Klingeln, und das behagte Åke. Er schloß die Tür sehr, sehr langsam, damit es so lange wie möglich klingelte.
Als er die Kuckuckspfeife und die Zinnsoldaten bekommen hatte, fragte der Verkäufer, ob es für den Herrn Doktor aufgeschrieben werden solle. „Ich habe eigenes Geld", sagte Åke. Es kostete vierundzwanzig Öre. Nun hatte Åke fünf Weihnachtsgeschenke für den Vater, denn jeder einzelne der vier Zinnsoldaten sollte in einem eigenen Paket liegen!
Den Hinweg war er gelaufen, und er lief auch den Heimweg, aber schließlich wurde er müde und mußte langsam gehen. Und gerade da begann es zu schneien. Da fielen ihm die Galoschen ein. – Das war nun so eine Geschichte für sich. Was würde Mama sagen?
Die Mutter nahm es ernster, als Åke gedacht hatte. Er wurde zu einer sehr harten Strafe verurteilt, zu einer erstaunlichen Strafe in seinem kurzen Leben: er sollte kein Geld für Weihnachtsgeschenke bekommen.
An diesem Abend weinte er sich in den Schlaf, und mit Recht meinte er, daß es keinen unglücklicheren Jungen in der ganzen Welt gäbe als ihn, denn es gab wirklich keinen.
Aber am nächsten Morgen war es aus mit seiner Traurigkeit. Da hatte er einen Ausweg gefunden: er wollte seine Weihnachtsgeschenke selber machen.
Sofort begann er damit. Er wollte häkeln! Aber er konnte nur eine einfache Reihe von Maschen häkeln, er konnte die einzelnen Reihen nicht aneinanderfügen. Das macht ja nichts, dachte er, eine Reihe ist immer eine Reihe.
Deswegen lief er zur Mutter und bat um Garn und Häkelhaken. Und er bekam es. Er wollte etwas für die Mutter häkeln, er wollte den Anfang von einer Matte häkeln!
Jeden Tag arbeitete er lange Stunden, aber er hatte auch anderes zu tun. Er mußte Papierschnitzel für Großmutter schneiden, das sollte ihr Weihnachtsgeschenk werden. Und diese Papierschnitzel sollte dann die Stallmagd unter das Hüh-

nerfutter mischen. Auf diese Weise bekam man starke Eierschalen. Das wußte Åke.
Und er häkelte und häkelte und schnitzelte und schnitzelte Tag um Tag. Das Garn wurde immer weniger und weniger, und die lange Reihe von Maschen wuchs und wuchs, wenn auch nicht in die Breite, so doch in die Länge. Und Vaters Papierkorb mußte täglich seinen Tribut an Åke liefern. Er dachte, daß er so nützliche Weihnachtsgeschenke, wie er sie selber machte, nie kaufen könnte.
Aber was sollte er für Aja machen? Aja hatte einen sehr wählerischen Geschmack. Er ahnte, daß sie bedeutend schwerer zufriedenzustellen war als Mama und Großmutter. Denn er kannte seine Schwester. Vorläufig ließ er freilich die Frage ruhen und hoffte, daß irgendeine gute Idee von alleine kommen würde, während er an den anderen Dingen arbeitete. Aber es kam keine. Dagegen flog die Zeit fort, der eine Tag nach dem anderen flog fort, ohne daß Åke merkte, wie schnell es ging. Der große Markt begann sich mit Weihnachtsbäumen zu füllen. Die Schaufenster verwandelten sich in Märchenwelten mit Bilderbüchern und Pfefferkuchenmännern. Es gab Kästen im Haus, an die man nicht rühren, und Zimmer, in die man nicht hinein durfte. Des Jahres geheimnisvolle Zeit war gekommen. Es war die Woche vor dem Heiligen Abend. Und noch immer hatte Åke nichts für Aja. Was sollte er nur für Aja machen?

Wenn sie doch nicht so furchtbar vornehm wäre, dachte Åke.
Da kam die Mutter herein und gab ihm zwei Kronen. „Hier hast du dein Geld für Weihnachtsgeschenke", sagte sie.
Er machte große Augen. „Ja, aber ich sollte doch keins bekommen!"
„Papa meint, daß du doch dein Geld haben sollst", sagte die Mutter. „Dafür, daß du deine Prüfung wie ein ganzer Kerl getragen und nicht gemault hast."
„Was ist eine Prüfung?" fragte Åke.
„Das ist, zu glauben, daß man kein Geld für Weihnachtsgeschenke bekommt", antwortete die Mutter. „Und seine Prüfung zu tragen, das ist, lieb zu sein, obwohl man traurig ist."
„Ich bin nicht traurig gewesen", sagte Åke. „Ich habe nämlich meine Weihnachtsgeschenke selber gemacht."
„Jaso", erwiderte die Mutter. „Dann darfst du mit den zwei Kronen machen, was du willst. Nur keine Dummheiten."
Und die Woche ging vorbei. Wiklunds mächtiger Familienschlitten fuhr vor der Gartentür vor und darin wurden sie allesamt verpackt: Papa, Mama, Aja und Åke. Und sie fuhren aus der Stadt.
Sie fuhren Meile auf Meile, durch große Wälder. Und es wurde Abend, und es wurde Nacht, und die Schellen läuteten im Dunkeln. Aber für Aja und Åke läuteten sie immer ferner und ferner, da sie unter den Fellen lagen und schliefen.
Dann war man bei der Großmutter. Man saß im Zimmer um den großen Tisch, und der Kronleuchter brannte, und der Weihnachtsbaum brannte, und es war hell in des Herrenhofes langer Flucht von Räumen. Aber im letzten Zimmer war ein kleiner Spiegel, und denkt, darin spiegelte sich der Baum mit allen seinen Lichtern und allen seinen Äpfeln und Sternen!
Aber wie war es nun mit dem Weihnachtsgeschenk für Aja?
Es war wirklich so, daß Åke nichts für seine Schwester hatte finden können. Schließlich hatte er das Zweikronenstück in ein riesenhaftes Paket gelegt, und auf dieses hatte er mit Druckbuchstaben Ajas Namen gesetzt. Denn schreiben konnte er ja noch nicht. Er hatte einen großartigen Erfolg mit seinen Gaben. Großmutter sagte, daß sie sich just solche Papierschnitzel gewünscht hätte, aber natürlich war es nur Åke, der auf so etwas kommen konnte. Es war unglaublich, wie schlecht die Hühner gerade jetzt legten, die Eierschalen gingen kaputt, wenn man sie nur ansah! Was die Mutter betraf, so war diese vollkommen erschüttert. Nie hätte sie geglaubt, daß das, woran Åke gesessen und gehäkelt hatte, für sie sein sollte. Und der Vater? Freilich hatte Åke gedacht, daß der Vater sich freuen würde, wenn er

seine Zinnsoldaten und seine Kuckuckspfeife bekäme, aber daß er sich so freuen würde, das hatte er nicht geahnt. Es war wirklich so, daß Åke sich stolz fühlte. Das einzige, was seinen Stolz dämpfte, war der Gedanke an das Zweikronenstück. Denn was würde Aja sagen, da alle anderen Sachen bekamen und sie nur Geld?
So kam endlich die Reihe an Aja, und sie begann, das gewaltige Paket auszupacken. Sie sah dabei nicht sonderlich hoffnungsvoll aus. „Das ist natürlich Åke, der dieses Paket hier gemacht hat!"
Aber als sie endlich durch alle Papierhüllen gedrungen war und eine kleine Schachtel erwischt hatte, und als sie die Schachtel geöffnet hatte und das Zweikronenstück entdeckte, da veränderte sich ihre Miene. Sie sprang vom Stuhl auf und hin zu Åke und schlang die Arme um seinen Hals. „Åke", rief sie, „was du lieb bist! Ganze zwei Kronen!"
Åke wurde rot, er war keine Zärtlichkeiten von Ajas Seite gewohnt. „Du bist doch nicht traurig, Aja, daß du nichts bekamst, was ich selber gemacht habe?" fragte er kleinlaut.
„Ach, den Plunder, den du selber gemacht hast, möchte ich nie haben", sagte sie verächtlich.
„Plunder?" Das war etwas Neues für Åke. Seine Augen wurden rund wie Untertassen.
„Du glaubst doch wohl nicht, daß diese Papierschnitzel, die du Großmutter gegeben hast, und das Ende Faden, das Mama bekam, daß das etwas ist?" „Ist das nichts, Papa?" fragte Åke.
Vaters Gesicht wurde plötzlich fast streng. „Aja ist zu klein, um den Wert deiner Gaben verstehen zu können", sagte der Vater.
„Da hast du's", sagte Åke. Aber er fühlte, wie seine Augen voll Tränen standen.
„Du bist dumm", sagte Aja, „verstehts du nicht, daß Papa nur so sagt, damit du nicht traurig sein sollst?"
Åke sah sich hilflos um. Plötzlich begannen seine Tränen zu fließen. Er schluchzte nicht, aber die Tränen rannen, groß und klar, über seine Wangen.
Das war nun mehr, als selbst Aja mit ansehen konnte. Sie schlang nochmals die Arme um Åkes Hals und legte ihre Wange an Åkes. „Du bist dumm, Åke", sagte sie, „denn das bist du. Aber du bist jedenfalls schrecklich nett."

Nikolausstiefel

Das Nikolausfest ist besonders für Kinder ein Höhepunkt der Adventszeit. Die Zeit, bis er endlich kommt, läßt sich mit diesen Bastelideen leicht verkürzen.

Rupfenstiefel

Der Rupfenstiefel kann einzeln oder als Adventskalender mit kleinen Stiefelchen gearbeitet werden.

Material und Werkzeug

Fein- oder grobfädiger Rupfen, Filz und Stoffreste in beliebigen Farben, passendes Nähgarn, aufbügelbare Vlieseline, extra stark, für den großen Stiefel, Teddystoff für den Stiefelbesatz, selbstklebende Zahlen, 2 weiße Briefkarten, Geschenkpapier, reichlich Schleifenband, 21 goldfarbene Metallringe, dünner Basteldraht, Stecknadeln, Schere, Heißklebepistole. Schablone für einen großen und einen kleinen Stiefel; die kleinen Stiefel können auch in verschiedenen Größen gefertigt werden. Sternenschablone.

Anleitung

1. Die Schablonen in der gewünschten Größe ausschneiden, für den großen Stiefel erst die Vliesline auf den Rupfen bügeln. Schablone auf den Rupfen legen und den großen und die kleinen Stiefel ausschneiden. Nahtzugabe nicht vergessen.
2. Für den großen Stiefel die Stoffteile rechts auf rechts aufeinander legen, die Rücknaht schließen und mit Zickzack-Stichen versäubern. Die Naht ausbügeln und von rechts den Pelzbesatz aufnähen. Wenden und die Teile wieder aufeinanderlegen, die Seitennähte schließen und mit Zickzack-Stichen versäubern. Den Stiefel wenden. Die kleinen Stiefel ebenso arbeiten.
3. Am oberen Rand des großen Stiefels rechts und links je einen Metallring annähen, an ihnen wird der Stiefel aufgehängt. Auf dem Stiefel verteilt die 19 Metallringe anbringen, an ihnen werden die kleinen Stiefel befestigt.
4. 5 Geschenke (für die 4 Ad-

ventssonntage und für Heiligabend) hübsch verpacken und mit bunten Schleifen verzieren. In den Stiefel stecken. Von jedem Päckchen ein langes Band aus dem Stiefel hängen lassen, unten eine Karte mit der entsprechenden Zahl befestigen, mit einem Stern verzieren.

5. In jedes der 19 Stiefelchen ein kleines Geschenk stecken, die Stiefelchen mit selbstklebenden Zahlen kennzeichnen.

Sterne

Material und Werkzeug

Papier oder Folie, Briefkarten, Schere, Bleistift, Lineal.

Anleitung

1. Kreise in der gewünschten Größe ausschneiden (eventuell ein Glas oder ähnliches als Schablone nehmen), dreimal zusammenfalten. Von der offenen Kante her eine Spitze zuschneiden.

2. Stern auseinanderfalten, glattstreichen und auf eine Briefkarte kleben, Stern nochmals ausschneiden und an einem der fünf Päckchen befestigen.

Kordelnikolaus

Material und Werkzeug

1 Styroporkugel von ca. 6 cm Durchmesser, 2 cm dicke, rote Kordel, roter Duchessestoff, weißer Teddystoff, Filzreste, weiße Pfeifenputzer, 1 Holzkugel zum Bemalen oder 1 fertig bemalter Kopf aus Holz, Filzstifte, Zahnstocher, Klebepistole.

Anleitung

1. Die Kordelenden mit Kleber bestreichen, trocknen lassen. Die Kordel spiralförmig um die Styroporkugel kleben. Auf die Holzkugel mit den Filzstiften ein Gesicht malen.

2. Nach dem Schnittmuster die Kapuze und die Ärmel zuschneiden, die Nähte zusammenkleben.

3. Mit dem Zahnstocher Kopf und Körper verbinden, gut festkleben. Am Kapuzenrand einen Kordelbesatz ankleben, die Kapuze auf dem Kopf befestigen. Die Verbindungsstelle zwischen Kopf und Körper mit einer Kordel abdecken.

4. Für die Arme je einen Pfeifenputzer doppelt legen, verdrehen, an einem Ende einen Fäustling (siehe Schnittmuster) ankleben. Auf die Ärmel einen Kordelbesatz kleben, die Ärmel um die Pfeifenputzer-Arme legen, die Schnittstellen aneinanderkleben und die Arme am Körper befestigen.

5. Stirnhaare und Bart ankleben. Den fertigen Nikolaus auf einen Stab kleben, diesen fest in die Styroporkugel schieben.

Säckchen

Material und Werkzeug

Stoff, weihnachtliche Borte, Kordel, Bänder – die Menge für diese Materialien ergibt sich aus der gewünschten Größe der Säckchen. Nähmaschine und Nähzeug.

Anleitung

1. Für die Säckchen einen länglichen Streifen Stoff zuschneiden, Nahtzugabe nicht vergessen. Eventuell gewünschte Verzierungen auf dem Stoffstreifen befestigen, die Seitennähte schließen.
2. Einen Einschlag für den Kordeldurchzug nähen – mit oder ohne „Köpfchen". Zum Einziehen der Kordel eine Öffnung lassen, die Kordel einziehen.
Die Größe der Säckchen kann nach Bedarf variiert werden – sie hängt davon ab, was in den Säckchen verstaut werden soll.

Winterliches Festmenü

Feldsalat mit Räucherlachs

Für 4 Personen

200 g kleinblättriger Feldsalat
1 kleiner Chicorée
200 g frische Champignons oder Steinpilze
2 Schalotten
200 g geräucherter Lachs
50 g Walnußkerne
Vinaigrette:
2 TL Zitronensaft
Salz
weißer Pfeffer aus der Mühle
1 TL scharfer Senf
6 EL Öl (möglichst 2 EL Walnußöl und 4 EL neutrales Öl)

1. Die sandigen Wurzelenden des Feldsalates so abschneiden, daß die Salatpflanzen noch zusammenhalten und nicht in einzelne Blätter zerfallen. Nur sehr großblättriger Feldsalat wird auseinandergelöst. Den Salat gründlich in leicht lauwarmem Wasser waschen und auf einem Sieb abtropfen lassen oder vorsichtig trockenschleudern. Den Chicorée in einzelne Blätter teilen und in Stücke schneiden.
2. Die geputzten Pilze in Streifen, die geschälten Schalotten in kleine Würfel, die Lachsscheiben in breite Streifen schneiden. Die Nüsse grob hacken.
3. Die Hälfte der Lachsstreifen beiseite stellen. Alle übrigen Salatzutaten in eine Schüssel geben und miteinander vermischen.
4. Für die Vinaigrette den Zitronensaft mit Salz und Pfeffer verrühren, bis das Salz aufgelöst ist. Dann mit einem kleinen Schneebesen zuerst den Senf und dann nach und nach das Öl mit dem Zitronensaft verrühren, so daß eine glatte Sauce entsteht.
5. Die Vinaigrette über die Salatzutaten gießen und gründlich miteinander vermischen. Die restlichen Lachsstreifen über den Salat streuen.
Foto unten.

Hasenrückenfilets in Preiselbeersauce

Für 4 Personen

800 g Hasenrückenfilets
3 EL Butterschmalz
Salz
schwarzer Pfeffer aus der Mühle
4 cl trockener Sherry (Fino)
$^3/_8$ l Wildfond (Fertigprodukt)
1 Schalotte
4 EL Preiselbeeren aus dem Glas
50 g eiskalte Butter
1 Msp. gemahlener Koriander
1 EL geschlagene Sahne

1. Die Hasenrückenfilets sorgfältig von allen Häutchen befreien. Butterschmalz in einer breiten Pfanne mit hohem Rand erhitzen und die

Filets bei starker Hitze rundum kräftig anbraten. Salzen, pfeffern, herausnehmen, in Alufolie wikkeln und warm stellen.

2. Das Bratfett wegschütten. Den Bratensatz mit dem Sherry und dem Wildfond loskochen, die fein gehackte Schalotte dazugeben. Die Flüssigkeit auf zwei Drittel reduzieren. Die Preiselbeeren zufügen und aufkochen. Die Butter in kleinen Stücken mit dem Schneebesen unterschlagen. Mit Salz, Pfeffer und Koriander würzig abschmecken.

3. Die Hasenrückenfilets in der Sauce zugedeckt 7-8 Minuten bei sehr geringer Hitze ziehen lassen.

4. Die Filets herausnehmen, in ca. 1 cm dicke Scheiben schneiden und fächerartig auf Tellern anrichten. Die geschlagene Sahne unter die Sauce heben und über das auf den Tellern angerichtete Fleisch gießen. *Foto oben.*

Fingernudeln (Bubenspitzle)

Für 4 Personen

1 kg mehligkochende Kartoffeln
1/2 TL Salz
2 Eier
100 g Mehl
1 Prise frischgeriebene Muskatnuß
Butterschmalz zum Braten

Die Kartoffeln waschen und in wenig Wasser oder über Dampf gar kochen, abgießen und unter Schütteln des Topfes abdämpfen, bis sie ganz trocken sind. Die Schale abziehen und die Kartoffeln noch heiß durch die Kartoffelpresse in eine Schüssel drücken. Das Salz, die Eier, Mehl und Muskat hinzufügen und schnell zu einem glatten Teig verarbeiten.

2. Mit bemehlten Händen aus der Masse kleine, fingerdicke und fingerlange Nudeln formen, die an beiden Enden spitz zulaufen.

3. In einer Pfanne reichlich Butterschmalz erhitzen und die Fingernudeln portionsweise darin von allen Seiten goldbraun braten. Mit einem Schaumlöffel herausnehmen und auf Küchenpapier abtropfen lassen. Auf eine Platte geben und warm stellen, bis alle Fingernudeln gebraten sind.

TIP Aus dem gleichen Teig können Sie auch zarte Kartoffelplätzchen backen.

Bratäpfel

Für 4 Personen

4 große, aromatische Äpfel
20 g kandierter Ingwer
30 g Orangeat
2 EL geröstete, gehackte Haselnüsse
1 Msp. Zimt
2 EL flüssiger Honig
Butter für die Form und Butterflöckchen

1. Den Backofen auf 200°C vorheizen. Eine feuerfeste Form gut mit Butter einfetten.

2. Die Äpfel waschen, abtrocknen, die Kerngehäuse mit einem Apfelausstecher entfernen, Ingwer und Orangeat in sehr kleine Würfel schneiden und mit den gehackten Nüssen und dem Zimt vermischen. Zum Schluß den leicht flüssigen Honig unter die Trockenfrüchte mischen.

3. Die Äpfel in die Form setzen und die Füllung in die Apfelöffnungen verteilen. Die restliche Füllung um die Äpfel legen. Auf jeden Apfel ein Butterflöckchen setzen.

4. Die Form auf der mittleren Schiene im Backofen etwa 30-40 Minuten braten. Dazu paßt Vanillesauce. *Kleines Foto oben.*

TIP Bratäpfel sind immer so gut wie die verwendete Apfelsorte. Geeignete Sorten sind z.B. Boskop oder Cox Orange.

Die zweite Adventswoche

Ich wünsch mir was

Ich wünsch mir was!
Was ist denn das?
Das ist ein Schloß aus Marzipan
mit Türmen aus Rosinen dran
und Mandeln an den Ecken.
Ganz zuckersüß und braungebrannt
und jede Wand aus Zuckerkand –
da kann man tüchtig schlecken!
Und Diener laufen hin und her
mit Saft und Marmelade
und drinnen, in dem Schlosse drin,
sitzt meine Frau, die Königin –
die ist aus Schokolade!

Unbekannt

22
10

Gewürzvergnügen

Gewürze braucht man normalerweise in der Küche. Aber mit Gewürzen kann man auch phantasievollen Schmuck basteln.

Kleiner Tannenkranz mit verschiedenen Gewürzen

Material und Werkzeug

1 kleiner Kranz aus künstlicher Tanne (Durchmesser 20-25 cm), 3 größere Seidenrosen oder mehrere kleine Seidenblüten, 1 kleiner Thujazweig, einige goldene Deko-Steck-Kugeln, 1,5 m schmales Band, einige angedrahtete Gewürze und Zapfen (Anleitung siehe Seite 60 f.), 2-3 goldene, künstliche Zweige, Basteldraht, Klebepistole, Schere, Seitenschneider.

Anleitung

1. Aus dem schmalen Band eine mehrschlaufige, großzügige Schleife legen, mit Draht zusammenbinden. Den Draht auf etwa 3 cm kürzen. Den Thujazweig in 2-3 Stücke schneiden. Die Blütenstiele der Seidenblumen auf unterschiedliche Länge kürzen. Alle Zutaten probeweise zu einem Gebinde legen. Nach und nach auf dem Kranz festkleben oder mit Draht festbinden.
2. Alle übrigen Dekomaterialen nach Belieben auf dem Tannenkranz verteilen und festkleben oder mit Draht festbinden.

Säckchen mit Nelkenbukett

Material und Werkzeug

Ein hübscher Stoffrest (25 x 18 cm), Bastelwatte, 9-11 Nelken, goldener Bouillondraht, goldener Basteldraht, 2-3 goldene, künstliche Blätter, 1-2 goldene, künstliche Blüten, 35 cm langes, schmales Band, 1 Deko-Steck-Kugel, Nähzeug, Nähmaschine, Schere, Klebepistole, Seitenschneider.

Anleitung

1. Aus dem Stoffstreifen ein Säckchen nähen. Mit der Bastelwatte zu knapp drei Vierteln füllen. Zusammenfassen und mit Basteldraht zubinden. Die Drahtenden kurz abschneiden.
2. Die Nelken mit Bouillondraht umwickeln und zu einem Sträußchen zusammenfassen. Aus dem Band eine Schleife legen und mit Draht abbinden. Die Drahtenden abschneiden.
3. Aus den Blättern, den Nelken, den Blüten und den Deko-Kugeln einen flachen Strauß legen und mit Draht fest abbinden. Die Drahtenden auf ca. 3 cm abschneiden. Das Sträußchen auf die Abbindestelle des Säckchens kleben oder mit Draht festbinden. Die vorbereitete Schleife dazukleben.

TIP Wenn Sie das Säckchen mit Nelken oder Lavendel füllen, wird daraus ein Duftsäckchen.

Nelken andrahten

Material und Werkzeug

Bastelnelken (sie haben etwas größere Blüten), Bouillondraht, Basteldraht in einer passenden Farbe, Schere.

Anleitung

1. Etwa 2-3 cm Bouillondraht abschneiden und auf den Basteldraht auffädeln. Den Basteldraht an den Nelkenstiel legen und den Stiel 2-3mal fest umwickeln.

2. Bouillondraht nachschieben und wie ein Krönchen um die Nelkenblüte legen. *Foto oben.*
3. Den Basteldraht nun 2-3mal um den Nelkenstiel wickeln und damit das Krönchen fixieren. Draht etwa 8 cm lang stehen lassen.

TIP Es arbeitet sich leichter, wenn der Draht direkt von der Spule kommt.

Sternanis

Material und Werkzeug

Anisstern, Bouillondraht, Basteldraht, Schere.

Anleitung

1. Ein etwa 4-5 cm großes Stück Bouillondraht abschneiden und auf den Basteldraht fädeln. Ein etwa 10 cm langes Stück Draht unten stehen lassen, dann den Basteldraht 2-3mal um den Anisstern legen, leicht anziehen. *Foto unten.*

2. Den Bouillondraht nachschieben und wechselweise durch die Zacken führen, bis jeder Zwischenraum ausgefüllt ist.
3. Den Basteldraht unter den Anisstern führen, ein etwa 10 cm langes Stück Draht stehen lassen. Anfang und Ende des Basteldrahtes mehrmals gegeneinander verdrehen. Auf 8 cm Länge abschneiden.

Zimt und Ingwer

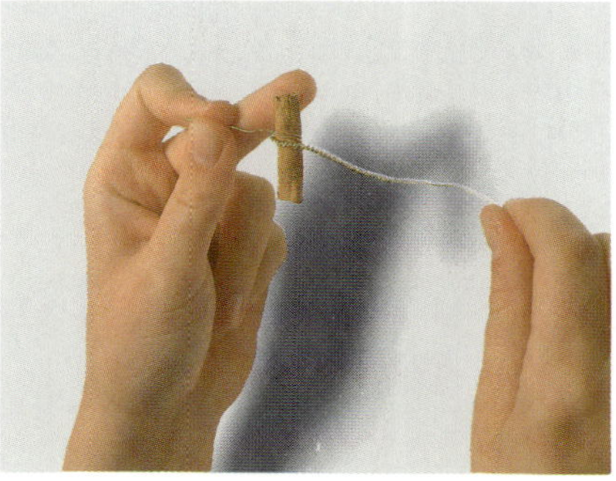

Material und Werkzeug

Zimtstangen oder Ingwerstücke, Bouillondraht, Basteldraht, Schere.

Anleitung

1. Die Zimtstangen in ca. 3 cm lange Stücke schneiden. Von dem Bouillondraht ein 2-4 cm langes Stück abschneiden, auf den Basteldraht fädeln.
2. Den Basteldraht 2-3mal um die Zimtstange wickeln, unten ein etwa 10 cm langes Stück stehen lassen, den Draht fest anziehen. Den Bouillondraht nachschieben, um das Zimtstück wickeln. Drahtanfang und Ende gut gegeneinander verdrehen und auf etwa 8 cm Länge abschneiden. *Foto oben.*
Mit den Ingwerstücken ebenso verfahren.

Goldzapfen

Material und Werkzeug

Kleine Erlenzapfen, Goldspray, brauner Basteldraht, Schere.

Anleitung

1. Von dem Basteldraht ein Stück abwickeln, etwa 10 cm stehen lassen. Den Draht einige Male fest um das untere Ende des Zapfens wickeln.
2. Die beiden Drahtenden mehrmals gegeneinander verdrehen und auf ca. 8 cm Länge abschneiden.

Zimtaufleger

Diese Zimtaufleger sind ein besonders schöner und stimmungsvoller Tischschmuck.

Material und Werkzeug

Extra lange Zimtstangen, 1 m langes und 3 cm breites weinrotes Samtband, 30 cm langes und 2 cm breites Taftband in Weinrot/Gold, 1 goldene Traube, 2-3 Stückchen angedrahteter Zimt, Basteldraht, Klebepistole.

Anleitung

1. Drei Zimtstangen zusammenlegen und mit Basteldraht kreuzweise umwickeln. Vom Samtband 30 cm abschneiden, den Rest zu einer großzügigen Schleife legen und mit Draht abbinden. Das schmalere Band zu einer einfachen Schleife legen, mit Draht abbinden. Samtband auf die Hälfte legen, andrahten. *Foto oben.*

2. Die Samtschleifen und das Samtbandstück sowie die Taftschleife, die Traube und die Zimtstücke auf die gebündelten Zimtstangen kleben. *Foto oben.*

Weihnachtliche Gestecke

Was wäre eine Wohnung im Advent ohne weihnachtliche Gestecke? Hier finden Sie verschiedene Vorschläge, von traditionell bis modern mit vielen Variationsvorschlägen.

Holzstern mit Wichteln

Material und Werkzeug

Roter Filz, weiße Pfeifenputzer, goldene Schlingenborte, goldene Kordel, 1 Holzperle (Durchmesser 1,5 cm, Kopf) mit Loch, 2 Holzperlen (Durchmesser 0,5 cm, Hände) mit Loch, 2 Holzperlen (Durchmesser 0,8 cm, Füße) mit Loch, weißer, flauschiger Stoff, Schnitteile, spitze Nadel mit großem Öhr, Filzstifte, Klebepistole.

Anleitung

1. Nach dem Schnittmuster aus dem Filz Cape und Kapuze zuschneiden. Die goldene Schlingenborte halbieren und auf den Rand des Capes kleben. Die Kapuze zusammenkleben und die Naht sichtbar mit Goldfaden heften. Den Goldfaden oben als Aufhänger stehen lassen und die beiden Enden verknüpfen.
2. Das Cape sollte hinten etwas länger sein. Die Öffnung für den Körper deshalb nicht genau in der Mitte anbringen.
3. Ein 12 cm langes Stück Pfeifenputzer auf die Hälfte biegen (Körper und Beine). Ein 8 cm langes Stück Pfeifenputzer etwa 1 cm unterhalb des Knicks durchschieben und einmal verdrehen (Arme). Die Holzperlen an den Enden der Pfeifenputzer ankleben. Das Cape überstülpen und an den Beinen etwas festkleben.
4. Den Kopf auf den Körper kleben. Die Kapuze ankleben. Am Kapuzenrand einen Pfeifenputzer-Besatz anbringen. Aus dem flauschigen Stoff einen Bart schneiden und ankleben. Jetzt erst das Gesicht malen, damit der Mund über dem Bart noch sichtbar ist.

Wurzelgesteck

Material und Werkzeug

1 ca. 25 cm langes Stück Wurzel oder Baumstamm (Durchmesser ca. 10 cm), 2 Engel (Anleitung siehe Seite 70), etwas Tannengrün, einige goldene Blüten und Blätter, kräftiger, goldener Basteldraht, 50 cm breites Netz- oder Tüllband, 60 cm langes und 1 cm schmales, rotes Band, einige kleine, rote Beeren, 1 Kerzenhalter aus Holz, 1 Kerze, Goldspray, Basteldraht, Klebepistole, Seitenschneider.

Anleitung

1. Den Kerzenleuchter mit Goldspray ansprühen, gut trocknen lassen. Die beiden kleinen Engel nach der Anleitung auf Seite 70 herstellen. Aus den Bändern großzügige Schleifen legen, mit Draht abbinden. Das Tannengrün passend zuschneiden. Die Stiele von Goldblättern, -blüten und Beeren auf unterschiedliche Länge kürzen.
2. Auf eine geeignete Stelle der Wurzel einen dicken Tropfen Klebstoff geben. Blätter, Blüten, Beeren und Schleifen zu einem Arrangement ordnen und nach und nach festkleben.
3. Den Kerzenhalter seitlich davor plazieren und festkleben. Für die Engel eine geeignete Stelle wählen, ebenfalls festkleben.

Adventsgesteck auf lila Holzteller

Material und Werkzeug

4 lila Kerzen, 1 Holzteller (Durchmesser ca. 25-30 cm), 4 kleine Holzteller als Kerzenhalter, lila Bauernmalfarbe, Pinsel, 1 Block Moosy-Steckmasse trocken (ca. 10 x 5 x 5 cm), graues Islandmoos, U-Haken, künstliches Tannengrün, goldene Zweige, goldene Blätter (z. B. Farn), goldener Sternendraht, 8-12 verschieden große Deko-Kugeln in Gold und Lila, einige goldene Weihnachtsterne und lila Blüten, 3 x 2 m gold- und lilafarbenes Band in zwei Breiten, 1,5 m feine, lila Perlenschnur, kräftiger, goldener Basteldraht, dünner Basteldraht, Bleistift, Klebepistole, Schere, Seitenschneider.

Anleitung

1. Den großen und die vier kleinen Holzteller lila anmalen, über Nacht gut trocknen lassen. Aus den Bändern und der Perlenschnur großzügige Schleifen legen, mit Draht abbinden. Die Drahtenden stehen lassen.
2. Den kräftigen Basteldraht einige Male um den Bleistift wickeln, den Bleistift herausziehen – so erhalten Sie eine Spirale. Von dem Sternendraht 3-4 Stück à 25-30 cm abschneiden.
3. Den Moosyblock auf eine Tellerseite kleben. Etwas Klebstoff auf das Moosy geben und das Islandmoos ankleben, so daß man das Moosy nicht mehr sieht. Das Islandmoos zusätzlich mit U-Haken fixieren.
4. Nun die Zutaten nach und nach in den Moosyblock stecken. Darauf achten, daß auch die Rückseite schön wird. Die Schleifen zuletzt seitlich ankleben oder feststecken. Die kleinen Holzteller hübsch verteilen und ankleben.

Zieht ein süßer Duft durchs Haus

Elisenlebkuchen

Für ca. 15 Stück

2 Eier
1 Eiweiß
250 g brauner Farinzucker
1 gestrichener EL Zimt
1/4 TL Kardamom, gemahlen
1/4 TL Muskatblüte, gemahlen
1/4 TL Nelken, gemahlen
1/4 TL Ingwer, gemahlen
abgeriebene Schale von
1 unbehandelten Zitrone
je 35 g Zitronat und Orangeat, fein gehackt
300-400 g fein gemahlene Mandeln
Oblaten, Ø 8 cm
50 g ganze, abgezogene Mandeln zum Verzieren
100 g Puderzucker
1 EL heißes Wasser
1 EL Rum oder etwas Zitronensaft

1. Die Eier, das Eiweiß und den Farinzucker möglichst lange miteinander verrühren (mindestens 15 Minuten), bis sich der Zucker aufgelöst hat und eine gute Bindung entstanden ist. In diese Mischung die Gewürze geben und alles gründlich verrühren. Zuletzt die Mandeln zufügen. Die Masse muß so fest sein, daß ein Löffel aufrecht darin stecken bleibt. Ist dies nicht der Fall, noch geriebene Mandeln zufügen. Die Masse darf nicht mehr fließen.
2. Den Lebkuchenteig auf die Oblaten streichen. Pro Oblate einen gehäuften Eßlöffel von der Masse auf die Mitte der Oblate setzen. Dann die Masse mit einem breiten Messer in Form streichen. Anschließend den Lebkuchen vom Rand her glätten. Das Messer dabei immer wieder in kaltes Wasser tauchen, sonst bleibt die Masse daran kleben. Die Lebkuchen auf das ungefettete Blech setzen, etwa 2 cm Zwischenraum lassen.
3. Die Lebkuchen mit Mandeln, nach Belieben auch mit Zitronat dekorieren. In einem kühlen, nicht zu trockenen Raum über Nacht (mindestens 12-15 Stunden) trocknen lassen.
4. Den Backofen auf 175°C vorheizen. Die Lebkuchen darin auf der zweiten Schiene von oben 25-30 Minuten backen. Nach dem Abkühlen mit Puderzuckerglasur oder mit Kuvertüre bestreichen.

Printen

Für ca. 70 Stück

300 g Sirup
200 g Honig
100 g Zucker
600 g Mehl
1 Päckchen Backpulver
1 Prise Salz
abgeriebene Schale von
1 unbehandelten Orange
2 TL Anis, gemahlen
1 TL Kardamom, gemahlen
1 TL Nelken, gemahlen
1 TL Zimt, gemahlen
nach Belieben etwas fein zerstoßener Kandiszucker
1 Becher Kuvertüre

1. Den Sirup und den Honig in einem Topf erhitzen. Den Zucker und die Gewürze zugeben, vom Herd nehmen und abkühlen lassen.
2. Das Mehl mit dem Backpulver mischen, die Sirup-Honig-Masse zugeben und alles zu einem festen Teig verkneten. Nach Belieben fein gestoßenen Kandis unterkneten. Den Teig über Nacht an einem kühlen Ort ruhen lassen.
3. Den Backofen auf 220°C vorheizen. Den Teig auf bemehlter Arbeitsfläche 1/2 cm dick ausrollen und in gleichmäßige Rechtecke schneiden. Ein Backblech mit Backpapier auslegen, die Printen darauf legen. In den Backofen schieben (Mitte) und ca. 15 Minuten backen. Die abgekühlten Printen nach Belieben mit der flüssigen Kuvertüre bestreichen. *Foto links Mitte.*

Honigkuchen vom Blech

Für ca. 35 Stück

250 g Honig
65 ml Öl
300 g brauner Farinzucker
450 g Mehl
1/2 Päckchen Backpulver
1 TL Zimt, gemahlen
1/4 TL Nelken, gemahlen
etwas Piment, gemahlen
1 Msp. Muskatblüte, gemahlen
1 Msp. Salz
abgeriebene Schale von
1 unbehandelten Zitrone
125 g gemahlene Haselnüsse oder Mandeln
1 Ei
je 50 g Zitronat und Orangeat, fein gehackt
Butter für das Blech
etwas Kondensmilch zum Bestreichen
100 g geschälte ganze Mandeln
100 g Belegkirschen
100 g Zitronat in größeren Stücken

1. Den Honig, das Öl und den Zucker in einem Topf verrühren, aufkochen und langsam abkühlen lassen.
2. Das Mehl mit dem Backpulver, den Gewürzen und den Nüssen

mischen. Das Ei dazugeben und die Honig-Zucker-Öl-Mischung nach und nach unterrühren. Das Ganze zu einem glatten Teig verkneten. Wenn der Teig zu sehr klebt, noch etwas Mehl dazugeben. Den Teig in Folie wickeln und 1-2 Stunden im Kühlschrank ruhen lassen.

3. Den Backofen auf 190°C vorheizen. Das Blech gut mit Butter bestreichen und den Teig mit bemehlten Händen auf das Blech drücken, glätten und mit Milch bepinseln. Mit dem Messerrücken auf dem Teig Quadrate von etwa 6x6 cm andeuten. Diese Quadrate mit Mandeln, Belegkirschen und Zitronat verzieren.

4. Den Honigkuchen auf der mittleren Schiene des Backofens 20-25 Minuten backen. Er darf nicht zu dunkel und zu fest werden! Den fertigen Honigkuchen einige Minuten abkühlen lassen. Noch warm in Quadrate schneiden, auf einem Kuchengitter auskühlen lassen.

Spekulatius

Für ca. 50 Stück

300 g Mehl
100 g geschälte, feingemahlene Mandeln
150-175 g feiner Zucker
abgeriebene Schale von 1 unbehandelten Zitrone
1/2 TL gemahlener Zimt
1 gute Msp. Nelke, gemahlen
1 Msp. Kardamom, gemahlen
1 Msp. Muskatblüte, gemahlen
175-200 g kalte Butter
1 Ei
100 g Mandelblättchen
Butter zum Einfetten
Mehl zum Ausrollen

1. Das Mehl, die gemahlenen Mandeln, den Zucker, die Zitronenschale und die Gewürze auf der Arbeitsfläche anhäufen, die klein gewürfelte Butter darauf verteilen. Die Zutaten mit einem großen Messer durchhacken, bis sie fein vermischt sind. Das verquirlte Ei in die Mitte geben. Dann mit den Händen alles rasch zu einem weichen Teig verkneten. In Folie wikkeln und im Kühlschrank etwa 2 Stunden ruhen lassen.

2. Ein Blech mit Backpapier belegen, leicht einfetten und mit Mandelblättchen gleichmäßig bestreuen. Den Backofen auf 180°C vorheizen.

3. Den Teig portionsweise auf der leicht bemehlten Arbeitsfläche etwa 4 mm dick ausrollen, verschiedene Formen ausstechen und auf das Blech setzen.

4. Die Spekulatius vor dem Bakken etwa 1 Stunde kalt stellen, dann auf der Mittelschiene im Backofen 10-12 Minuten goldgelb backen. *Foto links.*

TIP Den Teig wie beschrieben portionsweise ausrollen. Spekulatius-Holzmodel mit Mehl bestäuben, ausklopfen und dann auf den Teig drücken. Die Plätzchen am Modelrand entlang mit einem scharfen Messer ausschneiden. Ein Backblech mit Backpapier auslegen, die Spekulatius auf das Backpapier legen (ohne Mandeln) und 15-20 Minuten backen.

Macht hoch die Tür

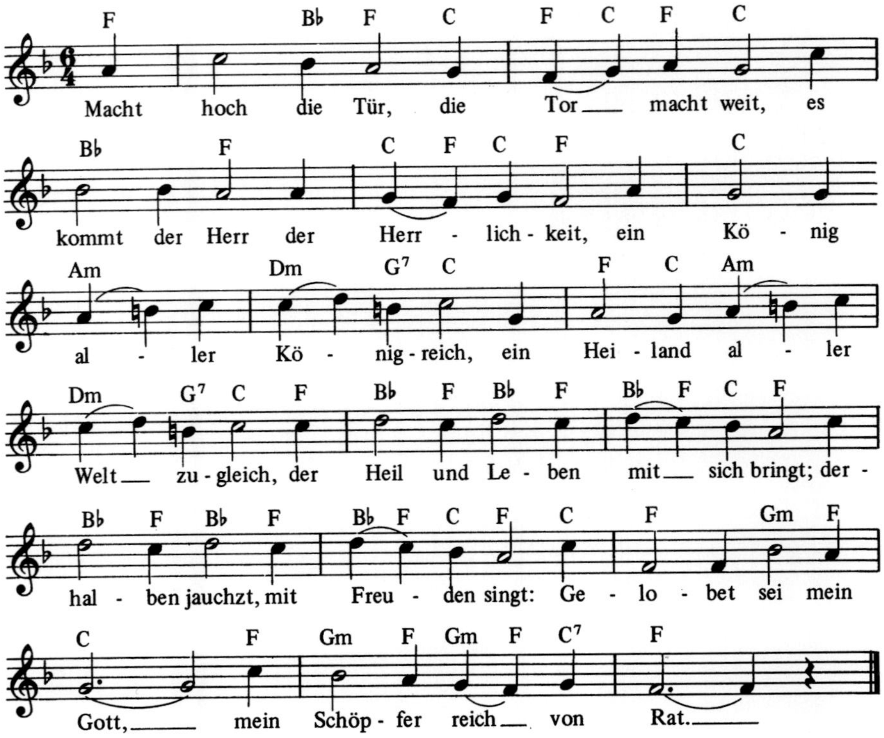

Er ist gerecht, ein Helfer wert,
Sanftmütigkeit ist sein Gefährt,
Sein' Königskron' ist Heiligkeit,
Sein Zepter ist Barmherzigkeit;
All unser Not zum End' er bringt,
Derhalben jauchzt, mit Freuden singt:
Gelobet sei mein Gott, mein Heiland groß von Tat!

O wohl dem Land, o wohl der Stadt,
So diesen König bei sich hat!
Wohl allen Herzen insgemein,
Da dieser König ziehet ein!
Er ist die rechte Freudensonn',
Bringt mit sich lauter Freud und Wonn'.
Gelobet sei mein Gott, mein Tröster früh und spat!

Macht hoch die Tür, die Tor' macht weit,
Euer Herz zum Tempel zubereit'.
Die Zweiglein der Gottseligkeit
Steckt auf mit Andacht, Lust und Freud;
So kommt der König auch zu euch,
Ja Heil und Leben mit zugleich.
Gelobet sei mein Gott, voll Rat, voll Tat, voll Gnad!

Komm, o mein Heiland, Jesu Christ,
Mein's Herzens Tür dir offen ist;
Ach zieh mit deiner Gnaden ein,
Dein' Freundlichkeit auch uns erschein'.
Dein heil'ger Geist uns führ' und leit'
Den Weg zur ew'gen Seligkeit.
Dem Namen dein, o Herr, sei ewig Preis und Ehr!

Text: Georg Weissel
Melodie: J. A. Freylinghausen
„Geistliches Gesangbuch", 1704

Leise rieselt der Schnee

In den Herzen wird's warm,
Still schweigt Kummer und Harm,
Sorge des Lebens verhallt:
Freue dich, Christkind kommt
bald!

Bald ist Heilige Nacht,
Chor der Engel erwacht,
Hört nur wie lieblich es schallt:
Freue dich, Christkind kommt
bald!

Text: Eduard Ebel, Melodie: Volksweise.

Tannengeflüster

Wenn die ersten Fröste knistern
in dem Wald bei Bayrisch-Moos,
geht ein Wispern und ein Flüstern
in den Tannenbäumen los,
ein Gekicher und Gesumm
ringsherum.

Eine Tanne lernt Gedichte,
eine Lärche hört ihr zu.
Eine dicke, alte Fichte
sagt verdrießlich: Gebt doch Ruh!
Kerzenlicht und Weihnachtszeit
sind noch weit!

Vierundzwanzig lange Tage
wird gekräuselt und gestutzt
und das Wäldchen ohne Frage
wunderhübsch herausgeputzt.
Wer noch fragt: Wieso? Warum? –
der ist dumm.

Was das Flüstern hier bedeutet
weiß man selbst im Spatzennest:
Jeder Tannenbaum bereitet
sich nun vor aufs Weihnachtsfest.
Denn ein Weihnachtsbaum zu sein:
Das ist fein!

James Krüss

Bunte Engelparade

Advent und Weihnachten sind ohne Engel gar nicht vorstellbar. Und daß es nich schwer sein muß, schöne Engel zu basteln, sehen Sie auf der folgenden Seite.

Spitzenengel

Material und Werkzeug

Weißer Stickereistoff 20 x 20 cm, 50-60 cm dünne, weiße Spitze, 1 Holzperle (Durchmesser 2 cm), 1 etwas kleinere Holzperle, goldener, silbener oder kupferfarbener Bouillondraht, kleine, dazu passende Sternchen, 25 cm feine Kordel als Aufhänger, Bastelfolie, goldene oder silberne Blätter, dünne Pappe, Filzstifte, Nähmaschine, Nähzeug, Schere, Zirkel, Klebepistole.

Anleitung

1. Aus dünner Pappe einen Kreis von 20 cm Durchmesser ausschneiden. Schnittmuster auf den Stickereistoff legen und zuschneiden. Am Rand mit Zick-Zack-Stichen die Spitze befestigen. Unterhalb der Naht mit doppeltem Faden durchheften.

2. An die Holzperle eine kleinere Perle ankleben. Von dem Bouillondraht ein Stück abwickeln und die größere Perle damit bekleben, bis eine schöne Lockenfrisur entstanden ist. *Foto links Mitte.*

3. Den Stoff mit dem Heftfaden kräuseln. Die kleine Perle in die Öffnung stecken und fest anziehen. Faden vernähen. Den Aufhänger auf die Frisur kleben. Mit den Filzstiften ein Gesicht malen. *Foto links unten.*

4. Aus der Folie Flügel schneiden oder goldene oder silberne Blätter als Flügel ankleben.

Engel aus Papierkordel

Material und Werkzeug

Papierkordel, 1 Holzkugel (Durchmesser 1,5 cm), goldener Bouillondraht, Basteldraht, Goldfarbe, Filzstifte, Zick-Zack-Schere, Maßband, Klebepistole, Pinsel.

Anleitung

1. Für das Kleid von der Papierkordel ein 16 cm langes Stück abschneiden. Dieses Stück aufdrehen und glattstreichen. Mit einer Zick-Zack-Schere oben und unten einen Zentimeter wegschneiden. Das Stück soll die Maße 14 x 9 cm haben. Dieses Stück in der Mitte mit Draht abbinden. Die Seitennähte zukleben.
2. Für die Arme ein Stück von 10 cm Länge abschneiden. Auseinanderziehen, glattstreichen und oben und unten mit der Zick-Zack-Schere je einen Zentimeter abschneiden. Das Stück soll die Maße 8 x 9 cm haben. Der Länge nach auf die Hälfte zusammen legen, die Längsnaht zusammenkleben, so daß ein Schlauch entsteht. Diesen Schlauch in der Mitte mit Draht abbinden.
3. Für die Flügel von der beiliegenden Schemazeichnung den Schnitt abnehmen, auf ein Stück auseinandergezogene Papierkordel übertragen und mit der Zick-Zack-Schere zuschneiden. In der Mitte mit einem Draht abbinden.
4. Auf die Holzperle mit den Filzstiften ein Gesicht malen. Bouillondraht von der Spule wickeln, auseinanderziehen und als Haare auf den Kopf kleben (Siehe auch Seite 39). Den Kopf auf die Abbindestelle des Kleides kleben.
5. Die Arme an der Rückseite des Kleides festkleben und etwas nach vorn ziehen. Die Flügel ebenfalls an der Rückseite des Kleides befestigen. Mit einem Pinsel nach Belieben Goldfarbe auf Kleid und Ärmel auftragen. *Kleines Foto.*

Engel aus Moiréband

Material und Werkzeug

1 Styroporkegel (Höhe 7 cm), weißer Pfeifenputzer, 10 cm breites, festes Band, 20 cm langes und 4 cm breites Band für die Schärpe, 1 Holzkugel (Durchmesser 1,5 cm), 2 Holzperlen (Durchmesser 0,5 cm) mit Loch, etwas weiße Futterwatte, Goldfolie oder kleine gekaufte Flügel, Schlingenborte, dünne Pappe, Schere, Zick-Zack-Schere, Klebepistole, Bleistift, Lineal.

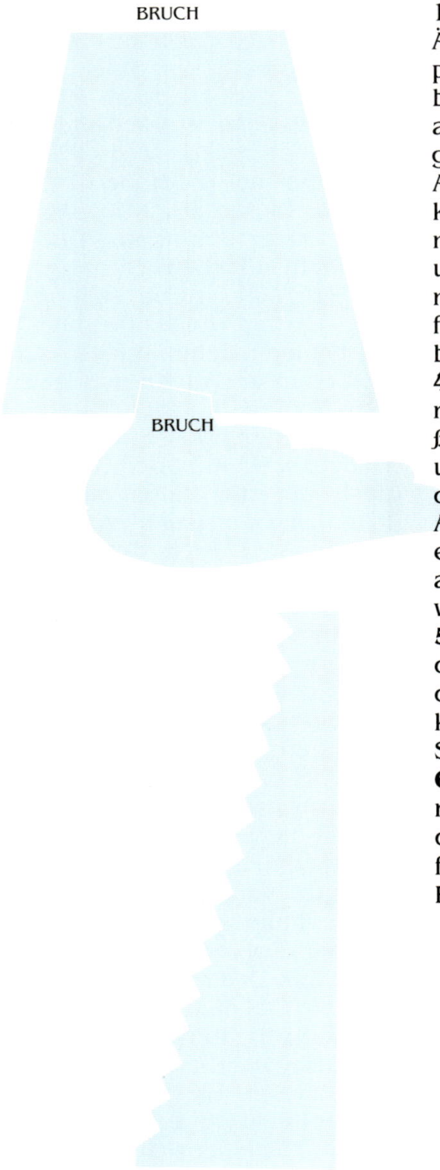

Anleitung

1. Nach den Schemazeichnungen Schnittvorlagen herstellen. Das Rockteil aud dem Band 7x zuschneiden. Die schrägen Kanten mit der Zick-Zack-Schere schneiden, die beiden anderen Kanten mit der normalen Schere.
2. Die Schlingenborte teilen, jeweils am unteren Saum der sieben Schnitteile festkleben. Die sieben Schnitteile fächerförmig auf den Kegel kleben, immer nur an der geraden Schnittkante festkleben. Der Kegel muß rundum mit Stoff bedeckt sein. Das letzte Rockteil wir unter das erste geschoben.
3. Die Ärmel in einem Stück zuschneiden. Den Pfeifenputzer auf 11 cm Länge abschneiden. Den Ärmel glatt hinlegen, den Pfeifenputzer längs in der Mitte festkleben. Den Ärmel wenden und von außen an die Ärmelkanten Schlingenborte kleben. Wieder wenden. An die Pfeifenputzer-Enden die kleinen Holzperlen kleben. Die Ärmel längs auf die Hälfte falten und unten zusammenkleben. Die Arme auf der Rückseite des Kegels festkleben und etwas nach vorne biegen.
4. Die große Holzperle auf den Styroporkegel kleben. Aus der weißen Futterwatte Haare schneiden und auf dem Kopf festkleben. Mit den Filzstiften ein Gesicht malen. Als Kopfschmuck erhält der Engel ein Krönchen aus Schlingenborte, an dem vorn ein Stern festgeklebt wird.
5. Aus der Goldfolie Flügel schneiden oder gekaufte Flügel verwenden. Am Rücken des Engels festkleben. Den Hals mit einem Stück Schlingenborte abdecken.
6. Das breite Band in der Mitte einmal verdrehen und auf die Brust des Engels kleben, über die Arme führen und seitlich am unteren Rand des Rocks festkleben.

Bänderkugel

Material und Werkzeug

1 Styroporkugel (Durchmesser 4 cm), 30 cm Band, 60 cm schmales Goldband als Aufhänger, goldene Zweige, Basteldraht, Klebepistole, Maßband.

Anleitung

1. Den Umfang der Kugel messen. Das Band in 3 gleichlange Stücke schneiden, um die Kugel führen und oben zusammenfassen. Die Bandteile überlappend ankleben.
2. Aufhänger und Dekomaterial festkleben. Mit dem restlichen Band eine Schleife legen und mit Draht fixieren, festkleben.

Bänderstern

Material und Werkzeug

35 cm langes und 4 cm breites Band, 2 goldene Sternchen (Durchmesser 1,2 cm), schmales Goldband, dünne Pappe, Maßband, Schere, Klebepistole.

Anleitung

1. Nach der Schemazeichnung eine Schnittvorlage herstellen. Sieben Teile zuschneiden und zu „Tüten" kleben. Auf die gekennzeichnete Klebestelle achten.

2. Die Tüten mit den Spitzen auf eines der Goldsternchen kleben. Den Aufhänger einkleben, die Klebestelle mit dem zweiten Goldsternchen abdecken. *Foto rechts.*

Bänderengel

Material und Werkzeug

25 cm langes und 4 cm breites Goldband, weißer Pfeifenputzer, 1 Zahnstocher, 2 Wachsperlen (Durchmesser 0,5 cm) mit Loch, 1 Holzperle (Durchmesser 0,6 cm) mit Loch, goldener Bouillondraht, 2 kleine Goldblätter (Flügel), 1 Goldstern, 15 cm Goldschnur als Aufhänger, 1 Wattekugel (Durchmesser 0,8-1,0 cm), Schere, Klebepistole, Nähzeug.

Anleitung

1. Das Band an den Schnittkanten zusammenkleben, so daß ein Ring entsteht. Mit doppeltem Faden auf einer Seite Heftstiche anbringen, das Band kräuseln, Nadel und Faden hängen lassen.

2. Einen Pfeifenputzer auf 7 cm Länge abschneiden, einmal etwas unterhalb der Spitze um den Zahnstocher wickeln. Die Wachsperlen an die Pfeifenputzer-Enden kleben. Foto links oben.

3. Auf die Holzperle einen Tropfen Klebstoff geben. Mit dem Bouillondraht einen Lockenkopf kleben (siehe auch Seite 39). Mit Filzstift ein Gesicht aufmalen.

4. Die Zahnstocherspitze in die Holzkugel kleben. Den unteren Teil des Zahnstochers in die Rocköffnung stecken, den Faden am Rock fest anziehen und verknoten, die Fadenenden nach innen legen. Von unten den Zahnstocher in die Wattekugel stecken, festkleben. *Foto links unten.*

5. Die goldenen Blätter als Flügel ankleben. Am Kopf die Goldschnur und das Goldsternchen festkleben. Herz oder Sternchen unterhalb des Kopfes festkleben.

Das Peitschchen

Rudolf G. Binding

Als das Jesuskind durch Flandern zog – und es kannte wohl die ganze Welt –, kam es mitsamt seiner Mutter in der großen Stadt Gent am Morgen eines Weihnachtstages an. Die ganze Stadt war für das Fest gerüstet. Auf den Straßen drängten sich die Menschen, um auf den Märkten und in den Läden die neusten und letzten Herrlichkeiten zu erwischen, mit denen sie ihren Angehörigen und ihrem Gesinde am Abend eine Freude machen könnten. Vor der großen Kirche St. Baafs, die wie ein gewaltiger grauer Magnetberg über die Stadt und die Menschen emporragte, die Häuser um sich versammelt hielt und die Menschenströme in sich hineinzog, war ein Weihnachtsmarkt errichtet, und die Pfefferkuchenstände, die Buden mit bunten Likören, mit Christbaumschmuck und Kerzen, mit Zinnsoldaten und Zinnlöffeln, mit Pfeifen, Trompeten und allerhand Kinderspielzeug standen hübsch in Reihen geordnet und einträchtig nebeneinander. Da es noch früh am dämmerigen Morgen war, die Leute vom Lande jedoch, um nichts zu versäumen und einen möglichst langen Tag des Betrachtens und Auswählens vor sich zu haben, schon in die Stadt hereinwogten, brannten in allen Ständen über den Auslagen die Lampen und die Verkäufer brachten die erste Ordnung in ihre Sachen, die der vorangegangene Tag etwas in Unordnung gebracht hatte. Gerade am Zugang zum Hauptportal der Kirche behauptete ein großer Spielwarenstand seinen Platz. Da waren Trommeln und Trompeten, Reifen und Kreisel, bunte Glasklicker, Puppen und Kegel, kleine Männchen, die in Glasröhren in einer rosa Flüssigkeit auf- und niederstiegen, wenn man die Röhre in die Hand nahm, Mundharmonikas und winzige Drehorgeln, die das „Ehre sei Gott in der Höh" in kleinen Tönen von sich gaben, wenn man leise die Kurbel drehte. Und gerade hing eine Magd ein buntes Gedränge von blauen, roten und grünen Luftballons, alle eben neu mit Gas gefüllt und prall, daß sie knirschten, wenn sie aneinanderstießen, an der Ecke der Bude auf, und darunter hing sie ein ganzes Bündel kleiner Peitschen mit geflochtenen Schnüren aus weißem zartem Leder, gelben Schmitzchen und bunten Stielen. Jeder Stiel endete in ein rotes Pfeifchen aus Kirschenholz. Im Hintergrund der Bude aber hinter den langen Brettern und Tischen, auf denen alle die schönen Sachen ausgelegt waren, standen drei Kinder, so blond und auch wohl so alt wie ihr, denen diese Geschichte erzählt wird. Ihre Mutter war die Eigentümerin des Spielwarenstandes. Da sie zu so früher Stunde nicht auf Käufer hoffen konnte, war sie noch nicht zur Stelle, sondern hatte es der Magd überlassen, die Auslage zu besorgen; und diese hatte die Kinder mitgenommen. Da standen sie nun, und während sie teilnahmsvoll und neugierig guckten, wie die Magd immer neue Reichtümer und Herrlichkeiten auspackte und zum Verkauf ordnete, begannen in ihren Herzen Wünsche hin und her zu jagen, begehrliche und vergleichende Gedanken hin und her zu wogen und süße Qualen auf und ab zu ziehen, welcher Gegenstand von allen ihnen wohl am besten gefiele, damit sie ihn sich von ihrer Mutter selbst als Weihnachtsgabe ausbitten könnten. Denn das wußten sie vom letzten Jahr und gedachten es auch diesmal dahin zu bringen, daß ihre Mutter jedem von ihnen erlaubte, sich aus der Fülle der Dinge etwas herauszuwünschen. „Wenn es am Abend nicht verkauft ist", pflegte dann die Mutter zu sagen; denn der ge-

ringe Erlös aus dem Spielzeug ließ es nicht zu, daß sie die Dinge von vornherein für sie beiseite stellte. Und dann zitterten die Kinder den ganzen Tag um den gewünschten Gegenstand, und jedesmal, wenn ein Käufer herantrat, stieg ihnen das Blut zu Kopf und sie fühlten ihr Herz schlagen. Ging er dann weg, ohne, wie sie meinten, ihren Gegenstand entdeckt zu haben, waren sie glücklich. Aber beim nächsten wiederholte sich die Pein.
„Das vorige Jahr hatte ich mir eine Puppe gewünscht", sagte das eine Mädchen, „aber nach wenigen Tagen zerbrach sie. Ich wünsche mir etwas anderes diesmal." Dann trat wieder Schweigen und Überlegen ein. Keines wollte sich verraten. „Eigentlich wäre ein Kreisel sehr schön", sagte das ältere Mädchen, „er zerbricht nicht. Ich sehe Dinge gern, die tanzen und sich drehen." Alle drei guckten nach einem großen Haufen buntbemalter harter Kreisel, die eben aus einem Sack hüpften, den die Magd auf den Tisch stülpte – „Ich wünsche mir einen Kreisel und ein Peitschchen dazu", sagte die Älteste, die mit sich im reinen war.
Die anderen fanden die Idee auf einmal herrlich. „Ich wünsche mir auch einen Kreisel und ein Peitsch-

chen", sagte das zweite Mädchen, als ob sie nicht gesonnen wäre, zurückzustehen.
„Ich auch", sagte der Junge, dem es genug war, daß die älteren Schwestern entschieden hatten. Und alle drei guckten eifrig und prüfend nach dem Haufen Kreisel auf dem Tisch und nach dem Bündel Peitschchen, das von der Ecke der Bude herabhing.
„Während der Kreisel Schwung hat und sich dreht, kann man pfeifen", bemerkte der Junge und fand dies sehr beachtlich. Das Pfeifchen am Peitschenstiel mußte doch seinen Sinn haben. „Und dann versetzt man dem Kreisel wieder einen. Und dann pfeift man wieder."
„Wer am besten kreiseln kann, kann am besten pfeifen", sagte die Älteste.
„Wenn wir alle drei zugleich pfeifen – !" Dies sagte die Jüngere, sah mit großen Augen in die Ferne und hatte offenbar eine wundervolle Erscheinung.
Während sie so schwatzten, kam inmitten der Menge des Volkes, das der Kirche zuströmte, das Jesuskind daher. Es war damals schon größer und saß rittlings auf dem treuen Esel, der von den vielen Fahrten – nach Ägypten und in aller Welt umher – nicht mehr ganz frisch war und mit kleinen andächtigen Schritten in der Menge trippelte. Dem Jesusknaben ging das zu langsam. Vergebens zauste er das Eseltier mit seinen kleinen Händen im zottigen Fell, stieß es mit den Beinchen in die Seiten oder suchte es durch kleine Zurufe zu ermuntern. Der Esel blieb in seinem Gang, und die Jungfrau Maria, die lächelnd hinter ihrem Kinde schritt, trieb ihn nicht an.
Wie sie nun in diesem Aufzuge, oftmals gehemmt durch ein sanftes Stehenbleiben des Tieres, vor dem Spielwarenstand anlangten, gewahrte Jesus an der Ecke das Bündel Peitschen, ergriff, indem er seinen Esel darunter hinwegtrieb, als rechter Herr der Welt eines am Stiel und zog es, ohne viel zu fragen, aus der Schlinge, in der es mit seinen Kameraden aufgehangen war. Dann schwang er es lustig über seinem Reittier.
„Halt! Nicht!" rief die Magd, und auch die Kinder wollten Halt! Nicht! rufen und krausten die Gesichter. Aber sie brachten keinen Ton aus den Kehlen. Das Jesuskind blickte sie nur aus seinen unergründlichen Augen einmal freundlich und sieghaft an. Da war es, als ob es um sie geschehen wäre. Der Atem stockte ihnen, alle drei griffen nacheinander, als müßten sie sich an etwas festhalten, und in einer süßen Bangigkeit der Herzen folgten sie mit den Augen dem wundersamen Knaben, der sie mit einem einzigen Blick in seinen Bann getan hatte, wie sie wohl selbst ein paar Wasserkäfer in ein Glas steckten.
„Wer ist denn das?" fragten sie einander leise, ohne sich anzusehen. Und als nun gar noch eine überirdische hohe Frau an ihnen vorüberzog und sie mit einem seltsam fremden Gruß zu streifen schien, und es ihnen so ganz weihnachtlich zumute wurde, da sagte die Älteste vorsichtig: „Es könnte beinahe das Christkind gewesen sein." „Was du nur immer hast!" sagte die Jüngere und war dabei froh, daß ihr die Schwester eine plausible Erklärung für den Zustand ihrer Sinne unter den Fuß gegeben hatte; „natürlich war es das Christkind! Einem anderen Kind hätten wir das Peitschchen doch gar nicht gelassen."
„Welches war das Christkind?" fragte der Junge, der sich selbst noch nicht begriff. „Wenn ihr es gesehen habt, will ich es auch gesehen haben." „Das auf dem Esel", sagten die beiden anderen nun sehr bestimmt, da sie ihren Vorsprung fühlten. „Das auf dem Esel? Ja!" sagte der Knabe. „Wenn es nicht das Christkind gewesen wäre, hätte es ja auch das Peitschchen gar nicht nehmen dürfen."
„Besonders hätten wir aber doch einem andern Kind das Peitschchen gar nicht gelassen", sagte das zweite Mädchen wieder. „Und wir mußten es ihm doch lassen."
In diesen Worten fanden die Kinder eine vollkommene Sicherheit, und alle drei waren so gewiß, das Christkind von Angesicht zu Angesicht gesehen zu haben, wie es gewiß war, daß sie die Kinder ihrer Mutter waren. Und dann kam ihnen immer wieder der wundersame Blick des schönen Knaben, der Gruß der hochgewachsenen Frau wie in einem verklärten Schein zurück und erfüllte sie mit einer geheimnisvollen Erregung. Die Morgenglocken von St. Baafs erklangen feierlich über ihnen und der Weihnachtstag mit seinen Wundern zog herauf. Die Kinder hatten den Christusknaben gesehen, und wer es ihnen bestritten hätte, den hätten sie mitleidig ausgelacht.
Da kam die Mutter. „Mutter, wir haben das Christkind gesehen", riefen sie alle drei. Aber es war ihnen gar nicht lieb, als ihre Mitteilung nicht recht verfing, die Mutter vielmehr nur belustigt schien und sagte: „So? Da habt ihr was Rechtes gesehn! Und was wünscht sich nun jedes zu Weihnachten?"
Daß das Christkind das Peitschchen genommen hat, sagen wir jetzt besser nicht, dachten die drei und antworteten lieber auf die Frage ihrer Mutter. „Ich wünsche mir einen Kreisel und ein Peitschchen", sagte die Älteste. „Und ich auch", sagte die Jüngere. „Und ich auch", der Junge.
„Wenn es am Abend nicht verkauft ist", erwiderte die Mutter und betrat den Stand. Die Käufer drängten sich, der kurze Tag brach an, die Lampen wurden gelöscht, und auch für die Kinder verschwanden die Ereignisse des Morgens im Grau des Tageslichts und im Gesumme des geschäftigen Treibens auf dem großen Markt. Zudem begann die Qual der Erwartung sie zu bewegen und zu erfüllen, ob denn für jedes am Abend ein Kreisel und ein Peitschchen übrig sein werde. Und dies alles beschäftigte sie zu sehr, als daß sie an anderes hätten denken mögen. Jedesmal, wenn ein Käufer herantrat und einen Kreisel oder ein Peitschchen verlangte, gab es in drei kleinen Herzen drei kleine Stiche, und wenn einer einen Kreisel mitsamt einem Peitschchen kaufte, waren die drei Stiche in den Herzen noch deutlicher fühlbar.
Aber ihre Qualen wurden immer größer und ihre Gesichter immer länger. Der hochgetürmte Haufen von Kreiseln nahm reißend ab und das dicke Bündel Peitschchen wurde schmächtiger und schmächtiger. Noch einmal schüttete die Magd einen Sack Kreisel auf den Tisch, und noch ein Bündel Peitschchen wurde an der Ecke

der Bude aufgehangen. Dann war der Vorrat erschöpft. Die Kinder merkten gar nicht, daß auch die Puppen weniger wurden und die Trommeln und die Glasröhren mit den steigenden Männchen und die Spieldosen und die Bälle. Als der Tag vorüber war und die Stände überall geschlossen wurden, war in dem ihren alles ausverkauft. Nur drei Kreisel, die ganz allein aus der Fülle der Dinge übriggeblieben waren, lagen verlassen an der Stelle, wo der Haufen gewesen war. Aber kein Peitschchen mehr war da, sie anzutreiben, und so schienen sie völlig nutzlos und überflüssig.

Die Mutter überblickte ihren Stand, freute sich des flotten Geschäftes und guten Erlöses, den ihr der Tag gebracht, und hatte die Kinder ganz vergessen. Jetzt bemerkte sie sie wieder, wie sie traurig dasaßen und ihnen das Weinen nahe war.

„Nun? – Was ist?" fragte sie. Aber das war schon wie ein Stoß. Die Kinder brachen in helle Tränen aus und schnelle Perlchen rollten unaufhaltsam über ihre Kittel.

„Nun haben wir kein einziges Peitschchen", jammerten sie durcheinander; „was sollen uns jetzt die Kreisel!" Die Mutter rückte zwischen sie, wußte aber noch keinen Trost.

„Und das letzte Peitschchen hat uns das Christkind auch noch weggenommen", klagte der Junge.

„Das Christkind – ?" fragte die Mutter.

In diesem Augenblick öffneten sich, langsam und weit, die Flügeltüren am Hauptportal von St. Baafs, was sonst nur bei den feierlichsten Gelegenheiten geschah; denn die Menschen gingen seitlich durch zwei kleine Pforten ein und aus. Die Flügeltüren öffneten sich, und heraus trat die überirdische Frau, die in der Frühe die Kinder so seltsam gegrüßt hatte.

„Das ist sie, die mit dem Christkind war!" flüsterten die Kinder und krochen eng an ihre Mutter heran. Und während alle vier kein Auge von der Gestalt verwenden konnten, schritt diese ruhig auf den leeren Verkaufsstand zu, und der Weihnachtsschauer ging vor ihr her. Wieder wie am Morgen stockte den Kindern der Atem, wieder griffen sie nacheinander, als müßten sie sich an etwas festhalten, und in einer süßen Bedrängnis der Herzen ergaben sie sich, daß ihnen etwas widerführe, was ihnen nie wieder in ihrem Leben widerfahren würde. Die Frau aber trug das Peitschchen in der Hand, das Jesus in der Frühe aus dem Bündel an der Ecke der Bude herausgezogen hatte, reichte es mit einer unnachahmlichen Bewegung der Mutter hin und sprach:

„Dies Peitschchen gehört wohl in diesen Stand." Darauf streifte sie Mutter und Kinder mit ihrem Gruß, wendete sich und trat, wie sie gekommen, in die große Kirchentür zurück, deren Flügel sich hinter ihr schlossen.

Den Kindern war es eng und heiß und doch auch wieder weit und frei, und obzwar sie anfänglich etwas enttäuscht schienen wie über ein halbes Glück, ging ihnen doch bald der Sinn auf: daß sie nämlich nun gar kein Peitschchen hätten, weil es längst mit den andern verkauft worden wäre, wenn das Christkind ihnen nicht am Morgen dieses Tages eines weggenommen hätte. Da wurden ihre Augen hell und sie sahen einander an. Die Mutter küßte ihre Kinder. Wie auf Verabredung ergriff jedes einen der drei Kreisel, alle drei faßten das Peitschchen an, als ob es ein langer Spieß gewesen wäre, und so trugen sie ihre Geschenke in einem glücklichen kleinen Triumphzug nach Hause.

Mit dem Peitschchen hatte es aber eine besondere Bewandtnis. Denn obgleich ein Peitschchen für drei Kreisel und drei Kinder reichlich wenig schien, so entstand doch nie ein Streit darum. Es wurde den Kindern wie zu einem Wahrzeichen, daß Menschen alles miteinander teilen können.

Seit jener Zeit geht in Flandern eine Redeweise. Wenn mehrere so recht miteinander einig sind, sagt man wohl von ihnen: Ach, die! die haben ein Peitschchen miteinander.

Schmackhafter Weihnachtskarpfen

Karpfen im Sud

Für 4 Personen

1 küchenfertiger Karpfen
(etwa 2 kg)
Sud und Sauce:
3 Möhren
$^1/_4$ Sellerieknolle
1 kleine Porreestange
1 mit 1 Nelke gespickte Zwiebel
$^1/_2$ Lorbeerblatt
einige Stengel Petersilie
Salz
Pfefferkörner
$^1/_4$ l trockener Weißwein
(z.B. Silvaner)
$^1/_8$ l Wasser
1 EL gehackte Schalotten
60 g eiskalte Butter
Kerbelblätter

1. Den Karpfen beim Einkauf filetieren lassen, Kopf und Gräten mitnehmen, Kiemen entfernen.
2. Für den Sud den Kopf und die Gräten waschen. Die Möhren und den Sellerie schälen. Eine Möhre, ein Stück von dem Sellerie und den geputzten Porree kleinschneiden. Zusammen mit der Zwiebel, den Fischabfällen und den Gewürzen in einen weiten Topf geben und mit $^1/_8$ l Wein und dem Wasser übergießen. Im offenen Topf 20 Minuten kochen lassen. Den Sud durch ein Sieb streichen.
3. Die restlichen Möhren und den restlichen Sellerie in feine Streifen schneiden, zusammen mit den Schalotten in den Sud geben. 5 Minuten kochen lassen.
4. Den restlichen Wein sowie 20 g Butter hinzufügen und die Karpfenfilets in den Sud legen. Bei leichter Hitze 5 Minuten ziehen lassen. Die Filets herausnehmen und auf eine heiße Platte geben.
5. Den Fischsud auf die Hälfte einkochen lassen, vom Herd nehmen und die restliche Butter in Flöckchen unterrühren. Zum Schluß die Kerbelblätter an die Sauce geben. Die Sauce getrennt zum Fisch servieren.
Statt Kerbel kann man auch frische Basilikumblätter oder Estragon verwenden. *Foto oben.*

Bayerische Creme

Für 4 Personen

$^1/_2$ Vanilleschote
$^1/_4$ l Milch
4 Blatt weiße Gelatine
4 Eigelb
100 g Zucker
250 g Sahne
Zucker für die Form

1. Die Vanilleschote aufschneiden. Das ausgekratzte Mark sowie die Schote in die Milch geben und $^1/_2$ Stunde stehen lassen. Die Milch in einer Kasserolle zum Kochen bringen. Die Gelatine in kaltem Wasser einweichen.
2. Die Eigelbe mit dem Zucker zu einer dicken, schaumigen Creme rühren. Unter ständigem Schlagen mit dem Schneebesen die kochende Milch nach und nach hinzugeben. In einer dickwandigen Kasserolle bei leichter Hitze (Elektro: Schaltstufe 1) oder im Wasserbad unter ständigem Schlagen mit dem Schneebesen dicklich werden lassen. Die Creme darf nicht aufkochen, da sie sonst gerinnt. Sofort vom Herd oder aus dem Wasserbad nehmen und die ausgedrückte Gelatine darin auflösen. In eine Schüssel mit Eiswürfeln setzen und unter häufigem Rühren erkalten lassen.
3. Wenn die Creme zu erstarren beginnt, die steifgeschlagene Sahne vorsichtig unterheben. In eine kalt ausgespülte, mit Zucker ausgestreute hohe Form füllen. Es kann eine Puddingform oder eine nichtrostende Napfkuchenform aus Kupfer oder eine kunststoffbeschichtete Form sein. Oder in Portionsschälchen füllen. Mit einem geölten Bogen Alufolie bedecken.
4. Die Creme mindestens 6 Stunden, am besten über Nacht, in den Kühlschrank stellen.
Zum Stürzen die Form wenige Sekunden in kochendes Wasser tauchen und die Creme auf eine runde Platte stürzen.
Dazu passen frische, gezuckerte Beerenfrüchte oder feines Kompott oder Himbeersaft von frischen Himbeeren. *Foto links.*

Die dritte Adventswoche

Vom Himmel in die tiefsten Klüfte

Vom Himmel in die tiefsten Klüfte
Ein milder Stern herniederlacht;
Vom Tannenwalde steigen Düfte
Und hauchen durch die Winterlüfte,
Und kerzenhelle wird die Nacht.

Mir ist das Herz so froh erschrocken.
Das ist die liebe Weihnachtszeit!
Ich höre fernher Kirchenglocken
Mich lieblich heimatlich verlocken
In märchenstille Herrlichkeit.

Ein frommer Zauber hält mich wieder,
Anbetend, staunend muß ich stehn;
Es sinkt auf meine Augenlider
Ein goldner Kindertraum hernieder,
Ich fühl's, ein Wunder ist geschehn.

Theodor Storm

Engelschmuck

Material und Werkzeug

1 Engelwachskopf mit gemalten Haaren, etwa 5 cm groß, mit den passenden Händen, 1 Rundholzstab (Durchmesser 0,8 cm, Länge 22 cm), 1 Sperrholzscheibe (Durchmesser 12-15 cm, Dicke 1/2 cm), Brokatborte, 1-2 cm breit, Stoff für das Kleid (Menge nach Schnitt berechnen), 22 x 45 cm Stoff für die Schärpe, Vlies, Kerzen, Manschetten, Glöckchen, gekaufte Flügel (10 x 12 cm) oder Bastelfolie, Schnitt für das Kleid, Bleistift, Nadel und Faden, Klebepistole, Basteldraht, Schere, Nähmaschine, Handbohrer, Kneti.

Engel mit rotem Samtkleid

Anleitung

1. Den Kopf und die Hände an dem Rundholzstab befestigen. Das Vlies in Streifen schneiden und den Oberkörper des Engels damit umwickeln. Die Vliesstreifen mit Basteldraht umwickeln.
2. In die Mitte der Sperrholzplatte ein Loch bohren und den Stab mit dem Oberkörper einkleben. *Foto links unten.*
3. Die Schemazeichnungen für das Kleid abnehmen und die Schnitteile auf den Stoff übertragen. Mit Nahtzugabe zuschneiden.
4. Die Seitennähte der Ärmel schließen, über die Arme des Engels ziehen, am Oberkörper festkleben. Am Handgelenk kräuseln und Faden gut vernähen. Mit der Brokatborte abdecken.
5. Die Passe hinten am Halsausschnitt einschneiden und über den Kopf stülpen. An den Seiten 1 cm einschlagen, stramm über den Körper ziehen und so festkleben, daß der Ärmelansatz mit verdeckt wird. Den Halsausschnitt mit Brokatborte abdecken.
6. Die seitlichen Nähte des Rocks schließen, den Rock unten nach rechts säumen. Den Saum von rechts mit der Brokatborte abdecken. Den Rock in der Taille mit doppeltem Faden kräuseln, dem Engel überstreifen und den Faden in der Taille fest anziehen und vernähen.
7. Die Schärpe säumen, von vorn nach hinten um die Taille schlingen, auf dem Rücken überkreuzen, zu den Schultern hochführen, über die Arme zum Rocksaum führen und unter dem Rocksaum festkleben.
8. Die Flügel am Rücken festkleben. Die Manschetten mit Kneti an den Händen befestigen, dann die Kerzen darin festkleben. Die Glöckchen ebenfalls befestigen.

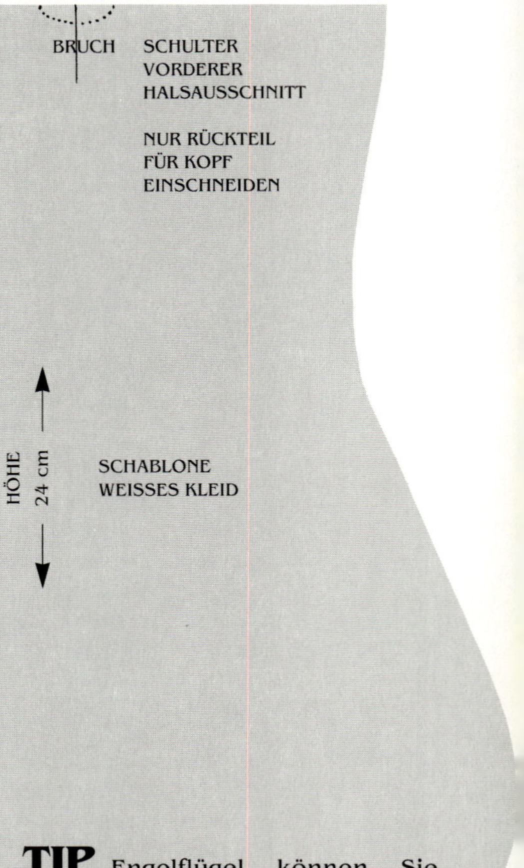

TIP Engelflügel können Sie übrigens auch selbst herstellen, das ist gar nicht so schwer. Nach Fertigstellung des Engels schneiden Sie sich aus Pappe ein Modell zu, um Höhe und Breite zu bestimmen. Die Pappe können Sie dann mit selbstklebender Goldfolie beziehen oder mit kleinen Federn bekleben.

Engel im weißen Kleid

Material und Werkzeug

1 Engelwachskopf mit den passenden Händen, 1 Rundholzstab (Durchmesser 0,8 cm, Länge 22 cm), 1 Sperrholzplatte (Durchmesser 12-15 cm, Dicke 1/2 cm), Vlies, aufbügelbare Vlieseline, Stoff für das Kleid, Brokatborte, Kordel, Flügel, Manschetten, Kerzen, Schnitt für das Kleid, Bleistift, Nähmaschine, Nähgarn, Schere, Bügeleisen, Klebepistole, Kneti.

Anleitung

1. Den Unterbau wie beim Engel mit rotem Samtkleid beschrieben herstellen.
2. Für das Kleid den Schnitt von der Schemazeichnung abnehmen und auf den Stoff übertragen. Mit Nahtzugabe zuschneiden. Die Vlieseline zur Verstärkung aufbügeln.
3. Die Schnittkanten eventuell nachschneiden, von rechts die Brokatborte mit Zick-Zack-Stichen aufnähen.
4. Am Halsausschnitt hinten etwas einschneiden, das Kleid überziehen. Den Halsausschnitt mit Brokatborte bekleben.
5. Die Seitennähte bis zur Höhe des Handgelenks zukleben. Die Kordel um die Taille schlingen. Die Flügel am Rücken festkleben.
6. Mit Kneti die kleinen Manschetten in die Hand kleben. Kerzen darin befestigen.

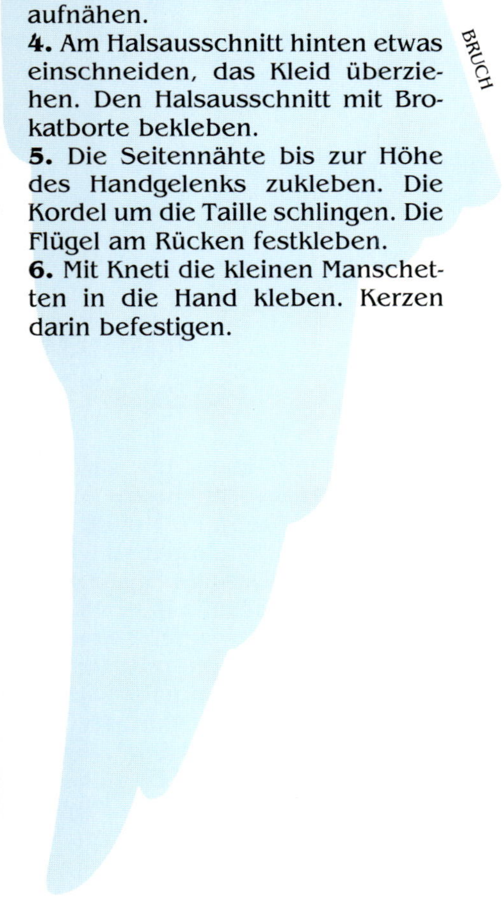

Das Fest der heiligen Lucia

Das Lucienfest ist weit verbreitet, es hat vielfältige Ausformungen und seine Geschichte läßt sich bis ins 11. Jahrhundert zurückverfolgen.
Bis zur Einführung des gregorianischen Kalenders 1582 galt der 13. Dezember als der kürzeste Tag im Jahr - es wurde die Wintersonnwende gefeiert. Das kommt einer Neujahrsfeier gleich. So erklären sich auch manche Bräuche, die noch lange nach der Kalenderreform gepflegt wurden: Mädchen ritzten in Baumstämme Zeichen, um aus deren Veränderung die Zukunft lesen zu können.
Lucia - die Leuchtende, Lichtbringende - sollte nach christlichem Verständnis Licht in das Dunkel der längsten Nacht des Jahres bringen. Deshalb wird Lucia auch als freundliche Gestalt dargestellt. Vor allem in Schweden wird das Lucienfest heute noch gefeiert. Am Vorabend des 13. Dezember wird die älteste Tochter der Familie mit einem Kranz aus Preiselbeeren geschmückt, in den Kerzen gesteckt werden. Am nächsten Morgen bringt die Lucienbraut der ganzen Familie das Frühstück ans Bett, gekleidet in ein weißes, bodenlanges Kleid, den Kranz mit den brennenden Kerzen auf dem Kopf.
Dieser Brauch hat wahrscheinlich seinen Ursprung im Elsaß: Das Christkind, in Gestalt einer weißgekleideten Frau mit einem Kranz mit brennenden Kerzen auf dem Kopf ging dort in den Gemeinden von Haus zu Haus und brachte den Kindern seine Gaben.
In manchen Gegenden ist das Lucienfest für die Mädchen, was das Nikolausfest für die Jungen: Lucia verteilt ihre Gaben an brave Mädchen, wenn sie über Nacht ihre Schuhe aufs Fensterbrett stellen.

Aus dem Leben der heiligen Lucia

Lucia, so die Legende, war die Tochter einer vornehmen Familie in Syrakus. Mit ihrer Mutter, die seit Jahren unheilbar krank war, ging sie zum Grab der Hl. Agathe, um für die Genesung ihrer Mutter zu beten. Die Heilige erschien ihr im Traum und prophezeite ihr die Erfüllung ihres Wunsches.
Von ihrer geheilten Mutter erbat Lucia, den für sie ausgewählten Bräutigam nicht heiraten zu müssen und ihre Mitgift an die Armen verschenken zu dürfen. Die Mutter gewährte ihr diese Bitte. Der getäuschte Bräutigam aber übergab sie dem Richter Pasachius und klagte sie an, eine Christin zu sein. Pasachius forderte Lucia auf, den Göttern zu opfern. Als sie sich weigerte, befahl er, sie ins Freudenhaus zu schleppen, um ihren Willen zu brechen. Aber selbst tausend Soldaten und ebensoviele Ochsen konnten sie nicht von der Stelle bewegen. Da ließ er ein Feuer um sie herum entzünden, dieses aber konnte Lucia nichts anhaben. Einer der Soldaten tötete Lucia mit seinem Schwert. Pasachius aber wurde festgenommen, zum Tode verurteilt und hingerichtet.

Pfeffernüsse eß' ich gern

Pfeffernüsse

2 Eigelb
200 g Zucker
1/2 TL Pottasche
40 g fein geschnittenes Zitronat
1/2 TL Zimt, gemahlen
1/2 TL Piment, gemahlen
1 kleine Prise Salz
1/2 TL Nelken, gemahlen
250 g Mehl
1 EL Kirschwasser

1. Das Eigelb mit dem Zucker schaumig rühren. Nach und nach Pottasche, das Zitronat und die Gewürze zugeben. Das Mehl in die Eiermasse sieben und gut unterrühren. Den Teig mit dem Kirschwasser parfümieren.
2. Den Teig auf der bemehlten Arbeitsfläche etwa 1 cm dick ausrollen. Mit einer runden Form oder einem Schnapsglas Plätzchen ausstechen.
3. Ein Backblech mit Backpapier auslegen oder mit Fett bestreichen. Die Plätzchen darauf verteilen, mit einem Küchentuch zudecken und über Nacht an einem kühlen Ort ruhen lassen.
4. Den Backofen auf 180° C vorheizen. Die Pfeffernüsse auf der mittleren Schiene etwa 20 bis 30 Minuten backen.

Luciabrot

350 g Mehl
25 g Hefe
40 g Zucker
1/8 l lauwarme Milch
1 kleine Msp. Safran
1 Prise Salz
1 Ei
50 g Margarine
Mehl
1 Eigelb zum Bestreichen
Korinthen zum Garnieren
Margarine für das Blech

1. Das Mehl in eine Schüssel geben. In die Mitte eine Mulde drücken. Die Hefe hineinbröckeln. Mit etwas Zucker und Milch zum Vorteig verrühren. Mit etwas Mehl vom Rand bestäuben und zugedeckt an einem warmen Ort 15 Minuten gehen lassen.
2. Den Safran in einem Schälchen mit 4 EL Milch auflösen. Das Salz, das Ei, die restliche Milch, den angerührten Safran und den restlichen Zucker in die Schüssel geben. Die Margarine in einem Topf schmelzen, aber bitte nicht erhitzen, und darüber gießen.
3. Alles zu einem Teig kneten und so lange schlagen, bis sich Blasen bilden und der Teig sich vom Rand löst. Mit einem sauberen Küchentuch zugedeckt noch 30 Minuten gehen lassen.
4. Auf einem bemehlten Backbrett aus dem Teig daumendicke, etwa 15 cm lange Rollen formen und zu Schnecken, Brezeln, doppelten und einfachen Spiralen drehen. Einige der doppelten Spiralen über Kreuz zusammenlegen.
5. Mit verquirltem Eigelb bestreichen und mit gewaschenen, trockengetupften Korinthen garnieren.
6. Backblech mit Margarine einfetten. Die Hefeteilchen mit genügend Abstand auf das Blech legen. In den auf 220°C vorgeheizten Ofen auf die mittlere Schiene schieben und ca. 15 Minuten backen.
7. Die Hefeteilchen herausnehmen. Warm servieren. Oder auf einem Kuchendraht abkühlen lassen und kurz vor dem Servieren auf einem Blech 10 Minuten in dem auf 140°C vorgeheizten Ofen erwärmen.

Pfefferkuchen

für ca. 200 Stück

300 g Butter oder Margarine
150 g Zuckerrübensirup
400 g Zucker
2 gehäufte EL Zimt
1 gehäufter EL Ingwer
1 gehäufter EL Nelken
3 Eier
1 gehäufter EL Bikarbonat
800 g Mehl
Mehl zum Ausrollen

1. Butter oder Margarine in einem Topf schmelzen, dann Sirup, Zucker und alle Gewürze hinzufügen. Rühren, bis sich alles gut aufgelöst hat und die Masse geschmeidig ist.
2. Eier hinzugeben. Die Hälfte des Bikarbonats mit dem Mehl vermengen und in die Masse einrühren, dann den Rest des Mehls hinzufügen. Den Teig geschmeidig kneten und über Nacht zugedeckt im Kühlschrank ruhen lassen.
3. Den Teig auf der bemehlten Arbeitsfläche dünn ausrollen und mit Förmchen Pfefferkuchen ausstechen. Auf ein mit Backpapier ausgelegtes Blech legen.
4. Backofen auf 180 °C vorheizen. Pfefferkuchen auf der mittleren Schiene etwa 8–10 Minuten backen.
5. Pfefferkuchen auf einem Rost auskühlen lassen, in einer fest schließenden Blechdose aufbewahren.

Festlicher Tischschmuck

Diese Platzdeckchen mit Applikation sind ganz einfach herzustellen und verschönern jeden Tisch.

Weiße Platzdeckchen mit Sternapplikation

Material und Werkzeug

40 cm weißes Linon (120 cm breit), Stoffreste in Gold, Creme und Glitzer, beidseitig aufbügelbare Vlieseline für Applikationen, Spitze (je nach Größe der Platzdeckchen), passende Nähseide, dünne Pappe, Papier, Lineal, Schere, Bleistift, Zirkel, Nähmaschine, Nähzeug, Bügeleisen.

Anleitung

1. Je nach Größe des Platzdeckchens (hier 35 x 45 cm) auf das Papier mit dem Zirkel einen Kreis von 5-8 cm zeichnen und ausschneiden. Den Kreis 3 x falten und einen Stern schneiden (siehe auch Seite 42). Diesen Stern auf die Pappe übertragen und ausschneiden.
2. Die Vlieseline nach der Anweisung auf der Packung auf den Applikationsstoff aufbügeln. Die Sternschablone auflegen und die Konturen nachzeichnen. Den Stern ausschneiden.
3. Das Linon waschen, trocknen lassen und bügeln. Einen Streifen von 35 x 90 cm zuschneiden. Diesen Streifen auf die Hälfte legen (35 x 45). Die Sterne probeweise auflegen.
4. Von den Sternen die Vlieseline abziehen und auf den Stoff legen. In der gewünschten Position (vorher eventuell mit Bleistift markieren) von beiden Seiten aufbügeln. Die Stoffsterne auflegen und mit engen, großen Zick-Zack-Stichen aufnähen. Den untersten Stern zuerst aufnähen.
5. Das Deckchen wenden, rechts auf rechts, und zusammenähen. Wenden und die Naht ausstreichen. Das Deckchen bügeln und die Spitze von rechts aufnähen. Dabei die verbliebene Öffnung mit zunähen.
Dazu können Sie auch passende Geschenksäckchen nähen (siehe Seite 55). Verzieren Sie diese vorher oder verwenden Sie – wie bei dem Platzdeckchen – die Sternapplikation.

Das Weihnachtsgeschenk

O. Henry

Ihr ganzes Vermögen war ein Dollar, 87 Cents, davon 60 Cents in Pennystücken. Alles mühsam zusammengekratzt und gespart. Und morgen war Weihnachten. Nichts blieb übrig, als sich auf die kleine, schäbige Couch zu werfen und zu heulen. Das tat Della denn auch, und es beweist uns, daß sich das Leben eigentlich aus Schluchzen, Seufzen und Lächeln zusammensetzt, wobei das Seufzen unbedingt vorherrscht. Inzwischen betrachten wir das Heim etwas näher. Es ist eine kleine möblierte Wohnung zu acht Dollars in der Woche. Sie sieht nicht gerade armselig aus, ist davon aber auch nicht allzuweit entfernt. Unten im Hausflur hängt ein Briefkasten, in den niemals Briefe geworfen werden; daneben steckt der Knopf einer elektrischen Klingel, der kaum jemand je einen Ton abschmeichelt. Weiter befindet sich dort auch eine Karte, die den Namen „Mr. James Dillingham Young" trägt. Dieses „Dillingham" war während einer Zeit vorübergehenden Wohlstandes ins Leben gerufen worden, als sein Besitzer dreißig Dollars in der Woche verdiente. Jetzt, da das Einkommen auf zwanzig Dollars zusammengeschrumpft ist, muten die Buchstaben von „Dillingham" etwas verschwommen an, als ob sie ernstlich beabsichtigten, sich zu einem bescheidenen anspruchslosen „D" zusammenzuziehen. Wenn aber Mr. J. D. Y. jeweils eine Etage erreichte, so wurde er „Jim" gerufen und von Frau J. D. Y., uns bereits als Della bekannt, zärtlich umarmt, womit das Buchstabenproblem unwichtig wurde. Somit ist alles in bester Ordnung.

Della hörte zu weinen auf und tröstete ihre Wangen mit der Puderquaste. Sie stand am Fenster und schaute bedrückt einer grauen Katze zu, die im grauen Hinterhof über einen grauen Zaun balancierte. Morgen war Weihnachten, und sie hatte nur das wenige Geld, um Jim ein Geschenk zu kaufen.

Im Zimmer hing zwischen den Fenstern ein Spiegel. Wie hingewirbelt stand Della plötzlich mit hell leuchtenden Augen vor ihm. Rasch löste sie ihr Haar und ließ es in seiner ganzen Länge fallen.

Im Besitze der J. D. Y.'s gab es zwei Dinge, in die sie ihren ganzen Stolz setzten. Das eine war Jims goldene Uhr, die vor ihm seinem Vater und seinem Großvater gehört hatte. Das andere war Dellas Haar. Hätte in der Wohnung jenseits des Hofes die Königin von Saba gewohnt, Della hätte ihr Haar zum Trocknen aus dem Fenster gehängt, einzig und allein, um die Juwelen und Schmuckstücke ihrer Majestät wertlos erscheinen zu lassen. Und wäre König Salomon mit all seinen aufgestapelten Schätzen selbst Concierge des Hauses gewesen, Jim hätte jedesmal beim Vorbeigehen seine Uhr gezückt, um zu sehen, wie König Salomon sich vor Neid den Bart ausrupfte.

So fiel Dellas Haar wie ein goldener Wasserfall glänzend und sich kräuselnd an ihr herab. Es reichte ihr bis unter die Knie und formte beinahe einen Mantel. Mit nervösen Fingern steckte sie es rasch wieder auf. Einmal zögerte sie einen Augenblick. Zwei Tränen fielen auf den abgetragenen roten Teppich. Sie schlüpfte in die alte braune Jacke, setzte den alten braunen Hut auf und huschte, immer noch das glänzende Leuchten in den Augen, zur Tür hinaus, die Treppen hinunter und durch die Straße. Sie stand erst still, als sie bei einem Schild anlagte, auf dem zu lesen war: „Mme. Sofronie, An- und Verkauf von Haar aller Art." In einem Satz rannte Della ein Stockwerk hinauf; keuchend hielt sie an und faßte sich. Madame, groß, massig, zu weiß gepudert, sehr kühl, sah kaum aus, als wäre sie „Sofronie".

„Kaufen Sie mein Haar?" fragte Della.

„Ich kaufe Haar", sagte Madame. „Nehmen Sie den Hut ab und zeigen Sie, was Sie haben."

Herunter rieselte der braune Wasserfall.

„20 Dollars", mit geübter Hand wog Madame die Masse.

„Geben sie es, rasch", sagte Della. Oh, und die zwei folgenden Stunden vergingen wie auf rosigen Schwingen. Vergessen war die zermürbende Vorstellung der fehlenden Haare. Sie durchstöberte die Läden auf der Suche nach Jims Geschenk.

Endlich fand sie es. Sicher war es für Jim und niemand anders gemacht. Nichts kam ihm gleich in keinem der Läden. Es war eine Platinuhrenkette, einfach und geschmackvoll in Form und Zeichnung. Sie war es sogar wert, die Uhr zu ketten. Sobald Della die Kette sah, wußte sie, daß sie Jim gehören mußte. Sie war wie er. Einundzwanzig Dollars nahmen sie ihr dafür ab, und mit den 87 Cents eilte sie heim. Mit dieser Kette an seiner Uhr durfte Jim in jeder Gesellschaft so eifrig wie er nur wollte nach der Zeit sehen. So schön die Uhr war, schaute er nämlich manchmal scheu darauf, weil das alte Lederband, das er an Stelle einer Kette benützte, so schäbig war.

Als Della zu Hause ankam, ließ ihr Taumel nach und sie wurde etwas vernünftig. Sie holte ihre Brennschere heraus, zündete das Gas an und machte sich daran, die Verheerung, die Großmütigkeit zusammen mit Liebe angerichtet hatte, wieder gutzumachen, was immer eine Riesenarbeit ist, liebe Freunde, – eine Mammut-Aufgabe. Nach vierzig Minuten war ihr Kopf mit kleinen, nahe beisammenliegenden Löckchen bedeckt, die ihr ganz das Aussehen eines Lausbuben gaben. Lange schaute sie ihr Bild an, das der Spiegel zurück-

Mme. Sofronie
An- und Verkauf von Haar aller Art
Obst + Gemüse
Zur Post

warf, kritisch und sorgfältig. „Wenn Jim mich nicht tötet", sagte sie zu sich selbst, „bevor er mich ein zweitesmal anschaut, so wird er sagen, ich sehe aus wie ein Chormädchen von Coney Island. Aber was konnte ich tun – oh, was konnte ich tun mit einem Dollar und 87 Cents?"

Um sieben Uhr war der Kaffee gemacht, und die heiße Bratpfanne stand hinten auf dem Ofen, bereit, die Kotelettes aufzunehmen, die darin gebraten werden sollten.

Jim kam nie spät. Della nahm die Kette in die Hand und setzte sich auf den Tisch bei der Tür, durch die er immer hereinkam. Dann hörte sie entfernt seinen Schritt im ersten Stockwerk, und für einen Augenblick wurde sie ganz weiß. Sie hatte die Gewohnheit, im stillen kleine Gebete für die einfachsten Alltagsdinge zu sagen und sie flüsterte vor sich hin: „Lieber Gott, mach, daß er denkt, ich sei immer noch hübsch."

Die Tür öffnete sich. Jim kam herein und schloß sie. Er war mager und hatte ein sehr ernstes Aussehen. Armer Kerl, erst zweiundzwanzig und schon mit einer Familie beladen. Er hätte dringend einen neuen Mantel gebraucht und hatte keine Handschuhe. – Jim stand bei der Türe still, so unbeweglich wie ein Jagdhund, der eine Fährte wittert. Seine Augen waren auf Della gerichtet und hatten einen Ausdruck, den sie nicht deuten konnte und der sie erschreckte. Es war nicht Ärger. Della sprang vom Tisch herunter und lief auf ihn zu.

„Jim, Lieber", rief sie weinend, „schau mich nicht so an. Ich ließ mein Haar abschneiden und verkaufte es, weil ich es nicht ausgehalten hätte, ohne dir ein Geschenk zu Weihnachten zu geben. Es wird wieder nachwachsen. Du bist nicht böse, nicht wahr? Ich mußte es einfach tun. Mein Haar wächst unheimlich schnell. Sag ‚Fröhliche Weihnachten!', Jim, und laß uns glücklich sein. Du weißt ja gar nicht, welch schönes – wunderbar schönes Geschenk ich für dich habe."

„Dein Haar hast du abgeschnitten?" fragte Jim mühsam, als hätte er selbst mit der strengsten geistigen Arbeit diese offensichtliche Tatsache noch nicht erfaßt.

„Abgeschnitten und verkauft", sagte Della. „Verkauft ist es, sag ich dir, verkauft und fort. Heute ist doch Heiliger Abend, du. Sei lieb, es ist doch für dich. Sei lieb, ich gab es ja für dich weg. Es kann ja sein, daß die Haare auf meinem Kopf gezählt waren", fuhr sie mit plötzlicher ernsthafter Verliebtheit fort, „aber niemand könnte je meine Liebe zu dir zählen. Soll ich jetzt die Kotelettes auflegen, Jim?"

Nun schien Jim rasch aus seinem Trancezustand zu erwachen. Er nahm Della in seine Arme. Für zehn Sekunden wollen wir mit diskreter Genauigkeit irgendeinen belanglosen Gegenstand in entgegengesetzter Richtung eingehend betrachten. Acht Dollars in der Woche oder eine Million im Jahr – was ist der Unterschied? Ein Witzbold und ein Mathematiker würden uns beide eine falsche Antwort geben. Indessen zog Jim ein Päcklein aus seiner Manteltasche und warf es auf den Tisch.

„Du mußt dir nichts Falsches vorstellen über mich, Della", sagte er. „Ich glaube, da gäbe es kein Haarschneiden, Dauerwellen oder Waschen in der Welt, das mich dazu brächte, mein Frauchen weniger zu lieben. Aber wenn du das Paket da auspackst, wirst du sehen, warum ich mich zuerst eine Weile nicht erholen konnte."

Weiße Finger zogen an der Schnur, rissen am Papier. Ein begeisterter Freudenschrei. Und dann – oh weh – ein rascher, echt weiblicher Wechsel zu strömenden Tränen und lauten Klagen erforderte die Anwendung sämtlicher tröstender Kräfte und Einfälle des Herrn des Hauses. Denn da lagen sie, die Kämme – die Garnitur von Kämmen, seitlich und rückwärts einzustecken, die Della so lange im Schaufenster einer Hauptstraße bewundert hatte. Fabelhafte Kämme, echtes Schildpatt, mit echten Steinen besetzt – gerade in den Farbtönen, die in dem wundervoll verschwundenen Haar so schön gespielt hätten. Es waren teure Kämme. Sie wußte es. Mit ganzem Herzen hatte sie diese Wunder begehrt. Und jetzt gehörten sie ihr, aber die Zöpfe, die mit diesen begehrenswerten Schmuckstücken hätten geziert werden sollen, waren fort.

Trotzdem drückte sie sie an ihr Herz, und endlich konnte sie auch mit verschleierten Augen aufsehen und lächelnd sagen: „Mein Haar wächst ja so schnell, Jim!"

Und dann sprang Della auf wie eine kleine Katze, die sich gebrannt hatte, indem sie immerzu „Oh, oh" rief. Jim hatte ja sein wunderschönes Geschenk noch nicht gesehen. Sie hielt es ihm auf der offenen Hand eifrig entgegen. Das wertvolle, matt glänzende Metall schien ihre heitere und feurige Seele widerzuspiegeln.

„Ist es nicht großartig – das einzig Wahre? Ich habe darnach gejagt, bis ich es fand. Du wirst jetzt jeden Tag hundertmal sehen müssen, wieviel Uhr es ist. Gib mir deine Uhr, ich muß sehen, wie die Kette daran aussieht."

Anstatt zu gehorchen, machte es sich Jim auf der Couch bequem, legte die Hände hinter den Kopf und lächelte.

„Dell", sagte er, „wir wollen unsere Weihnachtsgeschenke noch für einige Zeit aufbewahren, sie sind zu schön, als daß wir sie jetzt gebrauchen könnten. Denke, ich habe die Uhr verkauft, um das Geld für deine Kämme zu erhalten. Und jetzt, glaub' ich, ist es das beste, du stellst die Koteletts auf."

Nelken, Zimt und Koriander

Zimtsterne

Für etwa 65 Stück

500 g ungeschälte Mandeln
4 Eiweiß
1 Prise Salz
300 g Puderzucker
1 EL Zitronensaft
2 TL Zimt, gemahlen
Margarine für das Blech

1. Die Mandeln in einem Küchentuch abreiben. Durch die Mandelmühle drehen oder in der Küchenmaschine fein mahlen. Das Eiweiß mit Salz in einer Schüssel sehr steif schlagen. Unter weiterem Schlagen langsam den gesiebten Puderzucker und tropfenweise den Zitronensaft zugeben. Von dem Eiweißschaum 4 EL abnehmen. Zugedeckt beiseite stellen.
2. 450 g Mandeln und den Zimt vorsichtig mit dem Eischnee vermengen. Die Arbeitsfläche mit den restlichen gemahlenen Mandeln bestreuen. Den Teig darauf in kleinen Portionen vorsichtig (der Teig reißt leicht) 5 mm dick ausrollen. Sterne (Durchmesser etwa 6 cm) ausstechen.
3. Ein Backblech mit Backpapier oder Alufolie auslegen und mit Margarine einfetten. Zimtsterne darauf legen und mit dem beiseite gestellten Eiweißschaum gleichmäßig bestreichen.
4. Backblech in den auf 160°C vorgeheizten Backofen auf die mittlere Schiene schieben und die Zimtsterne 25 Minuten mehr trocknen als backen.
5. Die Zimtsterne herausnehmen, mit einer Palette vorsichtig vom Backpapier oder von der Alufolie lösen und auf einem Kuchengitter auskühlen lassen. In gut verschlossenen Behältern aufbewahren. *Foto links.*

TIP Beim Ausstechen den Teig gut ausnutzen. Die Teigreste können nämlich nicht wieder ausgerollt werden. Am besten kleine Kugeln daraus formen und mit einer bemehlten Gabel flachdrücken.

Haferflocken-schokoladen-plätzchen

Für etwa 100 Stück

200 g Haferflocken
200 g Mehl
1 Prise Salz
1 Päckchen Backpulver
200 g Margarine
2 Eier
200 g Zucker
1 Päckchen Vanillinzucker
Mehl zum Ausrollen
Margarine zum Einfetten
Schokoladenglasur:
200 g Puderzucker
30 g Kakao
2-3 EL Wasser
Garnierung:
50 g Mandelstifte
50 g Haselnüsse

1. Die Haferflocken mit dem Mehl, der Prise Salz und dem Backpulver mischen. In eine Schüssel geben. In die Mitte eine Mulde drücken. Margarine in Flocken auf dem Rand verteilen.
2. In die Mulde Eier, Zucker und Vanillinzucker geben. Von außen nach innen zu einem glatten Teig kneten. Etwa 30 Minuten kalt stellen. Am besten im Kühlschrank.
3. Das Backbrett oder die Arbeitsfläche mit Mehl bestäuben. Den Teig darauf etwa 1/2 cm dick ausrollen. Plätzchen im Durchmesser von 3 cm ausstechen.
4. Das Backblech einfetten. Die Plätzchen darauflegen und in den auf 200°C vorgeheizten Ofen auf die mittlere Schiene schieben und 10 Minuten backen.
5. Die Plätzchen auf einem Kuchengitter auskühlen lassen.
6. Für die Schokoladenglasur den Puderzucker sieben und in einer Schüssel mit Kakao und Wasser verrühren. Die Plätzchen damit überziehen. Mit Mandelstiften und Nüssen garnieren. *Foto rechts.*

Ingwergebäck

500 g Mehl
1 Päckchen Backpulver
1 TL Ingwer, gemahlen
1 TL frischen Ingwer, grob gehackt
1 TL gemahlene Nelken
1 TL gemahlener Zimt,
300 g Butter
300 g Zucker
100 g Sirup
Außerdem:
Mehl zum Ausrollen
Fett für das Blech
Zum Garnieren:
kandierte Ingwer- und Orangenstückchen

1. Das Mehl mit dem Backpulver und den Gewürzen mischen. Das Fett schaumig rühren, nach und nach den Zucker zugeben. So lange rühren, bis sich der Zucker aufgelöst hat.
2. Das Mehl dazugeben und den Sirup unterrühren. Alles zu einem glatten Teig verkneten. Aus dem Teig Rollen von ca. 3 cm Durchmesser formen. Die Rollen in Alufolie wickeln und etwa 1 Stunde im Kühlschrank kühl stellen.
3. Den Backofen auf 200° C vorheizen. Ein Backblech mit Backpapier auslegen oder leicht fetten. Von den Teigrollen 1/2 cm dicke Scheiben abschneiden, auf das Backblech legen.
4. Die Plätzchen mit den kandierten Ingwer- und Orangenstückchen verzieren, auf der mittleren Schiene in den Backofen schieben und etwa 10-15 Minuten backen.

Makronen

für 55 Stück

75 g Orangeat
4 Eiweiß
350 g Puderzucker
300 g geriebene Mandeln
abgeriebene Schale von 1 Orange
abgeriebene Schale von 1 Zitrone
1 Prise Salz
1 TL gemahlener Zimt
1 Msp. gemahlene Nelken
1 Msp. gemahlener Kardamom
55 Oblaten von 5 cm Durchmesser
Mehl zum Bestäuben

1. Das Orangeat fein hacken und beiseite stellen. Das Eiweiß in einer Schüssel steif schlagen. Löffelweise den gesiebten Puderzucker unterheben. Dann die geriebenen Mandeln, abgeriebene Orangen- und Zitronenschale, Orangeat und alle Gewürze unterrühren.
2. Die Oblaten auf ein bemehltes Backblech setzen. Mit 2 Teelöffeln Teighäufchen abstechen und auf die Oblaten setzen. In den auf 160°C vorgeheizten Backofen auf die mittlere Schiene schieben und etwa 30 Minuten mehr trocknen als backen. *Foto unten.*

Karten und Geschenkanhänger

Wenn's Weihnachten wird, kommt auch die Zeit, lieben Menschen Grüße zu schicken oder sie zu beschenken.

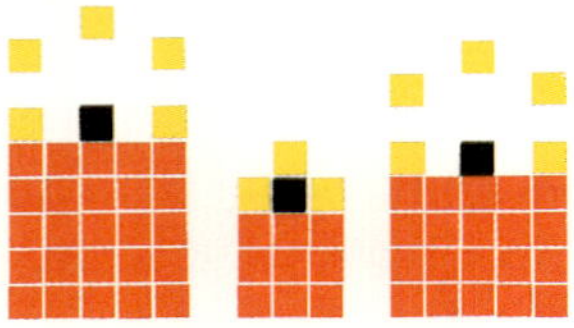

Gestickte Motive

Material und Werkzeug

Stickgarn in Rot, Grün, Gelb, Schwarz und Braun, Sticknadel, Schere, leicht zählbarer Stickstoff (Größe nach Wahl).

Anleitung

Mit Kreuzstichen lassen sich diese Kerzenreihe und der Tannenbaum leicht sticken. Der Kreuzstich besteht aus zwei schrägen Stichen, die kreuzweise übereinander gestickt werden. In der Richtung von links unten nach rechts oben stickt man zuerst den Unterstich, zurück von rechts unten nach links oben den Deckstich. Alle Grund- und Deckstiche müssen in die gleiche Richtung zeigen. Verwenden Sie die Zählmuster.

Engel-Motiv

Material und Werkzeug

1 Engelschablone (siehe Zeichnung), selbstklebende Folie, Briefkarten in verschiedenen Farben, Klebstoff, dünner Karton, dünne Kordel, Bleistift, Schere.

Anleitung

1. Die Zeichnung abpausen oder fotokopieren und auf den dünnen Karton übertragen. Auf das Papier Ihrer Wahl übertragen und ausschneiden.
2. Das Engelmotiv ist vielseitig verwendbar: Es kann auf Karten aufgeklebt werden oder einen Geschenkanhänger (die Kordel dient als Aufhänger) zieren.
Aus Tonpapier geschnitten, schmückt es ein weihnachtliches Fenster.
Aus Stoff wird daraus eine hübsche Applikation für eine Weihnachtsdecke und als Schablone eignet es sich für selbstgemachtes Geschenkpapier. Dafür einen Bogen einfaches Packpapier auslegen. Mehrere Engelschablonen (positive und negative) auflegen und mit Goldspray oder einer anderen Farbe großzügig übersprühen.

Geschenkanhänger aus Holz

Material und Werkzeug

Dünnes Sperrholz, 1 Schablone (Stern, Tannenbaum, Schneemann, Engel oder Mond), weiße oder goldene Farbe oder Farbe Ihrer Wahl, dünne Kordel, schmale Schleife, selbstklebende Etiketten, Pinsel, Bleistift, Schere, Klebepistole, Basteldraht, Laubsäge, Schmirgelpapier, Handbohrer.

Anleitung

1. Die Schablone auf das Holz legen, Konturen mit einem Bleistift nachzeichnen. Die Motive aussägen und die Kanten glattschmirgeln. Oben ein Loch für den Aufhänger bohren.

2. Die Motive sauber abwischen und anmalen oder ansprühen, über Nacht trocknen lassen.

3. Aus dem schmalen Band zwei kleine Schleifen legen, mit Draht fixieren. Die dünne Kordel durch das Loch ziehen und verknoten. Die Schleifen auf der Vorder- und der Rückseite vor das Loch kleben.

4. Auf die Klebe-Etiketten die Namen schreiben und auf die Holzmotive kleben. So sind die Anhänger mehrmals verwendbar.

Phantasievoll verpackte Geschenke

Ein schönes Geschenk braucht auch eine dekorative Verpackung, den passenden Rahmen. Ein liebevoll verpacktes Geschenk zeigt dem Beschenkten, daß er Ihnen viel wert ist. Es gibt viele Möglichkeiten, ein Geschenk zu verpacken. Wichtig ist nur, daß Inhalt und Verpackung zusammenpassen.

In den Papierabteilungen der Warenhäuser und in Schreibwarengeschäften kann man unter einer Vielzal verschiedener Geschenkpapiere wählen; auch Bänder und Dekomaterialien findet man in Hülle und Fülle.

Auch beim Geschenkeverpacken will man auf die Umwelt Rücksicht nehmen. Achten Sie bei Ihrem Einkauf besonders auf Geschenkpapiere aus Altpapier – es gibt Papiere mit dem blauen Umweltengel – auf Papierkordeln und Naturmaterialien. Ein Geschenk, in einfaches Packpapier eingeschlagen und mit bunter Paketschnur verschnürt, kann genauso schön wirken wie ein aufwendig verpacktes Prachtstück. Auch Zeitungspapier ist hübsch, wenn man es gekonnt kombiniert: etwa mit einer schönen, getrockneten Hortensie verziert.

Eine Alternative zur Papierverpackung ist das Einschlagen in Stoff: eine hübsche Serviette, ein Spitzentaschentuch, ein Einstecktuch oder ein Schal, ein Küchenhandtuch oder ein Waschhandschuh ... Damit tun Sie auch etwas für die Müllvermeidung, denn gerade um die Weihnachtszeit fällt ein unnötiger Papier- und Schleifenberg an.

Oft findet sich auch unter dem Hausrat eine hübsche Hülle für ein Geschenk: eine alte, nostalgische Kaffeedose, eine besonders schöne Konfektschachtel, eine Schale oder ein rustikaler Korb ... Alte Schachteln lassen sich mit allerhand bekleben: mit witzigen Cartoons aus Zeitschriften, mit abgelösten Weinetiketten (wenn man in der Schachtel einige Flaschen Wein verschenken will) oder mit bunten Papierschnipseln.

Die Verzierung muß nicht immer eine Schleife sein, falten Sie Fächer oder Rosetten aus Papier, verzieren Sie Ihr Geschenk mit Trockenblumen oder mit hübschen Gräsern und anderen Naturmaterialien.

Versuchen Sie, eigene Ideen zu entwickeln und lassen Sie sich von den Beispielen in diesem Buch anregen.

Teilbare Kugel

Material und Werkzeug

1 teilbare Klarsicht-Kunststoff-Kugel (Durchmesser 15 cm), 2 m langes und 3 cm breites Band, 2 m langes und 1,5 cm breites Band, 2 m langes und 1 cm breites Band, einige rote Seidenblüten, 70 cm dünne Goldkordel, dicke rote Holzperlen (Durchmesser 2 cm), 4-6 kleine Tannenzweige, Klebepistole, Basteldraht, Seitenschneider.

Anleitung

1. Die Dekomaterialien halbieren. Aus den Bändern mehrschlaufige Schleifen legen, mit Draht fixieren. Die Stiele der Blüten mit dem Seitenschneider auf unterschiedliche Längen schneiden.
2. Auf jede Hälfte der Kugel die Hälfte der Dekomaterialien kleben. Die Ösen frei lassen.
3. Die Kugel mit kleinen Geschenken füllen und verschließen. Durch die Ösen die Goldkordel ziehen. An die Enden die Holzperlen kleben. Die Kordel zur Schleife binden.

TIP Die Kugel läßt sich anschließend als Raum- oder Fensterschmuck verwenden. Die Goldkordel dient dann als Aufhänger.

Originelle Verpackungen ohne Papier

Material und Werkzeug

1 Geschirrhandtuch, Sticknadel, Stickgarn, Stramin, kleine Kugeln, Tannenzweige, Geschenkband, Seitenschneider, Schere, Klebepistole, Basteldraht.

Anleitung

1. Die Lage des Motivs bestimmen. Je nach Musterung und Webart des Geschirrhandtuchs kann das Motiv direkt aufgestickt werden. Ist dies nicht der Fall, den Stramin mit Heftstichen auf das Handtuch heften. Das Motiv auf den Stramin sticken. Geeignet sind alle Motive von Seite 94.
2. Wenn das Motiv fertig ist, den Stramin wieder entfernen. Das geht ganz einfach, indem Sie den Stramin Faden für Faden herausziehen.
3. Aus Bändern, Tannenzweigen und Kugeln ein kleines Gebinde legen und mit Draht abbinden. Auf die Abbindestelle eine Schleife kleben.
4. Das Geschenk in das Geschirrtuch einschlagen und mit dem Gebinde verzieren. Darauf achten, daß das Stickmotiv dabei nicht verdeckt wird.

Geschenk mit großem Schleifenbukett

Material und Werkzeug

Geschenkpapier, passendes 2-5 cm breites Schleifenband, 2 Rosen aus Wachspapier oder Seide, 1 m goldenes Glitterband, etwas Tannengrün, Goldzweige, 1 m dünne Goldkordel, 6 kleine Weihnachtskugeln, Basteldraht, Klebepistole, Schere, Seitenschneider.

Anleitung

1. Die Enden des breiten Bandes zu Bandspitzen kleben (siehe auch Seite 70) und das Band zu einer fünf- bis sechsschlaufigen Schleife legen, mit Draht fixieren.
2. Das Glitterband zu einer Schleife mit langen Bändern legen, 3 Kugeln auf unterschiedlich lange Kordelstücke fädeln und festbinden. Die Kordelenden mit Draht zusammenfassen.
3. Das Geschenk einpacken. Die Dekomaterialien erst zur Probe auflegen und dann nach und nach aufkleben. 3 Kugeln direkt auf die Abbindestelle der großen Schleife kleben.

TIP Experimentieren Sie mit Bändern unterschiedlicher Breite, Sie werden staunen, wie verschieden die Ergebnisse sind! Eine Schlaufe aus mehreren Schlaufenpaaren zum Beispiel läßt sich mit einem schmaleren Band zu einer hübschen Rosettenform legen.

Saftiger Schweinebraten

Rindfleischsuppe mit Kräuterflädle

Für 4 Personen

$1^1/_2$ l klare Rindfleischbrühe
(selbstgemacht oder aus Extrakt)
Kräuterflädle:
60 g Mehl
1 Prise Salz
4 Eier
$^1/_8$ l Milch
1 EL zerlassene Butter
2 EL feingewiegte Kräuter (Dill, Kerbel, Petersilie, einige Blättchen Estragon)
Butter oder Öl zum Braten

1. Die Fleischbrühe erhitzen und zur Seite stellen.
2. Für die Flädle Mehl und Salz in eine Schüssel geben und mit den Eiern verrühren. Die Milch unter Rühren hinzufügen und zum Schluß die flüssige Butter zugeben. Den Teig mindestens 20 Minuten stehen lassen. Die Kräuter erst vor dem Braten der Flädle wiegen und an den Teig geben.
3. Das Fett in einer beschichteten Pfanne erhitzen und wenig Teig hineingießen. Den Teig unter Schwenken der Pfanne nach allen Seiten verteilen und von beiden Seiten goldgelb backen. Aufrollen und in Streifen schneiden.
4. Die Rindfleischbrühe erneut erhitzen und die Flädle kurz vor dem Servieren einige Minuten zum Aufwärmen hineingeben. *Foto oben.*

TIP Die Flädle werden besonders zart, wenn man den Teig 1 Stunde ausquellen läßt, bevor die Flädle gebacken werden.

Schweinebraten mit Kruste

Für 6-8 Personen

1-1,5 kg Schweinekeule (Oberschale) oder
Schweineschulter mit Schwarte
Salz
weißer Pfeffer aus der Mühle
1 EL Schmalz oder Butter
1 Bund Suppengrün
1 TL Kümmel
1 Msp. Majoran
etwas dunkles Bier

1. Die Schwarte des Schweinebratens diagonal einschneiden oder gleich beim Einkauf einschneiden lassen.
2. Den Backofen auf 200°C vorheizen.
3. Den Schweinebraten waschen, trockentupfen und gründlich mit Salz und Pfeffer einreiben. Das Fett in einem eisernen Schmortopf erhitzen und den Braten darin von allen Seiten anbraten.
4. Das Suppengrün kleinschneiden und mit Kümmel und Majoran in den Topf geben. Mit 1 Tasse Wasser aufgießen. Den Braten auf die untere Schiene in den Backofen schieben und unter gelegentlichem Begießen mit dem Bratensaft in $1^1/_2$-2 Stunden braten. Die letzten 30 Minuten immer wieder mit Bier bepinseln, damit die Kruste schön knusprig wird. Den Braten herausnehmen und vor dem Anschneiden 10 Minuten stehen lassen.
5. Den Bratensaft mit etwas Wasser ablöschen, durch ein Sieb gießen, entfetten und eventuell noch mit etwas Salz abschmecken. Zu dem aufgeschnittenen Braten reichen.
Dazu passen Kartoffelknödel und Rotkohl.
Getränkeempfehlung: kühles Bier.
Foto rechts.

Kartoffelklöße aus gekochten Kartoffeln

Für 4 Personen

Kartoffelteig:
1 kg gekochte Kartoffeln vom Vortag
75 g Weizenmehl
75 g Grieß
Salz
frischgeriebene Muskatnuß
1 Ei
Mehl zum Formen
Füllung:
50 g durchwachsener geräucherter Speck
2 Brötchen vom Vortag
2 EL Butter
Außerdem:
Salz
evtl. in Butter geröstete Semmelbrösel

1. Für den Kartoffelteig die Kartoffeln schälen und durch die Kartoffelpresse drücken. Mit den übrigen Zutaten zu einem glatten Teig verkneten. Aus dem Kartoffelteig auf einem leicht bemehlten Brett eine etwa 6 cm dicke Rolle formen.
2. Für die Füllung den Speck in kleine, die Brötchen in etwas größere Würfel schneiden. Die Butter in einer Pfanne erhitzen und die Speckwürfel darin glasig braten. Die Brotwürfel hinzufügen und unter gelegentlichem Umrühren goldbraun rösten. Abkühlen lassen.
3. Die Teigrolle in zwei fingerdicke Scheiben schneiden. In die Mitte der Teigstücke je einige geröstete Speck- und Semmelwürfel geben und den Teig mit leicht bemehlten Händen zu Knödeln formen.
4. In einem großen, breiten Topf reichlich Wasser zum Kochen bringen, salzen (1 l Wasser = 10 g Salz) und die Knödel nacheinander in das kochende Salzwasser legen. Im offenen Topf in etwa 20 Minuten garziehen lassen.
5. Mit einer Schaumkelle herausheben, gut abtropfen lassen und in eine Schüssel geben.

Apfelküchlein

Für 4 Personen

3 säuerliche Äpfel
100 g Weizenmehl
1 Prise Salz
1/8 l Milch
1 Ei, getrennt
100 g Butterschmalz
Zimt
Zucker

1. Die Äpfel waschen, schälen und das Kerngehäuse ausstechen. Die Äpfel in Scheiben schneiden.
2. Aus Mehl, Salz, Milch und Eigelb einen glatten Teig rühren. Das Eiweiß sehr steif schlagen und unter den Teig heben.
3. Das Butterschmalz in einer Pfanne mit hohem Rand erhitzen. Die Apfelscheiben nacheinander durch den Ausbackteig ziehen und in dem heißen Butterschmalz beidseitig goldbraun ausbacken.
4. Zimt und Zucker miteinander mischen. Die Apfelküchlein noch heiß darin wälzen.
5. Die Apfelküchlein auf Dessertteller legen. Nach Belieben Vanillesauce oder Vanilleeis dazu reichen. *Foto unten.*

Rotkohl

(Blaukraut)

Für 4 Personen

1 kg Rotkohl
2 säuerliche Äpfel
50 g Schweine- oder Gänseschmalz
1 kleine, geschälte Zwiebel, mit 2 Nelken gespickt
1/4 l Wasser
1/8 l Rotwein
3 Stück Würfelzucker
2 EL Essig
2 EL Preiselbeeren (aus dem Glas)

1. Die äußeren harten Blätter des Rotkohls entfernen, den Kohl halbieren und den Strunk herausschneiden. Den Kohl hobeln oder in feine Streifen schneiden.
2. Die Äpfel vierteln, das Kerngehäuse entfernen, schälen und in Stücke schneiden.
3. Das Schmalz in einem Topf erhitzen und die Apfelstücke darin andünsten. Den Kohl und die Zwiebel hinzufügen. Mit Wasser und Rotwein aufgießen.
4. Die Zuckerstücke in einer Pfanne erwärmen, bis sie karamelisieren. Den Essig hinzufügen und aufkochen lassen. Zu dem Rotkohl geben.
5. Den Topf gut verschließen und den Rotkohl ca. 45 Minuten dünsten. Zum Schluß mit den Preiselbeeren vermischen.

Die vierte Adventswoche

Weihnachten

Markt und Straßen stehn verlassen,
Still erleuchtet jedes Haus,
Sinnend geh' ich durch die Gassen,
Alles sieht so festlich aus.

An den Fenstern haben Frauen
Buntes Spielzeug fromm geschmückt,
Tausend Kindlein stehn und schauen,
Sind so wunderstill beglückt.

Und ich wandre aus den Mauern
Bis hinaus ins freie Feld,
Hehres Glänzen, heil'ges Schauern!
Wie so weit und still die Welt!

Sterne hoch die Kreise schlingen,
Aus des Schnees Einsamkeit
Steigt's wie wunderbares Singen –
O du gnadenreiche Zeit!

Joseph von Eichendorff

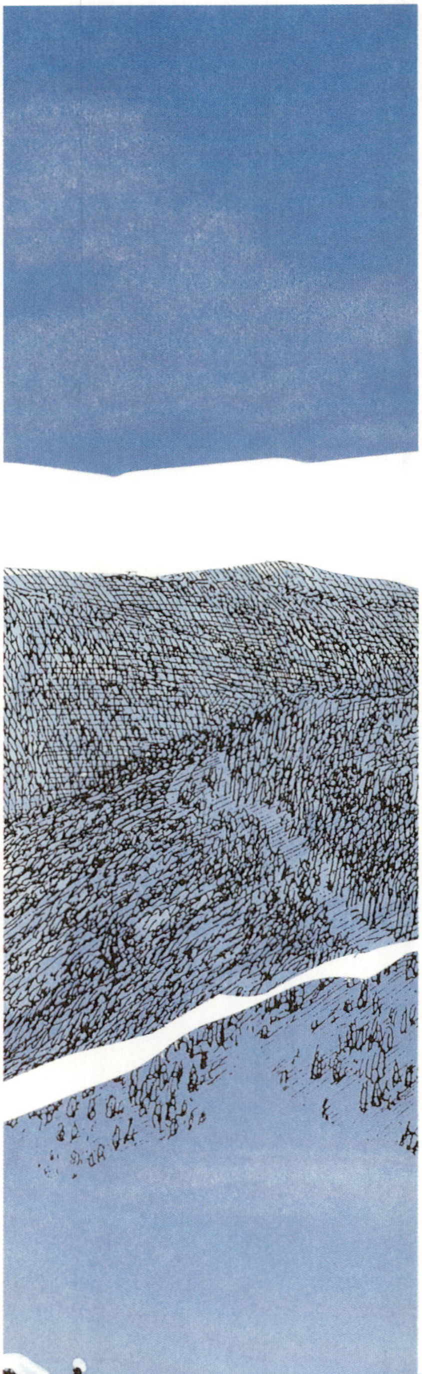

Unser erster Christbaum

Peter Rosegger

Es waren die ersten Weihnachtsferien meiner Studentenzeit. Wochenlang hatte ich schon die Tage, endlich die Stunden gezählt bis zum Morgen der Heimfahrt von Graz ins Alpel. Und als der Tag kam, da stürmte und stöberte es, daß mein Eisenbahnzug stecken blieb. Da stieg ich aus und ging zu Fuß, frisch und lustig, sechs Stunden lang durch das Tal, wo der Frost mir Nase und Ohren abschnitt, daß ich sie gar nicht mehr spürte. Durch den Bergwald hinauf, wo mir so warm wurde, daß die Ohren auf einmal wieder da waren und heißer als je im Sommer.

So kam ich, als es schon dämmerte, glücklich hinauf, wo das alte Haus, schimmernd durch Gestöber und Nebel, wie ein verschwommener Fleck stand, einsam mitten in der Schneewüste. Als ich eintrat, wie war die Stube so klein und niedrig und dunkel und warm – urheimlich. In den Stadthäusern verliert man ja allen Maßstab für ein Waldbauernhaus. Aber man findet sich gleich hinein, wenn die Mutter den Ankömmling ohne alle Umstände so grüßt: „Na, weil d' nur da bist!"

Auf dem offenen Steinherd prasselte das Feuer, in der guten Stube wurde eine Kerze angezündet. „Mutter, nit!" wehrte ich ab, „tut lieber das Spanlicht anzünden, das ist schöner."

Sie tat's aber nicht. Das Kienspanlicht ist für die Werktage. Weil nach langer Abwesenheit der Sohn heimkam, war für die Mutter Feiertag geworden. Darum die festliche Kerze.

Als die Augen sich an das Halblicht gewöhnt hatten, sah ich auch das Nickerl, das achtjährige Brüderlein. Es war das jüngste und letzte. „Ausschauen tust gut!" lobte die Mutter meine vom Gestöber geröteten Wangen.

Der kleine Nickerl aber sah blaß aus. „Du hast ja die Stadtfarb, statt meiner!" sagte ich und habe gelacht. Die Sache war so. Der Kleine tat husten, den halben Winter schon. Und da war eine alte Hausmagd, die sagte es täglich wenigstens dreimal, daß für ein „hustendes Leut"nichts schlechter sei als „der kalte Luft". Sie verbot es, daß der Kleine hinaus vor die Türe ging. Ich glaube, deshalb war er so blaß, und nicht des Hustens halber.

In der dem Christfest vorhergehenden Nacht schlief ich wenig – etwas Seltenes in jenen Jahren. Die Mutter hatte mir auf dem Herde ein Bett gemacht mit der Weisung, die Beine nicht zu weit auszustrecken, sonst kämen sie in die Feuergrube, wo die Kohlen glosten. Die glosenden Kohlen waren gemütlich, das knisterte in der stillfinsteren Nacht so hübsch und warf manchmal einen leichten Glutschein an die Wand, wo in einem Gestelle die buntbemalten Schüsseln lehnten. Da war ein Anliegen, über das ich schlüssig werden mußte in dieser Nacht, ehe die Mutter an den Herd trat, um die Morgensuppe zu kochen. Ich hatte viel sprechen gehört davon, wie

man in den Städten Weihnachten feiert. Da sollen sie ein Fichtenbäumchen, ein wirkliches kleines Bäumlein aus dem Wald, auf den Tisch stellen, an seinen Zweigen Kerzlein befestigen, sie anzünden, darunter sogar Geschenke für die Kinder hinlegen und sagen, das Christkind hätte es gebracht.

Nun hatte ich vor, meinem kleinen Bruder, dem Nickerl, einen Christbaum zu errichten. Aber alles im geheimen, das gehört dazu. Nachdem es soweit taglicht geworden war, ging ich in den frostigen Nebel hinaus. Und just dieser Nebel schützte mich vor den Blicken der ums Haus herum arbeitenden Leute, als ich vom Wald her mit einem Fichtenwipfelchen gegen die Wagenhütte lief.

Dann ward es Abend. Die Gesindleute waren noch in den Ställen beschäftigt oder in den Kammern, wo sie sich nach der Sitte des Heiligen Abends die Köpfe wuschen und ihr Festgewand herrichteten. Die Mutter in der Küche buk die Christtagskrapfen, und der Vater mit dem kleinen Nickerl besegnete den Hof. Hatte nämlich der Vater in einem Gefäß glühende Kohlen, hatte auf dieselben Weihrauch gestreut und ging damit durch alle Räume des Hofes, um sie zu beräuchern und dabei schweigend zu beten. Es sollten böse Geister vertrieben und gute ins Haus gesegnet werden.

Dieweilen also die Leute draußen zu tun hatten, bereitete ich in der großen Stube den Christbaum. Das Bäumchen, das im Scheite stak, stellte ich auf den Tisch. Dann schnitt ich vom Wachsstock zehn oder zwölf Kerzchen und klebte sie an die Ästlein. Unter-

halb, am Fuße des Bäumchens, legte ich einen Wecken hin.
Da hörte ich über der Stube auf dem Dachboden auch schon Tritte – langsame und trippelnde. Sie waren schon da und segneten den Bodenraum. Bald würden sie in der Stube sein, mit der wir den Rauchgang zu beschließen pflegten. Ich zündete die Kerzen an und versteckte mich hinter dem Ofen.
Die Tür ging auf, sie traten herein mit ihren Weihgefäßen und standen still. „Was ist denn das?" sagt der Vater mit leiser, langgezogener Stimme. Der Kleine starrte sprachlos drein. In seinen großen, runden Augen spiegelten sich wie Sternlein die Christbaumlichter. – Der Vater schritt langsam zur Küchentür und flüsterte hinaus: „Mutter, Mutter! Komm ein wenig herein." Und als sie da war: „Mutter, hast du das gemacht?"
„Maria und Josef!" hauchte die Mutter, „was lauter habens denn da auf den Tisch getan?" Bald kamen auch die Knechte und die Mägde herbei, hell erschrocken über die seltsame Erscheinung. Da vermutete einer, ein Junge, der aus dem Tal war: Es könnte ein Christbaum sein...
Sollte es denn wirklich wahr sein, daß Engel solche Bäumlein vom Himmel bringen? – Sie schauten und staunten. Und aus des Vaters Gefäß qualmte der Weihrauch und erfüllte schon die ganze Stube, so daß es war wie ein zarter Schleier, der sich über das brennende Bäumchen legte.
Die Mutter suchte mit den Augen in der Stube herum. „Wo ist denn der Peter?"
Da erachtete ich es an der Zeit, aus dem Ofenwinkel hervorzutreten. Den kleinen Nickerl, der immer noch sprachlos und unbeweglich war, nahm ich an den kühlen Händchen und führte ihn vor den Tisch. Fast sträubte er sich. Aber ich sagte – selber tief feierlich gestimmt – zu ihm: „Tu dich nicht fürchten, Brüderl! Schau, das lieb Christkindl hat dir einen Christbaum gebracht. Der ist dein."
Und da hub der Kleine an zu wiehern vor Freude und Rührung, und die Hände hielt er gefaltet wie in der Kirche. – –
Öfter als vierzigmal seither habe ich den Christbaum erlebt, mit mächtigem Glanz, mit reichen Gaben und freudigem Jubel unter Großen und Kleinen. Aber größere Christbaumfreude, ja eine so helle Freude hab ich noch nicht gesehen, als jene meines kleinen Brüderlein Nickerl – dem es so plötzlich und wundersam vor Augen trat – ein Zeichen dessen, der da vom Himmel kam.

Festlicher Christbaumschmuck

Vielleicht haben Sie ja auch schon daran gedacht, Ihren Christbaum einmal anders zu schmücken? Es haben Ihnen nur die Ideen gefehlt? Hier sind einige Vorschläge für ganz individuellen Christbaumschmuck.

Schneeball

Material und Werkzeug

Weiße Styroporkugel (Durchmesser 6 cm), Gold- oder Silberkordel, weichfallender Stoff in Weiß, Zirkel, Zick-Zack-Schere.

Anleitung

1. Auf den Stoff einen Kreis von 25 cm Durchmesser aufzeichnen. Mit der Zick-Zack-Schere ausschneiden. Dabei die Bleistiftlinien wegschneiden.
2. Die Styroporkugel in die Mitte des Kreises legen, den Stoff oben zusammenfassen und mit der Gold- oder Silberkordel fest zusammenbinden. Die Kordel so lang schneiden, daß der Schneeball daran aufgehängt werden kann.

TIPS • Die Abbindestelle mit einem Gebinde aus kleinen Seidenblumen und -blättern und einer hübschen Schleife verzieren.
• Den Schneeball großzügig mit Bouillondraht umwickeln.
• Einen Kreis der gleichen Größe aus einem durchbrochenen Glitzerstoff schneiden. Diesen Glitzerstoff über den weißen Schneeball ziehen und ebenfalls oben zusammenfassen. Der weiße Stoff soll noch durch den durchbrochenen Stoff zu sehen sein.
• Wenn Sie mehrere Schneebälle herstellen, arbeiten Sie effizienter, wenn Sie beim Zuschneiden mehrere Stofflagen übereinanderlegen. Damit sie nicht verrutschen, mit Stecknadeln oder einigen Heftstichen fixieren. Dann verfahren wie unter 1. beschrieben.

Schneeflocke

Material und Werkzeug

15 cm weißer Stoff, Füllmaterial (z.B. Watte), Papier, 1 Holzperle (Durchmesser 2 cm) mit Loch, weißes Vlies, 60 cm dünne Kordel, 1 weißer Pfeifenputzer, Schere, Bleistift, Zirkel, Klebepistole, Filzstifte, Nähzeug.

Anleitung

1. Auf das Papier mit dem Zirkel einen Kreis von 15 cm Durchmesser zeichnen und ausschneiden. Umrisse mit Bleistift auf den weißen Stoff übertragen und ausschneiden. In $^1/_2$ cm Entfernung von der Schnittkante mit doppeltem weißem Faden heften, Nadel und Faden hängen lassen.
2. Den Schnitt für die Kapuze von der Schemazeichnung abnehmen, Umrisse auf das Vlies übertragen und ausschneiden. Die Kapuze insgesamt 4x zuschneiden. (Sie können auch 4 Lagen Vlies übereinanderlegen.) Die vier Kapuzenteile an der kurzen, geraden Schnittkante zusammennähen, dabei den Aufhänger einnähen.
3. Den Pfeifenputzer auf 8 cm Länge abschneiden, auf die Hälfte knicken und mit den beiden Enden in die Holzperle kleben. Den Stoffkreis nehmen, mit den Heftfäden zusammenziehen und mit Füllmaterial füllen. Den Pfeifenputzer mit Klebstoff bestreichen und in die Mitte des Füllmaterials stecken. Es soll nur noch der Kopf herausschauen. Den Heftfaden ganz fest anziehen, einige Male um den „Hals" wickeln und vernähen.
4. Die Kapuze wenden und auf den Kopf stülpen. Die Kapuze mit dünner Kordel am Hals festbinden. Dafür die Kordel von hinten nach vorn führen und zur Schleife binden. Mit Filzstiften ein Gesicht zeichnen.

Schneemann

Material und Werkzeug

1 Styroporkugel (Durchmesser 5 cm), 1 Styroporkugel (Durchmesser 3-4 cm), 1 Zylinder, 20 cm dünne Goldkordel, Vlies vom Meter, 40 cm dünne, dicke, rote Kordel, 1 Tannenzweig, rote und schwarze Pinnadeln, Pappe, Klebepistole, Schere, spitze Stopfnadel, Maßband.

Anleitung

1. Den Umfang der Kugeln messen. Der gemessene Umfang ergibt den Durchmesser des Kreises, den Sie aus dem Vlies zuschneiden müssen.

2. Die beiden Vliesteile am Rand mit Heißkleber beträufeln, einige Sekunden antrocknen lassen, dann um die Styroporkugeln kleben. Die beiden Kugeln mit den Klebestellen aufeinanderkleben.

3. Die Goldkordel mit der Nadel durch den Zylinder ziehen und unten festkleben. Den Zylinder auf dem Kopf festkleben. Die Pinnadeln in den Kopf stecken: zwei kleinere schwarze für die Augen und eine größere rote für den Mund.

4. Die rote Kordel wie einen Schal um den Hals des Schneemanns wickeln. Anschließend seitlich am Körper einen kleinen Tannenzweig festkleben.

Den Baumschmuck, den wir Ihnen hier vorstellen, können Sie übrigens genauso gut für einen Tannenstrauß verwenden.

Lila Schleifen aus Papierkordel

Material und Werkzeug

1 Kerzenhalter für Christbaumkerze, 30-40 cm lila Papierkordel, 1-2 goldene Seidenblumen, Goldfarbe, Pinsel, Basteldraht, Klebepistole, Schere.

Anleitung

1. Die Papierkordel aufdrehen und glattstreichen. Den Papierstreifen zur Schleife legen und andrahten. Die Drahtenden abschneiden.

2. Bei dem Kerzenhalter die Halterung für die Kerze aufbiegen, die Schleife aufkleben und mit wenig Goldfarbe in vereinzelten Strichen bemalen. Auf die Abbindestelle der Schleife die goldene Blüte kleben.

TIP Sie können die Schleife zusätzlich mit dünnen Bändern und Perlenschnur dekorieren.

Girlande in Lila

Material und Werkzeug

Goldene Perlenkette (Länge nach Belieben), lila Papierkordel, Goldsternchen (Durchmesser 0,8-1 cm), Goldfarbe, Pinsel, Basteldraht, Klebepistole, Schere.

Anleitung

1. Die Papierkordel in 5 cm lange Stücke scheiden. Auseinanderziehen und glattstreichen, dann an einem Ende mit Draht zusammenfassen. Die Drahtenden etwa 10 cm lang stehen lassen.
2. Mit dem Pinsel in vereinzelten Strichen die Goldfarbe auftragen. Die einzelnen Papierkordelstücke in gleichmäßigen Abständen an die Perlenschnur binden. Die Drahtenden abschneiden und die Abbindestelle von beiden Seiten mit Sternchen bekleben.

Geschmückte Tannenzapfen

Material und Werkzeug

1 möglichst großer, schöner Tannenzapfen, Erlenzapfen, Sprühfarbe in einer beliebigen Farbe, 1-2 kleine Tannenzweige, 3-5 goldene Blätter, Seidenblüten, Seiden-Weihnachtsstern, Kordel oder Band als Aufhänger, Schleifenband oder Kordel, Deko-Steck-Kugel, 3-5 Perlenblüten, Basteldraht, Klebepistole, Schere, Seitenschneider.

Anleitung

1. Den Tannenzapfen von allen Seiten gleichmäßig besprühen, am besten über Nacht trocknen lassen. Eine Schleife mit Aufhänger (siehe Seite 99) vorbereiten, mit Draht abbinden. Perlenblüten (siehe Seite 22) herstellen.
2. Die Stiele der Blüten und Blätter auf unterschiedliche Länge kürzen. Die Dekomaterialien mit den Tannenzweigen und den Blättern beginnend auf den Zapfenhals kleben. Zuletzt die Schleife mit Aufhänger festkleben.

Feines Gebäck zur Weihnachtszeit

Vanillekipferl

Für ca. 40 Stück

300 g Weizenmehl
2 Eigelb
200 g Butter
150 g geriebene Mandeln
100 g Zucker
1 EL Vanillezucker
Mehl zum Formen
60 g Puderzucker, mit echter Vanille gemischt, zum Wenden

1. Das Backblech mit Backpapier auslegen. Das Mehl auf die Arbeitsfläche schütten, in die Mitte eine Vertiefung drücken und die Eigelbe hineingeben. Die gekühlte Butter in Flöckchen rundum auf dem Mehl verteilen, die Mandeln, den Zucker und den Vanillezucker darüber streuen.
2. Die Zutaten zuerst mit zwei Messern vermengen und dann schnell zu einem glatten Teig verkneten. Den Mürbeteig 30 Minuten in den Kühlschrank stellen. Den Backofen auf 175°C vorheizen.
3. Mit leicht bemehlten Händen kleine Kipferln (Hörnchen) aus dem Teig formen und auf das Backblech setzen. Die Kipferln auf der mittleren Schiene im Backofen in 20-25 Minuten hellgelb backen.
4. Die Kipferln noch warm in dem Vanillezucker wenden und schichtweise zwischen Pergamentpapier in einer Blechdose aufbewahren. *Foto rechts.*

Spritzgebäck mit Schokolade

Für ca. 20 Stück

Teig:
100 g Butter
100 g Zucker
1 Ei
100 g Weizenmehl
100 g Stärkemehl
2 EL Milch
30 g geschälte, geriebene Mandeln
100 g Aprikosenkonfitüre
Glasur:
50 g Zartbitterschokolade
1 TL Butter

1. Die Butter schaumig rühren. Den Zucker und das verquirlte Ei hinzufügen. Das Mehl mit dem Stärkemehl sieben und eßlöffelweise mit der Milch unterrühren. Die Mandeln unter den Teig mischen, in den Kühlschrank stellen und 1 Stunde ruhen lassen.
2. Den Backofen auf 175°C vorheizen. Den Teig in einen Spritzbeutel mit großer Sterntülle füllen. In Form von kleinen Halbkreisen auf das mit Butter bestrichene oder mit Backpapier belegte Blech spritzen. (Genügend Abstand lassen, weil die Plätzchen beim Backen aufgehen.) Auf der mittleren Schiene etwa 15 Minuten hellgelb backen. Vom Blech lösen und auf einem Kuchengitter auskühlen lassen.
3. Auf der glatten Seite mit der

Konfitüre bestreichen und je zwei Stücke zusammensetzen. Auf ein Brett legen und etwas antrocknen lassen.
4. Die Schokolade in Stücke brechen und mit 1 EL Wasser im Wasserbad schmelzen lassen.
5. Die Butter hinzugeben, in der warmen Schokolade zergehen lassen und gut verrühren.
6. Jeweils beide Enden der Plätzchen mit der Glasur bestreichen oder in die Schokolade tauchen. Trocknen lassen. *Foto links.*

TIP Mandeln lassen sich leicht schälen, wenn sie mit kochendem Wasser überbrüht werden. Dann kann man die Haut ganz leicht abziehen.

Feine Mürbeteig-sternchen

Für ca. 25 Stück

300 g Weizenmehl
200 g Butter
100 g Zucker
90 g geriebene, ungeschälte Mandeln
1 Msp. gemahlene Nelken
1 Msp. Zimt
1 Msp. gemahlenes Kardamom
Außerdem:
Mehl zum Ausrollen
100 g Puderzucker zum Bestreuen
100 g Konfitüre zum Bestreichen

1. Das Backblech mit Backpapier auslegen.
2. Das Mehl auf ein Backbrett schütten. Die kalte Butter in Flöckchen dazugeben, Zucker, Mandeln und Gewürze darüber streuen.
3. Die Zutaten zuerst mit 2 Messern zerhacken, dann mit beiden Händen schnell zu einem glatten Teig verkneten. Dann 30 Minuten kalt stellen.
4. Den Backofen auf 180°C vorheizen.
5. Den Teig auf einem bemehlten Backbrett messerrückendick ausrollen und mit einer Form Sterne ausstechen. Bei der Hälfte der Sterne nochmal in der Mitte ein kleines rundes Plätzchen ausstechen, so daß ein Loch entsteht.
6. Die Plätzchen auf das Backblech geben und auf der mittleren Schiene des Backofens in 10-15 Minuten goldgelb backen.
7. Die Sternchen mit der ausgestochenen Mitte mit Puderzucker übersieben, die übrigen in der Mitte mit Konfitüre bestreichen. Die mit Puderzucker übersiebten Sterne so auf die mit Marmelade bestrichenen setzen, daß die Zacken der Sternchen versetzt aufeinanderliegen. *Foto rechts oben.*

Spitzbuben

300 g Mehl
100 g Zucker
1 Päckchen echter Vanillezucker
abgeriebene Schale von
1/2 unbehandelten Zitrone
75 g gemahlene Mandeln
220 g Butter
1 kleines Ei
Außerdem:
Mehl zum Ausrollen
Butter für das Blech
100 g Himbeerkonfitüre
Vanillezucker

1. Das Mehl, den Zucker und den Vanillezucker auf die Arbeitsfläche häufen. Die abgeriebene Zitronenschale und die geriebenen Mandeln darüber verteilen. In die Mitte eine Vertiefung drücken.
2. Die Butter in kleinen Flöckchen auf dem Rand verteilen, das Ei aufschlagen und in die Vertiefung gleiten lassen. Nun alle Zutaten vom Rand her rasch zu einem geschmeidigen Teig verarbeiten. Den Teig in Alufolie wickeln und mindestens 1 Stunde kühl stellen.
3. Den Teig auf bemehlter Arbeitsfläche dünn ausrollen, mit runden Ausstechformen Plätzchen ausstechen. Ein Backblech mit Backpapier auslegen und leicht fetten. Die Plätzchen darauflegen. Den Backofen auf 180° C vorheizen.
4. Die Plätzchen auf der mittleren Schiene in den Backofen schieben und etwa 10-12 Minuten backen. Die Plätzchen sollen goldgelb sein.
5. Je zwei Plätzchen mit der Himbeerkonfitüre zusammensetzen, die Unterseiten zeigen nach innen. Die zusammengesetzten Plätzchen mit der Oberseite in Vanillezucker tauchen.

Festlicher Weihnachts-schmuck

Besonders schön sieht Weihnachtsschmuck aus, der farblich aufeinander abgestimmt ist. Die Farbkombination Blau-Silber wirkt sehr elegant.

Kordelkugeln in Blau-Silber

Material und Werkzeug

1 Styroporkugel (Durchmesser 8 cm), 4 m glänzende blaue Kordel (Dicke ca. 0,5 cm), silberne Blätter, Seidenblüten, Beeren, Perlenschnur, breite und schmale Bänder, Schere, Klebepistole, Seitenschneider.

Anleitung

1. Die Kugel sauber und deckend mit der Kordel bekleben. Schleifen in verschiedenen Größen, Farben und Materialien herstellen. Aus den Perlschnüren eine kleine Quaste herstellen oder ein fertige Quaste kaufen.
2. Die Stiele von Blüten und Blättern auf unterschiedliche Länge zurechtschneiden. Ein doppelt gelegtes Stück Kordel als Aufhänger ankleben. Dann die Dekomaterialien nach und nach aufkleben, bis ein hübsches Gebinde entstanden ist. Sichtbare Klebestellen mit größeren Blüten abdecken.

TIP Kaufen Sie die Materialien in aufeinander abgestimmten Farben. Besonders fein wirken Kompositionen Ton-in-Ton. Setzen Sie Kontraste durch ausgefallene Materialien.

Kordelengel in Blau-Silber

Material und Werkzeug

1 Styroporkegel (Höhe 12,5 cm), 2,85 m weiße, glänzende Kordel (Dicke ca. 0,5 cm), 1 weißer Pfeifenputzer, etwas Brokatborte für Ärmelbesatz und Passe, weißes Engelshaar, etwas Perlenschnur als Kopfputz, 10 x 5 cm selbstklebende Silberfolie oder 5 x 5 cm zweiseitige Silberfolie, kleine Silberblätter für die Flügel oder Silberfolie oder gekaufte Flügel, 1 Holzperle (Durchmesser 3 cm) mit Loch, 2-3 Zahnstocher, Schere, Klebepistole, Filzstifte.

Anleitung

1. Den Anfang der Kordel am unteren Kegelrand gut festkleben, dann den Kegel spiralenförmig bis zur Spitze mit der Kordel bekleben. Einen Zahnstocher in die Holzkugel kleben, dann in die Kegelspitze.
2. Von der Schemazeichnung den Schnitt für die Ärmel abnehmen, auf Stoff übertragen und zuschneiden. Die Brokatborte als Ärmelbesatz ankleben. Den Pfeifenputzer auf 9 cm Länge abschneiden und längs in die Mitte der Ärmel kleben. Die Ärmel über dem Pfeifenputzer zusammenlegen und am unteren Rand zusammenkleben. Die Ärmel am Rücken des Engels befestigen und etwas nach vorn biegen. Ein Stück Brokatborte als Passe ankleben.
3. Das Engelshaar auf die Holzkugel kleben. Zwei Folienkreise ausschneiden und zusammenkleben oder zweiseitige Folie verwenden. Den Folienkreis als Heiligenschein am Kopf festkleben. Blätter oder gekaufte Flügel am Rücken festkleben oder Flügel aus Folie herstellen. Mit den Filzstiften das Gesicht zeichnen.

Sternenstab in Blau-Silber

Material und Werkzeug

1 Rundholzstab von 35 cm Länge (Dicke ca.0,5 cm), 1,20 m langes und 1,5 cm breites Schleifenband, 1.20 m langes und 1,5 cm breites Moiréband (darauf achten, daß man es gut spalten kann, dafür gibt es ein spezielles Messerchen), Draht mit Sternen, Basteldraht, silberne Farbe, Klebepistole.

Anleitung

1. Den Holzstab mit silberner Farbe anmalen. Das schmale Band zu zwei oder drei großzügigen Schleifen legen, mit Draht abbinden, die Drahtenden kurz abschneiden.
2. Das Moiréband in 6 gleich lange Stücke schneiden, mit dem Splizzer spalten, zu Schlaufen legen, mit Draht verbinden.
3. Alle Bündel um das Stabende kleben. Den Sternendraht an den Klebestellen befestigen. Die Klebestellen mit den Schleifen abdecken.

Weihnachtsgrüße in letzter Minute

Weihnachtskarten und Geschenkanhänger lassen sich ganz einfach und schnell selbst herstellen – Sie brauchen nur ein bißchen Phantasie.

TIP Kaufen Sie einfache Briefkarten in verschiedenen Farben und Formaten oder Tonpapier in unterschiedlichen Farben und Stärken. Sammeln Sie selbstklebende Motive, schneiden Sie aus Illustrierten oder aus Geschenkpapierresten passende Motive aus. Hübsch sind auch nostalgische Oblaten, die Sie einfach auf die Briefkarten aufkleben. Die Bilder zeigen, wie vielfältig die Möglichkeiten sind.
Schneiden Sie die Karten auf die passende Größe, lassen Sie die Karten wie sie sind oder falten Sie sie in der Mitte. Für Geschenkanhänger stanzen Sie oben links mit dem Locher ein Loch ein. Durch dieses Loch ziehen Sie ein Band oder eine feine Kordel in einer passenden Farbe.
Auch Tischkärtchen lassen sich auf diese Weise herstellen.

Faltkarte Tannenbaum

Material und Werkzeug

Farbiges, starkes Tonpapier, Fotokarton oder Briefkarten, Glimmer aus der Tube, Bleistift, Cutfeder, Radiergummi.

Anleitung

1. Auf der Rückseite der Karte mit dem Bleistift den Bug einzeichnen – die Einkerbung soll auf der Vorderseite nicht zu sehen sein. Auf der Vorderseite den Tannenbaum aufzeichnen, und zwar so, daß er halb auf der oberen und halb auf der unteren Hälfte der Karte plaziert ist.
2. Die Hälfte des Tannenbaums, die sich oberhalb des Bugs befindet, mit der Cutfeder sauber ausschneiden. Die Bleistiftlinien ausradieren. Die Karte auf der Hälfte falten. Den Tannenbaum mit Glitter verzieren. Auf die untere Hälfte der Karte einige Sternchen kleben... *Foto unten.*

Weihnachtskarten-Graffiti

Material und Werkzeug

Briefkarten, Farbspray, dünner Karton, Stecknadeln.

Anleitung

Den Arbeitsplatz gut mit Zeitungspapier abdecken. Das Motiv (Stern, Engel, Tannenbaum, Kerze, Mond, siehe auch Seite 42, 44) auf den Karton aufzeichnen und ausschneiden. Mit einer Stecknadel auf die Karte heften und das Farbspray aus ca. 50 cm Entfernung kurz aufsprühen. Trocknen lassen.

Goldkarte mit Falttannenbaum

Material und Werzeug

Tonpapier in zwei Grüntönen, Goldspray, silberne und goldene selbstklebende Sterne, dünne Goldkordel, 1 weiße Briefkarte zum Aufklappen, Klebstoff, Schere, Nähmaschine.

Anleitung

1. Die Briefkarte auf der Vorderseite mit dem Goldspray besprühen. Die Farbe gut trocknen lassen. Dann die Vorderseite mit einigen selbstklebenden, silbernen Sternchen bekleben.
2. Den Tannenbaum von der Schemazeichnung abnehmen, ausschneiden und die Umrisse auf das dünne Tonpapier übertragen. Drei Tannenbäume – einen in Hellgrün und zwei in Dunkelgrün – mit einer scharfen Schere sauber ausschneiden.
3. Die Tannenbäume aufeinanderlegen, längs zusammmenfalten und den Bug glattstreichen. Wieder auffalten und mit der Nähmaschine einmal entlang des Bugs steppen.
4. Die drei zusammmengenähten Tannenbäume mit dem Bug genau in den Falz der Karte kleben. Den untersten Baum an den Karteninnenseiten festkleben.
5. Von einer feinen Goldkordel sechs 50 cm lange Stücke abschneiden. Die Goldkordel in den Falz der Karte legen, die einzelnen Baumteile durch eine Goldkordel trennen, damit sich der Baum beim Aufklappen der Karte schön öffnet. Die Kordelenden unten zusammenfassen und verknoten. Die Enden gleichmäßig abschneiden. *Foto links.*

Weihnachts-karten mit Collage

Material und Werkzeug

Briefbogen, Faltkarte oder einfache Briefkarte, Gold- oder Tonpapier, Borten in verschiedenen Breiten, Islandmoos, Bleistift, Schere, Klebstoff.

Anleitung

1. Den Briefbogen, die Falt- oder Briefkarte hochkant hinlegen. Von der Borte etwa 5-6 cm abschneiden, oben leicht schräg schneiden, auf die untere Kante des Briefpapiers kleben. Etwas Islandmoos am unteren Rand der Borte befestigen, er soll gerade bedeckt sein.
2. Mit Bleistift eine Kerzenflamme auf die Goldfolie oder das Tonpapier zeichnen, ausschneiden und oben an die Bortenkerze kleben.

Traditioneller Weihnachtsschinken

Weihnachtsschinken

2 kg Westfälischer Schinken
1 Bund Suppengrün
1 Lorbeerblatt
einige Pimentkörner
1/4 l Madeira
1/4 l Rotwein
etwas Zucker
1 EL Speisestärke
Gemüse nach Belieben
1-2 EL gehackte Petersilie

1. Den Schinken am Vorabend in reichlich Wasser legen. Das Wasser am nächsten Tag abgießen, den Schinken mit frischem Wasser, dem Suppengrün, Lorbeerblatt und Piment aufsetzen und bei niedriger Hitze langsam garziehen lassen. Nach ca. 2 bis 3 Stunden vom Herd nehmen. Den Schinken herausnehmen und erkalten lassen.
2. Die obere Schwarte entfernen. Den Schinken auf der anderen Seite rautenförmig einritzen. Die abgeschnittene Schwarte mit der Fettseite nach unten in eine längliche Bratform legen, den Schinken mit der beschnittenen Seite nach oben darauf setzen.
3. Madeira und Rotwein angießen und den Schinken oben leicht mit Zucker bestreuen. Zugedeckt im Backofen bei ca. 200-220°C 1 1/2 bis 2 Stunden garen. Zum Schluß den Deckel entfernen und den Schinken Farbe nehmen lassen.
4. Zuvor den Fond abgießen, erkalten lassen und entfetten. Nach Belieben würzen und mit etwas Speisestärke binden.
Sauce getrennt zum Schinken reichen.
5. Dazu passen verschiedene Gemüse wie grüne Bohnen, Brokkoli, Möhren und Kartoffeln. Die Gemüse waschen und putzen, kleinschneiden und in wenig Salzwasser dünsten. Wenn das Gemüse gar ist, das verbliebene Kochwasser abgießen und das Gemüse in wenig Butter schwenken und mit gehackter Petersilie bestreuen.
Foto links.

Kartoffelgratin

Für 4-6 Personen

1 kg gleich große Kartoffeln
Salz
Pfeffer aus der Mühle
Muskatnuß
2 Knoblauchzehen
50 g geriebener Greyerzer Käse
60 g Butter
0,2 l Milch
125 g Sahne
Butter für die Form

1. Die Kartoffeln schälen, waschen, abtrocknen und in dünne Scheiben schneiden.
2. Eine flache Gratinform mit Butter ausstreichen, die Hälfte der Kartoffelscheiben hineinlegen. Salzen, pfeffern und den durchgepreßten Knoblauch darüber verteilen. Mit der Hälfte des Käses bestreuen. Die Hälfte der Butter in Flöckchen darüber geben. Mit den restlichen Kartoffeln bedecken, würzen.
3. Die Milch mit der Sahne verrühren, mit Salz, Pfeffer und Muskatnuß würzen und über die Kartoffeln gießen. Zugedeckt im Backofen bei 180°C auf der mittleren Schiene backen.
4. Nach 50 Minuten das Gratin mit der zweiten Hälfte des Käses bestreuen, die restliche Butter in Flöckchen darüber verteilen. Das Gratin ca. 20 Minuten im Backofen auf der mittleren Schiene bei 220°C überbacken. Mit einer Gabel prüfen, ob die Kartoffeln gar sind. In der Form servieren. *Kleines Foto links.*

Mousse au chocolat

Für 4 Personen

200 g Blockschokolade oder bittere Schokolade
etwas abgeriebene Schale von 1 unbehandelten Orange
5 Eiweiß
1 Prise Salz
30 g Zucker
250 g Sahne
kandierte Veilchen

1. Die Mousse am Tag vorher zubereiten. Die Schokolade mit einem Messer in Stückchen zerteilen. In einer Schüssel mit der Orangenschale mischen und im heißen Wasserbad zum Schmelzen bringen.
2. Die Eiweiße mit einer Prise Salz steif schlagen und den Zucker hinzufügen. Erneut schlagen, bis sich steife Spitzen bilden lassen.
3. In einem zweiten Gefäß die Sahne ebenfalls sehr steif schlagen. Sahne und Eischnee vermischen. Die etwas abgekühlte, aber noch flüssige Schokolade darunterziehen. Die Mousse in 4 Portionsförmchen oder in eine große Glasschüssel geben und über Nacht in den Kühlschrank stellen.
Vor dem Servieren mit kandierten Veilchen garnieren. *Foto unten.*

Der Heilige Abend

Weihnachtslied

Dies ist der Tag, den Gott gemacht;
Sein werd in aller Welt gedacht!
Ihn preise, was durch Jesum Christ
Im Himmel und auf Erden ist!

Die Völker haben dein geharrt,
Bis daß die Zeit erfüllet ward;
Da sandte Gott von seinem Thron
Das Heil der Welt, dich, seinen Sohn.

Wenn ich dies Wunder fassen will,
so steht mein Geist vor Ehrfurcht still;
Er betet an, und er ermißt,
Daß Gottes Lieb unendlich ist.

Damit der Sünder Gnad erhält,
Erniedrigst du dich, Herr der Welt,
Nimmst selbst an unsrer Menschheit teil,
Erscheinst im Fleisch und wirst uns Heil.

Herr, der du Mensch geboren wirst,
Immanuel und Friedefürst,
Auf den die Väter hoffend sahn,
dich, Gott Messias, bet ich an.

Jauchzt, Himmel, die ihr ihn erfuhrt,
Den Tag der heiligsten Geburt;
Und Erde, die ihn heute sieht,
sing ihm, dem Herrn, ein neues Lied!

Dies ist der Tag, den Gott gemacht;
Sein werd in aller Welt gedacht!
Ihn preise, was durch Jesum Christ
Im Himmel und auf Erden ist.

Christian Fürchtegott Gellert

Die Flucht nach Ägypten

Selma Lagerlöf

Fern in einer der Wüsten des Morgenlandes wuchs vor vielen, vielen Jahren eine Palme, die ungeheuer alt und ungeheuer hoch war. Alle, die durch die Wüste zogen, mußten stehen bleiben und sie betrachten; denn sie war viel größer als andere Palmen, und man pflegte von ihr zu sagen, daß sie sicherlich höher werden würde als Obeliske und Pyramiden.

Wie nun diese große Palme in ihrer Einsamkeit dastand und hinaus über die Wüste schaute, sah sie eines Tages etwas, was sie dazu brachte, ihre gewaltige Blätterkrone vor Staunen auf dem schmalen Stamme hin- und herzuwiegen. Dort am Wüstenrande kamen zwei einsame Menschen herangewandert. Sie waren noch in der Entfernung, in der Kamele so klein wie Ameisen erscheinen; aber es waren sicherlich zwei Menschen. Zwei, die Fremdlinge in der Wüste waren; denn die Palme kannte das Wüstenvolk; ein Mann und ein Weib, die weder Wegweiser noch Lasttiere hatten, weder Zelte noch Wassersäcke.

„Wahrlich", sagte die Palme zu sich selbst, „diese beiden sind hergekommen, um zu sterben."

Die Palme warf rasche Blicke um sich.

„Es wundert mich", fuhr sie fort, „daß die Löwen nicht schon zur Stelle sind, um diese Beute zu erjagen. Aber ich sehe keinen einzigen in Bewegung. Auch keinen Räuber der Wüste sehe ich. Aber sie kommen wohl noch."

„Ihrer harret ein siebenfältiger Tod", dachte die Palme weiter. „Die Löwen werden sie verschlingen, die Schlangen sie stechen, der Durst sie vertrocknen, der Sandsturm sie begraben, die Räuber werden sie fällen, der Sonnenstich wird sie verbrennen, die Furcht sie vernichten." Und sie versuchte, an etwas anderes zu denken. Dieser Menschen Schicksal stimmte sie wehmütig.

Aber im ganzen Umkreis der Wüste, die unter der Palme ausgebreitet lag, fand sie nichts, was sie nicht schon seit Tausenden von Jahren gekannt und betrachtet hätte. Nichts konnte ihre Aufmerksamkeit fesseln. Sie mußte wieder an die beiden Wanderer denken.

„Bei der Dürre und dem Sturme!" sagte sie, des Lebens gefährlichste Feinde anrufend, „was ist es, was dieses Weib auf dem Arme trägt? Ich glaube gar, diese Toren führen auch ein kleines Kind mit sich." Die Palme, die weitsichtig war, wie es die Alten zu sein pflegen, sah wirklich richtig. Die Frau trug auf dem Arme ein Kind, das den Kopf an ihre Schultern gelehnt hatte und schlief.

„Das Kind ist nicht einmal hinlänglich bekleidet", fuhr die Palme fort. „Ich sehe, daß die Mutter ihren Rock aufgehoben und es damit eingehüllt hat. Sie hat es in großer Hast aus seinem Bette gerissen und ist mit ihm fortgestürzt. Jetzt verstehe ich alles: diese Menschen sind Flüchtlinge –"

„Aber dennoch sind sie Toren", fuhr die Palme fort. „Wenn nicht ein Engel sie beschützt, hätten sie lieber die Feinde ihr Schlimmstes tun lassen sollen, statt sich hinaus in die Wüste zu begeben."

„Ich kann mir denken, wie alles zugegangen ist. Der Mann stand bei der Arbeit, das Kind schlief in der Wiege, die Frau war ausgegangen, um Wasser zu holen. Als sie zwei Schritte vor die Tür gemacht hatte, sah sie die Feinde angestürmt kommen. Sie ist zurückgestürzt, sie hat das Kind an sich gerissen, dem Manne zugerufen, er solle ihr folgen, und ist aufgebrochen. Dann sind sie tagelang auf der Flucht gewesen, sie haben ganz gewiß keinen Augenblick geruht. Ja, so ist es zugegangen; aber ich sage dennoch, wenn nicht ein Engel sie beschützt –"

„Sie sind so erschrocken, daß sie weder Müdigkeit noch andere Leiden fühlen können; aber ich sehe, wie der Durst aus ihren Augen leuchtet. Ich kenne doch wohl das Gesicht eines dürstenden Menschen."

Und als die Palme an den Durst dachte, ging ein krampfhaftes Zukken durch ihren langen Stamm, und die zahllosen Spitzen ihrer langen Blätter rollten sich zusammen, als würden sie über ein Feuer gehalten. „Wäre ich ein Mensch", sagte sie, „ich würde mich nie in die Wüste hinaus wagen. Der ist gar mutig, der sich hierher wagt, ohne Wurzeln zu haben, die hinunter zu den niemals versiegenden Wasseradern drin-

gen. Hier kann es gefährlich sein, selbst für Palmen. Selbst für eine solche Palme wie mich."
„Wenn ich ihnen raten könnte, ich würde sie bitten, umzukehren. Ihre Feinde können niemals so grausam gegen sie sein wie die Wüste. Vielleicht glauben sie, daß es leicht sei, in der Wüste zu leben. Aber ich weiß, daß es selbst mir zuweilen schwer gefallen ist, am Leben zu bleiben. Ich weiß noch, wie einmal in meiner Jugend ein Sturmwind einen ganzen Berg von Sand über mich schüttete. Ich war nahe daran, zu ersticken. Wenn ich hätte sterben können, wäre dies meine letzte Stunde gewesen." Die Palme fuhr fort, laut zu denken, wie alte Einsiedler zu tun pflegen.
„Ich höre ein wunderbar melodisches Rauschen durch meine Krone eilen", sagte sie. „Die Spitzen aller meiner Blätter müssen in Schwingungen beben. Ich weiß nicht, was mich beim Anblick dieser armen Fremdlinge durchfährt. Aber dieses betrübte Weib ist schön. Sie bringt mir das Wunderbarste, das ich erlebt wieder in Erinnerung." Und während die Blätter fortfuhren, sich in einer rauschenden Melodie zu regen, dachte die Palme daran, wie einmal, vor sehr langer Zeit, zwei strahlende Menschen Gäste der Oase gewesen waren. Es war die Königin von Saba, die hierher gekommen war, mit ihr der weise Salomo. Die schöne Königin wollte wieder heimkehren in ihr Land, der König hatte sie ein Stück Weges geleitet, und nun wollten sie sich trennen. – „Zur Erinnerung an diese Stunde", sagte da die Königin, „pflanze ich einen Dattelkern in die Erde, und ich will, daß daraus eine Palme werde, die wachsen und leben soll, bis im Lande Juda ein König ersteht, der größer ist als Salomo." Und als sie dieses gesagt hatte, senkte sie den Kern in die Erde, und ihre Tränen netzten ihn. „Woher mag es kommen, daß ich just heute daran denke?" fragte die Palme. „Sollte diese Frau so schön sein, daß sie mich an die herrlichste der Königinnen erinnert, an sie, auf deren Wort ich erwachsen bin und gelebt habe bis zum heutigen Tage?"
„Ich höre meine Blätter immer stärker rauschen", sagte die Palme, „und es klingt wehmütig wie ein Totengesang. Es ist, als weissagten sie, daß jemand bald aus dem Leben scheiden müsse. Es ist gut zu wissen, daß es nicht mir gilt, da ich nicht sterben kann."
Die Palme nahm an, daß das Todesrauschen in ihren Blättern den beiden einsamen Wanderern gelten müsse. Sicherlich glaubten auch diese selbst, daß ihre letzte Stunde nahe. Man sah es an dem Ausdruck ihrer Züge, als sie an einem der Kamelskelette vorüberwanderten, die den Weg umgrenzten. Man sah es an den Blicken, die sie ein paar vorbeifliegenden Geiern nachsandten. Es konnte ja nicht anders sein. Sie waren verloren.
Sie hatten die Palme und die Oase erblickt und eilten nun darauf zu, um Wasser zu finden. Aber als sie endlich herankamen, sanken sie in Verzweiflung zusammen, denn die Quelle war ausgetrocknet. Das ermattete Weib legte das Kind nieder und setzte sich weinend an den Rand der Quelle. Der Mann warf sich neben ihr hin; er hämmerte mit beiden Fäusten auf die Erde. Die Palme hörte, wie sie miteinander sprachen davon, daß sie sterben müßten.
Sie hörte auch aus ihren Reden, daß König Herodes alle Kindlein im Alter von zwei und drei Jahren hatte töten lassen, aus Furcht, daß der große, erwartete König der Juden geboren sein könnte.
„Es rauscht immer mächtiger in meinen Blättern", dachte die Palme. „Diesen armen Flüchtlingen schlägt bald ihr letztes Stündlein." Sie vernahm auch, daß die beiden die Wüste fürchteten. Der Mann sagte, es wäre besser gewesen, zu bleiben und mit den Kriegsknechten zu kämpfen, statt zu fliehen. Sie hätten so einen leichteren Tod gefunden.
„Gott wird uns beistehen", sagte die Frau.
„Wir sind einsam unter Raubtieren und Schlangen", sagte der Mann. „Wir haben nicht Speise und Trank. Wie sollte Gott uns beistehen können?"
Er zerriß seine Kleider vor Verzweiflung und drückte sein Gesicht auf den Boden. Er war hoffnungslos, wie ein Mann mit einer

Todeswunde im Herzen. Die Frau saß aufrecht, die Hände über den Knien gefaltet. Doch die Blicke, die sie über die Wüste warf, sprachen von einer Trostlosigkeit ohne Grenzen.
Die Palme hörte, wie das wehmütige Rauschen in ihren Blättern immer stärker wurde. Die Frau mußte es auch gehört haben; denn sie hob die Augen zur Baumkrone auf. Zugleich erhob sie unwillkürlich ihre Arme und Hände.
„O, Datteln, Datteln!" rief sie.
Es lag so große Sehnsucht in der Stimme, daß die alte Palme wünschte, sie wäre nicht höher als der Ginsterbusch und ihre Datteln so leicht erreichbar wie die Hagebutten des Dornenstrauchs. Sie wußte wohl, daß ihre Krone voll von Dattelbüschen hing; aber wie sollten wohl Menschen zu so schwindelnder Höhe hinaufreichen? Der Mann hatte schon gesehen, wie unerreichbar hoch die Datteln hingen. Er hob nicht einmal den Kopf. Er bat nur die Frau, sich nicht nach dem Unmöglichen zu sehnen.
Aber das Kind, das für sich selbst umhergetrippelt war und mit Hälmchen und Gräsern gespielt hatte, hatte den Ausruf der Mutter gehört. Der Kleine konnte sich wohl nicht denken, daß seine Mutter nicht alles bekommen könnte, was sie sich wünschte. Sowie man von Datteln sprach, begann er den Baum anzugucken. Er sann und grübelte, wie er die Datteln herunterbekommen sollte. Seine Stirn legte sich beinah in Falten unter dem hellen Gelock. Endlich huschte ein Lächeln über sein Antlitz. Er hatte das Mittel herausgefunden. Er ging auf die Palme zu und streichelte sie mit seiner kleinen Hand und sagte mit einer süßen Kinderstimme:
„Palme, beuge dich! Palme, beuge dich!"
Aber, was war das nur? Was war das? Die Palmenblätter rauschten, als wäre ein Orkan durch sie gefahren, und den langen Palmenstamm hinauf lief Schauer um Schauer. Und die Palme fühlte, daß der Kleine Macht über sie hatte. Sie konnte ihm nicht widerstehen.
Und sie beugte sich mit ihrem hohen Stamme vor dem Kinde, wie Menschen sich vor Fürsten beugen. In einem gewaltigen Bogen senkte sie sich zur Erde und kam endlich so tief hinunter, daß die Krone mit den bebenden Blättern den Wüstensand fegte.
Das Kind schien weder erschrokken noch erstaunt zu sein, sondern mit einem Freudenrufe kam es und pflückte Traube um Traube aus der Krone der alten Palme.

Als das Kind genug genommen hatte und der Baum noch immer auf der Erde lag, ging es wieder heran und liebkoste ihn und sagte mit der holdesten Stimme:
„Palme, erhebe dich! Palme, erhebe dich!"
Und der große Baum erhob sich still und ehrfürchtig auf seinem biegsamen Stamm, indes die Blätter gleich Harfen spielten.
„Jetzt weiß ich, für wen sie die Todesmelodie spielen", sagte die alte Palme zu sich selbst, als sie wieder aufrecht stand. „Nicht für einen von diesen Menschen."
Aber der Mann und das Weib lagen auf den Knien und lobten Gott.
„Du hast unsere Angst gesehen und sie von uns genommen. Du bist der Starke, der den Stamm der Palme beugt wie schwankes Rohr. Vor welchem Feinde sollten wir erbeben, wenn deine Stärke uns schützt?"
Als die nächste Karawane durch die Wüste zog, sahen die Reisenden, daß die Blätterkrone der großen Palme verwelkt war.
„Wie kann das zugehen?" sagte ein Wanderer. „Diese Palme sollte ja nicht sterben, bevor sie einen König gesehen hätte, der größer wäre als Salomo."
„Vielleicht hat sie ihn gesehen", antwortete ein anderer von den Wüstenfahrern.

Last-Minute-Bäume

Keine Zeit für selbstgebastelten Christbaumschmuck: der Beruf, die Familie. Diese Argumente zählen nicht mehr, denn die hier vorgestellten Bäume können Sie auch am 24. Dezember noch schmücken.

Weihnachtsbaum mit Ausstech-förmchen

Material und Werkzeug

Reichlich goldenes Lametta, goldene Backförmchen, dünne Goldkordel oder goldenes Schleifenband, goldene Kerzenhalter, goldene oder bienenwachsfarbene Kerzen.

Anleitung

1. Die Backförmchen mit der Goldkordel oder dem Schleifenband am Baum mit einer dekorativen Schleife befestigen. Das Lametta und die Kerzen gleichmäßig im Baum verteilen.

2. Wenn Ihnen das zu karg ist, nehmen Sie zusätzlich kleine goldene Kugeln und dicke goldene Perlenketten. Auch die Päckchen von Seite 127 sehen hübsch dazu aus. *Foto oben.*

Baum mit Schleierkraut und Seidenrosen

Material und Werkzeug

Reichlich frisches weißes Schleierkraut, rosa Seidenrosen (Blütendurchmesser 4-6 cm), goldener Basteldraht, rosa oder weiße Kerzen, goldene Kerzenhalter, Seitenschneider, Schere.

Anleitung

1. Aus dem Schleierkraut viele kleine Sträuße binden, mit Basteldraht zusammenbinden, die Drahtenden gegeneinander verdrehen und abschneiden. Die Rosenstiele auf 8 cm zurückschneiden.
2. Über den Baum die Rosenblüten und die Schleierkraut-Sträußchen gleichmäßig verteilen. Mit Basteldraht an den Zweigen befestigen. Dazwischen die Kerzenhalter mit den rosa oder weißen Kerzen anbringen.

Weihnachtsbaum mit Schleifen, Päckchen und Kerzen

Material und Werkzeug

Reichlich ca. 2 cm breites, rotes Taftband in zwei unterschiedlichen Tönen, Basteldraht, verschieden große Schachteln von der Streichholzschachtel bis zur Seifenschachtel, rotes Geschenkpapier (besonders schön ist Glanzfolie), rotes oder goldenes Ringelband, rote Kerzen und Kerzenhalter (für die Kerzen und für die Schleifen), Klebepistole, Schere.

Anleitung

1. Die kleinen Schachteln sorgfältig verpacken, mit dem Ringelband verschnüren, den Aufhänger gleich mit einknüpfen. 3 verschieden lange Stücke Ringelband unter der Abbindestelle durchziehen, verknoten und über dem Blatt einer Schere nur leicht kräuseln.

2. Für die Schleifen vom einen Band ein 30 cm langes Stück, vom anderen Band ein 40 cm langes Stück abschneiden. Die beiden Bänder einzeln zu einer einfachen Schleife legen. Mit Draht abbinden. Vom Kerzenhalter die Halterung für die Kerze aufbiegen, erst die größere und dann die kleinere Schleife einkleben.

Weihnachten in anderen Ländern

Eine zentrale Rolle bei den verschiedensten Weihnachtsbräuchen auf der ganzen Welt kommt dem Tannenbaum zu: Er ist immergrünes Symbol für das Leben und die Treue Jesus Christus. Aber auch für Frieden und die glückliche Einheit der Familie.
Bevor der Weihnachtsbaum Verbreitung fand, war es in weiten Teilen Europas üblich, ein besonders großes Holzscheit Weihnachten zu weihen. Mit der geweihten Asche wurden dann Mensch, Vieh und Besitztum gesegnet. Das ganze hatte aber auch einen praktischen Grund: Das Scheit wurde ins Feuer gelegt, wenn die Familie zur Christmette ging, denn die Glut sollte nicht ausgehen.
Schon in vorchristlicher Zeit kam dem Tannenbaum eine symbolische Bedeutung zu. Er war immergrün und damit Sinnbild für ewig währendes Leben.
Bevor der Weihnachtsbaum im 18. Jahrhundert Einzug in die Wohnstuben hielt und Weihnachten zum Fest der Familie wurde, hatte er andere Funktion. Als Wintermaien war er schon in vorreformatorischer Zeit ein Symbol für Fruchtbarkeit und Wachstum. Deshalb wurde er auch mit Fruchtbarkeitssymbolen wie ausgeblasenen Eiern geschmückt. Der Wintermaien wurde durchs Dorf getragen und aufgestellt, die Dorfbewohner tanzten um ihn herum. Dieser Wintermaien war noch ohne Kerzen. Sie wurden erstmals im 18. Jahrhundert erwähnt. Der Brauch, um den Weihnachtsbaum zu tanzen, hat sich bis heute in Skandinavien erhalten. Bei uns erinnert daran nur noch entfernt der Tanz um den Maibaum.
Die Weihnachtsgeschenke, die sich unter dem geschmückten Baum oder auf einem Gabentisch befinden, sollten ursprünglich an die Gaben der drei Könige erinnern. Die Kerzen, die den Baum erleuchten, sollen den Menschen Segen bringen und ihre Gebete nach oben tragen.
Die traditionellen Weihnachtsfarben Rot und Grün stehen für das Blut Jesus Christus und seine Treue zu den Menschen.
Äpfel und Nüsse schenkten sich die Bauern früher untereinander. Sie sollten Segen und Glück bringen und ein Jahr ohne Mangel bescheren.

Skandinavien: Jul

In den skandinavischen Ländern finden sich neben den relativ jungen Weihnachtstraditionen mit Christbaum und Weihnachtsmann auch bäuerliche Traditionen.
Die Verwendung von Stroh und Ähren in der Weihnachtszeit macht deutlich, daß es sich in dieser Tradition eher um den Abschluß eines bäuerlichen Jahres, um ein Ernte- und Schlachtfest handelte. Das Julstroh wurde gemeinsam eingebracht und auf dem Boden der Stube verteilt. Das Weihnachtsevangelium wurde vorgetragen, Lieder gesungen, gemeinsam im Stroh übernachtet und am nächsten Morgen auch darin gefrühstückt. Am ersten Weihnachtstag zogen Kinder von Haus zu Haus, um God Jul zu wünschen. Am zweiten Weihnachtstag ging der sogenannte Julbock um, in Fell gekleidet oder mit Stroh umhüllt. Als Miniaturausgabe aus Stroh gefertigt gibt es den Julbock noch heute.
Aus Skandinavien stammt auch der Brauch des Julklapp. Man wirft ein in viele Hüllen verpacktes Geschenk in den Raum, indem man Julklapp, Julklapp! ruft. Wichtig ist nicht der materielle Wert des Geschenks. Es kann auch nur ein Vers oder eine andere Kleinigkeit sein, die jedoch immer, in positiver wie in negativer Hinsicht, besonders auf die Person des Beschenkten eingeht.

Südost- und Osteuropa

In den Ländern der orthodoxen Kirche wird die Weihnachtszeit mit einer Fastenzeit eingeleitet. Vor Beginn der Fastenzeit gibt es deshalb nochmals ein üppiges Festmahl am 13. November. Besondere Bedeutung für die Länder, die direkt am Meer liegen und deren Haupteinnahmequelle die Fischerei ist, hat der 6. Dezember, das Fest des heiligen Nikolaus, Schutzpatron der Fischer und Seefahrer. Vor allem in Serbien, Griechenland und Rußland wird der Heilige hochverehrt.
Verbreitet ist das Backen von Kultbroten, die häufig aus den zuletzt geernteten Ähren des Jahres gebacken werden. Sie werden am Heiligen Abend verzehrt. Manchmal werden Goldmünzen eingebacken: Wer sie findet, kann im kommenden Jahr mit viel Glück rechnen.

Italien, Frankreich, Spanien

Das Weihnachtsfest beginnt in Italien sechs Tage vor Heiligabend und endet am 6.Januar. Zentrale Bedeutung hat hier nicht der Weihnachtsbaum sondern die Krippe, die in keiner christlichen Familie fehlen darf. Auch hier gehört das Fasten zum Fest. Es beginnt 24 Stunden vor Heiligabend.
Bescherung ist am 6. Januar, dem Tag der Heiligen Drei Könige, die ihre Gaben zur Krippe brachten.
Auch in Spanien und Portugal ist dieser Tag wichtiger als der Heilige Abend, an dem sich die Familie zwar trifft, um gemeinsam zu essen und zur Kirche zu gehen, an dem aber keine Bescherung stattfindet.
In Frankreich brachte Saint Nicolas seine Gaben am 6. Dezember, heute bringt sie Père Noël in der Nacht von 24. auf den 25. Dezember. Er kommt durch den Schornstein und legt seine Gaben in die bereitgestellten Schuhe.

Niederlande

In den Niederlanden bringt Sinterklaas seine großzügigen Gaben am 6. Dezember.
Die Kinder stellen ihre Schuhe mit einem Wunschzettel einige Tage vor dem 6. Dezember auf den Kamin. Daneben stehen Wasser und eine Mohrübe oder Heu für das Pferd von Sinterklaas. Am nächsten Tag finden sie dort kleine Schokoladen-Nikoläuse und Lebkuchen. Am 5. Dezember wird ein großer Sack vor die Tür gelegt. Am nächsten Tag enthält er die Geschenke für die ganze Familie.

England und Irland

In England wird vor allem der erste Weihnachtstag begangen. Am Weihnachtsabend hängen die Kinder ihre Strümpfe in den Kamin, durch den der Weihnachtsmann seine Gaben wirft.

In Irland werden am Weihnachtsabend Kerzen in die Fenster gestellt als Einladung für alle Obdachlosen und Hungrigen, die wie Maria und Josef an diesem Abend umherirren.

Amerika

In den USA mischten sich die Traditionen der Länder aus denen die jeweiligen Einwanderer stammten. Überall findet man heute den Weihnachtsmann, der seine Gaben am Weihnachtsmorgen verteilt.

Stille Nacht, heilige Nacht

Stille Nacht, heilige Nacht,
Hirten erst kund gemacht!
Durch der Engel Halleluja
Tönt es laut von fern und nah:
Christ, der Retter ist da!
Christ, der Retter ist da!

Stille Nacht, heilige Nacht!
Gottes Sohn, o wie lacht
Lieb' aus deinem göttlichen Mund,
Da uns schlägt die rettende Stund,
Christ, in deiner Geburt!
Christ, in deiner Geburt!

Das berühmteste Weihnachtslied der Welt. Es entstand am 24. Dezember 1818 nahe von Salzburg: Der Hilfspriester und spätere Vikar Joseph Mohr (1792-1848) dichtete am Vormittag des Heiligen Abends in Oberndorf die Verse von der „Stillen Nacht" und zeigte den Text seinem Freund, dem im benachbarten Arnsdorf bei Laufen lebenden Lehrer Franz Gruber (1787-1863), der die Melodie komponierte. Das Lied wurde wenige Stunden später, während der Mitternachtsmette, mit den Mitgliedern einer bäuerlichen Sängergruppe in der Oberndorfer Kirche uraufgeführt, und zwar mit Gitarrenbegleitung, da die Orgel nicht funktionierte.

O du fröhliche

1. O du fröhliche, o du selige,
Gnadenbringende Weihnachtszeit!
Welt ging verloren,
Christ ist geboren:
Freue, freue dich, o Christenheit!

2. O du fröhliche, o du selige,
Gnadenbringende Weihnachtszeit!
Christ ist erschienen,
Uns zu versöhnen,
Freue, freue dich, o Christenheit!

3. O du fröhliche, o du selige,
Gnadenbringende Weihnachtszeit!
Himmlische Heere
Jauchzen dir Ehre:
Freue, freue dich, o Christenheit!

Es handelt sich hier ursprünglich um ein sizilianisches Fischerlied, dessen Melodie Johann Gottfried Herder 1788 von einer Italienreise nach Deutschland brachte. Mit dem Text des Weimarer Privatgelehrten Johannes Daniel Falk wurde es eines der beliebtesten deutschen Weihnachtslieder.

Am Weihnachtsbaum die Lichter brennen

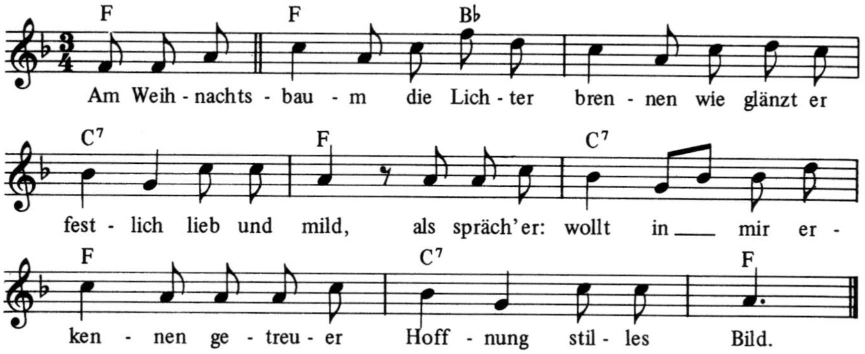

Die Kinder stehn mit hellen Blicken,
Das Auge lacht, es lacht das Herz;
O fröhlich – seliges Entzücken!
Die Alten schauen himmelwärts.

Zwei Engel sind hereingetreten,
Kein Auge hat sie kommen sehn;
Sie gehn zum Weihnachtstisch und beten
Und wenden wieder sich und gehn.

Kein Ohr hat ihren Spruch vernommen;
Unsichtbar jedes Menschen Blick
Sind sie gegangen wie gekommen;
Doch Gottes Segen blieb zurück!

Text: Hermann Kletke
Melodie: Volksweise

O Tannenbaum

Eines der bekanntesten Weihnachtslieder der Welt, im Jahre 1824 von dem Leipziger Musiklehrer und Organist Ernst Anschütz zu einer alten Volksweise gedichtet.

1. O Tannenbaum, o Tannenbaum,
wie grün sind deine Blätter!
Du grünst nicht nur zur Sommerzeit,
nein auch im Winter, wenn es schneit!
O Tannenbaum, o Tannenbaum,
wie grün sind deine Blätter.

2. O Tannenbaum, o Tannenbaum!
Du kannst mir sehr gefallen!
Wie oft hat nicht zur Weihnachtszeit
Ein Baum von dir mich hoch erfreut!
O Tannenbaum, o Tannenbaum,
Du kannst mir sehr gefallen!

3. O Tannenbaum, o Tannenbaum!
Dein Kleid will mich was lehren:
Die Hoffnung und Beständigkeit
Gibt Trost und Kraft zu jeder Zeit.
O Tannenbaum, o Tannenbaum!
Das soll dein Kleid mich lehren.

Weihnachtliche Tischdekoration

Zu einem festlich gedeckten Tisch und einem liebevoll zubereiteten Menü gehört auch die passende Tischdekoration.

Rote und grüne Platzdeckchen

Material und Werkzeug

45 x 35 cm rotes oder grünes Fahnentuch oder Gminderleinen, rote oder grüne Spitze für den Rand, Textilfarbe, dünner Karton, Pinsel, Nähmaschine.

Anleitung

1. Den Stoff vor der Verarbeitung waschen. Das Deckchen versäubern, einen schmalen Saum nach rechts einschlagen und festheften, die Spitze von rechts aufnähen.

2. Die Schemazeichnung abpausen und auf den Karton übertragen. Das Motiv herausschneiden. Den Karton mit Stecknadeln auf dem Deckchen befestigen.
3. Die Textilfarbe mit dem Pinsel auftragen, dabei immer von der Schablone zum Stoff streichen, nicht umgekehrt. Die Farbe gut antrocknen lassen, das Deckchen von rechts und links bügeln - damit wird gleichzeitig die Farbe fixiert. *Foto oben.*

Trauben

Material und Werkzeug

18 weiße Wachsperlen (Durchmesser 0,8 cm) mit Loch, 3 größere goldene Blätter, grobzackiger, goldener Bouillondraht, goldener Basteldraht, 50 cm langes und 1 cm breites Taft- oder Goldband, Klebepistole, Schere.

Anleitung

1. 4 Perlen auf den Basteldraht auffädeln und zum Kreis schließen, Drahtenden auf etwa 10 cm Länge abschneiden, gegeneinander verdrehen. *Foto links oben.*
2. Auf ein Drahtende eine Perle fädeln, die Perle in den Kreis legen, Draht um den Mitteldraht schlingen, auf der anderen Seite wieder herausführen.
3. Wieder eine Perle auffädeln und von der anderen Seite in den Kreis legen, den Draht fixieren und die Drahtenden wieder gegeneinander verdrehen. *Foto links Mitte.*
4. Diese Perlenkugel mit gespanntem Bouillondraht umwickeln. Die beiden nächsten Kugeln ebenso arbeiten.
5. Die drei Perlenkugeln so zusammenlegen, daß sie wie eine Traube aussehen. Die drei Blätter fächerförmig anordnen und die Traube darauf mit Basteldraht festbinden. Die Stiele auf 2 cm abschneiden. *Foto links unten.*
6. Aus dem Band eine großzügige Schleife legen, mit Draht abbinden und auf die Bindestelle kleben.

Serviettenhalter

Material und Werkzeug

39 gleich große Perlen (Durchmesser 0,5 oder 0,8 cm) mit Loch, goldener Basteldraht, Schere.

Anleitung

1. Von dem Basteldraht etwa 40 cm abschneiden und 12 Perlen auf ca. 40 cm Draht auffädeln, den Draht zum Kreis schließen, die Drahtenden mehrmals gegeneinander verdrehen. Ein Ende ca. 30 cm lang stehenlassen. *Foto ganz oben.*

2. Die Zacken wie folgt arbeiten: 3 Perlen auffädeln, den Draht nach der ersten Perle um den Mitteldraht schlingen. So insgesamt vier Zacken arbeiten. Den Draht um den Mitteldraht schlingen und durch zwei oder drei Perlen führen, abschneiden. *Foto oben.*

Schnell gekocht am Heiligen Abend

Waldorfsalat

Für 4 Personen

100 g Walnußkerne
3 säuerliche Äpfel (350 g)
2 junge Sellerieknollen (250 g)
Saft von 1 Zitrone
80 g Mayonnaise
Salz
weißer Pfeffer
1 Prise Zucker
4 EL Sahne (60 g)
Zum Garnieren:
8 Salatblätter

1. Die Walnußkerne (8 zum Garnieren beiseite legen) hacken. Die Äpfel schälen, vierteln, entkernen. Die Sellerieknollen schälen, waschen und abtropfen lassen. Äpfel und Sellerieknollen in sehr feine Stifte (knapp 2 cm lang) schneiden oder grob raspeln. Mit Nüssen und Zitronensaft in einer Schüssel mischen.
2. Die Mayonnaise in einer anderen Schüssel mit Salz, Pfeffer und Zucker würzen und glattrühren. Die Sahne in einer Schüssel steifschlagen. Unter die Mayonnaise heben. Dann in den Salat mischen. Zugedeckt im Kühlschrank 20 Minuten ziehen lassen. Noch einmal abschmecken.
3. Die Salatblätter abbrausen, trockentupfen. Je zwei Blätter auf Salatteller legen, darauf den Waldorfsalat anrichten.

TIP Ganz besonders dekorativ serviert man Waldorfsalat in ausgehöhlten, mürben Äpfeln, die auf marinierten Salatblättern angerichtet und mit gehackten Walnüssen garniert werden.

Pasteten mit Ragout fin

Für 6 Personen

300 g Kalbfleisch oder
1 kleine Kalbszunge
300 g Hähnchenbrustfilet
$^1/_4$ l Weißwein
$^1/_2$ Bund Suppengrün
Salz
1 Stück unbehandelte Zitronenschale
$^1/_2$ Lorbeerblatt
3 weiße Pfefferkörner
100 g Champignons
1 TL Zitronensaft
1 EL Butter
4 EL Crème double
2 Eigelb
weißer Pfeffer aus der Mühle
frischgeriebene Muskatnuß
6 Blätterteigpasteten (fertig gekauft)
Worcestershiresauce

1. Das Kalbfleisch oder die geputzte Kalbszunge und das Hähnchenbrustfilet mit $^1/_2$ l Wasser, dem Wein, dem Suppengrün, Salz und den Gewürzen 1 Stunde köcheln lassen.
2. Inzwischen die Champignons putzen, in Streifen schneiden und mit Zitronensaft beträufeln. In der Butter 5 Minuten durchschwenken. Leicht salzen.

3. Das Kalbfleisch oder die Kalbszunge und das Hähnchenbrustfilet aus der Brühe nehmen und in ca. 2 x 2 cm große Würfel schneiden.
4. Die Kalbsbrühe in einem Topf offen auf knapp $^1/_4$ l Flüssigkeit einkochen lassen und durch ein Sieb zurück in einen Topf gießen. Die Crème double hinzufügen und die Sauce erneut etwas einkochen lassen. Das gewürfelte Fleisch und die Champignons in die Sauce geben und kurz aufkochen lassen.
5. Die beiden Eigelbe mit etwas Sauce verrühren und das Ragout damit legieren. Nicht mehr kochen lassen. Mit Salz, Pfeffer und Muskat abschmecken.
6. Die Blätterteigpasteten vor dem Servieren im Backofen erwärmen und dann mit dem Ragout füllen. Das Ragout darf dabei ruhig auf der einen Seite über den Rand hinwegfließen. Heiß auftragen und Worcestershiresauce dazu reichen. *Foto oben.*

TIP Noch feiner wird das Ragout, wenn man anstelle der Champignons getrocknete, in Stücke geschnittene Morcheln verwendet; und festlich sieht es aus, wenn es in einer großen Blätterteigpastete mit Deckel aufgetragen wird.

Italienischer Salat

Für 4 Personen

2 Möhren
2 weiße Rübchen
200 g grüne Bohnen
150 g Sellerieknolle
150 g Erbsen (TK-Produkt)
100 g Salami
3 große Tomaten
Marinade:
100 g Mayonnaise
3 EL Sahne
Saft von $^1/_2$ Zitrone
Salz
weißer Pfeffer
1 Prise Zucker
Garnierung:
5 schwarze, entsteinte Oliven
1 kleine Dose Sardellenringe

1. Die Kartoffeln, die Möhren und die weißen Rübchen waschen, schälen und in kleine Würfel schneiden. Die grünen Bohnen waschen, putzen und in ca. 2 cm große Stücke schneiden. Die Erbsen in einem Sieb auftauen lassen. Das Gemüse in kochendem Wasser etwa 4-5 Minuten blanchieren. Es sollte eben bißfest sein. Die Kochflüssigkeit abgießen und das Gemüse in einem Sieb abtropfen lassen.
2. Die Tomaten kreuzweise einschneiden, mit heißem Wasser überbrühen, kurz ziehen lassen und kalt abschrecken. Die Tomaten häuten, achteln und dabei die Stielansätze entfernen. Die Salami in Würfel schneiden. Beides mit dem gekochten Gemüse in eine Schüssel geben.
3. Für die Marinade die Mayonnaise mit der Sahne und dem Zitronensaft verrühren, mit Salz, Pfeffer und Zucker abschmecken. Über den Salat gießen und die Zutaten vorsichtig mischen.
4. Die Oliven in feine Ringe schneiden. Den Salat mit den Sardellenfilets und den Olivenscheiben garnieren. Gekühlt servieren. Dazu schmeckt ofenfrisches Baguette.

Silvester und Neujahr

Zum neuen Jahr

Wie heimlicherweise
ein Engelein leise
mit rosigen Füßen
die Erde betritt,
so nahte der Morgen.
Jauchzt ihm, ihr Frommen,
ein heilig Willkommen!
Ein heilig Willkommen!
Herz, jauchze du mit!
In ihm sei's begonnen,
der Monde und Sonnen
an blauen Gezelten
des Himmels bewegt!
Du, Vater, du rate!
Lenke du und wende!
Herr, dir in die Hände
sei Anfang und Ende,
sei alles gelegt!

Eduard Mörike

Flaschen verpacken

Wein, Sekt und Cognac sind beliebte Geschenke, aber allzuoft sehen die Verpackungen recht einförmig aus. Hier einige Vorschläge, die bestimmt nicht langweilig sind.

Sektflasche Ton-in-Ton

Material und Werkzeug

Geschenkpapier oder Folie, reichlich Bänder und Kordeln in verschiedenen Breiten, Ton in Ton aufeinander abgestimmt, Tüllstreifen, Perlenschnur, Ringelband, Basteldraht, Schere, Tesafilm klar.

Anleitung

1. Die Flasche in das Papier einschlagen, das Papier wie gewohnt mit Tesafilm fixieren. Aus den Bändern, dem Tüll und den Kordeln Schleifen in verschiedenen Größen legen und mit Draht abbinden. Das Ringelband und die Perlenschnur bündeln, das Ringelband kräuseln.
2. Aus dem Geschenkpapier Streifen von unterschiedlicher Breite (5-8 cm) und Länge (50-60 cm) schneiden. Die Streifen wie eine Ziehharmonika falten, in der Mitte mit Draht abbinden. Die Enden zusammenkleben, so daß ein Kreis entsteht. Es entstehen Kreise unterschiedlicher Größe.
3. Die Dekomaterialien nach und nach auf der Flasche oder am Flaschenhals festkleben. Auch kleine Geschenke lassen sich so hübsch und wirkungsvoll verpacken.

Piccolo mit Schornsteinfeger

Material und Werkzeug

1 Holzclownkopf (Durchmesser ca. 5 cm), 1 passender schwarzer Zylinder, schwarzer Filz, 1 Puppenzopf, 54 cm dicke Sisalschnur mit Draht, Silberdraht (Durchmesser 1,2 mm), 1 schwarzer Pfeifenputzer, 2 Holzhände, 2 Holzschuhe, schwarze Farbe, schwarze Kordel, rotkariertes Band, schwarzes Gummiband, Schaschlikstäbe für die Leiter, Fliegenpilz oder Pfennig, Schnitt für Hose und Oberteil, schwarzer Filzstift, Schere, Seitenschneider, Klebepistole.

Anleitung

1. Die Sisalschnur in drei Teile von 18 cm schneiden. Zwei Teile der Länge nach im oberen Drittel zusammenkleben, das ergibt den Körper.
2. An den Beinen die Schnur etwa 1 cm abschneiden, den Draht aber stehen lassen. Den Draht umbiegen und in die Schuhe kleben. Die Schuhe schwarz anmalen.
3. Am Körper, etwa 1 cm unterhalb des oberen Endes der Sisalschnüre die dritte Sisalschnur quer ankleben, das gibt die Arme. Die Hände an den Enden der Sisalschnur festkleben.
4. Die Schemazeichnung für Hemd und Hose auf ein Stück Papier übertragen und ausschneiden. Mit Stecknadeln auf den Filz heften und die Teile je einmal zuschneiden.

5. Jedes Hosenbein längs auf die Hälfte falten. Die vordere und rückwärtige Hosenmitte zusammenkleben. Dann Hosenbeine bis zum Schritt zukleben. *Foto unten.*
6. Das Oberteil an der eingezeichneten Linie falten, oben in die Mitte

ein Loch für den Hals schneiden. Am Hals von beiden Sisalstücken 1 cm der Schnur abschneiden, den Draht stehenlassen und die Drahtenden gegeneinander verdrehen. Das Oberteil darüberstülpen und die Seitennähte zukleben.
7. Den Kopf ankleben, das Gesicht mit schwarzem Filzstift etwas nachzeichnen. Den Puppenzopf lockern und als Haare ankleben. Den Zylinder aufkleben.
8. Die schwarze Kordel um die Taille binden. Das karierte Band wie ein Tuch um den Hals schlingen. Am Oberteil auf Taschenhöhe eine Öffnung in Pfenniggröße anbringen, den Pfennig einkleben.
9. Aus dem Silberdraht das Werkzeug biegen, den schwarzen Pfeifenputzer als Bürste ankleben. Aus den Schaschlikspießen eine Leiter kleben.

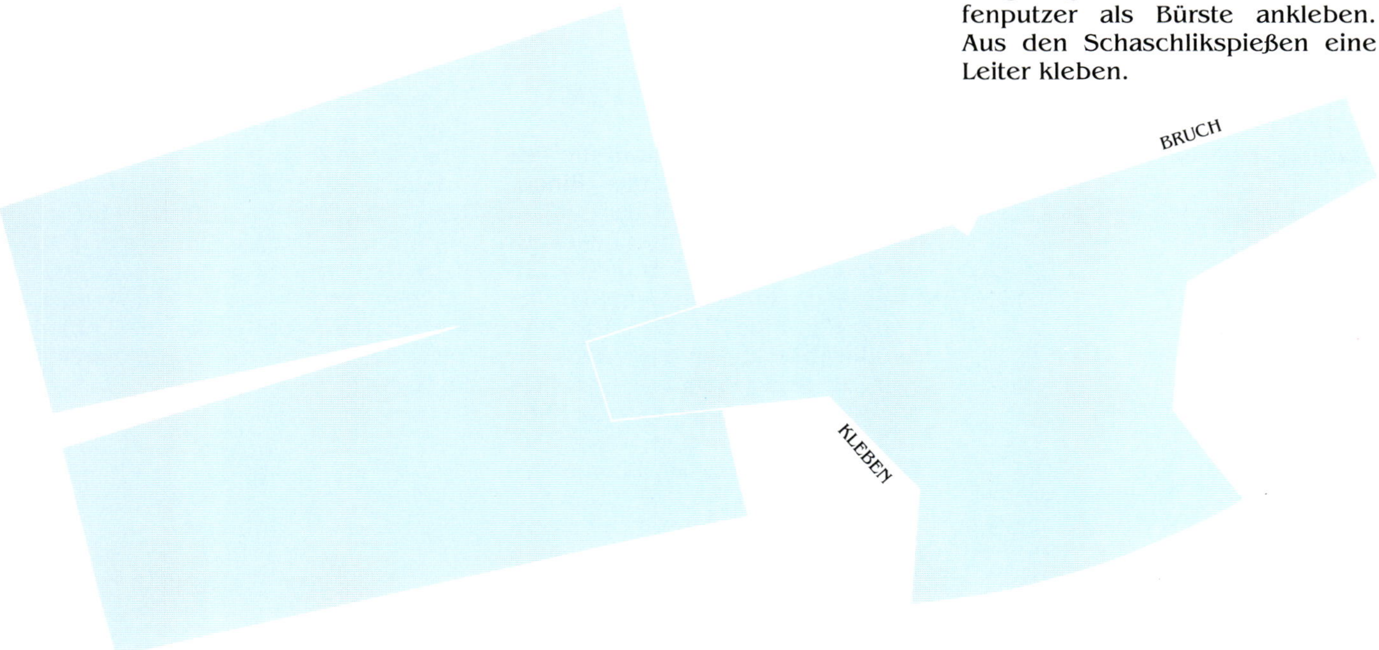

Zum Neuen Jahr

Mein Neujahrslied

Es war erst frühe Dämmerung
Mit leisem Tagverkünden
Und nur noch eben hell genug
Sich durch den Wald zu finden.

Der Morgenstern stand linker Hand,
Ich aber ging und dachte
Im Eichtal an mein Vaterland,
Dem er ein Neujahr brachte.

Auch dacht ich weiter: So und so,
Das Jahr ist nun vergangen,
Und du siehst, noch gesund und froh,
Den schönen Stern dort prangen.

Der ihm dort so zu stehn gebot,
Muß doch gern geben mögen!
Sein Stern, Sein Tal, Sein Morgenrot,
Rund um mich her sein Segen!

Und bald wird Seine Sonne hier
Zum erstenmal aufgehen! –
Das Herz im Leibe brannte mir,
Ich mußte stille stehen.

Und wartete wie ein Mensch im Traum
Wenn ihn Gerichte drängen,
Umarmte einen Eichenbaum
Und bliebt so an ihm hängen.

Matthias Claudius

Zu Neujahr

Will das Glück nach seinem Sinn
dir was Gutes schenken,
Sage Dank und nimm es hin
Ohne viel Bedenken!

Jede Gabe sei begrüßt,
doch vor allen Dingen:
Das, worum du dich bemühst,
Möge dir gelingen!

Wilhelm Busch

Silvester

Woher kommt die Bezeichnung Silvester für den letzten Abend im Jahr? Sie geht wohl zurück auf den Papst Sylvester, der, nach der Legenda aurea, während der Regierungszeit Kaiser Konstantins Bischof in Rom war (314–335). Kennzeichen Sylvesters ist der Schlüssel: Symbol für das Schliessen des alten Jahres und das Aufschließen des neuen Jahres.

Jahreswechsel

Nicht immer wurde das neue Jahr mit dem ersten Januar begonnen. Ja, die Jahreswechsel wurden sogar in verschiedenen Ländern zu unterschiedlichen Terminen gefeiert. Erst die Einführung des Gregorianischen Kalenders im 16. Jahrhundert brachte eine gewisse Vereinheitlichung. Aber erst Ende des 17. Jahrhunderts einigten sich die meisten europäischen Länder auf den ersten Januar als Beginn des neuen Jahres.
Die Verschiebung des Datums für den Neujahrsbeginn hatte auch Einfluß auf die Volksbräuche zum Jahreswechsel: So galt z. B. das Lucia-Fest lange als Termin für den Jahreswechsel.

Brauchtum

Der Jahreswechsel ging immer mit dem Bedürfnis der Menschen einher, in die Zukunft zu blicken. Das neue Jahr wurde in allen Ländern mit unterschiedlichen Bräuchen begrüßt. Einige dieser Bräuche sind uns bis heute erhalten (Barbarazweige, Lucia-Fest). An Silvester selbst wird vor allem noch das Blei- oder Zinngießen geübt. Früher goß man Blei, Zinn oder Wachs durch einen Schlüssel in eine Schale mit Wasser. Die gegossene Form sollte Auskunft über das Schicksal in dem kommenden Jahr geben. Zu diesem Zweck wurde die Form interpretiert und – damit man sie besser erkennen konnte – ihre Umrisse als Schatten an die Wand geworfen.
Sogar unser Silvesterfeuerwerk geht auf einen alten Brauch zurück: Mit Lärm und Licht wollte man die bösen Mächte bannen, die bevorzugt in der Nacht zwischen den Jahren ihr Unwesen treiben.
Wen immer man am Neujahrstag, dem 1. Januar trifft, dem wünscht man Glück für das neue Jahr. Glücksbringer spielen sowieso die Hauptrolle im Silvesterbrauchtum. Man schenkt sich kleine Glücksbringer wie Schweinchen, Hufeisen, Glückspilze, Schornsteinfeger und vierblättrige Kleeblätter. In manchen Gegenden hat auch der schöne Brauch des Neujahrszopfes überlebt, den man für liebe Freunde oder für die eigene Familie backt.

Neujahrslied

Wer kömmt! Wer kauft von meiner War!
Devisen auf das neue Jahr,
Für alle Stände.
Und fehlt auch einer hie und da,
Ein einzger Handschuh paßt sich ja
An zwanzig Hände.

Du Jugend, die du tändelnd liebst,
ein Küßchen um ein Küßchen gibst,
Unschuldig heiter,
Jetzt lebst du noch ein wenig dumm
Geh nur erst dieses Jahr herum,
so bist du weiter.

Die ihr schon Amors Wege kennt
Und schon ein bißchen lichter brennt,
Ihr macht mir bange.
Zum Ernst, ihr Kinder, von dem Spaß!
Das Jahr! zur höchsten Not noch das,
Sonst währts zu lange.

Du junger Mann, du junge Frau,
Lebt nicht zu treu, nicht zu genau
In enger Ehe.
Die Eifersucht quält manches Haus,
Und trägt am Ende doch nichts aus
Als doppelt Wehe.

Der Witwer wünscht in seiner Not,
Zur selgen Frau durch schnellen Tod
Geführt zu werden.
Du guter Mann, nicht so verzagt!
Das, was dir fehlt, das, was dich plagt,
Findst du auf Erden.

Ihr, die ihr Misogyne heißt,
Der Wein heb euern großen Geist
Beständig höher.
Zwar Wein beschweret oft den Kopf,
Doch der tut manchem Ehetropf
Wohl zehnmal weher.

Der Himmel geb zur Frühlingszeit
Mir manches Lied voll Munterkeit.
Und euch gefall es.
Ihr lieben Mädchen singt sie mit,
Dann ist mein Wunsch am letzten
Schritt,
Dann hab ich alles.

Ich komme bald, ihr goldnen Kinder,
Vergebens sperret uns der Winter
In unsre warmen Stuben ein.
Wir wollen uns zum Feuer setzen
Und tausendfältig uns ergötzen,
Uns lieben wie die Engelein.

Wir wollen kleine Kränzchen winden,
Wir wollen kleine Sträußchen binden
Und wie die kleinen Kinder sein.

Johann Wolfgang Goethe

Glücksbringer

Überraschen Sie ihre Freunde an Silvester doch mal mit Glücksbringern! Natürlich können Sie diese auch als Tischdekoration verwenden.

Pfeifenputzer-Schornsteinfeger

Material und Werkzeug

Schwarze und grüne Pfeifenputzer, Puppenhaar, 1 Holzperle (Durchmesser 7 cm) mit Loch, 2 schwarze Holzperlen (Durchmesser 0,5 cm) mit Loch für die Schuhe, 2 helle Holzperlen (Durchmesser 0,5 cm) mit Loch für die Hände, schwarzes Stickgarn für den Gürtel, schwarzer Filz, rote und grüne Filzreste, Sekt- oder Weinkorken, Schnitt für das Wams, Silberdraht, Filzstifte, Schere, Klebepistole.

Anleitung

1. Einen schwarzen Pfeifenputzer, Länge 18 cm, auf der Hälfte abknicken. Das gibt Körper und Beine. Die schwarzen Holzperlen an den Beinen festkleben.
2. Einen zweiten Pfeifenputzer auf 11 cm Länge kürzen und mit der Mitte einmal um den Mittelbug des ersten Pfeifenputzers schlingen. Das gibt die Arme. Die hellen Holzperlen an den Armen festkleben. *Foto links Mitte.*
3. Die Schemazeichnung abnehmen, auf Papier übertragen und ausschneiden. Den Schnitt auf dem schwarzen Filz feststecken oder heften und das Wams zuschneiden. Entlang der gestrichelten Linie falten. In die Mitte eine kleine Öffnung für den Hals schneiden. Das Wams über den Hals stülpen. Die Nähte zusammenkleben. Das Stickgarn als Gürtel um die Taille schlingen.

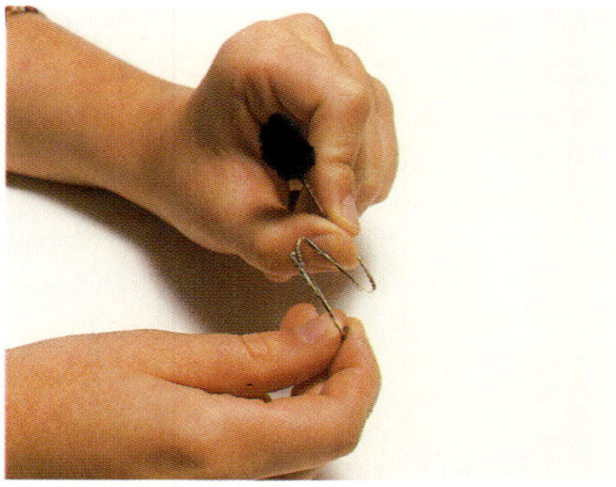

4. Auf die große Holzperle mit Filzstiften ein Gesicht zeichnen. Die Holzperle am Halsansatz festkleben. Das Puppenhaar lockern und auf die Holzperle kleben. Den Zylinder auf dem Haar festkleben.
5. Aus dem Draht das Werkzeug biegen, schwarzen Pfeifenputzer ankleben. Dem Schornsteinfeger die Bürste über die Schulter legen. *Foto links unten.*

Kater

Material und Werkzeug

Schwarze Pfeifenputzer, gekaufte Augen (Durchmesser 0,7 cm), roter Filz oder rote Pailletten, weißer Filz, kleine, rote Perle für die Nase, schmales, rotes Schleifenband, Basteldraht, weißer Nähfaden für die Schnurrhaare, schwarzer Filzstift, Schere, Klebepistole.

Anleitung

1. Pfeifenputzer (21 cm Länge) an einem Ende wie eine Schnecke einrollen (Durchmesser 3 cm), das gibt den Kopf. Das andere Ende einmal einrollen, das gibt den Schwanz. Das Zwischenstück zu einem Buckel biegen.
2. Zwei Pfeifenputzer auf 13 cm Länge schneiden, das gibt die Vorder- und Hinterläufe. Die Pfeifenputzerstücke an beiden Enden für die Pfoten etwas einrollen. Die Pfeifenputzer vorn und hinten um das Mittelteil schlingen, einmal verdrehen.
3. Die Pfeifenputzer auf 8 cm abschneiden, daraus zwei Ohren biegen und am Kopf festkleben. Gleichzeitig den Kopf etwas zusammenkleben.
4. Aus dem Schleifenband eine kleine Schleife legen, mit Draht abbinden und an den Hals kleben. Das Gesicht gestalten: eine Paillette oder einen kleinen roten Filzrest als Zunge ankleben, aus dem weißen Faden Schnurrbarthaare schneiden, in der Mitte zusammenbinden und ankleben. Aus dem weißen Filzrest mit einem Locher Kreise ausstanzen. Mit schwarzem Filzstift dann mehrere Pünktchen hineinmalen. Als Wangen ankleben. Die Augen ebenfalls festkleben.
5. Eine sehr kleine rote Perle, z. B. von einer Perlenschnur, als Nase ankleben.

Pinkfarbener Kerzenständer und Dekoschleifen

Material und Werkzeug

3 selbstgefertigte Dekoschleifen (Anleitung siehe Seite 155), ca. 20-25 cm groß, 1/2 Styroporkugel, auf die Dekoschleifen farblich abgestimmte Bastelfolie, 1 goldene Manschette (Durchmesser 5-8 cm), 1 farblich passende Kerze, Stecknadeln, kleines Küchenmesser, Klebepistole.

Anleitung

1. In die Rundung der Styroporkugel passend für die Kerze eine Vertiefung schneiden. Die Kugel mit Bastelfolie beziehen, die Folie mit Stecknadeln feststecken.
2. Die Kerze durch die Manschette stecken und in die Styroporkugel kleben. Die drei Deko-Schleifen an der Kugel feststecken.
3. Dazu passend größere Schleifen für jedes Gedeck herstellen und auf jede Schleife einen Kater setzen. Oder die Kater auf dem Tisch verteilen.

Fliegenpilz

Material und Werkzeug

Styroporkugel (Durchmesser 5-7 cm), ein in der Größe passendes Watte-Ei, weißer und roter Filz, 1 Pappscheibe (Durchmesser 5-7 cm), etwas kleingeschnittenes Heu, Papier, Zirkel, Schere, Maßband, Klebepistole, scharfes Messer.

Anleitung

1. Die Styroporkugel halbieren. Mit dem Maßband den Abstand vom einen Rand über die Kuppe zum anderen Rand messen. Dieses Maß als Durchmesser für einen Kreis auf ein Stück Papier übertragen. Den Kreis mit einem Zirkel zeichnen, ausschneiden. Schablone auf den roten Filz legen und zuschneiden.
2. Für die Lamellen einen Streifen weißen Filz zuschneiden. Die Länge ergibt sich aus dem Kugelumfang. Die Breite messen Sie an der Unterseite des Kegels von der Mitte zum Rand.

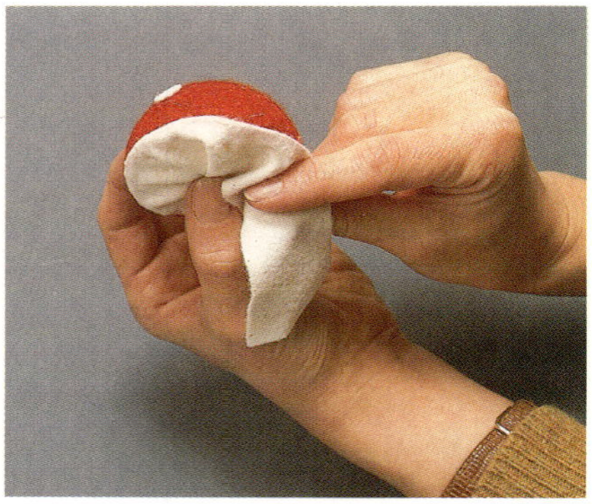

3. Den Filzstreifen am äußeren unteren Kegelrand festkleben. Den Filz in schräge Falten legen und innen ebenfalls festkleben. Den roten Filz auf den Pilzhut kleben. Mit einem Locher aus dem weißen Filz kleine Kreise ausstanzen und auf den Pilzhut kleben. Den Pilzfuß (das Watte-Ei) an den Pilzhut kleben. *Foto oben.*
4. Die Pappscheibe mit Moos bekleben, den Pilz darauf festkleben.

Glücksbringer aus Salzteig

Salzteig: $^{1}/_{3}$ Salz und $^{2}/_{3}$ Mehl miteinander mischen, 1-2 Eßlöffel Tapetenkleister und soviel Wasser unterkneten, daß ein elastischer, aber nicht klebender Teig entsteht.

Material und Werkzeug

Salzteig, grüne Farbe, fester Karton, Schleifenband, Wellholz, Bastelmesser, Backblech, Backpapier, Küchenmesser, Gemüsemesser.

Anleitung

1. Ein vierblättriges Kleeblatt auf den Karton zeichnen und ausschneiden.
2. Vom Salzteig einen Teil abnehmen und die grüne Farbe unterkneten. Etwa $^{1}/_{2}$ cm dick auswellen, die Schablone auflegen und das Kleeblatt mit einem Messer ausschneiden. Aus dem neutralen Teig den Stiel schneiden und am Kleeblatt festdrücken.
3. Für das Glücksschweinchen eine Schweinchen-Schablone herstellen, auf den Teig legen und mit einem Messer ausschneiden. Das Gesicht und die Körperkonturen mit dem Messerrücken gestalten, in den Körper lauter Pfennigstücke stecken.
4. Die Salzteigformen auf ein mit Backpapier ausgelegtes Blech legen und im Backofen auf der mittleren Schiene bei 100-120° C etwa 2-2 $^{1}/_{2}$ Stunden trocknen.
5. Dem fertigen Schweinchen eine Schleife um den Hals binden.

Salzteig ist nicht zum Verzehr bestimmt!

Marienkäfer

Material und Werkzeug

3-5 cm große, flache, ovale oder runde Steine; schwarze Pfeifenputzer; schwarze, rote und weiße Lackfarbe; Pinsel, Klebepistole, Bleistift.

Anleitung

1. Die Steine waschen und trocknen. Mit Bleistift auf die Oberfläche einen Marienkäfer zeichnen. Den Körper rot anmalen, den Kopf schwarz und die Flügel mit einem feinen schwarzen Strich trennen. Trocknen lassen. Die Unterseite schwarz anmalen. Trocknen lassen.
2. Zwei weiße Pünktchen als Augen auf den Kopf malen, trocknen lassen. In der Zwischenzeit drei Stücke Pfeifenputzer für die Beinchen abschneiden. Die Beinchen leicht schräg abwinkeln und auf der Steinunterseite festkleben.

Silvesterbuffet

Lachsterrine

1 Terrine von 0,5 Liter Inhalt
Einlage:
250 g Pfifferlinge
1 TL Butter
Salz
weißer Pfeffer aus der Mühle
1 EL Schnittlauchröllchen
Farce:
200 g Lachsfleisch
Salz
weißer Pfeffer aus der Mühle
1/2 Eiweiß
200 g Sahne, angefroren
Außerdem:
8-10 Porreeblätter
Salz

1. Für die Einlage die geputzten, gewaschenen und gut abgetropften Pfifferlinge würzen. In der Butter kurz anbraten und die Flüssigkeit einkochen lassen. Zum Abkühlen beiseite stellen.
2. Für die Farce das gut gekühlte Lachsfleisch in kleine Stücke schneiden. Die Fischstückchen mit Salz und Pfeffer würzen.
3. Das Lachsfleisch im Mixer fein zerkleinern oder mit dem Messer hacken. Dann das Eiweiß hinzufügen.
4. Nach und nach löffelweise die angefrorene Sahne untermischen.
5. Die Farce durch ein feines Sieb streichen.
6. Den Porree in kochendem Salzwasser blanchieren und abschrecken. Auf Küchenpapier sorgfältig abtropfen lassen.
7. Eine hitzebeständige Klarsichtfolie über eine Schablone ausbreiten, die dem Boden der Form entspricht. Den Boden der Form dann dünn mit einer Schicht Lachsfarce bestreichen und mit den Lauchblättern auslegen.
8. Die Einlage unter die übrige Lachsfarce mischen und diese als Längsstreifen auf den Porreeblättern aufhäufen.
9. Mit der Folie in die Form heben und die überhängenden Teile über die Farce klappen.
10. Die Form so auf ein feuchtes Tuch stoßen, daß keine Luftlöcher mehr in der Farce zurückbleiben. Mit dem Deckel verschließen.
11. Die rohe Lachspastete im Wasserbad im vorgeheizten Ofen bei 120 °C 30 Minuten garen.

Feiner Heringssalat

Für 4 Personen

4 Matjesfilets
100 g Kalbsbraten in Scheiben (fertig gekauft)
1 große Gewürzgurke
2 säuerliche Äpfel
2 Stangen Staudensellerie
50 g Walnußkerne
4 Pellkartoffeln (ca. 200 g)
4 EL Weinessig
Salz
schwarzer Pfeffer aus der Mühle
200 g Mayonnaise
4 EL Joghurt
2 Msp. Ingwerpulver
einige Stengel Kerbel
1/2 Bund Schnittlauch

1. Die Matjesfilets kurz wässern. Die Matjes, den Kalbsbraten, die Gewürzgurke und die geschälten und entkernten Äpfel in Streifen, die Selleriestangen in Stückchen schneiden. Die Walnußkerne grob hacken. Die Kartoffeln schälen und in Würfel schneiden.
2. Die Salatzutaten in einer Schüssel vermischen und mit dem Essig, wenig Salz und dem Pfeffer würzen. Etwas durchziehen lassen.
3. Die Mayonnaise mit dem Joghurt und dem Ingwerpulver verrühren. Die Kräuter fein wiegen und zusammen mit der Mayonnaise unter die Salatzutaten heben. Den Salat 1-2 Stunden durchziehen lassen.
Dazu passen knusprige Brötchen oder frisches Baguette.

Krabbencreme auf Toast

Für 4 Personen

200 g Krabben (Tiefseegarnelen)
3 EL Sahnequark
Salz
weißer Pfeffer aus der Mühle
1 Msp. Cayennepfeffer
1 EL Zitronensaft
2 Bund Dill,
davon $1^1/_2$ Bund fein gehackt
1 kleines Stangenweißbrot
60 g Butter

1. Von den Krabben 12 schöne Exemplare aussuchen und beiseite legen.
2. Die restlichen Krabben mit dem Sahnequark im Mixer zu einer geschmeidigen Creme verarbeiten. Mit Salz, Pfeffer, Cayennepfeffer und Zitronensaft kräftig abschmecken und den feingehackten Dill gleichmäßig unterheben. Kalt stellen.
3. Das Weißbrot in 12 etwa $1^1/_2$ cm dicke Scheiben schneiden und im Toaster rösten.
4. Das Weißbrot mit Butter, dann mit der Krabbencreme bestreichen. Jeweils ein Dillzweiglein und eine Krabbe in die Mitte setzen. Auf Tellern oder einer Platte anrichten.

TIP Diese Creme läßt sich auch gut in etwa 5 cm lange Stücke von Staudensellerie streichen.

Servieren Sie zu Ihrem Silvesterbuffet einige frische Blatt- und Rohkostsalate der Saison. Richten Sie die Salate in großen Salatschüsseln oder auf Schalen an und stellen Sie die verschiedenen Salatsaucen in kleinen Schüsselchen oder Saucièren daneben.

Vinaigrette

½ Knoblauchzehe
3 EL Essig
Salz
weißer Pfeffer aus der Mühle
Zucker
6 EL Salatöl
1 EL Kräuter (Petersilie, Kerbel), gehackt

1. Eine Schüssel mit Knoblauch ausreiben. Den Essig hineingießen, die Gewürze hinzufügen. So lange rühren, bis Salz und Zucker aufgelöst sind.
2. Das Öl tropfenweise kräftig unterrühren, bis es mit dem Essig verbunden ist.
3. Die gehackten Kräuter zufügen.

Thousand-Island-Dressing

3 EL Mayonnaise
3 EL Chilisauce (oder Tomatenketchup)
2 EL saure Sahne (oder Joghurt)
1 EL Orangensaft
1 EL Zitronensaft
Cayennepfeffer
Salz
1-2 Pfefferschoten

1. Die Mayonnaise, Chilisauce und saure Sahne mit einem Schneebesen glattrühren.
2. Mit dem Orangen- und Zitronensaft, Cayennepfeffer und Salz abschmecken.
3. Die Pfefferschoten waschen, die Kerne entfernen und die Schoten fein würfeln. Die Schotenwürfel unter die fertige Sauce ziehen.

Mayonnaise

Für etwa ¼ l Mayonnaise

1 Eigelb
0,2 l Speiseöl
etwas Salz
1 Prise Zucker
wenige Tropfen Essig
weißer Pfeffer aus der Mühle

1. Das Eigelb mit einer Prise Salz cremig rühren.
2. Das Öl (Ei und Öl sollten die gleiche Temperatur haben) tropfenweise unterrühren.
3. Mit den Gewürzen abschmekken.

Scharfe Bohnensupppe mit Zucchini

Für 4 Personen

2 EL Olivenöl
1 große Zwiebel, gewürfelt
2 kleine Dosen rote Bohnen (Kidney beans, à 400 g)
3 EL Tomatenmark
½ TL Chiligewürz
Salz
schwarzer Pfeffer aus der Mühle
1 Msp. Cayennepfeffer
¾ l Fleischbrühe (aus Extrakt)
250 g möglichst kleine Zucchini

1. Das Olivenöl in einem Suppentopf erhitzen. Die Zwiebelwürfel zufügen und bei schwacher Hitze glasig dünsten.
2. Die Bohnen in ein Sieb gießen, mit kaltem Wasser abbrausen und abtropfen lassen.
3. Das Tomatenmark unter die gedünsteten Zwiebelwürfel rühren, kurz anschwitzen lassen, dann die Bohnen untermischen. Mit Chiligewürz, Salz, Pfeffer und Cayennepfeffer würzen.
4. Mit der Fleischbrühe aufgießen und langsam zum Kochen bringen.
5. Die Zucchini waschen, vom Stengelansatz befreien und auf der Gemüsereibe grob raspeln. Die Zucchiniraspeln unter die Bohnen mischen und alles zusammen weitere 10 Minuten köcheln lassen.
6. Die scharfe Bohnensuppe nochmals kräftig abschmecken.

Filet Wellington

Für 4 Personen

300 g tiefgekühlter Blätterteig
1 kg Rinderfilet
Salz
schwarzer Pfeffer aus der Mühle
50 g Butter
1 Eigelb zum Bestreichen
Farce:
100 g Schinkenspeck
1 Zwiebel
150 g Steinpilze oder Champignons
1 EL feingehackte Petersilie
50 g Butter

1. Den Blätterteig 20 Minuten auftauen lassen. Den Backofen auf 250°C vorheizen.
2. Das Fleisch kurz waschen, trokkentupfen und mit Salz und Pfeffer einreiben. Die Butter in einer Bratenpfanne erhitzen und das Filet darin von allen Seiten anbraten. Auf der mittleren Schiene in den Backofen schieben und unter häufigem Begießen mit dem Bratfett 30 Minuten braten. Abkühlen lassen. Den Backofen auf 220°C herunterschalten.
3. Für die Farce Schinkenspeck und Zwiebel in kleine Würfel schneiden, die Pilze fein hacken. Die Butter in einer Pfanne erhitzen und Speck, Zwiebel, Pilze und Petersilie darin leicht anschmoren. Abkühlen lassen.
4. Den Blätterteig zu einem Rechteck ausrollen – etwas länger als das Rinderfilet und dreimal so breit. Mit der erkalteten Farce bestreichen, das Filet in die Mitte legen und den Teig über dem Fleisch zusammenschlagen. Die offenen Seiten des Teiges leicht übereinanderdrücken, damit kein Fleischsaft austreten kann. Den Teig mit verquirltem Eigelb bestreichen.
5. Das umhüllte Filet auf ein kalt abgespültes Backblech geben, in den Backofen schieben und in etwa 35 Minuten backen, bis der Blätterteig goldbraun ist. Warm oder kalt servieren.

3. Das Ei trennen. Das Eigelb mit etwas Sauce in einem Becher verquirlen. In die Sauce rühren. Das Eiweiß steif schlagen, unterziehen. die Vanillesauce heiß oder kalt servieren.

Rote Grütze

Für 4 Personen

375 g rote Johannisbeeren
250 g Himbeeren
$^3/_4$ l Wasser
250 g Zucker
$^1/_4$ Vanilleschote
250 g entsteinte Sauerkirschen
60 g Stärkemehl

1. Die Johannisbeeren waschen und mit einer Gabel von den Stielen streifen. Die Himbeeren verlesen und kurz unter kaltem Wasser abbrausen. Beide Beerensorten mit $^1/_2$ l Wasser bedecken und 5 Minuten kochen lassen.
2. Die Früchte mit dem Saft durch ein Sieb in einen Topf streichen. Das Fruchtmus (es sollten ca. $^3/_4$ l sein) mit dem Zucker und der aufgeschlitzten Vanilleschote zum Kochen bringen. Die Sauerkirschen hinzufügen.
3. Die Stärke mit dem restlichen Wasser glattrühren. Unter ständigem Rühren an die kochende Fruchtmasse geben. Einige Male aufwallen lassen. Die Grütze in kalt ausgespülte Förmchen füllen und mit etwas Zucker bestreuen, damit sich keine Haut bildet.
Dazu passen Vanillesauce, kalte Milch oder flüssige Sahne. *Foto links.*

TIP Wenn Sie außerhalb der Beerensaison nicht auf Rote Grütze verzichten wollen, so gelingt sie auch aus tiefgekühlten Beeren. Stürzfähig wird die Grütze, wenn Sie die Stärkemenge auf ca. 80 g erhöhen.

Vanillesauce

Für 4 Personen

$^1/_2$ l Milch
3 TL Speisestärke (15 g)
1 Vanilleschote
2 EL Zucker (30 g)
1 Prise Salz
1 Ei

1. 2 EL kalte Milch in einen Becher geben, die Speisestärke darin verquirlen. Die übrige Milch mit der aufgeschnittenen Vanilleschote, Zucker und Salz in einem Topf aufkochen. Den Topf vom Herd nehmen.
2. Die angerührte Speisestärke langsam einrühren. Die Sauce einmal aufkochen, dann wieder vom Herd nehmen. Die Vanilleschote entfernen.

Festlich geschmückte Silvestertafel

Wenn Sie an Silvester Gäste erwarten und vielleicht nicht nur etwas Besonderes kochen wollen, zeigen wir Ihnen hier, wie Sie die Tafel festlich dekorieren können.

Gesteck mit Clowns

Material und Werkzeug

1 Steckschale (Durchmesser 15 cm) mit 5 cm hohem Rand, reichlich Ringelband in vielen Farben und verschiedenen Breiten, bunt glitzernde Bänder bis zu 2 cm Breite, silberne Blüten und Zweige, Glitzerstick, Basteldraht, Moosy-Steckmasse trocken, Bastelschere, Messer, schneidfeste Unterlage, Klebepistole, 3-7 Clowns (je nach Größe des Gestecks; Anleitung siehe Seite 154).

Anleitung

1. Den Steckziegel in die Steckschale geben. Eventuell die Kanten leicht rund schneiden. Die Steckmasse sollte etwa 1 cm über den Schalenrand schauen und zur Schalenmitte etwas höher werden.
2. Aus den Bändern unterschiedlich große Schleifen legen, mit Draht abbinden. Die Drahtenden ca. 6-8 cm lang stehen lassen und fest gegeneinander verdrehen. Die Ringelbänder in verschiedene Längen schneiden und immer mehrere gleichzeitig mit Draht zusammenfassen. Die Drahtenden ca. 6-8 cm lang stehen lassen und fest gegeneinander verdrehen. Die Bänder einzeln über ein Scherenblatt ziehen und kräuseln.
3. Den Glitzerstick in die Mitte des Steckziegels geben. Drumherum nach und nach die verschiedenen Schleifen und Bänder stecken. Die Clowns (Anleitung siehe Seite 154) dazwischen anordnen. Darauf achten, daß das Gesteck von allen Seiten hübsch aussieht. Damit das Gesteck mehr Halt bekommt, können Sie die Drahtenden vor dem Stecken mit Klebstoff bestreichen und dann erst in die Steckmasse stecken.

Lavazza

Eckschleifen in Silber und Lila

Die Eckschleifen müssen großzügig gearbeitet sein, die Bänder sollen über die Tischkante nach unten hängen.

Material und Werkzeug

Pro Schleife: 70-80 cm Lochgitterband, 60-70 cm Gitterband, Ringelband, Tortenspitze (Durchmesser 15 cm), 1-2 kleine Päckchen (siehe Seite 16), Schleifenband in verschiedenen Breiten, Schere, Basteldraht, Klebepistole.

Anleitung

1. Großzügige Schleifen legen, die Schleifenenden lang lassen, sie sollen über die Tischkante hängen. Die Schleifen mit Draht abbinden.
2. Das Ringelband in unterschiedlichen Längen abschneiden, an einem Ende mit Draht mehrere Stücke zusammenfassen. Mit einer Schere die Bänder einzeln kräuseln.
3. Päckchen packen und mit Aufhänger versehen. Die Dekomaterialien nach und nach auf die Tortenspitze kleben – die große Schleife wird als erstes aufgeklebt. Alle Materialien farblich abstimmen.

Clowns

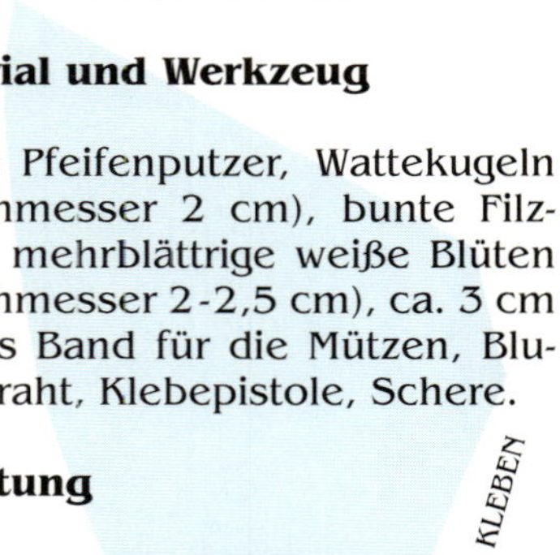

Material und Werkzeug

Bunte Pfeifenputzer, Wattekugeln (Durchmesser 2 cm), bunte Filzstifte, mehrblättrige weiße Blüten (Durchmesser 2-2,5 cm), ca. 3 cm breites Band für die Mützen, Blumendraht, Klebepistole, Schere.

Anleitung

1. Einen Pfeifenputzer auf 20 cm Länge schneiden. Auf der Hälfte knicken, an den Enden ein kleines Stück für die Füße abknicken, darauf ein kleines Stückchen Pfeifenputzer in einer anderen Farbe kleben – es sollte aussehen wie ein kleiner Bommel.
2. Etwa 10 cm von einem andersfarbigen Pfeifenputzer abschneiden, einige Male um die Knickstelle des ersten Pfeifenputzers schlingen. Zwei kleine Stückchen einer anderen Farbe wie bunte Knöpfe daraufkleben.
3. 10-12 cm eines Pfeifenputzers zur Acht drehen und am Rücken festkleben. Von der Blüte den Stengel ganz entfernen, die Blüte als Halskrause auf den Körper kleben. Auf die Wattekugel ein lustiges Gesicht malen und die Wattekugel auf die Halskrause kleben.
4. Die Schemazeichnung auf ein Stück Papier übertragen, den Schnitt ausschneiden. Danach die Mützen zuschneiden und auf den Köpfen festkleben. Zum Stecken einen Blumendraht ankleben.

Pinkfarbene Gedeckschleifen

Material und Werkzeug

Pro Schleife: 3-4 verschieden breite Bänder aus Satin, Taft, Papier, Folie und Tüll, farblich passendes Ringelband, Basteldraht, 4 Tortenspitzen (Durchmesser 15 cm) für die Tischeckschleifen, Schere, Klebepistole.

Anleitung

1. Aus den verschiedenen Bändern großzügige Schleifen legen und mit Basteldraht gut abbinden. 3-5 längere Stücke Ringelband bündeln, mit Draht abbinden und kräuseln.
2. Das Tüllband zu einem Tuff kleben: Die untere Kante mit Klebstoff bestreichen und den Tüll an dieser Seite zusammenfassen.
3. Für die Gedeckschleifen alle Zutaten nach und nach auf die größte Schleife kleben.
4. Für die Tischeckschleifen die Zutaten nach und nach auf eine Tortenspitze kleben.

Überraschungsbonbon

Material und Werkzeug

Leere Papprolle von Haushaltsfolie, nicht zu dünner, biegsamer Karton, bunt glitzernde Bänder, Borten und Schleifen, Glitter aus der Tube, schmales Band, Schere, Klebstoff.

Anleitung

1. Die Rolle in 5 cm lange Stücke schneiden. Von dem Karton einen 3 cm breiten Streifen abschneiden - die Länge entspricht dem Umfang der Rolle plus 3 cm für den Übertritt. Den Kartonstreifen in die Rolle kleben, etwa die Hälfte herausschauen lassen. Jetzt können die beiden Rollenteile zusammengesteckt werden.
2. Die Rollenteile nun mit Bändern und Borten bekleben, mit Glitzerfarbe verzieren. An den beiden Enden die Bänder überstehen lassen und wie bei einem Bonbon mit Schleifenband abbinden.
3. Die Überraschungsbonbons mit kleinen Überraschungen, lustigen Versen, Süßigkeiten, Zinnfiguren u.ä. füllen.

Register nach Sachgebieten

Bastelarbeiten

Brauchtum/ Legenden

Gedichte

Geschichten

Lieder

Rezepte

In der österreichischen Küche haben manche Gerichte eine andere Bezeichnung:

Feldsalat	=	Vogerlsalat
Kartoffelklöße	=	Kartoffelknödel
Martinsgans	=	Martinigans
Möhren	=	Karotten
Pfifferlinge	=	Eierschwammerl
Quark	=	Topfen
Rosenkohl	=	Kohlsprossen
Sahne	=	Schlagobers
Saure Sahne	=	Saurer Rahm
Schweinebraten	=	Schweinsbraten

Register (alphabetisch)

Quellennachweis

Binding, Rudolf: Das Peitschchen. Aus: Weihnacht der Welt. Nymphenburger Verlag 1956
Heiseler: Barbarazweig. Aus: Weihnachten. Die schönsten Gedichte. Edition Erpf bei Neptun 1987
O. Henry: Das Weihnachtsgeschenk. Aus: Eugen Rentsch Verlag, o. J.
Krüss, James: Tannengeflüster. Aus: Weihnachtsgedichte. © Franz Schneider Verlag 1973
Lagerlöf, Selma: Die Flucht nach Ägypten. Aus: Weihnacht der Welt. Nymphenburger Verlag 1956
Malmberg, Bertil: Die Weihnachtsgeschenke. Aus: Der kleine Åke und seine Welt. G. Müller Verlag 1927
Rilke, Rainer Maria: Es treibt der Wind... Aus: R. M. Rilke. Sämtliche Werke Band 1, Insel Verlag 1955
Rilke, Rainer Maria: Advent. Aus: Sämtliche Werke Band 1, Insel Verlag 1955
Rosegger, Peter: Unser erster Christbaum. Aus: Rosegger Waldheimat. Staackmann Verlag
Waggerl, Karl Heinrich: Das ist die stillste Zeit im Jahr. Aus: Waggerl. Das ist die stillste Zeit im Jahr. Otto Müller Verlag
Weihnachtslieder aus: Das große Hausbuch der Volkslieder. Hrsg. von Walter Hansen. Mosaik Verlag 1978.

Wir danken allen Rechteinhabern und Verlagen für die freundiche Genehmigung zum Nachdruck. Trotz nachdrücklicher Bemühungen ist es uns nicht gelungen, alle Rechteinhaber zu ermitteln. Wir bitten diese, sich an den Verlag zu wenden.

Bildnachweis

Bavaria: 8; Mosaik Verlag/Brauner: 34, 56/57, 65, 101 unten, 112 Mitte, 148; Mosaik Verlag/Eising: 15, 33, 56, 57 Mitte, 76, 100, 113 rechts, 136, 149; Mosaik Verlag/Feuz: 14, 112 unten; Mosaik Verlag/Kerth: 119; Mosaik Verlag/Stüssel, Schmitz: 77, 101 oben, 151; Mosaik Verlag/Teubner: 118 links oben; Prisma Fotoservice: 10, 11, 35, 64, 84, 92, 93, 118; Ludwig Richter (Illustrationen): 28, 29, 130 131; Transglobe Agency: 83, 84; Wetterwald: 41.
Alle anderen Fotos: Christa Thoma.
Alle anderen Illustrationen: Christine Mills.
Umschlagfoto: Klaus-Reiner Klebe.
Umschlaggestaltung: Petra Dorkenwald, Martina Eisele.